CÓDIGO DA CONCORRÊNCIA

Todos os exemplares são numerados

640

JOSÉ LUÍS DA CRUZ VILAÇA
MIGUEL GORJÃO-HENRIQUES

CÓDIGO
DA CONCORRÊNCIA

ALMEDINA

TÍTULO:	CÓDIGO DA CONCORRÊNCIA
AUTORES:	JOSÉ LUÍS DA CRUZ VILAÇA MIGUEL GORJÃO-HENRIQIES
EDITOR:	LIVRARIA ALMEDINA – COIMBRA www.almedina.net
LIVRARIAS:	LIVRARIA ALMEDINA ARCO DE ALMEDINA, 15 TELEF. 239851900 FAX 239851901 3004-509 COIMBRA – PORTUGAL livraria@almedina.net LIVRARIA ALMEDINA CENTRO DE ARTE MODERNA GULBENKIAN RUA DR. NICOLAU BETTENCOURT, 8 1050-078 LISBOA – PORTUGAL TELEF. 217972441 cam@almedina.net LIVRARIA ALMEDINA ARRÁBIDA SHOPPING, LOJA 158 PRACETA HENRIQUE MOREIRA AFURADA 4400-475 V. N. GAIA – PORTUGAL arrabida@almedina.net LIVRARIA ALMEDINA – PORTO R. DE CEUTA, 79 TELEF. 222059773 FAX 222039497 4050-191 PORTO – PORTUGAL porto@almedina.net LIVRARIA ALMEDINA ATRIUM SALDANHA LOJAS 71 A 74 PRAÇA DUQUE DE SALDANHA, 1 TELEF. 213570428 FAX 213151945 1050-094 LISBOA atrium@almedina.net LIVRARIA ALMEDINA – BRAGA CAMPUS DE GUALTAR, UNIVERSIDADE DO MINHO, 4700-320 BRAGA TELEF. 253678822 braga@almedina.net
EXECUÇÃO GRÁFICA:	G.C. – GRÁFICA DE COIMBRA, LDA. PALHEIRA – ASSAFARGE 3001-453 COIMBRA E-mail: producao@graficadecoimbra.pt NOVEMBRO, 2004
DEPÓSITO LEGAL:	216663/04
	Toda a reprodução desta obra, por fotocópia ou outro qualquer processo, sem prévia autorização escrita do Editor, é ilícita e passível de procedimento judicial contra o infractor

PREFÁCIO

O Direito da Concorrência constitui, em Portugal como em muitos outros países, uma disciplina jurídica extremamente recente.

Por um lado, são ainda raras as Faculdades de Direito que o incluem no elenco das disciplinas professadas, normalmente a nível de pós-graduação, sendo a Universidade Nova uma excepção quanto ao estudo da Concorrência no curso geral de Direito, como disciplina de opção.

Por outro lado, nunca o legislador ou o poder político tinham, até há muito pouco tempo, levado a concorrência suficientemente a sério, ao ponto de entregarem o controlo do respeito das regras básicas de concorrência a um órgão independente do governo e dos poderes de pressão sectoriais.

A publicação, primeiro do Decreto-lei n.º 10/2003, de 18 de Janeiro, que criou a Autoridade de Concorrência e aprovou os respectivos Estatutos, e, depois, da Lei n.º 18/2003, de 11 de Junho, sobre o regime jurídico da concorrência, em cujos projectos os autores estiveram directamente envolvidos, permitiu modernizar o regime jurídico aplicável em Portugal, alinhando-o, em larga medida, com o regime comunitário, e assegurar um novo fôlego à introdução de uma "cultura de concorrência" na vida económica portuguesa.

Ao mesmo tempo, o regime comunitário da concorrência conheceu, nos últimos anos, mudanças estruturais de carácter fundamental.

Foi, primeiro, a publicação do Regulamento (CE) n.º 2790/1999, de 22 de Dezembro de 1999, que, aplicando-se a quaisquer tipos de acordos de carácter vertical entre empresas, veio substituir os vários regulamentos anteriormente existentes, com algumas excepções, a mais relevante das quais é o regulamento aplicável à distribuição no sector automóvel (actualmente o Regulamento (CE) n.º 1400/2002, de 31 de Julho de 2002).

Foi, em segundo lugar, a "revolução copernicana" introduzida no sistema europeu de fiscalização das regras de concorrência pelo Regulamento (CE) n.º 1/2003, de 16 de Dezembro de 2002.

Foi, em terceiro lugar, a publicação do Regulamento (CE) n.º 139/2004, de 20 de Janeiro de 2004, que revogou o anterior regulamento relativo às concentrações de empresas, constante do Regulamento (CEE) n.º 4064/89, tal como alterado pelo Regulamento (CEE) n.º 1310/97.

Por último, desde 1999, uma série de regulamentos comunitários veio sistematizar e estruturar as regras relativas aos auxílios de estado, até então largamente consagradas na jurisprudência.

Ao mesmo tempo, para assegurar aos meios jurídicos e empresariais maior clareza e certeza quanto à forma de aplicar as novas regras, a Comissão Europeia foi adoptando e publicando preciosas comunicações interpretativas, que, baseando-se na jurisprudência dos tribunais comunitários, constituem um guia indispensável ao conhecimento dos critérios segundo os quais a própria Comissão aplicará tais regras.

São todas estas normas (de direito português e comunitário) e comunicações interpretativas (a que se tem aplicado a designação de "*soft law*") que se recolhem neste volume. A sua extensão testemunha da amplitude e da importância que, hoje em dia, sobretudo no espaço da União Europeia, assume o direito da concorrência.

Já não é possível a qualquer jurista que exerça funções em relação com a actividade empresarial, bem como a qualquer empresário ou gestor moderno, deixar de dispor de um conhecimento básico e de um mínimo de sensibilidade ao ordenamento jurídico da concorrência. Este volume tem em vista fornecer-lhes, assim como aos professores e estudantes ou estudiosos desta matéria, um instrumento de trabalho completo e sistematizado.

Não deve, porém, esquecer-se um outro elemento fundamental no quadro da interpretação e aplicação das regaras de concorrência: a jurisprudência dos tribunais comunitários, o Tribunal de Primeira Instância e o Tribunal de Justiça das Comunidades Europeias. É não só esta jurisprudência que dá vida às normas como é ela que guia a sua aplicação pelas administrações competentes e, quantas vezes (como recentemente sucedeu com a alteração do regulamento comunitário sobre as concentrações), que determina a necessidade ou a conveniência da sua alteração.

Não seria, contudo, possível acrescentar a este volume, já bem extenso, a jurisprudência comunitária, ainda que limitada aos acórdãos mais importantes. Admitem porém os autores que, sob forma adequada, esta possa fazer parte de projectos futuros.

Formula-se o desejo de que esta obra possa ser útil àqueles a quem se destina. E que possa contribuir para facilitar a tarefa de quem pretenda utilizar, regular ou esporadicamente, uma colectânea actualizada numa área do direito ainda nova e em plena evolução.

Muito gostariam os autores de receber dos seus leitores as reacções que lhes permitissem aperfeiçoar e melhorar o trabalho feito para melhor corresponder àqueles objectivos.

Lisboa, Setembro de 2004

Os Autores

PARTE I

LEGISLAÇÃO

CAPÍTULO I
DIREITO NACIONAL

LEI DA CONCORRÊNCIA

Lei n.º 18/2003, de 11 de Junho

A Assembleia da República decreta, nos termos da alínea *c)* do artigo 161.º da Constituição, para valer como lei geral da República, o seguinte:

CAPÍTULO I Das regras de concorrência

SECÇÃO I Disposições gerais

ARTIGO 1.º (**Âmbito de aplicação**)
 1 – A presente lei é aplicável a todas as actividades económicas exercidas, com carácter permanente ou ocasional, nos sectores privado, público e cooperativo.
 2 – Sob reserva das obrigações internacionais do Estado português, a presente lei é aplicável às práticas restritivas da concorrência e às operações de concentração de empresas que ocorram em território nacional ou que neste tenham ou possam ter efeitos.

ARTIGO 2.º (**Noção de empresa**)
 1 – Considera-se empresa, para efeitos da presente lei, qualquer entidade que exerça uma actividade económica que consista na oferta de bens ou serviços num determinado mercado, independentemente do seu estatuto jurídico e do modo de funcionamento.
 2 – Considera-se como uma única empresa o conjunto de empresas que, embora juridicamente distintas, constituem uma unidade económica ou que mantêm entre si laços de interdependência ou subordinação decorrentes dos direitos ou poderes enumerados no n.º 1 do artigo 10.º.

ARTIGO 3.º (**Serviços de interesse económico geral**)
 1 – As empresas públicas e as empresas a quem o Estado tenha concedido direitos especiais ou exclusivos encontram-se abrangidas pelo disposto na presente lei, sem prejuízo do disposto no número seguinte.

2 – As empresas encarregadas por lei da gestão de serviços de interesse económico geral ou que tenham a natureza de monopólio legal ficam submetidas ao disposto no presente diploma, na medida em que a aplicação destas regras não constitua obstáculo ao cumprimento, de direito ou de facto, da missão particular que lhes foi confiada.

SECÇÃO II Práticas proibidas

ARTIGO 4.º (**Práticas proibidas**)

1 – São proibidos os acordos entre empresas, as decisões de associações de empresas e as práticas concertadas entre empresas, qualquer que seja a forma que revistam, que tenham por objecto ou como efeito impedir, falsear ou restringir de forma sensível a concorrência no todo ou em parte do mercado nacional, nomeadamente os que se traduzam em:

a) Fixar, de forma directa ou indirecta, os preços de compra ou de venda ou interferir na sua determinação pelo livre jogo do mercado, induzindo, artificialmente, quer a sua alta quer a sua baixa;

b) Fixar, de forma directa ou indirecta, outras condições de transacção efectuadas no mesmo ou em diferentes estádios do processo económico;

c) Limitar ou controlar a produção, a distribuição, o desenvolvimento técnico ou os investimentos;

d) Repartir os mercados ou as fontes de abastecimento;

e) Aplicar, de forma sistemática ou ocasional, condições discriminatórias de preço ou outras relativamente a prestações equivalentes;

f) Recusar, directa ou indirectamente, a compra ou venda de bens e a prestação de serviços;

g) Subordinar a celebração de contratos à aceitação de obrigações suplementares que, pela sua natureza ou segundo os usos comerciais, não tenham ligação com o objecto desses contratos.

2 – Excepto nos casos em que se considerem justificadas, nos termos do artigo 5.º, as práticas proibidas pelo n.º 1 são nulas.

ARTIGO 5.º (**Justificação das práticas proibidas**)

1 – Podem ser consideradas justificadas as práticas referidas no artigo anterior que contribuam para melhorar a produção ou a distribuição de bens e serviços ou para promover o desenvolvimento técnico ou económico desde que, cumulativamente:

a) Reservem aos utilizadores desses bens ou serviços uma parte equitativa do benefício daí resultante;

b) Não imponham às empresas em causa quaisquer restrições que não sejam indispensáveis para atingir esses objectivos;

c) Não dêem a essas empresas a possibilidade de eliminar a concorrência numa parte substancial do mercado dos bens ou serviços em causa.

2 – As práticas previstas no artigo 4.º podem ser objecto de avaliação prévia por parte da Autoridade da Concorrência, adiante designada por Autoridade, segundo procedimento a estabelecer por regulamento a aprovar pela Autoridade nos termos dos respectivos estatutos.

3 – São consideradas justificadas as práticas proibidas pelo artigo 4.º que, embora não afectando o comércio entre os Estados membros, preencham os restantes requisitos de aplicação de um regulamento comunitário adoptado ao abrigo do disposto no n.º 3 do artigo 81.º do Tratado que institui a Comunidade Europeia.

4 – A Autoridade pode retirar o benefício referido no número anterior se verificar que, em determinado caso, uma prática por ele abrangida produz efeitos incompatíveis com o disposto no n.º 1.

ARTIGO 6.º (**Abuso de posição dominante**)

1 – É proibida a exploração abusiva, por uma ou mais empresas, de uma posição dominante no mercado nacional ou numa parte substancial deste, tendo por objecto ou como efeito impedir, falsear ou restringir a concorrência.

2 – Entende-se que dispõem de posição dominante relativamente ao mercado de determinado bem ou serviço:

a) A empresa que actua num mercado no qual não sofre concorrência significativa ou assume preponderância relativamente aos seus concorrentes;

b) Duas ou mais empresas que actuam concertadamente num mercado, no qual não sofrem concorrência significativa ou assumem preponderância relativamente a terceiros.

3 – Pode ser considerada abusiva, designadamente:

a) A adopção de qualquer dos comportamentos referidos no n.º 1 do artigo 4.º;

b) A recusa de facultar, contra remuneração adequada, a qualquer outra empresa o acesso a uma rede ou a outras infra-estruturas essenciais que a primeira controla, desde que, sem esse acesso, esta última empresa não consiga, por razões factuais ou legais, operar como concorrente da empresa em posição dominante no mercado a montante ou a jusante, a menos que a empresa dominante demonstre que, por motivos operacionais ou outros, tal acesso é impossível em condições de razoabilidade.

ARTIGO 7.º (**Abuso de dependência económica**)

1 – É proibida, na medida em que seja susceptível de afectar o funcionamento do mercado ou a estrutura da concorrência, a exploração abusiva, por uma ou mais empresas, do estado de dependência económica em que se encontre relativamente a elas qualquer empresa fornecedora ou cliente, por não dispor de alternativa equivalente.

2 – Pode ser considerada abusiva, designadamente:

a) A adopção de qualquer dos comportamentos previstos no n.º 1 do artigo 4.º;

b) A ruptura injustificada, total ou parcial, de uma relação comercial estabelecida, tendo em consideração as relações comerciais anteriores, os usos reconhecidos no ramo da actividade económica e as condições contratuais estabelecidas.

3 – Para efeitos da aplicação do n.º 1, entende-se que uma empresa não dispõe de alternativa equivalente quando:

a) O fornecimento do bem ou serviço em causa, nomeadamente o de distribuição, for assegurado por um número restrito de empresas; e

b) A empresa não puder obter idênticas condições por parte de outros parceiros comerciais num prazo razoável.

SECÇÃO III Concentração de empresas

ARTIGO 8.º (**Concentração de empresas**)

1 – Entende-se haver uma operação de concentração de empresas, para efeitos da presente lei:

a) No caso de fusão de duas ou mais empresas anteriormente independentes;

b) No caso de uma ou mais pessoas singulares que já detenham o controlo de pelo menos uma empresa ou de uma ou mais empresas adquirirem, directa ou indirectamente, o controlo da totalidade ou de partes de uma ou de várias outras empresas.

2 – A criação ou aquisição de uma empresa comum constitui uma operação de concentração de empresas, na acepção da alínea *b)* do número anterior, desde que a empresa comum desempenhe de forma duradoura as funções de uma entidade económica autónoma.

3 – Para efeitos do disposto nos números anteriores o controlo decorre de qualquer acto, independentemente da forma que este assuma, que implique a possibilidade de exercer, isoladamente ou em conjunto, e tendo em conta as circunstâncias de facto ou de direito, uma influência determinante sobre a actividade de uma empresa, nomeadamente:

a) Aquisição da totalidade ou de parte do capital social;

b) Aquisição de direitos de propriedade, de uso ou de fruição sobre a totalidade ou parte dos activos de uma empresa;

c) Aquisição de direitos ou celebração de contratos que confiram uma influência preponderante na composição ou nas deliberações dos órgãos de uma empresa.

4 – Não é havida como concentração de empresas:

a) A aquisição de participações ou de activos no quadro do processo especial de recuperação de empresas ou de falência;

b) A aquisição de participações com meras funções de garantia;

c) A aquisição por instituições de crédito de participações em empresas não financeiras, quando não abrangida pela proibição contida no artigo 101.º do Regime Geral das Instituições de Crédito e Sociedades Financeiras, aprovado pelo Decreto-Lei n.º 298/92, de 31 de Dezembro.

ARTIGO 9.º **(Notificação prévia)**
1 – As operações de concentração de empresas estão sujeitas a notificação prévia quando preencham uma das seguintes condições:

a) Em consequência da sua realização se crie ou se reforce uma quota superior a 30% no mercado nacional de determinado bem ou serviço, ou numa parte substancial deste;

b) O conjunto das empresas participantes na operação de concentração tenha realizado em Portugal, no último exercício, um volume de negócios superior a 150 milhões de euros, líquidos dos impostos com este directamente relacionados, desde que o volume de negócios realizado individualmente em Portugal por, pelo menos, duas dessas empresas seja superior a dois milhões de euros.

2 – As operações de concentração abrangidas pela presente lei devem ser notificadas à Autoridade no prazo de sete dias úteis após a conclusão do acordo ou, sendo caso disso, até à data da publicação do anúncio de uma oferta pública de aquisição ou de troca ou da aquisição de uma participação de controlo.

ARTIGO 10.º **(Quota de mercado e volume de negócios)**
1 – Para o cálculo da quota de mercado e do volume de negócios previstos no artigo anterior ter-se-ão em conta, cumulativamente, os volumes de negócios:

a) Das empresas participantes na concentração;

b) Das empresas em que estas dispõem directa ou indirectamente:

De uma participação maioritária no capital;

De mais de metade dos votos;

Da possibilidade de designar mais de metade dos membros do órgão de administração ou de fiscalização;

Do poder de gerir os negócios da empresa;

c) Das empresas que dispõem nas empresas participantes, isoladamente ou em conjunto, dos direitos ou poderes enumerados na alínea *b)*;

d) Das empresas nas quais uma empresa referida na alínea *c)* dispõe dos direitos ou poderes enumerados na alínea *b)*;

e) Das empresas em que várias empresas referidas nas alíneas *a)* a *d)* dispõem em conjunto, entre elas ou com empresas terceiras, dos direitos ou poderes enumerados na alínea *b)*.

2 – No caso de uma ou várias empresas envolvidas na operação de concentração disporem conjuntamente dos direitos ou poderes enumerados na alínea *b)* do n.º 1, há que no cálculo do volume de negócios das empresas participantes na operação de concentração:

a) Não tomar em consideração o volume de negócios resultante da venda de produtos ou da prestação de serviços realizados entre a empresa comum e cada uma das empresas participantes na operação de concentração ou qualquer outra empresa ligada a estas na acepção das alíneas *b)* a *e)* do número anterior;

b) Tomar em consideração o volume de negócios resultante da venda de produtos e da prestação de serviços realizados entre a empresa comum e qualquer outra empresa terceira, o qual será imputado a cada uma das empresas participantes na operação de concentração na parte correspondente à sua divisão em partes iguais por todas as empresas que controlam a empresa comum.

3 – O volume de negócios a que se refere o número anterior compreende os valores dos produtos vendidos e dos serviços prestados a empresas e consumidores em território português, líquidos dos impostos directamente relacionados com o volume de negócios, mas não inclui as transacções efectuadas entre as empresas referidas no mesmo número.

4 – Em derrogação ao disposto no n.º 1, se a operação de concentração consistir na aquisição de partes, com ou sem personalidade jurídica própria, de uma ou mais empresas, o volume de negócios a ter em consideração relativamente ao cedente ou cedentes será apenas o relativo às parcelas que são objecto da transacção.

5 – O volume de negócios é substituído:

a) No caso das instituições de crédito e de outras instituições financeiras, pela soma das seguintes rubricas de proveitos, tal como definidas na legislação aplicável:

    i) Juros e proveitos equiparados;
    ii) Receitas de títulos:
        Rendimentos de acções e de outros títulos de rendimento variável;
        Rendimentos de participações;
        Rendimentos de partes do capital em empresas coligadas;
    iii) Comissões recebidas;
    iv) Lucro líquido proveniente de operações financeiras;
    v) Outros proveitos de exploração;

b) No caso das empresas de seguros, pelo valor dos prémios brutos emitidos, pagos por residentes em Portugal, que incluem todos os montantes recebidos e a receber ao abrigo de contratos de seguro efectuados por essas empresas ou por sua conta, incluindo os prémios cedidos às resseguradoras, com excepção dos impostos ou taxas cobrados com base no montante dos prémios ou no seu volume total.

ARTIGO 11.º **(Suspensão da operação de concentração)**

1 – Uma operação de concentração sujeita a notificação prévia não pode realizar-se antes de ter sido notificada e antes de ter sido objecto de uma decisão, expressa ou tácita, de não oposição.

2 – A validade de qualquer negócio jurídico realizado em desrespeito pelo disposto na presente secção depende de autorização expressa ou tácita da operação de concentração.

3 – O disposto nos números anteriores não prejudica a realização de uma oferta pública de compra ou de troca que tenha sido notificada à Autoridade ao abrigo do artigo 9.º, desde que o adquirente não exerça os direitos de voto inerentes às participações em causa ou os exerça apenas tendo em vista proteger o pleno valor do seu investimento com base em derrogação concedida nos termos do número seguinte.

4 – A Autoridade pode, mediante pedido fundamentado da empresa ou empresas participantes, apresentado antes ou depois da notificação, conceder uma derrogação ao cumprimento das obrigações previstas nos n.ºs 1 ou 3, ponderadas as consequências da suspensão da operação ou do exercício dos direitos de voto para as empresas participantes e os efeitos negativos da derrogação para a concorrência, podendo, se necessário, acompanhar a derrogação de condições ou obrigações destinadas a assegurar uma concorrência efectiva.

ARTIGO 12.º (**Apreciação das operações de concentração**)

1 – Sem prejuízo do disposto no n.º 5 do presente artigo, as operações de concentração, notificadas de acordo com o disposto no artigo 9.º, serão apreciadas com o objectivo de determinar os seus efeitos sobre a estrutura da concorrência, tendo em conta a necessidade de preservar e desenvolver, no interesse dos consumidores intermédios e finais, uma concorrência efectiva no mercado nacional.

2 – Na apreciação referida no número anterior serão tidos em conta, designadamente, os seguintes factores:

a) A estrutura dos mercados relevantes e a existência ou não de concorrência por parte de empresas estabelecidas nesses mercados ou em mercados distintos;

b) A posição das empresas participantes no mercado ou mercados relevantes e o seu poder económico e financeiro, em comparação com os dos seus principais concorrentes;

c) A concorrência potencial e a existência, de direito ou de facto, de barreiras à entrada no mercado;

d) As possibilidades de escolha de fornecedores e utilizadores;

e) O acesso das diferentes empresas às fontes de abastecimento e aos mercados de escoamento;

f) A estrutura das redes de distribuição existentes;

g) A evolução da oferta e da procura dos produtos e serviços em causa;

h) A existência de direitos especiais ou exclusivos conferidos por lei ou resultantes da natureza dos produtos transaccionados ou dos serviços prestados;

i) O controlo de infra-estruturas essenciais por parte das empresas em causa e as possibilidades de acesso a essas infra-estruturas oferecidas às empresas concorrentes;

j) A evolução do progresso técnico e económico, desde que a mesma seja vantajosa para os consumidores e não constitua um obstáculo à concorrência;

l) O contributo da concentração para a competitividade internacional da economia nacional.

3 – Serão autorizadas as operações de concentração que não criem ou não reforcem uma posição dominante de que resultem entraves significativos à concorrência efectiva no mercado nacional ou numa parte substancial deste.

4 – Serão proibidas as operações de concentração que criem ou reforcem uma posição dominante da qual possam resultar entraves significativos à concorrência efectiva no mercado nacional ou numa parte substancial deste.

5 – A decisão que autoriza uma operação de concentração abrange igualmente as restrições directamente relacionadas com a realização da concentração e a ela necessárias.

6 – Nos casos previstos no n.º 2 do artigo 8.º, se a criação da empresa comum tiver por objecto ou efeito a coordenação do comportamento concorrencial de empresas que se mantêm independentes, tal coordenação é apreciada nos termos previstos nos artigos 4.º e 5.º da presente lei.

SECÇÃO IV Auxílios de Estado

ARTIGO 13.º (**Auxílios de Estado**)

1 – Os auxílios a empresas concedidos por um Estado ou qualquer outro ente público não devem restringir ou afectar de forma significativa a concorrência no todo ou em parte do mercado.

2 – A pedido de qualquer interessado, a Autoridade pode analisar qualquer auxílio ou projecto de auxílio e formular ao Governo as recomendações que entenda necessárias para eliminar os efeitos negativos desse auxílio sobre a concorrência.

3 – Para efeitos do disposto no presente artigo, não se consideram auxílios as indemnizações compensatórias, qualquer que seja a forma que revistam, concedidas pelo Estado como contrapartida da prestação de um serviço público.

CAPÍTULO II Autoridade da Concorrência

ARTIGO 14.º (**Autoridade da Concorrência**)

O respeito pelas regras da concorrência é assegurado pela Autoridade da Concorrência, nos limites das atribuições e competências que lhe são legalmente cometidas.

ARTIGO 15.º (**Autoridades reguladoras sectoriais**)

A Autoridade da Concorrência e as autoridades reguladoras sectoriais colaboram na aplicação da legislação de concorrência, nos termos previstos no capítulo III da presente lei.

ARTIGO 16.º (**Relatório**)

A Autoridade da Concorrência elabora e envia anualmente ao Governo, que o remete nesse momento à Assembleia da República, um relatório sobre as actividades e o exercício dos seus poderes e competências, em especial quanto aos poderes sancionatórios, de supervisão e de regulamentação, o qual será publicado.

CAPÍTULO III Do processo

SECÇÃO I Disposições gerais

ARTIGO 17.º (Poderes de inquérito e inspecção)
1 – No exercício dos poderes sancionatórios e de supervisão, a Autoridade, através dos seus órgãos ou funcionários, goza dos mesmos direitos e faculdades e está submetida aos mesmos deveres dos órgãos de polícia criminal, podendo, designadamente:

a) Inquirir os representantes legais das empresas ou das associações de empresas envolvidas, bem como solicitar-lhes documentos e outros elementos de informação que entenda convenientes ou necessários para o esclarecimento dos factos;

b) Inquirir os representantes legais de outras empresas ou associações de empresas e quaisquer outras pessoas cujas declarações considere pertinentes, bem como solicitar-lhes documentos e outros elementos de informação;

c) Proceder, nas instalações das empresas ou das associações de empresas envolvidas, à busca, exame, recolha e apreensão de cópias ou extractos da escrita e demais documentação, quer se encontre ou não em lugar reservado ou não livremente acessível ao público, sempre que tais diligências se mostrem necessárias à obtenção de prova;

d) Proceder à selagem dos locais das instalações das empresas em que se encontrem ou sejam susceptíveis de se encontrar elementos da escrita ou demais documentação, durante o período e na medida estritamente necessária à realização das diligências a que se refere a alínea anterior;

e) Requerer a quaisquer outros serviços da Administração Pública, incluindo os órgãos de polícia criminal, através dos respectivos gabinetes ministeriais, a colaboração que se mostrar necessária ao cabal desempenho das suas funções.

2 – As diligências previstas na alínea *c)* do número anterior dependem de despacho da autoridade judiciária que autorize a sua realização, solicitado previamente pela Autoridade, em requerimento devidamente fundamentado, devendo a decisão ser proferida no prazo de quarenta e oito horas.

3 – Os funcionários que, no exterior, procedam às diligências previstas nas alíneas *a)* a *c)* do n.º 1 deverão ser portadores:

a) No caso das alíneas *a)* e *b)*, de credencial emitida pela Autoridade, da qual constará a finalidade da diligência;

b) No caso da alínea *c)*, da credencial referida na alínea anterior e do despacho previsto no n.º 2.

4 – Sempre que tal se revelar necessário, as pessoas a que alude o número anterior poderão solicitar a intervenção das autoridades policiais.

5 – A falta de comparência das pessoas convocadas a prestar declarações junto da Autoridade não obsta a que os processos sigam os seus termos.

ARTIGO 18.º (**Prestação de informações**)

1 – Sempre que a Autoridade, no exercício dos poderes sancionatórios e de supervisão que lhe são atribuídos por lei, solicitar às empresas, associações de empresas ou a quaisquer outras pessoas ou entidades documentos e outras informações que se revelem necessários, esse pedido deve ser instruído com os seguintes elementos:

a) A base jurídica e o objectivo do pedido;

b) O prazo para a comunicação das informações ou o fornecimento dos documentos;

c) As sanções a aplicar na hipótese de incumprimento do requerido;

d) A informação de que as empresas deverão identificar, de maneira fundamentada, as informações que consideram confidenciais, juntando, sendo caso disso, uma cópia não confidencial dos documentos em que se contenham tais informações.

2 – As informações e documentos solicitados pela Autoridade ao abrigo da presente lei devem ser fornecidos no prazo de 30 dias, salvo se, por decisão fundamentada, for por esta fixado um prazo diferente.

ARTIGO 19.º (**Procedimentos sancionatórios**)

Sem prejuízo do disposto na presente lei, os procedimentos sancionatórios respeitam o princípio da audiência dos interessados, o princípio do contraditório e demais princípios gerais aplicáveis ao procedimento e à actuação administrativa constantes do Código do Procedimento Administrativo, aprovado pelo Decreto--Lei n.º 442/91, de 15 de Novembro, na redacção resultante do Decreto-Lei n.º 6/96, de 31 de Janeiro, bem como, se for caso disso, do regime geral dos ilícitos de mera ordenação social, aprovado pelo Decreto-Lei n.º 433/82, de 27 de Outubro, na redacção resultante da Lei n.º 109/2001, de 24 de Dezembro.

ARTIGO 20.º (**Procedimentos de supervisão**)

Salvo disposição em contrário da presente lei, as decisões adoptadas pela Autoridade ao abrigo dos poderes de supervisão que lhe são conferidos por lei seguem o procedimento administrativo comum previsto no Código do Procedimento Administrativo.

ARTIGO 21.º (**Procedimentos de regulamentação**)

1 – Antes da emissão de qualquer regulamento com eficácia externa, adoptado ao abrigo dos poderes de regulamentação previstos no n.º 4 do artigo 7.º dos respectivos estatutos, a Autoridade deverá proceder à divulgação do respectivo projecto na Internet, para fins de discussão pública, durante um período que não deverá ser inferior a 30 dias.

2 – No relatório preambular dos regulamentos previstos no número anterior a Autoridade fundamentará as suas opções, designadamente com referência às opiniões expressas durante o período de discussão pública.

3 – O disposto nos números anteriores não será aplicável em casos de urgência, situação em que a Autoridade poderá decidir pela redução do prazo concedido ou pela sua ausência, conforme fundamentação que deverá aduzir.

4 – Os regulamentos da Autoridade que contenham normas com eficácia externa são publicados na 2.ª série do Diário da República.

SECÇÃO II Processos relativos a práticas proibidas

ARTIGO 22.º (Normas aplicáveis)

1 – Os processos por infracção ao disposto nos artigos 4.º, 6.º e 7.º regem-se pelo disposto na presente secção, na secção I do presente capítulo e, subsidiariamente, pelo regime geral dos ilícitos de mera ordenação social.

2 – O disposto no número anterior é igualmente aplicável, com as necessárias adaptações, aos processos por infracção aos artigos 81.º e 82.º do Tratado que institui a Comunidade Europeia instaurados pela Autoridade, ou em que esta seja chamada a intervir, ao abrigo das competências que lhe são conferidas pela alínea g) do n.º 1 do artigo 6.º do Decreto-Lei n.º 10/2003, de 18 de Janeiro.

ARTIGO 23.º (Notificações)

1 – As notificações são feitas pessoalmente, se necessário com o auxílio das autoridades policiais, ou por carta registada com aviso de recepção, dirigida para a sede social, estabelecimento principal ou domicílio em Portugal da empresa, do seu representante legal ou para o domicílio profissional do seu mandatário judicial para o efeito constituído.

2 – Quando a empresa não tiver sede ou estabelecimento em Portugal a notificação é feita por carta registada com aviso de recepção para a sede social ou estabelecimento principal.

3 – Quando não for possível realizar a notificação, nos termos dos números anteriores, a notificação considera-se feita, respectivamente, nos 3.º e 7.º dias úteis posteriores ao do envio, devendo a cominação aplicável constar do acto de notificação.

ARTIGO 24.º (Abertura do inquérito)

1 – Sempre que a Autoridade tome conhecimento, por qualquer via, de eventuais práticas proibidas pelos artigos 4.º, 6.º e 7.º, procede à abertura de um inquérito, em cujo âmbito promoverá as diligências de investigação necessárias à identificação dessas práticas e dos respectivos agentes.

2 – Todos os serviços da administração directa, indirecta ou autónoma do Estado, bem como as autoridades administrativas independentes, têm o dever de participar à Autoridade os factos de que tomem conhecimento susceptíveis de serem qualificados como práticas restritivas da concorrência.

ARTIGO 25.º (**Decisão do inquérito**)
1 – Terminado o inquérito, a Autoridade decidirá:
a) Proceder ao arquivamento do processo, se entender que não existem indícios suficientes de infracção;
b) Dar início à instrução do processo, através de notificação dirigida às empresas ou associações de empresas arguidas, sempre que conclua, com base nas investigações levadas a cabo, que existem indícios suficientes de infracção às regras de concorrência.

2 – Caso o inquérito tenha sido instaurado com base em denúncia de qualquer interessado, a Autoridade não pode proceder ao seu arquivamento sem dar previamente conhecimento das suas intenções ao denunciante, concedendo-lhe um prazo razoável para se pronunciar.

ARTIGO 26.º (**Instrução do processo**)
1 – Na notificação a que se refere a alínea *b)* do n.º 1 do artigo precedente, a Autoridade fixa às arguidas um prazo razoável para que se pronunciem por escrito sobre as acusações formuladas e as demais questões que possam interessar à decisão do processo, bem como sobre as provas produzidas, e para que requeiram as diligências complementares de prova que considerem convenientes.

2 – A audição por escrito a que se refere o número anterior pode, a solicitação das empresas ou associações de empresas arguidas, apresentada à Autoridade no prazo de cinco dias a contar da notificação, ser completada ou substituída por uma audição oral, a realizar na data fixada para o efeito pela Autoridade, a qual não pode, em todo o caso, ter lugar antes do termo do prazo inicialmente fixado para a audição por escrito.

3 – A Autoridade pode recusar a realização de diligências complementares de prova sempre que for manifesta a irrelevância das provas requeridas ou o seu intuito meramente dilatório.

4 – A Autoridade pode ordenar oficiosamente a realização de diligências complementares de prova, mesmo após a audição a que se referem os n.ºs 1 e 2, desde que assegure às arguidas o respeito pelo princípio do contraditório.

5 – Na instrução dos processos, a Autoridade acautela o interesse legítimo das empresas na não divulgação dos seus segredos de negócio.

ARTIGO 27.º (**Medidas cautelares**)
1 – Sempre que a investigação indicie que a prática objecto do processo é susceptível de provocar um prejuízo iminente, grave e irreparável ou de difícil reparação para a concorrência ou para os interesses de terceiros, pode a Autoridade, em qualquer momento do inquérito ou da instrução, ordenar preventivamente a imediata suspensão da referida prática ou quaisquer outras medidas provisórias necessárias à imediata reposição da concorrência ou indispensáveis ao efeito útil da decisão a proferir no termo do processo.

2 – As medidas previstas neste artigo podem ser adoptadas pela Autoridade oficiosamente ou a requerimento de qualquer interessado e vigorarão até à sua revo-

gação pela Autoridade e, em todo o caso, por período não superior a 90 dias, salvo prorrogação devidamente fundamentada.

3 – Sem prejuízo do disposto no n.º 5, a adopção das medidas referidas nos números anteriores é precedida de audição dos interessados, excepto se tal puser em sério risco o objectivo ou a eficácia da providência.

4 – Sempre que esteja em causa um mercado objecto de regulação sectorial, a Autoridade solicita o parecer prévio da respectiva autoridade reguladora, o qual é emitido no prazo máximo de cinco dias úteis.

5 – O disposto no número anterior não prejudica a possibilidade de a Autoridade, em caso de urgência, determinar provisoriamente as medidas que se mostrem indispensáveis ao restabelecimento ou manutenção de uma concorrência efectiva.

ARTIGO 28.º (Conclusão da instrução)

1 – Concluída a instrução, a Autoridade adopta, com base no relatório do serviço instrutor, uma decisão final, na qual pode, consoante os casos:

a) Ordenar o arquivamento do processo;

b) Declarar a existência de uma prática restritiva da concorrência e, se for caso disso, ordenar ao infractor que adopte as providências indispensáveis à cessação dessa prática ou dos seus efeitos no prazo que lhe for fixado;

c) Aplicar as coimas e demais sanções previstas nos artigos 43.º, 45.º e 46.º;

d) Autorizar um acordo, nos termos e condições previstos no artigo 5.º.

2 – Sempre que estejam em causa práticas com incidência num mercado objecto de regulação sectorial, a adopção de uma decisão ao abrigo das alíneas *b)* a *d)* do número anterior é precedida de parecer prévio da respectiva autoridade reguladora sectorial, o qual será emitido num prazo razoável fixado pela Autoridade.

ARTIGO 29.º (Articulação com autoridades reguladoras sectoriais)

1 – Sempre que a Autoridade tome conhecimento, nos termos previstos no artigo 24.º da presente lei, de factos ocorridos num domínio submetido a regulação sectorial e susceptíveis de serem qualificados como práticas restritivas da concorrência, dá imediato conhecimento dos mesmos à autoridade reguladora sectorial competente em razão da matéria, para que esta se pronuncie num prazo razoável fixado pela Autoridade.

2 – Sempre que, no âmbito das respectivas atribuições e sem prejuízo do disposto no n.º 2 do artigo 24.º, uma autoridade reguladora sectorial apreciar, oficiosamente ou a pedido de entidades reguladas, questões que possam configurar uma violação do disposto na presente lei, deve dar imediato conhecimento do processo à Autoridade, bem como dos respectivos elementos essenciais.

3 – Nos casos previstos nos números anteriores a Autoridade pode, por decisão fundamentada, sobrestar na sua decisão de instaurar ou de prosseguir um inquérito ou um processo, durante o prazo que considere adequado.

4 – Antes da adopção da decisão final a autoridade reguladora sectorial dá

conhecimento do projecto da mesma à Autoridade, para que esta se pronuncie num prazo razoável por aquela fixado.

SECÇÃO III Procedimento de controlo das operações de concentração de empresas

ARTIGO 30.º **(Normas aplicáveis)**

O procedimento em matéria de controlo de operações de concentração de empresas rege-se pelo disposto na presente secção, na secção I do presente capítulo e, subsidiariamente, no Código do Procedimento Administrativo.

ARTIGO 31.º **(Apresentação da notificação)**

1 – A notificação prévia das operações de concentração de empresas é apresentada à Autoridade pelas pessoas ou empresas a que se referem as alíneas *a)* e *b)* do n.º 1 do artigo 8.º.

2 – As notificações conjuntas são apresentadas por um representante comum, com poderes para enviar e receber documentos em nome de todas as partes notificantes.

3 – A notificação é apresentada de acordo com o formulário aprovado pela Autoridade[1] e conterá as informações e documentos nele exigidos.

ARTIGO 32.º **(Produção de efeitos da notificação)**

1 – Sem prejuízo do disposto no número seguinte, a notificação produz efeitos na data do pagamento da taxa devida, determinada nos termos previstos no artigo 57.º.

2 – Sempre que as informações ou documentos constantes da notificação estejam incompletos ou se revelem inexactos, tendo em conta os elementos que devam ser transmitidos, nos termos previstos no n.º 3 do artigo 31.º, a Autoridade convida, por escrito e no prazo de sete dias úteis, os autores da notificação a completar ou corrigir a notificação no prazo que lhes fixar, produzindo, neste caso, a notificação efeitos na data de recepção das informações ou documentos pela Autoridade.

3 – A Autoridade pode dispensar a apresentação de determinadas informações ou documentos, caso não se revelem necessários para a apreciação da operação de concentração.

ARTIGO 33.º **(Publicação)**

No prazo de 5 dias contados da data em que a notificação produz efeitos, a Autoridade promove a publicação em dois jornais de expansão nacional, a expensas dos autores da notificação, dos elementos essenciais desta, a fim de que quaisquer

---

[1] Ver infra, pp. 69 e seguintes.

terceiros interessados possam apresentar observações no prazo que for fixado, o qual não pode ser inferior a 10 dias.

ARTIGO 34.º **(Instrução)**

1 – No prazo de 30 dias contados da data de produção de efeitos da notificação, a Autoridade deve completar a instrução do procedimento respectivo.

2 – Se, no decurso da instrução, se revelar necessário o fornecimento de informações ou documentos adicionais ou a correcção dos que foram fornecidos, a Autoridade comunica tal facto aos autores da notificação, fixando-lhes um prazo razoável para fornecer os elementos em questão ou proceder às correcções indispensáveis.

3 – A comunicação prevista no número anterior suspende o prazo referido no n.º 1, com efeitos a partir do 1.º dia útil seguinte ao do respectivo envio, terminando a suspensão no dia seguinte ao da recepção, pela Autoridade, dos elementos solicitados.

4 – No decurso da instrução, a Autoridade solicita a quaisquer outras entidades, públicas ou privadas, as informações que considere convenientes para a decisão do processo, as quais serão transmitidas nos prazos por aquela fixados.

ARTIGO 35.º **(Decisão)**

1 – Até ao termo do prazo referido no n.º 1 do artigo 34.º, a Autoridade decide:

a) Não se encontrar a operação abrangida pela obrigação de notificação prévia a que se refere o artigo 9.º; ou

b) Não se opor à operação de concentração; ou

c) Dar início a uma investigação aprofundada, quando considere que a operação de concentração em causa é susceptível, à luz dos elementos recolhidos, de criar ou reforçar uma posição dominante da qual possam resultar entraves significativos à concorrência efectiva no mercado nacional ou numa parte substancial deste, à luz dos critérios definidos no artigo 12.º.

2 – A decisão a que se refere a alínea *b)* do n.º 1 será tomada sempre que a Autoridade conclua que a operação, tal como foi notificada ou na sequência de alterações introduzidas pelos autores da notificação, não é susceptível de criar ou reforçar uma posição dominante da qual possam resultar entraves significativos à concorrência efectiva no mercado nacional ou numa parte substancial deste.

3 – As decisões tomadas pela Autoridade ao abrigo da alínea *b)* do n.º 1 podem ser acompanhadas da imposição de condições e obrigações destinadas a garantir o cumprimento de compromissos assumidos pelos autores da notificação com vista a assegurar a manutenção de uma concorrência efectiva.

4 – A ausência de decisão no prazo a que se refere o n.º 1 vale como decisão de não oposição à operação de concentração.

ARTIGO 36.º **(Investigação aprofundada)**

1 – No prazo máximo de 90 dias contados da data da decisão a que se refere

a alínea *c)* do n.º 1 do artigo anterior, a Autoridade procede às diligências de investigação complementares que considere necessárias.

2 – Às diligências de investigação referidas no número anterior é aplicável, designadamente, o disposto nos n.ºs 2 a 4 do artigo 34.º.

ARTIGO 37.º (**Decisão após investigação aprofundada**)
1 – Até ao termo do prazo fixado no n.º 1 do artigo anterior, a Autoridade pode decidir:
   a) Não se opor à operação de concentração;
   b) Proibir a operação de concentração, ordenando, caso esta já se tenha realizado, medidas adequadas ao restabelecimento de uma concorrência efectiva, nomeadamente a separação das empresas ou dos activos agrupados ou a cessação do controlo.

2 – À decisão referida na alínea *a)* do número anterior aplica-se, com as devidas adaptações, o disposto nos n.ºs 2 e 3 do artigo 35.º.

3 – A ausência de decisão no prazo a que se refere o n.º 1 vale como decisão de não oposição à realização da operação de concentração.

ARTIGO 38.º (**Audiência dos interessados**)
1 – As decisões a que se referem os artigos 35.º e 37.º são tomadas mediante audiência prévia dos autores da notificação e dos contra-interessados.

2 – Nas decisões de não oposição referidas na alínea *b)* do n.º 1 do artigo 35.º e na alínea *a)* do n.º 1 do artigo 37.º, quando não acompanhadas da imposição de condições ou obrigações, a Autoridade pode, na ausência de contra-interessados, dispensar a audiência dos autores da notificação.

3 – Consideram-se contra-interessados, para efeitos do disposto neste artigo, aqueles que, no âmbito do procedimento, se tenham manifestado desfavoravelmente quanto à realização da operação de concentração em causa.

4 – A realização da audiência de interessados suspende o cômputo dos prazos referidos no n.º 1 dos artigos 34.º e 36.º.

ARTIGO 39.º (**Articulação com autoridades reguladoras sectoriais**)
1 – Sempre que uma operação de concentração de empresas tenha incidência num mercado objecto de regulação sectorial, a Autoridade da Concorrência, antes de tomar uma decisão ao abrigo do n.º 1 do artigo 35.º ou do n.º 1 do artigo 37.º, consoante os casos, solicita que a respectiva autoridade reguladora se pronuncie, num prazo razoável fixado pela Autoridade.

2 – O disposto no número anterior não prejudica o exercício pelas autoridades reguladoras sectoriais dos poderes que, no quadro das suas atribuições específicas, lhes sejam legalmente conferidos relativamente à operação de concentração em causa.

ARTIGO 40.º (**Procedimento oficioso**)
1 – Sem prejuízo da aplicação das correspondentes sanções, são objecto de procedimento oficioso:
a) As operações de concentração de cuja realização a Autoridade tome conhecimento e que, em incumprimento do disposto na presente lei, não tenham sido objecto de notificação prévia;
b) As operações de concentração cuja decisão expressa ou tácita de não oposição se tenha fundado em informações falsas ou inexactas relativas a circunstâncias essenciais para a decisão, fornecidas pelos participantes na operação de concentração;
c) As operações de concentração em que se verifique o desrespeito, total ou parcial, de obrigações ou condições impostas aquando da respectiva decisão de não oposição.
2 – Na hipótese prevista na alínea *a)* do número anterior, a Autoridade notifica as empresas em situação de incumprimento para que procedam à notificação da operação nos termos previstos na presente lei, num prazo razoável fixado pela Autoridade, a qual poderá ainda determinar a sanção pecuniária a aplicar em execução do disposto na alínea *b)* do artigo 46.º.
3 – Nas hipóteses previstas nas alíneas *a)* e *b)* do n.º 1, a Autoridade não está submetida aos prazos fixados nos artigos 32.º a 37.º da presente lei.
4 – Nos casos previstos na alínea *c)* do n.º 1, a decisão da Autoridade de dar início a um procedimento oficioso produz efeitos a partir da data da sua comunicação a qualquer das empresas ou pessoas participantes na operação de concentração.

ARTIGO 41.º (**Nulidade**)
São nulos os negócios jurídicos relacionados com uma operação de concentração na medida em que contrariem decisões da Autoridade que hajam:
a) Proibido a operação de concentração;
b) Imposto condições à sua realização; ou
c) Ordenado medidas adequadas ao restabelecimento da concorrência efectiva.

CAPÍTULO IV Das infracções e sanções

ARTIGO 42.º (**Qualificação**)
Sem prejuízo da responsabilidade criminal e das medidas administrativas a que houver lugar, as infracções às normas previstas no presente diploma e às normas de direito comunitário cuja observância seja assegurada pela Autoridade constituem contra-ordenação punível nos termos do disposto no presente capítulo.

ARTIGO 43.º (Coimas)
1 – Constitui contra-ordenação punível com coima que não pode exceder, para cada uma das empresas partes na infracção, 10% do volume de negócios no último ano:
   a) A violação do disposto nos artigos 4.º, 6.º e 7.º;
   b) A realização de operações de concentração de empresas que se encontrem suspensas, nos termos previstos no n.º 1 do artigo 11.º, ou que hajam sido proibidas por decisão adoptada ao abrigo da alínea b) do n.º 1 do artigo 37.º;
   c) O desrespeito por decisão que decrete medidas provisórias, nos termos previstos no artigo 27.º;
   d) O desrespeito de condições ou obrigações impostas às empresas pela Autoridade, nos termos previstos no n.º 4 do artigo 11.º, no n.º 3 do artigo 35.º e no n.º 2 do artigo 37.º.
2 – No caso de associações de empresas, a coima prevista no número anterior não excederá 10% do volume de negócios agregado anual das empresas associadas que hajam participado no comportamento proibido.
3 – Constitui contra-ordenação punível com coima que não pode exceder, para cada uma das empresas, 1% do volume de negócios do ano anterior:
   a) A falta de notificação de uma operação de concentração sujeita a notificação prévia nos termos do artigo 9.º;
   b) A não prestação ou a prestação de informações falsas, inexactas ou incompletas, em resposta a pedido da Autoridade, no uso dos seus poderes sancionatórios ou de supervisão;
   c) A não colaboração com a Autoridade ou a obstrução ao exercício por esta dos poderes previstos no artigo 17.º.
4 – Em caso de falta de comparência injustificada, em diligência de processo para que tenham sido regularmente notificados, de testemunhas, peritos ou representantes das empresas queixosas ou infractoras, a Autoridade pode aplicar uma coima no valor máximo de 10 unidades de conta.
5 – Nos casos previstos nos números anteriores, se a contra-ordenação consistir na omissão do cumprimento de um dever jurídico ou de uma ordem emanada da Autoridade, a aplicação da coima não dispensa o infractor do cumprimento do dever, se este ainda for possível.
6 – A negligência é punível.

ARTIGO 44.º (Critérios de determinação da medida da coima)
As coimas a que se refere o artigo anterior são fixadas tendo em consideração, entre outras, as seguintes circunstâncias:
   a) A gravidade da infracção para a manutenção de uma concorrência efectiva no mercado nacional;
   b) As vantagens de que hajam beneficiado as empresas infractoras em consequência da infracção;
   c) O carácter reiterado ou ocasional da infracção;
   d) O grau de participação na infracção;

e) A colaboração prestada à Autoridade, até ao termo do procedimento administrativo;

f) O comportamento do infractor na eliminação das práticas proibidas e na reparação dos prejuízos causados à concorrência.

ARTIGO 45.º (**Sanções acessórias**)
Caso a gravidade da infracção o justifique, a Autoridade promove a publicação, a expensas do infractor, da decisão proferida no âmbito de um processo instaurado ao abrigo da presente lei no Diário da República e ou num jornal nacional de expansão nacional, regional ou local, consoante o mercado geográfico relevante em que a prática proibida produziu os seus efeitos.

ARTIGO 46.º (**Sanções pecuniárias compulsórias**)
Sem prejuízo do disposto no artigo 43.º, a Autoridade pode decidir, quando tal se justifique, aplicar uma sanção pecuniária compulsória, num montante que não excederá 5% da média diária do volume de negócios no último ano, por dia de atraso, a contar da data fixada na decisão, nos casos seguintes:

a) Não acatamento de decisão da Autoridade que imponha uma sanção ou ordene a adopção de medidas determinadas;

b) Falta de notificação de uma operação de concentração sujeita a notificação prévia nos termos do artigo 9.º;

c) Não prestação ou prestação de informações falsas aquando de uma notificação prévia de uma operação de concentração de empresas.

ARTIGO 47.º (**Responsabilidade**)
1 – Pela prática das contra-ordenações previstas nesta lei podem ser responsabilizadas pessoas singulares, pessoas colectivas, independentemente da regularidade da sua constituição, sociedades e associações sem personalidade jurídica.

2 – As pessoas colectivas e as entidades que lhes são equiparadas, nos termos do disposto no número anterior, são responsáveis pelas contra-ordenações previstas nesta lei quando os factos tiverem sido praticados, no exercício das respectivas funções ou em seu nome ou por sua conta, pelos titulares dos seus órgãos sociais, mandatários, representantes ou trabalhadores.

3 – Os titulares do órgão de administração das pessoas colectivas e entidades equiparadas incorrem na sanção prevista para o autor, especialmente atenuada, quando, conhecendo ou devendo conhecer a prática da infracção, não adoptem as medidas adequadas para lhe pôr termo imediatamente, a não ser que sanção mais grave lhe caiba por força de outra disposição legal.

4 – As empresas que integrem uma associação de empresas que seja objecto de uma coima ou de uma sanção pecuniária compulsória, nos termos previstos nos artigos 43.º e 46.º, são solidariamente responsáveis pelo pagamento da coima.

ARTIGO 48.º (Prescrição)
1 – O procedimento de contra-ordenação extingue-se por prescrição no prazo de:
a) Três anos, nos casos previstos nos n.ºs 3 e 4 do artigo 43.º;
b) Cinco anos, nos restantes casos.

2 – O prazo de prescrição das sanções é de cinco anos a contar do dia em que se torna definitiva ou transita em julgado a decisão que determinou a sua aplicação, salvo no caso previsto no n.º 4 do artigo 43.º, que é de três anos.

3 – O prazo de prescrição suspende-se ou interrompe-se nos casos previstos nos artigos 27.º-A e 28.º do Decreto-Lei n.º 433/82, de 27 de Outubro, na redacção resultante do Decreto-Lei n.º 109/2001, de 24 de Dezembro.

CAPÍTULO V Dos recursos

SECÇÃO I Processos contra-ordenacionais

ARTIGO 49.º (Regime jurídico)
Salvo disposição em sentido diverso da presente lei, aplicam-se à interposição, ao processamento e ao julgamento dos recursos previstos na presente secção os artigos seguintes e, subsidiariamente, o regime geral dos ilícitos de mera ordenação social.

ARTIGO 50.º (Tribunal competente e efeitos)
1 – Das decisões proferidas pela Autoridade que determinem a aplicação de coimas ou de outras sanções previstas na lei cabe recurso para o Tribunal de Comércio de Lisboa, com efeito suspensivo.

2 – Das demais decisões, despachos ou outras medidas adoptadas pela Autoridade cabe recurso para o mesmo Tribunal, com efeito meramente devolutivo, nos termos e limites fixados no n.º 2 do artigo 55.º do Decreto-Lei n.º 433/82, de 27 de Outubro.

ARTIGO 51.º (Regime processual)
1 – Interposto o recurso de uma decisão da Autoridade, esta remete os autos ao Ministério Público no prazo de 20 dias úteis, podendo juntar alegações.

2 – Sem prejuízo do disposto no artigo 70.º do Decreto-Lei n.º 433/82, de 27 de Outubro, na redacção resultante do Decreto-Lei n.º 244/95, de 14 de Setembro, a Autoridade pode ainda juntar outros elementos ou informações que considere relevantes para a decisão da causa, bem como oferecer meios de prova.

3 – A Autoridade, o Ministério Público ou os arguidos podem opor-se a que o Tribunal decida por despacho, sem audiência de julgamento.

4 – A desistência da acusação pelo Ministério Público depende da concordância da Autoridade.

5 – Se houver lugar a audiência de julgamento, o Tribunal decide com base na prova realizada na audiência, bem como na prova produzida na fase administrativa do processo de contra-ordenação.

6 – A Autoridade tem legitimidade para recorrer autonomamente das decisões proferidas no processo de impugnação que admitam recurso.

ARTIGO 52.º **(Recurso das decisões do Tribunal de Comércio de Lisboa)**
1 – As decisões do Tribunal de Comércio de Lisboa que admitam recurso, nos termos previstos no regime geral dos ilícitos de mera ordenação social, são impugnáveis junto do Tribunal da Relação de Lisboa, que decide em última instância.

2 – Dos acórdãos proferidos pelo Tribunal da Relação de Lisboa não cabe recurso ordinário.

SECÇÃO II Procedimentos administrativos

ARTIGO 53.º **(Regime processual)**
À interposição, ao processamento e ao julgamento dos recursos referidos na presente secção é aplicável o disposto nos artigos seguintes e, subsidiariamente, o regime de impugnação contenciosa de actos administrativos definido no Código de Processo nos Tribunais Administrativos.

ARTIGO 54.º **(Tribunal competente e efeitos do recurso)**
1 – Das decisões da Autoridade proferidas em procedimentos administrativos a que se refere a presente lei, bem como da decisão ministerial prevista no artigo 34.º do Decreto-Lei n.º 10/2003, de 18 de Janeiro, cabe recurso para o Tribunal de Comércio de Lisboa, a ser tramitado como acção administrativa especial.

2 – O recurso previsto no número anterior tem efeito meramente devolutivo, salvo se lhe for atribuído, exclusiva ou cumulativamente com outras medidas provisórias, o efeito suspensivo por via do decretamento de medidas provisórias.

ARTIGO 55.º **(Recurso das decisões do Tribunal de Comércio de Lisboa)**
1 – Das decisões proferidas pelo Tribunal de Comércio de Lisboa nas acções administrativas a que se refere a presente secção cabe recurso jurisdicional para o Tribunal da Relação de Lisboa e deste, limitado à matéria de direito, para o Supremo Tribunal de Justiça.

2 – Se o recurso jurisdicional respeitar apenas a questões de direito, o recurso é interposto directamente para o Supremo Tribunal de Justiça.

3 – Os recursos previstos neste artigo têm efeito devolutivo.

CAPÍTULO VI Taxas

ARTIGO 56.º (Taxas)

1 – Estão sujeitos ao pagamento de uma taxa:

a) A apreciação de operações de concentração de empresas, sujeitas a obrigação de notificação prévia, nos termos do disposto no artigo 9.º;

b) A apreciação de acordos entre empresas, no quadro do procedimento de avaliação prévia previsto no n.º 2 do artigo 5.º;

c) A emissão de certidões;

d) A emissão de pareceres;

e) Quaisquer outros actos que configurem uma prestação de serviços por parte da Autoridade a entidades privadas.

2 – As taxas são fixadas, liquidadas e cobradas nos termos definidos em regulamento da Autoridade.

3 – A cobrança coerciva das dívidas provenientes da falta de pagamento das taxas far-se-á através de processo de execução fiscal, servindo de título executivo a certidão passada para o efeito pela Autoridade.

CAPÍTULO VII Disposições finais e transitórias

ARTIGO 57.º (Alteração à Lei n.º 2/99, de 13 de Janeiro)

O n.º 4 do artigo 4.º da Lei n.º 2/99, de 13 de Janeiro, passa a ter a seguinte redacção:

«Artigo 4.º [...] 1 – (...)

2 – (...)

3 – (...)

4 – As decisões da Autoridade da Concorrência relativas a operações de concentração de empresas em que participem entidades referidas no número anterior estão sujeitas a parecer prévio vinculativo da Alta Autoridade para a Comunicação Social, o qual deverá ser negativo quando estiver comprovadamente em causa a livre expressão e confronto das diversas correntes de opinião.»

ARTIGO 58.º (Norma transitória)

Até ao início da vigência do Código de Processo nos Tribunais Administrativos, aprovado pela Lei n.º 15/2002, de 22 de Fevereiro, à interposição, ao processamento e ao julgamento dos recursos referidos na secção II do capítulo V da presente lei é aplicável, subsidiariamente, o regime de impugnação contenciosa dos actos administrativos actualmente em vigor.

ARTIGO 59.º (Norma revogatória)

1 – É revogado o Decreto-Lei n.º 371/93, de 29 de Outubro.

2 – São revogadas as normas que atribuam competências em matéria de defe-

sa da concorrência a outros órgãos que não os previstos no direito comunitário ou na presente lei.

3 – Até à publicação do regulamento da Autoridade a que se refere o n.º 2 do artigo 5.º do presente diploma mantém-se em vigor a Portaria n.º 1097/93, de 29 de Outubro.

ARTIGO 60.º **(Revisão)**

1 – O regime jurídico da concorrência estabelecido na presente lei, bem como no diploma que estabelece a Autoridade, será adaptado para ter em conta a evolução do regime comunitário aplicável às empresas, ao abrigo do disposto nos artigos 81.º e 82.º do Tratado que institui a Comunidade Europeia e dos regulamentos relativos ao controlo das operações de concentração de empresas.

2 – O Governo adoptará as alterações legislativas necessárias, após ouvir a Autoridade da Concorrência.

Aprovada em 10 de Abril de 2003.

O Presidente da Assembleia da República, *João Bosco Mota Amaral.*

Promulgada em 26 de Maio de 2003.

Publique-se.

O Presidente da República, *Jorge Sampaio*

Referendada em 28 de Maio de 2003.

O Primeiro-Ministro, *José Manuel Durão Barroso.*

PRÁTICAS INDIVIDUAIS RESTRITIVAS DO COMÉRCIO

Decreto-lei n.º 370/93, de 29 de Outubro*

ARTIGO 1.º (**Aplicação de preços ou de condições de venda discriminatórios**)

1 – É proibido a um agente económico praticar em relação a outro agente económico preços ou condições de venda discriminatórios relativamente a prestações equivalentes, nomeadamente quando tal prática se traduza na aplicação de diferentes prazos de execução das encomendas ou de diferentes modalidades de embalamento, entrega, transporte e pagamento, não justificadas por diferenças correspondentes no custo de fornecimento ou do serviço.

2 – São prestações equivalentes aquelas que respeitem a bens ou serviços similares e que não difiram de maneira sensível nas características comerciais essenciais, nomeadamente naquelas que tenharn uma repercussão nos correspondentes custos de produção ou de comercialização.

3 – Não se consideram prestações equivalentes aquelas entre cujas datas de conclusão se tenha verificado uma alteração duradoura dos preços ou das condições de venda praticados pelo vendedor.

4 – Não são consideradas discriminatórias as ofertas de objectos desprovidos de valor comercial.

ARTIGO 2.º (**Tabelas de preços e condições de venda**)

1 – Os produtores, fabricantes, importadores, distribuidores, embaladores e grossistas de bens e os prestadores de serviços são obrigados a possuir tabelas de preços com as correspondentes condições de venda e facultá-las, quando solicitados, a qualquer revendedor ou utilizador.

2 – As condições de venda devem referenciar, nomeadamente, os prazos de pagamento, as diferentes modalidades de descontos praticados e respectivos escalões.

3 – As condições em que um agente económico obtenha uma remuneração financeira ou de outra natureza dos seus fornecedores, como contrapartida da prestação de serviços específicos, devem ser reduzidas a escrito.

ARTIGO 3.º (**Venda com prejuízo**)

1 – É proibido oferecer para venda ou vender um bem a um agente económico ou a um consumidor por um preço inferior ao seu preço de compra efectivo,

---

* Na redacção resultante do Decreto-Lei n.º 140/98, de 16 de Maio.

acrescido dos impostos aplicáveis a essa venda e, se for caso disso, dos encargos relacionados com o transporte.

2 – Entende-se por preço de compra efectivo o preço constante da factura de compra, após a dedução dos descontos directamente relacionados com a transacção em causa que se encontrem identificados na própria factura ou, por remissão desta, em contratos de fornecimento ou tabelas de preços e que sejam determináveis no momento da respectiva emissão.

3 – Entende-se por descontos directamente relacionados com a transacção em causa os descontos de quantidade, os descontos financeiros e os descontos promocionais desde que identificáveis quanto ao produto, respectiva quantidade e período por que vão vigorar.

4 – O disposto no n.º 1 não é aplicável a:

a) Bens perecíveis, a partir do momento em que se encontrem ameaçados de deteriorização rápida;

b) Bens cujo valor comercial esteja afectado, quer por ter decorrido a situação que determinou a sua necessidade, quer por redução das suas possibilidades de utilização, quer por superveniência de importante inovação técnica;

c) Bens cujo reaprovisionamento se efectue a preço inferior, sendo então o preço efectivo de compra substituído pelo preço resultante da nova factura de compra;

d) Bens cujo preço se encontre alinhado pelo preço praticado para os mesmos bens por um outro agente económico do mesmo ramo de actividade que se encontre temporal e espacialmente em situação de concorrência efectiva com o autor do alinhamento;

e) Bens vendidos em saldo ou liquidação.

5 – Incumbe ao vendedor a prova documental do preço de compra efectivo, bem como das justificações previstas no número anterior.

ARTIGO 4.º **(Recusa de venda de bens ou de prestação de serviços)**

1 – É proibido a um agente económico recusar a venda de bens ou a prestação de serviços a outro agente económico, segundo os usos normais da respectiva actividade ou de acordo com as disposições legais ou regulamentares aplicáveis, ainda que se trate de bens ou de serviços não essenciais e que da recusa não resulte prejuízo para o regular abastecimento do mercado.

2 – É equiparada à recusa de venda a subordinação da venda de um bem ou da prestação de um serviço à aquisição de outro bem ou serviço.

3 – São consideradas causas justificativas de recusa:

a) A satisfação das exigências normais da exploração industrial ou comercial do vendedor, designadamente a manutenção dos seus stocks de segurança ou das necessidades de consumo próprio;

b) A satisfação de compromissos anteriormente assumidos pelo vendedor;

c) A desproporção manifesta da encomenda face às quantidades normais de consumo do adquirente ou aos volumes habituais das entregas do vendedor;

d) A falta de capacidade do adquirente para, face às características do bem ou serviço, assegurar a sua revenda em condições técnicas satisfatórias ou manter um adequado serviço de pós-venda;

e) A fundada falta de confiança do vendedor quanto à pontualidade do pagamento pelo adquirente, tratando-se de vendas a crédito;

f) A existência de débitos vencidos e não liquidados referentes a fornecimentos anteriores;

g) A ocorrência de qualquer outra circunstância inerente às condições concretas da transacção que, segundo os usos normais da respectiva actividade, tornaria a venda do bem ou a prestação do serviço anormalmente prejudicial para o vendedor.

4 – Incumbe ao vendedor a prova das causas justificativas a que se refere o número anterior.

ARTIGO 4.º-A **(Práticas negociais abusivas)**

1 – É proibido obter de um fornecedor preços, condições de pagamento, modalidades de venda ou condições de cooperação comercial exorbitantes relativamente às suas condições gerais de venda.

2 – Para efeitos do número anterior, consideram-se como exorbitantes relativamente às condições gerais de venda do fornecedor os preços, condições de pagamento, modalidades de venda ou condições de cooperação comercial que se traduzam na concessão de um benefício ao comprador não proporcional ao seu volume de compras ou, se for caso disso, ao valor dos serviços por ele prestados a pedido do fornecedor.

ARTIGO 5.º **(Infracções)**

1 – Constituem contra-ordenações, quando cometidas por pessoa singular:

a) As infracções ao disposto no n.º 1 do artigo 1.º, no n.º 1 do artigo 3.º, nos n.ºs 1 e 2 do artigo 4.º e no n.º 1 do artigo 4.º-A, puníveis com coima de 150000$00 a 750000$00;

b) A infracção ao disposto nos n.ºs 1 e 3 do artigo 2.º, punível com coima de 50000$00 a 250000$00.

2 – Constituem contra-ordenações, quando cometidas por pessoa colectiva:

a) As infracções ao disposto no n.º 1 do artigo 1.º, no n.º 1 do artigo 3.º, nos n.ºs 1 e 2 do artigo 4.º e no n.º 1 do artigo 4.º-A, puníveis com coima de 500000$00 a 3000000$00;

b) A infracção ao disposto nos n.ºs 1 e 3 do artigo 2.º, punível com coima de 100000$00 a 500000$00.

3 – A competência para aplicação das respectivas coimas cabe ao director--geral do Comércio e da Concorrência.

4 – A negligência é punível.

ARTIGO 6.º **(Fiscalização e instrução dos processos)**
A fiscalização do cumprimento do disposto no presente diploma compete à Inspecção-Geral das Actividades Económicas e a instrução dos respectivos processos cabe à Direcção-Geral do Comércio e da Concorrência.[1]

ARTIGO 7.º **(Destino do montante das coimas)**
O produto das coimas cobradas por infracção ao disposto no presente diploma reverte em 60% para os cofres do Estado, em 20% para a Inspecção-Geral das Actividades Económicas e em 20% para a Direcção-Geral do Comércio e da Concorrência.[1]

ARTIGO 8.º **(Entrada em vigor)**
O presente diploma entra em vigor no dia 1 de Janeiro de 1994.

---

[1] A Autoridade da Concorrência – cfr. artigo 5.º do Decreto-Lei n.º 10/2003, de 18 de Janeiro.

AUTORIDADE DA CONCORRÊNCIA
CRIAÇÃO E ESTATUTOS

Decreto-Lei n.º 10/2003, de 18 de Janeiro

1 – A competitividade internacional da economia portuguesa não depende apenas da eficácia das suas empresas, mas também da qualidade do seu enquadramento normativo e da resposta do sistema jurídico às exigências da vida económica num contexto de mercado aberto.

Num tal contexto, as decisões dos operadores económicos quanto à escolha e à localização dos seus investimentos e quanto aos modos e métodos de prosseguimento das suas actividades têm cada vez mais em conta não só a qualidade das regras de concorrência em vigor, mas também, muito em particular, a eficácia com que são aplicadas pelas autoridades reguladoras e pelos tribunais competentes.

Em Portugal, após 20 anos de experiência de aplicação dos diplomas que instituíram o regime nacional de promoção e defesa da concorrência (essencialmente o Decreto-Lei n.º 422/83, de 3 de Dezembro, o Decreto-Lei n.º 428/88, de 19 de Novembro, e, por último, o Decreto-Lei n.º 371/93, de 29 de Outubro, que procedeu à revogação dos primeiros), vem-se sentindo com especial premência a necessidade de criação de uma autoridade prestigiada e independente, que contribua, em primeira linha, para assegurar o respeito das regras de concorrência pelos operadores económicos e outras entidades e para criar em Portugal uma verdadeira cultura da concorrência.

2 – O diploma que agora se publica constitui o primeiro passo para a reforma que se impõe no quadro jurídico da concorrência em Portugal, indispensável à modernização e competitividade da nossa vida económica.

Procede-se assim à criação da Autoridade da Concorrência e aprovam-se os respectivos estatutos, revogando-se, em consequência, o Decreto-Lei n.º 371/93, de 29 de Outubro, no que respeita à estrutura institucional de aplicação da legislação de concorrência aí prevista.

O presente diploma será seguido, a muito curto prazo, pela revisão dos aspectos substantivos e processuais da legislação da concorrência, vertidos igualmente no Decreto-Lei n.º 371/93, de 29 de Outubro, diploma cuja modernização e actualização se impõem no actual quadro comunitário e no contexto de internacionalização e de globalização crescente das economias.

3 – Ao reconhecer à Autoridade o estatuto de independência compatível com a lei e a Constituição da República e ao conferir-lhe as atribuições, os poderes e os órgãos indispensáveis ao cumprimento da sua missão, o Governo pretende, antes de mais, restaurar a credibilidade das instituições responsáveis pela defesa da concorrência em Portugal e assegurar a sua plena integração no sistema comunitário e internacional de reguladores da concorrência.

Em especial, a profunda evolução em curso na legislação comunitária impõe a existência de uma autoridade da concorrência que seja efectivamente capaz de promover a aplicação das normas comunitárias em vigor e de se inserir com eficácia na rede de reguladores da concorrência que, sob a égide da Comissão Europeia, se estenderá a todos os Estados membros da Comunidade.

4 – O primeiro traço característico desta nova entidade é o seu carácter transversal no que respeita à missão de defesa da concorrência: a nova Autoridade terá pois a sua jurisdição alargada a todos os sectores da actividade económica.

Além disso, reunirá quer os poderes de investigação e de punição de práticas anticoncorrenciais e a instrução dos correspondentes processos, quer os de aprovação das operações de concentração de empresas sujeitas a notificação prévia, sem prejuízo, relativamente aos sectores objecto de regulação, da desejável e necessária articulação com as respectivas autoridades reguladoras sectoriais.

Desta forma, por um lado, confere-se unidade orgânica às funções actualmente repartidas, em termos nem sempre claros, entre a Direcção-Geral do Comércio e da Concorrência (DGCC) e o Conselho da Concorrência, pondo-se termo a uma experiência que, com a prática, se revelou fonte de ineficiências e divergências de orientação susceptíveis de minar a credibilidade da política de concorrência em Portugal.

Por outro lado, acentua-se, sem prejuízo da criação de vias de recurso extraordinárias, a desgovernamentalização do processo de apreciação prévia das operações de concentração.

Finalmente, sublinha-se o estatuto de independência que, pelo presente diploma, é conferido à Autoridade, seja pela sua qualificação como pessoa colectiva de direito público de carácter institucional, seja pela atribuição de autonomia patrimonial e financeira, seja ainda pelos requisitos de nomeação, duração do mandato e regime de incompatibilidades e impedimentos dos membros do seu órgão directivo.

5 – São igualmente de realçar as alterações introduzidas no actual regime dos recursos das decisões em matéria de concorrência, as quais passam a ser impugnáveis junto do Tribunal de Comércio de Lisboa, independentemente de serem proferidas em sede de processos de contra-ordenação ou de procedimentos administrativos, evitando-se assim, no contexto de uma indispensável e progressiva especialização dos nossos tribunais, que decisões sobre matérias da mesma natureza sejam apreciadas ora por tribunais judiciais, ora por tribunais administrativos.

É ainda de referir, relativamente ao sistema de controlo prévio das concentrações, a possibilidade, inovadora e inspirada no regime alemão, de os autores da notificação interporem, para o ministro responsável pela área da economia, com fundamento no interesse geral para a economia nacional, um recurso extraordinário das decisões da Autoridade que proíbam operações de concentração de empresas.

6 – Finalmente, em sede de disposições finais e transitórias, registe-se a preocupação de regular com o maior cuidado os problemas suscitados pela transferência de competências dos actuais organismos responsáveis pela aplicação da política de concorrência – Direcção-Geral do Comércio e da Concorrência e Conselho da Concorrência – para a nova Autoridade, no período que medeia entre a sua criação e o momento em que a Autoridade será considerada como estando em condições de exercer a plenitude das suas atribuições.

Define-se igualmente um regime transitório para alguns aspectos processuais e de competência jurisdicional, na medida necessária a evitar situações de vazio legal enquanto não se procede à revisão dos aspectos substantivos e processuais da legislação de concorrência contidos no Decreto-Lei n.º 371/93, de 29 de Outubro. É assim que, entre outros aspectos, se prevê que, transitoriamente, a fiscalização das decisões em matéria de controlo prévio das concentrações continue a ser assegurada pelos tribunais administrativos, mas de acordo com as regras gerais do contencioso administrativo.

7 – Está o Governo plenamente consciente de que a criação da Autoridade da Concorrência, juntamente com a modernização e aperfeiçoamento da legislação de defesa e promoção da concorrência, abre uma nova era no quadro legal de funcionamento da economia portuguesa, assegurando a sua plena inserção nos sistemas mais evoluídos e permitindo aos agentes económicos dispor de um ordenamento concorrencial seguro e moderno, capaz de promover o funcionamento eficiente dos mercados, a repartição eficaz dos recursos nacionais e, sobretudo, a satisfação dos interesses dos consumidores.

Assim:

No uso da autorização legislativa concedida pela Lei n.º 24/2002, de 31 de Outubro, e nos termos das alíneas *a)* e *b)* do n.º 1 do artigo 198.º da Constituição, o Governo decreta o seguinte:

CAPÍTULO I

ARTIGO 1.º (Objecto)

É criada a Autoridade da Concorrência, adiante designada por Autoridade, à qual caberá assegurar o respeito pelas regras de concorrência, tendo em vista o funcionamento eficiente dos mercados, a repartição eficaz dos recursos e os interesses dos consumidores.

ARTIGO 2.º (Natureza e regime jurídico)

A Autoridade é uma pessoa colectiva de direito público, de natureza institucional, dotada de órgãos, serviços, pessoal e património próprios e de autonomia administrativa e financeira, sendo o seu regime jurídico definido nos Estatutos anexos ao presente diploma.

ARTIGO 3.º (Estatutos da Autoridade)

São aprovados os Estatutos da Autoridade, os quais constam de anexo ao presente diploma, de que fazem parte integrante.

CAPÍTULO II Disposições finais e transitórias

ARTIGO 4.º (Período de instalação)

1 – A Autoridade é considerada como estando em condições de desempenhar a plenitude das suas atribuições no prazo de 60 dias contados a partir da data da entrada em vigor do presente decreto-lei.

2 – Os membros do conselho da Autoridade devem ser nomeados no prazo máximo de 30 dias contados a partir da data da entrada em vigor do presente diploma.

3 – Compete aos membros do conselho da Autoridade, no decurso do prazo referido no n.º 1 deste artigo, praticar os actos necessários à assunção, pela Auto-

ridade, da plenitude das suas atribuições, designadamente aprovar os regulamentos internos a que se referem os artigos 26.º e 27.º dos Estatutos e contratar o pessoal indispensável ao início das suas actividades.

4 – Os encargos decorrentes do funcionamento da Autoridade, até ao termo do prazo referido no n.º 1 deste artigo, são suportados pelo orçamento do Ministério da Economia, podendo, para o efeito, ser movimentadas verbas dos capítulos I e II do referido orçamento.

5 – A Secretaria-Geral do Ministério da Economia assegurará as instalações, equipamentos e outros meios necessários à actividade da Autoridade, durante o período referido no n.º 1 do presente artigo.

ARTIGO 5.º (**Conselho da Concorrência e Direcção-Geral do Comércio e da Concorrência**)

1 – No termo do prazo referido no n.º 1 do artigo anterior:

a) É extinto o Conselho da Concorrência;

b) A Autoridade passa a exercer as competências conferidas à Direcção--Geral do Comércio e da Concorrência pelo Decreto-Lei n.º 370/93, de 29 de Outubro, na redacção que lhe foi dada pelo Decreto-Lei n.º 140/98, de 16 de Maio, sem prejuízo do disposto no número seguinte.

2 – A Direcção-Geral do Comércio e da Concorrência continua a exercer, até à publicação de novo diploma orgânico, as competências que lhe estão legalmente conferidas que não colidam com as atribuições cometidas à Autoridade pelo presente diploma.

ARTIGO 6.º (**Articulação com autoridades reguladoras sectoriais**)

1 – As atribuições cometidas à Autoridade pelos Estatutos anexos ao presente diploma são por aquela desempenhadas sem prejuízo do respeito pelo quadro normativo aplicável às entidades reguladoras sectoriais.

2 – A lei definirá os modos de intervenção ou participação da Autoridade em questões ou processos relativos a domínios submetidos a regulação sectorial, na medida necessária à salvaguarda dos objectivos prosseguidos pela legislação de concorrência.

3 – A lei definirá, igualmente, as obrigações das autoridades reguladoras sectoriais relativamente às práticas restritivas da concorrência de que tenham conhecimento no desempenho das suas atribuições, bem como à colaboração com a Autoridade em matérias sujeitas a regulação sectorial.

4 – Para efeitos do disposto neste artigo, constituem entidades reguladoras sectoriais, entre outras, as seguintes:

a) Banco de Portugal (BP);

b) Instituto de Seguros de Portugal (ISP);

c) Comissão do Mercado de Valores Mobiliários (CMVM);

d) Entidade Reguladora dos Serviços Energéticos (ERSE);

e) ICP – Autoridade Nacional de Comunicações (ICP – ANACOM);

f) Instituto Regulador das Águas e Resíduos (IRAR);

g) Instituto Nacional do Transporte Ferroviário (INTF);
h) Instituto Nacional de Aviação Civil (INAC);
i) Instituto dos Mercados de Obras Públicas e Particulares e do Imobiliário (IMOPPI).

ARTIGO 7.º (**Referências legais**)
As referências, contidas em preceitos legais não revogados pelo presente diploma, ao Conselho da Concorrência e à Direcção-Geral do Comércio e da Concorrência, neste último caso apenas quando estejam em causa aspectos relacionados com as atribuições deste serviço em matéria de concorrência, consideram-se feitas à Autoridade, a partir do termo do prazo referido no n.º 1 do artigo 4.º do presente diploma.

ARTIGO 8.º (**Transmissão de processos**)
1 – Os processos que se encontrem pendentes na Direcção-Geral do Comércio e da Concorrência e no Conselho da Concorrência no 30.º dia anterior ao termo do prazo referido no n.º 1 do artigo 4.º do presente diploma são, nessa data, remetidos oficiosamente à Autoridade.

2 – Nos casos a que se refere o número anterior, os prazos procedimentais, processuais ou substantivos consideram-se automaticamente suspensos, na primeira data ali referida, reiniciando-se a sua contagem no 30.º dia posterior ao termo do prazo referido no n.º 1 do artigo 4.º deste diploma, sem prejuízo do disposto no número seguinte

3 – Os prazos procedimentais em procedimentos de autorização prévia de operações de concentração de empresas abrangidos pelo disposto no n.º 1 do presente artigo interrompem-se no 30.º dia anterior ao termo do prazo referido no n.º 1 do artigo 4.º do presente diploma, iniciando-se nova contagem no dia seguinte ao termo do referido prazo.

4 – Nos casos abrangidos pelo disposto no número anterior, o prazo máximo de decisão do Conselho é, sob pena de deferimento tácito, de 30 ou 60 dias, consoante estejam em causa processos que se encontravam pendentes, na data referida no n.º 1 do presente artigo, respectivamente, no Conselho da Concorrência ou na Direcção-Geral do Comércio e da Concorrência.

5 – As notificações, denúncias, comunicações e demais documentos recebidos na Direcção-Geral do Comércio e da Concorrência ou no Conselho da Concorrência posteriormente ao 30.º dia anterior ao termo do prazo referido no n.º 1 do artigo 4.º deste diploma são imediatamente remetidos à Autoridade, iniciando-se, nestes casos, o cômputo dos prazos procedimentais, processuais ou substantivos a que houver lugar no dia seguinte ao termo do prazo referido no citado preceito legal.

ARTIGO 9.º (**Operações de concentração**)
Até à publicação de diploma que estabeleça novas regras procedimentais em matéria de procedimentos de autorização prévia de operações de concentração de

empresas, o n.º 1 do artigo 31.º do Decreto-Lei n.º 371/93, de 29 de Outubro, passa a ter a seguinte redacção:

«A Autoridade decide no prazo máximo de 60 dias, contado a partir da data da recepção da notificação, valendo a ausência de decisão no referido prazo como não oposição à operação de concentração.»

ARTIGO 10.º (**Recursos**)

Até à entrada em vigor de diploma que estabeleça o regime processual dos recursos a que refere o n.º 2 do artigo 38.º dos Estatutos anexos a este diploma, as decisões aí previstas são impugnáveis junto dos tribunais administrativos, de acordo com as regras gerais aplicáveis ao contencioso administrativo.

ARTIGO 11.º (**Norma revogatória**)

No termo do prazo referido no n.º 1 do artigo 4.º, são revogados:

a) Os artigos 12.º a 20.º, 27.º, 28.º, 32.º, 33.º, 34.º, n.ºs 1 e 2, 35.º e 39.º, todos do Decreto-Lei n.º 371/93, de 29 de Outubro, na redacção que lhe foi dada pela Lei n.º 3/99, de 13 de Janeiro;

b) O n.º 3 do artigo 5.º, o artigo 6.º, na parte respeitante à competência para instrução de processos, e o artigo 7.º, todos do Decreto-Lei n.º 370/93, de 29 de Outubro, na redacção que lhe foi dada pelo Decreto-Lei n.º 140/98, de 16 de Maio;

c) A alínea a) do artigo 9.º e o artigo 33.º do Decreto-Lei n.º 222/96, de 25 de Novembro.

Visto e aprovado em Conselho de Ministros de 20 de Novembro de 2002. – *José Manuel Durão Barroso – Maria Manuela Dias Ferreira Leite – Maria Celeste Ferreira Lopes Cardona – Luís Francisco Valente de Oliveira – Isaltino Afonso de Morais.*

Promulgado em 8 de Janeiro de 2003.

Publique-se.

O Presidente da República, *Jorge Sampaio.*

Referendado em 9 de Janeiro de 2003.

O Primeiro-Ministro, *José Manuel Durão Barroso.*

ANEXO
ESTATUTOS DA AUTORIDADE DA CONCORRÊNCIA

CAPÍTULO I Disposições gerais

ARTIGO 1.º (**Natureza e finalidade**)

1 – A Autoridade da Concorrência, adiante designada por Autoridade, é uma pessoa colectiva de direito público, de natureza institucional, dotada de património próprio e de autonomia administrativa e financeira.

2 – A Autoridade tem por missão assegurar a aplicação das regras de concorrência em Portugal, no respeito pelo princípio da economia de mercado e de livre concorrência, tendo em vista o funcionamento eficiente dos mercados, a repartição eficaz dos recursos e os interesses dos consumidores, nos termos previstos na lei e nos presentes Estatutos.

ARTIGO 2.º (**Regime jurídico**)

A Autoridade rege-se pelos presentes Estatutos, pelas disposições legais que lhe sejam especificamente aplicáveis e, supletivamente, pelo regime aplicável aos fundos e serviços autónomos.

ARTIGO 3.º (**Sede**)

A Autoridade tem sede em Lisboa.

ARTIGO 4.º (**Independência**)

A Autoridade é independente no desempenho das suas atribuições, no quadro da lei, sem prejuízo dos princípios orientadores de política da concorrência fixados pelo Governo, nos termos constitucionais e legais, e dos actos sujeitos a tutela ministerial, nos termos previstos na lei e nos presentes Estatutos.

ARTIGO 5.º (**Capacidade**)

1 – A capacidade jurídica da Autoridade abrange os direitos e obrigações necessários à prossecução das suas atribuições.

2 – A Autoridade goza de capacidade judiciária activa e passiva.

ARTIGO 6.º (**Atribuições**)

1 – Para garantia da realização das finalidades previstas no artigo 1.º dos presentes Estatutos, incumbe à Autoridade:

a) Velar pelo cumprimento das leis, regulamentos e decisões destinados a promover a defesa da concorrência;

b) Fomentar a adopção de práticas que promovam a concorrência e a generalização de uma cultura de concorrência junto dos agentes económicos e do público em geral;

c) Difundir, em especial junto dos agentes económicos, as orientações consideradas relevantes para a política da concorrência;

d) Acompanhar a actividade das autoridades de defesa da concorrência em outros países e estabelecer, com elas e com os organismos comunitários e internacionais competentes relações de cooperação;

e) Promover a investigação em matéria de defesa da concorrência, desenvolvendo as iniciativas e estabelecendo os protocolos de associação ou de cooperação com entidades públicas ou privadas que se revelarem adequados para esse efeito;

f) Contribuir para o aperfeiçoamento do sistema normativo português em todos os domínios que possam afectar a livre concorrência, por sua iniciativa ou a pedido do Governo;

g) Exercer todas as competências que o direito comunitário confira às autoridades administrativas nacionais no domínio das regras de concorrência aplicáveis às empresas;

h) Assegurar a representação técnica do Estado Português nos organismos comunitários ou internacionais em matéria de política de concorrência;

i) Exercer as demais atribuições que lhe sejam legalmente cometidas.

2 – O ministro responsável pela área da economia pode solicitar à Autoridade da Concorrência a elaboração de estudos e análises relativos a práticas ou métodos de concorrência que possam afectar o fornecimento e distribuição de bens ou serviços ou a qualquer outra matéria relacionada com a concorrência.

3 – Os estudos e análises mencionados no número anterior serão objecto de relatório a enviar ao ministro responsável pela área da economia.

ARTIGO 7.º **(Poderes)**

1 – Para o desempenho das suas atribuições, a Autoridade dispõe de poderes sancionatórios, de supervisão e de regulamentação.

2 – No exercício dos seus poderes sancionatórios, cumpre à Autoridade:

a) Identificar e investigar as práticas susceptíveis de infringir a legislação de concorrência nacional e comunitária, proceder à instrução e decidir sobre os respectivos processos, aplicando, se for caso disso, as sanções previstas na lei;

b) Adoptar medidas cautelares, quando necessário.

3 – No exercício dos seus poderes de supervisão, compete à Autoridade:

a) Proceder à realização de estudos, inquéritos, inspecções ou auditorias que, em matéria de concorrência, se revelem necessários;

b) Instruir e decidir procedimentos administrativos relativos à compatibilidade de acordos ou categorias de acordos entre empresas com as regras de concorrência;

c) Instruir e decidir procedimentos administrativos respeitantes a operações de concentração de empresas sujeitas a notificação prévia.

4 – No exercício dos seus poderes de regulamentação, pode a Autoridade:

a) Aprovar ou propor a aprovação de regulamentos, nos termos legalmente previstos;

b) Emitir recomendações e directivas genéricas;
c) Propor e homologar códigos de conduta e manuais de boas práticas de empresas ou associações de empresas.

ARTIGO 8.º **(Obrigações das empresas quanto à informação)**
As empresas, associações de empresas ou quaisquer outras pessoas ou entidades devem prestar à Autoridade todas as informações e fornecer todos documentos que esta lhes solicite em ordem ao cabal desempenho das suas atribuições.

ARTIGO 9.º **(Cooperação de autoridades públicas)**
As autoridades e serviços públicos integrantes da administração directa, indirecta ou autónoma do Estado colaborarão com a Autoridade em tudo o que for necessário ao cabal desempenho das atribuições desta.

CAPÍTULO II Organização

SECÇÃO I

ARTIGO 10.º **(Órgãos)**
São órgãos da Autoridade:
a) O conselho;
b) O fiscal único.

SECÇÃO II Conselho

ARTIGO 11.º **(Conselho)**
O conselho é o órgão máximo da Autoridade, responsável pela aplicação da legislação de promoção e defesa da concorrência, bem como pela direcção dos respectivos serviços, nos termos definidos nos presentes Estatutos.

ARTIGO 12.º **(Composição e nomeação)**
1 – O conselho é composto por um presidente e dois ou quatro vogais, devendo, neste último caso, ser designado, de entre estes, um vice-presidente.
2 – Os membros do conselho são nomeados por resolução do Conselho de Ministros, sob proposta do ministro responsável pela área da economia, ouvidos os ministros responsáveis pelas áreas das finanças e da justiça, de entre pessoas de reconhecida competência, com experiência em domínios relevantes para o desempenho das atribuições cometidas à Autoridade.[1]

---

[1] Resolução n.º 12/2003 (2.ª série). – Uma das vertentes essenciais da política do

3 – Não pode haver nomeação de membros do conselho depois da demissão do Governo ou da convocação de eleições para a Assembleia da República nem antes da confirmação parlamentar do Governo recém-nomeado.

Governo tem sido a de assegurar o enquadramento adequado para que a economia portuguesa seja cada vez mais competitiva.

Um dos factores essenciais à promoção da competitividade é a existência de uma concorrência efectiva, e nesse sentido o Governo procedeu a uma reformulação substancial dos instrumentos normativos da defesa e promoção da concorrência. Complementando essa reforma legislativa, através do Decreto-Lei n.º 10/2003, de 18 de Janeiro, foi criada a Autoridade da Concorrência. Nos termos daquele diploma, esta entidade deverá contribuir para assegurar o respeito das regras de concorrência pelos operadores económicos tendo em vista o funcionamento eficiente dos mercados, a repartição eficaz dos recursos e os interesses dos consumidores.

Assim, a Autoridade da Concorrência nasce como uma entidade independente que se pretende prestigiada, o que decorrerá em primeira linha da sua capacidade para restaurar a credibilidade das instituições responsáveis pela defesa da concorrência em Portugal e assegurar a sua plena integração no sistema comunitário e internacional de reguladores da concorrência.

Perante estes desafios torna-se necessário assegurar que a Autoridade da Concorrência seja dirigida por personalidades com reconhecido prestígio e experiência em domínios relevantes para o desempenho das importantes atribuições cometidas a esta entidade, o que se considera plenamente demonstrado atendendo ao perfil das personalidades que passarão a integrar o seu conselho.

Nos termos do artigo 12.º dos Estatutos da Autoridade da Concorrência, aprovados pelo Decreto-Lei n.º 10/2003, de 18 de Janeiro, os membros do conselho da Autoridade da Concorrência são nomeados por resolução do Conselho de Ministros.

Assim:

Nos termos da alínea e) do artigo 199.º da Constituição, o Conselho de Ministros resolve:

1 – Nomear, sob proposta do Ministro da Economia, ouvidas a Ministra de Estado e das Finanças e a Ministra da Justiça, para integrarem o conselho da Autoridade da Concorrência as seguintes personalidades:

Presidente – Prof. Doutor Abel Moreira Mateus.

Vogais:

Engenheiro Eduardo Raul Lopes Rodrigues.

Dr.ª Maria Teresa da Piedade Moreira.

2 – Estabelecer, nos termos do n.º 2 do artigo 13.º dos Estatutos da Autoridade da Concorrência, aprovados pelo Decreto-Lei n.º 10/2003, de 18 de Janeiro, a duração dos mandatos dos membros do conselho agora nomeados em cinco anos para o presidente e o vogal engenheiro Eduardo Raul Lopes Rodrigues e três anos para a vogal Dr.ª Maria Teresa da Piedade Moreira.

3 – A presente resolução produz efeitos desde a data da sua aprovação.

20 de Fevereiro de 2003. – O Primeiro-Ministro, *José Manuel Durão Barroso.*

ARTIGO 13.º **(Duração do mandato)**
1 – O mandato dos membros do conselho tem a duração de cinco anos, renovável uma vez nos termos do número seguinte.

2 – Na primeira nomeação do conselho, ou após dissolução, os membros serão divididos em dois grupos, sendo um deles nomeado por três anos, renováveis por mais cinco, e os demais nomeados por cinco anos.

3 – Em caso de vaga, os novos membros são designados por um novo mandato de cinco anos.

ARTIGO 14.º **(Incompatibilidades e impedimentos)**
1 – Durante o seu mandato, os membros do conselho não podem:

a) Desempenhar quaisquer outras funções públicas ou privadas, ainda que não remuneradas, com excepção das funções docentes no ensino superior em regime de tempo parcial;

b) Participar em deliberações do conselho relativas a empresas em que detenham interesses significativos, tal como definidas no artigo 8.º da Lei n.º 64/93, de 26 de Agosto, na redacção que lhe foi dada pela Lei n.º 28/95, de 18 de Agosto, ou com as quais tenham mantido relações profissionais de qualquer tipo, nos últimos dois anos.

2 – Os membros do conselho estão sujeitos às demais incompatibilidades e impedimentos dos titulares de altos cargos públicos, em geral, e do pessoal dirigente dos institutos públicos, em especial, bem como aos deveres de discrição e reserva exigidos pela natureza das suas funções, quer durante quer após o termo dos seus mandatos.

3 – Nos dois anos seguintes à cessação do seu mandato, os membros do conselho não podem estabelecer qualquer vínculo ou entrar em qualquer relação profissional, remunerada ou não, com entidades que durante esse período tenham participado em operações de concentração de empresas sujeitas a jurisdição da Autoridade ou que tenham sido objecto de processos de contra-ordenação pela adopção de comportamentos restritivos da concorrência.

ARTIGO 15.º **(Cessação do mandato)**
1 – Os membros do conselho não podem ser exonerados do cargo antes de terminar o mandato, salvo o disposto nos números seguintes.

2 – O conselho só pode ser dissolvido mediante resolução do Conselho de Ministros, em caso de falta grave, de responsabilidade colectiva.

3 – Constituem falta grave, para efeitos do número anterior:

a) O desrespeito grave ou reiterado dos Estatutos ou das normas por que se rege a Autoridade;

b) O incumprimento substancial e injustificado do plano de actividades ou do orçamento.

4 – O mandato dos membros do conselho cessa também colectivamente com a extinção da Autoridade ou com a sua fusão com outro organismo.

5 – Os mandatos individuais podem cessar:
   a) Por incapacidade permanente;
   b) Por renúncia;
   c) Por incompatibilidade;
   d) Por condenação por crime doloso ou em pena de prisão;
   e) Por falta grave, nos termos do n.º 3.

6 – No caso de cessação do mandato, os membros do conselho mantêm-se no exercício de funções até à sua efectiva substituição, salvo declaração ministerial de cessação de funções.

ARTIGO 16.º (**Estatuto remuneratório**)

1 – Os membros do conselho estão sujeitos, para efeitos remuneratórios, ao estatuto do gestor público, sendo a sua remuneração fixada em despacho conjunto dos ministros responsáveis pelas áreas das finanças, economia e administração pública.

2 – É aplicável aos membros do conselho o regime geral da segurança social, salvo quando pertencerem aos quadros da função pública, caso em que lhes será aplicável o regime próprio do seu lugar de origem.

3 – Nos dois anos seguintes à cessação do seu mandato, os antigos membros do conselho têm direito a um subsídio equivalente a dois terços da respectiva remuneração, cessando esse abono a partir do momento em que estes sejam contratados ou nomeados para o desempenho, remunerado, de qualquer função ou serviço público ou privado.

4 – O subsídio a que se refere o número anterior não é acumulável com indemnizações a que haja lugar por força da cessação de funções nos termos do n.º 4 do artigo 15.º, podendo, neste caso, os membros do conselho optar entre o subsídio e a indemnização.

ARTIGO 17.º (**Competências do conselho**)

1 – Compete ao conselho:
   a) Ordenar a abertura e decidir os processos relativos às práticas restritivas da concorrência, aplicando as coimas previstas na lei e adoptando as medidas cautelares que se revelarem necessárias, no quadro da legislação nacional ou comunitária;
   b) Tomar as decisões que por lei são atribuídas à Autoridade relativamente às operações de concentração de empresas sujeitas a notificação prévia;
   c) Decidir procedimentos administrativos relativos à compatibilidade de acordos ou categorias de acordos entre empresas com as regras de concorrência;
   d) Ordenar a realização de investigações, inquéritos, inspecções ou auditorias;
   e) Pronunciar-se, nos termos previstos na lei, relativamente a auxílios públicos susceptíveis de afectar a concorrência;
   f) Pronunciar-se, por sua iniciativa ou a pedido do Governo, sobre quaisquer questões ou normas que possam pôr em causa a liberdade de concorrência;

g) Propor ao Governo quaisquer alterações legislativas ou regulamentares que contribuam para o aperfeiçoamento do regime jurídico de defesa da concorrência;

h) Aprovar regulamentos, sempre que tal competência se encontre legalmente atribuída à Autoridade, incluindo a definição das taxas a que se refere o artigo 31.º dos presentes Estatutos;

i) Adoptar e dirigir às empresas e agentes económicos as recomendações e directrizes que se mostrem necessárias à boa aplicação das regras de concorrência e ao desenvolvimento de uma cultura favorável à liberdade de concorrência.

2 – Compete ao conselho, no que respeita ao funcionamento da Autoridade:

a) Definir a orientação geral dos serviços da Autoridade e acompanhar a sua execução, sem prejuízo do disposto no n.º 2 do artigo 20.º;

b) Decidir sobre a contratação de pessoal e exercer os poderes de direcção, gestão e disciplina do mesmo;

c) Aprovar os regulamentos internos relativos à organização e funcionamento dos órgãos e serviços da Autoridade, bem como praticar os demais actos de gestão necessários ao bom funcionamento dos mesmos;

d) Constituir mandatários e designar representantes da Autoridade junto de outras entidades, nacionais ou estrangeiras;

e) Administrar o património da Autoridade, arrecadar as receitas e autorizar a realização das despesas;

f) Proceder à aquisição de bens e à contratação de serviços necessários ao exercício das funções da Autoridade;

g) Elaborar os planos de actividades e os orçamentos, bem como os relatórios de actividades e contas da Autoridade.

3 – Compete ainda ao conselho praticar todos os demais actos necessários à realização das atribuições cometidas à Autoridade para que não seja competente outro órgão.

ARTIGO 18.º **(Delegação de poderes)**

1 – O conselho pode delegar, por acta, poderes em um ou mais dos seus membros, no que respeita à direcção dos serviços da Autoridade, e autorizar a que se proceda à subdelegação desses poderes, estabelecendo em cada caso os respectivos limites e condições.

2 – Sem prejuízo da inclusão de outros poderes, a atribuição de um pelouro a um membro do conselho implica a delegação das competências necessárias para dirigir e fiscalizar os serviços respectivos e para praticar os actos de gestão corrente das unidades organizacionais envolvidas.

ARTIGO 19.º **(Funcionamento)**

1 – O conselho reúne ordinariamente com a periodicidade que o seu regulamento interno fixar e extraordinariamente sempre que for convocado pelo seu presidente ou a pedido de, pelo menos, dois dos seus membros.

2 – Os directores dos serviços da Autoridade, bem como outros funcionários da mesma, podem ser chamados a participar nas reuniões do conselho, sem direito a voto.

3 – As deliberações são tomadas por maioria dos votos dos membros presentes, não sendo admitidas abstenções.

4 – Das reuniões do conselho são lavradas actas, as quais serão assinadas pelos membros presentes.

ARTIGO 20.º (**Competência do presidente do conselho**)
1 – Compete ao presidente do conselho:
 a) Convocar, presidir e dirigir as reuniões do conselho;
 b) Assegurar as relações da Autoridade com as autoridades públicas nacionais e comunitárias, bem como com instituições internacionais e com as autoridades de concorrência de outros países;
 c) Assegurar a representação da Autoridade em juízo e fora dele.

2 – Compete ainda ao presidente da Autoridade, sem faculdade de delegação, definir a orientação geral dos serviços em matéria de investigação e instrução de práticas anticoncorrenciais e acompanhar a respectiva execução.

3 – O presidente do conselho é substituído, nas suas ausências ou impedimentos, pelo vice-presidente e, na falta deste, pelo vogal mais antigo ou, em caso de igual antiguidade, pelo vogal de mais idade.

4 – Por razões de urgência, devidamente fundamentadas, o presidente do conselho, ou quem o substituir nas suas ausências e impedimentos, pode praticar quaisquer actos da competência do conselho, os quais deverão, no entanto, ser sujeitos a ratificação na primeira reunião realizada após a prática do acto.

ARTIGO 21.º (**Responsabilidade dos membros**)
1 – Os membros do conselho são solidariamente responsáveis pelos actos praticados no exercício das suas funções.

2 – São isentos de responsabilidade os membros que, tendo estado presentes na reunião em que foi tomada a deliberação, tiverem manifestado o seu desacordo, em declaração registada em acta, bem como os membros ausentes que tenham declarado por escrito o seu desacordo, que igualmente será registado em acta.

ARTIGO 22.º (**Vinculação**)
1 – A Autoridade obriga-se pela assinatura:
 a) Do presidente do conselho ou, no caso de ausência ou impedimento deste, do vice-presidente;
 b) De dois membros do conselho, no caso de ausência ou impedimento do presidente e do vice-presidente;
 c) Do membro do conselho que, para tanto, tenha recebido, em acta, delegação do conselho para a prática de acto ou actos determinados.

2 – Os actos de mero expediente podem ser assinados por qualquer membro

do conselho ou por funcionários da Autoridade a quem tal poder tenha sido expressamente conferido por deliberação do conselho.

3 – A Autoridade obriga-se ainda pela assinatura de mandatários, no âmbito restrito dos poderes que lhes hajam sido conferidos.

SECÇÃO III Fiscal único

ARTIGO 23.º (**Fiscal único**)
O fiscal único é o órgão responsável pelo controlo da legalidade e economia da gestão financeira e patrimonial da Autoridade e de consulta do conselho, nos termos previstos nos artigos seguintes.

ARTIGO 24.º (**Nomeação, mandato e remuneração**)
1 – O fiscal único é um revisor oficial de contas ou uma sociedade de revisores oficiais de contas, nomeado por despacho conjunto dos ministros responsáveis pelas áreas das finanças e da economia, após consulta do conselho.[1]

2 – O mandato do fiscal único tem a duração de três anos, sendo renovável por igual período de três anos, pela forma prevista no número anterior.

3 – À cessação do mandato do fiscal único aplica-se, com as devidas adaptações, o disposto no artigo 15.º dos presentes Estatutos.

4 – A remuneração do fiscal único é fixada em despacho conjunto dos ministros responsáveis pelas áreas das finanças, economia e administração pública.

ARTIGO 25.º (**Competências**)
Compete ao fiscal único:
a) Acompanhar e controlar a gestão financeira e patrimonial da Autoridade;
b) Examinar periodicamente a situação financeira e económica da Autoridade e verificar o cumprimento das normas que regulam a sua actividade;
c) Emitir parecer sobre a aquisição, alienação, oneração ou arrendamento de bens imóveis;
d) Emitir parecer sobre o orçamento e as contas anuais da Autoridade;
e) Emitir parecer sobre o plano anual de actividades, na perspectiva da sua cobertura orçamental;
f) Emitir parecer sobre qualquer assunto que lhe seja submetido pelo conselho da Autoridade, no âmbito das suas competências genéricas;
g) Participar às entidades competentes as irregularidades que detecte.

---

[1] O Despacho Conjunto n.º 655/2003, de 22 de Maio de 2003, nomeia fiscal único da Autoridade da Concorrência a Sociedade de Revisores Oficiais de Contas Moisés Cardoso e Manuel Ribeiro, SROC, inscrita na Ordem dos Revisores Oficiais de Contas com o n.º 174, representada pelo Dr. Moisés da Silva Cardoso, ROC n.º 356 (DR, II, n.º 139, de 18.6.2003, pp. 9172).

SECÇÃO IV Serviços e pessoal

ARTIGO 26.º (Serviços)

A Autoridade dispõe dos serviços necessários ao desempenho das suas atribuições, sendo a respectiva organização e funci onamento fixados em regulamento interno, sem prejuízo do disposto no artigo seguinte.

ARTIGO 27.º (Pessoal)

1 – A Autoridade dispõe de um quadro de pessoal próprio estabelecido em regulamento interno.

2 – O pessoal da Autoridade encontra-se sujeito ao regime do contrato individual de trabalho, sendo abrangido pelo regime geral da segurança social.

3 – As condições de prestação e de disciplina de trabalho são definidas em regulamento próprio da Autoridade.

4 – O regulamento de carreiras e o regime retributivo do pessoal da Autoridade carece de homologação dos ministros responsáveis pelas áreas das finanças, economia e administração pública.

5 – A Autoridade pode ser parte em instrumentos de regulamentação colectiva de trabalho.

6 – O pessoal da Autoridade não pode prestar trabalho ou outros serviços, remunerados ou não, quer a empresas quer a outras entidades cuja actividade colida com as atribuições da Autoridade.

ARTIGO 28.º (Mobilidade)

1 – A Autoridade pode solicitar a colaboração de pessoal vinculado à Administração Pública ou pertencente a quadros de empresas públicas ou privadas, para o desempenho de funções inerentes às respectivas atribuições.

2 – Ao pessoal vinculado à Administração Pública aplica-se o regime de destacamento e requisição ou de comissão de serviço, com garantia do lugar de origem e dos direitos nele adquiridos.

3 – O período de destacamento, requisição ou de comissão conta-se como tempo de serviço prestado nos quadros de proveniência, designadamente para efeitos de aposentação.

4 – A Autoridade suporta todas as despesas inerentes à requisição ou comissão de serviço, podendo o pessoal requisitado optar pelo vencimento de origem ou pelo correspondente às suas funções na Autoridade.

5 – A Autoridade contribuirá para o financiamento da Caixa Geral de Aposentações com uma importância mensal de montante igual ao das quotas pagas pelos trabalhadores abrangidos pelo regime de protecção social da função pública ao seu serviço.

6 – A requisição de outros trabalhadores depende igualmente de solicitação da Autoridade aos órgãos dirigentes das empresas em cujos quadros o funcionário se integra, bem como da aquiescência deste.

CAPÍTULO III Gestão financeira e patrimonial

ARTIGO 29.º **(Regime orçamental e financeiro)**
A Autoridade encontra-se sujeita ao regime orçamental e financeiro dos serviços e fundos autónomos.

ARTIGO 30.º **(Património)**
1 – A Autoridade dispõe de património próprio, constituído pela universalidade dos seus bens, direitos, garantias ou obrigações de conteúdo económico.

2 – A Autoridade pode ter sob a sua administração bens do património do Estado que sejam afectados ao exercício das suas funções, por lei ou por despacho conjunto dos ministros responsáveis pelas áreas das finanças e da economia.

3 – Os bens da Autoridade que se revelem desnecessários ou inadequados ao cumprimento das suas atribuições serão incorporados no património do Estado, salvo quando devam ser alienados, sendo essa incorporação determinada por despacho conjunto dos ministros responsáveis pelas áreas das finanças e da economia.

4 – Em caso de extinção, o património da Autoridade reverte para o Estado, salvo quando se tratar de fusão ou incorporação, caso em que o património pode reverter para o novo organismo.

ARTIGO 31.º **(Receitas)**
Constituem receitas da Autoridade:
 a) As taxas cobradas pelos serviços prestados;
 b) 40% do produto das coimas aplicadas pelas infracções que lhe compete investigar e sancionar, revertendo os 60% remanescentes para o Estado;
 c) O produto da venda de estudos, publicações ou outros documentos;
 d) Quaisquer outras receitas, rendimentos ou valores que provenham da sua actividade ou que por lei[1] ou contrato lhe venham a pertencer ou a ser atribuídos, bem como quaisquer doações, legados ou outras formas de apoio financeiro;
 e) Supletivamente, as dotações do Orçamento do Estado, na medida necessária a assegurar o cabal desempenho das suas atribuições, inscritas para o efeito no orçamento do ministério responsável pela área da economia.

ARTIGO 32.º **(Despesas)**
Constituem despesas da Autoridade as que, realizadas no exercício das atribuições e competências que lhe estão cometidas, respeitem a encargos decorrentes da sua actividade e da aquisição de bens de imobilizado.

---

[1] Ver o Decreto-Lei n.º 30/2004, de 6 de Fevereiro – pág. 63.

CAPÍTULO IV Tutela e responsabilidade

ARTIGO 33.º (Tutela)

1 – No estrito respeito pela sua independência, a Autoridade está sujeita à tutela do ministro responsável pela área da economia, nos termos dos presentes Estatutos e demais legislação aplicável.

2 – Carecem de aprovação do ministro da tutela:
 a) O plano de actividades e o orçamento;
 b) O relatório de actividades e as contas anuais;
 c) A aquisição ou alienação de bens imóveis, nos termos da lei;
 d) Outros actos de incidência financeira ou orçamental previstos na lei.

3 – Carecem também de aprovação do ministro responsável pela área das finanças os documentos e actos previstos nas alíneas b), c) e d) do número anterior.

ARTIGO 34.º (Recurso extraordinário)

1 – Em recurso para o efeito interposto pelos autores da notificação, o membro do Governo responsável pela área da economia pode, mediante decisão fundamentada, autorizar uma operação de concentração proibida por decisão da Autoridade, quando os benefícios dela resultantes para a prossecução de interesses fundamentais da economia nacional superem as desvantagens para a concorrência inerentes à sua realização.

2 – A decisão ministerial que autorize uma operação de concentração nos termos do número anterior pode ser acompanhada de condições e obrigações tendentes a minorar o impacte negativo sobre a concorrência decorrente da sua realização.

3 – O recurso extraordinário previsto neste artigo é interposto no prazo de 30 dias contados da data de notificação da decisão da Autoridade que proíbe a operação de concentração, suspendendo-se com a sua interposição o prazo de impugnação judicial desta decisão.

ARTIGO 35.º (Responsabilidade financeira, civil, penal e disciplinar)

1 – Os titulares dos órgãos da Autoridade, bem como o seu pessoal, respondem financeira, civil e criminalmente pelos actos e omissões que pratiquem no exercício das suas funçoes, nos termos da Constituição e demais legislação aplicável, sem prejuízo da responsabilidade disciplinar a que houver lugar.

2 – A responsabilidade financeira é efectivada pelo Tribunal de Contas, nos termos da respectiva legislação.

ARTIGO 36.º (Sigilo)

Os titulares dos órgãos da Autoridade, bem como o seu pessoal, estão especialmente obrigados a guardar sigilo dos factos cujo conhecimento lhes advenha pelo exercício das suas funções e que não possam ser divulgados, nos termos do disposto na lei.

ARTIGO 37.º (**Responsabilidade pública**)
A Autoridade elabora e envia, anualmente, ao Governo, que o remete, nesse momento, à Assembleia da República, um relatório sobre a respectiva actividade no domínio da defesa e promoção da concorrência, o qual será publicado.

ARTIGO 38.º (**Controlo jurisdicional**)
1 – As decisões da Autoridade proferidas em processos de contra-ordenação são impugnáveis junto do Tribunal de Comércio de Lisboa.

2 – As decisões da Autoridade em procedimentos administrativos, respeitantes a matéria de concorrência, bem como a decisão ministerial a que alude o artigo 34.º deste diploma, são igualmente impugnáveis junto do Tribunal de Comércio de Lisboa.

ARTIGO 39.º (**Página electrónica**)
A Autoridade deve disponibilizar um sítio na Internet, com todos os dados relevantes, nomeadamente os diplomas legislativos que lhe dizem respeito, os Estatutos e regulamentos internos, a composição dos seus órgãos, incluindo os correspondentes elementos biográficos, os planos, orçamentos, relatórios e contas dos últimos dois anos, bem como os principais instrumentos regulatórios em vigor.

MINISTÉRIO DA ECONOMIA
LEI ORGÂNICA

Decreto-Lei n.º 186/2003, de 20 de Agosto
– Excertos –

A lei orgânica do XV Governo Constitucional define como uma das prioridades da sua actuação a concretização de uma nova política económica, integrando, para tanto, no Ministério da Economia os serviços e organismos com atribuições e competências no domínio das telecomunicações, bem como cometendo ao Ministro da Economia a definição da orientação estratégica relativamente às entidades do sector empresarial do Estado no domínio dos correios e telecomunicações.

(...)

Deste modo, com o objectivo de aproveitar as sinergias que resultam de um novo modelo organizacional, promove-se a extinção de um conjunto de serviços, reestruturando-se outros, de forma a abranger todas as áreas tidas como necessárias numa intervenção estatal no domínio da economia.

É neste contexto e com objectivo fundamental do relançamento da actividade económica que se adopta uma verdadeira política de concorrência no sentido da modernização e do aumento da competitividade que motive efectivamente os agentes económicos mais dinâmicos e funcione como um importante estímulo ao desenvolvimento, tendo sido, para tanto, criada a Autoridade da Concorrência, com importantes poderes de intervenção, designadamente no que respeita a operações de concentração, de práticas predatórias e de abuso de posição dominante.

(...)

É com o objectivo de promover a criação de condições que permitam estabelecer e sustentar uma envolvente económica, social, legislativa e administrativa favorável ao investimento e induzir estratégias empresariais abertas à inovação, à internacionalização e ao desenvolvimento de novos factores competitivos, bem como promovendo o apoio ao investimento, quer pela gestão de sistemas de incentivos de carácter regular, quer pela introdução de programas e mecanismos de apoio às empresas, que agora se cria a Direcção--Geral da Empresa.

(...)

Do mesmo modo, face às competências no domínio das telecomunicações, integra-se a Autoridade Nacional de Comunicações (ICP – ANACOM), no conjunto dos serviços que intervêm na área da regulação, a par da Entidade Reguladora do Sector Energético (ERSE).

A forma como se organizam os serviços, tendo em conta as diversas áreas de actuação do MEc, centralizando num único organismo algumas das funções de administração, como sejam as relacionadas com a gestão dos recursos humanos, financeiros, patrimoniais e, ainda, a gestão das tecnologias de informação e comunicação, constitui um factor não só de modernidade como, também, de eficiência organizativa, contribuindo para uma significativa diminuição dos custos de estrutura.

(...)

CAPÍTULO I Natureza, missão e atribuições

ARTIGO 1.º (**Natureza e missão**)

1 – O Ministério da Economia, adiante abreviadamente designado por MEc, é o departamento governamental responsável pelo desenvolvimento e promoção do crescimento da economia portuguesa, incluindo as vertentes da dinamização e inovação, e pela regulamentação, regulação e supervisão da actividade económica nos domínios da indústria, comércio, serviços, incluindo as telecomunicações, energia, recursos geológicos e turismo.

2 – A missão do MEc desenvolve-se no âmbito do apoio ao investimento gerador de valor acrescentado nacional, na promoção da qualificação dos recursos humanos e da competitividade da economia e na procura permanente e sistemática da criação e melhoramento das condições envolventes às iniciativas dos agentes económicos, visando nomeadamente o aumento da sua competitividade e criando condições para a sua internacionalização.

ARTIGO 2.º (**Atribuições**)

São atribuições do MEc, em especial:

(...)

3 – Na área da regulamentação, regulação e supervisão:

a) Assegurar o desenvolvimento de um regime de concorrência aberto e equilibrado, em articulação com as iniciativas e programas da União Europeia;

b) Propor as iniciativas legislativas necessárias à prossecução da sua missão e promover a transposição da regulamentação comunitária da sua responsabilidade;

c) Promover a aplicação da legislação sectorial e proceder à avaliação sistemática da sua adequação às necessidades dos agentes económicos e do interesse público;

d) Assegurar as condições para a regulação independente dos serviços energéticos, das telecomunicações e da concorrência, visando um são e harmonioso desenvolvimento dos mercados;

(...)

CAPÍTULO II Estrutura

SECÇÃO I Estrutura geral

ARTIGO 3.º (Serviços e entidades)
(...)
3 – São serviços e entidades nas áreas da regulamentação, regulação, supervisão e inspecção:
3.1 – *a*) Na área da regulamentação:
  i) Direcção-Geral da Empresa (DGE);
(...)
3.2 – *b*) Na área da regulação e supervisão:
  i) Autoridade da Concorrência;
  ii) Entidade Reguladora dos Serviços Energéticos (ERSE);
  iii) Autoridade Nacional de Comunicações (ICP – ANACOM).
(...)

SECÇÃO IV Serviços e entidades nas áreas da regulamentação, regulação, supervisão e inspecção

SUBSECÇÃO I Serviços e entidades na área da regulamentação

ARTIGO 12.º (Direcção-Geral da Empresa)
1 – É criada a DGE.
2 – A DGE é um serviço dotado de autonomia administrativa, responsável pela concepção, execução, divulgação e avaliação das políticas de empresa, incluindo o seu enquadramento internacional, competindo-lhe, designadamente:
  a) Potenciar a criação de condições favoráveis ao desenvolvimento de um quadro de actuação propício à eficiência e inovação e ao desenvolvimento tecnológico, dimensionamento e internacionalização das empresas e das marcas, agindo nos domínios da regulamentação nacional e internacional, da estrutura de mercados e das políticas sectoriais;
  b) Promover a articulação das políticas de empresa com outras políticas públicas, nomeadamente nas áreas do ambiente, ordenamento do território e formação e certificação profissional, visando o crescimento da produtividade e da competitividade, numa óptica do desenvolvimento sustentável;
  c) Contribuir para a definição e execução, articulação e dinamização das políticas sectoriais para a indústria, comércio e serviços e acompanhar a execução das medidas delas decorrentes, por forma a permitir a avaliação dos seus efeitos;
  d) Promover o acompanhamento e análise da evolução sectorial;
  e) Contribuir para a definição e execução das políticas que enquadram o relacionamento económico externo, em articulação com o Ministério dos Negócios

Estrangeiros, apoiando o Governo no acompanhamento da actividade das organizações internacionais de carácter económico e no contributo para a formulação e execução da política de empresa, da política comercial comum e da vertente económica da política de relações externas da União Europeia;

f) Colaborar com outras entidades oficiais nas negociações de acordos de cooperação económica e apoiar o desenvolvimento da cooperação económica;

g) Coordenar a participação do MEc no domínio comunitário, promover a transposição e o acompanhamento das directivas comunitárias no domínio das empresas e monitorizar a execução das respectivas políticas comunitárias.

SUBSECÇÃO II **Serviços e entidades nas áreas da regulação e supervisão**

ARTIGO 15.º (**Autoridade da Concorrência**)

1 – A Autoridade da Concorrência tem por missão assegurar a aplicação das regras de concorrência em Portugal, no respeito pelo princípio da economia de mercado e de livre concorrência, tendo em vista o funcionamento eficiente dos mercados, a repartição eficaz dos recursos e os interesses dos consumidores, nos termos previstos na lei e nos seus estatutos, competindo-lhe:

a) Garantir o cumprimento das normas legais e decisões destinadas a promover a defesa da concorrência e contribuir para o aperfeiçoamento do sistema normativo português em todos os domínios relacionados com esta matéria;

b) Difundir as orientações consideradas relevantes para a política da concorrência e fomentar, junto dos agentes económicos e do público em geral, a adopção de práticas que promovam uma cultura de concorrência;

c) Assegurar a representação técnica do Estado Português ao nível comunitário e internacional, bem como exercer todas as competências que o direito comunitário confira às autoridades administrativas nacionais neste âmbito, e acompanhar a actividade das suas congéneres, estabelecendo relações de cooperação;

d) Promover a investigação em matéria de defesa da concorrência, desenvolvendo as iniciativas e estabelecendo protocolos de associação ou de cooperação com entidades públicas ou privadas.

2 – A Autoridade da Concorrência é uma pessoa colectiva de direito público, de natureza institucional, dotada de património próprio e de autonomia administrativa e financeira.

3 – A Autoridade da Concorrência é independente no desempenho das suas atribuições, no quadro da lei, sem prejuízo dos princípios orientadores de política da concorrência fixados pelo Governo, nos termos constitucionais e legais, e dos actos sujeitos a tutela ministerial, nos termos previstos na lei e nos seus estatutos.

ARTIGO 16.º (**Entidade Reguladora dos Serviços Energéticos**)

1 – A ERSE tem por finalidade a regulação dos sectores do gás natural e da

electricidade, nos termos dos seus estatutos e no quadro da lei, dos contratos de concessão e das leis existentes.

2 – A ERSE é uma pessoa colectiva de direito público dotada de autonomia administrativa e financeira e de património próprio.

3 – A ERSE é independente no exercício das suas funções, no quadro da lei, sem prejuízo dos princípios orientadores de política energética fixados pelo Governo, nos termos constitucionais e legais, e dos actos sujeitos a tutela ministerial, nos termos previstos na lei e nos seus estatutos.

ARTIGO 17.º (**Autoridade Nacional de Comunicações**)

1 – O ICP – Autoridade Nacional de Comunicações, abreviadamente designado por ICP – ANACOM, é uma pessoa colectiva de direito público, dotada de autonomia administrativa e financeira e de património próprio, e tem por objecto a regulação, supervisão e representação do sector das comunicações, nos termos dos seus estatutos e da lei.

2 – O ICP – ANACOM é independente no exercício das suas funções, no quadro da lei, sem prejuízo dos princípios orientadores de política de comunicações fixados pelo Governo, nos termos constitucionais e legais, e dos actos sujeitos a tutela ministerial, nos termos previstos na lei e nos seus estatutos.

ARTIGO 36.º (**Prestação centralizada dos serviços**)

1 – No âmbito da prestação centralizada dos serviços as actividades de gestão interna são asseguradas de forma centralizada, sem prejuízo das competências próprias dos órgãos dirigentes máximos previstas na lei, por forma a optimizar e racionalizar os meios afectos ao Ministério.

SECÇÃO II **Serviços extintos e reestruturados**

ARTIGO 46.º (**Serviços e organismos extintos e reestruturados**)

1 – São extintos:

c) A Direcção-Geral do Comércio e Concorrência;

ARTIGO 51.º (**Norma revogatória**)

São revogados:

m) Os Decretos-Leis n.ºs 222/96, de 25 de Novembro, e 107/99, de 31 de Março;

n) O Decreto Regulamentar n.º 29/98, de 26 de Novembro, com excepção das alíneas *c*), *d*), *f*), *g*) e *h*) do artigo 2.º;

Visto e aprovado em Conselho de Ministros de 27 de Maio de 2003. – *José Manuel Durão Barroso – Maria Manuela Dias Ferreira Leite – Paulo Sacadura Cabral Portas – António Manuel de Mendonça Martins da Cruz – António Jorge de Figueiredo Lopes – Maria Celeste Ferreira Lopes Cardona – Nuno Albuquerque Morais*

Sarmento – José Luís Fazenda Arnaut Duarte – Carlos Manuel Tavares da Silva – Armando José Cordeiro Sevinate Pinto – Pedro Lynce de Faria – Luís Filipe Pereira – António José de Castro Bagão Félix – Amílcar Augusto Contel Martins Theias.

Promulgado em 6 de Agosto de 2003.

Publique-se.

O Presidente da República, JORGE SAMPAIO.

Referendado em 8 de Agosto de 2003.

O Primeiro-Ministro, *José Manuel Durão Barroso.*

AUTORIDADE DA CONCORRÊNCIA
RECEITAS

Decreto-Lei n.º 30/2004, de 6 de Fevereiro

A Autoridade da Concorrência foi recentemente criada, através do Decreto-Lei n.º 10/2003, de 18 de Janeiro, como a entidade com competência para assegurar o respeito pelas regras da concorrência em toda a economia, nomeadamente nos sectores financeiro, das telecomunicações, energético, das águas, dos transportes ferroviários e da aviação civil, sectores que se encontram também sujeitos a regulação específica, exercida por entidades públicas autónomas.

Tendo em atenção, por um lado, que a independência das autoridades reguladoras em geral requer uma forma de financiamento autónoma e previsível e, tanto quanto possível, independente do Orçamento do Estado, bem como que a razão fundamental do financiamento através de taxas é o serviço prestado pela entidade reguladora às entidades sujeitas a regulação, nomeadamente quanto ao funcionamento eficiente do sector, e, por outro, que a cada um dos sectores acima referidos se aplica, simultaneamente, uma regulação técnica sectorial e uma regulação da concorrência, nas suas múltiplas vertentes, e que, nos termos do artigo 15.º da Lei n.º 18/2003, de 11 de Junho, a Autoridade da Concorrência e as autoridades reguladoras sectoriais colaboram na aplicação da legislação da concorrência, considera-se que as receitas das taxas cobradas às entidades reguladas, nos sectores mencionados, devem ser partilhadas entre os reguladores sectoriais e a Autoridade da Concorrência. Efectivamente, a Autoridade da Concorrência, por força das suas atribuições específicas, passou a assumir novas funções inerentes à defesa da concorrência, relevantes para a regulação global dos sectores, que eram parcialmente exercidas de facto pelas entidades reguladoras sectoriais.

Assim, sem prejuízo da manutenção das actuais fontes de financiamento da Autoridade da Concorrência, constantes do artigo 31.º do respectivo Estatuto, aprovado pelo Decreto-Lei n.º 10/2003, de 18 de Janeiro, passa a constituir receita desta entidade parte das receitas próprias das entidades reguladoras provenientes de taxas cobradas pelos serviços por elas prestados.

Foram ouvidos o Instituto de Seguros de Portugal, a Entidade Reguladora dos Serviços Energéticos, o ICP – Autoridade Nacional de Comunicações, o Instituto Regulador das Águas e Resíduos, o Instituto Nacional do Transporte Ferroviário, o Instituto Nacional de Aviação Civil e o Instituto dos Mercados de Obras Públicas e Particulares e do Imobiliário.

Assim:

Nos termos da alínea *c)* do n.º 1 do artigo 198.º da Constituição, o Governo decreta o seguinte:

ARTIGO 1.º (Objecto)

1 – A Autoridade da Concorrência recebe, a título de receitas próprias, o valor máximo de 7,5% do montante das taxas cobradas no último exercício em que tenham contas fechadas, pelas seguintes entidades reguladoras sectoriais:

a) Instituto de Seguros de Portugal (ISP);
b) Entidade Reguladora dos Serviços Energéticos (ERSE);
c) ICP – Autoridade Nacional de Comunicações (ICP-ANACOM);
d) Instituto Regulador das Águas e Resíduos (IRAR);
e) Instituto Nacional do Transporte Ferroviário (INTF);
f) Instituto Nacional de Aviação Civil (INAC);
g) Instituto dos Mercados de Obras Públicas e Particulares e do Imobiliário.

2 – O valor referido no número anterior e a sua base de incidência, que podem ser diferenciados relativamente às várias entidades referidas naquele número, é fixado anualmente por portaria conjunta dos Ministros das Finanças, da Economia, das Obras Públicas, Transportes e Habitação e das Cidades, Ordenamento do Território e Ambiente.

ARTIGO 2.º (Transferência)

O montante referido no artigo anterior é transferido pelas entidades nele indicadas para a Autoridade da Concorrência nos termos fixados na portaria referida no n.º 2 do artigo anterior.

ARTIGO 3.º (Norma transitória)

O disposto no n.º 1 do artigo 1.º é aplicável ao IRAR apenas a partir de 1 de Janeiro de 2005.

ARTIGO 4.º (Entrada em vigor)

O presente diploma entra em vigor no dia seguinte ao da sua publicação.

Visto e aprovado em Conselho de Ministros de 11 de Dezembro de 2003. – *José Manuel Durão Barroso – Maria Manuela Dias Ferreira Leite – Carlos Manuel Tavares da Silva – António Pedro de Nobre Carmona Rodrigues – Amílcar Augusto Contel Martins Theias.*

Promulgado em 28 de Janeiro de 2004.

Publique-se.

O Presidente da República, *Jorge Sampaio.*

Referendado em 29 de Janeiro de 2004.

O Primeiro-Ministro, *José Manuel Durão Barroso.*

AUTORIDADE DA CONCORRÊNCIA
RECEITAS

Despacho Conjunto dos Ministros das Finanças e da Economia n.º 93/2004, de 30 de Janeiro*

Considerando que a Autoridade da Concorrência é a entidade reguladora criada no processo de reestruturação global do Ministério da Economia a quem cabe assegurar o respeito pelas regras de concorrência, tendo em vista o funcionamento eficiente dos mercados, a repartição eficaz dos recursos e os interesses dos consumidores;

Atenta a necessidade de garantir os meios financeiros necessários ao normal funcionamento da Autoridade da Concorrência;

Considerando que o Orçamento do Estado para 2004, aprovado pela Lei n.º 107-B/2003, de 31 de Dezembro, confere ao Governo a possibilidade de proceder às alterações necessárias ao processo de reestruturação em curso no Ministério da Economia;

Ao abrigo do disposto na primeira parte do n.º 8 do artigo 6.º da Lei n.º 107--B/2003, de 31 de Dezembro, que aprovou o Orçamento do Estado para 2004, é autorizada, no âmbito da execução do orçamento do Ministério da Economia para 2004, a transferência de verbas dos orçamentos da Autoridade Nacional de Comunicações (ICP-ANACOM), no montante de Euro 827 349, e da Entidade Reguladora do Sector Eléctrico (ERSE), no montante de Euro 91 928, em favor da Autoridade da Concorrência, tendo em vista assegurar o correcto e normal funcionamento desta última entidade reguladora.

30 de Janeiro de 2004. – A Ministra de Estado e das Finanças, *Maria Manuela Dias Ferreira Leite.* – O Ministro da Economia, *Carlos Manuel Tavares da Silva.*

---

* DR, II Série, n.º 42, de 19 de Fevereiro de 2004.

AVISO N.º 8044/2003 (2.ª SÉRIE)*

Nos termos do n.º 4 do artigo 21.º da Lei n.º 18/2003, de 11 de Junho, publicam-se em anexo os regulamentos aplicáveis nos procedimentos relativos ao controlo das operações de concentração de empresas – regulamento sobre taxas e regulamento sobre o formulário de notificação.

11 de Julho de 2003. – A Directora dos Serviços Administrativos e Financeiros, *Maria Adozinda Sobralinho*

REGULAMENTO N.º 1/E/2003
TAXAS APLICÁVEIS À APRECIAÇÃO DE OPERAÇÕES DE CONCENTRAÇÃO DE EMPRESAS –
(artigo 56.º, n.º 1, alínea *a)* da Lei n.º 18/2003, de 11 de Junho)

A Lei n.º 18/2003, de 11 de Junho, que aprova o novo regime jurídico da concorrência, determina na alínea *a)* do n.º 1 do artigo 56.º que está sujeita ao pagamento de uma taxa a apreciação de operações de concentração sujeitas a obrigação de notificação prévia, nos termos do disposto no artigo 9.º.

Por sua vez, o n.º 2 do artigo 56.º do referido diploma estipula que a fixação, a forma de liquidação e a cobrança das taxas são definidas em regulamento da Autoridade da Concorrência.

Tendo em vista o cumprimento do disposto no referido preceito e atento o preceituado no artigo 21.º do mesmo diploma legal, a Autoridade da Concorrência divulgou oportunamente um projecto de regulamento no seu sítio na Internet para fins de discussão pública.

Ao elaborar o referido projecto, a Autoridade da Concorrência teve presente que a análise das operações de concentração implica a ponderação do seu impacto na estrutura concorrencial do mercado e traduz-se assim na prestação de um serviço de elevada complexidade, complexidade esta associada ao poder de mercado das partes, o qual tem no respectivo volume de negócios um indicador de inegável relevância.

Assim, foi previsto no referido projecto a aplicação de uma taxa de montante variável, montante esse fixado em função do volume de negócios das empresas envolvidas, tendo-se para o efeito definido quatro escalões.

Na sequência dos contributos recolhidos na fase de discussão pública, foram, porém, introduzidos ajustamentos significativos ao projecto inicial.

Assim, manteve-se o volume de negócios das empresas envolvidas como um importante indicador de complexidade da apreciação das operações de concentração e, consequentemente, como factor a ter em conta na definição da respectiva taxa, mas procedeu-se a um reajustamento dos montantes anteriormente fixados e dos correspondentes escalões expressos em volume de negócios.

De facto, se é certo que o volume de negócios constitui um importante indicador de poder de mercado – como o atesta, aliás, o facto de em várias ordens jurídicas, *maxime* a comunitária, o critério de notificação prévia de operações de concentração assentar exclusi-

---

* DR, II série, n.º 170, de 25.7.2003, pp. 11148 a 11151.

vamente no volume de negócios das empresas envolvidas – não podendo, por isso, deixar de se repercutir na complexidade da apreciação das operações de concentração, reconheceu-se que os escalões definidos no projecto inicial careciam de ser alterados.

Nestes termos, os dois primeiros escalões constantes do projecto inicial foram unificados, passando assim o primeiro escalão a abranger as operações de concentração em que o volume de negócios das empresas envolvidas não exceda 150 000 000, de modo a reflectir o facto de, à face da legislação nacional, as operações de concentração, quando não envolvam a criação ou reforço de uma quota de mercado superior a 30%, só serem susceptíveis de notificação prévia caso o volume de negócios das empresas envolvidas ultrapasse aquele montante. Isto é, não conferindo a lei relevância ao volume de negócios para efeitos de notificação prévia quando inferior ao limiar atrás referido, entendeu-se ser de suprimir qualquer distinção entre o volume de negócios das empresas envolvidas na concentração para efeitos da definição da respectiva taxa, sempre que este não exceda o montante em causa.

Passam, assim, agora a prever-se apenas três escalões de volume de negócios para efeitos da definição da taxa aplicável, sendo que, o respectivo montante, para cada escalão, sofre também ajustamentos, de modo a melhor fazê-lo corresponder aos volumes de negócios envolvidos.

Em complemento, e atendendo a que – como bem foi assinalado na fase de discussão pública – o regime de tramitação procedimental de apreciação prévia de operações de concentração instituído pela Lei n.º 18/2003, de 11 de Junho, contém ele próprio um importante indicador de complexidade, traduzido na previsão de duas fases procedimentais distintas, a segunda das quais reservada apenas àquelas operações cuja análise careça de investigação aprofundada, considerou-se ser de fixar uma taxa adicional para a apreciação de operações de concentração que transitem para a segunda fase.

Finalmente, manteve-se o regime de taxa agravada para os procedimentos oficiosos previstos no artigo 40.º da Lei n.º 8/2003, de 11 de Junho, o qual não foi, aliás, objecto de qualquer contestação durante o período de discussão pública.

Nestes termos, tendo em consideração os contributos resultantes da discussão pública, e no uso da competência que lhe é conferida pela alínea h) do n.º 1 do artigo 17.º dos Estatutos da Autoridade da Concorrência, aprovados pelo Decreto-Lei n.º 10/2003, de 18 de Janeiro, o Conselho da Autoridade da Concorrência deliberou:

Aprovar, em cumprimento do disposto na alínea a) do n.º 1 e no n.º 2 do artigo 56.º da Lei n.º 18/2003, de 11 de Junho, o Regulamento relativo às Taxas aplicáveis à Apreciação de Operações de Concentração de Empresas, que inclui o Anexo à presente deliberação e que dele faz parte integrante.

O Conselho da Autoridade da Concorrência, em 3 de Julho de 2003.

Prof. Doutor Abel Mateus (Presidente).

Eduardo Lopes Rodrigues (Vogal).

Teresa Moreira (Vogal).

ANEXO

1 – A taxa base a cobrar pela apreciação de operações de concentração sujeitas a notificação prévia de acordo com o disposto no n.º 1 do artigo 9.º da Lei n.º 18/2003, de 11 de Junho, é fixada nos seguintes valores:

a) € 7 500, quando o volume de negócios realizado em Portugal, no último exercício, pelo conjunto das empresas participantes na operação de concentração, calculado de acordo com o disposto no artigo 10.º da Lei n.º 18/2003, de 11 de Junho, seja inferior ou igual a € 150 000 000;

b) € 15 000, quando o volume de negócios realizado em Portugal, no último exercício, pelo conjunto das empresas participantes na operação de concentração, calculado de acordo com o disposto no artigo 10.º da Lei n.º 18/2003, de 11 de Junho, seja superior a € 150 000 000 e inferior ou igual a € 300 000 000;

c) € 25 000, quando o volume de negócios realizado em Portugal, no último exercício, pelo conjunto das empresas participantes na operação de concentração, calculado de acordo com o disposto no artigo 10.º da Lei n.º 18/2003, de 11 de Junho, seja superior a € 300 000 000.

2 – O pagamento da taxa referida no n.º 1 é efectuado a partir da data da apresentação da notificação, através de transferência bancária para uma conta devidamente identificada no sítio da Autoridade da Concorrência, devendo o respectivo comprovativo ser a esta remetido no dia da realização do pagamento.

3 – A taxa referida no n.º 1 é elevada para o dobro sempre que a Autoridade da Concorrência dê início a um procedimento oficioso ao abrigo do disposto no artigo 40.º da Lei n.º 18/2003, de 11 de Junho.

4 – No caso da Autoridade da Concorrência dar início a um procedimento de investigação aprofundada, ao abrigo da alínea *c)* do n.º 1 do artigo 35.º da Lei n.º 18/2003, de 11 de Junho, à taxa base referida no n.º 1 acrescerá uma taxa adicional correspondente a 50% da taxa base.

5 – Nos casos previstos nos n.ºs 3 e 4, o pagamento da taxa é efectuado no prazo estipulado em notificação para o efeito dirigida pela Autoridade da Concorrência às pessoas ou empresas responsáveis pela apresentação da notificação, aplicando-se quanto ao meio de pagamento e respectivo comprovativo o disposto no n.º 2.

AVISOS – Pagamento de Taxas

1) Instruções de Pagamento de Taxas

Dá-se conhecimento aos interessados de que o pagamento das taxas aplicáveis às operações de concentração, nos termos do disposto no artigo 56.º da Lei n.º 18/2003, de 11 de Junho e de acordo com o regulamento da Autoridade da Concorrência, em anexo, deverá ser efectuado por crédito na conta n.º 27912514 10, com o NIB 0760 0000 2791 2514 101 24, do FINIBANCO, S.A., em nome da Autoridade da Concorrência.

IBAN: PT50007600002791251410124; BIC: FBCOPTPP; BALCÃO: Av. Berna

2) Despesas com transferências bancárias

Todas as despesas com transferências bancárias para pagamento das taxas aplicáveis às operações de concentração correm por conta das entidades notificantes.

AVISO N.º 8044/2003 (2.ª SÉRIE)*

Nos termos do n.º 4 do artigo 21.º da Lei n.º 18/2003, de 11 de Junho, publicam-se em anexo os regulamentos aplicáveis nos procedimentos relativos ao controlo das operações de concentração de empresas – regulamento sobre taxas e regulamento sobre o formulário de notificação.

11 de Julho de 2003. – A Directora dos Serviços Administrativos e Financeiros, *Maria Adozinda Sobralinho*

REGULAMENTO N.º 2/E/2003
FORMULÁRIO DE NOTIFICAÇÃO DE OPERAÇÕES
DE CONCENTRAÇÃO DE EMPRESAS

De acordo com o disposto no n.º 3 do artigo 31.º da Lei n.º 18/2003, de 11 de Junho, que aprova o novo regime jurídico da concorrência em Portugal, a notificação prévia de operações de concentrações de empresas é apresentada de acordo com Formulário aprovado pela Autoridade da Concorrência e conterá as informações e documentos nele exigidos.

Tendo em vista o cumprimento do preceituado no referido preceito e atento o disposto no artigo 21.º do mesmo diploma legal, a Autoridade da Concorrência divulgou oportunamente um projecto de Formulário no seu sítio na Internet para fins de discussão pública.

Na elaboração do referido projecto de Formulário, a Autoridade da Concorrência teve presente que a análise das operações de concentração em termos de política da concorrência, ao envolver uma cuidada avaliação de diversos aspectos relevantes de natureza jurídica e económica, exige o acesso a um conjunto significativo de informações, para o qual é indispensável a colaboração dos autores da notificação.

De facto, para que a análise destas operações se possa processar com a celeridade desejada pelos que nelas se encontram envolvidos, torna-se necessário que as empresas colaborem eficientemente com a Autoridade da Concorrência, prestando, desde logo, a informação

---

* DR, II série, n.º 170, de 25.7.2003, pp. 11148 a 11151.

necessária e da forma mais correcta possível, evitando-se assim a ulterior suspensão da contagem dos prazos, que a todos penalizaria.

Em resultado da discussão pública, foram introduzidos ajustamentos ao projecto inicial, seja do ponto de vista formal, seja do ponto de vista material e/ou conceptual, que se traduziram, na maior parte dos casos, na redução do âmbito da informação pretendida ou na respectiva clarificação.

Nestes termos, tendo em consideração os contributos resultantes da discussão pública, e no uso da competência que lhe é conferida pela alínea *h)* do n.º 1 do artigo 17.º dos Estatutos da Autoridade da Concorrência, aprovados pelo Decreto-Lei n.º 10/2003, de 18 de Janeiro, o Conselho da Autoridade da Concorrência deliberou:

Aprovar, em cumprimento do disposto no n.º 3 do artigo 31.º da Lei n.º 18/2003, de 11 de Junho, o Regulamento relativo ao Formulário de Notificação de Operações de Concentração de Empresas, que inclui o Anexo à presente deliberação e que dele faz parte integrante.

O Conselho da Autoridade da Concorrência, em 3 de Julho de 2003.

Prof. Doutor Abel Mateus (Presidente).

Eduardo Lopes Rodrigues (Vogal).

Teresa Moreira (Vogal).

ANEXO

O Formulário objecto do presente Regulamento tem por finalidade definir, ao abrigo do n.º 3 do artigo 31.º da Lei n.º 18/2003, de 11 de Junho, a informação a prestar à Autoridade da Concorrência no quadro das notificações de operações de concentração, devendo ser acompanhado de todos os documentos nele exigidos.

Na sua elaboração, devem ser tomadas em consideração as disposições aplicáveis da Lei n.º 18/2003, de 11 de Junho.

Apresentação da notificação

A notificação prévia das operações de concentração de empresas é apresentada à Autoridade da Concorrência, nos serviços sediados na Av.ª Visconde Valmor, n.º 72, 5.º andar, 1069-041 Lisboa, pelas pessoas ou empresas a que se referem as alíneas *a)* e *b)* do n.º 1 do artigo 8.º. Assim:

No caso de fusão, pelo conjunto das empresas objecto de fusão;

No caso de aquisição de controlo exclusivo, pela pessoa ou empresa adquirente;

No caso de aquisição de controlo conjunto, pelas pessoas ou empresas adquirentes.

As notificações conjuntas são obrigatoriamente apresentadas por um representante comum, com poderes para enviar e receber documentos em nome de todas as partes notificantes.

Prestação de informação

A informação solicitada deve ser apresentada o mais correcta e completa possível, devendo obedecer aos itens previstos no Formulário e seguir obrigatoriamente a numeração e secções nele especificadas.

No entanto, e em qualquer caso, a Autoridade de Concorrência, no decurso da apreciação das operações de concentração, pode solicitar nos termos legais, informações adicionais a qualquer das partes envolvidas na concentração, para além das fornecidas através do Formulário, sempre que tal se mostre necessário.

Produção de efeitos da notificação

A notificação só produz efeitos na data do pagamento da taxa em conformidade com o disposto no n.º 1 do artigo 32.º da Lei n.º 18/2003, de 11 de Junho, sem prejuízo do disposto no n.º 2 do mesmo artigo.

O pagamento da taxa far-se-á nos termos do regulamento relativo às taxas a aplicar à apreciação de operações de concentração de empresas a que se refere o artigo 56.º da Lei n.º 18/2003, de 11 de Junho, nas contas bancárias identificadas para o efeito no sítio da Autoridade.

Forma de apresentação

O formulário deve ser apresentado em número de três exemplares, um original e duas cópias.

Só fazem fé as versões apresentadas em suporte de papel, devidamente identificadas e assinadas.

O Formulário deve ser obrigatoriamente acompanhado de todos os documentos nele exigidos.

Confidencialidade

Sempre que qualquer das entidades participantes na operação de concentração, considere que a notificação contém informação comercialmente sensível, devendo permanecer confidencial, deve assinalar essa informação com o termo "confidencial" e indicar o respectivo fundamento.

A Autoridade da Concorrência decidirá da razão de ser da manutenção da confidencialidade dessa informação.

Regras processuais

O n.º 3 do artigo 32.º da Lei n.º 18/2003, de 11 de Junho, dispõe que a Autoridade da Concorrência pode dispensar a apresentação de determinadas informações ou documentos, caso não se revelem necessários para apreciação da operação da concentração.

Tendo em conta o referido preceito, é facultada às partes notificantes a possibilidade de procederem à avaliação da necessidade de preencherem ou não a totalidade dos pontos do Formulário, tendo presente, para o efeito, os critérios de apreciação das operações de concentração contidos no artigo 12.º do referido diploma.

Assim, e para os casos que considerem não ser necessário o preenchimento da totalidade dos pontos do Formulário, as partes notificantes deverão, no mínimo, preencher o Formulário, conforme as secções e os pontos a seguir indicados:

SECÇÃO I, todos os pontos;

SECÇÃO II, todos os pontos com excepção dos pontos 2.5.3 e 2.6.2;

SECÇÃO III, todos os pontos, com excepção dos pontos 3.3., 3.4.5 (no que respeita à indicação do preço médio do produto/serviço e do seu substituto mais próximo), 3.5.2, e 3.5.4;

SECÇÃO IV, apenas os pontos 4.1 e 4.2;

SECÇÃO V.

As informações de prestação facultativa nos termos do ponto anterior encontram-se assinaladas em *itálico* no texto do Formulário.

O exercício pelas partes notificantes da faculdade que lhes é conferida pelos n.ºs anteriores não prejudica o poder conferido à Autoridade, nos termos do já referido n.º 3 do artigo 12.º da Lei n.º 18/2003, de 11 de Junho, de decidir no sentido da necessidade do fornecimento de parte ou da totalidade das informações omitidas.

Declaração e assinaturas

A notificação deve terminar com uma declaração de conformidade a ser assinada pela parte notificante ou respectivo representante, ou, no caso de notificações conjuntas, pelo respectivo representante comum.

FORMULÁRIO
(n.º 3 do Artigo 31.º da Lei n.º 18/2003)

O presente Formulário destina-se a sistematizar a informação a apresentar no âmbito de notificação prévia das operações de concentração. A informação fornecida deve ser a mais completa possível e respeitar obrigatoriamente a estrutura nele prevista.

SECÇÃO I – INFORMAÇÃO GERAL A PRESTAR RELATIVAMENTE A CADA UMA DAS EMPRESAS PARTICIPANTES NA CONCENTRAÇÃO

1.1. INDICAR A QUALIDADE EM QUE A EMPRESA PARTICIPA NA OPERAÇÃO DE CONCENTRAÇÃO (assinalar com um X a caixa apropriada):

A) EMPRESA NOTIFICANTE
B) OUTRA EMPRESA PARTICIPANTE

1.2. IDENTIFICAÇÃO DAS EMPRESAS PARTICIPANTES
1.2.1. DENOMINAÇÃO SOCIAL

NOME:

SEDE SOCIAL:

DISTRITO: CONCELHO: CÓDIGO POSTAL:

E-MAIL:

NIPC/NIF: N.º TELEFONE: N.º DE FAX:

ENDEREÇO POSTAL (se diferente da sede):

1.2.2. PESSOA A CONTACTAR

IDENTIFICAÇÃO:

MORADA:

CARGO: N.º TELEFONE: N.º DE FAX:

E-MAIL:

1.2.3. REPRESENTANTE LEGAL (apenas para as empresas notificantes)

NOME:

MORADA:

E-MAIL: N.º TELEFONE: N.º DE FAX:

1.2.4. Sempre que as notificações sejam apresentadas por representantes das partes notificantes, os mesmos deverão juntar documento que comprove os seus poderes de representação.

1.3. ACTIVIDADE ECONÓMICA DE CADA UMA DAS EMPRESAS PARTICIPANTES NA CONCENTRAÇÃO

Indicar a natureza das actividades de cada empresa participante, fazendo o enquadramento por CAE (Rev2) da actividade económica principal.

1.4. NOTIFICAÇÃO DE OUTRAS AUTORIDADES DE CONCORRÊNCIA

No caso da operação de concentração dever ser notificada em mais do que um Estado Membro, identificar todas as Autoridades de Concorrência, notificadas no âmbito da presente operação de concentração, com indicação da data de notificação e respectivo Estado Membro.

SECÇÃO II – DESCRIÇÃO DA OPERAÇÃO DE CONCENTRAÇÃO

2.1. NATUREZA DA OPERAÇÃO DE CONCENTRAÇÃO (assinalar com um X a caixa apropriada):
FUSÃO
AQUISIÇÃO DE CONTROLO EXCLUSIVO
AQUISIÇÃO DO CONTROLO CONJUNTO/ CRIAÇÃO DE EMPRESA COMUM

2.2. TIPO DE CONCENTRAÇAO (assinalar com um X a caixa apropriada):
HORIZONTAL
VERTICAL
CONGLOMERAL
2.3. VOLUME DE NEGÓCIOS
2.3.1. Indicar para cada empresa participante na operação de concentração o volume de negócios nos três últimos anos, realizado em Portugal (calculado nos termos do artigo 10.º da Lei n.º 18/2003), no Espaço Económico Europeu e Mundial.
2.3.2. Remeter os Relatórios e Contas aprovados e relativos aos três últimos exercícios de cada empresa participante na operação de concentração.
2.4. DESCRIÇÃO DA OPERAÇÃO DE CONCENTRAÇÃO
2.4.1. Referir a calendarização prevista para os actos necessários à realização da operação de concentração.
2.4.2. Descrever de forma resumida a estrutura económica e financeira da operação de concentração.
2.4.3. Indicar os objectivos a atingir com a concentração, bem como as contribuições e benefícios esperados por cada empresa notificante.
2.4.4. No caso de criação ou aquisição de uma empresa comum referir também.
2.4.4.1. Volume de negócios esperado.
2.4.4.2. Indicação dos recursos envolvidos (recursos financeiros, pessoal, activos corpóreos e incorpóreos, outros).
2.4.4.3. Principais fornecedores e clientes.
2.4.4.4. Descrição do sistema de tomada de decisão e administração da empresa comum.
2.4.5. Enviar cópia dos acordos tendentes à concretização da operação de concentração.
2.5. PROPRIEDADE E CONTROLO ANTES E DEPOIS DA OPERAÇÃO DE CONCENTRAÇÃO
2.5.1. Indicar todas as empresas envolvidas na operação, na acepção do n.º 1 do artigo 10.º da Lei n.º 18/2003, de 11 de Junho, mencionando o respectivo volume de negócios no último ano relativamente a produtos ou serviços vendidos em Portugal.
2.5.2. Descrever, relativamente a cada uma das empresas indicadas no número anterior, a estrutura da propriedade e os meios de controlo, de forma quantificada, antes e depois da concretização da operação, podendo para o efeito ser utilizados mapas ou diagramas ilustrativos das informações pretendidas.
2.5.3. Indicar os titulares dos órgãos de administração para cada uma das empresas referidas no n.º 2.5.1, referenciando os que desempenhem cargo similar noutra entidade ou empresa activa nos mercados afectados pela operação de concentração.
2.5.4. Enviar eventuais acordos parassociais, quando relevantes para a determinação da forma e meios de controlo.
2.6. RELAÇÕES PESSOAIS E FINANCEIRAS
2.6.1. Listar as empresas que operam no mercado relevante nas quais as pessoas ou empresas que hajam sido indicadas em 2.5.1 possuam individualmente ou em conjunto uma percentagem minoritária dos direitos de voto ou do capital emitido ou outros títulos, identificando os respectivos proprietários e respectiva percentagem detida.
2.6.2. Indicar os titulares dos órgãos de administração das empresas objecto da listagem referida no número anterior, referenciando os que desempenhem cargo similar noutra

entidade ou empresa activa no mercado relevante. Identificar essas empresas, através da sua denominação social.

2.6.3. Descrever a actividade de cada empresa objecto da lista a que se refere o n.º 2.6.1.

SECÇÃO III – MERCADO RELEVANTE

3.1. MERCADO GEOGRÁFICO RELEVANTE

Compreende a área em que as empresas em causa fornecem e procuram produtos ou serviços relevantes, em que as condições de concorrência são suficientemente homogéneas e que podem distinguir-se de áreas geográficas vizinhas devido ao facto, em especial, de as condições de concorrência serem consideravelmente diferentes nessas áreas.

3.1.1. Indicar, de forma fundamentada, qual o mercado geográfico relevante considerado.

3.2. MERCADO DO PRODUTO/SERVIÇO RELEVANTE

Compreende todos os bens ou serviços considerados permutáveis ou substituíveis entre si pelo consumidor e/ou pelo utilizador, dadas as suas características técnicas, preços e utilização pretendida.

3.2.1. Proceder, de forma fundamentada, à indicação dos produtos/serviços ou categorias de produtos/serviços incluídos no mercado relevante.

3.3. MERCADOS RELACIONADOS

3.3.1. Indicar os mercados de produto/serviço e geográfico que se encontram estreitamente relacionados com o mercado relevante anteriormente definido (mercados a montante e a jusante e mercados horizontais vizinhos) em que qualquer das empresas referidas em 2.5.1. se encontrem activas.

3.4. DIMENSÃO DOS MERCADOS RELEVANTES

3.4.1. Estimativa da dimensão em quantidade e valor do total do mercado relevante, nos três últimos anos e estimativa de evolução do mesmo, nos próximos três anos.

3.4.2. Identificar, indicando para cada um a denominação e morada, os principais concorrentes que actuam no mercado relevante e juntar uma estimativa das respectivas quotas de mercado nos três últimos anos.

3.4.3. Referir os montantes e os valores das importações e das exportações dos produtos/serviços envolvidos na operação em causa nos três últimos anos, utilizando a agregação adoptada para a definição de mercado relevante.

3.4.4. Referir as fontes e a base de cálculo em que se basciam as estimativas feitas, disponibilizando cópia dos estudos efectuados.

3.4.5. Indicar para as empresas referidas em 2.5.1, quando presentes no mercado relevante definido em 3.1. e 3.2, e para cada um dos últimos três anos:

PRODUTO /SERVIÇO(1)	EMPRESA	QUOTA DE MERCADO (2)	VOLUME DE VENDAS (líquido de impostos)	PREÇO MÉDIO (por unidade vendida) (3) (4)	PRODUTO/SERVIÇO SUBSTITUTO MAIS PRÓXIMO DO INDICADO (4)

(1) Os produtos ou serviços indicados devem estar agregados segundo o mesmo conceito utilizado para a definição do mercado relevante em causa. Caso na operação em causa, existam dois ou três produtos que assumam uma relevância especial, então elaborar um outro quadro idêntico a este só para esses dois ou três produtos.
(2) Indicar se foi calculada em valor ou em volume.
(3) Indicar a unidade de referência.
(4) Informação que se enquadra no ponto 4 da alínea F da parte introdutória deste Formulário.

3.5. INFORMAÇÃO RELATIVA A CADA UMA DAS EMPRESAS PARTICIPANTES

3.5.1. Identificar para cada mercado relevante definido em 3.2. os dez principais fornecedores, indicando para cada um a denominação, morada e contacto, valor das compras efectuadas expressas em valor e percentagem do total das compras, nos três últimos anos.

3.5.2. Para cada mercado relevante definido em 3.2., descrever as formas de acesso ao abastecimento, referindo se os canais de abastecimento integram empresas pertencentes a um mesmo grupo de qualquer das participantes, a importância em função das compras de cada um dos canais de abastecimento, a existência de sistemas de distribuição e outros eventuais condicionalismos ou constrangimentos existentes.

3.5.3. Identificar para cada mercado relevante definido em 3.2. os dez principais clientes, indicando para cada um a denominação, morada e contacto, vendas efectuadas expressas em valor e percentagem do total das vendas, nos três últimos anos.

3.5.4. Para cada mercado relevante definido em 3.2., descrever o sistema de distribuição, referindo nomeadamente se as vendas são efectuadas por terceiros ou empresas pertencentes a um mesmo grupo de qualquer das participantes e descrevendo o funcionamento de redes de distribuição, referenciando a importância relativa nas vendas dos diversos canais de comercialização.

SECÇÃO IV – OUTRAS INFORMAÇÕES
(caso não tenham sido já prestadas em pontos anteriores)

4.1. Descrever os factores que influenciam a entrada e saída no mercado relevante, referindo designadamente:
Obstáculos legais ou regulamentares;
Restrições decorrentes de direitos de propriedade intelectual;
Custos globais de entrada e saída de novos operadores;

Limitações de acesso a factores de produção;
Acordos de distribuição (exclusiva, selectiva, etc.) ou outras formas de comercialização.

4.2. Identificar os concorrentes potenciais que possam num período de tempo razoável entrar no mercado relevante.

4.3. Referir estudos que demonstrem a preferência dos consumidores em relação a determinados produtos ou marcas de produtos, hábitos de consumo arreigados, indicando os preços praticados nos três últimos anos, bem como a existência de custos de mudança significativos.

4.4. Referir se a actividade de algumas das empresas em que as empresas participantes detenham uma participação, ainda que minoritária, se desenvolve em mercados próximos* dos incluídos no mercado relevante e se a sua actividade vai, de alguma forma, ser afectada pela operação de concentração.

* Por mercados "próximos" entende-se aqueles que possuem uma relação de contiguidade tecnológica (ex: algumas resinas para algumas tintas) e/ou de afinidade da procura (ex. confecções e moda).

4.5. Referir a importância dos mercados públicos em relação aos produtos/serviços do mercado relevante, bem como as dificuldades de acesso a esse mercado.

4.6. Caracterizar a fase em que se encontra o mercado relevante, nomeadamente em termos de início, expansão, maturidade, declínio.

4.7. Referir a existência de serviços pós-venda e outras vantagens competitivas relacionadas com a existência de serviços de manutenção.

4.8. Existência de controlo de infra-estruturas essenciais por parte das empresas participantes na operação de concentração e quais as possibilidades de acesso a essas infra-estruturas pelas empresas concorrentes.

4.9. Referir as características especiais dos produtos e serviços incluídos no mercado relevante, nomeadamente no que se refere à exigência de grandes investimentos iniciais, bem como à rapidez da evolução do seu ciclo de inovação tecnológica.

4.10. Fundamentar o contributo da operação de concentração para a evolução do progresso técnico e económico, desde que a mesma seja vantajosa para os consumidores e não constitua um obstáculo à concorrência.

4.11. Apresentar estudos que demonstrem a importância da operação para a competitividade internacional da economia nacional.

4.12. Quaisquer outros elementos que correspondam, na óptica das partes notificantes, aos critérios enunciados no n.º 2 do artigo 12.º da Lei n.º 18/2003, de 11 de Junho, e que ainda não estejam contemplados nos números anteriores.

SECÇÃO V – DECLARAÇÃO E ASSINATURA

O abaixo assinado declara que, tanto quanto é do seu conhecimento, as informações prestadas na presente notificação são verdadeiras, exactas e completas, que foram fornecidas cópias completas dos documentos exigidos no Formulário, que todas as estimativas estão identificadas como tal e que são as que consideram mais correctas quanto aos factos subjacentes e que todas as opiniões manifestadas são verdadeiras.

Local e data:
Assinatura:

CAPÍTULO II
DIREITO COMUNITÁRIO

TRATADO DE ROMA
DE 25 DE MARÇO DE 1957

ARTIGO 1.º

Pelo presente Tratado, as ALTAS PARTES CONTRATANTES instituem entre si uma COMUNIDADE EUROPEIA.

ARTIGO 2.º

A Comunidade tem como missão, através da criação da um mercado comum e de uma união económica e monetária e da aplicação das políticas ou acções comuns a que se referem os artigos 3.º e 4.º, promover, em toda a Comunidade, o desenvolvimento harmonioso, equilibrado e sustentável das actividades económicas, um elevado nível de emprego e de protecção social, a igualdade entre homens e mulheres, um crescimento sustentável e não inflacionista, um alto grau de competitividade e de convergência dos comportamentos das economias, um elevado nível de protecção e de melhoria da qualidade do ambiente, o aumento do nível e da qualidade de vida, a coesão económica e social e a solidariedade entre os Estados membros.

ARTIGO 3.º

1 – Para alcançar os fins enunciados no artigo 2.º, a acção da Comunidade implica, nos termos do disposto e segundo o calendário previsto no presente Tratado:

g) Um regime que garanta que a concorrência não seja falseada no mercado interno;

ARTIGO 4.º

1 – Para alcançar os fins enunciados no artigo 2.º, a acção dos Estados membros e da Comunidade implica, nos termos do disposto e segundo o calendário previsto no presente Tratado, a adopção de uma política económica baseada na estreita coordenação das políticas económicas dos Estados membros, no mercado interno e na definição de objectivos comuns, e conduzida de acordo com o princípio de uma economia de mercado aberto e de livre concorrência.

2 – Paralelamente, nos termos do disposto e segundo o calendário e os procedimentos previstos no presente Tratado, essa acção implica a fixação irrevogável das taxas de câmbio conducente à criação de uma moeda única, o ecu, e a definição e condução de uma política monetária e de uma política cambial únicas, cujo objectivo primordial é a manutenção da estabilidade dos preços e, sem prejuízo desse objectivo, o apoio às políticas económicas gerais na Comunidade, de acordo com o princípio de uma economia de mercado aberto e de livre concorrência.

3 – (...)

ARTIGO 14.º

1 – A Comunidade adoptará as medidas destinadas a estabelecer progressivamente o mercado interno durante um período que termina em 31 de Dezembro de 1992, nos termos do disposto no presente artigo, nos artigos 15.º e 26.º, no n.º 2 do artigo 47.º, nos artigos 49.º, 80.º, 93.º e 95.º e sem prejuízo das demais disposições do presente Tratado.

2 – O mercado interno compreende um espaço sem fronteiras internas no qual a livre circulação das mercadorias, das pessoas, dos serviços e dos capitais é assegurada de acordo com as disposições do presente Tratado.

3 – O Conselho, deliberando por maioria qualificada, sob proposta da Comissão, definirá as orientações e condições necessárias para assegurar um progresso equilibrado no conjunto dos sectores abrangidos.

TÍTULO VI As regras comuns relativas à concorrência, à fiscalidade e à aproximação das legislações

CAPÍTULO 1 As regras de concorrência

SECÇÃO 1 As regras aplicáveis às empresas

ARTIGO 81.º

1 – São incompatíveis com o mercado comum e proibidos todos os acordos entre empresas, todas as decisões de associações de empresas e todas as práticas concertadas que sejam susceptíveis de afectar o comércio entre os Estados membros e que tenham por objectivo ou efeito impedir, restringir ou falsear a concorrência no mercado comum, designadamente as que consistam em:

a) Fixar, de forma directa ou indirecta, os preços de compra ou de venda, ou quaisquer outras condições de transacção;

b) Limitar ou controlar a produção, a distribuição, o desenvolvimento técnico ou os investimentos;

c) Repartir os mercados ou as fontes de abastecimento;

d) Aplicar, relativamente a parceiros comerciais, condições desiguais no caso de prestações equivalentes colocando-os, por esse facto, em desvantagem na concorrência;

e) Subordinar a celebração de contratos à aceitação, por parte dos outros contraentes, de prestações suplementares que, pela sua natureza ou de acordo com os usos comerciais, não têm ligação com o objecto desses contratos.

2 – São nulos os acordos ou decisões proibidos pelo presente artigo.

3 – As disposições no n.º 1 podem, todavia, ser declaradas inaplicáveis:

– qualquer acordo, ou categoria de acordos, entre empresas;

– a qualquer decisão, ou categoria de decisões, de associações de empresas; e

– qualquer prática concertada, ou categoria de práticas concertadas, que contribuam para melhorar a produção ou a distribuição dos produtos ou para promover o progresso técnico ou económico, contanto que aos utilizadores se reserve uma parte equitativa do lucro daí resultante, e que:

a) Não imponham às empresas em causa quaisquer restrições que não sejam indispensáveis à consecução desses objectivos;

b) Nem dêem a essas empresas a possibilidade de eliminar a concorrência relativamente a uma parte substancial dos produtos em causa.

ARTIGO 82.º

É incompatível com o mercado comum e proibido, na medida em que tal seja susceptível de afectar o comércio entre os Estados membros, o facto de uma ou mais empresas explorarem de forma abusiva uma posição dominante no mercado comum ou numa parte substancial deste.

Estas práticas abusivas podem, nomeadamente, consistir em:

a) Impor, de forma directa ou indirecta, preços de compra ou de venda ou outras condições de transacção não equitativas;

b) Limitar a produção, a distribuição ou o desenvolvimento técnico em prejuízo dos consumidores;

c) Aplicar, relativamente a parceiros comerciais, condições desiguais no caso de prestações equivalentes colocando-os, por esse facto, em desvantagem na concorrência;

d) Subordinar a celebração de contratos à aceitação, por parte dos outros contraentes, de prestações suplementares que, pela sua natureza ou de acordo com os usos comerciais, não têm ligação com o objecto desses contratos.

ARTIGO 83.º

1 – Os regulamentos ou directivas necessários à aplicação dos princípios constantes dos artigos 81.º e 82.º serão estabelecidos pelo Conselho, deliberando por maioria qualificada sob proposta da Comissão, após consulta do Parlamento Europeu.

2 – Os regulamentos e as directivas referidas no n.º 1 têm por finalidade, designadamente:

a) Garantir o respeito das proibições referidas no n.º 1 do artigo 81.º e no artigo 82.º, pela cominação de multas e adstrições;

b) Determinar as modalidades de aplicação do n.º 3 do artigo 81.º, tendo em conta a necessidade, por um lado, de garantir uma fiscalização eficaz e, por outro, de simplificar o mais possível o controlo administrativo;

c) Definir, quando necessário, o âmbito de aplicação do disposto nos artigos 81.º e 82.º, relativamente aos diversos sectores económicos;

d) Definir as funções respectivas da Comissão e do Tribunal de Justiça quanto à aplicação do disposto no presente número;

e) Definir as relações entre as legislações nacionais e as disposições constantes da presente secção ou as adoptadas em execução do presente artigo.

ARTIGO 84.º
Até à data da entrada em vigor das disposições adoptadas em execução do artigo 83.º, as autoridades dos Estados membros decidirão sobre a admissibilidade dos acordos, decisões e práticas concertadas e sobre a exploração abusiva de uma posição dominante no mercado comum, em conformidade com o direito dos seus próprios países e com o disposto no artigo 81.º, designadamente no n.º 3, e no artigo 82.º.

ARTIGO 85.º
1 – Sem prejuízo do disposto no artigo 84.º, a Comissão velará pela aplicação dos princípios enunciados nos artigos 81.º e 82.º.

A pedido de um Estado membro, ou oficiosamente, e em cooperação com as autoridades competentes dos Estados membros, que lhe prestarão assistência, a Comissão instruirá os casos de presumível infracção a estes princípios. Se a Comissão verificar que houve infracção, proporá os meios adequados para se lhe pôr termo.

2 – Se a infracção não tiver cessado, a Comissão declarará verificada essa infracção aos princípios, em decisão devidamente fundamentada. A Comissão pode publicar a sua decisão e autorizar os Estados membros a tomarem as medidas, de que fixará as condições e modalidades, necessárias para sanar a situação.

ARTIGO 86.º
1 – No que respeita às empresas públicas e às empresas a que concedam direitos especiais ou exclusivos, os Estados membros não tomarão nem manterão qualquer medida contrária ao disposto no presente Tratado, designadamente ao disposto nos artigos 12.º e 81.º a 89.º, inclusive.

2 – As empresas encarregadas da gestão de serviços de interesse económico geral ou que tenham a natureza de monopólio fiscal ficam submetidas ao disposto no presente Tratado, designadamente às regras de concorrência, na medida em que a aplicação destas regras não constitua obstáculo ao cumprimento, de direito ou de facto, da missão particular que lhes foi confiada.

O desenvolvimento das trocas comerciais não deve ser afectado de maneira que contrarie os interesses da Comunidade.

3 – A Comissão velará pela aplicação do disposto no presente artigo e dirigirá aos Estados membros, quando necessário, as directivas ou decisões adequadas.

SECÇÃO 2 Os auxílios concedidos pelos Estados[1]

ARTIGO 87.º

1 – Salvo disposição em contrário do presente Tratado, são incompatíveis com o mercado comum, na medida em que afectem as trocas comerciais entre os Estados membros, os auxílios concedidos pelos Estados ou provenientes de recursos estatais, independentemente da forma que assumam, que falseiem ou ameacem falsear a concorrência, favorecendo certas empresas ou certas produções.

2 – São compatíveis com o mercado comum:

a) Os auxílios de natureza social atribuídos a consumidores individuais com a condição de serem concedidos sem qualquer discriminação relacionada com a origem dos produtos;

b) Os auxílios destinados a remediar os danos causados por calamidades naturais ou por outros acontecimentos extraordinários;

c) Os auxílios atribuídos à economia de certas regiões da República Federal da Alemanha afectadas pela divisão da Alemanha, desde que sejam necessários para compensar as desvantagens económicas causadas por esta divisão.

3 – Podem ser considerados compatíveis com o mercado comum:

a) Os auxílios destinados a promover o desenvolvimento económico de regiões em que o nível de vida seja anormalmente baixo ou em que exista grave situação de subemprego;

b) Os auxílios destinados a fomentar a realização de um projecto importante de interesse europeu comum, ou a sanar uma perturbação grave da economia de um Estado membro;

c) Os auxílios destinados a facilitar o desenvolvimento de certas actividades ou regiões económicas, quando não alterem as condições das trocas comerciais de maneira que contrariem o interesse comum;

d) Os auxílios destinados a promover a cultura e a conservação do património, quando não alterem as condições das trocas comerciais e da concorrência na Comunidade num sentido contrário ao interesse comum;

e) As outras categorias de auxílios determinadas por decisão do Conselho, deliberando por maioria qualificada, sob proposta da Comissão.

ARTIGO 88.º

1 – A Comissão procederá, em cooperação com os Estados membros, ao exame permanente dos regimes de auxílios existentes nesses Estados. A Comissão proporá também aos Estados membros as medidas adequadas, que sejam exigidas pelo desenvolvimento progressivo ou pelo funcionamento do mercado comum.

---

[1] Ver artigo 24.º do Acto de Adesão e Anexos VII (Chipre), X (Hungria), XI (Malta), XII (Polónia) e XIV (Eslováquia) ao Acto de Adesão de 2003.

2 – Se a Comissão, depois de ter notificado os interessados para apresentarem as suas observações, verificar que um auxílio concedido por um Estado ou proveniente de recursos estatais não é compatível com o mercado comum nos termos do artigo 87.º, ou que esse auxílio está a ser aplicado de forma abusiva, decidirá que o Estado em causa deve suprimir ou modificar esse auxílio no prazo que ela fixar.

Se o Estado em causa não der cumprimento a esta decisão no prazo fixado, a Comissão ou qualquer outro Estado interessado podem recorrer directamente ao Tribunal de Justiça, em derrogação do disposto nos artigos 226.º e 227.º.

A pedido de qualquer Estado membro, o Conselho, deliberando por unanimidade, pode decidir que um auxílio, instituído ou a instituir por esse Estado, deve considerar-se compatível com o mercado comum, em derrogação do disposto no artigo 87.º ou nos regulamentos previstos no artigo 89.º, se circunstâncias excepcionais justificarem tal decisão. Se, em relação a este auxílio, a Comissão tiver dado início ao procedimento previsto no primeiro parágrafo deste número, o pedido do Estado interessado dirigido ao Conselho terá por efeito suspender o referido procedimento até que o Conselho se pronuncie sobre a questão.

Todavia, se o Conselho não se pronunciar no prazo de três meses a contar da data do pedido, a Comissão decidirá.

3 – Para que possa apresentar as suas observações, deve a Comissão ser informada atempadamente dos projectos relativos à instituição ou alteração de quaisquer auxílios. Se a Comissão considerar que determinado projecto de auxílio não é compatível com o mercado comum nos termos do artigo 87.º, deve sem demora dar início ao procedimento previsto no número anterior.

O Estado membro em causa não pode pôr em execução as medidas projectadas antes de tal procedimento haver sido objecto de uma decisão final.

ARTIGO 89.º

O Conselho, deliberando por maioria qualificada, sob proposta da Comissão, e após consulta do Parlamento Europeu, pode adoptar todos os regulamentos adequados à execução dos artigos 87.º e 88.º e fixar, designadamente, as condições de aplicação do n.º 3 do artigo 88.º e as categorias de auxílios que ficam dispensadas desse procedimento.

PRÁTICAS RESTRITIVAS DA CONCORRÊNCIA
(ARTIGO 81.º E 82.º)

Regulamento (CE) N.º 1/2003*

O CONSELHO DA UNIÃO EUROPEIA,
Tendo em conta o Tratado que institui a Comunidade Europeia e, nomeadamente, o seu artigo 83.º,
Tendo em conta a proposta da Comissão[1],
Tendo em conta o parecer do Parlamento Europeu[2],
Tendo em conta o parecer do Comité Económico e Social Europeu[3],
Considerando o seguinte:
(1) A fim de estabelecer um regime que assegure a não distorção da concorrência no mercado comum, há que proceder à aplicação eficaz e uniforme dos artigos 81.º e 82.º do Tratado na Comunidade. O Regulamento n.º 17 do Conselho, de 6 de Fevereiro de 1962, primeiro regulamento de execução dos artigos 81.º e 82.º do Tratado[4,5], permitiu desenvolver uma política comunitária de concorrência que contribuiu para a disseminação de uma cultura de concorrência na Comunidade. Todavia, é conveniente que hoje, à luz da experiência adquirida, se substitua o referido regulamento, a fim de prever disposições adaptadas aos desafios de um mercado integrado e de um futuro alargamento da Comunidade.
(2) Importa, em especial, repensar o modo de aplicar a derrogação à proibição dos acordos restritivos da concorrência, constante do n.º 3 do artigo 81.º do Tratado. Neste contexto, nos termos da alínea b) do n.º 2 do artigo 83.º do Tratado, é necessário ter em conta a necessidade, por um lado, de garantir uma fiscalização eficaz e, por outro, de simplificar o mais possível o controlo administrativo.

---

* Regulamento (CE) n.º 1/2003 do Conselho, de 16.12.2002, relativo à execução das regras de concorrência estabelecidas nos artigos 81.º e 82.º do Tratado (JO, L 1, de 4.1.2003, pp. 1), com a última redacção resultante do Regulamento (CE) n.º 411/2004 de 24.2.2004 (JO, L 68, de 6.3.2004, pp. 1).

1 JO, C 365 E, de 19.12.2000, p. 284.
2 JO, C 72 E, de 21.3.2002, p. 305.
3 JO, C 155, de 29.5.2001, p. 73.
4 O título do Regulamento n.º 17 foi adaptado para tomar em conta a renumeração dos artigos do Tratado CE nos termos do artigo 12.º do Tratado de Amesterdão; originalmente, o título referia os artigos 85.º e 86.º do Tratado.
5 JO, 13, de 21.2.1962, p. 204/62. Regulamento com a última redacção que lhe foi dada pelo Regulamento (CE) n.º 1216/1999 (JO, L 148, de 15.6.1999, p. 5).

(3) O regime centralizado instituído pelo Regulamento n.º 17 deixou de poder garantir o equilíbrio entre aqueles dois objectivos. Por um lado, dificulta a aplicação das regras comunitárias de concorrência pelos tribunais e pelas autoridades responsáveis em matéria de concorrência dos Estados membros e o sistema de notificação que lhe está subjacente impede que a Comissão se concentre na repressão das infracções mais graves. Por outro lado, origina custos importantes para as empresas.

(4) Assim, este regime deverá ser substituído por um regime de excepção directamente aplicável, em que as autoridades responsáveis em matéria de concorrência e os tribunais dos Estados membros tenham competência não só para aplicar o n.º 1 do artigo 81.º e o artigo 82.º do Tratado, directamente aplicáveis nos termos da jurisprudência do Tribunal de Justiça das Comunidades Europeias, mas também o n.º 3 do artigo 81.º do Tratado.

(5) A fim de assegurar uma aplicação eficaz das regras comunitárias de concorrência, salvaguardando simultaneamente a observância dos direitos fundamentais da defesa, o presente regulamento deverá regular a questão do ónus da prova ao abrigo dos artigos 81.º e 82.º do Tratado. Caberá à parte ou à autoridade que alegue uma violação do n.º 1 do artigo 81.º e do artigo 82.º do Tratado provar a referida violação nos termos da lei. Caberá à empresa ou associação de empresas que invoque o benefício de um meio de defesa contra o apuramento de uma violação fazer prova, nos termos da lei, de que se encontram reunidas as condições de tal defesa. O presente regulamento não afecta as regras nacionais relativas ao nível da prova nem as obrigações das autoridades responsáveis em matéria de concorrência e dos tribunais dos Estados membros de avaliarem os factos pertinentes relativos a um processo, desde que tais regras e obrigações sejam compatíveis com os princípios gerais do direito comunitário.

(6) Para assegurar a aplicação eficaz das regras comunitárias de concorrência, as autoridades dos Estados membros responsáveis em matéria de concorrência deverão ter maior participação nessa aplicação. Para o efeito, deverá ser-lhe atribuída competência para aplicar o direito comunitário.

(7) Os tribunais nacionais desempenham uma função essencial na aplicação das regras comunitárias de concorrência. Ao deliberarem sobre os litígios entre particulares, salvaguardam os direitos subjectivos decorrentes do direito comunitário, nomeadamente através da concessão de indemnizações às vítimas das infracções. Neste capítulo, o papel dos tribunais nacionais vem complementar o das autoridades dos Estados membros responsáveis em matéria de concorrência. Assim, é necessário permitir-lhes que apliquem integralmente os artigos 81.º e 82.º do Tratado.

(8) A fim de assegurar uma aplicação eficaz das regras comunitárias de concorrência e o funcionamento adequado dos mecanismos de cooperação constantes do presente regulamento, é necessário impor às autoridades responsáveis em matéria de concorrência e aos tribunais dos Estados membros que apliquem igualmente os artigos 81.º e 82.º do Tratado nos casos em que apliquem a legislação nacional em matéria de concorrência a acordos e práticas que possam afectar o comércio entre os Estados membros. A fim de se criar um quadro comum de actuação relativamente a acordos, decisões de associações de empresas e práticas concertadas no âmbito do mercado interno, é também necessário determinar, com base na alínea e) do n.º 2 do artigo 83.º do Tratado, as relações entre as legislações nacionais e a legislação comunitária em matéria de concorrência. Para tal, é necessário prever que a aplicação das legislações nacionais em matéria de concorrência a acordos, decisões e práticas concertadas, na acepção do n.º 1 do artigo 81.º do Tratado, não conduza à proibição destes acordos, decisões e práticas concertadas se estes não forem também proibidos pela legislação comu-

nitária em matéria de concorrência. As noções de acordos, decisões e práticas concertadas são conceitos autónomos da legislação comunitária em matéria de concorrência que abrangem a coordenação do comportamento das empresas no mercado tal como interpretado pelos tribunais da Comunidade. O presente regulamento não impede os Estados membros de aprovarem e aplicarem no seu território uma legislação nacional em matéria de concorrência mais restritiva que proíba actos unilaterais de empresas ou que imponha sanções por esses actos. Essa legislação nacional mais estrita pode incluir disposições que proíbam comportamentos abusivos relativamente a empresas economicamente dependentes ou que imponham sanções por esses comportamentos. Além disso, o presente regulamento só é aplicável nas legislações nacionais que prevêem a imposição de sanções penais a pessoas singulares na medida em que essas sanções sejam o meio pelo qual se aplicam as regras de concorrência às empresas.

(9) Os artigos 81.º e 82.º do Tratado têm por objectivo proteger a concorrência no mercado. O presente regulamento, aprovado em aplicação dessas disposições do Tratado, não impede os Estados membros de aplicarem no seu território legislação nacional que proteja outros interesses legítimos, desde que essa legislação seja compatível com os princípios gerais e outras disposições do direito comunitário. Na medida em que tal legislação nacional prossiga essencialmente um objectivo diferente do da protecção da concorrência no mercado, as autoridades responsáveis em matéria de concorrência e os tribunais dos Estados membros poderão aplicá-la no seu território. Assim, os Estados membros poderão, ao abrigo do presente regulamento, aplicar no seu território legislação nacional que proíba actos unilaterais ou contratuais que configurem práticas de comércio desleal ou que imponha sanções por esses actos. Essa legislação tem um objectivo específico, independentemente do efeito real ou presumível desses actos sobre a concorrência no mercado. Tal é o caso, em particular, da legislação que proíbe as empresas de impor a um parceiro comercial, ou dele obter ou tentar obter, termos e condições que sejam injustificados, desproporcionados ou sem contrapartida.

(10) Os regulamentos do Conselho, tais como o Regulamento n.º 19/65/CEE[1], (CEE) n.º 2821/71[2], (CEE) n.º 3976/87[3], (CEE) n.º 1534/91[4] ou (CEE) n.º 479/92[5], atribuem à

---

[1] Regulamento n.º 19/65/CEE do Conselho, de 2 de Março de 1965, relativo à aplicação do n.º 3 do artigo 81.º (Os títulos dos regulamentos foram adaptados para tomar em conta a renumeração dos artigos do Tratado CE nos termos do artigo 12.º do Tratado de Amesterdão; originalmente, os títulos referiam o n.º 3 do artigo 85.º do Tratado) do Tratado a certas categorias de acordos e práticas concertadas (JO, 36, de 6.3.1965, p. 533). Regulamento com a última redacção que lhe foi dada pelo Regulamento (CE) n.º 1215/1999 (JO, L 148, de 15.6.1999, p. 1).

[2] Regulamento (CEE) n.º 2821/71 do Conselho, de 20 de Dezembro de 1971, relativo à aplicação do n.º 3 do artigo 81.º (Os títulos dos regulamentos foram adaptados para tomar em conta a renumeração dos artigos do Tratado CE nos termos do artigo 12.º do Tratado de Amesterdão; originalmente, os títulos referiam o n.º 3 do artigo 85.º do Tratado) do Tratado a certas categorias de acordos, decisões e práticas concertadas (JO, L 285, de 29.12.1971, p. 46). Regulamento com a última redacção que lhe foi dada pelo Acto de Adesão de 1994.

[3] Regulamento (CEE) n.º 3976/87 do Conselho, de 14 de Dezembro de 1987, relativo à aplicação do n.º 3 do artigo 81.º (Os títulos dos regulamentos foram adaptados para tomar em conta a renumeração dos artigos do Tratado CE nos termos do artigo 12.º do Tratado

Comissão competência para aplicar o n.º 3 do artigo 81.º do Tratado, por via de um regulamento, a certas categorias de acordos, decisões de associações de empresas ou práticas concertadas. Nos domínios definidos por esses regulamentos, a Comissão aprovou e pode continuar a aprovar os chamados regulamentos de isenção por categoria, segundo os quais declara que o n.º 1 do artigo 81.º do Tratado não é aplicável a categorias de acordos, decisões ou práticas concertadas. Quando os acordos, decisões ou práticas concertadas aos quais se aplicam tais regulamentos tiverem contudo efeitos incompatíveis com o n.º 3 do artigo 81.º do Tratado, a Comissão e as autoridades responsáveis em matéria de concorrência dos Estados membros devem ter poderes para retirar, em casos determinados, o benefício do regulamento de isenção por categoria.

(11) Para garantir a aplicação das disposições do Tratado, a Comissão deve poder aprovar decisões que tenham por destinatários empresas e associações de empresas obrigando-as a pôr termo às infracções aos artigos 81.º e 82.º do Tratado. Desde que exista um interesse legítimo, a Comissão deve igualmente poder aprovar decisões de verificação de uma infracção, quando a infracção já tenha cessado e mesmo que não aplique qualquer coima. Por outro lado, é conveniente consagrar expressamente no presente regulamento a competência da Comissão para aprovar decisões que ordenem medidas provisórias, a qual é reconhecida pelo Tribunal de Justiça.

(12) O presente regulamento deverá fazer referência explícita à competência da Comissão para impor uma solução, quer de conduta, quer de carácter estrutural, que seja necessária para pôr efectivamente termo à infracção, tendo em conta o princípio da proporcionalidade. As soluções de carácter estrutural só devem ser impostas quando não houver qualquer solução de conduta igualmente eficaz ou quando qualquer solução de conduta igualmente eficaz for mais onerosa para a empresa em questão do que a solução de carácter estrutural. As alterações de carácter estrutural exigidas a uma empresa de forma a repor a estrutura que existia antes de ser cometida a infracção só serão proporcionais quando existir um risco significativo de infracção persistente ou repetida que derive da própria estrutura da empresa.

---

de Amesterdão; originalmente, os títulos referiam o n.º 3 do artigo 85.º do Tratado) do Tratado a certas categorias de acordos e de práticas concertadas no sector dos transportes aéreos (JO, L 374, de 31.12.1987, p. 9). Regulamento com a última redacção que lhe foi dada pelo Acto de Adesão de 1994.

[4] Regulamento (CEE) n.º 1534/91 do Conselho, de 31 de Maio de 1991, relativo à aplicação do n.º 3 do artigo 81.º (Os títulos dos regulamentos foram adaptados para tomar em conta a renumeração dos artigos do Tratado CE nos termos do artigo 12.º do Tratado de Amesterdão; originalmente, os títulos referiam o n.º 3 do artigo 85.º do Tratado) do Tratado a certas categorias de acordos, decisões e práticas concertadas no domínio dos seguros (JO L 143 de 7.6.1991, p. 1).

[5] Regulamento (CEE) n.º 479/92 do Conselho, de 25 de Fevereiro de 1992, relativo à aplicação do n.º 3 do artigo 81.º (Os títulos dos regulamentos foram adaptados para tomar em conta a renumeração dos artigos do Tratado CE nos termos do artigo 12.º do Tratado de Amesterdão; originalmente, os títulos referiam o n.º 3 do artigo 85.º do Tratado) do Tratado a certas categorias de acordos, decisões e práticas concertadas entre companhias de transportes marítimos regulares (consórcios) (JO L 55 de 29.2.1992, p. 3). Regulamento com a última redacção que lhe foi dada pelo Acto de Adesão de 1994.

(13) Quando, no âmbito de um processo susceptível de conduzir à proibição de um acordo ou de uma prática, as empresas assumirem perante a Comissão compromissos susceptíveis de dar resposta às suas objecções, a Comissão deverá poder aprovar uma decisão que obrigue as empresas a esses compromissos. As decisões relativas a compromissos deverão concluir pela inexistência de fundamento para que a Comissão tome medidas sem daí se inferir que tenha ou não havido, ou ainda haja, infracção. As decisões relativas a compromissos não prejudicam a competência das autoridades responsáveis em matéria de concorrência e dos tribunais dos Estados membros de fazer declaração semelhante e decidir sobre a questão. As decisões relativas a compromissos não são adequadas nos casos em que a Comissão tencione impor uma coima.

(14) Em casos excepcionais, quando o interesse público comunitário o exija, poderá também ser útil que a Comissão aprove uma decisão de carácter declaratório em que constate a não aplicação da proibição estabelecida pelos artigos 81.º ou 82.º do Tratado, a fim de clarificar a legislação e assegurar a sua aplicação coerente na Comunidade, especialmente no que se refere a novos tipos de acordos ou práticas que não estejam consagrados na jurisprudência existente, nem na prática administrativa.

(15) A Comissão e as autoridades dos Estados membros responsáveis em matéria de concorrência deverão instituir juntamente uma rede de autoridades públicas responsáveis por aplicar as regras comunitárias de concorrência em estreita cooperação. Para o efeito, é necessário criar mecanismos de informação e consulta. Outras modalidades de cooperação no âmbito da rede serão estabelecidas e revistas pela Comissão, em estreita cooperação com os Estados membros.

(16) Não obstante a existência de disposição nacional em contrário, deverá ser permitido o intercâmbio de informações entre membros da rede e a sua utilização como meio de prova, inclusive de informações confidenciais. Essas informações poderão ser utilizadas para a aplicação dos artigos 81.º e 82.º do Tratado, assim como para a aplicação paralela da legislação nacional em matéria de concorrência, desde que essa aplicação diga respeito ao mesmo processo e não conduza a um resultado diferente. Sempre que as informações trocadas forem utilizadas pela autoridade receptora para impor sanções às empresas, não deve haver qualquer outro limite à sua utilização, a não ser o que se refere à obrigação de as utilizar para os fins para foram recolhidas, dado o facto de que as sanções impostas às empresas são semelhantes em todos os regimes. Os direitos de defesa de que dispõem as empresas nos diversos regimes podem considerar-se suficientemente equivalentes. No entanto, no que se refere a pessoas singulares, poderá haver diferenças substanciais nos tipos de sanções entre os diversos regimes. Nesse caso, será necessário garantir que as informações prestadas só possam ser utilizadas se tiverem sido recolhidas de uma forma que respeite um nível de protecção dos direitos de defesa das pessoas singulares idêntico ao previsto nas regras nacionais da autoridade receptora.

(17) A fim de assegurar tanto a aplicação coerente das regras de concorrência como uma gestão optimizada da rede, é indispensável introduzir a regra segundo a qual, quando a Comissão der início a um processo, este sai automaticamente da alçada das autoridades dos Estados membros responsáveis em matéria de concorrência. Sempre que uma autoridade de um Estado membro responsável em matéria de concorrência já esteja a instruir um processo e a Comissão tencione dar início a um processo, esta instituição esforçar-se-á por concretizar a sua intenção o mais rapidamente possível. Antes de dar início ao processo, a Comissão deverá consultar a autoridade nacional competente.

(18) A fim de assegurar uma distribuição optimizada dos processos no âmbito da rede, é necessário prever uma disposição geral que permita a uma autoridade responsável em matéria de concorrência suspender ou arquivar um processo por motivo de outra autoridade o estar a instruir, por forma a que cada processo apenas seja apreciado por uma única autoridade. Essa disposição não deve prejudicar a faculdade de a Comissão rejeitar uma denúncia por falta de interesse comunitário, mesmo quando nenhuma autoridade responsável em matéria de concorrência tenha indicado a sua intenção de se ocupar do processo, faculdade que lhe é reconhecida pela jurisprudência do Tribunal de Justiça.

(19) O Comité Consultivo em matéria de acordos, decisões, práticas concertadas e posições dominantes instituído pelo Regulamento n.º 17 tem funcionado de forma satisfatória, e virá inserir-se perfeitamente no novo sistema de aplicação descentralizada. Deverão assim ser utilizadas como base as regras estabelecidas pelo Regulamento n.º 17, embora melhorando simultaneamente a eficácia das modalidades de organização. Para o efeito, será útil permitir que os pareceres possam ser emitidos através de procedimento escrito. Além disso, o Comité Consultivo deverá poder constituir uma instância para a discussão de processos em curso de tratamento pelas autoridades dos Estados membros responsáveis em matéria de concorrência, contribuindo desta forma para garantir uma aplicação coerente das regras comunitárias de concorrência.

(20) O Comité Consultivo será composto por representantes das autoridades dos Estados membros responsáveis em matéria de concorrência. Os Estados membros deverão poder designar um representante suplementar para as reuniões em que se analisem questões de interesse geral. Essa possibilidade não impede que os membros do comité sejam assistidos por outros peritos dos Estados membros.

(21) A aplicação coerente das regras de concorrência exige também a adopção de mecanismos de cooperação entre os tribunais dos Estados membros e a Comissão. Este requisito é pertinente para todos os tribunais que apliquem os artigos 81.º e 82.º do Tratado aos processos entre partes privadas, quer como instâncias de aplicação da lei, quer como tribunais de recurso. Os tribunais nacionais deverão poder dirigir-se à Comissão para obter informações ou pareceres relativamente à aplicação do direito comunitário da concorrência. Por outro lado, a Comissão e as autoridades dos Estados membros responsáveis em matéria de concorrência deverão poder apresentar observações escritas ou orais perante os tribunais em casos de aplicação dos artigos 81.º ou 82.º do Tratado. Estas observações deverão ser apresentadas no âmbito das normas e práticas processuais nacionais, incluindo as que acautelam os direitos das partes. Para o efeito, deverá garantir-se que a Comissão e as autoridades dos Estados membros responsáveis em matéria de concorrência possam dispor de informações suficientes relativamente aos processos judiciais nacionais.

(22) Num sistema de competências paralelas, devem ser evitados os conflitos entre decisões, a fim de garantir o respeito pelos princípios da segurança jurídica e da aplicação uniforme das regras comunitárias de concorrência. Por conseguinte, é necessário clarificar, em conformidade com a jurisprudência do Tribunal de Justiça, os efeitos das decisões da Comissão e dos processos por ela iniciados sobre os tribunais e as autoridades responsáveis em matéria de concorrência dos Estados membros. As decisões relativas a compromissos aprovadas pela Comissão não afectam a competência dos tribunais e das autoridades responsáveis pela concorrência dos Estados membros relativamente à aplicação dos artigos 81.º e 82.º do Tratado.

(23) A Comissão deverá dispor, em todo o território da Comunidade, de poderes para exigir as informações necessárias para detectar eventuais acordos, decisões ou práticas con-

certadas proibidas pelo artigo 81.º do Tratado, ou eventuais abusos de posição dominante proibidos pelo artigo 82.º do Tratado. Ao cumprirem uma decisão da Comissão, as empresas não podem ser forçadas a admitir que cometeram uma infracção, mas são de qualquer forma obrigadas a responder a perguntas de natureza factual e a exibir documentos, mesmo que essas informações possam ser utilizadas para determinar que elas próprias ou quaisquer outras empresas cometeram uma infracção.

(24) A Comissão deverá igualmente dispor de poderes para realizar as inspecções necessárias para detectar os acordos, decisões e práticas concertadas proibidas pelo artigo 81.º do Tratado, bem como a exploração abusiva de uma posição dominante proibida pelo artigo 82.º do Tratado. As autoridades dos Estados membros responsáveis em matéria de concorrência deverão colaborar de forma activa no exercício destes poderes.

(25) Uma vez que a detecção das infracções às regras de concorrência se torna cada vez mais difícil, é necessário, para proteger eficazmente a concorrência, reforçar os poderes de inquérito da Comissão. A Comissão deverá, nomeadamente, poder ouvir qualquer pessoa susceptível de dispor de informações úteis e registar as suas declarações. Por outro lado, durante uma inspecção, os funcionários mandatados pela Comissão deverão poder selar as instalações durante o tempo necessário para efectuar a inspecção. Normalmente, o período máximo de afixação de um selo não deverá ultrapassar 72 horas. Os funcionários mandatados pela Comissão deverão igualmente poder solicitar todas as informações relacionadas com o objecto e a finalidade da inspecção.

(26) Além disso, a experiência demonstrou que há casos em que os documentos profissionais são guardados no domicílio dos dirigentes e dos colaboradores das empresas. A fim de preservar a eficácia das inspecções, será por conseguinte necessário permitir que os funcionários e outras pessoas mandatadas pela Comissão tenham competência para aceder a todos os locais onde possam encontrar-se documentos profissionais, incluindo os domicílios privados. O exercício deste poder deverá todavia ficar sujeito à intervenção da autoridade judicial.

(27) Sem prejuízo da jurisprudência do Tribunal de Justiça, é conveniente fixar os limites do controlo que pode exercer a autoridade judicial nacional quando autoriza, em conformidade com o direito nacional, incluindo como medida cautelar, a assistência das autoridades competentes para a aplicação da lei por forma a ultrapassar a oposição de uma empresa ou executar inspecções em locais exteriores à empresa. Decorre da jurisprudência que a autoridade judicial nacional pode, em especial, pedir à Comissão informações adicionais que necessita para levar a cabo o seu controlo e na ausência das quais poderia recusar a autorização. A jurisprudência também confirma a competência dos tribunais nacionais para controlarem a aplicação das regras nacionais relativas à execução de medidas coercivas.

(28) A fim de aumentar a possibilidade de as autoridades dos Estados membros responsáveis em matéria de concorrência aplicarem eficazmente os artigos 81.º e 82.º do Tratado, será útil permitir-lhes que se prestem assistência mútua através de inspecções e outras medidas de inquérito.

(29) O respeito pelos artigos 81.º e 82.º do Tratado e o cumprimento das obrigações impostas às empresas e às associações de empresas em aplicação do presente regulamento devem poder ser garantidos através de coimas e sanções pecuniárias compulsórias. Para o efeito, devem ser previstos montantes de coimas adequados, inclusivamente no que se refere às infracções às regras processuais.

(30) A fim de garantir a cobrança eficaz de coimas aplicadas a associações de empresas pelas infracções por elas cometidas, é necessário estabelecer as condições em que a

Comissão pode exigir o pagamento da coima aos membros da associação, quando esta se encontrar em situação de insolvência. Ao fazê-lo, a Comissão deve atender à dimensão relativa das empresas pertencentes à associação, em especial à situação das pequenas e médias empresas. O pagamento da coima por um ou mais membros de uma associação não prejudica as regras de direito nacional que prevêem a cobrança da soma paga por outros membros da associação.

(31) As regras em matéria de prescrição no que se refere à aplicação de coimas e sanções pecuniárias compulsórias foram fixadas pelo Regulamento (CEE) n.º 2988/74 do Conselho[1], que diz igualmente respeito às sanções aplicáveis em matéria de transportes. Num sistema de competências paralelas, é necessário acrescentar aos actos susceptíveis de interromper a prescrição os actos processuais autónomos praticados por uma autoridade responsável em matéria de concorrência de um Estado membro. A fim de clarificar o quadro legislativo, torna-se pois oportuno alterar o Regulamento (CEE) n.º 2988/74, a fim de excluir da sua aplicação o domínio abrangido pelo presente regulamento e incluir no presente regulamento disposições em matéria de prescrição.

(32) As empresas interessadas devem ter direito a ser ouvidas pela Comissão, os terceiros cujos interesses possam ser afectados por uma decisão devem poder apresentar observações prévias e as decisões aprovadas devem ser amplamente publicitadas. Embora assegurando os direitos da defesa das empresas em causa, nomeadamente o direito de acesso ao processo, é indispensável proteger os segredos comerciais. Além disso, é necessário garantir a protecção da confidencialidade das informações trocadas no âmbito da rede.

(33) Uma vez que todas as decisões aprovadas pela Comissão em aplicação do presente regulamento estão sujeitas ao controlo do Tribunal de Justiça nas condições definidas no Tratado, convém, em aplicação do seu artigo 229.º, prever a atribuição ao Tribunal de Justiça da competência de plena jurisdição no que se refere às decisões pelas quais a Comissão aplica coimas ou sanções pecuniárias compulsórias.

(34) Os princípios consignados nos artigos 81.º e 82.º do Tratado, tal como aplicados pelo Regulamento n.º 17, atribuem aos órgãos da Comunidade um papel central que será conveniente manter, garantindo ao mesmo tempo uma mais estreita participação dos Estados membros na aplicação das regras comunitárias de concorrência. Em conformidade com os princípios da subsidiariedade e da proporcionalidade consagrados no artigo 5.º do Tratado, o presente regulamento, para atingir o seu objectivo, ou seja, permitir a aplicação eficaz das regras comunitárias de concorrência, não excede o que é necessário.

(35) Para alcançar uma aplicação adequada da legislação comunitária em matéria de concorrência, os Estados membros deverão designar autoridades públicas para aplicarem os artigos 81.º e 82.º do Tratado e atribuir-lhes competência para o efeito. Deverão poder designar autoridades administrativas e judiciais que executem as diversas funções que são atribuídas pelo presente regulamento às autoridades responsáveis em matéria de concorrência. O presente regulamento reconhece a grande diversidade actualmente existente nos siste-

---

[1] Regulamento (CEE) n.º 2988/74 do Conselho, de 26 de Novembro de 1974, relativo à prescrição quanto a procedimentos e execução de sanções no domínio do direito dos transportes e da concorrência da Comunidade Económica Europeia (JO, L 319, de 29.11.1974, p. 1).

mas públicos de aplicação da lei dos Estados membros. Os efeitos do n.º 6 do artigo 11.º do presente regulamento deverão ser aplicáveis a todas as autoridades responsáveis em matéria de concorrência. Como excepção a esta regra geral, sempre que uma autoridade competente de instrução do processo recorra a uma autoridade judicial específica, o n.º 6 do artigo 11.º será aplicável àquela autoridade, desde que sejam preenchidas as condições do n.º 4 do artigo 35.º do presente regulamento. Sempre que tais condições não sejam preenchidas, é aplicável a regra geral. Em todo o caso, o n.º 6 do artigo 11.º não deverá ser aplicável aos tribunais na medida em que actuem como instâncias de recurso.

(36) Uma vez que a jurisprudência tornou claro que as regras de concorrência se aplicam ao sector dos transportes, este sector deverá ser sujeito às disposições processuais do presente regulamento. O Regulamento n.º 141 do Conselho, de 26 de Novembro de 1962, relativo à não aplicação do Regulamento n.º 17 do Conselho ao sector dos transportes[1], deve, por conseguinte, ser revogado e os Regulamentos (CEE) n.º 1017/68[2], (CEE) n.º 4056/86[3] e (CEE) n.º 3975/87[4] devem ser objecto de alterações que revoguem as disposições processuais específicas neles incluídas.

(37) O presente regulamento respeita os direitos fundamentais e observa os princípios gerais reconhecidos, nomeadamente, na Carta dos direitos fundamentais da União Europeia. Assim, nada no presente regulamento deverá ser interpretado e aplicado como afectando esses direitos e princípios.

(38) A certeza jurídica para as empresas que operam ao abrigo das regras comunitárias da concorrência contribui para promover a inovação e o investimento. Havendo casos que suscitem uma real incerteza, por apresentarem questões novas ou não resolvidas à aplicação destas regras, as empresas poderão desejar recorrer à orientação informal da Comissão. O presente regulamento não prejudica a capacidade de a Comissão prestar esta orientação informal,

ADOPTOU O PRESENTE REGULAMENTO:

---

[1] JO, 124, de 28.11.1962, p. 2751/62. Regulamento alterado pelo Regulamento n.º 1002/67/CEE (JO, 306, de 16.12.1967, p. 1).

[2] Regulamento (CEE) n.º 1017/68 do Conselho, de 19 de Julho de 1968, relativo à aplicação de regras de concorrência nos sectores dos transportes ferroviários, rodoviários e por via navegável (JO L 175 de 23.7.1968, p. 1). Regulamento com a última redacção que lhe foi dada pelo Acto de Adesão de 1994.

[3] Regulamento (CEE) n.º 4056/86 do Conselho, de 22 de Dezembro de 1986, que determina as regras de aplicação aos transportes marítimos dos artigos 81.º e 82.º (O título do regulamento foi adaptado para tomar em conta a renumeração dos artigos do Tratado CE nos termos do artigo 12.º do Tratado de Amesterdão; originalmente, o título referia os artigos 85.º e 86.º do Tratado) do Tratado (JO L 378 de 31.12.1986, p. 4). Regulamento com a última redacção que lhe foi dada pelo Acto de Adesão de 1994.

[4] Regulamento (CEE) n.º 3975/87 do Conselho, de 14 de Dezembro de 1987, que estabelece o procedimento relativo às regras de concorrência aplicáveis às empresas do sector dos transportes aéreos (JO L 374 de 31.12.1987, p. 1). Regulamento revogado pelo artigo 1.º do Regulamento (CE) n.º 411/2004, do Conselho, de 24.2.2004 (JO, L 68, de 6.3.2004, pp. 1).

CAPÍTULO I Os princípios

ARTIGO 1.º (Aplicação dos artigos 81.º e 82.º do Tratado CE)
1 – Os acordos, as decisões e as práticas concertadas referidos no n.º 1 do artigo 81.º do Tratado que não satisfaçam as condições previstas no n.º 3 do mesmo artigo são proibidos, não sendo necessária, para o efeito, uma decisão prévia.

2 – Os acordos, as decisões e as práticas concertadas referidos no n.º 1 do artigo 81.º do Tratado que satisfaçam as condições previstas no n.º 3 do mesmo artigo não são proibidos, não sendo necessária, para o efeito, uma decisão prévia.

3 – A exploração abusiva de uma posição dominante referida no artigo 82.º do Tratado é proibida, não sendo necessária, para o efeito, uma decisão prévia.

ARTIGO 2.º (Ónus da prova)
Em todos os processos nacionais e comunitários de aplicação dos artigos 81.º e 82.º do Tratado, o ónus da prova de uma violação do n.º 1 do artigo 81.º ou do artigo 82.º do Tratado incumbe à parte ou à autoridade que alega tal violação. Incumbe à empresa ou associação de empresas que invoca o benefício do disposto no n.º 3 do artigo 81.º do Tratado o ónus da prova do preenchimento das condições nele previstas.

ARTIGO 3.º (Relação entre os artigos 81.º e 82.º do Tratado e as legislações nacionais em matéria de concorrência)
1 – Sempre que as autoridades dos Estados membros responsáveis em matéria de concorrência ou os tribunais nacionais apliquem a legislação nacional em matéria de concorrência a acordos, decisões de associação ou práticas concertadas na acepção do n.º 1 do artigo 81.º do Tratado, susceptíveis de afectar o comércio entre os Estados membros, na acepção desta disposição, devem aplicar igualmente o artigo 81.º do Tratado a tais acordos, decisões ou práticas concertadas. Sempre que as autoridades dos Estados membros responsáveis em matéria de concorrência ou os tribunais nacionais apliquem a legislação nacional em matéria de concorrência a qualquer abuso proibido pelo artigo 82.º do Tratado, devem aplicar igualmente o artigo 82.º do Tratado.

2 – A aplicação da legislação nacional em matéria de concorrência não pode levar à proibição de acordos, decisões de associação ou práticas concertadas susceptíveis de afectar o comércio entre os Estados membros mas que não restrinjam a concorrência na acepção do n.º 3 do artigo 81.º do Tratado, ou que reunam as condições do n.º 3 do artigo 81.º do Tratado ou se encontrem abrangidos por um regulamento de aplicação do n.º 3 do artigo 81.º do Tratado. Nos termos do presente regulamento, os Estados membros não estão impedidos de aprovar e aplicar no seu território uma legislação nacional mais restritiva que proíba actos unilaterais de empresas ou que imponha sanções por esses actos.

3 – Sem prejuízo dos princípios gerais e de outras disposições do direito comunitário, os n.ºs 1 e 2 não se aplicam sempre que as autoridades responsáveis em matéria de concorrência e os tribunais dos Estados membros apliquem a legislação nacional relativa ao controlo das concentrações, nem excluem a aplicação das

disposições nacionais que tenham essencialmente um objectivo diferente do dos artigos 81.º e 82.º do Tratado.

CAPÍTULO II Competência

ARTIGO 4.º **(Competência da Comissão)**
Para efeitos de aplicação dos artigos 81.º e 82.º do Tratado, a Comissão tem a competência atribuída nos termos do presente regulamento.

ARTIGO 5.º **(Competência das autoridades dos Estados membros responsáveis em matéria de concorrência)**
As autoridades dos Estados membros responsáveis em matéria de concorrência têm competência para aplicar, em processos individuais, os artigos 81.º e 82.º do Tratado. Para o efeito, podem, actuando oficiosamente ou na sequência de denúncia, tomar as seguintes decisões:
– exigir que seja posto termo à infracção;
– ordenar medidas provisórias;
– aceitar compromissos;
– aplicar coimas, sanções pecuniárias compulsórias ou qualquer outra sanção prevista pelo respectivo direito nacional.

Sempre que, com base nas informações de que dispõem, não estejam preenchidas as condições de proibição, podem igualmente decidir que não se justifica a sua intervenção.

ARTIGO 6.º **(Competência dos tribunais nacionais)**
Os tribunais nacionais têm competência para aplicar os artigos 81.º e 82.º do Tratado.

CAPÍTULO III Decisões da Comissão

ARTIGO 7.º **(Verificação e cessação da infracção)**
1 – Se, na sequência de uma denúncia ou oficiosamente, a Comissão verificar uma infracção ao disposto nos artigos 81.º ou 82.º do Tratado, pode, mediante decisão, obrigar as empresas e associações de empresas em causa a porem termo a essa infracção. Para o efeito, a Comissão pode impor-lhes soluções de conduta ou de carácter estrutural proporcionadas à infracção cometida e necessárias para pôr efectivamente termo à infracção. As soluções de carácter estrutural só podem ser impostas quando não houver qualquer solução de conduta igualmente eficaz ou quando qualquer solução de conduta igualmente eficaz for mais onerosa para a empresa do que a solução de carácter estrutural. Quando exista um interesse legítimo, a Comissão pode também declarar verificada a existência de uma infracção que já tenha cessado.

2 – Estão habilitados a apresentar uma denúncia na acepção do n.º 1 as pessoas singulares ou colectivas que invoquem um interesse legítimo, bem como os Estados membros.

ARTIGO 8.º (**Medidas provisórias**)

1 – Em caso de urgência devida ao risco de um prejuízo grave e irreparável para a concorrência, a Comissão pode, actuando oficiosamente, com base no apuramento prima facie de uma infracção, ordenar, mediante decisão, medidas provisórias.

2 – As decisões aprovadas nos termos do n.º 1 são aplicáveis por um período de tempo determinado e podem ser renovadas, se tal for necessário e adequado.

ARTIGO 9.º (**Compromissos**)

1 – Quando a Comissão tencione aprovar uma decisão que exija a cessação de uma infracção e as empresas em causa assumirem compromissos susceptíveis de dar resposta às objecções expressas pela Comissão na sua apreciação preliminar, esta pode, mediante decisão, tornar estes compromissos obrigatórios para as empresas Esta decisão pode ser aprovada por um período de tempo determinado e deve concluir pela inexistência de fundamento para que a Comissão tome medidas.

2 – A Comissão pode, a pedido ou oficiosamente, voltar a dar início ao processo se:

a) Tiver ocorrido uma alteração substancial da situação de facto em que a decisão se fundou;

b) As empresas em causa não cumprirem os seus compromissos; ou

c) A decisão se basear em informações incompletas, inexactas ou deturpadas prestadas pelas partes.

ARTIGO 10.º (**Declaração de não aplicabilidade**)

Sempre que o interesse público comunitário relacionado com a aplicação dos artigos 81.º e 82.º do Tratado assim o exija, a Comissão, pode, através de decisão, declarar oficiosamente que o artigo 81.º do Tratado não se aplica a um acordo, decisão de associação de empresas ou prática concertada, quer por não estarem preenchidas as condições do n.º 1 do artigo 81.º do Tratado, quer por estarem preenchidas as condições do n.º 3 do artigo 81.º do Tratado.

A Comissão pode do mesmo modo fazer declaração semelhante relativamente ao artigo 82.º do Tratado.

CAPÍTULO IV Cooperação

ARTIGO 11.º (**Cooperação entre a Comissão e as autoridades dos Estados membros responsáveis em matéria de concorrência**)

1 – A Comissão e as autoridades dos Estados membros responsáveis em maté-

ria de concorrência aplicam as regras comunitárias de concorrência em estreita cooperação.

2 – A Comissão deve enviar às autoridades dos Estados membros responsáveis em matéria de concorrência cópia dos documentos mais importantes que tenha obtido para efeitos de aplicação dos artigos 7.º, 8.º, 9.º e 10.º e do n.º 1 do artigo 29.º A Comissão deve facultar, a toda autoridade de um Estado membro responsável em matéria de concorrência que lho solicitar, uma cópia de outros documentos existentes que sejam necessários para a apreciação do processo.

3 – Sempre que agirem em aplicação dos artigos 81.º ou 82.º do Tratado, as autoridades dos Estados membros responsáveis em matéria de concorrência devem comunicá-lo por escrito à Comissão antes ou imediatamente depois de terem dado início à primeira medida de investigação formal. Esta informação também pode ser disponibilizada às autoridades homólogas dos outros Estados membros.

4 – O mais tardar 30 dias antes da aprovação de uma decisão em que exijam que seja posto termo a uma infracção, aceitem compromissos ou retirem o benefício de um regulamento de isenção por categoria, as autoridades dos Estados membros responsáveis em matéria de concorrência devem informar do facto a Comissão. Para tal, devem facultar à Comissão um resumo do processo, a decisão prevista ou, na sua ausência, qualquer outro documento que indique qual a linha de acção proposta. Esta informação também pode ser disponibilizada às autoridades homólogas dos outros Estados membros. Se para tal for solicitada pela Comissão, a autoridade interveniente responsável em matéria de concorrência facultar-lhe-á outros documentos que sejam necessários para a apreciação do processo. As informações prestadas à Comissão podem ser facultadas às autoridades homólogas dos outros Estados membros. As autoridades nacionais responsáveis em matéria de concorrência podem igualmente trocar entre si as informações necessárias para a apreciação de um processo que estejam a instruir ao abrigo dos artigos 81.º ou 82.º do Tratado.

5 – As autoridades dos Estados membros responsáveis em matéria de concorrência podem consultar a Comissão relativamente a qualquer outro caso de aplicação do direito comunitário.

6 – O início por parte da Comissão da tramitação conducente à aprovação de uma decisão nos termos do capítulo III priva as autoridades dos Estados membros responsáveis em matéria de concorrência da competência para aplicarem os artigos 81.º e 82.º do Tratado. Se a autoridade de um Estado membro responsável em matéria de concorrência já estiver a instruir um processo, a Comissão só dará início a um processo após ter consultado essa autoridade nacional responsável em matéria de concorrência.

ARTIGO 12.º **(Intercâmbio de informações)**

1 – Para efeitos da aplicação dos artigos 81.º e 82.º do Tratado, a Comissão e as autoridades dos Estados membros responsáveis em matéria de concorrência podem comunicar entre si e utilizar como meio de prova qualquer elemento de facto ou de direito, incluindo informações confidenciais.

2 – As informações trocadas só devem ser utilizadas como meios de prova para efeitos de aplicação dos artigos 81.º ou 82.º do Tratado em relação à questão para as quais foram recolhidas pela autoridade transmissora. Todavia, sempre que a legislação nacional em matéria de concorrência for aplicada no mesmo processo, em paralelo com o direito comunitário da concorrência e não conduzir a um resultado diferente, as informações comunicadas nos termos do presente artigo podem ser também utilizadas para aplicação da legislação nacional em matéria de concorrência.

3 – As informações trocadas nos termos do n.º 1 só podem ser utilizadas como meios de prova para impor sanções a pessoas singulares quando:

– a legislação da autoridade transmissora estabelecer sanções semelhantes para a infracção aos artigos 81.º ou 82.º do Tratado ou, na sua ausência;

– estas informações tiverem sido recolhidas de uma forma que respeite um nível de protecção dos direitos de defesa das pessoas singulares idêntico ao previsto nas regras nacionais da autoridade receptora. Todavia, neste caso, as informações trocadas não podem ser utilizadas pela autoridade receptora para impor penas privativas da liberdade.

ARTIGO 13.º (**Suspensão ou arquivamento do processo**)

1 – Caso as autoridades responsáveis em matéria de concorrência de dois ou mais Estados membros tenham recebido uma denúncia ou tenham oficiosamente dado início a um processo nos termos dos artigos 81.º ou 82.º do Tratado contra o mesmo acordo, decisão de associação ou prática, a instrução do processo por parte de uma autoridade constitui, para as restantes autoridades, motivo suficiente para suspenderem a respectiva tramitação ou rejeitarem a denúncia. A Comissão pode igualmente rejeitar uma denúncia com o fundamento de que uma autoridade responsável em matéria de concorrência de um Estado membro está já a instruir o processo.

2 – Se for apresentada a uma autoridade de um Estado membro responsável em matéria de concorrência ou à Comissão uma denúncia contra um acordo, uma decisão de uma associação ou uma prática que já está a ser instruída por outra autoridade responsável em matéria de concorrência, tal denúncia pode ser rejeitada.

ARTIGO 14.º (**Comité Consultivo**)

1 – A Comissão consulta o Comité Consultivo em matéria de acordos, decisões, práticas concertadas e posições dominantes antes de tomar uma decisão em aplicação dos artigos 7.º, 8.º, 9.º, 10.º e 23.º, do n.º 2 do artigo 24.º e do n.º 1 do artigo 29.º.

2 – Para a análise dos processos individuais, o Comité Consultivo é composto por representantes das autoridades dos Estados membros responsáveis em matéria de concorrência. Para as reuniões em que se analisem outras questões que não os processos individuais, pode ser designado um representante suplementar por

Estado membro que seja competente em questões de concorrência. Os representantes podem, em caso de impedimento, ser substituídos por outros representantes.

3 – A consulta pode ter lugar numa reunião convocada e presidida pela Comissão, a realizar num prazo não inferior a 14 dias a contar do envio da convocatória, juntamente com um resumo do processo, a indicação dos documentos mais importantes e um anteprojecto de decisão. Quanto às decisões tomadas nos termos do artigo 8.º, a reunião pode realizar-se sete dias após o envio do dispositivo de um projecto de decisão. Caso a Comissão envie uma convocatória fixando para a reunião um prazo mais curto do que os acima referidos, a reunião pode realizar-se na data proposta se não houver objecções de nenhum Estado membro. O Comité Consultivo dá parecer escrito sobre o anteprojecto de decisão da Comissão. Pode dar parecer mesmo que alguns membros estejam ausentes e não estejam representados. Se um ou mais membros o pedirem, as posições consignadas no parecer serão fundamentadas.

4 – A consulta pode igualmente realizar-se por procedimento escrito. Todavia, se um Estado membro assim o solicitar, a Comissão deverá convocar uma reunião. Em caso de procedimento escrito, a Comissão fixa um prazo não inferior a 14 dias para que os Estados membros em causa formulem as suas observações, que deverão ser divulgadas a todos os outros Estados membros. Em caso de decisões a tomar nos termos do artigo 8.º, o prazo de 14 dias é substituído por sete dias. Caso a Comissão fixe um prazo para o procedimento escrito mais curto do que os acima referidos, o prazo proposto será aplicável se não houver objecções de nenhum Estado membro.

5 – A Comissão toma na melhor conta o parecer emitido pelo Comité Consultivo. O Comité deve ser por ela informado do modo como esse parecer foi tomado em consideração.

6 – Sempre que o Comité Consultivo emitir um parecer escrito, esse parecer é apenso ao projecto de decisão. Se o Comité Consultivo recomendar a publicação do parecer, a Comissão procederá a essa publicação tendo em consideração o interesse legítimo das empresas na protecção dos seus segredos comerciais.

7 – Se a autoridade de um Estado membro responsável em matéria de concorrência o solicitar, a Comissão inclui na ordem de trabalhos do Comité Consultivo processos que estejam a ser instruídos por uma autoridade de um Estado membro responsável em matéria de concorrência ao abrigo dos artigos 81.º ou 82.º do Tratado. A Comissão pode igualmente incluir tais processos na ordem de trabalhos por sua própria iniciativa. Em qualquer caso, a Comissão deve informar a autoridade responsável em matéria de concorrência interessada.

O pedido pode concretamente ser feito por uma autoridade de um Estado membro responsável em matéria de concorrência relativamente a um processo em que a Comissão tenciona dar início à instrução ao abrigo do n.º 6 do artigo 11.º.

O Comité Consultivo não emite pareceres sobre processos que estejam a ser instruídos por autoridades dos Estados membros responsáveis em matéria de concorrência. O Comité Consultivo pode igualmente debater questões de interesse geral relacionadas com o direito comunitário da concorrência.

ARTIGO 15.º (**Cooperação com os tribunais nacionais**)

1 – Nos processos relativos à aplicação dos artigos 81.º ou 82.º do Tratado, os tribunais dos Estados membros podem solicitar à Comissão que lhes sejam enviadas informações na posse desta ou que dê parecer sobre questões relativas à aplicação das regras comunitárias de concorrência.

2 – Os Estados membros devem transmitir à Comissão cópia de todas as sentenças escritas pronunciadas por tribunais nacionais em matéria de aplicação dos artigos 81.º ou 82.º do Tratado. Essa cópia deve ser transmitida sem demora após a sentença escrita integral ter sido notificada às partes.

3 – As autoridades dos Estados membros responsáveis em matéria de concorrência podem, por sua própria iniciativa, apresentar observações escritas aos tribunais do respectivo Estado membro sobre questões relacionadas com a aplicação dos artigos 81.º ou 82.º do Tratado. Com o consentimento do tribunal em causa, podem igualmente apresentar observações orais aos tribunais do respectivo Estado membro. A Comissão pode igualmente, por sua própria iniciativa, apresentar observações escritas aos tribunais dos Estados membros nos casos em que tal seja exigido por forma a assegurar a aplicação coerente dos artigos 81.º ou 82.º do Tratado. Com o consentimento do tribunal em causa, pode igualmente apresentar observações orais.

Tendo em vista o propósito exclusivo de elaborar as suas observações, as autoridades dos Estados membros responsáveis em matéria de concorrência e a Comissão podem solicitar ao tribunal competente dos Estados membros que proceda ou providencie ao envio de todos os documentos necessários à apreciação do processo.

4 – O presente artigo não prejudica quaisquer direitos mais latos de apresentar observações em tribunal que o direito interno de cada Estado membro atribua às respectivas autoridades responsáveis em matéria de concorrência.

ARTIGO 16.º (**Aplicação uniforme do direito comunitário da concorrência**)

1 – Quando se pronunciarem sobre acordos, decisões ou práticas ao abrigo dos artigos 81.º ou 82.º do Tratado que já tenham sido objecto de decisão da Comissão, os tribunais nacionais não podem tomar decisões que sejam contrárias à decisão aprovada pela Comissão. Devem evitar tomar decisões que entrem em conflito com uma decisão prevista pela Comissão em processos que esta tenha iniciado. Para o efeito, o tribunal nacional pode avaliar se é ou não necessário suster a instância. Esta obrigação não prejudica os direitos e obrigações decorrentes do artigo 234.º do Tratado.

2 – Quando se pronunciarem sobre acordos, decisões ou práticas ao abrigo dos artigos 81.º ou 82.º do Tratado que já tenham sido objecto de decisão da Comissão, as autoridades dos Estados membros responsáveis em matéria de concorrência não podem tomar decisões que sejam contrárias à decisão aprovada pela Comissão.

CAPÍTULO V Poderes de inquérito

ARTIGO 17.º (Inquéritos por sectores económicos e por tipos de acordos)

1 – Sempre que a evolução das trocas comerciais entre os Estados membros, a rigidez dos preços ou outras circunstâncias fizerem presumir que a concorrência no mercado comum pode ser restringida ou distorcida, a Comissão pode realizar um inquérito a determinado sector da economia ou a determinado tipo de acordos em vários sectores da economia. No âmbito desse inquérito, a Comissão pode pedir às empresas ou associações de empresas interessadas as informações necessárias para efeitos da aplicação dos artigos 81.º e 82.º do Tratado e efectuar as inspecções adequadas para o efeito.

A Comissão pode, nomeadamente, pedir às empresas ou associações de empresas em causa que lhe comuniquem todos os acordos, decisões e práticas concertadas.

A Comissão pode publicar um relatório sobre os resultados do seu inquérito por sectores específicos da economia ou por tipos específicos de acordos entre vários sectores e solicitar observações das partes interessadas.

2 – É aplicável *mutatis mutandis* o disposto nos artigos 14.º, 18.º, 19.º, 20.º, 22.º, 23.º e 24.º.

ARTIGO 18.º (Pedidos de informações)

1 – No cumprimento das funções que lhe são atribuídas pelo presente regulamento, a Comissão pode, mediante simples pedido ou decisão, solicitar às empresas e associações de empresas que forneçam todas as informações necessárias.

2 – Ao dirigir um simples pedido de informações a uma empresa ou associação de empresas, a Comissão deve indicar o fundamento jurídico e a finalidade do pedido, especificar as informações que são necessárias e o prazo em que as informações devem ser fornecidas, bem como as sanções previstas no artigo 23.º, no caso de fornecimento de informações inexactas ou deturpadas.

3 – Sempre que solicitar, mediante decisão, às empresas ou associações de empresas que prestem informações, a Comissão deve indicar o fundamento jurídico e a finalidade do pedido, especificar as informações que são necessárias e o prazo em que as informações devem ser fornecidas. Deve indicar igualmente as sanções previstas no artigo 23.º e indicar ou aplicar as sanções previstas no artigo 24.º Deve indicar ainda a possibilidade de impugnação da decisão perante o Tribunal de Justiça.

4 – São obrigados a fornecer as informações pedidas, em nome da empresa ou associação de empresas em causa, os proprietários das empresas ou os seus representantes e, no caso de pessoas colectivas, de sociedades ou de associações sem personalidade jurídica, as pessoas encarregadas de as representar nos termos da lei ou dos respectivos estatutos. Os advogados devidamente mandatados podem fornecer as informações pedidas em nome dos seus mandantes. Estes últimos são plenamente responsáveis em caso de prestação de informações incorrectas, inexactas ou deturpadas.

5 – A Comissão deve enviar sem demora uma cópia do pedido simples ou da decisão à autoridade do Estado membro responsável em matéria de concorrência em cujo território se situe a sede da empresa ou associação de empresas, bem como à autoridade homóloga do Estado membro cujo território seja afectado.

6 – A pedido da Comissão, os Governos dos Estados membros e as respectivas autoridades responsáveis em matéria de concorrência prestam-lhe todas as informações necessárias para que possa cumprir as funções que lhe são atribuídas pelo presente regulamento.

ARTIGO 19.º (**Poderes para registar declarações**)

1 – No cumprimento das funções que lhe são atribuídas pelo presente regulamento, a Comissão pode ouvir qualquer pessoa singular ou colectiva que a tal dê o seu consentimento para efeitos da recolha de informações sobre o objecto de um inquérito.

2 – Quando uma audição em conformidade com o n.º 1 se realizar nas instalações de uma empresa, a Comissão deve avisar a autoridade responsável em matéria de concorrência do Estado membro em cujo território se efectuar a audição. A pedido da autoridade responsável em matéria de concorrência desse Estado membro, os funcionários mandatados por essa autoridade podem prestar assistência aos funcionários e outros acompanhantes mandatados pela Comissão para procederem à audição.

ARTIGO 20.º (**Poderes da Comissão em matéria de inspecção**)

1 – No cumprimento das funções que lhe são atribuídas pelo presente regulamento, a Comissão pode efectuar todas as inspecções necessárias junto das empresas e associações de empresas.

2 – Os funcionários e outros acompanhantes mandatados pela Comissão para efectuar uma inspecção podem:

a) Aceder a todas as instalações, terrenos e meios de transporte das empresas e associações de empresas;

b) Inspeccionar os livros e outros registos relativos à empresa, independentemente do seu suporte;

c) Tirar ou obter sob qualquer forma cópias ou extractos dos documentos controlados;

d) Apor selos em quaisquer instalações, livros ou registos relativos à empresa por período e na medida necessária à inspecção;

e) Solicitar a qualquer representante ou membro do pessoal da empresa ou da associação de empresas explicações sobre factos ou documentos relacionados com o objecto e a finalidade da inspecção e registar as suas respostas.

3 – Os funcionários e outros acompanhantes mandatados pela Comissão para efectuar uma inspecção exercem os seus poderes mediante a apresentação de mandado escrito que indique o objecto e a finalidade da inspecção, bem como a sanção prevista no artigo 23.º no caso de os livros ou outros registos relativos à empresa

que tenham sido exigidos serem apresentados de forma incompleta ou de as respostas aos pedidos feitos em aplicação do n.º 2 do presente artigo serem inexactas ou deturpadas. A Comissão deve avisar em tempo útil antes da inspecção a autoridade responsável em matéria de concorrência do Estado membro em cujo território se deve efectuar a inspecção.

4 – As empresas e as associações de empresas são obrigadas a sujeitar-se às inspecções que a Comissão tenha ordenado mediante decisão. A decisão deve indicar o objecto e a finalidade da inspecção, fixar a data em que esta tem início e indicar as sanções previstas nos artigos 23.º e 24.º, bem como a possibilidade de impugnação da decisão perante o Tribunal de Justiça. A Comissão toma essas decisões após consultar a autoridade responsável em matéria de concorrência do Estado membro em cujo território se deve efectuar a inspecção.

5 – Os funcionários da autoridade responsável em matéria de concorrência do Estado membro em cujo território se deve efectuar a inspecção, ou os agentes mandatados por essa autoridade, devem, a pedido desta ou da Comissão, prestar assistência activa aos funcionários e outros acompanhantes mandatados pela Comissão. Dispõem, para o efeito, dos poderes definidos no n.º 2.

6 – Quando os funcionários e outros acompanhantes mandatados pela Comissão verificarem que uma empresa se opõe a uma inspecção ordenada nos termos do presente artigo, o Estado membro em causa deve prestar-lhes a assistência necessária, solicitando, se for caso disso, a intervenção da força pública ou de uma autoridade equivalente, para lhes dar a possibilidade de executar a sua missão de inspecção.

7 – Se, para a assistência prevista no n.º 6, for necessária a autorização de uma autoridade judicial de acordo com as regras nacionais, essa autorização deve ser solicitada. Essa autorização pode igualmente ser solicitada como medida cautelar.

8 – Sempre que for solicitada a autorização prevista no n.º 7, a autoridade judicial nacional controla a autenticidade da decisão da Comissão, bem como o carácter não arbitrário e não excessivo das medidas coercivas relativamente ao objecto da inspecção. Ao proceder ao controlo da proporcionalidade das medidas coercivas, a autoridade judicial nacional pode pedir à Comissão, directamente ou através da autoridade do Estado membro responsável em matéria de concorrência, informações circunstanciadas, em especial quanto aos motivos que tem a Comissão para suspeitar de violação dos artigos 81.º e 82.º do Tratado, bem como quanto à gravidade da infracção suspeita e à natureza do envolvimento da empresa em causa. No entanto, a autoridade judicial nacional não pode pôr em causa a necessidade da inspecção, nem exigir que lhe sejam apresentadas informações que constem do processo da Comissão. O controlo da legalidade da decisão da Comissão encontra-se reservado exclusivamente ao Tribunal de Justiça.

ARTIGO 21.º (**Inspecção de outras instalações**)

1 – Existindo suspeita razoável de que os livros ou outros registos relativos à empresa relacionados com o objecto da inspecção, os quais podem ser pertinentes

para provar uma violação grave dos artigos 81.º ou 82.º do Tratado, se encontram noutras instalações, terrenos ou meios de transporte, incluindo o domicílio dos dirigentes, dos administradores e de outros colaboradores das empresas ou associações de empresas em causa, a Comissão pode, mediante decisão, ordenar uma inspecção dessas outras instalações, terrenos ou meios de transporte.

2 – A decisão deve indicar o objecto e a finalidade da inspecção, fixar a data em que esta tem início e indicar a possibilidade de impugnação da decisão perante o Tribunal de Justiça. Deve indicar nomeadamente as razões que levaram a Comissão a concluir que existe uma suspeita na acepção do n.º 1. A Comissão toma essas decisões após consultar a autoridade responsável em matéria de concorrência do Estado membro em cujo território se deve efectuar a inspecção.

3 – Uma decisão tomada nos termos do n.º 1 não pode ser executada sem autorização prévia da autoridade judicial nacional do Estado membro em causa. A autoridade judicial nacional controla a autenticidade da decisão da Comissão, bem como o carácter não arbitrário e não excessivo das medidas coercivas, tendo nomeadamente em conta a gravidade da infracção suspeita, a importância das provas procuradas, a participação da empresa em causa e a razoabilidade da presunção de que os livros e registos da empresa relativos ao objecto da inspecção estão guardados nas instalações para que é pedida a autorização.

A autoridade judicial nacional pode pedir à Comissão, directamente ou através da autoridade do Estado membro responsável em matéria de concorrência, informações circunstanciadas sobre os elementos que sejam necessários para que possa controlar a proporcionalidade das medidas coercivas previstas.

No entanto, a autoridade judicial nacional não pode pôr em causa a necessidade da inspecção, nem exigir que lhe sejam apresentadas informações que constem do processo da Comissão. O controlo da legalidade da decisão da Comissão encontra-se reservado exclusivamente ao Tribunal de Justiça.

4 – Os funcionários e outros acompanhantes mandatados pela Comissão para efectuar uma inspecção ordenada em conformidade com o n.º 1 dispõem dos poderes definidos nas alíneas *a)*, *b)* e *c)* do n.º 2 do artigo 20.º. Os n.ºs 5 e 6 do artigo 20.º aplicam-se *mutatis mutandis*.

ARTIGO 22.º **(Investigações efectuadas pelas autoridades dos Estados membros responsáveis em matéria de concorrência)**

1 – A autoridade de um Estado membro responsável em matéria de concorrência pode proceder, no seu território, a qualquer inspecção ou outra medida de inquérito em aplicação da respectiva legislação nacional em nome e por conta da autoridade de outro Estado membro responsável em matéria de concorrência a fim de determinar a existência de uma infracção aos artigos 81.º ou 82.º do Tratado. Qualquer intercâmbio ou utilização das informações obtidas devem ser realizados nos termos do artigo 12.º do presente regulamento.

2 – A pedido da Comissão, as autoridades dos Estados membros responsáveis em matéria de concorrência procedem às inspecções que a Comissão considerar

necessárias nos termos do n.º 1 do artigo 20.º ou que tenha ordenado mediante decisão tomada nos termos do n.º 4 do artigo 20.º. Os funcionários das autoridades dos Estados membros responsáveis em matéria de concorrência incumbidos de proceder às inspecções e os agentes por elas mandatados exercem os seus poderes nos termos da respectiva legislação nacional.

A pedido da Comissão ou da autoridade responsável em matéria de concorrência do Estado membro em cujo território se deve efectuar a inspecção, os funcionários e outros acompanhantes mandatados pela Comissão podem prestar assistência aos agentes da autoridade em causa.

CAPÍTULO VI Sanções

ARTIGO 23.º (Coimas)

1 – A Comissão pode, mediante decisão, aplicar às empresas e associações de empresas coimas até 1% do volume de negócios total realizado durante o exercício precedente, sempre que, deliberadamente ou por negligência:

a) Forneçam informações inexactas ou deturpadas em resposta a um pedido apresentado nos termos do artigo 17.º ou do n.º 2 do artigo 18.º;

b) Forneçam informações inexactas, incompletas ou deturpadas ou não forneçam uma informação no prazo exigido em resposta a um pedido que lhes tenha sido dirigido por decisão tomada nos termos do artigo 17.º ou do n.º 3 do artigo 18.º;

c) Apresentem de forma incompleta os livros ou outros registos relativos à empresa, aquando das inspecções efectuadas nos termos do artigo 20.º, ou não se sujeitem às inspecções ordenadas mediante decisão tomada nos termos do n.º 4 do artigo 20.º;

d) Em resposta a um pedido de explicação feito nos termos da alínea *e)* do n.º 2 do artigo 20.º:

– respondam de forma inexacta ou deturpada;

– não rectifiquem, no prazo estabelecido pela Comissão, uma resposta inexacta, incompleta ou deturpada dada por um membro do pessoal, ou

– não dêem ou se recusem a dar uma resposta cabal sobre factos que se prendam com o objecto e a finalidade de uma inspecção ordenada mediante decisão tomada nos termos do n.º 4 do artigo 20.º;

e) Forem quebrados os selos apostos, nos termos da alínea *d)* do n.º 2 do artigo 20.º, pelos funcionários ou outros acompanhantes mandatados pela Comissão.

2 – A Comissão pode, mediante decisão, aplicar coimas às empresas e associações de empresas sempre que, deliberadamente ou por negligência:

a) Cometam uma infracção ao disposto nos artigos 81.º ou 82.º do Tratado; ou

b) Não respeitem uma decisão tomada nos termos do artigo 8.º que ordene medidas provisórias; ou

c) Não respeitem um compromisso tornado obrigatório por decisão tomada nos termos do artigo 9.º.

A coima aplicada a cada uma das empresas ou associações de empresas que tenha participado na infracção não deve exceder 10% do respectivo volume de negócios total realizado durante o exercício precedente.

Quando a infracção cometida por uma associação se referir às actividades dos seus membros, a coima não deve exceder 10% da soma do volume de negócios total de cada membro activo no mercado cujas actividades forem afectadas pela infracção da associação.

3 – Quando se determinar o montante da coima, deve tomar-se em consideração a gravidade e a duração da infracção.

4 – Quando for aplicada uma coima a uma associação de empresas tendo em conta o volume de negócios dos seus membros e essa associação se encontrar em situação de insolvência, a associação é obrigada a apelar às contribuições dos seus membros para cobrir o montante da coima.

Se essas contribuições não tiverem sido pagas à associação no prazo fixado pela Comissão, esta pode exigir o pagamento da coima directamente a qualquer uma das empresas cujos representantes eram membros dos órgãos directivos envolvidos da associação.

Depois de exigir o pagamento nos termos do segundo parágrafo, a Comissão pode exigir, sempre que tal seja necessário para assegurar o pagamento total da coima, o pagamento do saldo remanescente a qualquer um dos membros da associação que estavam activos no mercado em que foi cometida a infracção.

Todavia, a Comissão não exigirá o pagamento nos termos do segundo ou terceiro parágrafos às empresas que demonstrarem não ter executado a decisão de infracção da associação e que, quer a desconheciam, quer dela se tenham distanciado activamente, antes de a Comissão ter iniciado a investigação no processo.

A responsabilidade financeira de cada empresa no tocante ao pagamento da coima não pode exceder 10% do respectivo volume de negócios total realizado durante o exercício precedente.

5 – As decisões aprovadas nos termos dos n.ºs 1 e 2 não têm carácter penal.

ARTIGO 24.º (Sanções pecuniárias compulsórias)

1 – A Comissão pode, mediante decisão, aplicar sanções pecuniárias compulsórias às empresas e associações de empresas até 5% do volume de negócios diário médio realizado durante o exercício precedente, por cada dia de atraso, a contar da data fixada na decisão, a fim de as compelir a:

a) Pôr termo a uma infracção ao disposto nos artigos 81.º ou 82.º do Tratado em conformidade com uma decisão tomada nos termos do artigo 7.º;

b) Cumprir uma decisão que ordene medidas provisórias, tomada nos termos do artigo 8.º;

c) Cumprir um compromisso tornado obrigatório mediante decisão nos termos do artigo 9.º;

d) Fornecer de maneira completa e exacta informações que a Comissão tenha pedido, mediante decisão tomada nos termos do artigo 17.º ou do n.º 3 do artigo 18.º;

e) Sujeitar-se a uma inspecção que a Comissão tenha ordenado, mediante decisão tomada nos termos do n.º 4 do artigo 20.º.

2 – Quando as empresas ou associações de empresas tiverem cumprido a obrigação para cuja execução fora aplicada a sanção pecuniária compulsória, a Comissão pode fixar o montante definitivo da mesma num montante inferior ao resultante da decisão inicial. O n.º 4 do artigo 23.º aplica-se *mutatis mutandis*.

CAPÍTULO VII Prescrição

ARTIGO 25.º (**Prescrição em matéria de aplicação de sanções**)

1 – Os poderes conferidos à Comissão por força dos artigos 23.º e 24.º estão sujeitos ao seguinte prazo de prescrição:

a) Três anos no que se refere às infracções às disposições relativas aos pedidos de informações ou à realização de inspecções;

b) Cinco anos no que se refere às restantes infracções.

2 – O prazo de prescrição começa a ser contado a partir do dia em que foi cometida a infracção. Todavia, no que se refere às infracções continuadas ou repetidas, o prazo de prescrição apenas começa a ser contado a partir do dia em que tiverem cessado essas infracções.

3 – A prescrição em matéria de aplicação de coimas ou de sanções pecuniárias compulsórias é interrompida por qualquer acto da Comissão ou de uma autoridade de um Estado membro responsável em matéria de concorrência destinado à investigação da infracção ou à instrução do respectivo processo. A interrupção da prescrição produz efeitos a partir da data em que o acto é notificado a, pelo menos, uma empresa ou associação de empresas que tenha participado na infracção. Constituem, nomeadamente, actos que interrompem a prescrição:

a) Os pedidos de informações escritos da Comissão ou da autoridade de um Estado membro responsável em matéria de concorrência;

b) Os mandados escritos de inspecção emitidos em nome dos respectivos funcionários pela Comissão ou pela autoridade de um Estado membro responsável em matéria de concorrência;

c) O início de um processo pela Comissão ou por uma autoridade de um Estado membro responsável em matéria de concorrência;

d) A notificação da comunicação de acusações da Comissão ou de uma autoridade de um Estado membro responsável em matéria de concorrência.

4 – A interrupção da prescrição é válida relativamente a todas as empresas e associações de empresas que participaram na infracção.

5 – O prazo de prescrição recomeça a ser contado a partir de cada interrupção. Todavia, a prescrição produz efeitos o mais tardar no dia em que um prazo igual ao dobro do prazo de prescrição chegar ao seu termo sem que a Comissão

tenha aplicado uma coima ou uma sanção pecuniária compulsória. Este prazo é prorrogado pelo período durante o qual a prescrição tiver sido suspensa nos termos do n.º 6.

6 – A prescrição em matéria de aplicação de coimas ou de sanções pecuniárias compulsórias fica suspensa pelo período em que a decisão da Comissão for objecto de recurso pendente no Tribunal de Justiça.

ARTIGO 26.º **(Prescrição em matéria de execução)**

1 – Os poderes da Comissão no que se refere à execução das decisões tomadas nos termos dos artigos 23.º e 24.º estão sujeitos a um prazo de prescrição de cinco anos.

2 – O prazo de prescrição começa a ser contado a partir do dia em que a decisão se tornou definitiva.

3 – A prescrição em matéria de execução é interrompida:

a) Pela notificação de uma decisão que altere o montante inicial da coima ou da sanção pecuniária compulsória ou que rejeite um pedido no sentido de obter tal alteração;

b) Por qualquer acto da Comissão ou de um Estado membro, agindo a pedido da Comissão, destinado à execução forçada da coima ou da sanção pecuniária compulsória.

4 – O prazo de prescrição recomeça a ser contado a partir de cada interrupção.

5 – A prescrição em matéria de execução fica suspensa durante o período em que:

a) For concedida uma facilidade de pagamento;

b) For suspensa a execução forçada por força de uma decisão do Tribunal de Justiça.

CAPÍTULO VIII Audições e segredo profissional

ARTIGO 27.º **(Audição das partes, dos autores das denúncias e de outras pessoas)**

1 – Antes de tomar as decisões previstas nos artigos 7.º, 8.º e 23.º e no n.º 2 do artigo 24.º, a Comissão dá às empresas ou associações de empresas sujeitas ao processo instruído pela Comissão oportunidade de se pronunciarem sobre as acusações por ela formuladas. A Comissão deve basear as suas decisões apenas em acusações sobre as quais as partes tenham tido oportunidade de apresentar as suas observações. Os autores das denúncias são estreitamente associados ao processo.

2 – Os direitos da defesa das partes interessadas serão plenamente acautelados no desenrolar do processo. As partes têm direito a consultar o processo em poder da Comissão, sob reserva do interesse legítimo das empresas na protecção dos seus segredos comerciais. Ficam excluídos da consulta do processo as informações

confidenciais e os documentos internos da Comissão e das autoridades dos Estados membros responsáveis em matéria de concorrência. Ficam, nomeadamente, excluídas da consulta as notas de correspondência entre a Comissão e as autoridades dos Estados membros responsáveis em matéria de concorrência, ou entre estas últimas, e bem assim quaisquer documentos elaborados nos termos dos artigos 11.º e 14.º. O disposto no presente número em nada impedirá que a Comissão divulgue ou utilize as informações necessárias para comprovar uma infracção.

3 – Se a Comissão o considerar necessário, pode ouvir outras pessoas singulares ou colectivas. Caso solicitem ser ouvidas pessoas singulares ou colectivas que demonstrem ter um interesse suficiente, deve ser dado seguimento ao seu pedido. As autoridades dos Estados membros responsáveis em matéria de concorrência podem também solicitar à Comissão que proceda à audição de outras pessoas singulares ou colectivas.

4 – Sempre que a Comissão tencionar aprovar uma decisão nos termos dos artigos 9.º ou 10.º, deve publicar um resumo conciso do processo e do conteúdo essencial dos compromissos ou da actuação que se propõe seguir. Quaisquer terceiros interessados podem apresentar as suas observações num prazo fixado pela Comissão no acto de publicação, que não poderá ser inferior a um mês. A publicação deve ter em conta o interesse legítimo das empresas na protecção dos seus segredos comerciais.

ARTIGO 28.º (Sigilo profissional)

1 – Sem prejuízo da aplicação dos artigos 12.º e 15.º, as informações obtidas nos termos dos artigos 17.º a 22.º apenas podem ser utilizadas para os fins para que foram obtidas.

2 – Sem prejuízo do intercâmbio e da utilização das informações previstos nos artigos 11.º, 12.º, 14.º, 15.º e 27.º, a Comissão e as autoridades dos Estados membros responsáveis em matéria de concorrência, os seus funcionários, agentes e outras pessoas que trabalhem sob a supervisão dessas autoridades, bem como os funcionários e agentes de outras autoridades dos Estados membros, não podem divulgar as informações obtidas ou trocadas nos termos do presente regulamento e que, pela sua natureza, estejam abrangidas pelo sigilo profissional. Esta obrigação é igualmente aplicável a todos os representantes e peritos dos Estados membros que tomem parte nas reuniões do Comité Consultivo nos termos do artigo 14.º.

CAPÍTULO IX Regulamentos de isenção

ARTIGO 29.º (Retirada individual)

1 – Se, por força da competência que lhe foi atribuída por um regulamento do Conselho, como os Regulamentos n.º 19/65/CEE, (CEE) n.º 2821/71, (CEE) n.º 3976/87, (CEE) n.º 1534/91 ou (CEE) n.º 479/92, para aplicar o n.º 3 do artigo 81.º do Tratado por via de regulamento, a Comissão tiver declarado o n.º 1 do artigo 81.º

do Tratado não aplicável a certas categorias de acordos, decisões de associações de empresas ou práticas concertadas, pode, oficiosamente ou na sequência de uma denúncia, retirar o benefício desse regulamento de isenção, se considerar que num determinado caso, um acordo, decisão ou prática concertada abrangidos por esse regulamento de isenção produzem efeitos incompatíveis com o n.º 3 do artigo 81.º do Tratado.

2 – Se, num caso determinado, certos acordos, decisões de associações de empresas ou práticas concertadas abrangidos por um regulamento da Comissão referido no n.º 1, produzirem efeitos incompatíveis com o n.º 3 do artigo 81.º do Tratado no território de um Estado membro ou numa parte desse território que apresente todas as características de um mercado geográfico distinto, a autoridade desse Estado membro responsável em matéria de concorrência pode retirar o benefício da aplicação do regulamento em causa relativamente a esse território.

CAPÍTULO X Disposições gerais

ARTIGO 30.º (Publicação das decisões)

1 – A Comissão publica as decisões que tomar nos termos dos artigos 7.º a 10.º, 23.º e 24.º.

2 – A publicação menciona as partes interessadas e o conteúdo essencial da decisão, incluindo as sanções impostas. Deve acautelar o interesse legítimo das empresas na protecção dos seus segredos comerciais.

ARTIGO 31.º (Controlo pelo Tribunal de Justiça)

O Tribunal de Justiça conhece com plena jurisdição dos recursos interpostos das decisões em que tenha sido fixada pela Comissão uma coima ou uma sanção pecuniária compulsória. O Tribunal de Justiça pode suprimir, reduzir ou aumentar a coima ou a sanção pecuniária compulsória aplicada.

ARTIGO 32.º (Exclusões)

O presente regulamento não é aplicável a:

a) Serviços internacionais de navios fretados na acepção da alínea *a)* do n.º 3 do artigo 1.º do Regulamento (CEE) n.º 4056/86;

b) Serviços de transporte marítimo exclusivamente efectuados entre portos de um mesmo Estado membro, tal como previsto no n.º 2 do artigo 1.º do Regulamento (CEE) n.º 4056/86;

c) Revogada.[1]

---

[1] Artigo 3.º do Regulamento (CE) n.º 411/2004 do Conselho, de 24.2.2004 (JO, L 68, de 6.3.2004, pp. 1).

ARTIGO 33.º (**Disposições de execução**)
1 – A Comissão fica autorizada a tomar qualquer medida adequada tendo em vista a aplicação do presente regulamento. Estas medidas podem, nomeadamente, dizer respeito:

a) À forma, ao conteúdo e a outras modalidades das denúncias apresentadas nos termos do artigo 7.º, bem como ao procedimento aplicável às rejeições das denúncias;

b) Às modalidades práticas do intercâmbio de informações e da consulta previstos no artigo 11.º;

c) Às modalidades das práticas relativas às audições previstas no artigo 27.º.

2 – Quando a Comissão se propuser adoptar quaisquer medidas por força do n.º 1, deve publicar previamente o respectivo projecto, convidando todos os interessados a apresentar-lhe as suas observações no prazo por ela fixado, que não poderá ser inferior a um mês. Antes de publicar um projecto de medida e de a adoptar, a Comissão deve consultar o Comité Consultivo em matéria de acordos, decisões, práticas concertadas e posições dominantes.

CAPÍTULO XI Disposições transitórias, modificativas e finais

ARTIGO 34.º (**Disposições transitórias**)
1 – Os pedidos apresentados à Comissão nos termos do artigo 2.º do Regulamento n.º 17 e as notificações apresentadas nos termos dos artigos 4.º e 5.º do mesmo regulamento, bem como os pedidos e notificações correspondentes apresentados ao abrigo dos Regulamentos (CEE) n.º 1017/68, (CEE) n.º 4056/86 e (CEE) n.º 3975/87, caducam a partir da data de entrada em aplicação do presente regulamento.

2 – Os actos processuais realizados ao abrigo do Regulamento n.º 17 e dos Regulamentos (CEE) n.º 1017/68, (CEE) n.º 4056/86 e (CEE) n.º 3975/87[1] continuam a produzir efeitos no âmbito de aplicação do presente regulamento.

ARTIGO 35.º (**Designação das autoridades dos Estados membros responsáveis em matéria de concorrência**)
1 – Os Estados membros devem designar a autoridade ou autoridades em matéria de concorrência responsáveis pela aplicação dos artigos 81.º e 82.º do Tratado de forma a que sejam efectivamente respeitadas as disposições do presente regulamento. As medidas necessárias a conferir às referidas autoridades competên-

---

[1] O artigo 1.º do Regulamento (CE) n.º 411/2004 do Conselho, de 24.2.2004, revoga o Regulamento (CEE) n.º 3975/87, «à excepção do n.º 3 do seu artigo 6.º, que continua a ser aplicável às decisões aprovadas ao abrigo do n.º 3 do artigo 81.º do Tratado antes da data de aplicação do Regulamento (CE) n.º 1/2003 e até ao termo de vigência dessas decisões.»

cia para aplicarem estes artigos devem ser tomadas antes de 1 de Maio de 2004. As autoridades designadas podem incluir os tribunais.

2 – Sempre que a aplicação do direito comunitário da concorrência for confiada às autoridades administrativas e judiciais nacionais, os Estados membros podem atribuir a essas autoridades outras competências e funções, tanto administrativas como judiciais.

3 – Os efeitos previstos no n.º 6 do artigo 11.º são aplicáveis às autoridades designadas pelos Estados membros, incluindo os tribunais que exercem funções de preparação e aprovação dos tipos de decisões previstos no artigo 5.º Os efeitos previstos no n.º 6 do artigo 11.º não são extensíveis a tribunais que actuem como instâncias de recurso relativamente aos tipos de decisão previstos no artigo 5.º.

4 – Não obstante o n.º 3 e na observância do disposto no presente número, nos Estados membros em que, com vista à aprovação de determinados tipos de decisão previstos no artigo 5.º, uma autoridade intente uma acção perante uma autoridade judicial autónoma e diferente da autoridade competente para a instrução, os efeitos previstos no n.º 6 do artigo 11.º são limitados à autoridade de instrução do processo, a qual deverá desistir do pedido apresentado perante a autoridade judicial a partir do momento em que a Comissão dê início a um processo, devendo esta desistência pôr efectivamente um termo ao processo nacional.

ARTIGO 36.º **(Alteração do Regulamento (CEE) n.º 1017/68)**
As alterações foram introduzidas nos locais próprios

ARTIGO 37.º **(Alteração do Regulamento (CEE) n.º 2988/74)**
No Regulamento (CEE) n.º 2988/74 é inserido o seguinte artigo:

A alteração foi inserida no local próprio

ARTIGO 38.º **(Alteração do Regulamento (CEE) n.º 4056/86)**
1 – O artigo 7.º é alterado da seguinte forma:
As alterações foram introduzidas nos locais próprios
2 – O artigo 8.º é alterado da seguinte forma:
As alterações foram introduzidas nos locais próprios
3 – O artigo 9.º é alterado da seguinte forma:
As alterações foram introduzidas nos locais próprios
4 – São revogados os artigos 10.º a 25.º com excepção do n.º 3 do artigo 13.º[1] que continua a ser aplicável a decisões aprovadas nos termos do n.º 3 do

---

[1] «3. A Comissão pode revogar ou alterar a sua decisão ou proibir determinados actos aos interessados:
   a) Se a situação de facto se modificar em relação a um elemento essencial da decisão;
   b) Se os interessados não respeitarem um encargo a que a decisão foi sujeita;

artigo 81.º do Tratado antes da data de entrada em aplicação do presente regulamento e até à data em que as referidas decisões caduquem.

5 – No artigo 26.º (...)

As alterações foram introduzidas nos locais próprios

ARTIGO 39.º (Alteração do Regulamento (CEE) n.º 3975/87)[1]

São revogados os artigos 3.º a 19.º do Regulamento (CEE) n.º 3975/87, com excepção do n.º 3 do artigo 6.º[2] que continua a ser aplicável a decisões aprovadas nos termos do n.º 3 do artigo 81.º do Tratado antes da data de entrada em aplicação do presente regulamento e até à data em que as referidas decisões caduquem.

ARTIGO 40.º (Alteração dos Regulamentos n.º 19/65/CEE, (CEE) n.º 2821/71 e (CEE) n.º 1534/91)

O artigo 7.º do Regulamento n.º 19/65/CEE, o artigo 7.º do Regulamento (CEE) n.º 2821/71 e o artigo 7.º do Regulamento (CEE) n.º 1534/91 são revogados.

ARTIGO 41.º (Alteração do Regulamento (CEE) n.º 3976/87)

As alterações foram inseridas nos locais próprios.

---

    c) Se a decisão assentar em indicações inexactas ou tiver sido obtida de forma fraudulenta, ou

    d) Se os interessados abusarem da isenção do disposto no n.º 1 do artigo 85.º concedida pela decisão.

Nos casos referidos em *b)*, *c)* ou *d)*, a decisão pode ser revogada com efeitos retroactivos».

[1] O artigo 1.º do Regulamento (CE) n.º 411/2004 do Conselho, de 24.2.2004 (JO, L 68, de 6.3.2004, pp. 1) revoga o Regulamento (CEE) n.º 3975/87, «à excepção do n.º 3 do seu artigo 6.º, que continua a ser aplicável às decisões aprovadas ao abrigo do n.º 3 do artigo 81.º do Tratado antes da data de aplicação do Regulamento (CE) n.º 1/2003 e até ao termo de vigência dessas decisões.»

[2] O referido n.º 3 do artigo 6.º do Regulamento (CEE) n.º 3975/87 reza:

«3. A Comissão pode revogar ou alterar a sua decisão ou proibir a prática de actos específicos pelas partes:

    a) Se tiver ocorrido uma modificação em relação a qualquer dos factos que tenham sido fundamento da decisão; ou

    b) Se as partes não cumprirem qualquer das obrigações inerentes à decisão; ou

    c) Se a decisão se basear em informações incorrectas ou resulte de indução provocada por dolo; ou

    d) Se as partes utilizarem abusivamente a isenção ao disposto no n.º 1 do artigo 85.º do Tratado concedida pela decisão.

Nos casos referidos em *b)*, *c)* ou *d)*, a decisão pode ser revogada com efeitos retroactivos.»

ARTIGO 42.º (**Alteração do Regulamento (CEE) n.º 479/92**)
O Regulamento (CEE) n.º 479/92 é alterado do seguinte modo:
1 – O artigo 5.º passa a ter a seguinte redacção:
A alteração foi introduzida no local próprio
2 – O artigo 6.º é revogado.

ARTIGO 43.º (**Revogação dos Regulamentos n.º 17 e n.º 141**)
1 – É revogado o Regulamento n.º 17, com excepção do n.º 3 do artigo 8.º que continua a ser aplicável a decisões aprovadas nos termos do n.º 3 do artigo 81.º do Tratado antes da entrada em aplicação do presente regulamento e até à data em que as referidas decisões caduquem.[1]
2 – É revogado o Regulamento n.º 141.
3 – As remissões para os regulamentos revogados entendem-se como remissões para o presente regulamento.

ARTIGO 44.º (**Relatório relativo à aplicação do presente Regulamento**)
No prazo de cinco anos após a entrada em vigor do presente regulamento, a Comissão deve apresentar um relatório relativo à sua aplicação ao Parlamento Europeu e ao Conselho, designadamente no que se refere ao n.º 6 do artigo 11.º e ao artigo 17.º.
Com base nesse relatório, a Comissão determina se deve apresentar ao Conselho uma proposta de revisão do presente regulamento.

ARTIGO 45.º (**Entrada em vigor**)
O presente regulamento entra em vigor 20 dias após a sua publicação no *Jornal Oficial das Comunidades Europeias*.

É aplicável a partir de 1 de Maio de 2004.

O presente regulamento é obrigatório em todos os seus elementos e directamente aplicável em todos os Estados membros.

Feito em Bruxelas, em 16 de Dezembro de 2002.

Pelo Conselho, A Presidente, *M. Fischer Boel*.

---

[1] Dispõe o artigo 8.º, n.º 3, do Regulamento 17:
«3. A Comissão pode revogar ou alterar a sua decisão ou proibir às partes determinados actos:
a) Se a situação de facto se alterar em relação a um elemento essencial para a decisão;
b) Se as partes não cumprirem uma obrigação incluída na decisão;
c) Se a decisão se fundamentar em indicações inexactas ou tiver sido obtida fraudulentamente; ou
d) Se as partes abusarem da isenção do disposto no n.º 1 do artigo 85.º do Tratado, que lhes tenha sido concedida pela decisão.
Nos casos referidos nas alíneas *b)*, *c)* e *d)*, a decisão pode também ser revogada com efeito retroactivo.»

ISENÇÕES CATEGORIAIS

Regulamento (CEE) n.º 19/65*

O CONSELHO DA COMUNIDADE ECONÓMICA EUROPEIA,
Tendo em conta o Tratado que institui a Comunidade Económica Europeia e, nomeadamente, o seu artigo 87.º,
Tendo em conta a proposta da Comissão,
Tendo em conta o parecer do Parlamento Europeu,
Tendo em conta o parecer do Comité Económico e Social,
Considerando que a declaração de inaplicabilidade do disposto no n.º 1 do artigo 85.º do Tratado pode, nos termos do n.º 3 do mesmo artigo, dizer respeito a qualquer categoria de acordos, decisões e práticas concertadas que preencham as condições exigidas por essas disposições;
Considerando que as regras de aplicação do n.º 3 do artigo 85.º devem ser adoptadas por regulamento elaborado com base no artigo 87.º;
Considerando que, dado o grande número de notificações apresentadas nos termos do Regulamento n.º 17, se torna oportuno, como o objectivo de facilitar a tarefa da Comissão, permitir-lhe declarar, por meio de regulamento, as disposições do n.º 1 do artigo 85.º inaplicáveis a certas categorias de acordos e práticas concertadas;
Considerando que se torna conveniente precisar as condições em que a Comissão poderá exercer este poder, em ligação estreita e constante com as autoridades competentes dos Estados membros, logo que tenha sido adquirida experiência suficiente através de decisões individuais e se torne possível definir as categorias de acordos e práticas concertadas em relação às quais se considere estarem preenchidas as condições do n.º 3 do artigo 85.º;
Considerando que a Comissão, pela sua acção, nomeadamente pelo Regulamento n.º 153, indicou que, para determinados tipos de acordos ou práticas concertadas especialmente susceptíveis de falsear o jogo da concorrência no mercado comum, não pode ser tida em consideração qualquer simplificação de procedimentos prevista no Regulamento n.º 17;

---

* Regulamento (CEE) n.º 19/65 do Conselho, de 2 de Março de 1965 relativo à aplicação do n.º 3 do artigo 85.º do Tratado a certas categorias de acordos e práticas concertadas (JO, P 36, de 6.3.1965, p. 533), com a última redacção resultante do Regulamento (CE) n.º 1/2003.

Considerando que, por força do artigo 6.º do Regulamento n.º 17, a Comissão pode determinar que uma decisão tomada nos termos do n.º 3 do artigo 85.º do Tratado seja aplicada com efeitos retroactivos; que é conveniente que a Comissão possa adoptar tal disposição igualmente por meio de regulamento;

Considerando que, por força do artigo 7.º do Regulamento n.º 17, alguns acordos, decisões e práticas concertadas podem deixar de estar sujeitos a proibição, por uma decisão da Comissão, nomeadamente se forem modificados de modo a satisfazerem as condições de aplicação do n.º 3 do artigo 85.º; que é oportuno que a Comissão possa conceder o mesmo benefício, por meio de regulamento, a esses acordos e práticas concertadas se forem modificados de modo a ficarem abrangidos por uma categoria definida por um regulamento de isenção;

Considerando que, não podendo existir isenção quando as condições enumeradas no n.º 3 do artigo 85.º não estiverem preenchidas, a Comissão deve ter a faculdade de fixar, por decisão, as condições a que deve obedecer um acordo ou uma prática concertada que, por força de circunstâncias especiais, revele certos efeitos incompatíveis com o n.º 3 do artigo 85.º,

ADOPTOU O PRESENTE REGULAMENTO:

ARTIGO 1.º

1 – Sem prejuízo do Regulamento n.º 17, a Comissão pode declarar, por meio de regulamento e nos termos do n.º 3 do artigo 81.º do Tratado, que o disposto no n.º 1 do artigo 81.º não é aplicável:

a) As categorias de acordos concluídos por duas ou mais empresas que operem, para efeitos do acordo, cada uma num nível diferente da cadeia de produção ou de distribuição, e relativos às condições ao abrigo das quais as partes podem comprar, vender ou revender determinados bens ou serviços;

b) As categorias de acordos em que apenas participem duas empresas e contenham restrições impostas em relação com a aquisição ou utilização de direitos de propriedade industrial – nomeadamente patentes, modelos de utilidade, desenhos e modelos ou marcas – ou com os direitos resultantes de contratos que impliquem a cessão ou concessão do direito de usar processos de fabrico ou conhecimentos relacionados com a utilização e a aplicação de técnicas industriais.

2 – O regulamento deve conter uma definição das categorias de acordos a que se aplica e deve precisar, nomeadamente:

a) As restrições ou as cláusulas que não podem figurar nos acordos;

b) Quaisquer outras condições qaue devam ser preenchidas.

3 – O disposto nos n.ºs 1 e 2 é aplicável, por analogia, às categorias de práticas concertadas.

ARTIGO 1.º-A

Um regulamento adoptado nos termos do artigo 1.º pode fixar as condições susceptíveis de levar à exclusão do seu âmbito de aplicação de certas redes paralelas de acordos similares ou práticas concertadas num mercado determinado; as circunstâncias em que as referidas condições se consideram preenchidas podem ser estabelecidas por regulamento da Comissão, que fixará um período no termo do qual o regulamento adoptado nos termos do artigo 1.º deixa de ser aplicável aos acordos ou práticas concertadas pertinentes naquele mercado; esse período não pode ser inferior a seis meses.

ARTIGO 2.º
1 – Qualquer regulamento adoptado por força do artigo 1.º terá vigência limitada.

2 – Pode ser revogado ou alterado quando as circunstâncias se alterarem em relação a um elemento que tenha sido essencial para a sua adopção; neste caso, será previsto um período de adaptação para os acordos e práticas concertadas abrangidos pelo regulamento anterior.

ARTIGO 3.º
Qualquer regulamento adoptado por força do artigo 1.º pode aplicar-se, com efeitos retroactivos, aos acordos e práticas concertadas que, no dia da sua entrada em vigor, tivessem podido beneficiar de uma decisão com efeitos retroactivos, nos termos do artigo 6.º do Regulamento n.º 17.

ARTIGO 4.º
1 – Qualquer regulamento adoptado por força do artigo 1.º pode estabelecer que a proibição imposta pelo n.º 1 do artigo 85.º do Tratado não se aplique, pelo período nele fixado, aos acordos e práticas concertadas existentes em 13 de Março de 1962 e que não preencham as condições do n.º 3 do artigo 85.º:
– desde que sejam modificados, no prazo de três meses após a entrada em vigor do regulamento, de tal modo que preencham as referidas condições, segundo as disposições do regulamento, e
– desde que as modificações sejam levadas ao conhecimento da Comissão, no prazo fixado pelo regulamento.

Um regulamento adoptado por força do artigo 1.º pode dispor que a proibição constante do n.º 1 do artigo 85.º do Tratado não se aplique, durante o período nele fixado, aos acordos e práticas concertadas existentes à data de adesão e que, em consequência da adesão, fiquem abrangidos pelo disposto no artigo 85.º e não reúnam as condições do n.º 3 do artigo 85.º:

O disposto no parágrafo anterior é aplicável do mesmo modo no caso da adesão da República Helénica, do Reino de Espanha e da República Portuguesa.

As disposições dos parágrafos anteriores são igualmente aplicáveis em caso de adesão da Áustria, da Finlândia e da Suécia.

2 – O disposto no n.º 1 só se aplica aos acordos e práticas concertadas que deviam ter sido notificados antes de 1 de Fevereiro de 1963, nos termos do artigo 5.º do Regulamento n.º 17, se o tiverem sido antes desta data.

O n.º 1 só é aplicável aos acordos e práticas concertadas que, em consequência da adesão, fiquem abrangidos pelo disposto no n.º 1 do artigo 85.º do

Tratado e devam ser notificados antes de 1 de Julho de 1973, de acordo com os artigos 5.º e 25.º do Regulamento n.º 17, se o tiverem sido antes dessa data.

O n.º 1 só é aplicável aos acordos e práticas concertadas que, em consequência da adesão da República Helénica, fiquem abrangidos pelo disposto no n.º 1 do artigo 85.º do Tratado e que devem ser notificados antes de 1 de Julho de 1981, nos termos dos artigos 5.º e 25.º do Regulamento n.º 17, se tiverem sido notificados antes dessa data.

O n.º 1 só é aplicável aos acordos e práticas concertadas que, em consequência da adesão do Reino de Espanha e da República Portuguesa, fiquem abrangidos pelo n.º 1 do artigo 85.º do Tratado e que devam ser notificados antes de 1 de Julho de 1986, nos termos dos artigos 5.º e 25.º do Regulamento n.º 17, se tiverem sido notificados antes dessa data.

O disposto no n.º 1 não é aplicável aos acordos e práticas concertadas a que é aplicável o n.º 1 do artigo 85.º do Tratado por força da adesão da Áustria, da Finlândia e da Suécia e que devem ser notificados dentro de seis meses após a adesão, nos termos dos artigos 5.º e 25.º do Regulamento n.º 17, a menos que tenham sido notificados antes dessa data durante aquele prazo. O presente parágrafo não é aplicável aos acordos e práticas concertadas que, à data da adesão, pertençam já ao âmbito do n.º 1 do artigo 53.º do Acordo EEE.

3 – O benefício das disposições estabelecidas por força do n.º 1 não pode ser invocado nos litígios pendentes à data da entrada em vigor de um regulamento adoptado por força do artigo 1.º; não pode também ser invocado para fundamentar um pedido de indemnização contra terceiros.

ARTIGO 5.º

Quando a Comissão se propuser adoptar um regulamento, publicará o respectivo projecto e convidará todas as pessoas interessadas a apresentar-lhe as suas observações, no prazo que fixar e que não pode ser inferior a um mês.

ARTIGO 6.º

1 – A Comissão consultará o Comité Consultivo sobre práticas restritivas e monopólios:

a) Quando se trate de um regulamento adoptado nos termos do artigo 1.º, antes da publicação de um projecto de regulamento e antes da adopção de um regulamento;

b) Quando se trate de um regulamento adoptado nos termos do artigo 1.ºA, antes da publicação de um projecto de regulamento, se tal for solicitado por um Estado membro, e antes da adopção de um regulamento.

2 – O disposto nos n.ºs 5 e 6 do artigo 10.º do Regulamento n.º 17 relativo à consulta do Comité Consultivo aplica-se por analogia, entendendo-se que as reuniões conjuntas com a Comissão não se realizarão antes de decorrido um mês após o envio da convocatória.

ARTIGO 7.º
Revogado[1]

ARTIGO 8.º
A Comissão transmitirá ao Conselho, antes de 1 de Janeiro de 1970, uma proposta de regulamento destinada a introduzir no presente regulamento as alterações que se afigurem necessárias, em função da experiência adquirida.

O presente regulamento é obrigatório em todos os seus elementos e directamente aplicável em todos os Estados membros.

---

[1] Revogado pelo artigo 40.º do Regulamento (CE) n.º 1/2003.

ACORDOS VERTICAIS

Regulamento (CE) n.º 2790/1999*-**

A COMISSÃO DAS COMUNIDADES EUROPEIAS,
Tendo em conta o Tratado que institui a Comunidade Europeia,
Tendo em conta o Regulamento n.º 19/65/CEE do Conselho, de 2 de Março de 1965, relativo à aplicação do n.º 3 do artigo 81.º do Tratado a certas categorias de acordos e práticas concertadas[1], com a última redacção que lhe foi dada pelo Regulamento (CE) n.º 1215/1999[2] e, nomeadamente, o seu artigo 1.º,
Tendo publicado um projecto do presente regulamento[3],
Após consulta do Comité Consultivo em matérias de acordos, decisões e práticas concertadas e de posições dominantes,
Considerando o seguinte:

(1) O Regulamento n.º 19/65/CEE confere à Comissão competência para aplicar, por meio de regulamento, o n.º 3 do artigo 81.º do Tratado (antigo n.º 3 do artigo 85.º) a certas categorias de acordos verticais e às correspondentes práticas concertadas que estejam abrangidas pelo disposto no n.º 1 do artigo 81.º;

(2) A experiência adquirida até ao presente permite definir uma categoria de acordos verticais que se pode considerar que preenchem, normalmente, as condições previstas no n.º 3 do artigo 81.º;

(3) A referida categoria inclui os acordos verticais de compra ou de venda de bens ou serviços quando sejam celebrados entre empresas que não sejam concorrentes, entre certas empresas concorrentes ou que sejam concluídos por certas associações de retalhistas de bens; a referida categoria inclui igualmente acordos verticais que contenham disposições acessórias relativas à atribuição ou utilização de direitos de propriedade intelectual; para efeitos do

---

* Regulamento (CE) n.º 2790/1999 da Comissão, de 22 de Dezembro de 1999, relativo à aplicação do n.º 3 do artigo 81.º do Tratado CE a determinadas categorias de acordos verticais e práticas concertadas (JO, L 336, de 29.12.1999, pp. 21-25).

** Ver ainda a Decisão do Comité Misto do EEE n.° 18/2000, de 28 de Janeiro de 2000, que altera a anexo XIV (concorrência) do Acordo EEE (JO, L 03, de 12.4.2001, pp. 36-38).

[1] JO, 36, de 6.3.1965, p. 533/65.
[2] JO, L 148, de 15.6.1999, p. 1.
[3] JO, C 270, de 24.9.1999, p. 7.

presente regulamento, a expressão acordos verticais compreende sempre as correspondentes práticas concertadas;

(4) Para a aplicação do n.º 3 do artigo 81.º através de regulamento, não é necessário definir os acordos verticais susceptíveis de serem abrangidos pelo n.º 1 do artigo 81.º; a apreciação dos acordos no âmbito do n.º 1 do artigo 81.º deve ter em conta diversos factores, em especial a estrutura do mercado do lado da oferta e da procura;

(5) O benefício da isenção por categoria deve ser reservado aos acordos verticais em relação aos quais se pode considerar com segurança que preenchem as condições estabelecidas no n.º 3 do artigo 81.º;

(6) Os acordos verticais da categoria definida no presente regulamento podem melhorar a eficiência económica no âmbito de uma cadeia de produção ou de distribuição, possibilitando uma melhor coordenação entre as empresas participantes; em particular estes acordos podem conduzir a uma redução dos custos de transacção e distribuição das partes e a uma optimização das suas vendas e níveis de investimento;

(7) A possibilidade de tais efeitos de aumento da eficiência compensarem quaisquer efeitos anticoncorrenciais resultantes de restrições incluídas em acordos verticais depende do grau de poder de mercado das empresas em causa e, por conseguinte, da medida em que estas empresas enfrentem a concorrência de outros fornecedores de bens ou serviços considerados permutáveis ou substituíveis pelo comprador, devido às suas características, preço e utilização pretendida;

(8) Pode presumir-se, quando a quota do mercado relevante representada pelo fornecedor não ultrapassa 30%, que os acordos verticais que não contêm determinados tipos de restrições anticoncorrenciais graves conduzem geralmente a uma melhoria da produção ou da distribuição e permitem aos consumidores uma parte equitativa dos benefícios daí resultantes; no caso de acordos verticais que contenham obrigações de fornecimento exclusivo, é a quota de mercado do comprador que é relevante para determinar os efeitos globais desses acordos verticais no mercado;

(9) Acima dos limiares de quota de mercado de 30%, não se presume que os acordos verticais que sejam abrangidos pelo âmbito de aplicação do n.º 1 do artigo 81.º dêem normalmente origem a benefícios objectivos dessa natureza e dimensão, de forma a compensar as desvantagens causadas à concorrência;

(10) O presente regulamento não deve isentar acordos verticais que contenham restrições que não sejam indispensáveis à obtenção dos efeitos positivos acima referidos; em particular, acordos verticais que contenham determinados tipos de restrições anticoncorrenciais graves, tais como os preços de revenda mínimos e fixos, bem como certos tipos de protecção territorial devem ser excluídos do benefício da presente isenção por categoria independentemente da quota de mercado das empresas em causa;

(11) Tendo em vista garantir o acesso ou evitar a colusão no mercado relevante, a isenção por categoria deve ser acompanhada de certas condições; para este efeito, a isenção de obrigações de não concorrência deve ser limitada às obrigações que não ultrapassem uma determinada duração; pelos mesmos motivos, qualquer obrigação directa ou indirecta que faça com que os membros de um sistema de distribuição selectiva não vendam as marcas de determinados fornecedores concorrentes deve ser excluída do benefício do presente regulamento;

(12) A limitação da quota de mercado, a não isenção de certos acordos verticais e as condições previstas no presente regulamento, normalmente, são de molde a assegurar que os acordos a que a isenção por categoria é aplicável não permitam que as empresas partici-

pantes eliminem a concorrência em relação a uma parte substancial dos produtos em questão;

(13) Em casos especiais em que os acordos abrangidos pelo âmbito de aplicação do presente regulamento tenham efeitos incompatíveis com o n.º 3 do artigo 81.º, a Comissão pode retirar o benefício da isenção por categoria; esta situação pode ocorrer, em especial, quando o comprador tiver um poder de mercado significativo no mercado relevante onde revende os bens ou fornece os serviços ou quando redes paralelas de acordos verticais tenham efeitos similares que restrinjam o acesso a um mercado relevante ou que restrinjam a concorrência dentro deste; tais efeitos cumulativos podem, por exemplo, surgir no caso de distribuição selectiva ou de obrigações de não concorrência;

(14) O Regulamento n.º 19/65/CEE permite às autoridades competentes dos Estados membros retirar o benefício da isenção por categoria relativamente a acordos verticais que tenham efeitos incompatíveis com o estatuído no n.º 3 do artigo 81.º, quando esses efeitos afectam o seu território ou uma parte dele, e quando esse território tem as características de um mercado geográfico distinto; os Estados membros devem garantir que o exercício do poder de retirar do benefício da isenção não prejudica a aplicação uniforme em todo o mercado comum das regras comunitárias em matéria de concorrência e o pleno efeito das medidas adoptadas para a sua execução;

(15) A fim de reforçar a supervisão de redes paralelas de acordos verticais que tenham efeitos restritivos idênticos e que abranjam mais de 50% de um determinado mercado, a Comissão pode declarar o presente regulamento inaplicável a acordos verticais que contenham restrições específicas relativas ao mercado em causa, restabelecendo desta forma a plena aplicação do artigo 81.º em relação a estes acordos;

(16) O presente regulamento não prejudica a aplicação do artigo 82.º;

(17) De acordo com o princípio do primado do direito comunitário, nenhuma medida tomada ao abrigo dos direiros nacionais de concorrência pode prejudicar a aplicação uniforme das regras de concorrência da Comunidade, em todo o mercado comum, nem o efeito útil de quaisquer medidas adoptadas para a sua execução, incluindo o presente regulamento,

ADOPTOU O PRESENTE REGULAMENTO:

ARTIGO 1.º

Para efeitos do presente regulamento:

a) "Empresas concorrentes" são fornecedores reais ou potenciais no mesmo mercado de produto; o mercado do produto inclui bens ou serviços considerados pelo comprador como permutáveis ou substituíveis pelos bens ou serviços contratuais, devido às suas características, preço e utilização pretendida;

b) "Obrigação de não concorrência" significa qualquer obrigação directa ou indirecta que obrigue o comprador a não fabricar, adquirir, vender ou revender bens ou serviços que entrem em concorrência com os bens ou serviços contratuais, ou qualquer obrigação directa ou indirecta imposta ao comprador no sentido de adquirir ao fornecedor ou a outra empresa designada pelo fornecedor mais de 80% das compras totais do comprador em termos de bens ou serviços contratuais e respectivos substitutos no mercado relevante, calculadas com base no valor das suas compras do ano civil anterior;

c) "Obrigação de fornecimento exclusivo" significa qualquer obrigação directa ou indirecta imposta ao fornecedor no sentido de vender bens ou serviços especificados no acordo apenas a um comprador dentro da Comunidade para efeitos de uma utilização específica ou revenda;

d) "Sistema de distribuição selectiva" significa um sistema de distribuição em que o fornecedor se compromete a vender os bens ou serviços contratuais, quer directa quer indirectamente, apenas a distribuidores seleccionados com base em critérios especificados e em que esses distribuidores se comprometem a não vender tais bens ou serviços a negociantes não autorizados;

e) "Direitos de propriedade intelectual" inclui direitos de propriedade industrial, direitos de autor e direitos conexos;

f) "Saber-fazer" significa um pacote de informações práticas não patenteadas, resultantes de experiências e ensaios efectuados pelo fornecedor, secretas, substanciais e identificadas; neste contexto, por "secretas" entende-se que o saber-fazer, enquanto conjunto, ou na sua configuração específica e montagem dos seus componentes, não é normalmente conhecido ou de fácil obtenção; por "substanciais" entende-se que o saber-fazer inclui informações indispensáveis ao comprador para a utilização, venda ou revenda de bens ou serviços contratuais; por "identificadas" entende-se que o saber-fazer deve ser definido de uma forma suficientemente abrangente a fim de permitir verificar se preenche os critérios de confidencialidade e substancialidade;

g) "Comprador" inclui uma empresa que, nos termos de um acordo abrangido pelo âmbito de aplicação do n.º 1 do artigo 81.º do Tratado, venda bens ou serviços por conta de outra empresa.

ARTIGO 2.º

1 – Nos termos do n.º 3 do artigo 81.º do Tratado e no presente regulamento, o n.º 1 do artigo 81.º não se aplica aos acordos ou práticas concertadas em que participam duas ou mais empresas cada uma delas operando, para efeitos do acordo, a um nível diferente da produção ou da cadeia de distribuição e que digam respeito às condições em que as partes podem adquirir, vender ou revender certos bens ou serviços (denominados "acordos verticais").

Esta isenção é aplicável na medida em que estes acordos contenham restrições da concorrência abrangidas pelo n.º 1 do artigo 81.º (denominadas "restrições verticais").

2 – A isenção prevista no n.º 1 é aplicável aos acordos verticais concluídos entre uma associação de empresas e os seus membros, ou entre essa associação e os seus fornecedores, apenas se todos os seus membros forem retalhistas de bens e se nenhum membro individual da associação, em conjunto com as suas respectivas empresas ligadas, tiver um volume de negócios total anual que ultrapasse 50 milhões de euros; os acordos verticais concluídos por essas associações estão salvaguardados pelo presente regulamento sem prejuízo da aplicação do artigo 81.º a acordos horizontais concluídos pelos membros da associação ou a decisões tomadas pela associação.

3 – A isenção prevista no n.º 1 é aplicável aos acordos verticais que contenham disposições relativas à atribuição ao comprador ou à utilização pelo comprador de direitos de propriedade intelectual desde que tais disposições não constituam o principal objecto de tais acordos e estejam directamente relacionadas com a utilização, venda ou revenda dos bens ou serviços pelo comprador ou pelos seus clientes. A isenção é aplicável na condição de que, em relação aos bens e serviços contratuais, tais disposições não incluam restrições da concorrência que tenham o mesmo objecto ou efeito das restrições verticais que não sejam isentas no âmbito do presente regulamento.

4 – A isenção prevista no n.º 1 não é aplicável a acordos verticais concluídos entre empresas concorrentes; é contudo aplicável quando empresas concorrentes concluem um acordo vertical não recíproco e:

a) O comprador tenha um volume de negócios total anual que não ultrapasse os 100 milhões de euros; ou

b) O fornecedor seja fabricante e distribuidor de bens, e o comprador seja um distribuidor que não seja também um fabricante de bens ou serviços que estejam em concorrência com os bens contratuais; ou

c) O fornecedor seja um prestador de serviços em vários níveis do comércio e o comprador não forneça serviços concorrentes no mesmo nível de comércio em que adquire os serviços contratuais.

5 – O presente regulamento não é aplicável a acordos verticais cuja matéria seja abrangida pelo âmbito de aplicação de outros regulamentos de isenção por categoria.

ARTIGO 3.º

1 – Sem prejuízo do disposto no n.º 2 do presente artigo, a isenção prevista no artigo 2.º é aplicável desde que a quota de mercado do fornecedor não exceda 30% do mercado relevante no qual venda os bens ou serviços contratuais.

2 – No caso de acordos verticais contendo obrigações de fornecimento exclusivo, a isenção prevista no artigo 2.º é aplicável na condição de que a quota de mercado do comprador não ultrapasse 30% do mercado relevante em que este adquire os bens ou serviços contratuais.

ARTIGO 4.º

A isenção prevista no artigo 2.º não é aplicável a acordos verticais que, directa ou indirectamente, isoladamente ou em combinação com outros factores que sejam controlados pelas partes, tenham por objecto:

a) A restrição da possibilidade de o comprador estabelecer o seu preço de venda, sem prejuízo da possibilidade do fornecedor de impor um preço de venda máximo ou de recomendar um preço de venda, desde que estes não sejam equivalentes a um preço de venda fixo ou mínimo como resultado de pressões, ou de incentivos oferecidos por qualquer uma das partes;

b) A restrição relativa ao território ou em relação aos clientes aos quais o comprador pode vender os bens ou serviços contratuais, excepto:

– As restrições das vendas activas para um território exclusivo ou a um grupo exclusivo de clientes reservado ao fornecedor ou atribuído pelo fornecedor a outro comprador, desde que tal restrição não limite as vendas dos clientes do comprador,

– As restrições de vendas a utilizadores finais por um comprador que opere ao nível grossista,

– As restrições de venda a distribuidores não autorizados pelos membros de um sistema de distribuição selectiva, e

– A restrição da capacidade do comprador de vender componentes, fornecidos para efeitos de incorporação, a clientes que os possam utilizar para produzir o mesmo tipo de bens que são produzidos pelo fornecedor;

c) A restrição de vendas activas ou passivas a utilizadores finais por membros de um sistema de distribuição selectiva que operam ao nível retalhista, sem prejudicar a possibilidade de proibir um membro do sistema de operar a partir de um local de estabelecimento não autorizado;

d) A restrição de fornecimentos cruzados entre distribuidores no âmbito de um sistema de distribuição selectiva, incluindo os distribuidores que operam em diferentes níveis do comércio;

e) A restrição acordada entre um fornecedor de componentes e um comprador que incorpora estes componentes, que limita a venda pelo fornecedor destes componentes como peças sobresselentes a utilizadores finais ou a estabelecimentos de reparação ou a outros prestadores de serviços não autorizados pelo comprador para a reparação ou assistência dos seus bens.

ARTIGO 5.º

A isenção prevista no artigo 2.º não é aplicável a nenhuma das seguintes obrigações incluídas em acordos verticais:

a) Qualquer obrigação de não concorrência directa ou indirecta, cuja duração seja indefinida ou ultrapasse cinco anos. Uma obrigação de não concorrência que seja tacitamente renovada por mais que um período de cinco anos deve ser considerada como tendo sido concluída por uma duração indefinida. Todavia, o prazo limite de cinco anos não é aplicável quando os bens ou serviços contratuais são vendidos pelo comprador a partir de instalações e terrenos que sejam propriedade do fornecedor ou tomadas de arrendamento pelo fornecedor a terceiros não ligados ao comprador, desde que a duração da obrigação de não concorrência não ultrapasse o período de ocupação das instalações e terrenos pelo comprador;

b) Qualquer obrigação directa ou indirecta que imponha ao comprador, após o termo do acordo, não produzir, adquirir, vender ou revender bens ou serviços, excepto quando uma tal obrigação:

– diga respeito a bens ou serviços que concorram com os bens ou serviços contratuais, e

– seja limitada às instalações e terrenos a partir dos quais o comprador operou durante o período do contrato, e

– seja indispensável para proteger o saber-fazer transferido pelo fornecedor para o comprador, e desde que o período de vigência dessa obrigação de não concorrência seja limitado a um período de um ano após o termo do acordo; esta obrigação não prejudica a possibilidade de impor uma restrição ilimitada no tempo à utilização e divulgação do saber-fazer que não seja ainda do domínio público;

c) Qualquer obrigação directa ou indirecta que faça com que membros de um sistema de distribuição selectiva não vendam determinadas marcas de fornecedores concorrentes.

ARTIGO 6.º

A Comissão pode retirar o benefício do presente regulamento, nos termos do n.º 1 do artigo 7.º do Regulamento n.º 19/65/CEE, tal como alterado, quando considerar num caso específico que os acordos verticais a que o presente regulamento é aplicável têm efeitos incompatíveis com o disposto no n.º 3 do artigo 81.º do Tratado, nomeadamente, sempre que o acesso ao mercado relevante ou a concorrência nesse mercado for significativamente estringida pelo efeito cumulativo de redes paralelas de acordos verticais idênticas concluídas por fornecedores ou compradores concorrentes.

ARTIGO 7.º

Sempre que num caso específico os acordos verticais a que é aplicável a isenção prevista no artigo 2.º tiverem efeitos incompatíveis com o disposto no n.º 3 do artigo 81.º do Tratado no território de um Estado membro ou numa parte deste com todas as características de um mercado geográfico distinto, a autoridade competente desse Estado membro pode retirar o benefício da aplicação do presente regulamento em relação a este território, sob as mesmas condições previstas no artigo 6.º.

ARTIGO 8.º

1 – Nos termos do artigo 1.ºA do Regulamento n.º 19/65/CEE, a Comissão pode declarar, através de regulamento, que quando as redes paralelas de restrições verticais idênticas cubram mais de 50% de um mercado relevante, o presente regulamento não é aplicável a acordos verticais que incluam restrições específicas que digam respeito a esse mercado.

2 – Qualquer regulamento, nos termos do n.º 1, só pode ser aplicado seis meses após a sua adopção.

ARTIGO 9.º

1 – A quota de mercado de 30% prevista no n.º 1 do artigo 3.º é calculada com base no valor das vendas no mercado dos bens ou serviços contratuais bem como outros bens ou serviços vendidos pelo fornecedor que sejam considerados permutáveis ou substituíveis pelo comprador devido às suas características, preço e utili-

zação pretendida; se os dados relativos ao valor das vendas no mercado não se encontrarem disponíveis, podem ser utilizadas estimativas com base noutras informações de mercado fiáveis, incluindo volumes das vendas no mercado, a fim de estabelecer a quota de mercado da empresa em causa. Para efeitos do n.º 2 do artigo 3.º, é, respectivamente, o poder de compra do mercado ou estimativas deste, que serão utilizados para calcular a quota de mercado.

2 – Para efeitos de aplicação do limiar da quota de mercado previsto no artigo 3.º, são aplicáveis as seguintes regras:

a) A quota de mercado é calculada com base nos dados relativos ao ano civil anterior;

b) A quota de mercado inclui também bens e serviços fornecidos a distribuidores integrados com o objectivo de venda;

c) Sempre que a quota de mercado for inicialmente inferior a 30% mas posteriormente ultrapassar este nível sem exceder 35%, a isenção prevista no artigo 2.º continuará a ser aplicável por um período de dois anos civis consecutivos subsequentes ao ano em que o limiar de 30% foi pela primeira vez ultrapassado;

d) Sempre que a quota de mercado for inicialmente inferior a 30% mas posteriormente ultrapassar 35%, a isenção prevista no artigo 2.º continuará a ser aplicável durante um ano civil a seguir ao ano em que o nível de 35% foi pela primeira vez ultrapassado;

e) O benefício concedido pelas alíneas *c)* e *d)* não pode ser combinado de forma a ultrapassar um período de dois anos civis.

ARTIGO 10.º

1 – Para efeitos do cálculo do volume de negócios total anual nos termos dos n.ºs 2 e 4 do artigo 2.º, serão adicionados os volumes de negócios realizados durante o anterior exercício financeiro pela parte relevante no acordo e os volumes de negócios realizados pelas suas empresas ligadas em relação a todos os bens e serviços, excluindo todos os impostos e outros direitos. Para este efeito, não são tomadas em consideração as transacções entre a parte no acordo vertical e as suas empresas ligadas ou entre as suas empresas ligadas.

2 – A isenção prevista no artigo 2.º continuará a ser aplicável quando, por qualquer período de dois anos financeiros consecutivos, o limiar do volume de negócios anual total for ultrapassado, no máximo, em 10%.

ARTIGO 11.º

1 – Para efeitos do presente regulamento, as expressões "empresa", "fornecedor" e "comprador" incluem as empresas ligadas.

2 – Consideram-se empresas ligadas:

a) As empresas em que uma parte no acordo disponha, directa ou indirectamente:

– do poder de exercer mais de metade dos direitos de voto, ou

– do poder de designar mais de metade dos membros do conselho fiscal ou da administração ou dos órgãos que representam legalmente a empresa, ou

– do direito de gerir os negócios da empresa;

b) As empresas que directa ou indirectamente disponham, numa das partes no acordo, dos direitos ou poderes enumerados na alínea a);

c) As empresas nas quais uma empresa referida na alínea b) disponha, directa ou indirectamente, dos direitos ou poderes enumerados na alínea a);

d) As empresas nas quais uma parte no acordo juntamente com uma ou mais das empresas mencionadas nas alíneas a), b) e c) ou nas quais duas ou mais destas últimas empresas disponham conjuntamente dos direitos ou poderes enumerados na alínea a);

e) As empresas em que os direitos ou poderes enumerados na alínea a) pertençam conjuntamente:

– às partes no acordo, ou às respectivas empresas ligadas mencionadas nas alíneas a) a d), ou

– a uma ou mais de uma das partes no acordo, ou a uma ou mais de um das respectivas empresas ligadas mencionadas nas alíneas a) a d) e um ou mais terceiros.

3 – Para efeitos do artigo 3.º, a quota de mercado das empresas a que se refere a alínea e) do n.º 2 do presente artigo será repartida igualmente por cada empresa que disponha dos direitos ou poderes enumerados na alínea a) do n.º 2.

ARTIGO 12.º

1 – A isenção prevista nos Regulamentos (CEE) n.º 1983/83[1], (CEE) n.º 1984/83[2] e (CEE) n.º 4087/88[3] da Comissão continuará a ser aplicável até 31 de Maio de 2000.

2 – A proibição estabelecida no n.º 1 do artigo 81.º do Tratado não é aplicável durante o período compreendido entre 1 de Junho de 2000 e 31 de Dezembro de 2001 relativamente a acordos já em vigor em 31 de Maio de 2000 que não satisfaçam as condições de isenção previstas no presente regulamento mas que que preencham as condições de isenção previstas nos Regulamentos (CEE) n.º 1983/83, (CEE) n.º 1984/83 ou (CEE) n.º 4087/88.

ARTIGO 12.º-A

As proibições referidas no n.º 1 do artigo 81.º do Tratado não serão aplicáveis aos acordos existentes à data da adesão da República Checa, da Estónia, de Chipre, da Letónia, da Lituânia, da Hungria, de Malta, da Polónia, da Eslovénia e da Eslováquia e que, na sequência da adesão, são abrangidos pelo n.º 1 do artigo 81.º

---

[1] JO, L 173, de 30.6.1983, p. 1.
[2] JO, L 173, de 30.6.1983, p. 5.
[3] JO, L 359, de 28.12.1988, p. 46

se, no prazo de seis meses a contar da data da adesão, tiverem sido alterados de modo a preencher os requisitos do presente regulamento.

ARTIGO 13.º

O presente regulamento entrará em vigor em 1 de Janeiro de 2000.

É aplicável a partir de 1 de Junho de 2000, excepto no que diz respeito ao n.º 1 do artigo 12.º, que é aplicável a partir de 1 de Janeiro de 2000.

O presente regulamento caduca em 31 de Maio de 2010.

O presente regulamento é obrigatório em todos os seus elementos e directamente aplicável em todos os Estados membros.

Feito em Bruxelas, em 22 de Dezembro de 1999.

Pela Comissão, *Mario Monti*.

Membro da Comissão.

ACORDOS DE DISTRIBUIÇÃO AUTOMÓVEL

Regulamento (CE) n.º 1400/2002*-**

A COMISSÃO DAS COMUNIDADES EUROPEIAS,
Tendo em conta o Tratado que institui a Comunidade Europeia,
Tendo em conta o Regulamento n.º 19/65/CEE do Conselho, de 2 de Março de 1965, relativo à aplicação do n.º 3 do artigo 85.º do Tratado a certas categorias de acordos e práticas concertadas, com a última redacção que lhe foi dada pelo Regulamento (CE) n.º 1215/1999 e, nomeadamente, o seu artigo 1.º.

Após publicação do projecto do presente regulamento,
Após consulta do Comité Consultivo em matéria de decisões, acordos e práticas concertadas e de posições dominantes,
Considerando o seguinte:

(1) A experiência adquirida no sector automóvel relativamente à distribuição de veículos a motor novos, de peças sobressalentes e serviços pós-venda permite a definição de categorias de acordos verticais que podem ser considerados como satisfazendo normalmente as condições estabelecidas no n.º 3 do artigo 81.º

(2) Essa experiência permite concluir que são necessárias neste sector regras mais rigorosas do que as previstas no Regulamento (CE) n.º 2790/1999 da Comissão, de 22 de Dezembro de 1999, relativo à aplicação do n.º 3 do artigo 81.º do Tratado CE a determinadas categorias de acordos verticais e práticas concertadas.

(3) Essas regras mais rigorosas relativas à isenção por categoria ("a isenção") devem ser aplicáveis aos acordos verticais para a compra ou venda de veículos a motor novos, a acordos verticais para a compra ou venda de peças sobressalentes para veículos a motor e a acordos verticais para a compra ou venda de serviços de reparação e manutenção de tais veículos, sempre que os referidos acordos sejam concluídos entre empresas não concorrentes, entre determinados concorrentes ou por certas associações de retalhistas ou de oficinas de

---

* Regulamento (CE) n.º 1400/2002 da Comissão de 31 de Julho de 2002 relativo à aplicação do n.º 3 do artigo 81.º do Tratado a certas categorias de acordos verticais e práticas concertadas no sector automóvel (JO, L 203, de 1.8.2002, pp. 30-41), com a última redacção resultante do Anexo II do Acto de Adesão de 2003.

** Ver ainda a Decisão do Comité Misto do EEE n.° 136/2002, de 27 de Setembro de 2002, que altera o anexo XIV (concorrência) do Acordo EEE (JO, L 336, de 12.12.2002, pp. 38-39).

reparação. Incluem-se igualmente os acordos verticais concluídos entre um distribuidor que opere a nível retalhista ou uma oficina de reparação autorizada e um (sub)distribuidor ou oficina de reparação. O presente regulamento deve igualmente aplicar-se aos acordos verticais que incluam disposições acessórias relativas à atribuição ou utilização de direitos de propriedade intelectual. A expressão "acordos verticais" deve ser definida consequentemente a fim de incluir esses acordos e as correspondentes práticas concertadas.

(4) O benefício da isenção por categoria deve limitar-se aos acordos verticais em relação aos quais se possa considerar com suficiente segurança que preenchem as condições estabelecidas no n.º 3 do artigo 81.º.

(5) Os acordos verticais abrangidos pelas categorias definidas no presente regulamento podem melhorar a eficiência económica no âmbito de uma cadeia de produção ou de distribuição, melhorando a coordenação entre as empresas participantes. Nomeadamente estes acordos podem conduzir a uma redução dos custos de transacção e distribuição das partes e garantir uma optimização das suas vendas e níveis de investimento.

(6) A possibilidade de tais ganhos de eficiência compensarem eventuais efeitos anticoncorrenciais resultantes de restrições incluídas em acordos verticais depende do grau de poder de mercado das empresas em causa e, por conseguinte, da medida em que essas empresas enfrentem a concorrência de outros fornecedores de bens ou serviços considerados permutáveis ou substituíveis pelo comprador, devido às características, preço e utilização pretendida dos produtos.

(7) Devem ser estabelecidos limiares baseados em quotas de mercado a fim de reflectirem o poder de mercado dos fornecedores. Por outro lado, o presente regulamento, de carácter sectorial, deve incluir regras mais rigorosas do que as previstas no Regulamento (CE) n.º 2790/1999, nomeadamente em relação à distribuição selectiva. O limiar abaixo do qual se pode presumir que as vantagens garantidas pelos acordos verticais compensam os seus efeitos restritivos deve variar com as características dos diferentes tipos de acordos verticais. Pode, por conseguinte, presumir-se que, de modo geral, os acordos verticais apresentam tais vantagens, sempre que o fornecedor em causa disponha de uma quota até 30% nos mercados da distribuição de veículos a motor novos ou de peças sobressalentes ou até 40% quando é utilizada a distribuição selectiva quantitativa para a venda de veículos a motor novos. No que diz respeito ao serviço pós-venda, pode presumir-se que, em geral, os acordos verticais através dos quais o fornecedor estabelece critérios sobre a forma como as suas oficinas de reparação autorizadas devem prestar serviços de reparação ou manutenção aos veículos a motor da marca relevante e lhes fornece equipamento e formação para a prestação de tais serviços apresentam essas vantagens, sempre que a rede de oficinas de reparação autorizadas do fornecedor em causa possua uma quota de mercado até 30%. Contudo, no caso de acordos verticais que contenham obrigações de fornecimento exclusivo, é a quota de mercado do comprador que é relevante para determinar os efeitos globais desses acordos verticais no mercado.

(8) Acima desses limiares de quota de mercado, não pode presumir-se que os acordos verticais abrangidos pelo âmbito de aplicação do n.º 1 do artigo 81.º dêem normalmente origem a benefícios objectivos dessa natureza e dimensão, de forma a compensar as desvantagens causadas à concorrência. Todavia, essas vantagens podem ser antecipadas no caso da distribuição selectiva qualitativa independentemente da quota de mercado do fornecedor.

(9) A fim de evitar que um fornecedor rescinda um acordo devido ao facto de um distribuidor ou uma oficina de reparação adoptar um comportamento pró-concorrencial, tais

como vendas passivas ou activas a consumidores estrangeiros, práticas multimarca ou subcontratação de serviços de reparação ou manutenção, a comunicação da rescisão deve indicar por escrito claramente as razões subjacentes à rescisão do acordo, que devem ser objectivas e transparentes. Por outro lado, para reforçar a independência dos distribuidores e oficinas de reparação face aos seus fornecedores, devem ser previstos períodos mínimos para a comunicação da não renovação de acordos concluídos por um período limitado e para a rescisão de acordos concluídos por um período ilimitado.

(10) A fim de promover a integração do mercado e permitir que os distribuidores ou as oficinas de reparação autorizadas aproveitem oportunidades comerciais adicionais, deve ser permitido aos distribuidores ou oficinas de reparação autorizadas adquirirem outras empresas do mesmo tipo, que vendam ou reparem a mesma marca de veículos a motor, no âmbito do sistema de distribuição. Para este efeito, qualquer acordo vertical entre um fornecedor e um distribuidor ou oficina de reparação autorizada deve prever o direito de este último transferir todos os seus direitos e obrigações para qualquer outra empresa à sua escolha do mesmo tipo, que venda ou repare a mesma marca de veículos a motor, no âmbito do sistema de distribuição.

(11) A fim de favorecer a rápida resolução de quaisquer litígios que surjam entre as partes num acordo de distribuição e que possam impedir uma concorrência efectiva, os acordos só devem beneficiar de isenção se previrem que cada uma das partes tem o direito de recorrer a um perito independente ou a um árbitro, nomeadamente em caso de rescisão de um acordo.

(12) Independentemente da quota de mercado das empresas em causa, o presente regulamento não abrange acordos verticais que incluam certos tipos de restrições significativamente anticoncorrenciais (restrições graves), que limitem em geral de forma apreciável a concorrência, mesmo a nível de quotas de mercado reduzidas, e que não sejam indispensáveis para atingir os referidos efeitos positivos. É o caso, nomeadamente, dos acordos verticais que incluam restrições como preços de revenda mínimos ou fixos e, com certas excepções, restrições do território em que o distribuidor ou oficina de reparação pode vender os bens ou os serviços contratuais ou do território em que se situem os respectivos clientes. Tais acordos não devem beneficiar da isenção.

(13) É necessário garantir que não é restringida a concorrência efectiva no mercado comum nem entre distribuidores localizados em diferentes Estados membros, se um fornecedor utilizar distribuição selectiva nalguns mercados e outras formas de distribuição noutros. Nomeadamente, os acordos de distribuição selectiva que restrinjam as vendas passivas a qualquer utilizador final ou distribuidor não autorizado situado em mercados em que tiverem sido atribuídos territórios exclusivos devem ser excluídos do benefício da isenção, tal como devem sê-lo os acordos de distribuição selectiva que restrinjam as vendas passivas a grupos de clientes atribuídos numa base de exclusividade a outros distribuidores. Também deve ser retirado o benefício da isenção aos acordos de distribuição exclusiva sempre que forem restringidas as vendas activas ou passivas a qualquer utilizador final ou distribuidor não autorizado localizado em mercados em que é utilizada a distribuição selectiva.

(14) O direito de qualquer distribuidor proceder a vendas de veículos a motor novos, de forma passiva ou, quando relevante, de forma activa, a utilizadores finais deve incluir o direito de vender tais veículos a utilizadores finais que tiverem dado poderes a um intermediário ou agente de compras para adquirir, ir buscar, transportar ou armazenar um veículo a motor novo em seu nome.

(15) O direito de qualquer distribuidor vender veículos a motor novos ou peças sobressalentes ou de qualquer oficina de reparação autorizada vender serviços de reparação e manutenção de forma passiva ou, quando relevante, de forma activa a qualquer utilizador final deve incluir o direito de usar a internet ou sítios de reenvio na internet.

(16) Os limites impostos por fornecedores às vendas dos seus distribuidores a qualquer utilizador final noutros Estados membros, por exemplo, quando a remuneração do distribuidor ou o preço de compra dependa do destino dos veículos ou do local de residência dos utilizadores finais, equivalem a uma restrição indirecta das vendas. Como outros exemplos de restrições indirectas das vendas pode referir-se as quotas de fornecimento baseadas num território de vendas que não o mercado comum, independentemente de serem ou não combinadas com objectivos de vendas. Os sistemas de bónus baseados no destino dos veículos ou qualquer forma de fornecimento discriminatório do produto aos distribuidores, quer em caso de escassez do produto quer noutros casos, também equivalem a uma restrição indirecta das vendas.

(17) Os acordos verticais que não obriguem as oficinas de reparação autorizadas no âmbito de um sistema de distribuição de um fornecedor a respeitar a garantia, a prestar assistência gratuita e a proceder à convocação de veículos para trabalhos específicos no que se refere a quaisquer veículos a motor da marca relevante vendidos no mercado comum equivalem a uma restrição indirecta das vendas e não devem beneficiar da isenção. Essa obrigação não prejudica o direito de o fornecedor de veículos a motor obrigar o distribuidor a assegurar, no que diz respeito aos veículos a motor novos que tiver vendido, que as garantias são cumpridas e que são asseguradas a assistência gratuita e a convocação de veículos para trabalhos específicos, quer pelo próprio distribuidor quer, em caso de subcontratação, pelas oficinas de reparação autorizadas a que os serviços tiverem sido subcontratados. Por conseguinte, os consumidores devem nestes casos poder recorrer ao distribuidor se as referidas obrigações não tiverem sido devidamente cumpridas pela oficina de reparação autorizada a que o distribuidor tiver subcontratado esses serviços. Por outro lado, a fim de permitir aos distribuidores de veículos a motor vender a utilizadores finais em todo o mercado comum, a isenção só deve ser aplicável aos acordos de distribuição que exijam que as oficinas de reparação membros da rede do fornecedor prestem serviços de reparação e manutenção relativamente aos bens contratuais e bens correspondentes, independentemente do local do mercado comum onde estes bens são vendidos.

(18) Em mercados em que é utilizada a distribuição selectiva, a isenção deve ser aplicável à proibição imposta a um distribuidor de operar a partir de um local de estabelecimento adicional, em que seja um distribuidor de veículos que não veículos de passageiros ou veículos comerciais ligeiros. Mas tal proibição não deve ficar isenta se limitar a expansão do negócio do distribuidor ao local de estabelecimento permitido, por exemplo restringindo o desenvolvimento ou aquisição da infra-estrutura necessária ao aumento do volume de vendas incluindo aumentos resultantes de vendas na internet.

(19) Não seria apropriado isentar os acordos verticais que restrinjam a venda de peças sobressalentes originais ou peças sobressalentes de qualidade equivalente por parte de membros do sistema de distribuição a oficinas de reparação independentes que as utilizem para a prestação de serviços de reparação ou manutenção. Sem o acesso a tais peças sobressalentes, essas oficinas de reparação independentes não poderão concorrer eficazmente com as oficinas de reparação autorizadas, uma vez que não poderão oferecer aos consumidores serviços de boa qualidade que permitam o funcionamento seguro e fiável dos veículos a motor.

(20) A fim de dar aos utilizadores finais o direito de adquirirem veículos a motor novos com especificações idênticas aos vendidos em qualquer outro Estado membro por distribuidores que vendam modelos correspondentes e se encontrem estabelecidos no mercado comum, a isenção só deve ser aplicável a acordos verticais que permitam aos distribuidores encomendarem, armazenarem e venderem veículos desse tipo, que correspondam a um modelo da sua gama contratual. Condições de fornecimento discriminatórias ou objectivamente injustificadas, nomeadamente quanto a prazos de entrega ou a preços, aplicadas pelo fornecedor a veículos correspondentes, devem ser consideradas uma restrição à possibilidade de o distribuidor vender tais veículos.

(21) Os veículos a motor são bens móveis dispendiosos e tecnicamente complexos, que exigem operações de reparação e manutenção não só periódicas como pontuais. Contudo, não é indispensável que os distribuidores de veículos a motor novos realizem igualmente operações de reparação e manutenção. Os interesses legítimos dos fornecedores e dos utilizadores finais podem ser plenamente acautelados se o distribuidor subcontratar esses serviços, incluindo o respeito da garantia, a assistência gratuita e a convocação de veículos para trabalhos específicos, a uma ou mais oficinas de reparação no âmbito do sistema de distribuição do fornecedor. Afigura-se, no entanto, apropriado facilitar o acesso a serviços de reparação e manutenção. Por conseguinte, o fornecedor pode exigir que os distribuidores que tiverem subcontratado serviços de reparação ou manutenção a uma ou mais oficinas de reparação autorizadas facultem aos utilizadores finais o nome e o endereço dos estabelecimentos de reparação em causa. Se alguma das oficinas de reparação autorizadas não se situar nas proximidades do estabelecimento de vendas, o fornecedor pode igualmente exigir que o distribuidor informe os utilizadores finais da distância a que os estabelecimentos de reparação em causa se encontram em relação ao estabelecimento de vendas. Todavia, o fornecedor só pode impor tais obrigações se impuser obrigações semelhantes aos distribuidores cujo estabelecimento de reparação não se encontre situado nas mesmas instalações que o seu estabelecimento de vendas.

(22) Por outro lado, não é necessário que as oficinas de reparação autorizadas, para prestarem adequadamente serviços de reparação e manutenção, vendam igualmente veículos a motor novos. Por conseguinte, a isenção não deve abranger os acordos verticais que contenham qualquer obrigação ou incentivo directo ou indirecto que implique uma ligação entre as actividades de venda e as actividades de assistência ou que faça depender a realização de uma dessas actividades da realização da outra. É o que acontece nomeadamente quando a remuneração dos distribuidores ou das oficinas de reparação autorizadas relativa à compra ou venda de bens ou serviços necessários a uma actividade é subordinada à compra ou venda de bens ou serviços relativos à outra actividade, ou quando todos esses bens ou serviços são indistintamente agregados num sistema único de remuneração ou de desconto.

(23) A fim de garantir a concorrência efectiva nos mercados da reparação e da manutenção e permitir que as oficinas de reparação ofereçam aos utilizadores finais peças sobressalentes concorrentes, tais como peças sobressalentes originais e peças sobressalentes de qualidade equivalente, a isenção não deve abranger os acordos verticais que restrinjam a possibilidade de as oficinas de reparação autorizadas no âmbito do sistema de distribuição de um construtor de veículos, os distribuidores independentes de peças sobressalentes, as oficinas de reparação independentes ou os utilizadores finais adquirirem as peças sobressalentes ao fabricante dessas peças ou a um terceiro à sua escolha. Tal não afecta a responsabilidade civil dos fabricantes de peças sobressalentes.

(24) Além disso, a fim de permitir às oficinas de reparação autorizadas e às oficinas de reparação independentes, bem como aos utilizadores finais identificarem o fabricante dos componentes do veículo automóvel ou das peças sobressalentes e escolherem entre peças sobressalentes concorrentes, a isenção não deve abranger os acordos através dos quais os construtores de veículos a motor limitam a possibilidade do fabricante de componentes ou de peças sobressalentes originais colocar a sua marca ou logotipo nestas peças de forma efectiva e visível. Para facilitar a escolha bem como a venda de peças sobressalentes, fabricadas de acordo com as indicações, padrões de produção e qualidade fornecidos pelo construtor de veículos para a produção de componentes ou peças sobressalentes, presume-se que as peças sobressalentes são peças sobressalentes originais sempre que o seu produtor faça a declaração de que as peças sobressalentes em causa têm a mesma qualidade dos componentes utilizados na construção do veículo a motor e foram produzidas de acordo com tais indicações e padrões de qualidade. Poderão ser vendidas como peças sobresselentes de qualidade correspondente outras peças sobressalentes relativamente às quais o seu produtor possa declarar, a qualquer momento, que possuem a mesma qualidade que os componentes utilizados na construção de determinados veículos a motor.

(25) A isenção não deve abranger os acordos verticais que restrinjam as oficinas de reparação autorizadas no que respeita à utilização de peças sobressalentes de qualidade equivalente para a reparação ou manutenção de um veículo a motor. Todavia, tendo em conta o envolvimento contratual directo dos construtores de veículos nas reparações sob garantia, na assistência gratuita e nas operações de convocação de veículos para trabalhos específicos, os acordos que incluam a obrigação de as oficinas de reparação autorizadas utilizarem nessas reparações peças sobressalentes originais fornecidas pelo construtor do veículo devem ser abrangidos pela isenção.

(26) A fim de proteger a concorrência efectiva no mercado dos serviços de reparação e manutenção e de impedir o afastamento de oficinas de reparação independentes, os construtores de veículos a motor devem permitir que todos os operadores independentes interessados tenham pleno acesso a todas as informações técnicas, ao equipamento de diagnóstico e outros, ferramentas, incluindo todos os programas informáticos relevantes, e formação necessários para a reparação e manutenção de veículos a motor. Os operadores independentes a quem deve ser permitido tal acesso incluem, nomeadamente, as oficinas de reparação independentes, os fabricantes de equipamento ou de ferramentas de reparação, os editores de informações técnicas, os clubes automobilísticos, as empresas de assistência rodoviária, os operadores de inspecções técnicas e serviços de ensaio e os operadores que ofereçam formação a oficinas de reparação. Nomeadamente, as condições de acesso não devem estabelecer qualquer discriminação entre operadores autorizados e operadores independentes, o acesso deve ser concedido mediante pedido e num prazo razoável e o preço cobrado pelas informações não deve desincentivar esse acesso por não tomar em consideração o grau de utilização do operador independente. Deve exigir-se ao fornecedor de veículos a motor novos que dê aos operadores independentes acesso à informação técnica sobre os veículos a motor novos na mesma altura em que dá acesso às suas oficinas de reparação autorizadas e não deverá obrigar os operadores independentes a adquirirem mais do que a informação necessária para realizar o trabalho em causa. Os fornecedores devem ser obrigados a dar acesso às informações técnicas necessárias para a reprogramação de dispositivos electrónicos num veículo a motor. Afigura-se, contudo, legítimo e adequado que os fornecedores recusem o acesso a informações técnicas que possam permitir a terceiros contornar ou desactivar sistemas anti--roubo instalados a bordo, recalibrar dispositivos electrónicos ou manipular dispositivos que,

por exemplo, limitem a velocidade de um veículo a motor, a não ser que essas acções de protecção anti-roubo, recalibragem ou manipulação possam ser realizadas por outros meios menos restritivos. Os direitos de propriedade intelectual e os direitos relativos ao saber-fazer, incluindo os que se referem aos referidos dispositivos, devem ser exercidos de forma a evitar qualquer tipo de abuso.

(27) A fim de garantir o acesso e impedir colusões nos mercados relevantes e dar aos distribuidores a oportunidade de venderem veículos das marcas de dois ou mais construtores que não sejam empresas ligadas, a isenção é acompanhada por determinadas condições específicas. Para este efeito, a isenção não deve ser concedida a obrigações de não concorrência. Nomeadamente, sem prejuízo da possibilidade de o fornecedor exigir ao distribuidor que exponha os veículos em áreas do salão de exposição específicas da marca a fim de evitar qualquer confusão a nível das marcas, qualquer proibição de venda de marcas concorrentes não deve ser abrangida pela isenção. O mesmo é aplicável à obrigação de expor a gama completa de veículos a motor se tal impossibilitar ou tornar muito difícil a venda ou a exposição de veículos fabricados por empresas não ligadas. Por outro lado, a obrigação de dispor de pessoal de venda específico da marca é considerada uma obrigação indirecta de não concorrência, não devendo por conseguinte ser abrangida pela isenção, exceptuando os casos em que o distribuidor opte por ter pessoal de venda específico e o fornecedor pague os custos adicionais.

(28) A fim de garantir que as oficinas de reparação podem efectuar trabalhos de reparação ou de manutenção em todos os veículos a motor, a isenção não deve ser aplicável a qualquer obrigação que limite a possibilidade de as oficinas de reparação de veículos a motor prestarem serviços de reparação e manutenção a marcas de fornecedores concorrentes.

(29) Para além disso, são necessárias regras específicas a fim de excluir do âmbito da isenção certas restrições impostas por vezes no contexto de um sistema de distribuição selectiva. É o que acontece, nomeadamente, com as obrigações que tenham por efeito impedir os membros de um sistema de distribuição selectiva de venderem as marcas de certos fornecedores concorrentes, o que poderia facilmente conduzir ao afastamento de determinadas marcas. São necessárias outras regras para promover a concorrência intramarca e a integração dos mercados no âmbito do mercado comum, criar oportunidades para os distribuidores e para as oficinas de reparação autorizadas que pretendam aproveitar oportunidades comerciais fora do seu local de estabelecimento e criar condições que permitam o desenvolvimento de distribuidores multimarcas. Nomeadamente não deve ser isenta a restrição de operar a partir de locais de estabelecimento não autorizados para a distribuição de veículos de passageiros e de veículos comerciais ligeiros, ou para a oferta de serviços de reparação e manutenção. Os fornecedores podem exigir estabelecimentos adicionais de venda ou de entrega, no que respeita a veículos de passageiros e veículos comerciais ligeiros, ou estabelecimentos de reparação, a fim de cumprir os critérios qualitativos relevantes aplicáveis a estabelecimentos semelhantes localizados na mesma área geográfica.

(30) A isenção não deve ser aplicável a restrições que limitem a possibilidade de um distribuidor vender serviços de locação de veículos a motor.

(31) As limitações da quota de mercado, o facto de certos acordos verticais não serem abrangidos e as condições previstas no presente regulamento devem assegurar, em geral, que os acordos a que se aplique a isenção por categoria não permitam às empresas participantes eliminarem a concorrência relativamente a uma parte substancial dos bens ou serviços em questão.

(32) Em casos especiais, em que os acordos que de outro modo beneficiariam da isenção tenham, não obstante, efeitos incompatíveis com o n.º 3 do artigo 81.º, a Comissão tem poderes para retirar o benefício da isenção. Esta situação pode verificar-se, nomeadamente, quando o comprador tiver um poder significativo no mercado relevante em que revende os bens ou presta os serviços ou quando redes paralelas de acordos verticais tenham efeitos idênticos que restrinjam significativamente o acesso a um mercado relevante ou a concorrência nesse mercado. Tais efeitos cumulativos podem, por exemplo, ocorrer no caso da distribuição selectiva. A Comissão pode igualmente retirar o benefício da isenção se a concorrência for significativamente restringida num mercado devido à presença de um fornecedor com poder de mercado ou se os preços e as condições de fornecimento aos distribuidores de veículos a motor forem substancialmente diferentes entre mercados geográficos. Pode também retirar o benefício da isenção se forem aplicados preços ou condições de venda discriminatórios ou elevados suplementos, cujo nível for objectivamente injustificável, tais como os cobrados em relação a veículos com condução à direita, para o fornecimento de bens correspondentes à gama contratual.

(33) O Regulamento n.º 19/65/CEE confere poderes às autoridades nacionais dos Estados membros para retirarem o benefício da isenção relativamente a acordos verticais com efeitos incompatíveis com as condições estabelecidas no n.º 3 do artigo 81.º, quando esses efeitos afectem o seu território ou parte dele e quando esse território apresentar as características de um mercado geográfico distinto. O exercício deste poder nacional de retirada do benefício da isenção não prejudica a aplicação uniforme em todo o mercado comum das regras comunitárias em matéria de concorrência ou o pleno efeito das medidas adoptadas para a sua execução.

(34) A fim de permitir a melhor supervisão de redes paralelas de acordos verticais que tenham efeitos restritivos idênticos e que abranjam mais de 50% de um determinado mercado, a Comissão deve poder declarar a isenção inaplicável aos acordos verticais que contenham restrições específicas relativas ao mercado em causa, restabelecendo desta forma a plena aplicação do n.º 1 do artigo 81.º em relação a tais acordos.

(35) A isenção deve ser concedida sem prejuízo da aplicação do disposto no artigo 82.º do Tratado relativamente ao abuso de uma posição dominante por parte de uma empresa.

(36) O Regulamento (CE) n.º 1475/95 da Comissão, de 28 de Junho de 1995, relativo à aplicação do n.º 3 do artigo 85.º do Tratado CE a certas categorias de acordos de distribuição e de serviço de venda e pós-venda de veículos automóveis é aplicável até 30 de Setembro de 2002. A fim de permitir que todos os operadores tenham tempo para adaptar os acordos verticais, que sejam compatíveis com essa regulamentação e que estejam ainda em vigor quando a isenção terminar, afigura-se apropriado que tais acordos beneficiem de um período transitório até 1 de Outubro de 2003, período durante o qual devem ser isentos da proibição estabelecida no n.º 1 do artigo 81.º ao abrigo do presente regulamento.

(37) A fim de permitir que todos os operadores que disponham de um sistema de distribuição selectiva quantitativa para veículos de passageiros e veículos comerciais ligeiros novos adaptem as suas estratégias comerciais à não aplicação da isenção às cláusulas de localização, convém determinar que a condição estabelecida no n.º 2, alínea b), do artigo 5.º se aplica a partir de 1 de Outubro de 2005.

(38) A Comissão deve vigiar a aplicação do presente regulamento, de forma regular, principalmente no que diz respeito aos seus efeitos sobre a concorrência no domínio da venda a retalho de veículos automóveis e no sector da pós-venda, no mercado comum ou em partes relevantes do mercado comum. Tal inclui a vigilância dos efeitos do presente regulamento na

estrutura e no nível da concentração no domínio da distribuição automóvel, bem como dos possíveis efeitos anticoncorrenciais daí resultantes. A Comissão deverá também levar a cabo uma apreciação da aplicação do presente regulamento e publicar um relatório de apreciação até 31 de Maio de 2008,

ADOPTOU O PRESENTE REGULAMENTO:

ARTIGO 1.º **(Definições)**

1 – Para efeitos do presente regulamento, entende-se por:

a) "Empresas concorrentes", os fornecedores reais ou potenciais no mesmo mercado do produto. O mercado do produto inclui os bens ou os serviços considerados pelo comprador como permutáveis ou substituíveis pelos bens ou serviços contratuais, devido às suas características, preço e utilização pretendida;

b) "Obrigação de não concorrência", qualquer obrigação directa ou indirecta que obrigue o comprador a não fabricar, adquirir, vender ou revender bens ou serviços que entrem em concorrência com os bens ou serviços contratuais, bem como qualquer obrigação directa ou indirecta imposta ao comprador de adquirir ao fornecedor ou a outra empresa por este designada mais de 30% das compras totais do comprador em termos de bens contratuais, bens ou serviços correspondentes e respectivos substitutos no mercado relevante, calculadas com base no valor das suas compras do ano civil anterior. A obrigação de o distribuidor vender veículos a motor de outros fornecedores em áreas do salão de exposição separadas a fim de evitar qualquer confusão entre marcas não constitui uma obrigação de não concorrência para efeitos do presente regulamento. A obrigação de o distribuidor dispor de pessoal de vendas específico da marca em relação a marcas diferentes de veículos a motor constitui uma obrigação de não concorrência para efeitos do presente regulamento, a menos que o distribuidor decida ter pessoal de venda específico e o fornecedor suporte os respectivos custos adicionais;

c) "Acordos verticais", os acordos ou práticas concertadas em que participem duas ou mais empresas, cada uma delas operando, para efeitos do acordo, a um nível diferente da produção ou da cadeia de distribuição;

d) "Restrições verticais", restrições da concorrência abrangidas pelo n.º 1 do artigo 81.º, sempre que tais restrições estejam incluídas num acordo vertical;

e) "Obrigação de fornecimento exclusivo", qualquer obrigação directa ou indirecta que obrigue o fornecedor a vender bens ou serviços contratuais apenas a um comprador no mercado comum para efeitos de utilização específica ou de revenda;

f) "Sistema de distribuição selectiva", o sistema de distribuição em que o fornecedor se compromete a vender os bens ou serviços contratuais, quer directa quer indirectamente, apenas a distribuidores ou oficinas de reparação seleccionadas com base em critérios específicos e em que estes distribuidores ou oficinas de reparação se comprometem a não vender esses bens ou serviços a distribuidores ou a oficinas de reparação independentes não autorizadas, sem prejuízo da possibilidade de vender peças sobressalentes a oficinas de reparação independentes ou da obrigação de fornecer a operadores independentes todas as informações técnicas, equipamento de diagnóstico, ferramentas e formação necessários para a reparação e manutenção de veículos a motor ou para a aplicação de medidas de protecção ambiental;

g) "Sistema de distribuição selectiva quantitativa", o sistema de distribuição selectiva em que o fornecedor utiliza critérios para a selecção de distribuidores ou oficinas de reparação que limitam directamente o seu número;

h) "Sistema de distribuição selectiva qualitativa", o sistema de distribuição selectiva em que o fornecedor utiliza critérios para a selecção de distribuidores ou oficinas de reparação, que têm apenas carácter qualitativo, são exigidos pela natureza dos bens ou serviços contratuais, são estabelecidos uniformemente para todos os distribuidores ou oficinas de reparação que se candidatem ao sistema de distribuição, não são aplicados de forma discriminatória e não limitam directamente o número de distribuidores ou de oficinas de reparação;

i) "Direitos de propriedade intelectual", os direitos de propriedade industrial, os direitos de autor e os direitos conexos;

j) "Saber-fazer", um pacote de informações práticas não patenteadas, resultantes de experiências e ensaios efectuados pelo fornecedor, que são secretas, substanciais e identificadas. Neste contexto, por "secretas", entende-se que o saber--fazer, no seu conjunto, ou na sua configuração específica e montagem dos seus componentes, não é normalmente conhecido ou de fácil obtenção. Por "substanciais", entende-se que o saber-fazer inclui informações indispensáveis ao comprador para a utilização, venda ou revenda dos bens ou serviços contratuais. Por "identificadas", entende-se que o saber-fazer deve ser descrito de uma forma suficientemente abrangente, de maneira a permitir concluir que preenche os critérios de sigilo e substancialidade;

k) "Comprador", independentemente de se tratar de distribuidores ou de oficinas de reparação, também as empresas que vendam bens ou serviços em nome de outras empresas;

l) "Oficina de reparação autorizada", o prestador de serviços de reparação e manutenção de veículos a motor que exerça as suas actividades no âmbito de um sistema de distribuição criado por um fornecedor de veículos a motor;

m) "Oficina de reparação independente", o prestador de serviços de reparação e manutenção de veículos a motor que não exerce as suas actividades no âmbito de um sistema de distribuição criado pelo fornecedor dos veículos a motor aos quais presta serviços de reparação e manutenção. Considera-se que uma oficina de reparação autorizada no âmbito do sistema de distribuição de um determinado fornecedor é uma oficina de reparação independente para efeitos do presente regulamento, desde que preste serviços de reparação e manutenção a veículos a motor relativamente aos quais não é membro do sistema de distribuição do respectivo fornecedor;

n) "Veículo a motor", o veículo provido de um dispositivo de propulsão destinado a ser utilizado na via pública e que disponha de três ou mais rodas;

o) "Veículo de passageiros", o veículo a motor destinado ao transporte de passageiros e que inclua, no máximo, oito lugares para além do lugar do condutor;

p) "Veículo comercial ligeiro", o veículo a motor destinado ao transporte de bens ou passageiros com uma massa máxima que não exceda 3,5 toneladas. Se um determinado veículo comercial ligeiro for igualmente vendido numa versão com uma massa máxima superior a 3,5 toneladas, todas as versões desse veículo são consideradas veículos comerciais ligeiros;

q) "Gama contratual", todos os modelos de veículos a motor diferentes disponíveis para compra pelo distribuidor ao fornecedor;

r) "Veículo a motor que corresponde a um modelo da gama contratual", o veículo que é objecto de um acordo de distribuição com outra empresa no âmbito do sistema de distribuição criado pelo construtor ou com a sua autorização e que seja:

– construído ou montado em massa pelo fabricante,

– idêntico no que diz respeito ao estilo da carroçaria, transmissão, quadro e tipo de motor a um veículo da gama contratual;

s) "Peças sobressalentes", os bens destinados a serem instalados num veículo a motor de forma a substituir componentes desse veículo, incluindo bens tais como os lubrificantes, necessários para a utilização de um veículo a motor, à excepção do combustível;

t) "Peças sobressalentes originais", as peças sobressalentes fabricadas segundo as especificações e normas de fabrico utilizadas com a autorização do construtor do veículo para a produção dos componentes ou das peças sobressalentes para o veículo a motor em questão e que são da mesma qualidade dos componentes utilizados para a montagem de um veículo a motor. Tal inclui peças sobressalentes fabricadas na mesma linha de produção destes componentes. Presume-se, até prova em contrário, que as peças são peças originais se o fabricante de peças declarar que as peças têm uma qualidade correspondente aos componentes utilizados para a construção do veículo em causa e foram fabricadas segundo as especificações e normas de produção do construtor de veículos automóveis;

u) "Peças sobressalentes de qualidade equivalente", as peças sobressalentes exclusivamente fabricadas por qualquer empresa que possa comprovar a qualquer momento que as peças em questão correspondem à qualidade dos componentes que são ou foram utilizados para a montagem dos veículos a motor em causa;

v) "Empresas do sistema de distribuição", o construtor e as empresas a quem o construtor confiar ou autorizar a distribuição ou a reparação ou manutenção de bens contratuais ou bens correspondentes;

w) "Utilizador final", também as empresas de locação financeira, a menos que os contratos de locação utilizados prevejam uma transferência de propriedade ou uma opção de compra do veículo antes do termo de vigência do contrato.

2 – Os termos "empresa", "fornecedor", "comprador", "distribuidor" e "oficina de reparação" incluem as suas respectivas empresas ligadas.

Consideram-se "empresas ligadas":
a) As empresas em que uma parte no acordo disponha, directa ou indirectamente:
   i) do poder de exercer mais de metade dos direitos de voto,
   ii) do poder de designar mais de metade dos membros do Conselho Fiscal ou de Administração ou dos órgãos que representam legalmente a empresa, ou
   iii) do direito de conduzir os negócios da empresa;
b) As empresas que directa ou indirectamente disponham, sobre uma das partes no acordo, dos direitos ou poderes enumerados na alínea a);
c) As empresas nas quais as empresas referidas na alínea b) disponham, directa ou indirectamente, dos direitos ou poderes enumerados na alínea a);
d) As empresas nas quais uma parte no acordo juntamente com uma ou mais das empresas mencionadas nas alíneas a), b) ou c) ou nas quais duas ou mais destas últimas empresas disponham conjuntamente dos direitos ou poderes enumerados na alínea a);
e) As empresas em que os direitos ou poderes enumerados na alínea a) pertençam conjuntamente:
   i) Às partes no acordo ou às suas respectivas empresas ligadas mencionadas nas alíneas a) a d), ou
   ii) A uma ou mais das partes no acordo ou a uma ou mais das suas empresas ligadas mencionadas nas alíneas a) a d) e a um ou mais terceiros.

ARTIGO 2.º (Âmbito de aplicação)

1 – Nos termos do n.º 3 do artigo 81.º do Tratado e de acordo com o estatuído no presente regulamento, o n.º 1 do artigo 81.º não é aplicável a acordos verticais relativos às condições em que as partes possam comprar, vender ou revender veículos a motor novos, peças sobressalentes para veículos a motor ou serviços de reparação e manutenção para veículos a motor.

O primeiro parágrafo é aplicável na medida em que tais acordos verticais incluam restrições verticais.

A isenção declarada no presente número é denominada, para efeitos do presente regulamento, "a isenção".

2 – A isenção também se aplica às seguintes categorias de acordos verticais:
a) Acordos verticais concluídos entre uma associação de empresas e os seus membros, ou entre essa associação e os seus fornecedores, se, e só se todos os seus membros forem distribuidores de veículos a motor ou de peças sobressalentes para veículos a motor ou oficinas de reparação e nenhum membro individual da associação, em conjunto com as respectivas empresas ligadas, tiver um volume de negócios total anual superior a 50 milhões de euros. Os acordos verticais concluídos por essas associações são abrangidos pelo presente regulamento sem prejuízo da aplicação do artigo 81.º a acordos horizontais concluídos entre membros da associação ou a decisões tomadas pela associação;

b) Acordos verticais que contenham disposições relativas à atribuição ao comprador ou à utilização pelo comprador de direitos de propriedade intelectual, desde que tais disposições não constituam o principal objecto de tais acordos e estejam directamente relacionadas com a utilização, venda ou revenda dos bens ou serviços pelo comprador ou pelos seus clientes. A isenção é aplicável desde que tais disposições não incluam restrições de concorrência em relação aos bens ou serviços contratuais com o mesmo objecto ou efeito de restrições verticais não isentas pelo presente regulamento.

3 – A isenção não é aplicável a acordos verticais concluídos entre empresas concorrentes.

É todavia aplicável sempre que empresas concorrentes concluam um acordo vertical não recíproco e:

a) O comprador tenha um volume de negócios total anual não superior a 100 milhões de euros;

b) O fornecedor seja fabricante e distribuidor de bens, enquanto o comprador é um distribuidor que não fabrica bens em concorrência com os bens contratuais; ou

c) O fornecedor seja um prestador de serviços em vários estádios comerciais, enquanto o comprador não fornece serviços concorrentes no mesmo estádio comercial em que adquire os serviços contratuais.

ARTIGO 3.º **(Condições gerais)**

1 – Sem prejuízo dos n.ºs 2, 3, 4, 5, 6 e 7, a isenção prevista no artigo 2.º é aplicável, desde que a quota do fornecedor no mercado relevante em que vende os veículos a motor novos, as peças sobressalentes para veículos a motor ou os serviços de reparação e manutenção para veículos a motor não seja superior a 30%.

Contudo, o limiar da quota de mercado para aplicação da isenção é de 40% relativamente aos acordos que estabeleçam sistemas de distribuição selectiva quantitativa para a venda de veículos a motor novos.

Os limiares não são aplicáveis a acordos que estabeleçam sistemas de distribuição selectiva qualitativa.

2 – No caso de acordos verticais que contenham obrigações de fornecimento exclusivo, a isenção é aplicável, desde que a quota de mercado do comprador não seja superior a 30% do mercado relevante em que este adquire os bens ou serviços contratuais.

3 – A isenção é aplicável, na condição de o acordo vertical concluído com um distribuidor ou uma oficina de reparação prever a transmissibilidade dos direitos e obrigações resultantes do acordo vertical para outro distribuidor ou empresa de reparação escolhidos pelo anterior distribuidor ou oficina de reparação, no âmbito do sistema de distribuição.

4 – A isenção é aplicável, na condição de o acordo vertical concluído com um distribuidor ou uma oficina de reparação prever que o fornecedor que pretenda rescindir o acordo deve fazê-lo por escrito e incluir as razões pormenorizadas, objectivas e transparentes da rescisão, a fim de impedir que o fornecedor rescinda

um acordo vertical com um distribuidor ou oficina de reparação, devido a práticas que não podem ser restringidas no âmbito do presente regulamento.

5 – A isenção é aplicável, na condição de o acordo vertical concluído pelo fornecedor de veículos a motor novos com um distribuidor ou uma oficina de reparação autorizada prever:

a) Que o acordo é concluído por um período de pelo menos cinco anos. Neste caso, cada parte deve comprometer-se a comunicar à outra parte com uma antecedência mínima de seis meses a sua intenção de não renovar o acordo; ou

b) Que o acordo é concluído por período indeterminado Neste caso, a denúncia tem de ser comunicada à outra parte com a antecedência mínima de dois anos, ou de um ano se:

  i) o fornecedor for obrigado por lei ou por acordo especial a pagar uma compensação apropriada pela rescisão do acordo, ou

  ii) o fornecedor rescindir o acordo pela necessidade de reorganizar a totalidade ou uma parte substancial da rede.

6 – A isenção é aplicável, na condição de o acordo vertical prever para cada uma das partes o direito de submeter quaisquer litígios relativos ao cumprimento das suas obrigações contratuais a um perito independente ou a um árbitro. Tais litígios podem, por exemplo, dizer respeito:

a) A obrigações de fornecimento;

b) À fixação ou realização de objectivos de vendas;

c) À aplicação de regras de armazenagem;

d) À obrigação de fornecer ou utilizar veículos de demonstração;

e) Às condições de venda de marcas diferentes;

f) À questão de saber se a proibição de desenvolver actividades a partir de um local de estabelecimento não autorizado limita a possibilidade de o distribuidor de veículos a motor, que não sejam veículos de passageiros ou veículos comerciais ligeiros, expandir as suas actividades; ou

g) À questão de saber se a rescisão do acordo se justifica pelas razões apresentadas na denúncia.

O direito a que se refere o primeiro parágrafo não prejudica o direito de cada uma das partes de intentarem uma acção junto de um tribunal nacional.

7 – Para efeitos do presente artigo, a quota de mercado das empresas mencionadas no n.º 2, alínea *e)*, do artigo 1.º será repartida equitativamente por cada uma das empresas que tenha os direitos ou os poderes enunciados no n.º 2, alínea *a)*, do artigo 1.º.

ARTIGO 4.º **(Restrições graves relativas à venda de veículos a motor novos, serviços de reparação e manutenção ou peças sobressalentes)**

1 – A isenção não é aplicável a acordos verticais que, directa ou indirectamente, isoladamente ou em combinação com outros factores que sejam controlados pelas partes, tenham por objecto:

a) A restrição da possibilidade de o distribuidor ou a oficina de reparação estabelecer o seu preço de venda, sem prejuízo da possibilidade do fornecedor impor um preço de venda máximo ou recomendar um preço de venda, desde que tal não seja equivalente a um preço de venda fixo ou mínimo como resultado de pressões ou de incentivos oferecidos por qualquer das partes;

b) A restrição do território em que o distribuidor ou a oficina de reparação pode vender os bens ou serviços contratuais ou do território em que se situam os respectivos clientes. Contudo, a isenção é aplicável à:

i) restrição de vendas activas no território exclusivo ou a um grupo exclusivo de clientes reservado ao fornecedor ou atribuído pelo fornecedor a outro distribuidor ou oficina de reparação, desde que tal restrição não limite as vendas pelos clientes do distribuidor ou oficinas de reparação;

ii) restrição de vendas a utilizadores finais por um distribuidor que opere a nível grossista;

iii) restrição de vendas de veículos a motor novos e peças sobressalentes a distribuidores não autorizados pelos membros de um sistema de distribuição selectiva em mercados em que é aplicada a distribuição selectiva, nos termos do disposto na alínea *i)*;

iv) restrição da possibilidade de o comprador vender componentes, fornecidos para efeitos de incorporação, a clientes que os possam utilizar para fabricar o mesmo tipo de bens que os produzidos pelo fornecedor;

c) A restrição de fornecimentos cruzados entre distribuidores ou oficinas de reparação no âmbito de um sistema de distribuição selectiva, incluindo entre distribuidores ou oficinas de reparação que operem em diferentes estádios comerciais;

d) A restrição de vendas activas ou passivas de veículos de passageiros ou veículos comerciais ligeiros novos, peças sobressalentes para quaisquer veículos a motor ou serviços de reparação e manutenção para quaisquer veículos a motor a utilizadores finais por membros de um sistema de distribuição selectiva que operem a nível retalhista em mercados em que é utilizada a distribuição selectiva. A isenção é aplicável a acordos que incluam uma proibição relativa a membros de um sistema de distribuição selectiva de operar a partir de um local de estabelecimento não autorizado. Todavia, a aplicação da isenção a tal proibição está sujeita ao disposto na alínea *b)* do n.º 2 do artigo 5.º;

e) A restrição de vendas activas ou passivas de veículos a motor novos que não sejam veículos de passageiros nem veículos comerciais ligeiros a utilizadores finais por membros de um sistema de distribuição selectiva que operem a nível retalhista em mercados em que é utilizada a distribuição selectiva, sem prejuízo da possibilidade do fornecedor proibir os membros desse sistema de operar a partir de um local de estabelecimento não autorizado;

(*Restrições graves relativas apenas à venda de veículos a motor novos*)

f) A restrição da possibilidade de o distribuidor vender qualquer veículo a motor novo que corresponda a um modelo da sua gama contratual;

g) A restrição da possibilidade de o distribuidor subcontratar a prestação de serviços de reparação e manutenção a oficinas de reparação autorizadas, sem prejuízo da possibilidade de o fornecedor exigir que o distribuidor informe os utilizadores finais antes da celebração do contrato de venda sobre a designação e localização das oficinas de reparação autorizadas em causa e, se qualquer destas oficinas de reparação autorizadas não se encontrar situada nas proximidades do estabelecimento de vendas, informe igualmente os utilizadores finais da distância entre as instalações de reparação e o seu estabelecimento de vendas. Contudo, tais obrigações só podem ser impostas se forem impostas obrigações semelhantes aos distribuidores cujo estabelecimento de reparação não se encontre situado nas mesmas instalações que o seu estabelecimento de vendas;

(Restrições graves relativas apenas à venda de serviços de reparação e manutenção e de peças sobressalentes)

h) A restrição da possibilidade de a oficina de reparação autorizada limitar as suas actividades à prestação de serviços de reparação e manutenção e à distribuição de peças sobressalentes;

i) A restrição das vendas de peças sobressalentes para veículos a motor por membros de um sistema de distribuição selectiva a oficinas de reparação independentes que utilizem estas peças para a reparação e manutenção de um veículo a motor;

j) A restrição acordada entre um fornecedor de peças sobressalentes originais ou peças sobressalentes de qualidade equivalente, ferramentas de reparação ou equipamento de diagnóstico ou outros e um construtor de veículos a motor, que limite a possibilidade de o fornecedor vender estes bens ou serviços a distribuidores autorizados ou independentes, a oficinas de reparação autorizadas ou independentes ou a utilizadores finais;

k) A restrição da possibilidade de um distribuidor ou uma oficina de reparação autorizada obter peças sobressalentes originais ou peças sobressalentes de qualidade equivalente junto de uma empresa terceira à sua escolha e de as utilizar para a reparação e manutenção de veículos a motor, sem prejuízo da possibilidade do fornecedor de veículos a motor novos exigir a utilização de peças sobressalentes originais por si fornecidas para reparações efectuadas sob garantia, assistência gratuita e operações de convocação de veículos para trabalhos específicos;

l) A restrição acordada entre um construtor de veículos a motor, que utiliza componentes para a montagem inicial de veículos a motor e o fornecedor desses componentes, que limite a possibilidade de este último colocar a sua marca ou logotipo efectivamente e de forma facilmente visível nos componentes fornecidos ou nas peças sobressalentes.

2 – A isenção não é aplicável sempre que o fornecedor de veículos a motor se recusar a dar a operadores independentes acesso a quaisquer informações técnicas, equipamento de diagnóstico e outros, ferramentas, incluindo programas informáticos relevantes ou formação exigidos para a reparação e manutenção destes veículos automóveis ou para a aplicação de medidas de protecção ambiental.

O acesso deve incluir, em especial, a utilização não restritiva dos sistemas de controlo e diagnóstico electrónicos de um veículo a motor, a programação destes sistemas de acordo com os procedimentos normalizados do fornecedor, as instruções de reparação e formação e a informação necessária para a utilização de instrumentos e equipamento de diagnóstico e serviço pós-venda.

Deve ser dado acesso a operadores independentes de uma forma não discriminatória, rápida e proporcionada e as informações devem ser fornecidas numa forma utilizável. Se o elemento relevante for abrangido por direitos de propriedade intelectual ou constituir saber-fazer, o acesso não pode ser negado de forma abusiva.

Para efeitos do presente número, entende-se por "operadores independentes", as empresas directa ou indirectamente envolvidas na reparação e manutenção de veículos a motor, nomeadamente, as oficinas de reparação independentes, os fabricantes de equipamento ou de ferramentas de reparação, os distribuidores de peças sobressalentes independentes, os editores de informações técnicas, os clubes automobilísticos, as empresas de assistência rodoviária, os operadores de inspecções técnicas e serviços de ensaio e os operadores que ofereçam formação a oficinas de reparação.

ARTIGO 5.º (Condições específicas)

1 – No que diz respeito à venda de veículos a motor novos, serviços de reparação e manutenção ou peças sobressalentes, a isenção não é aplicável a qualquer das seguintes obrigações incluídas em acordos verticais:

a) Qualquer obrigação directa ou indirecta de não concorrência;

b) Qualquer obrigação directa ou indirecta que limite a possibilidade de uma oficina de reparação autorizada prestar serviços de reparação e manutenção a veículos de fornecedores concorrentes;

c) Qualquer obrigação directa ou indirecta que obrigue os membros de um sistema de distribuição a não venderem veículos a motor ou peças sobressalentes de determinados fornecedores concorrentes ou a não prestarem serviços de reparação e manutenção a veículos a motor de determinados fornecedores concorrentes;

d) Qualquer obrigação directa ou indirecta que obrigue o distribuidor ou a oficina de reparação autorizada, após rescisão do acordo, a não fabricar, adquirir, vender ou revender veículos a motor ou a não prestar serviços de reparação ou de manutenção.

2 – No que diz respeito à venda de veículos a motor novos, a isenção não é aplicável a qualquer das seguintes obrigações incluídas em acordos verticais:

a) Qualquer obrigação directa ou indirecta que obrigue o retalhista a não prestar serviços de locação financeira relativamente aos bens contratuais ou bens correspondentes;

b) Qualquer obrigação directa ou indirecta imposta a qualquer distribuidor de veículos de passageiros ou veículos comerciais ligeiros num sistema de distribuição selectiva, que limite a sua possibilidade de criar instalações de venda ou de entrega suplementares noutros locais no mercado comum, quando é aplicada a distribuição selectiva.

3 – No que diz respeito a serviços de reparação e manutenção ou à venda de peças sobressalentes, a isenção não é aplicável a qualquer obrigação directa ou indirecta no que se refere ao local de estabelecimento de uma oficina de reparação autorizada quando é aplicada a distribuição selectiva.

ARTIGO 6.º (**Retirada do benefício do regulamento**)
1 – Nos termos do n.º 1 do artigo 7.º do Regulamento 19/65/CEE, a Comissão pode retirar o benefício do presente regulamento, se verificar que, em determinado caso, acordos verticais a que é aplicado o presente regulamento têm, não obstante, efeitos incompatíveis com o disposto no n.º 3 do artigo 81.º do Tratado e, nomeadamente, quando:

a) O acesso ao mercado relevante ou a concorrência nele existente é significativamente restringido pelo efeito cumulativo de redes paralelas de restrições verticais semelhantes aplicadas por fornecedores ou compradores concorrentes;

b) A concorrência é restringida num mercado em que o fornecedor não está sujeito a uma concorrência efectiva por parte de outros fornecedores;

c) Os preços ou condições de fornecimento de bens contratuais ou de bens correspondentes divergem substancialmente entre mercados geográficos; ou

d) São aplicados preços ou condições de venda discriminatórios num determinado mercado geográfico.

2 – Sempre que, num caso específico, os acordos verticais a que é aplicável a isenção tiverem efeitos incompatíveis com o disposto no n.º 3 do artigo 81.º do Tratado no território de um Estado membro ou numa parte deste com todas as características de um mercado geográfico distinto, a autoridade competente desse Estado membro pode retirar o benefício do presente regulamento em relação a este território, nos mesmos termos que os previstos no n.º 1.

ARTIGO 7.º (**Não aplicação do regulamento**)
1 – Nos termos do artigo 1.ºA do Regulamento n.º 19/65/CEE, a Comissão pode declarar, mediante regulamento, que abrangendo as redes paralelas de restrições verticais idênticas mais de 50% de um mercado relevante, o presente regulamento deixa de ser aplicável a acordos verticais que incluam restrições específicas relativas a esse mercado.

2 – O regulamento adoptado nos termos do n.º 1 só é aplicável um ano após a sua adopção.

ARTIGO 8.º (**Cálculo da quota de mercado**)
1 – As quotas de mercado previstas no presente regulamento serão calculadas:

a) No que diz respeito à distribuição de veículos a motor novos, com base no volume dos bens contratuais e bens correspondentes vendidos pelo fornecedor, juntamente com quaisquer outros bens vendidos pelo fornecedor que sejam considerados permutáveis ou substituíveis pelo comprador devido às suas características, preço e utilização pretendida;

b) No que diz respeito à distribuição de peças sobressalentes, com base no valor dos bens contratuais e outros bens vendidos pelo fornecedor, juntamente com quaisquer outros bens vendidos pelo fornecedor que sejam considerados permutáveis ou substituíveis pelo comprador devido às suas características, preço e utilização pretendida;

c) No que diz respeito à prestação de serviços de reparação e manutenção, com base no valor dos serviços contratuais vendidos pelos membros da rede de distribuição do fornecedor, juntamente com quaisquer outros serviços vendidos por estes membros que sejam considerados permutáveis ou substituíveis pelo comprador devido às suas características, preço e utilização pretendida.

Se os dados relativos ao volume exigidos para efeitos dos cálculos não se encontrarem disponíveis, podem ser utilizados os dados relativos ao valor ou vice-versa. Se tais informações não se encontrarem disponíveis, podem ser utilizadas estimativas com base noutras informações de mercado fiáveis. Para efeitos do n.º 2 do artigo 3.º, serão utilizados, para calcular a quota de mercado, o volume de compras no mercado ou o valor de compras no mercado, respectivamente, ou as suas estimativas.

2 – Para efeitos da aplicação dos limiares da quota de mercado de 30% e 40% previstos no presente regulamento, serão aplicadas as seguintes regras:

a) A quota de mercado será calculada com base nos dados relativos ao ano civil anterior;

b) A quota de mercado incluirá quaisquer bens ou serviços fornecidos a distribuidores integrados com o objectivo de venda;

c) Se a quota de mercado não exceder inicialmente 30% ou 40%, respectivamente, mas vier posteriormente a ultrapassar este nível sem exceder 35% ou 45%, respectivamente, a isenção continuará a ser aplicável por um período de dois anos civis consecutivos subsequentes ao ano em que o limiar da quota de mercado de 30% ou 40%, respectivamente, tiver sido pela primeira vez ultrapassado;

d) Se a quota de mercado não exceder inicialmente 30% ou 40%, respectivamente, mas vier posteriormente a ultrapassar 35% ou 45%, respectivamente, a isenção continuará a ser aplicável por um período de um ano civil subsequente ao ano em que o nível de 30% ou 40%, respectivamente, tiver sido pela primeira vez ultrapassado;

e) O benefício das alíneas *c)* e *d)* não pode ser combinado de forma a ultrapassar um período de dois anos civis.

ARTIGO 9.º (**Cálculo do volume de negócios**)

1 – Para efeitos do cálculo dos valores do volume de negócios total anual, a que se refere a alínea *a)* do n.º 2 e a alínea *a)* do n.º 3 do artigo 2.º, serão adicionados o volume de negócios realizado durante o anterior exercício financeiro pela parte relevante no acordo vertical e o volume de negócios realizado pelas suas empresas ligadas em relação a todos os bens e serviços, excluindo todos os impostos e outros direitos. Para este efeito, não são tomadas em consideração as transac-

ções entre a parte no acordo vertical e as suas empresas ligadas ou entre as suas empresas ligadas.

2 – A isenção continuará a ser aplicável quando, durante um período de dois exercícios financeiros consecutivos, o limiar do volume de negócios anual total for ultrapassado, no máximo, em 10%.

ARTIGO 10.º (**Período transitório**)

1 – A proibição estabelecida no n.º 1 do artigo 81.º não é aplicável durante o período de 1 de Outubro de 2002 a 30 de Setembro de 2003 relativamente aos acordos já em vigor em 30 de Setembro de 2002, que não satisfaçam as condições de isenção previstas no presente regulamento mas que satisfaçam as condições de isenção previstas no Regulamento (CE) n.º 1475/95.

2 – As proibições referidas no n.º 1 do artigo 81.º não serão aplicáveis aos acordos existentes à data da adesão da República Checa, da Estónia, de Chipre, da Letónia, da Lituânia, da Hungria, de Malta, da Polónia, da Eslovénia e da Eslováquia e que, na sequência dessa adesão, são abrangidos pelo n.º 1 do artigo 81.º se, no prazo de seis meses a contar da data da adesão, tiverem sido alterados de modo a preencher os requisitos do presente regulamento.

ARTIGO 11.º (**Supervisão e relatório de apreciação**)

1 – A Comissão acompanhará a aplicação do presente regulamento de forma regular, nomeadamente no que diz respeito aos seus efeitos:

a) Na concorrência das vendas a retalho de veículos a motor e de serviços pós-venda no mercado comum ou em partes relevantes do mercado comum;

b) Na estrutura e no nível da concentração da distribuição de veículos a motor, bem como dos efeitos que daí possam resultar para a concorrência.

2 – A Comissão elaborará um relatório sobre o presente regulamento o mais tardar em 31 de Maio de 2008, tendo em especial atenção as condições estabelecidas no n.º 3 do artigo 81.º.

ARTIGO 12.º (**Entrada em vigor e caducidade**)

1 – O presente regulamento entra em vigor em 1 de Outubro de 2002.

2 – A alínea *b)* do n.º 2 do artigo 5.º é aplicável a partir de 1 de Outubro de 2005.

3 – O presente regulamento caduca em 31 de Maio de 2010.

O presente regulamento é obrigatório em todos os seus elementos e directamente aplicável em todos os Estados membros.

Feito em Bruxelas, em 31 de Julho de 2002.

Pela Comissão, *Mario Monti*.

Membro da Comissão.

ACORDOS DE INVESTIGAÇÃO E ESPECIALIZAÇÃO

Regulamento (CEE) n.º 2821/71*

O CONSELHO DAS COMUNIDADES EUROPEIAS,
Tendo em conta o Tratado que institui a Comunidade Económica Europeia e, nomeadamente, o seu artigo 87.º,
Tendo em conta a proposta da Comissão,
Tendo em conta o parecer do Parlamento Europeu,
Tendo em conta o parecer do Comité Económico e Social,
Considerando que a declaração de inaplicabilidade do disposto no n.º 1 do artigo 85.º do Tratado pode, de acordo com o n.º 3 do mesmo artigo, respeitar a quaisquer categorias de acordos, decisões e práticas concertadas que satisfaçam as condições exigidas por tais disposições;
Considerando que as regras de aplicação do n.º 3 do artigo 85.º devem ser adoptadas por regulamento elaborado com base no artigo 87.º;
Considerando que a criação de um mercado comum exige a adaptação das empresas às condições deste mercado alargado e que a cooperação entre empresas pode constituir um meio adequado para o conseguir;
Considerando que os acordos, as decisões e as práticas concertadas em matéria de cooperação entre empresas, que permitam a estas trabalhar mais racionalmente e adaptar a sua produtividade e competitividade ao mercado alargado podem, na medida em que sejam abrangidas pela proibição imposta pelo n.º 1 do artigo 85.º, ser dela isentadas em certas condições; que a necessidade desta medida se impõe, especialmente, em relação a acordos, decisões e práticas concertadas, no âmbito da aplicação de normas e de tipos, no da investigação e desenvolvimento de produtos ou de processos até ao estádio da aplicação industrial ou da exploração dos seus resultados, assim como no da especialização;
Considerando que é conveniente colocar a Comissão em condições de poder declarar, por meio de regulamento, o disposto no n.º 1 do artigo 85.º não inaplicável a certas categorias de acordos, decisões e práticas concertadas, com o objectivo de facilitar às empresas uma cooperação economicamente desejável e sem inconvenientes do ponto de vista da política de concorrência;

---

* Regulamento (CEE) n.º 2821/71 do Conselho de 20 de Dezembro de 1971 relativo à aplicação do n.º 3 do artigo 85.º do Tratado a certas categorias de acordos, decisões e práticas concertadas (JO, L 285, de 29.12.1971, pp. 46-48: EE portuguesa: Cap. 8, Fasc. 2, p. 14).

Considerando que convém precisar as condições em que a Comissão pode exercer este poder, em estreita e permanente colaboração com as autoridades competentes dos Estados membros;

Considerando que, por força do artigo 6.º do Regulamento n.º 17, a Comissão pode estabelecer que uma decisão tomada nos termos do n.º 3 do artigo 85.º se aplica com efeitos retroactivos; que é conveniente que a Comissão possa adoptar tal disposição igualmente por meio de regulamento;

Considerando que, por força do artigo 7.º do Regulamento n.º 17, os acordos, decisões e práticas concertadas podem ser isentadas da proibição por decisão da Comissão, nomeadamente se forem modificados de modo a preencherem as condições de aplicação do n.º 3 do artigo 85.º; que é oportuno que a Comissão possa conceder o mesmo benefício, por meio de regulamento, a estes acordos, decisões e práticas concertadas, se forem modificados de modo a ficarem abrangidos por uma categoria definida por um regulamento de isenção;

Considerando que não pode ser excluída a hipótese de, num caso determinado, não se encontrarem preenchidas as condições enumeradas no n.º 3 do artigo 85.º; que a Comissão deve ter a faculdade de resolver tal caso, nos termos do Regulamento n.º 17, mediante decisão, comefeitos para o futuro,

ADOPTOU O PRESENTE REGULAMENTO:

ARTIGO 1.º

1 – Sem prejuízo da aplicação do Regulamento n.º 17, a Comissão pode declarar, por meio de regulamento e nos termos do n.º 3 do artigo 85.º do Tratado, que o n.º 1 do artigo 85.º não é aplicável a certas categorias de acordos entre empresas, de decisões de associações de empresas e de práticas concertadas que tenham por objecto:

a) A aplicação de normas e de tipos;

b) A investigação e o desenvolvimento de produtos ou de processos até ao estádio da aplicação industrial, bem como a exploração de resultados, incluindo as disposições relativas ao direito de propriedade industrial e aos conhecimentos técnicos não divulgados;

c) A especialização, incluindo os acordos necessários à sua realização.

2 – O regulamento deve conter uma definição das categorias de acordos, decisões e práticas concertadas aos quais se aplica e precisar, nomeadamente:

a) As restrições ou as cláusulas que podem, ou não, figurar nos acordos, decisões e práticas concertadas;

b) As cláusulas que devem figurar nos acordos, decisões e práticas concertadas ou quaisquer outras condições que devam ser preenchidas.

ARTIGO 2.º

1 – Qualquer regulamento adoptado por força do artigo 1.º terá duração limitada.

2 – Pode ser revogado ou alterado quando as circunstâncias se alterarem em relação a um elemento que tenha sido essencial para a sua adopção; neste caso, será

previsto um período de adaptação para os acordos, decisões e práticas concertadas abrangidos pelo regulamento anterior.

ARTIGO 3.º

Qualquer regulamento adoptado por força do artigo 1.º pode estabelecer que se aplica, com efeitos retroactivos, aos acordos, decisões e práticas concertadas que, no dia da sua entrada em vigor, tivessem podido beneficiar de uma decisão com efeitos retroactivos, nos termos do artigo 6.º do Regulamento n.º 17.

ARTIGO 4.º

1 – Qualquer regulamento adoptado por força do artigo 1.º pode estabelecer que a proibição prevista no n.º 1 do artigo 85.º do Tratado não se aplique, pelo período nele fixado, aos acordos, decisões e práticas concertadas existentes em 13 de Março de 1962 e que não preencham as condições do n.º 3 do artigo 85.º, desde que:

– sejam modificados, no prazo de seis meses após a entrada em vigor do regulamento, de tal modo que preencham as referidas condições, segundo as disposições do regulamento, e

– essas modificações sejam levadas ao conhecimento da Comissão, no prazo fixado pelo regulamento.

Qualquer regulamento adoptado por força do artigo 1.º pode estabelecer que a proibição imposta pelo n.º 1 do artigo 85.º do Tratado não se aplique, pelo período que fixar, aos acordos e práticas concertadas existentes à data da adesão e que, em consequência da adesão, fiquem abrangidos pelo âmbito de aplicação do artigo 85.º e que não preencham as condições do n.º 3 do artigo 85.º.

O disposto no parágrafo anterior é aplicável do mesmo modo no caso da adesão da República Helénica, do Reino de Espanha e da República Portuguesa.

As disposições dos parágrafos anteriores serão igualmente aplicáveis em caso de adesão da Áustria, da Finlândia e da Suécia.

2 – O n.º 1 só é aplicável aos acordos, decisões e práticas concertadas que deveriam ter sido notificados antes de 1 de Fevereiro de 1963, nos termos do artigo 5.º do Regulamento n.º 17, se o tiverem sido antes dessa data.

O n.º 1 só é aplicável aos acordos e práticas concertadas que, em consequência da adesão, fiquem abrangidos pelo âmbito de aplicação do n.º 1 do artigo 85.º do Tratado e que devam ser notificados antes de 1 de Julho de 1973, nos termos dos artigos 5.º e 25.º do Regulamento n.º 17, se tiverem sido notificados antes desta data.

Le paragraphe 1 n'est applicable aux accords et pratiques concertées qui, du fait de l'adhésion de la République hellénique, entrent dans le champ d'application de l'article 85 paragraphe 1 du traité et qui doivent être notifiés avant le 1erjuillet 1981, Conformément aux articles 5 et 25 du règlement n.º 17, que s'ils l'ont été avant cette date.

O n.º 1 só é aplicável aos acordos e práticas concertadas que, em consequência da adesão do Reino de Espanha e da República Portuguesa, fiquem abrangidos pelo n.º 1 do artigo 85.º do Tratado e que devam ser notificados antes de 1 de Julho de 1986, nos termos dos artigos 5.º e 25.º do Regulamento n.º 17, se tiverem sido notificados antes dessa data.

O disposto no n.º 1 não é aplicável aos acordos e práticas concertadas a que é aplicável o n.º 1 do artigo 85.º do Tratado por força da adesão da Áustria, da Finlândia e da Suécia e que devem ser notificados dentro de seis meses após a adesão, nos termos dos artigos 5.º e 25.º do Regulamento n.º 17, a menos que tenham sido notificados durante aquele prazo. O presente parágrafo não é aplicável aos acordos e práticas concertadas que, à data da adesão, pertençam já ao âmbito do n.º 1 do artigo 53.º do Acordo EEE.

3 – O benefício resultante das disposições tomadas por força do n.º 1 não pode ser invocado nos litígios pendentes à data da entrada em vigor de um regulamento adoptado por força do artigo 1.º; não pode também ser invocado para fundamentar um pedido de indemnização contra terceiros.

ARTIGO 5.º

Quando a Comissão se propuser adoptar um regulamento, fará publicar o respectivo projecto a fim de permitir a todas as pessoas e organizações interessadas apresentar-lhe as suas observações, no prazo que fixar e que não pode ser inferior a um mês.

ARTIGO 6.º

1 – A Comissão consultará o Comité Consultivo em matéria de acordos, decisões e práticas concertadas e de posições dominantes:

a) Antes de publicar um projecto de regulamento;

b) Antes de adoptar um regulamento.

2 – O disposto nos n.ºs 5 e 6 do artigo 10.º do Regulamento n.º 17 relativamente à consulta do Comité Consultivo aplica-se por analogia, entendendo-se que as reuniões comuns com a Comissão não se realizarão antes de decorrido um mês após o envio da convocatória.

ARTIGO 7.º
Revogado[1]

O presente regulamento é obrigatório em todos os seus elementos e directamente aplicável em todos os Estados membros.

---

[1] Artigo 40.º do Regulamento (CE) n.º 1/2003.

ACORDOS DE ESPECIALIZAÇÃO

Regulamento (CE) n.º 2658/2000*-**

A COMISSÃO DAS COMUNIDADES EUROPEIAS,
Tendo em conta o Tratado que institui a Comunidade Europeia,
Tendo em conta o Regulamento (CEE) n.º 2821/71 do Conselho, de 20 de Dezembro de 1971, relativo à aplicação do n.º 3 do artigo 85.º do Tratado a certas categorias de acordos, decisões e práticas concertadas[1], com a última redacção que lhe foi dada pelo Acto de Adesão da Áustria, da Finlândia e da Suécia e, nomeadamente, o n.º 1, alínea c), do seu artigo 1.º,
Após publicação de um projecto do presente regulamento[2],
Após consulta do Comité Consultivo em matéria de acordos, decisões e práticas concertadas e de posições dominantes,
Considerando o seguinte:
(1) O Regulamento (CEE) n.º 2821/71 confere à Comissão competência para aplicar, por meio de regulamento, o n.º 3 do artigo 81.º (antigo n.º 3 do artigo 85.º) do Tratado a certas categorias de acordos, decisões e práticas concertadas abrangidas pelo n.º 1 do artigo 81.º, que tenham por objecto a especialização, incluindo os acordos necessários para a sua conclusão.
(2) A Comissão, ao abrigo do Regulamento (CEE) n.º 2821/71, adoptou nomeadamente o Regulamento (CEE) n.º 417/85, de 19 de Dezembro de 1984, relativo à aplicação do n.º 3 do artigo 85.º do Tratado a certas categorias de acordos de especialização[3], com a última redacção que lhe foi dada pelo Regulamento (CE) n.º 2236/97[4]. A vigência do Regulamento (CEE) n.º 417/85 termina em 31 de Dezembro de 2000.

---

* Regulamento (CE) n.º 2658/2000 da Comissão, relativo à aplicação do n.º 3 do artigo 81.º do Tratado a certas categorias de acordos de especialização (Texto relevante para efeitos do EEE: JO, L 304, de 5.12.2000, pp. 3-6), com a redacção resultante do Anexo II do Acto de Adesão de 2003.

** Ver ainda a Decisão do Comité Misto do EEE n.º 113/2000, de 22 de Dezembro de 2000, que altera o anexo XIV (concorrência) do Acordo EEE (JO, L 52, de 22.2.2001, pp. 38-39).

[1] JO, L 285, de 29.12.1971, p. 46.
[2] JO, C 118, de 27.4.2000, p. 3.
[3] JO, L 53, de 22.2.1985, p. 1.
[4] JO, L 306, de 11.11.1997, p. 12.

(3) Um novo regulamento deverá satisfazer a dupla exigência de assegurar uma protecção eficaz da concorrência e de garantir adequada segurança jurídica às empresas. A prossecução destes objectivos deve tomar em conta a necessidade de simplificar o mais possível a supervisão administrativa e o quadro legislativo.

Pode presumir-se em geral que, para a aplicação do n.º 3 do artigo 81.º, abaixo de um determinado nível de poder de mercado, os efeitos positivos dos acordos de especialização compensarão quaisquer efeitos negativos sobre a concorrência.

(4) O Regulamento (CEE) n.º 2821/71 prevê que os regulamentos de isenção da Comissão determinem as categorias de acordos, decisões e práticas concertadas a que se aplicam, precisem as restrições ou as cláusulas que podem, ou não, figurar nos acordos, decisões e práticas concertadas e especifiquem as cláusulas que devem figurar nos acordos, decisões e práticas concertadas ou quaisquer outras condições que devam ser preenchidas.

(5) É conveniente abandonar a abordagem que consiste numa lista de cláusulas de isenção e dar maior ênfase à determinação das categorias de acordos que são isentos até um determinado nível de poder de mercado e à especificação das restrições ou cláusulas que não podem figurar nesses acordos, o que é coerente com uma abordagem económica que avalia o impacto dos acordos no mercado relevante.

(6) Para a aplicação do n.º 3 do artigo 81.º através de regulamento, não é necessário definir os acordos verticais susceptíveis de serem abrangidos pelo n.º 1 do artigo 81.º A apreciação dos acordos no âmbito do n.º 1 do artigo 81.º deve ter em conta diversos factores, em especial a estrutura do mercado relevante.

(7) O benefício da isenção por categoria deve ser reservado aos acordos em relação aos quais se possa considerar com segurança que preenchem as condições estabelecidas no n.º 3 do artigo 81.º.

(8) Os acordos de especialização em termos de produção contribuem, em geral, para melhorar a produção ou a distribuição dos produtos, dado que as empresas em causa podem concentrar as suas actividades no fabrico de certos produtos e, deste modo, funcionar de maneira mais eficaz e oferecer esses produtos a preços mais favoráveis. Os acordos de especialização em termos de fornecimento de serviços podem geralmente dar também origem a idênticos melhoramentos. É provável que, existindo uma concorrência efectiva, os utilizadores beneficiem equitativamente do lucro daí resultante.

(9) Tais benefícios podem decorrer igualmente de acordos em que um participante renuncia a favor de outro ao fabrico de certos produtos ou ao fornecimento de determinados serviços ("especialização unilateral"), de acordos em que cada participante renuncia a favor de outro ao fabrico de certos produtos ou ao fornecimento de determinados serviços ("especialização recíproca") e de acordos em que os participantes se comprometem a fabricar em conjunto determinados produtos ou a fornecer determinados serviços ("produção conjunta").

(10) Na medida em que os acordos de especialização unilateral entre empresas não concorrentes possam beneficiar da isenção por categoria prevista no Regulamento (CE) n.º 2790/1999 da Comissão, de 22 de Dezembro de 1999, relativo à aplicação do n.º 3 do artigo 81.º do Tratado a determinadas categorias de acordos e práticas concertadas, a aplicação do presente regulamento a um acordo de especialização unilateral deverá limitar-se aos acordos entre empresas concorrentes.

(11) Todos os outros acordos entre empresas relacionados com os termos em que as empresas se especializam na produção de bens e/ou serviços deverão ser abrangidos pelo âmbito do presente regulamento. A isenção por categoria aplicar-se-á igualmente às disposições previstas nos acordos de especialização que não constituam o objecto principal de tais

acordos, mas que estejam directamente ligadas e sejam necessárias à sua execução e relacionadas com certos acordos de compra e comercialização.

(12) Para garantir que os benefícios da especialização se concretizarão sem qualquer das partes abandonar o mercado a jusante da produção, os acordos de especialização recíproca e unilateral só serão abrangidos pelo presente regulamento se previrem obrigações de abastecimento e de compra. Tais obrigações podem ter, mas não têm que ter, um carácter exclusivo.

(13) Pode presumir-se que, quando a quota das empresas participantes no mercado relevante não exceder 20%, os acordos de especialização tal como determinados no presente regulamento darão, regra geral, origem a benefícios económicos sob a forma de economias de escala ou de gama ou melhores tecnologias de produção, atribuindo ao mesmo tempo aos utilizadores uma parte equitativa dos lucros daí resultantes.

(14) O presente regulamento não deve isentar os acordos que contenham restrições que não sejam indispensáveis para obter os efeitos positivos acima referidos. Em princípio, determinadas restrições anticoncorrenciais graves relacionadas com a fixação de preços aplicados a terceiros, a limitação da produção ou de vendas e a repartição de mercados ou clientes devem ser excluídas do benefício da isenção por categoria estabelecido pelo presente regulamento, independentemente da quota de mercado das empresas em causa.

(15) A limitação da quota de mercado, a não isenção de certos acordos e as condições previstas no presente regulamento, normalmente, são de molde a assegurar que os acordos a que a isenção por categoria é aplicável não permitam que as empresas participantes eliminem a concorrência em relação a uma parte substancial dos produtos ou serviços em questão.

(16) Em casos especiais em que os acordos abrangidos pelo âmbito de aplicação do presente regulamento tenham efeitos incompatíveis com o n.º 3 do artigo 81.º do Tratado, a Comissão pode retirar o benefício da isenção por categoria.

(17) A fim de facilitar a conclusão de acordos de especialização, que podem ter para as empresas participantes incidências de ordem estrutural, o período de vigência do presente regulamento deverá ser fixado em 10 anos.

(18) O presente regulamento não prejudica a aplicação do artigo 82.º do Tratado.

(19) De acordo com o princípio do primado do direito comunitário, nenhuma medida tomada ao abrigo dos direitos nacionais de concorrência pode prejudicar a aplicação uniforme das regras de concorrência da Comunidade, em todo o mercado comum, nem o efeito útil de quaisquer medidas tomadas para a sua execução, incluindo o presente regulamento,

ADOPTOU O PRESENTE REGULAMENTO:

ARTIGO 1.º **(Isenção)**

1 – Nos termos do n.º 3 do artigo 81.º do Tratado e do presente regulamento, o n.º 1 do artigo 81.º do Tratado não se aplica aos seguintes acordos em que participem duas ou mais empresas, a seguir designadas "as partes", relacionados com os termos em que se especializem no fabrico de produtos, a seguir designados "acordos de especialização":

a) Acordos de especialização unilateral, no âmbito dos quais uma das partes concorda em cessar o fabrico de determinados produtos ou em reduzir o fabrico desses produtos e comprá-los a uma empresa concorrente, enquanto a empresa concorrente concorda em fabricar e fornecer esses produtos; ou *b)* Acordos de especialização recíproca, no âmbito dos quais duas ou mais partes concordam, numa base recíproca, em cessar ou reduzir o fabrico de determinados mas diferentes produtos e comprar esses produtos às outras partes, que concordam em fornecê-los; ou

c) Acordos de produção conjunta, no âmbito dos quais duas ou mais partes concordam em fabricar determinados produtos em conjunto.

A isenção prevista no primeiro parágrafo aplica-se na medida em que tais acordos de especialização contenham restrições da concorrência abrangidas pelo âmbito de aplicação do n.º 1 do artigo 81.º do Tratado.

2 – A isenção prevista no n.º 1 é aplicável, igualmente, às disposições previstas nos acordos de especialização que não constituam o principal objecto de tais acordos, mas que estejam directamente relacionadas e sejam necessárias à sua execução, tais como as referentes à cessão ou utilização dos direitos de propriedade intelectual.

Todavia, o primeiro parágrafo não é aplicável às disposições que tenham o mesmo objecto das restrições da concorrência enumeradas no n.º 1 do artigo 5.º.

ARTIGO 2.º **(Definições)**

Para efeitos do presente regulamento entende-se por:

1 – "Acordo": qualquer acordo, decisão de uma associação de empresas ou uma prática concertada.

2 – "Empresas participantes": empresas parte no acordo e as respectivas empresas ligadas.

3 – "Empresas ligadas":

a) As empresas em que uma das partes no acordo disponha, directa ou indirectamente:

    i) do poder de exercer mais de metade dos direitos de voto, ou

    ii) do poder de designar mais de metade dos membros do conselho fiscal ou de administração ou dos órgãos que representam legalmente a empresa, ou

    iii) do direito de gerir os negócios da empresa;

b) As empresas que directa ou indirectamente disponham, numa das partes no acordo, dos direitos ou poderes enumerados na alínea *a)*;

c) As empresas nas quais uma empresa referida na alínea *b)* disponha, directa ou indirectamente, dos direitos ou poderes enumerados na alínea *a)*;

d) As empresas nas quais uma parte no acordo juntamente com uma ou mais das empresas mencionadas nas alíneas *a), b)* ou *c)* ou nas quais duas ou mais destas últimas empresas disponham conjuntamente dos direitos ou poderes enumerados na alínea *a)*;

e) As empresas em que os direitos ou poderes enumerados na alínea *a)* pertençam conjuntamente:

    i) às partes no acordo ou às respectivas empresas ligadas mencionadas nas alíneas *a)* a *d)*, ou *ii)* a uma ou mais de uma das partes no acordo, ou a uma ou mais de uma das respectivas empresas ligadas mencionadas nas alíneas *a)* a *d)* e um ou mais terceiros.

4 – "Produto": um bem e/ou serviço, incluindo quer os bens e/ou serviços intermédios, quer os bens e/ou serviços finais, à excepção dos serviços de distribuição e de aluguer.

5 – "Produção": o fabrico de bens ou o fornecimento de serviços, incluindo a produção mediante subcontratação.

6 – "Mercado relevante": o mercado do produto relevante e o(s) mercado(s) geográfico(s) a que pertencem os produtos objecto de um acordo de especialização.

7 – "Empresa concorrente": uma empresa que opera no mercado relevante (um concorrente efectivo) ou uma empresa que, em termos reais, procederá aos investimentos adicionais necessários ou incorrerá noutros custos de transição necessários por forma a poder entrar no mercado relevante em resposta a um pequeno aumento permanente dos preços relativos (um concorrente potencial).

8 – "Obrigação de fornecimento exclusivo": uma obrigação de não fornecer a uma empresa concorrente, que não seja parte no acordo, o produto a que se refere o acordo de especialização.

9 – "Obrigação de compra exclusiva": uma obrigação de comprar o produto a que se refere o acordo de especialização apenas à parte que concordar em fornecê-lo.

ARTIGO 3.º (**Acordos de compra e comercialização**)

A isenção prevista no artigo 1.º aplica-se igualmente quando:

a) As partes aceitem uma obrigação de compra exclusiva e/ou de fornecimento exclusivo no âmbito de um acordo de especialização unilateral ou recíproco ou de um acordo de produção em conjunto; ou

b) As partes não vendam os produtos que são objecto do acordo de especialização de forma independente mas prevejam a distribuição em conjunto ou concordem em indicar um terceiro distribuidor numa base exclusiva ou não exclusiva no âmbito de um acordo de produção em conjunto, na medida em que esse terceiro não seja uma empresa concorrente.

ARTIGO 4.º (**Limiar da quota de mercado**)

A isenção prevista no artigo 1.º aplica-se na condição de o limiar da quota de mercado cumulada das empresas participantes não exceder os 20% do mercado relevante.

ARTIGO 5.º (**Acordos não abrangidos pela isenção**)

1 – A isenção prevista no artigo 1.º não é aplicável a acordos que, directa ou indirectamente, isoladamente ou em combinação com outros factores que sejam controlados pelas partes, tenham por objecto:

a) A fixação de preços aquando da venda de produtos a terceiros;

b) A limitação da produção ou das vendas; ou

c) A repartição de mercados ou clientes.

2 – O n.º 1 não se aplica:

a) Às medidas relativas a quantidades acordadas de produtos no âmbito de acordos de especialização unilateral ou recíproca ou ao estabelecimento da capacidade e do volume de produção de uma empresa comum no âmbito de um acordo de produção em conjunto;

b) Ao estabelecimento de objectivos de vendas e à fixação de preços que uma empresa comum de produção aplicar aos seus clientes directos no contexto da alínea *b)* do artigo 3.º.

ARTIGO 6.º **(Aplicação do limiar das quotas de mercado)**

1 – Para efeitos do cálculo do limiar da quota de mercado previsto no artigo 4.º, são aplicáveis as seguintes regras:

a) A quota de mercado é calculada com base no valor das vendas no mercado. Se os dados relativos ao valor das vendas no mercado não se encontrarem disponíveis, podem ser utilizadas estimativas com base noutras informações de mercado fiáveis, incluindo volumes das vendas no mercado a fim de determinar a quota de mercado da empresa em questão;

b) A quota de mercado é calculada com base nos dados relativos ao ano civil anterior;

c) A quota de mercado das empresas a que se refere o n.º 3, alínea *e)*, do artigo 2.º será repartida por igual entre cada uma das empresas que tenham os direitos ou poderes enumerados no n.º 3, alínea *a)*, do artigo 2.º.

2 – Sempre que a quota de mercado referida no artigo 4.º não exceder inicialmente 20%, mas posteriormente ultrapassar este nível sem exceder 25%, a isenção prevista no artigo 1.º continua a ser aplicável por um período de dois anos civis consecutivos, subsequentes ao ano em que o limiar de 20% foi pela primeira vez ultrapassado.

3 – Sempre que a quota de mercado referida no artigo 4.º não exceder inicialmente 20%, mas posteriormente ultrapassar 25%, a isenção prevista no artigo 1.º continua a ser aplicável durante um ano civil a seguir ao ano em que o nível de 25% foi pela primeira vez ultrapassado.

4 – O benefício previsto nos n.ºs 2 e 3 não pode ser cumulado de forma a ultrapassar um período de dois anos civis.

ARTIGO 7.º **(Não verificação da isenção)**

A Comissão pode declarar a não verificação do benefício do presente regulamento, nos termos do artigo 7.º do Regulamento (CEE) n.º 2821/71, se, oficiosamente ou a pedido de um Estado membro ou de pessoas singulares ou colectivas com interesse legítimo, considerar num caso específico que um acordo abrangido pela isenção prevista no artigo 1.º tem, no entanto, efeitos incompatíveis com os termos do n.º 3 do artigo 81.º do Tratado, e, nomeadamente, sempre que:

a) O acordo não originar resultados significativos em termos de racionalização ou os utilizadores não receberem uma parte equitativa do lucro daí resultante; ou

b) Os produtos objecto da especialização não estiverem sujeitos, no mercado comum ou numa parte substancial deste, a uma concorrência efectiva de produtos idênticos ou considerados similares pelo utilizador em virtude das suas características, preço e utilização prevista.

ARTIGO 8.º **(Direito transitório)**

A proibição estabelecida no n.º 1 do artigo 81.º do Tratado não é aplicável durante o período compreendido entre 1 de Janeiro de 2001 e 30 de Junho de 2002 relativamente a acordos já em vigor em 31 de Dezembro de 2000 que não satisfaçam as condições de isenção previstas no presente regulamento, mas que preencham as condições de isenção previstas no Regulamento (CEE) n.º 417/85.

ARTIGO 8.º-A

As proibições referidas no n.º 1 do artigo 81.º do Tratado não serão aplicáveis aos acordos existentes à data da adesão da República Checa, da Estónia, de Chipre, da Letónia, da Lituânia, da Hungria, de Malta, da Polónia, da Eslovénia e da Eslováquia e que, na sequência da adesão, são abrangidos pelo n.º 1 do artigo 81.º se, no prazo de seis meses a contar da data da adesão, tiverem sido alterados de modo a preencher os requisitos do presente regulamento.

ARTIGO 9.º **(Período de vigência)**

O presente regulamento entra em vigor em 1 de Janeiro de 2001.

A sua vigência termina em 31 de Dezembro de 2010.

O presente regulamento é obrigatório em todos os seus elementos e directamente aplicável em todos os Estados membros.

Feito em Bruxelas, em 29 de Novembro de 2000.

Pela Comissão, *Mario Monti*.

Membro da Comissão.

ACORDOS DE INVESTIGAÇÃO E DESENVOLVIMENTO

Regulamento (CE) n.º 2659/2000*-**

A COMISSÃO DAS COMUNIDADES EUROPEIAS,
Tendo em conta o Tratado que institui a Comunidade Europeia,
Tendo em conta o Regulamento (CEE) n.º 2821/71 do Conselho, de 20 de Dezembro de 1971, relativo à aplicação do n.º 3 do artigo 85.º do Tratado a certas categorias de acordos, decisões e práticas concertadas[1], com a última redacção que lhe foi dada pelo Acto de Adesão da Áustria, da Finlândia e da Suécia e, nomeadamente, o n.º 1, alínea b), do seu artigo 1.º,
Após publicação de um projecto do presente regulamento[2],
Após consulta do Comité Consultivo em matéria de acordos, decisões e práticas concertadas e de posições dominantes,
Considerando o seguinte:

(1) O Regulamento (CEE) n.º 2821/71 confere à Comissão competência para aplicar, por meio de regulamento, o n.º 3 do artigo 81.º (antigo n.º 3 do artigo 85.º) do Tratado a certas categorias de acordos, decisões e práticas concertadas abrangidas pelo n.º 1 do artigo 81.º, que tenham por objecto a investigação e o desenvolvimento de produtos ou processos até ao estádio da aplicação industrial, e a exploração dos resultados, incluindo as disposições relativas ao direito de propriedade intelectual.

(2) O n.º 2 do artigo 163.º do Tratado estabelece que a Comunidade incentivará as empresas, incluindo as pequenas e médias empresas, nos seus esforços de investigação e desenvolvimento tecnológico de elevada qualidade, e apoiará os seus esforços de cooperação. Nos termos da Decisão 1999/65/CE do Conselho, de 22 de Dezembro de 1998, relativa às regras de participação de empresas, centros de investigação e universidades e às regras de difusão dos resultados da investigação para execução do quinto programa-quadro da

---

* Regulamento (CE) n.º 2659/2000 da Comissão, de 29 de Novembro de 2000, relativo à aplicação do n.º 3 do artigo 81.º do Tratado a certas categorias de acordos de investigação e de desenvolvimento (Texto relevante para efeitos do EEE: JO, L 304, de 5.12.2000, pp. 7-12), com a redacção resultante do Anexo II do Acto de Adesão de 2003.

** Ver ainda a Decisão do Comité Misto do EEE n.º 113/2000, de 22 de Dezembro de 2000, que altera o anexo XIV (concorrência) do Acordo EEE (JO, L 52, de 22.2.2001, pp. 38-39).

[1] JO, L 285, de 29.12.1971, p. 46.
[2] JO, C 118, de 27.4.2000, p. 3.

Comunidade Europeia (1998-2002)[1], e do Regulamento (CE) n.º 996/1999 da Comissão[2], que adopta as modalidades de aplicação da Decisão 1999/65/CE, as acções indirectas de investigação e desenvolvimento tecnológico (IDT) no âmbito do quinto programa-quadro da Comunidade devem ser realizadas em cooperação.

(3) Os acordos celebrados para empreender uma investigação em conjunto ou para desenvolver em conjunto os resultados da investigação até ao estádio da aplicação industrial exclusiva não são, em geral, abrangidos pelo disposto no n.º 1 do artigo 81.º do Tratado. Todavia, em determinadas circunstâncias, nomeadamente quando as partes se obrigam a não desenvolver outras actividades de investigação e desenvolvimento, no mesmo domínio, renunciando desse modo à oportunidade de obter vantagens concorrenciais sobre as outras partes, estes acordos podem ser abrangidos pelo disposto no n.º 1 do artigo 81.º, devendo, portanto, ser incluídos no âmbito do presente regulamento.

(4) A Comissão, ao abrigo do Regulamento (CEE) n.º 2821/71, adoptou nomeadamente o Regulamento (CEE) n.º 418/85, de 19 de Dezembro de 1984, relativo à aplicação do n.º 3 do artigo 85.º do Tratado a certas categorias de acordos de investigação e desenvolvimento[3], com a última redacção que lhe foi dada pelo Regulamento (CE) n.º 2236/97[4]. A vigência do Regulamento (CEE) n.º 418/85 termina em 31 de Dezembro de 2000.

(5) Um novo regulamento deverá satisfazer a dupla exigência de assegurar uma protecção eficaz da concorrência e de garantir adequada segurança jurídica às empresas. A prossecução destes objectivos deve tomar em conta a necessidade de simplificar o mais possível a supervisão administrativa e o quadro legislativo. Pode presumir-se em geral que, para a aplicação do n.º 3 do artigo 81.º, abaixo de um determinado nível de poder de mercado, os efeitos positivos dos acordos de investigação e desenvolvimento compensarão quaisquer efeitos negativos sobre a concorrência.

(6) O Regulamento (CEE) n.º 2821/71 prevê que os regulamentos de isenção da Comissão determinem as categorias de acordos, decisões e práticas concertadas a que se aplicam, precisem as restrições ou as cláusulas que podem, ou não, figurar nos acordos, decisões e práticas concertadas e especifiquem as cláusulas que devem figurar nos acordos, decisões e práticas concertadas ou quaisquer outras condições que devam ser preenchidas.

(7) É conveniente abandonar a abordagem que consiste numa lista de cláusulas de isenção e dar maior ênfase à determinação das categorias de acordos que são isentos até um determinado nível de poder de mercado e à especificação das restrições ou cláusulas que não podem figurar nesses acordos, o que é coerente com uma abordagem económica que avalia o impacto dos acordos no mercado relevante.

(8) Para a aplicação do n.º 3 do artigo 81.º através de regulamento, não é necessário definir os acordos verticais susceptíveis de serem abrangidos pelo n.º 1 do artigo 81.º A apreciação dos acordos no âmbito do n.º 1 do artigo 81.º deve ter em conta diversos factores, em especial a estrutura do mercado relevante.

(9) O benefício da isenção por categoria deve ser reservado aos acordos em relação aos quais se possa considerar com segurança que preenchem as condições estabelecidas no n.º 3 do artigo 81.º.

---

[1] JO, L 26, de 1.2.1999, p. 46.
[2] JO, L 122, de 12.5.1999, p. 9.
[3] JO, L 53, de 22.2.1985, p. 5.
[4] JO, L 306, de 11.11.1997, p. 12.

(10) A cooperação em matéria de investigação e desenvolvimento e de exploração dos resultados contribui, em geral, para promover o progresso técnico e económico, na medida em que difunde mais amplamente entre as partes o saber-fazer, evitando a duplicação de actividades de investigação e desenvolvimento, encoraja novos progressos, graças ao intercâmbio de saber-fazer complementar, e racionaliza o fabrico dos produtos ou a aplicação dos processos resultantes de investigação e desenvolvimento.

(11) A exploração em conjunto dos resultados pode ser vista como consequência natural da actividade de investigação e desenvolvimento em conjunto. Esta exploração pode assumir diferentes formas como o fabrico, a exploração de direitos de propriedade intelectual que contribua substancialmente para o progresso técnico ou económico, ou a comercialização de novos produtos.

(12) Pode presumir-se que os utilizadores beneficiarão em geral do aumento do volume e da eficácia da investigação e desenvolvimento, graças à introdução de produtos ou de serviços novos ou melhorados ou à redução de preços resultante desses processos novos ou melhorados.

(13) Para atingir os objectivos e vantagens da investigação e desenvolvimento em conjunto, as vantagens do presente regulamento deverão igualmente aplicar-se às disposições previstas nos acordos de investigação e desenvolvimento que não constituam o objecto principal de tais acordos, mas que estejam directamente relacionados e sejam necessários para a sua execução.

(14) Para justificar a isenção, a exploração em conjunto deve aplicar-se a produtos ou processos em relação aos quais seja determinante a aplicação dos resultados da investigação e desenvolvimento e ser dada a cada uma das partes a oportunidade para explorar todos os resultados que lhes interessem. Contudo, quando organismos académicos, institutos de investigação ou empresas, que procedam a investigação e desenvolvimento como um serviço comercial sem desenvolverem normalmente actividades de exploração industrial dos resultados, participarem na investigação e desenvolvimento, podem concordar com a utilização dos resultados da investigação e desenvolvimento apenas para fins de nova investigação. Do mesmo modo, os não concorrentes podem concordar em limitar o seu direito à exploração a um ou mais domínios técnicos de aplicação para facilitar a cooperação entre partes com competências complementares.

(15) A isenção prevista no presente regulamento deverá circunscrever-se aos acordos de investigação e desenvolvimento que não dêem às empresas a possibilidade de eliminarem a concorrência relativamente a uma parte substancial dos produtos ou serviços em causa. É necessário excluir da isenção por categoria os acordos entre concorrentes cujas quotas de mercado cumuladas, em relação aos produtos ou serviços susceptíveis de serem melhorados ou substituídos em resultado da investigação e desenvolvimento, excedam um determinado nível no momento da conclusão do acordo.

(16) Para garantir a manutenção de uma concorrência efectiva durante a exploração em conjunto dos resultados, deverá prever-se que a isenção por categoria deixe de se aplicar se a quota de mercado cumulada das partes, relativamente aos produtos provenientes da actividade de investigação e desenvolvimento em conjunto, se tornar demasiado importante. A isenção deverá continuar a ser aplicada, independentemente das quotas de mercado das partes, durante um certo período após o início da exploração em conjunto permitir, nomeadamente depois da introdução de um produto inteiramente novo, a estabilização das suas quotas de mercado e para garantir um período mínimo de rendimento dos investimentos envolvidos.

(17) O presente regulamento não deve isentar os acordos que contenham restrições que não sejam indispensáveis para obter os efeitos positivos acima referidos. Em princípio, determinadas restrições anticoncorrenciais graves, tais como as limitações à liberdade de as partes realizarem actividades de investigação e desenvolvimento num domínio não ligado ao abrangido pelo acordo, a fixação de preços aplicados a terceiros, as limitações da produção ou de venda, a repartição de mercados ou clientes e as limitações à realização de vendas passivas dos produtos contratuais em territórios reservados a outras partes, devem ser excluídas do benefício da isenção por categoria estabelecido pelo presente regulamento, independentemente da quota de mercado das empresas em causa.

(18) A limitação da quota de mercado, a não isenção de certos acordos e as condições previstas no presente regulamento, normalmente, são de molde a assegurar que os acordos a que a isenção por categoria é aplicável não permitam que as empresas participantes eliminem a concorrência em relação a uma parte substancial dos produtos ou serviços em questão.

(19) Em casos especiais em que os acordos abrangidos pelo âmbito de aplicação do presente regulamento tenham efeitos incompatíveis com o n.º 3 do artigo 81.º do Tratado, a Comissão pode retirar o benefício da isenção por categoria.

(20) Os acordos entre empresas que não sejam fabricantes concorrentes de produtos susceptíveis de serem melhorados ou substituídos em resultado da investigação e desenvolvimento só em circunstâncias excepcionais eliminarão a concorrência efectiva no domínio da investigação e desenvolvimento. Assim, é conveniente que tais acordos beneficiem da isenção por categoria independentemente da quota de mercado e que se resolvam esses casos excepcionais através da retirada da isenção.

(21) Dado que os acordos de investigação e desenvolvimento são, muitas vezes, concluídos a longo prazo, sobretudo quando a cooperação abrange a exploração dos resultados, o período de vigência deste regulamento deverá ser fixado em 10 anos.

(22) O presente regulamento não prejudica a aplicação do artigo 82.º do Tratado.

(23) De acordo com o princípio do primado do direito comunitário, nenhuma medida tomada ao abrigo dos direitos nacionais de concorrência pode prejudicar a aplicação uniforme das regras de concorrência da Comunidade, em todo o mercado comum, nem o efeito útil de quaisquer medidas tomadas para a sua execução, incluindo o presente regulamento,

ADOPTOU O PRESENTE REGULAMENTO:

ARTIGO 1.º **(Isenção)**

1 – Nos termos do n.º 3 do artigo 81.º do Tratado e do presente regulamento, o n.º 1 do artigo 81.º do Tratado não se aplica aos acordos em que participem duas ou mais empresas, a seguir designadas "as partes", relacionados com os termos em que prossigam:

a) Actividades em conjunto de investigação e de desenvolvimento de produtos ou processos, bem como a exploração em conjunto dos resultados de tal investigação e desenvolvimento;

b) A exploração em conjunto dos resultados da investigação e desenvolvimento de produtos ou processos, efectuada em conjunto por força de um acordo celebrado anteriormente pelas mesmas partes; ou *c)* Actividades em conjunto de investigação e de desenvolvimento de produtos ou processos que excluam a exploração em conjunto dos resultados.

A isenção prevista no primeiro parágrafo aplica-se na medida em que tais acordos, a seguir designados "acordos de investigação e desenvolvimento", contenham restrições da concorrência abrangidas pelo âmbito de aplicação do n.º 1 do artigo 81.º do Tratado.

2 – A isenção prevista no n.º 1 é aplicável, igualmente, às disposições previstas nos acordos de investigação e desenvolvimento que não constituam o principal objecto de tais acordos e estejam directamente relacionadas e sejam necessárias à sua execução, tais como uma obrigação de não realizar actividades de investigação e desenvolvimento em domínios abrangidos pelo acordo ou em domínios estreitamente relacionados com este, de forma independente ou com terceiros, durante o período de execução do acordo.

Todavia, o primeiro parágrafo, não é aplicável às disposições que tenham o mesmo objecto das restrições da concorrência enumeradas no n.º 1 do artigo 5.º.

ARTIGO 2.º **(Definições)**

Para efeitos do presente regulamento entende-se por:

1 – "Acordo": qualquer acordo, decisão de uma associação de empresas ou prática concertada.

2 – "Empresas participantes": as empresas parte no acordo de investigação e desenvolvimento e as respectivas empresas ligadas.

3 – "Empresas ligadas":

a) As empresas em que uma das partes no acordo de investigação e desenvolvimento disponha, directa ou indirectamente:
  i) do poder de exercer mais de metade dos direitos de voto, ou
  ii) do poder de designar mais de metade dos membros do conselho fiscal ou de administração ou dos órgãos que representam legalmente a empresa, ou
  iii) do direito de gerir os negócios da empresa;

b) As empresas que directa ou indirectamente disponham, numa das partes no acordo de investigação e desenvolvimento, dos direitos ou poderes enumerados na alínea *a)*;

c) As empresas nas quais uma empresa referida na alínea *b)* disponha, directa ou indirectamente, dos direitos ou poderes enumerados na alínea *a)*;

d) As empresas nas quais uma parte no acordo de investigação e desenvolvimento juntamente com uma ou mais das empresas mencionadas nas alíneas *a)*, *b)* ou *c)* ou nas quais duas ou mais destas últimas empresas disponham conjuntamente dos direitos ou poderes enumerados na alínea *a)*;

d) As empresas em que os direitos ou poderes enumerados na alínea *a)* pertençam conjuntamente:
  i) às partes no acordo de investigação e desenvolvimento ou às respectivas empresas ligadas mencionadas nas alíneas *a)* a *d)*, ou

ii) a uma ou mais de uma das partes no acordo de investigação e desenvolvimento, ou a uma ou mais de uma das respectivas empresas ligadas mencionadas nas alíneas *a)* a *d)* e um ou mais terceiros.

4 – "Investigação e desenvolvimento": a aquisição de saber-fazer, no que respeita a produtos ou processos e a realização de análises teóricas, estudos sistemáticos ou experiências, incluindo a produção experimental, os ensaios técnicos de produtos ou processos, a criação dos equipamentos necessários e a obtenção de direitos de propriedade intelectual inerentes.

5 – "Produto": um bem e/ou um serviço, incluindo quer os bens e/ou serviços intermédios, quer os bens e/ou serviços finais.

6 – "Processo contratual": uma tecnologia ou processo resultante das actividades de investigação e desenvolvimento em conjunto.

7 – "Produto contratual": um produto resultante das actividades de investigação e desenvolvimento em conjunto ou fabricado ou fornecido mediante aplicação dos processos contratuais.

8 – "Exploração dos resultados": a produção ou distribuição dos produtos contratuais ou a aplicação dos processos contratuais ou a cessão ou concessão de licenças de direitos de propriedade intelectual ou a comunicação de saber-fazer exigido para esse fabrico ou aplicação.

9 – "Direitos de propriedade intelectual": incluem os direitos de propriedade industrial, os direitos de autor e direitos conexos.

10 – "Saber-fazer": um pacote de informações práticas não patenteadas, resultantes de experiências e ensaios, secretas, substanciais e identificadas: neste contexto, por "secretas" entende-se que o saber-fazer não é normalmente conhecido ou de fácil obtenção; por "substanciais" entende-se que o saber-fazer inclui informações indispensáveis ao fabrico dos produtos contratuais ou à aplicação dos processos contratuais; por "identificadas" entende-se que o saber-fazer deve ser definido de uma forma suficientemente abrangente a fim de permitir verificar se preenche os critérios de confidencialidade e substancialidade.

11 – Investigação e desenvolvimento ou exploração dos resultados "em conjunto": as actividades:

a) Realizadas em conjunto por uma equipa, uma organização ou uma empresa;

b) Confiadas em conjunto a um terceiro; ou

c) Repartidas entre as partes, em função de uma especialização em investigação, desenvolvimento, produção ou distribuição.

12 – "Empresa concorrente": uma empresa que fornece um produto susceptível de ser melhorado ou substituído pelo produto contratual (um concorrente efectivo) ou uma empresa que, em termos reais, procederá aos investimentos adicionais necessários ou incorrerá noutros custos de transição necessários por forma a fornecer tal produto em resposta a um pequeno e permanente aumento dos respectivos preços (um concorrente potencial).

13 – "Mercado relevante de produtos contratuais": o mercado do produto relevante e o(s) mercado(s) geográfico(s) a que pertencem os produtos contratuais.

ARTIGO 3.º (Condições de isenção)

1 – A isenção prevista no artigo 1.º aplica-se nos termos dos n.ºs 2 a 5.

2 – Todas as partes devem ter acesso aos resultados da investigação e desenvolvimento em conjunto para fins de nova investigação ou exploração. Todavia, os órgãos académicos, institutos de investigação ou as empresas que procedam à investigação e desenvolvimento unicamente como um serviço comercial sem serem em princípio activas na exploração de resultados podem acordar em limitar a sua exploração dos resultados para fins de nova investigação.

3 – Sem prejuízo do disposto no n.º 2, quando o acordo de investigação e desenvolvimento prever apenas as actividades de investigação e desenvolvimento em conjunto, cada uma das partes deve poder explorar de forma independente os resultados das actividades de investigação e desenvolvimento em conjunto, bem como o saber-fazer necessário preexistente para fins de tal exploração. Tal direito de exploração pode ser limitado a um ou mais domínios técnicos de aplicação, quando as partes não são empresas concorrentes à data da entrada em vigor do acordo de investigação e desenvolvimento.

4 – Qualquer exploração em conjunto deve dizer respeito a resultados protegidos por direitos de propriedade intelectual ou constituir saber-fazer que contribua de forma substancial para o progresso técnico ou económico e esses resultados devem ser determinantes para o fabrico de produtos contratuais ou para a utilização de processos contratuais.

5 – As empresas encarregadas do fabrico através da especialização da produção devem ser obrigadas a satisfazer os pedidos de fornecimento de todas as partes, excepto quando o acordo de investigação e desenvolvimento diga igualmente respeito à distribuição em conjunto.

ARTIGO 4.º (Limiar da quota de mercado e duração da isenção)

1 – Sempre que as empresas participantes não forem empresas concorrentes, a isenção prevista no artigo 1.º aplica-se durante o período de execução da investigação e desenvolvimento. Em caso de exploração em conjunto dos resultados, a isenção continua a aplicar-se por um período de sete anos a contar da data da primeira comercialização no mercado comum dos produtos contratuais.

2 – Sempre que duas ou mais empresas participantes forem empresas concorrentes, a isenção prevista no artigo 1.º aplica-se durante o período fixado no n.º 1, apenas se, no momento da conclusão do acordo de investigação e desenvolvimento, a quota de mercado cumulada das empresas participantes não exceder os 25% do mercado relevante no que se refere aos produtos susceptíveis de serem melhorados ou substituídos pelos produtos contratuais.

3 – Decorrido o período referido no n.º 1, a isenção continua a aplicar-se enquanto a quota de mercado cumulada das empresas participantes não exceder os 25% do mercado relevante dos produtos contratuais.

ARTIGO 5.º (**Acordos não abrangidos pela isenção**)

1 – A isenção prevista no artigo 1.º não é aplicável a acordos de investigação e desenvolvimento que, directa ou indirectamente, isoladamente ou em combinação com outros factores que sejam controlados pelas partes, tenham por objecto:

a) A restrição da liberdade de as empresas participantes realizarem, de forma independente ou em cooperação com terceiros, actividades de investigação e desenvolvimento, num domínio não ligado com a investigação e desenvolvimento em causa ou, após a sua conclusão, num domínio por elas abrangido ou num domínio a elas ligado;

b) A proibição de contestar, após a realização das actividades de investigação e desenvolvimento, a validade dos direitos de propriedade intelectual de que as partes são titulares no mercado comum e que são relevantes para a investigação e desenvolvimento ou, após a cessação do acordo de investigação e desenvolvimento, a validade dos direitos de propriedade intelectual de que as partes são titulares no mercado comum e que protegem os resultados da investigação e desenvolvimento, sem prejuízo da possibilidade de prever o termo do acordo de investigação e desenvolvimento no caso de uma das partes contestar a validade de tais direitos de propriedade intelectual;

c) A limitação da produção ou vendas;

d) A fixação de preços aquando da venda de produtos contratuais a terceiros;

e) A restrição dos clientes que as empresas participantes podem fornecer, decorrido o período de sete anos a contar da data da primeira comercialização no mercado comum dos produtos contratuais;

f) A proibição de efectuar vendas passivas de produtos contratuais em territórios reservados às outras partes;

g) A proibição de comercializar os produtos contratuais ou de praticar uma política de vendas activas desses produtos nos territórios reservados a outras partes no mercado comum, depois do termo do prazo de sete anos a contar da data da primeira comercialização no mercado comum dos produtos contratuais;

h) A obrigação de não conceder licenças a terceiros para fabricarem os produtos contratuais ou utilizarem os processos contratuais quando a exploração, pelas próprias partes, dos resultados das actividades em conjunto de investigação e desenvolvimento não estiver prevista ou não se verificar;

i) A obrigação de recusar satisfazer os pedidos de utilizadores ou revendedores nos respectivos territórios, que iriam comercializar os produtos contratuais noutros territórios no interior do mercado comum; ou

j) A obrigação de dificultar aos utilizadores ou revendedores a obtenção dos produtos contratuais junto de outros revendedores no mercado comum e, especialmente, exercer direitos de propriedade intelectual ou tomar medidas para impedir a aquisição ou a comercialização no mercado comum pelos utilizadores ou revendedores de produtos colocados licitamente no mercado no interior da Comunidade por outra parte ou com a sua aprovação.

2 – O n.º 1 não se aplica:

a) Ao estabelecimento de objectivos de produção, sempre que a exploração dos resultados inclua a produção conjunta de produtos contratuais;

b) Ao estabelecimento de objectivos de vendas e à fixação de preços facturados aos clientes directos, sempre que a exploração dos resultados inclua a distribuição conjunta de produtos contratuais.

ARTIGO 6.º **(Aplicação do limiar das quotas de mercado)**

1 – Para efeitos do cálculo dos limiares da quota de mercado previstos no artigo 4.º, são aplicáveis as seguintes regras:

a) A quota de mercado é calculada com base no valor das vendas no mercado, Se os dados relativos ao valor das vendas no mercado não se encontrarem disponíveis, podem ser utilizadas estimativas com base noutras informações de mercado fiáveis, incluindo volumes das vendas no mercado a fim de estabelecer a quota de mercado da empresa em causa;

b) A quota de mercado é calculada com base nos dados relativos ao ano civil anterior;

c) A quota de mercado das empresas referidas no n.º 3, alínea *e)*, do artigo 2.º será repartida por igual entre cada uma das empresas que tenham os direitos ou poderes enumerados no n.º 3, alínea *a)*, do artigo 2.º.

2 – Sempre que a quota de mercado referida no artigo 4.º não exceder inicialmente 25%, mas posteriormente ultrapassar este nível sem exceder 30%, a isenção prevista no artigo 1.º continua a ser aplicável por um período de dois anos civis consecutivos, subsequentes ao ano em que o limiar de 25% foi pela primeira vez ultrapassado;

3 – Sempre que a quota de mercado referida no artigo 4.º não exceder inicialmente 25%, mas posteriormente ultrapassar 30%, a isenção prevista no artigo 1.º continua a ser aplicável durante um ano civil a seguir ao ano em que o nível de 30% foi pela primeira vez ultrapassado;

4 – O benefício previsto nos n.ºs 2 e 3 não pode ser cumulado de forma a ultrapassar um período de dois anos civis.

ARTIGO 7.º **(Não verificação da isenção)**

A Comissão pode declarar a não verificação do benefício do presente regulamento, nos termos do artigo 7.º do Regulamento (CEE) n.º 2821/71, se, oficiosamente ou a pedido de um Estado membro ou de pessoas singulares ou colectivas com interesse legítimo, considerar num caso específico que um acordo de investigação e desenvolvimento abrangido pela isenção prevista no artigo 1.º tem, no entanto, efeitos incompatíveis com o disposto no n.º 3 do artigo 81.º do Tratado, e, nomeadamente, sempre que:

a) A existência do acordo de investigação e desenvolvimento entrave fortemente a possibilidade de terceiros realizarem actividades de investigação e desenvolvimento no domínio em causa, em consequência das limitadas capacidades de investigação existentes noutros lados;

b) A existência do acordo de investigação e desenvolvimento entrave seriamente o acesso de terceiros ao mercado dos produtos contratuais, devido à estrutura específica da oferta;

c) As partes, sem razão objectivamente justificada, não explorarem os resultados das actividade de investigação e desenvolvimento em conjunto;

d) Os produtos contratuais não estiverem sujeitos, no conjunto do mercado comum ou numa parte substancial deste, a uma concorrência efectiva de produtos idênticos ou considerados similares pelo utilizador em virtude das suas características, preço e utilização prevista;

e) A existência do acordo de investigação e desenvolvimento for susceptível de eliminar a concorrência efectiva das actividades de investigação e de desenvolvimento num mercado específico.

ARTIGO 8.º **(Direito transitório)**

A proibição estabelecida no n.º 1 do artigo 81.º do Tratado não é aplicável durante o período de 1 de Janeiro de 2001 a 30 de Junho de 2002 relativamente a acordos já em vigor em 31 de Dezembro de 2000 que não satisfaçam as condições de isenção previstas no presente regulamento, mas que preencham as condições de isenção previstas no Regulamento (CEE) n.º 418/85.

ARTIGO 8.º-A

As proibições referidas no n.º 1 do artigo 81.º do Tratado não serão aplicáveis aos acordos existentes à data da adesão da República Checa, da Estónia, de Chipre, da Letónia, da Lituânia, da Hungria, de Malta, da Polónia, da Eslovénia e da Eslováquia e que, na sequência da adesão, são abrangidos pelo n.º 1 do artigo 81.º se, no prazo de seis meses a contar da data da adesão, tiverem sido alterados de modo a preencher os requisitos do presente regulamento.

ARTIGO 9.º **(Período de vigência)**

O presente regulamento entra em vigor em 1 de Janeiro de 2001. A sua vigência termina em 31 de Dezembro de 2010.

O presente regulamento é obrigatório em todos os seus elementos e directamente aplicável em todos os Estados membros.

Feito em Bruxelas, em 29 de Novembro de 2000.

Pela Comissão, *Mario Monti*.

Membro da Comissão.

ACORDOS DE TRANSFERÊNCIA DE TECNOLOGIA

Regulamento (CE) n.º 772/2004*

A COMISSÃO DAS COMUNIDADES EUROPEIAS,
Tendo em conta o Tratado que institui a Comunidade Europeia,
Tendo em conta o Regulamento n.º 19/65/CEE do Conselho, de 2 de Março de 1965, relativo à aplicação do n.º 3 do artigo 85.º do Tratado a certas categorias de acordos e práticas concertadas e, nomeadamente, o seu artigo 1.º,
Após publicação de um projecto do presente regulamento,
Após consulta do Comité Consultivo em matéria de acordos, decisões e práticas concertadas e de posições dominantes,
Considerando o seguinte:

(1) O Regulamento n.º 19/65/CEE confere à Comissão competência para aplicar, por meio de regulamento, o n.º 3 do artigo 81.º do Tratado a certas categorias de acordos de transferência de tecnologia e práticas concertadas conexas abrangidas pelo n.º 1 do artigo 81.º, sempre que em tais acordos ou práticas estejam implicadas apenas duas empresas.

(2) Em conformidade com o Regulamento n.º 19/65/CEE, a Comissão adoptou, nomeadamente, o Regulamento (CE) n.º 240/96, de 31 de Janeiro de 1996, relativo à aplicação do n.º 3 do artigo 85.º do Tratado a certas categorias de acordos de transferência de tecnologia.

(3) Em 20 de Dezembro de 2001, a Comissão publicou um relatório de avaliação respeitante ao Regulamento de isenção por categoria (CE) n.º 240/96 relativo à transferência de tecnologia. Este relatório lançou um debate público sobre a aplicação do Regulamento (CE) n.º 240/96, bem como sobre a aplicação em geral dos n.ºs 1 e 3 do artigo 81.º do Tratado aos acordos de transferência de tecnologia. A resposta dos Estados-Membros e das partes interessadas ao relatório de avaliação foi em geral favorável à reforma da política comunitária de concorrência no domínio dos acordos de transferência de tecnologia. É, por conseguinte, conveniente substituir o Regulamento (CE) n.º 240/96.

(4) O presente regulamento deve preencher o duplo requisito de assegurar uma concorrência efectiva e garantir uma segurança jurídica adequada às empresas. A prossecução destes objectivos deve ter em conta a necessidade de simplificar o quadro regulamentar e a

---

* Regulamento (CE) n.º 772/2004 da Comissão de 7 de Abril de 2004 relativo à aplicação do n.º 3 do artigo 81.º do Tratado a categorias de acordos de transferência de tecnologia (Texto relevante para efeitos do EEE) (JO, L 123, de 27.4.2004, pp. 11, e JO, L 127, de 29.4.2004, pp. 158).

sua aplicação. É conveniente renunciar à abordagem que consiste em enumerar as cláusulas isentas e dar maior ênfase à determinação das categorias de acordos isentos até um determinado nível de poder de mercado, bem como à identificação das restrições ou cláusulas que não podem constar desses acordos.

Tal coaduna-se com uma abordagem de carácter económico que aprecia o impacto dos acordos no mercado relevante. É igualmente consentâneo com esta abordagem estabelecer uma distinção entre os acordos entre concorrentes e os acordos entre não concorrentes.

(5) Os acordos de transferência de tecnologia dizem respeito à concessão de licenças no domínio da tecnologia. Tais acordos contribuirão normalmente para melhorar a eficiência económica e promover a concorrência, dado que podem reduzir a duplicação em matéria de investigação e desenvolvimento, reforçar os incentivos a favor de novas acções de investigação e desenvolvimento, promover a inovação incremental, facilitar a disseminação de tecnologia e fomentar a concorrência no mercado dos produtos.

(6) A probabilidade de esses efeitos, em termos de eficiência e concorrência acrescidas, compensarem os eventuais efeitos anticoncorrenciais resultantes de restrições contidas nos acordos de transferência de tecnologia depende do poder de mercado das empresas em causa e, por conseguinte, do grau em que essas empresas se defrontam com a concorrência de empresas proprietárias de tecnologias alternativas ou de empresas fabricantes de produtos alternativos.

(7) O presente regulamento deve apenas contemplar os acordos em que o licenciante autoriza o licenciado a explorar a tecnologia licenciada, eventualmente após novas actividades de investigação e desenvolvimento pelo licenciado, para a produção de bens ou serviços. Não deve ser aplicado aos acordos de concessão de licenças que tenham como objectivo subcontratar investigação e desenvolvimento. De igual forma, também não deve ser aplicado aos acordos de concessão de licenças para efeitos de agrupamento de tecnologias, ou seja, acordos destinados a agrupar tecnologias para a concessão a terceiros de licenças relativas a esse conjunto de direitos de propriedade intelectual.

(8) Para efeitos da aplicação do n.º 3 do artigo 81.º mediante regulamento, não é necessário definir quais os acordos de transferência de tecnologia susceptíveis de serem abrangidos pelo n.º 1 do artigo 81.º. A apreciação individual dos acordos nos termos do n.º 1 do artigo 81.º deve ter em conta diversos factores, nomeadamente a estrutura e a dinâmica dos mercados da tecnologia e do produto relevantes.

(9) O benefício da isenção por categoria estabelecida pelo presente regulamento deve circunscrever-se aos acordos em relação aos quais seja possível considerar, com um grau de segurança suficiente, que preenchem as condições estabelecidas no n.º 3 do artigo 81.º. No intuito de alcançar os benefícios e os objectivos visados pela transferência de tecnologia, o presente regulamento deve igualmente ser aplicável às disposições contidas nos acordos de transferência de tecnologia que não constituem o objecto principal de tais acordos, mas que estejam directamente relacionadas com a aplicação da tecnologia licenciada.

(10) Em relação aos acordos de transferência de tecnologia entre concorrentes, pode presumir-se, quando a quota agregada das partes nos mercados relevantes não excede 20% e os acordos não contêm certos tipos de restrições anticoncorrenciais graves, que estes conduzem em geral a uma melhoria da produção ou da distribuição, assegurando aos consumidores uma parte equitativa dos benefícios daí resultantes.

(11) Em relação aos acordos de transferência de tecnologia entre não concorrentes, pode presumir-se, quando a quota individual de cada uma das partes nos mercados relevantes não excede 30% e os acordos não contêm certos tipos de restrições anticoncorrenciais

graves, que estes conduzem em geral a uma melhoria da produção ou da distribuição, assegurando aos consumidores uma parte equitativa dos benefícios daí resultantes.

(12) Não se pode presumir que acima destes limiares de quota de mercado os acordos de transferência de tecnologia são abrangidos pelo n.º 1 do artigo 81.º. Por exemplo, um acordo exclusivo de concessão de licenças entre empresas não concorrentes muitas vezes não é abrangido pelo n.º 1 do artigo 81.º. Também não se pode presumir que, acima destes limiares de quota de mercado, os acordos de transferência de tecnologia abrangidos pelo n.º 1 do artigo 81.º não satisfazem as condições de isenção. Da mesma forma, também não se pode presumir que conduzem normalmente a benefícios objectivos que pela sua natureza e dimensão compensam as desvantagens provocadas do ponto de vista da concorrência.

(13) O presente regulamento não deve isentar os acordos de transferência de tecnologia que contenham restrições que não sejam indispensáveis à melhoria da produção ou da distribuição. Em especial, os acordos de transferência de tecnologia que contenham determinadas restrições anticoncorrenciais graves, tais como a fixação de preços aplicados a terceiros, devem ser excluídos do benefício da isenção por categoria estabelecida pelo presente regulamento, independentemente da quota de mercado das empresas em causa. Na eventualidade de quaisquer restrições graves desse tipo, o acordo no seu conjunto deve ser excluído do benefício da isenção por categoria.

(14) No intuito de salvaguardar os incentivos em matéria de inovação e a aplicação adequada dos direitos de propriedade intelectual, algumas restrições devem ser excluidas da isenção por categoria. Devem ser excluídas, nomeadamente, as obrigações exclusivas de retrocessão dos melhoramentos dissociáveis. Quando uma dessas restrições for incluída num acordo de concessão de licença, só a restrição em causa deve ser excluída do benefício da isenção por categoria.

(15) Os limiares de quota de mercado, a não isenção dos acordos de transferência de tecnologia que contenham restrições anticoncorrenciais graves e as restrições excluídas previstas no presente regulamento deverão normalmente assegurar que os acordos aos quais seja aplicada a isenção por categoria não permitem que as empresas neles participantes eliminem a concorrência em relação a uma parte substancial dos produtos em questão.

(16) Nos casos específicos em que os acordos abrangidos pelo âmbito de aplicação do presente regulamento tenham, não obstante, efeitos incompatíveis com o n.º 3 do artigo 81.º, a Comissão deve poder retirar o benefício da isenção por categoria. Tal poderá suceder nomeadamente quando os incentivos em matéria de inovação forem reduzidos ou o acesso aos mercados estiver sujeito a entraves.

(17) O Regulamento (CE) n.º 1/2003 do Conselho, de 16 de Dezembro de 2002, relativo à execução das regras de concorrência estabelecidas nos artigos 81.º e 82.º do Tratado habilita as autoridades competentes dos Estados-Membros a retirar o benefício da isenção por categoria no que se refere aos acordos de transferência de tecnologia que tenham efeitos incompatíveis com o n.º 3 do artigo 81.º, quando tais efeitos se façam sentir no seu território ou numa parte do mesmo e quando esse território apresentar as características de um mercado geográfico distinto. Os Estados-Membros têm de garantir que o exercício deste poder de retirada do benefício da isenção não prejudica a aplicação uniforme em todo o mercado comum das regras de concorrência comunitárias, nem o pleno efeito das medidas adoptadas para sua execução.

(18) A fim de reforçar a supervisão de redes paralelas de acordos de transferência de tecnologia que tenham efeitos restritivos idênticos e que englobem mais de 50% de um dado mercado, a Comissão deve poder declarar o presente regulamento inaplicável aos acordos de

transferência de tecnologia que contenham restrições específicas relativas ao mercado em causa, restabelecendo desta forma a plena aplicação do artigo 81.º em relação a tais acordos.

(19) O presente regulamento deve abranger apenas os acordos de transferência de tecnologia entre um licenciante e um licenciado. Deve abarcar este tipo de acordos, mesmo se forem estabelecidas condições a mais de um nível comercial, por exemplo, se o licenciado for obrigado a instituir um sistema de distribuição específica e forem enumeradas as obrigações que o licenciado pode ou deve impor aos revendedores dos produtos fabricados ao abrigo da licença. No entanto, essas condições e obrigações devem ser consentâneas com as regras de concorrência aplicáveis aos acordos de fornecimento e distribuição. Os acordos de fornecimento e distribuição celebrados entre um licenciado e os seus compradores não devem ser isentos pelo presente regulamento.

(20) O presente regulamento não prejudica a aplicação do artigo 82.º do Tratado.

ADOPTOU O PRESENTE REGULAMENTO:

ARTIGO 1.º **(Definições)**

1 – Para efeitos do presente regulamento, entende-se por:

a) "acordo", um acordo, uma decisão de uma associação de empresas ou uma prática concertada;

b) "acordo de transferência de tecnologia", um acordo de concessão de licenças de patentes, um acordo de concessão de licença de saber-fazer, um acordo de concessão de licença de direitos de autor sobre programas informáticos ou um acordo misto de concessão de licenças de patentes, de saber-fazer ou de direitos de autor sobre programas informáticos, incluindo qualquer acordo desse tipo que contenha disposições respeitantes à venda e compra de produtos ou à concessão de licenças relativas a outros direitos de propriedade intelectual ou à cessão de direitos de propriedade intelectual, desde que essas disposições não constituam o objecto principal do acordo e estejam directamente relacionadas com o fabrico dos produtos contratuais. É igualmente equiparada a acordos de transferência de tecnologia a cessão de patentes, saber-fazer, direitos de autor sobre programas informáticos ou uma conjugação dos mesmos, sempre que parte do risco associado à exploração da tecnologia incumba ao cedente, nomeadamente quando o montante a desembolsar pela referida cessão depender do volume de negócios realizado pelo cessionário relativamente aos produtos fabricados com base na tecnologia cedida, da quantidade de tais produtos fabricados ou do número de operações realizadas com base na utilização da tecnologia;

c) "acordo recíproco", um acordo de transferência de tecnologia pelo qual duas empresas se concedem mutuamente, no mesmo contrato ou em contratos distintos, uma licença de patente, uma licença de saber-fazer, uma licença de direitos de autor sobre programas informáticos ou uma licença mista de patente, saber-fazer ou direitos de autor sobre programas informáticos, quando essas licenças digam respeito a tecnologias concorrentes ou possam ser usadas para o fabrico de produtos concorrentes;

d) "acordo não recíproco", um acordo de transferência de tecnologia pelo qual uma empresa concede a outra uma licença de patente, uma licença de saber-fazer, uma licença de direitos de autor sobre programas informáticos ou uma licença mista de patente, saber-fazer ou direitos de autor sobre programas informáticos, mas tais licenças não digam respeito a tecnologias concorrentes e não possam ser usadas para o fabrico de produtos concorrentes;

e) "produto", um bem ou um serviço, incluindo quer os bens e serviços intermédios, quer finais;

f) "produtos contratuais", os produtos fabricados com base na tecnologia licenciada;

g) "direitos de propriedade intelectual" inclui os direitos de propriedade industrial, saber-fazer, direitos de autor e direitos conexos;

h) "patentes", as patentes, os pedidos de patente, os modelos de utilidade, os pedidos de modelos de utilidade, os desenhos, as topografias de produtos semicondutores, os certificados complementares de protecção para os medicamentos ou quaisquer outros produtos para os quais podem ser obtidos tais certificados e os certificados de obtentor vegetal;

i) "saber-fazer", um conjunto de informações práticas não patenteadas, decorrentes da experiência e de ensaios, que é:

- *i)* secreto, ou seja, que não é geralmente conhecido nem de fácil obtenção,
- *ii)* substancial, ou seja, importante e útil para o fabrico dos produtos contratuais e
- *iii)* identificado, ou seja, descrito de forma suficientemente completa, de maneira a permitir concluir que o saber-fazer preenche os critérios de carácter secreto e substancial;

j) "empresas concorrentes", empresas que concorrem no mercado da tecnologia relevante e/ou no mercado do produto relevante, ou seja:

- *i)* as empresas concorrentes no "mercado da tecnologia relevante" são empresas que concedem licenças relativas a tecnologias concorrentes sem infringir os direitos de propriedade intelectual da outra parte (concorrentes efectivos no mercado da tecnologia); o mercado da tecnologia relevante inclui as tecnologias consideradas pelos licenciados como intersubstituíveis ou substituíveis pela tecnologia licenciada, devido às características das tecnologias, às suas *royalties*. e à sua utilização prevista;
- *ii)* as empresas concorrentes no "mercado do produto relevante" são empresas que, na ausência do acordo de transferência de tecnologia, operam ambas nos mercados do produto e geográfico relevantes em que os produtos contratuais são vendidos sem infringir os direitos de propriedade intelectual da outra parte (concorrentes efectivos no mercado do produto) ou que, com base em premissas realistas, poderiam realizar os investimentos adicionais necessários ou suportar outros custos de conversão necessários para, sem infringir os direitos de pro-

priedade intelectual da outra parte, entrar atempadamente nos mercados do produto e geográfico relevantes em resposta a um ligeiro aumento duradouro dos preços relativos (concorrentes potenciais no mercado do produto); o mercado do produto relevante inclui os produtos considerados pelos compradores como intersubstituíveis ou substituíveis pelos produtos contratuais, devido às características dos produtos, aos seus preços e à sua utilização prevista;

k) "sistema de distribuição selectiva", um sistema de distribuição em que o licenciante se compromete a conceder licenças relativas ao fabrico dos produtos contratuais apenas a licenciados seleccionados com base em critérios especificados, comprometendo-se esses licenciados a não vender tais produtos a distribuidores não autorizados;

l) "território exclusivo", um território em que apenas uma empresa está autorizada a fabricar os produtos contratuais com a tecnologia licenciada, sem prejuízo da possibilidade de permitir nesse território que outro licenciado fabrique os produtos contratuais apenas para um determinado cliente, quando esta segunda licença foi concedida para criar uma fonte alternativa de abastecimento para esse cliente;

m) "grupo de clientes exclusivo", um grupo de clientes a que apenas uma empresa está autorizada a vender de forma activa os produtos contratuais fabricados com a tecnologia licenciada;

n) "melhoramento dissociável", um melhoramento que pode ser explorado sem infringir a tecnologia licenciada.

2 – Os termos "empresa", "licenciante" e "licenciado" incluem as respectivas empresas coligadas.

Por "empresas coligadas" entende-se:

a) As empresas em que uma das partes no acordo disponha, directa ou indirectamente:

 i) do poder de exercer mais de metade dos direitos de voto; ou

 ii) do poder de designar mais de metade dos membros do conselho de supervisão, ou do conselho de administração ou dos órgãos que representam legalmente a empresa; ou

 iii) do direito de gerir as actividades da empresa;

b) As empresas que disponham, directa ou indirectamente, em relação a uma das partes no acordo, dos direitos ou poderes enumerados na alínea *a)*;

c) As empresas em que uma empresa referida na alínea *b)* disponha, directa ou indirectamente, dos direitos ou poderes enumerados na alínea *a)*;

d) As empresas em que uma parte no acordo, juntamente com uma ou mais das empresas referidas nas alíneas *a)*, *b)* ou *c)*, ou em que duas ou mais destas últimas empresas, disponham conjuntamente dos direitos ou poderes enumerados na alínea *a)*;

e) As empresas em que os direitos ou poderes enumerados na alínea *a)* sejam detidos em conjunto:

 i) pelas partes no acordo ou pelas respectivas empresas ligadas referidas nas alíneas *a)* a *d)*; ou *ii)* por uma ou mais empresas que sejam partes no acordo, ou uma ou mais das respectivas empresas ligadas, referidas nas alíneas *a)* a *d)*, e uma ou mais empresas terceiras.

ARTIGO 2.º **(Isenção)**

Nos termos do n.º 3 do artigo 81.º do Tratado e nas condições previstas no presente regulamento, o n.º 1 do artigo 81.º do Tratado é declarado inaplicável aos acordos de transferência de tecnologia concluídos entre duas empresas que permitam o fabrico de produtos contratuais.

Esta isenção é aplicável na medida em que tais acordos contenham restrições da concorrência abrangidas pelo n.º 1 do artigo 81.º. A isenção será aplicável enquanto não tiver cessado, não se tiver extinguido ou não tiver sido declarado nulo o direito de propriedade intelectual sobre a tecnologia licenciada ou, em relação ao saber-fazer, enquanto permanecer secreto, salvo no caso de o saber-fazer se tornar do conhecimento público em virtude da acção do licenciado, caso em que a isenção será aplicável durante o período de vigência do acordo.

ARTIGO 3.º **(Limiares de quota de mercado)**

1 – Quando as empresas partes no acordo são empresas concorrentes, a isenção prevista no artigo 2.º é aplicável na condição de a quota de mercado agregada das partes não exceder 20% dos mercados da tecnologia e do produto relevantes afectados.

2 – Quando as empresas partes no acordo não são empresas concorrentes, a isenção prevista no artigo 2.º é aplicável na condição de a quota de mercado de cada uma das partes não exceder 30% dos mercados da tecnologia e do produto relevantes afectados.

3 – Para efeitos do disposto nos n.ºs 1 e 2, a quota de mercado de uma parte no ou nos mercados da tecnologia relevantes é definida em função da presença da tecnologia licenciada no ou nos mercados do produto relevantes. Por quota de mercado do licenciante no mercado da tecnologia relevante entende-se a quota de mercado agregada no mercado do produto relevante respeitante aos produtos contratuais fabricados pelo licenciante e seus licenciados.

ARTIGO 4.º **(Restrições graves)**

1 – Quando as empresas partes no acordo são empresas concorrentes, a isenção prevista no artigo 2.º não é aplicável aos acordos que, directa ou indirectamente, de forma separada ou em conjugação com outros factores sob o controlo das partes, tiverem como objecto:

a) A restrição da capacidade de uma parte para determinar os seus preços aquando da venda de produtos a terceiros;

b) A limitação da produção, exceptuando as limitações da produção dos produtos contratuais impostas ao licenciado num acordo não recíproco ou impostas apenas a um dos licenciados num acordo recíproco;

c) A repartição de mercados ou de clientes, excepto:
  i) a obrigação imposta ao ou aos licenciados de produzirem com a tecnologia licenciada apenas no âmbito de um ou mais domínios técnicos de utilização ou de um ou mais mercados do produto;
  ii) a obrigação imposta ao licenciante e/ou ao licenciado, num acordo não recíproco, de não produzir com a tecnologia licenciada no âmbito de um ou mais domínios técnicos de utilização ou de um ou mais mercados do produto ou de um ou mais territórios exclusivos reservados à outra parte;
  iii) a obrigação imposta ao licenciante de não conceder qualquer licença da tecnologia a outro licenciado num determinado território;
  iv) a restrição, num acordo não recíproco, de vendas activas e/ou passivas pelo licenciado e/ou pelo licenciante no território exclusivo ou ao grupo de clientes exclusivo reservado à outra parte;
  v) a restrição, num acordo não recíproco, de vendas activas pelo licenciado no território exclusivo ou ao grupo de clientes exclusivo atribuído pelo licenciante a outro licenciado, desde que este último não fosse uma empresa concorrente do licenciante no momento da conclusão da sua própria licença;
  vi) a obrigação de o licenciado fabricar os produtos contratuais para sua utilização exclusiva, desde que o licenciado não tenha restrições de venda dos produtos contratuais, activa e passivamente, a título de peças sobresselentes para os seus próprios produtos;
  vii) a obrigação imposta ao licenciado, num acordo não recíproco, de fabricar os produtos contratuais apenas para um cliente específico, quando a licença foi concedida para criar uma fonte alternativa de abastecimento para esse cliente;
d) A restrição da capacidade do licenciado para explorar a sua própria tecnologia ou a restrição da capacidade de qualquer das partes no acordo para realizar actividades de investigação e desenvolvimento, excepto se esta última restrição for indispensável para impedir a divulgação a terceiros do saber-fazer licenciado.

2 – Quando as empresas partes no acordo não são empresas concorrentes, a isenção prevista no artigo 2.º não é aplicável aos acordos que, directa ou indirectamente, de forma separada ou em conjugação com outros factores sob o controlo das partes, tiverem como objecto:

a) A restrição da capacidade de uma parte para determinar os seus preços aquando da venda de produtos a terceiros, sem prejuízo da possibilidade de impor um preço de venda máximo ou de recomendar um preço de venda, desde que tal não corresponda a um preço de venda fixo ou mínimo na sequência de pressões exercidas ou de incentivos oferecidos por qualquer das partes;

b) A restrição do território no qual, ou dos clientes aos quais, o licenciado pode vender de forma passiva os produtos contratuais, excepto:
  i) a restrição de vendas passivas num território exclusivo ou a um grupo de clientes exclusivo reservado ao licenciante;

ii) a restrição de vendas passivas num território exclusivo ou a um grupo de clientes exclusivo atribuído pelo licenciante a outro licenciado, durante os dois primeiros anos que este outro licenciado vender os produtos contratuais nesse território ou a esse grupo de clientes;

iii) a obrigação de fabricar os produtos contratuais para sua utilização exclusiva, desde que o licenciado não tenha restrições de venda dos produtos contratuais, activa e passivamente, a título de peças sobresselentes para os seus próprios produtos;

iv) a obrigação de fabricar os produtos contratuais apenas para um cliente específico, quando a licença foi concedida para criar uma fonte alternativa de abastecimento para esse cliente;

v) a restrição de vendas a utilizadores finais por um licenciado que opere a nível grossista;

vi) a restrição de vendas a distribuidores não autorizados pelos membros de um sistema de distribuição selectiva;

c) A restrição de vendas activas ou passivas a utilizadores finais por um licenciado que seja membro de um sistema de distribuição selectiva e que opere ao nível retalhista, sem prejuízo da possibilidade de um membro do sistema ser proibido de operar a partir de um local de estabelecimento não autorizado.

3 – Quando as empresas partes no acordo não eram empresas concorrentes no momento da sua conclusão mas passaram a ser depois disso, aplica-se o n.º 2 e não o n.º 1 durante todo o período do acordo, salvo se este foi subsequentemente alterado nalgum aspecto importante.

ARTIGO 5.º (**Restrições excluídas**)

1 – A isenção prevista no artigo 2.º não é aplicável às seguintes obrigações incluídas em acordos de transferência de tecnologia:

a) Obrigação directa ou indirecta imposta ao licenciado de conceder uma licença exclusiva ao licenciante ou a um terceiro designado por este último, relativa a melhoramentos dissociáveis por ele introduzidos ou a novas aplicações da tecnologia licenciada por ele desenvolvidas;

b) Obrigação directa ou indirecta imposta ao licenciado de ceder, no todo ou em parte, ao licenciante ou a um terceiro designado por este último, direitos relativos a melhoramentos dissociáveis por ele introduzidos ou a novas aplicações da tecnologia licenciada por ele desenvolvidas;

c) Obrigação directa ou indirecta imposta ao licenciado de não impugnar a validade dos direitos de propriedade intelectual de que o licenciante seja titular no mercado comum, sem prejuízo da possibilidade de rescindir o acordo de transferência de tecnologia se o licenciado impugnar a validade de um ou mais dos direitos de propriedade intelectual licenciados.

2 – Quando as empresas partes no acordo não são empresas concorrentes, a isenção prevista no artigo 2.º não é aplicável a qualquer obrigação directa ou indirecta que limite a capacidade do licenciado para explorar a sua própria tecnologia

ou que limite a capacidade de qualquer das partes no acordo para realizar actividades de investigação e desenvolvimento, excepto se esta última restrição for indispensável para impedir a divulgação a terceiros do saber-fazer licenciado.

ARTIGO 6.º (**Retirada em casos individuais**)
1 – A Comissão pode retirar o benefício do presente regulamento, nos termos do n.º 1 do artigo 29.º do Regulamento (CE) n.º 1/2003, se verificar num determinado caso que um acordo de transferência de tecnologia a que é aplicável a isenção prevista no artigo 2.º produz, não obstante, efeitos incompatíveis com o n.º 3 do artigo 81.º do Tratado e, nomeadamente, quando:

a) For restringido o acesso de terceiros ao mercado das tecnologias, por exemplo através do efeito cumulativo de redes paralelas de acordos restritivos semelhantes que proíbam os licenciados de recorrerem às tecnologias de terceiros;

b) For restringido o acesso de potenciais licenciados ao mercado, por exemplo através do efeito cumulativo de redes paralelas de acordos restritivos semelhantes que proíbam os licenciantes de concederem licenças a outros licenciados;

c) Sem qualquer razão objectivamente válida, as partes não explorarem a tecnologia licenciada.

2 – Sempre que, num caso específico, um acordo de transferência de tecnologia a que é aplicável a isenção prevista no artigo 2.º produza efeitos incompatíveis com o n.º 3 do artigo 81.º do Tratado no território de um Estado-Membro ou numa parte deste com todas as características de um mercado geográfico distinto, a autoridade responsável pela concorrência desse Estado-Membro pode retirar o benefício do presente regulamento, nos termos do n.º 2 do artigo 29.º do Regulamento (CE) n.º 1/2003, em relação a esse território, nas mesmas circunstâncias que as estabelecidas no n.º 1 do presente artigo.

ARTIGO 7.º (**Não aplicação do presente regulamento**)
1 – Nos termos do artigo 1.º-A do Regulamento n.º 19/65/CEE, a Comissão pode declarar, mediante regulamento, sempre que redes paralelas de acordos de transferência de tecnologia semelhantes abranjam mais de 50% de um mercado relevante, que o presente regulamento não é aplicável aos acordos de transferência de tecnologia que contenham restrições específicas que digam respeito a esse mercado.

2 – Qualquer regulamento adoptado nos termos do n.º 1 só pode produzir efeitos decorridos seis meses após a sua adopção.

ARTIGO 8.º (**Aplicação dos limiares de quota de mercado**)
1 – Para efeitos da aplicação dos limiares de quota de mercado previstos no artigo 3.º, são aplicáveis as regras estabelecidas no presente número.

A quota de mercado é calculada com base nos dados relativos ao valor das vendas no mercado. Se tais dados não estiverem disponíveis, podem ser utilizadas estimativas com base noutras informações fiáveis relativas ao mercado, incluindo o volume de vendas no mercado, a fim de determinar a quota de mercado da empresa em causa.

A quota de mercado é calculada com base nos dados relativos ao ano civil anterior.

A quota de mercado das empresas a que se refere a alínea *e)* do segundo parágrafo do n.º 2 do artigo 1.º será repartida por igual entre cada uma das empresas com os direitos ou os poderes enumerados na alínea *a)* do segundo parágrafo do n.º 2 do artigo 1.º.

2 – Se a quota de mercado referida nos n.ºs 1 ou 2 do artigo 3.º não for inicialmente superior a 20% ou 30%, respectivamente, mas vier posteriormente a ultrapassar estes níveis, a isenção prevista no artigo 2.º continuará a ser aplicável durante o período de dois anos civis subsequentes ao ano em que o limiar de 20% ou 30% foi excedido pela primeira vez.

ARTIGO 9.º **(Revogação)**

É revogado o Regulamento (CE) n.º 240/96.

As referências existentes ao regulamento revogado devem entender-se como sendo feitas ao presente regulamento.

ARTIGO 10.º **(Período transitório)**

A proibição prevista no n.º 1 do artigo 81.º do Tratado não é aplicável durante o período de 1 de Maio de 2004 a 31 de Março de 2006, relativamente aos acordos já em vigor em 30 de Abril de 2004 que não satisfaçam as condições de isenção previstas no presente regulamento, mas que nessa data preenchiam as condições de isenção previstas no Regulamento (CEE) n.º 240/96.

ARTIGO 11.º **(Período de vigência)**

O presente regulamento entra em vigor em 1 de Maio de 2004.

O seu período de vigência termina em 30 de Abril de 2014.

O presente regulamento é obrigatório em todos os seus elementos e directamente aplicável em todos os Estados-Membros.

Feito em Bruxelas, em 7 de Abril de 2004.

Pela Comissão, *Mario Monti*.

Membro da Comissão.

ACORDOS NO DOMÍNIO DOS SEGUROS

Regulamento (CEE) n.º 1534/91*

O CONSELHO DAS COMUNIDADES EUROPEIAS,
Tendo em conta o Tratado que institui a Comunidade Económica Europeia e, nomeadamente, o seu artigo 87.º,
Tendo em conta a proposta da Comissão[1],
Tendo em conta o parecer do Parlamento Europeu[2],
Tendo em conta o parecer do Comité Económico e Social[3],
Considerando que a declaração de inaplicabilidade do disposto no n.º 1 do artigo 85.º do Tratado pode, de acordo com o n.º 3 do mesmo artigo, referir-se a quaisquer categorias de acordos, decisões e práticas concertadas que satisfaçam as condições previstas no n.º 3 do artigo 85.º;
Considerando que as regras de aplicação do n.º 3 do artigo 85.º do Tratado devem ser adoptadas por regulamento elaborado com base no artigo 87.º do Tratado;
Considerando que a cooperação entre empresas no sector dos seguros é, em certa medida, desejável para assegurar o bom funcionamento do sector, podendo, simultaneamente, proteger os interesses dos consumidores;
Considerando que a aplicação do Regulamento (CEE) n.º 4064/89 do Conselho, de 21 de Dezembro de 1989, relativo ao controlo das operações de concentração de empresas[4], permite à Comissão controlar, de forma rigorosa, questões relacionadas com operações de concentração em todos os sectores, nomeadamente no dos seguros;
Considerando que as isenções concedidas ao abrigo do n.º 3 do artigo 85.º do Tratado não podem, por si só, afectar as disposições comunitárias e nacionais de promoção dos interesses dos consumidores neste sector;
Considerando que os acordos, decisões e práticas concertadas que contribuem para alcançar este objectivo podem, na medida em que sejam abrangidos pela proibição prevista no n.º 1 do artigo 85.º do Tratado, ser desta isentos em determinadas condições; que é esse o caso, em especial, dos acordos, decisões e práticas concertadas que têm por objecto a fixação em comum de tarifas de prémios de risco com base em estatísticas determinadas colectivamente ou na taxa de sinistralidade, o estabelecimento de condições-tipo das apólices, a cobertura em comum de

---
* Regulamento (CEE) n.º 1534/91 do Conselho de 31 de Maio de 1991 relativo à aplicação do n.º 3 do artigo 85.º do Tratado a certas categorias de acordos, decisões e práticas concertadas no domínio dos seguros (JO, L 143, 7.6.1991, pp. 1-3).
[1] JO, C 16, de 23.1.1990, p. 13.
[2] JO, C 260, de 15.10.1990, p. 57.
[3] JO, C 182, de 23.7.1990, p. 27.
[4] JO, L 395, de 30.12.1989, p. 1.

certos tipos de riscos, a regularização dos sinistros, o ensaio e a aceitação dos equipamentos de segurança e os registos de risco agravados, bem como informações a eles relativas;

Considerando que, dado o grande número de notificações apresentadas nos termos do Regulamento n.º 17 do Conselho, de 6 de Fevereiro de 1962, primeiro regulamento de aplicação dos artigos 85.º e 86.º do Tratado[1], com a última redacção que lhe foi dada pelo Acto de Adesão de Espanha e de Portugal, se torna oportuno, com o objectivo de facilitar a tarefa da Comissão, permitir-lhe declarar, por meio de regulamento, a inaplicabilidade do disposto no n.º 1 do artigo 85.º do Tratado a certas categorias de acordos, de decisões e de práticas concertadas;

Considerando que convém precisar as condições em que a Comissão pode exercer este poder, em estreita e permanente colaboração com as autoridades competentes dos Estados membros;

Considerando que, no exercício desses poderes, a Comissão tomará em conta não apenas o perigo que representa eliminar a concorrência numa parte substancial do mercado relevante e os benefícios atribuídos aos tomadores de seguros resultantes dos acordos, mas também o perigo que adviria para os tomadores de seguros da proliferação de cláusulas restritivas e a utilização de sociedades de conveniência;

Considerando a conservação de registos e o tratamento de informação sobre riscos agravados exigem uma protecção adequada da confidencialidade;

Considerando que, por força do artigo 6.º do Regulamento n.º 17, a Comissão pode estabelecer que uma decisão tomada nos termos do n.º 3 do artigo 85.º do Tratado seja aplicável com efeitos rectroactivos; que é conveniente que a Comissão possa adoptar tal disposição igualmente por meio de regulamento;

Considerando que, por força do artigo 7.º do Regulamento n.º 17, os acordos, decisões e práticas concertadas podem ser isentos da proibição por decisão da Comissão, nomeadamente, se forem modificados de modo a preencherem as condições de aplicação do n.º 3 do artigo 85.º do Tratado; que convém que a Comissão possa conceder o mesmo benefício, por meio do regulamento, a estes acordos, decisões e práticas concertadas, se forem modificados de modo a passarem a ser abrangidos por uma categoria definida por um regulamento de isenção;

Considerando que não pode ser excluída a hipótese de, num caso determinado, não se encontrarem preenchidas as condições enumeradas no n.º 3 do artigo 85.º do Tratado; que a Comissão deve ter a faculdade de resolver tal caso, nos termos do Regulamento n.º 17, mediante uma decisão com efeitos futuros,

ADOPTOU O PRESENTE REGULAMENTO:

ARTIGO 1.º

1 – Sem prejuízo da aplicação do Regulamento n.º 17, a Comissão pode declarar, por meio de regulamento e nos termos do n.º 3 do artigo 85.º do Tratado, que o n.º 1 do artigo 85.º não é aplicável a certas categorias de acordos entre empresas, de decisões de associações de empresas e de práticas concertadas no sector dos seguros cujo objecto seja a cooperação no domínio de:

a) Fixação em comum das tarifas de prémios de risco com base em estatísticas determinadas colectivamente ou no número dos sinistros;

---

[1] JO, 13, de 21. 2. 1962, p. 204/62.

b) Estabelecimento de condições-tipo de apólices;
c) Cobertura em comum de certos tipos de riscos;
d) Regularização dos sinistros;
e) Verificação e aceitação dos equipamentos de segurança;
f) Registos dos riscos agravados e informações a eles relativas desde que a conservação desses registos e o tratamento dessa informação garanta uma protecção adequada da confidencialidade.

2 – O regulamento da Comissão referido no n.º 1 deve conter uma definição das categorias de acordos, decisões e práticas concertadas a que é aplicável, e precisar, nomeadamente:

a) As restrições ou as cláusulas que podem, ou não, figurar nos acordos, decisões e práticas concertadas;

b) As cláusulas que devem figurar nos acordos, decisões e práticas concertadas ou quaisquer outras condições que devam ser preenchidas.

ARTIGO 2.º

Qualquer regulamento adoptado por força do artigo 1.º terá duração limitada.

Estes regulamentos podem ser revogados ou alterados quando as circunstâncias se alterarem em relação a um elemento que tenha sido essencial para a sua adopção; neste caso, será previsto um período de adaptação para os acordos, decisões e práticas concertadas abrangidos pelo regulamento anterior.

ARTIGO 3.º

Qualquer regulamento adoptado por força do artigo 1.º pode prever a sua aplicação, com efeitos retroactivos, aos acordos, decisões e práticas concertadas que, na data da sua entrada em vigor, tivessem podido beneficiar de uma decisão com efeitos retroactivos, nos termos do artigo 6.º do Regulamento n.º 17.

ARTIGO 4.º

1 – Qualquer regulamento adoptado por força do artigo 1.º pode estabelecer que a proibição prevista no n.º 1 do artigo 85.º do Tratado não se aplique, pelo período nele fixado, aos acordos, decisões e práticas concertadas existentes em 13 de Março de 1962 e que não preencham as condições do n.º 3 do artigo 85.º, desde que:

– sejam modificados, no prazo de seis meses após entrada em vigor do respectivo regulamento, de modo a passarem a preencher as referidas condições segundo as disposições desse regulamento, e

– essas modificações sejam comunicadas à Comissão, no prazo fixado pelo regulamento.

O disposto no primeiro parágrafo é igualmente aplicável aos acordos, decisões e práticas concertadas existentes à data da adesão dos novos Estados membros e que, devido à adesão, integrem o âmbito de aplicação do n.º 1 do artigo 85.º do Tratado e não preencham as condições do n.º 3 do artigo 85.º.

2 – O n.º 1 só é aplicável aos acordos, decisões e práticas concertadas que

deveriam ter sido notificados antes de 1 de Fevereiro de 1963, nos termos do artigo 5.º do Regulamento n.º 17, se o tiverem sido antes dessa data.

No que diz respeito aos acordos, decisões e práticas concertadas existentes à data da adesão dos novos Estados membros, a que é aplicável o disposto no n.º 1 do artigo 85.º do Tratado na sequência da adesão e que deveriam ser notificados num prazo de seis meses a contar da data de adesão, nos termos dos artigos 5.º e 25.º do Regulamento n.º 17, o disposto no n.º 1 só é aplicável se tiverem sido notificados antes do termo daquele prazo.

3 – O benefício das disposições tomadas por força do n.º 1 não pode ser invocado nos litígios pendentes à data da entrada em vigor de um regulamento adoptado por força do artigo 1.º; não pode também ser invocado para fundamentar um pedido de indemnização contra terceiros.

ARTIGO 5.º

Quando a Comissão se propuser adoptar um regulamento, publicará o respectivo projecto a fim de que todas as pessoas e organizações interessadas possam apresentar-lhe as suas observações, no prazo que fixar e que não pode ser inferior a um mês.

ARTIGO 6.º

1 – A Comissão consultará o Comité Consultivo em matéria de acordos, decisões e práticas concertadas e de posições dominantes:

a) Antes de publicar um projecto de regulamento;

b) Antes de adoptar um regulamento.

2 – São aplicáveis os n.ºs 5 e 6 do artigo 10.º do Regulamento n.º 17 relativos à consulta do Comité Consultivo. As reuniões comuns com a Comissão realizar-se-ão, no entanto, apenas depois de decorrido um mês após o envio da convocatória.

ARTIGO 7.º

Revogado[1]

ARTIGO 8.º

A Comissão enviará ao Parlamento Europeu e ao Conselho, o mais tardar seis anos depois da entrada em vigor do regulamento da Comissão referido no artigo 1.º, um relatório sobre a aplicação do presente regulamento acompanhado das propostas de alteração que possam revelar-se necessárias em função da experiência adquirida.

O presente regulamento é obrigatório em todos os seus elementos e directamente aplicável em todos os Estados membros.

Feito em Bruxelas, em 31 de Maio de 1991.

Pelo Conselho, O Presidente, A. *Bodry.*

---

[1] Artigo 40.º do Regulamento (CE) n.º 1/2003.

ACORDOS NO SECTOR DOS SEGUROS

Regulamento (CE) n.º 358/2003*-**

A COMISSÃO DAS COMUNIDADES EUROPEIAS,
Tendo em conta o Tratado que institui a Comunidade Europeia,
Tendo em conta o Regulamento (CEE) n.º 1534/91 do Conselho, de 31 de Maio de 1991, relativo à aplicação do n.º 3 do artigo 85.º do Tratado a certas categorias de acordos, decisões e práticas concertadas no domínio dos seguros[1] e, nomeadamente, o n.º 1, alíneas *a)*, *b)*, *c)* e *e)*, do seu artigo 1.º,
Após publicação de um projecto de regulamento[2],
Após consulta do Comité Consultivo em matéria de acordos, decisões e práticas concertadas e de posições dominantes,
Considerando o seguinte:
(1) O Regulamento (CEE) n.º 1534/91 confere à Comissão o poder de aplicar, por via de regulamento, o n.º 3 do artigo 81.º do Tratado a certas categorias de acordos, decisões e práticas concertadas no sector dos seguros que tenham por objecto a cooperação relativamente a:

– Fixação em comum das tarifas de prémios de risco com base em estatísticas determinadas colectivamente ou no número dos sinistros,
– Estabelecimento de condições-tipo de apólices,
– Cobertura em comum de certos tipos de riscos,
– Regularização dos sinistros,
– Verificação e aceitação dos equipamentos de segurança,
– Registos dos riscos agravados e informações a eles relativas.

---

* Regulamento (CE) n.º 358/2003 de 27 de Fevereiro de 2003 relativo à aplicação do n.º 3 do artigo 81.º do Tratado a certas categorias de acordos, decisões e práticas concertadas no sector dos seguros (Texto relevante para efeitos do EEE) – JO, L 53, de 28.2.2003, pp. 8-16 –, com a última redacção resultante do Regulamento (CE) n.º 886/2004, de 4.3.2004, que adapta certos regulamentos e decisões no domínio da livre circulação de mercadorias, política de concorrência, agricultura, ambiente e relações externas, em virtude da adesão da República Checa, da Estónia, de Chipre, da Letónia, da Lituânia, da Hungria, de Malta, da Polónia, da Eslovénia e da Eslováquia (JO, L 168, de 1.5.2004, pp. 14).

** Ver ainda a Decisão do Comité Misto do EEE n.º 82/2003 de 20 de Junho de 2003 que altera o anexo XIV (concorrência) do Acordo EEE (JO, L 257, de 9.10.2003, pp. 37-38).

[1] JO, L 143, de 7.6.1991, p. 1.
[2] JO, C 163, de 9.7.2002, p. 7.

(2) Nos termos desse regulamento, a Comissão adoptou o Regulamento (CEE) n.º 3932/92, de 21 de Dezembro de 1992, relativo à aplicação do n.º 3 do artigo 85.º do Tratado a certas categorias de acordos, decisões e práticas concertadas no domínio dos seguros[1]. A vigência do Regulamento (CEE) n.º 3932/92, alterado pelo Acto de Adesão da Áustria, da Finlândia e da Suécia, termina em 31 de Março de 2003.

(3) O Regulamento (CEE) n.º 3932/92 não concede uma isenção aos acordos relativos à regularização dos sinistros e aos registos e informações respeitantes aos riscos agravados. A Comissão considerou que não dispunha de experiência suficiente de tratamento de casos individuais para utilizar as competências conferidas pelo Regulamento (CEE) n.º 1534/91 nestes domínios. Esta situação não se alterou.

(4) Em 12 de Maio de 1999, a Comissão adoptou um relatório[2] a dirigir ao Conselho e ao Parlamento Europeu sobre o funcionamento do Regulamento (CEE) n.º 3932/92. Em 15 de Dezembro de 1999, o Comité Económico e Social adoptou um parecer sobre o relatório da Comissão[3].

Em 19 de Maio de 2000, o Parlamento adoptou uma resolução sobre o relatório da Comissão[4]. Em 28 de Junho de 2000, a Comissão realizou uma reunião de consulta sobre o regulamento com as partes interessadas, incluindo representantes do sector dos seguros e autoridades nacionais da concorrência. Em 9 de Julho de 2002, a Comissão publicou um projecto do presente regulamento no Jornal Oficial, com um convite às partes interessadas para que apresentassem as suas observações, o mais tardar até 30 de Setembro de 2002.

(5) Um novo regulamento deve satisfazer a dupla exigência de assegurar uma protecção efectiva da concorrência e de garantir adequada segurança jurídica às empresas. A prossecução destes objectivos deve ter em conta a necessidade de simplificar tanto quanto possível a supervisão administrativa. Deve ser igualmente tomada em consideração a experiência adquirida pela Comissão neste domínio desde 1992, bem como os resultados das consultas sobre o relatório de 1999 e das consultas que conduziram à adopção do presente regulamento.

(6) O Regulamento (CEE) n.º 1534/91 impõe que os regulamentos de isenção da Comissão definam as categorias de acordos, decisões e práticas concertadas aos quais se aplicam, precisem as restrições ou as cláusulas que podem, ou não podem, figurar nos acordos, decisões e práticas concertadas e especifiquem as cláusulas que devem figurar nos acordos, decisões e práticas concertadas ou quaisquer outras condições que devam ser preenchidas.

(7) Considera-se, no entanto, conveniente abandonar a abordagem que consiste numa listagem de cláusulas isentas, dando maior ênfase à definição das categorias de acordos que são isentas até um determinado nível de poder de mercado e à especificação das restrições ou cláusulas que não podem figurar nesses acordos. Tal é coerente com uma abordagem económica que tem em conta o impacto dos acordos no mercado relevante. Contudo, deve reconhecer-se que no sector dos seguros existem certos tipos de colaboração que envolvem todas as empresas num determinado mercado de seguros relevante, que podem ser considerados como satisfazendo normalmente as condições estabelecidas no n.º 3 do artigo 81.º do Tratado.

---

[1] JO, L 398, de 31.12.1992, p. 7.
[2] COM(1999) 192 final.
[3] CES 1139/99.
[4] PE A5-0104/00.

(8) No que se refere à aplicação do n.º 3 do artigo 81.º do Tratado mediante regulamento, não é necessário definir quais os acordos que podem ser abrangidos pelo n.º 1 do artigo 81.º. Na apreciação individual dos acordos à luz do n.º 1 do artigo 81.º devem ser tidos em conta diversos factores e, em especial, a estrutura do mercado relevante.

(9) Só podem beneficiar da isenção por categoria os acordos em relação aos quais pode presumir-se com suficiente certeza que respeitam as condições previstas no n.º 3 do artigo 81.º.

(10) A colaboração entre seguradoras ou no âmbito de associações de empresas para efeitos de cálculo do custo médio inerente à cobertura anterior de um risco específico ou, em relação ao seguro de vida, de tabelas das taxas de mortalidade ou de frequência de doença, acidente e invalidez permite melhorar o conhecimento desses riscos e facilita a sua avaliação pelas diferentes companhias. Por seu turno, tal pode facilitar a entrada no mercado, revertendo assim em benefício dos consumidores. O mesmo se verifica com estudos conjuntos relativos ao impacto provável de circunstâncias externas sobre a frequência ou a amplitude dos sinistros ou sobre a rendibilidade de diferentes tipos de investimento. É contudo necessário garantir que essa colaboração só seja isenta na medida em que seja necessária para atingir aqueles objectivos. Por conseguinte, deve estabelecer-se que os acordos relativos aos prémios comerciais não beneficiem de isenção; com efeito, os prémios comerciais podem ser inferiores aos montantes indicados com base nos resultados dos cálculos, tabelas ou estudos em questão, uma vez que as seguradoras podem utilizar as receitas dos seus investimentos para reduzirem os seus prémios. Além disso, os cálculos, tabelas ou estudos em causa devem assumir uma natureza não vinculativa e ter apenas valor de referência.

(11) Além disso, quanto mais vastas forem as categorias utilizadas nas estatísticas relativamente ao custo anterior de cobertura de um risco específico, menores são as possibilidades de as empresas de seguros calcularem os prémios numa base mais restrita. Afigura-se, por conseguinte, apropriado isentar o cálculo conjunto do custo anterior de riscos, na condição de serem disponibilizadas as estatísticas existentes, que deverão pautar-se pelo maior grau de pormenor e diferenciação possíveis, do ponto de vista actuarial.

(12) Além disso, uma vez que tais cálculos, tabelas e estudos são necessários tanto para as empresas de seguros já presentes no mercado geográfico ou no mercado do produto relevante, como para as empresas que tencionam entrar nesse mercado, tais empresas de seguros devem poder ter acesso a esses cálculos, tabelas e estudos em condições razoáveis e não discriminatórias, em comparação com as empresas de seguros já presentes nesse mercado. Essas condições podem, por exemplo, incluir um compromisso de uma seguradora ainda não presente no mercado fornecer informações estatísticas relativamente aos sinistros, caso venha a entrar no mercado. Podem igualmente incluir a adesão à associação de seguradoras responsável pela realização dos cálculos, desde que essa adesão esteja aberta em condições razoáveis e não discriminatórias às empresas de seguros ainda não activas no mercado em questão. Todavia, os encargos cobrados pelo acesso a esses cálculos ou estudos conexos a seguradoras que para eles não contribuíram não serão considerados razoáveis neste contexto se forem tão elevados que constituam um entrave à entrada no mercado.

(13) A fiabilidade dos cálculos, tabelas e estudos realizados em comum aumenta em paralelo com o volume de estatísticas em que se baseiam. As seguradoras com quotas de mercado elevadas podem gerar internamente estatísticas suficientes para poderem assegurar a fiabilidade dos seus cálculos, ao contrário do que acontece com as que dispõem de pequenas quotas de mercado e, por maioria de razão, com os novos operadores do mercado. A inclusão em tais cálculos, tabelas e estudos realizados em comum de informações de todas as segu-

radoras do mercado, incluindo as de maiores dimensões, promove a concorrência, ajudando as de menores dimensões, e facilita a entrada no mercado. Dada esta especificidade do sector segurador, não se afigura apropriado subordinar a isenção relativamente a esses cálculos conjuntos e estudos comuns a limiares de quotas de mercado.

(14) A existência de condições-tipo das apólices ou de cláusulas-tipo individuais, bem como de modelos normalizados que ilustrem os lucros de uma apólice de seguro de vida pode ser vantajosa. Por exemplo, podem traduzir-se numa eficiência acrescida por parte das seguradoras, facilitar a entrada no mercado de empresas de seguros pequenas ou inexperientes, assistir as seguradoras no cumprimento das suas obrigações legais e ser utilizadas pelas organizações de consumidores como um parâmetro de referência para efeitos de comparação das apólices de seguros propostas pelas diferentes empresas de seguros.

(15) Contudo, as condições-tipo não devem conduzir a uma normalização dos produtos, nem a um desequilíbrio significativo entre os direitos e as obrigações contratuais. Por conseguinte, a isenção só deve ser aplicável a condições-tipo de apólice na medida em que não sejam obrigatórias e desde que seja feita expressamente referência ao facto de as empresas participantes poderem propor aos seus clientes condições distintas. Além disso, as condições-tipo das apólices não podem incluir qualquer exclusão sistemática de tipos específicos de riscos sem prever expressamente a possibilidade de incluir essa cobertura mediante acordo e não podem prever a manutenção da relação contratual com o tomador de seguro por um período excessivo ou que ultrapasse o objecto inicial da apólice. Tal não prejudica as obrigações decorrentes da legislação comunitária ou nacional de incluir certos riscos em determinadas apólices.

(16) Além disso, é necessário estabelecer que qualquer pessoa interessada, em especial o tomador de seguro, tem acesso às condições-tipo de modo a garantir uma verdadeira transparência, em benefício dos consumidores.

(17) A inclusão numa apólice de seguro de riscos a que um número significativo de tomadores de seguro não estão simultaneamente expostos pode impedir a inovação, dado que a agregação de riscos não relacionados pode desincentivar as seguradoras de oferecerem um seguro distinto e específico que os cubra. Uma cláusula que imponha essa cobertura alargada não deve, por conseguinte, ser abrangida pela isenção por categoria. Quando existir uma obrigação legal de as seguradoras incluírem nas apólices uma cobertura de riscos a que não está exposto simultaneamente um número significativo de tomadores de seguro, nesse caso a inclusão num contrato-modelo não vinculativo de uma cláusula-tipo que reflicta essa obrigação legal não constitui uma restrição da concorrência e não é, portanto, abrangida pelo âmbito de aplicação do n.º 1 do artigo 81.º do Tratado.

(18) Os agrupamentos de co-seguro ou co-resseguro (frequentemente denominados "pools") podem permitir à empresas de seguro ou de resseguro oferecer um seguro ou um resseguro para os riscos em relação aos quais apenas poderiam propor uma cobertura insuficiente na ausência do pool. Podem igualmente assistir as empresas de seguro ou de resseguro a adquirirem experiência no que se refere a riscos que desconhecem. No entanto, a existência de tais grupos pode envolver restrições da concorrência, tais como a normalização das condições das apólices e mesmo dos montantes de cobertura e dos prémios. Revela-se adequado, por conseguinte, indicar as circunstâncias em que esses grupos podem beneficiar de uma isenção.

(19) Quanto aos riscos verdadeiramente novos, não é possível conhecer antecipadamente qual a capacidade de subscrição necessária para cobrir o risco, nem se dois ou mais agrupamentos desse tipo poderiam co-existir para fornecer este tipo de seguro. Um acordo de

agrupamento destinado a assegurar exclusivamente o co-seguro ou o co-resseguro desses novos riscos (excluindo qualquer combinação de novos riscos e de riscos existentes) pode, por conseguinte, ser isento por um período limitado. Três anos deveriam constituir um período adequado para a acumulação de um volume suficiente de dados históricos sobre os sinistros a fim de avaliar se é necessário ou não um único agrupamento. O presente regulamento concede, por conseguinte, uma isenção a qualquer agrupamento desse tipo, criado especificamente para cobrir um risco novo, durante os três primeiros anos da sua existência.

(20) A definição de "novos riscos" que figura no n.º 7 do artigo 2.º do presente regulamento clarifica que somente os riscos que não existiam anteriormente são incluídos na definição, excluindo assim por exemplo os riscos que já existiam mas que não eram cobertos por um seguro. Além disso, um risco cuja natureza registe uma alteração significativa (por exemplo, um aumento considerável da actividade terrorista) não é abrangido pelo âmbito da definição, uma vez que nesse caso o risco em si não é novo. Um novo risco, pela sua natureza intrínseca, requer um produto de seguro completamente novo e não pode ser coberto mediante a extensão da cobertura ou a modificação de um produto de seguro existente.

(21) Relativamente a riscos que não sejam novos, reconhece-se que tais agrupamentos de co-seguro ou de co-resseguro, que implicam uma restrição da concorrência, podem também, em determinadas circunstâncias limitadas, implicar benefícios de modo a justificar uma isenção ao abrigo do n.º 3 do artigo 81.º, mesmo que pudessem ser substituídos por duas ou mais seguradoras concorrentes. Podem, por exemplo, permitir que os seus membros adquiram a experiência necessária do sector dos seguros em causa, a redução dos seus custos ou dos prémios através de um resseguro conjunto em condições vantajosas. Contudo, qualquer isenção concedida a tais agrupamentos não se justifica se o agrupamento em questão beneficiar de um nível significativo de poder de mercado, uma vez que, nessas circunstâncias, a restrição da concorrência resultante da existência do agrupamento anularia normalmente quaisquer eventuais vantagens.

(22) O presente regulamento concede, por conseguinte, uma isenção a quaisquer desses agrupamentos de co-seguro ou de co-resseguro, que exista há mais de três anos ou que não seja criado para cobrir um risco novo, desde que os produtos de seguro subscritos no âmbito do grupo pelos membros respectivos não ultrapassem os seguintes limiares: 25% do mercado relevante no caso de agrupamentos de co-resseguro e 20% no caso de agrupamentos de co-seguro. O limiar para os agrupamentos de co-seguro é inferior, uma vez que os pools de co-seguro podem pressupor a uniformidade das condições de seguro e dos prémios comerciais.

(23) Os agrupamentos que se encontram fora do âmbito de aplicação do presente regulamento podem ser elegíveis para uma isenção, dependendo das particularidades do agrupamento e das condições específicas do mercado em questão. Considerando que muitos mercados de seguros estão em constante evolução, tornar-se-á necessária uma análise individual em tais casos a fim de determinar se efectivamente as condições do n.º 3 do artigo 81.º do Tratado estão preenchidas.

(24) A adopção por uma associação ou associações de empresas de seguro ou resseguro de especificações técnicas, regras ou códigos de conduta no que diz respeito a dispositivos de segurança, bem como de procedimentos de avaliação da conformidade dos dispositivos de segurança com essas especificações técnicas, regras ou códigos de conduta pode ser benéfica, na medida em que assegura parâmetros de referência para as empresas de seguro e de resseguro na avaliação do grau de risco em relação ao qual são convidadas a assegurar a respectiva cobertura num caso específico, risco esse que depende da qualidade do equipa-

mento de segurança e da sua instalação e manutenção. No entanto, quando já existirem a nível comunitário especificações técnicas, sistemas de classificação, regras, procedimentos ou códigos de conduta harmonizados em conformidade com a legislação europeia respeitante à livre circulação de mercadorias, não se revela apropriado isentar mediante regulamento quaisquer acordos entre as seguradoras respeitantes ao mesmo domínio, uma vez que o objectivo dessa harmonização a nível europeu consiste em estabelecer de forma exaustiva e adequada níveis de segurança para os dispositivos de segurança que sejam aplicados de forma uniforme em todo o território da União Europeia. Qualquer acordo entre as seguradoras respeitante a diferentes requisitos para os dispositivos de segurança é susceptível de comprometer a prossecução desse objectivo.

(25) No que respeita à instalação e manutenção dos dispositivos de segurança, e desde que não exista qualquer harmonização comunitária desse tipo, os acordos entre empresas seguradoras que estabelecem especificações técnicas ou procedimentos de aprovação, utilizados num ou em vários Estados membros, podem ser isentos mediante regulamento. Contudo, a isenção deve estar sujeita à observância de determinadas condições, nomeadamente o facto de cada seguradora dever continuar a ter a liberdade de aceitar, para efeitos de seguro, e com base nas modalidades e condições por ela estabelecidas, dispositivos e empresas de instalação e manutenção não aprovadas conjuntamente.

(26) No caso de acordos individuais isentos ao abrigo do presente regulamento produzirem efeitos incompatíveis com o n.º 3 do artigo 81.º, tal como interpretado nomeadamente pela prática administrativa da Comissão ou pela jurisprudência do Tribunal de Justiça, a Comissão pode retirar o benefício da isenção por categoria. Tal pode acontecer, em especial, quando os estudos sobre o impacto da futura evolução se baseiam em hipóteses injustificáveis, quando as condições-tipo das apólices recomendadas incluem cláusulas que criam, em detrimento do tomador de seguro, um desequilíbrio significativo entre os direitos e as obrigações contratuais, ou quando agrupamentos são utilizados ou geridos de tal forma que conferem a uma ou mais empresas participantes os meios para adquirir ou reforçar uma posição de poder significativa no mercado relevante ou se esses agrupamentos dão origem a uma partilha de mercado.

(27) A fim de facilitar a conclusão de acordos, alguns dos quais podem envolver decisões de investimento significativo, o período de validade do presente regulamento deve ser fixado em sete anos.

(28) O presente regulamento não prejudica a aplicação do artigo 82.º do Tratado.

(29) De acordo com o princípio do primado do direito comunitário, nenhuma medida tomada ao abrigo dos direitos nacionais de concorrência pode prejudicar a aplicação uniforme das regras de concorrência da Comunidade, em todo o mercado comum, nem o efeito útil de quaisquer medidas adoptadas para a sua execução, incluindo o presente regulamento,

ADOPTOU O PRESENTE REGULAMENTO:

CAPÍTULO I Isenção e definições

ARTIGO 1.º **(Isenção)**

Nos termos do n.º 3 do artigo 81.º do Tratado e em conformidade com o disposto no presente regulamento, o n.º 1 do artigo 81.º do Tratado não é aplicável aos acordos concluídos entre duas ou mais empresas do sector dos seguros (a seguir denominadas "empresas participantes") relativamente ao seguinte:

a) A elaboração conjunta e a distribuição de:

– cálculos do custo médio anterior de cobertura de um risco específico (em seguida denominados "cálculos");

– em relação aos seguros que envolvam um elemento de capitalização, tabelas de mortalidade e tabelas que demonstrem a frequência de doenças, acidentes e invalidez (em seguida denominadas "tabelas");

b) A elaboração conjunta de estudos sobre o impacto provável das circunstâncias gerais externas às empresas interessadas, no que se refere à frequência ou dimensão de futuros sinistros em relação a um dado risco ou categoria de risco ou sobre a rendibilidade dos diferentes tipos de investimento (em seguida denominados "estudos"), bem como a distribuição dos seus resultados;

c) O estabelecimento conjunto e a divulgação de condições-tipo das apólices não vinculativas em relação ao seguro directo (em seguida denominadas "condições-tipo das apólices");

d) O estabelecimento conjunto e a divulgação de modelos não vinculativos que ilustram os lucros a realizar com uma apólice de seguros que implique um elemento de capitalização (em seguida denominados "modelos");

e) A criação e o funcionamento de agrupamentos de empresas de seguros ou de empresas de seguros e empresas de resseguros para a cobertura comum de uma categoria específica de riscos sob a forma de co-seguro ou de co-resseguro;

f) A criação, reconhecimento e divulgação de:

– especificações técnicas, regras ou códigos de conduta relativamente aos tipos de dispositivos de segurança em relação aos quais não existem a nível comunitário especificações técnicas, sistemas de classificação, regras, procedimentos ou códigos de conduta harmonizados em conformidade com a legislação comunitária respeitante à livre circulação de mercadorias, e de procedimentos de avaliação e aprovação da conformidade dos dispositivos de segurança com essas especificações, regras ou códigos de conduta,

– especificações técnicas, regras ou códigos de conduta para a instalação e manutenção de dispositivos de segurança, bem como de procedimentos para a apreciação e aprovação da conformidade das empresas que procedem à instalação e à manutenção de dispositivos de segurança com tais especificações, regras ou códigos de conduta.

ARTIGO 2.º (**Definições**)

Para efeitos do presente regulamento, entende-se por:

1 – "Acordo", um acordo, uma decisão de uma associação de empresas ou uma prática concertada.

2 – "Empresas participantes", as empresas parte no acordo e respectivas empresas ligadas.

3 – "Empresas ligadas":

a) As empresas nas quais uma empresa participante disponha, directa ou indirectamente:
   i) de mais de metade dos direitos de voto;
   ii) do poder de designar mais de metade dos membros do conselho fiscal ou de administração ou dos órgãos que representam legalmente a empresa; ou
   iii) do direito de gerir os negócios da empresa;

b) As empresas que directa ou indirectamente disponham, sobre uma das empresas participantes, dos direitos ou poderes enumerados na alínea *a)*;

c) As empresas nas quais uma empresa referida na alínea *b)* disponha, directa ou indirectamente, dos direitos ou poderes enumerados na alínea *a)*;

d) As empresas nas quais uma empresa participante, juntamente com uma ou mais das empresas mencionadas nas alíneas *a)*, *b)* ou *c)*, ou duas ou mais destas últimas empresas disponham conjuntamente dos direitos ou poderes enumerados na alínea *a)*;

e) As empresas em que os direitos ou poderes enumerados na alínea *a)* sejam detidos conjuntamente:
   i) pelas empresas participantes ou pelas respectivas empresas ligadas mencionadas nas alíneas *a)* a *d)*, ou
   ii) por uma ou mais das empresas participantes ou uma ou mais das respectivas empresas ligadas referidas nas alíneas *a)* a *d)* e uma ou mais empresas terceiras.

4 – "Condições-tipo das apólices", quaisquer cláusulas incluídas em apólices-tipo ou de referência elaboradas conjuntamente por empresas de seguros ou por órgãos ou associações de empresas de seguros.

5 – "Agrupamentos de co-seguro", os agrupamentos constituídos pelas empresas seguradoras que:
   i) se comprometem a subscrever, em nome e por conta de todos os participantes, o seguro de uma determinada categoria de riscos, ou
   ii) confiam a subscrição e a gestão do seguro de uma determinada categoria de riscos, em seu nome e por sua conta, a uma de entre elas, a um corretor comum ou a um organismo comum criado para esse efeito.

6 – "Agrupamentos de co-resseguro", os agrupamentos constituídos por empresas seguradoras, eventualmente com o contributo de uma ou várias empresas de resseguro:
   i) para ressegurar mutuamente, no todo ou em parte, as suas responsabilidades relativas a uma determinada categoria de riscos;
   ii) acessoriamente, para aceitar em nome e por conta de todos os participantes o resseguro da mesma categoria de riscos.

7 – "Novos riscos", riscos que não existiam anteriormente e em relação aos quais a cobertura de seguro requer o desenvolvimento de um produto de seguro inteiramente novo, não envolvendo a extensão do âmbito, melhoria ou substituição de um produto de seguro existente.

8 – "Dispositivos de segurança", as componentes e os equipamentos destinados a prevenir e reduzir os danos, bem como os sistemas constituídos por tais elementos.

9 – "Prémio comercial", o preço aplicado ao adquirente de uma apólice de seguro.

CAPÍTULO II Cálculos, tabelas e estudos realizados em comum

ARTIGO 3.º (Condições de isenção)
1 – As isenções previstas no artigo 1.º aplicam-se desde que os cálculos ou tabelas:

a) Se baseiem na recolha de dados, relativos a um conjunto de anos-risco escolhido como período de observação, que se refiram a riscos idênticos ou comparáveis em número suficiente para constituir uma base que pode ser tratada estatisticamente e que permitirá obter valores sobre, nomeadamente:

– o número de sinistros no decurso do período referido;

– o número de riscos individuais cobertos pelo seguro em cada ano-risco durante o período de observação escolhido;

– o montante total das indemnizações pagas ou devidas a título dos sinistros ocorridos durante o referido período;

– o montante dos capitais cobertos pelo seguro em cada ano-risco durante o período de observação escolhido;

b) Incluam uma discriminação das estatísticas existentes o mais pormenorizada possível, que seja viável do ponto de vista actuarial;

c) Não integrem elementos para imprevistos, os rendimentos das reservas, os custos administrativos ou comerciais ou as contribuições fiscais ou parafiscais e não tenham em conta quer os rendimentos dos investimentos, quer os lucros esperados.

2 – As isenções previstas nas alíneas *a)* e *b)* do artigo 1.º serão aplicáveis desde que os cálculos, tabelas ou resultados dos estudos:

a) Não identifiquem as empresas seguradoras em questão ou qualquer segurado;

b) Quando compilados e distribuídos, incluam uma declaração quanto à sua natureza não vinculativa;

c) Sejam disponibilizados em condições razoáveis e não discriminatórias a qualquer empresa seguradora que solicite uma cópia, incluindo empresas de seguros que não estão activas no mercado geográfico ou no mercado do produto a que se referem esses cálculos, tabelas ou resultados de estudos.

ARTIGO 4.º (Acordos não abrangidos pela isenção)
A isenção prevista no artigo 1.º não é aplicável quando as empresas participantes se concertam ou se comprometem mutuamente, ou o impõem a outras empre-

sas, a não utilizar cálculos ou tabelas diferentes dos estabelecidos em conformidade com a alínea *a)* do artigo 1.º ou a não se afastar dos resultados dos estudos a que se refere a alínea *b)* do artigo 1.º.

CAPÍTULO III Condições-tipo das apólices e modelos

ARTIGO 5.º **(Condições de isenção)**

1 – A isenção prevista na alínea *c)* do artigo 1.º é aplicável desde que as condições-tipo:

a) Sejam formuladas e divulgadas com uma menção expressa de que não são vinculativas e que a sua utilização não é de modo algum recomendada;

b) Mencionem expressamente que as empresas participantes têm a liberdade de oferecer aos seus clientes condições diferentes relativas às apólices;

c) Sejam acessíveis a qualquer pessoa interessada e comunicadas mediante simples pedido.

2 – A isenção prevista na alínea *d)* do artigo 1.º é aplicável desde que os modelos não vinculativos sejam formulados e divulgados apenas para efeitos de orientação.

ARTIGO 6.º **(Acordos não abrangidos pela isenção)**

1 – A isenção prevista na alínea *c)* do artigo 1.º não é aplicável se as condições-tipo das apólices incluírem cláusulas que:

a) Contenham qualquer indicação quanto ao nível dos prémios comerciais;

b) Indiquem o montante da cobertura ou a parte que o tomador de seguro deve suportar (a "franquia");

c) Imponham uma cobertura alargada que inclua riscos a que um número significativo de tomadores do seguro não está simultaneamente exposto;

d) Permitam ao segurador manter o contrato quando este suprime parcialmente a cobertura, aumenta o prémio sem que o risco ou a extensão da cobertura sejam alterados (sem prejuízo das cláusulas de indexação) ou ainda quando altera as condições da apólice sem que o tomador de seguro tenha dado o seu consentimento expresso;

e) Permitam ao segurador modificar a duração do contrato sem que o tomador de seguro tenha dado o seu consentimento expresso;

f) Imponham ao tomador de um seguro do ramo não vida um período contratual superior a três anos;

g) Imponham um período de renovação superior a um ano quando o contrato é automaticamente renovado, na ausência de pré-aviso num determinado prazo;

h) Imponham ao tomador de seguro a entrada em vigor de um contrato suspenso em virtude do desaparecimento do risco coberto pelo seguro, desde que o tomador de seguro volte a estar exposto a um risco da mesma natureza;

i) Imponham ao tomador de seguro a obtenção da cobertura de riscos diferentes junto do mesmo segurador;

j) Obriguem o tomador de seguro, em caso de cessão do objecto segurado, a fazer com que o adquirente retome o contrato de seguro;

k) Excluam ou limitem a cobertura de um risco se o tomador de seguro utiliza dispositivos de segurança ou recorre a empresas de instalação ou de manutenção não aprovadas segundo as especificações relevantes acordadas por uma associação ou associações de empresas seguradoras num ou vários Estados membros ou a nível europeu.

2 – A isenção prevista na alínea *c)* do artigo 1.º não beneficiará as empresas ou associações de empresas que acordem entre si, ou acordem em obrigar outras empresas, a não aplicar condições diferentes das condições-tipo da apólice estabelecidas em conformidade com um acordo concluído entre as empresas participantes.

3 – Sem prejuízo do estabelecimento de condições de seguro específicas para certas categorias sociais ou profissionais da população, a isenção prevista na alínea *c)* do artigo 1.º não é aplicável aos acordos, decisões e práticas concertadas que visem recusar a cobertura de certas categorias de riscos em função das características do tomador do seguro.

4 – A isenção prevista na alínea *d)* do artigo 1.º não é aplicável quando, sem prejuízo de obrigações legais, os modelos não vinculativos apresentem apenas taxas de juro especificadas ou contenham uma indicação quantificada dos custos de administração.

5 – A isenção prevista na alínea *d)* do artigo 1.º não é aplicável às empresas ou associações de empresas que se concertam ou se comprometem mutuamente, ou o impõem a outras empresas, a não utilizar um outro modelo de demonstração dos lucros futuros de um contrato de seguro diferente dos estabelecidos em conformidade com um acordo entre as empresas participantes.

CAPÍTULO IV Cobertura comum de certos tipos de riscos

ARTIGO 7.º (**Aplicação da isenção e limiares de quota de mercado**)

1 – No que diz respeito a agrupamentos de co-seguro ou de co-resseguro criados após a data de entrada em vigor do presente regulamento, a fim de cobrir exclusivamente um novo risco, a isenção prevista na alínea *e)* do artigo 1.º é aplicável por um período de três anos a contar da data da constituição do agrupamento, independentemente da sua quota de mercado.

2 – No que diz respeito a agrupamentos de co-seguro ou de co-resseguro não abrangidos pelo âmbito de aplicação do n.º 1 (pelo facto de existirem há mais de três anos ou de não terem sido criados para cobrir um novo risco), a isenção prevista na alínea *e)* do artigo 1.º é aplicável enquanto o presente regulamento se mantiver em

vigor e desde que os produtos do seguro subscritos no âmbito do acordo de agrupamento pelas empresas participantes, ou em seu nome, não representem em qualquer dos mercados em causa:

a) No caso de agrupamentos de co-seguro, mais de 20% do mercado relevante;

b) No caso de agrupamentos de co-resseguro, mais de 25% do mercado relevante.

3 – Para efeitos da aplicação do limiar da quota de mercado previsto no n.º 2, são aplicáveis as seguintes regras:

a) A quota de mercado será calculada com base nas receitas brutas decorrentes dos prémios; se os dados relativos às receitas brutas provenientes dos prémios não estiverem disponíveis, podem ser utilizadas estimativas baseadas noutras informações fiáveis do mercado, incluindo a cobertura oferecida pelo seguro ou o valor dos riscos segurados, para estabelecer a quota de mercado da empresa em causa;

b) A quota de mercado será calculada com base nos dados relativos ao ano civil anterior;

c) A quota de mercado das empresas referidas no ponto 3, alínea *e)*, do artigo 2.º deve ser repartida em partes iguais entre cada uma das empresas que detenham os direitos ou poderes enumerados no ponto 3, alínea *a)*, do artigo 2.º.

4 – Se a quota de mercado referida na alínea *a)* do n.º 2 não exceder inicialmente 20%, mas vier posteriormente a ultrapassar este nível, sem contudo exceder 22%, a isenção prevista na alínea *e)* do artigo 1.º continuará a aplicar-se durante o período de dois anos consecutivos subsequentes ao ano em que o limiar de 20% foi excedido pela primeira vez.

5 – Se a quota de mercado referida na alínea *a)* do n.º 2 não exceder inicialmente 20%, mas vier posteriormente a ultrapassar 22%, a isenção prevista na alínea *e)* do artigo 1.º continuará a aplicar-se durante o ano civil subsequente ao ano em que o nível de 22% foi excedido pela primeira vez.

6 – Da combinação do disposto nos n.ºs 4 e 5 não pode resultar um período superior a dois anos civis.

7 – Se a quota de mercado referida na alínea *b)* do n.º 2 não exceder inicialmente 25%, mas vier posteriormente a ultrapassar este nível, sem contudo exceder 27%, a isenção prevista na alínea *e)* do artigo 1.º continuará a aplicar-se durante o período de dois anos consecutivos subsequentes ao ano em que o limiar de 25% foi excedido pela primeira vez.

8 – Se a quota de mercado referida na alínea *b)* do n.º 2 não exceder inicialmente 25%, mas vier posteriormente a ultrapassar 27%, a isenção prevista na alínea *e)* do artigo 1.º continuará a aplicar-se durante o ano civil subsequente ao ano em que o nível de 27% foi excedido pela primeira vez.

9 – Da combinação do disposto nos n.ºs 7 e 8 não pode resultar um período superior a dois anos civis.

ARTIGO 8.º **(Condições de isenção)**
A isenção prevista na alínea *e)* do artigo 1.º é aplicável desde que:

a) Cada empresa participante tenha o direito de se retirar do agrupamento mediante um pré-aviso que não ultrapasse um ano e sem sofrer quaisquer sanções;

b) As regras do agrupamento não obriguem qualquer dos seus membros a segurar ou a ressegurar através do agrupamento, no todo ou em parte, riscos do tipo coberto pelo agrupamento;

c) As regras do agrupamento não limitem a actividade do agrupamento ou dos seus membros ao seguro ou resseguro de riscos situados em qualquer ponto geográfico da União Europeia;

d) O acordo não limite a produção ou as vendas;

e) O acordo não reparta mercados ou clientes;

f) Os membros de um agrupamento de co-resseguro não estabeleçam por mútuo acordo os prémios comerciais por eles aplicados para efeitos de seguro directo; e

g) Nenhum membro do grupo ou empresa que exerça uma influência determinante na política comercial do grupo seja igualmente membro ou exerça uma influência determinante na política comercial de um grupo distinto activo no mesmo mercado relevante.

CAPÍTULO V Dispositivos de segurança

ARTIGO 9.º **(Condições de isenção)**
A isenção prevista na alínea *f)* do artigo 1.º é aplicável desde que:

a) As especificações técnicas e os procedimentos relativos à avaliação da conformidade sejam precisos, tecnicamente justificados e proporcionais aos resultados a atingir pelo dispositivo de segurança em causa;

b) As regras para a avaliação de empresas de instalação ou de manutenção sejam objectivas, relacionadas com a sua capacidade técnica e aplicadas de modo não discriminatório;

c) Estas especificações e regras sejam elaboradas e divulgadas com uma menção expressa de que as empresas seguradoras podem aceitar, para efeitos de seguro, com base nas modalidades e condições que desejarem, outros dispositivos ou empresas de instalação ou de manutenção que não cumpram essas especificações técnicas ou regras;

d) Estas especificações e regras sejam comunicadas mediante simples pedido a qualquer pessoa interessada;

e) As eventuais listas de dispositivos de segurança e de empresas de instalação e manutenção que respeitem as especificações incluam uma classificação em função do nível de desempenho obtido;

f) Seja possível a qualquer requerente apresentar o pedido de avaliação a qualquer momento;

g) A avaliação da conformidade não comporte para o requerente encargos desproporcionados em relação aos custos do procedimento de aprovação;

h) Os dispositivos e as empresas de instalação e/ou de manutenção, que preenchem os critérios de avaliação, sejam certificados de maneira não discriminatória num prazo de seis meses a contar da data da apresentação do pedido, salvo se razões técnicas justificarem um prazo suplementar razoável;

i) A conformidade ou a aprovação seja certificada por escrito;

j) A recusa do certificado de conformidade seja justificada por escrito, mediante junção de cópia dos protocolos dos ensaios e controlos efectuados;

k) A recusa de tomar em consideração um pedido de avaliação seja justificada por escrito; e

l) As especificações e regras sejam aplicadas por organismos aprovados no que se refere às normas da série EN 45000 e EN ISO/IEC 17025.

CAPÍTULO VI Outras disposições

ARTIGO 10.º **(Retirada da isenção)**

Nos termos do disposto no artigo 7.º do Regulamento (CEE) n.º 1534/91, a Comissão, oficiosamente ou a pedido de um Estado membro ou de pessoas singulares ou colectivas que justifiquem um interesse legítimo, pode retirar o benefício do presente regulamento se verificar que, em determinado caso, um acordo a que é aplicável a isenção prevista no artigo 1.º tem, no entanto, efeitos incompatíveis com as condições previstas no n.º 3 do artigo 81.º do Tratado e, nomeadamente, quando:

a) Os estudos a que é aplicável a isenção prevista na alínea *b)* do artigo 1.º se baseiam em hipóteses injustificáveis;

b) As condições-tipo das apólices a que é aplicável a isenção prevista na alínea *c)* do artigo 1.º incluem cláusulas que criam, em detrimento do tomador de seguro, um desequilíbrio significativo entre os direitos e as obrigações contratuais;

c) Em relação à cobertura comum de certos tipos de riscos a que é aplicável a isenção prevista na alínea *e)* do artigo 1.º, a constituição ou o funcionamento de um agrupamento, através das condições de admissão, da definição dos riscos a cobrir, dos acordos de retrocessão ou de qualquer outra forma, conduz a uma repartição dos mercados relativamente aos produtos de seguro em causa ou a produtos semelhantes.

ARTIGO 11.º **(Período transitório)**

A proibição estabelecida no n.º 1 do artigo 81.º do Tratado não é aplicável durante o período compreendido entre 1 de Abril de 2003 e 31 de Março de 2004 relativamente a acordos já em vigor em 31 de Março de 2003, que não satisfaçam as condições de isenção previstas no presente regulamento, mas que preencham as condições de isenção previstas no Regulamento (CEE) n.º 3932/92.

ARTIGO 11.º-A

A proibição estabelecida no n.º 1 do artigo 81.º do Tratado não é aplicável relativamente a acordos já em vigor na data da adesão da República Checa, da Estónia, de Chipre, da Letónia, da Lituânia, da Hungria, de Malta, da Polónia, da Eslovénia e da Eslováquia e que, em virtude da adesão, recaem no âmbito de aplicação do n.º 1 do artigo 81.º, se, no prazo de seis meses a contar da data da adesão, tiverem sido alterados por forma a satisfazerem as condições de isenção previstas no presente regulamento.

ARTIGO 12.º **(Período de validade)**

O presente regulamento entra em vigor em 1 de Abril de 2003. A sua vigência termina em 31 de Março de 2010.

O presente regulamento é obrigatório em todos os seus elementos e directamente aplicável em todos os Estados membros.

Feito em Bruxelas, em 27 de Fevereiro de 2003.

Pela Comissão, *Mario Monti* – Membro da Comissão.

TRANSPORTES

Regulamento (CEE) n.º 1017/68*

O CONSELHO DAS COMUNIDADES EUROPEIAS,

Tendo em conta o Tratado que institui a Comunidade Económica Europeia e, nomeadamente, os seus artigos 75.º e 87.º,

Tendo em conta a proposta da Comissão,

Tendo em conta o parecer do Parlamento Europeu,

Tendo em conta o parecer do Comité Económico e Social,

Considerando que, por força do Regulamento n.º 141 do Conselho, relativo à não aplicação ao sector dos transportes do Regulamento n.º 17 do Conselho, este Regulamento n.º 17 não se aplica aos acordos, decisões e práticas concertadas no sector dos transportes que tenham por efeito a fixação dos preços e condições de transporte, a limitação ou o controlo da oferta de transportes ou a repartição dos mercados de transportes, nem às posições dominantes, na acepção do artigo 86.º do Tratado, no mercado dos transportes;

Considerando que, no que diz respeito aos transportes ferroviários, rodoviários e por via navegável, esta não aplicação é limitada até 30 de Junho de 1968, por força do Regulamento n.º 1002/67/CEE;

Considerando que a definição de regras de concorrência aplicáveis aos transportes ferroviários, rodoviários e por via navegável constitui um dos elementos da política comum dos transportes bem como da política económica geral;

Considerando que, ao adoptar regras de concorrência aplicáveis a este sector, é conveniente ter em conta aspectos especiais dos transportes;

Considerando que as regras de concorrência para as transportes derrogam as regras gerais de concorrência, tornando-se necessário criar condições que permitam às empresas saber qual a regulamentação aplicável em cada caso concreto;

Considerando que a instituição de um regime de concorrência para os transportes torna desejável a inclusão, na mesma medida, do financiamento ou da aquisição em comum de material ou de equipamento de transportes para exploração em comum por determinados agrupamentos de empresas, assim como determinadas operações dos auxiliares de transporte para os transportes ferroviários, rodoviários e por via navegável;

---

* Regulamento (CEE) n.º 1017/68 do Conselho de 19 de Julho de 1968 relativo à aplicação de regras de concorrência nos sectores dos transportes ferroviários, rodoviários e por via navegável (com a redacção resultante do Anexo II do Acto de Adesão de 2003).

Considerando que, a fim de evitar que o comércio entre Estados membros seja afectado e que a concorrência no mercado comum seja falseada, é conveniente proibir, em princípio para os três modos de transporte acima indicados, os acordos entre empresas, as decisões de associações de empresas e as práticas concertadas entre empresas assim como a exploração abusiva de uma posição dominante no mercado comum que possa provocar tais efeitos;

Considerando que certos tipos de acordos, decisões e práticas concertadas no domínio dos transportes, que tenham apenas por objectivo e efeito a aplicação de melhoramentos técnicos ou a cooperação técnica, podem ser subtraídos à proibição de acordos, decisões e práticas concertadas, desde que contribuam para melhorar a produtividade; que à luz da experiência e, como resultado da aplicação do presente regulamento, o Conselho pode ser levado a alterar, mediante proposta da Comissão, a lista destes tipos de acordos;

Considerando que, a fim de melhorar a estrutura da indústria por vezes demasiado dispersa no sector dos transportes rodoviários e por via navegável, convém igualmente isentar da proibição os acordos, decisões e práticas concertadas que tenham em vista a criação e o funcionamento de agrupamentos de empresas destes dois modos de transporte, que tenham por objectivo o exercício da actividade transportadora, incluindo o financiamento ou a aquisição em comum de material ou de equipamento de transporte para exploração em comum; que esta isenção de carácter global só pode ser concedida desde que a capacidade total de carga do agrupamento não exceda um limite máximo fixado e a capacidade individual das empresas participantes no agrupamento não exceda certos limites estabelecidos, de modo a evitar que uma delas possa ter posição dominante no interior do agrupamento; que, todavia, a Comissão deve ter a possibilidade de intervir se, num caso determinado, tais acordos produzirem efeitos incompatíveis com as condições previstas para que um acordo, decisão ou prática concertada possa ser reconhecido como lícito e constitua um abuso de isenção; que, não obstante, o facto de o agrupamento dispor de uma capacidade total de carga superior ao máximo fixado, ou de não poder beneficiar da isenção de carácter global em consequência da capacidade individual das empresas participantes no agrupamento, não exclui em si que o agrupamento possa constituir um acordo, decisão ou prática concertada lícitos, na medida em que obedeçam às condições exigidas para o efeito pelo presente regulamento;

Considerando que, sempre que um acordo, uma decisão ou uma prática concertada contribua para melhorar a qualidade dos serviços de transporte, ou para promover maior continuidade e estabilidade na satisfação das necessidades de transporte em mercados que estão sujeitos a consideráveis flutuações no tempo da oferta e da procura, ou para aumentar a produtividade das empresas ou para promover o progresso técnico ou económico, convém poder declarar a inaplicabilidade da proibição, desde que o acordo, decisão ou prática concertada tenha em consideração, de modo equitativo, os interesses dos utilizadores dos transportes, não imponha às empresas interessadas restrições que não sejam indispensáveis para atingir os objectivos já referidos, e não dê a essas empresas a possibilidade de eliminar a concorrência numa parte substancial do mercado dos transportes em causa, tendo igualmente em conta a concorrência de modos alternativos de transporte;

Considerando que, enquanto o Conselho não aplicar, no âmbito da política comum de transportes, as medidas adequadas a assegurar a estabilidade do mercado de transportes e desde que o Conselho tenha verificado a existência de um estado de crise, é oportuno autorizar no mercado em causa os acordos que se tornem necessários para reduzir as perturbações que decorrem da estrutura do mercado de transportes;

Considerando que, no domínio dos transportes ferroviários, rodoviários e por via navegável, é conveniente que os Estados membros não tomem nem mantenham medidas contrárias ao presente regulamento, no que diz respeito às empresas públicas e às empresas às quais concedam direitos especiais ou exclusivos; que é igualmente oportuno que as empresas encarregadas da gestão de serviços de interesse económico geral estejam sujeitas às disposições do regulamento, na medida em que a sua aplicação não constitua obstáculo de direito ou de facto ao cumprimento da missão especial que lhes tenha sido confiada, sem que todavia seja afectado o desenvolvimento das trocas comerciais em sentido contrário ao interesse da Comunidade; que a Comissão deve ter a possibilidade de velar pela aplicação desses princípios e dirigir para esse efeito directivas ou decisões adequadas aos Estados membros;

Considerando que é conveniente determinar as modalidades de aplicação das medidas de fundo adoptadas pelo presente regulamento, de tal forma que as mesmas garantam, por um lado, uma fiscalização eficaz simplificando, na medida do possível, o controlo administrativo e obedeçam, por outro lado, às necessidades de segurança jurídica das empresas;

Considerando que cabe, em primeiro lugar, às empresas avaliar por si próprias se nos respectivos acordos, decisões ou práticas concertadas predominam os efeitos restritivos da concorrência ou os efeitos economicamente benéficos admitidos como justificação dessas restrições e, deste modo, apreciar sob a sua própria responsabilidade a natureza ilícita ou lícita desses acordos, decisões ou práticas concertadas;

Considerando que as empresas devem, consequentemente, ser autorizadas a concluir e executar acordos sem necessidade de os dar a conhecer, expondo-os assim ao risco de uma declaração retroactiva de nulidade, nos casos em que esses acordos venham a ser examinados na sequência de uma denúncia ou por iniciativa própria da Comissão, mas sem prejuízo de os mesmos poderem ser declarados lícitos retroactivamente, no caso de um tal exame *a posteriori*;

Considerando, todavia, que as empresas podem, em certos casos, desejar a assistência das autoridades competentes para se assegurarem da conformidade dos respectivos acordos, decisões ou práticas concertadas com as disposições em vigor; que, para esse efeito, é conveniente colocar à sua disposição um processo que inclua a apresentação de um pedido à Comissão e a publicação do conteúdo essencial desse pedido no Jornal Oficial das Comunidades Europeias, de modo a que terceiros interessados possam apresentar as suas observações a respeito do acordo em causa; que, na ausência de denúncias por parte dos Estados membros ou de terceiros interessados e se a Comissão não fizer saber, dentro de um prazo fixado, às empresas que tenham apresentado o pedido, que existem sérias dúvidas quanto à natureza lícita do acordo em causa, deve o mesmo ser considerado isento de proibição durante o período anterior e nos três anos seguintes;

Considerando que, em razão da natureza excepcional dos acordos considerados necessários para reduzir as perturbações que decorrem da estrutura do mercado de transportes, em caso de crise verificada pelo Conselho, convém submeter as empresas que desejam obter autorização para um tal acordo, à obrigação de o notificar à Comissão; que é conveniente que a autorização da Comissão só produza efeitos a partir da data em que foi concedida; que a validade da autorização não exceda três anos a contar da verificação do estado de crise pelo Conselho e que a renovação da decisão seja subordinada a uma nova verificação do estado de crise pelo Conselho; que, em qualquer caso, a autorização deve cessar a sua validade no prazo máximo de seis meses após o Conselho ter aplicado as medidas adequadas para garantir a estabilidade do mercado de transportes abrangido pelo acordo;

Considerando que, para garantir uma aplicação uniforme no mercado comum de regras de concorrência para os transportes, é necessário fixar as normas segundo as quais a Comissão, agindo em estreita e constante ligação com as autoridades competentes dos Estados membros, possa tomar as medidas necessárias para aplicação dessas regras de concorrência;

Considerando que, para esse efeito, a Comissão deve obter o apoio das autoridades competentes dos Estados membros e, por outro lado, dispor, em todo o mercado comum, do poder de exigir esclarecimentos e proceder às verificações necessárias para a descoberta de acordos, decisões e práticas concertadas proibidos pelo presente regulamento, bem como da exploração abusiva de uma posição dominante proibida pelo mesmo;

Considerando que, se no momento da aplicação do regulamento a um caso específico, existirem no entender de um Estado membro questões de princípio respeitantes à política comum de transportes, é oportuno que essas questões de princípio possam ser examinadas pelo Conselho; que é conveniente poder submeter à apreciação do Conselho qualquer questão de carácter geral suscitada pela execução da política de concorrência no domínio dos transportes; que deve prever-se um processo, a fim de assegurar que a decisão de aplicação do regulamento ao caso específico apenas seja tomada pela Comissão após o exame das questões de princípio pelo Conselho e à luz das orientações que resultarem desse exame;

Considerando que, a fim de cumprir a sua missão de velar pela aplicação das disposições do presente regulamento, a Comissão deve ter poderes para dirigir às empresas ou às associações de empresas recomendações e decisões tendentes a fazer cessar as infracções às disposições do regulamento que proibem certos acordos, decisões ou práticas;

Considerando que o respeito das proibições estabelecidas no regulamento e o cumprimento das obrigações impostas às empresas e associações de empresas em sua aplicação devem poder ser garantidas por meio de multas e adstrições;

Considerando que é conveniente garantir às empresas interessadas o direito de serem ouvidas pela Comissão, que deve ser concedida a terceiros, cujos interesses possam ser afectados por uma decisão, a oportunidade de previamente apresentarem as suas observações bem como garantir ampla publicidade das 12 decisões tomadas;

Considerando que convém atribuir plena jurisdição ao Tribunal de Justiça, em aplicação do disposto no artigo 172.º do Tratado, no que diz respeito a decisões que apliquem multas ou adstrições;

Considerando que convém adiar por seis meses a data de entrada em vigor da proibição estabelecida pelo regulamento, no que diz respeito aos acordos, decisões e práticas concertadas existentes à data da publicação do presente regulamento no *Jornal Oficial das Comunidades Europeias*, a fim de facilitar a adaptação das empresas às disposições do mesmo;

Considerando que, na sequência das discussões que se realizarão com os Estados terceiros signatários da Convenção Revista para a Navegação do Reno, e num prazo razoável a contar da conclusão dessas discussões, este regulamento deve na sua generalidade ser alterado em observância das obrigações que resultem da Convenção Revista para a Navegação do Reno;

Considerando que convirá no prazo de três anos introduzir no regulamento as modificações que se revelem necessárias em função da experiência adquirida; que em especial deve examinar-se, tendo em conta a evolução da política comum de transportes durante esse período, se convém estender a aplicação do regulamento aos acordos, decisões e práticas concertadas, bem como à exploração abusiva de posições dominantes que não afectem o comércio entre Estados membros,

ADOPTOU O PRESENTE REGULAMENTO:

ARTIGO 1.º **(Disposições de princípio)**
No domínio dos transportes ferroviários, rodoviários e por via navegável, o disposto no presente regulamento aplica-se aos acordos, decisões e práticas concertadas que tenham por objectivo ou efeito a fixação de preços e condições de transporte, a limitação ou o controlo da oferta de transportes, a repartição dos mercados de transportes, a aplicação de melhoramentos técnicos ou a cooperação técnica, o financiamento ou a aquisição em comum de material ou de equipamento de transporte directamente ligados à prestação do serviço de transportes, desde que isso seja necessário para a exploração em comum de um agrupamento de empresas de transportes rodoviários ou por via navegável, nos termos do artigo 4.º, bem como às posições dominantes no mercado de transportes. Estas disposições aplicam-se igualmente às operações dos auxiliares de transportes que tenham o mesmo objectivo ou os mesmos efeitos acima referidos.

ARTIGO 2.º **(Proibição de acordos entre empresas, decisões de associações de empresas e práticas concertadas)**
Revogado[1]

ARTIGO 3.º **(Excepção em relação aos acordos técnicos)**
1 – A proibição imposta no n.º 1 do artigo 81.º do Tratado[2] não se aplica aos acordos, decisões e práticas concertadas que tenham apenas por objectivo ou efeito a aplicação de melhoramentos técnicos ou a cooperação técnica mediante:
   a) A aplicação uniforme de normas e tipos para o material, o aprovisionamento dos transportes, os meios de transporte e as instalações fixas;
   b) A troca ou a utilização em comum, para exploração dos transportes, do pessoal, do material, dos meios de transporte e das instalações fixas;
   c) A organização e a execução de transportes sucessivos, complementares, alternativos ou combinados, bem como a determinação e aplicação de preços e condições globais para esses transportes, incluindo os preços de concorrência;
   d) A canalização de transportes efectuada por um só modo de transporte para os trajectos mais racionais do ponto de vista da exploração;
   e) A coordenação dos horários dos transportes para itinerários sucessivos;
   f) O agrupamento de remessas isoladas;
   g) A adopção de regras uniformes respeitantes à estrutura e às condições de

---

[1] N.º 1 do artigo 36.º do Regulamento (CE) n.º 1/2003.
[2] Redacção dada pelo n.º 2 do artigo 36.º do Regulamento (CE) n.º 1/2003.

aplicação das tarifas de transportes desde que essas regras não fixem os preços e condições de transporte.

2 – A Comissão submeterá, se for caso disso, à apreciação do Conselho propostas que tenham em vista aumentar ou reduzir a lista referida no n.º 1.

ARTIGO 4.º (**Isenção em relação aos agrupamentos de pequenas e médias empresas**)
1 – Os acordos, decisões e práticas concertadas nos termos do n.º 1 do artigo 81.º do Tratado[1] serão isentos da proibição estabelecida nesse artigo, sempre que tenham por objectivo:
 – a constituição e o funcionamento de agrupamentos e empresas de transportes rodoviários ou por via navegável para a execução de actividades de transporte;
 – o financiamento ou a aquisição em comum de material ou de equipamento de transporte directamente ligados à prestação do serviço de transporte, desde que tal seja necessário para a exploração em comum desses agrupamentos e sempre que a capacidade de carga total do agrupamento não exceda:
 – 10 000 toneladas para os transportes rodoviários,
 – 500 000 toneladas para os transportes por via navegável. A capacidade individual de cada empresa participante no agrupamento não pode exceder 1 000 toneladas para os transportes rodoviários ou 50.000 toneladas para os transportes por via navegável.

2 – Se a execução dos acordos, decisões ou práticas concertadas previstos no n.º 1 tiverem, num determinado caso, efeitos incompatíveis com os requisitos previstos no n.º 3 do artigo 81.º do Tratado, as empresas ou associações de empresas podem ser obrigadas a pôr termo a esses efeitos.[2]

ARTIGO 5.º (**Inaplicabilidade da proibição**)
Revogado[3]

ARTIGO 6.º (**Acordos destinados a reduzir as perturbações decorrentes da estrutura do mercado dos transportes**)
Revogado[4]

ARTIGO 7.º (**Nulidade dos acordos e decisões**)
Revogado[5]

---

[1] Redacção do n.º 3 do artigo 36.º do Regulamento (CE) n.º 1/2003.
[2] Redacção da alínea *b)* do n.º 3 do artigo 36.º do Regulamento (CE) n.º 1/2003.
[3] N.º 4 do artigo 36.º do Regulamento (CE) n.º 1/2003.
[4] N.º 4 do artigo 36.º do Regulamento (CE) n.º 1/2003.
[5] N.º 4 do artigo 36.º do Regulamento (CE) n.º 1/2003.

ARTIGO 8.º **(Proibição da exploração abusiva de posições dominantes)**
Revogado[1]

ARTIGO 9.º **(Empresas públicas)**
Revogado[2]

ARTIGO 10.º **(Processos com base em denúncia ou por iniciativa da Comissão)**
Revogado[3]

ARTIGO 11.º **(Resultado dos processos com base em denúncia ou por iniciativa da Comissão)**
Revogado[4]

ARTIGO 12.º **(Aplicação do artigo 5.º – oposição)**
Revogado[5]

ARTIGO 13.º **(Período de validade e revogação das decisões de aplicação do artigo 5.º)**
1– *Revogado*[6]
2 – *Revogado*[7]
3 –[8] A Comissão pode revogar ou modificar a sua decisão, ou proibir determinados actos às partes:

a) Se a situação de facto se modificar relativamente a um elemento essencial da decisão;

b) Se as partes não cumpriram uma obrigação de que a decisão tenha sido acompanhada;

c) Se a decisão assentar em indicações inexactas ou se foi obtida fraudulentamente; ou

d) Se as partes abusarem da isenção do disposto no artigo 2.º que lhes tenha sido concedida pela decisão.

Nos casos referidos nas alíneas *b)*, *c)* e *d)*, a decisão pode ser revogada com efeitos retroactivos.

---

[1] N.º 4 do artigo 36.º do Regulamento (CE) n.º 1/2003.
[2] N.º 4 do artigo 36.º do Regulamento (CE) n.º 1/2003.
[3] N.º 4 do artigo 36.º do Regulamento (CE) n.º 1/2003.
[4] N.º 4 do artigo 36.º do Regulamento (CE) n.º 1/2003.
[5] N.º 4 do artigo 36.º do Regulamento (CE) n.º 1/2003.
[6] N.º 4 do artigo 36.º do Regulamento (CE) n.º 1/2003.
[7] N.º 4 do artigo 36.º do Regulamento (CE) n.º 1/2003.
[8] Este número «continua a ser aplicável a decisões aprovadas nos termos do artigo 5.º do Regulamento (CEE) n.º 1017/68 antes da data de entrada em aplicação do presente regulamento e até à data em que as referidas decisões caduquem» (n.º 4 do artigo 36.º do Regulamento (CE) n.º 1/2003).

ARTIGO 14.º (Decisão de aplicação do artigo 6.º)
Revogado[1]

ARTIGO 15.º (Competência)
Revogado[2]

ARTIGO 16.º (Ligação com as autoridades dos Estados membros)
Revogado[3]

ARTIGO 17.º (Exame, pelo Conselho, de uma questão de princípio respeitante à política comum de transportes, suscitada num caso concreto)
Revogado[4]

ARTIGO 18.º (Inquéritos por sectores dos transportes)
Revogado[5]

ARTIGO 19.º (Pedido de informações)
Revogado[6]

ARTIGO 20.º (Diligências de instrução pelas autoridades dos Estados membros)
Revogado[7]

ARTIGO 21.º (Poderes da Comissão em matéria de instrução)
Revogado[8]

ARTIGO 22.º (Multas)
Revogado[9]

ARTIGO 23.º (Adstrições)
Revogado[10]

---

[1] N.º 4 do artigo 36.º do Regulamento (CE) n.º 1/2003.
[2] N.º 4 do artigo 36.º do Regulamento (CE) n.º 1/2003.
[3] N.º 4 do artigo 36.º do Regulamento (CE) n.º 1/2003.
[4] N.º 4 do artigo 36.º do Regulamento (CE) n.º 1/2003.
[5] N.º 4 do artigo 36.º do Regulamento (CE) n.º 1/2003.
[6] N.º 4 do artigo 36.º do Regulamento (CE) n.º 1/2003.
[7] N.º 4 do artigo 36.º do Regulamento (CE) n.º 1/2003.
[8] N.º 4 do artigo 36.º do Regulamento (CE) n.º 1/2003.
[9] N.º 4 do artigo 36.º do Regulamento (CE) n.º 1/2003.
[10] N.º 4 do artigo 36.º do Regulamento (CE) n.º 1/2003.

ARTIGO 24.º **(Controlo do Tribunal de Justiça)**
Revogado[1]

ARTIGO 25.º **(Unidade de conta)**
Revogado[2]

ARTIGO 26.º **(Audição dos interessados e de terceiros)**
Revogado[3]

ARTIGO 27.º **(Segredo profissional)**
Revogado[4]

ARTIGO 28.º **(Publicação das decisões)**
Revogado[5]

ARTIGO 29.º **(Disposições de execução)**
Revogado[6]

ARTIGO 30.º **(Entrada em vigor – Acordos, decisões e práticas concertadas existentes)**
1 – O presente regulamento entra em vigor em 1 de Julho de 1968.
2 – *Revogado*[7]
3 –[8] As proibições referidas no n.º 1 do artigo 81.º do Tratado não serão aplicáveis aos acordos, decisões e práticas concertadas existentes à data da adesão da Áustria, da Finlândia e da Suécia ou à data da adesão da República Checa, da Estónia, de Chipre, da Letónia, da Lituânia, da Hungria, de Malta, da Polónia, da Eslovénia e da Eslováquia e que, na sequência da adesão, são abrangidos pelo n.º 1 do artigo 81.º se, no prazo de seis meses a contar da data da adesão, tiverem sido alterados de modo a preencher os requisitos dos artigos 4.º e 5.º do presente regulamento. Este parágrafo não é aplicável aos acordos, decisões e práticas concertadas que, à data da adesão, já sejam abrangidos pelo n.º 1 do artigo 53.º do Acordo EEE.
4 – *Revogado*[9]

---

[1] N.º 4 do artigo 36.º do Regulamento (CE) n.º 1/2003.
[2] N.º 4 do artigo 36.º do Regulamento (CE) n.º 1/2003.
[3] N.º 4 do artigo 36.º do Regulamento (CE) n.º 1/2003.
[4] N.º 4 do artigo 36.º do Regulamento (CE) n.º 1/2003.
[5] N.º 4 do artigo 36.º do Regulamento (CE) n.º 1/2003.
[6] N.º 4 do artigo 36.º do Regulamento (CE) n.º 1/2003.
[7] Revogado pelo n.º 5 do artigo 36.º do Regulamento (CE) n.º 1/2003.
[8] Revogado pelo n.º 5 do artigo 36.º do Regulamento (CE) n.º 1/2003, mas com a presente redacção resultante do Anexo II do Acto de Adesão de 2003.
[9] Revogado pelo n.º 5 do artigo 36.º do Regulamento (CE) n.º 1/2003.

ARTIGO 31.º **(Revisão do regulamento)**

1 – Na sequência das discussões a realizar com os Estados terceiros signatários da Convenção Revista para a Navegação do Reno e no prazo de seis meses a contar da data do encerramento dessas discussões, o Conselho procederá, sob proposta da Comissão, às alterações do presente regulamento que se revelem necessárias, tendo em conta as obrigações decorrentes da referida Convenção.

2 – A Comissão transmitirá ao Conselho, antes de 1 de Janeiro de 1971, um relatório geral sobre a aplicação do presente regulamento e, antes de 1 de Julho de 1971, uma proposta de regulamento tendente a introduzir as alterações que se revelem necessárias.

O presente regulamento é obrigatório em todos os seus elementos e directamente aplicável em todos os Estados membros.

Feito em Bruxelas em 19 de Julho de 1968.

Pelo Conselho, O Presidente, O. *L. Scalfaro*.

TRANSPORTES MARÍTIMOS

Regulamento (CEE) n.º 4056/86*

O CONSELHO DAS COMUNIDADES EUROPEIAS,

Tendo em conta o Tratado que institui a Comunidade Económica Europeia e, nomeadamente, o n.º 2 do seu artigo 84.º e o seu artigo 87.º,
Tendo em conta a proposta da Comissão,
Tendo em conta o parecer do Parlamento Europeu[1],
Tendo em conta o parecer do Comité Económico e Social,
Considerando que as regras de concorrência fazem parte das disposições gerais do Tratado que se aplicam igualmente aos transportes marítimos; que as regras dessa aplicação constam do capítulo do Tratado relativo às referidas regras de concorrência ou devem ser determinadas de acordo com os processos nele previstos;
Considerando que, nos termos do Regulamento n.º 141 do Conselho, o Regulamento n.º 17 do Conselho não é aplicável aos transportes; que o Regulamento (CEE) n.º 1017/68 do Conselho é apenas aplicável aos transportes terrestres; que, portanto, a Comissão não dispõe actualmente de meios de instruir directamente os casos de presumível infracção previstos nos artigos 85.º e 86.º no sector dos transportes marítimos; que a própria Comissão não dispõe tão pouco dos poderes próprios de decisão e de sanção necessários para assegurar ela própria a eliminação de infracções por ela verificadas;
Considerando que esta situação exige a adopção de um regulamento de aplicação das regras de concorrência aos transportes marítimos; que do Regulamento (CEE) n.º 954/79 do Conselho, de 15 de Maio de 1979, respeitante à ratificação pelos Estados membros da Convenção das Nações Unidas relativa a um Código de Conduta das Conferências Marítimas ou à adesão destes Estados à Convenção resulta a aplicação do Código de Conduta a um grande número de conferências que servem a Comunidade; que o regulamento de aplicação das regras de concorrência aos transportes marítimos, prevista no último considerando do Regulamento (CEE) n.º 954/79, deve ter em conta a adopção deste último; que, nomeadamente em relação às conferências abrangidas pelo Código de Conduta, o regulamento deve eventualmente completá-lo ou conferir-lhe maior precisão;

---

* Regulamento (CEE) n.º 4056/86 do Conselho de 22 de Dezembro de 1986 que determina as regras de aplicação aos transportes marítimos dos artigos 85.º e 86.º do Tratado (JO, L 378, de 31.12.1986, p. 4), com a redacção resultante do Anexo II do Acto de Adesão de 2003.

[1] JO, C 172, de 2. 7. 1984, p. 178, e JO, C 255, de 13. 10. 1986, p. 169.

Considerando que parece preferível excluir os serviços de *tramp* do campo de aplicação do presente regulamento; que as tarifas desses serviços são de qualquer modo livremente negociadas caso a caso de acordo com ascondiçõesda oferta e da procura;

Considerando que este regulamento deve ter em conta a dupla necessidade de, por um lado, prever regras de aplicação que permitam à Comissão assegurar-se de que a concorrência não é indevidamente falseada no mercado comum, e por outro, evitar uma regulamentação excessiva do sector;

Considerando que este regulamento deve precisar o âmbito de aplicação do disposto nos artigos 85.º e 86.º do Tratado, tendo em conta aspectos especiais dos transportes marítimos; que existe a probabilidade de o comércio entre Estados membros ser afectado quando esses acordos ou práticas abusivas se relacionam com transportes marítimos internacionais, incluindo intra-comunitários, com proveniência de ou com destino a portosda Comunidade; que, com efeito, tais acordos ou práticas abusivas são susceptíveis de influenciar a concorrência, por um lado, entre os portos dos diversos Estados membros, modificando as respectivas zonas de atracção, e, por outro, entre as actividades situadas nestas zonas de atracção, e de perturbar as correntes comerciais no interior do mercado comum;

Considerando que certos tipos de acordos, decisões e práticas concertadas de carácter técnico podem subtrair-se à proibição dos acordos porque não são em geral restritivos da concorrência;

Considerando que é oportuno prever uma isenção por categoria em beneficio das conferências marítimas; que essas conferências exercem um papel estabilizador capaz de garantir serviços fiáveis aos carregadores; que elas contribuem geralmente para assegurar uma oferta de serviços regulares de transporte marítimo suficientes e eficazes tendo em consideração os interesses dos utilizadores numa justa medida; que estes resultados não podem ser obtidos sem a cooperação exercida pelas companhias marítimas no seio das referidas conferências em matéria de tarifase eventualmente de oferta de capacidade ou de repartição da tonelagem a transportar ou de receitas; que a maioria das vezes as conferências permanecem sujeitas a uma concorrência efectiva tanto por parte dos serviços regulares extra-conferência como dos serviços à colheita e, em alguns casos, de outras formas de transporte; que a mobilidade das frotas, que caracteriza a estrutura da oferta no sector dos serviços de transportes marítimos, exerce uma pressão concorrencial permanente sobre as conferências, que normalmente não têm possibilidade de eliminar a concorrência numa parte substancial dos serviços de transporte marítimo em causa;

Considerando no entanto que, para evitar práticas incompatíveis com as disposições do n.º 3 do artigo 85.º do Tratado por parte das conferências, convém impor certas condições e encargos a essa isenção;

Considerando que as condições previstas devem ter por objectivo impedir que as conferências apliquem restrições de concorrência não indispensáveis para atingir os objectivos que justificam a concessão da isenção; que, para tal, as conferências não devem, numa mesma linha, discriminar os preços e condições de transporte, tendo em consideração apenas o país de origem ou de destino dos produtos transportados, provocando assim no seio da Comunidade desvios de tráfego prejudiciais a certos portos, carregadores, transportadores ou auxiliares de transporte; que convém igualmente admitir convénios de fidelidade apenas segundo modalidades que não restrinjam unilateralmente a liberdade dos utilizadores e, portanto, a concorrência no sector dos transportes, sem prejuízo do direito de a conferência sancionar os que infrinjam a obrigação de fidelidade que é a contrapartida de estornos, fretes reduzidos ou comissões concedidos pela conferência; que os utilizadores devem poder determinar livremente a que empresas recorrem para transportes terrestres ou serviços de cais não cobertos pelo frete ou pelas taxas acordados com o armador;

Considerando que é necessário dotar a isenção de certos encargos que, a este respeito, os utilizadores devem poder, em qualquer momento, conhecer os preços e condições de transportes praticados pelos membros da conferência, ficando assente que, em matéria de transportes terrestres organizados pelos transportadores marítimos, os mesmos continuam sujeitos ao Regulamento (CEE) n.º 1017/68; que é necessário prever a comunicação imediata à Comissão das sentenças arbitrais e recomendações de conciliadores aceites pelas partes, de forma a permitir-lhe verificar que as mesmas não exoneram as conferências de condições previstas pelo referido regulamento e não transgridem assim as disposições dos artigos 85.º e 86.º;

Considerando que as consultas entre os utilizadores ou respectivas associações e as conferências são de forma de assegurar um funcionamento dos serviços de transporte marítimo mais eficaz e tendo melhor em conta as necessidades dos utilizadores; que, por consequência, convém isentar certos acordos que possam resultar de tais consultas;

Considerando que uma isenção só tem efeito se estiverem reunidas as condições referidas no n.º 3 do artigo 85.º; que a Comissão deve portanto ter a faculdade de tomar as medidas adequadas no caso de um acordo ou associação com isenção revelar, devido a circunstâncias especiais, certos efeitos incompatíveis com o n.º 3 do artigo 85.º; que, devido ao papel especial desempenhado pelas conferências marítimas no sector dos serviços regulares de transportes marítimos, as reacções da Comissão devem ser progressivas e proporcionadas; que, portanto, a Comissão deve ter a possibilidade de emitir primeiramente recomendações e tomar em seguida decisões;

Considerando que a nulidade de pleno direito decretada pelo n.º 2 do artigo 85.º para os acordos ou decisões que, devido a características discriminatórias ou outras, não beneficiem de uma isenção ao abrigo do n.º 3 do artigo 85.º, se aplica unicamente aos elementos do acordo abrangidos pela proibição do n.º 1 do artigo 85.º e se aplica ao acordo no seu conjunto apenas quando tais elementos não são separáveis do conjunto do acordo; que compete por isso à Comissão, caso constate uma infracção à isenção por categoria, precisar quais os elementos do acordo abrangidos pela proibição, e consequentemente nulos de pleno direito, ou indicar os motivos pelos quais esses elementos não são separáveis do resto do acordo, motivos esses que tornam o acordo nulo no seu conjunto;

Considerando que, devido às características do transporte marítimo internacional, é necessário ter em conta que a aplicação do presente regulamento a certos acordos ou práticas pode originar conflitos com as legislações e regulamentações de certos países terceiros e ter consequências lesivas de interesses comerciais e marítimos importantes da Comunidade; que, a Comissão, com autorização do Conselho, deve manter consultas e, se necessário, negociações com esses países, prosseguindo a política de transporte marítimo da Comunidade;

Considerando que o presente regulamento deve prever os procedimentos, os poderes de decisão e as sanções necessárias para assegurar o respeito das proibições previstas no n.º 1 do artigo 85.º e no artigo 86.º, bem como das condições de aplicação do n.º 3 do artigo 85.º;

Considerando que é necessário a este respeito ter em conta as disposições de procedimento do Regulamento (CEE) n.º 1017/68 em vigor para os transportes terrestres, que tiverem em consideração certas características próprias das actividades de transporte no seu conjunto;

Considerando, em especial, que, dados os aspectos especiais dos transportes marítimos, cabe em primeiro lugar às empresas assegurar que os seus acordos, decisões ou práticas concertadas são conformes às regras de concorrência e que não é portanto necessário impor-lhes a obrigação de os notificar à Comissão;

Considerando, no entanto, que as empresas podem, em certos casos, desejar assegurar junto da Comissão a conformidade destes acordos, decisões ou práticas concertadas com asdis posições em vigor; que, para tal, é necessário prever um procedimento simplificado,

ADOPTOU O PRESENTE REGULAMENTO:

SECÇÃO I

ARTIGO 1.º (Âmbito do campo de aplicação do regulamento)

1 – O presente regulamento determina as regras de aplicação aos transportes marítimos dos artigos 85.º e 86.º do Tratado.

2 – O presente regulamento visa apenas os transportes marítimos internacionais com partida ou destino de um ou vários portos da Comunidade, à excepção dos serviços de *tramp*.

3 – Para efeitos do presente regulamento, entende-se por:

a) «Serviços de *tramp*», o transporte de mercadorias a granel ou em «break-bulk» num navio fretado total ou parcialmente por um ou mais carregadores, com base num afretamento por viagem ou por tempo determinado ou por qualquer outra forma de contrato para serviços não regulares ou não anunciados e as tarifas de frete foram livremente negociadas caso a caso, de acordo com ascondições da oferta e da procura;

b) «Conferência marítima ou conferência», um grupo de, pelo menos, dois transportadores-exploradores de navios que assegure serviços internacionais regulares para o transporte de mercadorias numa linha ou linhas particulares dentro de determinados limites geográficos e que tenha celebrado um acordo ou convénio, seja de que natureza for, no âmbito do qual esses transportadores operem aplicando fretes uniformesou comuns e quaisquer outras condições de transportes concertadas para o fornecimento de serviços regulares;

c) «Utilizador», qualquer empresa (por exemplo, carregadores, destinatários, transitários, etc.) desde que tenha celebrado ou manifeste a intenção de celebrar um acordo com uma conferência ou uma companhia marítima com vista ao transporte de mercadorias, ou qualquer associação de carregadores.

ARTIGO 2.º (Acordos técnicos)

1 – A proibição imposta pelo n.º 1 do artigo 85.º do Tratado não se aplica aos acordos, decisões e práticas concertadas que apenas tenham por objectivo e efeito aperfeiçoamentos técnicos ou uma cooperação técnica através:

a) Do estabelecimento ou aplicação uniforme de normas ou tipos para os navios e outros meios de transporte, o material, o aprovisionamento e as instalações fixas;

b) Do intercâmbio ou da utilização comum para exploração de transportes, de navios, de espaço nos navios ou de *slots* e outros meios de transporte, de pessoal, de material ou de instalações fixas;

c) Da organização e execução de transportes marítimos sucessivos ou complementares, tais como a fixação ou a aplicação de preços e condições globais para estes transportes;

d) Da coordenação dos horários de transporte em itinerários sucessivos;

e) Do agrupamento de envios isolados;

f) Do estabelecimento ou da aplicação de regras uniformes relativas à estrutura e às condições de aplicação das tarifas de transporte.

2 – A Comissão, se necessário, apresentará propostas ao Conselho no sentido de alterar a lista do n.º 1.

ARTIGO 3.º **(Isenção dos acordos entre transportadores relativos à exploração de serviços regulares de transportes marítimos)**

Ficam isentos da proibição imposta pelo n.º 1 do artigo 85.º do Tratado, na condição prevista no artigo 4.º do presente regulamento, os acordos, decisões e práticas concertadas de todos ou parte dos membros de uma ou mais conferências marítimas que tenham por objectivo a fixação de preços e de condições de transporte e, conforme os casos, um ou mais dos objectivos seguintes:

a) Coordenação dos horários dos navios ou das suas datas de viagem ou de escala;

b) Determinação da frequência das viagens ou escalas;

c) Coordenação ou repartição das viagens ou escalas entre membros da conferência;

d) Regulação da capacidade de transporte oferecida por cada um dos membros;

e) Repartição entre estes membros da tonelagem transportada ou da receita.

ARTIGO 4.º **(Condição a que está sujeita a isenção)**

O benefício da isenção prevista nos artigos 3.º e 6.º está sujeito à condição de o acordo, decisão ou prática concertada não poderem, no interior do mercado comum, prejudicar certos portos, utilizadores ou transportadores, devido à aplicação, para o transporte de mercadorias idênticas, na zona abrangida pelo acordo, decisão ou prática concertada, tabelas condições diferentes conforme o paísde origem ou de destino ou conforme o porto de carga ou descarga, a menos que estas tabelas ou condições possam ser economicamente justificadas.

Será nulo qualquer acordo ou decisão ou, se a mesma for separável, qualquer parte de um tal acordo ou decisão não conforme com o parágrafo anterior, por força do n.º 2 do artigo 85.º do Tratado.

ARTIGO 5.º **(Obrigações a que está sujeita a isenção)**

A isenção prevista no artigo 3.º está sujeita às seguintes obrigações:

1 – *Consultas*

Devem realizar-se consultas no sentido de encontrar soluções para questões de princípio gerais que possam surgir entre os utilizadores, por um lado, e as conferências, por outro, em relação aos fretes, às condições e à qualidade dos serviços regulares de transporte marítimo.

Essas consultas realizam-se sempre que sejam pedidas por qualquer das partes acima referidas.

2 – *Acordos de fidelidade*

As companhias marítimas membros de uma conferência têm o direito de celebrar com os utilizadores e de aplicar acordos de fidelidade, cujo tipo e conteúdo são adoptados por meio de consultas entre a conferência e as organizações de utilizadores.

Esses acordos devem incluir garantias que estipulem explicitamente os direitos dos utilizadores e os dos membros da conferência. São fundados no sistema de contrato ou em qualquer outro sistema igualmente lícito.

Os acordos de fidelidade devem respeitar as seguintes condições:

a) Cada conferência deve oferecer aos utilizadores um sistema de reembolso imediato ou uma opção entre esse sistema e um sistema de reembolso diferido:

– no caso de um sistema de reembolso imediato, cada parte deve poder pôr fim ao acordo de fidelidade em qualquer altura, sem penalidade e mediante um pré-aviso não superior a seis meses; este prazo é encurtado para três meses se a tarifa da conferência for objecto de litígio,

– no caso de um sistema de reembolso diferido, o período de fidelidade sobre o qual é calculado o reembolso e o período subsequente de fidelidade exigida antes do pagamento deste reembolso não podem exceder cada um um período de seis meses;

Este período é encurtado para três meses se a tarifa da conferência for objecto de litígio;

b) A conferência, após consulta aos utilizadores interessados, deve elaborar:
  i) a lista das cargas e das partes de carga com os utilizadores e expressamente excluídos do campo de aplicação do acordo de fidelidade; podem ser oferecidos 100% de acordos de fidelidade, mas não unilateralmente impostos;
  ii) uma lista dos casos que libertam os utilizadores das suas obrigações de fidelidade. Entre estes, devem nomeadamente figurar:
    – os casos em que os envios sejam expedidos com partida ou com destino a um porto na zona abrangida pela conferência, mas cujo serviço não é publicado e em que pode ser justificado um pedido de derrogação, e
    – os casos em que o prazo de espera num porto exceda um período que deve ser definido por porto e por produto ou categoria de produtos após consulta dos utilizadores directamente interessados no bom serviço do porto.

No entanto, a conferência deve ser informada antecipadamente pelo utilizador, num prazo determinado, da sua intenção de expedir o envio com partida de um porto não publicado pela conferência ou de utilizar um navio extra-conferência com partida de um porto servido pela conferência, e puder verificar, pelo quadro publicado de partidas, que será excedido o prazo máximo de espera.

3 – *Serviços não abrangidos pelo frete*

Para os transportes terrestres e os serviços de cais não abrangidos pelo frete ou pelastaxass obre cujo pagamento a companhia marítima e o utilizador chegaram a acordo, os utilizadores terão a possibilidade de se dirigir às empresas que escolherem.

4 – *Publicação das tabelas*

As tabelas, condições conexas, regulamentos e quaisquer modificações a eles relativas serão, a seu pedido, postos à disposição dos utilizadores a um preço razoável ou podem ser consultadas nos escritórios das companhias marítimas e seus agentes. Devem referir todas as condições relativas à carga e à descarga, descrever pormenorizadamente os serviços cobertos pelo frete ao *pro rata* da parte marítima da parte terrestre do transporte e os serviços cobertos por qualquer outra taxa cobrada pela companhia marítima, bem como os usos na matéria.

5 – *Notificação à Comissão das sentenças arbitrais e recomendações*

As sentenças arbitrais e as recomendações de conciliadores aceites pelas partes, que regulam os litígios relativos às práticas das conferências referidas no artigo 4.º e nos n.ºs 2 e 3, devem ser notificadas sem demora à Comissão.

ARTIGO 6.º (**Isenção dos acordos entre utilizadores e conferências sobre a utilização de serviços regulares de transporte marítimo**)

Ficam isentos da proibição imposta pelo n.º 1 do artigo 85.º do Tratado os acordos, decisões e práticas concertadas entre os utilizadores, por um lado, e as conferências, por outro, bem como os acordos entre utilizadores eventualmente necessários para esse fim, sobre preços, condições e qualidades dos serviços de linha, desde que previstos nos pontos 1 e 2 do artigo 5.º.

ARTIGO 7.º (**Controlo dos acordos isentos**)

1 –[1] *Não cumprimento de uma obrigação*

Quando os interessados não cumpram uma obrigação que, nos termos do artigo 5.º, esteja sujeita à isenção prevista no artigo 3.º, para pôr termo a essa infracção, a Comissão pode, nas condições previstas no Regulamento (CE) n.º 1/2003 do Conselho, de 16 de Dezembro de 2002, relativo à execução das regras de concorrência estabelecidas nos artigos 81.º e 82.º do Tratado, aprovar uma decisão que os proíba ou, pelo contrário, os obrigue, a realizar certos actos ou que lhes retire o benefício da isenção por categoria.

---

[1] Redacção resultante do n.º 1 do artigo 38.º do Regulamento (CE) n.º 1/2003.

2 – *Efeitos incompatíveis com o n.º 3 do artigo 85.º*

a) Quando, devido às circunstâncias especiais adiante descritas, os acordos, decisões e práticas concertadas beneficiam da isenção prevista nos artigos 3.º e 6.º, mas têm efeitos incompatíveis com as condições previstas no n.º 3 do artigo 85.º do Tratado, a Comissão, por queixa ou automaticamente, toma, nas condições previstas no Regulamento (CE) n.º 1/2003[1], as medidas referidas na alínea c). A severidade dessas medidas deve ser proporcional à gravidade da situação;

b) As circunstâncias especiais resultam, nomeadamente, de:
  i) qualquer acto de uma conferência ou qualquer alteração das condições de mercado num determinado tráfego que provoque a ausência ou eliminação de uma concorrência efectiva ou potencial tais como práticas restritivas que impedem o tráfego à concorrência; ou
  ii) qualquer acto de uma conferência susceptível de obstar ao progresso técnico ou económico ou à participação dos utilizadores no benefício que dele resulta;
  iii) qualquer acto de um país terceiro que:
    – impeça o funcionamento das companhias extra conferência (*outsiders*) num determinado tráfego,
    – mponha aos membros da conferência tarifas abusivas; ou
    – imponha outras modalidades que obstem ao progresso técnico ou económico (repartição da carga transportada, restrições quanto aos tipos de navios);

c) i) Se a concorrência efectiva ou potencial não existir ou correr o risco de ser eliminada devido a um acto de um país terceiro, a Comissão, para resolver o problema, efectuará, com as autoridades competentes do país terceiro em causa, eventuais consultas seguidas de negociações ao abrigo de directivas dadas pelo Conselho. Se circunstâncias especiais provocarem a ausência ou eliminação de uma concorrência efectiva ou potencial contrariamente às disposições do n.º 3, alínea b), do artigo 85.º do Tratado, a Comissão retirará o benefício da isenção de grupo.

Ao mesmo tempo, decidirá se aceita os compromissos propostos pelas empresas em causa, tendo em vista, nomeadamente, obter o acesso ao mercado para companhias não membros da conferência, nas condições previstas no artigo 9.º do Regulamento (CE) n.º 1/2003.[2]

ii) Se as circunstâncias especiais referidas na alínea b) tiverem efeitos diferentes dos referidos em (i), a Comissão tomará uma ou várias das medidas descritas no n.º 1.

---

[1] Redacção resultante do n.º 1 do artigo 38.º do Regulamento (CE) n.º 1/2003.
[2] Redacção resultante do n.º 1 do artigo 38.º do Regulamento (CE) n.º 1/2003.

ARTIGO 8.º (**Efeitos incompatíveis com o artigo 86.º do Tratado**)

1 – *Revogado*[1]

2 – Quando a Comissão verificar, oficiosamente ou a pedido de um Estado membro ou de uma pessoa singular ou colectiva que alegue um interesse legítimo, que, num caso específico, o comportamento das conferêncais que beneficiam da isenção prevista no artigo 3.º produz, no entanto, efeitos incompatíveis com o artigo 86.º do Tratado, a Comissão pode retirar o benefício da isenção de grupo e tomar, em aplicação do artigo 10.º, todas as medidas adequadas para fazer cessar a infracção ao artigo 86.º do Tratado.

3 – *Revogado*[2]

ARTIGO 9.º (**Conflitos de direito internacional**)

1 – Se a aplicação do presente regulamento a certos acordos ou práticas restritivas for de natureza a entrar em conflito com disposições legislativas, regulamentares ou administrativas de certos países terceiros, comprometendo por isso mesmo importantes interesses comerciais e marítimos da Comunidade, a Comissão procederá a consultas, logo que possível, com as autoridades competentes dos países terceiros interessados, no sentido de conciliar, na medida do possível, os interesses acima mencionados com o respeito do direito comunitário. A Comissão informa o Comité Consultivo referido no artigo 14.º do Regulamento (CE) n.º 1/2003[3] do resultado dessas consultas.

2 – Se for necessário negociar acordos com países terceiros, a Comissão apresenta recomendações ao Conselho, que a autoriza a iniciar as necessárias negociações.

Estas negociações são conduzidas pela Comissão em colaboração com o Comité Consultivo referido no artigo 14.º do Regulamento (CE) n.º 1/2003[4] e no âmbito dasdirectivas que o Conselho lhe possa fornecer.

3 – Ao exercer os poderes que lhe são conferidos pelo presente artigo, o Conselho delibera nos termos do processo de tomada de decisão definido no n.º 2 do artigo 84.º do Tratado.

SECÇÃO II **Regras de processo**

ARTIGO 10.º (**Processos por queixa ou oficiosos**)
Revogado[5]

---

[1] Artigo 38.º do Regulamento (CE) n.º 1/2003.
[2] Artigo 38.º do Regulamento (CE) n.º 1/2003.
[3] Redacção resultante do artigo 38.º do Regulamento (CE) n.º 1/2003.
[4] Redacção resultante do artigo 38.º do Regulamento (CE) n.º 1/2003.
[5] Artigo 38.º do Regulamento (CE) n.º 1/2003.

ARTIGO 11.º (**Resultado dos processos por queixa ou oficiosos**)
Revogado[1]

ARTIGO 12.º (**Aplicação do n.º 3 do artigo 85.º – processo de oposição**)
Revogado[2]

ARTIGO 13.º (**Prazo de validade e revogação das decisões de aplicação do n.º 3 do artigo 85.º**)
Revogado[3]

ARTIGO 14.º (**Competências**)
Revogado[4]

ARTIGO 15.º (**Colaboração com as autoridades dos Estados membros**)
Revogado[5]

ARTIGO 16.º (**Pedido de informações**)
Revogado[6]

ARTIGO 17.º (**Verificações por parte das autoridades dos Estados membros**)
Revogado[7]

ARTIGO 18.º (**Poderes da Comissão em matéria de verificação**)
Revogado[8]

ARTIGO 19.º (**Multas**)
Revogado[9]

ARTIGO 20.º (**Adstrições**)
Revogado[10]

ARTIGO 21.º (**Controlo por parte do Tribunal de Justiça**)
Revogado[11]

---

[1] Artigo 38.º do Regulamento (CE) n.º 1/2003.
[2] Artigo 38.º do Regulamento (CE) n.º 1/2003.
[3] Artigo 38.º do Regulamento (CE) n.º 1/2003.
[4] Artigo 38.º do Regulamento (CE) n.º 1/2003.
[5] Artigo 38.º do Regulamento (CE) n.º 1/2003.
[6] Artigo 38.º do Regulamento (CE) n.º 1/2003.
[7] Artigo 38.º do Regulamento (CE) n.º 1/2003.
[8] Artigo 38.º do Regulamento (CE) n.º 1/2003.
[9] Artigo 38.º do Regulamento (CE) n.º 1/2003.
[10] Artigo 38.º do Regulamento (CE) n.º 1/2003.
[11] Artigo 38.º do Regulamento (CE) n.º 1/2003.

ARTIGO 22.º **(Unidade de conta)**
Revogado[1]

ARTIGO 23.º **(Audição dos interessados e de terceiros)**
Revogado[2]

ARTIGO 24.º **(Segredo profissional)**
Revogado[3]

ARTIGO 25.º **(Publicação das decisões)**
Revogado[4]

ARTIGO 26.º **(Disposições de aplicação)**
A Comissão fica autorizada a adoptar as disposições de aplicação relativas à extensão das obrigações de comunicação previstas no n.º 5 do artigo 5.º.[5]

ARTIGO 26.º-A
As proibições referidas no n.º 1 do artigo 81.º do Tratado não serão aplicáveis aos acordos, decisões e práticas concertadas existentes à data da adesão da Áustria, da Finlândia e da Suécia ou à data da adesão da República Checa, da Estónia, de Chipre, da Letónia, da Lituânia, da Hungria, de Malta, da Polónia, da Eslovénia e da Eslováquia e que, na sequência da adesão, são abrangidos pelo n.º 1 do artigo 81.º se, no prazo de seis meses a contar da data da adesão, tiverem sido alterados de modo a preencher os requisitos dos artigos 3.º a 6.º do presente regulamento. Todavia, este artigo não é aplicável aos acordos, decisões e práticas concertadas que, à data da adesão, já sejam abrangidos pelo n.º 1 do artigo 53.º do Acordo EEE.

ARTIGO 27.º **(Entrada em vigor)**
O presente regulamento entra em vigor em 1 de Julho de 1987.

O presente regulamento é obrigatório em todos os seus elementos e directamente aplicável em todos os Estados membros.

---

[1] Artigo 38.º do Regulamento (CE) n.º 1/2003.
[2] Artigo 38.º do Regulamento (CE) n.º 1/2003.
[3] Artigo 38.º do Regulamento (CE) n.º 1/2003.
[4] Artigo 38.º do Regulamento (CE) n.º 1/2003.
[5] Redacção resultante do artigo 38.º do Regulamento (CE) n.º 1/2003.

ACORDOS DE TRANSPORTES MARÍTIMOS REGULARES (CONSÓRCIOS)

Regulamento (CEE) n.º 479/92*

O CONSELHO DAS COMUNIDADES EUROPEIAS,

Tendo em conta o Tratado que institui a Comunidade Económica Europeia e, nomeadamente, o seu artigo 87.º,
Tendo em conta a proposta da Comissão,
Tendo em conta o parecer do Parlamento Europeu,
Tendo em conta o parecer do Comité Económico e Social,
Considerando que, nos termos do n.º 3 do artigo 85.º do Tratado, o disposto no n.º 1 desse mesmo artigo 85.º pode ser declarado inaplicável às categorias de acordos, decisões e práticas concertadas que preenchem as condições previstas no n.º 3 do artigo 85.º do Tratado.
Considerando que, em conformidade com o artigo 87.º do Tratado, as disposições de execução do n.º 3 do artigo 85.º do Tratado devem ser adoptadas através de um regulamento; que, nos termos do n.º 2, alínea b), do artigo 87.º, este regulamento deve determinar as modalidades de aplicação do n.º 3 do artigo 85.º, tendo em conta a necessidade, por um lado, de garantir uma fiscalização eficaz e, por outro, de simplificar o mais possível o controlo administrativo; que, nos termos do n.º 2, alínea d), do artigo 87.º, este regulamento deve definir as funções respectivas da Comissão e do Tribunal de Justiça;
Considerando que o sector dos transportes marítimos regulares constitui um sector de elevada intensidade de capital; que a utilização de contentores reforçou a necessidade de cooperação e de racionalização; que as marinhas mercantes dos Estados membros devem poder realizar as economias de escala necessárias para poderem fazer face à concorrência no mercado mundial dos transportes marítimos regulares;
Considerando que os acordos de serviços em comum celebrados pelas campanhias de transportes marítimos regulares com o objectivo de racionalizarem as suas operações através de disposições de ordem técnica, operacional e/oucomercial (designados nos meios marítimos por consórcios) podem contribuir para fornecer os meios necessários para melhorar a produtividade dos serviços de transporte marítimo regular e para promover o progresso técnico e económico;

---

* Regulamento (CEE) n.º 479/92 do Conselho, de 25 de Fevereiro de 1992 relativo à aplicação do n.º 3 do artigo 85.º do Tratado a certas categorias de acordos, decisões e práticas concertadas entre companhias de transportes marítimos regulares (consórcios) (JO, L 55, de 29.2.1992, p. 3).

Considerando que a importância do transporte marítimo para o desenvolvimento do comércio da Comunidade e a função que os acordos de consórcio podem desempenhar nesse aspecto, tendo em conta as características dos transportes marítimos regulares internacionais;

Considerando que a legalização destes acordos constitui uma medida que contribui positivamente para a melhoria da competitividade do sector marítimo da Comunidade;

Considerando que os utilizadores dos serviços marítimos oferecidos pelos consórcios podem obter parte das vantagens resultantes da melhoria da produtividade e do serviço graças, nomeadamente, à regularização dos serviços prestados, à redução de custos que permitirá mais elevadas taxas de utilização das capacidades e a uma melhor qualidade do serviço decorrente de uma melhoria dos navios e do equipamento;

Considerando que a Comissão deveria ser habilitada a declarar, através de um regulamento, a inaplicabilidade do disposto no n.º 1 do artigo 85.º do Tratado a certas categorias de acordos, decisões e práticas concertadas de consórcios, a fim de facilitar o estabelecimento de uma cooperação entre empresas desejável em termos económicos e que não seja nefasta de um ponto de vista de concorrência;

Considerando que a Comissão, em estreita e constante ligação com as autoridades competentes dos Estados membros, deveria dispor da possibilidade de definir com precisão o âmbito de aplicação destas isenções e as condições a que serão sujeitas;

Considerando que os consórcios no domínio dos transportes marítimos regulares constituem uma forma especializada e complexa de *joint venture*; que existe uma grande diversidade de acordos de consórcio aplicados em situações diferentes; que as partes num acordo de consórcio mudam frequentemente, sendo igualmente muitas vezes alterados o seu âmbito de aplicação, as actividades e as cláusulas incluídas; que a Comissão deveria, assim, ser encarregada de definir periodicamente os consórcios a que deveria ser aplicada uma isenção de grupo;

Considerando que, para garantir o preenchimento de todas as condições enunciadas no n.º 3 do artigo 85.º do Tratado, seria conveniente sujeitar a isenção de grupo a condições destinadas a assegurar que uma parte equitativa das vantagens obtidas se repercutirá a nível dos carregadores e que a concorrência não será eliminada;

Considerando que, nos termos do n.º 4 do artigo 11.º do Regulamento (CEE) n.º 4056/86 do Conselho, de 22 de Dezembro de 1986, que determina as regras de aplicação aos transportes marítimos dos artigos 85.º e 86.º do Tratado, a Comissão pode prever a aplicação com efeitos retroactivos de uma decisão de aplicação do n.º 3 do artigo 85.º do Tratado; que é desejável que a Comissão seja habilitada a adoptar, através de um regulamento, disposições para o efeito;

Considerando que a notificaçao dos acordos, decisões e práticas concertadas abrangidas pelo âmbito de aplicação deste regulamento não deve ser tornada obrigatória, dado que é às empresas que cabe, em primeiro lugar, velar pela sua conformidade com as regras da concorrência e, em especial, com as condições previstas pelo regulamento a adoptar pela Comissão em aplicação do presente regulamento;

Considerando que não pode ser concedida qualquer isenção quando as condições enunciadas no n.º 3 do artigo 85.º do Tratado não se encontrem reunidas; que a Comissão deve, consequentemente, dispor da faculdade de tomar as medidas apropriadas quando se afigura que um acordo tem efeitos incompatíveis com o disposto no n.º 3 do artigo 85.º do Tratado; que a Comissão deveria poder, primeiramente, dirigir recomendações às partes e, em seguida, tomar decisões,

ADOPTOU O PRESENTE REGULAMENTO:

ARTIGO 1.º

1 – Sem prejuízo da aplicação do Regulamento (CEE) n.º 4056/86, a Comissão pode, através de um regulamento e em conformidade com o disposto no n.º 3 do artigo 85.º do Tratado, declarar o disposto no n.º 1 do artigo 85.º do Tratado inaplicável a determinadas categorias de acordos entre empresas, de decisões de associações de empresas e de práticas concertadas que tenham por objecto promover ou estabelecer uma cooperação para a exploração em comum de serviços de transporte marítimo, entre companhias de transportes marítimos regulares com a finalidade de racionalizar as suas operações por intermédio de disposições técnicas, operacionais e/oucomerciais – com excepção da fixação dos preços – (designadas nos meios marítimos por consórcios).

2 – O regulamento adoptado em aplicação do n.º 1 deve definir as categorias de acordos, de decisões e de práticas concertadas a que é aplicável e precisar as condições em que serão considerados isentos da aplicação do n.º 1 do artigo 85.º do Tratado, nos termos do disposto no n.º 3 desse mesmo artigo.

ARTIGO 2.º

1 – O regulamento adoptado em aplicação do artigo 1.º, sê-lo-á por um período de cinco anos, contado a partir da respectiva data de entrada em vigor.

2 – Este regulamento poderá ser revogado ou alterado em caso de modificação de um dos elementos fundamentais que justificou a sua adopção.

ARTIGO 3.º

O regulamento adoptado em aplicação do artigo 1.º pode incluir uma disposição que precise que é aplicável com efeitos retroactivos aos acordos, decisões e práticas concertadas existentes à data da sua entrada em vigor, desde que preencha as condições nele fixadas.

ARTIGO 3.º-A

Os Regulamentos adoptados por força do artigo 2.º podem determinar que as proibições referidas no n.º 1 do artigo 85.º do Tratado não serão aplicáveis, durante o período definido naqueles regulamentos, aos acordos, decisões e práticas concertadas já existentes à data da adesão às quais é aplicável o n.º 1 do artigo 85.º, na sequência da adesão da Áustria, da Finlândia e da Suécia e que não preencham os requisitos do n.º 3 do artigo 85.º. Todavia, este artigo não é aplicável aos acordos, decisões e práticas concertadas que, à data da adesão, já sejam abrangidos pelo n.º 1 do artigo 53.º do Acordo EEE.

ARTIGO 4.º

Antes de adoptar o presente regulamento, a Comissão publicará o respectivo projecto, de forma a que o conjunto das pessoas e organizações interessadas possa apresentar-lhe as suas observações num prazo razoável que fixará e que nunca poderá ser inferior a um mês.

ARTIGO 5.º[1]

A Comissão consulta o Comité Consultivo referido no artigo 14.º do Regulamento (CE) n.º 1/2003 do Conselho, de 16 de Dezembro de 2002, relativo à execução das regras de concorrência estabelecidas nos artigos 81.º e 82.º do Tratado, previamente à publicação do projecto de regulamento e à aprovação do regulamento.

ARTIGO 6.º
Revogado[2]

ARTIGO 7.º

O presente regulamento entra em vigor no dia seguinte ao da sua publicação no *Jornal Oficial das Comunidades Europeias*.

O presente regulamento é obrigatório em todos os seus elementos e directamente aplicável em todos os Estados membros.

---

[1] Redacção resultante do n.º 1 do artigo 42.º do Regulamento (CE) n.º 1/2003.
[2] N.º 2 do artigo 42.º do Regulamento (CE) n.º 1/2003.

ACORDOS DE TRANSPORTES MARÍTIMOS REGULARES (CONSÓRCIOS)

Regulamento (CE) n.º 823/2000*-**

A COMISSÃO DAS COMUNIDADES EUROPEIAS,

Tendo em conta o Tratado que institui a Comunidade Europeia,
Tendo em conta o Regulamento (CEE) n.º 479/92 do Conselho, de 25 de Fevereiro de 1992, relativo à aplicação do n.º 3 do artigo 85.º do Tratado a certas categorias de acordos, decisões e práticas concertadas entre companhias de transportes marítimos regulares (consórcios)[1], com a última redacção que lhe foi dada pelo Acto de Adesão da Áustria, da Finlândia e da Suécia, e, nomeadamente, o seu artigo 1.º,

Após publicação do projecto do presente regulamento[2],

Após Consulta do Comité Consultivo em matéria de acordos e de posições dominantes no domínio dos transportes marítimos,

Considerando o seguinte:

(1) Por força do Regulamento (CEE) n.º 479/92 a Comissão está habilitada a aplicar o n.º 3 do artigo 81.º do Tratado a certas categorias de acordos, decisões e práticas concertadas entre companhias de transportes marítimos (consórcios) no que diz respeito à exploração em comum de serviços regulares de transportes marítimos, os quais, ao promoverem a cooperação entre as companhias marítimas que neles participam, são susceptíveis de restringir a

---

* Regulamento (CE) n.º 823/2000 da Comissão, de 19 de Abril de 2000, relativo à aplicação do n.º 3 do artigo 81.º do Tratado CE a certas categorias de acordos, decisões e práticas concertadas entre companhias de transportes marítimos regulares (consórcios) (JO, L 100, de 20.4.2000, p. 24). Regulamento alterado pelo Acto de Adesão de 2003), na redacção resultante do Regulamento (CE) n.° 463/2004 da Comissão, de 12 de Março de 2004, que altera o Regulamento (CE) n.° 823/2000 relativo à aplicação do n.° 3 do artigo 81.° do Tratado a certas categorias de acordos, decisões e práticas concertadas entre companhias de transportes marítimos regulares (consórcios) (Texto relevante para efeitos do EEE) (JO, L 77, de 13.3.2004, pp. 23-25).

** Ver ainda a Decisão do Comité Misto do EEE n.° 49/2000, de 31 de Maio de 2000, que altera o anexo XIV (concorrência) do Acordo EEE (JO, L 237, de 21.9.2000, pp. 60-61).

[1] JO, L 55, de 29.2.1992, p. 3.
[2] JO, C 379, de 31.12.1999, p. 13.

concorrência no mercado comum e de afectar o comércio entre os Estados membros, pelo que podem ser abrangidos pela proibição estabelecida no n.º 1 do artigo 81.º do Tratado.

(2) A Comissão exerceu estes poderes adoptando o Regulamento (CE) n.º 870/95 da Comissão[1]. À luz da experiência adquirida, é possível definir uma categoria de consórcios susceptíveis de serem abrangidos pelo n.º 1 do artigo 81.º, mas que em geral se considera satisfazerem as condições estabelecidas no n.º 3 do artigo 81.º.

(3) A Comissão tomou em devida consideração as características específicas dos transportes marítimos. Essas características constituem também um factor relevante para a apreciação pela Comissão de consórcios não abrangidos pela presente isenção por categoria.

(4) Os consórcios, tal como definidos no presente regulamento, contribuem em geral para melhorar a produtividade e a qualidade dos serviços regulares existentes através da racionalização das actividades das companhias membros e das economias de escala que proporcionam a nível da utilização dos navios e das instalações portuárias. Contribuem também para a promoção do progresso técnico e económico, facilitando e promovendo o recurso a contentores, bem como uma utilização mais eficaz da capacidade dos navios.

(5) Os utilizadores dos serviços marítimos oferecidos pelos consórcios beneficiam de um modo geral de uma parte equitativa das vantagens decorrentes da melhoria de produtividade e de qualidade dos serviços proporcionadas por esses consórcios. Estas vantagens podem ainda traduzir-se na melhoria da frequência dos serviços e das escalas ou numa melhoria dos horários e ainda em serviços personalizados e de maior qualidade, resultante da utilização de navios e equipamentos mais modernos, nomeadamente instalações portuárias. Os utilizadores só podem beneficiar efectivamente dos consórcios se existir um grau de concorrência suficiente nos tráfegos em que os consórcios operam.

(6) Estes acordos devem, por conseguinte, beneficiar de uma isenção por categoria desde que não permitam às empresas interessadas eliminar a concorrência numa parte substancial dos tráfegos em causa. A fim de tomar em consideração as condições em constante mutação do mercado dos transportes marítimos e as frequentes alterações introduzidas pelas partes nas cláusulas dos acordos de consórcio ou nas actividades que exercem no seu âmbito, o presente regulamento tem precisamente por objecto a clarificação das condições que os consórcios devem satisfazer para beneficiarem da isenção por categoria que concede.

(7) No que se refere ao estabelecimento e exploração em comum de um serviço, a faculdade de proceder a ajustamentos de capacidade representa uma característica essencial dos consórcios. A não utilização de uma certa percentagem da capacidade dos navios no âmbito de um consórcio não constitui uma característica essencial.

(8) A isenção por categoria consagrada no presente regulamento deve contemplar tanto os consórcios membros de uma conferência marítima como os consórcios extra-conferência, mas não se aplica à fixação em comum das tarifas de frete.

(9) A actividade de fixação dos preços é abrangida pelo Regulamento (CEE) n.º 4056/86 do Conselho, de 22 de Dezembro de 1986, que determina as regras de aplicação aos transportes marítimos dos artigos 85.º e 86.º do Tratado[2], com a última redacção que lhe foi dada pelo Acto de Adesão da Áustria, da Finlândia e da Suécia. Os membros de um con-

---

[1] JO, L 89, de 21.4.1995, p. 7.
[2] JO, L 378, de 31.12.1986, p. 4.

sórcio que pretendam fixar preços em comum e que não satisfaçam os critérios previstos no Regulamento (CEE) n.º 4056/86 devem solicitar uma isenção individual.

(10) A primeira das condições de uma isenção por categoria deve ser que uma parte equitativa das vantagens decorrentes da melhoria da eficácia e de outras vantagens proporcionadas pelos consórcios se repercuta nos utilizadores desses transportes.

(11) Deve considerar-se preenchida esta exigência do n.º 3 do artigo 81.º sempre que um consórcio se encontrar, pelo menos, numa das três situações seguintes:

– existe, entre os membros da conferência no âmbito da qual o consórcio opera, uma concorrência efectiva a nível dos preços, resultante de medidas tarifárias independentes,

– existe, no interior da conferência em que o consórcio opera, um grau suficiente de concorrência efectiva a nível dos serviços oferecidos entre os membros do consórcio e os outros membros da conferência que não são membros do consórcio, dado que o acordo de conferência permite expressamente aos consórcios oferecerem acordos de serviços próprios, como por exemplo a oferta, exclusivamente pelo consórcio, de serviços de entrega just in time ou de serviços avançados de transferência electrónica de dados (electronic data interchange – EDI) que permitam aos utilizadores saber, em qualquer altura, o local em que as suas mercadorias se encontram, ou um aumento significativo da frequência e das escalas dos serviços oferecidos pelo consórcio relativamente aos oferecidos pela conferência,

– os membros do consórcio estão sujeitos a uma concorrência efectiva, real ou potencial, por parte das companhias que não são membros do consórcio, independentemente de uma conferência operar ou não nesse(s) tráfego(s).

(12) A fim de satisfazer esta mesma exigência do n.º 3 do artigo 81.º, deve também ser prevista uma condição que vise promover a concorrência individual a nível da qualidade dos serviços entre os membros do consórcio, bem como entre estes e outras companhias marítimas que operem no(s) mesmo(s) tráfego(s).

(13) É necessário estabelecer uma condição que vise impedir que os consórcios e respectivos membros fixem, para uma mesma linha, preços e condições de transporte distintos em função do país de origem ou de destino dos produtos transportados e, deste modo, causem na Comunidade desvios de tráfego prejudiciais a determinados portos, carregadores, transportadores ou prestadores de serviços auxiliares de transportes, a menos que esses preços ou condições possam ser justificados por razões económicas.

(14) As condições fixadas devem, além disso, destinar-se a impedir os consórcios de impor restrições da concorrência não indispensáveis à prossecução dos objectivos que justificam a concessão da isenção. Para tal, os acordos de consórcio devem conter uma disposição que permita a cada companhia marítima membro desses acordos abandonar o consórcio mediante um prazo razoável de pré-aviso. No entanto, no que se refere aos consórcios fortemente integrados e/ou com um elevado nível de investimento, há que prever um período de pré-aviso mais longo a fim de tomar em consideração os elevados investimentos efectuados para a sua constituição e a reorganização profunda exigida em caso de abandono de um dos seus membros. É também conveniente prever, no que se refere a consórcios com uma estrutura de comercialização comum, que cada membro do consórcio possa exercer de forma independente actividades de comercialização, mediante um prazo razoável de pré-aviso.

(15) A isenção deve ser limitada aos consórcios que não possibilitem a supressão da concorrência numa parte substancial dos serviços em causa.

(16) Para apreciar a existência de concorrência efectiva em cada mercado em que o consórcio opera, para efeitos de isenção, é conveniente tomar em consideração não apenas o tráfego directo entre os portos servidos por um consórcio, mas igualmente a eventual con-

corrência de outros serviços marítimos regulares a partir de portos alternativos aos servidos pelo consórcio e, eventualmente, de outros meios de transporte.

(17) A isenção por categoria concedida pelo presente regulamento só é aplicável se a quota do consórcio em cada mercado em que opera não ultrapassar uma determinada percentagem.

(18) A quota de mercado de um consórcio que opera no âmbito de uma conferência deve ser inferior, visto os acordos em causa se sobreporem a um acordo restritivo já existente.

(19) Afigura-se, no entanto, conveniente oferecer aos consórcios que ultrapassem numa percentagem determinada os limites estabelecidos no presente regulamento, mas que continuam sujeitos a concorrência efectiva nos tráfegos em que operam, um processo simplificado que lhes permita beneficiar da segurança jurídica proporcionada por uma isenção por categoria. Esse processo deve simultaneamente permitir à Comissão assegurar uma vigilância efectiva e simplificar o controlo administrativo dos acordos.

(20) Todavia, os consórcios que ultrapassem o limite devem poder beneficiar de uma isenção através de decisões individuais sempre que satisfaçam as condições previstas no n.º 3 do artigo 81.º, tendo em conta as características específicas dos transportes marítimos.

(21) O presente regulamento deve aplicar-se apenas a acordos entre membros de um consórcio. Por conseguinte, a isenção por categoria não deve abranger acordos restritivos da concorrência concluídos entre consórcios ou um ou mais dos seus membros, por um lado, e outras companhias marítimas, por outro. Também não deve ser aplicável a acordos restritivos concluídos entre consórcios diferentes que operam no mesmo tráfego ou entre os membros de um desses mesmos consórcios.

(22) Também é conveniente subordinar a isenção a certas obrigações. A este respeito, os utilizadores dos transportes devem poder, em qualquer altura, tomar conhecimento das condições de prestação dos serviços de transporte marítimo explorados em comum pelos membros do consórcio. Deve ser previsto um processo de consultas reais e efectivas entre os consórcios e os utilizadores dos transportes relativas às actividades sobre as quais incidem esses acordos. O presente regulamento precisa ainda o que deve entender-se por consultas reais e efectivas, bem como os principais trâmites processuais a seguir no âmbito destas consultas. As consultas, obrigatórias, circunscrevem-se às actividades exercidas pelos consórcios enquanto tais.

(23) Essas consultas permitem assegurar um funcionamento mais eficaz dos serviços de transportes marítimos que tem em conta as necessidades dos utilizadores. Em consequência, certas práticas restritivas eventualmente resultantes das consultas devem beneficiar de uma isenção.

(24) Para efeitos do presente regulamento, a noção de força maior é a que resulta da jurisprudência constante do Tribunal de Justiça das Comunidades Europeias.

(25) Há ainda que prever disposições para que as sentenças arbitrais e as recomendações de conciliadores aceites pelas partes sejam de imediato comunicadas à Comissão, por forma a permitir-lhe verificar que os consórcios não ficam por elas dispensados das condições e obrigações previstas no regulamento e que não violam, por conseguinte, o disposto nos artigos 81.º e 82.º.

(26) É necessário precisar, nos termos do artigo 6.º do Regulamento (CEE) n.º 479/92, os casos em que a Comissão pode retirar às empresas o benefício da isenção por categoria.

(27) Onze consórcios beneficiaram da isenção por categoria nos termos do Regulamento (CE) n.º 870/95, através da aplicação do processo de oposição previsto nesse regula-

mento, que permitia à Comissão verificar, em especial, que se encontravam sujeitos a uma concorrência efectiva. Não existe qualquer indicação de que houve alterações das circunstâncias no sentido de esses consórcios já não estarem sujeitos a uma concorrência efectiva. Esses consórcios devem, por conseguinte, continuar a beneficiar da isenção nos termos previstos no presente regulamento.

(28) Os acordos automaticamente isentos por força do presente regulamento não devem ser objecto do pedido referido no artigo 12.º do Regulamento (CEE) n.º 4056/86. Todavia, em caso de sérias dúvidas, as empresas podem solicitar à Comissão uma declaração de compatibilidade dos seus acordos com o presente regulamento.

(29) O presente regulamento não prejudica a aplicação do artigo 82.º do Tratado.

(30) Tendo em conta a expiração do Regulamento (CE) n.º 870/95 é conveniente renovar a isenção por categoria,

ADOPTOU O PRESENTE REGULAMENTO:

CAPÍTULO I Âmbito de aplicação e definições

ARTIGO 1.º (**Âmbito de aplicação**)
O presente regulamento e aplicável apenas aos consórcios que assegurem serviços regulares de transportes marítimos internacionais tendo como ponto de partida ou de destino um ou mais portos da Comunidade.

ARTIGO 2.º (**Definições**)
Para efeitos do presente regulamento, entende-se por:

1 – "Consórcio", um acordo entre, pelo menos, dois transportadores que operem navios e que assegurem serviços regulares de transportes marítimos internacionais, exclusivamente de mercadorias e principalmente em contentores, num ou mais tráfegos, cujo objecto consista na cooperação a nível da exploração em comum de serviços de transportes marítimos, que melhore o serviço que seria oferecido individualmente pelos seus membros na ausência do consórcio, no intuito de racionalizar as operações através de acordos técnicos, operacionais e/ou comerciais, com excepção da fixação de preços.

2 – "Transporte marítimo regular", o transporte regular de mercadorias numa ou mais rotas entre portos e segundo horários e datas de viagem previamente divulgados, disponível, mesmo esporadicamente, para todos os utilizadores do transporte, contra pagamento.

3 – "Acordo de serviços", um acordo concluído entre um ou mais utilizadores do transporte e um membro de um consórcio ou um consórcio através do qual o utilizador beneficia, em contrapartida do seu compromisso de entregar determinadas quantidades de mercadorias para transporte num determinado período, de um compromisso do membro do consórcio ou do consórcio da prestação de um serviço personalizado de uma qualidade especialmente adaptada às suas necessidades.

4 – "Utilizador do transporte", qualquer empresa (por exemplo: carregadores, consignatários, transitórios, etc.) que tenha concluído ou manifestado intenção de concluir um acordo com um consórcio (ou com um dos seus membros) tendo em vista o transporte de mercadorias, bem como qualquer associação de carregadores.

5 – "Medidas tarifárias independentes", direito de um membro de uma conferência marítima propor, de forma pontual e relativamente a mercadorias, mediante comunicação prévia aos outros membros da conferência, taxas de frete distintas das estabelecidas na tabela aplicada pela conferência.

CAPÍTULO II Isenções

ARTIGO 3.º (**Acordos isentos**)

1 – Ao abrigo do n.º 3 do artigo 81.º do Tratado e sem prejuízo das condições e obrigações previstas no presente regulamento, o n.º 1 do artigo 81.º do Tratado é declarado inaplicável às actividades enumeradas no n.º 2 do presente artigo previstas em acordos de consórcio, nos termos dos artigos 1.º e 2.º do presente regulamento.

2 – A declaração de inaplicabilidade incide apenas sobre as seguintes actividades:

a) Exploração em comum de serviços regulares de transportes marítimos, que inclui unicamente as seguintes actividades:

    i) coordenação e/ou fixação em comum dos horários das viagens, bem como a determinação dos portos de escala,

    ii) intercâmbio, venda ou fretamento cruzado de espaço ou de slots nos navios,

    iii) utilização em comum de navios e/ou de instalações portuárias,

    iv) utilização de um ou mais gabinetes de exploração em comum,

    v) colocação à disposição de contentores, chassis e outro equipamento e/ou contratos de aluguer, locação financeira ou aquisição desse equipamento,

    vi) utilização de um sistema informatizado de intercâmbio de dados e/ou de um sistema de documentação comum.

b) Ajustamentos temporários de capacidade;

c) Exploração ou utilização em comum de terminais portuários e serviços conexos (por exemplo, serviços de descarga ou de estiva);

d) Participação num ou mais dos seguintes pools: de carga, de receitas ou de resultados;

e) Exercício em comum dos direitos de voto do consórcio na conferência a que os seus membros pertencem, desde que o voto exercido em comum incida sobre actividades do consórcio enquanto tal;

f) Estrutura de comercialização comum e/ou emissão de um conhecimento de embarque comum;

g) Qualquer outra actividade acessória das actividades mencionadas nas alíneas *a)* a *f)* que seja necessária para a sua realização.

3 – São consideradas actividades acessórias, para efeitos da alínea *g)* do n.º 2, em especial, as seguintes cláusulas:

a) A obrigação de os membros do consórcio utilizarem no(s) tráfego(s) em causa navios afectados ao consórcio e de se absterem de fretar espaço em navios de terceiros;

b) A obrigação de os membros do consórcio não cederem ou fretarem espaço a outros transportadores que operem navios no(s) tráfego(s) em causa sem autorização prévia dos outros membros do consórcio.

ARTIGO 4.º **(Não utilização da capacidade existente)**

A isenção prevista no artigo 3.º não se aplica a um consórcio quando este inclua acordos relativos à não utilização da capacidade existente, através dos quais as companhias marítimas membros do consórcio se abstenham de utilizar uma certa percentagem da capacidade dos navios utilizados no quadro do consórcio.

CAPÍTULO III Condições de isenção

ARTIGO 5.º **(Requisitos de base para a isenção)**

A isenção prevista no artigo 3.º só é aplicável se o consórcio se encontrar numa ou mais das situações a seguir descritas:

a) Existe entre os membros da conferência no âmbito da qual o consórcio opera uma concorrência efectiva a nível dos preços, visto o acordo de conferência permitir expressamente aos seus membros, mediante uma obrigação legal ou por qualquer outra forma, praticar medidas tarifárias independentes relativamente a qualquer taxa de frete prevista na tabela aplicada pela conferência;

b) Existe, no âmbito da conferência em que o consórcio opera, um grau suficiente de concorrência efectiva entre os membros da conferência a nível dos serviços oferecidos, visto o acordo de conferência permitir expressamente o consórcio a propor acordos de serviços próprios, independentemente da sua forma, relativos à frequência e à qualidade dos serviços de transporte oferecidos, bem como a adaptar, livremente e em qualquer altura, os serviços que oferece, para responder às necessidades específicas dos utilizadores dos transportes;

c) Os membros do consórcio encontram-se sujeitos a uma concorrência efectiva, real ou potencial, por parte das companhias que não são membros desse consórcio, independentemente de uma conferência operar ou não nesse(s) tráfego(s).

ARTIGO 6.º **(Condições relativas à quota de mercado)**

1 – Para beneficiar da isenção prevista no artigo 3.º, a quota de um consórcio em cada mercado em que opera deve ser inferior a 30%, calculada por referência ao

volume das mercadorias transportadas (toneladas-frete ou unidades equivalentes a 20 pés), quando opera no âmbito de uma conferência e inferior a 35% quando opera de forma independente.

2 – A isenção prevista no artigo 3.º continua a aplicar-se quando, durante um período de dois anos civis consecutivos, a quota de mercado prevista no n.º 1 não for ultrapassada em mais de um décimo.

3 – Se qualquer dos limiares referidos nos n.ºs 1 e 2 for ultrapassado, a isenção prevista no artigo 3.º continua a aplicar-se durante um período de seis meses a contar do termo do ano civil durante o qual esse limite foi ultrapassado. Este período é alargado para 12 meses se estes limiares foram ultrapassados devido à retirada do mercado de um transportador marítimo não membro do consórcio.

ARTIGO 7.º **(Processo de oposição)**[1]

ARTIGO 8.º **(Condições suplementares)**
O benefício das isenções previstas nos artigos 3.º e 10.º está sujeito às seguintes condições:

a) O consórcio deve permitir que os seus membros ofereçam, através de contrato individual, os seus próprios acordos de serviços.

b) O acordo de consórcio deve conceder às companhias marítimas que nele participam o direito de abandonar o consórcio sem incorrerem em qualquer sanção financeira ou de outro tipo, como por exemplo e em especial a obrigação de cessar as suas actividades de transporte no(s) tráfego(s) em causa associada ou não à obrigação de apenas poder retomar essas actividades após decorrido um determinado prazo. Este direito está subordinado a um prazo máximo de pré-aviso de seis meses, o qual pode ser dado após um período inicial de 18 meses a contar da entrada em vigor do acordo. Todavia, no caso dos consórcios fortemente integrados, com pool de resultados e/ou investimentos muito elevados em virtude da aquisição ou fretamento pelos seus membros de navios especificamente para a constituição do consórcio, o prazo máximo de pré-aviso é de seis meses, podendo ser dado após um período inicial de 30 meses a contar da data de entrada em vigor do acordo.

c) Quando o consórcio opera com uma estrutura de comercialização comum, os seus membros devem poder comercializar de forma independente os seus serviços sem incorrerem em qualquer sanção mediante um pré-aviso máximo de seis meses.

d) O consórcio ou os seus membros não podem prejudicar quaisquer portos, utilizadores ou transportadores específicos no mercado comum aplicando ao transporte de mercadorias idênticas na zona abrangida pelo acordo preços e condições discriminatórias em função do país de origem ou de destino ou do porto de carga ou de descarga, a menos que esses preços ou condições se justifiquem economicamente.

---

[1] Artigo suprimido por força do artigo 1.º do Regulamento (CE) n.º 463/2004.

CAPÍTULO IV Obrigações

ARTIGO 9.º (Obrigações associadas à isenção)

1 – As isenções previstas no artigo 3.º e no n.º 1 do artigo 13.º estão sujeitas às obrigações previstas nos n.ºs 2 a 5 do presente artigo.

2 – Os utilizadores ou as suas organizações representativas, por um lado, e o consórcio, por outro, realizarão consultas reais e efectivas com vista a encontrar soluções para todas as questões importantes que não sejam de natureza puramente operacional e de menor importância, relativas às condições e à qualidade dos serviços regulares de transportes marítimos oferecidos pelo consórcio ou pelos seus membros.

As consultas realizar-se-ão sempre que forem solicitadas por qualquer das partes acima referidas.

As consultas devem realizar-se antes da aplicação da medida objecto da consulta, salvo em caso de força maior. Sempre que, por razões de força maior, os membros do consórcio forem obrigados a aplicar uma decisão antes da realização das consultas, estas, quando solicitadas, devem realizar-se no prazo de 10 dias úteis a contar da apresentação do pedido. Salvo em caso de força maior, que deve ser referido no comunicado, não será divulgada publicamente qualquer medida antes de realizadas as respectivas consultas.

O processo de consulta compreende as seguintes fases:

a) O consórcio comunica por escrito à outra parte informações pormenorizadas sobre a questão objecto de consulta, antes da realização desta;

b) As partes procedem a uma troca de pontos de vista, por escrito, em reuniões ou de ambas as formas, no decurso da qual os representantes das companhias marítimas membros do consórcio e dos carregadores participantes podem acordar uma posição comum, devendo as partes envidar os seus melhores esforços para o efeito;

c) Se, não obstante os esforços envidados por ambas as partes, não se atingir uma posição comum, o desacordo deve ser reconhecido e divulgado publicamente, podendo ser comunicado à Comissão por qualquer das partes;

d) As partes podem fixar, se possível de comum acordo, um prazo razoável para a conclusão das consultas. Salvo em circunstâncias excepcionais ou acordo entre as partes, este prazo não pode ser inferior a um mês.

3 – As condições dos serviços de transporte marítimo do consórcio e dos seus membros, incluindo as que se referem à qualidade dos serviços e quaisquer alterações pertinentes, devem ser facultadas a um preço razoável aos utilizadores que as solicitem e poder ser consultadas a qualquer momento, sem encargos, nos escritórios dos membros do consórcio, do próprio consórcio ou dos seus agentes.

4 – [1]

---

[1] Suprimido pelo artigo 1.º do Regulamento (CE) n.º 463/2004.

5 – Os consórcios que pretendam beneficiar do presente regulamento devem demonstrar, sempre que a Comissão ou as autoridades de concorrência dos Estados--Membros o solicitarem no prazo por elas fixado em função das circunstâncias de cada caso, mas nunca inferior a um mês, que satisfazem as condições e obrigações previstas nos artigos 5.º a 8.º e nos n.ºs 2 e 3 do presente artigo e transmitir, antes do termo desse prazo, à Comissão ou às autoridades de concorrência dos Estados--Membros, conforme adequado, o acordo de consórcio em causa.[1]

ARTIGO 10.º (**Isenção dos acordos entre utilizadores dos transportes e consórcios relativos à utilização dos serviços regulares de transportes marítimos**)
Estão isentos da proibição consagrada no n.º 1 do artigo 81.º do Tratado os acordos, decisões e práticas concertadas entre os utilizadores dos transportes ou as suas organizações representativas, por um lado, e um consórcio que beneficie da isenção prevista no artigo 3.º, por outro, que incidam sobre as condições e a qualidade dos serviços de transportes regulares oferecidos pelo consórcio, bem como sobre todos os aspectos gerais relacionados com esses serviços, na medida em que decorram das consultas previstas no n.º 2 do artigo 9.º.

CAPÍTULO V Outras disposições

ARTIGO 11.º (**Segredo profissional**)
1 – As informações obtidas nos termos do n.º 5 do artigo 9.º só podem ser utilizadas para efeitos do presente regulamento.[2]

2 – A Comissão e as autoridades dos Estados membros, bem como os respectivos funcionários e outros agentes, não podem divulgar as informações de que tenham conhecimento em virtude da aplicação do presente regulamento e que, pela sua natureza, se encontrem protegidas pelo segredo profissional.

3 – As disposições dos n.ºs 1 e 2 não obstam à publicação de estudos ou informações de carácter geral que não incluam dados relativos a empresa ou associações de empresas específicas.

ARTIGO 12.º[3] (**Proibição em casos concretos**)
1 – Nos termos do artigo 29.º do Regulamento (CE) n.º 1/2003 do Conselho, a Comissão pode proibir o benefício previsto no presente regulamento se verificar que, num caso concreto o acordo, decisão ou prática concertada, a que é aplicável o artigo 3.º ou o n.º 1 do artigo 13.º do presente regulamento, tem determinados efei-

---

[1] Redacção resultante do artigo 1.º do Regulamento (CE) n.º 463/2004.
[2] Redacção resultante do artigo 1.º do Regulamento (CE) n.º 463/2004.
[3] Redacção resultante do artigo 1.º do Regulamento (CE) n.º 463/2004.

tos incompatíveis com o estatuído no n.º 3 do artigo 81.º do Tratado, e nomeadamente sempre que:

a) Num determinado tráfego, a concorrência existente fora da conferência em que o consórcio opera ou fora de um determinado consórcio não for efectiva;

b) O consórcio não respeitar reiteradamente os deveres que lhe incumbem por força do artigo 9.º do presente regulamento;

c) Tais efeitos resultem de uma sentença arbitral.

2 – Sempre que, num caso concreto, os acordos, decisões de associações de empresas ou práticas concertadas referidos no n.º 1 tiverem efeitos incompatíveis com o estatuído no n.º 3 do artigo 81.º do Tratado no território de um Estado-Membro ou numa parte desse território que apresente todas as características de um mercado geográfico distinto, a autoridade de concorrência desse Estado-Membro pode proibir o benefício previsto no presente regulamento no que se refere a esse território.

ARTIGO 13.º (**Direito transitório**)

1 – O n.º 1 do artigo 81.º do Tratado não é aplicável aos acordos em vigor em 25 de Abril de 2000 que nessa data reunam os requisitos necessários à isenção enunciados no Regulamento (CE) n.º 870/95 e a que tenha sido aplicado o processo de oposição previsto no artigo 7.º desse regulamento.

2 – Caducam em 1 de Maio de 2004 todas as comunicações formais efectuadas nos termos do artigo 7.º relativamente às quais o período de seis meses previsto no segundo parágrafo do n.º 1 desse artigo não tenha ainda cessado.[1]

3 – A proibição referida no n.º 1 do artigo 81.º do Tratado não é aplicável aos acordos, decisões e práticas concertadas existentes à data da adesão da República Checa, da Estónia, de Chipre, da Letónia, da Lituânia, da Hungria, de Malta, da Polónia, da Eslovénia e da Eslováquia e que, na sequência da adesão, são abrangidos pelo n.º 1 do artigo 81.º se, no prazo de seis meses a contar da data da adesão, tiverem sido alterados de modo a preencher os requisitos do presente regulamento.[1]

ARTIGO 14.º (**Entrada em vigor**)

O presente regulamento entra em vigor em 26 de Abril de 2000.

É aplicável até 25 de Abril de 2005.

O presente regulamento é obrigatório em todos os seus elementos e directamente aplicável em todos os Estados membros.

Feito em Bruxelas, em 19 de Abril de 2000.

Pela Comissão, *Mario Monti.*

Membro da Comissão.

---

[1] Redacção resultante do artigo 1.º do Regulamento (CE) n.º 463/2004.

ACORDOS DE TRANSPORTES AÉREOS

Regulamento (CEE) n.º 3976/87[1]

O CONSELHO DAS COMUNIDADES EUROPEIAS,

Tendo em conta o Tratado que institui a Comunidade Económica Europeia e, nomeadamente, o seu artigo 87.º,
Tendo em conta a proposta da Comissão[2],
Tendo em conta os pareceres do Parlamento Europeu[3],
Tendo em conta os pareceres do Comité Económico e Social[4],
Considerando que o Regulamento (CEE) n.º 3975/87 estabelece as modalidades de aplicação das regras de concorrência aplicáveis às empresas do sector dos tranportes aéreos; que o Regulamento n.º 17 do Conselho estabelece as modalidades de aplicação daquelas regras aos acordos, decisões e práticas concertadas que não aqueles directamente relacionados com a prestação de serviços de transporte aéreo;
Considerando que o n.º 1 do artigo 85.º do Tratado pode ser declarado inaplicável a certas categorias de acordos, decisões e práticas concertadas que preencham as condições previstas no n.º 3 do artigo 85.º;
Considerando que as modalidades comuns de aplicação do n.º 3 do artigo 85.º devem ser adoptadas por um regulamento, em conformidade com o disposto no artigo 87.º; que, nos termos do n.º 2, alínea b), do artigo 87.º, um tal regulamento deve determinar as regras específicas de aplicação do n.º 3 do artigo 85.º, tendo em conta, por um lado, a necessidade de garantir uma fiscalização eficaz e, por outro, de simplificar o mais possível o controlo administrativo; que, nos termos do n.º 2, alínea d) do artigo 87.º, esse regulamento deve definir as funções respectivas da Comissão e do Tribunal de Justiça;
Considerando que o sector dos transportes aéreos está actualmente regulamentado por uma série de acordos internacionais, de acordos bilaterais entre Estados e de acordos bilaterais e multilaterais entre transportadoras aéreas; que as alterações que é conveniente introduzir neste sistema de regulamentação internacional para assegurar o aumento de con-

---

[1] Regulamento (CEE) n.º 3976/87 do Conselho de 14 de Dezembro de 1987 relativo à aplicação do n.º 3 do artigo 85.º do Tratado a certas categorias de acordos e de práticas concertadas no sector dos transportes aéreos (JO, L 374, de 31.12.1987, p. 9).

[2] JO, C 182, de 9.7.1984, p. 3.

[3] JO, C 262, de 14.10.1985, p. 44, JO, C 190, de 20.7.1987, p. 182 e JO, C 345, de 21.12.1987.

[4] JO, C 303, de 25.11.1985, p. 31 e JO, C 333, de 29.12.1986, p. 27.

corrência devem ser efectuadas gradualmente, a fim de dar tempo ao sector dos transportes aéreos para se adaptar;

Considerando que a Comissão deve, por aquele motivo, poder declarar, num regulamento, que as disposições do n.º 1 do artigo 85 não são aplicáveis a certas outras categorias de acordos entre empresas de decisões de associações de empresas e de práticas concertadas;

Considerando que é conveniente esclarecer em que condições e circunstâncias a Comissão pode exercer esses poderes, em ligação estreita e constante com as autoridades competentes dos Estados membros;

Considerando que é particularmente desejável que sejam concedidas isenções globais a certas categorias de acordos, decisões e práticas concertadas; que tais isenções devem ser concedidas durante um período limitado em que as transportadoras aéreas se poderão adaptar a condições de maior concorrência; considerando que a Comissão, em estreita ligação com os Estados membros, deve poder definir com precisão o âmbito das referidas isenções e as condições que lhes são inerentes;

Considerando que uma isenção não produz efeitos se não estiverem reunidas as condições referidas no n.º 3 do artigo 85.º; que a Comissão deve portanto ter poderes para tomar as medidas adequadas no caso de um acordo produzir efeitos incompatíveis com o n.º 3 do artigo 85; que, portanto, a Comissão deve ter a possibilidade de emitir primeiramente recomendações e tomar em seguida decisões;

Considerando que o presente regulamento não prejudica a aplicação do artigo 90.º do Tratado;

Considerando que os Chefes de Estado e do Governo, na sua reunião de Junho de 1986, acordaram, na plena realização do mercado interno, no âmbito dos transportes aéreos, para 1992, no quadro das acções da Comunidade com vista ao fortalecimento da coesão económica e social; que o disposto no presente regulamento, conjuntamente com o disposto na Directiva 87/601/CEE do Conselho, de 14 de Dezembro de 1987, relativa às tarifas dos serviços aéreos regulares entre Estados membros, e o disposto na Decisão 87/602/CEE do Conselho, de 14 de Dezembro de 1987, relativa à partilha de capacidade de transporte de passageiros entre transportadoras aéreas em serviços aéreos regulares entre Estados membros e ao acesso das transportadoras aéreas a rotas de serviços aéreos regulares entre Estados membros, constituem um primeiro passo nessa direcção e que o Conselho, a fim de atingir o objectivo estabelecido pelos chefes de Estado e de Governo, adoptará naquele sentido novas medidas de liberalização no final de um período inicial de três anos,

ADOPTOU O PRESENTE REGULAMENTO:

ARTIGO 1.º

O presente regulamento é aplicável aos transportes aéreos internacionais.[1]

ARTIGO 2.º

1 – Sem prejuízo da aplicação do Regulamento (CEE) n.º 3975/87 e nos termos do disposto no n.º 3 do artigo 85.º do Tratado, a Comissão pode declarar, atra-

---

[1] Redacção resultante do artigo 2.º do Regulamento (CE) n.º 411/2004 do Conselho, de 26.2.2004 (JO, L 68, de 6.3.2004, pp. 2).

vés de regulamento, que o n.º 1 do artigo 85.º não se aplica a certas categorias de acordos entre empresas, decisões de associações de empresas e práticas concertadas.

2 – A Comissão pode adoptar tais regulamentos, em especial, no caso de acordos, decisões ou práticas concertadas que tenham qualquer dos seguintes objectivos:

— planeamento e coordenação conjuntos da capacidade de oferta de serviços aéreos regulares, na medida em que tal possa garantir uma distribuição dos serviços pelas horas, períodos ou rotas de menor tráfego, desde que qualquer das partes se possa retirar, sem sofrer qualquer penalização, de tais acordos, decisões ou práticas concertadas, e que lhe não seja exigido um pré-aviso de mais de três meses relativamente à sua intenção de não participar no planeamento e coordenação conjuntos relativos a futuras estações,

— partilha das receitas dos serviços aéreos regulares desde que a transferência não ultrapasse 1% das receitas do fundo comum auferidas numa determinada rota pela parte que procede à transferência, que nenhuns custos sejam partilhados ou aceites por essa parte e que a transferência em causa seja efectuada como compensação pelas sofridas pela outra parte em resultado da programação de voos para horas ou períodos de menor tráfego,

— consultas para a preparação conjunta das propostas de tarifas e condições para o transporte de passageiros e de bagagem em serviços regulares, desde que essas consultas sejam voluntárias, que os respectivos resultados não sejam vinculativos para as transportadoras aéreas e que a Comissão e os Estados membros cujas transportadoras aéreas sejam afectadas possam participar como observadores em qualquer dessas consultas,

— distribuição das faixas horárias e a fixação dos horários nos aeroportos, na condição de ser permitido às transportadoras aéreas em causa participar em tais acordos, de os procedimentos nacionais e multilaterais relativos a esses acordos serem transparentes e de terem em conta as restrições e regras de distribuição definidas pelas autoridades nacionais ou internacionais, bem como quaisquer direitos que as transportadoras aéreas possam ter adquirido no passado,

— compra, desenvolvimento e utilização em conjunto de sistemas computorizados de fixação de horários, reservas e emissão de bilhetes por empresas de transportes aéreos, desde que as transportadoras aéreas dos Estados membros tenham acesso a esses sistemas em condições idênticas, que os serviços das transportadoras participantes sejam registados numa base não discriminatória e, ainda, que qualquer participante possa abandonar o sistema mediante um pré-aviso razoável,

— operações técnicas de assistência, executadas em terra, nos aeroportos, tais como o push-back, o abastecimento de combustível, a limpeza e a segurança,

— assistênica aos passageiros e tratamento de correio, carga e bagagens nos aeroportos,

— serviços de fornecimento de refeições a bordo.

3 – Sem prejuízo do disposto no n.º 2, tais regulamentos da Comissão devem definir as categorias de acordos, decisões e práticas concertadas a que se aplicam e devem especificar, nomeadamente:

a) As restrições ou cláusulas que podem ou não figurar nos acordos, decisões e práticas concertadas;

b) As cláusulas que os acordos, decisões e práticas concertadas devem incluir ou quaisquer outras condições que devam ser preenchidas.

ARTIGO 3.º

Qualquer regulamento adoptado pela Comissão por força do artigo 2.º caducará em 31 de Janeiro de 1991.

ARTIGO 4.º

Os regulamentos adoptados por força do artigo 2 devem incluir uma disposição nos termos da qual esses regulamentos serão aplicados com efeitos retroactivos aos acordos, decisões e práticas concertadas existentes à data de entrada em vigor dos regulamentos em causa.

ARTIGO 5.º

Antes de adoptar um regulamento, a Comissão publicará o respectivo projecto e convidar todas as pessoas e organizações interessadas para apresentarem os seus comentários dentro de um prazo razoável, não inferior a um mês, a fixar pela própria Comissão.

ARTIGO 6.º[1]

A Comissão consulta o Comité Consultivo referido no artigo 14.º do Regulamento (CE) n.º 1/2003 do Conselho, de 16 de Dezembro de 2002, relativo à execução das regras de concorrência estabelecidas nos artigos 81.º e 82.º do Tratado, previamente à publicação de qualquer projecto de regulamento e à aprovação de qualquer regulamento.

ARTIGO 7.º
Revogado[2]

ARTIGO 8.º

O Conselho decidirá sobre a revisão do presente regulamento o mais tardar até 30 de Junho de 1990 com base numa proposta da Comissão a ser apresentada antes de 1 de Novembro de 1989.

ARTIGO 9.º

O presente regulamento entra em vigor a 1 de Janeiro de 1988.

O presente regulamento é obrigatório em todos os seus elementos a directamente aplicável em todos os Estados membros.

Feito em Bruxelas, em 14 de Dezembro de 1987.

Pelo Conselho, O Presidente, U. ELLEMANN-JENSEN.

---

[1] Redacção resultante do n.º 1 do artigo 41.º do Regulamento (CE) n.º 1/2003.
[2] Redacção resultante do n.º 2 do artigo 41.º do Regulamento (CE) n.º 1/2003.

INSTRUÇÃO DE PROCESSOS

Regulamento (CE) n.º 773/2004*

A COMISSÃO DAS COMUNIDADES EUROPEIAS,

Tendo em conta o Tratado que institui a Comunidade Europeia,
Tendo em conta o Acordo sobre o Espaço Económico Europeu,
Tendo em conta o Regulamento (CE) n.º 1/2003 do Conselho, de 16 de Dezembro de 2002, relativo à execução das regras de concorrência estabelecidas nos artigos 81.º e 82.º do Tratado[1], e, nomeadamente, o seu artigo 33.º,

Após consulta do Comité Consultivo em matéria de acordos, decisões, práticas concertadas e posições dominantes,

Considerando o seguinte:

(1) O Regulamento (CE) n.º 1/2003 do Conselho confere à Comissão poderes para regular determinados aspectos dos processos de aplicação dos artigos 81.º e 82.º do Tratado. É necessário estabelecer regras relativas ao início dos processos pela Comissão, bem como ao tratamento das denúncias e à audição dos interessados directos.

(2) Nos termos do Regulamento (CE) n.º 1/2003, os tribunais nacionais devem evitar tomar decisões que entrem em conflito com uma decisão prevista pela Comissão em processos que esta tenha iniciado. Nos termos do n.º 6 do artigo 11.º desse regulamento, as autoridades nacionais responsáveis em matéria de concorrência ficam privadas da sua competência se a Comissão tiver dado início a um processo para a adopção de uma decisão nos termos do capítulo III do Regulamento (CE) n.º 1/2003. Neste contexto, é importante que os tribunais e as autoridades responsáveis em matéria de concorrência dos Estados-Membros tenham conhecimento do início de processos por parte da Comissão. A Comissão deve, pois, poder tornar públicas as suas decisões de início do processo.

(3) Antes de recolher declarações orais de pessoas singulares ou colectivas, que consintam em ser ouvidas, a Comissão deve informar essas pessoas do fundamento legal da audição e do seu carácter voluntário. As pessoas ouvidas devem igualmente ser informadas da finalidade da audição e de todos os registos que dela eventualmente sejam feitos. A fim de reforçar a exactidão das declarações, deve ser dada oportunidade à pessoa ouvida de corrigir

---

* Regulamento (CE) n.º 773/2004 da Comissão de 7.4.2004 relativo à instrução de processos pela Comisão para efeitos dos artigos 81.º e 82.º do Tratado CE (Texto relevante para efeitos do EEE) – JO, L 123, de 27.4.2004, pp. 18-23.

[1] JO, L 1, de 4.1.2003, p. 1. Regulamento alterado pelo Regulamento (CE) n.º 411/2004 (JO, L 68, de 6.3.2004, p. 1).

as declarações registadas. Se informações obtidas a partir de declarações orais forem trocadas nos termos do artigo 12.º do Regulamento (CE) n.º 1/2003, tais informações só podem ser utilizadas como prova para aplicar sanções a pessoas singulares se a previsão do artigo estiver preenchida.

(4) Nos termos do n.º 1, alínea d), do artigo 23.º do Regulamento (CE) n.º 1/2003 podem ser aplicadas coimas às empresas e associações de empresas se estas não rectificarem, no prazo estabelecido pela Comissão, uma resposta inexacta, incompleta ou deturpada dada por um membro do seu pessoal a perguntas feitas durante as inspecções. Assim, é necessário transmitir à empresa em causa um registo das explicações dadas e estabelecer um procedimento que lhe permita introduzir uma rectificação, alteração ou aditamento às explicações dadas por membros do pessoal que não estão ou não estavam autorizados a fornecer explicações em da nome da empresa.

As explicações dadas pelos membros do pessoal de uma empresa devem ser conservadas no processo da Comissão tal como foram registadas durante a inspecção.

(5) As denúncias são uma fonte de informação essencial para a detecção de infracções às regras da concorrência. É importante definir procedimentos claros e eficazes para o tratamento das denúncias apresentadas à Comissão.

(6) Para ser admissível nos termos do artigo 7.º do Regulamento (CE) n.º 1/2003, uma denúncia deve incluir determinadas informações especificadas.

(7) A fim de facilitar aos autores das denúncias a apresentação à Comissão dos factos necessários, deve ser elaborado um formulário. A apresentação das informações discriminadas nesse formulário constitui um requisito para que a denúncia seja tratada como tal nos termos do artigo 7.º do Regulamento (CE) n.º 1/2003.

(8) As pessoas singulares ou colectivas que tentam apresentado uma denúncia devem poder ser estreitamente associadas ao processo iniciado pela Comissão destinado a verificar a existência da infracção. Todavia, não devem ter acesso a segredos comerciais ou outras informações confidenciais a respeito de outros interessados directos implicados no processo.

(9) Deve ser dada aos autores da denúncia a oportunidade de expressarem os seus pontos de vista se a Comissão considerar que são insuficientes os fundamentos para agir com base na denúncia. Se a Comissão rejeitar uma denúncia devido ao facto de uma autoridade responsável em matéria de concorrência de um Estado-Membro estar a instruir o processo ou já o ter instruído, deve informar o autor da denúncia da identidade dessa autoridade.

(10) A fim de assegurar o respeito dos direitos de defesa das empresas, a Comissão deve dar aos interessados directos o direito de serem ouvidos antes de tomar uma decisão.

(11) Deve também ser prevista a possibilidade de ouvir pessoas que não tenham apresentado uma denúncia nos termos do artigo 7.º do Regulamento (CE) n.º 1/2003 e que não sejam interessados directos a quem tenha sido dirigida uma comunicação de objecções, mas que, não obstante, podem invocar um interesse suficiente. As associações de consumidores que solicitem ser ouvidas devem, em geral, ser consideradas como tendo um interesse legítimo sempre que o processo se refira a produtos ou serviços utilizados pelos consumidores finais ou produtos ou serviços que constituam um elemento directo para o fabrico de tais produtos ou para a prestação de tais serviços. Sempre que o considerar útil para o processo, a Comissão deve também poder convidar outras pessoas a apresentarem os seus pontos de vista por escrito e a participarem na audição oral dos interessados directos a quem for enviada uma comunicação de objecções. Quando adequado, deve também poder convidar essas pessoas a apresentarem os seus pontos de vista na audição oral.

(12) Tendo em vista melhorar a eficácia das audições orais, o auditor deve ter poderes para autorizar os interessados directos, os autores da denúncia, outras pessoas convidadas a participar na audição, os serviços da Comissão e as autoridades dos Estados-Membros a fazerem perguntas durante a audição.

(13) Facultando o acesso ao processo, a Comissão deve assegurar a protecção dos segredos comerciais e de outras informações confidenciais. A categoria de «outras informações confidenciais» inclui informações que não sejam segredos comerciais, que possam ser consideradas confidenciais, na medida em que a sua divulgação possa prejudicar de forma significativa uma empresa ou uma pessoa. A Comissão deve poder exigir às empresas ou associações de empresas que apresentem ou tenham apresentado documentos ou declarações que procedam à identificação das informações confidenciais.

(14) Sempre que for necessário recorrer a segredos comerciais ou outras informações confidenciais para provar uma infracção, a Comissão deve determinar, relativamente a cada documento, se a necessidade de divulgação é superior ao prejuízo susceptível de resultar da divulgação.

(15) No interesse da segurança jurídica, deve ser estabelecido um prazo mínimo para apresentação das diversas observações e comunicações previstas no presente regulamento.

(16) O presente regulamento substitui o Regulamento (CE) n.º 2842/98 da Comissão, de 22 de Dezembro de 1998, relativo às audições dos interessados directos em certos processos, nos termos dos artigos 85.º e 86.º do Tratado CE[1], que deve portanto ser revogado.

(17) O presente regulamento alinha as regras processuais do sector dos transportes pelas regras processuais gerais aplicáveis a todos os sectores. O Regulamento (CE) n.º 2843/98 da Comissão, de 22 de Dezembro de 1998, relativo à forma, conteúdo e outras particularidades respeitantes aos pedidos e às comunicações apresentadas nos termos dos Regulamentos (CEE) n.º 1017/68, (CEE) n.º 4056/86 e (CEE) n.º 3975/87 do Conselho, relativos à aplicação das regras de concorrência no sector dos transportes[2], deve portanto ser revogado.

(18) O Regulamento (CE) n.º 1/2003 suprime o sistema de notificação e de autorização. Deve assim ser revogado o Regulamento (CE) n.º 3385/94 da Comissão, de 21 de Dezembro de 1994, relativo à forma, conteúdo e outras particularidades respeitantes aos pedidos e à notificação apresentados nos termos do Regulamento n.º 17 do Conselho[3],

ADOPTOU O PRESENTE REGULAMENTO:

CAPÍTULO I Âmbito de aplicação

ARTIGO 1.º (Objecto e âmbito)

O presente regulamento é aplicável aos processos de aplicação dos artigos 81.º e 82.º do Tratado instruídos pela Comissão.

---

[1] JO, L 354, de 30.12.1998, p. 18.
[2] JO, L 354, de 30.12.1998, p. 22.
[3] JO, L 377, de 31.12.1994, p. 28.

CAPÍTULO II Início do processo

ARTIGO 2.º **(Início do processo)**
1 – A Comissão pode dar início a um processo tendo em vista a adopção de uma decisão nos termos do capítulo III do Regulamento (CE) n.º 1/2003 em qualquer momento, mas não após a data em que tiver formulado uma apreciação preliminar nos termos do n.º 1 do artigo 9.º desse regulamento ou uma comunicação de objecções ou a data em tiver sido publicada uma comunicação nos termos do n.º 4 do artigo 27.º do mesmo regulamento, consoante a que ocorrer em primeiro lugar.
2 – A Comissão pode tornar público o início do processo, por qualquer forma adequada. Antes de o fazer, informará os interessados directos em causa.
3 – A Comissão pode exercer os seus poderes de investigação nos termos do capítulo V do Regulamento (CE) n.º 1/2003 antes de dar início ao processo.
4 – A Comissão pode rejeitar uma denúncia apresentada nos termos do artigo 7.º do Regulamento (CE) n.º 1/2003 sem dar início ao processo.

CAPÍTULO III Investigação realizada pela comissão

ARTIGO 3.º **(Poderes para registar declarações)**
1 – Sempre que a Comissão proceda à audição de uma pessoa que para tal tenha dado o seu consentimento nos termos do artigo 19.º do Regulamento (CE) n.º 1/2003, deve, no início da audição, indicar o fundamento legal e a finalidade da audição e recordar o seu carácter voluntário. Deve também informar a pessoa ouvida da intenção de registar as suas declarações.
2 – A audição pode ser realizada através de quaisquer meios, nomeadamente pelo telefone ou via electrónica.
3 – A Comissão pode registar as declarações das pessoas ouvidas sob qualquer forma. Deve ser disponibilizada à pessoa ouvida uma cópia do registo para aprovação. Se for necessário, a Comissão deve fixar um prazo durante o qual a pessoa ouvida pode transmitir eventuais correcções a introduzir nas suas declarações.

ARTIGO 4.º **(Perguntas orais durante as inspecções)**
1 – Sempre que, nos termos do n.º 2, alínea e), do artigo 20.º do Regulamento (CE) n.º 1/2003, os funcionários ou outros acompanhantes mandatados pela Comissão solicitarem explicações aos representantes ou aos membros do pessoal de uma empresa ou associação de empresas, as explicações podem ser registadas sob qualquer forma.
2 – Após a inspecção, deve ser disponibilizada à empresa ou associação de empresas em causa uma cópia do registo efectuado nos termos do n.º 1.
3 – Nos casos em que tiverem sido pedidas explicações a um membro do pessoal de uma empresa ou de uma associação de empresas que não esteja ou não esta-

va autorizado a dar explicações em nome da empresa ou da associação de empresas, a Comissão estabelecerá um prazo durante o qual a empresa ou a associação de empresas pode transmitir à Comissão rectificações, alterações ou aditamentos às explicações dadas pelo referido membro do pessoal. As rectificações, alterações ou aditamentos serão acrescentados às explicações tal como registadas nos termos do n.º 1.

CAPÍTULO IV Tratamento das denúncias

ARTIGO 5.º (Admissibilidade das denúncias)

1 – As pessoas singulares e colectivas devem demonstrar um interesse legítimo para poderem apresentar uma denúncia nos termos do artigo 7.º do Regulamento (CE) n.º 1/2003.

As denúncias apresentadas devem conter as informações exigidas no formulário C, tal como consta do anexo. A Comissão pode prescindir de parte destas informações, incluindo documentos, exigidas no formulário C.

2 – Devem ser apresentados à Comissão três exemplares da denúncia em papel e, se possível, um em formato electrónico. O autor da denúncia deve igualmente apresentar uma versão não confidencial da denúncia.

3 – As denúncias devem ser apresentadas numa das línguas oficiais da Comunidade.

ARTIGO 6.º (Participação dos autores da denúncia no processo)

1 – Sempre que a Comissão transmita uma comunicação de objecções respeitante a uma matéria sobre a qual tenha recebido uma denúncia, deve remeter ao autor da denúncia uma cópia da versão não confidencial da comunicação de objecções e fixar um prazo durante o qual o autor da denúncia pode apresentar, por escrito, as suas observações.

2 – A Comissão pode ainda, se for o caso, dar ao autor da denúncia a oportunidade de apresentar os seus pontos de vista na audição oral dos interessados directos a quem tiver sido transmitida uma comunicação de objecções, se o autor da denúncia o solicitar nas suas observações escritas.

ARTIGO 7.º (Rejeição de denúncias)

1 – Sempre que a Comissão considere, com base nas informações de que dispõe, que não existem fundamentos bastantes para lhe dar seguimento, deve informar o autor da denúncia das respectivas razões e estabelecer um prazo para que este apresente, por escrito, as suas observações. A Comissão não é obrigada a tomar em consideração quaisquer outras observações escritas recebidas após o termo do referido prazo.

2 – Se o autor da denúncia apresentar as suas observações dentro do prazo estabelecido pela Comissão e as observações escritas por ele apresentadas não con-

duzirem a uma alteração da apreciação da denúncia, a Comissão rejeitará a denúncia mediante decisão.

3 – Se o autor da denúncia não apresentar as suas observações dentro do prazo fixado pela Comissão, a denúncia é considerada retirada.

ARTIGO 8.º (Acesso à informação)

1 – Sempre que a Comissão informe o autor da denúncia da intenção de rejeitar a denúncia nos termos do n.º 1 do artigo 7.º, este pode requerer o acesso aos documentos em que a Comissão tiver baseado a sua apreciação preliminar. Todavia, para esse efeito o autor da denúncia pode não ter acesso a segredos comerciais e outras informações confidenciais pertencentes a outros interessados directos envolvidos no processo.

2 – Os documentos a que o autor da denúncia tiver tido acesso no âmbito de processos de aplicação dos artigos 81.º e 82.º do Tratado instruídos pela Comissão só podem ser por ele utilizados para efeitos de processos judiciais ou administrativos com vista à aplicação dessas disposições do Tratado.

ARTIGO 9.º (Rejeição de uma denúncia nos termos do artigo 13.º do Regulamento (CE) n.º 1/2003)

Sempre que a Comissão rejeite uma denúncia nos termos do artigo 13.º do Regulamento (CE) n.º 1/2003, deve informar de imediato o autor da denúncia sobre a autoridade nacional responsável em matéria de concorrência que está a instruir ou já instruiu o processo.

CAPÍTULO V Exercício do direito de ser ouvido

ARTIGO 10.º (Comunicação de objecções e resposta)

1 – A Comissão comunicará aos interessados directos, por escrito, as objecções contra elas deduzidas. A comunicação de objecções deve ser notificada a cada um deles.

2 – Sempre que a Comissão notifique uma comunicação de objecções aos interessados directos deve fixar um prazo para que possam informá-la por escrito das suas observações. A Comissão não é obrigada a tomar em consideração observações escritas recebidas após o termo daquele prazo.

3 – Nas suas observações escritas, os interessados directos podem apresentar todos os factos de que tenham conhecimento e que sejam relevantes para a sua defesa contra as objecções deduzidas pela Comissão. Devem juntar todos os documentos relevantes que façam prova dos factos alegados. Devem apresentar um original em suporte papel, bem como uma cópia em formato electrónico, ou, caso não apresentem uma cópia em formato electrónico, 28 cópias em suporte papel das observações, bem como dos documentos que juntam. Podem propor à Comissão a audição de pessoas que possam corroborar os factos constantes das suas observações.

ARTIGO 11.º (**Direito de ser ouvido**)
1 – A Comissão dará aos interessados directos a quem tiver transmitido uma comunicação de objecções a oportunidade de serem ouvidos antes de consultar o Comité Consultivo referido no n.º 1 do artigo 14.º do Regulamento (CE) n.º 1/2003.
2 – A Comissão deve decidir apenas das objecções relativamente às quais os interessados directos referidos no n.º 1 tiverem podido apresentar as suas observações.

ARTIGO 12.º (**Direito a audição oral**)
A Comissão dará aos interessados directos a quem tiver dirigido uma comunicação de objecções a oportunidade de desenvolverem os seus argumentos numa audição oral, se aquelas o tiverem solicitado nas observações escritas.

ARTIGO 13.º (**Audição de outras pessoas**)
1 – Se outras pessoas singulares ou colectivas que não as referidas nos artigos 5.º e 11.º solicitarem ser ouvidas e demonstrarem um interesse suficiente, a Comissão deve informá-las, por escrito, da natureza e do objecto do processo e fixar um prazo para apresentarem, por escrito, as suas observações.
2 – A Comissão pode, se for o caso, convidar as pessoas referidas no n.º 1 a desenvolverem os seus argumentos na audição oral dos interessados directos a quem tiver sido enviada uma comunicação de objecções, se aquelas o tiverem solicitado nas suas observações escritas.
3 – A Comissão pode convidar qualquer outra pessoa a apresentar os seus pontos de vista por escrito e a participar na audição oral dos interessados directos a quem tiver sido enviada uma comunicação de objecções. A Comissão pode também convidar tais pessoas a apresentarem os seus pontos de vista na audição oral.

ARTIGO 14.º (**Realização das audições orais**)
1 – As audições são realizadas por um auditor com total independência.
2 – A Comissão convidará as pessoas que vão ser ouvidas a comparecer na audição na data que determinar para o efeito.
3 – A Comissão convidará as autoridades responsáveis em matéria de concorrência dos Estados-Membros a estarem presentes na audição oral. Pode igualmente convidar funcionários de outras autoridades dos Estados-Membros.
4 – As pessoas convidadas a estar presentes podem comparecer pessoalmente ou fazer-se representar, consoante o caso, pelos seus representantes legais ou estatutários. As empresas e as associações de empresas podem também ser representadas por um mandatário devidamente habilitado, designado de entre os membros efectivos do seu pessoal.
5 – As pessoas ouvidas pela Comissão podem ser assistidas pelos seus advogados ou por outras pessoas qualificadas admitidas pelo auditor.
6 – As audições orais não são públicas. As pessoas podem ser ouvidas separadamente ou na presença de outras pessoas convocadas, tendo em consideração o

legítimo interesse das empresas na protecção dos seus segredos comerciais e de outras informações confidenciais.

7 – O auditor pode permitir que os interessados a quem tiver sido enviada uma comunicação de objecções, os autores da denúncia, outras pessoas convidadas a participar na audição, os serviços da Comissão e as autoridades dos Estados-Membros façam perguntas durante a audição.

8 – As declarações de cada pessoa ouvida serão registadas. Mediante pedido, o registo da audição será disponibilizado às pessoas que tiverem participado na audição. Deve ser tido em consideração o legítimo interesse dos interessados directos na protecção dos seus segredos comerciais e de outras informações confidenciais.

CAPÍTULO VI Acesso ao processo e tratamento das informações confidenciais

ARTIGO 15.º (**Acesso ao processo e utilização dos documentos**)
1 – Se solicitado, a Comissão facultará o acesso ao processo aos interessados directos a quem tiver sido enviada uma comunicação de objecções. O acesso será facultado após a notificação da comunicação de objecções.

2 – O direito de acesso ao processo não abrange segredos comerciais e outras informações confidenciais ou documentos internos da Comissão ou das autoridades responsáveis em matéria de concorrência dos Estados-Membros. O direito de acesso ao processo também não abrange a correspondência entre a Comissão e as autoridades responsáveis em matéria de concorrência dos Estados-Membros ou entre estas últimas, sempre que do processo da Comissão conste correspondência deste tipo.

3 – Nada no presente regulamento impede a Comissão de divulgar e utilizar as informações necessárias para fazer prova de uma infracção aos artigos 81.º ou 82.º do Tratado.

4 – Os documentos obtidos através do acesso ao processo nos termos do presente artigo só podem ser utilizados para efeitos de processos judiciais ou administrativos de aplicação dos artigos 81.º e 82.º do Tratado.

ARTIGO 16.º (**Identificação e protecção de informações confidenciais**)
1 – As informações, incluindo documentos, não serão comunicadas, nem a Comissão facultará o acesso a tais informações se contiverem segredos comerciais ou informações confidenciais de qualquer pessoa.

2 – Qualquer pessoa que apresente observações nos termos do n.º 1 do artigo 6.º, n.º 1 do artigo 7.º, n.º 2 do artigo 10.º e n.ºs 1 e 3 do artigo 13.º ou que transmita posteriormente outras informações à Comissão no âmbito do mesmo processo deve identificar claramente os dados que considere confidenciais, apresentando

a respectiva fundamentação, e fornecer uma versão não confidencial em separado, até ao final do prazo estabelecido pela Comissão para a apresentação de observações.

3 – Sem prejuízo do disposto no n.º 2 do presente artigo, a Comissão pode solicitar às empresas e associações de empresas que apresentem documentos ou declarações nos termos do Regulamento (CE) n.º 1/2003 que identifiquem os documentos ou as partes dos documentos que entendam conter segredos comerciais ou outras informações confidenciais que lhes pertençam, bem como que identifiquem as empresas relativamente às quais esses documentos devem ser considerados confidenciais. A Comissão pode, do mesmo modo, solicitar às empresas ou associações de empresas que identifiquem as eventuais partes de uma comunicação de objecções, de um resumo conciso do processo elaborado nos termos do n.º 4 do artigo 27.º do Regulamento (CE) n.º 1/2003 ou de uma decisão tomada pela Comissão que, no seu entender, contenham segredos comerciais.

A Comissão pode estabelecer um prazo para que as empresas e associações de empresas:

a) Justifiquem o seu pedido de confidencialidade relativamente a cada um dos documentos ou partes dos documentos, declarações ou partes de declarações;

b) Forneçam à Comissão uma versão não confidencial dos documentos ou declarações com as passagens confidenciais suprimidas;

c) Forneçam uma descrição concisa de cada parte das informações suprimidas.

4 – Se as empresas ou associações de empresas não respeitarem o disposto nos n.ºs 2 e 3, a Comissão pode considerar que os documentos ou declarações em causa não contêm informações confidenciais.

CAPÍTULO VII Disposições gerais e finais

ARTIGO 17.º **(Prazos)**

1 – Na fixação dos prazos previstos no n.º 3 do artigo 3.º, n.º 3 do artigo 4.º, n.º 1 do artigo 6.º, n.º 1 do artigo 7.º, n.º 2 do artigo 10.º e n.º 3 do artigo 16.º, a Comissão tomará em consideraçao nao só o tempo necessário para a elaboração das observações e comunicações a apresentar, como também a urgência do caso.

2 – Os prazos referidos no n.º 1 do artigo 6.º, n.º 1 do artigo 7.º e n.º 2 do artigo 10.º não serão inferiores a quatro semanas.

Todavia, para os processos iniciados com vista à adopção de medidas provisórias nos termos do artigo 8.º do Regulamento (CE) n.º 1/2003, o prazo pode ser reduzido para uma semana.

3 – Os prazos referidos no n.º 3 do artigo 3.º, n.º 3 do artigo 4.º e n.º 3 do artigo 16.º não serão inferiores a duas semanas.

4 – Quando adequado e mediante pedido justificado apresentado antes do termo do prazo inicial, os prazos podem ser prorrogados.

ARTIGO 18.º (Revogações)

São revogados os Regulamentos (CE) n.º 2842/98, (CE) n.º 2843/98 e (CE) n.º 3385/94.

As remissões feitas para os regulamentos revogados consideram-se feitas para o presente regulamento.

ARTIGO 19.º (Disposições transitórias)

Os actos processuais realizados ao abrigo dos Regulamentos (CE) n.º 2842/98 e (CE) n.º 2843/98 continuam a produzir efeitos no quadro da aplicação do presente regulamento.

ARTIGO 20.º (Entrada em vigor)

O presente regulamento entra em vigor em 1 de Maio de 2004.

O presente regulamento é obrigatório em todos os seus elementos e directamente aplicável em todos os Estados-Membros.

Feito em Bruxelas, em 7 de Abril de 2004.

Pela Comissão, MARIO MONTI.

Membro da Comissão.

AUDITOR (*HEARING OFFICER*)

Decisão 2001/462/CE*

A COMISSÃO DAS COMUNIDADES EUROPEIAS,

Tendo em conta o Tratado que institui a Comunidade Europeia,

Tendo em conta o Tratado que institui a Comunidade Europeia do Carvão e do Aço,

Tendo em conta o Acordo sobre o Espaço Económico Europeu,

Tendo em conta o Regulamento Interno da Comissão e, nomeadamente, o seu artigo 20.º,

Considerando o seguinte:

(1) O direito que têm os interessados directos e terceiros de serem ouvidos antes de ser tomada uma decisão final que afecte os seus interesses constitui um princípio fundamental de direito comunitário. O referido direito também consta do Regulamento (CEE) n.º 4064/89 do Conselho, de 21 de Dezembro de 1989, relativo ao controlo das operações de concentração de empresas, com a última redacção que lhe foi dada pelo Regulamento (CE) n.º 1310/97, do Regulamento (CE) n.º 2842/98 da Comissão[1], de 22 de Dezembro de 1998, relativo à audição dos interessados directos em certos processos, nos termos dos artigos 85.º e 86.º do Tratado CE, e do Regulamento (CE) n.º 447/98 da Comissão, de 1 de Março de 1998, relativo às notificações, prazos e audições previstos no Regulamento (CEE) n.º 4064/89 do Conselho relativo ao controlo das operações de concentração de empresas.

(2) A Comissão deve assegurar o referido direito nos processos de concorrência que correm perante ela, tendo em conta especialmente a Carta dos Direitos Fundamentais da União Europeia.

(3) A condução dos processos administrativos deve ser confiada a uma pessoa independente, com experiência em questões de concorrência e que possua a integridade necessária para contribuir para a objectividade, transparência e eficácia desses processos.

(4) A Comissão criou para o efeito, em 1982, o lugar de auditor e determinou as suas funções na Decisão 94/810/CECA, CE da Comissão, de 12 de Dezembro de 1994, relativa às funções do auditor em processos de concorrência perante a Comissão.

(5) É necessário reforçar o papel do auditor e adaptar e reforçar as suas funções à luz da evolução entretanto ocorrida no direito da concorrência.

---

* Decisão da Comissão de 23 de Maio de 2001 relativa às funções do auditor em determinados processos de concorrência [notificada com o número C(2001) 1461] (Texto relevante para efeitos do EEE) – JO, L 162, de 19.6.2001, pp. 21-24.

[1] Revogado pelo artigo 18.º do Regulamento (CE) n.º 773/2004.

(6) A fim de garantir a independência do auditor é necessário colocá-lo, no plano administrativo, na dependência directa do Comissário responsável pelas questões da concorrência e aumentar a transparência no que se refere à sua nomeação, cessação de funções ou transferência.

(7) O auditor deve ser nomeado de acordo com as normas do Estatuto dos Funcionários e do Regime aplicável aos outros Agentes das Comunidades Europeias. Nos termos das referidas regras também podem ser tidos em conta candidatos que não sejam funcionários nem agentes da Comissão.

(8) As funções de auditor em matéria de processos de concorrência devem ser enquadradas de forma a salvaguardar o direito de audição ao longo de todo o processo.

(9) Na divulgação de informações relativas a pessoas singulares, deve ser dada especial atenção ao disposto no Regulamento (CE) n.º 45/2001 do Parlamento Europeu e do Conselho, de 18 de Dezembro de 2000, relativo à protecção das pessoas singulares no que diz respeito ao tratamento de dados pessoais pelas instituições e pelos órgãos comunitários e à livre circulação desses dados.

(10) A presente decisão não prejudica as regras gerais de acesso aos documentos da Comissão.

(11) A Decisão 94/810/CECA, CE deve ser revogada,

DECIDE:

ARTIGO 1.º

A Comissão nomeará um ou mais auditores, que assegurarão o respeito do exercício efectivo do direito de audição nos processos de concorrência perante a Comissão, nos termos dos artigos 81.º e 82.º do Tratado CE, dos artigos 65.º e 66.º do Tratado CECA e do Regulamento (CEE) n.º 4064/89[1].

ARTIGO 2.º

1 – A nomeação do auditor será publicada no *Jornal Oficial das Comunidades Europeias*, bem como qualquer interrupção ou cessação das suas funções ou a sua eventual transferência, independentemente do processo seguido. Os actos referidos serão objecto de decisão fundamentada da Comissão.

2 – O auditor depende administrativamente do Comissário responsável pelas questões da concorrência.

3 – No caso de impedimento do auditor, o Comissário responsável pelas questões da concorrência designará, quando necessário e após consulta do auditor, outro funcionário que não esteja envolvido no processo em questão, para exercer as funções de auditor.

ARTIGO 3.º

1 – No exercício das suas funções o auditor terá em conta a necessidade de uma aplicação eficaz das regras da concorrência, em conformidade com o direito

---

[1] Revogado pelo Regulamento (CE) n.º 139/2004.

comunitário em vigor e os princípios estabelecidos pelo Tribunal de Justiça e pelo Tribunal de Primeira Instância das Comunidades Europeias.

2 – O auditor será mantido informado pelo director competente para a instrução do processo da sua evolução até à fase do projecto de decisão a apresentar ao comissário responsável pelas questões da concorrência.

3 – O auditor pode apresentar ao comissário responsável pelas questões da concorrência observações sobre quaisquer questões relacionadas com os processos de concorrência da Comissão.

ARTIGO 4.º

1 – O auditor organizará e dirigirá as audições previstas pelas normas de execução dos artigos 81.º e 82.º do Tratado CE, dos artigos 65.º e 66.º do tratado CECA e do Regulamento (CEE) n.º 4064/89 de acordo com os artigos 5.º a 13.º da presente decisão.

2 – As normas de execução a que se faz referência no n.º 1 são as seguintes:
 a) Primeiro parágrafo do artigo 36.º do Tratado CECA;
 b) Regulamento (CE) n.º 2842/98;[1]
 c) Regulamento (CE) n.º 447/98.

ARTIGO 5.º

O auditor assegurará o bom desenrolar da audição, contribuindo para o seu carácter objectivo, bem como para o de qualquer decisão ulterior. Nomeadamente, deve diligenciar para que todos os factos pertinentes, favoráveis ou desfavoráveis aos interessados, incluindo os elementos de facto relacionados com a gravidade de uma infracção, sejam devidamente tomados em consideração na preparação dos projectos de decisão da Comissão em matéria de concorrência.

ARTIGO 6.º

1 – Os pedidos de audição de terceiros, sejam pessoas ou associações de pessoas, empresas ou associações de empresas, devem ser apresentados por escrito, acompanhados de uma declaração justificando o interesse do requerente no resultado do processo.

2 – A decisão quanto à audição de terceiros, será tomada após consulta do director competente para a instrução do processo.

3 – Sempre que se considerar que o interesse invocado por um requerente não é suficiente para que seja ouvido, devem ser-lhe comunicados por escrito os motivos dessa decisão. Ser-lhe-á fixado um prazo para apresentar por escrito eventuais observações.

---

[1] Revogado pelo artigo 18.º do Regulamento (CE) n.º 773/2004.

ARTIGO 7.º
1 – Os pedidos de audição oral só podem ser apresentados nas observações escritas relativas aos ofícios da Comissão enviados à pessoa em questão.
2 – Os ofícios referidos no n.º 1 são os que:
   a) Acompanham uma comunicação de objecções, ou censuras;
   b) Convidam terceiros que tenham provado interesse suficiente a apresentar as suas observações escritas;
   c) Informam o autor de denúncia da posição da Comissão de que não existem razões suficientes para declarar verificada uma infracção e o convidam a apresentar por escrito eventuais observações.
3 – A decisão quanto à necessidade de audição oral será tomada após consulta do director competente para a instrução do processo em questão.

ARTIGO 8.º
1 – Sempre que uma pessoa, associação de pessoas, empresa ou associação de empresas a que tiver sido enviado qualquer ofício referido no n.º 2 do artigo 7.º tiver razões para considerar que a Comissão tem em seu poder documentos a que não lhe foi facultado acesso, que lhe são necessários para exercer o direito de ser ouvido, pode requerer, através de pedido devidamente fundamentado, acesso aos referidos documentos.
2 – A decisão fundamentada sobre o pedido referido será comunicada à pessoa, associação de pessoas, empresa ou associação de empresas requerente e a qualquer outra pessoa, associação de pessoas, empresa ou associação de empresas interessada no processo.

ARTIGO 9.º
Quando houver intenção de divulgar uma informação susceptível de constituir um segredo comercial de uma empresa, deve ser-lhe comunicada por escrito tal intenção e as respectivas razões.
Ser-lhe-á fixado um prazo para apresentar por escrito eventuais observações.
Quando a empresa em causa levantar objecções à divulgação da informação mas se considerar que a referida informação não é protegida, podendo por conseguinte ser divulgada, tal será indicado em decisão fundamentada, que será notificada à empresa interessada. A decisão indicará a data a partir da qual a informação será divulgada. Este prazo não será inferior a uma semana a contar da data da notificação.
O primeiro e segundo parágrafos aplicam-se, *mutatis mutandis*, à divulgação de informações mediante publicação no *Jornal Oficial das Comunidades Europeias*.

ARTIGO 10.º
Se uma pessoa, associação de pessoas, empresa ou associação de empresas considerar que o prazo fixado para a sua resposta a ofício referido no n.º 2 do artigo 7.º é demasiado curto, pode, dentro do prazo inicial, requerer a sua prorrogação. O requerente será informado por escrito se o pedido foi atendido.

ARTIGO 11.º

Tendo em conta a necessidade de assegurar a preparação da audição de forma adequada e, em especial, diligenciar para que as questões de facto sejam esclarecidas na medida do possível, o auditor pode, após consulta do director competente para a instrução do processo, indicar previamente às empesas em causa uma lista das questões relativamente às quais pretende obter uma explicação do seu ponto de vista.

Para o efeito, o auditor pode, após consulta do director competente para a instrução do processo, organizar uma reunião preparatória da audição com os interessados, bem como, se necessário, com os serviços da Comissão.

O auditor pode igualmente, para o mesmo efeito, solicitar que lhe seja previamente apresentado por escrito o conteúdo essencial das declarações previstas pelas pessoas que as empresas em causa propõem que sejam ouvidas.

ARTIGO 12.º

1 – Após consulta do director competente para a instrução do processo, o auditor fixará a data, a duração e o local da audição e decidirá de eventuais pedidos de adiamento.

2 – O auditor é totalmente responsável pelo desenrolar da audição.

3 – O auditor decidirá se deve admitir que sejam apresentados novos documentos no decurso da audição, que pessoas devem ser ouvidas em representação dos interessados diectos e se as pessoas em causa devem ser ouvidas separadamente ou perante outras pessoas presentes na audição.

4 – Quando for adequado, a fim de assegurar o direito de audição, o auditor pode, após consulta do director competente para a instrução do processo, dar às pessoas, associações de pessoas, empresas ou associações de empresas a oportunidade de apresentarem outras observações por escrito após a audição oral.

O auditor fixará a data até à qual devem ser apresentadas tais observações. A Comissão não fica obrigada a ter em conta as observações recebidas após essa data.

ARTIGO 13.º

1 – O auditor apresentará ao Comissário responsável pelas questões da concorrência um relatório sobre a audição e as conclusões que dela retira, no que se refere ao respeito do direito de audição. As observações do relatório dirão respeito a questões processuais, nomeadamente a divulgação de documentos e o acesso ao processo, os prazos de resposta à comunicação de objecções ou censuras e a condução adequada da audição.

O director-geral da Concorrência e o director competente para a instrução do processo receberão cópia do relatório.

2 – Para além do relatório no n.º 1, o auditor pode formular observações sobre a evolução futura do processo. Tais observações podem dizer respeito, nomeadamente, à necessidade de informações complementares, ao abandono de certas objecções ou censuras ou à formulação de objecções ou censuras suplementares.

ARTIGO 14.º

O auditor pode elaborar, quando necessário, um relatório sobre a objectividade de qualquer inquérito efectuado para avaliar o efeito, em termos da concorrência, dos compromissos propostos relativamente a qualquer processo iniciado pela Comissão nos termos das disposições referidas no artigo 1.º Tal relatório incidirá, em especial, na selecção das entidades inquiridas e na metodologia utilizada.

ARTIGO 15.º

O auditor elaborará, com base no projecto de decisão a apresentar ao Comité Consultivo relativo ao processo em questão, um relatório final por escrito sobre o respeito do direito de audição nos termos do n.º 1 do artigo 13.º. O relatório apreciará da questão de a decisão considerar apenas objecções ou censuras a respeito das quais tiver sido dada aos interessados directos a possibilidade de apresentarem observações e, se for caso disso, da objectividade de qualquer inquérito nos termos do artigo 14.º.

O relatório final será entregue ao comissário responsável pelas questões da concorrência, ao director-geral da Concorrência e ao director competente para a instrução do processo. O relatório será enviado às autoridades competentes dos Estados membros e, de acordo com o disposto em matéria de cooperação nos Protocolos n.ºs 23 e 24 do Acordo sobre o Espaço Económico Europeu, ao Órgão de Fiscalização da EFTA.

ARTIGO 16.º

1 – O relatório final do auditor é anexado ao projecto de decisão apresentado à Comissão, de forma a garantir que, quando toma a sua decisão sobre um determinado processo, a Comissão se encontra plenamente informada no que se refere a todos os aspectos do processo e ao respeito do direito de audição.

2 – O auditor pode alterar o relatório final tendo em conta eventuais modificações introduzidas no projecto de decisão até à data de aprovação da decisão da Comissão.

3 – A Comissão enviará o relatório final do auditor, juntamente com a decisão, aos destinatários da decisão. Publicará no *Jornal Oficial das Comunidades Europeias* o relatório final do auditor, juntamente com a decisão, tendo em conta os interesses legítimos das empresas na protecção dos seus segredos comerciais.

ARTIGO 17.º

É revogada a Decisão 94/810/CECA, CE.

Os trâmites processuais cumpridos nos termos da decisão revogada não perdem os seus efeitos.

Feito em Bruxelas, em 23 de Maio de 2001.

Pela Comissão, MARIO MONTI.

Membro da Comissão.

PRESCRIÇÃO

Regulamento (CEE) n.º 2988/74*

O CONSELHO DAS COMUNIDADES EUROPEIAS,

Tendo em conta o Tratado que institui a Comunidade Económica Europeia e, nomeadamente, os seus artigos 75.º, 79.º e 87.º,

Tendo em conta a proposta da Comissão,

Tendo em conta o parecer do Parlamento Europeu,

Tendo em conta o parecer do Comité Económico e Social,

Considerando que as disposições do direito dos transportes e da concorrência da Comunidade Económica Europeia conferem à Comissão o poder de aplicar multas, sanções e adstrições às empresas e às associações de empresas que infrinjam o direito comunitário em matéria de informações ou de averiguações ou de proibição de discriminações, de práticas restritivas ou de abuso de posição dominante; que, no entanto, as referidas disposições nada prevêem em matéria de prescrição;

Considerando que é necessário, para garantir a certeza do direito, introduzir o princípio da prescrição e estabelecer as suas modalidades de aplicação; que tal regulamentação, para ser completa, deve respeitar, quer ao poder de aplicar multas ou sanções, quer ao poder de executar as decisões pelas quais são aplicadas multas, sanções ou adstrições; que tal regulamentação deve fixar os prazos de prescrição, a data a partir da qual a prescrição começa a correr e as circunstâncias em que se interrompe ou suspende; que, a este respeito, se devem ter em conta, por um lado, os interesses das empresas e associações de empresas e, por outro, as exigências da prática administrativa;

Considerando que o presente regulamento deve aplicar-se às disposições relevantes do Regulamento n.º 11 relativo à supressão de discriminações em matéria de preços e condições de transporte, adoptado em execução do n.º 3 do artigo 79.º do Tratado que institui a Comunidade Económica Europeia, do Regulamento n.º 17 (Primeiro Regulamento de aplicação dos artigos 85.º e 86.º do Tratado) e do Regulamento (CEE) n.º 1017/68 do Conselho, de 19 de Julho de 1968, relativo à aplicação de regras de concorrência nos sectores dos transportes ferroviários, rodoviários e por via navegável; que deve aplicar-se igualmente às disposições relevantes de regulamentos futuros no domínio do direito dos transportes e da concorrência da Comunidade Económica Europeia,

---

* Regulamento (CEE) n.º 2988/74 do Conselho de 26 de Novembro de 1974 relativo à prescrição quanto a procedimentos e execução de sanções no domínio do direito dos transportes e da concorrência da Comunidade Económica Europeia (JO, L 319, de 29.11.1974 p. 1: EE portuguesa: Tomo 8, Fasc. 2, p. 41).

ADOPTOU O PRESENTE REGULAMENTO:

ARTIGO 1.º (**Prescrição quanto a procedimentos**)
1 – O poder de a Comissão aplicar multas ou sanções por infracções às disposições do direito dos transportes ou da concorrência da Comunidade Económica Europeia está sujeito a um prazo de prescrição:
a) De três anos no que diz respeito às infracções às disposições relativas aos pedidos ou notificações das empresas ou associações de empresas, aos pedidos de informações ou à execução de averiguações;
b) De cinco anos no que diz respeito às outras infracções.
2 – A prescrição começa a correr a partir do dia em que a infracção for cometida. Todavia, em relação às infracções permanentes ou continuadas, a prescrição só começa a correr a partir do dia em que a infracção tiver cessado.

ARTIGO 2.º (**Interrupção da prescrição quanto a procedimentos**)
1 – A prescrição quanto a procedimentos interrompe-se por qualquer acto da Comissão ou de um Estado membro, agindo a pedido da Comissão, tendo por fim a instrução ou repressão da infracção. A interrupção da prescrição produz efeitos no dia em que o acto for notificado a, pelo menos, uma empresa ou associação de empresas que tenha participado na infracção. Constituem, nomeadamente, actos que interrompem a prescrição:
a) Os pedidos por escrito de informações pela Comissão ou pela autoridade competente de um Estado membro, agindo a pedido da Comissão, bem como as decisões da Comissão que exijam as informações pedidas;
b) Os mandados escritos de averiguação passados aos seus agentes pela Comissão ou pela autoridade competente de um Estado membro, agindo a pedido da Comissão, bem como as decisões da Comissão que ordenem averiguações;
c) A abertura de um processo pela Comissão;
d) A comunicação da acusação feita pela Comissão.
2 – A interrupção da prescrição tem efeitos relativamente a todas as empresas e associações de empresas que tenham participado na infracção.
3 – A prescrição começará a correr de novo a partir de cada interrupção. Todavia, a prescrição opera o mais tardar no dia em que termine um prazo igual ao dobro do prazo de prescrição previsto, sem que a Comissão tenha aplicado qualquer multa ou sanção; este prazo será prorrogado pelo período durante o qual a prescrição tenha estado suspensa nos termos do artigo 3.º.

ARTIGO 3.º (**Suspensão da prescrição quanto a procedimentos**)
A prescrição de procedimentos suspende-se enquanto a decisão da Comissão for objecto de um processo pendente no Tribunal de Justiça das Comunidades Europeias.

ARTIGO 4.º (**Prescrição quanto à execução de sanções**)
1 – O poder de a Comissão executar as decisões que aplicam multas, sanções ou adstrições por infracções às disposições do direito dos transportes ou da concorrência da Comunidade Económica Europeia está sujeito a um prazo de prescrição de cinco anos.
2 – A prescrição começa a correr a partir do dia em que a decisão se tornar definitiva.

ARTIGO 5.º (**Interrupção da prescrição quanto à execução de sanções**)
1 – A prescrição quanto à execução de sanções interrompe-se:
a) Pela notificação de uma decisão que altere o montante inicial da multa, sanção ou adstrição ou que rejeite um pedido de alteração;
b) Por qualquer acto da Comissão ou de um Estado membro, agindo a pedido da Comissão, que tenha por finalidade a execução forçada da multa, sanção ou adstrição.
2 – A prescrição começa a correr de novo a partir de cada interrupção.

ARTIGO 6.º (**Suspensão da prescrição quanto à execução de sanções**)
A prescrição quanto à execução de sanções suspende-se pelo período durante o qual:
a) For concedida uma facilidade de pagamento;
b) A execução forçada for suspensa por força de uma decisão do Tribunal de Justiça das Comunidades Europeias.

ARTIGO 7.º (**Aplicação no tempo**)
O presente regulamento é igualmente aplicável às infracções cometidas antes da sua entrada em vigor.

ARTIGO 7.º-A (**Exclusão do âmbito de aplicação**)
O presente regulamento não é aplicável às medidas adoptadas ao abrigo do Regulamento (CE) n.º 1/2003 do Conselho, de 16 de Dezembro de 2002, relativo à execução das regras de concorrência estabelecidas nos artigos 81.º e 82.º do Tratado.[1]

ARTIGO 8.º (**Entrada em vigor**)
O presente regulamento entra em vigor em 1 de Janeiro de 1975.

O presente regulamento é obrigatório em todos os seus elementos e directamente aplicável em todos os Estados membros.

Feito em Bruxelas em 26 de Novembro de 1974.

Pelo Conselho, O Presidente, J. LECANUET.

---

[1] Artigo aditado pelo artigo 37.º do Regulamento (CE) n.º 1/2003.

CONCENTRAÇÃO DE EMPRESAS

Regulamento (CE) n.º 139/2004*

O CONSELHO DA UNIÃO EUROPEIA,

Tendo em conta o Tratado que institui a Comunidade Europeia e, nomeadamente, os seus artigos 83.º e 308.º,
Tendo em conta a proposta da Comissão[1],
Tendo em conta o parecer do Parlamento Europeu,
Tendo em conta o parecer do Comité Económico e Social Europeu,
Considerando o seguinte:

(1) O Regulamento (CEE) n.º 4064/89 do Conselho, de 21 de Dezembro de 1989, relativo ao controlo das operações de concentração de empresas, foi várias vezes alterado de modo substancial. Devendo ser introduzidas novas alterações, é conveniente, com uma preocupação de clareza, proceder à reformulação do referido regulamento.

(2) Com vista à realização dos objectivos do Tratado, a alínea g) do n.º 1 do artigo 3.º confia à Comunidade a incumbência do estabelecimento de um regime que garanta que a concorrência não seja falseada no mercado interno. O n.º 1 do artigo 4.º do Tratado dispõe que as actividades dos Estados membros e da Comunidade devem ser conduzidas de acordo com o princípio de uma economia de mercado aberto e de livre concorrência. Estes princípios são essenciais para a continuação do desenvolvimento do mercado interno.

(3) A realização do mercado interno e da união económica e monetária, o alargamento da União Europeia e a redução das barreiras internacionais ao comércio e ao investimento continuarão a conduzir a importantes reestruturações das empresas, nomeadamente sob a forma de concentrações.

(4) Tais reestruturações deverão ser apreciadas de modo positivo, na medida em que correspondam às exigências de uma concorrência dinâmica que contribui para aumentar a competitividade da indústria europeia, para melhorar as condições do crescimento e para elevar o nível de vida na Comunidade.

(5) No entanto, é necessário garantir que o processo de reestruturação não acarrete um prejuízo duradouro para a concorrência. O direito comunitário deverá, consequentemente,

---

* Regulamento (CE) n.º 139/2004 do Conselho de 20 de Janeiro de 2004 relativo ao controlo das concentrações de empresas ("Regulamento das concentrações comunitárias") (Texto relevante para efeitos do EEE).

[1] JO, C 20, de 28.1.2003, p. 4.

conter normas aplicáveis às concentrações susceptíveis de entravar de modo significativo uma concorrência efectiva no mercado comum ou numa parte substancial deste último.

(6) Impõe-se, por conseguinte, a criação de um instrumento jurídico específico que permita um controlo eficaz de todas as concentrações em função do seu efeito sobre e estrutura da concorrência na Comunidade e que seja o único aplicável às referidas concentrações. O Regulamento (CEE) n.º 4064/89 permitiu desenvolver uma política comunitária neste domínio. Todavia, é conveniente que hoje, à luz da experiência adquirida, se proceda à reformulação deste regulamento a fim de prever disposições adaptadas aos desafios de um mercado mais integrado e de um futuro alargamento da União Europeia. Em conformidade com os princípios da subsidiariedade e da proporcionalidade consagrados no artigo 5.º do Tratado, o presente regulamento não excede o necessário para atingir o objectivo de garantir que a concorrência não seja falseada no mercado comum, em conformidade com o princípio de uma economia de mercado aberto e de livre concorrência.

(7) Os artigos 81.º e 82.º, embora aplicáveis, segundo a jurisprudência do Tribunal de Justiça, a determinadas concentrações, não são suficientes para abranger todas as operações susceptíveis de se revelarem incompatíveis com o regime de concorrência não falseada previsto no Tratado. O presente regulamento deverá, por conseguinte, basear-se não apenas no artigo 83.º, mas principalmente no artigo 308.º do Tratado, por força do qual a Comunidade se pode dotar dos poderes de acção necessários à realização dos seus objectivos, também no que respeita às concentrações nos mercados dos produtos agrícolas referidos no anexo I do Tratado.

(8) As disposições a adoptar no presente regulamento deverão ser aplicáveis às modificações estruturais importantes cujos efeitos no mercado se projectem para além das fronteiras nacionais de um Estado membro. Tais concentrações deverão, regra geral, ser exclusivamente apreciadas a nível comunitário, em conformidade com o sistema de "balcão único" e com o princípio da subsidiariedade. As concentrações que não são objecto do presente regulamento são, em princípio, da competência dos Estados membros.

(9) É conveniente definir o âmbito de aplicação do presente regulamento em função do domínio geográfico da actividade das empresas em causa, circunscrevendo-o mediante limiares de natureza quantitativa, a fim de abranger as concentrações que se revestem de uma dimensão comunitária. A Comissão deverá apresentar um relatório ao Conselho sobre a aplicação dos limiares e critérios relevantes, para que o Conselho possa, nos termos do artigo 202.º do Tratado, analisar regularmente tais limiares e critérios, bem como as regras em matéria de remessa anterior à notificação, à luz da experiência obtida. Tal implica que os Estados membros forneçam à Comissão dados estatísticos que lhe permitam elaborar esses relatórios e eventuais propostas de alteração. Os relatórios e propostas da Comissão deverão basear-se em informações relevantes comunicadas pelos Estados membros.

(10) Considera-se que há concentração de dimensão comunitária quando o volume de negócios total das empresas em causa ultrapassa determinados limiares. Tal é o caso, independentemente de as empresas que realizam a concentração terem ou não a sua sede ou os seus principais domínios de actividade na Comunidade, desde que nela desenvolvam actividades substanciais.

(11) As regras em matéria de remessa das concentrações da Comissão para os Estados membros e dos Estados membros para a Comissão deverão funcionar como um mecanismo de correcção eficaz à luz do princípio da subsidiariedade. Essas regras protegem de forma adequada os interesses dos Estados membros quanto à concorrência e tomam em devida consideração a necessidade de segurança jurídica e o princípio do "balcão único".

(12) As concentrações poderão preencher as condições que determinem o seu exame no âmbito de vários regimes nacionais de controlo das concentrações se não atingirem os limiares de volumes de negócios previstos no presente regulamento. A notificação múltipla de uma mesma operação aumenta a insegurança jurídica, os esforços e os custos para as empresas e pode conduzir a apreciações contraditórias. Consequentemente, deverá ser melhor desenvolvido um sistema que permita que os Estados membros remetam as concentrações para a Comissão.

(13) Convém que a Comissão actue em estreita e constante ligação com as autoridades competentes dos Estados membros junto das quais obtém as observações e informações.

(14) A Comissão e as autoridades competentes dos Estados membros deverão associar-se numa rede de autoridades públicas que apliquem as respectivas competências em estreita cooperação, utilizando mecanismos eficazes de troca de informações e de consulta com o objectivo de garantir que um caso é tratado pela autoridade mais adequada, à luz do princípio da subsidiariedade e a fim de evitar, ao máximo, a apresentação de notificações múltiplas de uma determinada concentração. As remessas de concentrações da Comissão para os Estados membros e dos Estados membros para a Comissão deverão ser feitas de forma eficiente evitando-se, na medida do possível, situações em que a concentração fique sujeita a remessa tanto antes como depois da sua notificação.

(15) A Comissão deverá poder remeter para um Estado membro concentrações notificadas com dimensão comunitária que ameacem afectar de forma significativa a concorrência num mercado no interior desse Estado membro, que apresente todas as características de um mercado distinto. No caso da concentração afectar a concorrência num mercado deste tipo, que não constitui uma parte substancial do mercado comum, a Comissão será obrigada, mediante pedido, a remeter o caso, na totalidade ou em parte, para o Estado membro em causa. Um Estado membro deverá poder remeter para a Comissão uma concentração que não tenha dimensão comunitária mas que afecte o comércio entre os Estados membros e que ameace afectar de forma significativa a concorrência dentro do seu território. Outros Estados membros que sejam também competentes para apreciar a concentração deverão poder associar-se ao pedido. Nessa situação, por forma a assegurar a eficiência e a previsibilidade do sistema, os prazos nacionais serão suspensos até que tenha sido tomada uma decisão quanto à remessa do caso. A Comissão deverá ter competência para analisar e tratar de uma concentração em nome de um Estado membro requerente ou dos Estados membros requerentes.

(16) Deverá ser concedida às empresas em causa a possibilidade de solicitar remessas para a Comissão ou da Comissão antes de a concentração ser notificada, por forma a melhorar a eficácia do sistema de controlo das concentrações na Comunidade. Nessas situações, a Comissão e as autoridades de concorrência nacionais deverão decidir dentro de prazos curtos e claramente definidos se deverá ser feita uma remessa para a Comissão ou por parte desta, assegurando deste modo a eficiência do sistema. Mediante pedido das empresas em questão, a Comissão deverá poder remeter para um Estado membro uma concentração com dimensão comunitária que possa afectar significativamente a concorrência num mercado dentro desse Estado membro que apresente todas as características de um mercado distinto. As empresas em causa não deverão, contudo, ser obrigadas a demonstrar que os efeitos da concentração serão prejudiciais para a concorrência. Uma concentração não deverá ser remetida da Comissão para um Estado membro que tenha manifestado o seu desacordo em relação a essa remessa. Antes da notificação às autoridades nacionais, as empresas em causa deverão também poder solicitar que uma concentração sem dimensão comunitária que pode ser apreciada no âmbito da legislação nacional sobre a concorrência de pelo menos três Estados

membros seja remetida à Comissão. Esses pedidos de remessas pré-notificação à Comissão deverão ser particularmente pertinentes em situações em que a concentração afectaria a concorrência para além do território de um Estado membro. Sempre que uma concentração que pode ser apreciada no âmbito da legislação sobre a concorrência de três ou mais Estados membros é remetida à Comissão antes de qualquer notificação nacional e nenhum dos Estados membros competentes para apreciar o caso manifeste o seu desacordo, a Comissão deverá adquirir a competência exclusiva para apreciar a concentração e deverá presumir-se que essa concentração tem uma dimensão comunitária. Essas remessas pré-notificação dos Estados membros para a Comissão não deverão, contudo, ser feitas sempre que pelo menos um Estado membro competente para apreciar o caso tiver manifestado o seu desacordo com essa remessa.

(17) É conveniente conferir à Comissão, sob reserva do controlo do Tribunal de Justiça, competência exclusiva para aplicar o presente regulamento.

(18) Os Estados membros não poderão aplicar a sua legislação nacional de concorrência às concentrações de dimensão comunitária, salvo se o presente regulamento o previr. É necessário limitar os poderes das autoridades nacionais na matéria aos casos em que, na falta de intervenção da Comissão, exista o risco de ser entravada de forma significativa uma concorrência efectiva no território de um Estado membro e em que os interesses desse Estado membro em matéria de concorrência não possam ser de outro modo suficientemente protegidos pelo presente regulamento. Os Estados membros interessados deverão agir rapidamente nesses casos. O presente regulamento não pode fixar um prazo único para a adopção das decisões finais nos termos do direito nacional, devido à diversidade das legislações nacionais.

(19) Além disso, a aplicação exclusiva do presente regulamento às concentrações de dimensão comunitária não prejudica o artigo 296.º do Tratado e não se opõe a que os Estados membros tomem as medidas adequadas a fim de garantir a protecção de interesses legítimos para além dos que são tidos em consideração no presente regulamento, desde que tais medidas sejam compatíveis com os princípios gerais e as demais disposições do direito comunitário.

(20) O conceito de concentração deverá ser definido de modo a abranger as operações de que resulte uma alteração duradoura no controlo das empresas em causa e, por conseguinte, na estrutura do mercado. Consequentemente, é adequado incluir no âmbito de aplicação do presente regulamento todas as empresas comuns que desempenhem de forma duradoura todas as funções de uma entidade económica autónoma. É, além disso, adequado considerar como uma única concentração operações que apresentem ligações estreitas na medida em que estejam ligadas por condição ou assumam a forma de uma série de transacções de títulos que tem lugar num prazo razoavelmente curto.

(21) O presente regulamento é igualmente aplicável no caso de as empresas em causa aceitarem restrições directamente relacionadas com a realização da concentração e a ela necessárias. As decisões da Comissão que declarem as concentrações compatíveis com o mercado comum em aplicação do presente regulamento deverão abranger automaticamente essas restrições, sem a Comissão ter que avaliar essas restrições em casos individuais. No entanto, a pedido das empresas em causa, a Comissão deverá, em casos que apresentem questões novas ou não resolvidas dando origem a uma incerteza genuína, avaliar expressamente se uma restrição está ou não directamente relacionada com, e é necessária para, a execução da concentração. Um caso apresenta uma questão nova ou não resolvida que dá origem a uma incerteza genuína se a questão não se encontrar abrangida pela relevante comunicação da Comissão em vigor ou por uma decisão publicada da Comissão.

(22) O regime a instituir para o controlo das concentrações deverá respeitar, sem prejuízo do n.º 2 do artigo 86.º do Tratado, o princípio da igualdade de tratamento entre os sectores público e privado. No sector público, para calcular o volume de negócios de uma empresa que participe na concentração, é necessário ter em conta as empresas que constituem um grupo económico dotado de poder de decisão autónomo, independentemente de quem detém o respectivo capital ou das regras de tutela administrativa que lhe são aplicáveis.

(23) Impõe-se determinar se as concentrações de dimensão comunitária são ou não compatíveis com o mercado comum em função da necessidade de preservar e incentivar uma concorrência efectiva no mercado comum. Ao fazê-lo, a Comissão deverá enquadrar a sua apreciação no âmbito geral da realização dos objectivos fundamentais referidos no artigo 2.º do Tratado que institui a Comunidade Europeia e no artigo 2.º do Tratado da União Europeia.

(24) Por forma a garantir um regime de concorrência não falseada no mercado comum, na prossecução de uma política conduzida em conformidade com o princípio de uma economia de mercado aberto e de livre concorrência, o presente regulamento deverá permitir o controlo efectivo de todas as concentrações em função dos seus efeitos na concorrência na Comunidade. Por conseguinte, o Regulamento (CEE) n.º 4064/89 estabeleceu o princípio segundo o qual as concentrações de dimensão comunitária que criam ou reforçam uma posição dominante de que resulta um entrave significativo da concorrência efectiva no mercado comum ou numa parte substancial deste deverão ser declaradas incompatíveis com o mercado comum.

(25) Tendo em conta as consequências que podem advir das concentrações em estruturas de mercado oligopolísticas, é ainda mais necessário preservar a concorrência nesses mercados. Muitos mercados oligopolísticos apresentam um nível saudável de concorrência. No entanto, em certas circunstâncias, as concentrações que impliquem a eliminação de importantes pressões concorrenciais que as partes na concentração exercem mutuamente, bem como uma redução da pressão concorrencial nos concorrentes remanescentes, podem, mesmo na ausência da possibilidade de coordenação entre os membros do oligopólio, resultar num entrave significativo a uma concorrência efectiva. No entanto, até à data os tribunais comunitários não interpretaram expressamente o Regulamento (CEE) n.º 4064/89 como exigindo que as concentrações dêem origem a esses efeitos não coordenados para serem declaradas incompatíveis com o mercado comum. Como tal, no interesse da certeza jurídica, deverá ficar claro que o presente regulamento permite o controlo efectivo de todas essas concentrações, uma vez que estabelece que qualquer concentração que entrave significativamente a concorrência efectiva, no mercado comum ou numa parte substancial deste, deverá ser declarada incompatível com o mercado comum. A noção de "entrave significativo a uma concorrência efectiva" que consta dos n.ºs 3 e 4 do artigo 2.º deverá ser interpretada como abrangendo, para além dos casos em que é aplicável o conceito de posição dominante, apenas os efeitos anti-concorrência de uma concentração resultantes do comportamento não concertado de empresas que não teriam uma posição dominante no mercado em questão.

(26) Um entrave significativo à concorrência efectiva resulta geralmente da criação ou do reforço de uma posição dominante. Tendo em vista preservar a orientação que pode ser formulada a partir dos anteriores acórdãos dos tribunais europeus e das decisões da Comissão nos termos do Regulamento (CEE) n.º 4064/89, e mantendo ao mesmo tempo a coerência com os padrões de dano concorrencial que têm sido aplicados pela Comissão e pelos tribunais da Comunidade no que se refere à compatibilidade de uma concentração com o mercado comum, o presente regulamento deverá, por conseguinte, estabelecer o princípio de que uma concentração de dimensão comunitária que entrave significativamente a concorrência

efectiva, no mercado comum ou numa parte substancial deste, em particular em resultado da criação ou do reforço de uma posição dominante, deverá ser declarada incompatível com o mercado comum.

(27) Além disso, os critérios dos n.ºs 1 e 3 do artigo 81.º do Tratado deverão aplicar-se às empresas comuns que desempenhem de forma duradoura todas as funções de uma entidade económica autónoma, na medida em que da sua criação resulte directamente uma restrição significativa da concorrência entre empresas que se mantêm independentes.

(28) Por forma a clarificar e explicar a apreciação das concentrações por parte da Comissão nos termos do presente regulamento, é adequado que a Comissão publique orientações que proporcionem um quadro económico sólido para a apreciação das concentrações, com vista a determinar se podem ou não ser declaradas compatíveis com o mercado comum.

(29) Por forma a determinar os efeitos de uma concentração na concorrência no mercado comum é adequado tomar em consideração as alegações de eventuais e fundamentados ganhos de eficiência apresentadas pelas empresas em causa. É possível que os ganhos de eficiência resultantes da concentração compensem os efeitos sobre a concorrência e, em especial, o potencial efeito negativo sobre os consumidores que poderia de outra forma ter e que, por conseguinte, a concentração não entrave significativamente a concorrência efectiva, no mercado comum ou numa parte substancial deste, em particular em resultado da criação ou do reforço de uma posição dominante. A Comissão deverá publicar orientações sobre as condições em que pode tomar em consideração tais ganhos de eficiência na apreciação de uma concentração.

(30) Quando as empresas em causa alteram uma concentração notificada, em especial propondo compromissos para tornar a concentração compatível com o mercado comum, a Comissão poderá declarar a concentração, tal como alterada, compatível com o mercado comum. Tais compromissos deverão ser proporcionais ao problema da concorrência e permitir a sua total eliminação. É também oportuno aceitar compromissos antes do início do processo quando o problema de concorrência é rapidamente identificável e pode ser facilmente sanado. É conveniente prever expressamente que a Comissão pode fazer acompanhar a sua decisão de condições e obrigações por forma a garantir que as empresas em causa cumpram os compromissos que assumiram de forma atempada e efectiva a fim de tornar a concentração compatível com o mercado comum. Deverá ser assegurada a transparência e uma consulta efectiva dos Estados membros, bem como dos terceiros interessados durante todo o processo.

(31) A Comissão deverá dispor de instrumentos adequados para garantir o cumprimento de tais compromissos e para intervir em situações de não cumprimento. Nos casos em que exista incumprimento de uma condição associada a uma decisão que declara a concentração compatível com o mercado comum, a situação que torna a concentração compatível com o mercado comum não se verifica e, por conseguinte, a concentração, tal como realizada, não é autorizada pela Comissão. Consequentemente, se a concentração for realizada, deverá ser tratada do mesmo modo que a concentração não notificada realizada sem autorização. Além disso, se a Comissão tiver já determinado que, na falta da condição, a concentração seria incompatível com o mercado comum, deverá ter competência para ordenar directamente a dissolução da concentração, de modo a restaurar a situação existente antes da realização da concentração. Sempre que uma obrigação ligada a uma decisão que declara a concentração compatível com o mercado comum não for cumprida, a Comissão deverá poder revogar a sua decisão. Além disso, a Comissão deverá poder impor sanções financeiras apropriadas sempre que as condições ou obrigações não forem cumpridas.

(32) Pode presumir-se que as concentrações que, devido à quota de mercado limitada das empresas em causa, não sejam susceptíveis de entravar a manutenção de uma concorrência efectiva são compatíveis com o mercado comum. Sem prejuízo dos artigos 81.º e 82.º do Tratado, essa presunção existe, nomeadamente, quando a quota de mercado das empresas em causa não ultrapassa 25 %, nem no mercado comum, nem numa parte substancial deste.

(33) A Comissão deverá ser incumbida de tomar todas as decisões quanto à compatibilidade ou incompatibilidade com o mercado comum das concentrações de dimensão comunitária, bem como as decisões destinadas a restabelecer a situação existente antes da realização de uma concentração que foi declarada incompatível com o mercado comum.

(34) Para garantir um controlo eficaz, deverá obrigar-se as empresas a notificar previamente as suas concentrações que tenham dimensão comunitária após a conclusão de um acordo, do anúncio de uma oferta pública de aquisição ou da aquisição de uma participação de controlo. Pode também ser apresentada uma notificação nos casos em que as empresas em causa comuniquem à Comissão a sua intenção de estabelecer um acordo com vista a uma concentração proposta e demonstrem à Comissão que o seu plano para a concentração proposta é suficientemente concreto, por exemplo, com base num acordo de princípio, num memorando de entendimento, ou numa carta de intenções assinada por todas as empresas em causa ou, no caso de uma oferta pública de aquisição, quando anunciaram publicamente a sua intenção de realizar tal oferta, desde que do acordo ou oferta previstos resulte uma concentração de dimensão comunitária. A realização das concentrações deverá ser suspensa até que seja tomada uma decisão final da Comissão. Todavia, deverá poder conceder-se uma derrogação da obrigação de suspensão mediante pedido das empresas em causa e quando apropriado. Ao decidir da concessão ou não de uma derrogação, a Comissão deverá atender a todos os factores pertinentes, como a natureza e gravidade do prejuízo causado às empresas em causa ou a terceiros, bem como a ameaça à concorrência originada pela concentração. No interesse da segurança jurídica, a validade das transacções deverá, no entanto, ser protegida na medida do necessário.

(35) Convém prever um prazo durante o qual a Comissão deve iniciar o processo relativo a uma concentração notificada, bem como o prazo em que a Comissão se deve pronunciar definitivamente sobre a compatibilidade ou incompatibilidade de tal operação com o mercado comum. Tais prazos deverão ser alargados sempre que as empresas em causa proponham compromissos para tornar a concentração compatível com o mercado comum, a fim de proporcionar tempo suficiente para a análise e os testes de mercado desses compromissos e para a consulta dos intervenientes no mercado a esse propósito, bem como para a consulta dos Estados membros e dos terceiros interessados. Deverá também ser possível uma prorrogação limitada do prazo em que a Comissão deve tomar uma decisão final, a fim de proporcionar tempo suficiente para a investigação do caso e para a verificação dos factos e argumentos apresentados à Comissão.

(36) A Comunidade respeita os direitos fundamentais e observa os princípios consagrados em especial na Carta dos Direitos Fundamentais da União Europeia(5). Assim, o presente regulamento deverá ser interpretado e aplicado no respeito por esses direitos e princípios.

(37) Convém consagrar o direito de as empresas em causa serem ouvidas pela Comissão logo que o processo tenha sido iniciado. Convém igualmente dar aos membros dos órgãos de direcção ou de fiscalização e aos representantes reconhecidos dos trabalhadores das empresas em causa, bem como aos terceiros interessados, a oportunidade de serem ouvidos.

(38) A fim de apreciar correctamente as concentrações, a Comissão deverá poder exigir todas as informações necessárias e de realizar todas as inspecções necessárias em todo o território da Comunidade. Para o efeito, e para proteger eficazmente a concorrência, é necessário alargar os poderes de investigação da Comissão. A Comissão deverá nomeadamente, poder entrevistar qualquer pessoa susceptível de dispor de informações úteis e registar as suas declarações.

(39) Durante uma inspecção, os agentes mandatados pela Comissão deverão poder solicitar todas as informações relevantes relacionadas com o objecto e a finalidade da inspecção. Deverão também poder selar as instalações durante as inspecções, em particular em circunstâncias em que existam motivos razoáveis para suspeitar que uma concentração foi realizada sem ter sido notificada, que foram fornecidas à Comissão informações inexactas, incompletas ou deturpadas ou que as empresas ou pessoas em causa não cumpriram uma condição ou obrigação imposta por decisão da Comissão. Em qualquer dos casos, a selagem das instalações só deverá ser utilizada em circunstâncias excepcionais, durante o período de tempo estritamente necessário para a inspecção, que normalmente não deverá ultrapassar 48 horas.

(40) Sem prejuízo da jurisprudência do Tribunal de Justiça, é conveniente fixar os limites do controlo que pode exercer a autoridade judicial nacional quando, em conformidade com o direito nacional e a título cautelar, autorizar o recurso às forças policiais por forma a ultrapassar a eventual oposição de uma empresa a uma inspecção, incluindo a selagem das instalações, ordenada por decisão da Comissão. Decorre da jurisprudência que a autoridade judicial nacional pode, em especial, pedir à Comissão informações adicionais de que necessita para levar a cabo o seu controlo e na ausência das quais poderia recusar a autorização. A jurisprudência também confirma a competência dos tribunais nacionais para controlarem a aplicação das regras nacionais relativas à implementação de medidas coercivas. As autoridades competentes dos Estados membros deverão colaborar de forma activa no exercício dos poderes de investigação da Comissão.

(41) Ao cumprirem uma decisão da Comissão, as empresas e pessoas em causa não podem ser forçadas a admitir que cometeram uma infracção, mas são de qualquer forma obrigadas a responder a perguntas de natureza factual e a exibir documentos, mesmo que essas informações possam ser utilizadas para determinar que elas próprias ou quaisquer outras empresas cometeram uma infracção.

(42) Com o objectivo de garantir a transparência, todas as decisões da Comissão que não são de natureza meramente processual deverão ser amplamente divulgadas. Embora assegurando os direitos da defesa das empresas em causa e, nomeadamente, o direito de acesso ao processo, é indispensável proteger os segredos comerciais. Será igualmente conveniente garantir a protecção da confidencialidade das informações trocadas no âmbito da rede e com as autoridades competentes de países terceiros.

(43) O respeito das normas do presente regulamento deverá poder ser assegurado conforme adequado, por meio de coimas e sanções pecuniárias compulsórias. É conveniente, a esse respeito, atribuir ao Tribunal de Justiça, nos termos do artigo 229.º do Tratado, competência de plena jurisdição.

(44) Há que acompanhar as condições em que se realizam em países terceiros concentrações em que participam empresas com sede ou principais domínios de actividade na Comunidade, bem como prever a possibilidade de a Comissão obter do Conselho um mandato de negociação adequado para o efeito de conseguir um tratamento não discriminatório para tais empresas.

(45) O presente regulamento não prejudica, sob qualquer forma, os direitos colectivos dos trabalhadores reconhecidos pelas empresas em causa, principalmente no que se refere a qualquer obrigação de informar ou consultar os seus representantes reconhecidos nos termos da legislação comunitária e nacional.

(46) A Comissão deverá poder fixar regras de execução do presente regulamento de acordo com os processos de exercício da competência de execução atribuída à Comissão. Para a aprovação dessas normas de execução, a Comissão deverá poder ser assistida por um Comité Consultivo composto por representantes do Estados membros tal como especificado no artigo 23.º,

ADOPTOU O PRESENTE REGULAMENTO:

ARTIGO 1.º (Âmbito de aplicação)

1 – Sem prejuízo do n.º 5 do artigo 4.º e do artigo 22.º, o presente regulamento é aplicável a todas as concentrações de dimensão comunitária definidas no presente artigo.

2 – Uma concentração tem dimensão comunitária quando:

a) O volume de negócios total realizado à escala mundial pelo conjunto das empresas em causa for superior a 5000 milhões de euros; e

b) O volume de negócios total realizado individualmente na Comunidade por pelo menos duas das empresas em causa for superior a 250 milhões de euros, a menos que cada uma das empresas em causa realize mais de dois terços do seu volume de negócios total na Comunidade num único Estado membro.

3 – Uma concentração que não atinja os limiares estabelecidos no n.º 2 tem dimensão comunitária quando:

a) O volume de negócios total realizado à escala mundial pelo conjunto das empresas em causa for superior a 2500 milhões de euros;

b) Em cada um de pelo menos três Estados membros, o volume de negócios total realizado pelo conjunto das empresas em causa for superior a 100 milhões de euros;

c) Em cada um de pelo menos três Estados membros considerados para efeitos do disposto na alínea *b)*, o volume de negócios total realizado individualmente por pelo menos duas das empresas em causa for superior a 25 milhões de euros; e

d) O volume de negócios total realizado individualmente na Comunidade por pelo menos duas das empresas em causa for superior a 100 milhões de euros, a menos que cada uma das empresas em causa realize mais de dois terços do seu volume de negócios total na Comunidade num único Estado membro.

4 – Com base em dados estatísticos que poderão ser fornecidos regularmente pelos Estados membros, a Comissão deve apresentar um relatório ao Conselho sobre a aplicação dos limiares e critérios referidos nos n.ºs 2 e 3 até 1 de Julho de 2009 e pode apresentar propostas nos termos do n.º 5.

5 – Na sequência do relatório a que se refere o n.º 4, e sob proposta da Comissão, o Conselho, deliberando por maioria qualificada, pode rever os limiares e os critérios mencionados no n.º 3.

ARTIGO 2.º (**Apreciação das concentrações**)

1 – As concentrações abrangidas pelo presente regulamento devem ser apreciadas de acordo com os objectivos do presente regulamento e com as disposições que se seguem, com vista a estabelecer se são ou não compatíveis com o mercado comum. Nessa apreciação, a Comissão deve ter em conta:

a) A necessidade de preservar e desenvolver uma concorrência efectiva no mercado comum, atendendo, nomeadamente, à estrutura de todos os mercados em causa e à concorrência real ou potencial de empresas situadas no interior ou no exterior da Comunidade;

b) A posição que as empresas em causa ocupam no mercado e o seu poder económico e financeiro, as possibilidades de escolha de fornecedores e utilizadores, o seu acesso às fontes de abastecimento e aos mercados de escoamento, a existência, de direito ou de facto, de barreiras à entrada no mercado, a evolução da oferta e da procura dos produtos e serviços em questão, os interesses dos consumidores intermédios e finais, bem como a evolução do progresso técnico e económico, desde que tal evolução seja vantajosa para os consumidores e não constitua um obstáculo à concorrência.

2 – Devem ser declaradas compatíveis com o mercado comum as concentrações que não entravem significativamente uma concorrência efectiva, no mercado comum ou numa parte substancial deste, em particular em resultado da criação ou do reforço de uma posição dominante.

3 – Devem ser declaradas incompatíveis com o mercado comum as concentrações que entravem significativamente uma concorrência efectiva, no mercado comum ou numa parte substancial deste, em particular em resultado da criação ou do reforço de uma posição dominante.

4 – Na medida em que a criação de uma empresa comum que constitua uma concentração na acepção do artigo 3.º tenha por objecto ou efeito a coordenação do comportamento concorrencial de empresas que se mantêm independentes, essa coordenação deve ser apreciada segundo os critérios previstos nos n.ºs 1 e 3 do artigo 81.º do Tratado, a fim de determinar se a operação é ou não compatível com o mercado comum.

5 – Nessa apreciação, a Comissão deve ter em conta designadamente:

– a presença significativa e simultânea de duas ou mais empresas fundadoras no mesmo mercado da empresa comum, num mercado situado a montante ou a jusante desse mercado ou num mercado vizinho estreitamente ligado a esse mercado,

– a possibilidade de as empresas em causa, em virtude da coordenação directamente resultante da criação da empresa comum, eliminarem a concorrência em relação a uma parte significativa dos produtos ou serviços em causa.

ARTIGO 3.º (**Definição de concentração**)

1 – Realiza-se uma operação de concentração quando uma mudança de controlo duradoura resulta da:

a) Fusão de duas ou mais empresas ou partes de empresas anteriormente independentes; ou *b)* Aquisição por uma ou mais pessoas, que já detêm o controlo de pelo menos uma empresa, ou por uma ou mais empresas por compra de partes de capital ou de elementos do activo, por via contratual ou por qualquer outro meio, do controlo directo ou indirecto do conjunto ou de partes de uma ou de várias outras empresas.

2 – O controlo decorre dos direitos, contratos ou outros meios que conferem, isoladamente ou em conjunto, e tendo em conta as circunstâncias de facto e de direito, a possibilidade de exercer uma influência determinante sobre uma empresa e, nomeadamente:

a) Direitos de propriedade ou de uso ou de fruição sobre a totalidade ou parte dos activos de uma empresa;

b) Direitos ou contratos que conferem uma influência determinante na composição, nas deliberações ou nas decisões dos órgãos de uma empresa.

3 – O controlo é adquirido pelas pessoas ou pelas empresas:

a) Que sejam titulares desses direitos ou beneficiários desses contratos; ou

b) Que, não sendo titulares desses direitos nem beneficiários desses contratos, tenham o poder de exercer os direitos deles decorrentes.

4 – A criação de uma empresa comum que desempenhe de forma duradoura todas as funções de uma entidade económica autónoma constitui uma concentração na acepção da alínea *b)* do n.º 1.

5 – Não é realizada uma concentração:

a) Quando quaisquer instituições de crédito, outras instituições financeiras ou companhias de seguros, cuja actividade normal englobe a transacção e negociação de títulos por conta própria ou de outrem, detenham, a título temporário, participações que tenham adquirido numa empresa para fins de revenda, desde que tal aquisição não seja realizada numa base duradoura, desde que não exerçam os direitos de voto inerentes a essas participações com o objectivo de determinar o comportamento concorrencial da referida empresa ou que apenas exerçam tais direitos de voto com o objectivo de preparar a alienação total ou parcial da referida empresa ou do seu activo ou a alienação dessas participações e desde que tal alienação ocorra no prazo de um ano a contar da data da aquisição; tal prazo pode, a pedido, ser prolongado pela Comissão, sempre que as referidas instituições ou companhias provem que aquela alienação não foi razoavelmente possível no prazo concedido;

b) Quando o controlo for adquirido por uma pessoa mandatada pela autoridade pública por força da legislação de um Estado membro sobre liquidação, falência, insolvência, cessação de pagamentos, concordata ou qualquer outro processo análogo;

c) Quando as operações referidas na alínea *b)* do n.º 1 forem realizadas por sociedades de participação financeira referidas no n.º 3 do artigo 5.º da Quarta Directiva 78/660/CEE do Conselho, de 25 de Julho de 1978, baseada no artigo 54.º, n.º 3, alínea *g)*, do Tratado, relativa às contas anuais de certas formas de sociedades[1],

---

[1] JO, L 222, de 14.8.1978, p. 11. Directiva com a última redacção que lhe foi dada pela Directiva 2003/51/CE do Parlamento Europeu e do Conselho (JO, L 178, de 17.7.2003, p. 16).

sob reserva, no entanto, de que o direito de voto correspondente às partes detidas, exercido designadamente através de nomeação dos membros dos órgãos de direcção e fiscalização das empresas em que detêm participações, o seja exclusivamente para manter o valor integral desses investimentos e não para determinar directa ou indirectamente o comportamento concorrencial dessas empresas.

ARTIGO 4.º (**Notificação prévia das concentrações e remessa anterior à notificação a pedido das partes notificantes**)

1 – As concentrações de dimensão comunitária abrangidas pelo presente regulamento devem ser notificadas à Comissão antes da sua realização e após a conclusão do acordo, o anúncio da oferta pública de aquisição ou a aquisição de uma participação de controlo.

Pode também ser apresentada uma notificação nos casos em que as empresas em causa demonstrem à Comissão a sua intenção de boa fé de concluir um acordo ou, no caso de uma oferta pública de aquisição, quando anunciaram publicamente a sua intenção de realizar tal oferta, desde que do acordo ou oferta previstos resulte uma concentração de dimensão comunitária.

Para efeitos do presente regulamento, a expressão "concentração notificada" abrange igualmente as concentrações projectadas notificadas nos termos do segundo parágrafo. Para efeitos do disposto nos n.ºs 4 e 5, o termo "concentração" inclui as concentrações projectadas na acepção do segundo parágrafo.

2 – As concentrações que consistam numa fusão, na acepção da alínea *a*) do n.º 1 do artigo 3.º ou na aquisição do controlo conjunto, na acepção da alínea *b*) do n.º 1 do artigo 3.º, devem ser notificadas conjuntamente, consoante o caso, pelas partes intervenientes na fusão ou pelas partes que adquirem o controlo conjunto. Nos restantes casos, a notificação deve ser apresentada pela pessoa ou empresa que adquire o controlo do conjunto ou de partes de uma ou mais empresas.

3 – Quando verifique que uma concentração notificada é abrangida pelo presente regulamento, a Comissão publicará o facto da notificação, indicando a designação das empresas em causa, o seu país de origem, a natureza da concentração, bem como os sectores económicos envolvidos. A Comissão terá em conta o interesse legítimo das empresas na não divulgação dos seus segredos comerciais.

4 – Antes da notificação de uma concentração, na acepção do n.º 1, as pessoas ou empresas referidas no n.º 2 podem informar a Comissão, através de um memorando fundamentado, que a concentração pode afectar significativamente a concorrência num mercado no interior dum Estado membro que apresenta todas as características de um mercado distinto, devendo, por conseguinte ser examinada na sua totalidade ou em parte, por esse Estado membro.

A Comissão deve transmitir sem demora tal memorando a todos os Estados membros. O Estado membro referido no memorando fundamentado deve, no prazo de 15 dias úteis a contar da data de recepção do memorando, manifestar o seu acordo ou desacordo relativamente ao pedido de remessa do caso. Se esse Estado membro não tomar uma decisão dentro deste prazo, presumir-se-á o seu acordo.

A menos que esse Estado membro manifeste o seu desacordo, a Comissão, se considerar que esse mercado distinto existe e que a concorrência nesse mercado pode ser significativamente afectada pela concentração, poderá decidir remeter o caso, na sua totalidade ou em parte, para as autoridades competentes desse Estado membro, com vista à aplicação da legislação nacional de concorrência desse Estado.

A decisão de remeter ou de não remeter o caso em conformidade com o terceiro parágrafo deve ser tomada no prazo de 25 dias úteis a contar da recepção do memorando fundamentado pela Comissão. A Comissão informa os restantes Estados membros e as pessoas ou empresas em causa da sua decisão. Se a Comissão não tomar uma decisão dentro deste prazo, presumir-se-á que decidiu remeter o caso em conformidade com o memorando apresentado pelas pessoas ou empresas em causa.

Se a Comissão decidir ou presumir-se que decidiu, nos termos do terceiro e quarto parágrafos, remeter o caso, na sua totalidade, não é necessário proceder a uma notificação nos termos do n.º 1 e será aplicável a legislação nacional de concorrência. O disposto nos n.ºs 6 a 9 do artigo 9.º é aplicável *mutatis mutandis*.

5 – No caso de uma concentração tal como definida no artigo 3.º que não tenha dimensão comunitária na acepção do artigo 1.º, e que pode ser apreciada no âmbito da legislação nacional de concorrência de, pelo menos, três Estados membros, as pessoas ou empresas referidas no n.º 2 podem, antes de uma eventual notificação às autoridades competentes, informar a Comissão, através de um memorando fundamentado, que a concentração deve ser examinada pela Comissão.

A Comissão deve transmitir sem demora tal memorando a todos os Estados membros.

Qualquer Estado membro competente para examinar a concentração no âmbito da sua legislação nacional de concorrência pode, no prazo de 15 dias úteis a contar da recepção do memorando fundamentado, manifestar o seu desacordo no que respeita ao pedido de remessa do caso.

Sempre que, pelo menos, um desses Estados membros tenha manifestado o seu desacordo nos termos do terceiro parágrafo no prazo de 15 dias úteis, o caso não será remetido. A Comissão deve informar sem demora todos os Estados membros e as pessoas ou empresas em causa de qualquer manifestação de desacordo.

Se nenhum dos Estados membros tiver manifestado o seu desacordo nos termos do terceiro parágrafo no prazo de 15 dias úteis, presumir-se-á que a concentração tem dimensão comunitária e será notificada à Comissão em conformidade com os n.ºs 1 e 2. Nessa situação, nenhum Estado membro aplicará a sua legislação nacional de concorrência à concentração.

6 – A Comissão deve apresentar um relatório ao Conselho sobre a aplicação dos n.ºs 4 e 5 até 1 de Julho de 2009. Na sequência desse relatório e sob proposta da Comissão, deliberando por maioria qualificada, pode rever os n.ºs 4 e 5.

ARTIGO 5.º **(Cálculo do volume de negócios)**

1 – O volume de negócios total para efeitos do presente regulamento, inclui os montantes que resultam da venda de produtos e da prestação de serviços realiza-

das pelas empresas em causa durante o último exercício e correspondentes às suas actividades normais, após a dedução dos descontos sobre vendas, do imposto sobre o valor acrescentado e de outros impostos directamente relacionados com o volume de negócios. O volume de negócios total de uma empresa em causa não inclui as transacções ocorridas entre as empresas referidas no n.º 4.

O volume de negócios realizado, quer na Comunidade, quer num Estado membro, compreende os produtos vendidos e os serviços prestados a empresas ou a consumidores, quer na Comunidade, quer nesse Estado membro.

2 – Em derrogação do n.º 1, se a concentração consistir na aquisição de parcelas, com ou sem personalidade jurídica própria, de uma ou mais empresas, só será tomado em consideração, no que se refere ao cedente ou cedentes, o volume de negócios respeitante às parcelas que são objecto da concentração.

Contudo, duas ou mais operações na acepção do primeiro parágrafo que sejam efectuadas num período de dois anos entre as mesmas pessoas ou empresas são consideradas como uma única concentração realizada na data da última operação.

3 – O volume de negócios é substituído:

a) No caso das instituições de crédito e de outras instituições financeiras, pela soma das seguintes rubricas de proveitos, definidas na Directiva 86/635/CEE do Conselho[1], deduzidos, se for caso disso, o imposto sobre o valor acrescentado e outros impostos directamente aplicáveis aos referidos proveitos:

i) juros e proveitos equiparados,

ii) receitas de títulos:

– rendimentos de acções e de outros títulos de rendimento variável,
– rendimentos de participações,
– rendimentos de partes de capital em empresas coligadas,

iii) comissões recebidas,

iv) lucro líquido proveniente de operações financeiras,

v) outros proveitos de exploração.

O volume de negócios de uma instituição de crédito ou de uma instituição financeira na Comunidade ou num Estado membro inclui as rubricas de proveitos, tal como definidas supra, da sucursal ou da divisão dessa instituição estabelecida na Comunidade ou no Estado membro em causa, consoante o caso;

b) No caso das empresas de seguros, pelo valor dos prémios ilíquidos emitidos, que incluem todos os montantes recebidos e a receber ao abrigo de contratos de seguro efectuados por essas empresas ou por sua conta, incluindo os prémios cedidos às resseguradoras e após dedução dos impostos ou taxas parafiscais cobrados com base no montante dos prémios ou no seu volume total; no que respeita à alínea *b*) do n.º 2 e às alíneas *b*), *c*) e *d*) do n.º 3 do artigo 1.º e à última parte destes dois

---

[1] JO, L 372, de 31.12.1986, p. 1. Directiva com a última redacção que lhe foi dada pela Directiva 2003/51/CE do Parlamento Europeu e do Conselho.

números, deve ter-se em conta, respectivamente, os prémios ilíquidos pagos por residentes na Comunidade e por residentes num Estado membro.

4 – Sem prejuízo do n.º 2, o volume de negócios total de uma empresa em causa, para efeitos do presente regulamento, resulta da adição dos volumes de negócios:

   a) Da empresa em causa;

   b) Das empresas em que a empresa em causa dispõe directa ou indirectamente:

   i) de mais de metade do capital ou do capital de exploração, ou

   ii) do poder de exercer mais de metade dos direitos de voto, ou

   iii) do poder de designar mais de metade dos membros dos órgãos de administração ou de fiscalização ou dos órgãos que representam legalmente a empresa, ou

   iv) do direito de gerir os negócios da empresa;

   c) Das empresas que dispõem, na empresa em causa, dos direitos ou poderes enumerados na alínea *b)*;

   d) Das empresas em que uma empresa referida na alínea *c)* dispõe dos direitos ou poderes enumerados na alínea *b)*;

   e) Das empresas em que várias empresas referidas nas alíneas *a)* a *d)* dispõem, em conjunto, dos direitos ou poderes enumerados na alínea *b)*.

5 – No caso de as empresas implicadas na concentração disporem, conjuntamente, dos direitos ou poderes enumerados na alínea *b)* do n.º 4, há que, no cálculo do volume de negócios total das empresas em causa para efeitos do presente regulamento:

   a) Não tomar em consideração o volume de negócios resultante da venda de produtos e da prestação de serviços realizadas entre a empresa comum e cada uma das empresas em causa ou qualquer outra empresa ligada a uma delas na acepção das alíneas *b)* a *e)* do n.º 4;

   b) Tomar em consideração o volume de negócios resultante da venda de produtos e da prestação de serviços realizadas entre a empresa comum e qualquer outra empresa terceira. Esse volume de negócios será imputado em partes iguais às empresas em causa.

ARTIGO 6.º (**Análise da notificação e início do processo**)

1 – A Comissão procede à análise da notificação logo após a sua recepção.

   a) Se a Comissão chegar à conclusão de que a concentração notificada não é abrangida pelo presente regulamento, fará constar esse facto por via de decisão.

   b) Se a Comissão verificar que a concentração notificada, apesar de abrangida pelo presente regulamento, não suscita sérias dúvidas quanto à sua compatibilidade com o mercado comum, decidirá não se opor a essa concentração e declará-la-á compatível com o mercado comum.

Presumir-se-á que a decisão que declara uma concentração compatível abrange igualmente as restrições directamente relacionadas com a realização da concentração e a ela necessárias.

c) Sem prejuízo do n.º 2, se a Comissão verificar que a concentração notificada é abrangida pelo presente regulamento e suscita sérias dúvidas quanto à sua compatibilidade com o mercado comum, decidirá dar início ao processo. Sem prejuízo do artigo 9.º, estes processos são encerrados por via de decisão, de acordo com os n.ºs 1 a 4 do artigo 8.º, a menos que as empresas em causa tenham demonstrado a contento da Comissão que abandonaram a concentração.

2 – Se a Comissão verificar que, na sequência das alterações introduzidas pelas empresas em causa, uma concentração notificada deixou de suscitar sérias dúvidas na acepção da alínea c) do n.º 1, declarará a concentração compatível com o mercado comum nos termos da alínea b) do n.º 1.

A Comissão pode acompanhar a sua decisão tomada nos termos da alínea b) do n.º 1 de condições e obrigações destinadas a garantir que as empresas em causa cumprem os compromissos perante ela assumidos para tornar a concentração compatível com o mercado comum.

3 – A Comissão pode revogar a decisão por si tomada nos termos das alíneas a) e b) do n.º 1, se:

a) A decisão se basear em informações inexactas pelas quais uma das empresas seja responsável ou se tiver sido obtida fraudulentamente; ou

b) As empresas em causa violarem uma obrigação que acompanhe a decisão.

4 – Nos casos a que se refere o n.º 3, a Comissão pode tomar uma decisão nos termos do n.º 1 sem estar vinculada aos prazos referidos no n.º 1 do artigo 10.º.

5 – A Comissão informa sem demora da sua decisão as empresas em causa e as autoridades competentes dos Estados membros.

ARTIGO 7.º (**Suspensão da concentração**)

1 – Uma concentração de dimensão comunitária, tal como definida no artigo 1.º, incluindo as concentrações que serão examinadas pela Comissão nos termos do n.º 5 do artigo 4.º, não pode ter lugar nem antes de ser notificada nem antes de ter sido declarada compatível com o mercado comum por uma decisão tomada nos termos da alínea b) do n.º 1 do artigo 6.º, ou dos n.ºs 1 ou 2 do artigo 8.º, ou com base na presunção prevista no n.º 6 do artigo 10.º.

2 – O n.º 1 não prejudica a realização de uma oferta pública de aquisição ou de uma série de transacções de títulos, incluindo os que são convertíveis noutros títulos, admitidos à negociação num mercado como uma bolsa de valores, através da qual seja adquirido controlo, na acepção do artigo 3.º, junto de vários vendedores, desde que:

a) A concentração seja notificada à Comissão nos termos do artigo 4.º, sem demora; e

b) O adquirente não exerça os direitos de voto inerentes às participações em causa ou os exerça apenas tendo em vista proteger o pleno valor do seu investimento com base numa derrogação concedida pela Comissão nos termos do n.º 3.

3 – A Comissão pode, a pedido, conceder uma derrogação ao cumprimento das obrigações previstas nos n.ºs 1 ou 2. O pedido de derrogação deve ser fundamentado. Ao decidir do pedido, a Comissão tomará em consideração, nomeadamente, os efeitos que a suspensão poderá produzir numa ou mais das empresas em causa na concentração ou em relação a terceiros e a ameaça à concorrência colocada pela concentração. A derrogação pode ser acompanhada de condições e de obrigações destinadas a assegurar condições de concorrência efectiva. A derrogação pode ser pedida e concedida a qualquer momento, quer antes da notificação, quer depois da transacção.

4 – A validade de qualquer transacção realizada sem que se observe o n.º 1 depende de uma decisão tomada ao abrigo da alínea *b*) do n.º 1 do artigo 6.º ou dos n.ºs 1, 2 ou 3 do artigo 8.º ou da presunção estabelecida no n.º 6 do artigo 10.º.

Todavia, o presente artigo não produz qualquer efeito sobre a validade das transacções de títulos, incluindo os que são convertíveis noutros títulos, admitidos à negociação num mercado como uma bolsa de valores, salvo se os compradores ou vendedores souberem ou deverem saber que a transacção se realizou sem que seja observado o disposto no n.º 1.

ARTIGO 8.º **(Poderes de decisão da Comissão)**

1 – Quando verifique que uma concentração notificada corresponde ao critério definido no n.º 2 do artigo 2.º e, nos casos previstos no n.º 4 do artigo 2.º, aos critérios do n.º 3 do artigo 81.º do Tratado, a Comissão tomará uma decisão que declara a concentração compatível com o mercado comum.

Presumir-se-á que a decisão que declara uma concentração compatível abrange as restrições directamente relacionadas com a realização da concentração e a ela necessárias.

2 – Quando verifique que, após as alterações introduzidas pelas empresas em causa, uma concentração notificada corresponde ao critério definido no n.º 2 do artigo 2.º e, nos casos previstos no n.º 4 do artigo 2.º, aos critérios do n.º 3 do artigo 81.º do Tratado, a Comissão tomará uma decisão que declara a concentração compatível com o mercado comum.

A Comissão pode acompanhar a sua decisão de condições e obrigações destinadas a garantir que as empresas em causa cumprem os compromissos perante ela assumidos para tornar a concentração compatível com o mercado comum. Presumir-se-á que a decisão que declara uma concentração compatível abrange as restrições directamente relacionadas com a realização da concentração e a ela necessárias.

3 – Quando verifique que uma concentração corresponde ao critério definido no n.º 3 do artigo 2.º ou, nos casos previstos no n.º 4 do artigo 2.º, não preenche os critérios do n.º 3 do artigo 81.º do Tratado, a Comissão tomará uma decisão que declara a concentração incompatível com o mercado comum.

4 – Se a Comissão determinar que uma concentração:

a) Já foi realizada e que a concentração foi declarada incompatível com o mercado comum; ou *b)* Foi realizada em infracção de uma condição associada a uma decisão tomada nos termos do n.º 2, que determinou que, na falta dessa condição, a concentração cumpriria o critério estabelecido no n.º 3 do artigo 2.º ou, nos casos referidos no n.º 4 do artigo 2.º, não cumpriria os critérios estabelecidos no n.º 3 do artigo 81.º do Tratado; a Comissão pode:

– exigir que as empresas em causa procedam à dissolução da concentração, em especial através da eliminação da fusão ou da alienação de todas as participações ou activos adquiridos, por forma a restabelecer a situação existente antes da realização da concentração. Nos casos em que o restabelecimento da situação não seja possível por via da dissolução da concentração, a Comissão pode tomar qualquer outra medida adequada para restabelecer, o mais possível, a situação existente antes da realização da concentração,

– ordenar qualquer outra medida adequada para garantir que as empresas em causa procedam à dissolução da concentração, ou tomem outras medidas para restabelecer a situação tal como exigido na sua decisão.

Nos casos a que se refere a alínea *a)* do primeiro parágrafo, as medidas referidas nesse parágrafo podem ser impostas por uma decisão nos termos do n.º 3 ou por uma decisão separada.

5 – A Comissão pode tomar medidas provisórias adequadas para restaurar ou manter condições de concorrência efectiva sempre que uma concentração:

a) Tiver sido realizada em infracção do artigo 7.º e ainda não tenha sido tomada uma decisão sobre a compatibilidade da concentração com o mercado comum;

b) Tiver sido realizada em infracção de uma condição associada a uma decisão nos termos da alínea *b)* do n.º 1 do artigo 6.º ou do n.º 2 do presente artigo;

c) Já tiver sido realizada e for declarada incompatível com o mercado comum.

6 – A Comissão pode revogar a decisão por ela tomada ao abrigo dos n.ºs 1 ou 2:

a) Quando a declaração de compatibilidade tiver sido fundada em informações inexactas, sendo por estas responsável uma das empresas, ou quando tiver sido obtida fraudulentamente; ou

b) Se as empresas em causa não respeitarem uma obrigação que acompanha a decisão.

7 – A Comissão pode tomar uma decisão ao abrigo dos n.ºs 1 a 4 sem estar sujeita aos prazos referidos no n.º 3 do artigo 10.º, nos casos em que:

a) Determinar que uma concentração foi realizada:

  i) em infracção de uma condição associada a uma decisão nos termos do n.º 1, alínea *b)* do artigo 6.º, ou

  ii) em infracção de uma condição associada a uma decisão tomada nos termos do n.º 2 e em conformidade com o n.º 2 do artigo 10.º, que determinou que, na falta dessa condição, a concentração suscitaria sérias dúvidas quanto à sua compatibilidade com o mercado comum; ou *b)* Tiver sido revogada uma decisão nos termos do n.º 6.

8 – A Comissão informa sem demora da sua decisão as empresas em causa e as autoridades competentes dos Estados membros.

ARTIGO 9.º **(Remessa às autoridades competentes dos Estados membros)**

1 – A Comissão pode, por via de decisão de que informará sem demora as empresas em causa e as autoridades competentes dos restantes Estados membros, remeter às autoridades competentes do Estado membro em causa um caso de concentração notificada, nas condições que se seguem.

2 – No prazo de 15 dias úteis a contar da recepção da cópia da notificação, um Estado membro pode, por sua própria iniciativa ou a convite da Comissão, informar a Comissão, que o comunicará às empresas em causa, de que:

a) Uma concentração ameaça afectar significativamente a concorrência num mercado no interior desse Estado membro que apresenta todas as características de um mercado distinto; ou

b) Uma concentração afecta a concorrência num mercado no interior desse Estado membro que apresenta todas as características de um mercado distinto e não constitui uma parte substancial do mercado comum.

3 – Se considerar que, tendo em conta o mercado dos produtos ou serviços em causa e o mercado geográfico de referência na acepção do n.º 7, esse mercado distinto existe e que existe essa ameaça, a Comissão:

a) Ocupar-se-á ela própria do caso nos termos do presente regulamento; ou

b) Remeterá o caso, na sua totalidade ou em parte, para as autoridades competentes do Estado membro em causa, com vista à aplicação da legislação nacional de concorrência desse Estado.

Se, ao contrário, considerar que esse mercado distinto ou ameaça não existem, a Comissão tomará uma decisão nesse sentido, que dirigirá ao Estado membro em causa e ocupar-se-á ela própria do caso, nos termos do presente regulamento.

Se um Estado membro informar a Comissão, nos termos da alínea *b)* do n.º 2, de que uma concentração afecta a concorrência num mercado distinto no seu território que não constitui uma parte substancial do mercado comum, a Comissão remeterá, na totalidade ou em parte, o caso relativo ao mercado distinto em causa, se considerar que esse mercado distinto é afectado.

4 – As decisões de remeter ou de não remeter o caso tomadas de acordo com o n.º 3 terão lugar:

a) Regra geral, no prazo previsto no segundo parágrafo do n.º 1 do artigo 10.º, quando a Comissão não tenha dado início ao processo nos termos da alínea *b)* do n.º 1 do artigo 6.º; ou

b) No prazo máximo de 65 dias úteis a contar da notificação da concentração em causa, quando a Comissão tenha dado início ao processo nos termos da alínea *c)* do n.º 1 do artigo 6.º, sem promover as diligências preparatórias da adopção das medidas necessárias ao abrigo dos n.ºs 2, 3 ou 4 do artigo 8.º para preservar ou restabelecer uma concorrência efectiva no mercado em causa.

5 – Se, no prazo de 65 dias úteis referido na alínea b) do n.º 4, apesar de o Estado membro o ter solicitado, a Comissão não tiver tomado uma decisão de remessa ou de recusa de remessa prevista no n.º 3, nem promovido as diligências preparatórias referidas na alínea b) do n.º 4, presumir-se-á que decidiu remeter o caso ao Estado membro em causa em conformidade com a alínea b) do n.º 3.

6 – A autoridade competente do Estado membro em causa decide sobre o caso sem qualquer demora.

No prazo de 45 dias úteis após a remessa da Comissão, a autoridade competente do Estado membro em causa informa as empresas em questão do resultado da avaliação concorrencial preliminar e, sendo o caso, que outras medidas se propõe tomar. O Estado membro em causa pode excepcionalmente suspender esse prazo sempre que as informações necessárias não lhe tiverem sido fornecidas pelas empresas em questão conforme estabelecido na respectiva legislação nacional de concorrência.

Sempre que for exigida uma notificação nos termos da legislação nacional, o prazo de 45 dias úteis começa a contar a partir do dia útil seguinte ao da recepção de uma notificação completa pela autoridade competente desse Estado membro.

7 – O mercado geográfico de referência é constituído por um território no qual as empresas em causa intervêm na oferta e procura de bens e serviços, no qual as condições de concorrência são suficientemente homogéneas e que pode distinguir-se dos territórios vizinhos especialmente devido a condições de concorrência sensivelmente diferentes das que prevalecem nesses territórios. Nessa apreciação é conveniente tomar em conta, nomeadamente, a natureza e as características dos produtos ou serviços em causa, a existência de barreiras à entrada ou de preferências dos consumidores, bem como a existência, entre o território em causa e os territórios vizinhos, de diferenças consideráveis de quotas de mercado das empresas ou de diferenças de preços substanciais.

8 – Para efeitos da aplicação do presente artigo, o Estado membro em causa só pode tomar as medidas estritamente necessárias para preservar ou restabelecer uma concorrência efectiva no mercado em causa.

9 – Nos termos das disposições aplicáveis do Tratado, os Estados membros podem interpor recurso para o Tribunal de Justiça e pedir, em especial, a aplicação do artigo 243.º do Tratado, para efeitos da aplicação da sua legislação nacional de concorrência.

ARTIGO 10.º (**Prazos para o início do processo e para as decisões**)

1 – Sem prejuízo do disposto no n.º 4 do artigo 6.º, as decisões referidas no n.º 1 do artigo 6.º devem ser tomadas no prazo máximo de 25 dias úteis. Esse prazo começa a correr no dia útil seguinte ao da recepção da notificação ou, caso as informações a facultar na notificação estejam incompletas, no dia útil seguinte ao da recepção das informações completas.

Esse prazo é alargado para 35 dias úteis no caso de ter sido apresentado à Comissão um pedido de um Estado membro de acordo com o n.º 2 do artigo 9.º ou se as empresas em causa apresentarem compromissos para tornar a concentração compatível com o mercado comum nos termos do n.º 2 do artigo 6.º.

2 – As decisões nos termos dos n.ºs 1 ou 2 do artigo 8.º, relativas a concentrações notificadas, devem ser tomadas logo que se afigurar que já não se colocam as dúvidas sérias referidas na alínea c) do n.º 1 do artigo 6.º, devido, nomeadamente, a alterações introduzidas pelas empresas em causa e, o mais tardar, no prazo fixado no n.º 3.

3 – Sem prejuízo do n.º 7 do artigo 8.º, as decisões nos termos dos n.ºs 1 a 3 do artigo 8.º, respeitantes a concentrações notificadas, devem ser tomadas num prazo máximo de 90 dias úteis a contar da data do início do processo. Esse prazo é alargado para 105 dias úteis no caso de as empresas em causa apresentarem compromissos para tornar a concentração compatível com o mercado comum nos termos do segundo parágrafo do n.º 2 do artigo 8.º, a menos que os compromissos tenham sido apresentados antes de decorridos 55 dias úteis após o início do processo.

Da mesma forma, os prazos estabelecidos no primeiro parágrafo serão prorrogados caso as partes notificantes apresentem um pedido nesse sentido o mais tardar 15 dias úteis após o início do processo nos termos da alínea c) do n.° 1 do artigo 6.°. As partes notificantes apenas podem apresentar um pedido desta natureza. Da mesma forma, em qualquer altura após o início do processo, os prazos estabelecidos no primeiro parágrafo podem ser alargados pela Comissão com o acordo das partes notificantes. A duração total de qualquer prorrogação ou prorrogações efectuadas em conformidade com o presente parágrafo não pode exceder 20 dias úteis.

4 – Os prazos fixados nos n.ºs 1 e 3 ficam excepcionalmente suspensos sempre que a Comissão, devido a circunstâncias pelas quais seja responsável uma das empresas que participam na concentração, tenha tido de solicitar uma informação por via de decisão, ao abrigo do artigo 11.º, ou de ordenar uma inspecção por via de decisão, ao abrigo do artigo 13.º.

O primeiro parágrafo é igualmente aplicável ao prazo referido na alínea b) do n.º 4 do artigo 9.º.

5 – Quando o Tribunal de Justiça profira um acórdão que anule no todo ou em parte uma decisão da Comissão sujeita a um prazo previsto no presente artigo, a concentração deve ser reexaminada pela Comissão tendo em vista a aprovação de uma decisão nos termos do n.º 1 do artigo 6.º.

A concentração deve ser reexaminada à luz das condições de mercado nesse momento.

As partes notificantes devem apresentar sem demora uma nova notificação ou complementar a notificação inicial, quando a notificação inicial se tiver tornado incompleta devido a alterações ocorridas nas condições de mercado ou nas informações fornecidas. Quando não se verificam tais alterações, as partes certificá--lo-ão sem demora.

Os prazos fixados no n.º 1 começam a correr no dia útil seguinte ao da recepção de informações completas através de uma nova notificação, de uma notificação complementar ou da certificação na acepção do terceiro parágrafo.

Os segundo e terceiro parágrafos são igualmente aplicáveis nos casos referidos no n.º 4 do artigo 6.º e no n.º 7 do artigo 8.º.

6 – Se a Comissão não tomar qualquer decisão nos termos das alíneas b) ou c) do n.º 1 do artigo 6.º ou nos termos dos n.ºs 1, 2 ou 3 do artigo 8.º, nos prazos fixados, respectivamente, nos n.ºs 1 e 3, presumir-se-á que a concentração é declarada compatível com o mercado comum, sem prejuízo do artigo 9.º.

ARTIGO 11.º (Pedidos de informações)

1 – No cumprimento das funções que lhe são atribuídas pelo presente regulamento, a Comissão pode, mediante simples pedido ou decisão, solicitar às pessoas referidas na alínea b) do n.º 1 do artigo 3.º, bem como às empresas e associações de empresas que forneçam todas as informações necessárias.

2 – Ao dirigir um simples pedido de informações a uma pessoa, empresa ou associação de empresas, a Comissão deve indicar o fundamento jurídico e a finalidade do pedido, especifica as informações que são necessárias e fixa o prazo em que as informações devem ser fornecidas, bem como as sanções previstas no artigo 14.º, no caso de fornecimento de informações inexactas ou deturpadas.

3 – Sempre que a Comissão solicitar, mediante decisão, a uma pessoa, empresa ou associação de empresas, que preste informações, deve indicar o fundamento jurídico e a finalidade do pedido, especificar as informações que são necessárias e fixar o prazo em que as informações devem ser fornecidas. Deve indicar também as sanções previstas no artigo 14.º e indicar ou aplicar as sanções previstas no artigo 15.º Deve indicar igualmente a possibilidade de recurso da decisão para o Tribunal de Justiça.

4 – São obrigados a fornecer as informações pedidas, em nome das empresas em causa, os proprietários das empresas ou seus representantes e, no caso de pessoas colectivas, de sociedades ou de associações sem personalidade jurídica, as pessoas encarregadas de as representar nos termos da lei ou dos estatutos. As pessoas devidamente mandatadas podem fornecer as informações solicitadas em nome dos seus mandantes. Estes últimos são plenamente responsáveis pelo carácter incompleto, inexacto e deturpado das informações fornecidas.

5 – A Comissão deve enviar sem demora uma cópia de qualquer decisão tomada nos termos do n.º 3 às autoridades competentes do Estado membro em cujo território se situe o domicílio da pessoa ou a sede da empresa ou associação de empresas, bem como às autoridades competentes do Estado membro cujo território seja afectado. Mediante pedido específico da autoridade competente de um Estado membro, a Comissão deve enviar também a essa autoridade cópias de simples pedidos de informações respeitantes a uma concentração notificada.

6 – A pedido da Comissão, os Governos dos Estados membros e as respectivas autoridades competentes devem prestar-lhe todas as informações necessárias para que possa cumprir as funções que lhe são atribuídas pelo presente regulamento.

7 – No cumprimento das funções que lhe são atribuídas pelo presente regulamento, a Comissão pode entrevistar qualquer pessoa singular ou colectiva que nisso consinta, a fim de recolher informações relativas ao objecto de uma investigação. No início da entrevista, que pode ser efectuada por telefone ou qualquer outro meio electrónico, a Comissão deve indicar o seu fundamento jurídico e finalidade.

Quando uma entrevista não se realizar nas instalações da Comissão ou por telefone ou qualquer outro meio electrónico, a Comissão avisará previamente a autoridade competente do Estado membro em cujo território a mesma se efectuar. Caso a autoridade competente desse Estado membro faça um pedido nesse sentido, os agentes dessa autoridade podem prestar assistência aos agentes e outras pessoas mandatadas pela Comissão para procederem à entrevista.

ARTIGO 12.º (**Inspecções pelas autoridades dos Estados membros**)

1 – A pedido da Comissão, as autoridades competentes dos Estados membros procedem às inspecções que a Comissão considere adequadas nos termos do n.º 1 do artigo 13.º ou que tenha ordenado por decisão tomada nos termos do n.º 4 do artigo 13.º Os agentes das autoridades competentes dos Estados membros encarregados de proceder a essas inspecções, bem como os agentes por elas mandatados, exercem os seus poderes nos termos da respectiva legislação nacional.

2 – A pedido da Comissão ou da autoridade competente do Estado membro em cujo território devam efectuar-se as inspecções, podem os agentes e outras pessoas mandatadas pela Comissão prestar assistência aos agentes da autoridade em causa.

ARTIGO 13.º (**Poderes da Comissão em matéria de inspecções**)

1 – No cumprimento das funções que lhe são atribuídas pelo presente regulamento, a Comissão pode proceder a todas as inspecções necessárias junto das empresas e associações de empresas.

2 – Os agentes e outras pessoas mandatadas pela Comissão para proceder a uma inspecção têm poderes para:

 a) Aceder a todas as instalações, terrenos e meios de transporte das empresas e associações de empresas;

 b) Inspeccionar os livros e outros registos relativos à empresa, independentemente do seu suporte;

 c) Tirar ou obter sob qualquer forma cópias ou extractos de tais livros ou registos;

 d) Selar quaisquer instalações e livros ou registos relativos à empresa por período e na medida necessária à inspecção;

 e) Solicitar a qualquer representante ou membro do pessoal da empresa ou da associação de empresas explicações sobre factos ou documentos relacionados com o objecto e finalidade da inspecção e registar as suas respostas.

3 – Os agentes e outras pessoas mandatadas pela Comissão para efectuar uma inspecção devem exercer os seus poderes mediante apresentação de um mandado

escrito que indique o objecto e a finalidade da inspecção, bem como a sanção prevista no artigo 14.º no caso de os livros ou outros registos exigidos relativos à empresa serem apresentados de forma incompleta ou de as respostas às perguntas colocadas em aplicação do n.º 2 do presente artigo serem inexactas ou deturpadas. Em tempo útil antes da inspecção, a Comissão deve avisar a autoridade competente do Estado membro em cujo território a mesma se deve efectuar, da diligência de inspecção.

4 – As empresas e associações de empresas são obrigadas a sujeitar-se às inspecções que a Comissão tenha ordenado mediante decisão. A decisão deve indicar o objecto e a finalidade da inspecção, fixa a data em que esta se inicia e indica as sanções previstas nos artigos 14.º e 15.º bem como a possibilidade de recurso da decisão para o Tribunal de Justiça. A Comissão deve tomar essas decisões após ouvir a autoridade competente do Estado membro em cujo território a inspecção se deve efectuar.

5 – Os agentes da autoridade competente do Estado membro em cujo território a inspecção se deve efectuar, ou os agentes mandatados por essa autoridade devem, a pedido dela ou da Comissão, prestar assistência activa aos agentes e outras pessoas mandatadas pela Comissão. Dispõem, para o efeito, dos poderes definidos no n.º 2.

6 – Quando os agentes e outras pessoas mandatadas pela Comissão verificarem que uma empresa se opõe a uma inspecção, incluindo a selagem das instalações, livros ou registos da empresa, ordenada nos termos do presente artigo, o Estado membro em causa deve prestar-lhes a assistência necessária, solicitando, se for caso disso, a intervenção das forças policiais ou de uma autoridade equivalente, para lhes dar a possibilidade de executar a sua inspecção.

7 – Se, para a assistência prevista no n.º 6 for necessária a autorização da autoridade judicial de acordo com as regras nacionais, essa autorização deve ser solicitada. Essa autorização pode igualmente ser solicitada a título cautelar.

8 – Sempre que for solicitada a autorização contemplada no n.º 7, a autoridade judicial nacional controla a autenticidade da decisão da Comissão e do carácter não arbitrário nem excessivo das medidas coercivas impostas relativamente ao objecto da inspecção. Ao proceder ao controlo da proporcionalidade das medidas coercivas, a autoridade judicial nacional pode pedir à Comissão, directamente ou através da autoridade competente desse Estado membro, informações circunstanciadas sobre o objecto da inspecção. No entanto, a autoridade judicial nacional não pode pôr em causa a necessidade da inspecção nem exigir que lhe sejam apresentadas as informações do processo da Comissão. O controlo da legalidade da decisão da Comissão fica reservado ao Tribunal de Justiça.

ARTIGO 14.º (**Coimas**)

1 – A Comissão pode, por via de decisão, aplicar às pessoas referidas na alínea *b*) do n.º 1 do artigo 3.º às empresas e associações de empresas, coimas até 1% do volume de negócios total realizado pela empresa ou associação de em-

presas em causa na acepção do artigo 5.º sempre que, deliberada ou negligentemente:

a) Prestem informações inexactas ou deturpadas num memorando, certificação, notificação ou notificação complementar apresentados nos termos do artigo 4.º, do n.º 5 do artigo 10.º e do n.º 3 do artigo 22.º;

b) Prestem informações inexactas ou deturpadas em resposta a um pedido feito nos termos do n.º 2 do artigo 11.º;

c) Prestem informações inexactas, incompletas ou deturpadas em resposta a um pedido feito através de decisão nos termos do n.º 3 do artigo 11.º ou não prestem as informações no prazo fixado;

d) Apresentem de forma incompleta, aquando das inspecções efectuadas ao abrigo do artigo 13.º, os livros ou outros registos exigidos relativos à empresa ou não se sujeitem às inspecções ordenadas por via de decisão tomada nos termos do n.º 4 do artigo 13.º;

e) Em resposta a uma pergunta feita nos termos da alínea *e)* do n.º 2 do artigo 13.º,

– respondam de forma inexacta ou deturpada,

– não rectifiquem, no prazo fixado pela Comissão, uma resposta inexacta, incompleta ou deturpada dada por um membro do seu pessoal, ou

– não dêem ou se recusem a dar uma resposta cabal sobre factos que se prendam com o objecto e finalidade de uma inspecção ordenada mediante decisão tomada nos termos do n.º 4 do artigo 13.º;

f) Forem quebrados os selos apostos nos termos da alínea *d)* do n.º 2 do artigo 13.º pelos agentes ou outras pessoas mandatadas pela Comissão.

2 – A Comissão pode, por via de decisão, aplicar às pessoas referidas na alínea *b)* do n.º 1 do artigo 3.º ou às empresas em causa coimas até 10% do volume de negócios total realizado pela empresa em causa na acepção do artigo 5.º, sempre que, deliberada ou negligentemente:

a) Omitam notificar uma operação de concentração de acordo com o artigo 4.º e com o n.º 3 do artigo 22.º antes da sua realização, a menos que estejam expressamente autorizadas a fazê-lo ao abrigo do n.º 2 do artigo 7.º ou mediante decisão tomada nos termos do n.º 3 do mesmo artigo;

b) Realizem uma operação de concentração sem respeitar o artigo 7.º;

c) Realizem uma concentração declarada incompatível com o mercado comum por decisão tomada ao abrigo do n.º 3 do artigo 8.º ou não cumpram as medidas ordenadas por decisão tomada ao abrigo dos n.º 4 ou 5 do artigo 8.º;

d) Não respeitem uma das condições ou obrigações impostas por decisão tomada nos termos da alínea *b)* do n.º 1 do artigo 6.º, do n.º 3 do artigo 7.º ou do segundo parágrafo do n.º 2 do artigo 8.º.

3 – Na determinação do montante da coima, há que tomar em consideração a natureza, a gravidade e a duração da infracção.

4 – As decisões tomadas nos termos dos n.ºs 1, 2 e 3 não têm carácter penal.

ARTIGO 15.º (**Sanções pecuniárias compulsórias**)
1 – A Comissão pode, por via de decisão, aplicar às pessoas referidas na alínea b) do n.º 1 do artigo 3.º às empresas ou associações de empresas sanções pecuniárias compulsórias até 5% do volume de negócios total diário médio realizado pela empresa ou associação de empresas em causa na acepção do artigo 5.º, por cada dia útil de atraso, a contar da data fixada na decisão, a fim de as compelir a:

   a) Fornecer de maneira completa e exacta as informações que tenha solicitado por via de decisão tomada ao abrigo do n.º 3 do artigo 11.º;

   b) Sujeitar-se a uma inspecção que tenha ordenado por via de decisão tomada ao abrigo do n.º 4 do artigo 13.º;

   c) Executar uma obrigação imposta por decisão tomada ao abrigo da alínea b) do n.º 1 do artigo 6.º, do n.º 3 do artigo 7.º ou do segundo parágrafo do n.º 2 do artigo 8.º; ou

   d) Cumprir as medidas ordenadas por uma decisão tomada ao abrigo dos n.ºs 4 ou 5 do artigo 8.º.

2 – Se as pessoas referidas na alínea b) do n.º 1 do artigo 3.º, as empresas ou associações de empresas tiverem cumprido a obrigação de cuja anterior inobservância resultara a sanção pecuniária compulsória, a Comissão pode fixar o montante definitivo da referida sanção a um nível inferior ao que resultaria da decisão inicial.

ARTIGO 16.º (**Controlo do Tribunal de Justiça**)
O Tribunal de Justiça conhece, no exercício da competência de plena jurisdição na acepção do artigo 229.º do Tratado, dos recursos interpostos contra as decisões da Comissão em que tenha sido aplicada uma coima ou uma sanção pecuniária compulsória; o Tribunal pode suprimir, reduzir ou aumentar a coima ou a sanção pecuniária compulsória aplicadas.

ARTIGO 17.º (**Sigilo profissional**)
1 – As informações obtidas em aplicação do presente regulamento só podem ser utilizadas para os efeitos visados pelo pedido de informações, pela investigação ou pela audição.

2 – Sem prejuízo do n.º 3 do artigo 4.º e dos artigos 18.º e 20.º, a Comissao e as autoridades competentes dos Estados membros, bem como os seus funcionários e outros agentes e outras pessoas que trabalham sob a supervisão dessas autoridades, bem como os agentes e funcionários públicos de outras autoridades dos Estados membros, não podem divulgar as informações obtidas em aplicação do presente regulamento que, pela sua natureza, estejam abrangidas pelo sigilo profissional.

3 – Os n.ºs 1 e 2 não prejudicam a publicação de informações gerais ou estudos que não contenham informações individualizadas relativas às empresas ou associações de empresas.

ARTIGO 18.º (**Audição das partes e de terceiros**)
1 – Antes de tomar as decisões previstas no n.º 3 do artigo 6.º, no n.º 3 do artigo 7.º, nos n.ºs 2 a 6 do artigo 8.º e nos artigos 14.º e 15.º, a Comissão deve às pessoas, empresas e associações de empresas em causa a oportunidade de se pronunciarem, em todas as fases do processo até à consulta do comité consultivo, sobre as objecções contra elas formuladas.
2 – Em derrogação do n.º 1, as decisões nos termos do n.º 3 do artigo 7.º e do n.º 5 do artigo 8.º podem ser tomadas a título provisório, sem dar às pessoas, empresas ou associações de empresas em causa a oportunidade de se pronunciarem previamente, na condição de a Comissão lhes dar essa oportunidade o mais rapidamente possível após a tomada de decisão.
3 – A Comissão deve basear as suas decisões exclusivamente em objecções relativamente às quais as partes tenham podido fazer valer as suas observações. Os direitos da defesa são plenamente garantidos durante o processo. Pelo menos as partes directamente envolvidas têm acesso ao processo, garantindo-se simultaneamente o legítimo interesse das empresas em que os seus segredos comerciais não sejam divulgados.
4 – A Comissão ou as autoridades competentes dos Estados membros podem também ouvir outras pessoas singulares ou colectivas, na medida em que o considerem necessário. Caso quaisquer pessoas singulares ou colectivas que comprovem ter um interesse suficiente e, nomeadamente, os membros dos órgãos de administração ou de direcção das empresas em causa ou os representantes devidamente reconhecidos dos trabalhadores dessas empresas solicitem ser ouvidos, será dado deferimento ao respectivo pedido.

ARTIGO 19.º (**Ligação com as autoridades dos Estados membros**)
1 – A Comissão deve transmitir, no prazo de três dias úteis, às autoridades competentes dos Estados membros, cópias das notificações, bem como, no mais breve prazo, cópias dos documentos mais importantes que tenha recebido ou que tenha emitido em aplicação do presente regulamento. Esses documentos devem consignar os compromissos propostos pelas empresas em causa à Comissão para tornar a concentração compatível com o mercado comum, nos termos do n.º 2 do artigo 6.º ou, do segundo parágrafo do n.º 2 do artigo 8.º.
2 – A Comissão deve conduzir os processos referidos no presente regulamento em ligação estreita e constante com as autoridades competentes dos Estados membros, que estão habilitadas a formular quaisquer observações sobre esses processos. Para efeitos da aplicação do artigo 9.º, a Comissão deve recolher as comunicações da autoridade competente do Estado membro referido no n.º 2 desse artigo e dar-lhe a oportunidade de se pronunciar em todas as fases do processo até à adopção de uma decisão ao abrigo do n.º 3 do mesmo artigo, proporcionando-lhe, para o efeito, o acesso ao processo.
3 – Antes da tomada de qualquer decisão nos termos dos n.ºs 1 a 6 do artigo 8.º, ou dos artigos 14.º ou 15.º, com excepção das decisões provisórias tomadas

de acordo com o n.º 2 do artigo 18.º, deve ser consultado um comité consultivo em matéria de concentração de empresas.

4 – O comité consultivo é composto por representantes das autoridades competentes dos Estados membros. Cada Estado membro designa um ou dois representantes que podem ser substituídos, em caso de impedimento, por outro representante. Pelo menos um desses representantes deve ter experiência em matéria de práticas restritivas e posições dominantes.

5 – A consulta realiza-se durante uma reunião conjunta, convocada e presidida pela Comissão. À convocatória são apensos um resumo do processo com indicação dos documentos mais importantes e um anteprojecto de decisão em relação a cada caso a examinar. A reunião não pode realizar-se antes de decorridos 10 dias úteis a contar do envio da convocatória. No entanto, a Comissão pode reduzir a título excepcional e de forma apropriada tal prazo, com vista a evitar a ocorrência de um prejuízo grave para uma ou mais empresas em causa numa concentração.

6 – O comité consultivo formula o seu parecer sobre o projecto de decisão da Comissão, procedendo para o efeito, se for caso disso, a votação. O comité consultivo pode formular o seu parecer mesmo no caso da ausência de membros e dos respectivos representantes. O parecer formulado deve ser reduzido a escrito e apenso ao projecto de decisão. A Comissão deve tomar na máxima consideração o parecer do comité. O comité será por ela informado da forma como esse parecer foi tomado em consideração.

7 – A Comissão deve comunicar o parecer do comité consultivo, bem como a decisão, aos destinatários da decisão. Deve tornar público o parecer, bem como a decisão, tendo em conta o legítimo interesse das empresas em que os seus segredos comerciais não sejam divulgados.

ARTIGO 20.º (**Publicação das decisões**)

1 – A Comissão publicará no Jornal Oficial da União Europeia as decisões que tomar nos termos dos n.ºs 1 a 6 do artigo 8.º, bem como dos artigos 14.º e 15.º, com excepção das decisões provisórias tomadas nos termos do n.º 2 do artigo 18.º, bem como o parecer do comité consultivo.

2 – A publicação deve mencionar a designação das partes e o essencial da decisão; deve ter em conta o legítimo interesse das empresas em que os seus segredos comerciais não sejam divulgados.

ARTIGO 21.º (**Aplicação do regulamento e competência**)

1 – Apenas o presente regulamento se aplica às concentrações definidas no artigo 3.º, e os Regulamentos (CE) n.º 1/2003[1], (CEE) n.º 1017/68[2], (CEE)

---

[1] JO, L 1, de 4.1.2003, p. 1.
[2] JO, L 175, de 23.7.1968, p. 1. Regulamento com a última redacção que lhe foi dada pelo Regulamento (CE) n.º 1/2003.

n.º 4056/86[1] e (CEE) n.º 3975/87[2] do Conselho não são aplicáveis salvo no que se refere às empresas comuns sem dimensão comunitária e que tenham por objecto ou efeito a coordenação do comportamento concorrencial de empresas que se mantenham independentes.

2 – Sob reserva do controlo do Tribunal de Justiça, a Comissão tem competência exclusiva para tomar as decisões previstas no presente regulamento.

3 – Os Estados membros não podem aplicar a sua legislação nacional sobre a concorrência às concentrações de dimensão comunitária.

O disposto no primeiro parágrafo não prejudica a faculdade de os Estados membros procederem às investigações necessárias para a aplicação do n.º 4 do artigo 4.º, do n.º 2 do artigo 9.º ou, após remessa nos termos da alínea b) do primeiro parágrafo do n.º 3 ou do n.º 5 do artigo 9.º, tomarem as medidas estritamente necessárias para aplicar o n.º 8 do artigo 9.º

4 – Não obstante os n.ºs 2 e 3, os Estados membros podem tomar as medidas apropriadas para garantir a protecção de interesses legítimos para além dos contemplados no presente regulamento, desde que esses interesses sejam compatíveis com os princípios gerais e com as demais normas do direito comunitário.

São considerados interesses legítimos na acepção do primeiro parágrafo, a segurança pública, a pluralidade dos meios de comunicação social e as regras prudenciais.

Todo e qualquer outro interesse público será comunicado à Comissão pelo Estado membro em causa e deve ser por ela reconhecido após análise da sua compatibilidade com os princípios gerais e as demais normas do direito comunitário antes de as referidas medidas poderem ser tomadas. A Comissão deve notificar o Estado membro em causa da sua decisão no prazo de 25 dias úteis a contar da referida comunicação.

ARTIGO 22.º (Remessa à Comissão)

1 – Um ou mais Estados membros podem solicitar à Comissão que examine qualquer concentração, tal como definida no artigo 3.º, que não tenha dimensão comunitária na acepção do artigo 1.º, mas que afecte o comércio entre Estados membros e ameace afectar significativamente a concorrência no território do Estado membro ou Estados membros que apresentam o pedido.

Esse pedido deve ser apresentado no prazo máximo de 15 dias úteis a contar da data de notificação da concentração ou, caso não seja necessária notificação, da data em que foi dado conhecimento da concentração ao Estado membro em causa.

---

[1] JO, L 378, de 31.12.1986, p. 4. Regulamento com a última redacção que lhe foi dada pelo Regulamento (CE) n.º 1/2003.

[2] JO, L 374, de 31.12.1987, p. 1. Regulamento com a última redacção que lhe foi dada pelo Regulamento (CE) n.º 1/2003.

2 – A Comissão deve informar sem demora as autoridades competentes dos Estados membros e as empresas em causa dos pedidos que recebeu nos termos do n.º 1.

Qualquer outro Estado membro tem de se associar ao pedido inicial num prazo de 15 dias úteis após ter sido informado pela Comissão do pedido inicial.

Todos os prazos nacionais relativos à concentração são suspensos até que, em conformidade com o procedimento estabelecido no presente artigo, tenha sido decidido onde a concentração será examinada. Logo que o Estado membro tenha informado a Comissão e as empresas em questão que não pretende associar-se ao pedido, terminará a suspensão dos prazos nacionais.

3 – A Comissão pode, no prazo máximo de 10 dias úteis após o termo do prazo fixado no n.º 2, decidir examinar a concentração sempre que considere que afecta o comércio entre Estados membros e ameaça afectar significativamente a concorrência no território do Estado membro ou Estados membros que apresentam o pedido. Se a Comissão não tomar uma decisão dentro deste prazo, presumir-se-á que decidiu examinar a concentração em conformidade com o pedido.

A Comissão deve informar todos os Estados membros e as empresas em causa da sua decisão. Pode exigir a apresentação de uma notificação nos termos do artigo 4.º.

O Estado membro ou Estados membros que apresentaram o pedido deixam de aplicar à concentração a sua legislação nacional de concorrência.

4 – Quando a Comissão examina uma concentração nos termos do n.º 3, será aplicável o disposto no artigo 2.º, nos n.ºs 2 e 3 do artigo 4.º e nos artigos 5.º, 6.º e 8.º a 21.º. O artigo 7.º é aplicável na medida em que a concentração não tenha sido realizada na data em que a Comissão informar as empresas em causa de que foi apresentado um pedido.

Nos casos em que não é exigida uma notificação nos termos do artigo 4.º, o prazo fixado no n.º 1 do artigo 10.º para dar início ao processo começa a correr no dia útil seguinte àquele em que a Comissão informar as empresas em causa de que decidiu examinar a concentração nos termos do n.º 3.

5 – A Comissão pode informar um ou mais Estados membros de que considera que uma concentração preenche os critérios referidos no n.º 1. Nesses casos, a Comissão pode convidar esse Estado membro ou esses Estados membros a apresentarem um pedido nos termos do n.º 1.

ARTIGO 23.º (**Normas de execução**)

1 – A Comissão é autorizada a estabelecer nos termos do n.º 2:

a) As normas de execução respeitantes à forma, conteúdo e outros aspectos das notificações e memorandos apresentados em conformidade com o artigo 4.º;

b) As normas de execução relativas aos prazos em conformidade com os n.ºs 4 e 5 do artigo 4.º e aos artigos 7.º, 9.º, 10.º e 22.º;

c) O procedimento e o prazo de apresentação e de aplicação dos compromissos nos termos do n.º 2 do artigo 6.º e do n.º 2 do artigo 8.º;

d) As normas de execução relativas às audições previstas no artigo 18.º.

2 – A Comissão é assistida por um Comité Consultivo, composto por representantes dos Estados membros.

a) Antes da publicação do projecto de normas de execução e antes de aprovar essas normas, a Comissão deve consultar o Comité Consultivo;

b) A consulta tem lugar numa reunião convocada a convite da Comissão e presidida por esta. Um projecto das normas de execução a aprovar deve ser enviado junto com o convite. A reunião deve ter lugar no mínimo 10 dias úteis após o envio do convite;

c) O Comité Consultivo emite parecer sobre o projecto de normas de execução, se necessário procedendo a uma votação. A Comissão deve tomar na melhor conta o parecer emitido pelo comité.

ARTIGO 24.º **(Relações com países terceiros)**
1 – Os Estados membros devem informar a Comissão sobre quaisquer dificuldades de ordem geral com que as suas empresas se deparem ao procederem, num país terceiro, às concentrações definidas no artigo 3.º.

2 – A Comissão deve elaborar, pela primeira vez, o mais tardar um ano após a entrada em vigor do presente regulamento e depois periodicamente, um relatório que analise o tratamento dado às empresas com sede ou principais domínios de actividade na Comunidade, nos termos dos n.ºs 3 e 4, no que se refere às concentrações nos países terceiros. A Comissão deve enviar esses relatórios ao Conselho, acompanhando-os eventualmente de recomendações.

3 – Sempre que a Comissão verificar, com base quer nos relatórios referidos no n.º 2 quer noutras informações, que um país terceiro não concede às empresas com sede ou principais domínios de actividade na Comunidade, um tratamento comparável ao concedido pela Comunidade às empresas desse país terceiro, pode apresentar propostas ao Conselho com vista a obter um mandato de negociação adequado para obter possibilidades de tratamento comparáveis para as empresas com sede ou principais domínios de actividade na Comunidade.

4 – As medidas tomadas ao abrigo do presente artigo devem estar em conformidade com as obrigações que incumbem à Comunidade ou aos Estados membros, sem prejuízo do artigo 307.º do Tratado, por força dos acordos internacionais, tanto bilaterais como multilaterais.

ARTIGO 25.º **(Revogação)**
1 – Sem prejuízo do disposto no n.º 2 do artigo 26.º, os Regulamentos (CEE) n.º 4064/89 e (CE) n.º 1310/97 são revogados com efeitos a partir de 1 de Maio de 2004.

2 – As remissões para os regulamentos revogados devem entender-se como feitas para o presente regulamento e devem ser lidas de acordo com o quadro de correspondência que consta do anexo.

ARTIGO 26.º **(Entrada em vigor e disposições transitórias)**
1 – O presente regulamento entra em vigor 20 dias após o da sua publicação no *Jornal Oficial da União Europeia*.

O presente regulamento é aplicável a partir de 1 de Maio de 2004.

2 – O Regulamento (CEE) n.º 4064/89 continuará a aplicar-se às concentrações que tenham sido objecto de um acordo ou de um anúncio ou em que o controlo foi adquirido na acepção do n.º 1 do artigo 4.º desse regulamento antes da data de aplicação do presente regulamento, sob reserva, em especial, das disposições em matéria de aplicabilidade previstas nos n.ºs 2 e 3 do artigo 25.º do Regulamento (CEE) n.º 4064/89 e do artigo 2.º do Regulamento (CE) n.º 1310/97.

3 – No que diz respeito às concentrações a que é aplicável o presente regulamento por força da adesão, a data desta substituirá a data de aplicação do presente regulamento.

O presente regulamento é obrigatório em todos os seus elementos e directamente aplicável em todos os Estados membros.

Feito em Bruxelas, em 20 de Janeiro de 2004.

Pelo Conselho, O Presidente C. MCCREEVY.

ANEXO

Quadro de correspondência

Regulamento (CEE) n.º 4064/89	Presente regulamento
Artigo 1.º, n.ºs 1, 2 e 3	Artigo 1.º, n.ºs 1, 2 e 3
Artigo 1.º, n.º 4	Artigo 1.º, n.º 4
Artigo 1.º, n.º 5	Artigo 1.º, n.º 5
Artigo 2.º, n.º 1	Artigo 2.º, n.º 1
—	Artigo 2.º, n.º 2
Artigo 2.º, n.º 2	Artigo 2.º, n.º 3
Artigo 2.º, n.º 3	Artigo 2.º, n.º 4
Artigo 2.º, n.º 4	Artigo 1.º, n.º 4
Artigo 1.º, n.º 4	Artigo 2.º, n.º 5
Artigo 3.º, n.º 1	Artigo 3.º, n.º 1
Artigo 3.º, n.º 2	Artigo 3.º, n.º 4
Artigo 3.º, n.º 3	Artigo 3.º, n.º 2
Artigo 3.º, n.º 4	Artigo 3.º, n.º 3
—	Artigo 3.º, n.º 4
Artigo 3.º, n.º 5	Artigo 3.º, n.º 5
Artigo 4.º, n.º 1, primeiro período	Artigo 4.º, n.º 1, primeiro parágrafo
Artigo 4.º, n.º 1, segundo período	—
—	Artigo 4.º, n.º 1, segundo e terceiro parágrafo
Artigo 4.º, n.ºs 2 e 3	Artigo 4.º, n.ºs 2 e 3
—	Artigo 4.º, n.ºs 4 a 6
Artigo 5.º, n.ºs 1 a 3	Artigo 5.º, n.ºs 1 a 3
Artigo 5.º, n.º 4, proémio	Artigo 5.º, n.º 4, proémio
Artigo 5.º, n.º 4, alínea a)	Artigo 5.º, n.º 4, alínea a)
Artigo 5.º, n.º 4, alínea b), proémio	Artigo 5.º, n.º 4, alínea b), proémio
Artigo 5.º, n.º 4, alínea b), primeiro travessão	Artigo 5.º, n.º 4, alínea b), subalínea i)
Artigo 5.º, n.º 4, alínea b), segundo travessão	Artigo 5.º, n.º 4, alínea b), subalínea ii)
Artigo 5.º, n.º 4, alínea b), terceiro travessão	Artigo 5.º, n.º 4, alínea b), subalínea iii)
Artigo 5.º, n.º 4, alínea b), quarto travessão	Artigo 5.º, n.º 4, alínea b), subalínea iv)
Artigo 5.º, n.º 4, alínea c), d) e e)	Artigo 5.º, n.º 4, alínea c), d) e e)
Artigo 5.º, n.º 5	Artigo 5.º, n.º 5
Artigo 6.º, n.º 1, proémio	Artigo 6.º, n.º 1, proémio
Artigo 6.º, n.º 1, alínea a) e b)	Artigo 6.º, n.º 1, alínea a) e b)
Artigo 6.º, n.º 1, alínea c)	Artigo 6.º, n.º 1, alínea c), primeiro período
Artigo 6.º, n.ºs 2 a 5	Artigo 6.º, n.ºs 2 a 5
Artigo 7.º, n.º 1	Artigo 7.º, n.º 1
Artigo 7.º, n.º 3	Artigo 7.º, n.º 2
Artigo 7.º, n.º 4	Artigo 7.º, n.º 3
Artigo 7.º, n.º 5	Artigo 7.º, n.º 4
Artigo 8.º, n.º 1	Artigo 6.º, n.º 1 alínea c), segundo período
Artigo 8.º, n.º 2	Artigo 8.º, n.ºs 1e 2
Artigo 8.º, n.º 3	Artigo 8.º n.º 3

Regulamento (CEE) n.º 4064/89	Presente regulamento
Artigo 8.º, n.º 4	Artigo 8.º n.º 4
—	Artigo 8.º n.º 5
Artigo 8.º, n.º 5	Artigo 8.º n.º 6
Artigo 8.º, n.º 6	Artigo 8.º n.º 7
—	Artigo 8.º, n.º 8
Artigo 9.º, n.ºs 1 a 9	Artigo 9, n.ºs 1 a 9
Artigo 9.º, n.º 10	—
Artigo 10.º, n.ºs 1 e 2	Artigo 10.º, n.º 1 e 2
Artigo 10.º, n.º 3	Artigo 10.º, n.º 3, primeiro parágrafo, primeiro período
—	Artigo 10.º, n.º 3, primeiro parágrafo, segundo período
—	Artigo 10.º, n.º 3, segundo parágrafo
Artigo 10.º, n.º 4	Artigo 10.º, n.º 4, primeiro parágrafo
—	Artigo 10.º, n.º 4, segundo parágrafo
Artigo 10.º, n.º 5	Artigo 10.º, n.º 54, primeiro e quarto parágrafos
—	Artigo 10.º, n.º 5, segundo, terceiro e quinto parágrafos
Artigo 10.º, n.º 6	Artigo 10.º, n.º 6
Artigo 11.º, n.º 1	Artigo 11.º, n.º 1
Artigo 11.º, n.º 2	—
Artigo 11.º, n.º 3	Artigo 11.º, n.º 2
Artigo 11.º, n.º 4	Artigo 11.º, n.º 4, primeiro período
—	Artigo 11.º, n.º 4, segundo e terceiro período
Artigo 11.º, n.º 5, primeiro período	—
Artigo 11.º, n.º 5, segundo período	Artigo 11.º, n.º 3
Artigo 11.º, n.º 6	Artigo 11.º, n.º 5
—	Artigo 11.º, n.ºs 6 e 7
Artigo 12.º	Artigo 12.º
Artigo 13.º, n.º 1, primeiro parágrafo	Artigo 13.º, n.º 1
Artigo 13.º, n.º 1, segundo parágrafo, proémio	Artigo 13.º, n.º 2, proémio
Artigo 13.º, n.º 1, segundo parágrafo, alínea a)	Artigo 13.º, n.º 2, alínea b)
Artigo 13.º, n.º 1, segundo parágrafo, alínea b)	Artigo 13.º, n.º 2, alínea c)
Artigo 13.º, n.º 1, segundo parágrafo, alínea c)	Artigo 13.º, n.º 2, alínea e)
Artigo 13.º, n.º 1, segundo parágrafo, alínea d)	Artigo 13.º, n.º 2, alínea a)
—	Artigo 13.º, n.º 2, alínea d)
Artigo 13.º, n.º 2	Artigo 13.º, n.º 3
Artigo 13.º, n.º 3	Artigo 13.º, n.º 4, primeiro e segundo períodos
Artigo 13.º, n.º 4	Artigo 13.º, n.º 4, terceiro período
Artigo 13.º, n.º 5	Artigo 13.º, n.º 5, primeiro período
—	Artigo 13.º, n.º 5, segundo período
Artigo 13.º, n.º 6, primeiro período	Artigo 13.º, n.º 6
Artigo 13.º, n.º 6, segundo período	—
—	Artigo 13.º, n.ºs 7 e 8

Regulamento (CEE) n.º 4064/89	Presente regulamento
Artigo 14.º, n.º 1, proémio	Artigo 14.º, n.º 1, proémio
Artigo 14.º, n.º 1, alínea a)	Artigo 14.º, n.º 2, alínea a)
Artigo 14.º, n.º 1, alínea b)	Artigo 14.º, n.º 1, alínea a)
Artigo 14.º, n.º 1, alínea c)	Artigo 14.º, n.º 1, alíneas b) e c)
Artigo 14.º, n.º 1, alínea d)	Artigo 14.º, n.º 1, alínea d)
—	Artigo 14.º, n.º 1, alíneas e) e f)
Artigo 14.º, n.º 2, proémio	Artigo 14.º, n.º 2, proémio
Artigo 14.º, n.º 2, alínea a)	Artigo 14.º, n.º 2, alínea d)
Artigo 14.º, n.º 2, alíneas b) e c)	Artigo 14.º, n.º 2, alíneas b) e c)
Artigo 14.º, n.º 3	Artigo 14.º, n.º 3
Artigo 14.º, n.º 4	Artigo 14.º, n.º 4
Artigo 15.º, n.º 1, proémio	Artigo 15.º, n.º 1, proémio
Artigo 15.º, n.º 1, alíneas a) e b)	Artigo 15.º, n.º 1, alíneas a) e b)
Artigo 15.º, n.º 2, proémio	Artigo 15.º, n.º 1, proémio
Artigo 15.º, n.º 2, alínea a)	Artigo 15.º, n.º 1, alínea c)
Artigo 15.º, n.º 2, alínea b)	Artigo 15.º, n.º 1, alínea d)
Artigo 15.º, n.º 3	Artigo 15.º, n.º 2
Artigos 16.º a 20.º	Artigos 16.º a 20.º
Artigo 21.º, n.º 1	Artigo 21.º, n.º 2
Artigo 21.º, n.º 2	Artigo 21.º, n.º 3
Artigo 21.º, n.º 3	Artigo 21.º, n.º 4
Artigo 22.º, n.º 1	Artigo 21.º, n.º 1
Artigo 22.º, n.º 3	—
—	Artigo 22.º, n.ºs 1 a 3
Artigo 22.º, n.º 4	Artigo 21.º, n.º 4
Artigo 22.º, n.º 5	—
—	Artigo 22.º, n.º 5
Artigo 23.º	Artigo 23.º, n.º 1
—	Artigo 23.º, n.º 2
Artigo 24.º	Artigo 24.º
—	Artigo 25.º
Artigo 25.º, n.º 1	Artigo 26.º, n.º 1, primeiro parágrafo
—	Artigo 26.º, n.º 1, segundo parágrafo
Artigo 25.º, n.º 2	Artigo 26.º, n.º 2
Artigo 25.º, n.º 3	Artigo 26.º, n.º 3
—	Anexo

EXECUÇÃO DO REGULAMENTO DAS CONCENTRAÇÕES

Regulamento (CE) n.º 802/2004*

A COMISSÃO DAS COMUNIDADES EUROPEIAS,

Tendo em conta o Tratado que institui a Comunidade Europeia,
Tendo em conta o Acordo sobre o Espaço Económico Europeu,
Tendo em conta o Regulamento (CE) n.º 139/2004 do Conselho, de 20 de Janeiro de 2004, relativo ao controlo das concentrações de empresas[1] (Regulamento das concentrações comunitárias), e, nomeadamente, o n.º 1 do seu artigo 23.º,
Tendo em conta o Regulamento (CEE) n.º 4064/89 do Conselho, de 21 de Dezembro de 1989, relativo ao controlo das operações de concentração de empresas[2], com a última redacção que lhe foi dada pelo Regulamento (CE) n.º 1310/97[3], e, nomeadamente, o seu artigo 23.º, Após consulta do Comité Consultivo,
Considerando o seguinte:

(1) O Regulamento (CEE) n.º 4064/89 do Conselho, de 21 de Dezembro de 1989, relativo ao controlo das operações de concentração de empresas foi reformulado, tendo sido introduzidas alterações substanciais em diversas das suas disposições.

(2) O Regulamento (CE) n.º 447/98 da Comissão, de 1 de Março de 1998, relativo às notificações, prazos e audições previstos no Regulamento (CEE) n.º 4064/89 do Conselho relativo ao controlo das operações de concentração de empresas[4] deve ser modificado por forma a tomar em consideração tais alterações. Por conseguinte, com uma preocupação de clareza, deve ser revogado e substituído por um novo regulamento.

(3) A Comissão adoptou medidas relativas às funções dos Auditores em certos processos de concorrência.

(4) O Regulamento (CE) n.º 139/2004 baseia-se no princípio da notificação obrigatória das concentrações previamente à sua realização. Por um lado, a notificação tem importantes consequências jurídicas favoráveis para as partes na concentração projectada,

---

* Regulamento (CE) n.º 802/2004 da Comissão, de 7 de Abril de 2004, de execução do Regulamento (CE) n.º 139/2004 do Conselho relativo ao controlo das concentrações de empresas (Texto relevante para efeitos do EEE) – JO, L 133, de 30.4.2004, pp. 1.

[1] JO, L 24, de 29.1.2004, p. 1.
[2] JO, L 395, de 30.12.1989, p. 1.
[3] JO, L 180, de 9.7.1997, p. 1.
[4] JO, L 61, de 2.3.1998, p. 1. Regulamento com a redacção que lhe foi dada pelo Acto de Adesão de 2003.

enquanto, por outro, o não cumprimento da obrigação de notificação é passível de coimas e pode acarretar consequências negativas para as partes em termos de direito civil. É assim necessário, por razões de segurança jurídica, definir com precisão o objecto e o conteúdo das informações a fornecer na notificação.

(5) Cabe às partes notificantes transmitir à Comissão, de modo completo e exacto, os factos e circunstâncias relevantes para a tomada de uma decisão sobre a concentração notificada.

(6) O Regulamento (CE) n.º 139/2004 concede igualmente às empresas em causa a possibilidade de solicitarem, através de um memorando fundamentado anterior à notificação, a remessa do processo de concentração que preencha os requisitos daquele regulamento à Comissão por um ou vários Estados-Membros, ou a remessa a um ou vários Estados Membros pela Comissão, consoante o caso. É importante fornecer à Comissão e às autoridades competentes dos Estados-Membros em causa informações suficientes que lhes permitam decidir, num prazo curto, se devem ou não proceder a tal remessa.

Para o efeito, o memorando fundamentado em que a remessa é solicitada deve incluir determinadas informações específicas.

(7) É conveniente prever a utilização de um formulário a fim de simplificar e acelerar o exame das notificações e dos memorandos fundamentados.

(8) Uma vez que nos termos do Regulamento (CE) n.º 139/2004, os prazos legais começam a correr a partir da notificação, é também necessário fixar as condições em que estes são fixados e a data em que produzem efeitos.

(9) É necessário, no interesse da segurança jurídica, estabelecer as regras aplicáveis ao cálculo dos prazos fixados no Regulamento (CE) n.º 139/2004. Em especial, devem ser determinados o início e o termo dos prazos e as circunstâncias que determinam a sua suspensão, tomando devidamente em consideração as exigências resultantes dos prazos legais excepcionalmente curtos dos processos.

(10) As disposições relativas aos processos da Comissão devem ser de natureza a garantir plenamente o direito de audição e os direitos de defesa. Para este efeito, a Comissão deve estabelecer uma distinção entre as partes que notificam a concentração, os outros interessados directos no projecto de concentração, os terceiros e os interessados relativamente aos quais a Comissão tenciona tomar uma decisão de aplicação de coima ou de sanções pecuniárias compulsórias.

(11) A Comissão deve dar às partes notificantes e aos outros interessados directos no projecto de concentração, que apresentem um pedido nesse sentido, a possibilidade de, antes da notificação, debaterem informalmente e a título estritamente confidencial a operação de concentração projectada. Por outro lado, após a notificação, a Comissão deve manter um contacto estreito com essas partes e outros interessados directos, na medida do necessário para com eles examinar e, se possível, resolver por acordo mútuo, os problemas práticos ou jurídicos que possa ter detectado aquando do exame preliminar do processo.

(12) Em conformidade com o princípio do respeito dos direitos de defesa, é necessário assegurar às partes notificantes a possibilidade de apresentarem as suas observações em relação a todas as objecções que a Comissão tenciona tomar em consideração nas suas decisões. Os outros interessados directos na concentração projectada devem igualmente ser informados das objecções da Comissão e ser-lhes dada oportunidade de apresentarem observações.

(13) É igualmente necessário conceder a terceiros que comprovem ter um interesse

suficiente a oportunidade de apresentarem observações, quando fizerem um pedido por escrito nesse sentido.

(14) É desejável que todas as pessoas com direito a apresentar observações o façam por escrito, tanto no seu próprio interesse, como no interesse da boa administração, sem prejuízo, se for caso disso, do direito de solicitarem uma audição oral formal destinada a completar as suas observações escritas. Em caso de urgência, a Comissão deve, todavia, ter a possibilidade de proceder imediatamente a audições orais formais das partes notificantes, outros interessados directos ou terceiros.

(15) É necessário precisar os direitos das pessoas que devem ser ouvidas, a medida em que o acesso ao processo da Comissão lhes deve ser facultado e os termos em que podem fazer-se representar ou assistir.

(16) Ao facultar o acesso ao processo, a Comissão deve garantir a protecção dos segredos comerciais e de outras informações confidenciais. A Comissão deve poder solicitar às empresas que apresentaram documentos ou declarações que identifiquem as informações confidenciais.

(17) Com vista a permitir à Comissão efectuar uma apreciação adequada dos compromissos propostos pelas partes notificantes destinados a tornar a operação de concentração compatível com o mercado comum e assegurar uma consulta apropriada dos outros interessados directos, dos terceiros e das autoridades dos Estados Membros, tal como previsto no Regulamento (CE) n.º 139/2004, em especial nos n.ºs 1 e 4 do artigo 18.º e nos n.ºs 1, 2, 3 e 5 do artigo 19.º, deve estabelecer-se o procedimento e os prazos para apresentar esses compromissos, tal como previsto no n.º 2 do artigo 6.º e no n.º 2 do artigo 8.º do mesmo regulamento.

(18) É igualmente necessário definir as regras aplicáveis a determinados prazos fixados pela Comissão.

(19) O Comité Consultivo em matéria de operações de concentração de empresas deve emitir um parecer com base num anteprojecto de decisão. O comité deve assim ser consultado sobre um processo uma vez terminada a respectiva instrução. No entanto, a consulta não obsta a que, se necessário, a Comissão venha a reabrir ulteriormente a sua instrução,

ADOPTOU O PRESENTE REGULAMENTO:

CAPÍTULO I Âmbito de aplicação

ARTIGO 1.º (Âmbito de aplicação)

O presente regulamento é aplicável ao controlo das concentrações realizado nos termos do Regulamento (CE) n.º 139/2004.

CAPÍTULO II
Notificações e outros memorandos

ARTIGO 2.º (Pessoas com legitimidade para apresentar notificações)

1 – As notificações serão apresentadas pelas pessoas ou empresas referidas no n.º 2 do artigo 4.º do Regulamento (CE) n.º 139/2004.

2 – Quando as notificações forem assinadas por representantes de pessoas ou de empresas, estes devem provar através de documento escrito os seus poderes de representação.

3 – As notificações conjuntas serão apresentadas por um representante comum, com poderes para enviar e receber documentos em nome de todas as partes notificantes.

ARTIGO 3.º (**Apresentação das notificações**)

1 – As notificações serão apresentadas na forma indicada no formulário CO, cujo modelo consta do anexo I. Nas condições previstas no anexo II, as notificações podem ser apresentadas num formulário simplificado, de acordo com o definido nesse anexo. Em caso de notificação conjunta deve ser utilizado um único formulário.

2 – Serão enviados à Comissão um original e 35 cópias do formulário CO e de todos os documentos de apoio. A notificação será enviada para o endereço referido no n.º 1 do artigo 23.º do presente regulamento no formato especificado pela Comissão.

3 – Os documentos de apoio podem ser enviados em original ou cópia; neste último caso, as partes notificantes declararão que estas são verdadeiras e completas.

4 – As notificações serão efectuadas numa das línguas oficiais da Comunidade. Esta língua constituirá a língua do processo em relação às partes notificantes, bem como de quaisquer processos subsequentes relacionados com a mesma concentração. Os documentos de apoio serão enviados na sua língua original. Se a língua original não for uma das línguas oficiais da Comunidade, será anexada uma tradução na língua do processo.

5 – Quando as notificações forem efectuadas nos termos do artigo 57.º do Acordo sobre o Espaço Económico Europeu, podem igualmente ser feitas numa das línguas oficiais dos Estados da EFTA ou na língua de trabalho do Órgão de Fiscalização da EFTA. Caso a língua escolhida para as notificações não seja uma língua oficial da Comunidade, as partes notificantes farão simultaneamente acompanhar toda a documentação de uma tradução numa língua oficial da Comunidade. A língua escolhida para a tradução determinará a língua utilizada pela Comissão como língua do processo para as partes notificantes.

ARTIGO 4.º (**Informações a prestar e documentos a apresentar**)

1 – As notificações conterão as informações, incluindo os documentos, exigidas nos formulários aplicáveis constantes dos anexos. As informações devem ser exactas e completas.

2 – A Comissão pode dispensar da obrigação de prestar uma determinada informação na notificação, incluindo documentos, ou qualquer outro requisito especificado nos Anexos I e II do presente regulamento, se considerar que o cumprimento destas obrigações ou requisitos não é necessário para a apreciação do caso.

3 – A Comissão acusará imediatamente por escrito às partes notificantes

ou aos seus representantes a recepção da notificação e das respostas a ofícios da Comissão enviados nos termos dos n.ºs 2 e 3 do artigo 5.º.

ARTIGO 5.º (Data em que a notificação produz efeitos)

1 – Sem prejuízo do disposto nos n.ºs 2, 3 e 4, as notificações produzem efeitos na data da sua recepção pela Comissão.

2 – Se as informações, incluindo documentos, que constam da notificação estiverem materialmente incompletas, a Comissão informará imediatamente as partes notificantes ou os seus representantes por escrito. Neste caso, a notificação produzirá efeitos na data de recepção das informações completas pela Comissão.

3 – Quaisquer alterações de carácter material dos factos constantes da notificação, reveladas após a notificação, de que os seus autores tomem ou devessem ter tomado conhecimento, ou quaisquer informações reveladas após a notificação de que as partes tomem ou devessem ter tomado conhecimento e que deveriam ter sido notificadas se fossem conhecidas na altura da notificação, devem ser comunicadas à Comissão imediatamente. Nesses casos, quando essas alterações de carácter material ou novas informações forem susceptíveis de produzir um efeito significativo na apreciação da concentração, a notificação pode ser considerada como produzindo efeitos na data de recepção, pela Comissão, das informações relevantes; a Comissão informará do facto as partes notificantes ou os seus representantes, imediatamente e por escrito.

4 – As informações inexactas ou deturpadas serão consideradas como informações incompletas.

5 – Sempre que a Comissão publicar, em conformidade com o n.º 3 do artigo 4.º do Regulamento (CE) n.º 139/2004, o facto da notificação, especificará a data em que a notificação foi recebida. Sempre que na sequência da aplicação dos n.ºs 2, 3 e 4 do presente artigo, a data de produção de efeitos da notificação for posterior à data especificada nesta publicação, a Comissão procederá a uma nova publicação em que mencionará a data posterior.

ARTIGO 6.º (Disposições específicas relativas aos memorandos fundamentados, notificações complementares e certificações)

1 – Os memorandos fundamentados, na acepção dos n.ºs 4 e 5 do artigo 4.º do Regulamento (CE) n.º 139/2004, devem conter as informações, incluindo documentos, exigidas no anexo III do presente Regulamento.

2 – O artigo 2.º, o terceiro período do n.º 1 e os n.ºs 2 a 5 do artigo 3.º, o artigo 4.º, o n.º 1, o primeiro período do n.º 2 e os n.ºs 3 e 4 do artigo 5.º e os artigos 21.º e 23.º do presente regulamento aplicam-se *mutatis mutandis* aos memorandos fundamentados nos termos dos n.ºs 4 e 5 do artigo 4.º do Regulamento (CE) n.º 139/2004.

O artigo 2.º, terceiro período do n.º 1 e os n.ºs 2 a 5 do artigo 3.º, o artigo 4.º, os n.ºs 1 a 4 do artigo 5.º e os artigos 21.º e 23.º do presente regulamento aplicam--se *mutatis mutandis* às notificações complementares e certificações nos termos do n.º 5 do artigo 10.º do Regulamento (CE) n.º 139/2004.

CAPÍTULO III Prazos

ARTIGO 7.º (Início do prazo)

Os prazos começam a correr no dia útil, tal como definido no artigo 24.º do presente regulamento, seguinte ao dia da ocorrência do acontecimento a que faz referência a disposição relevante do Regulamento (CE) n.º 139/2004 do Conselho.

ARTIGO 8.º (Termo do prazo)

Um prazo calculado em dias úteis termina no final do seu último dia útil.

Um prazo fixado pela Comissão em termos de uma data termina no final do dia correspondente.

ARTIGO 9.º (Suspensão do prazo)

1 – Os prazos referidos no n.º 4 do artigo 9.º e nos n.ºs 1 e 3 do artigo 10.º do Regulamento (CE) n.º 139/2004 ficam suspensos sempre que a Comissão tiver de tomar uma decisão nos termos do n.º 3 do artigo 11.º ou do n.º 4 do artigo 13.º desse regulamento, devido ao facto de:

a) Uma informação solicitada pela Comissão, nos termos do n.º 2 do artigo 11.º do Regulamento (CE) n.º 139/2004, a uma das partes notificantes ou a outro interessado directo, tal como definidos no artigo 11.º do presente regulamento, não ter sido prestada ou o ter sido de forma incompleta no prazo fixado pela Comissão;

b) Uma informação solicitada pela Comissão, nos termos do n.º 2 do artigo 11.º do Regulamento (CE) n.º 139/2004, a um terceiro, tal como definido no artigo 11.º do presente regulamento, não ter sido prestada ou o ter sido de forma incompleta no prazo fixado pela Comissão, devido a circunstâncias imputáveis a uma das partes notificantes ou a outro interessado directo, tal como definidos no artigo 11.º do presente regulamento;

c) Uma das partes notificantes ou outro interessado directo, tal como definidos no artigo 11.º do presente regulamento, ter recusado sujeitar-se a uma inspecção considerada necessária pela Comissão nos termos do n.º 1 do artigo 13.º do Regulamento (CE) n.º 139/2004 ou ter recusado colaborar nessa inspecção em conformidade com o n.º 2 do artigo 13.º do mesmo regulamento;

d) As partes notificantes não terem comunicado à Comissão alterações de carácter material dos factos constantes da notificação ou quaisquer novas informações do tipo referido no n.º 3 do artigo 5.º do presente regulamento.

2 – Os prazos referidos no n.º 4 do artigo 9.º e nos n.ºs 1 e 3 do artigo 10.º do Regulamento (CE) n.º 139/2004 ficam suspensos nos casos em que a Comissão tiver de adoptar uma decisão nos termos do n.º 3 do artigo 11.º desse regulamento, sem enviar previamente um simples pedido de informações, devido a circunstâncias imputáveis a uma das empresas envolvidas na concentração.

3 – Os prazos referidos no n.º 4 do artigo 9.º e nos n.ºs 1 e 3 do artigo 10.º do Regulamento (CE) n.º 139/2004 ficam suspensos:

a) Nos casos referidos nas alíneas *a*) e *b*) do n.º 1, durante o período compreendido entre o termo do prazo fixado no simples pedido de informações e a recepção de informações completas e exactas solicitadas por via de decisão;

b) Nos casos referidos na alínea *c*) do n.º 1, durante o período compreendido entre a tentativa malograda de inspecção e o final da inspecção ordenada por via de decisão;

c) Nos casos referidos na alínea *d*) do n.º 1, durante o período compreendido entre a ocorrência das alterações nos factos constantes da notificação e a recepção das informações completas e exactas;

d) Nos casos referidos no n.º 2, durante o período compreendido entre o termo do prazo fixado na decisão e a recepção das informações completas e exactas solicitadas por via de decisão.

4 – A suspensão do prazo tem início no dia útil seguinte ao da ocorrência da causa da suspensão. A suspensão do prazo cessa no final do dia do desaparecimento da causa da suspensão. Se esse dia não for um dia útil, a suspensão do prazo cessa no final do dia útil seguinte.

ARTIGO 10.º (**Cumprimento dos prazos**)

1 – Os prazos referidos no quarto parágrafo do n.º 4 do artigo 4.º, no n.º 4 do artigo 9.º, nos n.ºs 1 e 3 do artigo 10.º e no n.º 3 do artigo 22.º do Regulamento (CE) n.º 139/2004 consideram-se cumpridos se a Comissão tomar a sua decisão antes do termo do prazo.

2. Os prazos referidos no segundo parágrafo do n.º 4 e no terceiro parágrafo do n.º 5 do artigo 4.º, no n.º 2 do artigo 9.º e no segundo parágrafo do n.º 1 e no segundo parágrafo do n.º 2 do artigo 22.º do Regulamento (CE) n.º 139/2004 consideram-se cumpridos pelo Estado-Membro em causa se esse Estado-Membro informar a Comissão, por escrito, ou apresentar ou associar-se a um pedido por escrito, consoante o caso, antes do termo do prazo.

3 – O prazo referido no n.º 6 do artigo 9.º do Regulamento (CE) n.º 139/2004 considera-se cumprido se a autoridade competente do Estado-Membro em causa informar as empresas em questão de acordo com o estabelecido nessa disposição, antes do termo do prazo.

CAPÍTULO IV **Exercício do direito de ser ouvido; audições**

ARTIGO 11.º (**Interessados a ouvir**)

Para efeitos do direito de ser ouvido, previsto no artigo 18.º do Regulamento (CE) n.º 139/2004, é estabelecida a distinção entre os seguintes interessados:

a) Partes notificantes, ou seja, pessoas ou empresas que apresentem uma notificação nos termos do n.º 2 do artigo 4.º do Regulamento (CE) n.º 139/2004;

b) Outros interessados directos, ou seja, partes no projecto de concentração que não as partes notificantes, tais como o vendedor ou a empresa objecto da concentração;

c) Terceiros, ou seja, pessoas singulares ou colectivas, incluindo clientes, fornecedores e concorrentes que comprovem ter um interesse suficiente, na acepção do segundo período do n.º 4 do artigo 18.º do Regulamento (CE) n.º 139/2004, o que acontece nomeadamente no caso de:

– membros dos órgãos de administração ou de gestão das empresas em causa ou representantes reconhecidos dos seus trabalhadores;

– associações de consumidores, no caso de a concentração projectada dizer respeito a produtos ou serviços utilizados por consumidores finais;

d) Interessados relativamente aos quais a Comissão tenciona tomar uma decisão ao abrigo dos artigos 14.º ou 15.º do Regulamento (CE) n.º 139/2004.

ARTIGO 12.º (**Decisões relativas à suspensão de concentrações**)

1 – Se pretender tomar uma decisão nos termos do n.º 3 do artigo 7.º do Regulamento (CE) n.º 139/2004 que prejudique os interesses de um ou mais interessados, a Comissão notificará, nos termos do n.º 1 do artigo 18.º do referido regulamento, as partes notificantes e os outros interessados directos das suas objecções por escrito, fixando-lhes um prazo para apresentarem observações.

2 – Se, nos termos do n.º 2 do artigo 18.º do Regulamento (CE) n.º 139/2004, tiver tomado a título provisório uma decisão referida no n.º 1 do presente artigo, sem ter dado previamente às partes notificantes e outros interessados directos a possibilidade de apresentarem observações, a Comissão notificar-lhes-á imediatamente o texto da decisão provisória e fixar-lhes-á um prazo para apresentarem as suas observações.

3 – Depois de as partes notificantes e outros interessados directos terem apresentado observações, a Comissão tomará uma decisão definitiva, através da qual revogará, alterará ou confirmará a sua decisão provisória. Se as partes notificantes e outros interessados directos não tiverem apresentado observações por escrito no prazo que lhes tiver sido fixado, a decisão provisória da Comissão tornar-se-á definitiva no termo desse prazo.

ARTIGO 13.º (**Decisões sobre as questões de fundo**)

1 – Se tencionar tomar uma decisão nos termos do n.º 3 do artigo 6.º ou dos n.ºs 2 a 6 do artigo 8.º do Regulamento (CE) n.º 139/2004, a Comissão procederá, antes de consultar o Comité Consultivo em matéria de operações de concentração de empresas, a uma audição dos interessados em conformidade com o disposto nos n.ºs 1 e 3 do artigo 18.º desse regulamento.

O n.º 2 do artigo 12.º do presente regulamento é aplicável *mutatis mutandis* sempre que, em conformidade com o n.º 2 do artigo 18.º do Regulamento (CE) n.º 139/2004, a Comissão tiver tomado uma decisão nos termos do n.º 5 do artigo 8.º desse regulamento a título provisório.

2 – A Comissão comunicará por escrito às partes notificantes as suas objecções. Na comunicação de objecções, a Comissão fixará um prazo durante o qual as partes notificantes têm a possibilidade de lhe apresentar as suas observações por escrito. A Comissão notificará as suas objecções aos outros interessados directos.

A Comissão fixará igualmente um prazo durante o qual os outros interessados directos têm a possibilidade de lhe apresentar as suas observações por escrito.

A Comissão não é obrigada a tomar em consideração observações recebidas após o termo do prazo que tiver fixado.

3 – Os interessados a quem tiverem sido notificadas as objecções da Comissão ou que tiverem sido informados dessas objecções apresentarão as suas observações por escrito no prazo fixado. Nas suas observações escritas podem expor todos os factos e questões do seu conhecimento relevantes para a sua defesa e devem juntar todos os documentos adequados para provar os factos invocados. Podem igualmente propor que a Comissão ouça pessoas susceptíveis de confirmar os factos invocados. As suas observações devem ser enviadas à Comissão em original e 10 cópias, para o endereço da Direcção-Geral da Concorrência da Comissão. Deve também ser enviada para o mesmo endereço uma cópia electrónica no formato especificado pela Comissão. A Comissão enviará o mais rapidamente possível cópias dessas observações escritas às autoridades competentes dos Estados-Membros.

4 – Se tencionar tomar uma decisão nos termos do artigo 14.º ou do artigo 15.º do Regulamento (CE) n.º 139/2004 a Comissão procederá, antes de consultar o Comité Consultivo em matéria de operações de concentração de empresas, a uma audição, nos termos dos n.ºs 1 e 3 do artigo 18.º do referido regulamento, dos interessados relativamente aos quais tenciona tomar tal decisão.

É aplicável, *mutatis mutandis*, o processo previsto no primeiro e segundo parágrafos do n.º 2 e no n.º 3.

ARTIGO 14.º (**Audições orais**)

1 – Se tencionar tomar uma decisão nos termos do n.º 3 do artigo 6.º ou dos n.ºs 2 a 6 do artigo 8.º do Regulamento (CE) n.º 139/2004, a Comissão dará às partes notificantes que o tenham solicitado nas suas observações escritas a oportunidade de apresentarem os seus argumentos numa audiçao oral formal.

Pode igualmente dar às partes notificantes, noutras fases do processo, a possibilidade de apresentarem observações orais.

2 – Se tencionar tomar uma decisão nos termos do n.º 3 do artigo 6.º ou dos n.ºs 2 a 6 do artigo 8.º do Regulamento (CE) n.º 139/2004, a Comissão dará aos outros interessados directos que o tenham solicitado nas suas observações escritas a oportunidade de apresentarem os seus argumentos numa audição oral formal. Pode igualmente dar aos outros interessados directos, noutras fases do processo, a possibilidade de apresentarem observações orais.

3 – Se tencionar tomar uma decisão nos termos dos artigos 14.º ou 15.º do Regulamento (CE) n.º 139/2004, a Comissão dará aos interessados relativamente

aos quais tenciona aplicar uma coima ou uma sanção pecuniária compulsória, que o tenham solicitado nas suas observações escritas, a oportunidade de apresentarem os seus argumentos numa audição oral formal.

Pode igualmente dar a estes interessados, noutras fases do processo, a possibilidade de apresentarem observações orais.

ARTIGO 15.º (**Realização de audições orais formais**)

1 – As audições orais formais serão conduzidas pelo Auditor com total independência.

2 – A Comissão convocará as pessoas que vão ser ouvidas a comparecer na audição oral formal na data que determinar para o efeito.

3 – A Comissão convidará as autoridades competentes dos Estados-Membros a estarem presentes na audição oral formal.

4 – As pessoas convidadas a estar presentes podem comparecer pessoalmente ou fazer-se representar, consoante o caso, pelos seus representantes legais ou estatutários. As empresas e associações de empresas podem também ser representadas por um mandatário devidamente habilitado, designado de entre o seu pessoal permanente.

5 – As pessoas ouvidas pela Comissão podem ser assistidas pelos seus advogados ou por outras pessoas qualificadas e devidamente habilitadas, aceites pelo Auditor.

6 – As audições orais formais não são públicas. As pessoas podem ser ouvidas separadamente ou na presença de outras pessoas convocadas, tendo em consideração os legítimos interesses das empresas na protecção dos seus segredos comerciais e de outras informações confidenciais.

7 – O Auditor pode permitir que os interessados na acepção do artigo 11.º, os serviços da Comissão e as autoridades competentes dos Estados-Membros façam perguntas durante a audição oral formal.

O Auditor pode realizar uma reunião preparatória com os interessados e os serviços da Comissão, a fim de facilitar a organização eficiente da audição oral formal.

8 – As declarações de cada pessoa ouvida serão registadas.

Mediante pedido, o registo da audição oral formal será disponibilizado às pessoas que tiverem participado na audição. Deve ser tido em consideração o legítimo interesse das empresas na protecção dos seus segredos comerciais e de outras informações confidenciais.

ARTIGO 16.º (**Audição de terceiros**)

1 – Sempre que terceiros solicitarem por escrito ser ouvidos, nos termos do segundo período do n.º 4 do artigo 18.º do Regulamento (CE) n.º 139/2004, a Comissão notificá-los-á da natureza e objecto do processo, fixando-lhes um prazo para apresentarem observações.

2 – Os terceiros referidos no n.º 1 apresentarão as suas observações por escrito, no prazo fixado. A Comissão pode, se for caso disso, dar oportunidade aos

terceiros que o tenham solicitado nas suas observações escritas de participarem numa audição formal. Pode igualmente dar a esses terceiros, noutros casos, a possibilidade de apresentarem observações orais.

3 – A Comissão pode também convidar outras pessoas singulares ou colectivas a apresentarem observações por escrito ou oralmente, incluindo numa audição oral formal.

CAPÍTULO V Acesso ao processo e tratamento de informações confidenciais

ARTIGO 17.º (**Acesso ao processo e utilização de documentos**)

1 – Mediante pedido, a Comissão facultará o acesso ao processo às partes a quem foi enviada uma comunicação de objecções a fim de lhes permitir exercer os direitos de defesa. O acesso será facultado após notificação da comunicação de objecções.

2 – Mediante pedido, a Comissão facultará igualmente o acesso ao processo aos outros interessados directos que tiverem sido informados das objecções, na medida em que tal seja necessário para efeitos da elaboração das suas observações.

3 – O direito de acesso ao processo não abrange as informações confidenciais ou documentos internos da Comissão ou das autoridades competentes dos Estados Membros. O direito de acesso ao processo também não abrange a correspondência entre a Comissão e as autoridades competentes dos Estados Membros ou entre estas últimas.

4 – Os documentos obtidos através do acesso ao processo nos termos do presente artigo só podem ser utilizados para efeitos do processo relevante, em conformidade com o Regulamento (CE) n.º 139/2004.

ARTIGO 18.º (**Informações confidenciais**)

1 – As informações, incluindo documentos, não serão comunicadas pela Comissão nem esta facultará o acesso a tais informações se contiverem segredos comerciais ou outras informações confidenciais, cuja divulgação a Comissão não considere necessária para efeitos do processo.

2 – Qualquer pessoa que apresente observações nos termos dos artigos 12.º, 13.º e 16.º do presente regulamento, que forneça informações nos termos do artigo 11.º do Regulamento (CE) n.º 139/2004 ou que apresente posteriormente outras informações à Comissão no âmbito do mesmo processo deve identificar claramente quaisquer dados que considere confidenciais, apresentando a respectiva justificação, e fornecer uma versão não confidencial em separado até ao final do prazo estabelecido pela Comissão.

3 – Sem prejuízo do disposto no n.º 2, a Comissão pode solicitar às pessoas referidas no artigo 3.º do Regulamento (CE) n.º 139/2004 e às empresas e associações de empresas que apresentem ou tenham apresentado documentos ou declarações nos termos do Regulamento (CE) n.º 139/2004, que identifiquem os

documentos ou partes dos documentos que entendam conter segredos comerciais ou outras informações confidenciais que lhes pertençam, bem como que identifiquem as empresas relativamente às quais esses documentos devem ser considerados confidenciais.

A Comissão pode, do mesmo modo, solicitar às pessoas referidas no artigo 3.º do Regulamento (CE) n.º 139/2004, às empresas e às associações de empresas que identifiquem as eventuais partes de uma comunicação de objecções, de um resumo do processo ou de uma decisão tomada pela Comissão que, no seu entender, contenham segredos comerciais.

Sempre que sejam identificados segredos comerciais ou outras informações confidenciais, as pessoas, empresas e associações de empresas devem apresentar a respectiva justificação e fornecer uma versão não confidencial em separado no prazo fixado pela Comissão.

CAPÍTULO VI Compromissos propostos pelas empresas em causa

ARTIGO 19.º (Prazos para apresentação de compromissos)

1 – Os compromissos propostos pelas empresas em causa nos termos do n.º 2 do artigo 6.º do Regulamento (CE) n.º 139/2004 devem ser apresentados à Comissão no prazo de 20 dias úteis a contar da data de recepção da notificação.

2 – Os compromissos propostos pelas empresas em causa nos termos do n.º 2 do artigo 8.º do Regulamento (CE) n.º 139/2004 devem ser apresentados à Comissão no prazo de 65 dias úteis a contar da data de início do processo.

Nos casos em que, nos termos do segundo parágrafo do n.º 3 do artigo 10.º do Regulamento (CE) n.º 139/2004, for alargado o prazo para a adopção de uma decisão nos termos dos n.ºs 1, 2 e 3 do artigo 8.º, o prazo de 65 dias úteis para a apresentação de compromissos é automaticamente prorrogado pelo mesmo número de dias úteis.

A Comissão pode, em circunstâncias excepcionais, aceitar compromissos propostos após o termo do prazo previsto para a sua apresentação, nos termos do presente número, desde que seja respeitado o procedimento previsto no n.º 5 do artigo 19.º do Regulamento (CE) n.º 139/2004.

3 – Os artigos 7.º, 8.º e 9.º são aplicáveis *mutatis mutandis*.

ARTIGO 20.º (Procedimento para apresentação de compromissos)

1 – Os compromissos propostos pelas empresas em causa, nos termos do n.º 2 do artigo 6.º ou do n.º 2 do artigo 8.º do Regulamento (CE) n.º 139/2004, devem ser apresentados num original e 10 cópias, sendo enviados à Comissão para o endereço da Direcção-Geral da Concorrência. Deve também ser enviada para o mesmo endereço uma cópia electrónica no formato especificado pela Comissão. A Comissão enviará o mais rapidamente possível cópias destes compromissos às autoridades competentes dos Estados Membros.

2 – Na proposta de compromissos nos termos do n.º 2 do artigo 6.º ou do n.º 2 do artigo 8.º do Regulamento (CE) n.º 139/2004, as empresas em causa devem simultaneamente identificar de forma clara quaissuer informações que considerem confidenciais, apresentando a respectiva justificação, e fornecer uma versão não confidencial em separado.

CAPÍTULO VII Disposições diversas

ARTIGO 21.º (Envio de documentos)

1 – O envio de documentos e de convocatórias aos destinatários por parte da Comissão pode ser efectuado por qualquer das seguintes formas:

e) Entrega em mão mediante recibo;
f) Carta registada com aviso de recepção;
g) Fax, com pedido de aviso de recepção;
h) Telex;
i) Correio electrónico com pedido de aviso de recepção.

2 – Salvo disposto em contrário no presente regulamento, o n.º 1 é igualmente aplicável ao envio de documentos à Comissão pelas partes notificantes, por outros interessados directos ou por terceiros.

3 – No caso de envio de documentos por telex, por fax ou por correio electrónico, presume-se que são recebidos pelo seu destinatário na data da sua expedição.

ARTIGO 22.º (Fixação dos prazos)

Para efeitos da fixação dos prazos previstos nos n.ºs 1 e 2 do artigo 12.º, no n.º 2 do artigo 13.º e no n.º 1 do artigo 16.º, a Comissão tomará em consideração o tempo necessário para a elaboração das respostas e a urgência do caso. Terá igualmente em consideração os dias úteis, bem como os dias feriados legais no país de recepção da comunicação da Comissão.

Os prazos serão determinados em termos de uma data exacta.

ARTIGO 23.º (Recepção de documentos pela Comissão)

1 – Nos termos do disposto no n.º 1 do artigo 5.º do presente regulamento, as notificações devem ser entregues à Comissão no endereço da Direcção-Geral da Concorrência, publicado pela Comissão no *Jornal Oficial da União Europeia*.

2 – As informações suplementares solicitadas para completar as notificações devem ser recebidas pela Comissão no endereço mencionado no n.º 1.

3 – As observações escritas sobre as comunicações da Comissão referidas nos n.ºs 1 e 2 do artigo 12.º, no n.º 2 do artigo 13.º e no n.º 1 do artigo 16.º do presente regulamento devem ser recebidas pela Comissão no endereço mencionado no n.º 1 antes de terminado o prazo fixado em cada caso.

ARTIGO 24.º **(Definição de dias úteis)**
A expressão «dias úteis» mencionada no Regulamento (CE) n.º 139/2004 e no presente regulamento refere-se a todos os dias com excepção dos sábados, domingos e outros dias feriados da Comissão, publicados no *Jornal Oficial da União Europeia* antes do início de cada ano.

ARTIGO 25.º **(Revogação e disposição transitória)**
1 – Sem prejuízo do disposto nos n.ºs 2 e 3, o Regulamento (CE) n.º 447/98 é revogado com efeitos a partir de 1 de Maio de 2004.

As remissões para o regulamento revogado devem entender-se como feitas para o presente regulamento.

2 – O Regulamento (CE) n.º 447/98 continua a ser aplicável às concentrações abrangidas pelo âmbito de aplicação do Regulamento (CEE) n.º 4064/89.

3 – Para efeitos do n.º 2, as secções 1 a 12 do anexo do Regulamento (CE) n.º 447/98 são substituídas pelas secções 1 a 11 do anexo I do presente regulamento. Nestes casos, as remissões feitas nestas secções para o Regulamento das concentrações comunitárias e para o Regulamento de execução devem entender-se como feitas para as disposições correspondentes do Regulamento (CEE) n.º 4064/89 e do Regulamento (CE) n.º 447/98, respectivamente.

ARTIGO 26.º **(Entrada em vigor)**
O presente regulamento entra em vigor em 1 de Maio de 2004.

O presente regulamento é obrigatório em todos os seus elementos e directamente aplicável em todos os Estados-Membros.

Feito em Bruxelas, em 7 de Abril de 2004.

Pela Comissão, Franz FISCHLER.

Membro da Comissão.

ANEXO I

FORMULÁRIO CO RELATIVO À NOTIFICAÇÃO DE UMA CONCENTRAÇÃO

1. INTRODUÇÃO

1.1. Objectivo do presente formulário

O presente formulário especifica as informações que devem ser fornecidas pelas partes notificantes aquando da notificação à Comissão Europeia de uma fusão, aquisição ou outra concentração projectadas. O regime de controlo das concentrações da União Europeia está consagrado no Regulamento (CE) n.º 139/2004 do Conselho (a seguir designado «Regulamento das concentrações comunitárias») e no Regulamento (CE) n.º 802/2004 da Comissão (a seguir designado «Regulamento de execução»), que inclui em anexo o presente formulário CO[1]. Os textos destes regulamentos, bem como de outros documentos relevantes, figuram na página Concorrência do sítio Europa da Comissão.

Por forma a reduzir o tempo e os custos inerentes ao cumprimento de vários procedimentos de controlo das concentrações em diversos países diferentes, a União Europeia instituiu um regime de controlo das concentrações segundo o qual as concentrações de dimensão comunitária (normalmente quando as partes na concentração atingem determinados limiares em termos de volume de negócios)[2] são apreciadas pela Comissão Europeia através de um único procedimento (princípio do «balcão único»). As concentrações que não atinjam os limiares de volume de negócios podem ser abrangidas pela esfera de competências das autoridades dos Estados Membros responsáveis pelo controlo das concentrações.

O Regulamento das concentrações comunitárias obriga a Comissão a tomar uma decisão dentro de um determinado prazo legal. Numa fase inicial, a Comissão dispõe normalmente de 25 dias úteis para decidir autorizar a concentração ou «dar início ao processo», ou

---

[1] Regulamento (CE) n.º 139/2004 do Conselho, de 20 de Janeiro de 2004, JO L 24 de 29.1.2004, p.1. Chama-se a atenção para as disposições correspondentes do Acordo sobre o Espaço Económico Europeu (a seguir designado «Acordo EEE»). Ver, nomeadamente, o artigo 57.º do Acordo EEE, o ponto 1 do anexo XIV do Acordo EEE e o Protocolo n.º 4 do Acordo entre os Estados da EFTA relativo à instituição de um Órgão de Fiscalização e de um Tribunal de Justiça, bem como os Protocolos n.ºs 21 e 24 do Acordo EEE e o artigo 1.º e as actas aprovadas do Protocolo que adapta o Acordo EEE. Qualquer referência aos Estados da EFTA deve ser entendida como sendo feita aos Estados da EFTA que são partes contratantes no Acordo EEE. Desde 1 de Maio de 2004, estes Estados são a Islândia, o Liechtenstein e a Noruega.

[2] O termo «concentração» é definido no artigo 3.º do Regulamento das concentrações comunitárias e a expressão «dimensão comunitária» no artigo 1.º do mesmo regulamento. Além disso, o n.º 5 do artigo 4.º prevê que em determinadas circunstâncias, no caso de não serem atingidos os limiares comunitários de volume de negócios, as partes notificantes podem solicitar que a Comissão trate a concentração projectada como tendo dimensão comunitária.

seja, realizar uma investigação aprofundada[1]. Quando a Comissão decide dar início ao processo, tem normalmente de tomar uma decisão final sobre a operação no prazo máximo de 90 dias úteis a contar da data do início do processo[2].

Tendo em conta estes prazos, e para que o princípio do «balcão único» possa funcionar, é essencial que sejam fornecidas atempadamente à Comissão as informações exigidas para efectuar a necessária investigação e para apreciar o impacto da concentração sobre os mercados em causa. Para tal, determinadas informações devem ser fornecidas aquando da notificação.

Reconhece-se que o volume de informação solicitado no presente formulário é significativo. Contudo, a experiência revelou que, em função das características específicas do processo, nem sempre são necessárias todas as informações para uma correcta apreciação da concentração projectada. Por conseguinte, se considerar que uma determinada informação solicitada no presente formulário pode não ser necessária para a apreciação do caso por parte da Comissão, convidamo-lo a solicitar à Comissão uma dispensa da obrigação de fornecer determinadas informações («dispensa»). Para mais informações, ver alínea *g*) do ponto 1.3.

Os contactos anteriores à notificação são extremamente valiosos quer para as partes notificantes, quer para a Comissão determinar o volume exacto de informações exigidas numa notificação dando, na grande maioria dos casos, origem a uma redução significativa das informações necessárias. Remetem-se as partes notificantes para as Melhores Práticas da Comissão sobre a aplicação dos procedimentos de controlo das concentrações comunitárias, que fornecem orientações sobre os contactos anteriores à notificação e a elaboração das notificações.

Além disso, deverá salientar-se que determinadas concentrações, que não são susceptíveis de suscitar preocupações em matéria de concorrência, podem ser notificadas utilizando um formulário simplificado, que é apresentado no anexo II do Regulamento de execução.

1.2. Quem deve proceder à notificação

No caso de uma fusão nos termos do n.º 1, alínea *a*), do artigo 3.º do Regulamento das concentrações comunitárias, ou da aquisição do controlo conjunto de uma empresa, nos termos do n.º 1, alínea *b*), do artigo 3.º do mesmo regulamento, a notificação será preenchida conjuntamente pelas partes na fusão ou pelas partes que adquirem do controlo conjunto, consoante o caso[3].

No caso da aquisição de uma participação de controlo de uma empresa por uma outra, a notificação deve ser preenchida pelo adquirente.

No caso de uma oferta pública de aquisição de uma empresa, a notificação deve ser preenchida pelo autor da oferta.

Cada uma das partes que preencher a notificação é responsável pela exactidão das informações prestadas.

---

[1] Ver n.º 1 do artigo 10.º do Regulamento das concentrações comunitárias.
[2] Ver n.º 3 do artigo 10.º do Regulamento das concentrações comunitárias.
[3] Ver n.º 2 do artigo 4.º do Regulamento das concentrações comunitárias.

1.3. Obrigação de apresentar uma notificação correcta e completa

Todas as informações solicitadas no presente formulário devem ser correctas e completas. As informações solicitadas devem ser fornecidas na secção adequada do formulário. Deve atender-se particularmente ao seguinte:

a) De acordo com o disposto no n.º 1 do artigo 10.º do Regulamento das concentrações comunitárias e dos n.ºs 2 e 4 do artigo 5.º do Regulamento de execução, os prazos do Regulamento das concentrações comunitárias relacionados com a notificação só começam a correr depois de a Comissão receber todas as informações que devem ser fornecidas juntamente com a notificação. Esta obrigação destina-se a assegurar que a Comissão possa apreciar a concentração notificada dentro dos prazos rigorosos previstos no Regulamento das concentrações comunitárias.

b) As partes notificantes devem verificar, durante a elaboração da notificação, se todos os nomes e números das pessoas a contactar fornecidos à Comissão, e em especial os números de fax e os endereços electrónicos, são exactos, relevantes e estão actualizados.

c) As informações inexactas ou deturpadas na notificação serão consideradas como informações incompletas (n.º 4 do artigo 5.º do Regulamento de execução);

d) Se a notificação estiver incompleta, a Comissão informará do facto, por escrito e imediatamente, as partes notificantes ou os seus representantes. A notificação só produzirá efeitos na data em que a Comissão receber as informações completas e exactas (n.º 1 do artigo 10.º do Regulamento das concentrações comunitárias e n.ºs 2 e 4 do artigo 5.º do Regulamento de execução);

e) Nos termos do n.º 1, alínea *a*), do artigo 14.º do Regulamento das concentrações comunitárias, às partes notificantes que, deliberada ou negligentemente, prestem informações inexactas ou deturpadas podem ser aplicadas coimas até 1% do volume de negócios total realizado pela empresa em causa. Além disso, nos termos do n.º 3, alínea *a*), do artigo 6.º e do n.º 6, alínea *a*), do artigo 8.º do Regulamento das concentrações comunitárias, a Comissão pode igualmente revogar a sua decisão relativa à compatibilidade de uma concentração notificada, se se basear em informações inexactas pelas quais uma das empresas é responsável.

f) Pode ser solicitado por escrito à Comissão que admita a notificação como completa, apesar de não terem sido prestadas as informações solicitadas no presente formulário, se tais informações não forem razoavelmente acessíveis, em parte ou no todo (por exemplo, devido à indisponibilidade de informações relativas à empresa a adquirir numa oferta pública de aquisição contestada).

A Comissão terá em conta esse pedido, desde que sejam dadas razões para essa impossibilidade e fornecidas as melhores estimativas relativamente aos dados em falta, bem como as fontes para as estimativas. Devem ser igualmente fornecidas indicações, se for possível, quanto ao facto de algumas dessas informações indisponíveis poderem ser obtidas pela Comissão.

g) Pode ser solicitado por escrito à Comissão que admita a notificação como completa apesar de não terem sido prestadas as informações solicitadas no presente formulário, se considerar que determinadas informações exigidas no presente formulário, na versão integral ou simplificada, podem não ser necessárias para a análise do caso pela Comissão.

A Comissão terá em conta esse pedido, desde que sejam dadas as razões pelas quais as referidas informações não são relevantes nem necessárias para o seu inquérito sobre a operação notificada. Deverá justificar este pedido durante os contactos com a Comissão anteriores à notificação e apresentar por escrito à Comissão um pedido de dispensa da obrigação de prestar essas informações, nos termos do n.º 2 do artigo 4.º do Regulamento de execução.

1.4. Como proceder à notificação

A notificação deve ser apresentada numa das línguas oficiais da Comunidade Europeia. Esta língua constituirá, posteriormente, a língua do processo em relação a todas as partes notificantes. Se as notificações forem efectuadas em conformidade com o artigo 12.º do Protocolo n.º 24 do Acordo EEE numa língua oficial de um Estado da EFTA, que não seja uma língua oficial da Comunidade, a notificação deverá simultaneamente ser completada com uma tradução numa língua oficial da Comunidade.

As informações solicitadas neste formulário devem ser especificadas utilizando as secções e os pontos do formulário, acompanhadas de uma declaração assinada tal como consta da secção 11 e dos documentos de apoio em anexo. Ao completar as secções 7 a 9 do presente formulário, as partes notificantes são convidadas a examinar se, numa preocupação de clareza, estas secções devem ser apresentadas por ordem numérica, ou se podem ser agrupadas em função de cada mercado individual afectado (ou grupo de mercados afectados).

Por razões de clareza, determinadas informações podem ser apresentadas em anexo. Contudo, é essencial que todos os elementos de informação substanciais e, em especial, os relativos às quotas de mercado das partes e dos seus maiores concorrentes, sejam apresentadas no corpo do Formulário CO. Só serão utilizados anexos para complementar as informações fornecidas no próprio formulário.

As informações relativas às pessoas a contactar devem ser prestadas num formato fornecido pela Direcção-Geral da Concorrência da Comissão (DG Concorrência). Para que o processo de investigação possa decorrer de forma correcta, é essencial que as informações relativas às pessoas a contactar sejam exactas. Diversos casos de informações incorrectas relativas às pessoas a contactar poderão constituir motivo para declarar a notificação incompleta.

Os documentos de apoio serão apresentados na sua língua original; no caso de não se tratar de uma língua oficial da Comunidade, serão traduzidos para a língua do processo (n.º 4 do artigo 3.º do Regulamento de execução).

Os documentos de apoio podem ser originais ou cópias. Neste caso, as partes notificantes declararão que os mesmos são cópias verdadeiras e completas.

Serão enviados à Direcção-Geral da Concorrência da Comissão um original e 35 cópias do Formulário CO e dos documentos de apoio. A notificação deve dar entrada no endereço referido no n.º 1 do artigo 23.º do Regulamento de execução e no formato especificado periodicamente pela Comissão.

Este endereço é publicado no *Jornal Oficial da União Europeia*. A notificação deve dar entrada na Comissão num dia útil, tal como definido no artigo 24.º do Regulamento de execução. Para poder ser registada no mesmo dia, deve dar entrada até às 17 horas de segunda a quinta-feira e até às 16 horas de sexta-feira e dos dias úteis que precedem feriados oficiais e outros feriados determinados pela Comissão e publicados no *Jornal Oficial da União Europeia*. Devem ser respeitadas as instruções em matéria de segurança dadas no sítio *Web* da DG Concorrência.

1.5. Carácter confidencial

O artigo 287.º do Tratado e o n.º 2 do artigo 17.º do Regulamento das concentrações comunitárias, bem como as disposições correspondentes do Acordo EEE[1], impõem à Comissão, aos Estados Membros, ao Órgão de Fiscalização da EFTA e aos Estados da

---

[1] Ver, nomeadamente, o artigo 122.º do Acordo EEE, o artigo 9.º do protocolo n.º 24 do Acordo EEE e o n.º 2 do artigo 17.º do capítulo XIII do protocolo n.º 4 do Acordo entre

EFTA, bem como aos seus funcionários e outros agentes, que não divulguem as informações obtidas nos termos daquele regulamento que, pela sua natureza, estejam abrangidas pelo dever de sigilo profissional. Este princípio aplica-se igualmente à protecção das questões confidenciais entre as partes notificantes. Se considerar que os seus interesses poderão ser prejudicados se qualquer das informações a prestar for publicada ou de qualquer outro modo divulgada a outras partes, é favor apresentar estas informações separadamente, apondo claramente em cada página a menção «segredo comercial». Deve igualmente indicar os motivos pelos quais estas informações não devem ser divulgadas ou publicadas. No caso de fusões ou aquisições conjuntas ou sempre que a notificação seja preenchida por mais de uma parte, os segredos comerciais podem ser apresentados separadamente, sendo referidos na notificação como anexos. Todos esses anexos devem ser incluídos aquando da apresentação do formulário a fim de que a notificação seja considerada completa.

1.6. Definições e instruções para efeitos do presente formulário

Parte(s) notificante(s): quando uma notificação é apresentada apenas por uma das empresas parte numa operação, a expressão «partes notificantes» é utilizada para referir unicamente a empresa que realmente apresenta a notificação.

Parte(s) na concentração: esta expressão diz respeito quer à parte adquirente quer à parte adquirida ou às partes que se fundem, incluindo todas as empresas nas quais uma participação de controlo é objecto de aquisição ou de uma oferta pública de aquisição.

Salvo especificação em contrário, as expressões parte(s) notificante(s) e parte(s) na concentração incluem todas as empresas que pertencem aos mesmos grupos que essas partes.

Mercados afectados: a Secção 6 do presente formulário exige que as partes notificantes definam os mercados do produto relevantes e ainda que identifiquem quais desses mercados relevantes são susceptíveis de ser afectados pela operação notificada. Esta definição de mercado afectado é utilizada como base para solicitar informações relativamente a algumas outras questões incluídas no presente formulário. As definições assim apresentadas pelas partes notificantes são referidas no presente formulário como mercado(s) afectado(s). Esta expressão pode referir-se a um mercado relevante quer de produtos quer de serviços.

Ano: Todas as referências a ano no presente formulário significam ano civil, salvo especificação em contrário.

Todas as informações solicitadas no presente formulário dizem respeito, salvo especificação em contrário, ao ano anterior ao da notificação.

Os dados financeiros solicitados nos pontos 3.3 a 3.5 devem ser expressos em euros, às taxas de câmbio médias vigentes nos anos ou noutros períodos em causa.

Todas as remissões constantes deste formulário são feitas para os correspondentes artigos e números do Regulamento das concentrações comunitárias, salvo referência em contrário.

1.7. Prestação de informações aos trabalhadores e seus representantes

A Comissão chama a atenção para as obrigações a que as partes numa concentração podem estar sujeitas ao abrigo das regras comunitárias e/ou nacionais relativas à informação

---

os Estados da EFTA relativo à instituição de um Órgão de Fiscalização e de um Tribunal de Justiça (Acordo OFE).

e consulta dos trabalhadores e/ou seus representantes no que se refere a transacções com carácter de concentração.

SECÇÃO 1 **Descrição da concentração**

1.1. Forneça um resumo da concentração, especificando as partes na concentração, a natureza da concentração (por exemplo, fusão, aquisição ou empresa comum), as áreas de actividade das partes notificantes, os mercados em que a concentração produzirá um impacto (incluindo os principais mercados afectados[1]), e a justificação estratégica e económica para a concentração.

1.2. Forneça um resumo (até 500 palavras) das informações prestadas no ponto 1.1. Prevê-se que este resumo seja publicado no sítio *Web* da Comissão na data da notificação. O resumo deve ser elaborado de forma a não conter quaisquer informações confidenciais ou segredos comerciais.

SECÇÃO 2 **Informações relativas às partes**

2.1. Informações relativas à(s) parte(s) notificante(s)
Especifique:
2.1.1. O nome e o endereço da empresa;
2.1.2. A natureza das actividades da empresa;
2.1.3. O nome, endereço, números de telefone e fax, endereço electrónico e cargo ocupado pela pessoa adequada a contactar; e
2.1.4. Um endereço da parte notificante (ou de cada uma das partes notificantes) para o qual os documentos e nomeadamente as decisões da Comissão podem ser enviados. Deve ser indicado o nome, número de telefone e endereço electrónico de uma pessoa neste endereço que esteja autorizada a recebê-los.

2.2. Informações relativas às outras partes[2] na concentração
Especifique relativamente a cada uma das partes na concentração [excepto a(s) parte(s) notificante(s)]:
2.2.1. O nome e o endereço da empresa;
2.2.2. A natureza das actividades da empresa;
2.2.3. O nome, endereço, números de telefone e fax, endereço electrónico e cargo ocupado pela pessoa adequada a contactar; e
2.2.4. Um endereço da parte (ou cada uma das partes) para o qual os documentos e nomeadamente as decisões da Comissão podem ser enviados. Deve ser indicado o nome, endereço electrónico e número de telefone de uma pessoa neste endereço que esteja autorizada a recebê-los.

2.3. Nomeação de representantes
No caso das notificações serem assinadas por representantes de empresas, estes devem apresentar um documento escrito que prove os seus poderes de representação. Deste documento escrito devem constar o nome e cargo das pessoas que conferem esses poderes de representação.

---

[1] Ver secção 6.III relativa à definição de mercados afectados.

[2] Inclui a empresa a adquirir no caso de uma oferta pública de aquisição contestada, devendo neste caso as informações ser prestadas na medida do possível.

Indique as seguintes informações no que se refere aos representantes autorizados a agir em nome de cada uma das partes na concentração, indicando quem representam.

2.3.1. O nome do representante;

2.3.2. O endereço do representante;

2.3.3. O nome, endereço, números de telefone e fax e endereço electrónico da pessoa a contactar; e

2.3.4. Um endereço do representante (em Bruxelas, se disponível), para envio de correspondência e entrega de documentos.

SECÇÃO 3 **Elementos relativos à concentração**

3.1. Descreva a natureza da concentração notificada, indicando:

a) Se a concentração projectada consiste numa fusão, numa aquisição de controlo único ou conjunto, numa empresa comum que desempenhe de forma duradoura todas as funções de uma entidade económica autónoma, nos termos do n.º 4 do artigo 3.º do Regulamento das concentrações comunitárias, num contrato ou em quaisquer outros meios que confiram um controlo directo ou indirecto nos termos do n.º 2 do artigo 3.º do Regulamento das concentrações comunitárias;

b) Se a concentração abrange total ou parcialmente as actividades das partes;

c) Uma breve explicação da estrutura económica e financeira da concentração;

d) Se qualquer oferta pública de aquisição de títulos feita por uma das partes relativamente a títulos da outra parte tem o acordo dos órgãos de fiscalização, de direcção ou de quaisquer outras instâncias susceptíveis de representarem legalmente essa parte;

e) A data proposta ou prevista de actos importantes para a realização da concentração;

f) A estrutura proposta de propriedade e de controlo após a realização da concentração; e

g) Qualquer apoio financeiro ou de outro tipo, independentemente da sua origem (incluindo de entidades públicas), recebido por qualquer das partes e a natureza e o montante desse apoio; e

h) Os sectores económicos envolvidos na concentração.

3.2. Especifique o valor da transacção (o preço de compra ou o valor de todos os activos envolvidos, consoante o caso).

3.3. Relativamente a cada uma das empresas em causa na concentração[1], forneça os seguintes dados[2] relativos ao último exercício financeiro:

3.3.1. Volume de negócios realizado a nível mundial;

---

[1] Ver Comunicação da Comissão relativa ao conceito de empresas em causa.

[2] Ver, em termos gerais, a Comunicação da Comissão relativa ao cálculo do volume de negócios. O volume de negócios da(s) parte(s) adquirente(s) na concentração incluirá o volume de negócios total de todas as empresas, na acepção do n.º 4 do artigo 5.º do Regulamento das concentrações comunitárias. O volume de negócios da(s) parte(s) adquirida(s) incluirá o volume de negócios respeitante às parcelas que são objecto da transacção, nos termos do n.º 2 do artigo 5.º do Regulamento das concentrações comunitárias. Estão previstas disposições específicas nos n.ºs 3, 4 e 5 do artigo 5.º do Regulamento das concentrações comunitárias relativamente às instituições de crédito, empresas de seguros, outras instituições financeiras e empresas comuns.

3.3.2. Volume de negócios realizado na Comunidade;
3.3.3. Volume de negócios realizado na EFTA;
3.3.4. Volume de negócios realizado em cada Estado-Membro;
3.3.5. Volume de negócios realizado em cada Estado da EFTA;
3.3.6. Eventualmente, o Estado-Membro em que foram efectuados mais de dois terços do volume de negócios realizado na Comunidade; e
3.3.7. Eventualmente, o Estado da EFTA em que foram efectuados mais de dois terços do volume de negócios realizado na EFTA.
3.4. Para efeitos do disposto no n.º 3 do artigo 1.º do Regulamento das concentrações comunitárias, se a operação não atingir os limiares estabelecidos no n.º 2 do mesmo artigo, forneça os seguintes dados relativamente ao último exercício financeiro:
3.4.1. Eventualmente, os Estados-Membros em que o volume de negócios total realizado pelo conjunto das empresas em causa ultrapassou 100 milhões de euros; e
3.4.2. Eventualmente, os Estados-Membros em que o volume de negócios total realizado individualmente por pelo menos duas das empresas em causa ultrapassou 25 milhões de euros.
3.5. No intuito de determinar se a concentração pode ser classificada como um caso de cooperação EFTA[1], forneça os seguintes dados relativamente ao último exercício financeiro:
3.5.1. O volume de negócios conjunto das empresas em causa no território dos Estados da EFTA é igual ou superior a 25 % do seu volume de negócios total no território do EEE?
3.5.2. Pelo menos duas das empresas em causa possuem, individualmente, um volume de negócios superior a 250 milhões de euros no território dos Estados da EFTA?
3.6. Descreva a justificação económica para a concentração.

SECÇÃO 4 **Propriedade e controlo**[2]

4.1. Relativamente a cada uma das partes na concentração, forneça uma lista de todas as empresas pertencentes ao mesmo grupo.
Esta lista deve incluir:
4.1.1. Todas as empresas ou pessoas que controlam estas partes, directa ou indirectamente;

---

[1] Ver o artigo 57.º do Acordo EEE e, em especial, o n.º 1 do artigo 2.º do Protocolo n.º 24 do Acordo EEE. Um caso é elegível para efeitos de cooperação quando o volume de negócios total das empresas em causa no território dos Estados da EFTA atingir 25% ou mais do seu volume de negócios total no território abrangido pelo acordo EEE; ou quando pelo menos duas das empresas em causa realizam, individualmente, um volume de negócios superior a 250 milhões de euros no território dos Estados da EFTA; ou quando a concentração for susceptível de criar ou reforçar uma posição dominante de que resultem entraves significativos à concorrência efectiva nos territórios dos Estados da EFTA ou numa parte substancial dos mesmos.

[2] Ver os n.ºs 3, 4 e 5 do artigo 3.º e o n.º 4 do artigo 5.º do Regulamento das concentrações comunitárias.

4.1.2. Todas as empresas com actividades em qualquer mercado afectado[1] que são controladas, directa ou indirectamente:
   a) Por estas partes;
   b) Por qualquer outra empresa identificada em 4.1.1.
Relativamente a cada elemento da lista acima referida, deve ser indicada a natureza e os meios de controlo.

As informações pretendidas nesta secção podem ser ilustradas pela utilização de mapas ou diagramas relativos à organização da empresa para revelar a estrutura de propriedade e controlo das empresas.

4.2. No que diz respeito às partes na concentração e a cada empresa ou pessoa referida na resposta ao ponto 4.1, forneça:

4.2.1. Uma lista de todas as outras empresas que operam nos mercados afectados (os mercados afectados são definidos na Secção 6) em que as empresas ou pessoas do grupo possuam, individual ou colectivamente, 10% ou mais dos direitos de voto ou do capital emitido ou outros títulos.

Relativamente a cada caso identifique o titular e refira a percentagem detida;

4.2.2. Uma lista, relativamente a cada empresa, dos membros dos seus órgãos de gestão que sejam igualmente membros dos órgãos de gestão ou dos órgãos de fiscalização de quaisquer outras empresas com actividades em mercados afectados; e (se for caso disso) relativamente a cada empresa, uma lista dos membros dos seus órgãos de fiscalização que sejam igualmente membros dos órgãos de gestão de quaisquer outras empresas com actividades em mercados afectados;

Relativamente a cada caso identificar a designação da outra empresa e as posições detidas;

4.2.3. Dados relativos às aquisições efectuadas durante os últimos três anos pelos grupos acima identificados (ponto 4.1) de empresas com actividades nos mercados afectados, tal como definidos na secção 6.

As informações prestadas podem ser ilustradas pela utilização de mapas ou diagramas relativos à organização da empresa, a fim de permitir uma melhor compreensão.

SECÇÃO 5 **Documentação de apoio**

As partes notificantes devem fornecer os seguintes documentos:

5.1. Cópias da versão final ou mais recente de todos os documentos relativos à realização da concentração, quer por acordo entre as partes na concentração, quer por aquisição de participações de controlo, quer por oferta pública de aquisição;

5.2. Numa oferta pública, cópia dos documentos da oferta; caso não estejam disponíveis no momento da notificação, devem ser apresentados o mais rapidamente possível e o mais tardar aquando do seu envio pelo correio aos accionistas;

5.3. Cópias dos relatórios e contas anuais mais recentes de todas as partes na concentração; e

5.4. Cópias das análises, relatórios, estudos, inquéritos e outros documentos análogos elaborados por ou para qualquer membro ou membros do conselho de administração, conselho de fiscalização, ou outra(s) pessoa(s) que exerça(m) funções semelhantes (ou a quem

---

[1] Ver Secção 6 relativa à definição de mercados afectados.

foram delegadas ou atribuídas tais funções), ou assembleia de accionistas, para efeitos de avaliação ou análise da concentração relativamente às quotas de mercado, às condições de concorrência, aos concorrentes (reais e potenciais), à justificação para a concentração, às potencialidades de crescimento das vendas ou expansão para outros mercados do produto ou geográficos e/ou às condições gerais de mercado[1].

Relativamente a cada um destes documentos, indicar (caso estas informações não constem do próprio documento) a data de elaboração, o nome e cargo de cada pessoa que preparou cada documento.

SECÇÃO 6 Definições de mercados

Os mercados do produto e geográficos relevantes determinam o âmbito em que deve ser avaliado o poder de mercado da nova entidade resultante da concentração.[2]

A(s) parte(s) notificante(s) deve(m) fornecer os dados solicitados tendo em conta as seguintes definições:

I. Mercados do produto relevantes:

Um mercado do produto relevante compreende todos os produtos e/ou serviços considerados permutáveis ou substituíveis pelo consumidor devido às suas características, preços e utilização pretendida. Um mercado do produto relevante pode, em alguns casos, ser composto por um certo número de produtos e/ou serviços individuais que apresentam características físicas ou técnicas amplamente idênticas e que sejam permutáveis.

Os factores importantes para a avaliação do mercado do produto relevante incluem a análise da razão da inclusão dos produtos ou serviços nestes mercados e da exclusão de outros através da utilização da definição acima referida e tendo em conta, por exemplo, a substituibilidade, condições de concorrência, preços, elasticidade cruzada dos preços a nível da procura ou outros factores relevantes para a definição dos mercados do produto (por exemplo, substituibilidade do lado da oferta nos casos adequados).

II. Mercados geográficos relevantes:

O mercado geográfico relevante compreende a área em que as empresas em causa fornecem e procuram produtos ou serviços relevantes, em que as condições de concorrência são suficientemente homogéneas e que podem distinguir-se de áreas geográficas vizinhas devido ao facto, em especial, de as condições da concorrência serem consideravelmente diferentes nessas áreas.

Os factores importantes para a avaliação do mercado geográfico relevante incluem nomeadamente a natureza e características dos produtos ou serviços em causa, a existência de

---

[1] Tal como referido na parte introdutória, ponto 1.1 e alínea g) do ponto 1.3, no contexto dos contactos anteriores à notificação, poderá pretender discutir com a Comissão em que medida seria adequada uma dispensa da obrigação de apresentar os documentos solicitados. Quando é solicitada uma dispensa, a Comissão pode especificar os documentos que devem ser fornecidos num caso específico num pedido de informações nos termos do artigo 11.º do Regulamento das concentrações comunitárias.

[2] Ver comunicação da Comissão relativa à definição de mercado relevante para efeitos do direito comunitário de concorrência.

barreiras à entrada, de preferências dos consumidores, de diferenças consideráveis das quotas de mercado das empresas entre áreas geográficas vizinhas ou de diferenças de preços substanciais.

III. Mercados afectados:

Para efeitos das informações solicitadas no presente formulário, os mercados afectados consistem em mercados do produto relevantes em que, no território do EEE, na Comunidade, no território dos Estados da EFTA, em qualquer Estado-Membro ou em qualquer Estado da EFTA:

a) Duas ou mais partes na concentração desenvolvem actividades no mesmo mercado do produto e no caso de esta concentração conduzir a uma quota de mercado conjunta igual ou superior a 15%. Trata-se de relações horizontais;

b) Uma ou mais partes na concentração desenvolve actividades num mercado do produto que constitua um mercado a montante ou a jusante de um mercado do produto em que qualquer outra parte na concentração desenvolva actividades e quando qualquer das suas quotas de mercado individuais ou conjuntas, a um destes níveis, for igual ou superior a 25%, independentemente da existência ou não de uma relação de fornecedor/cliente entre as partes na concentração[1]. Trata-se de relações verticais;

Com base nas definições e limiares de quotas de mercado acima referidos, queira fornecer as seguintes informações:[2]

– Identifique cada mercado afectado, na acepção do ponto III:
– A nível do EEE, da Comunidade ou da EFTA;
– A nível de cada Estado-Membro ou Estado da EFTA.

6.2. Além disso, apresente e explique a posição das partes no que se refere ao âmbito do mercado geográfico relevante na acepção do ponto II, para cada mercado afectado acima identificado.

IV. Outros mercados em que a operação notificada é susceptível de ter um impacto significativo

6.3. Com base nas definições acima referidas, descreva o âmbito dos mercados do produto e geográfico de outros mercados para além dos mercados afectados identificados no ponto 6.1, em que a operação notificada seja susceptível de ter um impacto significativo, por exemplo quando

---

[1] Por exemplo, se uma parte na concentração detiver uma quota de mercado superior a 25% num mercado a montante em relação a um mercado em que a outra parte desenvolve actividades, tanto o mercado a montante como o mercado a jusante são mercados afectados. Da mesma forma, se uma empresa integrada verticalmente proceder a uma fusão com outra parte que desenvolva actividades a jusante e a fusão conduzir a uma quota de mercado conjunta a jusante igual ou superior a 25%, tanto o mercado a montante como o mercado a jusante são mercados afectados.

[2] Tal como referido na parte introdutória, ponto 1.1 e alínea *g)* do ponto 1.3, no contexto dos contactos anteriores à notificação, poderá pretender discutir com a Comissão em que medida seria adequada uma dispensa da obrigação de apresentar as informações solicitadas no que se refere a determinados mercados afectados ou a determinados outros mercados (tal como descritos em IV).

a) Qualquer das partes na concentração detém uma quota de mercado superior a 25% e qualquer outra parte na concentração é um concorrente potencial nesse mercado. Uma parte será considerada um concorrente potencial, em especial quando projecta entrar num mercado ou quando desenvolveu ou prosseguiu planos nesse sentido durante os últimos dois anos;

b) Qualquer das partes na concentração detém uma quota de mercado superior a 25% e qualquer outra parte na concentração detém direitos de propriedade intelectual importantes relativamente a esse mercado;

c) Qualquer das partes na concentração desenvolve actividades num mercado do produto que seja um mercado vizinho estreitamente relacionado com um mercado do produto em que qualquer outra parte na concentração desenvolve actividades e quando as suas quotas de mercado individuais ou conjuntas são iguais ou superiores a 25%. Os mercados do produto são mercados vizinhos estreitamente relacionados quando os produtos são complementares entre si[1] ou quando pertencem a uma gama de produtos que é geralmente adquirida pelo mesmo grupo de clientes para a mesma utilização final[2]; se de tais mercados incluírem a totalidade ou parte do EEE.

Por forma a permitir que a Comissão avalie, desde o início, o impacto concorrencial da concentração projectada nos mercados identificados no ponto 6.3, convidam-se as partes notificantes a apresentarem as informações respeitantes às Secções 7 e 8 do presente formulário relativamente a esses mercados.

SECÇÃO 7 **Dados relativos aos mercados afectados**

Relativamente a cada mercado do produto relevante afectado e em relação aos últimos três exercícios financeiros[3]:

a) Para o território do EEE;
b) Para a Comunidade no seu conjunto;
c) Para o território dos Estados da EFTA no seu conjunto;
d) Para cada Estado-Membro e cada Estado da EFTA em que as partes na concentração desenvolvem actividades; e
e) Quando, segundo as partes notificantes, o mercado geográfico relevante for diferente;
forneça as seguintes informações:

7.1. Uma estimativa da dimensão total do mercado em termos de valor de vendas (em euros) e de volume de vendas (que unidades)[4]. Indique a base e as fontes para os cálculos e apresente documentos, se disponíveis, para confirmar esses cálculos;

---

[1] Os produtos (ou serviços) são considerados complementares quando, por exemplo, a utilização ou consumo de um produto implicar basicamente a utilização ou consumo do outro produto, como acontece com as agrafadoras e os agrafos ou com as impressoras e os cartuchos para impressoras.

[2] Podem citar-se como exemplos de produtos pertencentes a uma gama deste tipo, o *whisky* e o *gin* vendidos a bares e restaurantes e os diferentes materiais de embalagem de uma certa categoria de produtos vendidos aos fabricantes desses produtos.

[3] Sem prejuízo do disposto no n.º 2 do artigo 4.º do Regulamento de execução.

[4] O valor e o volume de um mercado devem reflectir a produção deduzidas as exportações e acrescidas as importações em relação às áreas geográficas em causa. Se disponíveis,

7.2. As vendas em termos de valor e volume, bem como uma estimativa das quotas de mercado de cada uma das partes na concentração;

7.3. Uma estimativa da quota de mercado em termos de valor (e quando apropriado em termos de volume) de todos os concorrentes (incluindo importadores) que detenham pelo menos 5% do mercado geográfico em causa. Nesta base, forneça uma estimativa do HHI[1] antes e após a concentração, bem como a diferença entre os dois (delta)[2]. Indique a proporção de quotas de mercado utilizadas para calcular o HHI. Identifique as fontes utilizadas para calcular estas quotas de mercado e apresente documentos, quando disponíveis, para confirmar o cálculo.

7.4. Nome, endereço, números de telefone e fax e endereço electrónico do responsável pelo departamento jurídico (ou outra pessoa que exerça funções semelhantes e, caso não este cargo não exista, do Director-Geral) no que se refere aos concorrentes identificados em 7.3;

7.5. Uma estimativa do valor e volume totais e a origem das importações não provenientes do território do EEE e identifique:

a) A proporção de tais importações proveniente dos grupos a que as partes na concentração pertencem;

b) Uma estimativa da medida em que quaisquer contingentes, barreiras pautais ou não pautais ao comércio afectam estas importações; e

c) Uma estimativa da medida em que os custos de transporte e outros custos afectar estas importações;

7.6. O grau em que o comércio entre os Estados do território do EEE é afectado por:

a) Custos de transporte e outros custos;

b) Outras barreiras não pautais ao comércio.

---

forneça informações não agregadas sobre as importações e as exportações, por país de origem e de destino, respectivamente.

[1] HHI significa *Herfindahl-Hirschman Index,* que constitui uma medida do grau de concentração do mercado. O HHI é calculado adicionando os quadrados das quotas de mercado individuais de todos os operadores no mercado. Por exemplo, um mercado que inclua cinco empresas com quotas de mercado de, respectivamente, 40%, 20%, 15%, 15% e 10%, tem um HHI de 2 550 ($40^2 + 20^2 + 15^2 + 15^2 + 10^2 = 2 550$). O HHI varia entre um número perto de zero (no caso de um mercado atomístico) e 10 000 (no caso de um monopólio puro). O HHI após a concentração é calculado partindo-se do pressuposto de que as quotas de mercado individuais das empresas se mantêm inalteradas. Embora seja melhor incluir todas as empresas no cálculo, a ausência de informações acerca de empresas muito pequenas não é grave, uma vez que tais empresas não afectam o HHI de forma significativa.

[2] O aumento da concentração, avaliado através do HHI, pode ser calculado independentemente da concentração global do mercado, duplicando o produto das quotas de mercado das empresas objecto da fusão. Por exemplo, a fusão de duas empresas com quotas de mercado de 30% e 15% respectivamente iria aumentar o HHI em 900 (30 x 5 x 2 = 900). A explicação desta técnica é a seguinte: ao calcular o HHI antes da fusão, as quotas de mercado das empresas objecto da fusão contribuem com quadrados individuais: $(a)^2 + (b)^2$. Após a fusão, a contribuição corresponderá ao quadrado desta soma: $(a + b)^2$, o que é igual a $(a)^2 + (b)^2 + 2ab$. O aumento do HHI é por conseguinte representado pela expressão $2ab$.

7.7. O modo como as partes na concentração produzem, fixam os preços e vendem os produtos e/ou serviços; por exemplo, se fabricam e fixam os preços dos produtos localmente ou se os vendem através de um sistema de distribuição local;

7.8. Uma comparação dos níveis de preços em cada Estado-Membro e em cada Estado da EFTA de cada uma das partes na concentração e uma comparação semelhante dos níveis de preços entre a Comunidade, os Estados da EFTA e outras áreas em que estes produtos são fabricados (por exemplo, Rússia, Estados Unidos, Japão, China ou outras áreas relevantes); e

7.9. A natureza e âmbito da integração vertical de cada uma das partes na concentração em comparação com os seus maiores concorrentes.

SECÇÃO 8 **Condições gerais nos mercados afectados**

8.1. Identifique os cinco maiores fornecedores independentes[1] das partes na concentração e as percentagens individuais de aquisições a cada um desses fornecedores (de matérias-primas ou de bens destinados à produção dos produtos relevantes). Indique o nome, endereço, números de telefone e fax e endereço electrónico do responsável pelo departamento jurídico (ou outra pessoa que exerça funções semelhantes e, caso não este cargo não exista, do Director-Geral) no que se refere a cada um destes fornecedores.

Estrutura da oferta nos mercados afectados

8.2. Descreva os canais de distribuição e as redes de serviços existentes nos mercados afectados. Ao fazê-lo, tome em consideração, se for caso disso, o seguinte:

a) Os sistemas de distribuição existentes no mercado e respectiva importância. Em que medida a distribuição é efectuada por terceiros e/ou por empresas pertencentes ao mesmo grupo que as partes identificadas na secção 34?

b) As redes de serviços (por exemplo, manutenção e reparação) existentes e respectiva importância nestes mercados. Em que medida estes serviços são prestados por terceiros e/ou por empresas pertencentes ao mesmo grupo que as partes identificadas na Secção 34?

8.3. Forneça uma estimativa da capacidade total a nível da Comunidade e da EFTA nos últimos três anos. Durante este período, que proporção desta capacidade corresponde a cada uma das partes na concentração, e quais as respectivas taxas de utilização das capacidades? Se for caso disso, identifique a localização e capacidade das instalações de produção de cada uma das partes na concentração nos mercados afectados.

8.4. Especifique se alguma das partes na concentração ou algum dos concorrentes dispõem de produtos «em vias de lançamento», produtos susceptíveis de entrar no mercado a curto prazo ou planos de expansão (ou contracção) da produção ou das capacidades de vendas. Em caso afirmativo, forneça uma estimativa das vendas e quotas de mercado projectadas das partes na concentração durante os próximos três a cinco anos.

8.5. Se considerar relevantes quaisquer outras observações relativas ao lado da oferta deve especificá-las.

---

[1] Isto é, que não sejam filiais, agentes ou empresas pertencentes ao grupo da parte em causa. Para além destes cinco fornecedores independentes, as partes notificantes podem, se o considerarem necessário para uma apreciação adequada do processo, identificar os fornecedores intragrupo. O mesmo se aplica no ponto 8.6 em relação aos clientes.

Estrutura da procura nos mercados afectados

8.6. Identifique os cinco[1] maiores clientes independentes das partes em cada mercado afectado e respectivas percentagens individuais nas vendas totais dos produtos adquiridos por cada um desses clientes. Indique o nome, endereço, números de telefone e fax e endereço electrónico do responsável pelo departamento jurídico (ou outra pessoa que exerça funções semelhantes e, caso não este cargo não exista, do Director-Geral) no que se refere a cada um destes clientes.

8.7. Explique a estrutura da procura em termos de:

a) Fases dos mercados em termos de, por exemplo, arranque, expansão, maturidade e declínio e uma previsão da taxa de crescimento da procura;

b) Importância das preferências do cliente, por exemplo, em termos de fidelidade à marca, prestação de serviços pré e pós venda, oferta de uma gama completa de produtos ou efeitos de rede;

c) Papel da diferenciação dos produtos em termos de atributos ou qualidades e a medida em que os produtos das partes na concentração são substitutos próximos;

d) Papel dos custos de transferência (em termos de tempo e despesas) para os clientes, ao mudarem de fornecedor;

e) Grau de concentração ou dispersão dos clientes;

f) Segmentação de clientes em diferentes grupos, descrevendo o «cliente típico» de cada grupo;

g) Importância de contratos de distribuição exclusiva e outros tipos de contratos a longo prazo; e

h) A medida em que as autoridades públicas, organismos públicos, empresas públicas ou organismos similares constituem uma fonte importante da procura.

Entrada no mercado

8.8. Nos últimos cinco anos registou-se alguma entrada significativa em qualquer dos mercados afectados? Em caso afirmativo, identifique esses novos participantes, fornecendo o nome, endereço, números de telefone e fax e endereço electrónico do responsável pelo departamento jurídico (ou outra pessoa que exerça funções semelhantes e, caso este cargo não exista, do Director-Geral) e uma estimativa das actuais quotas de mercado de cada um deles. Se alguma das partes na concentração entrou num mercado afectado durante os últimos cinco anos, forneça uma análise das barreiras à entrada com que se deparou.

8.9. Na opinião das partes notificantes existem empresas (incluindo as que actualmente operam de forma exclusiva em mercados fora da Comunidade ou fora do EEE) susceptíveis de entrar no mercado? Em caso afirmativo, identifique esses candidatos, fornecendo o nome, endereço, números de telefone e fax, endereço electrónico do responsável pelo departamento jurídico (ou outra pessoa que exerça funções semelhantes e, caso este cargo não exista, do Director-Geral). Explique por que razão tal entrada é provável e forneça uma previsão do momento em que ocorrerá.

---

[1] A experiência revelou que a apreciação de processos complexos implica muitas vezes o fornecimento de informações adicionais sobre as pessoas a contactar no que se refere aos clientes. Durante os contactos anteriores à notificação, os serviços da Comissão poderão solicitar informações adicionais sobre as pessoas a contactar no que se refere aos clientes relativamente a determinados mercados afectados.

8.10. Descreva os vários factores que influenciam a entrada nos mercados afectados, analisando a entrada do ponto de vista geográfico e do produto. Ao fazê-lo, tome em consideração, se for caso disso, o seguinte:

a) Os custos globais de entrada (I & D, produção, criação de sistemas de distribuição, promoção, publicidade, assistência, etc.) num nível equivalente ao de um concorrente importante viável, indicando a quota de mercado deste último;

b) Quaisquer barreiras legais ou regulamentares à entrada, tais como uma autorização estatal ou o estabelecimento de qualquer tipo de normas, bem como barreiras resultantes de procedimentos de certificação dos produtos ou da necessidade de possuir experiência comprovada;

c) Quaisquer restrições criadas pela existência de patentes, de saber-fazer e de outros direitos de propriedade intelectual nestes mercados, bem como quaisquer restrições criadas pela concessão de licenças relativas a tais direitos;

d) A medida em que cada uma das partes na concentração é titular, licenciada ou licenciante de patentes, de saber-fazer e de outros direitos nos mercados relevantes;

e) A importância de economias de escala para o fabrico ou distribuição de produtos nos mercados afectados;

f) O acesso a fontes de abastecimento, tais como a disponibilidade de matérias-primas e da infra-estrutura necessária.

Investigação e desenvolvimento

8.11. Explique a importância da investigação e desenvolvimento para a capacidade de uma empresa que opera no(s) mercado(s) relevante(s) concorrer a longo prazo. Explique a natureza da investigação e desenvolvimento nos mercados afectados realizada pelas partes na concentração.

Ao fazê-lo, tome em consideração, se for caso disso, o seguinte:

a) A evolução e as intensidades de investigação e desenvolvimento[1] nestes mercados e relativamente às partes na concentração;

b) O ritmo de desenvolvimento tecnológico destes mercados durante um período adequado (incluindo desenvolvimento de produtos e/ou serviços, processos de produção, sistemas de distribuição, etc.);

c) As principais inovações registadas nestes mercados e as empresas por elas responsáveis; e

d) O ciclo de inovação nestes mercados e a posição ocupada pelas partes neste ciclo de inovação.

Acordos de cooperação

8.12. Em que medida existem acordos de cooperação (horizontais, verticais ou outros) nos mercados afectados?

8.13. Forneça informações pormenorizadas relativas aos acordos de cooperação mais importantes em que as partes na concentração participam nos mercados afectados, tais como acordos de investigação e desenvolvimento, de concessão de licenças, de produção conjunta, de especialização, de distribuição, de fornecimento a longo prazo e de intercâmbio de informações e, quando considerar útil, forneça uma cópia desses acordos.

---

[1] A intensidade da investigação e desenvolvimento corresponde às despesas de investigação e desenvolvimento em termos de percentagem do volume de negócios.

Associações comerciais

8.14. Relativamente às associações comerciais nos mercados afectados:

  a) Identifique as associações em que participam as partes na concentração;

  b) Identifique as associações comerciais mais importantes a que pertencem os clientes e fornecedores das partes na concentração.

Indique o nome, endereço, números de telefone e fax e endereço electrónico da pessoa adequada a contactar no que se refere a todas as associações comerciais acima enumeradas.

SECÇÃO 9 **Contexto global do mercado e ganhos de eficiência**

9.1. Descreva o contexto mundial da concentração proposta, indicando a posição de cada uma das partes na concentração fora do território do EEE em termos de dimensão e de capacidade concorrencial.

9.2. Descreva o modo como a concentração projectada é susceptível de afectar os interesses dos consumidores intermédios e finais, bem como o ritmo do progresso técnico e económico.

9.3. Se desejar que a Comissão considere especificamente desde o início[1] em que medida os ganhos de eficiência resultantes da concentração são susceptíveis de reforçar a capacidade e o incentivo da nova entidade para se comportar de forma favorável à concorrência em benefício dos consumidores, forneça uma descrição e documentos de apoio relativamente a cada ganho de eficiência (incluindo economias de custos, introdução de novos produtos e melhorias a nível do serviço ou dos produtos) que as partes prevêem irá resultar da concentração projectada no que se refere a qualquer produto relevante[2].

Para cada ganho de eficiência alegado, forneça:

  i) Uma explicação circunstanciada da forma como a concentração projectada permitirá que a nova entidade obtenha o ganho de eficiência. Especifique as medidas que as partes prevêem tomar para alcançar os ganhos de eficiência, os riscos envolvidos e o tempo e custos necessários;

  ii) Sempre que razoavelmente possível, uma quantificação do ganho de eficiência e uma explicação circunstanciada do método de cálculo utilizado. Quando relevante, forneça uma estimativa da importância dos ganhos de eficiência relacionados com a introdução de novos produtos ou melhorias de qualidade. No que se refere aos ganhos de eficiência que proporcionam economias de custos, apresente separadamente as economias de custos únicos e fixos, as economias de custos fixos e recorrentes e as economias de custos variáveis (em euros por unidade e em euros por ano);

---

[1] De notar que a apresentação de informações relativamente ao ponto 9.3 é voluntária. Não se exige às partes que apresentem qualquer justificação para o seu não preenchimento. Não se pressupõe que o não fornecimento de informações sobre os ganhos de eficiência implica que a concentração projectada não cria ganhos de eficiência ou que a justificação para a concentração consiste em aumentar o poder de mercado. A não apresentação de informações relativas aos ganhos de eficiências na fase de notificação não impede o seu fornecimento numa fase posterior. Contudo, quanto mais cedo a informação for fornecida, mais fácil será para a Comissão verificar a existência dos alegados ganhos de eficiência.

[2] Para orientações suplementares sobre a apreciação dos ganhos de eficiência, consulte as Orientações para a apreciação das concentrações horizontais.

iii) A medida em que os clientes são susceptíveis de beneficiar do ganho de eficiência e uma explicação pormenorizada dos elementos em que se baseia esta conclusão; e

iv) A razão por que a parte ou partes não podem alcançar um ganho de eficiência de nível semelhante através de outros meios que não a concentração projectada e de uma forma que não seja susceptível de suscitar preocupações em matéria de concorrência.

SECÇÃO 10 Efeitos de cooperação de uma empresa comum

10. Para efeitos do disposto no n.º 4 do artigo 2.º do Regulamento das concentrações comunitárias, responda às seguintes questões:

a) Verifica-se a presença significativa de duas ou mais empresas-mãe no mesmo mercado da empresa comum, ou num mercado situado a montante ou a jusante desse mercado ou num mercado vizinho estreitamente relacionado com esse mercado?[1]

Se a resposta for afirmativa, indique em relação a cada um dos mercados referidos:

– o volume de negócios de cada empresa-mãe no exercício financeiro anterior,

– a relevância económica das actividades da empresa comum em relação a este volume de negócios,

– a quota de mercado de cada uma das empresas-mãe.

Se for negativa, justifique a sua resposta;

b) Se a resposta à alínea *a)* for afirmativa e em sua opinião a criação da empresa comum não conduzir a uma coordenação entre empresas independentes susceptível de restringir a concorrência, de acordo com o disposto no n.º 1 do artigo 81.º do Tratado CE, indique as suas razões;

c) Sem prejuízo das respostas dadas nas alíneas *a)* e *b)* e a fim de assegurar uma apreciação completa do processo pela Comissão, indique a aplicabilidade dos critérios do n.º 3 do artigo 81.º. De acordo com esta disposição, o n.º 1 do artigo 81.º pode ser declarado inaplicável se a operação:

i) contribuir para melhorar a produção ou distribuição de produtos ou promover o progresso técnico ou económico;

ii) reservar aos utilizadores uma parte equitativa do lucro daí resultante;

iii) não impuser às empresas em causa restrições que não sejam indispensáveis à consecução dos objectivos; e

iv) não der a essas empresas a possibilidade de eliminar a concorrência relativamente a uma parte substancial dos produtos em questão.

SECÇÃO II Declaração

O n.º 2 do artigo 2.º do Regulamento de execução prevê que quando as notificações forem assinadas por representantes de empresas, estes devem provar através de um documento escrito os seus poderes de representação. Este documento escrito deve acompanhar a notificação.

---

[1] Relativamente às definições de mercado, ver a secção 6.

A notificação deve terminar com a seguinte declaração, a assinar por todas as partes notificantes, ou em nome delas:

A(s) parte(s) notificante(s) declara(m) que, tanto quanto é do seu conhecimento, as informações prestadas na presente notificação são verdadeiras, exactas e completas, que foram fornecidas cópias verdadeiras e completas dos documentos exigidos no formulário CO, que todas as estimativas estão identificadas como tal e que são as que consideram mais correctas quanto aos factos subjacentes e que todas as opiniões manifestadas são sinceras.

As partes notificantes têm conhecimento do disposto no n.º 1, alínea *a*), do artigo 14.º do Regulamento das concentrações comunitárias.

Local e data:

Assinatura:

Nome(s) e cargo(s):

Em representação de:

ANEXO II

FORMULÁRIO SIMPLIFICADO
NOTIFICAÇÃO DE UMA CONCENTRAÇÃO

1. INTRODUÇÃO

1.1. Objectivo do formulário simplificado

O formulário simplificado especifica as informações que devem ser fornecidas pelas partes notificantes aquando da notificação à Comissão Europeia de determinadas fusões, aquisições ou outras concentrações projectadas pouco susceptíveis de levantarem preocupações do ponto de vista da concorrência.

Quando o presente formulário for preenchido, chama-se a atenção para o Regulamento (CE) n.º 139/2004 do Conselho (a seguir designado «Regulamento das concentrações comunitárias») e o Regulamento (CE) n.º 802/2004 da Comissão (a seguir designado «Regulamento de execução»)[1] em que o presente formulário consta em anexo. Os textos destes regulamentos, bem como de outros documentos relevantes, figuram na página Concorrência do sítio Europa da Comissão.

Regra geral, o formulário simplificado pode ser utilizado para efeitos de notificação de concentrações se for preenchida uma das seguintes condições:

1. No caso de uma empresa comum, esta última não exercer nem tencionar exercer quaisquer actividades ou quando tais actividades sejam mínimas no território do Espaço Económico Europeu (EEE). Tal acontece quando:

   a) O volume de negócios da empresa comum e/ou o volume de negócios das actividades transferidas for inferior a 100 milhões de euros no território do EEE; e

   b) O valor total dos activos transferidos para a empresa comum for inferior a 100 milhões de euros no território do EEE;

2. Nenhuma das partes na concentração exercem actividades no mesmo mercado do produto e mercado geográfico relevantes (ausência de sobreposições horizontais), ou num mercado que se situe a montante ou a jusante de um mercado no qual uma outra parte na concentração exerce a sua actividade (ausência de relações verticais);

3. Duas ou mais partes na concentração exercem actividades no mesmo mercado do produto e no mesmo mercado geográfico relevantes (relações horizontais), desde que a sua

---

[1] Regulamento (CE) n.º 139/2004 do Conselho, de 20 de Janeiro de 2004, JO, L 24, de 29.01.2004, p. 1. Chama-se a atenção para as disposições correspondentes do Acordo sobre o Espaço Económico Europeu (a seguir designado «Acordo EEE»). Ver nomeadamente o artigo 57.º do Acordo EEE, ponto 1 do anexo XIV do Acordo EEE e Protocolo n.º 4 do Acordo entre os Estados da EFTA relativo à instituição de um Órgão de Fiscalização e de um Tribunal de Justiça, bem como os Protocolos n.ºs 21 e 24 do Acordo EEE e artigo 1.º e as actas aprovadas do Protocolo que adapta o Acordo EEE. Qualquer referência aos Estados da EFTA deve ser entendida como sendo feita aos Estados da EFTA que são partes contratantes no Acordo EEE. Desde 1 de Maio de 2004, estes Estados são a Islândia, o Liechtenstein e a Noruega.

quota de mercado conjunta seja inferior a 15%; e/ou uma ou mais das partes na concentração exercem actividades num mercado do produto que se situe a montante ou a jusante de um mercado do produto no qual uma outra parte na concentração exerce a sua actividade (relações verticais) e desde que nenhuma das suas quotas de mercado individuais ou conjuntas a um destes níveis seja igual ou superior a 25%; ou

4. Uma parte pretende adquirir o controlo exclusivo de uma empresa em relação à qual já detenha o controlo conjunto.

A Comissão pode exigir uma notificação integral quando se afigurar que uma das condições de utilização do formulário simplificado não é preenchida ou, excepcionalmente, quando estiverem preenchidas, a Comissão determinar, não obstante, que é necessária uma notificação mediante o formulário CO para uma investigação adequada de eventuais preocupações do ponto de vista da concorrência.

Exemplos de casos em que uma notificação mediante o formulário CO pode ser necessária são as concentrações em que é difícil definir os mercados relevantes (por exemplo, em mercados emergentes ou na ausência de prática consagrada); quando uma parte é um operador novo ou potencial ou um importante titular de patentes; quando não é possível determinar de forma adequada as quotas de mercado das partes; em mercados caracterizados por importantes barreiras à entrada, um elevado grau de concentração ou problemas de concorrência notórios; quando pelo menos duas partes na concentração estiverem presentes em mercados vizinhos estreitamente relacionados[1]; e nas concentrações em que se verifica um problema de coordenação, como referido no n.º 4 do artigo 2.º do Regulamento das concentrações comunitárias. De igual forma, pode ser exigido um formulário de notificação CO no caso de uma parte adquirir o controlo exclusivo de uma empresa comum em que detenha actualmente o controlo conjunto, quando a parte adquirente e a empresa comum tiverem, em conjunto, uma forte posição no mercado ou a empresa comum e a parte adquirente tiverem fortes posições em mercados verticalmente relacionados.

1.2. Nova notificação mediante o formulário CO

Quando aprecia se uma concentração pode ser notificada com base no formulário simplificado, a Comissão velará para que todas as circunstâncias relevantes sejam estabelecidas com clareza suficiente. Neste contexto, a responsabilidade pela apresentação de informações correctas e completas incumbe às partes notificantes.

Se, após a notificação da concentração, a Comissão considerar que não se trata de um caso adequado para ser notificado mediante o formulário simplificado, a Comissão pode exigir a notificação integral ou, se for caso disso, a notificação parcial, mediante o formulário CO. Tal pode ocorrer quando:

– se afigura que não são preenchidas as condições de utilização do formulário simplificado;

– apesar de serem satisfeitas as condições de utilização do formulário simplificado, se afigura necessária uma notificação integral ou parcial mediante o formulário CO para uma

---

[1] Os mercados do produto são mercados vizinhos estreitamente relacionados quando os produtos são complementares entre si ou quando pertencem a uma gama de produtos que é geralmente adquirida pelo mesmo grupo de clientes para a mesma utilização final.

investigação adequada de eventuais preocupações do ponto de vista da concorrência ou para estabelecer se a transacção constitui uma concentração na acepção do artigo 3.º do Regulamento das concentrações comunitárias;

– o formulário simplificado apresentar informações incorrectas ou deturpadas;

– um Estado-Membro manifestar preocupações de concorrência fundamentadas quanto à concentração notificada no prazo de 15 dias úteis a contar da recepção da cópia da notificação; ou

– um terceiro manifestar preocupações de concorrência fundamentadas no prazo estabelecido pela Comissão para essas observações.

Nesses casos, a notificação pode ser considerada incompleta no que diz respeito aos aspectos de carácter material nos termos do n.º 2 do artigo 5.º do Regulamento de execução. A Comissão informará desse facto as partes notificantes ou os seus representantes, imediatamente e por escrito. A notificação só produzirá efeitos a partir da data de recepção de todas as informações solicitadas.

1.3. Importância dos contactos anteriores à notificação

A experiência revelou que os contactos anteriores à notificação são extremamente valiosos quer para as partes notificantes, quer para a Comissão determinar o volume exacto de informações exigidas numa notificação. De igual forma, quando as partes pretendem apresentar um formulário de notificação simplificado, aconselha-se que contactem a Comissão previamente à notificação a fim de discutir se o caso se presta à utilização de um formulário simplificado. Remetem-se as partes notificantes para as Melhores Práticas da Comissão sobre a aplicação dos procedimentos de controlo das concentrações comunitárias que fornecem orientações sobre os contactos anteriores à notificação e a colaboração das notificações.

1.4. Quem deve proceder à notificação

No caso de uma fusão, nos termos do n.º 1, alínea *a*), do artigo 3.º do Regulamento das concentrações comunitárias, ou da aquisição do controlo conjunto de uma empresa, nos termos do n.º 1, alínea *b*), do artigo 3.º do mesmo regulamento, a notificação será preenchida conjuntamente pelas partes na fusão ou pelas partes adquirentes do controlo conjunto, consoante o caso[1].

No caso da aquisição de uma participação de controlo de uma empresa por uma outra, a notificação deve ser preenchida pelo adquirente.

No caso de uma oferta pública de aquisição de uma empresa, a notificação deve ser preenchida pelo autor da oferta.

Cada uma das partes que preencher a notificação é responsável pela exactidão das informações prestadas.

1.5. Obrigação de apresentar uma notificação correcta e completa

Todas as informações solicitadas neste formulário devem ser correctas e completas. As informações solicitadas devem ser fornecidas na secção adequada do presente formulário.

---

[1] Ver n.º 2 do artigo 4.º do Regulamento das concentrações comunitárias.

Deve atender-se particularmente ao seguinte:

a) De acordo com o disposto no n.º 1 do artigo 10.º do Regulamento das concentrações comunitárias e nos n.ºs 2 e 4 do artigo 5.º do Regulamento de execução, os prazos do Regulamento das concentrações comunitárias relacionados com a notificação só começam a correr depois de a Comissão receber todas as informações que devem ser fornecidas juntamente com a notificação. Esta obrigação destina-se a assegurar que a Comissão possa apreciar a operação de concentração notificada dentro dos prazos rigorosos previstos no Regulamento das concentrações comunitárias.

b) As partes notificantes devem verificar, durante a elaboração da notificação, se todos os nomes e números das pessoas a contactar fornecidos à Comissão e, em especial, os números de fax e os endereços electrónicos, são exactos, relevantes e estão actualizados.

c) As informações inexactas ou deturpadas na notificação serão consideradas como informações incompletas (n.º 4 do artigo 5.º do Regulamento de execução).

d) Se a notificação estiver incompleta, a Comissão informará do facto, por escrito e imediatamente, as partes notificantes ou os seus representantes. A notificação só produzirá efeitos na data em que a Comissão receber as informações completas e exactas (n.º 1 do artigo 10.º do Regulamento das concentrações comunitárias e n.ºs 2 e 4 do artigo 5.º do Regulamento de execução).

e) Nos termos do n.º 1, alínea *a*), do artigo 14.º do Regulamento das concentrações comunitárias, às partes notificantes que, deliberada ou negligentemente, prestem informações inexactas ou deturpadas, podem ser aplicadas coimas até 1% do volume de negócios total realizado pela empresa em causa. Além disso, nos termos do n.º 3, alínea *a*), do artigo 6.º e do n.º 6, alínea *a*), do artigo 8.º do Regulamento das concentrações comunitárias, a Comissão pode igualmente revogar a sua decisão relativa à compatibilidade de uma concentração notificada, se se basear em informações inexactas pelas quais uma das empresas é responsável.

f) Pode ser solicitado por escrito à Comissão que admita a notificação como completa, apesar de não terem sido prestadas as informações solicitadas no presente formulário, se tais informações não forem razoavelmente acessíveis, em parte ou no todo (por exemplo, devido à indisponibilidade de informações relativas à empresa a adquirir numa oferta pública de aquisição contestada).

A Comissão tomará em conta esse pedido, desde que sejam dadas razões para essa impossibilidade e fornecidas as melhores estimativas relativamente aos dados em falta, bem como as fontes para as estimativas. Devem ser igualmente fornecidas indicações, se for possível, quanto ao facto de algumas dessas informações indisponíveis poderem ser obtidas pela Comissão.

g) Pode ser solicitado por escrito à Comissão que admita a notificação como completa, apesar de não terem sido prestadas as informações solicitadas no presente formulário, se considerar que determinadas informações exigidas no presente formulário podem não ser necessárias para a análise do caso pela Comissão.

A Comissão terá em conta esse pedido, desde que sejam dadas razões adequadas pelas quais as referidas informações não são relevantes nem necessárias para o seu inquérito sobre a operação notificada. Deverá justificar este pedido durante os contactos com a Comissão anteriores à notificação e apresentar por escrito à Comissão um pedido de dispensa da obrigação de prestar essas informações, nos termos do n.º 2 do artigo 4.º do Regulamento de execução.

1.6. Como proceder à notificação

A notificação deve ser apresentada numa das línguas oficiais da Comunidade Europeia. Esta língua constituirá, posteriormente, a língua do processo em relação a todas as partes notificantes. Se as notificações forem efectuadas em conformidade com o artigo 12.º do Protocolo n.º 24 do Acordo EEE numa língua oficial de um Estado da EFTA, que não seja uma língua oficial da Comunidade, a notificação deverá simultaneamente ser completada com uma tradução numa língua oficial da Comunidade.

As informações solicitadas neste formulário devem ser especificadas utilizando as secções e os pontos do formulário, acompanhadas de uma declaração assinada tal como consta da Secção 9 e dos documentos de apoio em anexo. Ao completar a Secção 7 do presente formulário, as partes notificantes são convidadas a examinar se, numa preocupação de clareza, esta secção deve ser apresentada por ordem numérica ou se as informações podem ser agrupadas em função de cada mercado individual declarável (ou grupo de mercados declaráveis).

Por razões de clareza, determinadas informações podem ser apresentadas em anexo. Contudo, é essencial que todos os elementos de informação substanciais, em especial os relativos às quotas de mercado das partes e dos seus maiores concorrentes, sejam apresentados no corpo do presente formulário. Só serão utilizados anexos para complementar as informações fornecidas no próprio formulário.

As informações relativas às pessoas a contactar devem ser prestadas num formato fornecido pela Direcção-Geral da Concorrência (DG Concorrência). Para que o processo de investigação possa decorrer de forma correcta, é essencial que as informações relativas às pessoas a contactar sejam exactas. Diversos casos de informações incorrectas relativas às pessoas a contactar poderão constituir motivo para declarar uma notificação incompleta.

Os documentos de apoio serão apresentados na sua língua original; no caso de não se tratar de uma língua oficial da Comunidade, serão traduzidos para a língua do processo (n.º 4 do artigo 3.º do Regulamento de execução).

Os documentos de apoio podem ser originais ou cópias. Neste caso, as partes notificantes declararão que os mesmos são cópias verdadeiras e completas.

Serão enviados à Direcção-Geral da Concorrência da Comissão um original e 35 cópias do formulário simplificado e dos documentos de apoio. A notificação deve dar entrada no endereço referido no n.º 1 do artigo 23.º do Regulamento de execução e no formato especificado periodicamente pela Comissão.

Este endereço é publicado no *Jornal Oficial da União Europeia*. A notificação deve dar entrada na Comissão num dia útil, tal como definido no artigo 24.º do Regulamento de execução. Para poder ser registada no mesmo dia, deve dar entrada até às 17 horas de segunda a quinta-feira e até às 16 horas de sexta-feira e dos dias úteis que precedem feriados oficiais e outros feriados determinados pela Comissão e publicados no *Jornal Oficial da União Europeia*.

Devem ser respeitadas as instruções em matéria de segurança dadas no sítio *web* da DG Concorrência.

1.7. Carácter confidencial

O artigo 287.º do Tratado e o n.º 2 do artigo 17.º do Regulamento das concentrações comunitárias, bem como as disposições correspondentes do Acordo EEE[1] impõem à Comissão, aos Estados-Membros, ao Órgão de Fiscalização da EFTA e aos Estados da EFTA, bem como aos seus funcionários e outros agentes, que não divulguem as informações obtidas nos termos daquele regulamento que, pela sua natureza, estejam abrangidas pelo dever de sigilo profissional. Este princípio aplica-se igualmente à protecção das questões confidenciais entre as partes notificantes.

Se considerar que os seus interesses poderão ser prejudicados se qualquer das informações a prestar for publicada ou de qualquer outro modo divulgada a outras partes, é favor apresentar estas informações separadamente, apondo claramente em cada página a menção «segredo comercial». Deve igualmente indicar os motivos pelos quais estas informações não devem ser divulgadas ou publicadas.

No caso de fusões ou aquisições conjuntas ou sempre que a notificação seja preenchida por mais de uma parte, os segredos comerciais podem ser apresentados separadamente, sendo referidos na notificação como anexos. Todos esses anexos devem ser incluídos aquando da apresentação do formulário a fim de que a notificação seja considerada completa.

1.8. Definições e instruções para efeitos do presente formulário

Parte(s) notificante(s): quando uma notificação é apresentada apenas por uma das empresas parte numa operação, a expressão «partes notificantes» é utilizada para referir unicamente a empresa que realmente apresenta a notificação.

Parte(s) na concentração: esta expressão diz respeito quer à parte adquirente, quer à parte adquirida ou às partes que se fundem, incluindo todas as empresas nas quais uma participação de controlo é objecto de aquisição ou de uma oferta pública de aquisição.

Salvo especificação em contrário, as expressões parte(s) notificante(s) e parte(s) na concentração incluem todas as empresas que pertencem aos mesmos grupos que essas partes.

Ano: Todas as referências a ano no presente formulário significam ano civil, salvo especificação em contrário.

Todas as informações solicitadas no presente formulário dizem respeito, salvo especificação em contrário, ao ano anterior ao da notificação.

Os dados financeiros solicitados nos pontos 3.3 a 3.5 devem ser expressos em euros, às taxas de câmbio médias vigentes nos anos ou noutros períodos em causa.

Todas as remissões constantes deste formulário são feitas para os correspondentes artigos e números do Regulamento das concentrações comunitárias, salvo referência em contrário.

1.9. Prestação de informações aos trabalhadores e seus representantes

A Comissão chama a atenção para as obrigações a que as partes numa concentração podem estar sujeitas ao abrigo das regras comunitárias e/ou nacionais relativas à informação e consulta dos trabalhadores e/ou seus representantes no que se refere às transacções com carácter de concentração.

SECÇÃO 1 **Descrição da concentração**

1.1. Forneça um resumo da concentração, especificando as partes na concentração, a natureza da concentração (por exemplo, fusão, aquisição, empresa comum), as áreas de actividade das partes notificantes, os mercados em que a concentração produzirá um impacto (incluindo os principais mercados declaráveis[1]) e a justificação estratégica e económica para a concentração.

---

[1] Ver, nomeadamente, o artigo 122.º do Acordo EEE, o artigo 9.º do Protocolo n.º 24 do Acordo EEE e o n.º 2 do artigo 17.º do capítulo XIII do Protocolo n.º 4 do Acordo entre os Estados da EFTA relativo à instituição de um Órgão de Fiscalização e de um Tribunal de Justiça (Acordo OFE).

1.2. Forneça um resumo (até 500 palavras) das informações prestadas no ponto 1.1. Prevê-se que este resumo seja publicado no sítio *web* da Comissão na data da notificação. O resumo deve ser elaborado de forma a não conter quaisquer informações confidenciais ou segredos comerciais.

SECÇÃO 2 **Informações relativas às partes**

2.1. Informações relativas à(s) parte(s) notificante(s)
Especifique:
2.1.1. O nome e o endereço da empresa;
2.1.2. A natureza das actividades da empresa;
2.1.3. O nome, endereço, números de telefone e fax, endereço electrónico e cargo ocupado pela pessoa adequada a contactar; e
2.1.4. Um endereço da parte notificante (ou de cada uma das partes notificantes) para o qual os documentos e, nomeadamente, as decisões da Comissão podem ser enviados. Deve ser indicado o nome, o endereço electrónico e o número de telefone de uma pessoa neste endereço que esteja autorizada a recebê-los.

2.2. Informações relativas às outras partes[2] na concentração
Especifique relativamente a cada uma das partes na concentração [excepto a(s) parte(s) notificante(s)]:
2.2.1. O nome e o endereço da empresa;
2.2.2. A natureza das actividades da empresa;
2.2.3. O nome, endereço, números de telefone e fax, endereço electrónico e cargo ocupado pela pessoa adequada a contactar; e
2.2.4. Um endereço da parte (ou de cada uma das partes) para o qual os documentos e, nomeadamente, as decisões da Comissão podem ser enviados. Deve ser indicado o nome, o endereço electrónico e o número de telefone de uma pessoa neste endereço que esteja autorizada a recebê-los.

2.3. Nomeação de representantes
No caso das notificações serem assinadas por representantes de empresas, estes devem apresentar um documento escrito que prove os seus poderes de representação. Deste documento escrito devem constar o nome e cargo das pessoas que conferem esses poderes de representação.

Indique as seguintes informações no que se refere aos representantes autorizados a agir em nome de cada uma das partes na concentração, indicando quem representam:
2.3.1. O nome do representante;
2.3.2. O endereço do representante;
2.3.3. O nome, endereço, números de telefone e fax e endereço electrónico da pessoa a contactar; e
2.3.4. Um endereço do representante (em Bruxelas, se disponível), para envio de correspondência e entrega de documentos.

---

[1] Ver secção 6, ponto III, relativa à definição de mercados declaráveis.

[2] Inclui a empresa a adquirir no caso de uma oferta pública de aquisição contestada, devendo neste caso as informações serem prestadas na medida do possível.

SECÇÃO 3 Elementos relativos à concentração

3.1. Descreva a natureza da concentração notificada, indicando:

a) Se a concentração projectada consiste numa fusão, numa aquisição de controlo único ou conjunto, numa empresa comum que desempenhe de forma duradoura todas as funções de uma entidade económica autónoma, nos termos do n.º 4 do artigo 3.º do Regulamento das concentrações comunitárias, num contrato ou em quaisquer outros meios que confiram um controlo directo ou indirecto nos termos do n.º 2 do artigo 3.º do Regulamento das concentrações comunitárias;

b) Se a concentração abrange total ou parcialmente as actividades das partes;

c) Uma breve explicação da estrutura económica e financeira da concentração;

d) Se qualquer oferta pública de aquisição de títulos feita por uma das partes relativamente a títulos da outra parte tem o acordo dos órgãos de fiscalização, de direcção ou de quaisquer outras instâncias susceptíveis de representarem legalmente essa parte;

e) A data proposta ou prevista de actos importantes para a realização da concentração;

f) A estrutura proposta de propriedade e de controlo após a realização da concentração;

g) Qualquer apoio financeiro ou de outro tipo, independentemente da sua origem (incluindo de entidades públicas), recebido por qualquer das partes e a natureza e o montante desse apoio; e

h) Os sectores económicos envolvidos na concentração.

3.2. Especifique o valor da transacção (o preço de compra ou o valor de todos os activos envolvidos, consoante o caso);

3.3. Relativamente a cada uma das empresas em causa na concentração[1], forneça os seguintes dados[2] relativos ao último exercício financeiro:

3.3.1. Volume de negócios realizado a nível mundial;
3.3.2. Volume de negócios realizado na Comunidade;
3.3.3. Volume de negócios realizado na EFTA;
3.3.4. Volume de negócios realizado em cada Estado-Membro;
3.3.5. Volume de negócios realizado em cada Estado da EFTA;
3.3.6. Eventualmente, o Estado-Membro em que foram efectuados mais de dois terços do volume de negócios realizado na Comunidade; e
3.3.7. Eventualmente, o Estado da EFTA em que foram efectuados mais de dois terços do volume de negócios realizado na EFTA.

---

[1] Ver Comunicação da Comissão relativa ao conceito de empresas em causa.

[2] Ver, em termos gerais, a Comunicação da Comissão relativa ao cálculo do volume de negócios. O volume de negócios da(s) parte(s) adquirente(s) na concentração incluirá o volume de negócios total de todas as empresas na acepção do n.º 4 do artigo 5.º do Regulamento das concentrações comunitárias. O volume de negócios da(s) parte(s) adquirida(s) incluirá o volume de negócios respeitante às parcelas que são objecto da transacção nos termos do n.º 2 do artigo 5.º do Regulamento das concentrações comunitárias. Estão previstas disposições específicas nos n.ºs 3, 4 e 5 do artigo 5.º do Regulamento das concentrações comunitárias relativamente às instituições de crédito, empresas de seguros, outras instituições financeiras e empresas comuns.

3.4. Para efeitos do disposto no n.º 3 do artigo 1.º do Regulamento das concentrações comunitárias, se a operação não atingir os limiares estabelecidos no n.º 2 do mesmo artigo, forneça os seguintes dados relativamente ao último exercício financeiro:

3.4.1. Eventualmente, os Estados-Membros em que o volume de negócios total realizado pelo conjunto das empresas em causa ultrapassou 100 milhões de euros; e

3.4.2. Eventualmente, os Estados-Membros em que o volume de negócios total realizado individualmente por pelo menos duas das empresas em causa ultrapassou 25 milhões de euros.

3.5. No intuito de determinar se a concentração pode ser classificada como um caso de cooperação EFTA[1], forneça os seguintes dados relativamente ao último exercício financeiro:

3.5.1. O volume de negócios conjunto das empresas em causa no território dos Estados da EFTA é igual ou superior a 25% do seu volume de negócios total no território do EEE?

3.5.2. Pelo menos duas das empresas em causa possuem individualmente um volume de negócios superior a 250 milhões de euros no território dos Estados da EFTA?

3.6. Se a transacção incidir sobre a aquisição do controlo conjunto de uma empresa comum, forneça os seguintes dados:

3.6.1. O volume de negócios da empresa comum e/ou o volume de negócios das actividades transferidas para a empresa comum; e/ou

3.6.2. O valor total dos activos transferidos para a empresa comum.

3.7. Descreva a justificação económica para a concentração.

SECÇÃO 4 **Propriedade e controlo**[2]

Relativamente a cada uma das partes na concentração, forneça uma lista de todas as empresas pertencentes ao mesmo grupo.

Esta lista deve incluir:

4.1. Todas as empresas ou pessoas que controlam estas partes, directa ou indirectamente;

4.2. Todas as empresas com actividades em qualquer mercado declarável[1] que são controladas, directa ou indirectamente:

a) Por estas partes;

b) Por qualquer outra empresa identificada em 4.1.

Relativamente a cada elemento da lista acima referida, deve ser indicada a natureza e os meios de controlo.

As informações pretendidas nesta secção podem ser ilustradas pela utilização de

---

[1] Ver o artigo 57.º do Acordo EEE e, em especial, o n.º 1 do artigo 2.º do Protocolo n.º 24 do Acordo EEE. Um caso é elegível para efeitos de cooperação quando o volume de negócios total das empresas em causa no território dos Estados da EFTA atingir 25% ou mais do seu volume de negócios total no território abrangido pelo Acordo EEE; ou quando pelo menos duas das empresas em causa realizam individualmente um volume de negócios superior a 250 milhões de euros no território dos Estados da EFTA; ou quando a concentração for susceptível de criar ou reforçar uma posição dominante de que resultem entraves significativos à concorrência efectiva nos territórios dos Estados da EFTA ou numa parte substancial dos mesmos.

[2] Ver os n.ºs 3, 4 e 5 do artigo 3.º e o n.º 4 do artigo 5.º do Regulamento das concentrações comunitárias.

mapas ou diagramas relativos à organização da empresa para revelar a estrutura de propriedade e controlo das empresas.

SECÇÃO 5 Documentação de apoio

As partes notificantes devem fornecer os seguintes documentos:

5.1. Cópias da versão final ou mais recente de todos os documentos relativos à realização da concentração, quer por acordo entre as partes na concentração, quer por aquisição de participações de controlo, quer por oferta pública de aquisição; e

5.2. Cópias dos relatórios e contas anuais mais recentes de todas as partes na concentração.

SECÇÃO 6 Definições de mercados

Os mercados do produto e geográficos relevantes determinam o âmbito em que deve ser avaliado o poder de mercado da nova entidade resultante da concentração[2].

A(s) parte(s) notificante(s) deve(m) fornecer os dados solicitados tendo em conta as seguintes definições:

I. Mercados do produto relevantes

Um mercado do produto relevante compreende todos os produtos e/ou serviços considerados permutáveis ou substituíveis pelo consumidor devido às suas características, preços e utilização pretendida. Um mercado do produto relevante pode em alguns casos ser composto por um certo número de produtos e/ou serviços individuais que apresentam características físicas ou técnicas amplamente idênticas e que sejam permutáveis.

Os factores importantes para a avaliação do mercado do produto relevante incluem a análise da razão da inclusão dos produtos ou serviços nestes mercados e da exclusão de outros através da utilização da definição acima referida e tendo em conta, por exemplo, a substituibilidade, condições de concorrência, preços, elasticidade cruzada dos preços a nível da procura ou outros factores relevantes para a definição dos mercados do produto (por exemplo, substituibilidade do lado da oferta nos casos adequados).

II. Mercados geográficos relevantes

O mercado geográfico relevante compreende a área em que as empresas em causa fornecem e procuram produtos ou serviços relevantes, em que as condições de concorrência são suficientemente homogéneas e que podem distinguir-se de áreas geográficas vizinhas devido ao facto, em especial, de as condições da concorrência serem consideravelmente diferentes nessas áreas.

Os factores importantes para a avaliação do mercado geográfico relevante incluem nomeadamente a natureza e as características dos produtos ou serviços em causa, a existência de barreiras à entrada, de preferências dos consumidores, de diferenças consideráveis das quotas de mercado das empresas entre áreas geográficas vizinhas ou diferenças de preços substanciais.

---

[1] Ver secção 6, ponto III, relativa à definição de mercados declaráveis.

[2] Ver Comunicação da Comissão relativa à definição de mercado relevante para efeitos do direito comunitário de concorrência.

III. Mercados declaráveis

Para efeitos das informações solicitadas no presente formulário, os mercados declaráveis consistem em todos os mercados do produto e geográficos relevantes, bem como em definições alternativas plausíveis de mercados do produto e geográficos relevantes, com base nos quais:

a) Duas ou mais partes na concentração desenvolvem actividades no mesmo mercado relevante (relações horizontais);

b) Uma ou mais partes na concentração desenvolvem actividades num mercado do produto que constitua um mercado a montante ou a jusante do mercado em que qualquer outra parte na concentração desenvolva actividades, independentemente da existência ou não de uma relação de fornecedor/cliente entre as partes na concentração (relações verticais).

6.1. Com base nas definições de mercado acima referidas, identificar todos os mercados declaráveis.

SECÇÃO 7 Dados relativos aos mercados

Em relação a cada mercado declarável descrito na secção 6, relativamente ao ano anterior à operação, apresentar o seguinte:[1]

7.1. Uma estimativa da dimensão total do mercado em termos de valor de vendas (em euros) e volume de vendas (em unidades)[2]. Indique a base e as fontes para os cálculos e apresente documentos, se disponíveis, para confirmar esses cálculos;

7.2. As vendas em termos de valor e volume, bem como uma estimativa das quotas de mercado de cada uma das partes na concentração. Indique se se verificaram alterações significativas a nível das vendas e das quotas de mercado nos três últimos exercícios financeiros; e

7.3. No que se refere às relações horizontais e verticais, uma estimativa da quota de mercado em termos de valor (e, quando apropriado, em termos de volume) dos três maiores concorrentes (indicando a base das estimativas).

Indique o nome, endereço, números de telefone e faz e correio electrónico do responsável pelo departamento jurídico ou de outra pessoa que exerça funções semelhantes e, caso este cargo não exista, do Director-Geral no que se refere a esses concorrentes.

SECÇÃO 8 Efeitos de cooperação de uma empresa comum

8. Para efeitos do disposto no n.º 4 do artigo 2.º do Regulamento das concentrações comunitárias, responda às seguintes questões:

a) Verifica-se a presença significativa de duas ou mais empresas-mãe no mesmo mercado da empresa comum ou num mercado situado a montante ou a jusante desse mercado ou num mercado vizinho estreitamente relacionado com esse mercado[3]?

Se a resposta for afirmativa, indique em relação a cada um dos mercados referidos:

---

[1] No contexto dos contactos anteriores à notificação, poderá pretender discutir com a Comissão em que medida seria adequada uma dispensa da obrigação de apresentar as informações solicitadas no que se refere a determinados mercados declaráveis.

[2] O valor e o volume de um mercado devem reflectir a produção, deduzidas as exportações e acrescidas as importações, em relação às áreas geográficas em causa.

[3] Relativamente às definições de Mercado, ver a secção 6.

–o volume de negócios de cada empresa-mãe no exercício financeiro anterior;
– a relevância económica das actividades da empresa comum em relação a este volume de negócios;
– a quota de mercado de cada uma das empresas-mãe.
Se for negativa, justifique a sua resposta.

b) Se a resposta à alínea *a)* for afirmativa e em sua opinião a criação da empresa comum não conduzir a uma coordenação entre empresas susceptível de restringir a concorrência, de acordo com o disposto no n.º 1 do artigo 81.º do Tratado CE, indique as suas razões.

c) Sem prejuízo das respostas dadas nas alíneas *a)* e *b)* e a fim de assegurar uma apreciação completa do processo pela Comissão, indique a aplicabilidade dos critérios do n.º 3 do artigo 81.º. De acordo com esta disposição, o n.º 1 do artigo 81.º pode ser declarado inaplicável se a operação:

   i) contribuir para melhorar a produção ou a distribuição de produtos ou promover o progresso técnico ou económico;
   ii) reservar aos utilizadores uma parte equitativa do lucro daí resultante;
   iii) não impuser às empresas em causa restrições que não sejam indispensáveis à consecução dos objectivos; e
   iv) não der a essas empresas a possibilidade de eliminar a concorrência relativamente a uma parte substancial dos produtos em questão.

SECÇÃO 9 **Declaração**

O n.º 2 do artigo 2.º do Regulamento de execução prevê que quando as notificações forem assinadas por representantes de empresas, estes devem provar através de documento escrito os seus poderes de representação. Este documento escrito deve acompanhar a notificação.

A notificação deve terminar com a seguinte declaração, a assinar por todas as partes notificantes ou em nome delas:

A(s) parte(s) notificante(s) declara(m) que, tanto quanto é do seu conhecimento, as informações prestadas na presente notificação são verdadeiras, exactas e completas, que foram fornecidas cópias verdadeiras e completas dos documentos exigidos no presente formulário, que todas as estimativas estão identificadas como tal e que são as que consideram mais correctas quanto aos factos subjacentes e que todas as opiniões manifestadas são sinceras.

As partes notificantes têm conhecimento do disposto no n.º 1, alínea *a)*, do artigo 14.º do Regulamento das concentrações comunitárias.

Local e data:

Assinaturas:

Nome(s) e cargo(s):

Em representação de:

ANEXO III

FORMULÁRIO MF*

INTRODUÇÃO

A. Objectivo do presente formulário

O presente formulário especifica as informações que as partes requerentes devem fornecer aquando da apresentação de um memorando fundamentado relativo a uma remessa anterior à notificação nos termos dos n.ºs 4 ou 5 do artigo 4.º do Regulamento (CE) n.º 139/2004 do Conselho (a seguir designado «Regulamento das concentrações comunitárias»).

Chama-se a atenção para o Regulamento das concentrações comunitárias e para o Regulamento (CE) n.º 802/2004 da Comissão (a seguir designado «Regulamento de execução do Regulamento das concentrações comunitárias»). Os textos destes regulamentos, bem como de outros documentos relevantes, figuram na página Concorrência do sítio Europa da Comissão.

A experiência revelou que os contactos prévios são extremamente valiosos quer para as partes, quer para as autoridades relevantes determinarem o volume exacto e o tipo de informações exigidas. Consequentemente, as partes são incentivadas a consultar a Comissão e o(s) Estados(s)-Membro(s) relevante(s) para apurar se o âmbito e o tipo de informações em que tencionam basear o seu memorando fundamentado são adequados.

B. Obrigação de apresentar um memorando fundamentado correcto e completo

Todas as informações exigidas no presente formulário devem ser correctas e completas. As informações solicitadas devem ser apresentadas na secção adequada do presente formulário.

As informações inexactas ou deturpadas no memorando fundamentado serão consideradas como informações incompletas (n.º 4 do artigo 5.º do Regulamento de execução do Regulamento das concentrações comunitárias).

Se as partes prestarem informações inexactas, a Comissão dispõe do poder de revogar qualquer decisão por ela adoptada nos termos do artigo 6.º ou 8.º na sequência de uma remessa ao abrigo do n.º 5 do artigo 4.º, em conformidade com o n.º 3, alínea a), do artigo 6.º ou n.º 6, alínea *a*), do artigo 8.º do Regulamento das concentrações comunitárias.

Após a revogação, passarão a ser aplicáveis uma vez mais à transacção as legislações nacionais no domínio da concorrência. No caso de remessas nos termos do n.º 4 do artigo 4.º efectuadas com base em informações inexactas, a Comissão pode exigir uma notificação em conformidade com o n.º 1 do artigo 4.º. Além disso, a Comissão tem competência para impor coimas devido à apresentação de informações inexactas ou deturpadas em conformidade com o n.º 1, alínea *a*), do artigo 14.º do Regulamento das concentrações comunitárias. (ver alínea *d*) *infra*). Por último, as partes devem estar igualmente cientes de que se uma remessa for efectuada com base em informações inexactas, deturpadas ou incompletas apresentadas no

---

* Formulário MF relativo aos memorandos fundamentados nos termos dos n.ºs 4 e 5 do artigo 4.º do regulamento (CE) n.º 139/2004

formulário MF, a Comissão e/ou os Estados-Membros podem considerar a possibilidade de efectuar uma remessa após a notificação que rectifique a eventual remessa efectuada antes da notificação.
Deve atender-se particularmente ao seguinte:
a) Em conformidade com os n.ºs 4 e 5 do artigo 4.º do Regulamento das concentrações comunitárias, a Comissão deve transmitir sem demora os memorandos fundamentados aos Estados Membros. Os prazos para a apreciação de um memorando fundamentado começam a correr após a recepção do memorando pelo(s) Estados(s) Membro(s) relevante(s). A decisão de aceitar ou não um memorando fundamentado será normalmente tomada com base nas informações contidas no mesmo, sem qualquer investigação ulterior por parte das autoridades envolvidas.
b) As partes comunicantes devem consequentemente verificar, durante a elaboração do seu memorando fundamentado, se todas as informações e argumentos apresentados são suficientemente corroborados por fontes independentes.
c) Nos termos do n.º 1, alínea *a*), do artigo 14.º do Regulamento das concentrações comunitárias, às partes que apresentem um memorando fundamentado em que, deliberada ou negligentemente, prestem informações inexactas ou deturpadas, podem ser aplicadas coimas até 1% do volume de negócios total realizado pela empresa em causa.
d) Pode ser solicitado por escrito à Comissão que admita o memorando fundamentado como completo, apesar de não terem sido prestadas as informações solicitadas no presente formulário, se tais informações não forem razoavelmente acessíveis, em parte ou no todo (por exemplo, devido à indisponibilidade de informações relativas à empresa a adquirir numa oferta pública de aquisição contestada).
A Comissão terá em conta esse pedido, desde que sejam dadas razões para essa impossibilidade e fornecidas as melhores estimativas relativamente aos dados em falta, bem como as fontes para as estimativas. Devem ser igualmente fornecidas indicações, se for possível, quanto ao facto de algumas dessas informações indisponíveis poderem ser obtidas pela Comissão ou pelo(s) Estado(s) Membro(s) relevante(s).
e) Pode ser solicitado à Comissão que admita o memorando fundamentado como completo, apesar de não terem sido prestadas as informações solicitadas no presente formulário, se considerar que determinadas informações exigidas no presente formulário podem não ser necessárias para a análise do caso pela Comissão ou pelo(s) Estado(s) Membro(s) relevante(s).
A Comissão terá em conta esse pedido, desde que sejam dadas razões adequadas pelas quais as referidas informações não são relevantes nem necessárias para apreciar o pedido relativo a uma remessa antes da notificação.
Deverá justificar este pedido durante os contactos prévios com a Comissão e com o(s) Estado(s) Membro(s) relevante(s) e apresentar por escrito à Comissão um pedido de dispensa da obrigação de prestar essas informações, nos termos do n.º 2 do artigo 4.º do Regulamento de execução do Regulamento das concentrações comunitárias.
A Comissão pode consultar a autoridade ou as autoridades relevantes do Estado Membro antes de decidir aceitar o referido pedido.

C. Quem pode apresentar um memorando fundamentado

No caso de uma fusão, nos termos do n.º 1, alínea *a*), do artigo 3.º do Regulamento das concentrações comunitárias ou da aquisição do controlo conjunto de uma empresa, nos termos do n.º 1, alínea *b*), do artigo 3.º do mesmo regulamento, o memorando fundamentado deve ser preenchido conjuntamente pelas partes na fusão ou pelas partes adquirentes do controlo conjunto, consoante o caso.

No caso da aquisição de uma participação de controlo de uma empresa por uma outra, o memorando fundamentado deve ser preenchido pelo adquirente.

No caso de uma oferta pública de aquisição de uma empresa, o memorando fundamentado deve ser preenchido pelo autor da oferta.

Cada uma das partes que preencher um memorando fundamentado é responsável pela exactidão das informações prestadas.

D. Como proceder à elaboração do memorando fundamentado

O memorando fundamentado deve ser apresentado numa das línguas oficiais da União Europeia. Esta língua constituirá, posteriormente, a língua do processo em relação a todas as partes comunicantes.

No intuito de facilitar o tratamento do formulário MF pelas autoridades dos Estados Membros, as partes são fortemente incentivadas a fornecer à Comissão uma tradução do seu memorando fundamentado numa língua ou nas línguas susceptíveis de serem entendidas por todos os destinatários da informação. No que diz respeito aos pedidos de remessa para um Estado Membro ou Estados-Membros, as partes requerentes são fortemente incentivadas a incluir uma cópia do pedido na língua ou nas línguas do Estado Membro ou dos Estados Membros para os quais é solicitada uma remessa.

As informações solicitadas neste formulário devem ser especificadas utilizando as secções e os pontos do formulário, devendo a declaração ser assinada no final e os documentos de apoio constar em anexo. Por razões de clareza, determinadas informações podem ser apresentadas em anexo. Contudo, é essencial que todos os elementos de informação substanciais sejam apresentados no corpo do formulário MF. Só serão utilizados anexos para complementar as informações fornecidas no próprio formulário.

Os documentos de apoio serão apresentados na sua língua original; no caso de não se tratar de uma língua oficial da Comunidade, serão traduzidos para a língua do processo.

Os documentos de apoio podem ser originais ou cópias. Neste caso, as partes comunicantes declararão que os mesmos são cópias verdadeiras e completas.

Serão enviados à Comissão um original e 35 cópias do formulário MF e dos documentos de apoio. O memorando fundamentado deve dar entrada no endereço referido no n.º 1 do artigo 23.º do Regulamento de execução do Regulamento das concentrações comunitárias e no formato especificado pelos serviços da Comissão.

O memorando deve dar entrada no endereço da Direcção-Geral da Concorrência da Comissão (DG Concorrência).

Este endereço é publicado no *Jornal Oficial da União Europeia*. O memorando deve dar entrada na Comissão num dia útil, tal como definido no artigo 24.º do Regulamento de execução do Regulamento das concentrações comunitárias.

Para poder ser registado no mesmo dia, deve dar entrada até às 17 horas de segunda a quinta-feira e até às 16 horas de sexta-feira e dos dias úteis que precedem feriados oficiais e outros feriados determinados pela Comissão e publicados no *Jornal Oficial da União Europeia*. Devem ser respeitadas as instruções em matéria de segurança dadas no sítio web da DG Concorrência.

E. Carácter confidencial

O artigo 287.º do Tratado e o n.º 2 do artigo 17.º do Regulamento das concentrações comunitárias, impõem à Comissão e às autoridades competentes dos Estados Membros, aos seus funcionários, outros agentes e outras pessoas que trabalhem sob a supervisão destas autoridades, bem como aos funcionários e agentes de outras autoridades dos Estados Membros, que não divulguem as informações obtidas nos termos daquele regulamento que, pela sua natureza, estejam abrangidas pelo dever de sigilo profissional. Este princípio aplica-se igualmente à protecção das questões confidenciais entre as partes comunicantes.

Se considerar que os seus interesses poderão ser prejudicados se qualquer das informações prestadas for publicada ou de qualquer outro modo divulgada a outras partes, é favor apresentar estas informações separadamente, apondo claramente em cada página a menção «segredo comercial». Deve igualmente indicar os motivos pelos quais estas informações não devem ser divulgadas ou publicadas.

No caso de fusões ou aquisições conjuntas ou sempre que o memorando fundamentado seja preenchido por mais de uma parte, os segredos comerciais podem ser apresentados separadamente, sendo referidos no memorando como anexos. Todos esses anexos devem ser incluídos no memorando fundamentado.

F. Definições e instruções para efeitos do presente formulário

Parte(s) comunicantes(s): quando um memorando fundamentado é elaborado apenas por uma das empresas parte numa operação, a expressão «partes comunicantes» é utilizada para referir unicamente a empresa que realmente apresenta o memorando.

Parte(s) na concentração: esta expressão diz respeito quer à parte adquirente quer à parte adquirida ou às partes que se fundem, incluindo todas as empresas nas quais uma participação de controlo é objecto de aquisição ou de uma oferta pública de aquisição.

Salvo especificação em contrário, as expressões «parte(s) comunicante(s)» e «parte(s) na concentração» incluem todas as empresas que pertencem aos mesmos grupos que essas «partes».

Mercados afectados: a secção 4 do presente formulário exige que as partes comunicantes definam os mercados do produto relevantes e ainda que identifiquem quais desses mercados relevantes são susceptíveis de ser afectados pela operação. Esta definição de mercado afectado é utilizada como base para solicitar informações relativamente a algumas outras questões incluídas no presente formulário. As definições assim apresentadas pelas partes comunicantes são referidas no presente formulário como mercado(s) afectado(s). Esta expressão pode referir-se a um mercado relevante quer de produtos quer de serviços.

Ano: Todas as referências a «ano» no presente formulário significam ano civil, salvo especificação em contrário.

Todas as informações solicitadas no presente formulário dizem respeito, salvo especificação em contrário, ao ano anterior ao do memorando fundamentado.

Os dados financeiros solicitados no presente formulário devem ser expressos em euros, às taxas de câmbio médias vigentes nos anos ou noutros períodos em causa.

Todas as remissões constantes deste formulário são feitas para os correspondentes artigos e números do Regulamento das concentrações comunitárias, salvo referência em contrário.

SECÇÃO 1 **Informações gerais**

1.0. Indique se o memorando fundamentado é apresentado nos termos do n.º 4 ou do n.º 5 do artigo 4.º.
– Remessa nos termos do n.º 4 do artigo 4.º
– Remessa nos termos do n.º 5 do artigo 4.º

1.1. Informações relativas à(s) parte(s) comunicante(s)
Especifique:
1.1.1. O nome e o endereço da empresa;
1.1.2. A natureza das actividades da empresa;
1.1.3. O nome, endereço, números de telefone e fax, endereço electrónico e cargo ocupado pela pessoa adequada a contactar; e
1.1.4. Um endereço da parte comunicante (ou de cada uma das partes comunicantes) para o qual os documentos e, nomeadamente, as decisões da Comissão podem ser enviados. Deve ser indicado o nome, número de telefone e endereço electrónico de uma pessoa neste endereço que esteja autorizada a recebê-los.

1.2. Informações relativas às outras partes interessadas[1] na concentração
Especifique relativamente a cada uma das partes na concentração (excepto a(s) parte(s) comunicante(s):
1.2.1. O nome e o endereço da empresa;
1.2.2. A natureza das actividades da empresa;
1.2.3. O nome, endereço, números de telefone e fax, endereço electrónico e cargo ocupado pela pessoa adequada a contactar;
1.2.4. Um endereço da parte (ou de cada uma das partes) para o qual os documentos e, nomeadamente, as decisões da Comissão podem ser enviados. Deve ser indicado o nome, endereço electrónico e número de telefone de uma pessoa neste endereço que esteja autorizada a recebê-los.

1.3. Nomeação de representantes
No caso dos memorandos fundamentados serem assinados por representantes de empresas, estes devem apresentar um documento escrito que prove os seus poderes de representação. Deste documento escrito devem constar o nome e cargo das pessoas que conferem esses poderes de representação.
Indique as seguintes informações no que se refere aos representantes autorizados a agir em nome de cada uma das partes na concentração, indicando quem representam:
1.3.1. O nome do representante;
1.3.2. O endereço do representante;
1.3.3. O nome, endereço, números de telefone e fax e endereço electrónico da pessoa a contactar; e
1.3.4. Um endereço do representante (em Bruxelas, se disponível) para o envio de correspondência e entrega de documentos.

---

[1] Inclui a empresa a adquirir no caso de uma oferta pública de aquisição contestada, devendo neste caso as informações ser prestadas na medida do possível.

SECÇÃO 2 Contexto geral e elementos relativos à concentração

2.1. Descreva o contexto geral da concentração. Em especial, apresente em linhas gerais as principais razões da transacção, incluindo a sua justificação económica e estratégica.

Forneça um resumo da concentração, especificando as partes na concentração, a natureza da concentração (por exemplo, fusão, aquisição ou empresa comum), as áreas de actividade das partes comunicantes, os mercados em que a concentração produzirá um impacto (incluindo os principais mercados afectados)[1] e a justificação estratégica e económica para a concentração.

2.2. Descreva a natureza jurídica da transacção que é objecto do memorando fundamentado, indicando:

a) Se a concentração abrange total ou parcialmente as actividades das partes;
b) A data proposta ou prevista de actos importantes para a realização da concentração;
c) A estrutura proposta de propriedade e de controlo após a realização da concentração; e
d) Se a transacção proposta constitui uma concentração na acepção do artigo 3.º do Regulamento das concentrações comunitárias.

2.3. Forneça uma lista dos sectores económicos envolvidos na concentração.

2.3.1. Especifique o valor da transacção (o preço de compra ou o valor de todos os activos envolvidos, consoante o caso).

2.4. Apresente um volume suficiente de dados financeiros ou outros para demonstrar se a concentração satisfaz ou não os limiares de competência nos termos do n.º 1 do Regulamento das concentrações comunitárias.

2.4.1. Apresente uma repartição do volume de negócios realizado a nível comunitário pelas empresas em causa, indicando, se for caso disso, o eventual Estado-Membro em que seja efectuado mais de dois terços desse volume de negócios.

SECÇÃO 3 Propriedade e controlo[2]

Relativamente a cada uma das partes na concentração, forneça uma lista de todas as empresas pertencentes ao mesmo grupo.

Esta lista deve incluir:

3.1. Todas as empresas ou pessoas que controlam estas partes, directa ou indirectamente;

3.2. Todas as empresas com actividades em qualquer mercado afectado[3] que são controladas, directa ou indirectamente:

a) Por estas partes;
b) Por qualquer outra empresa identificada em 3.1.

Relativamente a cada elemento da lista acima referida, deve ser indicada a natureza e os meios de controlo.

As informações pretendidas nesta secção podem ser ilustradas pela utilização de mapas ou diagramas relativos à organização da empresa para revelar a estrutura de propriedade e controlo das empresas.

---

[1] Ver secção 4 relativa à definição de mercados afectados.
[2] Ver os n.ºs 3, 4 e 5 do artigo 3.º e o n.º 4 do artigo 5.º.
[3] Ver secção 4 relativa à definição de mercados afectados.

SECÇÃO 4 **Definições de mercados**

Os mercados do produto e geográficos relevantes determinam o âmbito em que deve ser avaliado o poder de mercado da nova entidade resultante da concentração[1].

A parte(s) comunicante(s) deve(m) fornecer os dados solicitados tendo em conta as seguintes definições:

I. **Mercados do produto relevantes**

Um mercado do produto relevante compreende todos os produtos e/ou serviços considerados permutáveis ou substituíveis pelo consumidor devido às suas características, preços e utilização pretendida. Um mercado do produto relevante pode em alguns casos ser composto por um certo número de produtos e/ou serviços individuais que apresentam características físicas ou técnicas amplamente idênticas e que sejam permutáveis.

Os factores importantes para a avaliação do mercado do produto relevante incluem a análise da razão da inclusão dos produtos ou serviços nestes mercados e da exclusão de outros através da utilização da definição acima referida e tendo em conta, por exemplo, a substituibilidade, condições de concorrência, preços, elasticidade cruzada dos preços a nível da procura ou outros factores relevantes para a definição dos mercados do produto (por exemplo, substituibilidade do lado da oferta nos casos adequados).

II. **Mercados geográficos relevantes**

O mercado geográfico relevante compreende a área em que as empresas em causa fornecem e procuram produtos ou serviços relevantes, em que as condições de concorrência são suficientemente homogéneas e que podem distinguir-se de áreas geográficas vizinhas devido ao facto, em especial, de as condições da concorrência serem consideravelmente diferentes nessas áreas.

Os factores importantes para a avaliação do mercado geográfico relevante incluem nomeadamente a natureza e as características dos produtos ou serviços em causa, a existência de barreiras à entrada, de preferências dos consumidores, de diferenças consideráveis das quotas de mercado das empresas entre áreas geográficas vizinhas ou de diferenças de preços substanciais.

III. **Mercados afectados**

Para efeitos das informações solicitadas no presente formulário, os mercados afectados consistem em mercados do produto relevantes em que, na Comunidade ou em qualquer Estado-Membro:

a) Duas ou mais partes na concentração desenvolvem actividades no mesmo mercado do produto e no caso de a concentração conduzir a uma quota de mercado conjunta igual ou superior a 15%. Trata-se de relações horizontais;

b) Uma ou mais partes na concentração desenvolve actividades num mercado do produto que constitua um mercado a montante ou a jusante do mercado do produto em que qualquer outra parte na concentração desenvolva actividades e quando qualquer das suas quotas de mercado individuais ou conjuntas a um destes níveis for igual ou superior a 25%, inde-

---

[1] Ver Comunicação da Comissão relativa à definição de mercado relevante para efeitos do direito comunitário de concorrência.

pendentemente da existência ou não de uma relação de fornecedor/cliente entre as partes na concentração[1]. Trata-se de relações verticais.

Com base nas definições e limiares de quotas de mercado acima referidos, queira fornecer as seguintes informações:

4.1. Identifique cada mercado afectado, na acepção do ponto III:

 a) a nível da Comunidade;

 b) no caso de um pedido de remessa nos termos do n.º 4 do artigo 4.º, a nível de cada Estado-Membro individual;

 c) No caso de um pedido de remessa nos termos do n.º 5 do artigo 4.º, a nível de cada Estado-Membro identificado no ponto 6.3.1 do presente formulário como competente para efeitos de apreciação da concentração.

4.2. Além disso, explique a posição das partes comunicantes no que se refere ao âmbito do mercado geográfico relevante na acepção do ponto II para cada mercado afectado identificado no ponto 4.1.

SECÇÃO 5 **Dados relativos aos mercados afectados**

Relativamente a cada mercado do produto relevante afectado e em relação ao último exercício financeiro,

 a) Para a Comunidade no seu conjunto;

 b) No caso de um pedido de remessa nos termos do n.º 4 do artigo 4.º, a nível de cada Estado-Membro em que as partes na concentração desenvolvem actividades;

 c) No caso de um pedido de remessa nos termos do n.º 5 do artigo 4.º, a nível de cada Estado-Membro identificado no ponto 6.3.1 do presente formulário como competente para efeitos de apreciação da concentração em que as partes na concentração desenvolvem actividades; e

 d) Quando, segundo as partes comunicantes, o mercado geográfico relevante for diferente;

forneça as seguintes informações:

5.1. Uma estimativa da dimensão total do mercado em termos de valor de vendas (em euros) e volume de vendas (em unidades)[2]. Indique a base e as fontes para os cálculos e apresente documentos, se disponíveis, para confirmar esses cálculos;

5.2. As vendas em termos de valor e volume, bem como uma estimativa das quotas de mercado de cada uma das partes na concentração;

---

[1] Por exemplo, se uma parte na concentração detiver uma quota de mercado superior a 25% num mercado a montante em relação a um mercado em que a outra parte desenvolve actividades, tanto o mercado a montante como o mercado a jusante são mercados afectados.

Da mesma forma, se uma empresa integrada verticalmente proceder a uma fusão com outra parte que desenvolva actividades a jusante e a fusão conduzir a uma quota de mercado conjunta a jusante igual ou superior a 25 %, tanto o mercado a montante como o mercado a jusante são mercados afectados.

[2] O valor e o volume de um mercado devem reflectir a produção, deduzidas as exportações e acrescidas as importações em relação às áreas geográficas em causa.

5.3. Uma estimativa da quota de mercado em termos de valor (e, quando apropriado, em termos de volume) de todos os concorrentes (incluindo importadores) que detenham pelo menos 5% do mercado geográfico em causa;

Nesta base, forneça uma estimativa do HHI[1] antes e após a concentração, bem como a diferença entre os dois (o delta)[2]. Indique a proporção das quotas de mercado utilizadas para calcular o HHI; identifique as fontes utilizadas para calcular essas quotas de mercado e apresente documentos, quando disponíveis, para confirmar o cálculo;

5.4. Os cinco maiores clientes independentes das partes em cada mercado afectado e respectivas percentagens individuais nas vendas totais dos produtos adquiridos por cada um desses clientes;

5.5. A natureza e âmbito da integração vertical de cada uma das partes na concentração em comparação com os seus maiores concorrentes;

5.6. Identifique os cinco maiores fornecedores independentes[3] das partes;

5.7. Nos últimos cinco anos registou-se alguma entrada significativa em qualquer dos mercados afectados? Na opinião das partes comunicantes, existem empresas (incluindo as que actualmente operam de forma exclusiva em mercados fora da Comunidade) susceptíveis de entrar no mercado? Especificar.

5.8. Em que medida existem acordos de cooperação (horizontais ou verticais) nos mercados afectados?

---

[1] HHI significa *Herfindahl-Hirschman Index,* que constitui uma medida do grau de concentração do mercado. O HHI é calculado adicionando os quadrados das quotas de mercado individuais de todos os operadores no mercado. Por exemplo, um mercado que inclua cinco empresas com quotas de mercado de, respectivamente, 40%, 20%, 15%, 15% e 10%, tem um HHI de 2 550 ($40^2 + 20^2 + 15^2 + 15^2 + 10^2$ = 2 550). O HHI varia entre um número perto de zero (no caso de um mercado atomístico) e 10 000 (no caso de um monopólio puro). O HHI após a concentração é calculado partindo do pressuposto de que as quotas de mercado individuais das empresas se mantêm inalteradas. Embora seja melhor incluir todas as empresas no cálculo, a ausência de informações acerca de empresas muito pequenas não é grave, uma vez que tais empresas não afectam o HHI de forma significativa.

[2] O aumento da concentração, avaliado através do HHI, pode ser calculado independentemente da concentração global do mercado, duplicando o produto das quotas de mercado das empresas objecto de fusão. Por exemplo, a fusão de duas empresas com quotas de mercado de 30% e 15%, respectivamente, iria aumentar o HHI em 900 (30 × 15 × 2 = 900). A explicação desta técnica é a seguinte:

ao calcular o HHI antes da fusão, as quotas de mercado das empresas objecto de fusão contribuem com quadrados individuais:

$(a)^2 + (b)^2$. Após a fusão, a contribuição corresponderá ao quadrado desta soma: $(a+b)^2$, o que é igual a $(a)^2 + (b)^2 + 2ab$. O aumento do HHI é por conseguinte representado pela expressão $2ab$.

[3] Isto é, que não sejam filiais, agentes ou empresas pertencentes ao grupo da parte em causa. Para além destes cinco fornecedores independentes, as partes comunicantes podem, se o considerarem necessário para uma apreciação adequada do processo, identificar os fornecedores intragrupo. O mesmo se aplica em relação aos clientes.

5.9. Se a concentração incidir sobre uma empresa comum, verifica-se a presença significativa de duas ou mais empresas-mãe no mesmo mercado da empresa comum ou num mercado situado a montante ou a jusante desse mercado ou num mercado vizinho estreitamente relacionado com esse mercado?[1]

5.10. Descreva o impacto provável da concentração projectada sobre a concorrência nos mercados afectados e o modo como é susceptível de afectar os interesses dos consumidores intermédios e finais, bem como o ritmo do progresso técnico e económico.

SECÇÃO 6 **Informações pormenorizadas sobre o pedido de remessa e as razões pelas quais o caso deve ser remetido**

6.1. Indique se o memorando fundamentado é apresentado nos termos do n.º 4 ou do n.º 5 do artigo 4.º do Regulamento das concentrações comunitárias e preencha unicamente a subsecção relevante:
– Remessa nos termos do n.º 4 do artigo 4.º.
– Remessa nos termos do n.º 5 do artigo 4.º.

SUBSECÇÃO 6.2 **Remessa nos termos do n.º 4 do artigo 4.º**

6.2.1. Identifique o(s) Estado(s)-Membro(s) visado(s) que deve(m), em conformidade com o n.º 4 do artigo 4.º, examinar a concentração e indique se já estabeleceu contactos informais com o(s) referido(s) Estado(s)-Membro(s).

6.2.2. Especifique se é solicitada uma remessa do caso no todo ou em parte.

Se solicitar uma remessa parcial do caso, especifique claramente qual a parte ou as partes que são objecto do pedido de remessa.

Se solicitar a remessa do caso na íntegra, deve confirmar a inexistência de mercados afectados fora do território do(s) Estado(s)-Membro(s) visado(s) pelo pedido de remessa.

6.2.3. Explique de que forma cada um dos mercados afectados no(s) Estado(s) Membro(s) visado(s) pelo pedido de remessa apresenta todas as características de um mercado distinto na acepção do n.º 4 do artigo 4.º.

6.2.4. Explique de que forma a concorrência é susceptível de ser significativamente afectada em cada um dos mercados distintos acima referidos na acepção do n.º 4 do artigo 4.º

6.2.5. Na eventualidade de um ou mais Estados-Membros se tornarem competentes para apreciar o caso, no todo ou em parte, na sequência de uma remessa em conformidade com o n.º 4 do artigo 4.º, autoriza que o(s) Estado(s)-Membro(s) em questão se baseiem nas informações contidas no presente formulário para efeitos dos seus procedimentos nacionais respeitante a esse caso ou a uma parte do mesmo? SIM ou NÃO

SUBSECÇÃO 6.3 **Remessa nos termos do n.° 5 do artigo 4.º**

6.3.1. Relativamente a cada Estado-Membro, especifique se a concentração é susceptível de ser apreciada ao abrigo do respectivo direito nacional da concorrência. Deve assinalar uma casa para cada Estado-Membro individual.

A concentração pode ser examinada ao abrigo do direito nacional da concorrência de cada um dos seguintes Estados-Membros? Deve indicar uma resposta em relação a cada

---

[1] Relativamente às definições de mercado, ver a secção 4.

Estado-Membro. Indique apenas SIM ou NÃO para cada Estado-Membro. Se não for dada qualquer indicação em relação a um Estado-Membro, tal será considerado SIM.

6.3.2. Em relação a cada Estado-Membro, apresente um volume suficiente de dados financeiros ou outros para demonstrar se a concentração satisfaz ou não os critérios de competência relevantes ao abrigo do direito nacional da concorrência aplicável.

6.3.4. Explique porque razão o caso deve ser examinado pela Comissão. Explique nomeadamente se a concentração é susceptível de afectar a concorrência para além do território de um Estado-Membro.

SECÇÃO 7 **Declaração**

Nos termos do n.º 2 do artigo 2.º e do n.º 2 do artigo 6.º do Regulamento de execução do Regulamento das concentrações comunitárias, quando os memorandos fundamentados forem assinados por representantes de empresas, estes devem provar através de documento escrito os seus poderes de representação. Este documento escrito deve acompanhar o memorando.

O memorando fundamentado deve terminar com a seguinte declaração, a assinar por todas as partes comunicantes, ou em nome delas:

A(s) parte(s) comunicante(s) declara(m) que, após verificação cuidadosa, as informações prestadas no presente memorando fundamentado são, tanto quanto é do seu conhecimento, verdadeiras, exactas e completas, que foram fornecidas cópias verdadeiras e completas dos documentos exigidos no formulário MF, que todas as estimativas estão identificadas como tal e que são as que consideram mais correctas quanto aos factos subjacentes e que todas as opiniões manifestadas são sinceras.

As partes comunicantes têm conhecimento do disposto no n.º 1, alínea *a*), do artigo 14.º do Regulamento das concentrações comunitárias.

Local e data:

Assinaturas:

Nome(s) e Cargo(s):

Em representação de:

AUXÍLIOS PÚBLICOS

Regulamento (CE) n.º 659/1999*

O CONSELHO DA UNIÃO EUROPEIA,

Tendo em conta o Tratado que institui a Comunidade Europeia e, nomeadamente, o seu artigo 94.º,
Tendo em conta a proposta da Comissão,
Tendo em conta o parecer do Parlamento Europeu,
Tendo em conta o parecer do Comité Económico e Social,

(1) Considerando que, sem prejuízo de normas processuais específicas previstas em regulamentos para determinados sectores, o presente regulamento deverá ser aplicável aos auxílios em todos os sectores; que, para efeitos de aplicação dos artigos 77.º e 92.º do Tratado, a Comissão, por força do artigo 93.º do mesmo, tem competência específica para decidir da compatibilidade dos auxílios estatais com o mercado comum, quando procede ao exame dos auxílios existentes, quando toma decisões sobre auxílios novos ou alterados e quando adopta medidas relativas ao não cumprimento das suas decisões ou da obrigação de notificação;

(2) Considerando que a Comissão, de acordo com a jurisprudência do Tribunal de Justiça das Comunidades Europeias, desenvolveu e estabeleceu uma prática constante relativamente à aplicação do artigo 93.º do Tratado e adoptou certas regras e princípios processuais em diversas comunicações; que é conveniente, para assegurar a tramitação adequada e a eficácia dos processos nos termos do artigo 93.º do Tratado, codificar e reforçar esta prática por meio de um regulamento;

(3) Considerando que um regulamento processual de execução do artigo 93.º do Tratado contribuirá para aumentar a transparência e a segurança jurídica;

(4) Considerando que, para garantir a segurança jurídica, é conveniente definir as circunstâncias em que se deve considerar a existência de auxílio; que a realização e o reforço do mercado interno é um processo gradual, que se reflecte na evolução permanente da política de auxílios estatais; que, na sequência desta evolução, determinadas medidas, que no momento da sua execução não constituíam auxílio, podem ter entretanto passado a constituí-lo;

---

* Regulamento (CE) n.º 659/1999 do Conselho de 22 de Março de 1999 que estabelece as regras de execução do artigo 93.º do Tratado CE, com a redacção resultante do Acto de Adesão de 2003 (JO, L 83, de 27.3.1999, p. 1).

(5) Considerando que, nos termos do n.º 3 do artigo 93.º do Tratado, a Comissão deve ser notificada de todos os projectos relativos à instituição de novos auxílios, que não devem ser executados antes de a Comissão os ter autorizado;

(6) Considerando que, nos termos do artigo 5.º do Tratado, os Estados membros têm obrigação de cooperar com a Comissão e de prestar todas as informações necessárias para lhe permitir cumprir as obrigações que para ela decorrem do presente regulamento;

(7) Considerando que o prazo em que a Comissão deve concluir a análise preliminar de um auxílio notificado deve ser fixado em dois meses a contar da data de recepção de uma notificação completa ou de uma declaração devidamente fundamentada do Estado membro em causa, nos termos da qual este considera completa a notificação pelo facto de as informações adicionais solicitadas pela Comissão não estarem disponíveis ou já terem sido prestadas; que, por razões de segurança jurídica, este exame deve ser encerrado mediante decisão;

(8) Considerando que, quando na sequência do exame prévio, a Comissão não puder considerar o auxílio compatível com o mercado comum, deve ser dado início a um processo formal de investigação que lhe permita recolher todas as informações necessárias para apreciar a compatibilidade do auxílio e que permita às partes interessadas apresentarem as suas observações; que os direitos das partes interessadas podem ser mais bem acautelados no quadro do processo formal de investigação previsto no n.º 2 do artigo 93.º do Tratado;

(9) Considerando que, após ter ponderado as observações apresentadas pelas partes interessadas, a Comissão deve concluir o seu exame mediante uma decisão final, quando tiver dissipado as suas dúvidas; que se esse exame não se concluir no termo de um prazo de 18 meses a contar da abertura do processo é conveniente, que o Estado membro interessado tenha a possibilidade de solicitar à Comissão uma decisão, que esta deverá tomar num prazo de dois meses;

(10) Considerando que, para assegurar uma aplicação correcta e eficaz das regras relativas aos auxílios estatais, a Comissão deve ter a possibilidade de revogar uma decisão baseada em informações incorrectas;

(11) Considerando que, a fim de assegurar a observância do artigo 93.º do Tratado e, em especial, a obrigação de notificação e a cláusula suspensiva estabelecidas no n.º 3 do artigo 93.º, a Comissão deve examinar todos os casos de auxílios ilegais; que, para garantir uma maior transparência e segurança jurídica deve ser estabelecido o procedimento a seguir nestes casos; que, no caso de um Estado membro não respeitar a obrigação de notificação ou a cláusula suspensiva, a Comissão não deve estar vinculada por prazos;

(12) Considerando que, nos casos de auxílios ilegais, a Comissão deve ter o direito de obter todas as informações necessárias que lhe permitam tomar uma decisão e, se necessário, restaurar imediatamente uma concorrência efectiva; que é, portanto, conveniente permitir à Comissão que adopte medidas provisórias dirigidas ao Estado membro em causa; que essas medidas provisórias podem assumir a forma de injunções para prestação de informações, injunções de suspensão ou injunções de recuperação; que, em caso de incumprimento de uma injunção para prestação de informações, a Comissão deve poder decidir com base nas informações de que dispõe e, em caso de incumprimento de injunções de suspensão ou de recuperação, deve poder recorrer directamente ao Tribunal de Justiça nos termos do n.º 2, segundo parágrafo, do artigo 93.º do Tratado;

(13) Considerando que, nos casos de auxílios ilegais incompatíveis com o mercado comum, deve ser restabelecida uma concorrência efectiva; que, para este efeito, é necessário que o auxílio, acrescido de juros, seja recuperado o mais rapidamente possível; que é conve-

niente que esta recuperação seja efectuada de acordo com o direito processual nacional; que a aplicação deste direito processual não deve, ao impedir uma execução imediata e efectiva da decisão da Comissão, obstar ao restabelecimento de uma concorrência efectiva; que, para obter esse resultado, os Estados membros devem tomar todas as medidas necessárias para garantir a eficácia da decisão da Comissão;

(14) Considerando que, por uma questão de segurança jurídica, é conveniente fixar um prazo de prescrição de dez anos para os auxílios ilegais, no termo do qual não possa ser ordenada qualquer recuperação;

(15) Considerando que a utilização abusiva de um auxílio pode ter efeitos no funcionamento do mercado interno equivalentes aos de um auxílio ilegal e que lhe deve portanto ser aplicado o mesmo regime; que, ao contrário de um auxílio ilegal, um auxílio utilizado eventualmente de forma abusiva é um auxílio que foi previamente aprovado pela Comissão; que, consequentemente, a Comissão não deve poder recorrer a uma injunção de recuperação relativamente a um auxílio utilizado abusivamente;

(16) Considerando que é conveniente definir todas as possibilidades a que os terceiros podem recorrer na defesa dos seus interesses nos procedimentos relativos a auxílios estatais;

(17) Considerando que, nos termos do n.° 1 do artigo 93.° do Tratado, a Comissão tem obrigação de, em cooperação com os Estados membros, manter os regimes de auxílios existentes em exame permanente; que, no interesse da transparência e da segurança jurídica, é conveniente especificar o grau da cooperação prevista naquele artigo;

(18) Considerando que, a fim de assegurar a compatibilidade dos regimes de auxílios existentes com o mercado comum e nos termos do n.° 1 do artigo 93.° do Tratado, a Comissão deve propor medidas adequadas no caso de um regime de auxílio existente não ser ou ter deixado de ser compatível com o mercado comum e deve dar início ao procedimento previsto no n.° 2 do artigo 93.° do Tratado se o Estado membro em causa não der execução às medidas propostas;

(19) Considerando que, a fim de permitir à Comissão acompanhar de forma eficaz a observância das suas decisões e de facilitar a cooperação entre a Comissão e os Estados membros, para efeitos do exame permanente dos regimes de auxílios existentes nos Estados membros nos termos do n.° 1 do artigo 93.° do Tratado, é necessário introduzir uma obrigação geral de apresentação de relatórios relativamente a todos os regimes de auxílios existentes;

(20) Considerando que, em caso de sérias dúvidas quanto à observância das suas decisões, a Comissão deve poder dispor de instrumentos adicionais que lhe permitam obter as informações necessárias para verificar se aqueles estão de facto a ser cumpridas; que, para este efeito, as visitas de controlo no local são um instrumento adequado e útil, especialmente em caso de utilização abusiva de auxílios; que a Comissão deve, por conseguinte, dispor de poderes para efectuar visitas de controlo ao local e poder contar com a colaboração das autoridades competentes dos Estados membros quando uma empresa se oponha à visita;

(21) Considerando que, em nome da transparência e da segurança jurídica, se devem tornar públicas as decisões da Comissão, mantendo simultaneamente o princípio de que os destinatários das decisões em matéria de auxílios estatais são os Estados membros em causa; que é, por conseguinte, adequado publicar integral ou resumidamente todas as decisões susceptíveis de afectar os interesses das partes interessadas e facultar-lhes cópias, quando aquelas não tenham sido publicadas ou não o tenham sido integralmente; que, ao tornar públicas as suas decisões, a Comissão, deve respeitar as regras relativas ao sigilo profissional, nos termos do artigo 214.° do Tratado;

(22) Considerando que a Comissão, em estreita ligação com os Estados membros, deve poder adoptar medidas de execução que especifiquem determinados aspectos, nomeadamente de carácter processual, do presente regulamento; que, a fim de contribuir para a cooperação entre a Comissão e as autoridades competentes dos Estados membros, é conveniente criar um Comité Consultivo em Matéria de Auxílios Estatais, que será consultado antes da adopção das medidas de execução pela Comissão ao abrigo do presente regulamento,

ADOPTOU O PRESENTE REGULAMENTO:

CAPÍTULO I Disposições gerais

ARTIGO 1.º **(Definições)**

Para efeitos do presente regulamento, entende-se por:

a) «Auxílio», qualquer medida que satisfaça os critérios fixados no n.º 1 do artigo 92.º do Tratado;

b) «Auxílios existentes»:

  i) Sem prejuízo dos artigos 144.º e 172.º do Acto de Adesão da Áustria, da Finlândia e da Suécia e do ponto 3 do Anexo IV e do Apêndice a esse Anexo do Acto de Adesão da República Checa, da Estónia, de Chipre, da Letónia, da Lituânia, da Hungria, de Malta, da Polónia, da Eslovénia e da Eslováquia, qualquer auxílio que já existisse antes da entrada em vigor do Tratado no respectivo Estado Membro, isto é, os regimes de auxílio e os auxílios individuais em execução antes da data de entrada em vigor do Tratado e que continuem a ser aplicáveis depois dessa data;

  ii) O auxílio autorizado, isto é, os regimes de auxílio e os auxílios individuais que tenham sido autorizados pela Comissão ou pelo Conselho,

  iii) Os auxílios que se considere terem sido autorizados nos termos do n.º 6 do artigo 4.º do presente regulamento ou anteriormente a este regulamento mas segundo esse procedimento,

  iv) Os auxílios considerados existentes nos termos do artigo 15.º;

  v) Os auxílios considerados existentes por se poder comprovar que não constituíam auxílios no momento da sua execução, tendo-se subsequentemente transformado em auxílios devido à evolução do mercado comum e sem terem sido alterados pelo Estado membro. Quando determinadas medidas se transformem em auxílios na sequência da liberalização de uma actividade provocada pela legislação comunitária, essas medidas não serão consideradas auxílios existentes depois da data fixada para a liberalização.

c) «Novo auxílio», quaisquer auxílios, isto é, regimes de auxílio e auxílios individuais, que não sejam considerados auxílios existentes, incluindo as alterações a um auxílio existente;

d) «Regime de auxílios», qualquer acto com base no qual, sem que sejam necessárias outras medidas de execução, podem ser concedidos auxílios individuais a empresas nele definidas de forma geral e abstracta e qualquer diploma com base no qual pode ser concedido a uma ou mais empresas um auxílio não ligado a um projecto específico, por um período de tempo indefinido e/ou com um montante indefinido;

e) «Auxílio individual», um auxílio que não seja concedido com base num regime de auxílios ou que seja concedido com base num regime de auxílios, mas que deva ser notificado;

f) «Auxílio ilegal», um novo auxílio que executado em violação do n.º 3 do artigo 93.º do Tratado;

g) «Auxílio utilizado de forma abusiva», um auxílio utilizado pelo beneficiário em violação de uma decisão adoptada nos termos do n.º 3 do artigo 4.º ou dos n.ºs 3 ou 4 do artigo 7.º do presente regulamento;

h) «Parte interessada», qualquer Estado membro ou qualquer pessoa, empresa ou associação de empresas cujos interesses possam ser afectados pela concessão de um auxílio, em especial o beneficiário do auxílio, as empresas concorrentes e as associações sectoriais.

CAPÍTULO II Processo aplicável aos auxílios notificados

ARTIGO 2.º **(Notificação de novo auxílio)**

1 – Salvo disposição em contrário dos regulamentos adoptados nos termos do artigo 94.º ou de outras disposições pertinentes do Tratado, a Comissão deve ser notificada a tempo pelo Estado membro em causa de todos os projectos de concessão de novos auxílios. A Comissão informará imediatamente o Estado membro da recepção da notificação.

2 – Na notificação, o Estado membro em causa deve fornecer todas as informações necessárias para que a Comissão possa tomar uma decisão nos termos dos artigos 4.º e 7.º, adiante designada «notificação completa».

ARTIGO 3.º **(Cláusula suspensiva)**

Os auxílios a notificar nos termos do n.º 1 do artigo 2.º não serão executados antes de a Comissão ter tomado, ou de se poder considerar que tomou, uma decisão que os autorize.

ARTIGO 4.º **(Análise preliminar da notificação e decisões da Comissão)**

1 – A Comissão procederá à análise da notificação imediatamente após a sua recepção. Sem prejuízo do disposto no artigo 8.º, a Comissão tomará uma decisão nos termos dos n.ºs 2, 3 ou 4 do presente artigo.

2 – Quando, após análise preliminar, a Comissão considerar que a medida notificada não constitui um auxílio, fará constar esse facto por via de decisão.

3 – Quando, após a análise preliminar, a Comissão considerar que não há dúvidas quanto à compatibilidade da medida notificada com o mercado comum, na medida em que está abrangida pelo n.º 1 do artigo 92.º do Tratado, decidirá que essa medida é compatível com o mercado comum, adiante designada «decisão de não levantar objecções». A decisão referirá expressamente a derrogação do Tratado que foi aplicada.

4 – Quando, após a análise preliminar, a Comissão considerar que a medida notificada suscita dúvidas quanto à sua compatibilidade com o mercado comum, decidirá dar início ao procedimento formal de investigação nos termos do n.º 2 do artigo 93.º do Tratado, adiante designada «decisão de início de um procedimento formal de investigação».

5 – As decisões previstas nos n.ºs 2, 3 e 4 devem ser tomadas no prazo de dois meses. Esse prazo começa a correr no dia seguinte ao da recepção de uma notificação completa. A notificação considerar-se-á completa se, no prazo de dois meses a contar da sua recepção ou da recepção da qualquer informação adicional, a Comissão não solicitar mais nenhuma informação. O prazo pode ser alargado com o acordo da Comissão e do Estado membro em causa. Se for caso disso, a Comissão poderá fixar prazos mais curtos.

6 – Quando a Comissão não tomar uma decisão nos termos dos n.ºs 2, 3 ou 4 no prazo fixado no n.º 5, considerar-se-á que o auxílio foi autorizado pela Comissão. O Estado membro em causa pode então executar as medidas em questão após informação prévia à Comissão, excepto se esta tomar uma decisão nos termos do presente artigo no prazo de 15 dias úteis a contar da recepção da informação.

ARTIGO 5.º (**Pedido de informações**)

1 – Quando a Comissão considerar que as informações fornecidas pelo Estado membro em causa relativamente a uma medida notificada nos termos do artigo 2.º são incompletas, solicitará as informações adicionais necessárias. Quando um Estado membro responder a este pedido, a Comissão informará esse Estado membro da recepção da resposta.

2 – Quando o Estado membro em causa não prestar as informações solicitadas no prazo fixado pela Comissão ou as prestar de forma incompleta, a Comissão enviará uma carta de insistência, concedendo um prazo adicional adequado para a prestação das informações.

3 – Se as informações solicitadas não forem fornecidas no prazo fixado, considerar-se-á que a notificação foi retirada, salvo se esse prazo tiver sido alargado antes do seu termo por acordo entre a Comissão e o Estado membro em causa ou se este informar a Comissão, antes do termo do prazo fixado e por uma declaração devidamente fundamentada, que considera a notificação completa pelo facto de as informações solicitadas não existirem ou já terem sido fornecidas. Neste caso, o prazo referido no n.º 5 do artigo 4.º começará a correr no dia seguinte à data de recepção da declaração. Se se considerar que a notificação foi retirada, a Comissão informará o Estado membro desse facto.

ARTIGO 6.° **(Procedimento formal de investigação)**

1 – A decisão de dar início a um procedimento formal de investigação resumirá os elementos pertinentes em matéria de facto e de direito, incluirá uma apreciação preliminar da Comissão quanto à natureza de auxílio da medida proposta e indicará os elementos que suscitam dúvidas quanto à sua compatibilidade com o mercado comum. A decisão incluirá um convite ao Estado membro em causa e a outras partes interessadas para apresentarem as suas observações num prazo fixado, normalmente não superior a um mês. A Comissão pode prorrogar esse prazo em casos devidamente justificados.

2 – As observações recebidas serão transmitidas ao Estado membro em causa. Se uma parte interessada o solicitar com fundamento em eventuais prejuízos, a sua identidade não será revelada ao Estado membro em causa. O Estado membro em causa pode responder às observações apresentadas num prazo estabelecido, normalmente não superior a um mês. A Comissão pode prorrogar esse prazo em casos devidamente justificados.

ARTIGO 7.° **(Decisão da Comissão de encerramento do procedimento formal de investigação)**

1 – Sem prejuízo do disposto no artigo 8.°, o procedimento formal de investigação será encerrado por via de decisão, nos termos dos n.ºs 2 a 5 do presente artigo.

2 – Quando a Comissão verificar que, eventualmente após alterações pelo Estado membro em causa, uma medida notificada não constitui um auxílio, fará constar esse facto por via de decisão.

3 – Quando a Comissão considerar que, eventualmente após alterações pelo Estado membro em causa, deixaram de existir dúvidas quanto à compatibilidade de uma medida notificada com o mercado comum, decidirá que o auxílio é compatível com o mercado comum, adiante designada «decisão positiva». A decisão referirá expressamente a derrogação do Tratado que foi aplicada.

4 – A Comissão pode acompanhar a sua decisão positiva de condições que lhe permitam considerar o auxílio compatível com o mercado comum e de obrigações que lhe permitam controlar o cumprimento da decisão, adiante designada «decisão condicional».

5 – Quando a Comissão considerar que o auxílio notificado é incompatível com o mercado comum, decidirá que o mesmo não pode ser executado, adiante designada «decisão negativa».

6 – As decisões nos termos dos n.ºs 2, 3, 4 e 5 devem ser tomadas quando tenham sido dissipadas as dúvidas referidas no n.° 4 do artigo 4.°. Na medida do possível, a Comissão esforçar-se-á por adoptar uma decisão no prazo de 18 meses a contar da data de início do procedimento. Este prazo pode ser prorrogado por comum acordo entre a Comissão e o Estado membro em causa.

7 – Decorrido o prazo previsto no n.° 6, e desde que o Estado membro em causa o solicite, a Comissão tomará uma decisão no prazo de dois meses com base

nas informações disponíveis. Se necessário e se as informações prestadas não forem suficientes para estabelecer a compatibilidade, a Comissão tomará uma decisão negativa.

ARTIGO 8.° **(Retirada da notificação)**

1 – O Estado membro em causa pode retirar uma notificação na acepção do artigo 2.°, em tempo útil antes de a Comissão ter tomado uma decisão nos termos do artigo 4.° ou 7.°.

2 – Nos casos em que tenha dado início ao procedimento formal de investigação, a Comissão encerrará o processo.

ARTIGO 9.° **(Revogação de uma decisão)**

A Comissão pode revogar uma decisão tomada nos termos dos n.ºs 2 ou 3 do artigo 4.° ou dos n.ºs 2, 3 e 4 do artigo 7.°, depois de ter dado ao Estado membro em questão a possibilidade de apresentar as suas observações, se para tomar essa decisão tiver utilizado, como factor determinante, informações incorrectas prestadas durante o procedimento. Antes de revogar uma decisão e de tomar uma nova decisão, a Comissão dará início ao procedimento formal de investigação nos termos do n.° 4 do artigo 4.°. Os artigos 6.°, 7.° e 10.°, o n.° 1 do artigo 11.° e os artigos 13.°, 14.° e 15.° são aplicáveis *mutatis mutandis*.

CAPÍTULO III Processo aplicável aos auxílios ilegais

ARTIGO 10.° **(Exame, pedido de informaçõese injunção para prestação de informações)**

1 – Quando a Comissão dispuser de informações relativas a um auxílio alegadamente ilegal, qualquer que seja a fonte, examiná-las-á imediatamente.

2 – Se necessário, a Comissão pedirá informações ao Estado membro em causa. Será aplicável, *mutatis mutandis*, o disposto no n.° 2 do artigo 2.° e nos n.ºs 1 e 2 do artigo 5.°.

3 – Quando, não obstante uma carta de insistência enviada nos termos do n.° 2 do artigo 5.°, o Estado membro em causa não fornecer as informações pedidas no prazo fixado pela Comissão ou fornecer informações incompletas, a Comissão ordenará, por via de decisão, que lhe sejam fornecidas aquelas informações, adiante designada «injunção para prestação de informações». A decisão deve especificar quais as informações requeridas e fixar um prazo adequado para a prestação das mesmas.

ARTIGO 11.° **(Injunção de suspensão ou de recuperação provisória do auxílio)**

1 – Depois de ter dado ao Estado membro em causa a possibilidade de apresentar as suas observações, a Comissão pode tomar uma decisão em que ordena ao Estado membro a suspensão de qualquer auxílio ilegal até que a Comissão tome

uma decisão quanto à sua compatibilidade com o mercado comum, adiante designada «injunção de suspensão».

2 – Depois de ter dado ao Estado membro em causa a possibilidade de apresentar as suas observações, a Comissão pode tomar uma decisão em que ordena ao Estado membro que recupere provisoriamente qualquer auxílio ilegal até que a Comissão tome uma decisão quanto à sua compatibilidade com o mercado comum, adiante designada «injunção de recuperação», desde que se encontrem preenchidos os seguintes critérios:

– de acordo com uma prática estabelecida, não haver dúvidas sobre o carácter de auxílio da medida em causa,

– haver urgência na acção,

– haver sério risco de prejuízos substanciais e irreparáveis a um concorrente.

A recuperação deve efectuar-se nos termos dos n.ºs 2 e 3 do artigo 14.º. Após a recuperação efectiva do auxílio, a Comissão tomará uma decisão dentro dos prazos aplicáveis ao auxílio notificado.

A Comissão pode autorizar o Estado membro a acompanhar o reembolso do auxílio de um pagamento de auxílio de emergência à empresa em questão.

O disposto no presente número é aplicável apenas aos auxílios ilegais executados após a entrada em vigor do presente regulamento.

ARTIGO 12.º (**Incumprimento da injunção**)

Se um Estado membro não der cumprimento a uma injunção de suspensão ou de recuperação, a Comissão pode, ao mesmo tempo que procede ao exame de fundo do caso com base nas informações disponíveis, recorrer directamente ao Tribunal de Justiça das Comunidades Europeias para que este declare que esse incumprimento constitui uma violação do Tratado.

ARTIGO 13.º (**Decisões da Comissão**)

1 – O exame de um auxílio eventualmente ilegal conduz a uma decisão nos termos dos n.ºs 2, 3 ou 4 do artigo 4.º. Em caso de decisão de início de um procedimento formal de investigação, este é encerrado por uma decisão, nos termos do artigo 7.º Em caso de incumprimento de uma injunção para prestação de informações, a decisão será tomada com base nas informações disponíveis.

2 – Em caso de um auxílio eventualmente ilegal e sem prejuízo do disposto no n.º 2 do artigo 11.º, a Comissão não está vinculada pelo prazo estabelecido no n.º 5 do artigo 4.º e nos n.ºs 6 e 7 do artigo 7.º.

3 – O artigo 9.º é aplicável *mutatis mutandis*.

ARTIGO 14.º (**Recuperação do auxílio**)

1 – Nas decisões negativas relativas a auxílios ilegais, a Comissão decidirá que o Estado membro em causa deve tomar todas as medidas necessárias para recuperar o auxílio do beneficiário, adiante designada «decisão de recuperação». A

Comissão não deve exigir a recuperação do auxílio se tal for contrário a um princípio geral de direito comunitário.

2 – O auxílio a recuperar mediante uma decisão de recuperação incluirá juros a uma taxa adequada fixada pela Comissão. Os juros são devidos a partir da data em que o auxílio ilegal foi colocado à disposição do beneficiário e até ao momento da sua recuperação.

3 – Sem prejuízo de uma decisão do Tribunal de Justiça nos termos do artigo 185.º do Tratado, a recuperação será efectuada imediatamente e segundo as formalidades do direito nacional do Estado membro em causa, desde que estas permitam uma execução imediata e efectiva da decisão da Comissão. Para o efeito e na eventualidade de um processo nos tribunais nacionais, os Estados membros interessados tomarão as medidas necessárias previstas no seu sistema jurídico, incluindo medidas provisórias, sem prejuízo da legislação comunitária.

ARTIGO 15.º **(Prazo de prescrição)**
1 – Os poderes da Comissão para recuperar o auxílio ficam sujeitos a um prazo de prescrição de dez anos.

2 – O prazo de prescrição começa a contar na data em que o auxílio ilegal tenha sido concedido ao beneficiário, quer como auxílio individual, quer como auxílio ao abrigo de um regime de auxílio. O prazo de prescrição é interrompido por quaisquer actos relativos ao auxílio ilegal praticados pela Comissão ou por um Estado membro a pedido desta. Cada interrupção inicia uma nova contagem de prazo. O prazo de prescrição será suspenso enquanto a decisão da Comissão for objecto de um processo no Tribunal de Justiça das Comunidades Europeias.

3 – Qualquer auxílio cujo prazo de prescrição tenha caducado será considerado um auxílio existente.

CAPÍTULO IV Processo aplicável aos auxílios utilizados de forma abusiva

ARTIGO 16.º **(Utilização abusiva de um auxílio)**
Sem prejuízo do disposto no artigo 23.º, a Comissão pode, em caso de utilização abusiva de um auxílio, dar início a um procedimento formal de investigação nos termos do n.º 4 do artigo 4.º. Os artigos 6.º, 7.º, 9.º e 10.º, o n.º 1 do artigo 11.º e os artigos 12.º, 13.º, 14.º e 15.º são aplicáveis *mutatis mutandis*.

CAPÍTULO V Processo aplicável aos regimes de auxílios existentes

ARTIGO 17.º **(Cooperação nos termos do n.º 1 do artigo 93.º do Tratado)**
1 – A Comissão obterá do Estado membro em causa todas as informações

necessárias para, em cooperação com o Estado membro, proceder ao exame dos regimes de auxílio existentes, nos termos do n.º 1 do artigo 93.º do Tratado.

2 – Quando a Comissão considerar que um regime de auxílio existente não é ou deixou de ser compatível com o mercado comum, informará o Estado membro em causa da sua conclusão preliminar e dar-lhe-á a possibilidade de apresentar as suas observações no prazo de um mês. A Comissão pode prorrogar este prazo em casos devidamente justificados.

ARTIGO 18.º (**Proposta de medidas adequadas**)
Quando, perante as informações prestadas pelo Estado membro nos termos do artigo 17.º, a Comissão concluir que um regime de auxílios existente não é ou deixou de ser compatível com o mercado comum, formulará uma recomendação propondo medidas adequadas ao Estado membro em causa. Esta recomendação pode consistir especialmente na:

a) Alteração do conteúdo de regime de auxílios; ou
b) Introdução de requisitos processuais; ou
c) Supressão do regime de auxílios.

ARTIGO 19.º (**Consequências jurídicas de uma proposta de medidas adequadas**)
1 – Quando o Estado membro em causa aceitar as medidas propostas e disso informar a Comissão, esta registará esse facto e informará o Estado membro. Por força dessa aceitação, o Estado membro fica obrigado a aplicar as medidas adequadas.

2 – Quando o Estado membro em causa não aceitar as medidas propostas e a Comissão, tendo em conta os argumentos do Estado membro, continuar a considerar que essas medidas são necessárias, dará início a um procedimento nos termos do n.º 4 do artigo 4.º. Os artigos 6.º, 7.º e 9.º são aplicáveis, *mutatis mutandis*.

CAPÍTULO VI Partes interessadas

ARTIGO 20.º (**Direitos das partes interessadas**)
1 – Qualquer parte interessada pode apresentar observações nos termos do artigo 6.º na sequência da decisão da Comissão de iniciar o procedimento formal de investigação. Todas as partes interessadas que tenham apresentado observações e todos os beneficiários de um auxílio individual receberão cópia da decisão da Comissão nos termos do artigo 7.º.

2 – Qualquer parte interessada pode informar a Comissão sobre qualquer alegado auxílio ilegal e qualquer utilização abusiva de um auxílio. Quando a Comissão considerar que, com base nas informações de que dispõe, não há motivos suficientes para analisar o caso, informará a parte interessada desse facto. Quando a Comis-

são tomar uma decisão sobre um caso que diga respeito às informações fornecidas, enviará cópia dessa decisão à parte interessada.

3 – A seu pedido, qualquer parte interessada obterá cópia de qualquer decisão nos termos dos artigos 4.º e 7.º, do n.º 3 do artigo 10.º e do artigo 11.º.

CAPÍTULO VII Controlo

ARTIGO 21.º (**Relatórios anuais**)

1 – Os Estados membros apresentarão à Comissão relatórios anuais sobre todos os regimes de auxílio existentes em relação aos quais não foram impostas obrigações específicas em matéria de apresentação de relatórios através de uma decisão condicional nos termos do n.º 4 do artigo 7.º.

2 – Se, após uma carta de insistência, o Estado membro não apresentar um relatório anual, a Comissão pode actuar nos termos do artigo 18.º relativamente ao regime de auxílios em causa.

ARTIGO 22.º (**Controlo** *in loco*)

1 – Quando a Comissão tiver sérias dúvidas quanto ao cumprimento de decisões de não levantar objecções, de decisões positivas ou de decisões condicionais relativas a auxílios individuais, o Estado membro em causa, depois de ter podido apresentar as suas observações, permitirá que a Comissão efectue visitas de controlo *in loco*.

2 – Os funcionários incumbidos pela Comissão de verificarem o cumprimento da decisão em causa serão mandatados para:

 a) Ter acesso às instalações e terrenos da empresa em causa;
 b) Pedir *in loco* explicações orais;
 c) Examinar a escrita e outra documentação e tirar ou pedir cópias.

Se necessário, a Comissão pode ser assistida por peritos independentes.

3 – A Comissão informará o Estado membro em causa em tempo útil e por escrito da visita de controlo *in loco* e da identidade dos funcionários e peritos mandatados. Se o Estado membro em causa tiver objecções devidamente justificadas relativamente à escolha dos peritos pela Comissão, estes devem ser nomeados com o acordo do Estado membro. Os funcionários da Comissão e os peritos mandatados para efectuarem o controlo *in loco* apresentarão um mandado escrito que indicará o objecto e a finalidade da diligência.

4 – Podem assistir à visita de controlo *in loco* agentes mandatados pelo Estado membro em cujo território se efectua esta diligência.

5 – A Comissão fornecerá ao Estado membro uma cópia de todos os relatórios elaborados na sequência de uma visita de controlo.

6 – Quando uma empresa se opuser a um controlo *in loco* ordenada por decisão da Comissão nos termos do presente artigo, o Estado membro em causa prestará aos agentes e peritos mandatados pela Comissão a assistência necessária para

lhes permitir executar a visita de verificação. Para o efeito, os Estados membros, após consulta à Comissão, tomarão as medidas necessárias no prazo de 18 meses a contar da data de entrada em vigor do presente regulamento.

ARTIGO 23.° **(Incumprimento de decisões e acórdãos)**
1 – Quando o Estado membro em causa não der cumprimento às decisões condicionais ou negativas, em especial nos casos previstos no artigo 14.°, a Comissão pode recorrer directamente ao Tribunal de Justiça das Comunidades Europeias nos termos do n.° 2 do artigo 93.° do Tratado.

2 – Se a Comissão considerar que o Estado membro em causa não deu cumprimento a um acórdão do Tribunal de Justiça das Comunidades Europeias, pode actuar nos termos do artigo 228.º do Tratado.

CAPÍTULO VIII Disposições comuns

ARTIGO 24.° **(Sigilo profissional)**
A Comissão e os Estados membros, bem como os seus funcionários e outros agentes, incluindo os peritos independentes nomeados pela Comissão, não podem divulgar as informações abrangidas pelo sigilo profissional obtidas em aplicação do presente regulamento.

ARTIGO 25.° **(Destinatários das decisões)**
As decisões tomadas nos termos dos capítulos II, III, IV, V e VII são dirigidas ao Estado membro interessado. A Comissão notificará imediatamente destas decisões o Estado membro em causa e dar-lhe-á oportunidade de indicar quais as informações que considera abrangidas pelo sigilo profissional.

ARTIGO 26.° **(Publicação das decisões)**
1 – A Comissão publicará no *Jornal Oficial das Comunidades Europeias* um resumo das decisões que tomar nos termos dos n.ºs 2 e 3 do artigo 4.° e do artigo 18.°, conjugado com o n.° 1 do artigo 19.°. Essa comunicação mencionará a possibilidade de se obter um exemplar da decisão na versão ou versões linguísticas que fazem fé.

2 – A Comissão publicará no *Jornal Oficial das Comunidades Europeias* as decisões que tomar nos termos do n.° 4 do artigo 4.° na versão linguística que faz fé. Nos Jornais Oficiais publicados nas línguas que não sejam a da versão linguística que faz fé, a versão linguística que faz fé será acompanhada de um resumo completo na língua desse Jornal Oficial.

3 – A Comissão publicará no *Jornal Oficial das Comunidades Europeias* as decisões que tomar nos termos do artigo 7.°.

4 – Se for aplicável o disposto no n.° 6 do artigo 4.° ou no n.° 2 do artigo 8.°, será publicada uma comunicação sucinta no *Jornal Oficial das Comunidades Europeias*.

5 – O Conselho, deliberando por unanimidade, pode decidir publicar no *Jornal Oficial das Comunidades Europeias* as decisões tomadas nos termos do n.º 2, terceiro parágrafo, do artigo 93.º do Tratado.

ARTIGO 27.º **(Medidas de execução)**
A Comissão pode, nos termos do artigo 29.º, adoptar medidas de execução respeitantes à forma, conteúdo e outros aspectos das notificações e dos relatórios anuais, pormenores e cálculo dos prazos e à taxa de juro referida no n.º 2 do artigo 14.º.

ARTIGO 28.º **(Comité Consultivo)**
Será criado um Comité Consultivo em Matéria de Auxílios Estatais, adiante designado comité, composto por representantes dos Estados membros e presidido pelo representante da Comissão.

ARTIGO 29.º **(Consulta ao comité)**
1 – A Comissão consultará o comité antes de adoptar qualquer medida de execução nos termos do artigo 27.º.
2 – A consulta ao Comité far-se-á em reunião convocada pela Comissão. Os projectos e documentos a analisar serão anexos à convocatória. A reunião realizar-se-á num prazo não inferior a dois meses a contar da data de envio da convocatória. Este prazo poderá ser reduzido em caso de urgência.
3 – O representante da Comissão submeterá à apreciação do comité um projecto das medidas a tomar. O Comité emitirá o seu parecer sobre esse projecto num prazo que o presidente pode fixar em função da urgência da questão, se necessário procedendo a votação.
4 – O parecer deve ser exarado em acta; além disso, cada Estado membro tem o direito de solicitar que a sua posição conste da acta. O comité pode recomendar a publicação do seu parecer no *Jornal Oficial*.
5 – A Comissão tomará na melhor conta o parecer emitido pelo comité. O comité será por ela informado do modo como esse parecer foi tomado em consideração.

ARTIGO 30.º **(Entrada em vigor)**
O presente regulamento entra em vigor no vigésimo dia seguinte à sua publicação no *Jornal Oficial das Comunidades Europeias*.

O presente regulamento é obrigatório em todos os seus elementos e directamente aplicável em todos os Estados membros.

Feito em Bruxelas, em 22 de Março de 1999.

Pelo Conselho, O Presidente G. Verheugen.

---

[1] Regulamento (CE) n.º 794/2004 – infra, pp. 1305.

EXECUÇÃO DO ARTIGO 93.º CE

Regulamento (CE) n.º 794/2004*

A COMISSÃO DAS COMUNIDADES EUROPEIAS,

Tendo em conta o Tratado que institui a Comunidade Europeia,
Tendo em conta o Regulamento (CE) n.º 659/1999 do Conselho, de 22 de Março de 1999, que estabelece as regras de execução do artigo 93.º do Tratado CE[1], e nomeadamente o seu artigo 27.º.
Após consulta do Comité Consultivo em matéria de auxílios estatais,
Considerando o seguinte:
(1) A fim de facilitar a elaboração das notificações de auxílios estatais pelos Estados--Membros e a sua apreciação pela Comissão, convém estabelecer um formulário de notificação obrigatório. Esse formulário deve ser tão abrangente quanto possível
(2) O formulário de notificação, bem como a ficha de informação resumida e as fichas de informações complementares, devem abarcar todas as orientações e enquadramentos no domínio dos auxílios estatais. O formulário e as fichas devem ser alterados ou substituídos de acordo com a evolução desses textos.
(3) Deve prever-se um sistema simplificado de notificação para certas alterações de auxílios existentes. Tal simplificação só é aceitável se a Comissão tiver sido devidamente informada da aplicação do auxílio existente em causa.
(4) Por razões de certeza jurídica, convém precisar que pequenos aumentos até 20% do orçamento inicial de um regime de auxílios, destinados nomeadamente a ter em conta os efeitos da inflação, não precisam de ser notificados à Comissão, uma vez que não terão tido incidência na sua apreciação inicial da compatibilidade não tendo havido alteração dos outros termos do regime de auxílios.
(5) O artigo 21.º do Regulamento (CE) n.º 659/1999 impõe aos Estados--Membros o dever de apresentar relatórios anuais à Comissão sobre todos os regimes de auxílios existentes e sobre os auxílios concretos concedidos independentemente de regimes de

---

* Regulamento (CE) n.º 794/2004 da Comissão de 21 de Abril de 2004, relativo à aplicação do Regulamento (CE) n.º 659/1999 do Conselho que estabelece as regras de execução do artigo 93.º do Tratado CE (JO, L 140, de 30.4.2004, pp. 1-134, divulgado em 27.9.2004).

[1] JO, L 83, de 27.3.1999, p. 1. Regulamento com a redacção que lhe foi dada pelo Acto de Adesão de 2003.

auxílios aprovados relativamente aos quais não tenha sido imposto o dever específico de apresentar relatórios em decisão condicional.

(6) Para poder assumir as suas responsabilidades em termos de controlo dos auxílios, a Comissão deve receber dos Estados-Membros informações precisas sobre os tipos e os montantes dos auxílios que concedem na aplicação de regimes de auxílios existentes. É possível simplificar e melhorar a forma de apresentação de relatórios à Comissão sobre os auxílios estatais descrita no «procedimento conjunto de apresentação de relatório e de notificação nos termos do Tratado CE e do Acordo OMC», que consta do ofício da Comissão aos Estados-Membros de 2 de Agosto de 1995. A parte do referido procedimento relativa ao dever dos Estados-Membros de apresentação de relatórios no que respeita à notificação de subvenções, nos temos do artigo 25.º do Acordo sobre as Subvenções e as medidas de Compensação da OMC e do artigo XVI do GATT de 1994, adoptado em 21 de Julho de 1995, não é abrangida pelo presente regulamento.

(7) As informações exigidas nos relatórios anuais destinam-se a permitir à Comissão controlar os níveis de auxílio globais e obter uma panorâmica geral dos efeitos dos diferentes tipos de auxílio sobre a concorrência. Para esse fim, a Comissão pode solicitar também aos Estados-Membros que apresentem pontualmente dados adicionais sobre certos temas. A escolha destas matérias deve ser previamente discutida com os Estados-Membros.

(8) Os relatórios anuais não abrangem informações que podem ser necessárias para verificar se determinadas medidas de auxílio respeitam o direito comunitário. Por conseguinte, a Comissão deve manter a possibilidade de obter compromissos por parte dos Estados-Membros ou de associar às suas decisões condições de prestação de informações adicionais.

(9) Os prazos para efeitos do Regulamento (CE) n.º 659/1999 devem ser calculados em conformidade com o Regulamento (CEE, Euratom) n.º 1128/71 do Conselho, de 3 de Junho de 1971, relativo à determinação das regras aplicáveis aos prazos, às datas e aos termos[1] e com as regras específicas previstas no presente regulamento. Revela-se indispensável, nomeadamente, identificar os factos que determinam o momento a partir do qual começam a correr os prazos aplicáveis em processos relativos a auxílios estatais. As regras previstas no presente regulamento devem aplicar-se a prazos fixados mas que ainda não tiverem expirado na data de entrada em vigor do presente regulamento.

(10) O objectivo da recuperação de auxílios é restabelecer a situação existente antes da concessão do auxílio ilegal. A fim de assegurar a igualdade de tratamento, as vantagens resultantes do auxílio devem ser calculadas objectivamente a partir do momento em que o auxílio tiver sido colocado à disposição da empresa beneficiária, independentemente do resultado de quaisquer decisões comerciais que a referida empresa tiver posteriormente tomado.

(11) Em conformidade com a prática financeira geral, é conveniente fixar a taxa de juro aplicável à recuperação de auxílios sob a forma de uma percentagem anual.

(12) O volume e a frequência das operações interbancárias determinam uma taxa de juro quantificável de modo constante e estatisticamente significativa, que deve portanto servir de base para a taxa de juro aplicável às recuperações. A taxa «swap» interbancária deve, contudo, ser ajustada de modo a reflectir o nível global de aumento do risco comercial fora do sector bancário. Com base nas informações sobre as taxas «swap» interbancárias, a Comissão deve fixar uma taxa de juro única para a recuperação dos auxílios em cada Estado-

---

[1] JO, L 124, de 8.6.1971, p. 1.

-Membro. Por razões de certeza jurídica e de igualdade de tratamento, convém precisar o método de cálculo das taxas de juro e prever a publicação da taxa de juro aplicável em qualquer momento à recuperação de auxílios, bem como das taxas aplicadas anteriormente.

(13) Pode considerar-se que um auxílio estatal reduz as necessidades de financiamento a médio prazo da empresa beneficiária. Para esse efeito e em conformidade com a prática financeira geral, pode definir-se médio prazo como um período de cinco anos. Por conseguinte, convém que a taxa de juro aplicável às recuperações corresponda a uma taxa em percentagem anual fixada por cinco anos.

(14) Uma vez que o objectivo consiste em restabelecer a situação que existia antes da concessão do auxílio ilegal e em conformidade com a prática financeira geral, a taxa de juro a fixar pela Comissão para efeito das recuperações deve ser uma taxa composta anualmente. Pelas mesmas razões, a taxa de juro aplicável no primeiro ano deve ser aplicada durante os primeiros cinco anos do período de recuperação e a taxa de juro aplicável no sexto ano deve ser aplicada durante os cinco anos seguintes.

(15) O presente regulamento deve aplicar-se às decisões de recuperação notificadas após a data da sua entrada em vigor.

ADOPTOU O PRESENTE REGULAMENTO:

CAPÍTULO I Objecto e âmbito

ARTIGO 1.º (Objecto)
1 – O presente regulamento estabelece disposições relativas à forma, ao conteúdo e a outros aspectos das notificações e dos relatórios anuais referidos no Regulamento (CE) n.º 659/1999. Estabelece igualmente disposições para o cálculo de prazos em processos de auxílios estatais e da taxa de juro na recuperação de auxílios ilegais.
2 – O presente regulamento é aplicável aos auxílios em todos os sectores.

CAPÍTULO II Notificações

ARTIGO 2.º (Formulários de notificação)
Sem prejuízo do dever dos Estados-Membros de notificarem os auxílios estatais no sector do carvão, tal como previsto na Decisão 2002/871/CE da Comissão[1], as notificações de novos auxílios nos termos do n.º 1 do artigo 2.º do Regulamento (CE) n.º 659/1999 não previstos no n.º 2 do artigo 4.º, do presente regulamento devem ser efectuadas por meio do formulário de notificação constante da Parte I do Anexo I do referido regulamento.
As informações complementares necessárias para a apreciação do auxílio ao abrigo dos regulamentos, orientações, enquadramentos e outros textos que se apli-

---

[1] JO, L 300, de 5.11.2002, p. 42.

cam aos auxílios estatais serão fornecidas nas fichas de informações complementares constantes da Parte III do Anexo I.

Sempre que as orientações e enquadramentos pertinentes forem alterados ou substituídos, a Comissão adaptará os formulários e fichas correspondentes.

ARTIGO 3.º (**Transmissão das notificações**)

1 – A notificação será transmitida à Comissão pelo Representante Permanente do Estado-Membro em causa, sendo dirigida ao Secretário-Geral da Comissão.

Se o Estado-Membro pretender beneficiar de um processo específico previsto em quaisquer regulamentos, orientações, enquadramentos ou noutros textos aplicáveis aos auxílios estatais, deve enviar uma cópia da notificação ao director-geral responsável. O Secretário-Geral e os directores-gerais podem designar pontos de contacto para a recepção das notificações.

2 – Toda a correspondência posterior será dirigida ao director-geral responsável ou para o ponto de contacto designado pelo director-geral.

3 – A Comissão enviará a sua correspondência para o Representante Permanente do Estado-Membro em causa ou para qualquer outro endereço indicado por esse Estado-Membro.

4 – Até 31 de Dezembro de 2005, as notificações serão transmitidas pelo Estado-Membro à Comissão em suporte papel. Sempre que possível, o Estado-Membro enviará igualmente uma cópia electrónica da notificação.

A partir de 1 de Janeiro de 2006, as notificações serão transmitidas por via electrónica, salvo se a Comissão e o Estado-Membro notificante tiverem acordado de forma diferente.

Toda a correspondência relacionada com uma notificação apresentada depois de 1 de Janeiro de 2006 será transmitida por via electrónica.

5 – Considera-se que a data de transmissão em papel é a data da transmissão por fax para o número designado pelo destinatário se o original assinado for recebido o mais tardar dez dias após a recepção do fax.

6 – Até 30 de Setembro de 2005 a Comissão, após consulta aos Estados-Membros, publicará no *Jornal Oficial da União Europeia* as modalidades relativas à transmissão das notificações por via electrónica, nomeadamente os endereços, juntamente com as disposições necessárias para assegurar a protecção de dados confidenciais.

ARTIGO 4.º (**Procedimento de notificação simplificado para certas alterações de auxílios existentes**)

1 – Para efeitos da alínea c) do artigo 1.º do Regulamento (CE) n.º 659/1999, entende-se por alteração de um auxílio existente qualquer modificação que não seja de natureza puramente formal ou administrativa destinada a não afectar a apreciação da compatibilidade da medida de auxílio com o mercado comum. Qualquer aumento até 20% do orçamento inicial de um regime de auxílios existente não é considerado como uma alteração de auxílio existente.

2 – Serão notificadas por meio do formulário simplificado constante do Anexo II as seguintes alterações de auxílios existentes:

a) aumentos de mais de 20% do orçamento de um regime de auxílios autorizado;

b) prorrogação até seis anos de regimes de auxílios existentes autorizados, com ou sem aumento de orçamento;

c) reforço dos critérios de aplicação de regimes de auxílios autorizados, redução da intensidade de auxílio ou redução das despesas elegívcis.

A Comissão envidará todos os esforços para tomar uma decisão sobre auxílios notificados por meio do formulário simplificado no prazo de um mês.

3 – O procedimento de notificação simplificado não pode ser utilizado para notificar alterações de regimes de auxílios relativamente aos quais os Estados--Membros não tiverem apresentado relatórios anuais em conformidade com os artigos 5.°, 6.° e 7.°, salvo se os relatórios anuais relativos aos anos em que os auxílios tiverem sido concedidos forem transmitidos ao mesmo tempo que a notificação.

CAPÍTULO III Relatórios anuais

ARTIGO 5.° (**Forma e conteúdo dos relatórios anuais**)

1 – Sem prejuízo do segundo e terceiro parágrafos do presente número e quaisquer deveres específicos suplementares de apresentação de relatórios previstos em decisões condicionais adoptadas nos termos do n.° 4 do artigo 7.° do Regulamento (CE) n.° 659/1999, nem do respeito de quaisquer compromissos assumidos pelo Estado-Membro em causa relacionados com decisões de autorização de auxílios, os Estados-Membros elaborarão os relatórios anuais sobre os regimes de auxílios existentes a que se refere o n.° 1 do artigo 21.° do Regulamento (CE) n.° 659/1999 em relação a cada ano civil ou parte do ano civil no qual o regime for aplicável, segundo o modelo normalizado para apresentação de relatórios constante do Anexo III-A.

Os relatórios anuais sobre regimes de auxílios existentes relacionados com a produção, transformação e comercialização dos produtos enumerados no Anexo I do Tratado serão elaborados segundo o modelo constante do Anexo III-B.

Os relatórios anuais sobre regimes de auxílios existentes relacionados com a produção, transformação e comercialização dos produtos da pesca enumerados no Anexo I do Tratado, serão elaborados segundo o modelo constante do Anexo III-C.

2.A Comissão pode solicitar aos Estados-Membros que lhe forneça dados adicionais sobre certos temas, devendo a escolha desses temas ser previamete discutida com os Estados-Membros.

ARTIGO 6.° (**Transmissão e publicação dos relatórios anuais**)

1 – Cada Estado-Membro transmitirá o seus relatórios anuais à Comissão em formato electrónico, o mais tardar em 30 de Junho do ano seguinte ao ano a que se refira o relatório.

Em casos devidamente justificados, os Estados-Membros podem apresentar estimativas, desde que os valores reais sejam transmitidos, o mais tardar, juntamente com os dados referentes ao ano seguinte.

2 – A Comissão publicará anualmente um painel de apreciação dos auxílios estatais com uma síntese das informações contidas nos relatórios anuais apresentados no ano anterior.

ARTIGO 7.º (**Estatuto dos relatórios anuais**)

A transmissão dos relatórios anuais não é considerada como cumprimento do dever de notificação de medidas de auxílio antes da sua execução, nos termos do n.º 3 do artigo 88.º do Tratado, nem prejudica o resultado de qualquer investigação sobre auxílios alegadamente ilegais, nos termos do procedimento previsto no Capítulo III do Regulamento (CE) n.º 659/1999.

CAPÍTULO IV **Prazos**

ARTIGO 8.º (**Cálculo dos prazos**)

1 – Os prazos previstos no Regulamento (CE) n.º 659/1999 e no presente regulamento ou fixados pela Comissão nos termos do artigo 88.º do Tratado serão calculados de acordo com o disposto no Regulamento (CEE, Euratom) n.º 1182/71 e com as regras específicas estatuídas nos n.ºs 2 a 5. Em caso de conflito, prevalece o disposto no presente regulamento.

2 – Os prazos são expressos em meses ou em dias úteis.

3 – Relativamente aos prazos de actos a praticar pela Comissão, o facto relevante a ter em conta para efeitos do n.º 1 do artigo 3.º do Regulamento (CEE, Euratom) n.º 1182/71 é a recepção da notificação ou da correspondência subsequente, em conformidade com os n.ºs 1 e 2 do artigo 3.º do presente regulamento.

No que respeita às notificações efectuadas depois de 31 de Dezembro de 2005 e à correspondência que a elas se refere, o facto relevante é a recepção da notificação ou da comunicação electrónica no pertinente endereço publicado no *Jornal Oficial da União Europeia*.

4 – Relativamente aos prazos de actos a praticar pelos Estados-Membros, o facto relevante a ter em conta para efeitos do n.º 1 do artigo 3.º do Regulamento (CEE, Euratom) n.º 1182/71 é a recepção da notificação ou da correspondência transmitida pela Comissão em conformidade com o n.º 3 do artigo 3.º.

5 – Relativamente aos prazos de apresentação de observações por terceiros interessados e pelos Estados-Membros que não são interessados directos no processo, na sequência do início do procedimento formal de investigação previsto no n.º 1 do artigo 6.º do Regulamento (CE) n.º 659/1999, o facto relevante a ter em conta para efeitos do n.º 1 do artigo 3.º do Regulamento (CEE, Euratom) n.º 1182/71 é a publicação do aviso de início do procedimento no *Jornal Oficial da União Europeia*.

6 – Qualquer pedido de prorrogação de um prazo deve ser fundamentado e

transmitido por escrito para o endereço indicado pela entidade que o tiver fixado, pelo menos 2 dias úteis antes do respectivo termo.

CAPÍTULO V Taxa de juro aplicável na recuperação de auxílios ilegais

ARTIGO 9.º (**Método de fixação da taxa de juro**)
1 – Salvo decisão específica em contrário, a taxa de juro aplicável na recuperação dos auxílios estatais concedidos com violação do n.º 3 do artigo 88.º do Tratado é uma taxa em percentagem anual fixada para cada ano civil.
Será calculada com base na média das taxas «swap» interbancárias a 5 anos dos meses de Setembro, Outubro e Novembro do ano anterior, majorada de 75 pontos de base. Em casos devidamente fundamentados, a Comissão pode aumentar a taxa em mais de 75 pontos de base relativamente a um ou mais Estados-Membros.
2 – Se a média disponível dos últimos três meses das taxas «swap» interbancárias a 5 anos, majorada de 75 pontos de base, diferir mais de 15% da taxa de juro aplicável na recuperação de auxílios estatais, a Comissão recalculará a taxa de juro aplicável na recuperação de auxílios estatais.
A nova taxa é aplicável a contar do primeiro dia do mês seguinte à realização do novo cálculo pela Comissão. A Comissão informará por ofício os Estados-Membros do novo cálculo e da data a contar da qual é aplicável.
3 – A taxa de juro será fixada para cada Estado-Membro individualmente ou para dois ou mais Estados-Membros em conjunto.
4 – Na falta de dados fiáveis ou equivalentes ou em circunstâncias excepcionais, a Comissão pode fixar, em estreita colaboração com os Estados-Membros em causa, uma taxa de juro na recuperação de auxílios estatais, para um ou mais Estados-Membros, com base em método diferente e nas informações disponíveis.

ARTIGO 10.º (**Publicação**)
A Comissão publicará as taxas de juro aplicáveis na recuperação de auxílios estatais, em vigor e históricas pertinentes, no *Jornal Oficial da União Europeia* e, para informação, na Internet.

ARTIGO 11.º (**Método de cálculo dos juros**)
1 – A taxa de juro aplicável é a taxa em vigor na data em que o auxílio ilegal tiver sido posto à disposição do beneficiário.
2 – A taxa de juro será aplicada numa base composta até à data da recuperação do auxílio. Os juros resultantes do ano anterior produzirão juros em cada ano subsequente.
3 – A taxa de juro a que se refere o n.º 1 será aplicada durante todo o período que decorrer até à data da recuperação do auxílio. Todavia, se tiverem decorrido mais de cinco anos entre a data em que o auxílio ilegal foi posto à disposição do beneficiá-

rio e a data da sua recuperação, a taxa de juro será calculada novamente a intervalos de cinco anos, tomando como base a taxa em vigor no momento do novo cálculo.

CAPÍTULO VI Disposições finais

ARTIGO 12.º (Revisão)

A Comissão, em consulta com os Estados-Membros, procederá a uma análise da aplicação do presente regulamento no prazo de quatro anos após a sua entrada em vigor.

ARTIGO 13.º (Entrada em vigor)

O presente regulamento entra em vigor no vigésimo dia seguinte ao da sua publicação no *Jornal Oficial da União Europeia*.

O Capítulo II só é aplicável às notificações transmitidas à Comissão mais de cinco meses após a entrada em vigor do presente regulamento.

O Capítulo III é aplicável aos relatórios anuais relativos a auxílios concedidos a partir de 1 de Janeiro de 2003.

O Capítulo IV é aplicável a todos os prazos fixados mas que não tenham chegado ao seu termo na data de entrada em vigor do presente regulamento.

Os artigos 9.º e 11.º são aplicáveis a todas as decisões de recuperação de auxílios notificadas após a data de entrada em vigor do presente regulamento.

O presente regulamento é obrigatório em todos os seus elementos e directamente aplicável em todos os Estados-Membros.

Feito em Bruxelas, em 21 de Abril de 2004

Pela Comissão

Mario MONTI

Membro da Comissão

ANEXO I
Formulário normalizado para notificação de auxílios estatais nos termos do n.º 3 do artigo 88.º do tratado CE e para prestação de informações sobre auxílios ilegais

(Não reproduzido)

ANEXO II
Formulário de notificação simplificado

(Não reproduzido)

ANEXO III-A
Modelo normalizado para apresentação de relatórios sobre os auxílios estatais existentes

(Este modelo cobre todos os sectores excepto a agricultura)

A fim de simplificar, racionalizar e melhorar o sistema global de apresentação de relatórios sobre os auxílios estatais, o procedimento em vigor de relatórios normalizados será substituído por uma actualização anual. A Comissão enviará aos Estados-Membros, até 1 de Março de cada ano, um quadro pré-formatado com informações pormenorizadas sobre todos os regimes de auxílios e auxílios individuais existentes. Os Estados-Membros devolverão o quadro à Comissão, em suporte electrónico, até 30 de Junho do ano em causa. A Comissão poderá deste modo publicar no ano t os dados relativos aos auxílios estatais do período t -1[1] coberto pelo relatório.

A maior parte das informações constantes do quadro pré-formatado serão inscritas previamente pela Comissão, com base nos dados fornecidos aquando da aprovação dos auxílios. Será solicitado aos Estados-Membros que verifiquem e, se for caso disso, alterem os dados relativos a cada regime de auxílios ou auxílio individual e inscrevam as despesas anuais relativas ao último ano (t -1). Além disso, os Estados-Membros devem indicar quais os regimes de auxílios que chegaram ao termo ou em relação aos quais cessaram todos os pagamentos, bem como especificar se um determinado regime é ou não co-financiado por fundos comunitários.

As informações como o objectivo do auxílio, o sector a que se destina, etc., dizem respeito ao momento em que o auxílio foi aprovado e não aos beneficiários finais do mesmo. Por exemplo, o objectivo principal de um regime que, na altura em que os auxílios foram aprovados, se destinava exclusivamente às pequenas e médias empresas, será o apoio às pequenas e médias empresas. Todavia, outro regime relativamente ao qual todos os auxílios foram no final atribuídos a pequenas e médias empresas não será considerado como tal se, no momento em que o auxílio foi aprovado, o regime era acessível a todas as empresas.

Serão incluídos no quadro os parâmetros a seguir indicados. Os parâmetros 1 a 3 e 6 a 12 serão preenchidos previamente pela Comissão e verificados pelos Estados-Membros. Os parâmetros 4, 5 e 13 serão preenchidos pelos Estados-Membros.

1. Designação
2. N.º do auxílio
3. N.os de todos os auxílios anteriores (por exemplo, na sequência da renovação de um regime de auxílios)
4. Data do termo

Os Estados-Membros devem indicar os regimes de auxílios que chegaram ao termo ou relativamente aos quais cessaram todos os pagamentos.

5. Co-financiamento

Embora esteja excluído o financiamento comunitário propriamente dito, todos os auxílios estatais concedidos pelos Estados-Membros devem incluir as medidas de auxílio co-financiadas por fundos comunitários. A fim de determinar os regimes que são co-financiados e calcular a percentagem desses auxílios relativamente ao conjunto dos auxílios estatais,

---
[1] «t» é o ano em que os dados são solicitados.

os Estados-Membros devem indicar se o regime é ou não co-financiado e, em caso afirmativo, qual a percentagem de auxílio que beneficia de co-financiamento. Se tal não for possível, devem apresentar uma estimativa do montante total do auxílio que é co-financiado.

6. Sector

A classificação sectorial deve basear-se principalmente na NACE[1] ao nível de três dígitos.

7. Objectivo principal
8. Objectivo secundário

Um objectivo secundário é o objectivo que, para além do objectivo principal, o auxílio (ou uma parte distinta do mesmo) prosseguia exclusivamente aquando da sua aprovação. Por exemplo, um regime cujo objectivo principal consista na investigação e desenvolvimento poderá ter como objectivo secundário as pequenas e médias empresas (PME) se o auxílio se destinar exclusivamente às PME. Outro regime em relação ao qual o objectivo principal sejam as PME, pode ter como objectivos secundários a formação e o emprego se, na altura em que o auxílio foi aprovado, se destinava x% à formação e y% ao emprego.

9. Região/regiões

Um auxílio pode, aquando da sua aprovação, destinar-se exclusivamente a uma região específica ou a um grupo de regiões. Sempre que oportuno, deve estabelecer-se uma distinção entre as regiões abrangidas pelo n.º 3, alínea a), do artigo 87.º e as regiões abrangidas pelo n.º 3, alínea c), do mesmo artigo. Se o auxílio se destinar a uma região específica, isso deve ser indicado ao nível II da NUTS[2].

10. Categoria de instrumentos de auxílio

Devem distinguir-se seis categorias (subvenção, desagravamento/isenção fiscal, participação de capital, empréstimo em condições preferenciais, diferimento de impostos e garantia).

11. Descrição do instrumento de auxílio na língua nacional
12. Tipo de auxílio

Devem distinguir-se três categorias: regime de auxílios, aplicação individual de um regime de auxílios e auxílio individual concedido fora de um regime (auxílio ad hoc).

13. Despesas

Regra geral, os valores deverão corresponder às despesas efectivas (ou às perdas de receitas efectivas no caso de despesas fiscais). Na falta de dados relativos aos pagamentos, serão facultadas e assinaladas as respectivas autorizações ou dotações orçamentais. Serão fornecidos valores separados para cada instrumento de auxílio no âmbito de um regime de auxílio ou de auxílios individuais (por exemplo, subvenções, empréstimos em condições preferenciais, etc.). Os valores serão expressos na moeda nacional utilizada durante o período abrangido pelo relatório. Serão comunicadas as despesas referentes aos períodos t -1, t -2, t -3, t -4 e t -5.

---

[1] NACE Rev. 1.1 é a classificação estatística das actividades económicas na Comunidade Europeia.

[2] NUTS é a nomenclatura das unidades territoriais para fins estatísticos na Comunidade.

ANEXO III-B
Modelo normalizado para apresentação de relatórios sobre os auxílios estatais existentes

(Este modelo destina-se ao sector da agricultura)
(Não reproduzido)

ANEXO III-C
Informação a incluir no relatório anual a apresentar à Comissão

Os relatórios devem ser fornecidos em formato electrónico e devem conter as seguintes informações.

1. Denominação do regime de auxílio, número do auxílio da Comissão e referência da decisão da Comissão.

2. Despesas. Os montantes devem ser expressos em euros ou, se for caso disso, em moeda nacional. No caso das despesas fiscais, devem ser apresentadas as perdas fiscais anuais. Se não existirem valores exactos, podem ser apresentadas estimativas. Para cada ano considerado, indicar separadamente para cada instrumento de auxílio previsto no regime (por exemplo, subvenção, empréstimo em condições favoráveis, garantia, etc.):

2.1. Os montantes autorizados, uma estimativa das perdas de receitas fiscais ou outras perdas de receitas, dados sobre as garantias, etc., relativamente aos novos projectos que beneficiam de auxílios. No caso dos regimes de garantias, deve ser comunicado o montante total das novas garantias concedidas.

2.2. Os pagamentos efectivos, uma estimativa das perdas de receitas fiscais ou outras perdas de receitas, dados sobre as garantias, etc., para os projectos novos e para os projectos em curso. No caso dos regimes de garantias, devem ser comunicadas as seguintes informações: montante total das garantias pendentes, receitas de prémios, montantes recuperados, indemnizações pagas, excedente ou défice do regime relativamente ao ano em causa.

2.3. Número de projectos e/ou empresas que beneficiaram de auxílios

2.4. Montante total estimado:
– auxílios concedidos para a cessação definitiva das actividades dos navios de pesca através da sua transferência para países terceiros,
 auxílios concedidos para a cessação temporária das actividades de pesca,
– auxílios concedidos para a renovação dos navios de pesca,
– auxílios concedidos para a modernização dos navios de pesca,
– auxílios concedidos para a compra de navios em segunda mão,
– auxílios concedidos para medidas socioeconómicas,
– auxílios concedidos para remediar os danos causados por calamidades naturais ou por outros acontecimentos extraordinários,
– auxílios concedidos às regiões ultraperiféricas,
– Auxílios concedidos através de imposições parafiscais.

2.5. Repartição regional dos montantes indicados no ponto 2.1, por regiões definidas como regiões do objectivo n.° 1 e outras zonas.

3. Outras informações e observações.

AUXÍLIOS HORIZONTAIS

Regulamento (CE) n.º 994/1998*

O CONSELHO DA UNIÃO EUROPEIA,

Tendo em conta o Tratado que institui a Comunidade Europeia e, nomeadamente, o seu artigo 94.º,
Tendo em conta a proposta da Comissão[1],
Após consulta do Parlamento Europeu[2],
Tendo em conta o parecer do Comité Económico e Social[3],

(1) Considerando que, por força do artigo 94.º do Tratado, o Conselho pode adoptar todos os regulamentos adequados à execução dos artigos 92.º e 93.º e fixar, designadamente, as condições de aplicação do n.º 3 do artigo 93.º e as categorias de auxílios isentas desse procedimento;

(2) Considerando que, por força do Tratado, a apreciação da compatibilidade dos auxílios com o mercado comum é essencialmente da competência da Comissão;

(3) Considerando que o bom funcionamento do mercado interno exige a aplicação rigorosa e eficaz das regras de concorrência em matéria de auxílios estatais;

(4) Considerando que a Comissão aplicou os artigos 92.º e 93.º do Tratado a numerosas decisões e apresentou igualmente a sua política em diversas comunicações; que, à luz da grande experiência que adquiriu com a aplicação dos artigos 92.º e 93.º do Tratado e dos textos gerais que adoptou com base nestas disposições, se afigura conveniente, de modo a assegurar o controlo eficaz e simplificar a gestão administrativa sem enfraquecer o controlo da Comissão, que esta seja autorizada a declarar, por meio de regulamentos, em domínios em que tem experiência suficiente para definir critérios gerais de compatibilidade, que determinadas categorias de auxílios são compatíveis com o mercado comum, de acordo com uma ou mais das disposições previstas nos n.ºs 2 e 3 do artigo 92.º do Tratado e estão isentas do disposto no n.º 3 do artigo 93.º;

(5) Considerando que os regulamentos de isenção por categoria aumentarão a transparência e a segurança jurídica; que podem ser directamente aplicáveis por tribunais nacionais, sem prejuízo dos artigos 5.º e 177.º do Tratado;

---

* Regulamento (CE) n.º 994/98 do Conselho, de 7 de Maio de 1998, relativo à aplicação dos artigos 92.º e 93.º do Tratado que institui a Comunidade Europeia a determinadas categorias de auxílios estatais horizontais (JO, L 142, de 14.5.1998, pp. 1).

[1] JO, C 262, de 28.8.1997, p. 6.
[2] JO, C 138, de 4.5.1998.
[3] JO, C 129, de 27.4.1998, p. 70.

(6) Considerando que se afigura conveniente que a Comissão, quando adopte regulamentos destinados a isentar determinadas categorias de auxílios da obrigação de notificação prevista no n.º 3 do artigo 93.º, especifique o objectivo desses auxílios, as categorias de beneficiários e, bem assim, limiares destinados a impedir que os auxílios isentos excedam determinados limites calculados em relação ao conjunto dos custos admissíveis ou aos montantes máximos de auxílio, as condições relativas à cumulação dos auxílios e as condições de controlo, a fim de garantir a compatibilidade dos auxílios abrangidos pelo presente regulamento com o mercado comum;

(7) Considerando que se afigura conveniente autorizar a Comissão, quando esta adopte regulamentos destinados a isentar determinadas categorias de auxílios da obrigação de notificação prevista no n.º 3 do artigo 93.º, a acompanhá-los de outras condições precisas, a fim de garantir a compatibilidade dos auxílios abrangidos pelo presente regulamento com o mercado comum;

(8) Considerando que se pode revelar adequado definir limiares ou outras condições apropriadas para a notificação dos casos de concessão de auxílios, a fim de permitir que a Comissão proceda à avaliação individual do efeito de determinados auxílios sobre a concorrência e o comércio entre Estados-membros e a sua compatibilidade com o mercado comum;

(9) Considerando que a Comissão, tendo em conta a evolução e o funcionamento do mercado comum, deve estar habilitada a declarar, através de regulamento, quando determinados auxílios não satisfazem todos os critérios previstos no n.º 1 do artigo 92.º do Tratado, e que estão assim isentos do processo de notificação previsto no n.º 3 do artigo 93.º, desde que os auxílios concedidos à mesma empresa durante determinado período não excedam um montante fixo determinado;

(10) Considerando que o n.º 1 do artigo 93.º do Tratado cria a obrigação de a Comissão a proceder, em cooperação com os Estados-membros, ao exame permanente dos regimes de auxílios existentes nesses Estados; que, para este efeito e a fim de assegurar o maior grau possível de transparência e um controlo adequado, é desejável que a Comissão garanta a criação de um sistema fiável de registo e compilação das informações relativas à aplicação dos regulamentos por ela adoptados, às quais todos os Estados membros tenham acesso, e que receba dos Estados-membros todas as informações necessárias sobre a aplicação dos auxílios isentos da obrigação de notificação susceptíveis de ser objecto de uma análise e uma avaliação a efectuar, conjuntamente com os Estados membros, no âmbito de um comité consultivo; que, para o efeito, se afigura igualmente desejável que a Comissão possa exigir a prestação dessas informações, na medida do necessário para garantir a eficácia dessa análise;

(11) Considerando que o controlo da concessão dos auxílios faz intervir múltiplas considerações factuais, jurídicas e económicas muito complexas, num enquadramento em constante evolução; que é conveniente, por conseguinte, que a Comissão reveja regularmente as categorias de auxílios que devem ser isentas da obrigação de notificação; que a Comissão deve poder revogar ou alterar os regulamentos por ela adoptados por força do presente regulamento, quando se altere qualquer dos elementos importantes que tenham motivado a sua adopção, ou quando o exijam a evolução progressiva ou o funcionamento do mercado comum;

(12) Considerando que é conveniente que a Comissão, em estreita e constante ligação com os Estados-membros, possa definir com exactidão o âmbito destes regulamentos e as respectivas condições; que, a fim de permitir esta cooperação entre a Comissão e as entidades competentes dos Estados membros, é conveniente criar um comité consultivo em

matéria de auxílios concedidos pelos Estados, a consultar antes da adopção, por parte da Comissão, de regulamentos baseados no presente regulamento, adopção, por parte da Comissão, de regulamentos baseados no presente regulamento,

ADOPTOU O PRESENTE REGULAMENTO:

ARTIGO 1.º (Isenções por categoria)

1 – A Comissão pode, por meio de regulamentos adoptados nos termos do artigo 8.º do presente regulamento e do artigo 92.º do Tratado, declarar que as categorias de auxílios a seguir indicadas são compatíveis com o mercado comum e não estão sujeitos à obrigação de notificação prevista no n.º 3 do artigo 93.º do Tratado:

   a) Os auxílios a favor:
      i) das pequenas e médias empresas,
      ii) da investigação e do desenvolvimento,
      iii) da protecção do ambiente,
      iv) do emprego e da formação;
   b) Os auxílios respeitantes ao mapa aprovado pela Comissão para cada Estado-membro para a concessão de auxílios com finalidade regional.

2 – Os regulamentos a que se refere o n.º 1 especificarão, em relação a cada categoria de auxílio:

   a) O objectivo dos auxílios;
   b) As categorias dos beneficiários;
   c) Os limiares, expressos quer em termos de intensidade em relação ao conjunto dos custos elegíveis quer em termos de montantes máximos;
   d) As condições relativas à cumulação de auxílios;
   e) As condições de controlo, tal como especificadas no artigo 3.º.

3 – Além disso, os regulamentos a que se refere o n.º 1 podem, nomeadamente:

   a) Estabelecer limiares ou outras condições para a notificação dos casos de concessão de auxílios individuais;
   b) Excluir determinados sectores do seu âmbito de aplicação;
   c) Prever condições adicionais relativas à compatibilidade dos auxílios isentos nos termos desses regulamentos.

ARTIGO 2.º (De minimis)

1 – A Comissão pode, através de regulamento adoptado nos termos do artigo 8.º do presente regulamento[1], determinar que, tendo em conta a evolução e o funcionamento do mercado comum, determinados auxílios não satisfazem todos os critérios previstos no n.º 1 do artigo 92.º do Tratado sendo, por conseguinte, isentos do processo de notificação previsto no n.º 3 do artigo 93.º do Tratado, desde que os

---

[1] Ver Regulamento (CE) n.° 1860/2004 da Comissão, de 6.10.2004, relativo à aplicação dos artigos 87.° e 88.° do Tratado CE aos auxílios *de minimis* nos sectores da agricultura e das pescas (JO, L 325, de 28.10.2004, p. 4).

auxílios concedidos a uma mesma empresa, durante determinado período, não excedam um montante fixo determinado.

2 – Os Estados membros prestarão a todo o tempo, a pedido da Comissão, todas as informações adicionais relativas aos auxílios isentos nos termos do n.º 1.

ARTIGO 3.º (**Transparência e controlo**)

1 – Quando adoptar regulamentos em aplicação do artigo 1.º, a Comissão imporá aos Estados membros regras precisas para assegurar a transparência e o controlo dos auxílios isentos da obrigação de notificação de acordo com os referidos regulamentos. Essas regras consistirão em particular nas obrigações definidas nos n.ºs 2, 3 e 4.

2 – A partir do início da aplicação de regimes de auxílios, ou de auxílios individuais concedidos fora de um regime, que sejam isentos por força dos referidos regulamentos, os Estados-membros transmitirão à Comissão, para ser publicado no *Jornal Oficial das Comunidades Europeias,* um resumo das informações relativas a esses regimes de auxílio, ou os casos de auxílios individuais que não resultem de um regime de auxílio isento.

3 – Os Estados membros procederão ao registo e compilação de todas as informações relativas à aplicação das isenções por categoria. Se a Comissão dispuser de elementos que suscitem dúvidas quanto à correcta aplicação de dado regulamento de isenção, os Estados-membros comunicarão todas as informações que aquela considerar necessárias para avaliar a conformidade dos auxílios com o referido regulamento.

4 – Os Estados membros comunicarão à Comissão, pelo menos uma vez por ano, um relatório sobre a aplicação das isenções por categoria, de acordo com os requisitos específicos da Comissão, de preferência sob forma informatizada. A Comissão facultará esses relatórios a todos os Estados-membros. Uma vez por ano, o Comité Consultivo previsto no artigo 7.º debaterá e avaliará esses relatórios.

ARTIGO 4.º (**Período de vigência e alteração dos regulamentos**)

1 – Os regulamentos adoptados por força dos artigos 1.º e 2.º são aplicáveis durante certos prazo. Os auxílios isentos ao abrigo de um regulamento adoptado por força dos artigos 1.º e 2.º ficarão isentos durante o período de vigência desse regulamento, bem como durante o período de adaptação previsto nos n.ºs 2 e 3.

2 – Os regulamentos adoptados por força dos artigo 1.º e 2.º podem ser revogados ou modificados quando se altere qualquer dos elementos importantes que tenham motivado a sua adopção, ou quando o exijam a evolução progressiva ou o funcionamento do mercado comum. Nesse caso, o novo regulamento fixará um período de adaptação de seis meses para o ajustamento dos auxílios abrangidos pelo regulamento anterior.

3 – Os regulamentos adoptados por força dos artigos 1.º e 2.º preverão um período idêntico ao referido no n.º 2 para o caso de não serem prorrogados, quando caducarem.

ARTIGO 5.º (**Relatório de avaliação**)

De cinco em cinco anos, a Comissão apresentará ao Parlamento Europeu e ao Conselho um relatório sobre a aplicação do presente regulamento. O projecto de relatório será submetido à apreciação do Comité Consultivo previsto no artigo 7.º.

ARTIGO 6.º (**Audição das partes interessadas**)

quando se propuser adoptar um regulamento, a Comissão publicará o respectivo projecto, a fim de permitir que todas as pessoas e organizações interessadas apresentem as suas observações num prazo razoável por ela fixado, que não pode ser inferior a um mês.

ARTIGO 7.º (**Comité Consultivo**)

É instituído um comité de carácter consultivo, a seguir designado por Comité Consultivo em matéria de auxílios concedidos pelos Estados. Este comité será composto por representantes dos Estados-membros e presidido pelo representante da Comissão.

ARTIGO 8.º (**Consulta do Comité Consultivo**)

1 – A Comissão consultará o Comité Consultivo em matéria de auxílios concedidos pelos Estados:

   a) Antes de publicar um projecto de regulamento;

   b) Antes de adoptar um regulamento.

2 – A consulta do comité terá lugar no decurso de uma reunião realizada a convite da Comissão. Ao convite serão anexados os projectos e documentos a analisar. A reunião realizar-se-á, o mais tardar, dois meses após o envio da convocatória.

Este prazo pode ser reduzido no caso das consultas a que se refere a alínea *b*) do n.º 1, bem como em caso de urgência ou de mera prorrogação de um regulamento.

3 – O representante da Comissão submeterá à apreciação do comité um projecto das medidas a tomar. O comité emitirá o seu parecer sobre esse projecto num prazo que o presidente pode fixar em função da urgência da questão, se necessário procedendo a votação.

4 – O parecer será exarado em acta; além disso, cada Estado-membro tem o direito de solicitar que a sua posição conste da acta. O Comité Consultivo pode recomendar a publicação desse parecer no *Jornal Oficial das Comunidades Europeias*.

5 – A Comissão tomará na melhor conta o parecer emitido pelo comité. O comité será por ela informado do modo como esse parecer foi tomado em consideração.

ARTIGO 9.º (**Disposições finais**)

O presente regulamento entra em vigor no dia seguinte ao da sua publicação no *Jornal Oficial das Comunidades Europeias*.

O presente regulamento é obrigatório em todos os seus elementos e directamente aplicável em todos os Estados-membros.

Feito em Bruxelas, em 7 de Maio de 1998.

Pelo Conselho, O Presidente, M. BECKETT.

AUXÍLIOS À FORMAÇÃO

Regulamento (CE) n.º 68/2001*-**

A COMISSÃO DAS COMUNIDADES EUROPEIAS,

Tendo em conta o Tratado que institui a Comunidade Europeia,
Tendo em conta o Regulamento (CE) n.º 994/98 do Conselho, de 7 de Maio de 1998, relativo à aplicação dos artigos 92.º e 93.º do Tratado que institui a Comunidade Europeia a determinadas categorias de auxílios estatais horizontais, e, nomeadamente, o n.º 1, subalínea iv) da alínea a), do seu artigo 1.º,

Após publicação do projecto do presente regulamento,
Após consulta do Comité Consultivo em matéria de auxílios concedidos pelos Estados,
Considerando o seguinte:

(1) O Regulamento (CE) n.º 994/98 confere à Comissão poderes para declarar, em conformidade com o artigo 87.º do Tratado, que em determinadas condições os auxílios à formação são compatíveis com o mercado comum e não estão sujeitos à obrigação de notificação estabelecida no n.º 3 do artigo 88.º do Tratado.

(2) A Comissão aplicou, em inúmeras decisões, os artigos 87.º e 88.º do Tratado aos auxílios à formação e, recentemente, definiu a sua política na matéria no enquadramento comunitário dos auxílios à formação. À luz da experiência considerável adquirida pela Comissão com a aplicação destes artigos aos auxílios à formação, é conveniente, por forma a garantir um controlo eficaz e a simplificar os procedimentos administrativos, sem comprometer o controlo exercido pela Comissão, que esta exerça os poderes que lhe são conferidos pelo Regulamento (CE) n.º 994/98.

(3) No intuito de estabelecer uma política transparente e coerente para todos os sectores, é conveniente que o âmbito do presente regulamento seja o mais vasto possível e inclua também os sectores da agricultura, pesca e aquicultura.

(4) O presente regulamento deve entender-se sem prejuízo da possibilidade que assiste aos Estados membros de notificarem os auxílios à formação. Tais notificações serão apreciadas pela Comissão em especial à luz dos critérios fixados no presente regulamento ou

---

* Regulamento (CE) n.º 68/2001 da Comissão, de 12 de Janeiro de 2001, relativo à aplicação dos artigos 87.º e 88.º do Tratado CE aos auxílios à formação (JO, L 10, de 13.1.2001, p. 20).

** Ver ainda a Decisão do Comité Misto do EEE n.° 88/2002, de 25 de Junho de 2002, que altera o anexo XV (auxílios estatais) do Acordo EEE (JO, L 266, de 3.10.2002, pp. 56-60).

nas orientações e enquadramentos comunitários aplicáveis, quando existam tais orientações e enquadramentos. É o que acontece actualmente com as actividades relacionadas com a produção, transformação ou comercialização dos produtos enumerados no anexo I do Tratado e com o sector dos transportes marítimos. O enquadramento dos auxílios à formação deve ser abolido a partir da data de entrada em vigor do presente regulamento, que o substitui.

(5) Por razões de transparência recorda-se que nos termos do n.º 1, segundo parágrafo, do artigo 51.º do Regulamento (CE) n.º 1257/1999 do Conselho, de 17 de Maio de 1999, relativo ao apoio do Fundo Europeu de Orientação e de Garantia Agrícola (FEOGA) ao desenvolvimento rural, os artigos 87.º a 89.º do Tratado não se aplicam às contribuições financeiras dos Estados membros a favor de medidas que beneficiem de apoio comunitário para a formação por força do artigo 9.º do referido regulamento.

(6) Por razões de transparência deve salientar-se que o presente regulamento só deve ser aplicável às medidas de formação que constituem auxílios estatais na acepção do n.º 1 do artigo 87.º do Tratado. Muitas medidas de formação não são abrangidas por este artigo, constituindo medidas de carácter geral por se destinarem a todas as empresas de todos os sectores sem qualquer discriminação e sem que as autoridades possuam qualquer poder discricionário na sua aplicação, por exemplo, regimes gerais de incentivos fiscais, como créditos de imposto automáticos, acessíveis a todas as empresas que investem na formação dos trabalhadores. Outras medidas de formação não são abrangidas pelo n.º 1 do artigo 87.º do Tratado porque beneficiam directamente e na generalidade as pessoas, não conferindo especificamente qualquer vantagem a certas empresas ou sectores. Trata-se, por exemplo, da escolaridade e da formação inicial (como os regimes de aprendizagem e formação em alternância), da formação ou reciclagem dos trabalhadores desempregados, incluindo os estágios nas empresas, das medidas que visam directamente trabalhadores ou mesmo certas categorias de trabalhadores, dando-lhes possibilidade de receber formação não relacionada com a empresa ou o sector em que trabalham (por exemplo, "horas reservadas à formação"). Por outro lado, deve recordar-se que as contribuições de fundos sectoriais, quando tornados obrigatórios pelo Estado, não são considerados recursos privados, constituindo recursos públicos na acepção do n.º 1 do artigo 87.º do Tratado.

(7) O presente regulamento deve isentar todos os auxílios que reúnam as condições de isenção nele estabelecidas, bem como qualquer regime de auxílios, desde que qualquer auxílio que possa ser concedido em aplicação desse regime reúna todas as condições relevantes do presente regulamento. A fim de garantir um controlo eficiente e de simplificar a tramitação sem comprometer o controlo exercido pela Comissão, os regimes de auxílio individuais que não sejam abrangidos por nenhum regime de auxílios devem conter uma referência expressa ao presente regulamento.

(8) Por forma a eliminar quaisquer diferenças que possam suscitar distorções da concorrência, com vista a facilitar a coordenação entre diferentes iniciativas comunitárias e nacionais a favor das pequenas e médias empresas e por razões de transparência administrativa e de segurança jurídica, a definição de pequenas e médias empresas utilizada para efeitos do presente regulamento é a constante da Recomendação 96/280/CE da Comissão, de 3 de Abril de 1996, relativa à definição de pequenas e médias empresas.

(9) Para determinar se um auxílio é ou não compatível com o mercado comum à luz do presente regulamento, é necessário tomar em consideração a intensidade do auxílio e, por conseguinte, o montante do auxílio expresso em equivalente-subvenção. No cálculo do equivalente-subvenção dos auxílios a desembolsar em diversas prestações e dos auxílios concedidos sob a forma de empréstimo em condições preferenciais, deve ser aplicada a taxa

de juro prevalecente no mercado aquando da concessão do auxílio. Com vista a assegurar uma aplicação uniforme, transparente e simples das regras em matéria de auxílios estatais, é conveniente considerar que as taxas do mercado aplicáveis para efeitos do presente regulamento são as taxas de referência, desde que, no caso dos empréstimos em condições preferenciais, as garantias oferecidas sejam as habituais e não impliquem um risco anormal. As taxas de referência devem ser as fixadas periodicamente pela Comissão com base em critérios objectivos e publicadas no *Jornal Oficial das Comunidades Europeias* e na *internet*.

(10) Para a sociedade no seu conjunto, a formação tem normalmente efeitos externos positivos, uma vez que reforça o conjunto de trabalhadores qualificados a que podem recorrer as outras empresas, melhora a competitividade da indústria comunitária e desempenha um papel importante na estratégia europeia para o emprego. Devido ao facto de em geral o investimento das empresas da Comunidade na formação dos seus trabalhadores ficar aquém do que seria desejável, os auxílios estatais podem contribuir para corrigir esta imperfeição do mercado, podendo, por conseguinte, ser considerados em certas condições compatíveis com o mercado comum e portanto isentos da obrigação de notificação prévia.

(11) Por forma a assegurar que o auxílio estatal se limita ao mínimo estritamente necessário para atingir o objectivo comunitário que as forças do mercado, por si só, não conseguiriam atingir, as intensidades de auxílio admissíveis devem ser moduladas em função do tipo de formação ministrada, da dimensão da empresa e da sua situação geográfica.

(12) A formação geral proporciona qualificações transferíveis e melhora substancialmente a empregabilidade do trabalhador formado. Os auxílios para esse fim provocam menos distorções da concorrência, pelo que intensidades de auxílio mais elevadas podem ser consideradas compatíveis com o mercado comum e isentas da obrigação de notificação prévia. A formação específica, que beneficia essencialmente as empresas, acarreta maiores riscos de distorção da concorrência, devendo, por conseguinte, a intensidade de auxílio susceptível de ser considerada compatível e isenta de notificação prévia ser consideravelmente mais baixa.

(13) Em razão das limitações com que as pequenas e médias empresas (PME) se vêem confrontadas e dos custos relativos mais elevados que devem suportar no contexto dos investimentos na formação dos seus trabalhadores, as intensidades de auxílio isentas ao abrigo do presente regulamento devem ser majoradas para as PME.

(14) Nas regiões assistidas a título do n.º 3, alíneas *a*) e *c*), do artigo 87.º do Tratado, a formação tem um impacto externo relativamente superior, dado os montantes investidos na formação ficarem muito aquém do que seria desejável nestas regiões e a mais elevada taxa de desemprego registada. Por conseguinte, as intensidades de auxílio isentas nos termos do presente regulamento devem ser majoradas nessas regiões.

(15) As características da formação no sector dos transportes marítimos justificam uma abordagem sectorial específica.

(16) É conveniente que auxílios de montantes elevados continuem sujeitos à apreciação individual da Comissão antes da sua concretização. Por conseguinte, auxílios que excedam um determinado montante, que deve ser fixado em um milhão de euros, devem ser excluídos da isenção prevista no presente regulamento e continuar sujeitos ao disposto no n.º 3 do artigo 88.º do Tratado.

(17) O presente regulamento não deve isentar a cumulação de auxílios com outros auxílios estatais, incluindo os auxílios concedidos por autoridades nacionais, regionais ou locais, ou com financiamentos comunitários, relativamente aos mesmos custos elegíveis, quando essa cumulação exceda os limiares fixados no presente regulamento.

(18) A fim de garantir a transparência e um controlo eficaz, nos termos do artigo 3.º do Regulamento (CE) n.º 994/98, é conveniente estabelecer um modelo normalizado segundo o qual os Estados membros fornecerão à Comissão informações sintéticas sempre que, em aplicação do presente regulamento, seja executado um regime de auxílios ou concedido um auxílio individual sem ser ao abrigo de um destes regimes, com vista à sua publicação no Jornal Oficial das Comunidades Europeias. É conveniente, pelos mesmos motivos, definir regras relativas ao registo dos auxílios isentos pelo presente regulamento que os Estados membros devem conservar. Para efeitos do relatório anual que cada Estado membro deve apresentar à Comissão, é conveniente que esta precise as informações que lhe devem ser transmitidas, incluindo sob forma electrónica, tendo em conta a ampla difusão das tecnologias necessárias.

(19) À luz da experiência da Comissão, relativamente, em especial, à frequência com que é necessário rever a política em matéria de auxílios estatais, afigura-se adequado limitar o período de aplicação do presente regulamento. No caso de o presente regulamento expirar sem ter sido prorrogado, os regimes de auxílios já isentos ao abrigo do presente regulamento devem continuar isentos durante um período de seis meses,

ADOPTOU O PRESENTE REGULAMENTO:

ARTIGO 1.º (**Âmbito de aplicação**)

O presente regulamento é aplicável aos auxílios concedidos em todos os sectores, incluindo as actividades relacionadas com a produção, transformação ou comercialização dos produtos enumerados no anexo I do Tratado.

ARTIGO 2.º (**Definições**)

Para efeitos do presente regulamento, entende-se por:

a) "Auxílio", qualquer medida que preencha todos os critérios enunciados no n.º 1 do artigo 87.º do Tratado;

b) "Pequenas e médias empresas", as empresas que correspondam à definição constante do anexo I;

c) "Grandes empresas", as empresas não abrangidas pela definição de PME constante do anexo I;

d) "Formação específica", a formação que pressupõe um ensino directo e principalmente vocacionado para a posição actual ou futura do trabalhador na empresa beneficiária e que confere qualificações que não são, ou apenas o são numa medida limitada, transferíveis para outra empresa ou para outro domínio de actividade profissional;

e) Formação geral", a formação que pressupõe um ensino não vocacionado exclusiva ou principalmente para a posição actual ou futura do trabalhador na empresa beneficiária, conferindo qualificações em grande medida transferíveis para outras empresas ou para outros domínios de actividade profissional, reforçando consideravelmente, por conseguinte, a empregabilidade do trabalhador. Por exemplo, são consideradas formação geral:

– as acções de formação organizadas conjuntamente por empresas independentes ou acções de formação em que se podem inscrever trabalhadores de diversas empresas;

— as acções de formação reconhecidas, certificadas ou validadas pelas autoridades ou por outros organismos ou instituições aos quais o Estado-membro ou a Comunidade tenham conferido competências na matéria;

g) "Intensidade do auxílio", o montante bruto do auxílio expresso em percentagem dos custos elegíveis do projecto. Todos os valores utilizados referem-se a montantes antes da dedução dos impostos directos. Sempre que um auxílio seja concedido sob uma forma distinta da subvenção, o montante de auxílio será o seu equivalente-subvenção. O valor dos auxílios desembolsáveis em várias prestações será o seu valor actualizado reportado ao momento da concessão. A taxa de juro a utilizar para efeitos de actualização e do cálculo do montante do auxílio, no caso de um empréstimo em condições preferenciais, será a taxa de referência aplicável no momento da concessão;

h) "Trabalhador desfavorecido":

— qualquer jovem com menos de 25 anos de idade que não tenha obtido anteriormente o seu primeiro emprego fixo e remunerado, nos seis primeiros meses após o seu recrutamento;

— qualquer pessoa com uma incapacidade grave resultante de uma deficiência física, mental ou psicológica, mas que lhe permita entrar no mercado do trabalho;

— qualquer trabalhador migrante que mude ou tenha mudado de residência na Comunidade ou que estabeleça residência na Comunidade para obter trabalho e que necessite de formação profissional e/ou linguística;

— qualquer pessoa que pretenda regressar à vida activa após um período de interrupção de pelo menos três anos e especialmente qualquer pessoa que tenha abandonado o trabalho devido a dificuldades de coordenar a sua vida activa com a sua vida familiar, nos seis primeiros meses após o seu recrutamento;

— qualquer pessoa com mais de 45 anos de idade que não tenha atingido o nível de qualificação correspondente ao ensino secundário superior ou equivalente;

— qualquer desempregado de longa duração, isto é, qualquer pessoa que esteja sem trabalho por um período de 12 meses consecutivos, nos seis primeiros meses após o seu recrutamento.

ARTIGO 3.º (**Condições de isenção**)

1 — Todos os auxílios individuais que não caibam em nenhum regime de auxílios e que reúnam todas as condições do presente regulamento são compatíveis com o mercado comum na acepção do n.º 3 do artigo 87.º do Tratado e são isentos da obrigação de notificação prevista no n.º 3 do artigo 88.º, desde que contenham uma referência expressa ao presente regulamento, citando o seu título e a referência da publicação no *Jornal Oficial das Comunidades Europeias*.

2 — Os regimes de auxílios que reúnam todas as condições do presente regulamento são compatíveis com o mercado comum na acepção do n.º 3 do artigo 87.º

do Tratado e são isentos da obrigação de notificação prevista no n.º 3 do artigo 88.º do Tratado desde que:

a) Qualquer auxílio que seja concedido ao abrigo desse regime reúna todas as condições do presente regulamento;

b) Esse regime contenha uma referência expressa ao presente regulamento, citando o seu título e a referência de publicação no *Jornal Oficial das Comunidades Europeias*.

3 – Os auxílios concedidos no âmbito dos regimes referidos no n.º 2 são compatíveis com o mercado comum na acepção do n.º 3 do artigo 87.º do Tratado e são isentos da obrigação de notificação prevista no n.º 3 do artigo 88.º desde que o auxílio concedido preencha directamente todas as condições do presente regulamento.

ARTIGO 4.º (**Auxílios à formação isentos**)

1 – Os regimes de auxílio e os auxílios individuais à formação devem reunir as condições enunciadas nos n.ºs 2 a 7.

2 – A intensidade dos auxílios à formação específica não pode ultrapassar 25% no caso das grandes empresas e 35% no caso das pequenas e médias empresas.

Estas intensidades são majoradas em 5 pontos percentuais no caso de empresas situadas em regiões elegíveis para auxílios regionais nos termos do n.º 3, alínea *c*), do artigo 87.º do Tratado e em 10 pontos percentuais no caso de empresas situadas em regiões elegíveis para auxílios regionais nos termos do n.º 3, alínea *a*), do artigo 87.º do Tratado.

3 – A intensidade dos auxílios à formação geral não pode ultrapassar 50% no caso das grandes empresas e 70% no caso das pequenas e médias empresas.

Estas intensidades são majoradas em 5 pontos percentuais no caso de empresas situadas em regiões elegíveis para auxílios regionais nos termos do n.º 3, alínea *c*), do artigo 87.º do Tratado e em 10 pontos percentuais no caso de empresas situadas em regiões elegíveis para auxílios regionais nos termos do n.º 3, alínea *a*), do artigo 87.º do Tratado.

4 – As intensidades máximas referidas nos n.ºs 2 e 3 serão majoradas de 10 pontos percentuais se a formação for dada a trabalhadores desfavorecidos.

5 – Nos casos em que os auxílios se destinam a cursos de formação simultaneamente de carácter geral e específico que não podem ser dissociados para efeitos do cálculo da intensidade do auxílio e nos casos em que não é possível determinar o carácter específico ou geral do projecto de auxílio à formação, a intensidade autorizada será a intensidade dos auxílios à formação específica nos termos do n.º 2.

6 – A intensidade dos auxílios concedidos no sector dos transportes marítimos pode atingir 100%, independentemente do projecto ser de formação específica ou de formação geral, desde que se encontrem reunidas as seguintes condições:

a) O formando não seja um membro activo da tripulação, mas seja supranumerário a bordo; e *b)* A formação tenha tido lugar a bordo de navios constantes dos registos comunitários.

7 – São os seguintes os custos elegíveis de um projecto de auxílio à formação:
a) Custos salariais dos formadores;
b) Despesas de deslocação dos formadores e dos formandos;
c) Outras despesas correntes, como material, e fornecimentos;
d) Amortização dos instrumentos e equipamentos, na medida em que forem exclusivamente utilizados no projecto de formação em causa;
e) Custos de serviços de consultoria e orientação relacionados com o projecto de formação;
f) Custos salariais dos participantes nos projectos de formação até ao montante total dos outros custos elegíveis referidos nas alíneas *a)* a *e)*. Só podem ser tidas em consideração as horas em que os trabalhadores participarem efectivamente na formação, deduzidas as horas de produção ou o seu equivalente.

Os custos elegíveis serão comprovados por documentos justificativos, transparentes e discriminados por rubrica.

ARTIGO 5.º (**Concessão de auxílios individuais de montante elevado**)
Não beneficiam da isenção os auxílios concedidos a uma empresa para um único projecto de formação que ultrapassem 1000000 de euros.

ARTIGO 6.º (**Cumulação**)
1 – Os limites máximos de auxílio fixados nos artigos 4.º e 5.º são aplicáveis independentemente de o apoio ao projecto ser financiado exclusivamente por recursos estatais ou com contribuição de recursos comunitários.

2 – Os auxílios isentos pelo presente regulamento não serão cumulados com quaisquer outros auxílios estatais na acepção do n.º 1 do artigo 87.º do Tratado nem com outros financiamentos comunitários, relativamente aos mesmos custos elegíveis, se dessa cumulação resultar uma intensidade de auxílio superior ao nível fixado pelo presente regulamento.

ARTIGO 7.º (**Transparência e controlo**)
1 – Aquando da aplicação de um regime de auxílios ou da concessão de um auxílio individual não abrangido por um regime, que seja isento nos termos do presente regulamento, os Estados membros transmitirão à Comissão, no prazo de 20 dias úteis, um resumo das informações relativas ao regime ou ao auxílio individual em causa sob a forma prevista no anexo II, com vista à sua publicação no *Jornal Oficial das Comunidades Europeias*.

2 – Os Estados membros conservarão registos pormenorizados dos regimes de auxílio isentos nos termos do presente regulamento, dos auxílios individuais concedidos no âmbito destes regimes e dos auxílios individuais isentos nos termos do presente regulamento que não sejam abrangidos por um regime de auxílios existente. Estes registos conterão todas as informações necessárias para comprovar

que as condições de isenção estabelecidas no presente regulamento foram respeitadas. No que se refere aos auxílios individuais, os Estados membros conservarão estes registos durante um período de 10 anos subsequente à data de concessão do auxílio e, no que se refere aos regimes de auxílio, por um período de 10 anos subsequente à data em que o último auxílio individual foi concedido ao abrigo desse regime. Mediante pedido escrito da Comissão, os Estados membros em causa transmitir-lhe-ão, no prazo de 20 dias úteis, ou num prazo mais longo eventualmente indicado nesse pedido, todas as informações que a Comissão entenda necessárias para apreciar o respeito das condições estabelecidas no presente regulamento.

3 – Os Estados membros elaborarão um relatório sobre a aplicação do presente regulamento relativo a cada ano civil ou parte do mesmo em que o presente regulamento é aplicável, sob a forma prevista no anexo III e também sob forma electrónica. Os Estados membros enviarão este relatório à Comissão o mais tardar três meses após o termo do período ao qual se refere.

ARTIGO 8.º (**Entrada em vigor e período de vigência**)

1 – O presente regulamento entra em vigor no vigésimo dia seguinte ao da data da sua publicação no *Jornal Oficial das Comunidades Europeias*.

O presente regulamento mantém-se em vigor até 31 de Dezembro de 2006.

2 – No termo do período de vigência, os regimes de auxílios isentos nos termos do presente regulamento continuarão isentos durante um período de adaptação de seis meses.

O presente regulamento é obrigatório em todos os seus elementos e directamente aplicável em todos os Estados membros.

Feito em Bruxelas, em 12 de Janeiro de 2001.

Pela Comissão, MARIO MONTI, Membro da Comissão.

ANEXO I

Definição de pequenas e médias empresas*

Não reproduzido.

---

* [extracto da Recomendação da Comissão de 3 de Abril de 1996 relativa à definição de pequenas e médias empresas (JO L 107 de 30.4.1996, p. 4)].

ANEXO II*

Informações sintéticas sobre os auxílios estatais concedidos nos termos do Regulamento (CE) n.º 68/2001da comissão

Informações sintéticas a apresentar	Observações
Estado-Membro	
Região	Indicar o nome da região se o auxílio for concedido por uma autoridade descentralizada.
Designação do regime de auxilio ou nome da empresa querecebe um auxilio individual	Indicar o nome do regime de auxílio ou, no caso de se tratar de um auxílio individual, o nome do beneficiário.
	Neste último caso, não é necessário um relatório anual posterior!
Base jurídica	Indicar a referência precisa do diploma nacional que institui o regime de auxílio ou que concede o auxílio individual.
Despesas anuais previstas no âmbito do regime ou montante total do auxílio individual concedido à empresa	Os montantes devem ser indicados em euros ou, se aplicável, na moeda nacional.
	No caso de regimes de auxílio:
	Indicar o montante total anual da ou das dotações orçamentais ou uma estimativa das perdas fiscais anuais em relação a todos os instrumentos de auxílio incluídos no regime
	No caso de concessão de um auxílio individual:
	Indicar o montante total do auxílio/perdas fiscais. Quando pertinente, indicar também o número de anos em que o auxílio será pago em parcelas ou durante quantos anos se registarão as perdas fiscais
	No que se refere às garantias, em ambos os casos, indicar o montante (máximo) dos empréstimos garantidos
Intensidade máxima do auxílio	Indicar a intensidade máxima do auxílio ou o montante máximo do auxílio por rubrica elegível.
Data de execução	Indicar a data a partir da qual podem ser concedidos auxílios no âmbito do regime ou a data de concessão do auxílio individual

---

* Modelo normalizado para a apresentação das informações sintéticas a transmitir sempre que for executado um regime de auxílios isento nos termos do presente regulamento e sempre que for concedido um auxílio individual isento nos termos do presente regulamento não abrangido por um regime de auxílios.

Informações sintéticas a apresentar	Observações
Duração do regime ou da concessão do auxílio	Indicar a data a partir da qual podem ser concedidos auxílios no âmbito do regime ou a data de concessão do auxílio individual
Objectivo do auxílio	Indicar a data (ano e mês) até à qual podem ser concedidos auxílios no âmbito do regime, ou no caso de um auxílio individual e se pertinente, a data prevista (ano e mês) para o pagamento da última parcela. No caso de auxílios à formação indicar se a formação é geral ou específica. No caso de se tratar de formação geral, devem ser apensos elementos documentais comprovativos do carácter geral da formação (por exemplo, descrição do conteúdo da formação).
Sector ou sectores económicos afectados Todos os sectores ou Agricultura Pesca e/ou aquicultura Carvão Todas as indústrias transformadoras Todos os serviços ou Serviços de transporte marítimo Outros serviços de transportes Serviços financeiros Outros serviços Observações	Escolher da lista, quando aplicável
Nome e endereço da autoridade que concede os auxílios	
Outras informações	

ANEXO III

Modelo de relatório periódico a apresentar à Comissão*

Os Estados membros deverão utilizar o modelo a seguir apresentado para darem cumprimento à obrigação que lhes incumbe de apresentarem relatórios à Comissão em aplicação dos regulamentos de isenção por categoria adoptados com base no Regulamento (CE) n.º 994/98 do Conselho.

Estes relatórios devem igualmente ser fornecidos sob forma electrónica.

Informações exigidas para todos os regimes de auxílio isentos ao abrigo de regulamentos de isenção por categoria adoptados nos termos do artigo 1.º do Regulamento (CE) n.º 994/98 do Conselho

1. Denominação do regime de auxílio
2. Regulamento de isenção da Comissão aplicável
3. Despesas

Devem ser apresentados valores distintos para cada instrumento de auxílio contido num regime ou num auxílio individual (por exemplo, subvenção, empréstimos em condições favoráveis, etc.). Os montantes devem ser expressos em euros ou, se aplicável, na moeda nacional. No caso das despesas fiscais, as perdas fiscais anuais devem ser apresentadas. Se não existirem dados exactos, poderão ser apresentadas estimativas.

Estes valores relativos às despesas devem ser apresentados na base seguinte:

Para cada ano considerado indicar separadamente para cada instrumento de auxílio no âmbito do regime (por exemplo, subvenção, empréstimo em condições favoráveis, garantia, etc.):

3.1. Os montante autorizados, uma estimativa das perdas de receitas fiscais ou outras perdas de receitas, dados sobre as garantias, etc., relativamente aos novos projectos que beneficiam de auxílios. No caso de regimes de garantias, deve ser comunicado o montante total das novas garantias concedidas.

3.2. Os pagamentos efectivos, uma estimativa das perdas de receitas fiscais ou outras perdas de receitas, dados sobre as garantias, etc., para os projectos novos e para os projectos em curso. No caso de regimes de garantias, devem ser comunicadas as seguintes informações: montante total das garantias pendentes, receitas de prémios, montantes recuperados, indemnizações pagas, resultado do regime durante o ano considerado.

3.3. Número de novos projectos beneficiários.

3.4. Estimativa do número global de postos de trabalho criados ou mantidos graças aos novos projectos (se pertinente).

3.5. Estimativa do montante global dos investimentos que beneficia da assistência de novos projectos.

3.6. Repartição regional dos montantes correspondentes ao ponto 3.1 quer por regiões definidas ao nível 2 da NUTS ou a um nível inferior, quer por regiões abrangidas pelo n.º 3, alínea a), do artigo 87.º, regiões abrangidas pelo n.º 3, alínea c), do artigo 87.º e regiões não assistidas.

---

* Modelo de relatório anual sobre os regimes de auxílio isentos ao abrigo de um regulamento de isenção por categoria adoptado nos termos do artigo 1.º do Regulamento (CE) n.º 994/98 do Conselho.

3.7. Repartição sectorial dos montantes correspondentes ao ponto 3.1 por sectores de actividade dos beneficiários (se estiver abrangido mais de um sector, indicar a quota de cada um deles):
– Agricultura
– Pesca e/ou aquicultura
– Carvão
– Indústrias transformadoras
das quais:
Aço
Construção naval
Fibras sintéticas
Veículos a motor
Outras indústrias transformadoras (especificar)
– Serviços
dos quais:
Serviços de transporte marítimo
Outros serviços de transporte
Serviços financeiros
Outros serviços (especificar)
– Outros sectores (especificar).
4. Outras informações e observações.

AUXÍLIOS *DE MINIMIS*

Regulamento (CE) n.º 69/2001*-**

A COMISSÃO DAS COMUNIDADES EUROPEIAS,

Tendo em conta o Tratado que institui a Comunidade Europeia,
Tendo em conta o Regulamento (CE) n.º 994/98 do Conselho, de 7 de Maio de 1998, relativo à aplicação dos artigos 92.º e 93.º do Tratado que institui a Comunidade Europeia a determinadas categorias de auxílios estatais horizontais e, nomeadamente, o seu artigo 2.º,

Após publicação do projecto do presente regulamento,
Após consulta do Comité Consultivo em matéria de auxílios concedidos pelos Estados,
Considerando o seguinte:

(1) O Regulamento (CE) n.º 994/98 confere à Comissão poderes para fixar num regulamento um limiar abaixo do qual se considera que as medidas de auxílio não preenchem todos os critérios enunciados no n.º 1 do artigo 87.º do Tratado, pelo que não estão abrangidas pelo procedimento de notificação previsto no n.º 3 do artigo 88.º do Tratado.

(2) A Comissão aplicou os artigos 87.º e 88.º do Tratado e, em especial, clarificou a noção de auxílio na acepção do n.º 1 do artigo 87.º do Tratado em numerosas decisões. Enunciou igualmente a sua política relativa ao limiar *de minimis,* abaixo do qual se pode considerar não ser aplicável o n.º 1 do artigo 87.º, mais recentemente na sua comunicação relativa aos auxílios *de minimis*[1]. À luz desta experiência e com vista a reforçar a transparência e a segurança jurídica, é conveniente que a regra *de minimis* seja estabelecida num regulamento.

(3) Tendo em conta as regras especiais aplicáveis aos sectores da agricultura, da pesca e aquicultura e dos transportes e o risco de que eventuais auxílios nestes sectores, por muito reduzidos que sejam, preencham os critérios estabelecidos no n.º 1 do artigo 87.º do Tratado, é conveniente que o presente regulamento não seja aplicável a estes sectores.

(4) À luz do Acordo da Organização Mundial do Comércio (OMC) sobre as subvenções e medidas de compensação[2], o presente regulamento não deve isentar os auxílios à exportação nem os auxílios que favoreçam a produção nacional em detrimento dos produtos

---

* Regulamento (CE) n.º 69/2001 da Comissão de 12 de Janeiro de 2001 relativo à aplicação dos artigos 87.º e 88.º do Tratado CE aos auxílios *de minimis* (JO, L 10, de 13.1.2001).

** Ver ainda a Decisão do Comité Misto do EEE n.º 88/2002, de 25 de Junho de 2002, que altera o anexo XV (auxílios estatais) do Acordo EEE (JO, L 266, de 3.10.2002, pp. 56-60).

[1] JO, C 68, de 6.3.1996, p. 9.
[2] JO, L 336, de 23.12.1994, p. 156

importados. Os auxílios concedidos a favor da participação em feiras comerciais ou a favor de estudos ou serviços de consultoria necessários para o lançamento num novo mercado de um produto novo ou já existente não constituem auxílios à exportação.

(5) À luz da experiência da Comissão, pode estabelecer-se que os auxílios não superiores a um limiar de 100000 euros durante um período de três anos não afectam o comércio entre os Estados membros e/ou não falseiam nem ameaçam falsear a concorrência, não sendo, por conseguinte, abrangidos pelo n.º 1 do artigo 87.º do Tratado. O período relevante de três anos tem um carácter móvel, de modo que para cada nova concessão de um auxílio *de minimis* tem de ser determinado o montante total de auxílios *de minimis* concedidos durante os três anos anteriores. Deve considerar-se que o auxílio de minimis é concedido no momento em que é conferido ao beneficiário o direito de receber o auxílio. A regra *de minimis* não prejudica a possibilidade de as empresas beneficiarem, para o mesmo projecto, de auxílios estatais autorizados pela Comissão ou abrangidos por um regulamento de isenção por categoria.

(6) Por forma a assegurar a transparência, a igualdade de tratamento e a correcta aplicação do limiar *de minimis,* é conveniente que os Estados membros apliquem o mesmo método de cálculo. A fim de simplificar este cálculo e em conformidade com a prática actualmente seguida a nível da aplicação da regra *de minimis,* é conveniente que os montantes dos auxílios concedidos sob uma forma distinta da subvenção sejam convertidos no seu equivalente-subvenção bruto. O cálculo do equivalente-subvenção dos auxílios a desembolsar em diversas prestações e dos auxílios concedidos sob a forma de empréstimo em condições preferenciais implica a comparação com a taxa de juro prevalecente no mercado aquando da concessão do auxílio. Com vista a assegurar uma aplicação uniforme, transparente e simples das regras em matéria de auxílios estatais, é conveniente considerar que as taxas de mercado aplicáveis para efeitos do presente regulamento são as taxas de referência, desde que, no caso dos empréstimos em condições preferenciais, as garantias oferecidas sejam as habituais e não impliquem um risco anormal. As taxas de referência devem ser as fixadas periodicamente pela Comissão com base em critérios objectivos e publicadas *no Jornal Oficial das Comunidades Europeias* e na *Internet.*

(7) A Comissão tem o dever de assegurar a observância das regras em matéria de auxílios estatais e, em especial, que os auxílios concedidos ao abrigo da regra *de minimis* respeitam as condições a ela subjacentes. Em conformidade com o princípio da cooperação estabelecido no artigo 10.º do Tratado, os Estados membros devem facilitar esta cooperação, instituindo os mecanismos necessários para assegurar que o montante total dos auxílios concedidos ao abrigo da regra *de minimis* a um mesmo beneficiário não ultrapasse 100000 euros durante um período de três anos. Para o efeito, é conveniente que os Estados membros, quando devem conceder um auxílio *de minimis,* informem a empresa interessada do carácter *de minimis* desse auxílio, obtenham todas as informações sobre outros auxílios *de minimis* por ela recebidos nos últimos três anos e verifiquem cuidadosamente que o limiar *de minimis* não será ultrapassado pelo novo auxílio *de minimis.* O respeito do limiar também pode ser assegurado, em alternativa, através de um registo central.

(8) À luz da experiência da Comissão relativamente, em especial, à frequência com que é necessário rever a política em matéria de auxílios estatais, afigura-se adequado limitar o período de aplicação do presente regulamento. No caso de o presente regulamento expirar sem ter sido prorrogado, os Estados membros disporão de um período de adaptação de seis meses em relação aos regimes de auxílio *de minimis* que eram abrangidos pelo presente regulamento,

ADOPTOU O PRESENTE REGULAMENTO:

ARTIGO 1.º (Âmbito de aplicação)
O presente regulamento é aplicável aos auxílios concedidos a empresas de todos os sectores, com excepção:

 a) Do sector dos transportes e das actividades relacionadas com a produção, transformação ou comercialização dos produtos indicados no anexo I do Tratado;

 b) Dos auxílios concedidos a actividades relacionadas com a exportação, nomeadamente os auxílios concedidos directamente em função das quantidades exportadas, a favor da criação e funcionamento de uma rede de distribuição ou a favor de outras despesas correntes atinentes às actividades de exportação;

 c) Dos auxílios subordinados à utilização de produtos nacionais em detrimento de produtos importados.

ARTIGO 2.º (Auxílios *de minimis*)
1 – Considera-se que as medidas de auxílio não preenchem todos os critérios do n.º 1 do artigo 87.º do Tratado, não sendo, por conseguinte, abrangidas pelo procedimento de notificação previsto no n.º 3 do artigo 88.º do Tratado, se reunirem as condições estabelecidas nos n.ºs 2 e 3.

2 – O montante total dos auxílios *de minimis* concedidos a uma empresa não pode exceder 100000 euros durante um período de três anos. Este limiar é aplicável independentemente da forma dos auxílios ou do objectivo prosseguido.

3 – O limiar fixado no n.º 2 é expresso em termos de subvenção. Todos os valores utilizados referir-se-ão aos montantes brutos, isto é, antes da dedução de impostos directos. Sempre que um auxílio for concedido sob uma forma distinta da subvenção, o montante do auxílio será o seu equivalente-subvenção bruto.

O valor dos auxílios desembolsáveis em várias prestações será o seu valor actualizado reportado ao momento da concessão. A taxa de juro a utilizar para efeitos de actualização e do cálculo do montante do auxílio, no caso de um empréstimo em condições preferenciais, será a taxa de referência aplicável no momento da concessão.

ARTIGO 3.º (Cumulação e controlo)
1 – Sempre que concedam auxílios *de minimis* a uma empresa, os Estados membros informá-la-ão do carácter *de minimis* do auxílio e obterão da empresa informações completas sobre outros auxílios *de minimis* recebidos durante os três anos anteriores.

Os Estados membros só podem conceder novos auxílios *de minimis* depois de terem controlado que tal concessão não fará com que o montante total de auxílios *de minimis* recebido durante o período relevante de três anos ultrapasse o limiar estabelecido no n.º 2 do artigo 2.º.

2 – Se os Estados membros dispuserem de um registo central de auxílios *de minimis* que contenha informações completas sobre todos os auxílios deste tipo con-

cedidos por qualquer autoridade nesse Estado membro, a exigência prevista no primeiro parágrafo do n.º 1 deixa de se aplicar desde que o registo cubra um período de três anos.

3 – Os Estados membros registarão e compilarão todas as informações relativas à aplicação do presente regulamento. Esses registos conterão todas as informações necessárias para comprovar que as condições estabelecidas no presente regulamento foram respeitadas. No que se refere aos auxílios *de minimis* individuais, os Estados membros conservarão estes registos por um período de 10 anos subsequente à data de concessão do auxílio e no que se refere aos regimes de auxílios *de minimis*, por um período de 10 anos subsequente à data em que o último auxílio individual foi concedido ao abrigo desse regime. Mediante pedido escrito da Comissão, os Estados membros transmitir-lhe-ão, no prazo de 20 dias úteis ou num prazo mais longo eventualmente indicado nesse pedido, todas as informações que a Comissão entenda necessárias para apreciar o respeito das condições estabelecidas no presente regulamento e, em especial, o montante total de auxílios *de minimis* recebido por uma empresa.

ARTIGO 4.º (**Entrada em vigor e período de vigência**)

1 – O presente regulamento entra em vigor no vigésimo dia seguinte ao da data da sua publicação no *Jornal Oficial das Comunidades Europeias*.

Mantém-se em vigor até 31 de Dezembro de 2006.

2 – No termo do período de vigência, os regimes de auxílios *de minimis* abrangidos pelo presente regulamento continuarão a beneficiar das suas disposições por um período de adaptação de seis meses.

Durante este período de adaptação, esses regimes podem continuar a ser aplicados nas condições previstas no presente regulamento.

O presente regulamento é obrigatório em todos os seus elementos e directamente aplicável em todos os Estados membros.

Feito em Bruxelas, em 12 de Janeiro de 2001.

Pela Comissão, MARIO MONTI.

Membro da Comissão.

AUXÍLIOS A PEQUENAS E MÉDIAS EMPRESAS

Regulamento (CE) n.º 70/2001*-**

A COMISSÃO DAS COMUNIDADES EUROPEIAS,

Tendo em conta o Tratado que institui a Comunidade Europeia,

Tendo em conta o Regulamento (CE) n.º 994/98 do Conselho, de 7 de Maio de 1998, relativo à aplicação dos artigos 92.º e 93.º do Tratado que institui a Comunidade Europeia a determinadas categorias de auxílios estatais horizontais[1], e, nomeadamente, o ponto i) da alínea a) e a alínea b) do n.º 1 do seu artigo 1.º,

Após publicação do projecto do presente regulamento[2],

Após consulta do Comité Consultivo em matéria de auxílios concedidos pelos Estados,

Considerando o seguinte:

(1) O Regulamento (CE) n.º 994/98 confere à Comissão poderes para declarar, em conformidade com o artigo 87.º do Tratado, que em certas condições os auxílios às pequenas e médias empresas são compatíveis com o mercado comum e não estão sujeitos à obrigação de notificação estabelecida no n.º 3 do artigo 88.º do Tratado.

(2) O Regulamento (CE) n.º 994/98 confere igualmente à Comissão poderes para declarar, em conformidade com o artigo 87.º do Tratado, que os auxílios que respeitem o mapa aprovado pela Comissão relativamente a cada Estado membro com vista à concessão de auxílios com finalidade regional são compatíveis com o mercado comum e não estão sujeitos à obrigação de notificação estabelecida no n.º 3 do artigo 88.º do Tratado.

(3) A Comissão aplicou, em inúmeras decisões, os artigos 87.º e 88.º do Tratado a pequenas e médias empresas estabelecidas tanto em regiões assistidas como fora delas e, recentemente, desenvolveu a sua política na matéria no enquadramento comunitário dos auxí-

---

* Regulamento (CE) n.º 70/2001 da Comissão, de 12 de Janeiro de 2001, relativo à aplicação dos artigos 87.º e 88.º do Tratado CE aos auxílios estatais a favor das pequenas e médias empresas (JO, L 10, de 13.1.2001, pp. 33), na redacção resultante do Regulamento (CE) n.° 364/2004 da Comissão, de 25 de Fevereiro de 2004, que altera o Regulamento (CE) n.° 70/2001 no que respeita à extensão do seu âmbito de aplicação por forma a incluir os auxílios à investigação e desenvolvimento (JO, L 63, de 28.02.2004, pp. 22-29).

** Ver ainda a Decisão do Comité Misto do EEE n.° 88/2002, de 25 de Junho de 2002, que altera o anexo XV (auxílios estatais) do Acordo EEE (JO, L 266, de 3.10.2002, pp. 56-60).

[1] JO, L 142, de 14.5.1998, p. 1.
[2] JO, C 89, de 28.3.2000, p. 15.

lios estatais às pequenas e médias empresas[1] e nas orientações relativas aos auxílios estatais com finalidade regional[2]. À luz da experiência considerável adquirida pela Comissão com a aplicação dos artigos 87.º e 88.º do Tratado às pequenas e médias empresas e à luz dos textos de carácter geral relativos às pequenas e médias empresas e aos auxílios regionais adoptados pela Comissão com base nos referidos artigos, é conveniente, por forma a garantir um controlo eficaz e a simplificar os procedimentos administrativos, sem comprometer o controlo exercido pela Comissão, que esta exerça os poderes que lhe são conferidos pelo Regulamento (CE) n.º 994/98.

(4) O presente regulamento deve entender-se sem prejuízo da possibilidade que assiste aos Estados membros de notificarem os auxílios às pequenas e médias empresas. Tais notificações serão apreciadas pela Comissão, em especial à luz dos critérios fixados no presente regulamento. O enquadramento comunitário dos auxílios estatais às pequenas e médias empresas deve ser abolido a partir da data de entrada em vigor do presente regulamento, uma vez que as suas disposições são substituídas pelo presente regulamento.

(5) As pequenas e médias empresas desempenham um papel determinante na criação de emprego e, mais geralmente, representam um factor de estabilidade social e de dinamismo económico. O seu desenvolvimento pode, todavia, ser dificultado pelas imperfeições do mercado. Frequentemente é-lhes difícil ter acesso a capital ou a crédito, em razão da renitência de certos mercados financeiros em assumir riscos e das garantias por vezes limitadas que podem oferecer. O carácter modesto dos recursos de que dispõem pode também reduzir as suas possibilidades de acesso à informação, nomeadamente no que diz respeito às novas tecnologias e mercados potenciais. Tendo em conta o que precede, os auxílios objecto de isenção nos termos do presente regulamento devem ter por objectivo facilitar o desenvolvimento das actividades económicas das pequenas e médias empresas, sem alterar as condições comerciais numa medida que contrarie o interesse comum.

(6) O presente regulamento deve isentar todos os auxílios que reúnam as condições de isenção nele estabelecidas, bem como qualquer regime de auxílios, desde que qualquer auxílio que possa ser concedido em aplicação desse regime reúna todas as condições relevantes do presente regulamento. A fim de garantir um controlo eficiente e de simplificar a tramitação sem comprometer o controlo exercido pela Comissão, os regimes de auxílio e os auxílios individuais que não caibam em nenhum regime de auxílios devem conter uma referência expressa ao presente regulamento.

(7) O presente regulamento deve aplicar-se sem prejuízo das regras específicas contidas nos regulamentos e directivas relativos aos auxílios estatais em determinados sectores, como os existentes actualmente para a construção naval, e não deve aplicar-se aos sectores da agricultura e da pesca e aquicultura.

(8) Por forma a eliminar quaisquer diferenças que possam suscitar distorções da concorrência, com vista a facilitar a coordenação entre diferentes iniciativas comunitárias e nacionais a favor das pequenas e médias empresas e por razões de transparência administrativa e segurança jurídica, a definição de pequenas e médias empresas utilizada para efeitos do presente regulamento é a constante da Recomendação 96/280/CE da Comissão, de 3 de Abril de 1996, relativa à definição de pequenas e médias empresas, definição esta igualmente

---

[1] JO, C 213, de 23.7.1996, p. 4.
[2] JO, C 74, de 10.3.1998, p. 9.

utilizada no enquadramento comunitário dos auxílios estatais às pequenas e médias empresas.

(9) Em conformidade com a prática estabelecida da Comissão e por forma a melhor garantir a proporcionalidade do auxílio e que este se limite ao estritamente necessário, os limiares de auxílio devem exprimir-se em termos de intensidade de auxílio relativamente a um conjunto de custos elegíveis e não em termos de um montante máximo de auxílio.

(10) Para determinar se um auxílio é ou não compatível com o mercado comum à luz do presente regulamento, é necessário tomar em consideração a intensidade do auxílio e, por conseguinte, o montante do auxílio expresso em equivalente-subvenção. No cálculo do equivalente-subvenção dos auxílios a desembolsar em diversas prestações e dos auxílios concedidos sob a forma de empréstimo em condições preferenciais, deve ser aplicada a taxa de juro prevalecente no mercado aquando da concessão do auxílio. Com vista a assegurar uma aplicação uniforme, transparente e simples das regras em matéria de auxílios estatais, é conveniente considerar que as taxas do mercado aplicáveis para efeitos do presente regulamento são as taxas de referência, desde que, no caso dos empréstimos em condições preferenciais, as garantias oferecidas sejam as habituais e não impliquem um risco anormal. As taxas de referência devem ser as fixadas periodicamente pela Comissão com base em critérios objectivos e publicadas no *Jornal Oficial das Comunidades Europeias* e na *Internet*.

(11) Dadas as diferenças existentes entre as pequenas e as médias empresas, é conveniente fixar limiares de intensidade de auxílio diferentes relativamente a cada uma destas duas categorias de empresas.

(12) Os limites máximos de intensidade de auxílio devem ser fixados, à luz da experiência adquirida pela Comissão, a um nível consentâneo simultaneamente com a necessidade de reduzir ao mínimo as distorções da concorrência no sector em causa e com o objectivo de favorecer o desenvolvimento das actividades económicas das pequenas e médias empresas.

(13) É conveniente definir outras condições às quais devem responder qualquer regime de auxílios ou auxílios individuais isentos nos termos do presente regulamento. Nos termos do n.º 3, alínea c), do artigo 87.º do Tratado, esses auxílios não devem, em princípio, ter por único efeito reduzir definitiva ou periodicamente os custos de exploração que o beneficiário deveria normalmente suportar e que devem ser proporcionais às desvantagens que é necessário ultrapassar para garantir os benefícios de carácter socioeconómico que se entende responderem ao interesse comunitário. É conveniente, por conseguinte, limitar o âmbito das isenções concedidas pelo presente regulamento aos auxílios concedidos em relação com certos investimentos corpóreos e incorpóreos, certos serviços prestados aos beneficiários e determinadas outras actividades. Tendo em conta a sobrecapacidade no sector dos transportes que se verifica na Comunidade, com excepção do material circulante ferroviário, os custos de investimento elegíveis das empresas que têm a sua principal actividade económica no sector dos transportes não devem incluir os meios e equipamentos de transporte.

(14) O presente regulamento deve isentar auxílios a pequenas e médias empresas independentemente do local onde se encontram estabelecidas. O investimento e a criação de emprego podem contribuir para o desenvolvimento económico das regiões da Comunidade menos favorecidas. As pequenas e médias empresas destas regiões sofrem simultaneamente de desvantagens estruturais decorrentes da sua localização e de dificuldades decorrentes da sua dimensão. Por conseguinte, é conveniente prever limites máximos mais elevados relativamente às pequenas e médias empresas situadas em regiões assistidas.

(15) Por forma a não favorecer o factor capital de um investimento em detrimento do factor trabalho, o presente regulamento deve prever a possibilidade de avaliar os auxílios ao investimento com base quer nos custos de investimento, quer nos custos aferentes à criação de emprego associada à realização do projecto de investimento.

(16) À luz do Acordo da Organização Mundial do Comércio (OMC) sobre as subvenções e medidas de compensação[1], o presente regulamento não deve isentar os auxílios à exportação nem os auxílios que favoreçam a produção nacional em detrimento dos produtos importados. Os auxílios concedidos a favor dos custos de participação em feiras comerciais ou de estudos ou serviços de consultoria necessários para o lançamento num novo mercado de um produto novo ou já existente não constituem auxílios à exportação.

(17) Tendo em conta a necessidade de reduzir ao mínimo as distorções da concorrência no sector beneficiário do auxílio prosseguindo, simultaneamente, os objectivos do presente regulamento, é conveniente estabelecer que o mesmo não deve isentar os auxílios individuais que excedam um montante máximo determinado, independentemente de serem ou não concedidos ao abrigo de um regime isento pelo presente regulamento.

(18) Para garantir que o auxílio é necessário e susceptível de fomentar o desenvolvimento de determinadas actividades, o presente regulamento não deve isentar os auxílios a favor de certas actividades que o beneficiário exerceria de qualquer forma em condições normais de mercado.

(19) O presente regulamento não deve isentar a cumulação de auxílios com outros auxílios estatais, incluindo os auxílios concedidos por autoridades nacionais, regionais ou locais, ou com financiamentos comunitários, relativamente aos mesmos custos elegíveis, quando essa cumulação exceda os limiares fixados no presente regulamento.

(20) A fim de garantir a transparência e um controlo eficaz, nos termos do artigo 3.º do Regulamento (CE) n.º 994/98, é conveniente estabelecer um modelo normalizado segundo o qual os Estados membros fornecerão à Comissão informações sintéticas sempre que, em aplicação do presente regulamento, seja executado um regime de auxílios ou concedido um auxílio individual sem ser ao abrigo de um destes regimes, com vista à sua publicação no *Jornal Oficial das Comunidades Europeias*. É conveniente, pelos mesmos motivos, definir regras relativas ao registo dos auxílios isentos pelo presente regulamento que os Estados membros devem conservar. Para efeitos do relatório anual que cada Estado membro deve apresentar à Comissão, é conveniente que esta precise as informações que lhe devem ser transmitidas, incluindo sob forma electrónica, tendo em conta a ampla difusão das tecnologias necessárias.

(21) À luz da experiência da Comissão, relativamente, em especial, à frequência com que é necessário rever a política em matéria de auxílios estatais, afigura-se adequado limitar o período de vigência do presente regulamento. No caso de o presente regulamento expirar sem ter sido prorrogado, os regimes de auxílios já isentos ao abrigo do presente regulamento, devem continuar isentos durante um período de seis meses,

---

[1] JO, L 336, de 23.12.1994, p. 156.

ADOPTOU O PRESENTE REGULAMENTO:

ARTIGO 1.º (Âmbito de aplicação)

1 – Sem prejuízo dos regulamentos ou directivas comunitários especiais adoptados em aplicação das disposições do Tratado CE que regem a concessão de auxílios estatais em sectores específicos, independentemente de serem mais ou menos restritivos do que o presente regulamento, o presente regulamento é aplicável aos auxílios concedidos às pequenas e médias empresas de todos os sectores.

2 – O presente regulamento não é aplicável:

a) No que diz respeito aos artigos 4.º e 5.º, às actividades relacionadas com a produção, transformação ou comercialização dos produtos enumerados no anexo I do Tratado;[1]

b) Aos auxílios concedidos a actividades relacionadas com a exportação, nomeadamente os auxílios concedidos directamente em função das quantidades exportadas, a favor da criação e funcionamento de uma rede de distribuição ou a favor de outras despesas correntes atinentes às actividades de exportação;

c) Aos auxílios subordinados à utilização de produtos nacionais em detrimento de produtos importados;

d) Aos auxílios abrangidos pelo Regulamento (CE) n.º 1407/2002 do Conselho.[2]

ARTIGO 2.º (Definições)

Para efeitos do presente regulamento, entende-se por:

a) "Auxílio": qualquer medida que preencha todos os critérios enunciados no n.º 1 do artigo 87.º do Tratado;

b) "Pequenas e médias empresas": as empresas que correspondam à definição constante do anexo I;

c) "Investimentos em activos corpóreos": qualquer investimento em imobilizações corpóreas realizado com vista à criação de um novo estabelecimento, à ampliação de um estabelecimento existente ou ao exercício de uma actividade que implique uma alteração fundamental dos bens produzidos ou do processo de produção de um estabelecimento existente (em especial, através de racionalização, diversificação ou modernização). Um investimento em activos imobilizados realizado sob a forma de aquisição de um estabelecimento que encerrou ou que teria encerrado caso essa aquisição se não tivesse concretizado será também considerado um investimento em imobilizações corpóreas;

d) "Investimento em activos incorpóreos": qualquer investimento em transferência de tecnologia através da aquisição de direitos de patente, licenças de saber-fazer ou de conhecimentos técnicos não protegidos por patente;

---

[1] Redacção resultante do artigo 1.º do Regulamento (CE) n.º 364/2004.
[2] Alínea aditada pelo artigo 1.º do Regulamento (CE) n.º 364/2004.

e) "Intensidade bruta do auxílio": o montante do auxílio expresso em percentagem dos custos elegíveis do projecto. Todos os valores avançados referir-se-ão a montantes antes da dedução dos impostos directos. Sempre que um auxílio for concedido sob uma forma distinta da subvenção, o montante de auxílio será o seu equivalente subvenção. O valor dos auxílios desembolsáveis em várias prestações será o seu valor actualizado reportado ao momento da concessão. A taxa de juro a utilizar para efeitos de actualização e do cálculo do montante do auxílio, no caso de um empréstimo em condições preferenciais, será a taxa de referência aplicável no momento da concessão;

Em relação aos auxílios à investigação e desenvolvimento ('I & D'), a intensidade bruta do auxílio de um projecto de I & D realizado em colaboração entre organismos públicos de investigação e empresas deve ser calculada com base no auxílio cumulado decorrente do apoio público directo a favor de um projecto de investigação específico e, sempre que constituam auxílios, das contribuições de estabelecimentos públicos de ensino superior ou de investigação sem fins lucrativos, a favor do projecto;[1]

f) "Intensidade líquida do auxílio": o montante do auxílio líquido de impostos, expresso em percentagem dos custos elegíveis do projecto;

g) "Número de trabalhadores": o número de unidades de trabalho anuais, isto é, o número de assalariados a tempo inteiro durante um ano (UTA), representando o trabalho a tempo parcial e o trabalho sazonal fracções de UTA.;

h) 'Investigação fundamental': qualquer actividade destinada a alargar os conhecimentos científicos e técnicos não ligada a objectivos industriais ou comerciais;[2]

i) 'Investigação industrial': a pesquisa planeada ou a investigação crítica tendo em vista adquirir novos conhecimentos, constituindo o objectivo que tais conhecimentos possam ser úteis para desenvolver novos produtos, processos ou serviços ou conduzir a uma melhoria nítida dos produtos, processos ou serviços existentes;[3]

j) 'Actividade de desenvolvimento pré-concorrencial': a concretização dos resultados da investigação industrial num plano, num esquema ou num projecto para produtos, processos ou serviços novos, alterados ou aperfeiçoados, destinados a serem vendidos ou utilizados, incluindo a criação de um primeiro protótipo que não pode ser utilizado comercialmente. Este conceito pode igualmente incluir a formulação e concepção de produtos, processos ou serviços alternativos, bem como projectos de demonstração inicial ou projectos-piloto, desde que tais projectos não possam ser convertidos ou utilizados para aplicações industriais ou exploração comercial. Este conceito não inclui alterações de rotina ou alterações periódicas

---

[1] Parágrafo aditado pelo artigo 1.º do Regulamento (CE) n.º 364/2004.
[2] Aditada pelo artigo 1.º do Regulamento (CE) n.º 364/2004.
[3] Aditada pelo artigo 1.º do Regulamento (CE) n.º 364/2004.

introduzidas em produtos, linhas de produção, processos de fabrico, serviços existentes e outras operações em curso, mesmo que tais operações se possam traduzir em melhoramentos.[1]

ARTIGO 3.º (Condições de isenção)

1 – Todos os auxílios individuais que não caibam em nenhum regime de auxílios e que reúnam todas as condições do presente regulamento são compatíveis com o mercado comum na acepção do n.º 3 do artigo 87.º do Tratado e são isentos da obrigação de notificação prevista no n.º 3 do artigo 88.º do Tratado desde que contenham uma referência expressa ao presente regulamento, citando o seu título e a referência da publicação no *Jornal Oficial das Comunidades Europeias*.

2 – Os regimes de auxílios que reúnam todas as condições do presente regulamento são compatíveis com o mercado comum na acepção do n.º 3 do artigo 87.º do Tratado e são isentos da obrigação de notificação prevista no n.º 3 do artigo 88.º do Tratado, desde que:

a) Qualquer auxílio que possa ser concedido ao abrigo desse regime reúna todas as condições do presente regulamento;

b) Esse regime contenha uma referência expressa ao presente regulamento, citando o seu título e a referência de publicação no *Jornal Oficial das Comunidades Europeias*.

3 – Os auxílios concedidos no âmbito dos regimes referidos no n.º 2 são compatíveis com o mercado comum na acepção do n.º 3 do artigo 87.º do Tratado e são isentos da obrigação de notificação prevista no n.º 3 do artigo 88.º desde que o auxílio concedido preencha directamente todas as condições do presente regulamento.

ARTIGO 4.º (Investimento)[2]

1 – Os auxílios ao investimento em activos corpóreos e incorpóreos, no território da Comunidade ou fora dele, são compatíveis com o mercado comum na acepção do n.º 3 do artigo 87.º do Tratado e isentos da obrigação de notificação prevista no n.º 3 do artigo 88.º do Tratado quando reúnam as condições enunciadas nos n.ºs 2 a 6.

2 – Sempre que o investimento for realizado em regiões ou sectores não elegíveis para auxílios com finalidade regional nos termos do n.º 3, alíneas *a)* e *c)*, do artigo 87.º do Tratado no momento da concessão do auxílio, a intensidade bruta do auxílio não pode exceder:

a) 15% no caso de pequenas empresas;

b) 7,5% no caso de médias empresas.

3 – Sempre que o investimento for realizado em regiões e em sectores elegíveis para auxílios com finalidade regional no momento da concessão do auxílio, a

---

[1] Aditada pelo artigo 1.º do Regulamento (CE) n.º 364/2004.
[2] A redacção dos n.ºs 2 e 3 resulta do artigo 1.º do Regulamento (CE) n.º 364/2004.

intensidade do auxílio não pode exceder o limite máximo dos auxílios ao investimento com finalidade regional fixado no mapa aprovado pela Comissão relativamente a cada Estado Membro em mais de:

a) 10 pontos percentuais em termos brutos no caso das regiões abrangidas pelo n.º 3, alínea *c)*, do artigo 87.º, desde que a intensidade total líquida do auxílio não seja superior a 30%; ou

b) 15 pontos percentuais em termos brutos no caso das regiões abrangidas pelo n.º 3, alínea *a), do artigo 87.º, desde que a intensidade total líquida do auxílio não seja superior a 75%.

c) Os limites máximos de auxílio regional majorados só são aplicáveis se o auxílio for concedido na condição de o investimento se manter na região beneficiária durante pelo menos cinco anos e de a participação do beneficiário no seu financiamento ascender a pelo menos 25%.

4 – Os limites máximos fixados nos n.ºs 2 e 3 são aplicáveis à intensidade do auxílio calculada em termos de percentagem dos custos de investimento elegíveis ou dos custos salariais atinentes aos postos de trabalho criados em razão do investimento (auxílios à criação de emprego), ou de uma combinação destes dois critérios, desde que o auxílio não exceda o montante mais favorável resultante da aplicação de um destes cálculos.

5 – Sempre que um auxílio for calculado com base nos custos de investimento, os custos elegíveis de um investimento em activos corpóreos incluirão o custo dos terrenos, dos edifícios, das máquinas e de outro equipamento. No sector dos transportes, à excepção do material circulante ferroviário, o material e o equipamento de transporte não estão incluídos nos custos elegíveis. Os custos elegíveis de um investimento em activos incorpóreos são os custos de aquisição de tecnologia.

6 – Sempre que um auxílio for calculado com base nos postos de trabalho criados, o montante do auxílio será expresso em percentagem dos custos salariais subjacentes aos postos de trabalho criados durante um período de dois anos desde que:

a) A criação de emprego esteja associada à execução de um projecto de investimento em activos corpóreos ou incorpóreos. Os postos de trabalho sejam criados nos três anos subsequentes à conclusão do investimento;

b) O projecto de investimento conduza a um aumento líquido do número de assalariados do estabelecimento em causa relativamente à média dos 12 meses precedentes; e

c) Os novos postos de trabalho sejam mantidos durante um período mínimo de cinco anos.

ARTIGO 5.º **(Serviços de consultoria e outros serviços e actividades)**

Os auxílios às pequenas e médias empresas que reúnam as condições a seguir enunciadas são compatíveis com o mercado comum na acepção do n.º 3 do artigo

87.º do Tratado e são isentos da obrigação de notificação estabelecida no n.º 3 do artigo 88.º do Tratado:

a) No caso de serviços prestados por consultores externos, o auxílio bruto não excederá 50 % dos custos de tais serviços. Os serviços em causa não constituirão uma actividade permanente ou periódica e não terão qualquer relação com os custos normais de exploração da empresa, como a consultoria fiscal de rotina, a consultoria jurídica regular ou a publicidade;

b) No caso da participação em feiras e exposições, o auxílio bruto não excederá 50 % dos custos adicionais decorrentes do aluguer, construção e funcionamento do pavilhão. Esta isenção apenas aproveita à primeira participação de uma empresa numa determinada feira ou exposição.

ARTIGO 5.º-A[1] (**Auxílios à investigação e desenvolvimento**)

1 – Os auxílios à investigação e desenvolvimento são compatíveis com o mercado comum nos termos do n.º 3, alínea c), do artigo 87.º do Tratado e são isentos do dever de notificação previsto no n.º 3 do artigo 88.º do Tratado se reunirem as condições enunciadas nos n.ºs 2 a 5.

2 – O projecto subvencionado deve inserir-se plenamente nas etapas de investigação e desenvolvimento definidas nas alíneas h), i) e j) do artigo 2.º.

3 – A intensidade bruta do auxílio, calculada com base nos custos elegíveis do projecto, não pode exceder:

a) 100% para a investigação fundamental;
b) 60% para a investigação industrial;
c) 35% para o desenvolvimento pré-concorrencial.

Se um projecto incluir diferentes etapas de investigação e desenvolvimento, a intensidade de auxílio admissível será estabelecida com base na média ponderada das respectivas intensidades de auxílio admissíveis, calculadas com base nos custos elegíveis relevantes.

No caso de projectos em colaboração, o montante máximo do auxílio concedido a cada beneficiário não excederá a intensidade de auxílio permitida, calculada com base nos custos elegíveis incorridos pelo beneficiário em causa.

4 – Os limites previstos no n.º 3 podem ser majorados da seguinte forma, até uma intensidade máxima de auxílio em termos brutos de 75% para a investigação industrial e 50% para o desenvolvimento pré-concorrencial:

a) Se o projecto for realizado numa região elegível para efeitos de auxílios com finalidade regional no momento da concessão do auxílio, a intensidade máxima de auxílio pode ser majorada em dez pontos percentuais brutos nas regiões abrangidas pelo n.º 3, alínea a), do artigo 87.º do Tratado e em cincos pontos percentuais brutos nas regiões abrangidas pelo n.º 3, alínea c), do artigo 87.º do Tratado;

---

[1] Artigo aditado pelo artigo 1.º do Regulamento (CE) n.º 364/2004.

b) Se o fim do projecto for realizar uma investigação com potencial aplicação multissectorial e o projecto se centrar numa abordagem multidisciplinar em conformidade com o objectivo, funções e finalidades técnicas de um projecto ou programa específico empreendido no âmbito do Sexto Programa-Quadro em matéria de investigação e desenvolvimento, estabelecido na Decisão n.º 1513/2002/CE do Parlamento Europeu e do Conselho ou de qualquer programa-quadro subsequente de investigação e desenvolvimento ou *Eureka,* a intensidade máxima de auxílio pode ser majorada em 15 pontos percentuais brutos;

c) A intensidade máxima de auxílio pode ser majorada em dez pontos percentuais se for preenchida uma das seguintes condições:

  i) o projecto envolver uma verdadeira cooperação transfronteiras entre, pelo menos, dois parceiros independentes em dois Estados Membros, nomeadamente no quadro da coordenação das políticas nacionais em matéria de I & D; nenhuma empresa do Estado Membro que concede o auxílio pode suportar mais de 70% dos custos elegíveis; ou

  ii) o projecto envolver uma verdadeira cooperação entre uma empresa e um organismo público de investigação, nomeadamente no contexto da coordenação das políticas nacionais em matéria de I & D, em que o organismo público de investigação suporta pelo menos 10% dos custos elegíveis do projecto e tem o direito de publicar os resultados, na medida em que procedam da investigação empreendida por esse organismo; ou

  iii) os resultados do projecto forem objecto de uma disseminação alargada através de conferências técnicas e científicas ou forem publicados em revistas científicas ou técnicas especializadas.

Para efeitos do disposto nos pontos *i)* e *ii)*, não se considera a subcontratação uma verdadeira cooperação.

5 – São elegíveis os seguintes custos do projecto:

a) Despesas de pessoal (investigadores, técnicos e outro pessoal de apoio, desde que se dediquem ao projecto de investigação);

b) Custos dos instrumentos e do equipamento, desde que utilizados no projecto de investigação e durante o seu período de realização. Se esses instrumentos e equipamento não forem utilizados ao longo de toda a sua vida no âmbito do projecto de investigação, só são considerados elegíveis os custos de amortização correspondentes ao período do projecto de investigação, calculados com base nas boas práticas contabilísticas;

c) Custos dos terrenos e instalações, desde que utilizados no projecto de investigação e durante o seu período de realização. No que diz respeito aos edifícios, só são considerados elegíveis os custos de amortização correspondentes ao período de realização do projecto, calculados com base nas boas práticas contabilísticas. No que se refere aos terrenos, são elegíveis os custos da afectação em termos comerciais ou os custos de capital efectivamente incorridos;

d) Custos de consultoria e serviços equivalentes utilizados exclusivamente para a actividade de investigação, incluindo a pesquisa, os conhecimentos técnicos e as patentes adquiridas ou as respectivas licenças obtidas junto de fontes externas a preços de mercado, sempre que a transacção tenha sido realizada em condições concorrenciais e não envolva qualquer elemento de colusão. Estes custos só são considerados elegíveis até 70% da totalidade dos custos elegíveis do projecto;

e) Encargos gerais suplementares decorrentes directamente do projecto de investigação;

f) Outros custos de exploração tais como os custos de materiais, fornecimentos e outros produtos similares, incorridos directamente em resultado da actividade de investigação.

ARTIGO 5.º-B[1] (Auxílios aos estudos de viabilidade técnica)

Os auxílios aos estudos de viabilidade técnica realizados a título preparatório das actividades de investigação industrial ou das actividades de desenvolvimento pré-concorrencial são compatíveis com o mercado comum nos termos do n.º 3, alínea *c*), do artigo 87.º do Tratado e são isentos do dever de notificação previsto no n.º 3 do artigo 88.º do Tratado, desde que a intensidade bruta do auxílio, tal como calculada com base nos custos do estudo, não seja superior a 5%.

ARTIGO 5.º-C[2] (Auxílios aos custos associados aos pedidos de patentes)

1 – Os auxílios aos custos associados à obtenção e validação de patentes e outros direitos de propriedade industrial são compatíveis com o mercado comum nos termos do n.º 3, alínea *c*), do artigo 87.º do Tratado e são isentos do dever de notificação previsto no n.º 3 do artigo 88.º do Tratado até ao montante do auxílio que seria elegível para efeitos de auxílios à I & D, no que se refere às actividades de investigação que tiverem dado origem aos direitos de propriedade industrial relevantes.

2 – São elegíveis os seguintes custos:

a) Todos os custos suportados antes da concessão dos direitos na primeira instância jurídica, incluindo os custos de elaboração, apresentação e acompanhamento do pedido, bem como os custos de renovação do pedido antes da concessão dos direitos;

b) Custos de tradução e outros associados à obtenção ou à confirmação dos direitos noutras instâncias jurídicas;

c) Custos de defesa da validade dos direitos durante o acompanhamento oficial do pedido e eventuais procedimentos de oposição, ainda que tais custos ocorram após a concessão dos direitos.

---

[1] Artigo aditado pelo artigo 1.º do Regulamento (CE) n.º 364/2004.
[2] Artigo aditado pelo artigo 1.º do Regulamento (CE) n.º 364/2004.

ARTIGO 6.º[1] (**Auxílios individuais de elevado montante**)

1 – No caso de auxílios abrangidos pelos artigos 4.º e 5.º, o presente regulamento não isenta os auxílios individuais que atinjam um dos limiares seguintes:

a) Os custos elegíveis totais do projecto global ascendem a pelo menos 25 milhões de euros; e

    i) em regiões ou em sectores não elegíveis para auxílios com finalidade regional, a intensidade bruta do auxílio corresponde a pelo menos 50% dos limites máximos estabelecidos no n.º 2 do artigo 4.º;

    ii) em regiões e em sectores elegíveis para auxílios com finalidade regional, a intensidade líquida do auxílio corresponde a pelo menos 50% do limite máximo líquido do auxílio definido no mapa dos auxílios regionais aplicável à região em causa; ou

b) O montante total bruto do auxílio ascende a pelo menos 15 milhões de euros.

2 – No caso de auxílios abrangidos pelos artigos 5.º-A, 5.º-B e 5.º-C, o presente regulamento não isenta os auxílios individuais que atinjam os limiares seguintes:

a) Os custos elegíveis totais do projecto global incorridos por todas as empresas nele participantes ascendem a pelo menos 25 milhões de euros; e

b) É proposta a concessão a uma ou mais empresas de um auxílio correspondente a um equivalente-subvenção bruto de pelo menos 5 milhões de euros.

No caso de auxílios concedidos a favor de um projecto Eureka, os limiares previstos no n.º 1 são substituídos pelos limiares seguintes:

a) Os custos elegíveis totais do projecto *Eureka* incorridos por todas as empresas nele participantes ascendem a pelo menos 40 milhões de euros; e

b) É proposta a concessão a uma ou mais empresas de um auxílio correspondente a um equivalente-subvenção bruto de pelo menos 10 milhões de euros

ARTIGO 6.º-A[2] (**Auxílios que permanecem sujeitos ao dever de notificação prévia à Comissão**)

1 – O presente regulamento não isenta os auxílios individuais ou concedidos ao abrigo de um regime de auxílios que assumam a forma de um ou mais adiantamentos reembolsáveis apenas em caso de êxito das actividades de investigação, sempre que o montante total desses adiantamentos, expressos em percentagem dos custos elegíveis, exceder as intensidades previstas nos artigos 5.º-A, 5.º-B ou 5.º-C ou o limite fixado no n.º 2 do artigo 6.º.

2 – O presente regulamento não prejudica quaisquer deveres de um Estado Membro notificar os auxílios individuais no quadro de outros instrumentos em matéria de auxílios estatais e, em especial, o dever de notificar ou de informar a

---

[1] Redacção resultante do artigo 1.º do Regulamento (CE) n.º 364/2004.
[2] Artigo aditado pelo artigo 1.º do Regulamento (CE) n.º 364/2004.

Comissão de auxílios a uma empresa beneficiária de auxílios à reestruturação nos termos das Orientações comunitárias dos auxílios estatais de emergência e à reestruturação concedidos a empresas em dificuldade[1], bem como o dever de notificar auxílios com finalidade regional para grandes projectos de investimento ao abrigo do enquadramento multissectorial aplicável.

ARTIGO 7.º (Necessidade do auxílio)

O auxílio só é isento nos termos do presente regulamento se, antes do início dos trabalhos de execução do projecto objecto de auxílio:

– o beneficiário tiver apresentado um pedido de auxílio ao Estado membro,

ou

– o Estado membro tiver adoptado disposições legais que estabeleçam um direito ao auxílio com base em critérios objectivos e sem que o Estado membro exerça qualquer outro poder discricionário.

ARTIGO 8.º (Cumulação)

1 – Os limites máximos de auxílio fixados nos artigos 4.º a 6.º são aplicáveis independentemente de o auxílio ao projecto ser financiado exclusivamente por recursos estatais ou com contribuição dos recursos comunitários.

2 – Os auxílios isentos pelo presente regulamento não serão cumulados com quaisquer outros auxílios estatais na acepção do n.º 1 do artigo 87.º do Tratado nem com outros financiamentos comunitários, relativamente aos mesmos custos elegíveis, se dessa cumulação resultar uma intensidade de auxílio superior ao nível fixado no presente regulamento.

ARTIGO 9.º (Transparência e controlo)

1 – Aquando da aplicação de um regime de auxílios ou da concessão de um auxílio individual não abrangido por um regime, que seja isento nos termos do presente regulamento, os Estados membros transmitirão à Comissão, no prazo de 20 dias úteis, um resumo das informações relativas ao regime ou ao auxílio individual em causa sob a forma prevista no anexo II, com vista à sua publicação no Jornal Oficial das Comunidades Europeias.

2 – Os Estados membros conservarão registos pormenorizados dos regimes de auxílio isentos nos termos do presente regulamento, dos auxílios individuais concedidos no âmbito destes regimes e dos auxílios individuais isentos nos termos do presente regulamento que não sejam abrangidos por um regime de auxílios existente. Estes registos conterão todas as informações necessárias para comprovar que as condições de isenção estabelecidas no presente regulamento foram respeitadas, incluindo a informação sobre a natureza de PME da empresa. No que se refere aos auxílios individuais, os Estados membros conservarão estes registos durante um

---

[1] JO, C 288, de 9.10.1999, p. 2.

período de dez anos subsequente à data de concessão do auxílio e, no que se refere aos regimes de auxílio, por um período de dez anos subsequente à data em que o último auxílio individual foi concedido ao abrigo desse regime. Mediante pedido escrito da Comissão, os Estados membros em causa transmitir-lhe-ão, no prazo de 20 dias úteis, ou num prazo mais longo eventualmente indicado nesse pedido, todas as informações que a Comissão entenda necessárias para apreciar o respeito das condições estabelecidas no presente regulamento.

3 – Os Estados-Membros elaborarão um relatório anual sobre a aplicação do presente regulamento em conformidade com as normas de execução relativas à forma e conteúdo dos relatórios anuais, estabelecidas por força do artigo 27.º do Regulamento (CE) n.º 659/1999 do Conselho[1].

Até essas normas entrarem em vigor, os Estados-Membros elaborarão um relatório anual sobre a aplicação do presente regulamento durante a totalidade ou parte de cada ano civil em que for aplicável, em conformidade com o disposto no anexo III, também sob forma electrónica. Os Estados-Membros transmitirão esse relatório à Comissão, o mais tardar três meses após o termo do período a que se reporta.[2]

ARTIGO 9.º-A[3] (**Disposições transitórias**)

1 – As notificações relativas a auxílios à investigação e desenvolvimento pendentes a 19 de Março de 2004, continuarão a ser examinadas no âmbito do Enquadramento comunitário dos auxílios estatais à investigação e desenvolvimento, enquanto todas as outras notificações pendentes serão apreciadas em conformidade com as disposições do presente regulamento.

2 – Os regimes de auxílios aplicados antes da entrada em vigor do presente regulamento, bem como os auxílios concedidos ao abrigo desses regimes, sem autorização da Comissão e em violação do dever de notificação previsto no n.º 3 do artigo 88.º do Tratado, são compatíveis com o mercado comum nos termos do n.º 3 do artigo 87.º do Tratado e isentos se preencherem as condições estabelecidas na alínea *a*) do n.º 2 e no n.º 3 do artigo 3.º do presente regulamento.

Os auxílios individuais não abrangidos por um regime concedidos antes da entrada em vigor do presente regulamento, sem autorização da Comissão e em violação do dever de notificação previsto no n.º 3 do artigo 88.º do Tratado, são compatíveis com o mercado comum nos termos do n.º 3 do artigo 87.º do Tratado e isentos se preencherem todas as condições fixadas no presente regulamento, exceptuando o requisito estabelecido no n.º 1 do artigo 3.º no que respeita a uma referência expressa ao presente regulamento.

---

[1] JO, L 83, de 27.3.1999, p. 1.
[2] Redacção resultante do artigo 1.º do Regulamento (CE) n.º 364/2004.
[3] Artigo aditado pelo artigo 1.º do Regulamento (CE) n.º 364/2004.

Os auxílios que não preencherem estas condições são apreciados pela Comissão em conformidade com os enquadramentos, orientações e comunicações relevantes.

ARTIGO 10.º (**Entrada em vigor e período de vigência**)

1 – O presente regulamento entra em vigor no vigésimo dia seguinte ao da data da sua publicação no *Jornal Oficial das Comunidades Europeias*.

Mantém-se em vigor até 31 de Dezembro de 2006.

2 – No termo do período de vigência, os regimes de auxílio isentos nos termos do presente regulamento continuarão isentos durante um período de adaptação de seis meses.

O presente regulamento é obrigatório em todos os seus elementos e directamente aplicável em todos os Estados membros.

Feito em Bruxelas, em 12 de Janeiro de 2001.

Pela Comissão, MARIO MONTI.

Membro da Comissão.

ANEXO I

Definição de micro, pequenas e médias empresas*

ARTIGO 1.º (**Empresa**)
Entende-se por empresa qualquer entidade que, independentemente da sua forma jurídica, exerce uma actividade económica. São, nomeadamente, consideradas como tal as entidades que exercem uma actividade artesanal ou outras actividades a título individual ou familiar, as sociedades de pessoas ou as associações que exercem regularmente uma actividade económica.

ARTIGO 2.º (**Efectivos e limiares financeiros que definem as categorias de empresas**)
1 – A categoria das micro, pequenas e médias empresas (PME) é constituída por empresas que empregam menos de 250 pessoas e cujo volume de negócios anual não excede 50 milhões de euros ou cujo balanço total anual não excede 43 milhões de euros.

2 – Na categoria das PME, uma pequena empresa é definida como uma empresa que emprega menos de 50 pessoas e cujo volume de negócios anual ou balanço total anual não excede 10 milhões de euros.

3 – Na categoria das PME, uma microempresa é definida como uma empresa que emprega menos de 10 pessoas e cujo volume de negócios anual ou balanço total anual não excede 2 milhões de euros.

ARTIGO 3.º (**Tipos de empresas tomadas em consideração no que se refere ao cálculo dos efectivos e dos montantes financeiros**)
1 – Entende-se por "empresa autónoma" qualquer empresa que não é qualificada como empresa parceira na acepção do n.º 2 ou como empresa associada na acepção do n.º 3.

2 – Entende-se por "empresas parceiras" todas as empresas que não são qualificadas como empresas associadas na acepção do n.º 3, e entre as quais existe a seguinte relação: uma empresa (empresa a montante) detém, sozinha ou em conjunto com uma ou várias empresas associadas na acepção do n.º 3,25% ou mais do capital ou dos direitos de voto de outra empresa (empresa a jusante).

No entanto, uma empresa pode ser qualificada como autónoma, não tendo, portanto, empresas parceiras, ainda que o limiar de 25% seja atingido ou ultrapassado, quando se estiver em presença dos seguintes investidores, desde que estes não estejam, a título individual ou em conjunto, associados, na acepção do n.º 3, à empresa em causa:

a) Sociedades públicas de participação, sociedades de capital de risco, pessoas singulares ou grupos de pessoas singulares que tenham uma actividade regular de investimento em capital de risco (business angels) e que invistam fundos próprios em empresas não cotadas na bolsa, desde que o total do investimento dos ditos business angels numa mesma empresa não exceda 1250000 euros;

b) Universidades ou centros de investigação sem fins lucrativos;

---

* Extraído da Recomendação 2003/361/CE da Comissão, de 6 de Maio de 2003, relativa à definição de pequenas e médias empresas (JO, L 124, de 20.5.2003, p. 36), aditado pelo artigo 1.º do Regulamento (CE) n.º 364/2004.

c) Investidores institucionais, incluindo fundos de desenvolvimento regional;

d) Autoridades locais e autónomas com um orçamento anual inferior a 10 milhões de euros e com menos de 5000 habitantes.

3 – Entende-se por "empresas associadas" as empresas que mantêm entre si uma das seguintes relações:

a) Uma empresa detém a maioria dos direitos de voto dos accionistas ou sócios de outra empresa;

b) Uma empresa tem o direito de nomear ou exonerar a maioria dos membros do órgão de administração, de direcção ou de controlo de outra empresa;

c) Uma empresa tem o direito de exercer influência dominante sobre outra empresa por força de um contrato com ela celebrado ou por força de uma cláusula dos estatutos desta última empresa;

d) Uma empresa accionista ou associada de outra empresa controla sozinha, por força de um acordo celebrado com outros accionistas ou sócios dessa outra empresa, a maioria dos direitos de voto dos accionistas ou sócios desta última.

Presume-se que não há influência dominante no caso de os investidores indicados no segundo parágrafo do n.º 2 não se imiscuírem directa ou indirectamente na gestão da empresa em causa, sem prejuízo dos direitos que detêm na qualidade de accionistas ou sócios.

As empresas que mantenham uma das relações referidas no primeiro parágrafo por intermédio de uma ou várias outras empresas, ou com os investidores visados no n.º 2, são igualmente consideradas associadas.

As empresas que mantenham uma das relações acima descritas por intermédio de uma pessoa singular ou de um grupo de pessoas singulares que actuem concertadamente são igualmente consideradas empresas associadas desde que essas empresas exerçam as suas actividades, ou parte delas, no mesmo mercado ou em mercados contíguos.

Entende-se por "mercado contíguo" o mercado de um produto ou serviço situado directamente a montante ou a jusante do mercado relevante.

4 – Excepto nos casos referidos no segundo parágrafo do n.º 2, uma empresa não pode ser considerada PME se 25% ou mais do seu capital ou dos seus direitos de voto forem controlados, directa ou indirectamente, por uma ou várias colectividades públicas ou organismos públicos, a título individual ou conjuntamente.

5 – As empresas podem formular uma declaração sobre a respectiva qualificação como empresa autónoma, parceira ou associada, assim como sobre os dados relativos aos limiares enunciados no artigo 2.º. Esta declaração pode ser elaborada mesmo se a dispersão do capital não permitir determinar precisamente quem o detém, contanto que a empresa declare, de boa fé, que pode legitimamente presumir que não é propriedade, em 25% ou mais, de uma empresa, ou propriedade conjunta de empresas associadas entre si ou por intermédio de pessoas singulares ou de um grupo de pessoas singulares. As declarações deste tipo são efectuadas sem prejuízo dos controlos ou verificações previstos pela regulamentação nacional ou comunitária.

ARTIGO 4.º (**Dados a considerar para o cálculo dos efectivos e dos montantes financeiros e período de referência**)

1 – Os dados considerados para o cálculo dos efectivos e dos montantes financeiros são os do último exercício contabilístico encerrado, calculados numa base anual. Os dados são tidos em conta a partir da data de encerramento das contas. O montante do volume de

negócios considerado é calculado com exclusão do imposto sobre o valor acrescentado (IVA) e de outros impostos indirectos.

2 – Se uma empresa verificar, na data de encerramento das contas, que superou ou ficou aquém, numa base anual, do limiar de efectivos ou dos limiares financeiros indicados no artigo 2.º, esta circunstância não a faz adquirir ou perder a qualidade de média, pequena ou microempresa, salvo se tal se repetir durante dois exercícios consecutivos.

3 – No caso de uma empresa constituída recentemente, cujas contas ainda não tenham sido encerradas, os dados a considerar serão objecto de uma estimativa de boa fé no decorrer do exercício.

ARTIGO 5.º (Efectivos)
Os efectivos correspondem ao número de unidades trabalho-ano (UTA), isto é, ao número de pessoas que tenham trabalhado na empresa em questão ou por conta dela a tempo inteiro durante todo o ano considerado. O trabalho das pessoas que não tenham trabalhado todo o ano, ou que tenham trabalhado a tempo parcial, independentemente da sua duração, ou o trabalho sazonal, é contabilizado em fracções de UTA. Os efectivos são compostos:

a) Pelos assalariados;

b) Pelas pessoas que trabalham para essa empresa, com um nexo de subordinação com ela e equiparados a assalariados à luz do direito nacional;

c) Pelos proprietários-gestores;

d) Pelos sócios que exerçam uma actividade regular na empresa e beneficiem das vantagens financeiras da mesma.

Os aprendizes ou estudantes em formação profissional titulares de um contrato de aprendizagem ou de formação profissional não são contabilizados nos efectivos. A duração das licenças de maternidade ou parentais não é contabilizada.

ARTIGO 6.º (Determinação dos dados da empresa)
1 – No caso de uma empresa autónoma, a determinação dos dados, incluindo os efectivos, efectua-se unicamente com base nas contas desta empresa.

2 – Os dados, incluindo os efectivos, de uma empresa que tenha empresas parceiras ou associadas são determinados com base nas contas e em outros dados da empresa, ou – caso existam – das contas consolidadas da empresa, ou das contas consolidadas nas quais a empresa for retomada por consolidação.

Aos dados referidos no primeiro parágrafo devem agregar-se os dados das eventuais empresas parceiras da empresa considerada, situadas imediatamente a montante ou a jusante da mesma. A agregação é proporcional à percentagem de participação no capital ou de direitos de voto (a mais alta destas duas percentagens). Em caso de participação cruzada, é aplicável a mais alta destas percentagens.

Aos dados referidos no primeiro e segundo parágrafos devem juntar-se 100 % dos dados das eventuais empresas directa ou indirectamente associadas à empresa considerada, que não tenham sido retomados por consolidação nas contas.

3 – Para efeitos da aplicação do n.º 2, os dados das empresas parceiras da empresa considerada resultam das contas e de outros dados, consolidados caso existam, aos quais se juntam 100% dos dados das empresas associadas a estas empresas parceiras, a não ser que os respectivos dados já tenham sido retomados por consolidação.

Para efeitos da aplicação do n.º 2, os dados das empresas associadas à empresa considerada resultam das respectivas contas e de outros dados, consolidados caso existam. A estes se agregam, proporcionalmente, os dados das eventuais empresas parceiras destas empresas associadas, situadas imediatamente a montante ou a jusante destas últimas, a não ser que já tenham sido retomados nas contas consolidadas, numa proporção pelo menos equivalente à percentagem definida no segundo parágrafo do n.º 2.

4 – Quando os efectivos de uma determinada empresa não constem das contas consolidadas, o seu cálculo efectua-se mediante a agregação, de forma proporcional, dos dados relativos às empresas das quais esta empresa for parceira e a adição dos dados relativos às empresas com as quais esta empresa for associada.

ANEXO II

Definição de pequenas e médias empresas

Modelo normalizado para a apresentação das informações sintéticas a transmitir sempre que for executado um regime de auxílios isento nos termos do presente regulamento e sempre que for concedido um auxílio individual isento nos termos do presente regulamento não abrangido por um regime de auxílios (novo modelo)

Informações sintéticas sobre os auxílios estatais concedidos nos termos do Regulamento n.º 70/2001 da Comissão	
Informações sintéticas a apresentar	Observações
Estado-Membro	
Região	Indicar o nome da região se o auxílio for concedido por uma autoridade descentralizada.
Designação do regime de auxílio ou nome da empresa qu recebe um auxílio individual	Indicar o nome do regime de auxílio ou, no caso de se tratar de um auxílio individual, o nome do beneficiário.
	Neste último caso, não é necessário um relatório anual posterior!
Base jurídica	Indicar a referência precisa do diploma nacional que institui o regime de auxílio ou que concede o auxílio individual.
Despesas anuais previstas no âmbito do regime ou montante total do auxílio individual concedido à empresa	Os montantes devem ser indicados em euros ou, se aplicável, na moeda nacional.
	No caso de regimes de auxílio:
	Indicar o montante total anual da ou das dotações orçamentais ou uma estimativa das perdas fiscais anuais em relação a todos os instrumentos de auxílio incluídos no regime
	No caso de concessão de um auxílio individual:
	Indicar o montante total do auxílio/perdas fiscais. Quando pertinente, indicar também o número de anos em que o auxílio será pago em parcelas ou durante quantos anos se registarão as perdas fiscais
	No que se refere às garantias, em ambos os casos, indicar o montante (máximo) dos empréstimos garantidos
Intensidade máxima do auxílio	Indicar a intensidade máxima do auxílio ou o montante máximo do auxílio por rubrica elegível.
Data de execução	Indicar a data a partir da qual podem ser concedidos auxílios no âmbito do regime ou a data de concessão do auxílio individual
Duração do regime ou da concessão do auxílio	Indicar a data (ano e mês) até à qual podem ser concedidos auxílios no âmbito do regime, ou
	no caso de um auxílio individual e se pertinente, a data prevista (ano e mês) para o pagamento da última parcela.
Objectivo do auxílio	O objectivo principal são auxílios às PME. Nesta rubrica podem ser indicados outros objectivos (secundários) (por exemplo, apenas pequenas ou PME; auxílios ao investimento/consultoria)

Informações sintéticas a apresentar	Observações
Sector ou sectores económicos afectados	Escolher da lista, quando aplicável
Todos os sectores	
ou	
Carvão	
Todas indústrias transformadoras	
ou	
Aço	
Construção naval	
Fibras sintéticas	
Outras indústrias transformadoras	
Veículos a motor	
Outras indústrias transformadoras	
Todos os serviços	
ou	
Serviços de transportes	
Serviços financeiros	
Outros serviços	
Observações	
Nome e endereço da autoridade que concede os auxílios	
Outras informações	

ANEXO III

Modelo de relatório periódico a apresentar à Comissão*

Os Estados membros deverão utilizar o modelo a seguir apresentado para darem cumprimento à obrigação que lhes incumbe de apresentarem relatórios à Comissão em aplicação dos regulamentos de isenção por categoria adoptados com base no Regulamento (CE) n.º 994/98

Estes relatórios devem igualmente ser fornecidos sob forma electrónica.

Informações exigidas para todos os regimes de auxílio isentos ao abrigo de regulamentos de isenção por categoria adoptados nos termos do artigo 1.º do Regulamento (CE) n.º 994/98

1. Denominação do regime de auxílio
2. Regulamento de isenção da Comissão aplicável
3. Despesas

Devem ser apresentados valores distintos para cada instrumento de auxílio contido num regime ou num auxílio individual (por exemplo, subvenção, empréstimos em condições favoráveis, etc.). Os montantes devem ser expressos em euros ou, se aplicável, na moeda nacional. No caso das despesas fiscais, as perdas fiscais anuais devem ser apresentadas. Se não existirem dados exactos, poderão ser apresentadas estimativas.

Estes valores relativos às despesas devem ser apresentados na base seguinte:

Para cada ano considerado indicar separadamente para cada instrumento de auxílio no âmbito do regime (por exemplo, subvenção, empréstimo em condições favoráveis, garantia, etc.):

3.1. Os montante autorizados, uma estimativa das perdas de receitas fiscais ou outras perdas de receitas, dados sobre as garantias, etc., relativamente aos novos projectos que beneficiam de auxílios. No caso de regimes de garantias, deve ser comunicado o montante total das novas garantias concedidas.

3.2. Os pagamentos efectivos, uma estimativa das perdas de receitas fiscais ou outras perdas de receitas, dados sobre as garantias, etc., para os projectos novos e para os projectos em curso. No caso de regimes de garantias, devem ser comunicadas as seguintes informações: montante total das garantias pendentes, receitas de prémios, montantes recuperados, indemnizações pagas, resultado do regime durante o ano considerado.

3.3. Número de novos projectos beneficiários.

3.4. Estimativa do número global de postos de trabalho criados ou mantidos graças aos novos projectos (se pertinente).

3.5. Estimativa do montante global dos investimentos que beneficia da assistência de novos projectos.

3.6. Repartição regional dos montantes correspondentes ao ponto 3.1 quer por regiões definidas ao nível 2 da NUTS[1] ou a um nível inferior, quer por regiões abrangidas pelo n.º 3,

---

* Modelo de relatório anual sobre os regimes de auxílio isentos ao abrigo de um regulamento de isenção por categoria adoptado nos termos do artigo 1.º do Regulamento (CE) n.º 994/98 do Conselho.

[1] A NUTS é a nomenclatura das unidades territoriais estatísticas da CE.

alínea *a)*, do artigo 87.º, regiões abrangidas pelo n.º 3, alínea *c)*, do artigo 87.º e regiões não assistidas.

3.7. Repartição sectorial dos montantes correspondentes ao ponto 3.1 por sectores de actividade dos beneficiários (se mais de um sector estiver abrangido, indicar a quota de cada um deles):
Carvão
Indústrias transformadoras, das quais:
Aço
Construção naval
Fibras sintéticas
Veículos a motor
Outras indústrias transformadoras (especificar)
Serviços, dos quais:
Serviços de transporte
Serviços financeiros
Outros serviços (especificar)
Outros sectores (especificar)
4. Outras informações e observações

AUXÍLIOS AO EMPREGO

Regulamento (CE) n.º 2204/2002*-**

A COMISSÃO DAS COMUNIDADES EUROPEIAS,

Tendo em conta o Tratado que institui a Comunidade Europeia,
Tendo em conta o Regulamento (CE) n.º 994/98 do Conselho, de 7 de Maio de 1998, relativo à aplicação dos artigos 92.º e 93.º do Tratado que institui a Comunidade Europeia a determinadas categorias de auxílios estatais horizontais[1], e, nomeadamente, a subalínea iv) da alínea a) e a alínea b) do n.º 1 do seu artigo 1.º,

Após publicação de um projecto do presente regulamento[2],

Após consulta do Comité Consultivo em matéria de auxílios concedidos pelos Estados,

Considerando o seguinte:

(1) O Regulamento (CE) n.º 994/98 confere à Comissão poderes para declarar, em conformidade com o artigo 87.º do Tratado, que em certas condições os auxílios ao emprego são compatíveis com o mercado comum e não estão sujeitos à obrigação de notificação estabelecida no n.º 3 do artigo 88.º do Tratado.

(2) O Regulamento (CE) n.º 994/98 confere igualmente à Comissão poderes para declarar, em conformidade com o artigo 87.º do Tratado, que os auxílios que respeitem o mapa aprovado pela Comissão relativamente a cada Estado membro com vista à concessão de auxílios com finalidade regional são compatíveis com o mercado comum e não estão sujeitos à obrigação de notificação estabelecida no n.º 3 do artigo 88.º do Tratado.

(3) A Comissão aplicou, em inúmeras decisões, os artigos 87.º e 88.º do Tratado aos auxílios ao emprego, tanto em regiões assistidas como fora delas, e estabeleceu igualmente a sua política nas orientações relativas aos auxílios ao emprego[3], na comunicação sobre o controlo dos auxílios estatais e redução do custo do trabalho[4], nas orientações relativas aos auxí-

---

* Regulamento (CE) n.º 2204/2002 da Comissão de 5 de Dezembro de 2002 relativo à aplicação dos artigos 87.º e 88.º do Tratado CE aos auxílios estatais ao emprego – JO, L 337, de 13.12.2002, pp. 3-14 –, tal como rectificado (JO, L 349, de 24.12.2002, pág. 126).

** Ver ainda a Decisão do Comité Misto do EEE n.º 83/2003 de 20 de Junho de 2003 que altera o anexo XV (auxílios Estatais) do Acordo EEE (JO, L 257, de 9.10.2003, pp. 39-40).

[1] JO, L 142, de 14.5.1998, p. 1.
[2] JO, C 88, de 12.4.2002, p. 2.
[3] JO, C 334, de 12.12.1995, p. 4.
[4] JO, C 1, de 3.1.1997, p. 10.

lios estatais com finalidade regional[1] e no Regulamento (CE) n.º 70/2001 da Comissão, de 12 de Janeiro de 2001, relativo à aplicação dos artigos 87.º e 88.º do Tratado CE aos auxílios estatais a favor das pequenas e médias empresas[2]. À luz da experiência adquirida pela Comissão com a aplicação destas disposições, é conveniente, por forma a garantir um controlo eficaz e simplificar os procedimentos administrativos sem comprometer o controlo exercido pela Comissão, que esta exerça os poderes que lhe são conferidos pelo Regulamento (CE) n.º 994/98.

(4) O presente regulamento não prejudica a possibilidade de os Estados membros notificarem os auxílios ao emprego. Tais notificações serão apreciadas pela Comissão, especialmente à luz dos critérios fixados no presente regulamento, no Regulamento (CE) n.º 70/2001 ou nas orientações e enquadramentos comunitários relevantes; é o que acontece actualmente no sector dos transportes marítimos. A comunicação da Comissão relativa às orientações relativas aos auxílios ao emprego[3] deixam de ser aplicadas a partir da data de entrada em vigor do presente regulamento, tal como a comunicação sobre o controlo dos auxílios estatais e redução do custo do trabalho e a comunicação relativa a um procedimento acelerado para o tratamento das notificações de auxílios ao emprego[4]. As notificações em apreciação no momento da entrada em vigor do presente regulamento serão analisadas em conformidade com as suas disposições. Afigura-se apropriado estabelecer disposições especiais relativamente à aplicação do presente regulamento aos auxílios ao emprego concedidos antes da sua entrada em vigor em infracção à obrigação prevista no n.º 3 do artigo 88.º do Tratado.

(5) A promoção do emprego constitui um objectivo central das políticas económicas e sociais da Comunidade e dos seus Estados membros. A Comunidade desenvolveu uma estratégia europeia para o emprego a fim de promover este objectivo. O desemprego continua a ser um problema significativo nalgumas zonas da Comunidade e certas categorias de trabalhadores continuam a ter dificuldades em entrar no mercado de trabalho. Por conseguinte, justifica-se que as autoridades públicas apliquem medidas de incentivos às empresas para aumentarem os seus níveis de emprego, em especial dos trabalhadores das categorias desfavorecidas.

(6) O presente regulamento é aplicável apenas às medidas a favor do emprego que preencham todas as condições do n.º 1 do artigo 87.º do Tratado e constituam por conseguinte auxílios estatais. Algumas medidas relativas ao emprego não constituem auxílios estatais na acepção do n.º 1 do artigo 87.º, porque se tratam simplesmente de auxílios a indivíduos, que não favorecem certas empresas ou certas produções, ou porque não afectam as trocas comerciais entre Estados membros, ou porque se tratam de medidas de carácter geral destinadas a promover o emprego, que não falseiam nem ameaçam falsear a concorrência favorecendo certas empresas ou certas produções. Estas medidas de carácter geral, que podem incluir a redução geral da tributação do trabalho e dos custos sociais, o aumento do investimento na educação e formação gerais, medidas de orientação e aconselhamento, assistência geral e formação para os desempregados bem como melhorias na legislação laboral, não são por conseguinte afectadas pelo presente regulamento. O mesmo acontece com as medidas que se

---

[1] JO, C 74, de 10.3.1998, p. 9.
[2] JO, L 10, de 13.1.2001, p. 33.
[3] JO, C 371, de 23.12.2000, p. 12.
[4] JO, C 218, de 27.7.1996, p. 4.

considera não preencherem todos os critérios previstos no n.º 1 do artigo 87.º do Tratado e por conseguinte não são abrangidas pela obrigação de notificação constante do n.º 3 do artigo 88.º do Tratado por força do Regulamento (CE) n.º 69/2001 da Comissão, de 12 de Janeiro de 2001, relativo à aplicação dos artigos 87.º e 88.º do Tratado CE aos auxílios *de minimis*[1].

(7) Tendo em conta o que precede, os auxílios objecto de isenção nos termos do presente regulamento devem ter por objectivo e como efeito promover o emprego de acordo com a estratégia europeia para o emprego, em especial de trabalhadores de categorias desfavorecidas, sem afectar as condições comerciais numa medida que contrarie o interesse comum. Os auxílios ao emprego concedidos a uma dada empresa podem ter um impacto significativo na concorrência no mercado relevante, uma vez que favorecem essa empresa em relação às que não beneficiaram de tais auxílios. Ao serem concedidos apenas a uma empresa, esses auxílios são susceptíveis de terem um efeito reduzido sobre o emprego. Por essa razão, as concessões individuais de auxílios ao emprego devem continuar a ser notificadas à Comissão e o presente regulamento apenas deve isentar os auxílios se concedidos no âmbito de um regime de auxílios.

(8) O presente regulamento deve isentar os auxílios concedidos no âmbito de um regime que satisfaça todos os requisitos relevantes previstos no regulamento. Tendo em vista assegurar um controlo eficaz e simplificar os procedimentos administrativos sem atenuar o controlo por parte da Comissão, os regimes de auxílios devem incluir uma menção expressa ao presente regulamento.

(9) O presente regulamento não deve isentar de notificação os auxílios estatais concedidos nos sectores da construção naval e da extracção de carvão, relativamente aos quais existem regras especiais, respectivamente no Regulamento (CE) n.º 1540/98 do Conselho[2] e no Regulamento (CE) n.º 1407/2002 do Conselho[3].

(10) O presente regulamento deve ser aplicado ao sector dos transportes. Todavia, tendo em conta as características específicas da concorrência neste sector, não se afigura apropriado isentar os auxílios à criação de emprego.

(11) A Comissão tem tido sempre uma posição menos favorável relativamente aos auxílios destinados a determinados sectores, incluindo, mas não exclusivamente, sectores sensíveis que registam sobrecapacidades ou que se encontram em dificuldade. Os regimes de auxílios destinados a sectores específicos não devem por conseguinte ser abrangidos pela isenção de notificação prevista no presente regulamento.

(12) Em conformidade com a prática estabelecida da Comissão e por forma a garantir melhor a proporcionalidade do auxílio e que este se limita ao estritamente necessário, os limiares devem ser expressos em termos de intensidades de auxílio relativamente a um conjunto de custos elegíveis e não em termos de um montante máximo de auxílio.

(13) Para determinar se um auxílio é ou não compatível com o mercado comum à luz do presente regulamento, é necessário tomar em consideração a intensidade do auxílio e, por conseguinte, o montante do auxílio expresso em equivalente-subvenção. No cálculo do equivalente-subvenção dos auxílios a desembolsar em diversas prestações e dos auxílios concedidos sob a forma de empréstimos em condições preferenciais, deve ser aplicada a taxa de

---

[1] JO, L 10, de 13.1.2001, p. 30.
[2] JO, L 202, de 18.7.1998, p. 1.
[3] JO, L 205, de 2.8.2002, p. 1.

juro vigente no mercado aquando da concessão do auxílio. Com vista a assegurar uma aplicação uniforme, transparente e simples das regras em matéria de auxílios estatais, é conveniente considerar que as taxas do mercado aplicáveis para efeitos do presente regulamento são as taxas de referência, desde que, no caso dos empréstimos em condições preferenciais, as garantias oferecidas sejam as habituais e não impliquem um risco anormal. As taxas de referência devem ser as fixadas periodicamente pela Comissão com base em critérios objectivos e publicadas no *Jornal Oficial das Comunidades Europeias* e na *internet*.

(14) Dadas as diferenças existentes entre empresas de dimensões diversas, é conveniente fixar limites máximos de intensidade de auxílio diferentes para a criação de emprego relativamente às pequenas e médias empresas e relativamente às grandes empresas. Por forma a eliminar quaisquer diferenças que possam suscitar distorções da concorrência, com vista a facilitar a coordenação entre diferentes iniciativas comunitárias e nacionais e por razões de transparência administrativa e de segurança jurídica, a definição de "pequenas e médias empresas" (PME) utilizada para efeitos do presente regulamento é a constante da Recomendação 96/280/CE da Comissão, de 3 de Abril de 1996, relativa à definição de pequenas e médias empresas. Essa definição foi igualmente utilizada no Regulamento (CE) n.º 70/2001.

(15) Os limites máximos de intensidade de auxílio devem ser fixados, à luz da experiência adquirida pela Comissão, a um nível consentâneo com o equilíbrio adequado entre a redução ao mínimo das distorções da concorrência e o objectivo de promoção do emprego. Com uma preocupação de coerência, os limites máximos devem ser harmonizados com os estabelecidos nas orientações relativas aos auxílios nacionais com finalidade regional e no Regulamento (CE) n.º 70/2001, que permitiram que os auxílios fossem calculados por referência à criação de emprego associado a projectos de investimento.

(16) Os custos do emprego fazem parte dos custos normais de funcionamento de qualquer empresa. Afigura-se, por conseguinte, particularmente importante que os auxílios tenham um efeito positivo sobre o emprego e não se limitem a permitir que as empresas reduzam custos que teriam de qualquer modo de suportar.

(17) Sem controlos rigorosos e limites estritos, os auxílios ao emprego poderão ter efeitos prejudiciais que anulem os seus efeitos imediatos sobre a criação de postos de trabalho. Na medida em que sejam utilizados para proteger empresas expostas à concorrência intracomunitária, os auxílios ao emprego podem provocar atrasos nos ajustamentos necessários à competitividade da indústria comunitária. Na ausência de controlos rigorosos, esses auxílios concentrar-se-iam possivelmente nas regiões mais prósperas, o que seria contrário ao objectivo de coesão económica e social. No mercado único, os auxílios concedidos para reduzir os custos do emprego podem provocar distorções da concorrência intracomunitária e conduzir a desvios na afectação dos recursos e dos investimentos móveis, à deslocação do desemprego de um país para outro e a transferências de localização.

(18) Os auxílios à criação de emprego devem estar sujeitos à condição de o emprego criado ser mantido durante um certo período de tempo mínimo. O período estabelecido no presente regulamento deve prevalecer sobre a regra de cinco anos prevista no ponto 4.14 das orientações relativas aos auxílios nacionais com finalidade regional.

(19) Os auxílios à manutenção de postos de trabalho, que correspondem a apoio financeiro concedido a uma empresa a fim de a persuadir a não despedir os seus trabalhadores, são equiparáveis a auxílios ao funcionamento. No entanto, se estiverem sujeitos a quaisquer regras sectoriais, tais como as que existem no sector dos transportes marítimos, só devem ser

autorizados em circunstâncias específicas e por um período limitado. Devem continuar a ser notificados à Comissão e não devem ser abrangidos pela isenção de notificação prevista no presente regulamento. Nas circunstâncias limitadas em que podem ser autorizados incluem--se os casos em que, em conformidade com o n.º 2, alínea b), do artigo 87.º do Tratado CE, se destinam a remediar os danos causados por calamidades naturais ou por outros acontecimentos extraordinários; outro caso é nas condições aplicáveis aos auxílios ao funcionamento previstas nas orientações relativas aos auxílios com finalidade regional, em regiões susceptíveis de beneficiarem da derrogação prevista no n.º 3, alínea a), do artigo 87.º do Tratado CE, relativa ao desenvolvimento económico de regiões em que o nível de vida seja anormalmente baixo ou em que exista grave situação de subemprego, incluindo regiões ultraperiféricas; um terceiro caso é quando esses auxílios são concedidos no contexto da recuperação e reestruturação de uma empresa em dificuldades, em consonância com as disposições das orientações comunitárias relevantes.

(20) Um tipo específico de auxílios são os auxílios concedidos a empregadores para a conversão de contratos de trabalho temporário ou a termo em contratos de duração indeterminada. Tais medidas não devem ser abrangidas pela isenção de notificação prevista no presente regulamento e devem ser notificadas para que a Comissão possa determinar se têm efeitos positivos sobre o emprego. Deve garantir-se, nomeadamente, que tais medidas não permitam que o emprego seja objecto cumulativamente de auxílio na criação do posto e na conversão do contrato, de forma que o limite máximo para os auxílios ao investimento inicial ou à criação de emprego seja ultrapassado.

(21) As pequenas e médias empresas desempenham um papel decisivo na criação de emprego. No entanto, a sua dimensão pode constituir uma desvantagem para a criação de novos postos de trabalho, devido aos riscos e aos encargos administrativos envolvidos no recrutamento de novos trabalhadores. Do mesmo modo, a criação de emprego pode contribuir para o desenvolvimento económico de regiões menos favorecidas da Comunidade, melhorando assim a coesão económica e social. As empresas dessas regiões registam a desvantagem estrutural da sua localização. Afigura-se, por conseguinte, apropriado que as pequenas e médias empresas e as empresas estabelecidas em regiões assistidas possam beneficiar de auxílios para criar emprego.

(22) As grandes empresas estabelecidas em regiões não assistidas não registam dificuldades especiais e os custos do emprego fazem parte das suas despesas normais de funcionamento. Por essa razão, e a fim de maximizar o efeito de incentivo dos auxílios para criar postos de trabalho nas PME e em regiões elegíveis para a derrogação prevista no n.º 3, alíneas a) e c), do artigo 87.º do Tratado, as grandes empresas de regiões não elegíveis para estas derrogações não devem beneficiar de auxílios à criação de emprego.

(23) Certas categorias de trabalhadores registam dificuldades especiais para encontrar trabalho, uma vez que os empregadores os consideram menos produtivos. Esta menor produtividade perceptível pode dever-se quer a uma falta de experiência de emprego recente (por exemplo, trabalhadores jovens, desempregados de longa duração), quer a uma deficiência permanente. Os auxílios ao emprego destinados a incentivar as empresas a recrutarem estes trabalhadores justificam-se pelo facto de a menor produtividade desses trabalhadores reduzir a vantagem financeira para a empresa e por esses trabalhadores beneficiarem igualmente da medida, podendo ser excluídos do mercado de trabalho na ausência de tais medidas de incentivo para os empregadores. Afigura-se, por conseguinte, apropriado autorizar os regimes que prevêem esses auxílios, independentemente da dimensão ou localização do beneficiário.

(24) Devem ser definidas as categorias de trabalhadores considerados desfavorecidos, devendo no entanto ser possível que os Estados membros notifiquem auxílios destinados a promover o recrutamento de outras categorias que considerem desfavorecidas, desde que devidamente fundamentados.

(25) Os trabalhadores com deficiência podem necessitar de ajuda permanente que lhes permita manterem-se no mercado de trabalho, que ultrapassa o auxílio para o recrutamento inicial e provavelmente inclui a participação em emprego protegido. Os regimes que prevêem auxílios com tais objectivos devem estar isentos de notificação, desde que se possa demonstrar que o auxílio é absolutamente necessário para compensar a menor produtividade dos trabalhadores em causa, os custos suplementares decorrentes da sua contratação ou os custos de criação ou manutenção de emprego protegido. Esta condição destina-se a evitar que as empresas beneficiem de tais auxílios, vendendo abaixo de preços competitivos em mercados onde operam igualmente outras empresas.

(26) O presente regulamento não deve impedir a cumulação de auxílios para o recrutamento de trabalhadores desfavorecidos ou para o recrutamento ou contratação de trabalhadores com deficiência com outros auxílios concedidos em matéria de custos de emprego, uma vez que em tais casos é legítimo prever um incentivo aos trabalhadores dessas categorias, a fim de serem contratados preferencialmente a outros.

(27) Para garantir que o auxílio é necessário e que funciona como incentivo ao emprego, o presente regulamento não deve isentar os auxílios à criação de emprego ou para o recrutamento que o beneficiário já realizaria de qualquer forma em condições normais de mercado.

(28) O presente regulamento não deve isentar os auxílios à criação de emprego, quando forem cumulados com outros auxílios estatais, incluindo auxílios concedidos por autoridades nacionais, regionais ou locais, ou com um auxílio comunitário, em relação aos mesmos custos elegíveis ou aos custos de investimento a que está associado o emprego em causa, quando essa cumulação ultrapassar os limiares fixados no presente regulamento ou nas regras comunitárias em matéria de auxílios estatais ao investimento, em especial nas orientações relativas aos auxílios nacionais com finalidade regional e no Regulamento (CE) n.º 70/2001. As únicas excepções a este princípio devem dizer respeito ao recrutamento de trabalhadores desfavorecidos ou ao recrutamento ou emprego de trabalhadores com deficiência.

(29) É conveniente que auxílios de montantes elevados continuem sujeitos à apreciação individual da Comissão antes da sua concretização. Por conseguinte, os auxílios concedidos a uma única empresa ou estabelecimento que ultrapassem um montante fixo durante um certo período devem ficar excluídos da isenção prevista no presente regulamento e continuam sujeitos aos requisitos do n.º 3 do artigo 88.º do Tratado.

(30) As medidas de auxílio para promover o emprego ou outros auxílios com objectivos associados ao emprego e ao mercado do trabalho podem ter natureza diferente das medidas isentadas pelo presente regulamento. Tais medidas devem ser notificadas ao abrigo do n.º 3 do artigo 88.º.

(31) À luz do Acordo da Organização Mundial do Comércio (OMC) sobre as subvenções e medidas de compensação, o presente regulamento não deve isentar os auxílios à exportação nem os auxílios que favoreçam a produção nacional em detrimento dos produtos importados. Tais auxílios seriam incompatíveis com as obrigações internacionais da Comunidade no âmbito desse acordo, não devendo por conseguinte ficar isentos de notificação, nem autorizados mesmo se forem notificados.

(32) A fim de garantir a transparência e um controlo eficaz, nos termos do artigo 3.º do Regulamento (CE) n.º 994/98, é conveniente estabelecer um modelo normalizado se-

gundo o qual os Estados membros fornecerão à Comissão informações sintéticas sempre que, em aplicação do presente regulamento, seja executado um regime de auxílios, com vista à publicação dessas informações no *Jornal Oficial das Comunidades Europeias*. É conveniente, pelos mesmos motivos, definir regras relativas ao registo dos regimes de auxílios isentados pelo presente regulamento que os Estados membros devem conservar. Para efeitos do relatório anual que cada Estado membro deve apresentar à Comissão, é conveniente que esta defina os seus requisitos específicos. A fim de facilitar o tratamento administrativo e tendo em vista a ampla disponibilidade da tecnologia necessária, as informações sintéticas e o relatório anual devem igualmente ser apresentados sob forma informatizada.

(33) À luz da experiência da Comissão neste domínio e, em especial, tendo em conta a frequência com que é necessário rever a política em matéria de auxílios estatais, afigura-se adequado limitar o período de aplicação do presente regulamento. Assim, e tendo em conta o disposto no n.º 2 do artigo 4.º, do Regulamento (CE) n.º 994/98 é necessário estabelecer disposições especiais que estabeleçam que os regimes de auxílios já isentos no âmbito do presente regulamento devem continuar isentos durante um período de seis meses, após a expiração do regulamento,

ADOPTOU O PRESENTE REGULAMENTO:

ARTIGO 1.º (**Âmbito de aplicação**)

1 – O presente regulamento é aplicável a regimes que constituam auxílios estatais na acepção do n.º 1 do artigo 87.º do Tratado e que prevejam auxílios à criação de emprego, auxílios ao recrutamento de trabalhadores desfavorecidos e trabalhadores com deficiência ou auxílios destinados a cobrir os custos adicionais de contratação de trabalhadores com deficiência.

2 – O presente regulamento é aplicável aos auxílios concedidos em todos os sectores, incluindo as actividades relativas à produção, tratamento e comercialização dos produtos enumerados no anexo I do Tratado.

O presente regulamento não é aplicável aos auxílios concedidos nos sectores do carvão e da construção naval ou aos auxílios destinados à criação de emprego, na acepção do artigo 4.º, concedidos no sector dos transportes. Tais auxílios continuarão a ser objecto de notificação prévia à Comissão nos termos do disposto no n.º 3 do artigo 88.º do Tratado.

3 – O presente regulamento não é aplicável:

a) Aos auxílios concedidos à exportação e a actividades relacionadas com a exportação, nomeadamente os auxílios concedidos directamente em função das quantidades exportadas, a favor da criação e funcionamento de uma rede de distribuição ou a favor de outras despesas correntes atinentes às actividades de exportação;

b) Aos auxílios subordinados à utilização de produtos nacionais em detrimento de produtos importados.

ARTIGO 2.º (**Definições**)

Para efeitos do presente regulamento, entende-se por:

a) "Auxílio", qualquer medida que preencha todos os critérios enunciados no n.º 1 do artigo 87.º do Tratado;

b) "Pequenas e médias empresas", as empresas que correspondam à definição constante do anexo I do Regulamento (CE) n.º 70/2001;

c) "Intensidade bruta do auxílio", o montante do auxílio expresso em percentagem dos custos relevantes do projecto. Todos os valores utilizados referem-se a montantes antes da dedução dos impostos directos. Sempre que um auxílio seja concedido sob uma forma distinta da subvenção, o montante de auxílio será o seu equivalente-subvenção. Os auxílios desembolsáveis em várias prestações deverão ser actualizados par obter o seu valor no momento da concessão. A taxa de juro a utilizar para efeitos da actualização e do cálculo do montante do auxílio, no caso de um empréstimo em condições preferenciais, será a taxa de referência aplicável no momento da concessão;

d) "Intensidade líquida do auxílio", o montante actualizado do auxílio líquido de impostos, expresso em percentagem dos custos relevantes do projecto;

e) "Número de trabalhadores", o número de unidades de trabalho anuais (UTA), isto é, o número de assalariados a tempo inteiro durante um ano, sendo que o trabalho a tempo parcial e o trabalho sazonal representam fracções de UTA;

f) "Trabalhador desfavorecido", qualquer pessoa que pertença a uma categoria que tenha dificuldade em entrar no mercado de trabalho sem assistência, nomeadamente uma pessoa que preencha pelo menos um dos seguintes critérios:

i) qualquer pessoa com menos de 25 anos de idade ou que tenha terminado a sua formação a tempo inteiro no máximo há dois anos e que não tenha tido anteriormente um primeiro emprego regular e remunerado;

ii) qualquer trabalhador migrante que mude ou tenha mudado de residência na Comunidade ou que estabeleça residência na Comunidade para obter trabalho;

iii) qualquer pessoa que faça parte de uma minoria étnica num Estado membro e que necessite de desenvolver o seu perfil linguístico, de formação profissional ou de experiência laboral a fim de aumentar as suas perspectivas de aceder a um emprego estável;

iv) qualquer pessoa que pretenda entrar ou regressar à vida activa e que tenha estado ausente do trabalho e do sistema educativo durante pelo menos dois anos e, especialmente, qualquer pessoa que tenha abandonado o trabalho por dificuldades de conciliar a vida activa com a vida familiar;

v) qualquer adulto que viva só e se ocupe de uma ou mais crianças;

vi) qualquer pessoa que, não tendo atingido uma qualificação correspondente ao segundo grau do ensino secundário ou equivalente, não tenha emprego ou esteja prestes a perdê-lo;

vii) qualquer pessoa com mais de 50 anos de idade que não tenha emprego ou esteja prestes a perdê-lo;

viii) qualquer desempregado de longa duração, isto é, qualquer pessoa que tenha estado sem trabalho por um período de 12 meses nos 16 meses anteriores ou seis meses nos oito meses anteriores no caso de pessoas com idade inferior a 25 anos;

ix) qualquer pessoa considerada como sendo ou tendo sido toxicodependente segundo a legislação nacional;

x) qualquer pessoa que não tenha ainda obtido um primeiro emprego regular remunerado desde o início de um período de prisão ou outra sanção de carácter penal,

xi) qualquer mulher de uma região geográfica NUTS 2 em que a taxa média do desemprego tenha ultrapassado 100% da média comunitária durante pelo menos dois anos e em que o desemprego feminino tenha ultrapassado 150% da taxa de desemprego masculino na região em causa durante pelo menos dois anos nos três anos anteriores;

g) "Trabalhador com deficiência", qualquer pessoa:
  i) considerada deficiente pela legislação nacional, ou
  ii) com uma deficiência física, mental ou psicológica grave reconhecida;

h) "Emprego protegido", o emprego num estabelecimento em que pelo menos 50% dos empregados são trabalhadores com deficiência, incapazes de conseguir trabalho no mercado de trabalho não protegido;

i) "Custos salariais", a pagar pelo beneficiário do auxílio estatal relativamente ao emprego em causa:
  i) o salário bruto, isto é, antes de impostos, e
  ii) as contribuições obrigatórias para a segurança social;

j) Um posto de trabalho está "ligado à realização de um projecto de investimento" quando diz respeito à actividade a que se refere o investimento e quando é criado durante os três primeiros anos que se seguem à realização integral do investimento. Durante este período estão também ligados ao investimento os postos de trabalho criados na sequência de um aumento da taxa de utilização da capacidade criada por este investimento;

k) "Investimentos em activos corpóreos", qualquer investimento em imobilizações corpóreas realizado com vista à criação de um novo estabelecimento, à ampliação de um estabelecimento existente ou ao exercício de uma actividade que implique uma alteração fundamental dos bens produzidos ou do processo de produção de um estabelecimento existente (em especial, através de racionalização, diversificação ou modernização). Um investimento em activos imobilizados realizado sob a forma de aquisição de um estabelecimento que encerrou ou que teria encerrado caso essa aquisição se não tivesse concretizado será também considerado um investimento em imobilizações corpóreas;

l) "Investimento em activos incorpóreos", qualquer investimento em transferência de tecnologia através da aquisição de direitos de patente, licenças, saber-fazer ou conhecimentos técnicos não protegidos por patente.

ARTIGO 3.º (**Condições de isenção**)

1 – Sem prejuízo do disposto no artigo 9.º, os regimes de auxílios que reúnam todas as condições do presente regulamento são compatíveis com o mercado comum na acepção do n.º 3 do artigo 87.º do Tratado e são isentos da obrigação de notificação prevista no n.º 3 do artigo 88.º, desde que:

   a) Qualquer auxílio que seja concedido ao abrigo desse regime reúna todas as condições do presente regulamento;

   b) O regime contenha uma menção expressa ao presente regulamento, citando o seu título e a referência de publicação no *Jornal Oficial das Comunidades Europeias*.

2 – Os auxílios concedidos no âmbito dos regimes referidos no n.º 1 são compatíveis com o mercado comum na acepção do n.º 3 do artigo 87.º do Tratado e são isentos da obrigação de notificação prevista no n.º 3 do artigo 88.º, desde que o auxílio concedido preencha todas as condições do presente regulamento.

ARTIGO 4.º (**Criação de emprego**)

1 – Os regimes de auxílio para a criação de emprego e quaisquer auxílios que possam ser concedidos ao abrigo desses regimes devem reunir as condições previstas nos n.ºs 2, 3 e 4.

2 – Quando o emprego é criado em regiões ou em sectores não elegíveis para auxílios com finalidade regional nos termos do n.º 3, alíneas *a*) e *c*), do artigo 87.º no momento da concessão do auxílio, a intensidade bruta do auxílio não deve exceder:

   a) 15% no caso de pequenas empresas;

   b) 7,5% no caso de médias empresas.

3 – Quando o emprego é criado em regiões e em sectores elegíveis para auxílios com finalidade regional nos termos do n.º 3, alíneas *a*) e *c*), do artigo 87.º no momento da concessão do auxílio, a intensidade líquida do auxílio não deve exceder o limite máximo correspondente do auxílio regional ao investimento determinado no mapa em vigor na data de concessão do auxílio, tal como aprovado pela Comissão em relação a cada Estado membro: para este efeito, deve ser tomado em conta, inter alia, o Enquadramento multissectorial dos auxílios com finalidade regional para grandes projectos de investimento.

No caso de pequenas e médias empresas e, a menos que o mapa disponha de outro modo em relação a essas empresas, este limite máximo será aumentado em:

   a) 10 pontos percentuais em termos brutos no caso das regiões abrangidas pelo n.º 3, alínea *c*), do artigo 87.º, desde que a intensidade líquida total do auxílio não seja superior a 30%; ou

   b) 15 pontos percentuais em termos brutos no caso das regiões abrangidas pelo n.º 3, alínea *a*), do artigo 87.º, desde que a intensidade líquida total do auxílio não seja superior a 75%.

Os limites máximos superiores dos auxílios regionais só serão aplicáveis se a contribuição do beneficiário para o financiamento for pelo menos de 25% e se o emprego for mantido na região elegível.

Quando o emprego é criado na produção, transformação e comercialização de produtos enumerados no anexo I do Tratado em regiões qualificadas como regiões menos favorecidas nos termos do Regulamento (CE) n.º 1257/1999 do Conselho[1], serão aplicáveis estes limites máximos de auxílio ou, se for caso disso, os limites máximos de auxílio previstos nesse Regulamento.

4 – Os limites máximos estabelecidos nos n.ºs 2 e 3 serão aplicáveis à intensidade do auxílio calculado em percentagem dos custos salariais subjacentes ao emprego criado durante um período de dois anos, em conformidade com as seguintes condições:

a) O emprego criado deve representar um aumento líquido do número de trabalhadores do estabelecimento e da empresa em causa relativamente à média dos 12 meses precedentes;

b) Os novos postos de trabalho serão mantidos durante um período mínimo de três anos ou dois anos no caso de PME; e

c) Os novos trabalhadores empregados na sequência da criação do emprego nunca devem ter tido um emprego ou devem ter perdido ou estar em vias de perder o seu posto de trabalho anterior.

5 – Quando os auxílios são concedidos para a criação de emprego no âmbito de um regime isento ao abrigo do presente artigo, poderão ser concedidos auxílios adicionais em caso de recrutamento de trabalhadores desfavorecidos ou de trabalhadores com deficiência, em conformidade com o disposto nos artigos 5.º ou 6.º

ARTIGO 5.º **(Recrutamento de trabalhadores desfavorecidos ou com deficiência)**

1 – Os regimes de auxílios ao recrutamento, por uma empresa, de trabalhadores desfavorecidos ou com deficiência, bem como qualquer auxílio susceptível de ser concedido no âmbito desses regimes, devem satisfazer as condições estabelecidas nos n.ºs 2 e 3.

2 – A intensidade bruta da totalidade dos auxílios relativos ao emprego de trabalhadores desfavorecidos ou com deficiência, calculados em percentagem dos custos salariais por um período de um ano subsequente ao recrutamento, não deve exceder 50% em relação aos trabalhadores desfavorecidos ou 60% relativamente aos trabalhadores com deficiência.

3 – Serão aplicáveis as seguintes condições:

a) Quando o recrutamento não representar um aumento líquido do número de trabalhadores do estabelecimento em causa, o ou os postos de trabalho devem ter vagado na sequência de saída voluntária, reforma por razões de idade, redução voluntária de tempo de trabalho ou despedimento legal por falta cometida, e não no âmbito de uma redução dos quadros da empresa; e

---

[1] JO, L 160, de 26.6.1999, p. 80-102.

b) Excepto no caso de despedimento legal por falta cometida, os trabalhadores devem poder beneficiar de um trabalho contínuo por um mínimo de 12 meses.

ARTIGO 6.º (**Custos adicionais do emprego de trabalhadores com deficiência**)

1 – Os regimes de auxílios para emprego de trabalhadores com deficiência, bem como qualquer auxílio susceptível de ser concedido no âmbito desses regimes, devem satisfazer as condições estabelecidas nos n.ºs 2 e 3.

2 – O auxílio, eventualmente cumulado com qualquer auxílio previsto no artigo 5.º, não deve exceder o nível necessário para compensar qualquer redução de produtividade resultante da deficiência do trabalhador ou dos trabalhadores e quaisquer dos seguintes custos:

a) Custos de adaptação das instalações;

b) Custos de emprego de pessoal relativos a tempo gasto apenas na prestação de assistência ao ou aos trabalhadores com deficiência;

c) Custos de adaptação ou aquisição de equipamentos destinados a ser utilizados por estes trabalhadores;

que sejam adicionais aos que o beneficiário teria de suportar se empregasse trabalhadores sem deficiência durante o período em que o trabalhador ou os trabalhadores com deficiência estiverem realmente empregados.

No caso de o beneficiário do auxílio proporcionar emprego protegido, o auxílio pode além disso abranger, mas não ultrapassar, os custos de construção, instalação ou ampliação do estabelecimento em causa, bem como quaisquer outros custos de administração e transporte resultantes do emprego de trabalhadores com deficiência.

3 – Os regimes isentos pelo presente artigo devem prever que o auxílio fique sujeito à obrigação de o beneficiário manter registos que permitam a verificação de que o auxílio concedido cumpre as disposições previstas no presente artigo e no n.º 4 do artigo 8.º.

ARTIGO 7.º (**Necessidade do auxílio**)

1 – O presente regulamento só isentará os auxílios ao abrigo do artigo 4.º se antes da criação do emprego em causa:

a) O beneficiário tiver apresentado um pedido de auxílio ao Estado membro; ou

b) O Estado membro tiver adoptado disposições legais que estabeleçam um direito ao auxílio com base em critérios objectivos e sem que o Estado membro exerça qualquer poder discricionário.

2 – Os auxílios ao abrigo do artigo 4.º beneficiarão de isenção nos casos em que:

a) O emprego criado está ligado à realização de um projecto de investimento em activos corpóreos ou incorpóreos, e

b) O emprego é criado nos três anos subsequentes à conclusão do investimento, apenas se o pedido a que se refere a alínea *a*) do n.º 1, ou a adopção a que se refere a alínea b) do n.º 1, se efectuar antes do início dos trabalhos relativos ao projecto.

ARTIGO 8.º **(Cumulação)**

1 – Os limites máximos de auxílio fixados nos artigos 4.º, 5.º e 6.º são aplicáveis independentemente de o auxílio ao emprego ou recrutamento ser financiado exclusivamente por recursos estatais ou ser financiado em parte por recursos comunitários.

2 – Os auxílios no âmbito de regimes isentos pelo artigo 4.º não são cumuláveis com quaisquer outros auxílios estatais na acepção do n.º 1 do artigo 87.º do Tratado nem com outros financiamentos comunitários, relativamente aos mesmos custos salariais, se dessa cumulação resultar uma intensidade de auxílio superior ao nível fixado no presente regulamento.

3 – Os auxílios no âmbito de regimes isentos pelo artigo 4.º não são cumuláveis:

a) Com quaisquer outros auxílios estatais na acepção do n.º 1 do artigo 87.º do Tratado, ou com outros financiamentos comunitários, em relação aos custos de qualquer investimento a que o emprego criado esteja ligado e que não tenha sido ainda completado no momento da criação do emprego, ou que tenha sido completado nos três anos anteriores à criação do emprego, ou

b) Com auxílios desse tipo ou financiamentos desse tipo relativamente aos mesmos custos salariais ou a outro emprego ligado ao mesmo investimento,

se dessa cumulação resultar uma intensidade de auxílio que exceda o limite máximo relevante de auxílio ao investimento regional determinado nas orientações relativas aos auxílios nacionais com finalidade regional e no mapa aprovado pela Comissão relativamente a cada Estado membro ou o limite máximo previsto no Regulamento (CE) n.º 70/2001. Quando o limite máximo relevante tiver sido adaptado num caso específico, em especial através das regras dos auxílios estatais aplicáveis a um determinado sector ou através de um instrumento aplicável a grandes projectos de investimento, tais como os aplicáveis pelo enquadramento multissectorial dos auxílios com finalidade regional para grandes projectos, será aplicado o limite máximo adaptado para efeitos do presente número.

4 – Em derrogação dos n.ºs 2 e 3, os auxílios no âmbito de regimes isentos pelos artigos 5.º e 6.º do presente regulamento podem ser cumulados com outros auxílios estatais na acepção do n.º 1 do artigo 87.º do Tratado, ou com outros financiamentos comunitários, em relação aos mesmos custos, incluindo com auxílios no âmbito de regimes isentos pelo artigo 4.º do presente regulamento que respeitem os n.ºs 2 e 3, desde que dessa cumulação não resulte uma intensidade bruta de auxílio que exceda 100% dos custos salariais durante qualquer período em que o(s) trabalhador(es) tenha(m) um posto de trabalho.

O disposto no primeiro parágrafo não prejudica quaisquer limites inferiores relativos a intensidades de auxílio que possam ter sido estabelecidos em conformidade com o enquadramento comunitário dos auxílios estatais à investigação e desenvolvimento.[1]

ARTIGO 9.º (Auxílios sujeitos a notificação prévia à Comissão)

1 – Os regimes de auxílio especialmente destinados a determinados sectores não estão abrangidos pela isenção de notificação prevista no presente regulamento e continuarão sujeitos à obrigação de notificação do n.º 3 do artigo 88.º do Tratado.

2 – O presente regulamento não isenta de notificação a concessão a uma empresa ou estabelecimento de um auxílio que exceda um montante bruto de 15 milhões de euros durante qualquer período de três anos. A Comissão apreciará esse auxílio, se tiver sido concedido no âmbito de um regime que, se não fora esse aspecto, estaria isento pelo presente regulamento, apenas por referência aos critérios do presente regulamento.

3 – O presente regulamento não prejudica a obrigação de um Estado membro notificar concessões individuais de auxílios no âmbito de obrigações estabelecidas no contexto de outros instrumentos em matéria de auxílios estatais e, em especial, a obrigação de notificar ou de informar a Comissão de auxílios a uma empresa beneficiária de auxílios à reestruturação na acepção das orientações comunitárias dos auxílios estatais de emergência e à reestruturação concedidos a empresas em dificuldade e a obrigação de notificar auxílios com finalidade regional para grandes projectos de investimento ao abrigo do enquadramento multissectorial aplicável.

4 – Os regimes de auxílios destinados a promover o recrutamento de categorias de trabalhadores que não são desfavorecidos, na acepção da alínea f) do artigo 2.º, continuarão subordinados à obrigação de notificação prevista no n.º 3 do artigo 88.º do Tratado, a menos que sejam isentos ao abrigo do artigo 4.º. Na notificação, os Estados membros apresentarão, para apreciação pela Comissão, argumentos que demonstrem a razão pela qual os trabalhadores em causa são desfavorecidos. A este respeito será aplicável o artigo 5.º.

5 – Os auxílios para a manutenção de postos de trabalho, nomeadamente o apoio financeiro dado a uma empresa a fim de conservar trabalhadores que de outra forma seriam despedidos, continuarão a ser objecto da obrigação de notificação prevista no n.º 3 do artigo 88.º do Tratado. Sem prejuízo de quaisquer regras sectoriais, esses auxílios só podem ser autorizados pela Comissão quando, nos termos do n.º 2, alínea b), do artigo 87.º do Tratado, se destinam a remediar os danos causados por calamidades naturais ou por outros acontecimentos extraordinários ou, no âmbito das condições aplicáveis aos auxílios ao funcionamento previstas nas orientações relativas aos auxílios nacionais com finalidade regional, em regiões elegíveis para a derrogação prevista no n.º 3, alínea a), do artigo 87.º, no que diz respeito ao desen-

---

[1] JO, C 45, de 17.2.1996, p. 5.

volvimento económico de regiões em que o nível de vida é anormalmente baixo ou em que existe uma grave situação de subemprego.

6 – Os auxílios para a conversão de contratos de trabalho temporário ou a termo certo em contratos de duração indeterminada continuarão sujeitos à obrigação de notificação prevista no n.º 3 do artigo 88.º do Tratado.

7 – Os regimes de auxílios para partilha do trabalho, apoio a pais trabalhadores e medidas semelhantes que promovam o emprego, mas não dêem origem a um aumento líquido do número de postos de trabalho, do recrutamento de trabalhadores desfavorecidos ou do recrutamento ou emprego de trabalhadores com deficiência, continuarão sujeitos à obrigação de notificação prevista no n.º 3 do artigo 88.º do Tratado e serão apreciados pela Comissão em conformidade com o artigo 87.º.

8 – Outras medidas de auxílio com objectivos associados ao emprego e aos mercados do trabalho, tais como medidas de incentivo à reforma antecipada, continuarão igualmente a ser objecto da obrigação de notificação prevista no n.º 3 do artigo 88.º do Tratado e serão apreciadas pela Comissão em conformidade com o artigo 87.º.

9 – Os casos de auxílios individuais ao emprego concedidos independentemente de qualquer regime continuarão sujeitos à obrigação de notificação prevista no n.º 3 do artigo 88.º do Tratado. Esses auxílios serão apreciados à luz do presente regulamento e só podem ser autorizados pela Comissão se forem compatíveis com quaisquer regras específicas aplicáveis susceptíveis de terem sido estabelecidas relativamente ao sector em que o beneficiário opera e apenas se puder ser demonstrado que os efeitos dos auxílios sobre o emprego compensam o impacto sobre a concorrência no mercado relevante.

ARTIGO 10.º (**Transparência e controlo**)

1 – Aquando da aplicação de um regime de auxílios isento nos termos do presente regulamento, os Estados membros transmitirão à Comissão, no prazo de 20 dias úteis, um resumo das informações relativas ao regime de auxílios em causa sob a forma do modelo de ficha previsto no anexo I, com vista à sua publicação no *Jornal Oficial das Comunidades Europeias*. Essa comunicação deve ser efectuada por via electrónica.

2 – Os Estados membros devem conservar registos pormenorizados relativamente aos regimes de auxílios isentos pelo presente regulamento, bem como aos auxílios individuais concedidos no âmbito desses regimes. Esses registos incluirão todas as informações necessárias para comprovar que as condições de isenção, tal como estabelecidas no presente regulamento, estão preenchidas, incluindo informações sobre a natureza de qualquer empresa cujo direito ao auxílio depende do seu estatuto de PME. Os Estados membros devem conservar um registo relativo a qualquer regime de auxílios por um período de 10 anos a contar da data em que o último auxílio individual foi concedido no âmbito desse regime. Mediante pedido por escrito da Comissão, os Estados membros em causa transmitir-lhe-ão, no prazo de 20 dias úteis ou num prazo mais longo eventualmente indicado nesse pedido,

todas as informações que a Comissão entenda necessárias para apreciar o respeito das condições estabelecidas no presente regulamento.

3 – Os Estados membros devem elaborar um relatório sobre a aplicação do presente regulamento relativo a cada ano civil ou parte do mesmo em que o presente regulamento é aplicável, na forma prevista no anexo II, de forma electrónica. Os Estados membros devem enviar este relatório à Comissão o mais tardar três meses após o termo do período a que se refere.

ARTIGO 11.º (**Entrada em vigor, período de vigência e disposições transitórias**)

1 – O presente regulamento entra em vigor no vigésimo dia seguinte ao da sua publicação no *Jornal Oficial das Comunidades Europeias*.

O presente regulamento vigora até 31 de Dezembro de 2006.

2 – As notificações pendentes no momento da entrada em vigor do presente regulamento serão apreciadas em conformidade com as suas disposições.

Os regimes de auxílios aplicados antes da entrada em vigor do presente regulamento, bem como os auxílios concedidos no âmbito destes regimes, na ausência de uma autorização da Comissão e em infracção à obrigação prevista no n.º 3 do artigo 88.º do Tratado, serão compatíveis com o mercado comum na acepção do n.º 3 do artigo 87.º do Tratado e serão isentos ao abrigo do presente regulamento se preencherem as condições estabelecidas na alínea *a*) do n.º 1 e no n.º 2 do artigo 3.º. Os auxílios que não satisfizerem estas condições serão apreciados pela Comissão à luz dos enquadramentos, orientações e comunicações relevantes.

3 – No termo do período de vigência do presente regulamento, os regimes de auxílios isentos nos termos do presente regulamento continuarão a beneficiar desta isenção durante um período de adaptação de seis meses.

O presente regulamento é obrigatório em todos os seus elementos e directamente aplicável em todos os Estados membros.

Feito em Bruxelas, em 5 de Dezembro de 2002.

Pela Comissão, MARIO MONTI.

Membro da Comissão.

ANEXO I*

Número do auxílio:
(Observação: este número será preenchido pela DG COMP)
Estado membro:
Região:
(Observação: indicar o nome da região caso o auxílio seja concedido por uma autoridade regional)
Denominação do regime de auxílio:
(Observação: indicar a designação do regime de auxílio)
Base jurídica:
(Observação: indicar a referência jurídica nacional exacta para o auxílio e uma referência da publicação)
Despesas anuais previstas no âmbito do regime:
(Observações: os montantes devem ser expressos em euros ou, se aplicável, na moeda nacional. Indicar o montante global anual da dotação ou dotações orçamentais ou as perdas fiscais anuais estimadas para todos os instrumentos incluídos no regime).
No que diz respeito a garantias, indicar o montante (máximo) de empréstimos garantido.
Intensidade máxima do auxílio, ao abrigo do:
– Artigo 4.º: criação de emprego
– Artigo 5.º: recrutamento de trabalhadores desfavorecidos e com deficiência
– Artigo 6.º: custos adicionais de emprego de trabalhadores com deficiência
– Observação: indicar a intensidade máxima de auxílio fazendo a distinção entre auxílios concedidos ao abrigo dos artigos 4.º, 5.º e 6.º do regulamento.
– Data de execução:
– Observação: indicar a data a partir da qual os auxílios podem ser concedidos ao abrigo do regime.
– Duração do regime:
– Observação: indicar a data (ano e mês) até à qual os auxílios podem ser concedidos ao abrigo do regime.
– Objectivo do auxílio:
– Artigo 4.º: criação de emprego
– Artigo 5.º: recrutamento de trabalhadores desfavorecidos e com deficiência
– Artigo 6.º: emprego de trabalhadores com deficiência
(Observação: o ou os objectivos essenciais da medida devem ser identificados de entre as três opções. Este campo dá a oportunidade de indicar outros objectivos secundários prosseguidos)

---

* Informações comunicadas pelos Estados membros sobre os auxílios estatais concedidos ao abrigo do Regulamento (CE) n.º 2204/2002 relativo à aplicação dos artigos 87.º e 88.º do Tratado CE aos auxílios estatais ao emprego (a fornecer em suporte informático, por correio electrónico, para stateaidgreffe@cec.eu.int).

Sector(es) económico(s) em causa:
- Todos os sectores comunitários[1]
- Todos os sectores da indústria transformadora[2]
- Todos os serviços[3]
- Outros (especificar)

Observação: escolha da lista, quando for caso disso. Os regimes de auxílio destinados a sectores específicos não são abrangidos pela isenção de notificação prevista no presente regulamento.

Nome e endereço da autoridade que concede o auxílio:

(Observação: queira incluir o número de telefone e quando possível o endereço de correio electrónico)

Outras informações:

Caso o regime seja co-financiado por fundos comunitários, queira acrescentar a frase seguinte:

"O regime de auxílios é co-financiado ao abrigo de (referência)"

Caso a duração do regime ultrapasse a data de vigência do presente regulamento, queira acrescentar a frase seguinte:

"O regulamento de isenção termina em 31 de Dezembro de 2006 seguido de um período transitório de seis meses"

Sectores objecto de regras especiais constantes de regulamentos e directivas que regem todos os auxílios estatais do sector.

---

[1] À excepção do sector da construção naval e de outros sectores objecto de regras especiais constantes de regulamentos e directivas que regem todos os auxílios estatais do sector.

[2] À excepção do sector da construção naval e de outros sectores objecto de regras especiais constantes de regulamentos e directivas que regem todos os auxílios estatais do sector.

[3] À excepção do sector da construção naval e de outros.

ANEXO II

Modelo de relatório periódico a apresentar à Comissão*

Os Estados membros deverão utilizar o modelo a seguir apresentado para darem cumprimento à obrigação que lhes incumbe de apresentarem relatórios à Comissão em aplicação dos regulamentos de isenção por categoria adoptados com base no Regulamento (CE) n.º 994/98.

Os relatórios devem ser fornecidos em suporte informático e enviados para stateaidgreffe@cec.eu.int

Informações exigidas para todos os regimes de auxílio isentos ao abrigo de regulamentos de isenção por categoria adoptados nos termos do artigo 1.º do Regulamento (CE) n.º 994/98

1. Denominação e número do regime de auxílio.
2. Regulamento de isenção da Comissão aplicável.
3. Despesas.

Devem ser apresentados valores distintos para cada instrumento de auxílio contido num regime (por exemplo, subvenção, empréstimos em condições favoráveis, etc.). Os montantes devem ser expressos em euros ou, se aplicável, na moeda nacional. No caso das despesas fiscais, devem ser apresentadas as perdas fiscais anuais. Se não existirem dados disponíveis, poderão ser apresentadas estimativas.

Os dados relativos às despesas devem ser apresentados na base seguinte: Para cada ano considerado indicar separadamente para cada instrumento de auxílio no âmbito do regime (por exemplo, subvenção, empréstimo em condições favoráveis, garantia, etc.):

3.1. Os montante autorizados, as perdas (estimadas) de receitas fiscais ou outras perdas de receitas, dados sobre as garantias, etc., relativamente às novas decisões de concessão de auxílios. No caso de regimes de garantias deve ser comunicado o montante total das novas garantias concedidas.

3.2. Os pagamentos efectivos, as perdas (estimadas) de receitas fiscais ou outras perdas de receitas, dados sobre as garantias, etc., para as novas concessões de auxílios e para as concessões em curso. No caso de regimes de garantia, deve prever-se o seguinte: montante total de garantias ainda em vigor, receitas de comissões, montantes recuperados, indemnizações pagas e resultados operacionais do regime no ano em análise.

3.3. Número de novas decisões de concessão de auxílios.

3.4. Número total estimado de postos de trabalho criados ou de trabalhadores desfavorecidos ou com deficiência recrutados ou contratados no âmbito de novas decisões de concessão de auxílios (consoante o caso). Os auxílios destinados ao recrutamento de trabalhadores desfavorecidos devem ser repartidos pelas categorias constantes da alínea f) do artigo 2.º

3.5.

---

* Modelo de relatório anual sobre os regimes de auxílio isentos ao abrigo de um regulamento de isenção por categoria adoptado nos termos do artigo 1.º do Regulamento (CE) n.º 994/98.

3.6. Repartição regional dos montantes correspondentes ao ponto 3.1 quer por regiões definidas ao nível da NUTS 2[1] ou a um nível inferior, quer por regiões abrangidas pelo n.º 3, alínea *a*), do artigo 87.º, regiões abrangidas pelo n.º 3, alínea *c)*, do artigo 87.º e regiões não assistidas.

3.7. Repartição sectorial dos montantes correspondentes ao ponto 3.1 por sectores de actividade dos beneficiários (se estiver abrangido mais de um sector, indicar o montante de cada um deles):
– Extracção de carvão
– Indústrias transformadoras, das quais:
– Siderurgia
– Construção naval
– Fibras sintéticas
– Veículos a motor
– Outras indústrias transformadoras (especificar)
– Serviços, dos quais:
– Serviços de transporte
– Serviços financeiros
– Outros serviços (especificar)
– Outros sectores (especificar)
4. Outras informações e observações.

---

[1] NUTS é a Nomenclatura das Unidades Territoriais Estatísticas da CE.

AUXÍLIOS A PME – PRODUTOS AGRÍCOLAS

Regulamento (CE) n.º 1/2004*

A COMISSÃO DAS COMUNIDADES EUROPEIAS,

Tendo em conta o Tratado que institui a Comunidade Europeia,
Tendo em conta o Regulamento (CE) n.º 994/98 do Conselho, de 7 de Maio de 1998, relativo à aplicação dos artigos 92.º e 93.º do Tratado que institui a Comunidade Europeia a determinadas categorias de auxílios estatais horizontais, e, nomeadamente, o n.º 1, subalínea i) da alínea a), do seu artigo 1.º,

Após publicação do projecto do presente regulamento,
Após consulta do Comité Consultivo em matéria de auxílios concedidos pelos Estados,
Considerando o seguinte:

(1) O Regulamento (CE) n.º 994/98 confere à Comissão poderes para declarar, em conformidade com o artigo 87.º do Tratado, que, em certas condições, os auxílios às pequenas e médias empresas são compatíveis com o mercado comum e não estão sujeitos à obrigação de notificação estabelecida no n.º 3 do artigo 88.º do Tratado.

(2) O Regulamento (CE) n.º 70/2001 da Comissão, de 12 de Janeiro de 2001, relativo à aplicação dos artigos 87.º e 88.º do Tratado CE aos auxílios estatais a favor das pequenas e médias empresas, não é aplicável às actividades relacionadas com a produção, transformação ou comercialização dos produtos enumerados no anexo I do Tratado.

(3) A Comissão tem aplicado, em numerosas decisões, os artigos 87.º e 88.º do Tratado às pequenas e médias empresas que se dedicam à produção, transformação e comercialização de produtos agrícolas e tem igualmente expressado a sua política nesta matéria, pela última vez nas orientações comunitárias para os auxílios estatais no sector agrícola (a seguir designadas por «Orientações para o sector agrícola»). À luz da considerável experiência adquirida pela Comissão com a aplicação dos referidos artigos às pequenas e médias empresas que se dedicam à produção, transformação e comercialização de produtos agrícolas, é conveniente, com vista a garantir um controlo eficaz e a simplificar os procedimentos administrativos, sem comprometer o controlo exercido pela Comissão, que esta exerça os poderes que lhe são conferidos pelo Regulamento (CE) n.º 994/98 igualmente em

---

* Regulamento (CE) n.º 1/2004 da Comissão, de 23 de Dezembro de 2003 relativo à aplicação dos artigos 87.º e 88.º do Tratado CE aos auxílios estatais das pequenas e médias empresas que se dedicam a produção, transformação e comercialização de produtos agrícolas (JO, L 1, de 3.1.2004, pp. 1-16, tal como (mal) rectificado em JO, L 67, de 5.3.2004, pp. 34).

relação às pequenas e médias empresas que se dedicam à produção, transformação e comercialização de produtos agrícolas, na medida em que o artigo 89.º do Tratado tenha sido declarado aplicável a esses artigos. Devido às especificidades do sector agrícola, um regulamento aplicável apenas às pequenas e médias empresas activas neste sector é plenamente justificado.

(4) O presente regulamento não prejudica a possibilidade que assiste aos Estados--Membros de notificarem os auxílios às pequenas e médias empresas que se dedicam à produção, transformação e comercialização de produtos agrícolas. Tais notificações serão apreciadas pela Comissão à luz do presente regulamento e com base nas orientações para o sector agrícola. As notificações pendentes na data da entrada em vigor do presente regulamento devem ser apreciadas, em primeiro lugar, à luz do presente regulamento e, em seguida, se as condições nele estabelecidas não forem respeitadas, com base nas orientações para o sector agrícola. É adequado estabelecer disposições transitórias para os auxílios concedidos antes da entrada em vigor do presente regulamento e, em infracção à obrigação prevista no n.º 3 do artigo 88.º do Tratado, não tenham sido notificados.

(5) Nos próximos anos, a agricultura terá de se adaptar a novas realidades e às alterações que caracterizam a evolução dos mercados, à política de mercado e às regras comerciais, às exigências e preferências dos consumidores e ao alargamento da Comunidade. Essas alterações afectarão não só os mercados agrícolas mas também, de um modo geral, as economias locais das zonas rurais. A política de desenvolvimento rural deve ter por objectivo restabelecer e reforçar a competitividade das zonas rurais e, por conseguinte, contribuir para a manutenção e criação de emprego nessas zonas.

(6) As pequenas e médias empresas desempenham um papel determinante na criação de emprego e, mais geralmente, representam um factor de estabilidade social e de dinamismo económico. O seu desenvolvimento pode, todavia, ser dificultado, por exemplo, pelas imperfeições do mercado. Frequentemente, poderá ser-lhes difícil ter acesso a capital ou a crédito, em razão da renitência de certos mercados financeiros em assumir riscos e das garantias por vezes limitadas que podem oferecer. O carácter modesto dos recursos de que dispõem pode também reduzir as suas possibilidades de acesso à informação, nomeadamente no que diz respeito às novas tecnologias e mercados potenciais. Tendo em conta o que precede, os auxílios objecto de isenção nos termos do presente regulamento devem ter por objectivo facilitar o desenvolvimento das actividades económicas das pequenas e médias empresas, sem alterar as condições comerciais numa medida que contrarie o interesse comum. Tal situação deve ser incentivada e apoiada através da simplificação das regras em vigor, na medida em que se apliquem às pequenas e médias empresas.

(7) A produção, transformação e comercialização de produtos agrícolas na Comunidade são largamente dominadas por pequenas e médias empresas.

(8) O Regulamento (CE) n.º 1257/1999 do Conselho, de 17 de Maio de 1999, relativo ao apoio do Fundo Europeu de Orientação e de Garantia Agrícola (FEOGA) ao desenvolvimento rural e que altera e revoga determinados regulamentos, já introduziu regras específicas para os auxílios estatais a certas medidas de desenvolvimento rural que beneficiam do apoio dos Estados-Membros sem qualquer co-financiamento comunitário.

(9) O presente regulamento deve isentar todos os auxílios que reúnam as condições nele estabelecidas, bem como qualquer regime de auxílio, desde que os auxílios que sejam concedidos em aplicação desse regime reúnam todas as condições aplicáveis do presente regulamento. A fim de garantir um controlo eficiente e simplificar a tramitação sem comprometer o controlo exercido pela Comissão, os regimes de auxílio e os auxílios individuais

que não caibam em nenhum regime de auxílios devem conter uma referência expressa ao presente regulamento.

(10) Os auxílios concedidos em relação com custos de publicidade, conforme definida nas directrizes comunitárias para os auxílios estatais à publicidade de produtos incluídos no anexo I do Tratado CE e de determinados produtos não incluídos no anexo I, devem ficar excluídos do âmbito do presente regulamento e continuar a ser exclusivamente abrangidos por essas directrizes.

(11) Dada a necessidade de reduzir ao mínimo as distorções da concorrência no sector beneficiário do auxílio e, simultaneamente, prosseguir os objectivos do presente regulamento, é conveniente que este não isente os auxílios individuais que excedam um montante máximo determinado, independentemente de serem ou não concedidos ao abrigo de um regime isento pelo presente regulamento.

(12) O presente regulamento não deve isentar os auxílios à exportação nem os auxílios que imponham a utilização dos produtos nacionais em detrimento dos produtos importados. Tais auxílios podem ser incompatíveis com as obrigações internacionais da Comunidade a título do Acordo sobre as subvenções e as medidas de compensação e do Acordo sobre a agricultura, ambos no quadro da OMC. Normalmente, os auxílios concedidos a favor dos custos de participação em feiras comerciais ou de estudos ou serviços de consultoria necessários para o lançamento de um produto novo ou já existente num novo mercado não devem constituir auxílios à exportação.

(13) Para eliminar quaisquer diferenças que possam suscitar distorções da concorrência e facilitar a coordenação entre diferentes iniciativas comunitárias e nacionais a favor das pequenas e médias empresas, bem como por razões de transparência administrativa e segurança jurídica, a definição de «pequenas e médias empresas» utilizada no presente regulamento deve ser a estabelecida no Regulamento (CE) n.º 70/2001.

(14) Em conformidade com a prática estabelecida da Comissão e para garantir que o auxílio é proporcionado e se limita ao estritamente necessário, os limiares de auxílio devem, normalmente, ser expressos em termos de intensidades de auxílio relativamente a um conjunto de custos elegíveis e não em termos de montantes máximos de auxílio.

(15) Para determinar se um auxílio é ou não compatível com o mercado comum à luz do presente regulamento, é necessário tomar em consideração a intensidade do auxílio e, por conseguinte, o montante do auxílio expresso em equivalente-subvenção. No cálculo do equivalente-subvenção dos auxílios a pagar em diversas prestações e dos auxílios concedidos sob a forma de empréstimo em condições preferenciais, deve ser aplicada a taxa de juro prevalecente no mercado aquando da concessão do auxílio. Com vista a assegurar uma aplicação uniforme, transparente e simples das regras em matéria de auxílios estatais, é conveniente considerar que as taxas do mercado aplicáveis para efeitos do presente regulamento são as taxas de referência, desde que, no caso dos empréstimos em condições preferenciais, as garantias oferecidas sejam as habituais e não impliquem riscos anormais. As taxas de referência devem ser as fixadas periodicamente pela Comissão com base em critérios objectivos e publicadas no Jornal Oficial da União Europeia e na internet.

(16) De acordo com a prática estabelecida pela Comissão para a avaliação dos auxílios estatais no sector agrícola, não é necessária qualquer diferenciação entre as pequenas e as médias empresas. No que respeita a certos tipos de auxílio, é adequado estabelecer os montantes máximos de auxílio que um beneficiário pode receber.

(17) Os limites máximos de auxílio devem ser fixados, à luz da experiência da Comissão, a um nível consentâneo, simultaneamente, com a necessidade de reduzir ao mí-

nimo as distorções da concorrência no sector em causa e com o objectivo de favorecer o desenvolvimento das actividades económicas das pequenas e médias empresas no sector agrícola. Por razões de coerência relativamente às medidas de apoio que beneficiam de financiamento comunitário, os limites máximos devem ser harmonizados com os fixados nas orientações para o sector agrícola e no Regulamento (CE) n.º 1257/1999.

(18) É conveniente definir outras condições que devem ser satisfeitas por quaisquer regimes de auxílios ou auxílios individuais isentos nos termos do presente regulamento. As empresas que recebam auxílios ao investimento devem satisfazer os critérios relativos à viabilidade e ao respeito das normas mínimas previstos no artigo 5.º e no n.º 1 do artigo 26.º do Regulamento (CE) n.º 1257/1999. Devem ser tidas em conta quaisquer restrições à produção ou condicionantes do apoio comunitário no quadro das organizações comuns de mercado. Nos termos do n.º 3, alínea c), do artigo 87.º do Tratado, os auxílios não devem, em princípio, ter por único efeito reduzir definitiva ou periodicamente os custos de exploração que o beneficiário deveria normalmente suportar e que devem ser proporcionais às desvantagens que é necessário ultrapassar para garantir os benefícios de carácter socioeconómico que se entende responderem ao interesse comunitário. Os auxílios estatais unilaterais destinados, simplesmente, a melhorar a situação financeira dos produtores e que não contribuam, de algum modo, para o desenvolvimento do sector, nomeadamente os concedidos unicamente com base no preço, na quantidade, numa unidade de produção ou numa unidade de meios de produção, são considerados auxílios ao funcionamento, que são incompatíveis com o mercado comum. Além disso, tais auxílios são igualmente susceptíveis de interferir com os mecanismos das organizações comuns de mercado. É conveniente, por conseguinte, limitar o âmbito de aplicação do presente regulamento a certos tipos de auxílios.

(19) O presente regulamento deve isentar os auxílios concedidos a pequenas e médias empresas, independentemente do local onde se encontrem estabelecidas. O investimento e a criação de emprego podem contribuir para o desenvolvimento económico das regiões menos favorecidas e das regiões do objectivo 1 da Comunidade. As pequenas e médias empresas destas regiões sofrem, simultaneamente, de desvantagens estruturais decorrentes da sua localização e de dificuldades decorrentes da sua dimensão. Por conseguinte, é conveniente prever limites máximos mais elevados relativamente às pequenas e médias empresas situadas nas regiões menos favorecidas e nas regiões do objectivo 1.

(20) Devido ao risco de distorções resultantes de auxílios aos investimentos e para que os agricultores tenham a liberdade de decidir em que produtos investir, os auxílios ao investimento isentos a título do presente regulamento não devem estar limitados a determinados produtos agrícolas. Esta condição não deve impedir os Estados-Membros de excluir determinados produtos agrícolas dos auxílios ou dos regimes em causa, nomeadamente quando não seja possível encontrar um escoamento normal no mercado. Além disso, certos tipos de investimento devem ser excluídos do âmbito do presente regulamento. Os auxílios aos investimentos em sectores específicos podem ser justificados e, em consequência, isentos, sempre que o auxílio esteja limitado aos custos decorrentes da aplicação de regras específicas relativas à preservação e melhoria do ambiente, à melhoria das condições de higiene nas empresas pecuárias ou ao bem-estar dos animais de exploração. Os investimentos para a transformação e comercialização de produtos agrícolas no quadro da exploração agrícola, que não impliquem um aumento da capacidade e cujas despesas totais elegíveis sejam inferiores ao limite estabelecido no artigo 7.º do Regulamento (CE) n.º 1257/1999, devem ser examinados de acordo com as regras previstas para os investimentos para a produção de produtos agrícolas. Os investimentos nas explorações agrícolas relacionados com a transformação e comer-

cialização de produtos agrícolas que impliquem um aumento da capacidade de produção e/ou despesas totais elegíveis superiores ao limite estabelecido no artigo 7.º do Regulamento (CE) n.º 1257/1999 devem ser examinados de acordo com as regras aplicáveis aos investimentos relacionados com a transformação e comercialização de produtos agrícolas.

(21) Sempre que sejam concedidos auxílios para apoiar a adaptação a novas regras introduzidas a nível comunitário, os Estados-Membros não devem ter a possibilidade de prolongar o período de adaptação concedido aos agricultores através de um retardamento da entrada em vigor dessas regras. Por conseguinte, é necessário definir claramente a data a partir da qual a nova legislação deixará de poder ser assim considerada.

(22) Frequentemente, serviços a preços subsidiados são oferecidos aos agricultores por empresas que os agricultores não podem escolher livremente. Para evitar que os auxílios sejam concedidos aos prestadores de serviços em vez de aos agricultores e para garantir que os agricultores obtenham os melhores serviços a preços competitivos, deve, normalmente, ser assegurado que os prestadores de serviços sejam escolhidos e remunerados de acordo com as regras de mercado. No entanto, no que se refere a certos serviços, devido à sua própria natureza ou à base jurídica para a sua prestação, pode acontecer que exista apenas um prestador.

(23) Determinados regulamentos do Conselho no domínio agrícola prevêem autorizações específicas para o pagamento dos auxílios pelos Estados-Membros, frequentemente em combinação ou como complemento ao financiamento comunitário. Todavia, essas disposições não prevêem, habitualmente, a isenção da obrigação de notificação a título do artigo 88.º do Tratado, na medida em que os auxílios em causa correspondam às condições do n.º 1 do artigo 87.º do Tratado. Dado que as condições relativas a tais auxílios estão claramente especificadas nesses regulamentos e/ou que a comunicação das medidas em causa à Comissão está prevista em disposições especiais desses regulamentos, não é necessária outra notificação, distinta, nos termos do n.º 3 do artigo 87.º do Tratado para permitir a apreciação dessas medidas pela Comissão. Por razões de segurança jurídica, deve ser incluída no presente regulamento uma referência a essas disposições, daí resultando que a notificação das referidas medidas a título do artigo 88.º do Tratado não será necessária, desde que, previamente, se possa garantir que os auxílios em causa são exclusivamente concedidos a pequenas e médias empresas.

(24) Para garantir que o auxílio é necessário e serve de incentivo ao desenvolvimento de determinadas actividades, o presente regulamento não deve isentar os auxílios a favor de actividades que, de qualquer modo, em condições normais de mercado, o beneficiário levaria a cabo. Não deve ser concedido qualquer auxílio a título retroactivo relativamente a actividades que tenham já sido levadas a cabo pelo beneficiário.

(25) O presente regulamento não deve isentar a cumulação de auxílios com outros auxílios estatais, incluindo os auxílios concedidos por autoridades nacionais, regionais ou locais, com apoio público concedido no quadro do Regulamento (CE) n.º 1257/1999 ou com financiamentos comunitários, relativamente aos mesmos custos elegíveis, quando essa cumulação exceda os limiares fixados no presente regulamento.

(26) A fim de garantir a transparência e um controlo eficaz, nos termos do artigo 3.º do Regulamento (CE) n.º 994/98, é conveniente estabelecer um modelo normalizado segundo o qual os Estados-Membros prestarão à Comissão informações sintéticas sempre que, em aplicação do presente regulamento, seja executado um regime de auxílios ou concedido um auxílio individual fora do âmbito de um destes regimes, com vista à sua publicação no Jornal Oficial da União Europeia. Pelos mesmos motivos, é conveniente definir regras relativas aos registos que os Estados-Membros devem conservar sobre os auxílios isentos pelo presente

regulamento. No que respeita ao relatório anual que cada Estado-Membro deve apresentar à Comissão, é conveniente que esta precise as suas exigências específicas. Dado que a tecnologia necessária está amplamente disponível, as informações sintéticas e o relatório anual devem ser transmitidos sob forma electrónica.

(27) O incumprimento, por parte de um Estado-Membro, das suas obrigações respeitantes a relatórios, previstas no presente regulamento, impossibilita a Comissão de desempenhar a sua função de controlo a título do n.º 1 do artigo 88.º do Tratado e, em especial, de examinar se o efeito económico cumulado dos auxílios isentos ao abrigo do presente regulamento é tal que afecta as condições das trocas comerciais de um modo que contrarie o interesse comum. A necessidade de avaliar o efeito cumulado dos auxílios estatais é especialmente elevada no caso de o mesmo beneficiário poder receber auxílios concedidos por várias fontes, como é cada vez mais frequente no sector agrícola. Por conseguinte, é da maior importância que, antes de aplicar auxílios a título do presente regulamento, o Estado-Membro apresente rapidamente informações adequadas.

(28) À luz da experiência da Comissão neste domínio, especialmente em relação à frequência com que é necessário rever a política em matéria de auxílios estatais, é adequado limitar o período de aplicação do presente regulamento. No caso de o presente regulamento expirar sem ter sido prorrogado, os regimes de auxílios já isentos ao abrigo do presente regulamento devem continuar isentos durante um período de seis meses,

ADOPTOU O PRESENTE REGULAMENTO:

CAPÍTULO 1 Âmbito de aplicação e condições gerais

ARTIGO 1.º (Âmbito de aplicação)

1. O presente regulamento é aplicável aos auxílios concedidos às pequenas e médias empresas que se dedicam à produção, transformação e comercialização de produtos agrícolas.

2. O presente regulamento não é aplicável aos:

a) Auxílios concedidos em relação com custos de publicidade, conforme definida nas directrizes comunitárias para os auxílios estatais à publicidade de produtos incluídos no anexo I do Tratado CE e de determinados produtos não incluídos no anexo I;

b) Auxílios à transformação de produtos agrícolas do anexo I de que resultem produtos não abrangidos pelo anexo I.

3. O presente regulamento não é aplicável aos auxílios a investimentos individuais cujas despesas elegíveis excedam 12,5 milhões de euros nem aos auxílios cujo montante efectivo exceda 6 milhões de euros. Tais auxílios devem ser especificamente notificados à Comissão a título do n.º 3 do artigo 88.º do Tratado.

4. Sem prejuízo da alínea *a)* do artigo 16.º, o presente regulamento não é aplicável aos:

a) Auxílios concedidos a actividades relacionadas com a exportação, nomeadamente os auxílios concedidos directamente em função das quantidades exportadas, a favor da criação e do funcionamento de uma rede de distribuição ou a favor de outras despesas correntes atinentes às actividades de exportação;

b) Auxílios que imponham a utilização de produtos nacionais em detrimento de produtos importados.

ARTIGO 2.º **(Definições)**

Para efeitos do presente regulamento, entende-se por:

1. «Auxílio»: qualquer medida que preencha todos os critérios enunciados no n.º 1 do artigo 87.º do Tratado.

2. «Produto agrícola»:

a) Os produtos contidos no anexo I do Tratado, com excepção dos produtos da pesca e da aquicultura abrangidos pelo Regulamento (CE) n.º 104/2000 do Conselho;

b) Os produtos dos códigos NC 4502, 4503 e 4504 (produtos de cortiça);

c) Os produtos de imitação ou substituição do leite ou dos produtos lácteos, referidos no n.º 2 do artigo 3.º do Regulamento (CEE) n.º 1898/87 do Conselho.

3. «Transformação de um produto agrícola»: uma operação realizada sobre um produto agrícola de que resulte um produto que continua a ser um produto agrícola.

4. «Pequenas e médias empresas»: as empresas que correspondem à definição constante do anexo I do Regulamento (CE) n.º 70/2001;

5. «Intensidade bruta do auxílio»: o montante do auxílio expresso em percentagem dos custos elegíveis do projecto. Todos os valores utilizados correspondem a montantes antes da dedução dos impostos directos. Sempre que um auxílio seja concedido sob uma forma distinta da subvenção, o montante do auxílio será o seu equivalente-subvenção. O valor dos auxílios pagáveis em várias prestações será o seu valor actualizado reportado ao momento da concessão. A taxa de juro a utilizar para efeitos de actualização e do cálculo do montante do auxílio, no caso de um empréstimo em condições preferenciais, será a taxa de referência aplicável no momento da concessão.

6. «Produto de qualidade»: um produto que satisfaz os critérios dos n.ºs 2 ou 3 do artigo 24.º-B do Regulamento (CE) n.º 1783/2003 do Conselho, de 29 de Setembro de 2003, que altera o Regulamento (CE) n.º 1257/1999 relativo ao apoio do Fundo Europeu de Orientação e de Garantia Agrícola (FEOGA) ao desenvolvimento rural.

7. «Acontecimentos climáticos adversos que podem ser equiparados a calamidades naturais»: condições climáticas adversas, tais como a geada, o granizo, o gelo, a chuva ou a seca, que destruam 20% da produção normal nas zonas desfavorecidas e 30% nas outras zonas.

8. «Zonas desfavorecidas»: zonas definidas pelos Estados-Membros com base no artigo 17.º do Regulamento (CE) n.º 1257/1999.

9. «Zonas do objectivo 1»: zonas referidas no artigo 3.º do Regulamento (CE) n.º 1260/1999 do Conselho;

10. «Novas normas mínimas relativas ao ambiente, higiene e bem-estar dos animais»:

a) No caso de normas que não prevejam qualquer período transitório, ou normas cujo respeito pelos operadores se torna obrigatório, no máximo, dois anos antes de os investimentos terem sido efectivamente iniciados; ou

b) No caso de normas ou que prevejam um período transitório, ou normas cujo respeito pelos operadores se torna obrigatório depois de os investimentos terem sido efectivamente iniciados.

11. «Jovens agricultores»: os produtores de produtos agrícolas definidos no artigo 8.º do Regulamento (CE) n.º 1257/1999.

12. «Agrupamento de produtores»: um agrupamento constituído a fim de que os seus membros adaptem colectivamente, no quadro dos objectivos das organizações comuns de mercado, a sua produção às exigências do mercado, nomeadamente através da concentração da oferta.

13. «União de produtores»: uma associação que é composta por agrupamentos de produtores reconhecidos e prossegue os mesmos objectivos, a nível mais vasto.

14. «Custos dos testes de detecção de EET e EEB»: todos os custos, incluindo os dos kits de teste, da colheita, do transporte, do teste, da armazenagem e da destruição das amostras necessárias para os testes efectuados em conformidade com o capítulo C do anexo X do Regulamento (CE) n.º 999/2001 do Parlamento Europeu e do Conselho, de 22 de Maio de 2001, que estabelece regras para a prevenção, o controlo e a erradicação de determinadas encefalopatias espongiformes transmissíveis.

ARTIGO 3.º (**Condições de isenção**)

1. Os auxílios individuais que sejam concedidos fora do âmbito de qualquer regime e reúnam todas as condições do presente regulamento são compatíveis com o mercado comum, na acepção do n.º 3, alínea *c*), do artigo 87.º do Tratado, e estão isentos da obrigação de notificação imposta pelo n.º 3 do artigo 88.º do Tratado desde que tenha sido apresentado o resumo das informações previsto no n.º 1 do artigo 19.º e contenham uma referência expressa ao presente regulamento, através da citação do seu título e da sua referência de publicação no Jornal Oficial da União Europeia.

2. Os regimes de auxílios que reúnam todas as condições previstas no presente regulamento são compatíveis com o mercado comum, na acepção do n.º 3, alínea *c*), do artigo 87.º do Tratado, e estão isentos da obrigação de notificação imposta pelo n.º 3 do artigo 88.º do Tratado, desde que:

a) Qualquer auxílio que possa ser concedido ao abrigo desses regimes satisfaça todas as condições estabelecidas no presente regulamento;

b) Esses regimes contenham uma referência expressa ao presente regulamento, citando o seu título e a referência de publicação no *Jornal Oficial da União Europeia;*

c) Tenha sido apresentado o resumo das informações previsto no n.º 1 do artigo 19.º

3. Os auxílios concedidos no âmbito dos regimes referidos no n.º 2 são compatíveis com o mercado comum, na acepção do n.º 3, alínea *c*), do artigo 87.º do Tratado, e estão isentos da obrigação de notificação imposta pelo n.º 3 do artigo 88.º desde que o auxílio concedido reúna directamente todas as condições do presente regulamento.

CAPÍTULO 2 Categorias de auxílios

ARTIGO 4.º (**Investimentos nas explorações agrícolas**)

1. Os auxílios aos investimentos em explorações agrícolas situadas no território da Comunidade com vista à produção, transformação e comercialização de produtos agrícolas são compatíveis com o mercado comum, na acepção do n.º 3, alínea *c*), do artigo 87.º do Tratado, e estão isentos da obrigação de notificação imposta pelo n.º 3 do artigo 88.º do Tratado quando reúnam as condições enunciadas nos n.ºs 2 a 10.

2. A intensidade bruta do auxílio não deve exceder:

a) 50 % dos investimentos elegíveis nas zonas desfavorecidas;

b) 40 % dos investimentos elegíveis nas outras zonas.

No caso dos investimentos realizados por jovens agricultores nos cinco anos seguintes à sua instalação, a taxa máxima de auxílio é aumentada para 60% nas zonas desfavorecidas e 50% nas outras zonas.

Sempre que os investimentos impliquem sobrecustos relacionados com a protecção e melhoria do ambiente, a melhoria das condições de higiene nas explorações pecuárias ou o bem-estar dos animais de exploração, as taxas de auxílio máximas de 50% e 40%, referidas nas alíneas *a*) e *b*) do primeiro parágrafo, podem ser aumentadas de, respectivamente, 25 e 20 pontos percentuais. Este aumento só pode ser concedido a título de investimentos que permitam ir além das exigências comunitárias mínimas em vigor ou de investimentos realizados para efeitos de observância de novas normas mínimas. O aumento deve ser limitado aos sobrecustos elegíveis necessários e não é aplicável no caso de investimentos de que resulte um aumento da capacidade de produção.

3. O investimento deve prosseguir um ou mais dos seguintes objectivos:

a) Redução dos custos de produção;

b) Melhoria e reorientação da produção;

c) Melhoria da qualidade;

d) Preservação e melhoria do ambiente, condições de higiene e normas relativas ao bem-estar dos animais;

e) Promoção da diversificação das actividades agrícolas.

4. As despesas elegíveis podem incluir:

a) Despesas com a construção, aquisição ou melhoramento de bens imóveis;

b) Despesas com a compra ou locação-compra de novas máquinas e equipamentos, incluindo programas informáticos até ao valor de mercado do bem; outros custos relacionados com um contrato de locação (impostos, margem do alugador, custos dos juros de refinanciamento, despesas gerais, despesas com seguros, etc.) não constituem despesas elegíveis;

c) Custos gerais, como honorários de arquitectos, engenheiros e consultores, estudos de viabilidade, aquisição de patentes e licenças, até 12% das despesas referidas nas alíneas *a)* e *b)*.

Em derrogação da alínea *b)* do primeiro parágrafo, a compra de material em segunda-mão pode ser considerada uma despesa elegível, desde que devidamente justificada, quando preenchidas simultaneamente as condições seguintes:

a) Que o vendedor subscreva uma declaração em que ateste a origem exacta do equipamento e confirme que esta ainda não beneficiou de nenhuma contribuição nacional ou comunitária;

b) Que a compra desse equipamento represente uma vantagem especial para o programa ou para o projecto, ou que se imponha devido a circunstâncias excepcionais (por exemplo, inexistência de material novo disponível dentro dos prazos, pondo assim em risco a boa realização do projecto);

c) Que haja uma redução dos custos e, portanto, do montante do auxílio, relativamente ao custo do mesmo equipamento novo, mantendo sempre a operação uma boa relação custo/benefício;

d) Que as características técnicas e/ou tecnológicas do equipamento adquirido em segunda-mão sejam adequadas às exigências do projecto.

5. Os auxílios só podem ser concedidos a explorações agrícolas viáveis que satisfaçam os critérios fixados no artigo 5.º do Regulamento (CE) n.º 1257/1999.

Podem ser concedidos auxílios com vista a permitir que o beneficiário cumpra novas normas mínimas relativas ao ambiente, à higiene e ao bem-estar dos animais.

A apreciação do respeito dos critérios do artigo 5.º do Regulamento (CE) n.º 1257/1999 ao nível da empresa deve ser realizada por um organismo público ou por um terceiro independente, que seja qualificado para o efeito. As regras que instituem o regime de auxílios ou a decisão de concessão de um auxílio individual fora do âmbito de tal regime devem especificar como será efectuada essa apreciação.

6. Devem estar disponíveis provas suficientes de que, no futuro, existe um escoamento normal no mercado para os produtos em causa. Esse escoamento deve ser avaliado a um nível adequado, definido pelos Estados-Membros em função dos produtos em causa, dos tipos de investimento e das capacidades existentes e previstas. A avaliação do escoamento normal no mercado deve ser realizada por um organismo público ou um terceiro que sejam independentes do beneficiário e qualificados para o efeito. As normas que instituem o regime de auxílios devem especificar como será efectuada essa avaliação. A avaliação deve basear-se em dados recentes e deve ser tornada pública.

7. Os auxílios não devem ser concedidos em violação de eventuais proibições ou restrições previstas nos regulamentos do Conselho que estabelecem as organizações comuns de mercado, mesmo que tais proibições e restrições só digam respeito ao apoio comunitário.

8. A não ser que estejam limitados aos custos decorrentes da aplicação de regras específicas relativas à preservação e melhoria do ambiente, à melhoria das condições de higiene nas empresas pecuárias ou ao bem-estar dos animais de exploração, os auxílios não devem estar limitados a determinados produtos agrícolas. Não devem ser concedidos auxílios para:

a) Investimentos que tenham por efeito aumentar a capacidade de produção, sempre que o aumento de capacidade na exploração seja superior a 20%, medidos em termos de cabeças normais no que se refere à produção animal e de superfície cultivada no que se refere à produção vegetal;

b) Compra de direitos de produção, animais, terras que não para construção e plantas ou à plantação de plantas;

c) Investimentos em simples operações de substituição.

9. As despesas máximas elegíveis para apoio não devem exceder o limite para o investimento total elegível para apoio fixado pelo Estado-Membro em conformidade com o artigo 7.º do Regulamento (CE) n.º 1257/1999. Os regimes de auxílios devem referir esse limite.

10. Não devem ser concedidos auxílios para:

a) Fabrico e comercialização de produtos que imitem ou substituam o leite e os produtos lácteos;

b) Actividades de transformação e comercialização no sector do açúcar.

ARTIGO 5.º **(Preservação das paisagens e edifícios tradicionais)**

1. Os auxílios à preservação das paisagens e edifícios tradicionais são compatíveis com o mercado comum, na acepção do n.º 3, alínea *c*), do artigo 87.º do Tratado, e estão isentos da obrigação de notificação imposta pelo n.º 3 do artigo 88.º do Tratado quando reúnam as condições enunciadas nos n.ºs 2 e 3.

2. Podem ser concedidos auxílios até 100% dos custos reais suportados no que se refere a investimentos ou infra-estruturas que se destinem a conservar elementos do património, de carácter não produtivo, localizados em explorações agrícolas, como, por exemplo, elementos com valor arqueológico ou histórico. Estes custos podem incluir uma remuneração razoável a título dos trabalhos realizados pelo próprio agricultor ou pela mão-de-obra por ele utilizada, até ao limite de 10000 euros por ano.

3. Podem ser concedidos auxílios até 60%, ou 75% nas zonas desfavorecidas, dos custos reais suportados no que se refere a investimentos ou infra-estruturas que se destinem a conservar elementos do património que façam parte de bens produtivos das explorações, como, por exemplo, bens imóveis, desde que o investimento não provoque qualquer aumento da capacidade de produção da exploração.

Nos casos em que se registe um aumento da capacidade de produção, serão aplicáveis as taxas de auxílio referidas no n.º 2 do artigo 4.º no que respeita às despesas elegíveis resultantes da realização dos trabalhos utilizando os materiais contemporâneos normais. Pode ser concedido um auxílio adicional, a uma taxa que pode elevar-se a 100%, para cobrir os sobrecustos inerentes à utilização de materiais tradicionais cuja utilização se imponha para preservar as características históricas do edifício.

ARTIGO 6.º (Relocalização de edifícios agrícolas no interesse público)

1. Os auxílios à relocalização de edifícios agrícolas são compatíveis com o mercado comum, na acepção do n.º 3, alínea c), do artigo 87.º do Tratado, e estão isentos da obrigação de notificação imposta pelo n.º 3 do artigo 88.º do Tratado desde que sejam concedidos no interesse público e reúnam todas as condições enunciadas nos n.ºs 2, 3 e 4.

O interesse público invocado como justificação da concessão de auxílios a título do presente artigo deve ser especificado nas disposições pertinentes do Estado-Membro.

2. Podem ser concedidos auxílios até 100% dos custos reais quando a relocalização no interesse público consista simplesmente em demolir, deslocar e reconstruir instalações existentes.

3. Sempre que a relocalização no interesse público leve a que o agricultor passe a beneficiar de instalações mais modernas, o agricultor deve contribuir com, pelo menos, 60%, ou 50% nas zonas desfavorecidas, do aumento do valor das instalações depois da relocalização. Se o beneficiário for um jovem agricultor, a sua contribuição será de, pelo menos, 55% ou 45%, respectivamente.

4. Sempre que da relocalização no interesse público resulte um aumento da capacidade de produção, a contribuição do beneficiário deve ser de, pelo menos, 60%, 50% nas zonas desfavorecidas, das despesas correspondentes a esse aumento. Se o beneficiário for um jovem agricultor, a sua contribuição deve ser de, pelo menos, 55% ou 45%.

ARTIGO 7.º (Investimentos relacionados com a transformação e comercialização)

1. Os auxílios aos investimentos relacionados com a transformação e comercialização de produtos agrícolas são compatíveis com o mercado comum, na acepção do n.º 3, alínea c), do artigo 87.º do Tratado, e estão isentos da obrigação de notificação imposta pelo n.º 3 do artigo 88.º do Tratado quando reúnam as condições enunciadas nos n.ºs 2 a 7.

2. A intensidade bruta do auxílio não deve exceder:

a) 50% dos investimentos elegíveis nas zonas do objectivo 1;

b) 40% dos investimentos elegíveis nas outras zonas.

3. As despesas elegíveis podem incluir:

a) Despesas com a construção, aquisição ou melhoramento de bens imóveis;

b) Despesas com a compra ou locação-compra de novas máquinas e equipamentos, incluindo programas informáticos até ao valor de mercado do bem; outros custos relacionados com um contrato de locação (impostos, margem do alugador, custos dos juros de refinanciamento, despesas gerais, despesas com seguros, etc.) não constituem despesas elegíveis;

c) Custos gerais, como honorários de arquitectos, engenheiros e consultores, estudos de viabilidade, aquisição de patentes e licenças, até 12% das despesas referidas nas alíneas *a)* e *b).*

Em derrogação da alínea *b)* do primeiro parágrafo, a compra de material em segunda mão pode ser considerada uma despesa elegível, desde que devidamente justificada, quando preenchidas simultaneamente as condições seguintes:

a) Que o vendedor subscreva uma declaração em que ateste a origem exacta do equipamento e confirme que esta ainda não beneficiou de nenhuma contribuição nacional ou comunitária;

b) Que a compra desse equipamento represente uma vantagem especial para o programa ou para o projecto, ou que se imponha devido a circunstâncias excepcionais (por exemplo, inexistência de material novo disponível dentro dos prazos, pondo assim em risco a boa realização do projecto);

c) Que haja uma redução dos custos e, portanto, do montante do auxílio, relativamente ao custo do mesmo equipamento novo, mantendo sempre a operação uma boa relação custo/benefício;

d) Que as características técnicas e/ou tecnológicas do equipamento adquirido em segunda-mão sejam adequadas às exigências do projecto.

4. Os auxílios só podem ser concedidos a empresas relativamente às quais possa ser demonstrado que satisfazem os critérios fixados no n.º 1 do artigo 26.º do Regulamento (CE) n.º 1257/1999.

Podem ser concedidos auxílios com vista a permitir que o beneficiário cumpra novas normas mínimas relativas ao ambiente, à higiene e ao bem-estar dos animais.

A apreciação do cumprimento dos critérios fixados no n.º 1 do artigo 26.º do Regulamento (CE) n.º 1257/1999 ao nível da empresa deve ser realizada por um organismo público ou por um terceiro independente, que seja qualificado para o efeito. As regras que instituem o regime de auxílios devem especificar como será efectuada essa avaliação.

5. Devem estar disponíveis provas suficientes de que, no futuro, existe um escoamento normal no mercado para os produtos em causa. Esse escoamento deve ser avaliado a um nível adequado, definido pelos Estados-Membros em função dos produtos em causa, dos tipos de investimento e das capacidades existentes e previstas. A avaliação do escoamento normal no mercado deve ser realizada por um organismo público ou um terceiro que seja independente do beneficiário e qualificado para o efeito. As regras que instituem o regime de auxílios devem especificar como será efectuada essa avaliação. A avaliação deve basear-se em dados recentes e deve ser tornada pública.

6. Os auxílios não devem ser concedidos em violação de eventuais proibições ou restrições previstas nos regulamentos do Conselho que estabelecem as orga-

nizações comuns de mercado, mesmo que tais proibições e restrições só digam respeito ao apoio comunitário.

7. Os auxílios não devem estar limitados a determinados produtos agrícolas e não devem ser concedidos para:

a) Fabrico e comercialização de produtos que imitem ou substituam o leite e os produtos lácteos;

b) Actividades de transformação e comercialização no sector do açúcar.

ARTIGO 8.º (**Auxílios à instalação de jovens agricultores**)

Os auxílios à instalação de jovens agricultores são compatíveis com o mercado comum, na acepção do n.º 3, alínea *c*), do artigo 87.º do Tratado, e estão isentos da obrigação de notificação imposta pelo n.º 3 do artigo 88.º do Tratado quando reúnam as seguintes condições:

a) Os critérios definidos nos artigos 7.º e 8.º do Regulamento (CE) n.º 1257/1999 estão satisfeitos;

b) O montante combinado do apoio concedido a título do Regulamento (CE) n.º 1257/1999 e do apoio concedido sob a forma de auxílios estatais não deve exceder os limites máximos fixados no n.º 2 do artigo 8.º do referido regulamento.

ARTIGO 9.º (**Auxílios à reforma antecipada**)

Os auxílios à reforma antecipada de agricultores são compatíveis com o mercado comum, na acepção do n.º 3, alínea *c*), do artigo 87.º do Tratado, e estão isentos da obrigação de notificação imposta pelo n.º 3 do artigo 88.º do Tratado quando reúnam as seguintes condições:

a) Os critérios definidos nos artigos 10.º, 11.º e 12.º do Regulamento (CE) n.º 1257/1999 estão satisfeitos;

b) A cessação das actividades agrícolas com carácter comercial é permanente e definitiva.

ARTIGO 10.º (**Auxílios aos agrupamentos de produtores**)

1. Os auxílios ao arranque, destinados a incentivar a constituição de agrupamentos ou associações de produtores, são compatíveis com o mercado comum, na acepção do n.º 3, alínea *c*), do artigo 87.º do Tratado, e estão isentos da obrigação de notificação imposta pelo n.º 3 do artigo 88.º do Tratado quando reúnam as condições enunciadas nos n.ºs 2 a 9.

2. Desde que possam beneficiar de apoio financeiro a título da legislação do Estado-Membro em causa, são elegíveis para os auxílios referidos no n.º 1:

a) Agrupamentos ou associações de produtores que se dediquem à produção de produtos agrícolas; e/ou

b) Associações de produtores responsáveis pela supervisão da utilização de denominações de origem ou marcas de qualidade em conformidade com o direito comunitário.

Os estatutos dos agrupamentos ou associações de produtores devem incluir, relativamente aos seus membros, a obrigação de comercializarem a produção em conformidade com as regras estabelecidas pelo agrupamento ou associação no que respeita à oferta e à colocação no mercado.

Esses estatutos podem permitir que uma parte da produção seja directamente comercializada pelo produtor. Devem igualmente exigir que os produtores que passem a fazer parte do agrupamento ou associação permaneçam membros durante, pelo menos, três anos e notifiquem a sua saída com, no mínimo, 12 meses de antecedência. Além disso, devem estabelecer regras comuns de produção, nomeadamente no que se refere à qualidade dos produtos, ou de utilização de práticas biológicas, regras comuns de colocação no mercado e regras relativas à informação sobre os produtos especialmente em matéria de colheita e de disponibilidade. No entanto, os produtores devem permanecer responsáveis pela gestão das suas explorações. Os acordos concluídos no quadro de um agrupamento ou associação de produtores devem respeitar integralmente todas as disposições aplicáveis do direito da concorrência, nomeadamente os artigos 81.º e 82.º do Tratado.

3. As despesas elegíveis podem incluir o arrendamento de instalações adequadas, a aquisição de material de escritório, incluindo equipamento e programas informáticos, as despesas com pessoal administrativo, despesas gerais e despesas jurídicas e administrativas. Em caso de compra de instalações, as despesas elegíveis devem limitar-se às despesas de arrendamento às taxas do mercado.

4. Os auxílios devem ser temporários e degressivos e não devem exceder 100% das despesas elegíveis realizadas no primeiro ano. O montante do auxílio deve ser reduzido de, pelo menos, 20 pontos percentuais para cada um dos anos seguintes, de modo a que no quinto ano esteja limitado a 20% das despesas reais realizadas nesse ano.

5. Não devem ser pagos auxílios relativamente a despesas realizadas após o quinto ano nem após o sétimo ano seguinte ao reconhecimento da organização de produtores. Tal não prejudica a concessão de auxílios relativamente a despesas elegíveis limitadas e resultantes de um aumento, de um ano para outro, do volume de negócios de um beneficiário de 30 %, pelo menos, sempre que tal se deva à adesão de povos membros e/ou à cobertura de novos produtos.

6. Não devem ser concedidos auxílios a organizações de produtores, tais como empresas ou cooperativas, cujo objectivo consista na gestão de uma ou mais explorações agrícolas e que, em consequência, sejam, de facto, produtores individuais.

7. Não devem ser concedidos auxílios concedidos a outras associações de agricultores, que realizem tarefas a nível da produção agrícola nas explorações dos membros, tais como serviços de apoio mútuo, de substituição e de gestão agrícola, sem participarem na adaptação conjunta da oferta à procura.

8. O montante total dos auxílios concedidos a um agrupamento ou associação de produtores a título do presente artigo não deve exceder 100000 euros.

9. Não devem ser concedidos auxílios a agrupamentos ou associações de pro-

dutores cujos objectivos sejam incompatíveis com um regulamento do Conselho que estabeleça uma organização comum de mercado.

ARTIGO 11.º (**Auxílios para o pagamento de prémios de seguro**)

1. Os auxílios para o pagamento de prémios de seguros, concedidos a empresas que se dediquem à produção primária de produtos agrícolas são compatíveis com o mercado comum, na acepção do n.º 3, alínea c), do artigo 87.º do Tratado, e estão isentos da obrigação de notificação imposta pelo n.º 3 do artigo 88.º do Tratado quando reúnam as condições enunciadas nos n.ºs 2, 3 e 4.

2. A intensidade bruta do auxílio não deve exceder:

a) 80% dos custos dos prémios de seguro quando a apólice especifique que só estão cobertas perdas causadas por acontecimentos climáticos adversos que possam ser equiparados a calamidades naturais;

b) 50% dos custos dos prémios de seguro quando a apólice especifique que estão cobertas as perdas referidas na alínea a) e, além disso:

i) outras perdas causadas por acontecimentos climáticos, e/ou

ii) perdas causadas por doenças dos animais ou das plantas.

As perdas causadas por acontecimentos climáticos adversos que possam ser equiparados a calamidades naturais devem ser determinadas com base na produção bruta da cultura em causa no ano em questão comparada com a produção anual bruta num ano normal. A produção bruta num ano normal deve ser calculada por referência à produção bruta média nos três anos anteriores, excluindo qualquer ano em que tenha sido paga uma compensação na sequência de condições climáticas adversas. No caso de danos sofridos pelos meios de produção cujos efeitos se façam sentir durante vários anos, a percentagem de perda real na primeira colheita seguinte à ocorrência do acontecimento adverso em comparação com um ano normal, determinada em conformidade com os princípios estabelecidos no presente parágrafo, deve exceder 10% e a percentagem de perda real multiplicada pelo número de anos em que a produção fica perdida deve exceder 20% nas zonas desfavorecidas e 30% nas outras zonas.

3. Os auxílios devem ser concedidos para o pagamento de prémios de seguros que cubram perdas causadas por acontecimentos climáticos adversos que possam ser equiparados a calamidades naturais.

4. Os auxílios não devem constituir um entrave ao funcionamento do mercado interno dos serviços de seguro. Os auxílios não devem estar limitados aos seguros propostos por uma única empresa ou grupo de empresas nem sujeitos à condição de que o contrato de seguro seja celebrado com uma empresa estabelecida no Estado-Membro em causa.

ARTIGO 12.º (**Auxílios ao emparcelamento**)

1. Os auxílios concedidos a empresas que se dediquem à produção de produtos agrícolas são compatíveis com o mercado comum, na acepção do n.º 3, alínea c), do artigo 87.º do Tratado, e estão isentos da obrigação de notificação imposta

pelo n.º 3 do artigo 88.º do Tratado quando sejam concedidos exclusivamente em relação às despesas jurídicas e administrativas, incluindo os custos de inquéritos, resultantes do emparcelamento, até 100 % das despesas reais realizadas.

2. O n.º 1 não é aplicável aos auxílios aos investimentos, incluindo auxílios à compra de terras.

ARTIGO 13.º (**Auxílios para incentivar a produção e comercialização de produtos agrícolas de qualidade**)

1. Os auxílios para incentivar a produção e comercialização de produtos agrícolas de qualidade são compatíveis com o mercado comum, na acepção do n.º 3, alínea c), do artigo 87.º do Tratado, e estão isentos da obrigação de notificação imposta pelo n.º 3 do artigo 88.º do Tratado quando sejam concedidos em relação às despesas elegíveis indicadas no n.º 2 e reúnam as condições enunciadas nos n.ºs 3 a 7.

2. Podem ser concedidos auxílios para cobrir as despesas com as actividades a seguir indicadas, desde que estejam ligadas ao desenvolvimento da qualidade dos produtos agrícolas:

a) Até 100% das despesas com estudos de mercado, concepção dos produtos, incluindo auxílios concedidos para a preparação de pedidos de reconhecimento de denominações de origem ou de certificados de especificidade em conformidade com a regulamentação comunitária aplicável;

b) Até 100% das despesas com a introdução de regimes de garantia da qualidade, tais como as séries ISO 9000 ou 14000, sistemas baseados na análise de riscos e pontos críticos de controlo (HACCP), sistemas de rastreabilidade, sistemas que asseguram o respeito das normas de autenticidade e de comercialização ou sistemas de auditoria ambiental;

c) Até 100% das despesas com a formação de pessoal que aplicará os regimes e sistemas referidos na alínea *b*);

d) Até 100% dos encargos a pagar aos organismos de certificação reconhecidos a título da certificação inicial da garantia de qualidade e de sistemas semelhantes;

e) Até 100% das despesas com as medidas de controlo obrigatórias, aplicadas por força da legislação comunitária ou nacional pelas autoridades competentes ou em seu nome, a menos que a legislação comunitária exija que as empresas suportem tais despesas;

f) Auxílios temporários e degressivos relativos às despesas com medidas de controlo aplicadas durante os primeiros seis anos seguintes ao estabelecimento do regime de controlo para garantir a autenticidade das denominações de origem ou certificados de especificidade no âmbito dos Regulamentos (CEE) n.º 2081/92 do Conselho e (CEE) n.º 2082/92 do Conselho; a degressividade deve ser de, pelo menos, 10 pontos percentuais por ano;

g) Até 100% das despesas reais realizadas com controlos dos métodos de produção biológica aplicados no âmbito do Regulamento (CEE) n.º 2092/91 do Conselho.

3. Os auxílios devem ser concedidos relativamente a controlos realizados por ou por conta de terceiros, tais como autoridades reguladoras competentes, ou órgãos que actuem em seu nome, ou organismos independentes responsáveis pelo controlo e supervisão da utilização das denominações de origem, marcas biológicas ou marcas de qualidade, desde que tais denominações e marcas sejam conformes à legislação comunitária.

4. Os auxílios não devem ser concedidos para despesas com controlos realizados pelo próprio agricultor ou transformador ou quando a legislação comunitária estabeleça que as despesas com o controlo devem estar a cargo dos produtores, sem especificar o nível real desses encargos.

5. O montante total do apoio público concedido a título do n.º 2 não deve exceder 100000 euros por beneficiário durante qualquer período de três anos. Para efeitos do cálculo do montante do auxílio, considera-se beneficiário a pessoa que recebe os serviços referidos nesse número.

6. Os auxílios devem ser acessíveis a todas as pessoas elegíveis da zona em causa, com base em condições objectivamente definidas. Sempre que os agrupamentos de produtores ou outras organizações agrícolas de apoio mútuo prestem os serviços referidos no n.º 2, ser membro de tais agrupamentos ou organizações não deve constituir uma condição para ter acesso aos serviços. Qualquer contribuição de não-membros para as despesas administrativas do agrupamento ou da organização em causa deve ser limitada às despesas referentes à prestação do serviço.

7. A não ser que, devido à natureza do serviço ou à base jurídica para a sua prestação, só seja possível recorrer a um único prestador, sempre que o prestador de um serviço referido no n.º 2 não possa ser livremente escolhido pelo utilizador do mesmo, tal prestador deve ser escolhido e remunerado de acordo com os princípios do mercado, de uma forma não discriminatória, sempre que necessário através de concursos conformes ao direito comunitário e, de qualquer modo, após ter sido efectuada a publicidade suficiente para garantir a concorrência no âmbito no mercado de serviços e o controlo da imparcialidade das regras sobre contratos de direito público.

ARTIGO 14.º **(Prestação de assistência técnica no sector agrícola)**

1. Os auxílios são compatíveis com o mercado comum, na acepção do n.º 3, alínea c), do artigo 87.º do Tratado, e estão isentos da obrigação de notificação imposta pelo n.º 3 do artigo 88.º do Tratado quando sejam concedidos em relação às despesas elegíveis das actividades de apoio técnico indicadas no n.º 2 e reúnam as condições enunciadas nos n.ºs 3, 4 e 5.

2. Podem ser concedidos auxílios para cobrir as seguintes despesas elegíveis:

a) Despesas relativas à educação e formação dos agricultores e dos trabalhadores agrícolas:

i) despesas com a organização do programa de formação;

ii) despesas de deslocação e estadia dos participantes;

iii) despesas com a prestação de serviços de substituição durante a ausência do agricultor ou do trabalhador agrícola;

b) Despesas relativas a serviços de substituição na exploração e despesas reais com a substituição de um agricultor, um sócio do agricultor ou um trabalhador agrícola por razões de doença ou de férias;

c) Despesas relativas a serviços de consultoria, honorários por serviços que não constituam uma actividade permanente ou periódica e não tenham qualquer relação com os custos normais de exploração da empresa, como os referentes a serviços de consultoria fiscal de rotina, de consultoria jurídica regular ou de publicidade;

d) Despesas relativas à organização e participação em concursos, exposições e feiras:

i) despesas de participação;

ii) despesas de deslocação;

iii) despesas com publicações;

iv) despesas com aluguer de instalações de exposição.

3. O montante total do apoio público concedido a título do n.º 2 não deve exceder 100000 euros por beneficiário durante qualquer período de três anos ou 50% das despesas elegíveis, consoante o montante que for mais elevado. Para efeitos do cálculo do montante do auxílio, considera-se beneficiário a pessoa que recebe o apoio técnico.

4. Os auxílios devem ser acessíveis a todas as pessoas elegíveis da zona em causa, com base em condições objectivamente definidas. Sempre que os agrupamentos de produtores ou outras organizações agrícolas de apoio mútuo prestem apoio técnico, ser membro de tais agrupamentos ou organizações não deve constituir uma condição para ter acesso ao serviço em causa. Qualquer contribuição de não membros para as despesas administrativas do agrupamento ou organização em causa deve limitar-se às despesas de prestação do serviço.

5. Sempre que o prestador de apoio técnico não possa ser livremente escolhido pelo utilizador do serviço, tal prestador deve ser escolhido e remunerado de acordo com os princípios do mercado, de uma forma não discriminatória, sempre que necessário através de concursos conformes ao direito comunitário e, de qualquer modo, após ter sido efectuada a publicidade suficiente para garantir a concorrência no âmbito no mercado de serviços e o controlo da imparcialidade das regras sobre contratos de direito público.

ARTIGO 15.º **(Apoio ao sector pecuário)**

Os seguintes auxílios às empresas do sector pecuário são compatíveis com o mercado comum, na acepção do n.º 3, alínea *c)*, do artigo 87.º do Tratado, e estão isentos da obrigação de notificação estabelecida no n.º 3 do artigo 88.º do Tratado:

a) Auxílios, a uma taxa que pode ascender a 100%, para cobrir as despesas administrativas directamente relacionadas com o estabelecimento e manutenção dos livros genealógicos;

b) Auxílios, a uma taxa que pode ascender a 70% das despesas, para testes realizados por ou por conta de terceiros para determinar a qualidade genética ou o rendimento do efectivo, exceptuados os controlos realizados pelo proprietário dos animais e os controlos de rotina da qualidade do leite;

c) Auxílios, a uma taxa que pode ascender a 40% das despesas elegíveis listadas no artigo 4.º, para investimentos nos centros de reprodução animal e para introdução de técnicas ou práticas inovadoras de reprodução animal nas explorações, exceptuados os custos relativos à introdução ou execução de inseminação artificial;

d) Auxílios, a uma taxa que pode ascender a 100% das despesas, para testes de detecção das EET.

No entanto, no que respeita aos testes obrigatórios de detecção da EEB realizados em bovinos abatidos para consumo humano, o apoio directo e indirecto total, incluídos os pagamentos comunitários, não pode ser superior a 40 euros por teste. Este montante refere-se aos custos totais dos testes, incluindo os dos kits de teste, da colheita, do transporte, do teste, da armazenagem e da destruição das amostras necessárias. A obrigação de realização dos testes pode basear-se em legislação comunitária ou nacional.

Os auxílios estatais relativos aos custos dos testes de detecção de EET serão pagos ao operador em cujas instalações tenham que ser colhidas amostras para os testes. No entanto, para facilitar a gestão desses auxílios estatais, o seu pagamento pode, em alternativa, ser feito ao laboratório, desde que a totalidade do montante do auxílio estatal pago seja transferida para o operador. Um auxílio estatal directa ou indirectamente recebido por um operador em cujas instalações tenham que ser colhidas as amostras para os testes deve reflectir-se numa redução equivalente dos preços cobrados por esse operador.

ARTIGO 16.º (**Auxílios previstos em determinados regulamentos do Conselho**)

Os seguintes auxílios a pequenas e médias empresas são compatíveis com o mercado comum, na acepção do n.º 3, alínea *c*), do artigo 87.º do Tratado, e estão isentos da obrigação de notificação estabelecida no n.º 3 do artigo 88.º do Tratado:

a) Contribuições dos Estados-Membros que reúnam todas as condições previstas no Regulamento (CE) n.º 2702/1999 do Conselho, de 14 de Dezembro de 1999, relativo a acções de informação e promoção a favor de produtos agrícolas em países terceiros e, nomeadamente, o n.º 3 do seu artigo 9.º;

b) Contribuições dos Estados-Membros que reúnam todas as condições previstas no Regulamento (CE) n.º 2826/2000 do Conselho, de 19 de Dezembro de 2000, relativo a acções de informação e promoção a favor dos produtos agrícolas no mercado interno e, nomeadamente, os n.ºs 2 a 4 do seu artigo 9.º;

c) Auxílios concedidos pelos Estados-Membros que reúnam todas as condições previstas no Regulamento (CE) n.º 999/2001 do Parlamento Europeu e do Conselho, de 22 de Maio de 2001, que estabelece regras para a prevenção, o controlo e a erradicação de determinadas encefalopatias espongiformes transmissíveis e, nomeadamente, o n.º 4 do seu artigo 13.º;

d) Auxílios concedidos pelos Estados-Membros que reúnam todas condições previstas no Regulamento (CE) n.º 1255/1999 do Conselho, de 17 de Maio de 1999, que estabelece a organização comum de mercado no sector do leite e dos produtos lácteos e, nomeadamente, o n.º 2 do seu artigo 14.º;

e) Auxílios concedidos pelos Estados-Membros que reúnam todas condições previstas no Regulamento (CE) n.º 1254/1999 do Conselho, de 17 de Maio de 1999, que estabelece a organização comum de mercado no sector da carne de bovino e, nomeadamente, os n.ºs 5 e 14 do seu artigo 6.º;

f) Auxílios concedidos pelos Estados-Membros em conformidade com os artigos 3.º e 4.º do Regulamento (CE) n.º 2777/2000 da Comissão, de 18 de Dezembro de 2000, que adopta medidas excepcionais de apoio ao mercado da carne de bovino;

g) Auxílios concedidos pelos Estados-Membros em conformidade com o n.º 3, segundo parágrafo, do artigo 6.º do Regulamento (CE) n.º 1251/1999 do Conselho, de 17 de Maio de 1999, que institui um sistema de apoio aos produtores de determinadas culturas arvenses;

h) Auxílios concedidos pelos Estados-Membros em conformidade com o n.º 6 do artigo 15.º do Regulamento (CE) n.º 2200/96 do Conselho, de 28 de Outubro de 1996, que estabelece a organização comum de mercado no sector das frutas e produtos hortícolas.

CAPÍTULO 3 Disposições comuns e finais

ARTIGO 17.º **(Fases prévias à concessão do auxílio)**

1. Para poderem beneficiar de uma isenção nos termos do presente regulamento, os auxílios integrados num regime de auxílios só podem ser concedidos para actividades realizadas ou serviços prestados após o regime de auxílios ter sido estabelecido e publicado de acordo com o presente regulamento.

Se o regime de auxílios criar um direito automático ao recebimento da ajuda que não dependa de qualquer outro acto ao nível administrativo, o auxílio propriamente dito só pode ser concedido após o regime de auxílios ter sido estabelecido e publicado de acordo com o presente regulamento.

Se o regime de auxílios exigir que seja apresentado um pedido à autoridade competente em causa, o auxílio propriamente dito só pode ser concedido após terem sido satisfeitas as seguintes condições:

a) O regime de auxílios deve ter sido estabelecido e publicado de acordo com o presente regulamento;

b) Deve ter sido correctamente apresentado à autoridade competente em causa um pedido de auxílio;

c) O pedido deve ter sido aceite pela autoridade competente em causa de forma que vincule essa autoridade a conceder o auxílio, com indicação clara do montante do auxílio a conceder ou de como esse montante será calculado; a aceitação pela autoridade competente só pode ter lugar se o orçamento disponível para o auxílio ou regime de auxílios em causa não estiver esgotado.

2. Para poderem beneficiar de uma isenção nos termos do presente regulamento, os auxílios individuais não integrados num regime de auxílios só podem ser concedidos para actividades realizadas ou serviços prestados após terem sido satisfeitos os critérios enunciados nas alíneas *b*) e *c*) do terceiro parágrafo do n.º 1.

ARTIGO 18.º (**Cumulação**)
 1. Os limites máximos de auxílio fixados nos artigos 4.º a 15.º são aplicáveis independentemente de o auxílio ao projecto ou actividade ser financiado exclusivamente por recursos estatais ou com contribuição dos recursos comunitários.
 2. Os auxílios isentos pelo presente regulamento não devem ser cumulados com quaisquer outros auxílios estatais na acepção do n.º 1 do artigo 87.º do Tratado nem com outras contribuições financeiras dos Estados-Membros ou da Comunidade abrangidas pelo n.º 1, segundo parágrafo, do artigo 51.º do Regulamento (CE) n.º 1257/1999, relativamente às mesmas despesas elegíveis, se dessa cumulação resultar uma intensidade de auxílio superior ao máximo estabelecido no presente regulamento.
 3. Quando um Estado-Membro conceda a uma empresa auxílio ao abrigo do artigo 8.º, 10.º, 13.º ou 14.º do presente regulamento, deve informar desse facto a empresa, precisando o artigo ao abrigo do qual o auxílio é concedido. O Estado--Membro deve obter da empresa em causa informações completas sobre outros auxílios semelhantes recebidos. Tratando-se de auxílios ao abrigo dos artigos 13.º e 14.º, as informações prestadas devem dizer respeito a auxílios semelhantes recebidos nos três anos anteriores.

O Estado-Membro só pode conceder o novo auxílio após ter verificado que tal não elevará o montante total do auxílio concedido ao abrigo de qualquer desses artigos acima do montante total de auxílio recebido durante o período pertinente, superando o limite máximo fixado no respectivo artigo.

ARTIGO 19.º (**Transparência e controlo**)
 1. O mais tardar 10 dias úteis antes da entrada em vigor de um regime de auxílios ou da concessão de um auxílio individual não abrangido por um regime que esteja isento nos termos do presente regulamento, os Estados-Membros devem transmitir à Comissão um resumo das informações relativas ao regime ou ao auxílio individual em causa de acordo com o modelo previsto no anexo I, com vista à sua publicação no *Jornal Oficial da União Europeia*. Esse resumo deve ser transmitido sob forma electrónica. Nos cinco dias seguintes à recepção desse resumo, a Comissão enviará um aviso de recepção com um número de identificação e publicará o resumo na internet.
 2. Os Estados-Membros devem conservar registos pormenorizados dos regimes de auxílio isentos nos termos do presente regulamento, dos auxílios individuais

concedidos no âmbito destes regimes e dos auxílios individuais isentos nos termos do presente regulamento que se não integrem num regime de auxílios existente. Estes registos devem conter todas as informações necessárias para comprovar que as condições de isenção estabelecidas no presente regulamento foram respeitadas, incluindo a informação sobre a natureza de PME da empresa. No que se refere a cada auxílio individual, os Estados-Membros devem conservar esses registos durante um período de 10 anos subsequente à data de concessão do auxílio e, no que se refere a cada regime de auxílios, durante um período de 10 anos subsequente à data em que tenha sido concedido o último auxílio individual ao abrigo desse regime. Mediante pedido escrito da Comissão, os Estados-Membros em causa devem transmitir-lhe, no prazo de 20 dias úteis, ou num prazo mais longo eventualmente indicado nesse pedido, todas as informações que a Comissão entenda necessárias para apreciar o respeito das condições estabelecidas no presente regulamento.

3. Quando um Estado-Membro tenha criado um registo central de auxílios concedidos separadamente ao abrigo do artigo 8.º, 10.º, 13.º ou 14.º, respectivamente, que contenha informações completas sobre tais auxílios concedidos por qualquer autoridade desse Estado-Membro, o requisito enunciado no n.º 3, primeiro parágrafo, do artigo 18.º deixa de ser exigível a partir do momento em que o registo abranja um período de três anos.

4. Os Estados-Membros devem elaborar um relatório, na forma estabelecida no anexo II e em formato electrónico, respeitante a cada ano, completo ou parcial, em que o presente regulamento seja aplicado. Esse relatório pode ser integrado no relatório anual a apresentar aos Estados-Membros nos termos do n.º 1 do artigo 21.º do Regulamento (CE) n.º 659/1999 do Conselho e deve ser apresentado até 30 de Junho do ano seguinte ao abrangido pelo relatório.

5. Assim que entre em vigor um regime de auxílios ou seja concedido um auxílio não integrado num regime de auxílios isento pelo presente regulamento, os Estados-Membros devem publicar na internet o texto integral do regime de auxílios ou os critérios e condições a que obedeceu a concessão do auxílio individual não integrado num regime. O endereço dos sítios Web deve ser comunicado à Comissão juntamente com o resumo das informações relativas aos auxílios exigido pelo disposto no n.º 1. Esse endereço deve constar igualmente do relatório anual apresentado em conformidade com o n.º 4.

ARTIGO 20.º **(Entrada em vigor e aplicabilidade)**

1. O presente regulamento entra em vigor no vigésimo dia seguinte ao da sua publicação no *Jornal Oficial da União Europeia*.

O presente regulamento é aplicável até 31 de Dezembro de 2006.

2. As notificações pendentes aquando da entrada em vigor do presente regulamento serão apreciadas em conformidade com as suas disposições. Nos casos em que as condições previstas no presente regulamento não sejam respeitadas, a Comissão apreciará essas notificações pendentes tendo em conta as orientações comunitárias para os auxílios estatais no sector agrícola.

Os auxílios individuais e regimes de auxílios postos em prática antes da data de entrada em vigor do presente regulamento e os auxílios concedidos a título desses regimes sem autorização da Comissão e em violação da obrigação imposta pelo n.º 3 do artigo 88.º do Tratado são compatíveis com o mercado comum, na acepção do n.º 3, alínea c), do artigo 87.º do Tratado, e estão isentos quando reúnam as condições previstas no artigo 3.º do presente regulamento, com excepção das exigências impostas pelos n.ºs 1 e 2, alíneas *b*) e *c*), desse artigo, que dispõem que seja feita referência expressa ao presente regulamento, e que o resumo previsto no n.º 1 do artigo 19.º tenha sido apresentado antes da concessão dos auxílios. Qualquer auxílio que não reúna essas condições será apreciado pela Comissão em conformidade com os enquadramentos, orientações, comunicações e notas pertinentes.

3. Os regimes de auxílios isentos nos termos do presente regulamento permanecerão isentos durante um período de adaptação de seis meses a contar da data fixada no segundo parágrafo do n.º 1.

O presente regulamento é obrigatório em todos os seus elementos e directamente aplicável em todos os Estados-Membros.

Feito em Bruxelas, em 23 de Dezembro de 2003.

Pela Comissão, FRANZ FISCHLER – Membro da Comissão

ANEXO I

Modelo para a comunicação das informações sintéticas a transmitir sempre que um regime de auxílios isento pelo presente regulamento seja aplicado e que um auxílio individual isento pelo presente regulamento seja concedido fora do âmbito de qualquer regime de auxílio

Informações sintéticas relativas a auxílios estatais concedidos em conformidade com o Regulamento (CE) n.º 1/2004 da Comissão

(*não reproduzido*)

AUXÍLIOS A PME – PRODUÇÃO A COMERCIALIZAÇÃO DE PRODUTOS DA PESCA

Regulamento (CE) n.º 1595/2004*

A COMISSÃO DAS COMUNIDADES EUROPEIAS,

Tendo em conta o Tratado que institui a Comunidade Europeia,

Tendo em conta o Regulamento (CE) n.° 994/98 do Conselho, de 7 de Maio de 1998, relativo à aplicação dos artigos 92.° e 93.° do Tratado que institui a Comunidade Europeia a determinadas categorias de auxílios estatais horizontais[1], nomeadamente o n.° 1, subalínea *i*) da alínea *a*), do artigo 1.°,

Após publicação de um projecto do presente regulamento,

Após consulta do Comité Consultivo em matéria de auxílios estatais,

Considerando o seguinte:

(1) O Regulamento (CE) n.° 994/98 confere à Comissão poderes para declarar, em conformidade com o artigo 87.° do Tratado, que, em certas condições, os auxílios às pequenas e médias empresas são compatíveis com o mercado comum e não estão sujeitos ao dever de notificação estabelecido no n.° 3 do artigo 88.° do Tratado.

(2) O Regulamento (CE) n.° 70/2001 da Comissão, de 12 de Janeiro de 2001, relativo à aplicação dos artigos 87.° e 88.° do Tratado CE aos auxílios estatais a favor das pequenas e médias empresas[2], não é aplicável às actividades relacionadas com a produção, transformação ou comercialização dos produtos enumerados no anexo I do Tratado.

(3) A Comissão tem aplicado, em numerosas decisões, os artigos 87.° e 88.° do Tratado às pequenas e médias empresas que se dedicam à produção, transformação e comercialização de produtos da pesca e tem igualmente expressado a sua política nesta matéria, pela última vez nas directrizes para o exame dos auxílios estatais no sector das pescas e da aquicultura[3] («directrizes para o sector das pescas»). À luz da considerável experiência adquirida pela

---

* Regulamento (CE) n.º 1595/2004 da Comissão, de 8 de Setembro de 2004, relativo à aplicação dos artigos 87.º e 88.º do Tratado CE aos auxílios estatais a favor das pequenas e médias empresas que se dedicam à produção, transformação e comercialização de produtos da pesca (JO, L 291, de 14.9.2004, pp. 13).

[1] JO, L 142, de 14.5.1998, p. 1.

[2] JO, L 10, de 13.1.2001, p. 33. Regulamento com a última redacção que lhe foi dada pelo Regulamento (CE) n.° 364/2004 (JO, L 63, de 28.2.2004, p. 22).

[3] JO, C 229, de 14.9.2004, p. 5.

Comissão com a aplicação dos referidos artigos às pequenas e médias empresas que se dedicam à produção, transformação e comercialização de produtos da pesca, é conveniente, com vista a garantir um controlo eficaz e a simplificar os procedimentos administrativos, sem comprometer o controlo exercido pela Comissão, que esta exerça os poderes que lhe são conferidos pelo Regulamento (CE) n.º 994/98 igualmente em relação às pequenas e médias empresas que se dedicam à produção, transformação e comercialização de produtos da pesca, na medida em que o artigo 89.º do Tratado tenha sido declarado aplicável a esses produtos.

(4) A compatibilidade dos auxílios estatais no sector das pescas é avaliada pela Comissão com base nos objectivos tanto da política de concorrência como da política comum da pesca (PCP).

(5) O presente regulamento deve abranger os auxílios concedidos no sector das pescas que tenham sido aprovados pela Comissão desde há vários anos numa base de rotina. Estes auxílios não exigem que a Comissão efectue uma análise caso a caso da sua compatibilidade com o mercado comum, desde que observem o disposto no respeitante aos fundos estruturais no Regulamento (CE) n.º 2792/1999, de 17 de Dezembro de 1999, que define os critérios e condições das acções estruturais no sector das pescas[1], assim como certas outras condições.

(6) Por conseguinte, o presente regulamento deve abranger os seguintes auxílios: auxílios para a promoção e/ou a publicidade de produtos da pesca, auxílios a agrupamentos de produtores, auxílios para a protecção e o desenvolvimento dos recursos aquáticos, auxílios para medidas inovadoras e assistência técnica, auxílios para o equipamento dos portos de pesca, auxílios para a demolição de navios de pesca, auxílios para determinadas medidas socioeconómicas, auxílios para investimentos na transformação e/ou comercialização de produtos da pesca, auxílios para investimentos na aquicultura e na pesca em águas interiores.

(7) Por razões de certeza jurídica, as isenções fiscais aplicáveis ao conjunto do sector das pescas introduzidas pelos Estados-Membros nos termos do artigo 15.º da Sexta Directiva 77/388/CEE do Conselho, de 17 de Maio de 1977, relativa à harmonização das legislações dos Estados-membros respeitantes aos impostos sobre o volume de negócios – sistema comum do imposto sobre o valor acrescentado: matéria colectável uniforme[2] ou do artigo 14.º ou do n.º 1 do artigo 15.º da Directiva 2003/96/CE do Conselho, de 27 de Outubro de 2003, que reestrutura o quadro comunitário de tributação dos produtos energéticos e da electricidade[3], são, na medida em que constituam auxílios estatais, compatíveis com o mercado comum e isentas do dever de notificação imposto pelo n.º 3 do artigo 88.º do Tratado. As isenções fiscais que os Estados-Membros devem introduzir de acordo com essas disposições não constituem auxílios estatais.

(8) O presente regulamento não prejudica a possibilidade que assiste aos Estados-Membros de notificarem os auxílios às pequenas e médias empresas que se dedicam à produção, transformação e comercialização de produtos da pesca. Tais notificações serão apreciadas pela Comissão à luz do presente regulamento e com base nas directrizes para o sector das pescas.

---

[1] JO, L 337, de 30.12.1999, p. 10. Regulamento com a última redacção que lhe foi dada pelo Regulamento (CE) n.º 1421/2004 (JO, L 260, de 6.8.2004, p. 1).

[2] JO, L 145, de 13.6.1977, p. 1. Directiva com a última redacção que lhe foi dada pela Directiva 2004/66/CE (JO, L 168, de 1.5.2004, p. 35).

[3] JO, L 283, de 31.10.2003, p. 51. Directiva com a última redacção que lhe foi dada pela Directiva 2004/75/CE (JO, L 157, de 30.4.2004, p. 100).

(9) Os auxílios que os Estados-Membros pretendam conceder ao sector das pescas não abrangidos pelo âmbito de aplicação do presente regulamento ou de outros regulamentos adoptados nos termos do artigo 1.º do Regulamento (CE) n.º 994/98, devem ser sujeitos ao dever de notificação previsto no n.º 3 do artigo 88.º do Tratado. Esses auxílios serão avaliados à luz das directrizes para o sector das pescas. É este, nomeadamente, o caso dos auxílios para a renovação da frota e para o equipamento ou a modernização dos navios de pesca, dos auxílios para a compensação financeira pela cessação temporária das adividades de pesca, dos auxílios para a transferência definitiva dos navios de pesca para um país terceiro, dos auxílios ao rendimento e dos auxílios ao funcionamento, assim como dos auxílios destinados a compensar danos causados por calamidades naturais ou por outros acontecimentos extraordinários.

(l0) O presente regulamento deve isentar todos os auxílios que reúnam as condições nele estabelecidas, bem como quaisquer regimes de auxílios, desde que os auxílios concedidos nos termos desses regimes reúnam todas as condições aplicáveis do presente regulamento. Os regimes de auxílios e os auxílios concretos individuais que não sejam abrangidos por qualquer regime de auxílios devem conter uma referência expressa ao presente regulamento.

(11) Por razões de coerência relativamente às medidas de apoio que beneficiam de financiamento comunitário, os limites máximos dos auxílios abrangidos pelo presente regulamento devem ser iguais aos fixados relativamente ao mesmo tipo de auxílios no Regulamento (CE) n.º 2792/1999.

(12) É essencial que não seja concedido nenhum auxílio nos casos em que não seja respeitado o direito comunitário e, designadamente, as regras da política comum da pesca. Em consequência, só pode ser concedido um auxílio por um Estado-Membro no sector das pescas se as medidas financiadas e os seus efeitos observarem o direito comunitário. Antes de conceder qualquer auxílio, os Estados-Membros devem, por conseguinte, velar por que os beneficiários do auxílio estatal observem as regras da política comum da pesca.

(13) Em conformidade com a prática estabelecida da Comissão e para garantir que o auxílio é proporcionado e se limita ao estritamente necessário, os limiares de auxílio devem normalmente ser expressos em termos de intensidades de auxílio relativamente a um conjunto de custos elegíveis e não em termos de montantes máximos de auxílio.

(l4) Dada a necessidade de reduzir ao mínimo as distorções da concorrência no sector beneficiário do auxílio e, simultaneamente, prosseguir os objectivos do presente regulamento, este não deve isentar os auxílios concretos individuais que excedam um montante máximo determinado, independentemente de serem ou não concedidos ao abrigo de um regime isento pelo presente regulamento.

(15) Para eliminar quaisquer diferenças que possam suscitar distorções da concorrência e facilitar a coordenação entre diferentes iniciativas comunitárias e nacionais a favor das pequenas e médias empresas, a definição de «pequenas e médias empresas» utilizada no presente regulamento deve ser a estabelecida no Regulamento (CE) n.º 70/2001.

(16) Para determinar se um auxílio é ou não compatível com o mercado comum à luz do presente regulamento, é necessário tomar em consideração a intensidade do auxílio e, por conseguinte, o montante do auxílio expresso em equivalente-subvenção. No cálculo do equivalente-subvenção dos auxílios a pagar em diversas prestações e dos auxílios concedidos sob a forma de empréstimo em condições preferenciais, deve ser aplicada a taxa de juro do mercado aquando da concessão do auxílio. Com vista a assegurar uma aplicação uniforme, transparente e simples das regras em matéria de auxílios estatais, é conveniente considerar

que as taxas do mercado aplicáveis para efeitos do presente regulamento são as taxas de referência, desde que, no caso dos empréstimos em condições preferenciais, as garantias oferecidas sejam as habituais e não impliquem riscos anormais. As taxas de referência devem ser as fixadas periodicamente pela Comissão com base em critérios objectivos e publicadas no *Jomal Oficial da União Europeia* e na internet.

(17) Nos termos do n.° 3, alínea *c*), do artigo 87.° do Tratado, os auxílios não podem, em princípio, ter por único efeito reduzir definitiva ou periodicamente os custos de exploração que o beneficiário deveria normalmente suportar e devem ser proporcionais às desvantagens a ultrapassar para garantir os benefícios socioeconómicos que se considera corresponder ao interesse comunitário. Os auxílios estatais simplesmente destinados a melhorar a situação financeira dos produtores e que não contribuam, de algum modo, para o desenvolvimento do sector, nomeadamente os concedidos unicamente com base no preço, na quantidade, numa unidade de produção ou numa unidade de meios de produção, são considerados auxílios ao funcionamento incompatíveis com o mercado comum. Além disso, tais auxílios são igualmente susceptíveis de interferir com os mecanismos das organizações comuns de mercado. É conveniente, por conseguinte, limitar o âmbito de aplicação do presente regulamento aos auxílios aos investimentos, assim como aos auxílios para determinadas medidas socioeconómicas.

(18) Para garantir que o auxílio é necessário e susceptível de fomentar o desenvolvimento de determinadas actividades, o presente regulamento não deve exceptuar os auxílios a favor de certas actividades que o beneficiário exerceria de qualquer forma em condições normais de mercado. Não deve ser concedido qualquer auxílio relativamente a actividades que já tenham sido levadas a cabo.

(19) O presente regulamento não deve isentar a cumulação de auxílios com outros auxílios estatais, incluindo os auxílios atribuídos por organismos nacionais, regionais ou locais, com apoio público concedido no quadro do Regulamento (CE) n.° 2792/1999 ou com financiamentos comunitários, relativamente aos mesmos custos elegíveis, quando essa cumulação exceda os limiares fixados nesse regulamento.

(20) A fim de garantir a transparência e um controlo eficaz, nos termos do artigo 3.° do Regulamento (CE) n.° 994/98, é conveniente estabelecer um modelo normalizado segundo o qual os Estados-Membros fornecerão à Comissão informações sintéticas sempre que, nos termos do presente regulamento, seja dada execução a um regime de auxílios ou concedido um auxílio concreto individual fora do âmbito de um destes regimes, com vista à sua publicação no *Jornal Oficial da União Europeia*. Pelos mesmos motivos, é conveniente estebelecer regras relativas aos registos que os Estados-Membros devem conservar sobre os auxílios isentos pelo presente regulamento. Para efeitos do relatório anual que cada Estado-Membro deve apresentar à Comissão, é conveniente que esta última defina as suas exigências específicas. Dado que a tecnologia necessária está amplamente disponível, as informações sintéticas e o relatório anual devem ser transmitidos sob forma electrónica.

(21) O incumprimento, por parte de um Estado-Membro, dos seus deveres respeitantes a relatórios previstos no presente regulamento impossibilita a Comissão de desempenhar a sua função de controlo nos termos do n.° 1 do artigo 88.° do Tratado e, em especial, de examinar se o efeito económico cumulado dos auxílios isentos ao abrigo do presente regulamento é tal que afecta as condições das trocas comerciais de um modo que contrarie o interesse comum. Por conseguinte, é da maior importância que, aquando da execução de auxílios nos termos do presente regulamento, os Estados-Membros apresentem rapidamente

informações adequadas. A necessidade de avaliar o efeito cumulado dos auxílios estatais é especialmente elevada no caso de o mesmo beneficiário poder receber auxílios concedidos por várias fontes.

(22) À luz da experiência da Comissão neste domínio, especialmente em relação à frequência com que é necessário rever a política em matéria de auxílios estatais, é adequado limitar o período de aplicação do presente regulamento. No caso de o presente regulamento chegar a termo sem ter sido prorrogado, os regimes de auxílios já isentos ao abrigo do presente regulamento devem continuar isentos durante um período de seis meses.

(23) É adequado estabelecer disposições transitórias para as notificações pendentes na data de entrada em vigor do presente regulamento e para os auxílios que tenham sido concedidos antes da entrada em vigor do presente regulamento e que, em infracção ao dever previsto no n.º 3 do artigo 88.º do Tratado, não tenham sido notificados,

ADOPTOU O PRESENTE REGULAMENTO:

CAPÍTULO I Âmbito de aplicação, definições e regras gerais

ARTIGO 1.º (**Âmbito de aplicação**)

1 – O presente regulamento é aplicável aos auxílios concedidos às pequenas e médias empresas que se dedicam à produção, transformação e comercialização de produtos da pesca.

2 – O presente regulamento não é aplicável aos:

a) auxílios concedidos a actividades relacionadas com a exportação, nomeadamente os auxílios concedidos directamente em função das quantidades exportadas, a favor da criação e do funcionamento de uma rede de distribuição ou a favor de outras despesas correntes atinentes às actividades de exportação;

b) auxílios que imponham a utilização de produtos nacionais em detrimento de produtos importados.

3 – O presente regulamento não é aplicável aos auxílios concretos a projectos individuais cujas despesas elegíveis excedam 2 milhões de euros, nem aos auxílios cujo montante exceda 1 milhão de euros por beneficiário e por ano.

ARTIGO 2.º (**Definições**)

Para efeitos do presente regulamento, entende-se por:

1) «Auxílio»: qualquer medida que preencha todos os critérios enunciados no n.º 1 do artigo 87.º do Tratado CE;

2) «Produto da pesca»: os produtos das capturas efectuadas no mar ou nas águas interiores, assim como os produtos da aquicultura enumerados no artigo 1.º do Regulamento (CE) n.º 104/2000 do Conselho[1];

---

[1] JO, L 17, de 21.1.2000, p. 22.

3) «Transformação e comercialização»: o conjunto das operações de manuseamento, tratamento, produção e distribuição entre o momento do desembarque ou da colheita e o estádio de produto final;

4) «Pequenas e médias empresas» («PME»): as empresas que correspondem à definição constante do anexo I do Regulamento (CE) n.º 70/2001.

ARTIGO 3.º (**Condições de isenção**)
Os auxílios individuais concedidos fora do âmbito de qualquer regime e que satisfaçam todas as condições do presente regulamento são compatíveis com o mercado comum nos termos do n.º 3, alínea c), do artigo 87.º do Tratado e estão isentos do dever de notificação previsto no n.º 3 do artigo 88.º do Tratado, se tiver sido apresentado o resumo das informações previsto no n.º 1 do artigo 16.º do presente regulamento e contiverem uma referência expressa ao presente regulamento, através da citação do seu título e da sua referência de publicação no *Jornal Oficial da União Europeia*.

2 – Os regimes de auxílios que satisfaçam todas as condições do presente regulamento são compatíveis com o mercado comum nos termos do n.º 3, alínea c), do artigo 87.º do Tratado e estão isentos do dever de notificação previsto no n.º 3 do artigo 88.º do Tratado, se:

a) Qualquer auxílio que possa ser concedido ao abrigo desses regimes satisfizer todas as condições estabelecidas no presente regulamento;

b) Esses regimes contiverem uma referência expressa ao presente regulamento, citando o seu título e a referência de publicação no *Jornal Oficial da União Europeia;*

c) Tiver sido apresentado o resumo das informações previsto no n.º 1 do artigo 16.º do presente regulamento.

3 – Os auxílios concedidos no âmbito dos regimes referidos no n.º 2 são compatíveis com o mercado comum nos termos do n.º 3, alínea c), do artigo 87.º do Tratado e estão isentos do dever de notificação imposto pelo n.º 3 do artigo 88.º, se o auxílio concedido satisfazer directamente todas as condições do presente regulamento.

4 – Antes de conceder qualquer auxílio ao abrigo do presente regulamento, os Estados-Membros devem verificar que as medidas financiadas e os seus efeitos observam o direito comunitário. Durante o período de concessão, os Estados--Membros devem verificar que os beneficiários do auxílio observam as regras da política comum da pesca.

CAPÍTULO 2 Categorias de auxílios

ARTIGO 4.º (**Auxílios aos agrupamentos ou associações de produtores ou a profissionais**)
Os auxílios à constituição e ao funcionamento de agrupamentos ou associações de produtores e os auxílios para as medidas aplicadas por tais agrupamentos ou

associações ou pelos profissionais são compatíveis com o mercado comum nos termos do n.º 3, alínea c), do artigo 87.º do Tratado e estão isentos do dever de notificação imposto pelo n.º 3 do artigo 88.º do Tratado, se:

a) Observarem o disposto no artigo 15.º do Regulamento (CE) n.º 2792//1999; e

b) O montante do auxílio não for superior, em equivalente-subvenção, à taxa global das subvenções, nacionais e comunitárias, fixada para esses auxílios no anexo IV do Regulamento (CE) n.º 2792/1999.

ARTIGO 5.º (**Auxílios aos investimentos para a protecção e o desenvolvimento dos recursos aquáticos**)

Os auxílios aos investimentos para a protecção e o desenvolvimento dos recursos aquáticos são compatíveis com o mercado comum nos termos do n.º 3, alínea c), do artigo 87.º do Tratado e estão isentos do dever de notificação imposto pelo n.º 3 do artigo 88.º do Tratado, se:

a) Observarem o disposto no artigo 13.º e nos pontos 2 e 2.1 do anexo III, do Regulamento (CE) n.º 2792/1999; e

b) O montante do auxílio não for superior, em equivalente-subvenção, à taxa global das subvenções, nacionais e comunitárias, fixada para esses auxílios no anexo IV do Regulamento (CE) n.º 2792/1999.

ARTIGO 6.º (**Auxílios aos investimentos para acções inovadoras e assistência técnica**)

1 – Os auxílios aos investimentos em acções inovadoras e assistência técnica são compatíveis com o mercado comum nos termos do n.º 3, alínea c), do artigo 87.º do Tratado e estão isentos do dever de notificação imposto pelo n.º 3 do artigo 88.º do Tratado, se:

a) Observarem o disposto no artigo 17.º do Regulamento (CE) n.º 2792//1999; e

b) O montante do auxílio não for superior, em equivalente-subvenção, à taxa global das subvenções, nacionais e comunitárias, fixada para esses auxílios no anexo IV do Regulamento (CE) n.º 2792/1999.

2 – Os auxílios aos investimentos para acções inovadoras e assistência técnica são excluídos do âmbito do n.º 1 sempre que disserem respeito a despesas normais de funcionamento do beneficiário.

ARTIGO 7.º (**Auxílios aos investimentos para a promoção e a publicidade de produtos da pesca**)

Os auxílios aos investimentos para a promoção e a publicidade de produtos da pesca são compatíveis com o mercado comum nos termos do n.º 3, alínea c), do artigo 87.º do Tratado e estão isentos do dever de notificação imposto pelo n.º 3 do artigo 88.º do Tratado, se:

a) Abrangerem a totalidade de um sector ou de um produto, ou grupo de produtos, de modo a não favorecer os produtos de uma ou várias empresas determinadas;

b) Observarem o disposto no artigo 14.° e no ponto 3 do anexo III do Regulamento (CE) n.° 2792/1999; e

c) O montante do auxílio não for superior, em equivalente-subvenção, à taxa global das subvenções, nacionais e comunitárias, fixada para esses auxílios no anexo IV do Regulamento (CE) n.° 2792/1999.

ARTIGO 8.° (**Auxílios aos investimentos no domínio da transformação e comercialização**)

Os auxílios aos investimentos no domínio da transformação e comercialização de produtos da pesca são compatíveis com o mercado comum nos termos do n.° 3, alínea c), do artigo 87.° do Tratado e estão isentos do dever de notificação imposto pelo n.° 3 do artigo 88.° do Tratado, se:

a) Observarem o disposto no artigo 13.° e nos pontos 2 e 2.4 do anexo III do Regulamento (CE) n.° 2792/1999; e

b) O montante do auxílio não for superior, em equivalente-subvenção, à taxa global das subvenções, nacionais e comunitárias, fixada para esses auxílios no anexo IV do Regulamento (CE) n.° 2792/1999.

ARTIGO 9.° (**Auxílios aos investimentos no equipamento dos portos de pesca**)

Os auxílios aos investimentos no equipamento dos portos de pesca destinados a apoiar as operações de desembarque e as operações de abastecimento dos navios de pesca são compatíveis com o mercado comum nos termos do n.° 3, alínea c), do artigo 87.° do Tratado e estão isentos do dever de notificação imposto pelo n.° 3 do artigo 88.° do Tratado, se:

a) Observarem o disposto no artigo 13.° e nos pontos 2 e 2.3 do anexo III do Regulamento (CE) n.° 2792/1999; e

b) O montante do auxílio não for superior, em equivalente-subvenção, à taxa global das subvenções, nacionais e comunitárias, fixada para esses auxílios no anexo IV do Regulamento (CE) n.° 2792/1999.

ARTIGO 10.° (**Auxílio à cessação definitiva das actividades de pesca através da demolição de um navio de pesca ou da sua reorientação para fins não lucrativos diferentes da pesca**)

Os auxílios para a demolição dos navios de pesca e os auxílios para a reorientação definitiva dos navios de pesca para fins não lucrativos diferentes da pesca são compatíveis com o mercado comum nos termos do n.° 3, alínea c), do artigo 87.° do Tratado e estão isentos do dever de notificação imposto pelo n.° 3 do artigo 88.° do Tratado, se:

a) Observarem o disposto no artigo 7.° e no ponto 1.1 do anexo III do Regulamento (CE) n.° 2792/1999; e

b) O montante do auxílio não for superior, em equivalente-subvenção, à taxa global das subvenções, nacionais e comunitárias, fixada para esses auxílios no anexo IV do Regulamento (CE) n.º 2792/1999 ou no Regulamento (CE) n.º 2370/2002 do Conselho[1].

ARTIGO 11.º (**Auxílios aos investimentos nos sectores da aquicultura e da pesca interior**)
Os auxílios aos investimentos nos sectores da aquicultura e da pesca interior são compatíveis com o mercado comum nos termos do n.º 3, alínea c), do artigo 87.º do Tratado e estão isentos do dever de notificação imposto pelo n.º 3 do artigo 88.º do Tratado, se:

a) Observarem o disposto no artigo 13.º e nos pontos 2.2.2 e 2.5 do anexo III do Regulamento (CE) n.º 2792/1999; e

b) O montante do auxílio não for superior, em equivalente-subvenção, à taxa global das subvenções, nacionais e comunitárias, fixada para esses auxílios no anexo IV do Regulamento (CE) n.º 2792/1999.

ARTIGO 12.º (**Medidas socioeconómicas**)
Os auxílios à reforma antecipada dos pescadores e a concessão de prémios individuais do montante fixo em conformidade com o disposto nos n.ºs 1 e 2 do artigo 12.º, no n.º 3, alíneas a), b) e c), do artigo 12.º, no n.º 4, alíneas a) a e), do artigo 12.º e no anexo III do Regulamento (CE) n.º 2792/1999 são compatíveis com o mercado comum nos termos do n.º 3, alínea c), do artigo 87.º do Tratado e estão isentos do dever de notificação imposto pelo n.º 3 do artigo 88.º do Tratado, se o montante do auxílio não for superior, em equivalente-subvenção, à taxa global das subvenções, nacionais e comunitárias, fixada para esses auxílios no anexo IV do mesmo regulamento.

ARTIGO 13.º (**Isenções fiscais nos termos das Directivas 77/388/CEE e 2003/96/CE**)
As isenções fiscais aplicáveis ao conjunto do sector das pescas que os Estados-Membros introduzam nos termos do artigo 15.º da Directiva 77/388/CEE ou nos termos dos artigos 14.º e 15.º, n.º 1 da Directiva 2003/96/CE são, na medida em que constituam auxílios estatais, compatíveis com o mercado comum e isentas do dever de notificação imposto pelo n.º 3 do artigo 88.º do Tratado.

CAPÍTULO 3 **Disposições comuns e finais**

ARTIGO 14.º (**Fases prévias à concessão do auxílio**)
1 – Para poderem beneficiar da isenção prevista no presente regulamento, os auxílios integrados num regime de auxílios só podem ser concedidos para activida-

---

[1] JO, L 358, de 31.12.2002, p. 57.

des realizadas ou serviços prestados após o regime de auxílios ter sido estabelecido e publicado de acordo com o presente regulamento.

Se o regime de auxílios criar um direito imediato ao recebimento do auxílio, que não dependa de qualquer outro acto a nível administrativo, o auxílio propriamente dito só pode ser concedido após o regime de auxílios ter sido estabelecido e publicado de acordo com o presente regulamento.

Se o regime de auxílios exigir que seja apresentado um pedido à autoridade competente em causa, o auxílio propriamente dito só pode ser concedido após terem sido satisfeitos os seguintes requisitos:

a) O regime de auxílios deve ter sido estabelecido e publicado de acordo com o presente regulamento;

b) Deve ter sido devidamente apresentado à autoridade competente em causa um pedido de auxílio;

c) O pedido deve ter sido deferido pela autoridade competente em causa de forma que vincule essa autoridade a conceder o auxílio, com indicação clara do montante do auxílio a conceder ou de como esse montante deve ser calculado. O deferimento pela autoridade competente só pode ter lugar se o orçamento disponível para o auxílio ou regime de auxílios em causa não estiver esgotado.

2 – Para poderem beneficiar da isenção prevista no presente regulamento, os auxílios concretos individuais não integrados num regime de auxílios só podem ser concedidos em relação a actividades realizadas ou serviços prestados após terem sido satisfeitos os requisitos enunciados nas alíneas *b)* e *c)* do terceiro parágrafo do n.° 1.

ARTIGO 15.° (**Cumulação**)

Os auxílios isentos pelo presente regulamento não podem ser cumulados com quaisquer outros auxílios estatais nos termos do n.° 1 do artigo 87.° do Tratado, relativamente às mesmas despesas elegíveis, se dessa cumulação resultar uma intensidade de auxílio ou montante de auxílio superior ao máximo estabelecido no presente regulamento.

ARTIGO 16.° (**Transparência e controlo**)

1 – O mais tardar 10 dias úteis antes da entrada em vigor de um regime de auxílios ou da concessão de um auxílio concreto individual não abrangido por um regime isento nos termos do presente regulamento, os Estados-Membros transmitirão à Comissão em suporte informático um resumo das informações relativas ao regime ou ao auxílio concreto individual em causa de acordo com o modelo previsto no anexo I, com vista à sua publicação no *Jornal Oficial da União Europeia*. Nos cinco dias seguintes à recepção do resumo, a Comissão enviará um aviso de recepção com um número de identificação e publicará o resumo na internet.

2 – Os Estados-Membros conservarão registos pormenorizados dos regimes de auxílios isentos nos termos do presente regulamento, dos auxílios concretos indi-

viduais concedidos no âmbito desses regimes e dos auxílios individuais isentos nos termos do presente regulamento que se não integrem num regime de auxílios existente. Os registos conterão todas as informações necessárias para comprovar que as condições de isenção estabelecidas no presente regulamento foram respeitadas, incluindo as inforrnações sobre a natureza de PME da empresa.

No que se refere a cada auxílio individual, os Estados-Membros conservarão estes registos durante um periodo de 10 anos subsequente à data de concessão do auxílio e, no que se refere a cada regime de auxílios, durante um periodo de 10 anos subsequente à data em que tenha sido concedido o último auxílio concreto individual ao abrigo desse regime.

Mediante pedido escrito da Comissão, os Estados-Membros em causa transmitir-lhe-ão, no prazo de 20 dias úteis ou num prazo mais longo eventualmente indicado no pedido, todas as informações que a Comissão entenda necessárias para apreciar o respeito das regras estabelecidas no presente regulamento.

3 – Os Estados-Membros devem assegurar que não é concedido qualquer auxílio isento pelo presente regulamento se dele resultar uma intensidade ou um montante de auxílio superior ao limite máximo estabelecido no presente regulamento. Para esse efeito, os Estados-Membros devem obter da empresa em causa informações completas sobre outros auxílios semelhantes que tenha recebido, ou aplicar um sistema de controlo que permita calcular o montante total dos auxílios recebidos por um beneficiário de auxílios isentos pelo presente regulamento, incluindo qualquer auxílio pago aos diferentes níveis do Estado-Membro e todas as ajudas comunitárias que o beneficiário possa receber.

4 – Os Estados-Membros elaborarão um relatório sobre a aplicação do presente regulamento, na forma estabelecida no anexo II e em suporte informático, respeitante a cada ano, completo ou parcial, em que o presente regulamento seja aplicado. Esse relatório pode ser integrado no relatório anual que os Estados-Membros devem apresentar à Comissão nos termos do n.º 1 do artigo 21.º do Regulamento (CE) n.º 659/1999 do Conselho[1] e será transmitido até 30 de Março do ano seguinte ao ano civil a que diz respeito.

5 – Assim que entre em vigor um regime de auxílios ou seja concedido um auxílio individual fora do âmbito de um regime de auxílios isento pelo presente regulamento, os Estados-Membros publicarão na internet o texto integral do regime em causa ou os critérios e regras ao abrigo dos quais o auxílio individual é concedido. O endereço dos sítios web será comunicado à Comissão juntamente com o resumo das informações relativas aos auxílios exigido pelo disposto no n.º 1. Esse endereço constará igualmente do relatório anual apresentado em conformidade com o n.º 4.

---

[1] JO, L 83, de 27.3.1999, p. 1.

ARTIGO 17.º (**Disposições transitórias**)

1 – As notificações pendentes aquando da entrada em vigor do presente regulamento serão apreciadas em conformidade com as suas disposições. Nos casos em que não sejam respeitadas as regras previstas no presente regulamento, a Comissão apreciará as notificações pendentes atendendo às linhas directrizes para o exame dos auxílios estatais no sector das pescas e da aquicultura.

Os auxílios individuais e regimes de auxílios postos em prática antes da data de entrada em vigor do presente regulamento e os auxílios concedidos ao abrigo desses regimes sem autorização da Comissão e com violação do dever de notificação imposto pelo n.º 3 do artigo 88.º do Tratado são compatíveis com o mercado comum nos termos do n.º 3, alínea c), do artigo 87.º do Tratado e estão isentos quando satisfaçam as condições previstas no artigo 3.º do presente regulamento, com excepção das exigências impostas pelo n.º 1 e pelas alíneas b) e c) do n.º 2 desse artigo, que dispõem que seja feita referência expressa ao presente regulamento e que seja apresentado o resumo de informações. Qualquer auxílio que não satisfaça essas condições será apreciado pela Comissão em conformidade com os enquadramentos, directrizes, comunicações e notas pertinentes.

2 – Os regimes de auxílios isentos nos termos do presente regulamento permanecerão isentos durante um período de adaptação de seis meses a contar da data prevista no segundo parágrafo do artigo 18.º.

ARTIGO 18.º (**Entrada em vigor e aplicabilidade**)

O presente regulamento entra em vigor em 1 de Novembro de 2004.

É aplicável até 31 de Dezembro de 2006.

O presente regulamento é obrigatório em todos os seus elementos e directamente aplicável em todos os Estados-Membros.

Feito em Bruxelas, em 8 de Setembro de 2004.

Pela Comissão

Franz FISCHLER

Membro da Comissão

ANEXO I

Modelo para a comunicação das informações sintéticas a transmitir sempre que um regime de auxílios isento pelo presente regulamento seja aplicado e que um auxílio individual isento pelo presente regulamento seja concedido fora do âmbito de qualquer regime de auxílio

Informações sintéticas relativas a auxílios estatas concedidos em conformi-dade com o Regulamento (CE) n.º .../2004.

Informações sintéticas a comunicar.

Notas explicativas.

Estado-Membro.

Região (indicar o nome da região se o auxílio for concedido por uma entidade que não faça parte da Administração central).

Denominação do regime de auxílios ou nome da empresa que recebe um auxílio individual (indicar a denominação do regime de auxílios ou, no caso de um auxílio indindual, o nome do beneficiário).

Fundamento jurídico (indicar a referência exacta do acto jurídico nacional correspondente ao regime de auxílios ou ao auxílio individual).

Despesas anuais previstas nos termos do regime ou montante total do auxílio individual concedido à empresa (os montantes devem ser expressos em euros ou, se for caso disso, em moeda nacional). No caso de um regime de auxílios, indicar o montante anual total das dotações orçamentais ou uma estimativa da perda anual de receitas fiscais relativamente a todos os instrumentos de auxílio previstos no regime. No caso de um auxílio individual, indicar o montante total do auxílio/perda total de receitas fiscais. Se for caso disso, indicar igualmente o número de anos durante os quais o auxílio será pago em fracções ou se registará uma perda de receitas fiscais. No que respeita às garantias, indicar, em ambos os casos, o montante (máximo) dos empréstimos objecto de garantias.

Intensidade máxima de auxílio (indicar a intensidade máxima de auxílio ou o montante máximo elegível por rubrica elegível).

Data de aplicação (indicar a data a partir da qual pode ser concedido o auxílio ao abngo do regime ou o auxílio individual).

Duração do regime ou do auxílio individual [indicar a data (ano e mês) até à qual podem ser concedidos auxílios ao abrigo do regime ou, no caso de um auxflio individual e se for caso disso, a data prevista (ano e mês) da última fracção a pagar].

Objectivo do auxílio (subentende-se que o objectivo principal é a concessão de auxílios às PME). Indicar os restantes objectivos (secundários) prosseguidos.

Indicar qual dos artigos (artigos 4.º a 12.º) é invocado e as despesas elegíveis previstas pelo regime de auxílios ou pelo auxílio individual.

Sector(es) em causa (indicar se o regime é aplicável ao sector da pesca no mar elou ao sector da aquicultura elou ao sector da transformação elou comercialização). Se for caso disso, indicar os subsectores.

Nome e endereço da entidade responsável pela concessão.

Endereço do sítio web (indicar o endereço internet onde pode ser consultado o texto integral do regime ou os critérios e regras ao abrigo dos quais o auxílio individual é concedido fora do âmbito de qualquer regime).

Outras informações.

ANEXO II

Modelo de relatório periódico a apresentar à Confissão

Modelo de relatório anual sobre os regimes de auxílios isentos ao abrigo de um regulamento por categoria adoptado nos termos do artigo 1.º do Regulamento (CE) n.º 994/98.

Os Estados-Membros devem utilizar o modelo a seguir apresentado para cumprir o dever que lhes insumbe de apresentar relatórios à Comissão nos termos dos regulamentos de isenção por categoria adoptados com base no Regulamento (CE) n.º 994/98.

Os relatórios devem igualmente ser fornecidos em suporte informático.

Informações exigidas relativamente a todos os regimes de auxílios isentos ao abrigo de regulamentos de isenção por categoria adoptados nos termos do artigo 1.º do Regulamento (CE) n.º 994/98:

1. Denominação do regime de auxílio.
2. Regulamento de isenção da Comissão aplicável.
3. Despesa [devem ser apresentados valores distintos para cada instrumento de auxílio contido num regime ou num auxílio individual (por exemplo, subvenção, empréstimos em condições favoráveis, etc.]. Os montantes devem ser expressos em euros ou, se aplicável, na moeda nacional. No caso das despesas fiscais, devem ser apresentadas as perdas fiscais anuais. Se não existirem valores exactos, podem ser apresentadas estimativas.

Estes valores das despesas devem ser apresentados como a seguir se indica.

Relativamente a cada ano considerado, indicar separadamente, para cada instrumento de auxílio previsto no regime (por exemplo, subvenção, empréstimo em condições favoráveis, garantia, etc.):

3.1. Os montantes autorizados, uma estimativa das perdas de receitas fiscais ou outras perdas de receitas, dados sobre as garantias, etc., relativamente aos novos projectos que beneficiem de auxílios. No caso dos regimes de garantias, deve ser comunicado o montante total das novas garantias concedidas;

3.2. Os pagamentos efectivos, uma estimativa das perdas de receitas fiscais ou outras perdas de receitas, dados sobre as garantias, etc., para os projectos novos e para os projectos em curso. No caso dos regimes de garantias, deve ser comunicado o seguinte: montante total das garantias pendentes, receitas de prémios, montantes recuperados, indemnizações pagas, excedente ou défice do regime relativamente ao ano em causa;

3.3. Número de projectos e/ou empresas que beneficiaram de auxílios;

3.4. Montante total estimado dos seguintes elementos:
– auxílios concedidos a agrupamentos ou associações de produtores ou a profissionais,
– auxílios para investimentos na promoção e/ou na publicidade de produtos da pesca,
– auxílios para investimentos na protecção e desenvolvimento dos recursos aquáticos,
– auxílios para investimentos em acções inovadoras e assistência técnica,
– auxílios para investimentos no equipamento dos portos de pesca,
– auxílios para medidas socioeconómicas, definidos no artigo 12.º,
– auxílios para a cessação definitiva das actividades de pesca, definidos no artigo 10.º,
– auxílios para investimentos no domínio da transformação e comercialização de produtos da pesca de qualidade,
– auxílios para investimentos na aquicultura e na pesca em águas interiores.

3.5. Repartição regional dos montantes indicados no ponto 3.1, por regiões definidas como regiões do objectivo n.º 1 e outras zonas.

4. Outras informações e observações.

PARTE II

ORIENTAÇÕES E COMUNICAÇÕES

COMUNICAÇÕES DE ALCANCE GERAL

DOMÍNIO INSTITUCIONAL

COOPERAÇÃO NO ÂMBITO DA REDE DE AUTORIDADES DE CONCORRÊNCIA

Comunicação da Comissão*

1. Introdução

1. O Regulamento (CE) n.º 1/2003 do Conselho, de 16 de Dezembro de 2002, relativo à execução das regras de concorrência estabelecidas nos artigos 81.º e 82.º do Tratado (a seguir denominado "Regulamento do Conselho") cria um sistema de competências paralelas em que a Comissão e as autoridades responsáveis em matéria de concorrência dos Estados Membros (a seguir denominadas "ANC")[1] podem aplicar os artigos 81.º e 82.º do Tratado CE (a seguir denominado "Tratado"). Em conjunto, as ANC e a Comissão formam uma rede de autoridades públicas, que agem no interesse público e cooperam estreitamente para proteger a concorrência. A rede é uma instância de debate e de cooperação tendo em vista a aplicação e execução da política comunitária em matéria de concorrência. Proporciona um quadro para a cooperação das autoridades de concorrência europeias nos casos em que os artigos 81.º e 82.º do Tratado são aplicados e constitui a base para a criação e manutenção de uma cultura comum de concorrência na Europa. A rede é denominada Rede Europeia da Concorrência (REC).

2. A estrutura das ANC varia de Estado Membro para Estado Membro. Nalguns deles, uma mesma entidade procede à instrução do processo e toma todo o tipo de decisões.

Noutros Estados-Membros, as funções encontram-se divididas entre duas entidades, uma das quais está incumbida da investigação do processo e a outra, muitas vezes de natureza colegial, é responsável pela decisão. Por último, nalguns Estados Membros as decisões de proibição e/ou as decisões de aplicação de uma

---

* Comunicação da Comissão sobre a cooperação no âmbito da rede de autoridades de concorrência (Texto relevante para efeitos do EEE) – JO, C 101, de 27.4.2004, pp. 43.

[1] Na presente comunicação, a Comissão Europeia e as ANC são colectivamente designadas por "autoridades responsáveis em matéria de concorrência".

coima só podem ser tomadas por um tribunal: outra autoridade responsável em matéria de concorrência actua como "procurador", intentando uma acção perante esse tribunal. Sob reserva do princípio geral da eficácia, o artigo 35.º do regulamento do Conselho permite que os Estados-Membros designem a autoridade ou as autoridades nacionais em matéria de concorrência e repartam as funções entre elas. Em conformidade com os princípios gerais de direito comunitário, os Estados Membros têm a obrigação de estabelecer um sistema sancionatório que preveja sanções efectivas, proporcionadas e dissuasoras para as infracções ao direito comunitário[1]. Os sistemas de execução dos Estados-Membros são diferentes mas estes reconheceram as normas dos sistemas uns dos outros como base de cooperação[2].

3. A rede formada pelas autoridades responsáveis em matéria de concorrência deverá assegurar uma repartição eficiente do trabalho e uma aplicação eficaz e coerente das regras comunitárias de concorrência. O Regulamento do Conselho, juntamente com a declaração conjunta do Conselho e da Comissão sobre o funcionamento da Rede Europeia da Concorrência, estabelece os princípios fundamentais do funcionamento da rede. A presente comunicação pormenoriza os elementos do sistema.

4. As consultas e os intercâmbios efectuados no âmbito da rede são questões que incumbem às instâncias de aplicação da lei e não alteram quaisquer direitos ou obrigações das empresas decorrentes do direito comunitário ou do direito nacional.

Cada autoridade em matéria de concorrência continua a ser plenamente responsável pelo tratamento adequado dos casos de que se ocupa.

2. Repartição do trabalho

2.1. *Princípios de atribuição*

5. O regulamento do Conselho baseia-se num sistema de competências paralelas em que todas as autoridades responsáveis em matéria de concorrência têm competência para aplicar os artigos 81.º ou 82.º do Tratado e são responsáveis por uma repartição do trabalho eficiente relativamente aos casos em que se considera necessário proceder a um inquérito. Simultaneamente, cada membro da rede permanece livre de decidir se deve ou não instruir um processo. Segundo este sistema de competências paralelas, os casos serão tratados por:

– uma única ANC, eventualmente com a assistência das ANC de outros Estados-Membros; ou

– várias ANC agindo em paralelo; ou

– a Comissão.

---

[1] Ver processo 68/88, *Comissão / Grécia,* Col. 1989, p. 2965 (fundamentos 23 a 25).

[2] Ver ponto 8 da Declaração comum do Conselho e da Comissão sobre o funcionamento da rede disponível no Registo do Conselho em http://register.consilium.eu.int (documento n.º 15435/02 ADD 1).

6. Na maior parte dos casos, a autoridade que recebe uma denúncia ou dá início a um processo oficiosamente[1] continuará a ser responsável pelo caso.

A reatribuição de um caso só pode ser considerada no início do processo (ver ponto 18 infra) se esta autoridade considerar que não está bem posicionada para agir ou quando outras autoridades também considerarem que estão bem posicionadas para agir (ver pontos 8 a 15 infra).

7. Quando se considerar necessário proceder a uma reatribuição para uma protecção eficaz da concorrência e do interesse comunitário, os membros da rede procurarão reatribuir, sempre que possível, os casos a uma única autoridade responsável em matéria de concorrência que esteja bem posicionada para agir[2]. De qualquer modo, a reatribuição deve ser um processo rápido e eficiente, que não atrase os inquéritos em curso.

8. Pode considerar-se que uma autoridade está bem posicionada para instruir um processo se estiverem preenchidas cumulativamente as três condições seguintes:

(1) O acordo ou prática tem grande impacto directo, real ou previsível, na concorrência no seu território, é aplicado no seu território ou tem nele origem;

(2) A autoridade pode pôr eficazmente termo à infracção na sua totalidade, isto é, pode adoptar uma decisão de cessação com efeito suficiente para pôr termo à infracção e, se for caso disso, sancioná-la adequadamente;

(3) Pode reunir, eventualmente com a assistência de outras autoridades, os elementos necessários para provar a infracção.

9. Os critérios acima descritos indicam que deve existir uma conexão material entre a infracção e o território de um Estado Membro para que a autoridade responsável em matéria de concorrência desse Estado Membro seja considerada bem posicionada. É de esperar que, na maior parte dos casos, as autoridades dos Estados Membros onde a concorrência é substancialmente afectada por uma infracção estejam bem posicionadas, desde que sejam capazes de pôr efectivamente termo à infracção mediante uma acção única ou paralela, salvo se a Comissão estiver mais bem posicionada para agir (ver pontos 14 e 15 infra).

10. Assim, uma única ANC está normalmente bem posicionada para tratar dos acordos ou práticas que afectem substancialmente a concorrência principalmente no seu território.

Exemplo 1: Empresas situadas no Estado Membro A estão envolvidas num cartel de fixação dos preços de produtos que são principalmente vendidos no Estado Membro A. A ANC de A está bem posicionada para instruir o processo.

11. Além disso, uma acção única de uma ANC também poderá ser adequada quando, não obstante existirem outras ANC susceptíveis de serem consideradas

---

[1] Na presente comunicação o termo "processo" é utilizado para os inquéritos e/ou para os processos formais que visam a adopção de uma decisão nos termos do Regulamento do Conselho e que são conduzidos por uma ANC ou pela Comissão, conforme o caso.

[2] Ver décimo oitavo considerando do Regulamento do Conselho.

bem posicionadas, a acção de uma só ANC é suficiente para pôr totalmente termo a uma infracção.

Exemplo 2: Duas empresas criaram uma empresa comum no Estado Membro A. A empresa comum presta serviços nos Estados Membros A e B e suscita um problema de concorrência. Considera-se que uma decisão de cessação é suficiente para tratar eficazmente do caso porque pode pôr totalmente termo à infracção. Os elementos de prova encontram-se principalmente nos escritórios da empresa comum do Estado Membro A.

As ANC de A e de B estão ambas bem posicionadas para instruir o processo, mas uma acção única da ANC de A seria suficiente e mais eficaz do que uma acção única da ANC de B ou uma acção paralela das duas ANC.

12. A acção paralela de duas ou três ANC pode ser adequada quando um acordo ou prática tem efeitos substanciais na concorrência principalmente nos territórios respectivos e a acção de uma única ANC não seria suficiente para pôr totalmente termo à infracção e/ou para a sancionar adequadamente.

Exemplo 3: Duas empresas celebram um acordo de partilha do mercado, restringindo a actividade da empresa localizada no Estado Membro A para o Estado Membro A e a actividade da empresa localizada no Estado Membro B para o Estado Membro B.

As ANC de A e B estão bem posicionadas para instruir o processo em paralelo, cada qual relativamente ao respectivo território.

13. As autoridades que tratam de um caso em paralelo devem esforçar-se por coordenar a sua acção na medida do possível. Para o efeito, poderão considerar conveniente designar uma delas como autoridade principal e delegar tarefas nessa autoridade, como por exemplo a coordenação das medidas de inquérito, ficando no entanto cada uma das autoridades responsável pela instrução do seu próprio processo.

14. A Comissão está particularmente bem posicionada se um ou mais acordos ou práticas, incluindo redes de acordos ou práticas semelhantes, afectarem a concorrência em mais de três Estados-Membros (mercados transfronteiras que abranjam mais de três Estados Membros ou vários mercados nacionais).

Exemplo 4: Duas empresas acordam em partilhar mercados ou fixar preços para todo o território da Comunidade. A Comissão está bem posicionada para instruir o processo.

Exemplo 5: Uma empresa dominante em quatro mercados nacionais diferentes, abusa da sua posição impondo descontos de fidelidade aos seus distribuidores em todos estes mercados. A Comissão está bem posicionada para instruir o processo.

Também poderia ocupar-se de um mercado nacional, criando um processo "principal", e as ANC ocupar-se-iam dos outros mercados nacionais, em especial se cada mercado nacional exigir uma apreciação separada.

15. Além disso, a Comissão encontra-se particularmente bem posicionada para instruir um processo se este estiver estreitamente ligado a outras disposições comunitárias que possam ser aplicadas a título exclusivo ou mais eficientemente pela Comissão, se o interesse comunitário exigir a adopção de uma decisão da

Comissão para desenvolver a política de concorrência comunitária em presença de uma nova questão de concorrência ou para assegurar uma aplicação efectiva.

2.2. Mecanismos de cooperação para efeitos da atribuição dos casos e de assistência

2.2.1. Informação no início do processo (artigo 11.º do Regulamento do Conselho)

16. Para detectarem a existência de vários processos em simultâneo e assegurarem que os processos são instruídos pela autoridade em matéria de concorrência mais bem posicionada, os membros da rede têm de ser informados numa fase inicial dos processos pendentes nas várias autoridades responsáveis em matéria de concorrência[1]. Se um caso tiver de ser reatribuído, a rede e as empresas envolvidas têm, efectivamente, interesse em que essa reatribuição se efectue rapidamente.

17. O Regulamento do Conselho cria um mecanismo para as autoridades em matéria de concorrência se informarem reciprocamente, a fim de assegurar uma reatribuição eficiente e rápida dos casos. O n.º 3 do artigo 11.º do Regulamento do Conselho impõe às ANC a obrigação de informarem a Comissão quando actuam nos termos do artigo 81.º ou 82.º do Tratado antes ou imediatamente depois de terem dado início à primeira medida de investigação formal. Refere igualmente que a informação pode ser disponibilizada às outras ANC[2]. O n.º 3 do artigo 11.º do Regulamento do Conselho visa permitir que a rede detecte a existência de processos múltiplos e resolva as eventuais questões de reatribuição assim que uma autoridade comece a investigar um caso. A informação deve ser, por conseguinte, transmitida às ANC e à Comissão antes ou imediatamente a seguir a ter sido tomada qualquer medida semelhante às medidas de inquérito que a Comissão pode tomar nos termos dos artigos 18.º a 21.º do Regulamento do Conselho. A Comissão aceitou uma obrigação equivalente por força do n.º 2 do artigo 11.º do Regulamento do Conselho. Os membros da rede informar-se-ão mutuamente dos casos pendentes através de um formulário que inclui informações limitadas sobre o caso, tais como a autoridade que está a instruir o processo, o produto, territórios e partes em causa, a alegada infracção, a duração presumível da infracção e a origem do caso. Também transmitirão as actualizações quando se verificar uma alteração relevante.

18. Quando surgirem questões de reatribuição de casos, estas devem ser rapidamente resolvidas, normalmente num prazo de dois meses a contar da data da

---

[1] Relativamente aos processos iniciados na sequência de um pedido de imunidade em matéria de coimas ou de redução do seu montante, ver n.ºs 37 e seguintes.

[2] A intenção de tornar as informações trocadas nos termos do artigo 11.º disponíveis e facilmente acessíveis a todos os membros da rede encontra-se, no entanto, expressa na Declaração comum sobre o funcionamento da rede.

primeira informação enviada para a rede nos termos do artigo 11.º do Regulamento do Conselho. Durante este período, as autoridades responsáveis em matéria de concorrência procurarão chegar a acordo sobre uma possível reatribuição e, quando for caso disso, sobre as modalidades de uma acção paralela.

19. Geralmente, a autoridade ou autoridades responsáveis em matéria de concorrência que estão a instruir um processo no final do prazo de reatribuição devem continuar a instruí-lo até à sua conclusão. A reatribuição de um caso após o período inicial de atribuição de dois meses só deverá acontecer quando os factos conhecidos se alterarem materialmente no decurso do processo.

2.2.2. Suspensão ou arquivamento do processo (artigo 13.º do Regulamento do Conselho)

20. Se o mesmo acordo ou prática for levado ao conhecimento de várias autoridades responsáveis em matéria de concorrência, quer por terem recebido uma denúncia, quer por terem dado início a um processo oficiosamente, o artigo 13.º do Regulamento do Conselho oferece uma base jurídica para que um procedimento seja suspenso ou uma denúncia rejeitada com o fundamento de que outra autoridade está a instruir ou já instruiu o processo. No artigo 13.º, a expressão "instrução do processo" não significa apenas que foi apresentada uma denúncia a outra autoridade, mas que a outra autoridade está a investigar ou já investigou o caso por sua própria conta.

21. O artigo 13.º do Regulamento do Conselho é aplicável quando outra autoridade se ocupou ou ocupa da questão de concorrência suscitada pelo autor da denúncia, mesmo que a autoridade em questão aja ou tenha agido com base numa denúncia apresentada por outra pessoa ou em resultado de um processo oficioso. Isto implica que o artigo 13.º do Regulamento do Conselho pode ser invocado quando o acordo ou a prática envolve a(s) mesma(s) infracção(ões) nos mesmos mercados geográfico e do produto relevantes.

22. Uma ANC pode suspender ou arquivar o seu processo mas não é obrigada a fazê-lo.

O artigo 13.º do Regulamento do Conselho permite a apreciação das especificidades de cada processo individual. Esta flexibilidade é importante: se uma denúncia tiver sido rejeitada por uma autoridade na sequência de uma investigação do mérito do caso, outra autoridade pode não querer reexaminar o caso. Por outro lado, se uma denúncia tiver sido rejeitada por outras razões (por exemplo, porque a autoridade não conseguiu reunir as meios necessários para provar a infracção), outra autoridade poderá querer realizar o seu próprio inquérito e instruir o processo. Esta flexibilidade também se reflecte, no caso dos processos pendentes, na possibilidade que cada ANC tem de escolher entre suspender ou arquivar o seu processo. Uma autoridade pode não querer arquivar um processo antes de ser claro o resultado do processo instruído por outra autoridade. A possibilidade de suspender o processo permite que a autoridade conserve a sua capacidade de decidir posteriormente se deve ou não arquivar o seu processo. Uma tal flexibilidade também facilita uma aplicação coerente das regras.

23. Quando uma autoridade arquiva ou suspende um processo porque outra autoridade o está a instruir, pode transferir – de acordo com o artigo 12.º do Regulamento do Conselho – para esta última as informações fornecidas pelo autor da denúncia.

24. O artigo 13.º do Regulamento do Conselho também pode ser aplicado a parte de uma denúncia ou a parte de um processo. Pode acontecer que apenas parte de uma denúncia ou de um processo iniciado oficiosamente se sobreponha a um processo já instruído ou em instrução por outra autoridade responsável em matéria de concorrência. Nesse caso, a ANC que recebeu a denúncia tem o direito de rejeitar parte dela com base no artigo 13.º do Regulamento do Conselho e de se ocupar da parte restante de forma adequada. O mesmo princípio se aplica ao arquivamento do processo.

25. O artigo 13.º do Regulamento do Conselho não é a única base jurídica que permite suspender ou encerrar processos oficiosos ou rejeitar denúncias. As ANC também podem fazê-lo ao abrigo do seu direito processual nacional. A Comissão também pode rejeitar uma denúncia por falta de interesse comunitário ou por outros motivos relacionados com a natureza da denúncia[1].

2.2.3. *Intercâmbio e utilização de informações confidenciais (artigo 12.º do Regulamento do Conselho)*

26. Um elemento fundamental do funcionamento da rede é o poder que todas as autoridades responsáveis em matéria de concorrência têm de trocar e utilizar informações (incluindo documentos, declarações e informações digitais) que tenham recolhido para efeitos da aplicação do artigo 81.º ou do artigo 82.º do Tratado. Este poder é uma condição prévia para uma atribuição e um tratamento eficiente e eficaz dos processos.

27. O artigo 12.º do Regulamento do Conselho determina que, para efeitos da aplicação dos artigos 81.º e 82.º do Tratado, a Comissão e as autoridades dos Estados Membros responsáveis em matéria de concorrência podem comunicar entre si e utilizar como meio de prova qualquer elemento de facto ou de direito, incluindo informações confidenciais. Isto significa que as trocas de informações podem não se efectuar apenas entre uma ANC e a Comissão, mas também entre as ANC. O artigo 12.º do Regulamento do Conselho tem precedência sobre qualquer disposição legislativa nacional em contrário. A questão de a informação ter sido obtida de forma legal pela autoridade transmissora é regida pela legislação aplicável a essa autoridade. Quando transmite a informação, a autoridade transmissora pode informar a autoridade receptora de que a obtenção da informação foi contestada ou poderá ainda ser contestada.

---

[1] Ver Comunicação da Comissão sobre as denúncias.

28. O intercâmbio e utilização de informações prevê, em especial, as seguintes salvaguardas para as empresas e as pessoas singulares.

(a) Em primeiro lugar, o artigo 28.º do Regulamento do Conselho determina que «a Comissão e as autoridades dos Estados-Membros responsáveis em matéria de concorrência, os seus funcionários, agentes...» não podem divulgar as informações obtidas ou trocadas nos termos do. Regulamento do Conselho «e que, pela sua natureza, estejam abrangidas pelo sigilo profissional». No entanto, o legítimo interesse das empresas na protecção dos seus segredos comerciais não pode prejudicar a divulgação das informações necessárias para comprovar uma infracção aos artigos 81.º e 82.º do Tratado. O termo "sigilo profissional" utilizado no artigo 28.º do Regulamento do Conselho é um conceito de direito comunitário e inclui, nomeadamente, os segredos comerciais e outras informações confidenciais. Estabelecer-se-á assim um nível mínimo comum de protecção em toda a Comunidade.

(b) A segunda salvaguarda para as empresas diz respeito à utilização das informações trocadas no âmbito da rede. Nos termos do n.º 2 do artigo 12.º do Regulamento do Conselho, essas informações só podem ser utilizadas como meios de prova para efeitos da aplicação dos artigos 81.º e 82.º do Tratado e em relação à questão para a qual foram recolhidas[1]. Nos termos do n.º 2 do artigo 12.º do Regulamento do Conselho, as informações comunicadas também podem ser utilizadas para aplicação da legislação nacional em paralelo no mesmo processo. Todavia, isto só é possível se a aplicação da legislação nacional não conduzir, na apreciação de uma infracção, a um resultado diferente daquele a que se chegaria por força dos artigos 81.º e 82.º do Tratado.

(c) A terceira salvaguarda proporcionada pelo Regulamento do Conselho diz respeito às sanções aplicadas a pessoas singulares com base nas informações trocadas nos termos do n.º 1 do artigo 12.º. O Regulamento do Conselho apenas prevê sanções a aplicar às empresas por infracção aos artigos 81.º e 82.º do Tratado. Algumas legislações nacionais prevêem igualmente a aplicação de sanções a pessoas singulares devido a infracções aos artigos 81.º e 82.º do Tratado. As pessoas singulares beneficiam normalmente de direitos de defesa mais extensivos (por exemplo, o direito de manterem o silêncio em comparação com as empresas que só podem recusar-se a responder a perguntas que as levariam a reconhecer que cometeram uma infracção[1]). O n.º 3 do artigo 12.º do Regulamento do Conselho assegura que as informações recolhidas junto de empresas não podem ser utilizadas de forma a afectar o elevado nível de protecção das pessoas singulares. Esta disposição impede a aplicação de sanções a pessoas singulares, com base nas informações trocadas nos termos do Regulamento do Conselho, quando as leis das autoridades transmissoras e das autoridades receptoras não preverem sanções semelhantes

---

[1] Ver Tribunal de Justiça, processo 85/87, *Dow Benelux*, Col. 1989, p. 3137 (fundamentos 17-20).

para as pessoas singulares, a não ser que os direitos da pessoa singular em causa, no tocante à recolha de provas, tenham sido respeitados pela autoridade transmissora a um nível idêntico ao garantido pela autoridade receptora. A qualificação das sanções pelo direito nacional ("administrativas" ou "penais") não é relevante para efeitos da aplicação do n.º 3 do artigo 12.º do Regulamento do Conselho. O Regulamento do Conselho pretende criar uma distinção entre sanções de que resultam medidas privativas da liberdade e outros tipos de sanções como as multas aplicadas a pessoas singulares e outras sanções pessoais. Se tanto o sistema legal da autoridade transmissora como o da autoridade receptora previrem sanções de tipo semelhante (por exemplo, em ambos os Estados-Membros podem ser impostas coimas a um membro do pessoal de uma empresa que esteve envolvido numa infracção ao artigo 81.º ou 82.º do Tratado), as informações trocadas nos termos do artigo 12.º do Regulamento do Conselho podem ser utilizadas pela autoridade receptora. Nesse caso, as salvaguardas processuais nos dois sistemas são consideradas equivalentes. Se, em contrapartida, os dois sistemas jurídicos não previrem sanções de tipo semelhante, as informações só podem ser utilizadas se tiver sido respeitado o mesmo nível de protecção dos direitos das pessoas singulares no caso em apreço (ver n.º 3 do artigo 12.º do Regulamento do Conselho). Neste último caso, no entanto, só podem ser impostas penas privativas de liberdade quando a autoridade transmissora e a autoridade receptora têm competência para as impor.

2.2.4. *Investigações (artigo 22.º do Regulamento do Conselho)*

29. O Regulamento do Conselho prevê que uma ANC possa pedir assistência a outra ANC para que esta recolha informações em seu nome. Uma ANC pode pedir a outra ANC que proceda a medidas de apuramento dos factos em seu nome. O artigo 12.º do Regulamento do Conselho confere à ANC que presta assistência poderes para transmitir as informações recolhidas à ANC que solicitou a assistência. O intercâmbio de informações entre as ANC e a utilização dessas informações como meio de prova pela ANC que as solicitou efectuar-se-ão em conformidade com o artigo 12.º do Regulamento do Conselho. Quando uma ANC age em nome de outra ANC, age segundo as suas próprias regras processuais e ao abrigo dos seus próprios poderes de investigação.

30. Nos termos do n.º 2 do artigo 22.º do Regulamento do Conselho, a Comissão pode pedir a uma ANC que proceda a uma inspecção em seu nome. A Comissão pode adoptar uma decisão nos termos do n.º 4 do artigo 20.º do Regulamento do Conselho ou enviar simplesmente um pedido à ANC. Os funcionários da ANC exercerão as suas competências em conformidade com a respectiva legislação nacional. Os agentes da Comissão podem prestar assistência à ANC durante a inspecção.

---

[1] Ver Tribunal de Justiça, processo 374/87, *Orkem*, Col. 1989, p. 3283, e Tribunal de Primeira Instância, processo T-112/98, *Mannesmannröhren-Werke AG*, Col. 2001, p. II-729.

2.3. Posição das empresas

2.3.1. Aspectos gerais

31. Todos os membros da rede se esforçarão para que a atribuição dos casos seja rápida e eficiente. Uma vez que o Regulamento do Conselho criou um sistema de competências paralelas, a atribuição dos casos entre os membros da rede constitui uma mera repartição do trabalho em que algumas autoridades se abstêm de agir. A atribuição dos processos não confere, portanto, às empresas envolvidas ou afectadas por uma infracção, direitos individuais a que o seu processo seja instruído por uma determinada autoridade.

32. Se um processo for reatribuído a uma dada autoridade responsável em matéria de concorrência, isso acontece porque a aplicação dos critérios de atribuição acima referidos levou à conclusão de que esta autoridade está bem posicionada para instruir o processo mediante uma acção única ou paralela. A ANC à qual o caso foi reatribuído estaria, de qualquer modo, em posição de dar início oficiosamente a um processo contra a infracção.

33. Além disso, todas as autoridades responsáveis em matéria de concorrência aplicam o direito comunitário da concorrência e o Regulamento do Conselho define mecanismos para assegurar que as regras são aplicadas de forma coerente.

34. Se for reatribuído um processo no interior da rede, as empresas em causa e o autor ou autores da denúncia serão informados desse facto o mais rapidamente possível pelas autoridades responsáveis em matéria de concorrência em causa.

2.3.2. Posição dos autores da denúncia

35. Se for apresentada uma denúncia à Comissão nos termos do artigo 7.º do Regulamento do Conselho e a Comissão não investigar a denúncia nem proibir o acordo ou a prática que dela é objecto, o autor tem o direito de obter uma decisão de rejeição da sua denúncia sem prejuízo do disposto no n.º 3 do artigo 7.º do Regulamento de execução da Comissão[1]. Os direitos dos autores de denúncias apresentadas às ANC são regidos pelo direito nacional aplicável.

36. Além disso, o artigo 13.º do Regulamento do Conselho dá a todas as ANC a possibilidade de suspenderem ou rejeitarem uma denúncia com o fundamento de que outra autoridade responsável em matéria de concorrência está a instruir ou já instruiu o mesmo processo. Esta disposição autoriza igualmente a Comissão a rejeitar uma denúncia com base no facto de uma autoridade de concorrência de um Estado-Membro estar a instruir ou ter já instruído o processo. O artigo 12.º do Regulamento do Conselho permite a transferência de informações entre as autoridades responsáveis em matéria de concorrência pertencentes à rede, sob reserva das salvaguardas previstas nesse artigo (ver ponto 28 supra).

---

[1] Regulamento (CE) n.º 773/2004 da Comissão, de 7.4.2004 – JO, L 123, de 27.4.2004.

2.3.3. *Posição dos requerentes que pretendam beneficiar de imunidade em matéria de coimas ou de redução do seu montante*

37. A Comissão considera[1] que é do interesse comunitário conceder um tratamento favorável às empresas que cooperem com ela na investigação das infracções relativas a cartéis. Vários Estados-Membros adoptaram igualmente programas de imunidade em matéria de coimas ou de redução do seu montante[2] em relação às investigações de cartéis. O objectivo destes programas consiste em facilitar a detecção das actividades de cartel pelas autoridades responsáveis em matéria de concorrência e, a esse título, funcionar como mais um elemento dissuasor da participação em cartéis ilegais.

38. Na ausência de um sistema a nível da União Europeia de programas completamente harmonizados de imunidade em matéria de coimas ou de redução do seu montante, não se deve considerar que um pedido deste tipo apresentado a uma dada autoridade é idêntico ao apresentado a outra autoridade. O requerente tem pois interesse em apresentar um pedido de imunidade em matéria de coimas ou de redução do seu montante a todas as ANC com competência para aplicar o artigo 81.º do Tratado no território afectado pela infracção e que possam ser consideradas como estando bem posicionadas para agir contra a infracção em causa[3]. Tendo em conta a relevância do aspecto temporal na maioria dos programas existentes, os requerentes também deverão ponderar se será ou não adequado apresentar esses pedidos às autoridades pertinentes em simultâneo. Cabe ao requerente tomar as medidas que considere apropriadas para proteger a sua posição relativamente a eventuais processos instaurados por essas autoridades.

39. Tal como em todos os casos de aplicação dos artigos 81.º e 82.º do Tratado, quando uma ANC procede à instrução de um processo que tenha sido iniciado em resultado de um pedido de imunidade em matéria de coimas ou de redução do seu montante deve informar a Comissão e pode disponibilizar a informação aos outros membros da rede nos termos do n.º 3 do artigo 11.º do Regulamento do Conselho (ver pontos 16 e seguintes). A Comissão aceitou uma obrigação equivalente de informar as ANC por força do n.º 2 do artigo 11.º do Regulamento do Conselho. Nesses casos, todavia, as informações transmitidas à rede nos termos do

---

[1] JO, C 45, de 19.2.2002, p. 3, ponto 3.

[2] Na presente comunicação, o termo "programa de imunidade em matéria de coimas ou de redução do seu montante" é utilizado para designar todos os programas (incluindo o da Comissão) que oferecem quer uma imunidade total, quer uma redução significativa das sanções que, de outro modo, seriam impostas a um participante num cartel, em troca da revelação voluntária de informações sobre o cartel que satisfaçam critérios específicos, antes ou durante a fase de investigação. O termo não abrange as reduções de coimas concedidas por outros motivos. A Comissão publicará no seu sítio Internet a lista das autoridades que aplicam um programa de imunidade em matéria de coimas ou de redução de coimas.

[3] Ver pontos 8 a 15 supra.

artigo 11.º não serão utilizadas pelos outros membros da rede como base para iniciarem uma investigação própria, ao abrigo das regras de concorrência consignadas no Tratado, ou, no caso das ANC, ao abrigo da sua legislação em matéria de concorrência ou outra legislação nacional[1].

Isto em nada prejudica a competência da autoridade para iniciar uma investigação com base em informações recebidas de outras fontes ou, sem prejuízo dos pontos 40 e 41 infra, para solicitar que lhe sejam transmitidas e utilizar informações nos termos do artigo 12.º recebidas de qualquer membro da rede, incluindo o membro da rede a que foi apresentado o pedido de imunidade em matéria de coimas ou de redução do seu montante.

40. Sem prejuízo do disposto no ponto 41, as informações voluntariamente apresentadas por um requerente do programa de imunidade em matéria de coimas ou de redução do seu montante apenas serão transmitidas a outro membro da rede nos termos do artigo 12.º do Regulamento do Conselho com o consentimento do requerente. Da mesma forma, outras informações que tenham sido obtidas durante ou na sequência de uma inspecção ou através ou na sequência de qualquer outra medida de apuramento dos factos que, em cada caso, não pudesse ter sido realizada sem o pedido de imunidade em matéria de coimas ou de redução do seu montante, só serão transmitidas a outra autoridade nos termos do artigo 12.º do Regulamento do Conselho se o requerente consentir na transmissão a essa autoridade das informações que voluntariamente tenha apresentado no seu pedido de imunidade em matéria de coimas ou de redução do seu montante. Os membros da rede encorajarão os requerentes de um pedido de imunidade em matéria de coimas ou de redução do seu montante a dar tal consentimento, em especial no que se refere à divulgação às autoridades em relação às quais o requerente pode obter a imunidade em matéria de coimas ou a redução do seu montante. Uma vez que o requerente tenha dado o seu consentimento à transmissão das informações a outra autoridade, esse consentimento não pode ser retirado. O disposto neste ponto não prejudica, no entanto, a responsabilidade de cada requerente de apresentar pedidos de imunidade em matéria de coimas ou de redução do seu montante às autoridades que considere mais adequadas.

41. Não obstante as considerações precedentes, o consentimento do requerente para a transmissão de informações a outra autoridade nos termos do artigo 12.º do Regulamento do Conselho não é necessário em qualquer das seguintes circunstâncias:

(1) Não é necessário o consentimento quando a autoridade receptora recebeu também, tal como a autoridade transmissora, um pedido de imunidade em matéria

---

[1] Da mesma forma, as informações transmitidas com vista a obter assistência da autoridade receptora nos termos dos artigos 20.º ou 21.º do Regulamento (CE) n.º 1/2003 ou a realizar uma investigação ou outra medida de apuramento dos factos nos termos do artigo 22.º desse regulamento apenas podem ser utilizadas para efeitos de aplicação destas disposições.

de coimas ou de redução do seu montante relativamente à mesma infracção por parte do mesmo requerente, desde que na altura em que as informações são transmitidas o requerente não tenha a possibilidade de retirar as informações que apresentou a essa autoridade receptora.

(2) Não é necessário o consentimento quando a autoridade receptora tiver comunicado um compromisso escrito de que qualquer informação que lhe tenha sido transmitida ou qualquer outra informação que possa obter a seguir à data e hora da transmissão, tal como registadas pela autoridade transmissora, não será utilizada, nem por si nem por qualquer outra autoridade a que transmita as informações, para aplicar sanções:

(*a*) Ao requerente de um pedido de imunidade em matéria de coimas ou de redução do seu montante;

(*b*) A qualquer outra pessoa singular ou colectiva abrangida pelo tratamento favorável concedido pela autoridade transmissora, na sequência do pedido apresentado pelo requerente no âmbito do seu programa de imunidade em matéria de coimas ou de redução do seu montante;

(*c*) A qualquer membro do pessoal ou antigo membro do pessoal de uma das pessoas referidas nas alíneas (*a*) ou (*b*).

Será transmitida ao requerente uma cópia do compromisso escrito da autoridade receptora.

(3) No caso de informações obtidas por um membro da rede nos termos do n.º 1 do artigo 22.º do Regulamento do Conselho em nome e por conta do membro da rede a quem foi apresentado o pedido de imunidade em matéria de coimas ou de redução do seu montante, não é necessário o consentimento para a transmissão de tais informações ao membro da rede a quem foi apresentado o pedido, nem para a utilização das mesmas.

42. A informação relativa a processos iniciados em resultado de um pedido de imunidade em matéria de redução de coimas ou de redução do seu montante submetido à Comissão nos termos do n.º 3 do artigo 11.º do Regulamento do Conselho[1] será apenas acessível às ANC que se comprometerem a respeitar os princípios acima estabelecidos (ver ponto 72 infra). Quando o processo tiver sido iniciado pela Comissão em resultado de um pedido de imunidade em matéria de redução de coimas ou de redução do seu montante apresentado à Comissão, aplica--se o mesmo princípio. Este facto não afecta o poder de qualquer autoridade de lhe ser facultada informação nos termos do artigo 12.º do Regulamento do Conselho, desde que as disposições dos pontos 40 e 41 sejam respeitadas.

---

[1] Ver ponto 17 supra.

3. Aplicação coerente das regras comunitárias da concorrência[1]

3.1. *Mecanismo de cooperação (n.ºs 4 e 5 do artigo 11.º do Regulamento do Conselho)*

43. Um dos objectivos visados pelo Regulamento do Conselho é que os artigos 81.º e 82.º do Tratado sejam aplicados de forma coerente em toda a Comunidade. A este propósito, as ANC respeitarão a norma de convergência contida no n.º 2 do artigo 3.º do Regulamento do Conselho. De acordo com o disposto no n.º 2 do artigo 16.º, as ANC não podem – quando, nos termos dos artigos 81.º ou 82.º do Tratado, decidem em matéria de acordos, decisões e práticas concertadas que já foram objecto de uma decisão da Comissão – tomar decisões que contrariem as adoptadas pela Comissão.

Na rede de autoridades responsáveis em matéria de concorrência, cabe à Comissão, enquanto guardiã do Tratado, a responsabilidade final, mas não exclusiva, pelo desenvolvimento da política e pela salvaguarda da coerência no que se refere à aplicação do direito comunitário da concorrência.

44. Nos termos do n.º 4 do artigo 11.º do Regulamento do Conselho, o mais tardar 30 dias antes da adopção de uma decisão de aplicação do artigo 81.º ou 82.º do Tratado em que exijam que seja posto termo a uma infracção, aceitem compromissos ou retirem o benefício de um regulamento de isenção por categoria, as ANC devem informar do facto a Comissão. Para tal, devem facultar à Comissão, o mais tardar 30 dias antes da aprovação da decisão, um resumo do processo, a decisão prevista ou, na sua ausência, qualquer outro documento que indique qual a linha de acção proposta.

45. Tal como acontece por força do n.º 3 do artigo 11.º do Regulamento do Conselho, a obrigação é de informar a Comissão, mas as informações poderão ser partilhadas pela ANC que informa a Comissão com os outros membros da rede.

46. Se uma ANC tiver informado a Comissão nos termos do n.º 4 do artigo 11.º do Regulamento do Conselho e o prazo de 30 dias tiver terminado, a decisão pode ser adoptada desde que a Comissão não tenha dado início a um processo. A Comissão poderá fazer observações escritas sobre o processo antes da adopção da decisão pela ANC. A ANC e a Comissão tudo farão para assegurar uma aplicação coerente do direito comunitário (ver ponto 3 supra).

47. Se circunstâncias especiais exigirem que seja tomada uma decisão nacional em menos de 30 dias após a transmissão de informações nos termos do n.º 4 do artigo 11.º do Regulamento do Conselho, a ANC em causa pode solicitar à

---

[1] O artigo 15.º do Regulamento do Conselho habilita as ANC e a Comissão a apresentarem observações escritas e, com o consentimento do tribunal, observações orais nos processos judiciais de aplicação dos artigos 81.º e 82.º do tratado. Trata-se de um instrumento muito importante para assegurar uma aplicação coerente das regras comunitárias. No exercício deste poder, as ANC e a Comissão cooperarão estreitamente.

Comissão uma reacção mais rápida. A Comissão esforçar-se-á por reagir o mais rapidamente possível.

48. Outros tipos de decisões, por exemplo decisões de rejeição de denúncias, decisões de arquivamento de um processo oficioso ou decisões que ordenem medidas provisórias, também podem ser importantes do ponto de vista da política de concorrência e os membros da rede podem ter interesse em dar conhecimento mútuo das mesmas e eventualmente em discuti-las. Assim, as ANC podem, com base no n.º 5 do artigo 11.º do Regulamento do Conselho, informar a Comissão, e logo a rede, de qualquer outro processo em que o direito comunitário da concorrência seja aplicado.

49. Todos os membros da rede se devem informar reciprocamente sobre o arquivamento dos seus processos que tenham sido notificados à rede nos termos dos n.ºs 2 e 3 do artigo 11.º do Regulamento do Conselho[1].

3.2. Início do processo pela Comissão nos termos do n.º 6 do artigo 11.º do Regulamento do Conselho

50. Nos termos da jurisprudência do Tribunal de Justiça, a Comissão, à qual é atribuída pelo n.º 1 do artigo 85.º do Tratado a missão de velar pela aplicação dos princípios enunciados nos artigos 81.º e 82.º do Tratado, deve definir e pôr em prática a orientação da política comunitária da concorrência[2]. Pode adoptar decisões individuais nos termos dos artigos 81.º e 82.º do Tratado a qualquer momento.

51. O n.º 6 do artigo 11.º do Regulamento do Conselho determina que o início por parte da Comissão de um procedimento conducente à aprovação de uma decisão nos termos do Regulamento do Conselho priva as autoridades dos Estados Membros responsáveis em matéria de concorrência da competência para aplicarem os artigos 81.º e 82.º do Tratado. Isto significa que, uma vez que a Comissão tenha dado início a um procedimento, as ANC não podem agir ao abrigo da mesma base jurídica contra o(s) mesmo(s) acordo(s) ou prática(s) das mesmas empresas nos mesmos mercados geográfico e do produto relevantes.

52. O início de um processo pela Comissão é um acto formal[3] mediante o qual a Comissão revela a intenção de adoptar uma decisão nos termos do Capítulo III do Regulamento do Conselho. Pode ter lugar em qualquer fase da investigação do caso pela Comissão. O simples facto de a Comissão ter recebido uma denúncia não é, só por si, suficiente para privar as ANC da sua competência.

---

[1] Ver ponto 24 da Declaração comum sobre o funcionamento da rede.
[2] Ver Tribunal de Justiça, processo C-344/98 *Masterfoods Ltd*, Col. 2000, p. I--11369.
[3] O Tribunal de Justiça definiu esse conceito no processo 48/72, *SA Brasserie de Haecht*, Col. 1973, p. 77: "o início de um procedimento na acepção do artigo 9.º do Regulamento n.º 17 implica um acto de autoridade da Comissão, que evidencia a sua intenção de tomar uma decisão".

53. Podem ocorrer duas situações. Na primeira, quando a Comissão é a primeira autoridade responsável em matéria de concorrência a iniciar um processo conducente à adopção de uma decisão nos termos do Regulamento do Conselho, as autoridades nacionais responsáveis em matéria de concorrência deixam de poder instruir o processo. O n.º 6 do artigo 11.º do Regulamento do Conselho determina que, logo que a Comissão dê início a um procedimento, as ANC deixam de poder iniciar o seu próprio procedimento para aplicar os artigos 81.º e 82.º do Tratado ao(s) mesmo(s) acordo(s) ou prática(s) da(s) mesma(s) empresa(s), nos mesmos mercados geográfico e do produto relevantes.

54. A segunda situação surge quando uma ou mais ANC informaram a rede, nos termos do n.º 3 do artigo 11.º do Regulamento do Conselho, que estão a tratar determinado caso. Durante o período de atribuição inicial (período indicativo de dois meses, ver supra ponto 18), a Comissão pode dar início ao procedimento ao abrigo do n.º 6 do artigo 11.º do Regulamento do Conselho depois de ter consultado as autoridades em causa. Após a fase de atribuição, a Comissão, em princípio, só aplicará o n.º 6 do artigo 11.º do Regulamento do Conselho se surgir uma das seguintes situações:

(a) Os membros da rede prevêem adoptar decisões contraditórias no mesmo processo;

(b) Os membros da rede prevêem tomar uma decisão que está claramente em conflito com a jurisprudência consolidada; as normas definidas nos acórdãos dos tribunais comunitários e nas decisões e regulamentos anteriores da Comissão devem servir de referência; no que respeita à apreciação dos factos (por exemplo, a definição de mercado), só uma divergência significativa desencadeará uma intervenção da Comissão;

(c) O ou os membros da rede estão a atrasar indevidamente o processo neste caso;

(d) É necessário adoptar uma decisão da Comissão para desenvolver a política comunitária da concorrência, em especial quando se coloca uma questão de concorrência semelhante em vários Estados Membros, ou para garantir uma execução efectiva;

(e) A ou as ANC em causa não se opõem.

55. Se uma ANC já estiver a tratar de um caso, a Comissão explicará por escrito à ANC em causa e aos outros membros da rede as razões da aplicação do n.º 6 do artigo 11.º do Regulamento do Conselho[1].

56. A Comissão anunciará oportunamente à rede a sua intenção de aplicar o n.º 6 do artigo 11.º do Regulamento do Conselho, para que os membros da rede tenham a possibilidade de solicitar uma reunião do Comité Consultivo sobre a questão, antes que a Comissão dê início ao processo.

---

[1] Ver ponto 22 da Declaração conjunta.

57. A Comissão não adoptará normalmente – e desde que não esteja em jogo o interesse comunitário – uma decisão contrária a uma decisão de uma ANC, depois de ter tido lugar uma informação adequada, nos termos dos n.ºs 3 e 4 do artigo 11.º do Regulamento do Conselho, e de a Comissão não ter recorrido ao disposto no n.º 6 do artigo 11.º do Regulamento do Conselho.

4. Papel e funcionamento do comité consultivo no novo sistema

58. O Comité Consultivo é a instância em que os peritos das várias autoridades responsáveis em matéria de concorrência debatem os casos individuais e questões gerais atinentes ao direito comunitário da concorrência[1].

4.1. Âmbito da consulta

4.1.1. Decisões da Comissão

59. O Comité Consultivo é consultado antes de a Comissão tomar qualquer decisão nos termos dos artigos 7.º, 8.º, 9.º, 10.º, 23.º, n.º 2 do artigo 24.º ou n.º 1 do artigo 29.º do Regulamento do Conselho. A Comissão deverá tomar na melhor conta o parecer do Comité Consultivo e informar o Comité do modo como esse parecer foi tomado em consideração.

60. Para as decisões que adoptam medidas provisórias, o Comité Consultivo é consultado segundo um procedimento simplificado mais rápido, com base numa nota explicativa sucinta e no dispositivo da decisão.

4.1.2. Decisões das ANC

61. É do interesse da rede que os casos importantes tratados pelas ANC nos termos dos artigos 81.º e 82.º do Tratado sejam discutidos no Comité Consultivo. O Regulamento do Conselho permite que a Comissão inclua determinados casos que estão a ser tratados por uma ANC na ordem de trabalhos do Comité Consultivo. A discussão pode ser solicitada pela Comissão ou por um Estado Membro. Nos dois casos, a Comissão incluirá o caso na ordem de trabalhos depois de ter informado a ou as ANC em causa. Esta discussão no Comité Consultivo não conduzirá a um parecer formal.

---

[1] Nos termos do n.º 2 do artigo 14.º do Regulamento do Conselho, quando são analisadas questões horizontais como os regulamentos de isenção por categoria e as orientações, os Estados Membros podem designar um representante suplementar competente em questões de concorrência e que não pertença necessariamente à autoridade responsável em matéria de concorrência.

62. Em processos importantes, o Comité Consultivo poderá também constituir a instância para discutir da atribuição de um caso. Em especial, quando a Comissão tencionar aplicar o n.º 6 do artigo 11.º do Regulamento do Conselho, após o período inicial de atribuição, o processo pode ser discutido no Comité Consultivo antes de a Comissão dar início ao procedimento. O Comité Consultivo pode emitir uma declaração informal sobre a questão.

4.1.3. *Medidas de execução, regulamentos de isenção por categoria, orientações e outras comunicações (artigo 33.º do Regulamento do Conselho)*

63. O Comité Consultivo será consultado sobre os projectos de regulamento da Comissão, tal como previsto nos regulamentos do Conselho relevantes.

64. Para além dos regulamentos, a Comissão pode igualmente adoptar comunicações e orientações. Estes instrumentos mais flexíveis são muito úteis para explicar e anunciar a política da Comissão e para explicar a sua interpretação das regras de concorrência. O Comité Consultivo será igualmente consultado sobre estas comunicações e orientações.

4.2. *Procedimento*

4.2.1. *Procedimento normal*

65. Para consulta sobre os projectos de decisão da Comissão, a reunião do Comité Consultivo deve ser realizada num prazo não inferior a 14 dias a contar do envio da convocatória pela Comissão, juntamente com um resumo do processo, uma lista dos documentos mais importantes, isto é, os documentos necessários para apreciar o processo, e um projecto de decisão. O Comité Consultivo emite um parecer sobre o projecto de decisão da Comissão. A pedido de um ou mais membros, esse parecer será fundamentado.

66. O Regulamento do Conselho introduz a possibilidade de os Estados Membros chegarem a acordo sobre um prazo mais curto entre o envio da convocatória e a realização da reunião.

4.2.2. *Procedimento escrito*

67. O Regulamento do Conselho prevê a possibilidade de um procedimento de consulta escrito. Se nenhum Estado Membro se opuser, a Comissão pode consultar os Estados Membros enviando-lhes os documentos e fixando um prazo para que eles formulem as suas observações sobre o projecto. Este prazo não será normalmente inferior a 14 dias, excepto no caso das decisões relativas a medidas provisórias tomadas nos termos do artigo 8.º do Regulamento do Conselho. No caso de um Estado Membro solicitar a realização de uma reunião, a Comissão deverá tomar providências para organizar tal reunião.

4.3. Publicação do parecer do Comité Consultivo

68. O Comité Consultivo pode recomendar a publicação do seu parecer. Nesse caso, a Comissão procederá a tal publicação em simultâneo com a decisão, tendo na devida consideração o interesse legítimo das empresas na protecção dos seus segredos comerciais.

5. Observações finais

69. A presente comunicação em nada prejudica a interpretação das disposições do Tratado e de carácter regulamentar aplicáveis por parte do Tribunal de Primeira Instância e do Tribunal de Justiça.

70. A presente comunicação será objecto de revisão periódica, conjuntamente realizada pelas ANC e pela Comissão. Com base na experiência adquirida, será revista o mais tardar no final do terceiro ano após a sua adopção.

71. A presente comunicação substitui a Comunicação da Comissão sobre a cooperação entre a Comissão e as autoridades de concorrência dos Estados--Membros no que diz respeito ao tratamento dos processos no âmbito dos artigos 81.º e 82.º do Tratado publicada em 1997[1].

6. Declaração por outros membros da rede

72. Os princípios estabelecidos nesta comunicação serão também respeitados por todas as autoridades de concorrência dos Estados-Membros que assinaram uma declaração de acordo com o modelo anexo à presente comunicação. Nesta declaração reconhecem os princípios consignados na presente comunicação, incluindo os princípios relativos à protecção dos requerentes que invocam o benefício de um programa de imunidade de coimas ou de redução do seu montante[2] e declaram que os respeitarão. É publicada uma lista destas autoridades no sítio Internet da Comissão Europeia. Esta lista será actualizada sempre que necessário.[3]

---

[1] JO, C 313, de 15.10.1997, p. 3.
[2] Ver pontos 37 e seguintes.
[3] A Autoridade da Concorrência portuguesa assinou esta declaração, tal como, entre outros, as autoridades da concorrência dos restantes 24 países: Alemanha, Áustria, Bélgica, Chipre, Dinamarca, Eslováquia, Eslovénia, Espanha, Estónia, Finlândia, França, Grécia, Hungria, Irlanda, Itália, Letónia, Lituânia, Luxemburgo, Malta, Países Baixos, Polónia, Reino Unido (assinaram ainda, por exemplo, a Ofcom), República Checa e Suécia.

ANEXO

Declaração relativa à comunicação da comissão sobre a cooperação no âmbito da rede de autoridades de concorrência

A fim de cooperar estreitamente no sentido de salvaguardar a concorrência na União Europeia, no interesse dos consumidores, a autoridade de concorrência abaixo assinada:

(1) Reconhece os princípios consignados na Comunicação da Comissão sobre a cooperação no âmbito da rede de autoridades de concorrência; e

(2) Declara que respeitará esses princípios, nomeadamente os relativos à protecção dos requerentes do benefício de um programa de imunidade de coimas ou de redução do seu montante, em qualquer processo em que intervenha ou possa intervir e ao qual sejam aplicáveis esses princípios.

COOPERAÇÃO COM OS TRIBUNAIS NACIONAIS

Comunicação da Comissão*

I. ÂMBITO DA COMUNICAÇÃO

1. A presente comunicação aborda a cooperação entre a Comissão e os tribunais dos Estados-Membros da UE, quando estes últimos aplicam os artigos 81.º e 82.º do Tratado CE. Para efeitos da presente comunicação, os "tribunais dos Estados Membros da UE" (a seguir denominados "tribunais nacionais") são os órgãos jurisdicionais de um Estado-Membro da UE que podem aplicar os artigos 81.º e 82.º do Tratado CE e que estão autorizados a pedir ao Tribunal de Justiça das Comunidades Europeias que se pronuncie sobre uma questão prejudicial, nos termos do artigo 234.º do Tratado CE[1].

2. Os tribunais nacionais podem ser chamados a aplicar os artigos 81.º ou 82.º do Tratado CE a processos entre particulares, tais como acções relativas a contratos ou acções de indemnização. Podem agir também como instâncias de aplicação da lei ou como tribunais de recurso. Um tribunal nacional pode ser ainda designado como autoridade responsável em matéria de concorrência de um Estado-Membro (a seguir denominada "autoridade nacional de concorrência") nos termos do n.º 1 do artigo 35.º do Regulamento n.º 1/2003 (a seguir denominado "o regulamento")[2]. Nesse caso, a cooperação entre os tribunais nacionais e a Comissão é abrangida não

---

* Comunicação da Comissão sobre a cooperação entre a Comissão e os tribunais dos Estados-Membros da UE na aplicação dos artigos 81.º e 82.º do Tratado CE (Texto relevante para efeitos do EEE) – JO, C 101, de 27.4.2004, pp. 54.

[1] Relativamente aos critérios para determinar que entidades podem ser consideradas como órgãos jurisdicionais na acepção do artigo 234.º do Tratado CE ver, por exemplo, processo C-516/99, *Schmid*, Col. 2002, p. 4573, 34: «Tribunal de Justiça tem em conta um conjunto de elementos, tais como a origem legal do órgão, a sua permanência, o carácter obrigatório da sua jurisdição, a natureza contraditória do processo, a aplicação pelo órgão das normas de direito, bem como a sua independência».

[2] Regulamento (CE) n.º 1/2003 do Conselho, de 16 de Dezembro de 2002, relativo à execução das regras de concorrência estabelecidas nos artigos 81.º e 82.º do Tratado – JO, L 1, de 4.1.2003, p. 1.

só pela presente comunicação, mas também pela comunicação sobre a cooperação no âmbito da rede de autoridades responsáveis em matéria de concorrência[1].

II. APLICAÇÃO DAS REGRAS COMUNITÁRIAS DE CONCORRÊNCIA PELOS TRIBUNAIS NACIONAIS

A. COMPETÊNCIA DOS TRIBUNAIS NACIONAIS PARA APLICAREM AS REGRAS COMUNITÁRIAS DE CONCORRÊNCIA

3. Na medida em que os tribunais nacionais tenham competência para tratar de um caso[2] têm também competência para aplicar os artigos 81.º e 82.º do Tratado CE[3].

Deve-se recordar que os artigos 81.º e 82.º do Tratado CE relevam da ordem pública e são essenciais para a realização das missões confiadas à Comunidade e, em especial, para o funcionamento do mercado interno[4]. Segundo a jurisprudência do Tribunal de Justiça, uma vez que, por força do direito nacional, os órgãos jurisdicionais devem suscitar oficiosamente os fundamentos de direito que decorrem de uma norma interna vinculativa, que não tenham sido adiantados pelas partes, igual obrigação se impõe relativamente às normas comunitárias vinculativas. O mesmo se passa se o direito nacional conferir aos tribunais a faculdade de aplicar oficiosamente a norma de direito vinculativa: os tribunais nacionais devem igualmente aplicar a norma comunitária vinculativa mesmo que os fundamentos de direito não tenham sido suscitados pelas partes, desde que tal seja permitido pelo direito nacional. Contudo, o direito comunitário não impõe que os órgãos jurisdicionais nacionais suscitem oficiosamente um fundamento assente na violação de disposições comunitárias, quando a análise desse fundamento os obrigue a abandonar o princípio dispositivo a cujo respeito estão obrigados, saindo dos limites do litígio como foi circunscrito pelas partes e baseando-se em factos e circunstâncias

---

[1] Comunicação sobre a cooperação no âmbito da rede de autoridades responsáveis em matéria de concorrência. Para efeitos desta comunicação, uma "autoridade nacional responsável em matéria de concorrência" é a autoridade designada por um Estado-Membro em conformidade com o n.º 1 do artigo 35.º do regulamento.

[2] A competência de um tribunal nacional depende das regras nacionais, europeias e internacionais nessa matéria. Neste contexto, recorde-se que o Regulamento n.º 44/2001 do Conselho, de 22 de Dezembro de 2000, relativo à competência judiciária, ao reconhecimento e à execução de decisões em matéria civil e comercial (JO, L 12, de 16.1.2001, p. 1) é aplicável a todos os processos de concorrência de natureza civil ou comercial.

[3] Ver artigo 6.º do regulamento.

[4] Ver artigos 2.º e 3.º do Tratado CE, processo C-126/97, *Eco Swiss*, Col. 1999, p. I-3055, 36, processo T-34/92 *Fiatagri UK and New Holland Ford*, Col. 1994, p. II-905 e processo T-128/98 *Aéroports de Paris,* Col. 2000, II-3929, p. 241.

diferentes daqueles em que baseou o seu pedido a parte que tem interesse na aplicação das referidas disposições.[1]

4. Consoante as funções que lhes são atribuídas segundo o direito nacional, os tribunais nacionais podem ser chamados a aplicar os artigos 81.º e 82.º do Tratado CE em processos administrativos, civis ou penais[2]. Em especial, se uma pessoa singular ou colectiva solicitar ao tribunal nacional a salvaguarda dos seus direitos individuais, os tribunais nacionais desempenham um papel específico na execução dos artigos 81.º e 82.º do Tratado CE, que é diferente da execução no interesse público assegurada pela Comissão ou pelas autoridades nacionais responsáveis em matéria de concorrência[3].

Na verdade, os tribunais nacionais podem dar efectividade aos artigos 81.º e 82.º do Tratado CE, declarando a nulidade dos contratos ou atribuindo indemnizações.

5. Os tribunais nacionais podem aplicar os artigos 81.º e 82.º do Tratado CE sem que seja necessário que apliquem paralelamente o direito nacional da concorrência. No entanto, quando um tribunal nacional aplica o direito nacional da concorrência a acordos, decisões de associações de empresas ou práticas concertadas que podem afectar o comércio entre Estados Membros na acepção do n.º 1 do artigo 81.º do Tratado CE[4] ou a um abuso proibido pelo artigo 82.º do Tratado CE, têm também de aplicar as regras comunitárias de concorrência a tais acordos, decisões ou práticas[5].

6. O regulamento não se limita a conferir competência aos tribunais nacionais para aplicarem a legislação comunitária em matéria de concorrência. A aplicação paralela do direito nacional da concorrência a acordos, decisões de associações de empresas e práticas concertadas que afectem o comércio entre os Estados Membros não pode conduzir a um resultado diferente do da legislação comunitária em matéria de concorrência. O n.º 2 do artigo 3.º do regulamento estabelece que os acordos, decisões ou práticas concertadas que não infrinjam o n.º 1 do artigo 81.º do Tratado CE ou que preencham as condições do n.º 3 do artigo 81.º do Tratado também não podem ser proibidos ao abrigo do direito nacional da concorrência[6]. Por outro lado, o Tribunal de Justiça decidiu que os acordos, decisões ou práticas concertadas que violem o n.º 1 do artigo 81.º e que não preencham as condições do n.º 3 do ar-

---

[1] Procs. C-430/93 e C-431/93, *van Schijndel*, Col. 1995, p. I-4705, 13 a 15 e 22.

[2] Em conformidade com o último período do oitavo considerando do Regulamento 1/2003, o regulamento só é aplicável às legislações nacionais que prevêem a imposição de sanções penais a pessoas singulares na medida em que essas sanções sejam o meio pelo qual se aplicam as regras de concorrência às empresas.

[3] Proc. T-24/90, *Automec*, Col. 1992, p. II-2223, 85.

[4] Para mais informações sobre o conceito de efeitos no comércio, ver a comunicação relativa a esta matéria (JO, C 101, de 27.4.2004, p. 81).

[5] N.º 1 do artigo 3.º do regulamento.

[6] Ver também a Comunicação relativa à aplicação do n.º 3 do artigo 81.º do Tratado CE (JO, C 101, de 27.4.2004, p. 97).

tigo 81.º do Tratado CE não podem ser mantidas ao abrigo do direito nacional[1]. Quanto à aplicação paralela do direito nacional da concorrência e do artigo 82.º do Tratado CE em caso de comportamento unilateral, o artigo 3.º do regulamento não prevê uma obrigação de convergência semelhante. No entanto, no caso de um conflito de disposições, o princípio geral do primado do direito comunitário exige que os tribunais nacionais não apliquem qualquer disposição de direito nacional que colida com uma regra comunitária, independentemente de essa norma de direito nacional ter sido adoptada antes ou depois da regra comunitária[2].

7. Para além da aplicação dos artigos 81.º e 82.º do Tratado CE, os tribunais nacionais são também competentes para aplicarem os actos adoptados pelas instituições da União Europeia, em conformidade com o Tratado CE, ou em conformidade com as medidas adoptadas para conferir eficácia ao Tratado, na medida em que estes actos tenham efeito directo. Os tribunais nacionais podem portanto ter de aplicar decisões[3] ou regulamentos da Comissão de aplicação do n.º 3 do artigo 81.º do Tratado CE a determinadas categorias de acordos, decisões ou práticas concertadas. Quando aplicam estas regras comunitárias de concorrência, os tribunais nacionais agem no quadro do direito comunitário e são, por conseguinte, obrigados a respeitar os princípios gerais de direito comunitário[4].

8. A aplicação dos artigos 81.º e 82.º do Tratado CE pelos tribunais nacionais depende frequentemente de apreciações económicas e jurídicas complexas[5]. Quando aplicam as regras comunitárias de concorrência, os tribunais nacionais estão vinculados pela jurisprudência dos tribunais comunitários, bem como pelos regulamentos da Comissão que aplicam o n.º 3 do artigo 81.º do Tratado CE a determinadas categorias de acordos, decisões ou práticas concertadas[6]. Além disso, a aplicação dos artigos 81.º e 82.º do Tratado CE pela Comissão a um processo específico vincula os tribunais nacionais quando estes aplicam as regras comunitárias de concorrência no mesmo caso e em paralelo ou subsequentemente à Comissão[7]. Por último, e sem prejuízo da interpretação final do Tratado CE pelo Tribunal de Justiça, os tribunais nacionais podem encontrar orientações nos regulamentos e decisões da Comissão que apresentem elementos de analogia com o caso que estão

---

[1] Proc. 14/68, *Walt Wilhelm*, Col. 1969, p. 1 e procs. 253/78 e 1 a 3/79, *Giry e Guerlain*, Col.1980, p. 2327, 15 a 17.

[2] Proc. 106/77, *Simmenthal*, Col. 1978, p. 629, 21 e proc. C-198/01, *Consorzio Industrie Fiammiferi (CIF)*, Col. 2003, *, 49.

[3] Por exemplo, pode ser solicitado a um tribunal nacional que execute uma decisão da Comissão tomada nos termos dos artigos 7.º a 10.º, 23.º e 24.º do regulamento.

[4] Ver, por exemplo, proc. 5/88, *Wachauf*, Col. 1989, p. 2609, 19.

[5] Procs C-215/96 e C-216/96, *Bagnasco*, Col. 1999, p. I-135, 50.

[6] Processo 63/75, *Fonderies Roubaix*, Col. 1976, p. 111, 9 a 11 e processo C-234/89, *Delimitis*, Col. 1991, p. I-935, 46.

[7] Sobre a aplicação paralela ou consecutiva das regras comunitárias de concorrência pelos tribunais nacionais e pela Comissão ver também pontos 11 a 14.

a tratar, bem como nas comunicações e orientações da Comissão relativas à aplicação dos artigos 81.º e 82.º do Tratado CE[1] e no relatório anual sobre a política de concorrência[2].

B. ASPECTOS PROCESSUAIS DA APLICAÇÃO DAS REGRAS COMUNITÁRIAS DE CONCORRÊNCIA PELOS TRIBUNAIS NACIONAIS

9. As condições processuais de aplicação das regras comunitárias de concorrência pelos tribunais nacionais e as sanções que estes podem impor em caso de violação destas regras são largamente cobertas pelo direito nacional. No entanto, em certa medida o direito comunitário também determina as condições de aplicação das regras de concorrência comunitárias. Estas disposições legislativas comunitárias podem atribuir aos tribunais nacionais a faculdade de utilizarem determinados instrumentos, por exemplo, de pedirem o parecer da Comissão sobre questões relativas à aplicação das regras comunitárias de concorrência[3], ou podem criar regras que têm um impacto obrigatório nos processos pendentes, por exemplo, de permitirem que a Comissão e as autoridades nacionais responsáveis em matéria de concorrência apresentem observações escritas nos processos pendentes nesses tribunais[4]. Estas disposições legislativas comunitárias prevalecem sobre as regras nacionais.

Consequentemente, os tribunais nacionais têm de afastar as regras nacionais que caso fossem aplicadas, entrariam em conflito com as disposições de direito comunitário.

Quando tais disposições de direito comunitário forem directamente aplicáveis, constituem uma fonte de direitos e obrigações para todos os que são afectados e devem ser completamente e uniformemente aplicadas em todos os Estados Membros a partir da data de entrada em vigor.

10. Na ausência de disposições legislativas comunitárias[5] sobre os procedimentos e sanções relacionados com a aplicação das regras comunitárias de concor-

---

[1] Processo 66/86, *Ahmed Saeed Flugreisen*, Col. 1989, p. 803, 27 e processo C-234/89, *Delimitis*, Col.1991, p. I-935, 50. Em anexo à presente comunicação é apresentada uma lista das orientações, comunicações e regulamentos da Comissão no domínio da concorrência, nomeadamente os regulamentos de aplicação do n.º 3 do artigo 81.º do Tratado CE a certas categorias de acordos, decisões e práticas concertadas. Relativamente às decisões da Comissão de aplicação dos artigos 81.º e 82.º do Tratado CE (desde 1964), ver http://www.europa.eu.int/comm/competition/antitrust/cases/.

[2] Procs. C-319/93, C-40/94 e C-224/94, *Dijkstra*, Col.1995, p. I-4471, 32.

[3] Sobre a possibilidade de os tribunais nacionais pedirem um parecer à Comissão, ver ainda pontos 27 a 30.

[4] Sobre a apresentação de observações, ver ainda pontos 31 a 35.

[5] Processo 106/77, *Simmenthal*, Col. 1978, p. 629, 14 e 15.

rência pelos tribunais nacionais, estes últimos aplicam o direito processual nacional e – na medida em que tenham competência para o fazer – impõem as sanções previstas pela legislação nacional. Todavia, a aplicação destas disposições nacionais deve ser compatível com os princípios gerais do direito comunitário. É conveniente recordar, a este respeito, a jurisprudência do Tribunal de Justiça, segundo a qual:

(*a*) Em caso de violação da legislação comunitária, a legislação nacional deve prever sanções que sejam efectivas, proporcionadas e dissuasivas[2];

(*b*) Se a violação do direito comunitário causar danos a um particular, este deverá poder solicitar, sujeito a certas condições, uma indemnização junto do tribunal nacional[3];

(c) As regras processuais e as sanções que os tribunais nacionais aplicam para executar o direito comunitário não devem tornar essa aplicação excessivamente difícil ou praticamente impossível (princípio da eficácia)[4] e não devem ser menos favoráveis do que as regras aplicáveis à execução da legislação nacional equivalente (princípio da equivalência)[5].

Em aplicação do primado do direito comunitário, um tribunal nacional não pode aplicar regras nacionais que sejam incompatíveis com estes princípios.

C. APLICAÇÃO PARALELA OU CONSECUTIVA DAS REGRAS COMUNITÁRIAS DE CONCORRÊNCIA PELA COMISSÃO E PELOS TRIBUNAIS NACIONAIS

11. Um tribunal nacional pode aplicar o direito comunitário da concorrência a um acordo, decisão, prática concertada ou comportamento unilateral que afecte o

---

[2] Proc. 68/88, *Comissão / Grécia*, Col. 1989, p. 2965, 23 a 25.

[3] Ver, por exemplo, processo 33/76, *Rewe*, Col. 1976, p. 1989, 5; processo 45/76, *Comet*, Col. 1976, p. 2043, 12 e processo 79/83, *Harz*, Col. 1984, p. 1921, 18 e 23.

Sobre as indemnizações em caso de infracção por uma empresa, ver processo C-453/99, *Courage e Crehan*, Col. 2001, p. 6297, 26 e 27. Sobre as indemnizações em caso de infracção por um Estado-Membro ou por uma autoridade que emane do Estado e sobre as condições dessa responsabilidade estatal, ver, por exemplo, processos apensos C-6/90 e C-9/90, *Francovich*, Col. 1991, p. I-5357, 33 a 36; processo C-271/91, *Marshall / / Southampton e South West Hampshire Area Health Authority*, Col. 1993, p. I-4367, 30 e 34 a 35; processos apensos, C-46/93 e C-48/93, *Brasserie du Pêcheur e Factortame*, Col. 1996, p. I-1029; processo C-392/93, *British Telecommunications*, Col.1996, p. I-1631, 39 a 46 e processos apensos C-178/94, C-179/94 e C-188/94 a 190/94, *Dillenkofer*, Col.1996, p. I--4845, 22 a 26 e 72.

[5] Ver, por exemplo, processo 33/76, *Rewe*, Col.1976, p. 1989, 5; processo 45/76, *Comet*, Col. 1976, p. 2043, 12 e processo 79/83, *Harz*, Col.1984, p. 1921, 18 e 23.

[6] Ver, por exemplo, processo 33/76, *Rewe*, Col.1976, p. 1989, 5; processo 158/80, *Rewe*, Col. 1981, p. 1805, 44; processo 199/82, *San Giorgio*, Col.1983, p. 3595, 12 e processo C-231/96, *Edis*, Col. 1998, p. I-4951, 36 e 37.

comércio entre Estados Membros ao mesmo tempo que a Comissão ou subsequentemente a esta[1]. Os pontos seguintes descrevem algumas das obrigações que os tribunais nacionais devem respeitar nestas circunstâncias.

12. Caso o tribunal nacional chegue a uma decisão antes da Comissão, deve evitar adoptar uma decisão que entre em conflito com a decisão que a Comissão tenciona tomar[2]. Para esse efeito, o tribunal nacional pode perguntar à Comissão se esta deu início a um processo relativo aos mesmos acordos, decisões ou práticas[3] e, em caso afirmativo, sobre o avanço do processo e sobre a probabilidade de ser tomada uma decisão[4]. O tribunal nacional também pode, por motivos de segurança jurídica, ponderar a possibilidade de suspender a instância até a Comissão tomar uma decisão[5]. A Comissão, por sua vez, procurará dar prioridade aos casos relativamente aos quais decidiu dar início a um processo na acepção do n.º 1 do artigo 2.º do Regulamento (CE) n.º 773/04 da Comissão e que estejam a ser objecto de processos nacionais assim suspensos, em especial quando deles dependa o resultado de um litígio civil. Contudo, se o tribunal nacional não tiver dúvidas razoáveis sobre a decisão que a Comissão tenciona tomar ou se a Comissão já tiver tomado uma decisão num caso semelhante, o tribunal nacional pode decidir sobre o caso nele pendente em conformidade com a decisão prevista ou com uma decisão anterior, sem ser necessário solicitar à Comissão as informações acima referidas nem esperar pela decisão da Comissão.

13. Se a Comissão tomar uma decisão sobre um determinado processo antes do tribunal nacional, este último não pode tomar uma decisão contrária à da Comissão. O efeito vinculativo da decisão da Comissão em nada prejudica, evidentemente, a interpretação final do direito comunitário pelo Tribunal de Justiça. Assim, se o tribunal nacional duvidar da legalidade da decisão da Comissão, não

---

[1] O n.º 6 do artigo 11.º, em articulação com os n.ºs 3 e 4 do artigo 35.º do regulamento, impede a aplicação paralela dos artigos 81.º ou 82.º do Tratado CE pela Comissão e por um tribunal nacional só quando este último tiver sido designado como autoridade nacional responsável em matéria de concorrência.

[2] N.º 1 do artigo 16.º do regulamento.

[3] A Comissão torna público o início do seu processo com vista à adopção de uma decisão nos termos dos artigos 7.º a 10.º do regulamento (ver n.º 2 do artigo 2.º do Regulamento (CE) n.º 773/04 da Comissão, de 7.4.2004, relativo aos processos de aplicação dos artigos 81.º e 82.º do Tratado CE (JO, L 123, de 27.4.2004, p. 18)).

Segundo o Tribunal de Justiça, o início de um processo implica um acto de autoridade da Comissão que evidencia a sua intenção de tomar uma decisão (processo 48/72 48/72, *Brasserie de Haecht*, Col. 1973, p. 77, 16).

[4] Processo C-234/89, *Delimitis*, Col.1991, p. I-935, 53 e processos apensos C-319/93, C-40/94 e C-224/94, *Dijkstra*, Col. 1995, p. I-4471, 34. Ver ainda relativamente a esta questão o ponto 21 da presente comunicação.

[5] Ver n.º 1 do artigo 16.º do regulamento e processo C-234/89, *Delimitis*, Col. 1991, p. I-935, 47 e processo C-344/98, *Masterfoods*, Col. 2000, p. I-11369, 51.

pode evitar os efeitos dessa decisão sem uma decisão em contrário do Tribunal de Justiça[1].

Consequentemente, se um tribunal nacional tiver a intenção de tomar uma decisão contrária à da Comissão, deve submeter ao Tribunal de Justiça uma questão a título prejudicial (artigo 234.º do Tratado CE). Este último decidirá então da compatibilidade da decisão da Comissão com o direito comunitário. Se a decisão da Comissão for contestada perante os tribunais comunitários nos termos do artigo 230.º do Tratado CE e a solução do litígio pendente no tribunal nacional depender da validade da decisão da Comissão, o tribunal nacional deve suspender a instância enquanto aguarda que os tribunais comunitários profiram a decisão final sobre a acção de anulação, a menos que considere que se justifica, tendo em conta as circunstâncias do caso, apresentar uma questão a título prejudicial ao Tribunal de Justiça sobre a validade da decisão da Comissão[2].

14. Quando um tribunal nacional suspende a instância, por exemplo, enquanto espera a decisão da Comissão (situação descrita no ponto 12 da presente comunicação), ou enquanto aguarda o acórdão dos tribunais comunitários numa acção de anulação ou num processo a título prejudicial (situação descrita no ponto 13), cabe-lhe apreciar a necessidade de decretar medidas provisórias para salvaguardar os interesses das partes[3].

III. COOPERAÇÃO ENTRE A COMISSÃO E OS TRIBUNAIS NACIONAIS

15. Para além do mecanismo de cooperação entre os tribunais nacionais e o Tribunal de Justiça previsto no seu artigo 234.º, o Tratado CE não prevê expressamente tal cooperação entre os tribunais nacionais e a Comissão. Porém, na sua interpretação do artigo 10.º do Tratado CE, que obriga os Estados Membros a facilitarem à Comunidade o cumprimento da sua missão, os tribunais comunitários consideraram que esta disposição do Tratado impõe às instituições europeias e aos Estados Membros deveres recíprocos de cooperação leal tendo em vista a realização dos objectivos do Tratado CE. O artigo 10.º do Tratado CE implica, assim, que a Comissão deve prestar assistência aos tribunais nacionais quando estes aplicam o direito comunitário[4]. Do mesmo modo, os tribunais nacionais podem ser obrigados a prestar assistência à Comissão no cumprimento da sua missão[5].

---

[1] Processo 314/85, *Foto-Frost*, Col. 1987, p. 4199, 12 a 20.

[2] Ver n.º 1 do artigo 16.º do regulamento e processo C-344/98, *Masterfoods*, Col. 2000, p. I-11369, 52 a 59.

[3] Processo C-344/98, *Masterfoods*, Col. 2000, p. I-11369, 58.

[4] Processo C-2/88 *Imm Zwartveld*, Col.1990, p. I-3365, 16 a 22 e processo C-234/89, *Delimitis*, Col.1991, p. I-935, 53.

[5] Processo C-94/00, *Roquette Frères*, Col. 2002, p. I-9011, 31.

16. É igualmente apropriado lembrar a cooperação entre os tribunais nacionais e as autoridades nacionais, em especial as autoridades responsáveis em matéria de concorrência, na aplicação dos artigos 81.º e 82.º do Tratado CE. Apesar de a cooperação entre estas autoridades nacionais ser regulada essencialmente por regras nacionais, o n.º 3 do artigo 15.º do regulamento prevê a possibilidade de as autoridades nacionais de concorrência apresentarem observações aos tribunais nacionais dos seus Estados Membros. Os pontos 31 e 33 a 35 da presente comunicação são *mutatis mutandis* aplicáveis a estas observações.

A. A COMISSÃO COMO *AMICUS CURIAE*

17. A fim de prestar assistência aos tribunais nacionais na aplicação das regras comunitárias de concorrência, a Comissão compromete-se a ajudá-los sempre que estes últimos considerem essa ajuda necessária para poderem decidir sobre um caso.
O artigo 15.º do regulamento especifica as formas mais frequentes que essa assistência pode revestir: a transmissão de informações (pontos 21 a 26) e os pareceres da Comissão (pontos 27 a 30), ambos a pedido de um tribunal nacional, e a possibilidade de a Comissão apresentar observações (pontos 31 a 35). Uma vez que o regulamento prevê estas formas de assistência, estas não podem ser limitadas por uma disposição dos Estados Membros. Todavia, na ausência de regras processuais comunitárias nesse sentido e na medida em que sejam necessárias para facilitar estas formas de assistência, os Estados Membros devem adoptar as regras processuais adequadas para permitir que tanto os tribunais nacionais como a Comissão utilizem plenamente as possibilidades que o regulamento oferece[1].

18. O tribunal nacional pode enviar o seu pedido de assistência por escrito para o seguinte endereço:
Comissão Europeia
Direcção-Geral da Concorrência
B-1049 Bruxelas
Bélgica
ou enviá-lo por via electrónica para amicus@cec.eu.int.

19. Recorde-se que, seja qual for a forma que a cooperação com os tribunais nacionais assuma, a Comissão respeitará a sua independência. Por conseguinte, a assistência oferecida pela Comissão não vincula os tribunais nacionais. A Comissão tem de se certificar igualmente de que respeita o seu dever de sigilo profissional e de que salvaguarda o seu próprio funcionamento e independência[2]. No cumprimento das obrigações decorrentes do artigo 10.º do Tratado CE, como se destina a

---

[1] Sobre a compatibilidade dessas regras processuais nacionais com os princípios gerais do direito comunitário, ver pontos 9 e 10 da presente comunicação.

[2] Sobre estes deveres, ver, por exemplo, pontos 23 a 26 da presente comunicação.

auxiliar os tribunais nacionais na aplicação das regras comunitárias de concorrência, a Comissão é obrigada a manter-se neutra e objectiva na assistência que presta. Com efeito, a assistência da Comissão aos tribunais nacionais faz parte do seu dever de salvaguarda do interesse público. Não se destina, por conseguinte, a defender interesses privados das partes envolvidas no processo pendente num tribunal nacional. Por conseguinte, a Comissão não ouvirá nenhuma das partes a respeito da assistência que presta ao tribunal nacional. Se a Comissão tiver sido contactada por qualquer das partes no processo pendente no tribunal, sobre questões levantadas perante este último, informá-lo-á deste facto, independentemente de esses contactos terem tido lugar antes ou depois do pedido de cooperação do tribunal nacional.

20. A Comissão publicará um resumo relativo à sua cooperação com os tribunais nacionais no âmbito da presente comunicação no seu Relatório anual sobre a Política de Concorrência. Pode igualmente introduzir os seus pareceres e observações no seu sítio Web para permitir a sua consulta.

1. Dever da Comissão de transmitir informações aos tribunais nacionais

21. O dever da Comissão de prestar assistência aos tribunais nacionais na aplicação do direito comunitário de concorrência reflecte-se principalmente na sua obrigação de lhes transmitir as informações de que dispõe. Um tribunal nacional pode, por exemplo, pedir à Comissão documentos que estejam na sua posse ou informações de carácter processual que lhe permitam saber se um determinado processo está ou não pendente na Comissão, se esta deu formalmente início a um processo ou se já tomou alguma posição. Um tribunal nacional também pode perguntar à Comissão quando será provavelmente tomada uma decisão, de modo a poder determinar as condições para uma decisão de suspensão da instância ou a eventual necessidade de adoptar medidas provisórias[1].

22. A fim de assegurar uma cooperação eficiente com os tribunais nacionais, a Comissão esforçar-se-á por fornecer ao tribunal nacional as informações pedidas no prazo de um mês a contar da data em que tenha recebido o pedido. Caso a Comissão tenha de pedir ao tribunal nacional uma clarificação do seu pedido ou se tiver de consultar as pessoas directamente afectadas pela transmissão das informações, o prazo começa a correr na data de recepção das informações solicitadas.

23. Ao transmitir informações aos tribunais nacionais, a Comissão tem de respeitar as garantias dadas às pessoas singulares e colectivas pelo artigo 287.º do Tratado CE[2].

---

[1] Processo C-234/89, *Delimitis*, Col.1991, p. I-935, 53 e processos apensos C-319/93, C-40/94 e C-224/94, *Dijkstra*, Col.1995, p. I-4471, 34.

[2] Processo C-234/89, *Delimitis*, Col. 1991, p. I-935, 53.

O artigo 287.º do Tratado CE proíbe aos membros, funcionários e outros agentes da Comissão a divulgação de informações que estejam abrangidas pela obrigação de sigilo profissional. As informações abrangidas pelo sigilo profissional podem ser informações confidenciais e segredos comerciais. Estes últimos são informações em relação às quais não apenas a divulgação ao público mas também a simples transmissão a uma pessoa diferente daquela que forneceu a informação pode lesar gravemente os interesses desta última[1].

24. A leitura combinada dos artigos 10.º e 287.º do Tratado CE não proíbe em absoluto que a Comissão transmita aos tribunais nacionais informações abrangidas pela obrigação de sigilo profissional. A jurisprudência dos tribunais comunitários confirma que o dever de cooperação leal exige que a Comissão preste ao tribunal nacional toda e qualquer informação que este último solicite, até mesmo informações abrangidas pelo sigilo profissional. No entanto, ao oferecer a sua cooperação aos tribunais nacionais, a Comissão não pode, em circunstância alguma, pôr em risco as garantias previstas no artigo 287.º do Tratado CE.

25. Consequentemente, antes de transmitir informações abrangidas pelo sigilo profissional a um tribunal nacional, a Comissão recordar-lhe-á a obrigação que para ele decorre do direito comunitário de respeitar os direitos que o artigo 287.º do Tratado CE confere às pessoas singulares e colectivas e perguntar-lhe-á se pode e irá garantir a protecção das informações confidenciais e dos segredos comerciais. Se o tribunal nacional não puder oferecer tais garantias, a Comissão não lhe transmitirá informações abrangidas pelo sigilo profissional[2]. Só quando o tribunal nacional tiver garantido que protegerá as informações confidenciais e os segredos comerciais, é que a Comissão lhe transmitirá as informações solicitadas, indicando as partes abrangidas pelo sigilo profissional e as que não o são e que podem portanto ser divulgadas.

26. Há, todavia, outras excepções à divulgação de informações pela Comissão aos tribunais nacionais. Em especial, a Comissão pode recusar-se a transmitir informações aos tribunais nacionais por razões relacionadas com a necessidade de salvaguardar os interesses comunitários ou evitar interferências com o seu funcionamento e independência, nomeadamente por pôr em risco o cumprimento da missão que lhe foi confiada[3]. Assim, a Comissão não transmitirá aos tribunais nacionais informações apresentadas voluntariamente por um requerente de imunidade em matéria de coimas ou de redução do seu montante sem a anuência do mesmo.

---

[1] Processo T-353/94, *Postbank*, Col. 1996, p. II-921, 86 e 87, e processo 145/83, *Adams*, Col. 1985, p. 3539, 34.

[2] Processo C-2/88, *Zwartveld*, Col. 1990, p. I-4405, 10 e 11 e processo T-353/94, *Postbank*, Col.1996, p. II-921, 93.

[3] Processo C-2/88, *Zwartveld*, Col.1990, p. I-4405, 10 e 11; processo C-275/00, *First e Franex*, Col. 2002, p.I-10943, 49 e processo T-353/94, *Postbank*, Col. 1996, p. II-921, 93.

2. Pedido de parecer sobre questões relativas à aplicação das regras comunitárias de concorrência

27. Quando é chamado a aplicar as regras comunitárias de concorrência a um processo nele pendente, um tribunal nacional pode procurar primeiramente orientações na jurisprudência dos tribunais comunitários ou nos regulamentos, decisões, comunicações e orientações da Comissão referentes à aplicação dos artigos 81.º e 82.º do Tratado CE[1]. Caso estes instrumentos não ofereçam orientações suficientes, o tribunal nacional poderá pedir à Comissão o seu parecer sobre questões respeitantes à aplicação das regras comunitárias de concorrência. O tribunal nacional pode pedir à Comissão pareceres sobre questões económicas, factuais e jurídicas[2]. Estes últimos não prejudicam, evidentemente, a possibilidade ou a obrigação de o tribunal nacional apresentar ao Tribunal de Justiça uma questão a título prejudicial sobre a interpretação ou a validade da legislação comunitária, em conformidade com o artigo 234.º do Tratado CE.

28. A Comissão, para poder fornecer ao tribunal nacional um parecer útil, pode solicitar a este último informações complementares[3]. A fim de assegurar uma cooperação eficiente com os tribunais nacionais, a Comissão esforçar-se-á por transmitir ao tribunal nacional o parecer solicitado no prazo de quatro meses a contar da data de recepção do pedido. Se a Comissão tiver de pedir ao tribunal nacional informações complementares para poder formular o seu parecer, este prazo começa a correr na data de recepção das informações adicionais.

29. Ao formular o seu parecer, a Comissão limitar-se-á a fornecer ao tribunal nacional as informações factuais ou os esclarecimentos económicos ou jurídicos solicitados, sem considerar o mérito do processo pendente perante o tribunal nacional. Além disso, ao contrário da interpretação vinculativa da legislação comunitária pelos tribunais comunitários, o parecer da Comissão não vincula juridicamente o tribunal nacional.

30. De acordo com o referido no ponto 20 da presente comunicação, a Comissão não ouvirá as partes antes de formular o seu parecer destinado ao tribunal nacional. Este último terá de tratar o parecer da Comissão em conformidade com as regras processuais nacionais pertinentes, que devem respeitar os princípios gerais do direito comunitário.

---

[1] Ver ponto 8 da presente comunicação.

[2] Processo C-234/89, *Delimitis*, Col.1991, p. I-935, 53 e processos apensos C-319/93, C-40/94 e C-224/94, *Dijkstra*, Col.1995, p. I-4471, 34.

[3] Comparar com o processo 96/81, *Comissão/Países Baixos*, Col. 1982, p. 1791, 7, e processo 272/86, *Comissão/Grécia*, Col. 1988, p. 4875, 30.

3. Apresentação de observações ao tribunal nacional pela Comissão

31. Nos termos do n.º 3 do artigo 15.º do regulamento, as autoridades nacionais responsáveis em matéria de concorrência e a Comissão podem apresentar observações sobre questões relacionadas com a aplicação dos artigos 81.º ou 82.º do Tratado CE a um tribunal nacional chamado a aplicar essas disposições. O regulamento estabelece uma distinção entre as observações escritas, que as autoridades nacionais responsáveis em matéria de concorrência e a Comissão podem apresentar por sua própria iniciativa, e as observações orais, que só podem ser apresentadas com o consentimento do tribunal nacional[1].

32. O regulamento especifica que a Comissão só apresentará observações nos casos em que tal seja exigido para assegurar a aplicação coerente dos artigos 81.º ou 82.º do Tratado CE. Sendo esse o objectivo da apresentação das suas observações, a Comissão deverá limitá-las a uma análise económica e jurídica dos factos subjacentes ao processo pendente no tribunal nacional.

33. Para que a Comissão possa apresentar observações úteis, poderá ser pedido aos tribunais nacionais que transmitam ou assegurem a transmissão à Comissão de uma cópia de todos os documentos necessários para a apreciação do caso. Em consonância com o n.º 3, segundo parágrafo, do artigo 15.º do regulamento, a Comissão utilizará tais documentos com o propósito exclusivo de elaborar as suas observações[2].

34. Uma vez que o regulamento não prevê um quadro processual para a apresentação das observações, são as regras e práticas processuais dos Estados Membros que determinam esse quadro processual. Se um Estado Membro ainda não tiver estabelecido esse quadro processual, o tribunal nacional deve determinar as regras processuais adequadas para a apresentação de observações num processo que nele esteja pendente.

35. O quadro processual deve respeitar os princípios estabelecidos no ponto 10 da presente comunicação. Isso implica, nomeadamente, que o quadro processual para a apresentação das observações sobre questões relacionadas com a aplicação dos artigos 81.º ou 82.º do Tratado CE:

(a) Tem de ser compatível com os princípios gerais do direito comunitário, em especial com os direitos fundamentais das partes envolvidas no processo;

(b) Não pode tornar a apresentação dessas observações excessivamente difícil ou praticamente impossível (princípio da eficácia)[3] e

---

[1] Nos termos do n.º 4 do artigo 15.º do regulamento, tal não prejudica quaisquer direitos mais latos de apresentar observações em tribunal que o direito interno de cada Estado Membro atribua às respectivas autoridades responsáveis em matéria de concorrência.

[2] Ver também o n.º 2 do artigo 28.º do regulamento que impede a Comissão de divulgar informações abrangidas pelo sigilo profissional.

[3] Processos apensos 46/87 e 227/88, *Hoechst*, Col. 1989, p. 2859, 33. Ver também n.º 3 do artigo 15.º do regulamento.

(c) Não pode tornar a apresentação dessas observações mais difícil do que a apresentação de observações em processos judiciais em que seja aplicada legislação nacional equivalente (princípio da equivalência).

B. FACILITAÇÃO PELOS TRIBUNAIS NACIONAIS DO PAPEL DA COMISSÃO NA EXECUÇÃO DAS REGRAS COMUNITÁRIAS DE CONCORRÊNCIA

36. Uma vez que o dever de cooperação leal também implica que as autoridades dos Estados Membros prestem assistência às instituições europeias tendo em vista o cumprimento dos objectivos do Tratado CE[1], o regulamento prevê três exemplos dessa assistência:

(1) o envio dos documentos necessários à apreciação de um processo sobre o qual a Comissão deseje apresentar observações (ver ponto 33),

(2) a transmissão das sentenças em matéria de aplicação dos artigos 81.º ou 82.º do Tratado e

(3) o papel dos tribunais nacionais no contexto de uma inspecção da Comissão.

1. Transmissão das sentenças dos tribunais nacionais de aplicação dos artigos 81.º ou 82.º do Tratado CE

37. Nos termos do n.º 2 do artigo 15.º do regulamento, os Estados Membros devem transmitir à Comissão uma cópia de todas as sentenças escritas pronunciadas por tribunais nacionais em matéria de aplicação dos artigos 81.º ou 82.º do Tratado CE, sem demora após a sentença escrita integral ter sido notificada às partes. A transmissão das sentenças nacionais relativas à aplicação dos artigos 81.º ou 82.º do Tratado CE e das informações delas resultantes sobre os processos julgados nos tribunais nacionais permite, fundamentalmente, que a Comissão tenha conhecimento de forma oportuna dos processos relativamente aos quais poderá ser adequado apresentar observações, caso uma das partes recorra da sentença.

2. Papel dos tribunais nacionais no contexto de uma inspecção da Comissão

38. Por último, os tribunais nacionais podem desempenhar um papel no contexto das inspecções das empresas e associações de empresas efectuadas pela

---

[1] Processo C-69/90, *Comissão/Itália*, Col. 1991, p. 6011, 15.

Comissão. O papel dos tribunais nacionais depende de as inspecções serem realizadas em instalações da empresa ou em locais exteriores à empresa.

39. Quanto à inspecção das instalações da empresa, a legislação nacional poderá exigir uma autorização de um tribunal nacional para que uma autoridade nacional competente para a aplicação da lei possa prestar assistência à Comissão, em caso de oposição da empresa em causa. Essa autorização também pode ser solicitada a título cautelar. Ao tratar esse pedido, o tribunal nacional tem competência para controlar a autenticidade da decisão de inspecção da Comissão, bem como o carácter não arbitrário e não excessivo das medidas coercivas relativamente ao objecto da inspecção. Ao proceder ao controlo da proporcionalidade das medidas coercivas, o tribunal nacional pode pedir à Comissão, directamente ou através da autoridade nacional responsável em matéria de concorrência, explicações circunstanciadas, em especial quanto aos motivos que a Comissão tem para suspeitar de uma infracção aos artigos 81.º e 82.º do Tratado, bem como quanto à gravidade da infracção suspeita e à natureza do envolvimento da empresa em causa[1].

40. Quanto à inspecção de locais exteriores à empresa, o regulamento exige a autorização prévia de um tribunal nacional para que uma decisão da Comissão que ordene uma tal inspecção possa ser executada. Nesse caso, o tribunal nacional pode controlar a autenticidade da decisão de inspecção da Comissão, bem como o carácter não arbitrário e não excessivo das medidas coercivas, tendo nomeadamente em conta a gravidade da infracção suspeita, a importância das provas procuradas, a participação da empresa em causa e a razoabilidade da presunção de que os livros e registos da empresa relativos ao objecto da inspecção estão guardados nas instalações para que é pedida a autorização. O tribunal nacional pode pedir à Comissão, directamente ou através da autoridade nacional responsável em matéria de concorrência, explicações circunstanciadas sobre os elementos necessários para que possa controlar a proporcionalidade das medidas coercivas previstas[2].

41. Nos casos referidos nos pontos 39 e 40, o tribunal nacional não pode pôr em causa a legalidade da decisão da Comissão ou a necessidade da inspecção, nem pode exigir que lhe sejam transmitidas informações que figurem no dossier da Comissão[3]. Além disso, o dever de cooperação leal exige que o tribunal nacional tome a sua decisão dentro de um prazo adequado para permitir que a Comissão realize a sua inspecção de uma forma eficaz[4].

---

[1] Nos 6 a 8 do artigo 20.º do regulamento e processo C-94/00, *Roquette Frères*, Col. 2002, p. 9011.
[2] N.º 3 do artigo 21.º do regulamento.
[3] Processo C-94/00, *Roquette Frères*, Col. 2002, p. 9011, 39 e 62 a 66.
[4] Ver também *ibidem*, 91 e 92.

IV. DISPOSIÇÕES FINAIS

42. A presente comunicação destina-se a assistir os tribunais nacionais na aplicação dos artigos 81.º e 82.º do Tratado CE. Não vincula os tribunais nacionais, nem afecta os direitos e obrigações dos Estados-Membros da UE ou de pessoas singulares e colectivas nos termos do direito comunitário.

43. A presente comunicação substitui a Comunicação de 1993 sobre a cooperação entre a Comissão e os tribunais nacionais no que diz respeito à aplicação dos artigos 85.º e 86.º do Tratado CEE[1].

ANEXO

Regulamentos de isenção por categoria, comunicações, orientações e enquadramentos da comissão

Também pode consultar esta lista actualizada no sítio Web da Direcção-Geral da Concorrência da Comissão Europeia:

http://europa.eu.int/comm/competition/antitrust/legislation/

(*não reproduzido*)

---

[1] JO, C 39, de 13.2.1993, p. 6.

ACORDOS DE PEQUENA IMPORTÂNCIA (*DE MINIMIS*)

Comunicação da Comissão*

I

1. O n.º 1 do artigo 81.º proíbe os acordos que sejam susceptíveis de afectar o comércio entre os Estados-Membros e que tenham por objectivo ou efeito impedir, restringir ou falsear a concorrência no mercado comum. O Tribunal de Justiça das Comunidades Europeias estabeleceu que esta disposição só é aplicável quando o impacto do acordo sobre o comércio intracomunitário ou sobre a concorrência for sensível.

2. Nesta comunicação a Comissão quantifica, recorrendo a limiares de quotas de mercado, as restrições da concorrência que não são consideradas sensíveis nos termos do n.º 1 do artigo 81.º do Tratado CE. Esta definição, por defeito, do carácter sensível, não implica que os acordos entre empresas que ultrapassem os limiares estabelecidos na presente comunicação restrinjam sensivelmente a concorrência. Tais acordos podem igualmente ter apenas um efeito negligenciável sobre a concorrência e por isso não serem proibidos pelo n.º 1 do artigo 81.º[1].

3. Os acordos podem, ainda, não ser abrangidos pelo n.º 1 do artigo 81.º por não serem susceptíveis de afectar sensivelmente o comércio entre os Estados Membros. A presente comunicação não aborda esta questão. Não quantifica o que não constitui um efeito sensível sobre o comércio. Reconhece-se, no entanto, que

---

* Comunicação da Comissão relativa aos acordos de pequena importância que não restringem sensivelmente a concorrência nos termos do n.º 1 do artigo 81.º do Tratado que institui a Comunidade Europeia (*de minimis*) – JO, C 368, de 2001, pp. 7. A presente comunicação substitui a comunicação relativa aos acordos de pequena importância, publicada no JO, C 372, de 9.12.1997.

[1] Ver, por exemplo, o acórdão do Tribunal de Justiça proferido nos processo apensos C-215/96 e C-216/96, *Bagnasco (Carlos) Banca Popolare di Novara e Casa di Risparmio di Genova e Imperia* (1999), Col., I-135, pontos 34 e 35. Esta comunicação não prejudica os princípios relativos à apreciação nos termos do artigo 81.º, n.º 1 do Tratado vertidos na comunicação da Comissão – Orientações sobre a aplicação do artigo 81.º do Tratado CE aos acordos de cooperação horizontal (JO, C 3, de 6.1.2001), especialmente no que respeita aos pontos 17--31 inclusive, bem como na comunicação da Comissão – Orientações relativas às restrições verticais (JO, C 291, de 13.10.2000), especialmente no que respeita aos pontos 5-20 inclusive.

acordos entre pequenas e médias empresas, tal como definidas no anexo à Recomendação da Comissão 96/280/CE[1], são raramente susceptíveis de afectar o comércio entre Estados-Membros. Actualmente, as pequenas e médias empresas encontram-se definidas na referida recomendação como empresas que possuam menos de 250 trabalhadores e cujo volume de negócios anual não exceda 40 milhões de euros, ou o balanço total anual não exceda 27 milhões de euros.

4. Nos casos abrangidos pela presente comunicação, a Comissão não iniciará qualquer processo, nem a pedido, nem oficiosamente. Sempre que as empresas presumirem, de boa-fé, que um acordo está abrangido pela presente comunicação, a Comissão não aplicará quaisquer coimas. Embora não seja vinculativa para os tribunais e para as autoridades dos Estados-Membros, a presente comunicação também pretende dar orientações a essas entidades para a aplicação do artigo 81.º

5. A presente comunicação aplica-se igualmente às decisões de associações de empresas e às práticas concertadas.

6. A presente comunicação não prejudica a interpretação do artigo 81.º efectuada pelo Tribunal de Justiça ou pelo Tribunal de Primeira Instância das Comunidades Europeias.

II

7. A Comissão considera que os acordos entre empresas que afectam o comércio entre os Estados-Membros não restringem sensivelmente a concorrência na acepção do n.º 1 do artigo 81.º quando:

a) A quota de mercado agregada das partes no acordo não ultrapassar 10% em qualquer dos mercados relevantes afectados pelo acordo, quando este for concluído entre empresas que sejam concorrentes efectivos ou potenciais em qualquer desses mercados (acordos entre concorrentes)[2]; ou

---

[1] JO, L 107, de 30.4.1996, p. 4. A referida recomendação será objecto de revisão. Prevê-se que o limiar relativo ao volume de negócios anual seja elevado de 40 milhões de euros para 50 milhões de euros e que o limiar referente ao balanço total anual seja elevado de 27 milhões de euros para 43 milhões de euros.

[2] Relativamente ao que se entende por concorrentes efectivos ou potenciais, ver a comunicação da Commissão intitulada "Orientações sobre a aplicação do artigo 81.º do Tratado CE aos acordos de cooperação horizontal", JO, C 3, de 6.1.2001, ponto 9. Uma empresa é considerada um concorrente efectivo se se encontra presente no mesmo mercado relevante ou se, na ausência de acordo, é capaz de adaptar a sua produção tendo em vista o fabrico dos produtos relevantes e a sua comercialização a curto prazo sem incorrer em qualquer custo nem risco suplementar elevado em reacção a variações ligeiras, mas permanentes, dos preços relativos (substituibilidade imediata do lado da oferta). Uma empresa é considerada um concorrente potencial se determinados indícios levam a pensar que na ausência de acordo essa empresa poderia e seria susceptível de realizar os investimentos suplementares ou outros custos de mudança necessários para poder entrar no mercado relevante, em reacção a um ligeiro e permanente aumento dos preços relativos.

b) A quota de mercado de cada uma das partes no acordo não ultrapassar 15% em qualquer dos mercados relevantes afectados pelo acordo, quando este for concluído entre empresas que não sejam concorrentes efectivos nem potenciais em qualquer desses mercados (acordos entre não concorrentes).

Nos casos em que for difícil determinar se se trata de um acordo entre concorrentes ou de um acordo entre não concorrentes, aplica-se o limiar de 10%.

8. Sempre que a concorrência for restringida num mercado relevante pelo efeito cumulativo de acordos de venda de bens ou de serviços concluídos por diferentes fornecedores ou distribuidores (efeito de exclusão cumulativo provocado por redes paralelas de acordos que produzem efeitos semelhantes no mercado), os limiares da quota de mercado previstos no ponto 7 são reduzidos para 5%, tanto para os acordos entre concorrentes como para os acordos entre não concorrentes. Considera-se, de um modo geral, que fornecedores ou distribuidores com uma quota de mercado que não exceda 5% não contribuem sensivelmente para um efeito de exclusão cumulativo[1]. Um efeito de exclusão cumulativo dificilmente poderá produzir-se se menos de 30% do mercado relevante estiver coberto por redes paralelas de acordos criando efeitos semelhantes.

9. A Comissão também considera que os acordos não restringem a concorrência se as quotas de mercado não excederem os limiares de respectivamente 10%, 15% e 5% previstos nos pontos 7 e 8 durante dois exercícios consecutivos em mais de dois pontos percentuais.

10. A fim de calcular a quota de mercado, é necessário determinar o mercado relevante. Este é constituído pelo mercado do produto relevante e pelo mercado geográfico relevante. Para definir o mercado relevante deve ter-se em conta o disposto na comunicação relativa à definição de mercado relevante para efeitos do direito comunitário da concorrência[2]. O cálculo das quotas de mercado terá por base dados referentes a valores de venda, ou quando adequado, valores de compra. Quando estes não estiverem disponíveis, poderá recorrer-se a estimativas assentes em outras informações fidedignas sobre o mercado, incluindo dados referentes a volumes.

11. Os pontos 7, 8 e 9 não são aplicáveis aos acordos que contenham quaisquer das seguintes restrições graves:

1. Relativamente a acordos entre empresas concorrentes, tais como definidos no ponto 7, restrições que, directa ou indirectamente, isoladamente ou em com-

---

[1] Ver igualmente a comunicação da Comissão – Orientações relativas às restrições verticais (JO, C, 291, de 13.10.2000, em especial os pontos 73, 142, 143 e 189). Embora nas Orientações relativas às restrições verticais se faça referência, em relação a determinadas restrições, não apenas à quota total mas também à quota de mercado ligada de um fornecedor ou comprador específico, na presente comunicação todos os limiares de quotas de mercado referem-se a quotas de mercado totais.

[2] JO, C 372, de 9.12.1997, p. 5.

binação com outros factores que sejam controlados pelas partes, tenham por objecto[1]:

a) A fixação de preços de venda de produtos a terceiros;
b) A limitação da produção ou das vendas;
c) A repartição de mercados ou de clientes.

2. Relativamente a acordos entre empresas não concorrentes, tais como definidos no ponto 7, restrições que, directa ou indirectamente, isoladamente ou em combinação com outros factores que sejam controlados pelas partes, tenham por objecto:

a) A restrição da capacidade de o comprador estabelecer o seu preço de venda, sem prejuízo da possibilidade de o fornecedor impor um preço de venda máximo ou de recomendar um preço de venda, desde que estes não correspondam a um preço de venda fixo ou mínimo como resultado de pressões ou de incentivos oferecidos por qualquer uma das partes;

b) A restrição relativa ao território ou em relação aos clientes aos quais o comprador pode vender os bens ou serviços contratuais, excepto as seguintes restrições que não são graves:

– restrição de vendas activas no território exclusivo ou a um grupo exclusivo de clientes reservado ao fornecedor ou atribuído pelo fornecedor a outro comprador, desde que tal restrição não limite as vendas dos clientes do comprador;

– restrição de vendas a utilizadores finais por um comprador que opere ao nível grossista;

– restrição de vendas a distribuidores não autorizados pelos membros de um sistema de distribuição selectiva, e

– restrição da capacidade de o comprador vender componentes, fornecidos para efeitos de incorporação, a clientes que os possam utilizar para produzir o mesmo tipo de bens que são produzidos pelo fornecedor;

c) A restrição de vendas activas ou passivas a utilizadores finais por membros de um sistema de distribuição selectiva que operam ao nível retalhista, sem prejuízo da possibilidade de proibir um membro do sistema de operar a partir de um local de estabelecimento não autorizado;

d) A restrição de fornecimentos cruzados entre distribuidores no âmbito de um sistema de distribuição selectiva, incluindo entre distribuidores que operam em diferentes níveis do circuito comercial;

e) A restrição acordada entre um fornecedor de componentes e um comprador que incorpora estes componentes, que limite a capacidade de o fornecedor vender estes componentes como peças sobresselentes a utilizadores finais ou a estabele-

---

[1] Sem prejuízo de situações de produção conjunta com ou sem distribuição conjunta tais como definidas no artigo 5.º, segundo parágrafo do Regulamento (CE) n.º 2658/2000 da Comissão, e no artigo 5.º, segundo parágrafo do Regulamento (CE) n.º 2659/2000 da Comissão (JO, L 304, de 5.12.2000, p. 3 e 7, respectivamente).

cimentos de reparação ou a outros prestadores de serviços não autorizados pelo comprador para a reparação ou assistência dos seus bens.

3. Relativamente a acordos concluídos entre concorrentes como definido no ponto 7, quando operam, para efeitos do acordo em questão, a diferentes níveis da cadeia de produção ou distribuição, qualquer das restrições graves enunciadas nos pontos 1 e 2 supra.

12. 1. Para efeitos da presente comunicação, os termos "empresa", "parte no acordo", "distribuidor", "fornecedor" e "comprador" incluem as respectivas empresas ligadas.

2. Consideram-se "empresas ligadas":

a) As empresas nas quais uma parte no acordo disponha, directa ou indirectamente:

– do poder de exercer mais de metade dos direitos de voto, ou

– do poder de designar mais de metade dos membros do Conselho Fiscal ou de Administração ou dos órgãos que representam legalmente a empresa, ou

– do direito de gerir os negócios da empresa;

b) As empresas que directa ou indirectamente disponham, numa das partes no acordo, dos direitos ou poderes enumerados na alínea *a)*;

c) As empresas nas quais uma empresa referida na alínea *b)* disponha, directa ou indirectamente, dos direitos ou poderes enumerados na alínea *a)*;

d) As empresas nas quais uma parte no acordo juntamente com uma ou mais das empresas mencionadas nas alíneas *a)*, *b)* ou *c)* ou nas quais duas ou mais destas últimas empresas disponham conjuntamente dos direitos ou poderes enumerados na alínea *a)*;

e) As empresas em que os direitos ou poderes enumerados na alínea *a)* pertençam conjuntamente:

– às partes no acordo ou às respectivas empresas ligadas mencionadas nas alíneas *a)* a *d)*, ou

– a uma ou mais das partes no acordo ou a uma ou mais das respectivas empresas ligadas mencionadas nas alíneas *a)* a *d)* e a um ou mais terceiros.

3. Para efeitos da alínea *e)* do ponto 2 supra, a quota de mercado das empresas detidas conjuntamente será repartida igualmente por cada empresa que disponha dos direitos ou poderes enumerados na alínea *a)* do mesmo ponto.

AFECTAÇÃO DO COMÉRCIO

Comunicação da Comissão*

1. Introdução

1. Os artigos 81.º e 82.º do Tratado são aplicáveis a acordos horizontais e verticais e a práticas das empresas *"susceptíveis de afectar o comércio entre os Estados Membros"*.

2. Na sua interpretação dos artigos 81.º e 82.º, os tribunais comunitários já clarificaram consideravelmente o teor e o âmbito do conceito de afectação do comércio entre os Estados Membros.

3. As presentes orientações estabelecem os princípios desenvolvidos pelos tribunais comunitários relativamente à interpretação do conceito de afectação do comércio presente nos artigos 81.º e 82.º. Estabelecem ainda uma regra que indica quando os acordos não são susceptíveis, em geral, de afectar sensivelmente o comércio entre os Estados Membros (a regra da "não afectação sensível do comércio" ou regra NASC).

As presentes orientações não pretendem ser exaustivas. O seu objectivo consiste em estabelecer a metodologia para a aplicação do conceito de afectação do comércio e em fornecer orientações para a sua aplicação nas situações mais frequentes. Embora não sejam vinculativas para os tribunais nem para as autoridades dos Estados membros, pretendem igualmente fornecer-lhes algumas orientações relativamente à aplicação do conceito de afectação do comércio constante dos artigos 81.º e 82.º.

4. As presentes orientações não abordam a questão de saber o que constitui uma restrição sensível da concorrência na acepção do n.º 1 do artigo 81.º. Esta questão, distinta da possibilidade de certos acordos afectarem sensivelmente o comércio entre os Estados Membros, é abordada na Comunicação da Comissão relativa aos acordos de pequena importância que não restringem sensivelmente a concorrência

---

* Comunicação da Comissão "Orientações sobre o conceito de afectação do comércio entre os Estados-Membros previsto nos artigos 81.º e 82.º do Tratado" (Texto relevante para efeitos do EEE) – JO, C 101, de 27.4.2004, pp. 81.

nos termos do n.º 1 do artigo 81.º do Tratado[1] (a regra *de minimis*). As orientações também não pretendem fornecer directrizes sobre o conceito de afectação do comércio constante do n.º 1 do artigo 87.º do Tratado relativo a auxílios estatais.

5. As presentes orientações, incluindo a regra NASC, não prejudicam a interpretação dos artigos 81.º e 82.º susceptível de ser dada pelo Tribunal de Justiça e pelo Tribunal de Primeira Instância.

2. O critério de afectação do comércio

2.1. *Princípios gerais*

6. O n.º 1 do artigo 81.º prevê que "são incompatíveis com o mercado comum e proibidos todos os acordos entre empresas, todas as decisões de associações de empresas e todas as práticas concertadas que sejam susceptíveis de afectar o comércio entre os Estados Membros e que tenham por objectivo ou efeito impedir, restringir ou falsear a concorrência no mercado comum". Por uma questão de simplicidade, os termos "acordos, decisões de associações de empresas e práticas concertadas" são denominados colectivamente como "acordos".

7. Por seu turno, o artigo 82.º estabelece que "é incompatível com o mercado comum e proibido, na medida em que tal seja susceptível de afectar o comércio entre os Estados Membros, o facto de uma ou mais empresas explorarem de forma abusiva uma posição dominante no mercado comum ou numa parte substancial deste". No resto do texto, o termo "práticas" refere-se ao comportamento de empresas que têm uma posição dominante.

8. O critério de afectação do comércio determina igualmente o âmbito de aplicação do artigo 3.º do Regulamento (CE) n.º 1/2003 relativo à execução das regras de concorrência estabelecidas nos artigos 81.º e 82.º do Tratado[2].

9. Nos termos do n.º 1 do artigo 3.º, as autoridades responsáveis em matéria de concorrência e os tribunais dos Estados Membros devem aplicar o artigo 81.º a acordos, decisões de associações de empresas ou práticas concertadas na acepção do n.º 1 do artigo 81.º do Tratado, susceptíveis de afectar o comércio entre os Estados Membros, na acepção desta disposição, quando aplicam a legislação nacional de concorrência a tais acordos, decisões ou práticas concertadas. Da mesma forma, sempre que as autoridades responsáveis em matéria de concorrência ou os tribunais dos Estados Membros apliquem a legislação nacional de concorrência a qualquer abuso proibido pelo artigo 82.º do Tratado, devem aplicar igualmente este artigo do Tratado. O n.º 1 do artigo 3.º obriga portanto as autoridades responsáveis em matéria de concorrência e os tribunais dos Estados Membros a aplicarem também os arti-

---

[1] JO, C 368, de 2001, p. 13.
[2] JO, L 1, de 4.1.2003, p. 1.

gos 81.º e 82.º quando aplicam a legislação nacional de concorrência a acordos e práticas abusivas susceptíveis de afectar o comércio entre Estados Membros. Por outro lado, o n.º 1 do artigo 3.º não obriga as autoridades responsáveis em matéria de concorrência e os tribunais nacionais a aplicarem a legislação nacional de concorrência quando aplicam os artigos 81.º e 82.º a acordos, decisões e práticas concertadas e a práticas abusivas suceptíveis de afectar o comércio entre os Estados Membros. Nesses casos, podem aplicar apenas as regras de concorrência comunitárias.

10. Decorre do n.º 2 do artigo 3.º que a aplicação da legislação nacional de concorrência não pode resultar na proibição de acordos, decisões de associações de empresas ou práticas concertadas que, sendo susceptíveis de afectar o comércio entre Estados-Membros, não restrinjam a concorrência na acepção do n.º 1 do artigo 81.º do Tratado, ou preencham as condições previstas no n.º 3 do artigo 81.º do Tratado ou sejam abrangidos por um regulamento de aplicação do n.º 3 do artigo 81.º do Tratado.

Contudo, os Estados Membros não estão proibidos, nos termos do Regulamento n.º 1/2003, de aprovar e aplicar no seu território uma legislação nacional mais restritiva que proíba ou sancione certos comportamentos unilaterais de empresas.

11. Finalmente, refira-se que o n.º 3 do artigo 3.º estabelece que, sem prejuízo dos princípios gerais e de outras disposições do direito comunitário, os n.ºs 1 e 2 do artigo 3.º não se aplicam sempre que as autoridades responsáveis em matéria de concorrência e os tribunais dos Estados Membros apliquem a legislação nacional relativa ao controlo das concentrações, nem excluem a aplicação das disposições de direito nacional que tenham essencialmente um objectivo diferente do dos artigos 81.º e 82.º do Tratado.

12. O critério de afectação do comércio constitui um critério autónomo de direito comunitário, que deve ser apreciado numa base casuística. Trata-se de um critério jurisdicional, que define o âmbito de aplicação do direito comunitário da concorrência[1]. O direito comunitário da concorrência não é aplicável a acordos e práticas que não sejam susceptíveis de afectar sensivelmente o comércio entre Estados-Membros.

13. O critério de afectação do comércio circunscreve o âmbito de aplicação dos artigos 81.º e 82.º a acordos e práticas abusivas susceptíveis de ter um nível mínimo de efeitos transfronteiriços na Comunidade. Segundo o Tribunal de Justiça, a possibilidade de o acordo ou prática afectar o comércio entre os Estados Membros deve ser *"sensível"*[2].

14. No caso do artigo 81.º do Tratado, é o acordo que deve ser susceptível de afectar o comércio entre os Estados Membros. Não é necessário que cada parte indi-

---

[1] Ver, por exemplo, processos apensos 56/64 e 58/64, *Consten e Grundig*, Col. 1966, p. 429, e processos apensos 6/73 e 7/73, *Commercial Solvents*, Col. 1974, p. 223.

[2] Ver, a este propósito, o processo 22/71, *Béguelin*, Col. 1971, p. 949, ponto 16.

vidual dos acordos, incluindo qualquer restrição da concorrência eventualmente decorrente do acordo, seja susceptível de afectar o comércio[1]. Se, no seu conjunto, o acordo for susceptível de afectar o comércio entre os Estados Membros, o direito comunitário é aplicável a todo o acordo, incluindo as partes do acordo que, individualmente, não afectam o comércio entre os Estados Membros. Nos casos em que as relações contratuais entre as mesmas partes abrangem diversas actividades, estas actividades, para fazerem parte do mesmo acordo, devem estar directamente ligadas e constituir parte integrante do mesmo acordo comercial global[2]. Se assim não for, cada actividade constitui um acordo separado.

15. É igualmente irrelevante se a participação de uma dada empresa no acordo tem ou não um efeito sensível no comércio entre os Estados Membros[3]. Uma empresa não pode subtrair-se à aplicação do direito comunitário unicamente devido ao facto de a sua contribuição ser insignificante para um acordo que, em si, é susceptível de afectar o comércio entre os Estados Membros.

16. Para determinar a aplicabilidade do direito comunitário, não é necessário estabelecer uma conexão entre a alegada restrição da concorrência e a capacidade do acordo de afectar o comércio entre os Estados Membros. Há acordos não restritivos que podem afectar o comércio entre os Estados Membros. Por exemplo, os acordos de distribuição selectiva baseados em critérios de selecção puramente qualitativos justificados pela natureza dos produtos, que não são restritivos da concorrência na acepção do n.º 1 do artigo 81.º, podem, não obstante, afectar o comércio entre os Estados Membros. Todavia, as alegadas restrições de um acordo podem fornecer uma indicação clara acerca da capacidade que o acordo tem de afectar o comércio entre os Estados Membros. Por exemplo, um acordo de distribuição que proíba as exportações é, pela sua própria natureza, susceptível de afectar o comércio entre os Estados Membros, embora não necessariamente de forma sensível[4].

17. No caso do artigo 82.º, é o abuso que deve afectar o comércio entre os Estados Membros. No entanto, tal não implica que cada um dos elementos de tal comportamento deva ser avaliado isoladamente. O comportamento que faz parte de uma estratégia global prosseguida pela empresa dominante deve ser avaliado em termos do seu impacto global. No caso de uma empresa dominante adoptar diversas práticas para atingir um mesmo objectivo, por exemplo, práticas que se destinam a eliminar ou a excluir concorrentes, para que o artigo 82.º seja aplicável a todas as práticas que fazem parte desta estratégia global basta que pelo menos

---

[1] Ver processo 193/83, *Windsurfing*, Col. 1986, p. 611, ponto 96, e processo T-77/94, *Vereniging van Groothandelaren in Bloemkwekerijprodukten*, Col. 1997, p. II-759, ponto 126.

[2] Ver pontos 142 e 144 do processo *Vereniging van Groothandelaren in Bloemkwekerijprodukten*, citado.

[3] Ver, por exemplo, processo T-2/89, *Petrofina*, Col. 1991, p. II-1087, ponto 226.

[4] O conceito de carácter sensível é abordado na secção 2.4 *infra*.

uma dessas práticas seja susceptível de afectar o comércio entre os Estados Membros[1].

18. Decorre da formulação dos artigos 81.º e 82.º e da jurisprudência dos tribunais europeus que, na aplicação do critério de afectação do comércio, deve ser prestada especial atenção a três elementos:

(a) O conceito de "*comércio entre os Estados Membros*";
(b) A noção de "*susceptível de afectar*"; e
(c) O conceito de "*carácter sensível*".

2.2. *O conceito de comércio entre os Estados Membros*

19. O conceito de "*comércio*" não se limita às tradicionais trocas transfronteiriças de bens e serviços[2]. Trata-se de um conceito mais amplo, que cobre toda a actividade económica transfronteiriça[3]. Esta interpretação é coerente com o objectivo fundamental do Tratado de promover a livre circulação de mercadorias, serviços, pessoas e capitais.

20. De acordo com a jurisprudência consolidada, o conceito de "*comércio*" abrange igualmente situações em que os acordos ou práticas afectam a estrutura concorrencial do mercado. Os acordos e práticas que afectam a estrutura concorrencial na Comunidade ao eliminarem ou ameaçarem eliminar um concorrente que opera na Comunidade podem ser sujeitos às regras de concorrência comunitárias[4]. No caso de uma empresa ser eliminada ou correr o risco de ser eliminada, a estrutura concorrencial na Comunidade é afectada, do mesmo modo que as actividades económicas que a empresa desenvolve.

21. O requisito de afectação do comércio "*entre os Estados Membros*" implica que deve haver um impacto nas actividades económicas transfronteiriças que envolva, no mínimo, dois Estados Membros. Não é necessário que o acordo ou prática afecte o comércio entre um Estado Membro e a *totalidade* de outro Estado Membro. Os artigos 81.º e 82.º podem igualmente ser aplicáveis em casos que envolvam apenas parte de um Estado-Membro, desde que o efeito no comércio seja sensível[5].

---

[1] Ver, a este propósito, processo 85/76, *Hoffmann-La Roche*, Col. 1979, p. 461, ponto 126.

[2] Nas presentes orientações, o termo "produtos" abrange os bens e os serviços.

[3] Ver processo 172/80, *Züchner*, Col. 1981, p. 2021, ponto 18. Ver também o processo C-309/99, *Wouters*, Col. 2002, p. I-1577, ponto 95, processo C-475/99, *Ambulans Glöckner*, Col. 2001, p. I-8089, ponto 49, processos apensos C-215/96 e C-216/96, *Bagnasco*, Col. 1999, p. I-135, ponto 51, processo C-55/96, *Job Centre*, Col. 1997, p. I-7119, ponto 37, e processo C-41/90, *Höfner e Elser*, Col. 1991, p. I-1979, ponto 33.

[4] Ver, por exemplo, processos apensos T-24/93 e outros, *Compagnie maritime belge*, Col. 1996, p. II-1201, ponto 203, e ponto 23 do acórdão *Commercial Solvents*.

[5] Ver, por exemplo, processos apensos T-213/95 e T-18/96, *SCK e FNK*, Col. 1997, p. II-1739, e secções 3.2.4 e 3.2.6 *infra*.

22. A aplicação do critério de afectação do comércio é independente da definição dos mercados geográficos relevantes. O comércio entre os Estados Membros pode ser igualmente afectado em casos em que o mercado relevante é nacional ou subnacional[1].

2.3. A noção de "susceptível de afectar"

23. A função da noção de "*susceptível de afectar*" consiste em definir a natureza do impacto necessário no comércio entre os Estados Membros. De acordo com o critério de base desenvolvido pelo Tribunal de Justiça, a noção de "*susceptível de afectar*" implica que deve ser possível prever, com um grau de probabilidade suficiente com base num conjunto de factores objectivos de direito ou de facto, que o acordo ou a prática pode ter uma influência, directa ou indirecta, efectiva ou potencial, na estrutura do comércio entre os Estados Membros[2,3]. Tal como referido no ponto 20, o Tribunal de Justiça desenvolveu além disso um critério baseado no facto de o acordo ou a prática afectar ou não a estrutura concorrencial. Nos casos em que o acordo ou a prática é susceptível de afectar a estrutura concorrencial no interior da Comunidade, a aplicabilidade do direito comunitário fica estabelecida.

24. Este critério da "estrutura do comércio" desenvolvido pelo Tribunal de Justiça inclui os seguintes elementos principais, que serão abordados nas secções seguintes:

(*a*) "Um grau de probabilidade suficiente, com base num conjunto de factores objectivos de direito ou de facto";

(*b*) Uma influência na "estrutura do comércio entre os Estados Membros";

(*c*) "Uma influência, directa ou indirecta, efectiva ou potencial," na estrutura do comércio.

---

[1] Ver secção 3.2 *infra*.

[2] Ver, por exemplo, o acórdão *Züchner*, e o processo 319/82, *Kerpen & Kerpen*, Col. 1983, p. 4173, os processos apensos 240/82 e outros, *Stichting Sigarettenindustrie*, Col. 1985, p. 3831, ponto 48, e os processos apensos T-25/95 e outros, *Cimenteries CBR*, Col. 2000, p. II-491, ponto 3930.

[3] Em alguns acórdãos, relacionados principalmente com acordos verticais, o Tribunal de Justiça referiu também que os acordos em causa eram susceptíveis de impedir a realização dos objectivos de um mercado interno entre os Estados-Membros. Ver, por exemplo, o processo T-62/98, *Volkswagen*, Col., 2000, p. II-2707, ponto 179, o ponto 47 do acórdão *Bagnasco*, e o processo 56/65, *Société Technique Minière*, Col. 1966, p. 337. O impacto do acordo no objectivo do mercado interno constitui, pois, um factor que pode ser tomado em consideração.

2.3.1. *Um grau de probabilidade suficiente com base num conjunto de factores objectivos de direito ou de facto*

25. A avaliação da afectação do comércio baseia-se em factores objectivos. Não é necessária uma intenção subjectiva por parte das empresas em causa. No entanto, se se comprovar que as empresas tiveram a intenção de afectar o comércio entre os Estados Membros, por exemplo procurando dificultar as exportações ou as importações de outros Estados Membros, tal facto deve ser sido em conta.

26. A expressão "*susceptível* de afectar" e a referência do Tribunal de Justiça a "*um grau de probabilidade suficiente*" implica que, para que o direito comunitário seja aplicável, não é necessário que o acordo ou a prática tenha ou tenha tido efectivamente um efeito no comércio entre os Estados Membros. Basta que o acordo ou prática seja "*susceptível*" de ter esse efeito[1].

27. Não há qualquer obrigação ou necessidade de calcular o volume efectivo de comércio entre os Estados Membros afectados pelo acordo ou prática. Por exemplo, no caso de acordos que proíbam as exportações para outros Estados Membros, não é necessário estimar o nível do comércio paralelo entre os Estados Membros em causa que existiria na ausência do acordo. Esta interpretação é coerente com o carácter jurisdicional do critério de afectação do comércio. O direito comunitário cobre categorias de acordos e práticas susceptíveis de produzirem efeitos transfronteiriços, independentemente do facto de um determinado acordo ou prática produzir realmente esse efeito.

28. A avaliação à luz do critério de afectação do comércio depende de uma série de factores que, considerados individualmente, podem não ser decisivos[2]. Estes factores incluem a natureza do acordo ou da prática, a natureza dos produtos objecto do acordo ou prática e a posição e importância das empresas em causa[3].

29. A natureza do acordo ou da prática fornece uma indicação qualitativa da possibilidade de o acordo ou prática afectar o comércio entre os Estados Membros.

Alguns acordos e práticas são, pela sua própria natureza, susceptíveis de afectar o comércio entre os Estados Membros, enquanto outros requerem uma análise mais aprofundada neste contexto. Os cartéis transfronteiriços constituem um exemplo da primeira categoria, enquanto as empresas comuns confinadas ao território de um único Estado Membro constituem um exemplo da segunda. Este aspecto é a

---

[1] Ver, por exemplo, processo T-228/97, *Irish Sugar*, Col. 1999, p. II-2969, ponto 170, e processo 17/77, *Miller*, Col. 1978, p. 131, ponto 15.

[2] Ver, por exemplo, processo C-250/92, *Gøttrup-Klim*, Col. 1994, p. II-5641, ponto 54.

[3] Ver, por exemplo, processo C-306/96, *Javico*, Col. 1998, p. I-1983, ponto 17, e ponto 18 do acórdão *Béguelin*, referido.

profundado na Secção 3 infra, que aborda as diferentes categorias de acordos e práticas.

30. A natureza dos produtos abrangidos pelos acordos ou práticas fornece igualmente uma indicação sobre o facto de o comércio entre Estados Membros ser susceptível de ser afectado. No caso de, pela sua natureza, os produtos se adequarem ao comércio transfronteiriço ou serem importantes para as empresas que pretendam iniciar ou expandir as suas actividades noutros Estados Membros, a competência comunitária é mais facilmente estabelecida do que no caso de, pela sua natureza, os produtos propostos por fornecedores de outros Estados Membros terem pouca procura e os produtos terem pouco interesse do ponto de vista do estabelecimento transfronteiriço ou da expansão da actividade económica realizada a partir desse local de estabelecimento[1]. A noção de estabelecimento inclui a criação de agências, filiais ou sucursais de empresas de um Estado Membro noutro Estado Membro.

31. A posição de mercado das empresas envolvidas e os respectivos volumes de vendas fornecem uma indicação quantitativa acerca da possibilidade de o acordo ou prática afectar o comércio entre os Estados Membros. Este aspecto, que faz parte integrante da apreciação do carácter sensível, será abordado na secção 2.4.

32. Para além dos factores já referidos, importa ter em conta o contexto jurídico e factual em que se inscreve o acordo ou a prática. O contexto económico e jurídico fornece indicações acerca do potencial de comércio entre Estados Membros. No caso de existirem barreiras intransponíveis ao comércio entre os Estados Membros, que sejam alheias ao acordo ou à prática, o comércio só poderá ser afectado se existir a possibilidade de estas barreiras serem eliminadas num futuro previsível. No caso de as barreiras, não sendo intransponíveis, apenas dificultarem as actividades transfronteiriças, é absolutamente fundamental garantir que os acordos e as práticas não dificultam ainda mais essas actividades. Por conseguinte, os acordos que as agravem são susceptíveis de afectar o comércio entre os Estados Membros.

2.3.2. *Uma influência na "estrutura do comércio entre os Estados Membros"*

33. Para que os artigos 81.º e 82.º sejam aplicáveis, deve existir uma influência na *"estrutura do comércio entre os Estados Membros"*.

34. A expressão *"estrutura do comércio"* é neutra. Não é indispensável que o comércio seja restringido ou reduzido[2]. A estrutura do comércio pode igualmente

---

[1] Comparar, a este propósito, os acórdãos *Bagnasco* e *Wouters*, referidos.

[2] Ver, por exemplo, processo T-141/89, *Tréfileurope*, Col. 1995, p. II-791, processo T-29/92, *Vereniging van Samenwerkende Prijsregelende Organisaties in de Bouwnijverheid (SPO)*, Col. 1995, p. II-289, no que se refere às exportações, e decisão da Comissão no processo *Volkswagen (II)*, JO 2001 L 264, p. 14.

ser afectada no caso de um acordo ou prática provocar um aumento do comércio. O direito comunitário será, naturalmente, aplicável se, devido ao acordo ou prática abusiva, o comércio entre os Estados Membros for susceptível de evoluir de forma diferente daquela que seria a sua evolução provável na ausência do acordo ou da prática.[1]

35. Esta interpretação reflecte o facto de o critério de afectação do comércio constituir um critério jurisdicional, que serve para distinguir os acordos e práticas susceptíveis de produzirem efeitos transfronteiriços que justifiquem uma análise à luz das regras de concorrência comunitárias dos acordos e práticas que não justificam tal análise.

2.3.3. Uma "influência directa ou indirecta, efectiva ou potencial. na estrutura do comércio

36. A influência dos acordos e práticas na estrutura do comércio entre os Estados Membros pode ser *"directa ou indirecta, efectiva ou potencial"*.

37. Os efeitos directos no comércio entre os Estados Membros ocorrem normalmente em relação com os produtos objecto de um acordo ou prática. Se, por exemplo, produtores de um dado produto em diferentes Estados Membros acordarem em partilhar os mercados, os efeitos directos produzem-se no comércio entre os Estados-Membros no mercado do produto em causa. O caso de um fornecedor que limite os descontos concedidos aos distribuidores aos produtos vendidos no Estado Membro em que estes se encontram estabelecidos constitui outro exemplo da produção de efeitos directos de um acordo ou prática. Estas práticas aumentam o preço relativo dos produtos destinados à exportação, tornando as vendas para exportação menos atractivas e menos competitivas.

38. Os efeitos indirectos incidem, frequentemente, em produtos relacionados com os que são objecto do acordo ou prática. Por exemplo, podem produzir-se efeitos indirectos no caso de um acordo ou prática ter impacto nas actividades económicas transfronteiriças de empresas que utilizam ou, de alguma forma, dependem dos produtos objecto do acordo ou prática[2]. Esses efeitos podem produzir-se, por exemplo, no caso de um acordo ou prática incidir sobre um produto intermédio, que não é comercializado, mas que é utilizado no fornecimento de um produto final que é comercializado. O Tribunal de Justiça decidiu que o comércio entre Estados Membros era susceptível de ser afectado no caso de um acordo que

---

[1] Ver, a este propósito, processo 71/74, *Frubo*, Col. 1975, p. 563, ponto 38, processos apensos 209/78 e outros, *Van Landewyck*, Col. 1980, p. 3125, ponto 172, processo T-61/89, *Dansk Pelsdyravler Forening*, Col. 1992, p. II-1931, ponto 143, e processo T-65/89, *BPB Industries e British Gypsum*, Col. 1993, p. II-389, ponto 135.

[2] Ver, a este propósito, processo T-86/95, *Compagnie générale maritime e outros*, Col. 2002, p. II-1011, ponto 148, e ponto 202 do acórdão *Compagnie Maritime Belge*, referido na nota 12.

implique a fixação de preços de bebidas espirituosas utilizadas na produção de conhaque[1].

Embora a matéria-prima não fosse exportada, o produto final – o conhaque – era exportado. Nestes casos, o direito da concorrência comunitário é aplicável sempre que o comércio do produto final seja susceptível de ser sensivelmente afectado.

39. Podem igualmente produzir-se efeitos indirectos no comércio entre os Estados-Membros em relação com os produtos objecto do acordo ou prática. Por exemplo, um acordo nos termos do qual um fabricante limita a garantia aos produtos vendidos pelos distribuidores no respectivo Estado Membro de estabelecimento desencoraja a compra desses produtos por parte dos consumidores de outros Estados Membros, uma vez que não poderiam invocar a garantia[2]. As exportações por parte de distribuidores oficiais e comerciantes paralelos é dificultada, uma vez que aos olhos dos consumidores os produtos são menos atraentes sem a garantia do fabricante[3].

40. Por efeitos efectivos no comércio entre Estados Membros entendem-se os efeitos decorrentes da aplicação do acordo ou prática. Por exemplo, um acordo entre um fornecedor e um distribuidor no mesmo Estado Membro, que proíba a exportação para outros Estados Membros é susceptível de produzir efeitos efectivos no comércio entre os Estados Membros. Na ausência do acordo, o distribuidor teria toda a liberdade de realizar vendas para exportação. Importa, contudo, lembrar que não é necessário demonstrar os efeitos efectivos, bastando que o acordo ou prática seja susceptível de produzir tais efeitos.

41. Por efeitos potenciais entendem-se os efeitos susceptíveis de se produzirem no futuro com um grau suficiente de probabilidade. Por outras palavras, deve ser tida em conta a evolução previsível do mercado[4]. Mesmo que o comércio não seja susceptível de ser afectado no momento da conclusão do acordo ou da execução da prática, os artigos 81.º e 82.º permanecem aplicáveis no caso de existir a probabilidade de os factores que determinaram essa conclusão se alterarem no futuro previsível. Sobre este aspecto, é importante ter em conta, por exemplo, o impacto de medidas de liberalização adoptadas pela Comunidade ou pelo Estado Membro em questão e de outras medidas previsíveis tendentes a eliminar obstáculos legais ao comércio.

42. Além disso, ainda que, num dado momento, as condições do mercado sejam desfavoráveis para o comércio transfronteiriço, devido, por exemplo, ao facto de os preços serem semelhantes nos Estados Membros em causa, o comércio pode

---

[1] Ver processo 123/83, *BNIC / Clair*, Col. 1985, p. 391, ponto 29.

[2] Ver decisão da Comissão no processo *Zanussi*, JO 1978 L 322, p. 36, ponto 11.

[3] Ver, relativamente a este aspecto, processo 31/85, *ETA Fabrique d.Ebauches*, Col. 1985, p. 3933, pontos 12 e 13.

[4] Ver processos apensos C-241/91 P e C-242/91 P, *RTE (Magill)*, Col. 1995, p. I-743, ponto 70, e processo 107/82, *AEG*, Col. 1983, p. 3151, ponto 60.

vir a ser afectado no caso de a situação se alterar na sequência de uma mudança das condições do mercado[1]. O que importa é a possibilidade de o acordo ou prática afectar o comércio entre Estados Membros, e não o facto de, num dado momento, o afectar realmente.

43. A inclusão dos efeitos indirectos e potenciais na análise da afectação do comércio entre os Estados Membros não significa que a análise se possa basear em efeitos remotos e hipotéticos. A probabilidade de um dado acordo produzir efeitos indirectos e potenciais deve ser explicada pela autoridade ou pela parte que alega que o comércio entre Estados Membros é susceptível de ser afectado de forma significativa. Efeitos hipotéticos e especulativos não bastam para estabelecer a aplicabilidade do direito comunitário. Por exemplo, um acordo que aumente o preço de um produto não susceptível de exportação reduz o rendimento disponível dos consumidores. Porque os consumidores vêm reduzido o seu rendimento disponível, não podem comprar tantos produtos importados de outros Estados Membros. No entanto, a ligação entre estes efeitos no rendimento e o comércio entre Estados Membros é geralmente muito remota para estabelecer a aplicação do direito comunitário.

2.4. O conceito de carácter sensível

2.4.1. Princípio geral

44. O conceito de afectação do comércio integra um elemento quantitativo que limita a aplicabilidade do direito comunitário a acordos e práticas susceptíveis de produzir efeitos de certa magnitude. Não se inscrevem no âmbito de aplicação dos artigos 81.º e 82.º os acordos e práticas que, devido à fraca posição das empresas envolvidas no mercado dos produtos em causa, afectam o mercado de forma não significativa[2]. O carácter sensível pode ser apreciado, nomeadamente, por referência à posição e à importância das empresas envolvidas no mercado dos produtos em causa[3].

45. A avaliação do carácter sensível é função das circunstâncias específicas de cada caso, nomeadamente da natureza do acordo ou prática, da natureza dos produtos abrangidos e da posição de mercado das empresas em causa. No caso de, pela sua própria natureza, o acordo ou prática ser susceptível de afectar o comércio entre os Estados Membros, o limiar em termos de "carácter sensível" é mais baixo do que no caso de acordos e práticas que não são, pela sua própria natureza, susceptíveis de afectar o comércio entre os Estados Membros. Quanto mais forte for a posição de mercado das empresas em causa, maior é a probabilidade de um acordo ou prática

---

[1] Ver o ponto 60 do acórdão *AEG*, referido na nota anterior.
[2] Ver processo 5/69, *Völk*, Col. 1969, p. 295, ponto 7.
[3] Ver, por exemplo, ponto 17 do acórdão *Javico*, e ponto 138 do acórdão *BPB Industries e British Gypsum*.

susceptível de afectar o comércio entre os Estados Membros o vir a afectar de forma sensível[1].

46. Numa série de processos relativos a importações e exportações, o Tribunal de Justiça considerou que o requisito de "carácter sensível" estava satisfeito quando as vendas das empresas em causa representavam cerca de 5% do mercado[2]. Contudo, a quota de mercado nem sempre foi considerada, por si só, o factor decisivo. É necessário ter igualmente em conta o volume de negócios das empresas relativo aos produtos em causa[3].

47. Deste modo, o carácter sensível pode ser avaliado em termos absolutos (volume de negócios) e em termos relativos, através da comparação da posição da ou das empresas em causa com a dos demais operadores no mercado (quota de mercado). A atenção prestada à posição e à importância das empresas em causa é coerente com o conceito de *"susceptível de afectar"*, que implica que a avaliação se baseie na possibilidade de o acordo ou prática afectar o comércio entre os Estados Membros e não no impacto nos fluxos transfronteiriços efectivos de bens e serviços. A posição de mercado das empresas envolvidas e os respectivos volumes de negócios relativos aos produtos em causa fornecem indicações acerca da possibilidade de um acordo ou prática afectar o comércio entre os Estados Membros. Estes dois elementos estão traduzidos nas presunções indicadas nos pontos 52 e 53 infra.

48. A avaliação do carácter sensível não requer, necessariamente, a definição dos mercados relevantes e o cálculo das quotas de mercado[4]. As vendas de uma empresa, em termos absolutos, podem ser suficientes para se poder concluir que o impacto no comércio é sensível. É o que se verifica, nomeadamente, no caso de acordos e práticas que, pela sua natureza, são susceptíveis de afectar o comércio entre os Estados Membros, por exemplo, porque dizem respeito a importações ou exportações ou porque abrangem diversos Estados Membros. O facto de nessas circunstâncias o volume de negócios relativo aos produtos abrangidos pelo acordo poder ser suficiente para se concluir que existe um efeito significativo sobre o comércio entre Estados Membros traduz-se na presunção positiva estabelecida no ponto 53.

---

[1] Ver o ponto 138 do acórdão *BPB Industries e British Gypsum*.

[2] Ver, por exemplo, pontos 9 e 10 do acórdão *Miller* e o ponto 58 do acórdão *AEG*.

[3] Ver processos apensos 100/80 e outros, *Musique Diffusion Française*, Col. 1983, p. 1825, ponto 86. Neste caso, os produtos em causa representavam apenas um pouco mais de 3% das vendas nos mercados nacionais em causa. O Tribunal referiu que os acordos, que impediram o comércio paralelo, eram susceptíveis de afectar sensivelmente o comércio entre os Estados-Membros devido ao elevado volume de negócios das partes e à posição de mercado relativa dos produtos, comparativamente com a dos produtos dos fornecedores concorrentes.

[4] Ver, a este propósito, os pontos 179 e 231 do acórdão *Volkswagen*, e processo T-213/00, *CMA CGM e outros*, Col.2003, p. I, pontos 219 e 220.

49. Os acordos e práticas devem sempre ser considerados no contexto económico e jurídico em que ocorrem. No caso de acordos verticais, pode ser necessário ter em conta eventuais efeitos cumulativos de redes paralelas de acordos similares[1]. Mesmo que um único acordo ou rede de acordos não seja susceptível de afectar de forma sensível o comércio entre os Estados Membros, o efeito de redes paralelas de acordos, consideradas globalmente, pode afectá-lo. Para que tal aconteça, no entanto, é necessário que o acordo individual ou a rede de acordos contribua significativamente para o efeito global no comércio[2].

2.4.2. *Quantificação do carácter sensível*

50. Não é possível estabelecer regras quantitativas gerais que abranjam todas as categorias de acordos e indiquem quais os susceptíveis de afectar sensivelmente o comércio entre Estados Membros. É, todavia, possível indicar quando o comércio não é normalmente susceptível de ser afectado de forma sensível. Em primeiro lugar, na sua Comunicação relativa aos acordos de pequena importância que não restringem sensivelmente a concorrência nos termos do n.º 1 do artigo 81.º do Tratado (a regra *de minimis*)[3], a Comissão determinou que os acordos entre pequenas e médias empresas (PME), tal como definidas no anexo da Recomendação 96/280/CE da Comissão[4] não são normalmente susceptíveis de afectar o comércio entre Estados Membros. A razão desta presunção é o facto de as actividades das pequenas e médias empresas serem normalmente de natureza local ou, no máximo, regional.

Contudo, as pequenas e médias empresas podem estar sujeitas à aplicação do direito comunitário, em especial quando desenvolvem actividades económicas transfronteiriças. Em segundo lugar, a Comissão considera adequado estabelecer princípios gerais que indiquem em que circunstâncias o comércio não é, em princípio, susceptível de ser sensivelmente afectado, ou seja, uma norma que defina a ausência de um efeito sensível no comércio entre os Estados Membros (regra NASC). Ao aplicar o artigo 81.º, a Comissão considerará esta norma como uma presunção negativa elidível, aplicável a todos os acordos na acepção do n.º 1 do artigo 81.º, independentemente da natureza das restrições incluídas no acordo, nomeadamente restrições identificadas como restrições graves nos regulamentos de isen-

---

[1] Ver, por exemplo, processo T-7/93, *Langnese-Iglo*, Col. 1995, p. II-1533, ponto 120.

[2] Ver os pontos 140 e 141 do acórdão *Vereniging van Groothandelaren in Bloemekwekerijprodukten*.

[3] Ver Comunicação da Comissão relativa aos acordos de pequena importância que não restringem sensivelmente a concorrência nos termos do n.º 1 do artigo 81.º do Tratado, JO, 2001, C 368, p. 13, ponto 3.

[4] JO, 1996, L 107, p. 4. Com efeitos a partir de 1.1.2005, esta recomendação será substituída pela Recomendação da Comissão relativa à definição de micro, pequenas e médias empresas, JO, 2003, L 124, p. 36.

ção por categoria e orientações da Comissão. Nos casos em que esta presunção for aplicável, a Comissão não dará em princípio início a um processo, a pedido de terceiros ou oficiosamente. Quando as empresas considerem, de boa fé, que um acordo está abrangido por esta presunção negativa, a Comissão não lhes aplicará coimas.

51. Sem prejuízo do ponto 53, esta definição pela negativa do carácter sensível não implica que os acordos que não correspondam aos critérios a seguir enunciados sejam automaticamente susceptíveis de afectar sensivelmente o comércio entre os Estados-Membros, sendo necessário proceder a uma análise casuística.

52. A Comissão considera que, em princípio, não são susceptíveis de afectar sensivelmente o comércio entre os Estados Membros os acordos que satisfaçam, cumulativamente, as seguintes condições:

(*a*) A quota de mercado agregada das partes em qualquer mercado relevante na Comunidade afectado pelo acordo não ultrapassa 5%, e

(*b*) No caso de acordos horizontais, o volume de negócios anual agregado na Comunidade das empresas em causa[1] em relação aos produtos objecto do acordo não é superior a 40 milhões de euros. No caso de acordos respeitantes à compra conjunta de produtos, o volume de negócios relevante é o correspondente à compra agregada dos produtos cobertos pelo acordo. No caso de acordos verticais, o volume de negócios anual agregado na Comunidade do fornecedor em relação aos produtos abrangidos pelo acordo não é superior a 40 milhões de euros. No caso de acordos de licença, o volume de negócios relevante será o volume de negócios agregado dos licenciados em relação aos produtos que incorporam a tecnologia licenciada e o volume de negócios do próprio licenciante em relação a tais produtos. Nos casos que envolvam acordos concluídos entre um comprador e diversos fornecedores, o volume de negócios relevante corresponde à compra agregada pelo comprador dos produtos cobertos pelo acordo.

A Comissão aplicará a mesma presunção se, em dois anos civis sucessivos, o limiar do volume de negócios não for excedido em mais de 10% e o limiar da quota de mercado não for excedido em mais de 2 pontos percentuais. Nos casos em que o acordo se refere a um mercado emergente ainda não existente e as partes, em consequência, não geram volume de negócios relevante nem acumulam qualquer quota de mercado relevante, a Comissão não aplicará esta presunção. Nestes casos, o carácter sensível poderá ter de ser apreciado com base na posição das partes em mercados do produto conexos ou na sua força a nível das tecnologias relativas ao acordo.

53. A Comissão considerará ainda que, no caso de um acordo ser susceptível, pela sua própria natureza, de afectar o comércio entre os Estados Membros, por

---

[1] A expressão *"empresas em causa"* inclui as empresas ligadas, tal como definidas no ponto 12.2 da Comunicação da Comissão relativa aos acordos de pequena importância que não restringem sensivelmente a concorrência nos termos do n.º 1 do artigo 81.º do Tratado que institui a Comunidade Europeia (JO, 2001, C 368, p. 13).

exemplo porque diz respeito a importações e exportações ou porque abrange diversos Estados Membros, existe uma presunção *positiva* elidível de que esses efeitos no comércio são sensíveis quando o volume de negócios das partes em relação aos produtos objecto do acordo, calculado da forma indicada nos pontos 52 e 54, for superior a 40 milhões de euros. No caso de acordos que pela sua própria natureza são susceptíveis de afectar o comércio entre Estados Membros também se pode presumir muitas vezes que esses efeitos são sensíveis quando a quota de mercado das partes exceder o limiar de 5% estabelecido no ponto anterior. No entanto, esta presunção não é aplicável quando o acordo abrange apenas parte de um Estado Membro; ver o ponto 90.

54. O limiar do volume de negócios de 40 milhões de euros (ver ponto 52) é calculado com base nas vendas totais na Comunidade dos produtos objecto do acordo (produtos contratuais), após dedução de impostos, realizadas pelas empresas em causa no exercício financeiro anterior. São excluídas as vendas entre entidades que façam parte da mesma empresa[1].

55. Para efeitos da aplicação do limiar da quota de mercado, é necessário determinar o mercado relevante[2], que é composto pelo mercado do produto relevante e pelo mercado geográfico relevante. As quotas de mercado são calculadas com base nos dados relativos ao valor das vendas ou, se for caso disso, nos dados relativos ao valor das compras. Se não estiverem disponíveis dados relativos ao valor, podem ser utilizadas estimativas elaboradas com base noutras informações de mercado fiáveis, incluindo dados relativos ao volume.

56. No caso de redes de acordos concluídos pelo mesmo fornecedor com diferentes distribuidores, são tidas em conta as vendas realizadas por toda a rede.

57. Para efeitos da aplicação da regra NASC[3], os contratos que fazem parte da mesma operação global constituem um único acordo. As empresas não podem, para beneficiar destes limiares, segmentar um acordo que, numa perspectiva económica, constitua um todo.

3. A aplicação dos princípios acima enunciados a tipos comuns de acordos e abusos

58. A Comissão aplicará a presunção negativa estabelecida na secção anterior a todos os acordos, incluindo aqueles que pela sua própria natureza são susceptíveis de afectar o comércio entre Estados-Membros, bem como aqueles que envolvem comércio com empresas situadas em países terceiros (ver Secção 3.3).

---

[1] Ver nota anterior.

[2] Na definição do mercado relevante, importa ter em conta a Comunicação da Comissão relativa à definição de mercado relevante para efeitos do direito comunitário da concorrência, (JO 1997 C 372, p. 5).

[3] Ver também o ponto 14.

59. Fora do âmbito da presunção negativa, a Comissão terá em conta elementos qualitativos relacionados com a natureza do acordo ou da prática e a natureza dos produtos a que se referem (ver pontos 29 e 30 supra). A relevância da natureza do acordo também se reflecte na presunção positiva estabelecida no ponto 53, relacionada com o carácter sensível no caso de acordos que, pela sua própria natureza, são susceptíveis de afectar o comércio entre os Estados Membros. A fim de proporcionar orientações adicionais sobre a aplicação do conceito de afectação do comércio, considera-se portanto útil analisar vários tipos de acordos e de práticas mais comuns.

60. Nas secções que se seguem, é estabelecida uma importante distinção entre os acordos e práticas abusivas que abrangem diversos Estados Membros e os acordos e práticas circunscritos a um único Estado Membro ou a parte de um único Estado Membro.

Estas duas categorias principais dividem-se em várias subcategorias, em função da natureza do acordo ou prática em causa. São igualmente abordados os acordos e práticas que implicam países terceiros.

3.1. *Acordos e abusos que abrangem ou são aplicados em diversos Estados Membros*

61. Em quase todos os casos, os acordos e práticas que abrangem ou são aplicados em diversos Estados Membros são, pela sua natureza, susceptíveis de afectar o comércio entre os Estados Membros. Quando o volume de negócios relevante é superior ao limiar estabelecido no ponto 53, não será por conseguinte necessário na maioria dos casos realizar uma análise pormenorizada para saber se o comércio entre Estados Membros é susceptível de ser afectado. No entanto, para dar orientações também nestes casos e ilustrar os princípios desenvolvidos na Secção 2, afigura-se útil explicar quais os factores normalmente utilizados para apoiar a conclusão de que o direito comunitário é aplicável.

3.1.1. *Acordos relativos a importações e exportações*

62. Os acordos entre empresas em dois ou mais Estados-Membros que se referem a importações e exportações são, pela sua natureza, susceptíveis de afectar o comércio entre os Estados Membros. Estes acordos, independentemente do facto de restringirem ou não a concorrência, têm um impacto directo na estrutura do comércio entre os Estados Membros. No processo *Kerpen & Kerpen*, por exemplo, relativo a um acordo entre um produtor francês e um distribuidor alemão que cobria mais de 10% das exportações de cimento da França para a Alemanha, o que correspondia a 350 000 toneladas por ano, o Tribunal de Justiça defendeu ser impossível considerar que o acordo não era susceptível de afectar (sensivelmente) o comércio entre os Estados-Membros[1].

---

[1] Ver o ponto 8 do acórdão no processo *Kerpen & Kerpen*. Importa notar que o

63. Esta categoria inclui acordos que impõem restrições à importação e à exportação, incluindo restrições às vendas activas e passivas e à revenda pelos compradores a clientes noutros Estados Membros[1]. Nestes casos, existe uma relação inerente entre a alegada restrição da concorrência e a afectação do comércio, uma vez que a restrição tem por objectivo evitar fluxos de bens e serviços, que de outro modo seriam possíveis, entre Estados Membros. É irrelevante que as partes no acordo estejam estabelecidas no mesmo Estado Membro ou em Estados Membros diferentes.

3.1.2. Cartéis que abrangem diversos Estados-Membros

64. Os acordos de cartel, como os que implicam a fixação de preços e a partilha de mercado, que abrangem diversos Estados Membros, são pela sua natureza susceptíveis de afectar o comércio entre os Estados Membros. Os cartéis transfronteiriços harmonizam as condições de concorrência e afectam a interpenetração comercial, ao consolidarem as estruturas tradicionais do comércio[2].

No caso de empresas acordarem na repartição de territórios geográficos, é susceptível de ser impedida ou limitada a venda de produtos provenientes de outras zonas nos territórios repartidos. Quando acordam na fixação de preços, as empresas eliminam a concorrência e eventuais diferenças de preços que incitariam concorrentes e clientes a recorrerem ao comércio transfronteiriço. Quando as empresas acordam em quotas de vendas, estão a preservar as estruturas tradicionais do comércio. As empresas em causa abstêm-se de aumentar a produção e, por conseguinte, de servir clientes potenciais noutros Estados Membros.

65. Em regra geral, os cartéis transfronteiriços, pela sua natureza, têm um efeito sensível no comércio, devido à posição no mercado das partes no cartel. Em princípio, apenas se formam cartéis quando, conjuntamente, as empresas participantes detêm uma quota importante do mercado, uma vez que tal lhes permite aumentar os preços ou reduzir a produção.

3.1.3. Acordos de cooperação horizontal que abrangem diversos Estados-Membros

66. Na presente secção são abordados diversos tipos de acordos de cooperação horizontal. Os acordos de cooperação horizontal podem, por exemplo, assumir

---

Tribunal não se refere à quota de mercado, mas sim à quota das exportações francesas e aos volumes do produto em causa.

[1] Ver, por exemplo, o acórdão *Volkswagen* e o processo T-175/95, *BASF Coatings*, Col. 1999, p. II-1581. Sobre acordos horizontais destinados a evitar o comércio paralelo, ver processos apensos 96/82 e outros, *IAZ International*, Col. 1983, p. 3369, ponto 27.

[2] Ver, por exemplo, processo T-142/89, *Usines Gustave Boël*, Col. 1995, p. II-867, ponto 102.

a forma de acordos através dos quais duas ou mais empresas cooperam na realização de uma dada actividade económica, como a produção e a distribuição[1].

Frequentemente, estes acordos são referidos como empresas comuns. Contudo, as empresas comuns que desempenham, numa base duradoura, todas as funções de uma entidade económica autónoma são abrangidas pelo regulamento das concentrações[2].

A nível da Comunidade, estas empresas comuns de pleno exercício não são abrangidas pelos artigos 81.º e 82.º[3], excepto nos casos em que o n.º 4 do artigo 2.º do regulamento das concentrações seja aplicável. Por conseguinte, a presente secção não abordará as empresas comuns de pleno exercício. No caso de empresas comuns que não exerçam todas as funções de uma entidade económica autónoma, a entidade comum não funciona como fornecedor (ou comprador) autónomo em qualquer mercado, limitando-se a servir as empresas-mãe que operam no mercado[4].

67. As empresas comuns que desenvolvem actividades em dois ou mais Estados Membros ou cuja produção é vendida pelas empresas-mãe em dois ou mais Estados Membros afectam as actividades comerciais das partes nessas regiões da Comunidade. Por este motivo, estes acordos são, pela sua natureza, susceptíveis de afectar o comércio entre os Estados Membros na medida em que criam uma situação diversa da que prevaleceria na ausência do acordo[5]. A estrutura do comércio é afectada quando as empresas transferem as suas actividades para a empresa comum ou a utilizam para criar uma nova fonte de abastecimento na Comunidade.

68. O comércio pode ainda ser afectado quando uma empresa comum produz factores de produção que são posteriormente transformados ou incorporados num produto pelas empresas-mãe. É provavelmente o que acontece quando o factor de produção em causa era anteriormente adquirido a fornecedores de outros Estados-Membros, quando as empresas-mãe produziam previamente o factor de produção noutros Estados Membros ou quando o produto final é comercializado em mais do que um Estado Membro.

---

[1] Os acordos de cooperação horizontal são abordados nas Orientações da Comissão relativas à aplicação do artigo 81.º do Tratado CE aos acordos de cooperação horizontal, JO, 2001, C 3, p. 2. Estas orientações abordam a apreciação de fundo da concorrência de diversos tipos de acordos, mas não abordam a questão dos efeitos no comércio.

[2] Ver Regulamento n.º 139/2004 do Conselho relativo ao controlo das operações de concentração de empresas – JO, 2004, L 24, p. 1.

[3] A Comunicação da Comissão relativa ao conceito de empresas comuns que desempenham todas as funções de uma entidade económica autónoma, JO, 1998, C 66, p. 1, fornece orientações sobre o alcance deste conceito.

[4] Ver, por exemplo, a decisão da Comissão no processo *Ford/Volkswagen*, JO, 1993, L 20, p. 14.

[5] Ver, a este propósito, o ponto 146 do acórdão *Compagnie générale maritime*, já referido.

69. Na apreciação do carácter sensível é importante ter em conta as vendas dos produtos das empresas-mãe relacionados com o acordo e não apenas as da entidade comum criada pelo acordo, dado que a empresa comum não funciona como uma entidade autónoma em nenhum mercado.

3.1.4. Acordos verticais aplicados em diversos Estados-Membros

70. Os acordos verticais e as redes de acordos verticais similares aplicados em diversos Estados Membros são, em princípio, susceptíveis de afectar o comércio entre Estados Membros, se fizerem com que o comércio seja canalizado de determinada forma. Por exemplo, as redes de acordos de distribuição selectiva aplicados em dois ou mais Estados Membros canalizam o comércio de uma determinada forma, na medida em que limitam o comércio aos membros da rede, afectando a estrutura do comércio ao criar uma situação diversa da que prevaleceria na ausência do acordo[1].

71. O comércio entre os Estados Membros pode igualmente ser afectado por acordos verticais com efeitos de encerramento do mercado. Tal pode ser o caso, por exemplo, de acordos nos termos dos quais os distribuidores de diversos Estados--Membros acordam em comprar os seus produtos apenas a um determinado fornecedor ou a vender unicamente seus produtos. Estes acordos são susceptíveis de limitar o comércio entre os Estados Membros em que são aplicados ou entre estes e os Estados-Membros não abrangidos pelos acordos. O encerramento pode resultar de acordos individuais ou de redes de acordos. No caso de um acordo ou rede de acordos que abrange diversos Estados Membros ter efeitos de encerramento, a possibilidade de o acordo ou rede de acordos afectar o comércio entre os Estados Membros é, em princípio sensível pela própria natureza do acordo ou acordos.

72. Os acordos entre fornecedores e distribuidores que prevejam a imposição de preços de venda e abranjam dois ou mais Estados Membros são igualmente, pela sua natureza, susceptíveis de afectar o comércio entre os Estados Membros[2]. Estes acordos alteram os níveis de preços que, provavelmente, prevaleceriam na ausência dos acordos, afectando, desse modo, a estrutura do comércio.

3.1.5. Abusos de posição dominante que abrangem diversos Estados--Membros

73. Em caso de abuso de uma posição dominante, é útil estabelecer uma distinção entre abusos que criam entraves à entrada de novos operadores ou eliminam os concorrentes (abusos de exclusão) e abusos pelos quais a empresa dominante aproveita o seu poder de mercado para, por exemplo, praticar preços excessivos

---

[1] Ver, a este propósito, processos apensos 43/82 e 63/82, *VBVB e VBBB*, Col. 1984, p. 19, ponto 9.

[2] Ver, a este propósito, processo T-66/89, *Publishers Association*, Col. 1992, p. II--1995.

ou discriminatórios (abusos de exploração). Estes dois tipos de abusos podem ser concretizados quer através de acordos, que são igualmente abrangidos pelo n.º 1 do artigo 81.º, quer através de um comportamento unilateral, que, no que diz respeito ao direito comunitário da concorrência, apenas é abrangido pelo artigo 82.º.

74. No caso de abusos de exploração, tais como os descontos discriminatórios, o impacto faz-se sentir nos parceiros comerciais a jusante, que ou dele beneficiam ou com ele sofrem, alterando a sua posição concorrencial e afectando a estrutura do comércio entre Estados Membros.

75. No caso de uma empresa dominante adoptar um comportamento de exclusão em mais de um Estado Membro, esse abuso é, pela sua natureza, susceptível de afectar o comércio entre os Estados Membros. Esse comportamento tem um impacto negativo na concorrência numa área mais vasta do que o território de um Estado Membro, sendo susceptível de induzir uma evolução do comércio diferente da que se verificaria na ausência do abuso. Por exemplo, a estrutura do comércio pode ser afectada se a empresa dominante conceder descontos de fidelidade, na medida em que os clientes que beneficiam do sistema de descontos tenderão a comprar menos junto dos concorrentes do que aconteceria se tais descontos não existissem. Um comportamento de exclusão que se destine directamente a eliminar um concorrente, tal como a fixação de preços predatórios, é também susceptível de afectar o comércio entre Estados Membros devido ao seu impacto na estrutura concorrencial do mercado prevalecente na Comunidade[1]. No caso de uma empresa dominante adoptar um comportamento tendente a eliminar um concorrente que opere em mais do que um Estado Membro, o comércio pode ser afectado de diversas formas. Em primeiro lugar, existe o risco de o concorrente em causa deixar de constituir uma fonte de abastecimento na Comunidade. Ainda que a empresa visada não seja eliminada, é provável que a sua futura conduta concorrencial seja afectada, o que pode igualmente ter um impacto no comércio entre os Estados Membros. Em segundo lugar, o abuso pode ter impacto noutros concorrentes. Com o seu comportamento abusivo, a empresa dominante pode transmitir aos concorrentes a mensagem de que não tolerará tentativas de concorrência efectiva. Em terceiro lugar, a eliminação de um concorrente pode, por si só, ser suficiente para afectar o comércio entre os Estados Membros, ainda que a principal actividade da empresa em risco de ser eliminada sejam as exportações para países terceiros[2]. O direito comunitário é aplicável sempre que a estrutura concorrencial do mercado da Comunidade corra o risco de ser ainda mais comprometida.

76. No caso de uma empresa dominante praticar abusos de exploração ou de exclusão em mais do que um Estado Membro, a possibilidade de essa conduta

---

[1] Ver, a este propósito, o acórdão no processo *Commercial Solvents*, o acórdão no processo *Hoffmann-La Roche*, ponto 125 e o processo *RTE e ITP*, citado, bem como o processo 6/72, *Continental Can*, Col. 1973, p. 215, ponto 16, e o processo 27/76, *United Brands*, Col. 1978, p. 207, pontos 197 a 203.

[2] Ver os pontos 32 e 33 do acórdão *Commercial Solvents*.

abusiva afectar o comércio entre os Estados Membros será, pela sua natureza e em condições normais, sensível. Tendo em conta a posição de mercado da empresa dominante em causa e o facto de o abuso ser praticado em diversos Estados Membros, a dimensão do abuso e o seu provável impacto na estrutura do comércio são, em princípio, susceptíveis de afectar sensivelmente o comércio entre os Estados Membros. No caso de um abuso de exploração, tal como a discriminação de preços, o abuso altera a posição concorrencial dos parceiros comerciais em vários Estados Membros. No caso de abusos de exclusão, incluindo os abusos que se destinam a eliminar um concorrente, a actividade económica realizada por concorrentes em vários Estados Membros é afectada. A própria existência de uma posição dominante em diversos Estados Membros implica que a concorrência numa parte substancial do mercado comum se encontra já enfraquecida[1]. Quando uma empresa dominante, através de um comportamento abusivo, enfraquece ainda mais a concorrência, por exemplo eliminando um concorrente, a possibilidade do abuso afectar o comércio entre Estados Membros é normalmente sensível.

3.2. Acordos e práticas abusivas que abrangem um único ou parte de um Estado Membro

77. No caso de acordos ou práticas abusivas que abrangem o território de um único Estado-Membro, pode ser necessário proceder a uma avaliação mais aprofundada da possibilidade de esses acordos ou práticas abusivas afectarem o comércio entre os Estados Membros. Importa lembrar que, para que haja efeito no comércio entre os Estados Membros, não é necessário verificar-se uma redução do comércio, bastando que seja susceptível de se produzir uma alteração sensível da estrutura do comércio entre os Estados Membros. Não obstante, em muitos casos que implicam um único Estado Membro, a natureza da alegada infracção e, sobretudo, a sua vocação para encerrar o mercado nacional, fornecem uma boa indicação acerca da possibilidade de o acordo ou prática afectar o comércio entre os Estados-Membros. Os exemplos a seguir apresentados não são exaustivos, limitando-se a indicar casos em que se pode considerar que acordos circunscritos ao território de um único Estado--Membro são susceptíveis de afectar o comércio entre os Estados Membros.

3.2.1. Cartéis que abrangem um único Estado Membro

78. Os cartéis horizontais que cobrem a totalidade de um Estado Membro são, em princípio, susceptíveis de afectar o comércio entre Estados Membros. Os tribu-

---

[1] De acordo com a jurisprudência constante, a dominância é uma posição de força económica desfrutada por uma empresa que lhe permite evitar a manutenção de uma concorrência efectiva no mercado relevante, possibilitando-lhe agir em grande medida de forma independente dos seus concorrentes, dos seus clientes e, em última instância, dos consumidores, ver por exemplo ponto 38 do acórdão no processo *Hoffmann-La Roche*.

nais comunitários sustentaram numa série de processos que os acordos que cobrem a totalidade do território de um Estado Membro têm, pela sua própria natureza, o efeito de reforçar a segmentação dos mercados numa base nacional, na medida em que dificultam a penetração económica pretendida pelo Tratado[1].

79. A possibilidade de este tipo de acordos segmentar o mercado interno decorre do facto de as empresas participantes em cartéis num único Estado Membro sentirem normalmente necessidade de tomar medidas para excluir os concorrentes de outros Estados Membros[2]. Se o não fizerem, e o produto objecto do acordo for susceptível de ser exportado[3], o cartel corre o risco de ser desestabilizado pela concorrência de empresas de outros Estados-Membros. Além disso, pela sua natureza, estes acordos são susceptíveis de ter efeitos sensíveis no comércio entre os Estados membros, dada a cobertura de mercado necessária para que tais cartéis sejam eficazes.

80. Dado que o conceito de afectação do comércio engloba efeitos potenciais, não é determinante o facto de em determinado momento serem ou não efectivamente tomadas medidas contra os concorrentes de outros Estados Membros. Se os preços do cartel forem equivalentes aos preços praticados noutros Estados-Membros, os membros do cartel podem não sentir de imediato a necessidade de tomar medidas contra os concorrentes de outros Estados Membros. O que importa saber é se, no caso de as condições de mercado virem a alterar-se, existe a probabilidade de o fazerem. Tal probabilidade depende da existência ou não de barreiras naturais ao comércio no mercado, nomeadamente do facto de o produto em causa ser ou não susceptível de exportação. Num processo relativo a determinados serviços bancários de retalho[4], por exemplo, o Tribunal de Justiça sustentou que o comércio não podia ser sensivelmente afectado, na medida em que o potencial de comercialização dos produtos específicos em causa era muito limitado e que estes não eram determinantes na decisão das empresas de outros Estados-Membros de se estabelecerem ou não nos Estados-Membros em causa[5].

81. A medida em que os membros de um cartel controlam os preços e os concorrentes de outros Estados-Membros pode fornecer uma indicação acerca do grau em que os produtos abrangidos pelo cartel são susceptíveis de ser exportados. O facto de existir controlo sugere que a concorrência e os concorrentes de outros Estados Membros são considerados uma ameaça potencial para o cartel. Ademais, se existirem indícios de que os membros do cartel fixaram, deliberadamente, o nível

---

[1] Ver, como exemplo recente, o ponto 95 do acórdão *Wouters*.

[2] Ver, por exemplo, processo 246/86, *Belasco*, Col. 1989, p. 2117, pontos 32-38.

[3] Ver o ponto 34 do acórdão *Belasco*, referido na nota anterior, e mais recentemente os processos apensos T-202/98 e outros, *British Sugar*, Col. 2001, p. II-2035, ponto 79. Por outro lado, esta situação não se verifica quando o mercado não é vulnerável a importações; ver ponto 51 do acórdão *Bagnasco*.

[4] Garantias para autorizações de descoberto em depósitos à ordem.

[5] Ver o acórdão *Bagnasco*, referido.

dos preços à luz do nível de preços praticados noutros Estados Membros (fixação de preços limite), tal facto constitui uma indicação de que os produtos em causa são susceptíveis de ser exportados e de que o comércio entre os Estados Membros é susceptível de ser afectado.

82. Em princípio, o comércio pode igualmente ser afectado quando os membros de um cartel nacional atenuam a pressão concorrencial exercida pelos concorrentes de outros Estados Membros, convidando-os a aderir ao acordo restritivo ou excluindo-os do acordo e colocando-os numa situação de desvantagem concorrencial[1]. Nestes casos, o acordo impede os concorrentes de explorarem as suas eventuais vantagens concorrenciais ou aumenta os seus custos, com o decorrente impacto negativo na competitividade e nas vendas desses concorrentes. Em qualquer dos casos, o acordo dificulta a actividade dos concorrentes de outros Estados Membros no mercado nacional em causa. O mesmo acontece no caso de um acordo de cartel circunscrito a um único Estado-Membro concluído entre empresas que revendem produtos importados de outros Estados-Membros[2].

3.2.2. Acordos de cooperação horizontal que abrangem um único Estado-Membro

83. Os acordos de cooperação horizontal, em especial as empresas comuns que não exercem todas as funções de uma entidade económica autónoma, ver ponto 66, circunscritos a um único Estado-Membro e não directamente relacionados com importações e exportações não pertencem à categoria de acordos que, pela sua natureza, são susceptíveis de afectar o comércio entre os Estados-Membros. Por conseguinte, pode ser necessário proceder a uma análise aprofundada da possibilidade de um dado acordo afectar o comércio entre os Estados-Membros.

84. Os acordos de cooperação horizontal podem, nomeadamente, ser susceptíveis de afectar o comércio entre os Estados-Membros quando produzem efeitos de encerramento. Tal pode ser o caso dos acordos que estabelecem regimes sectoriais de normalização e certificação, que excluem as empresas de outros Estados-Membros ou pelo menos são mais fáceis de observar pelas empresas do Estado-Membro em causa, devido ao facto de serem estabelecidos de acordo com regras e tradições nacionais. Nestas circunstâncias, os acordos dificultam a penetração das empresas de outros Estados-Membros no mercado nacional.

---

[1] Ver, a este propósito, processo 45/85, *Verband der Sachversicherer*, Col. 1987, p. 405, ponto 50, e processo C-7/95 P, *John Deere*, Col. 1998, p. I-3111. Ver igualmente o ponto 172 do acórdão no processo *Van Landewyck*, referido em nota do ponto 34, em que o Tribunal sublinha que o acordo em causa reduziu sensivelmente os incentivos à venda de produtos importados.

[2] Ver, por exemplo, o acórdão *Stichting Sigarettenindustrie*, referido em nota ao ponto 23, pontos 49 e 50.

85. O comércio pode ainda ser afectado no caso de uma empresa comum impedir o acesso das empresas de outros Estados Membros a um importante canal de distribuição ou fonte de procura. Se, por exemplo, dois ou mais distribuidores estabelecidos no mesmo Estado Membro que representem uma parte importante das importações dos produtos em causa criarem uma empresa comum que combine as suas compras desses produtos, a redução do número de canais de distribuição resultante dessa operação limita a possibilidade dos fornecedores de outros Estados Membros acederem ao mercado nacional em causa. Por conseguinte, o comércio é susceptível de ser afectado[1]. O comércio pode igualmente ser afectado no caso de empresas que importavam um determinado produto constituírem uma empresa comum para fabricar o produto em causa. Neste caso, o acordo provoca uma alteração da estrutura do comércio entre Estados-Membros prevalecente antes da conclusão do acordo.

3.2.3. Acordos verticais que abrangem um único Estado Membro

86. Os acordos verticais que cobrem a totalidade de um Estado Membro podem, nomeadamente, afectar a estrutura do comércio entre os Estados Membros no caso de dificultarem a penetração das empresas de outros Estados Membros no mercado nacional em causa, quer através de exportações, quer através de estabelecimento (efeito de encerramento). No caso de produzirem efeitos de encerramento, os acordos verticais contribuem para uma segmentação dos mercados numa base nacional, dificultando, deste modo, a interpenetração económica que constitui um objectivo do Tratado[2].

87. Estamos perante um caso de encerramento quando, por exemplo, os fornecedores impõem aos compradores obrigações de exclusividade[3]. No processo *Delimitis*[4], relativo a acordos entre um fabricante de cerveja e proprietários de estabelecimentos em que a cerveja era consumida, através dos quais os últimos se comprometiam a comprar cerveja exclusivamente a este fabricante, o Tribunal de Justiça definiu encerramento como a ausência, decorrente de acordos, de possibilidades reais e concretas de aceder ao mercado. Em princípio, os acordos apenas levantam entraves significativos à entrada no mercado se cobrirem uma parte importante do mesmo. A quota de mercado e a cobertura de mercado podem, neste contexto, ser utilizadas como indicadores. Na apreciação, devem ser tidos em conta

---

[1] Ver, a este propósito, processo T-22/97, *Kesko*, Col. 1999, p. II-3775, ponto 109.

[2] Ver, por exemplo, o processo T-65/98, *Van den Bergh Foods*, Col. 2003, p. II-, e o acórdão *Langnese-Iglo*, ponto 120.

[3] Ver, por exemplo, acórdão de 7.12.2000 no processo C-214/99, *Neste*, Col., p. I-11121.

[4] Ver, por exemplo, acórdão de 28.2.1991 no processo C-234/89, *Delimitis*, Col., p. I-935.

não apenas o acordo ou rede de acordos em causa, mas também eventuais redes de acordos paralelas, com efeitos similares[1].

88. Os acordos verticais que abrangem a totalidade de um Estado-Membro e que têm por objecto produtos susceptíveis de ser exportados podem igualmente ser susceptíveis de afectar o comércio entre os Estados-Membros, mesmo que não criem obstáculos directos ao comércio. Acordos no âmbito dos quais as empresas acordam na imposição de preços de venda podem ter efeitos directos no comércio entre os Estados Membros ao aumentarem as importações de outros Estados--Membros e ao diminuírem as exportações do Estado Membro em causa[2]. Acordos que prevêem a imposição de preços de venda podem ainda afectar a estrutura do comércio de forma muito similar à dos cartéis horizontais. Se os preços de venda impostos forem superiores aos preços praticados noutros Estados Membros, o seu nível só é sustentável se as importações de outros Estados Membros puderem ser controladas.

3.2.4. Acordos que abrangem apenas parte de um Estado Membro

89. Em termos qualitativos, a apreciação dos acordos que abrangem apenas uma parte de um Estado-Membro é semelhante à dos acordos que abrangem a totalidade de um Estado-Membro, pelo que é aplicável a análise da Secção 2. Contudo, no que respeita à apreciação do carácter sensível, é importante estabelecer uma distinção entre as duas categorias, uma vez que é necessário ter em conta o facto de este tipo de acordos abranger apenas parte do território de um Estado Membro. Importa igualmente ter em conta a proporção do território nacional que é permeável ao comércio. Por exemplo, se os custos de transporte ou o raio de acção do equipamento tornar economicamente inviável para as empresas de outros Estados Membros a cobertura da totalidade do território de outro Estado Membro, o comércio pode ser afectado no caso de o acordo lhes impedir o acesso à parte do território de um Estado Membro que é permeável ao comércio, desde que esta parte não seja insignificante[3].

90. No caso de um acordo impedir o acesso a um mercado regional, para que o comércio seja sensivelmente afectado o volume de vendas em causa deve ser significativo em relação ao volume total de vendas dos produtos no Estado Membro em questão. Esta avaliação não se pode, pois, basear unicamente na cobertura geográfica. A quota de mercado das partes no acordo também não é muito relevante. Mesmo que as partes detenham uma quota de mercado elevada num mercado regional devidamente definido, a dimensão desse mercado em termos de volume pode continuar a ser insignificante comparativamente com as vendas totais dos produtos

---

[1] Ver o acórdão *Langnese-Iglo*.

[2] Ver, por exemplo, a decisão da Comissão no processo *Volkswagen (II)*, referido, pontos 81 e seguintes.

[3] Ver, a este propósito, os pontos 177 a 181 do acórdão *SCK e FNK*, referido.

em causa no Estado Membro em questão. Em regra geral, a quota do mercado nacional em termos de volume que está a ser objecto de encerramento constitui o melhor indicador da possibilidade de o acordo afectar (sensivelmente) o comércio entre os Estados Membros. A cobertura de zonas com elevada concentração de procura tem maior influência do que a cobertura de zonas com menor concentração da procura. Para se estabelecer a competência comunitária, a parte do mercado nacional que está a ser objecto de encerramento deve ser significativa.

91. Os acordos que são locais por natureza não são, em si mesmos, susceptíveis de afectar significativamente o comércio entre Estados-Membros. É o que se verifica mesmo que o mercado local se situe numa região fronteiriça. Inversamente, se a quota de mercado nacional objecto de encerramento for significativa, o comércio é susceptível de ser afectado, mesmo quando o mercado em causa não se situa numa região fronteiriça.

92. Nos casos desta categoria, a jurisprudência pode fornecer algumas orientações acerca do conceito de parte substancial do mercado comum que consta do artigo 82.º[1]. Por exemplo, os acordos que dificultam o acesso dos concorrentes de outros Estados-Membros a uma parte do território do Estado-Membro, que constitui uma parte substancial do mercado comum, devem ser considerados como tendo um efeito sensível no comércio entre os Estados-Membros.

3.2.5. *Abusos de posição dominante que abrangem um único Estado Membro*

93. O comércio entre os Estados-Membros é, em princípio, susceptível de ser afectado se uma empresa que detém uma posição dominante que abrange a totalidade de um Estado-Membro se lançar numa prática abusiva que tenha em vista a exclusão de concorrentes. Este tipo de conduta abusiva dificulta, em regra geral, a penetração dos concorrentes de outros Estados-Membros no mercado nacional, o que é susceptível de afectar a estrutura do comércio[2]. No processo *Michelin*[3], por exemplo, o Tribunal de Justiça sustentou que um sistema de descontos de fidelidade excluía os concorrentes de outros Estados Membros e que, por conseguinte, afectava o comércio, na acepção do artigo 82.º. No processo *Rennet*[4], o Tribunal de Justiça sustentou igualmente que um abuso sob a forma de imposição aos clien-

---

[1] Ver, sobre este conceito, o acórdão no processo *Ambulanz Glöckner*, referido, ponto 38, o processo C-179/90, *Merci convenzionali porto di Genova*, Col. 1991, p. I-5889, e processo C-242/95, *GT-Link*, Col. 1997, p. I-4449.

[2] Ver, por exemplo, o acórdão no processo *BPB Industries e British Gypsum*, referido.

[3] Ver processo 322/81, *Nederlandse Banden Industrie Michelin*, Col. 1983, p. 3461.

[4] Ver processo 61/80, *Coöperative Stremsel- en Kleurselfabriek*, Col. 1981, p. 851, ponto 15.

tes da obrigação de compra exclusiva excluía os produtos de outros Estados-
-Membros.

94. As práticas abusivas de exclusão que afectam a estrutura concorrencial do mercado num Estado-Membro, por exemplo, ao eliminarem ou ameaçarem eliminar um concorrente, podem igualmente ser susceptíveis de afectar o comércio entre os Estados Membros. No caso de a actividade da empresa em risco de ser eliminada se limitar a um único Estado Membro, normalmente o abuso não afectará o comércio entre os Estados Membros. No entanto, o comércio entre os Estados Membros é susceptível de ser afectado no caso de a empresa visada exportar ou importar de outros Estados Membros[1] ou desenvolver actividades noutros Estados-
-Membros[2].

O impacto dissuasivo da prática abusiva noutros concorrentes pode ter um efeito no comércio. Se, com a sua conduta reiterada, a empresa dominante tiver adquirido a reputação de adoptar práticas de exclusão em relação aos concorrentes que lhe fazem concorrência directa, é provável que os concorrentes de outros Estados Membros adoptem uma conduta concorrencial menos agressiva, caso em que o comércio é susceptível de ser afectado, ainda que a vítima possa não ser de outro Estado Membro.

95. No caso de práticas abusivas de exploração como a discriminação de preços e a fixação de preços excessivamente elevados, a situação pode ser mais complexa. A discriminação de preços entre clientes nacionais não afectará normalmente o comércio entre os Estados-Membros. Contudo, pode afectá-lo se os compradores forem, simultaneamente, exportadores e a discriminação dos preços os colocar em situação de desvantagem ou se esta prática for utilizada para limitar as importações[3].

As práticas que consistem em oferecer preços mais baixos aos clientes com maior probabilidade de importar produtos de outros Estados Membros pode dificultar a entrada no mercado de concorrentes de outros Estados Membros. Nestes casos, o comércio entre os Estados Membros é susceptível de ser afectado.

96. Desde que uma empresa tiver uma posição dominante que abranja a totalidade de um Estado-Membro, não é, em princípio, relevante que a prática abusiva por ela empreendida se circunscreva a uma parte do seu território ou afecte determinados compradores no território nacional. Uma empresa dominante pode dificultar consideravelmente o comércio se adoptar um comportamento abusivo nas zonas ou em relação aos clientes em princípio mais visados pelos concorrentes de outros Estados Membros. Tal pode ser o caso, por exemplo, de um canal de distribuição que constitua um meio particularmente importante para aceder a vastas categorias de consumidores. A criação de obstáculos ao acesso a estes canais pode ter um impacto

---

[1] Ver, a este propósito, o acórdão *Irish Sugar*, ponto 169.
[2] Ver o ponto 70 do acórdão *RTE (Magill)*.
[3] Ver o acórdão *Irish Sugar*.

considerável no comércio entre os Estados Membros. Na avaliação do carácter sensível deve ser igualmente tido em conta o facto de a existência de uma empresa dominante em todo o território de um Estado Membro poder bastar, por si só, para dificultar a penetração no mercado. Qualquer prática abusiva que dificulte a entrada no mercado nacional deve, por conseguinte, ser considerada como afectando sensivelmente o comércio. Da combinação da posição de mercado da empresa dominante com o carácter anticoncorrencial do seu comportamento decorre que as práticas abusivas em causa têm, em princípio, pela sua própria natureza, um efeito sensível no comércio. No entanto, se a prática abusiva for de carácter meramente local ou incidir numa parte insignificante das vendas da empresa dominante no Estado--Membro em causa, o comércio pode não ser susceptível de ser sensivelmente afectado.

3.2.6. Abusos de posição dominante que abrangem apenas parte de um Estado-Membro

97. No caso de uma posição dominante abranger apenas parte de um Estado Membro, a condição enunciada no artigo 82.º do Tratado, segundo a qual a posição dominante deve cobrir uma parte substancial do mercado comum, pode, tal como em relação aos acordos, fornecer algumas orientações. Se a posição dominante abranger parte de um Estado Membro que constitui uma parte substancial do mercado comum e a prática abusiva dificultar o acesso dos concorrentes de outros Estados Membros ao mercado em que a empresa detém uma posição dominante, deve, em princípio, considerar-se que o comércio entre os Estados Membros é susceptível de ser sensivelmente afectado.

98. Na aplicação deste critério, deve ser tida em conta, nomeadamente, a dimensão do mercado em causa em termos de volume. As regiões e até mesmo um porto ou um aeroporto situados num Estado Membro podem, consoante a sua importância, constituir uma parte substancial do mercado comum[1]. No caso dos portos e dos aeroportos, deve apurar-se se a infra-estrutura em causa é utilizada para a prestação de serviços transfronteiriços e, em caso afirmativo, em que medida. Se infra-estruturas, como os portos e os aeroportos, forem importantes para a prestação de serviços transfronteiriços, o comércio entre os Estados-Membros é susceptível de ser afectado.

99. Tal como no caso de posições dominantes que abrangem a totalidade de um Estado-Membro (ver ponto 95 supra), o comércio pode não ser afectado de forma sensível se o abuso for de natureza exclusivamente local ou envolver apenas uma parte insignificante das vendas da empresa em posição dominante.

---

[1] Ver, por exemplo, acórdão *Ambulanz Glöckner*, referido, ponto 38, o processo C-179/90, *Merci convenzionali porto di Genova*, Col. 1991, p. I-5889, e processo C-242/95, *GT-Link*, Col. 1997, p. I-4449.

3.3. Acordos e abusos que envolvem importações e exportações com empresas estabelecidas em países terceiros e acordos e práticas que envolvem empresas estabelecidas em países terceiros

3.3.1. *Observações de carácter geral*

100. Os artigos 81.º e 82.º são aplicáveis a acordos e práticas susceptíveis de afectar o comércio entre os Estados Membros, mesmo no caso de uma ou mais partes envolvidas estarem situadas fora da Comunidade[1]. Os artigos 81.º e 82.º são aplicáveis, independentemente do local em que as empresas se encontram estabelecidas ou em que o acordo foi concluído, se o acordo ou a prática for implementado na Comunidade[2] ou produzir efeitos na Comunidade[3]. Os artigos 81.º e 82.º podem igualmente ser aplicáveis a acordos e práticas que abranjam países terceiros e que sejam susceptíveis de afectar o comércio entre os Estados-Membros.

O princípio geral estabelecido na Secção 2, segundo o qual o acordo ou prática deve ser susceptível de exercer uma influência sensível, directa ou indirecta, efectiva ou potencial, na estrutura do comércio entre os Estados-Membros é igualmente aplicável aos acordos e práticas que envolvam empresas estabelecidas em países terceiros ou que digam respeito a importações ou exportações com países terceiros.

101. Para que seja estabelecida a aplicabilidade do direito comunitário, basta que um acordo ou prática, que implique países terceiros ou empresas estabelecidas em países terceiros, seja susceptível de afectar a actividade económica transfronteiriça no interior da Comunidade. As importações por parte de um Estado-Membro podem ser suficiente para desencadear efeitos desta natureza. Com efeito, as importações podem afectar as condições de concorrência do Estado-Membro importador, o que pode ter um impacto nas exportações e importações de produtos concorrentes com destino e em proveniência de outros Estados Membros. Por outras palavras, as importações de países terceiros resultantes do acordo ou prática podem provocar uma distorção dos fluxos de comércio entre os Estados Membros, afectando, deste modo, a estrutura do comércio.

102. Na aplicação do critério de afectação do comércio aos acordos e práticas supramencionados, é importante analisar, inter alia, o objecto do acordo ou prática, tal como decorre do seu conteúdo ou a intenção subjacente das empresas envolvidas[4].

103. Se o acordo tiver por objecto restringir a concorrência no interior da Comunidade, o efeito no comércio entre os Estados-Membros é mais fácil de esta-

---

[1] Ver, a este propósito, processo 28/77, *Tepea*, Col. 1978, p. 1391, ponto 48, e ponto 16 do acórdão *Continental Can*, referido.

[2] Ver processos apensos C-89/85 e outros, *Ahlström Osakeyhtiö* (pasta de madeira), Col. 1988, p. 651, ponto 16.

[3] Ver, a este propósito, o processo T-102/96, *Gencor*, Col. 1999, p. II-753, que aplica o critério do efeito no domínio das concentrações.

[4] Ver, a este propósito, o ponto 19 do acórdão *Javico*.

belecer do que no caso de o objecto do acordo consistir, predominantemente, na regulação da concorrência no exterior da Comunidade. É um facto que, no primeiro caso, o acordo ou prática tem um impacto directo na concorrência no interior da Comunidade e no comércio entre os Estados Membros. Estes acordos ou práticas, que podem incidir nas importações e nas exportações são, em princípio, pela sua natureza, susceptíveis de afectar o comércio entre os Estados-Membros.

3.3.2. *Acordos ou práticas que têm por objecto a restrição da concorrência no interior da Comunidade*

104. No caso das importações, esta categoria inclui os acordos que têm em vista isolar o mercado interno[1]. Tal é o caso, por exemplo, dos acordos nos termos dos quais os concorrentes da Comunidade e de países terceiros procedem à repartição dos mercados, acordando, nomeadamente, em não vender nos mercados nacionais dos outros ou concluindo acordos de distribuição (exclusiva)[2].

105. No caso das exportações, esta categoria inclui os acordos nos termos dos quais empresas que se encontram em concorrência em dois ou mais Estados Membros acordam em exportar para países terceiros determinadas quantidades (excedentárias), para coordenar os respectivos comportamentos de mercado na Comunidade. Estes acordos de exportação servem para reduzir a concorrência a nível dos preços, na medida em que limitam a produção lançada no mercado da Comunidade, pelo que afectam o comércio entre os Estados-Membros. Na ausência de acordos de exportação, as quantidades exportadas poderiam ser vendidas na Comunidade[3].

3.3.3. *Outros acordos e práticas*

106. No caso de acordos e práticas cujo objecto não consista na restrição da concorrência no interior da Comunidade, é, em princípio, necessário proceder a uma análise mais aprofundada da possibilidade de a actividade económica transfronteiriça no interior da Comunidade e de a estrutura do comércio entre os Estados--Membros ser afectada.

107. A este propósito, é importante examinar os efeitos do acordo ou prática nos clientes e noutros operadores comunitários que dependam dos produtos das empresas que participam no acordo ou prática[4]. No processo *Compagnie maritime belge*[5], relativo a acordos entre companhias de navegação que operam entre portos

---

[1] Ver, a este propósito, processo 51/75, *EMI / CBS*, Col. 1976, p. 811, pontos 28 e 29.

[2] Ver a decisão da Comissão no processo *Siemens/Fanuc*, JO, 1985 L 376, p. 29.

[3] Ver, a este propósito, processos apensos 29/83 e 30/83, *CRAM e Rheinzink*, Col. 1984, p. 1679, e processos apensos 40/73 e outros, *Suiker Unie*, Col. 1975, p. 1663, pontos 564 e 580.

[4] Ver o ponto 22 do acórdão *Javico*.

[5] Ver o acórdão *Compagnie maritime belge*.

comunitários e portos da África Ocidental, os acordos foram considerados susceptíveis de afectar indirectamente o comércio entre os Estados Membros, na medida em que alteravam as zonas de influência dos portos comunitários abrangidos pelos acordos e afectavam as actividades de outras empresas nessas zonas. Mais especificamente, os acordos afectaram as actividades de empresas que dependiam das partes no acordo para serviços de transporte de mercadorias adquiridas em países terceiros ou vendidas nestes países ou por estes serviços constituírem uma mais valia importante para os serviços oferecidos pelos próprios portos.

108. O comércio é igualmente susceptível de ser afectado por acordos que impeçam a reimportação na Comunidade. Tal pode ser o caso, por exemplo, de acordos verticais entre fornecedores comunitários e distribuidores de países terceiros, que imponham restrições à venda fora de um território determinado, incluindo na Comunidade. Se, na ausência do acordo, a venda para a Comunidade fosse possível e provável, essas importações são susceptíveis de afectar a estrutura do comércio na Comunidade[1].

109. Contudo, para que tais efeitos sejam prováveis, deverá existir uma diferença sensível entre os preços dos produtos na Comunidade e os preços dos produtos fora da Comunidade e esta diferença de preços não deve ser significativamente atenuada pelos direitos aduaneiros e pelos custos de transporte. Além disso, os volumes do produto exportados não devem ser insignificantes comparativamente com o mercado total desses produtos no território do mercado comum[2]. Se esses volumes forem insignificantes comparativamente com os vendidos na Comunidade, o impacto de uma eventual reimportação no comércio entre os Estados-Membros não é considerado sensível. Nesta avaliação, não há apenas que ter em conta, consoante as circunstâncias, o acordo individual concluído entre as partes, sendo igualmente importante analisar eventuais efeitos cumulativos de acordos similares concluídos pelos mesmos fornecedores ou por fornecedores concorrentes. Pode verificar-se, por exemplo, que os volumes cobertos por um único acordo são bastante reduzidos, mas que os volumes cobertos por diversos acordos desta natureza são já significativos.

Nesse caso, os acordos, considerados conjuntamente, podem ser susceptíveis de afectar sensivelmente o comércio entre os Estados-Membros. Recorda-se, contudo (ver ponto 49), que o acordo individual ou a rede de acordos deve contribuir significativamente para o efeito global no comércio.

---

[1] Ver, a este propósito, o acórdão *Javico*.
[2] Ver, a este propósito, os pontos 24 a 26 do acórdão *Javico*.

MERCADO RELEVANTE

Comunicação da Comissão*

I. INTRODUÇÃO

1. A presente comunicação tem por objecto fornecer orientações quanto à forma como a Comissão aplica os conceitos de mercado geográfico relevante e mercado de produto no quadro do seu controlo de aplicação do direito comunitário da concorrência, nomeadamente do Regulamento n.º 17 e do Regulamento (CEE) n.º 4064/89 do Conselho, da regulamentação equivalente aplicável noutros sectores como, por exemplo, os transportes, o carvão e o aço, e a agricultura, bem como das disposições relevantes do Acordo EEE[1]. Na presente comunicação, as referências feitas aos artigos 85.º e 86.º do Tratado e ao controlo das operações de concentração devem ser entendidas como referências às disposições equivalentes que figuram no Acordo EEE e no Tratado CECA.

2. A definição de mercado constitui um instrumento para identificar e definir os limites da concorrência entre as empresas. Permite estabelecer o enquadramento no âmbito do qual a Comissão aplica a política de concorrência. O principal objecto da definição de mercado consiste em identificar de uma forma sistemática os condicionalismos concorrenciais que as empresas em causa[2] têm de enfrentar. O objectivo de definir um mercado tanto em função do seu produto como em função da sua

---

* Comunicação da Comissão relativa à definição de mercado relevante para efeitos do direito comunitário da concorrência (97/C 372/03) (Texto relevante para efeitos do EEE) – JO, C 372, de 9.12.1997.

[1] No âmbito dos processos relativos a auxílios estatais, a análise centra-se no beneficiário do auxílio e no sector/indústria em causa mais do que na identificação dos condicionalismos concorrenciais defrontados pelo beneficiário do auxílio. Sempre que se coloque o problema da análise do poder de mercado e, por conseguinte, do mercado relevante num processo específico, a apreciação do auxílio poderá basear-se na abordagem delineada na presente comunicação.

[2] Para efeitos da presente comunicação, as empresas em causa serão, no caso de uma operação de concentração, as partes envolvidas na concentração; nas investigações realizadas ao abrigo do artigo 86.º do Tratado, a empresa objecto de investigação ou os denunciantes; em relação às investigações efectuadas ao abrigo do artigo 85.º, as partes no acordo.

dimensão geográfica é o de identificar os concorrentes efectivos das empresas em causa susceptíveis de restringir o seu comportamento e de impedi-las de actuar independentemente de uma pressão concorrencial efectiva. É nesta óptica que a definição de mercado permite subsequentemente calcular as quotas de mercado, o que representa uma informação profícua em relação ao poder de mercado para apreciar a existência de uma posição dominante ou para efeitos de aplicação do artigo 85.º.

3. Tendo em conta o exposto no ponto 2, o conceito de mercado relevante é distinto dos outros conceitos de mercado frequentemente utilizados noutros contextos. Por exemplo, as empresas empregam frequentemente o termo mercado para se referirem à área em que vendem os seus produtos ou, em termos gerais, á indústria ou ao sector em que se integram.

4. A definição de mercado relevante tanto em função do seu produto como em função da sua dimensão geográfica tem muitas vezes uma influência decisiva na apreciação de um processo de concorrência. Ao tornar públicos os processos que aplica para determinar o mercado e ao indicar os critérios e os elementos de apreciação em que se baseia para adoptar a sua decisão, a Comissão pretende reforçar a transparência da sua política e do processo de tomada de decisões no domínio da política da concorrência.

5. Uma maior transparência contribuirá igualmente para que as empresas e os seus consultores estejam em melhores condições para prever a possibilidade de a Comissão levantar problemas do ponto de vista da concorrência no âmbito de um processo individual. As empresas podem, por conseguinte, ter em conta esta possibilidade na tomada das suas decisões internas quando projectam, por exemplo, a realização de aquisições, a criação de empresas comuns ou a conclusão de determinados acordos. Espera-se igualmente que as empresas se encontrem em melhores condições para compreender as informações que a Comissão considera relevantes para efeitos de definição do mercado.

6. A interpretação da Comissão do conceito de mercado relevante não prejudica a interpretação que pode ser feita pelo Tribunal de Justiça ou pelo Tribunal de Primeira Instância das Comunidades Europeias.

II. DEFINIÇÃO DE MERCADO RELEVANTE

Definição de mercado de produto relevante e de mercado geográfico relevante

7. Os regulamentos baseados nos artigos 85.º e 86.º do Tratado, nomeadamente, a secção 6 do formulário A/B relativo ao Regulamento n.º 17, bem como a secção 6 do formulário CO referente ao Regulamento (CEE) n.º 4064/89 relativo ao controlo das operações de concentração de empresas com dimensão comunitária estabeleceram as definições a seguir referidas. Os mercados do produto relevante são definidos da seguinte forma:

«Um mercado de produto relevante compreende todos os produtos e/ou serviços consideradas permutáveis ou substituíveis pelo consumidor devido às suas características, preços e utilização pretendida.»

8. Os mercados geográficos relevantes são definidos da seguinte forma:

«O mercado geográfico relevante compreende a área em que as empresas em causa fornecem produtos ou serviços, em que as condições da concorrência são suficientemente homogéneas e que podem distinguir-se de áreas geográficas vizinhas devido ao facto, em especial, das condições da concorrência serem consideravelmente diferentes nessas áreas.»

9. O mercado relevante no âmbito do qual se deve apreciar uma determinada questão do ponto de vista da concorrência é, por conseguinte, determinado pela conjugação dos mercados do produto e geográfico. A Comissão interpreta as definições dadas no ponto 7 (que reflectem a jurisprudência do Tribunal de Justiça e do Tribunal de Primeira Instância, bem como a sua própria prática em matéria de decisões) de acordo com as orientações definidas na presente comunicação.

Conceito de mercado relevante e objectivos da política comunitária da concorrência

10. O conceito de mercado relevante está estreitamente relacionado com os objectivos prosseguidos ao abrigo da política comunitária da concorrência. Por exemplo, ao abrigo do regulamento comunitário de controlo das operações de concentração, o objectivo do controlo das transformações estruturais na oferta de um produto/serviço é o de impedir a criação ou o reforço de uma posição dominante em consequência da qual a concorrência efectiva seria entravada de forma significativa numa parte substancial do mercado comum. Ao abrigo do direito comunitário da concorrência, entende-se por posição dominante uma posição mediante a qual uma empresa ou grupos de empresas estariam em condições de actuar em grande medida independentemente dos seus concorrentes, clientes e, em derradeira instância, dos seus consumidores[1]. Uma posição deste tipo ocorreria normalmente sempre que uma empresa ou grupo de empresas detivesse uma importante quota da oferta num dado mercado específico, desde que outros factores tomados em consideração na análise (como por exemplo, entraves de acesso, capacidade de reacção por parte dos clientes, etc.) apontassem para a mesma conclusão.

11. A Comissão adopta uma abordagem idêntica na sua aplicação do artigo 86.º do Tratado às empresas que beneficiam de uma posição dominante exclusiva ou colectiva. Nos termos do Regulamento n.º 17, a Comissão tem competência para investigar e pôr termo a estes abusos de posição dominante, que devem ser igualmente definidos em função do mercado relevante. Pode ser igualmente neces-

---

[1] Definição estabelecida pelo Tribunal de Justiça das Comunidades Europeias no processo *Hoffmann-La Roche contra Comissão* (acórdão de 13 de Fevereiro de 1979, processo 85/76, Colectânea 1979, p. 461) e confirmada nos acórdãos subsequentemente proferidos.

sário definir os mercados na aplicação do artigo 85.º do Tratado, nomeadamente para determinar se existe uma restricção significativa da concorrência ou para concluir se são preenchidas as condições previstas no n.º 3, alínea b), do artigo 85.º para a concessão de uma isenção ao n.º 1 do artigo 85.º.

12. Os critérios de definição do mercado relevante são aplicados, em geral, para a análise de determinados comportamentos no mercado e para a análise de transformações estruturais na oferta de produtos. Esta metodologia pode, contudo, conduzir a resultados distintos consoante a natureza da questão a ser examinada do ponto de vista da concorrência. Por exemplo, o alcance do mercado geográfico pode divergir consoante se trate da análise de uma operação de concentração, caso em que a mesma assume uma natureza sobretudo prospectiva ou da análise de um comportamento anterior. A diferença em termos de horizonte temporal considerado em cada caso pode conduzir à definição de mercados geográficos distintos para os mesmos produtos, consoante a Comissão examine uma alteração na estrutura da oferta como, por exemplo, uma operação de concentração ou uma empresa comum com carácter cooperativo, ou questões relacionadas com um determinado comportamento anterior.

Princípios básicos para e definição do mercado

Condicionalismos concorrenciais

13. As empresas estão sujeitas a condicionalismos concorrencias de três ordens, a saber, a substituibilidade do lado da procura, a substituibilidade do lado da oferta e a concorrência potencial. Do ponto de vista económico, para a definição do mercado relevante, a substituição do lado da procura constitui o elemento de disciplina mais imediato e eficaz sobre os fornecedores de um dado produto, em especial no que diz respeito às suas decisões em matéria de preços. Uma empresa ou grupo de empresas não pode influenciar de forma significativa as condições de venda prevalecentes no mercado como, por exemplo, os preços, se os seus clientes puderem facilmente transferir a sua procura para produtos de substituição ou para fornecedores situados noutro local. Basicamente, o exercício da definição de mercado consiste na identificação das verdadeiras fontes alternativas de fornecimento para os clientes da empresa em causa, tanto em termos de produtos/serviços como em termos da localização geográfica dos fornecedores.

14. Os condicionalismos concorrenciais decorrentes da substituibilidade do lado da oferta que não os descritos nos pontos 20 a 23 e da concorrência potencial são, em geral, de efeito menos imediato e requerem, em todo o caso, uma análise de factores adicionais. Em consequência, esses condicionalismos são tomados em consideração na fase de apreciação da análise da concorrência.

Substituição do lado da procura

15. A apreciação da substituição do lado da procura implica a determinação da gama de produtos considerados substituíveis pelo consumidor. Esta determi-

nação pode ser feita, nomeadamente, através de um exercício em que se formula uma hipótese de uma pequena variação duradoura dos preços relativos e em que se avaliam as reacções prováveis dos clientes a esse aumento. O exercício da definição de mercado centra-se nos preços para efeitos operacionais e práticos e, mais precisamente, sobre o efeito de substituição do lado da procura resultante de pequenas variações permanentes nos preços relativos. Este conceito pode indicar claramente quais os dados relevantes para efeitos de definição dos mercados.

16. Em termos conceptuais, esta abordagem implica que partindo do tipo de produtos que as empresas em causa vendem e da respectiva área de venda, serão incluídos ou excluídos produtos e áreas adicionais da definição de mercado consoante a concorrência destes produtos e áreas afecte ou restrinja de forma suficiente a fixação dos preços dos produtos das partes a curto prazo.

17. A questão que se coloca é a de saber se os clientes das partes transfeririam rapidamente a sua procura para os produtos de substituição disponíveis ou para fornecedores situados noutros locais em resposta a um pequeno aumento hipotético (em torno dos 5 a 10%) dos preços relativos, dos produtos e áreas em análise. Se o fenómeno da substituição for suficiente para tornar o aumento de preços não lucrativo devido à perda de vendas daí resultante, os produtos de substituição e as áreas adicionais serão incluídos no merado relevante até que o conjunto de produtos e área geográfica seja de molde a tornar lucrativo pequenos aumentos duradouros dos preços relativos. É aplicável uma análise análoga nos casos de concentração do poder de compra, em que o ponto de partida seria o fornecedor, permitindo os critérios em matéria de preços a identificação de canais de distribuição ou pontos de venda alternativos para os produtos dos fornecedores. Na aplicação destes princípios, devem ser cuidadosamente tomadas em consideração determinadas situações específicas, conforme descritas nos pontos 56 e 58.

18. Um exemplo prático pode ser ilustrado pela aplicação destes critérios a uma operação de concentração relativa, por exemplo, às empresas de engarrafamento de refrigerantes. Uma questão a examinar no âmbito de um caso deste tipo seria o de decidir se os refrigerantes com diferentes sabores pertencem ao mesmo mercado. Na prática, a questão a resolver consistiria em saber se os consumidores do sabor A passariam a adquirir bebidas de outros sabores quando confrontados com um aumento de preço duradouro de 5 a 10% para o sabor A. Se um número suficiente de consumidores mudasse, por exemplo, para o sabor B de molde a comprometer a rendibilidade do aumento de preço relativo ao sabor A devido à perda de vendas daí resultante, nesse caso, o mercado compreenderia pelo menos os sabores A e B. O processo teria de ser alargado, além disso, a outros sabores disponíveis até que fosse identificado um conjunto de produtos em relação ao qual um aumento de preços não induziria um fenómeno de substituição suficiente do lado da procura.

19. Em geral e, nomeadamente, na análise das operações de concentração, o preço a tomar em consideração será o preço prevalecente no mercado. Pode não ser esse o caso se o preço prevalecente tiver sido determinado na ausência de uma con-

corrência suficiente. Em especial, na investigação de abusos de posições dominantes, será tomado em consideração o facto de o preço prevalecente poder ter sido já objecto de um aumento substancial.

Substituição do lado da oferta

20. A substituibilidade do lado da oferta pode igualmente ser tomada em consideração na definição dos mercados nos casos em que os seus efeitos são equivalentes aos da substituição do lado da procura em termos de eficácia e efeito imediato. Tal requer que os fornecedores possam transferir a sua produção para os produtos relevantes e comercializá-los a curto prazo[1] sem incorrer em custos ou riscos suplementares significativos em resposta a pequenas alterações duradouras nos preços relativos. Sempre que sejam preenchidas estas condições, a produção adicional colocada no mercado téra um efeito disciplinar sobre o comportamento concorrencial das empresas em causa. Um impacto deste tipo, em termos de eficácia e efeito imediato, é equivalente ao efeito da substituição do lado da procura.

21. Normalmente, estas situações ocorrem quando as empresas comercializam uma vasta gama de qualidades ou tipos de um mesmo produto. Mesmo se, para um determinado cliente final ou grupo de consumidores, as diferentes qualidades não forem substituíveis, essas diferentes qualidades serão reunidas no âmbito de um único mercado do produto, desde que a maioria dos fornecedores esteja em condições de oferecer e vender as diversas qualidades de imediato e na ausência de qualquer aumento significativo dos custos acima descritos. Em tais casos, o mercado do produto relevante englobará todos os produtos que sejam substituíveis do ponto de vista da procura e da oferta, sendo adicionadas as vendas desses produtos para calcular a totalidade do valor ou volume do mercado. O mesmo raciocínio pode levar a que sejam reunidas diferentes áreas geográficas.

22. Um exemplo prático da análise da substituibilidade do lado da oferta aquando da definição de mercados do produto pode ser ilustrado no caso do papel. No mercado existe geralmente uma gama de diferentes qualidades de papel, desde o papel de escrever normal até ao papel de elevada qualidade a utilizar, por exemplo, na publicação de livros de arte. Do ponto de vista da procura, as diferentes qualidades do papel não podem ser utilizadas para uma determinada utilização específica, isto é, um livro de arte o uma publicação de luxo não pode utilizar um papel de menor qualidade. No entanto, as instalações de produção estão em condições de fabricar as diferentes qualidades de papel e a produção pode ser ajustada a custos negligenciáveis e num curto espaço de tempo. Na ausência de dificuldades específicas a nível da distribuição, os fabricantes de papel podem, por conseguinte, concorrer entre si para as encomendas de diversas qualidades de papel, nomeadamente, se as encomendas forem feitas de forma suficientemente atempada a fim de permitir alterar os planos de produção. Nestas circunstâncias, a Comissão não definiria

---

[1] Isto é, um prazo que não implique qualquer adaptação significativa dos activos corpóreos e incorpóreos existentes (ver ponto 23).

um mercado separado para cada qualidade de papel e respectiva utilização. As diversas qualidades de papel serão incluídas no mercado relevante e será feita a adição dos respectivos volumes de vendas para estimar o valor e o volume total do mercado.

23. Sempre que a substituibilidade do lado da oferta implicar a necessidade de uma adaptação significativa dos activos corpóreos existentes, a realização de investimentos adicionais, alterações nas decisões estratégicas ou substanciais atrasos, esta não será tida em conta na fase de definição do mercado. Exemplos em que a substituição do lado da oferta não levaram à Comissão a alargar o mercado podem ser citados no domínio dos produtos dos bens de consumo corrente, nomeadamente, as bebidas vendidas sob a marca do fabricante. Embora as instalações de engarrafamento possam, em princípio, engarrafar diferentes bebidas, tal pressupõe custos e prazos de entrega (em termos de publicidade, ensaios do produto e distribuição) antes da venda dos produtos no prática. Nestes casos, os efeitos da substituibilidade do lado da oferta e outras formas de concorrência potencial seriam examinados numa fase posterior.

Concorrência potencial
24. A terceira fonte de condicionalismos concorrenciais, a saber, a concorrência potencial, não é tomada em consideração na definição dos mercados, uma vez que as condições em que a concorrência potencial representará efectivamente um verdadeiro condicionalismo concorrencial dependerá da análise de factores e circunstâncias específicos relacionados com as condições de penetração no mercado. Caso necessário, esta análise é apenas realizada numa fase subsequente, em geral, uma vez determinada a posição das empresas em causa no mercado relevante e sempre que essa posição suscitar preocupações do ponto de vista da concorrência.

III. ELEMENTOS COMPROVATIVOS UTILIZADOS PARA DEFINIR OS MERCADOS RELEVANTES

O processo de definição do mercado relevante na prática – Dimensão do produto
25. Há toda uma série de elementos que permitem avaliar até que ponto poderia verificar-se uma substituição. No âmbito dos processos individuais, determinados tipos de elementos serão factores determinantes, principalmente em função das características e da especificidade do sector e dos produtos ou serviços em análise. O mesmo tipo de elementos pode ser destituído de qualquer interesse no âmbito de outros processos. Na maioria dos casos, a decisão deverá ser tomada com base num determinado número de critérios e elementos de apreciação diferentes. A Comissão segue uma abordagem flexível face aos dados empíricos, com vista a utilizar da melhor forma possível todas as informações disponíveis e susceptíveis de serem relevantes nos casos individuais. A Comissão não observa uma

hierarquia rígida quanto às diferentes fontes de informação ou tipos de elementos comprovativos.

26. O processo de definição dos mercados relevantes pode ser resumido da seguinte forma: com base nas primeiras informações disponíveis ou nas informações apresentadas pelas empresas em causa, a Comissão poderá geralmente estabelecer, em traços largos, os eventuais mercados relevantes no âmbito dos quais deverá ser apreciada, por exemplo, uma operação de concentração ou uma restrição da concorrência. Em geral, e para quaisquer efeitos práticos, na instrução dos processos individuais, a questão consistirá geralmente em determinar um número restrito de eventuais mercados relevantes alternativos. Por exemplo, no que diz respeito ao mercado do produto, a questão será muitas vezes a de saber se o produto A e o produto B pertencem ou não ao mesmo mercado. Sucede frequentemente que a inclusão do produto B será suficiente para dissipar quaisquer preocupações do ponto de vista da concorrência.

27. Nestas situações, não é necessário considerar se o mercado inclui igualmente produtos adicionais, nem chegar a uma conclusão definitiva sobre o mercado do produto exacto. Se a operação em causa não colocar problemas do ponto de vista da concorrência, ao abrigo das eventuais definições alternativas do mercado, a questão de definição do mercado pode ser deixada em aberto, o que reduzirá consequentemente os encargos que recaem sobre as empresas em matéria de fornecimento de informações.

Dimensão geográfica

28. A abordagem da Comissão no que diz respeito à definição do mercado geográfico pode ser resumida da seguinte forma: partirá de uma opinião inicial sobre o âmbito do mercado geográfico com base em indicações de carácter geral quanto à distribuição das partes e dos seus concorrentes, bem como de uma análise preliminar da fixação dos preços e das diferenças de preços a nível nacional, comunitário ou do EEE. Esta opinião inicial constitui essencialmente uma hipótese de trabalho que permitirá à Comissão centrar as suas averiguações a fim de obter uma definição de mercado geográfico precisa.

29. Devem ser analisados os motivos subjacentes a uma determinada configuração de preços e quotas de mercado. As empresas podem beneficiar de elevadas quotas de mercado nos seus mercados nacionais apenas em virtude do peso do passado e, de igual forma, uma presença homogénea das empresas em todo o EEE pode coadunar-se com a existência de mercados geográficos regionais ou nacionais. A hipótese de trabalho inicial será, por conseguinte, confirmada através de uma análise das características da procura (importância das preferências nacionais ou locais, actuais padrões de compra dos clientes, diferenciação dos produtos/marcas, etc.) no intuito de estabelecer se as empresas em áreas diferentes constituem efectivamente uma fonte alternativa de abastecimento para os consumidores. Igualmente neste contexto, o critério adoptado é o da substituição decorrente da variação dos preços relativos e a questão consiste em saber, uma vez mais, se os clientes das partes trans-

feririam as suas encomendas para empresas situadas noutro local a curto prazo e a custos negligenciáveis.

30. Caso necessário, será efectuada uma análise subsequente dos factores relacionados com a oferta a fim de confirmar se essas empresas situadas em áreas geográficas distintas não se defrontam com entraves para realizar as suas vendas em condições concorrencias em todo o mercado geográfico. Esta análise incluirá um exame dos requisitos para uma implantação a nível local, tendo em vista a realização de vendas na área em causa, as condições de acesso aos canais de distribuição, os custos inerentes à criação de uma rede de distribuição e a existência ou a ausência de entraves regulamentares associados aos contratos públicos, à regulamentação dos preços, aos contingentes e direitos aduaneiros que limitam o comércio ou a produção, às normas técnicas, aos monopólios, à liberdade de estabelecimento, aos requisitos em matéria de autorização administrativas, à regulamentação relativa ao acondicionamento, etc. Em suma, a Comissão identificará eventuais obstáculos e entraves que isolam as empresas situadas numa determinada área das pressões concorrenciais de empresas situadas fora dessa área, de modo a determinar o grau exacto de interpenetração do mercado a nível nacional, europeu e mundial.

31. A estrutura efectiva dos fluxos comerciais e respectiva evolução representa uma outra indicação útil para confirmar a importância económica de cada um dos factores relacionados com a procura ou a oferta supramencionadas e a medida em que estes poderão ou não constituir entraves concretos conducentes à criação de mercados geográficos distintos. A análise dos fluxos comerciais abordará normalmente a questão dos custos de transporte e a medida que estes podem entravar o comércio entre áreas diferentes, atendendo à localização das instalações de produção, aos custos de produção e aos níveis de preços relativos.

Integração do mercado na Comunidade

32. Por último, a Comissão toma igualmente em consideração o processo contínuo de integração do mercado na Comunidade aquando da definição de mercados geográficos, nomeadamente, no domínio das operações de concentração e das empresas comuns com carácter estrutural. É impossível ignorar, quando se trata de avaliar os efeitos sobre a concorrência de uma operação de concentração ou de uma empresa comum com carácter estrutural, as medidas adoptadas e implementadas no âmbito do programa do mercado interno com vista a eliminar os entraves ao comércio e a reforçar a integração dos mercados comunitarios. Uma situação em que os mercados nacionais foram objecto de um isolamento artificial entre si devido à existência de barreiras regulamentares que foram entretanto abolidas, conduzirá geralmente a uma apreciação cautelosa dos dados do passado em matéria de preços, quotas de mercado ou estrutura de comércio. Um processo de integração do mercado conducente a mercados geográficos mais latos a curto plazo pode ser, por conseguinte, tomado em consideração aquando da definição de mercado geográfico para efeitos de avaliação das operações de concentração e criação de empresas comuns.

Processo de recolha de elementos comprovativos

33. Sempre que for considerada necessária uma definição de mercado precisa, a Comissão contactará frequentemente os principais clientes e as principais empresas do sector com vista a auscultar as suas opiniões quanto à demarcação dos mercados do produto e dos mercados geográficos e no intuito de obter os elementos comprovativos necessários para chegar a uma conclusão. A Comissão pode igualmente contactar as associações profissionais competentes e, se for caso disso, as empresas que operam nos mercados a montante, de modo a estar em condições de definir, sempre que necessário, mercados geográficos ou de produtos distintos para os diferentes níveis de produção ou de distribuição dos produtos/ /serviços em causa. Pode igualmente solicitar informações adicionais às empresas em causa.

34. Quando oportuno, a Comissão transmitirá por escrito pedidos de informação aos operadores de mercado supramencionados. Estes pedidos incluirão normalmente perguntas relacionadas com a forma como reagiriam a um hipotético aumento de preços e a sua opinião sobre os limites de demarcação do mercado relevante. Incluirão também pedidos no sentido de apresentar as informações concretas que a Comissão considera necessárias para chegar a uma conclusão sobre a dimensão do mercado relevante. A Comissão pode também entrar em contacto com os directores de marketing ou outros quadros destas empresas a fim de melhor compreender a forma como se desenrolam as negociações entre os fornecedores e os clientes e outras questões relacionadas com a definição do mercado relevante. Quando oportuno, pode igualmente realizar visitas ou inspecções às instalações das partes, dos respectivos clientes e/ou concorrentes, a fim de melhor compreender como são fabricados ou vendidos os produtos.

35. O tipo de elementos relevantes que permitem extrair uma conclusão sobre o mercado do produto podem ser classificados da seguinte forma.

Elementos para a definição dos mercados – dimensão do produto

36. Uma ánalise das características do produto e da sua utilização projectada permite à Comissão, numa primeira fase, circunscrever a área da investigação sobre eventuais produtos de substituição. No entanto, as características do produto e a sua utilização projectada são insuficientes para concluir se dois produtos são intersubstituíveis do ponto de vista da procura. A intersubstituibilidade funcional ou a semelhança das suas características podem não constituir, em si, critérios suficientes, uma vez que a reacção dos clientes às oscilações dos preços relativos pode ser igualmente determinada por outras considerações. Por exemplo, podem prevalecer diferentes condicionalismos concorrenciais no mercado de equipamento inicial de componentes para veículos automóveis e no mercado de peças sobresselentes, o que conduzirá, por conseguinte, a uma diferenciação de dois mercados relevantes. De igual forma, as diferenças nas características do produto não são, em si, suficientes para excluir a substituibilidade do lado da procura, dado que tal dependerá, em grande medida, da importância atribuída pelos clientes às diferentes características.

37. O tipo de elementos comprovativos que a Comissão considera relevantes para avaliar se dois produtos são substituíveis entre si do lado da procura podem ser classificados da seguinte forma:

38. Elementos comprovativos da substituição num passado recente. Em determinados casos, é possível analisar elementos referentes a acontecimentos ou perturbações recentes no mercado que ilustram de forma concreta a ocorrência de uma substituição entre dois produtos. Quando disponível, este tipo de informação será normalmente fundamental para a definição do mercado. Em caso de alterações anteriores dos preços relativos (ceteris paribus) as reacções em termos de quantidades solicitadas constituirão um factor determinante para estabelecer a substituibilidade. O lançamento anterior de novos produtos pode também representar uma informação profícua, sempre que for possível analisar de forma precisa quais os produtos que diminuíram as vendas em detrimento do novo produto.

39. Existe uma série de testes quantitativos que foram especificamente concebidos para efeitos de definição dos mercados. Estes são constituídos por várias abordagens econométricas e estatísticas: estimativas da elasticidade e elasticidade cruzada[1] da procura de um produto, testes baseados na analogia das oscilações dos preços ao longo do tempo, a análise do efeito de causalidade entre séries de preços e a semelhança entre os níveis de preços e/ou a sua convergência. A Comissão toma em consideração os elementos quantitativos disponíveis passíveis de permitir uma análise rigorosa com vista a estabelecer a estrutura de substituição no passado.

40. Opiniões dos clientes e concorrentes. A Comissão contacta frequentemente os principais clientes e concorrentes das empresas em causa no âmbito das suas averiguações a fim de recolher a suas opiniões sobre os limites do mercado do produto, bem como a maior parte da informação factual de que carece para chegar a uma conclusão sobre a dimensão do mercado. São tidas em conta as respostas fundamentadas dos clientes e concorrentes quanto às consequências de um pequeno aumento dos preços relativos dos produtos em análise na área geográfica visada (por exemplo, 5 a 10%), sempre que estas respostas sejam devidamente comprovadas por elementos concretos.

41. Preferências dos consumidores. No caso dos bens de consumo, pode ser difícil para a Comissão recolher directamente os pontos de vista dos consumidores finais sobre os produtos de substituição. Os estudos de marketing encomendados pelas empresas e por elas utilizados na tomada das suas decisões em matéria de fixação dos preços dos seus produtos e/ou acções de marketing podem representar uma fonte útil de informações para a Comissão na definição do mercado relevante. Os

---

[1] A elasticidade preço da procura do produto X permite avaliar a resposta da procura do produto X face a uma alteração percentual do preço deste produto. A elasticidade cruzada entre os produtos X e Y atesta a capacidade de resposta da procura de um produto X face a uma alteração percentual do preço do produto Y.

inquéritos realizados junto dos consumidores para conhecer os seus hábitos de consumo e os seus padrões de compra, as opiniões expressas pelos retalhistas e, de modo mais geral, os estudos de prospecção de mercado apresentados pelas partes e seus concorrentes são tidos em conta para determinar se uma proporção economicamente significativa de consumidores considera dois produtos como permutáveis, atendendo igualmente à importância das marcas dos produtos em causa. A metodologia adoptada no âmbito dos inquéritos que as empresas em causa ou os seus concorrentes realizam junto dos consumidores somente para efeitos de um processo de concentração ou um processo ao abrigo do Regulamento n.º 17 será normalmente analisada de forma muito cautelosa. Ao invés dos estudos já existentes, estes não foram elaborados no exercício das actividades normais da empresa para a adopção de decisões estratégicas.

42. Entraves e custos associados à transferência da procura para potenciais produtos de substituição. Há toda uma série de obstáculos e custos que podem impedir a Comissão de considerar dois produtos, à primeira vista substituíveis do lado da procura, como pertencentes a um único mercado do produto. Não é possível apresentar de forma exaustiva todos os entraves possíveis à substituição, nem os respectivos custos de mudança. Estas barreiras ou obstáculos podem ter uma origem diversa e, nas suas decisões, a Comissão tem sido confrontada com entraves regulamentares ou outras formas de intervenção estatal, condicionalismos nos mercados a jusante, necessidade de realizar investimentos específicos em bens de equipamento ou de sofrer uma perda a nível da produção corrente a fim de mudar para factores de produção alternativos, a localização geográfica dos clientes, investimento específico no processo de produção, investimento na formação e nos recursos humanos, custos associados à aquisição de novas ferramentas ou outros investimentos, incerteza quanto à qualidade e reputação de fornecedores desconhecidos, etc.

43. Diferentes categorias de clientes e discriminação em matéria de preços. A dimensão do mercado do produto pode ser circunscrito na presença de diferentes grupos de clientes. Um grupo diferente de consumidores do produto relevante pode constituir um mercado mais restrito e distinto sempre que esse grupo possa ser sujeito a uma discriminação em matéria de preços. Normalmente, isto sucederá quando estiverem preenchidas duas condições: *a*) é possível identificar claramente o grupo em que se insere um cliente individual aquando da venda dos produtos relevantes ao mesmo; e *b*) não é viável o comércio entre os clientes ou a arbitragem por parte de terceiros.

Elementos para a definição dos mercados – dimensão geográfica
44. O tipo de elementos que a Comissão considera relevantes para extrair uma conclusão quanto ao mercado geográfico pode ser objecto da seguinte classificação:
45. Elementos comprovativos de que já se verificou anteriormente uma deslocação das encomendas para outras áreas. Em determinados casos, podem existir

provas de variações dos preços entre áreas diferentes e consequente reacção por parte dos clientes. De modo geral, na definição de mercado geográfico podem ser utilizados os mesmos critérios quantitativos que os empregues para a definição de mercado do produto, mas é de ressalvar que as comparações internacionais de preços podem ser mais complexas devido a uma série de factores como, por exemplo, as flutuações cambiais, a tributação e a diferenciação do produto.

46. Características básicas da procura. A natureza da procura do produto relevante pode, em si, determinar a dimensão do mercado geográfico. Factores como, por exemplo, as preferências nacionais ou as preferências pelas marcas nacionais, a língua, a cultura e o estilo de vida, bem como a necessidade de uma presença local podem potencialmente limitar o âmbito geográfico da concorrência.

47. Opiniões dos consumidores e dos concorrentes. Quando oportuno, a Comissão contactará os principais clientes e concorrentes das partes no decurso das suas investigações a fim de recolher as suas opiniões sobre os limites do mercado geográfico, bem como a maior parte das informações factuais de que carece para extrair uma conclusão sobre o âmbito do mercado, sempre que sejam devidamente comprovadas por elementos concretos.

48. Actual estrutura geográfica das compras. Uma análise da actual estrutura geográfica das compras dos clientes constitui um indicador útil da eventual dimensão do mercado geográfico. Quando os clientes efectuam as suas aquisições, em condições análogas, junto de empresas situadas em qualquer local na Comunidade ou no EEE, ou quando obtêm os seus fornecimentos através de concursos abertos à participação de empresas provenientes de qualquer ponto da Comunidade ou do EEE, considerar-se-à normalmente que o mercado geográfico assume uma dimensão comunitária.

49. Fluxo das trocas comerciais/características das entregas. Quando o número de clientes é tão elevado que não é possível obter através dos mesmos uma clara panorâmica da estrutura geográfica das aquisições, podem ser alternativamente utilizadas as informações sobre os fluxos comerciais, desde que existam estatísticas comerciais que indiquem de forma suficientemente pormenorizada os produtos relevantes. Os fluxos comerciais e, sobretudo, os motivos que os originaram representam uma fonte útil de informação para definir a dimensão do mercado geográfico mas não são, em si, conclusivos.

50. Obstáculos e custos associados à deslocação das encomendas para empresas situadas noutras áreas. A ausência de aquisições ou de fluxos comerciais transfronteiras, por exemplo, não significa forçosamente que o mercado tem uma dimensão nacional. Assim, impõe-se identificar os entraves que isolam o mercado nacional antes de se concluir que o mercado geográfico relevante nesse caso assume uma dimensão nacional. Porventura, o obstáculo mais evidente que impedirá um cliente de transferir as suas encomendas para outras áreas é o impacto dos custos de transporte e as restrições nesta matéria decorrentes de medidas legislativas ou da natureza dos produtos relevantes. O impacto dos custos de transporte restringirá

normalmente o âmbito do mercado geográfico no que diz respeito aos produtos volumosos e de baixo valor, mas deve ser igualmente tido em conta que as desvantagens no plano dos transportes podem ser também compensadas por outros custos comparativamente mais vantajosos (custos de mão-de-obra ou de matérias-primas). O acesso à distribuição numa determinada área, os entraves regulamentares ainda existentes em determinados sectores, os contingentes e os direitos aduaneiros podem igualmente constituir obstáculos que isolam uma área geográfica das pressões concorrenciais de empresas situadas fora dessa área. A importância dos custos da mudança relacionados com o abastecimento junto de empresas situadas noutros países constitui um entrave adicional.

51. Com base nos elementos recolhidos, a Comissão definirá subsequentemente um mercado geográfico que poderá assumir desde uma dimensão local até uma dimensão mundial, existindo exemplos de ambos estes tipos de mercado nas decisões anteriormente adoptadas pela Comissão.

52. Nos pontos supra são descritos os diferentes factores que poderão ser relevantes na definição dos mercados. Isto não significa que seja necessário compilar todos os elementos comprovativos e analisar cada um destes factores no âmbito de cada processo individual. Na prática, sucede frequentemente que os elementos de avaliação proporcionados por alguns destes factores serão suficientes para extrair uma conclusão, conforme demonstrado no processo de tomada de decisões pela Comissão até à data.

IV. CÁLCULO DAS QUOTAS DE MERCADO

53. A definição de mercado relevante em função da sua dimensão geográfica e do seu produto permite identificar os fornecedores e os clientes/consumidores activos no referido mercado. Nessa base, a dimensão total do mercado e as quotas de mercado relativamente a cada fornecedor podem ser calculadas em função das suas vendas dos produtos relevantes na área relevante. Na prática, os dados relativos à dimensão total do mercado e às quotas de mercado podem ser frequentemente obtidos junto de fontes de informação no mercado, por exemplo, estimativas das empresas, estudos encomendados a consultores do sector da indústria e/ou associações comerciais. Quando tal não é o caso ou quando as estimativas disponíveis não são fiáveis, a Comissão solicitará normalmente a cada fornecedor no mercado relevante que apresente as suas próprias vendas a fim de calcular a dimensão total do mercado e as respectivas quotas de mercado.

54. Embora as vendas constituam geralmente o parâmetro utilizado para calcular as quotas de mercado, existem, todavia, outros elementos que, consoante os produtos específicos ou o sector em causa, podem fornecer informações profícuas como, por exemplo, a capacidade, o número de candidatos no âmbito da adjudicação dos contratos, o número de unidades da frota no sector aeroespacial ou as reservas detidas no caso de sectores como a extracção mineira.

55. Regra geral, as vendas por volume e valor representam uma informação útil neste contexto. No caso de produtos diferenciados, considera-se normalmente que as vendas em termos de valor e a respectiva quota de mercado reflectem melhor a posição e o poder relativo de cada fornecedor.

V. OUTRAS CONSIDERAÇÕES

56. Existem algumas áreas em que a aplicação dos princípios acima delineados deve ser feita com prudência. Tal é frequentemente o caso na análise dos mercados primários e secundários, nomeadamente, quando se impõe, a dada altura, a análise do comportamento das empresas ao abrigo do artigo 86.º. O método utilizado para definir os mercados nestes casos é basicamente o mesmo, ou seja, avaliar as respostas dos clientes (com base nas decisões tomadas em matéria de compras) a variações relativas dos preços, tomando igualmente em consideração os condicionalismos em matéria de substituição impostos pelas condições nos mercados conexos. Quando a compatibilidade com o produto primário for importante, tal pode resultar numa definição restrita do mercado de produtos secundários, por exemplo, de peças sobresselentes. Os problemas associados à obtenção de produtos secundários compatíveis, juntamente com a existência de preços elevados e um longo ciclo de vida dos produtos primários, pode contribuir para tornar rentável os aumentos de preços relativos de produtos secundários. Pode ser obtida uma definição de mercado diferente se for possível uma substituição considerável entre os produtos secundários ou se as características dos produtos primários permitirem uma resposta rápida e directa por parte do consumidor aos aumentos dos preços relativos dos produtos secundários.

57. Em determinados casos, a existência de cadeias de substituição pode levar a que seja definido um mercado relevante em que os produtos ou as áreas situadas nos extremos do mercado não são directamente substituíveis. A título ilustrativo, pode ser citada a dimensão geográfica de um mercado de produto cujos custos de transporte são muito elevados. Nestes casos, as entregas efectuadas a partir de uma determinada fábrica são limitadas a uma dada área circundante à fábrica devido ao impacto dos custos de transporte. Em princípio, essa área constituiria o mercado geográfico relevante. No entanto, se a distribuição geográfica das instalações de produção for de molde a criar uma considerável sobreposição entre as áreas circundantes das diferentes fábricas, é possível que a fixação de preços desses produtos seja restringida por um efeito de cadeia de substituição e conduza à definição de um mercado geográfico mais lato. É aplicável o mesmo raciocínio se o produto B for um produto de substituição, a nível da procura, para os produtos A e C. Mesmo se os produtos A e C não constituírem produtos de substituição directos do ponto de vista da procura, estes podem ser considerados como parte integrante do mesmo mercado do produto relevante, uma vez que a respectiva fixação de preços pode ser restringida pela substituição pelo produto B.

58. De um ponto de vista prático, o conceito de cadeias de substituição deve ser corroborado por elementos comprovativos efectivos, por exemplo, elementos relacionados com a interdependência dos preços nos extremos das cadeias de substituição, a fim de conduzir a uma extensão do mercado relevante num caso específico. Os níveis dos preços nos extremos das cadeias deverão caracterizar-se pela mesma ordem de grandeza.

COMUNICAÇÕES DE ALCANCE GERAL

DOMÍNIO PROCEDIMENTAL

TRATAMENTO DE DENÚNCIAS

Comunicação da Comissão*

I. INTRODUÇÃO E OBJECTO PRINCIPAL DA COMUNICAÇÃO

1. O Regulamento n.º 1/2003[1] institui um sistema de competências paralelas para a aplicação dos artigos 81.º e 82.º do Tratado CE pela Comissão, pelas autoridades responsáveis em matéria de concorrência e pelos tribunais dos Estados Membros. O regulamento reconhece em especial a complementaridade de funções entre a Comissão e as autoridades responsáveis em matéria de concorrência dos Estados Membros, agindo enquanto instâncias de aplicação da lei, e os tribunais dos Estados Membros que decidem sobre os litígios entre particulares para salvaguardar os direitos individuais decorrentes dos artigos 81.º e 82.º[2].

2. Nos termos do Regulamento n.º 1/2003, as instâncias de aplicação da lei podem centrar a sua acção na investigação de infracções graves aos artigos 81.º e 82.º, que frequentemente são difíceis de detectar. Para as suas actividades de aplicação da lei beneficiam de informações prestadas pelas empresas e consumidores no mercado.

3. Por essa razão, a Comissão exorta os cidadãos e as empresas a dirigirem-se às instâncias de aplicação da lei para as informarem de suspeitas de infracção às regras da concorrência. A nível da Comissão, existem duas formas de o fazer; a primeira consiste em apresentar uma denúncia nos termos do n.º 2 do artigo 7.º do Regulamento n.º 1/2003. Nos termos do disposto nos artigos 5.º a 9.º do Regulamento n.º 773/2004[3], tais denúncias devem satisfazer determinados requisitos.

---

* Comunicação da Comissão relativa ao tratamento de denúncias pela Comissão nos termos dos artigos 81.º e 82.º do Tratado CE (Texto relevante para efeitos do EEE) – JO, C 101, de 27.4.2004, pp. 65.

[1] Regulamento (CE) n.º 1/2003 do Conselho, de 16 de Dezembro de 2002, relativo à execução das regras de concorrência estabelecidas nos artigos 81.º e 82.º do Tratado, JO, L 1, de 04.01.2003, p. 1-25.

[2] Em especial, os considerandos 3-7 e 35 do Regulamento n.º 1/2003.

[3] Regulamento (CE) n.º 773/04 da Comissão de 7.4.2004 relativo aos processos da Comissão de aplicação dos artigos 81.º e 82.º do Tratado CE, JO, L 123, de 27.4.2004, pp. 18.

4. A outra forma consiste na prestação de informações de mercado que não têm de preencher os requisitos relativos às denúncias apresentadas nos termos do n.º 2 do artigo 7.º do Regulamento n.º 1/2003. Para o efeito, a Comissão criou um sítio Web especialmente destinado a receber informações de cidadãos e de empresas que desejem comunicar à Comissão suspeitas de infracção aos artigos 81.º e 82.º. Essas informações podem constituir o ponto de partida para uma investigação da Comissão[1]. As informações sobre infracções suspeitas podem ser comunicadas para o seguinte endereço:

http://europa.eu.int/dgcomp/info-on-anti-competitive-practices

ou para:

Comissão Europeia
DG Concorrência
B-1049 Bruxelles / Brussel

5. Sem prejuízo da interpretação do Regulamento n.º 1/2003 e do Regulamento n.º 773/04 da Comissão pelos tribunais comunitários, a presente Comunicação tem por objectivo fornecer orientações aos cidadãos e às empresas que desejem protecção contra alegadas infracções às regras da concorrência. A Comunicação contém duas partes principais:

– a Parte II fornece indicações sobre a escolha entre apresentar uma denúncia à Comissão e intentar uma acção junto de um tribunal nacional. Além disso, recorda os princípios relativos à repartição do trabalho entre a Comissão e as autoridades nacionais responsáveis em matéria de concorrência a nível do sistema de aplicação instituído pelo Regulamento n.º 1/2003, explicados na Comunicação sobre a cooperação no âmbito da rede de autoridades de concorrência[2].

– a Parte III explica o procedimento para o tratamento pela Comissão das denúncias apresentadas nos termos do n.º 2 do artigo 7.º do Regulamento n.º 1/2003.

6. A presente Comunicação não aborda as seguintes situações:

– denúncias apresentadas por Estados-Membros nos termos do n.º 2 do artigo 7.º do Regulamento n.º 1/2003;

– denúncias que solicitem uma intervenção da Comissão contra um Estado Membro nos termos do n.º 3 do artigo 86.º em articulação com os artigos 81.º e 82.º do Tratado;

– denúncias relativas ao artigo 87.º do Tratado, sobre auxílios estatais;

– denúncias relativas a infracções cometidas pelos Estados Membros contra as quais a Comissão pode agir no quadro do artigo 226.º do Tratado[3].

---

[1] A Comissão trata da correspondência de informadores de acordo com os princípios de boa conduta administrativa.

[2] Comunicação sobre a cooperação no âmbito da rede de autoridades de concorrência – JO, C 101, de 27.4.2004, pp. 43.

[3] Sobre o tratamento destas denúncias, ver a Comunicação da Comissão de 10 de Outubro de 2002, COM(2002)141.

II. DIFERENTES POSSIBILIDADES PARA APRESENTAÇÃO DE DENÚNCIAS SOBRE SUSPEITAS DE INFRACÇÕES AOS ARTIGOS 81.º OU 82.º

A. DENÚNCIAS NO ÂMBITO DO NOVO SISTEMA DE APLICAÇÃO INSTITUÍDO PELO REGULAMENTO N.º 1/2003

7. Em função da natureza da sua denúncia, o autor pode apresentá-la a um tribunal nacional ou a uma autoridade responsável em matéria de concorrência que age enquanto instância de aplicação da lei. O presente capítulo da Comunicação destina-se a ajudar potenciais autores de denúncias a optarem, com conhecimento de causa, entre dirigirem-se à Comissão, a uma das autoridades responsáveis em matéria de concorrência dos Estados Membros ou a um tribunal nacional.

8. Enquanto aos tribunais nacionais cabe intervir para salvaguardar os direitos dos particulares e, portanto, julgar os casos que lhes são apresentados, as instâncias de aplicação da lei não podem investigar todas as denúncias, pelo que têm de estabelecer prioridades no tratamento dos processos. O Tribunal de Justiça estabelece que a Comissão, à qual o n.º 1 do artigo 85.º do Tratado confia a missão de assegurar a aplicação dos princípios estabelecidos nos artigos 81.º e 82.º do Tratado, é responsável pela definição e execução das orientações da política comunitária em matéria de concorrência e que, para poder exercer eficazmente esta função, está habilitada a atribuir diferentes graus de prioridade às denúncias que lhe forem apresentadas[1].

9. O Regulamento n.º 1/2003 habilita os tribunais dos Estados Membros e as autoridades responsáveis em matéria de concorrência dos Estados Membros a aplicarem integralmente os artigos 81.º e 82.º , tal como a Comissão. O Regulamento n.º 1/2003 estabelece como um dos seus principais objectivos a efectiva participação dos tribunais e das autoridades responsáveis em matéria de concorrência dos Estados Membros deviam (sic) na aplicação dos artigos 81.º e 82.º[2].

10. Além disso, o artigo 3.º do Regulamento n.º 1/2003 estabelece que os tribunais e as autoridades responsáveis em matéria de concorrência dos Estados Membros devem aplicar os artigos 81.º e 82.º a todos os casos de acordos ou práticas susceptíveis de afectarem o comércio entre os Estados Membros aos quais seja aplicável a sua legislação nacional em matéria de concorrência. Por sua

---

[1] Processo C-344/98, *Masterfoods / HB Ice Cream*, Col. 200, p. I-11369, ponto 46; processo C-119/97 P, *Union française de l'express (Ufex) e outros/Comissão das Comunidades Europeias*, Col. 1999, p. I-1341, ponto 88; processo T-24/90, *Automec/Comissão das Comunidades Europeias*, Col. 1992, p. II-2223, pontos 73-77.

[2] Ver, em especial, os artigos 5.º, 6.º, 11.º, 12.º, 15.º, 22.º, 29.º e 35.º e considerandos 2 a 4 e 6 a 8 do Regulamento n.º 1/2003.

vez, os artigos 11.º e 15.º do Regulamento instituem uma série de mecanismos através dos quais os tribunais e as autoridades responsáveis em matéria de concorrência dos Estados-Membros cooperam com a Comissão na aplicação dos artigos 81.º e 82.º.

11. Neste novo quadro legislativo, a Comissão pretende reorientar os seus recursos de aplicação da lei de acordo com as seguintes linhas:
– aplicar as regras comunitárias da concorrência em casos em que se encontra bem posicionada para agir[1], concentrando os recursos nas infracções mais graves[2];
– tratar dos casos relativamente aos quais a Comissão deve agir para definir a política comunitária de concorrência e/ou para assegurar uma aplicação coerente dos artigos 81.º e 82.º.

B. PAPÉIS COMPLEMENTARES DA APLICAÇÃO DA LEI A NÍVEL PRIVADO E PÚBLICO

12. Tem sido reiteradamente estabelecido pelos tribunais comunitários que os tribunais nacionais são competentes para salvaguardar os direitos dos particulares criados pelo efeito directo dos artigos 81.º e 82.º [3].

13. Os tribunais nacionais podem decidir da nulidade ou validade de contratos e só eles podem conceder indemnizações a um particular em caso de infracção aos artigos 81.º e 82.º do Tratado CE. Segundo a jurisprudência do Tribunal de Justiça, qualquer pessoa pode solicitar uma indemnização pelos prejuízos que lhe sejam causados por um contrato ou por um comportamento que restrinja ou distorça a concorrência, a fim de assegurar a plena eficácia das regras comunitárias da concorrência. Estas acções de indemnização perante os tribunais nacionais podem dar uma contribuição significativa para a manutenção de uma concorrência efectiva na Comunidade, uma vez que desencorajam as empresas de concluir ou aplicar acordos ou práticas restritivas[1].

14. O Regulamento n.º 1/2003 tem expressamente em consideração o facto de os tribunais nacionais terem um papel essencial a desempenhar na aplicação

---

[1] Ver Comunicação sobre a cooperação no âmbito da rede de autoridades de concorrência (JO, C 101, de 27.4.2004, pp. 43), pontos 5 e seguintes.

[2] Ver terceiro considerando do Regulamento n.º 1/2003.

[3] Jurisprudência constante, ver processo 127/73, *Belgische Radio en Televisie (BRT) / SABAM e Fonior*, Col. 1974, p. 51, ponto 16; processo C-282/95 P, *Guérin automobiles/ /Comissão das Comunidades Europeias*, Col. 1997, p. I-1503, ponto 39; processo C-453/99, *Courage/Bernhard Crehan*, Col. 2001, p. I-6297, ponto 23.

[4] Processo C-453/99, *Courage / Bernhard Crehan*, Col. 2001, p. I-6297, pontos 26 e 27; a competência dos tribunais nacionais para concederem indemnizações é também sublinhada no sétimo considerando do Regulamento n.º 1/2003.

das regras comunitárias da concorrência[1]. Ao alargar a competência de aplicação do n.º 3 do artigo 81.º aos tribunais nacionais, o regulamento retira às empresas a possibilidade de prolongarem o processo judicial nacional através de uma notificação dilatória à Comissão, o que elimina um obstáculo à resolução de litígios entre particulares que existia no Regulamento n.º 17[2].

15. Sem prejuízo do direito ou da obrigação de os tribunais nacionais dirigirem ao Tribunal de Justiça questões a título prejudicial, nos termos do artigo 234.º do Tratado CE, o n.º 1 do artigo 15.º do Regulamento n.º 1/2003 prevê expressamente que os tribunais nacionais possam solicitar pareceres ou informações à Comissão. Esta disposição destina-se a facilitar a aplicação dos artigos 81.º e 82.º pelos tribunais nacionais[3].

16. Uma acção proposta num tribunal nacional apresenta as seguintes vantagens para os denunciantes:

– Os tribunais nacionais podem conceder indemnizações por prejuízos causados por uma infracção aos artigos 81.º ou 82.º;

– Os tribunais nacionais podem decidir de pedidos de pagamento ou de cumprimento de obrigações contratuais com base num acordo examinado à luz do artigo 81.º;

– Compete aos tribunais nacionais aplicar a sanção civil de nulidade prevista no n.º 2 do artigo 81.º a relações contratuais entre particulares[4]. Podem avaliar, especificamente, à luz da legislação nacional aplicável, o alcance e consequências da nulidade de certas disposições contratuais nos termos do n.º 2 do artigo 81.º, tendo em conta todas as outras matérias abrangidas pelo acordo[5];

– Os tribunais nacionais estão, geralmente, melhor colocados do que a Comissão para adoptarem providências cautelares[6];

---

[1] Ver artigos 1.º, 6.º e 15.º, bem como o sétimo considerando, do Regulamento n.º 1/2003.

[2] Regulamento n.º 17: Primeiro Regulamento de execução dos artigos 85.º e 86.º do Tratado; JO P 13 de 21 de Fevereiro de 1962, pp. 204-211; Edição especial portuguesa: Capítulo 08 Fascículo 1 p. 0022. O Regulamento n.º 17 foi revogado pelo artigo 43.º do Regulamento n.º 1/2003 com efeitos a partir de 1 de Maio de 2004.

[3] Para uma explicação mais pormenorizada deste mecanismo, ver a Comunicação sobre a cooperação entre a Comissão e os tribunais dos Estados Membros da UE na aplicação dos artigos 81.º e 82.º do Tratado CE.

[4] Processo T-24/90, *Automec/Comissão das Comunidades Europeias*, Col. 1992, p. II-2223, ponto 93.

[5] Processo C-230/96, *Cabour e Nord Distribution Automobile/Arnor "SOCO"*, Col. 1998, p. I-2055, ponto 51; processos apensos T-185/96, T-189/96 e T-190/96, *Dalmasso e outros/Comissão das Comunidades Europeias*, Col. 1999, p. II-93, ponto 50.

[6] Ver artigo 8.º do Regulamento n.º 1/2003 e ponto 80 infra. Em função do caso, as autoridades de concorrência podem estar igualmente em boa posição para adoptarem medidas provisórias.

– Perante os tribunais nacionais, é possível combinar um pedido baseado no direito comunitário com outros pedidos baseados no direito nacional;

– Os tribunais têm, geralmente, competência para ordenar o reembolso das custas judiciais à parte que ganha o processo, o que não é possível no caso de processos administrativos junto da Comissão.

17. O facto de um denunciante poder assegurar a protecção dos seus direitos através de uma acção num tribunal nacional constitui um importante elemento que a Comissão pode ter em conta na apreciação do interesse comunitário para proceder à investigação de uma denúncia[1].

18. A Comissão considera que o novo sistema de aplicação estabelecido pelo Regulamento n.º 1/2003 reforça as possibilidades de os denunciantes obterem uma protecção efectiva dos seus direitos junto dos tribunais nacionais.

C. REPARTIÇÃO DO TRABALHO ENTRE INSTÂNCIAS DE APLICAÇÃO DA LEI NA COMUNIDADE EUROPEIA

19. O Regulamento n.º 1/2003 institui um sistema de competências paralelas para a aplicação dos artigos 81.º e 82.º, habilitando as autoridades responsáveis em matéria de concorrência dos Estados Membros a aplicarem integralmente os artigos 81.º e 82.º (artigo 5.º). A aplicação descentralizada da lei por estas autoridades é ainda incentivada pela possibilidade de trocarem informações (artigo 12.º) e de prestarem assistência mútua nas investigações (artigo 22.º).

20. O Regulamento não rege a repartição do trabalho entre a Comissão e as autoridades responsáveis em matéria de concorrência dos Estados Membros, deixando que esta repartição seja feita no quadro da Rede Europeia da Concorrência (REC). O Regulamento tem por objectivo assegurar uma aplicação efectiva dos artigos 81.º e 82.º através de uma repartição flexível do trabalho entre as instâncias de aplicação da lei da Comunidade.

21. As orientações relativas à repartição do trabalho entre a Comissão e as autoridades responsáveis em matéria de concorrência dos Estados Membros estão estabelecidas numa Comunicação específica[2]. As orientações contidas nessa Comunicação, que diz respeito às relações entre as instâncias de aplicação da lei, têm interesse para os autores das denúncias, na medida em que lhes permitem apresentar as suas denúncias à autoridade provavelmente mais bem colocada para tratar do caso.

22. A Comunicação sobre a cooperação no âmbito da rede de autoridades de concorrência refere, expressamente, que[3]:

---

[1] Ver pontos 41 e seguintes.

[2] Comunicação sobre a cooperação no âmbito da rede de autoridades de concorrência.

[3] Comunicação sobre a cooperação no âmbito da rede de autoridades de concorrência, JO, C 101, de 27.4.2004, pp. 43, pontos 8-15.

"Pode considerar-se que uma autoridade está bem posicionada para instruir um processo se estiverem preenchidas cumulativamente as três condições seguintes:
– O acordo ou prática tem grande impacto directo, real ou previsível, na concorrência no seu território, é aplicado no seu território ou tem nele origem;
– A autoridade pode efectivamente pôr termo à infracção na sua totalidade, isto é, pode adoptar uma decisão de injunção com efeito suficiente para pôr termo à infracção e, se for caso disso, sancioná-la adequadamente;
– Reunir, eventualmente com a assistência de outras autoridades, os elementos necessários para provar a infracção.

Os critérios acima descritos indicam que deve existir uma conexão material entre a infracção e o território de um Estado Membro para que a autoridade responsável em matéria de concorrência desse Estado Membro seja considerada bem posicionada. É de esperar que, na maior parte dos casos, as autoridades dos Estados Membros onde a concorrência é substancialmente afectada por uma infracção estejam bem posicionadas, desde que sejam capazes de pôr efectivamente termo à infracção mediante uma acção única ou paralela, salvo se a Comissão estiver mais bem posicionada para agir (ver pontos 14 e 15 infra). (ver [...] infra) Assim, uma única ANC está normalmente bem posicionada para tratar dos acordos ou práticas que afectem substancialmente a concorrência principalmente no seu território.
[...]
Além disso, uma acção individual de uma ANC também poderá ser adequada quando, não obstante existirem outras ANC susceptíveis de serem consideradas bem posicionadas, a acção de uma só ANC é suficiente para pôr totalmente termo a uma infracção. [...]
A acção paralela de duas ou três ANC pode ser adequada quando um acordo ou prática tem efeitos substanciais na concorrência principalmente nos territórios respectivos e a acção de uma única ANC não seria suficiente para pôr totalmente termo à infracção e/ou para a sancionar adequadamente. [...]
As autoridades que tratam de um caso em paralelo devem esforçar-se por coordenar a sua acção na medida do possível. Para o efeito, poderão considerar conveniente designar uma delas como autoridade principal e delegar tarefas nessa autoridade, como por exemplo a coordenação das medidas de inquérito, ficando no entanto cada uma das autoridades responsável pela instrução do seu próprio processo.
A Comissão está particularmente bem posicionada se um ou mais acordos ou práticas, incluindo redes de acordos ou práticas semelhantes, afectarem a concorrência em mais de três Estados-Membros (mercados transfronteiriços que abranjam mais de três Estados-Membros ou vários mercados nacionais). [...] Além disso, a Comissão encontra-se particularmente bem posicionada para instruir um processo se este estiver estreitamente ligado a outras disposições comunitárias que possam ser aplicadas a título exclusivo ou mais eficientemente pela Comissão, se o interesse comunitário exigir a adopção de uma decisão da Comissão para desenvolver a polí-

tica de concorrência comunitária em presença de uma nova questão de concorrência ou para assegurar uma aplicação efectiva."

23. No âmbito da Rede Europeia da Concorrência, as informações sobre casos que estão a ser investigados na sequência de uma denúncia serão disponibilizadas aos outros membros da rede, antes ou imediatamente depois de se ter dado início à primeira medida formal de investigação[1]. Quando a mesma denúncia tiver sido apresentada a várias autoridades, ou quando um caso não tenha sido apresentado a uma autoridade que está bem posicionada para o tratar, os membros da rede esforçar-se-ão por determinar, num prazo indicativo de dois meses, qual a ou quais as autoridades que deverão encarregar-se do caso.

24. Os próprios autores das denúncias têm um papel importante a desempenhar numa redução ainda maior da potencial necessidade de reatribuição de um processo decorrente das suas denúncias, na medida em que recorram às orientações relativas à repartição do trabalho na rede estabelecidas no presente capítulo quando decidam onde apresentar a sua denúncia. Se, no entanto, um processo for reatribuído no âmbito da rede, as empresas em causa e o(s) autor(es) da denúncia serão desse facto informados o mais rapidamente possível pelas autoridades responsáveis em matéria de concorrência implicadas[2].

25. A Comissão pode rejeitar uma denúncia nos termos do artigo 13.º do Regulamento n.º 1/2003, com fundamento no facto de uma autoridade responsável em matéria de concorrência de um Estado-Membro estar a instruir ou ter instruído um processo. Nessas circunstâncias, a Comissão deve, nos termos do artigo 9.º do Regulamento n.º 773/04, informar, imediatamente o autor da denúncia da autoridade nacional, responsável em matéria de concorrência que está a instruir ou já instruiu o processo.

III. TRATAMENTO PELA COMISSÃO DAS DENÚNCIAS NOS TERMOS DO N.º 2 DO ARTIGO 7.º DO REGULAMENTO N.º 1/2003

A. ASPECTOS GERAIS

26. Nos termos do n.º 2 do artigo 7.º do Regulamento n.º 1/2003, as pessoas singulares ou colectivas que invoquem um interesse legítimo[1] estão habilitadas a apresentar uma denúncia, solicitando à Comissão que declare verificada uma infrac-

---

[1] N.ºs 2 e 3 do artigo 11.º do Regulamento n.º 1/2003; Comunicação sobre a cooperação no âmbito da rede de autoridades de concorrência, pontos 16 e 17.

[2] Comunicação sobre a cooperação no âmbito da rede de autoridades de concorrência, ponto 34.

[1] Para uma explicação mais exaustiva desta noção em especial, ver pontos 33 e seguintes.

ção aos artigos 81.º e 82.º do Tratado CE e que ponha termo a essa infracção nos termos do n.º 1 do artigo 7.º do mesmo Regulamento. O presente capítulo da Comunicação explica os requisitos exigíveis às denúncias nos termos do n.º 2 do artigo 7.º do Regulamento n.º 1/2003, à sua avaliação e ao procedimento a adoptar pela Comissão.

27. A Comissão, ao contrário dos tribunais civis, cuja missão é salvaguardar os direitos individuais dos particulares, é uma autoridade administrativa que deve agir na prossecução do interesse público. É uma característica inerente a esta missão da Comissão, enquanto instância de aplicação da lei, o facto de dispor de uma margem de discricionariedade no estabelecimento de prioridades para a sua actividade[1].

28. A Comissão está habilitada a atribuir diferentes graus de prioridade às denúncias que lhe sejam apresentadas e pode basear-se no interesse comunitário de um caso como critério de prioridade[2]. A Comissão pode rejeitar uma denúncia quando considere que o caso não reveste suficiente interesse comunitário para justificar uma investigação mais aprofundada. Quando a Comissão rejeita uma denúncia, o autor da denúncia tem direito a receber uma decisão da Comissão[3], sem prejuízo do disposto no n.º 3 do artigo 7.º do Regulamento n.º 773/04.

B. APRESENTAÇÃO DE UMA DENÚNCIA NOS TERMOS DO N.º 2 DO ARTIGO 7.º DO REGULAMENTO N.º 1/2003

a) Formulário de denúncia

29. Uma denúncia nos termos do n.º 2 do artigo 7.º do Regulamento n.º 1/2003 só pode incidir sobre uma alegada infracção aos artigos 81.º ou 82.º, tendo em vista medidas a adoptar pela Comissão nos termos do n.º 1 do artigo 7.º do mesmo Regulamento. Uma denúncia apresentada nos termos do n.º 2 do artigo 7.º do Regulamento n.º 1/2003 deve seguir o formulário C referido no n.º 1 do artigo 5.º do Regulamento n.º 773/04 e anexo a esse Regulamento.

30. O formulário C pode ser obtido em http://europa.eu.int/dgcomp/complaints-form e encontra-se igualmente em anexo à presente comunicação. A denúncia deve ser apresentada em três exemplares em papel e, se possível, um em formato electrónico.

Além disso, o autor da denúncia deve igualmente apresentar uma versão não confidencial da denúncia (n.º 2 do artigo 5.º do Regulamento n.º 773/04). É possí-

---

[1] Processo C-119/97 P, *Union française de l'express (Ufex) e outros/Comissão das Comunidades Europeias*, Col. 1999, p. I-1341, ponto 88; processo T-24/90, *Automec/ /Comissão das Comunidades Europeias*, Col. 1992, p. II-2223, pontos 73-77 e 85.

[2] Jurisprudência constante desde o processo T-24/90, *Automec/Comissão das Comunidades Europeias*, Col. 1992, p. II-2223, ponto 85.

[3] Processo C-282/95 P, *Guérin automobiles/Comissão das Comunidades Europeias*, Col. 1997, p. I-1503, ponto 36.

vel uma transmissão electrónica à Comissão através do referido sítio Web, devendo os exemplares em papel ser enviados para o seguinte endereço:
Comissão Europeia
DG Concorrência
B-1049 Bruxelles / Brussel

31. No formulário C, os autores das denúncias devem fornecer informações globais relativas à sua denúncia. Devem também fornecer cópias da documentação a que possam razoavelmente ter acesso e, na medida do possível, fornecer indicações sobre informações e documentos relevantes a que não tenham acesso, mas que possam ser obtidos pela Comissão. Em casos específicos, a Comissão pode dispensar da obrigação de fornecer parte das informações exigidas no formulário C (n.º 1 do artigo 5.º do Regulamento n.º 773/04). A Comissão é de opinião que esta possibilidade pode ter uma importância fundamental para facilitar denúncias por parte de associações de consumidores quando estas, no contexto de denúncias que de outra forma seriam fundamentadas, não têm acesso a elementos específicos de informação da esfera das empresas em relação às quais é feita a denúncia.

32. A correspondência enviada à Comissão que não preencha os requisitos estabelecidos no artigo 5.º do Regulamento n.º 773/2004 e, por conseguinte, não constitua uma denúncia na acepção do n.º 2 do artigo 7.º do Regulamento n.º 1/2003, será considerada pela Comissão informação de carácter geral que, quando se revelar útil, pode dar origem a uma investigação oficiosa (ver ponto 4).

b) Interesse legítimo

33. O estatuto de autor de uma denúncia formal nos termos do n.º 2 do artigo 7.º do Regulamento n.º 1/2003 está reservado às pessoas singulares e colectivas que invoquem um interesse legítimo[1]. Considera-se que os Estados Membros têm um interesse legítimo em todas as denúncias que decidam apresentar.

34. Na prática anterior da Comissão, a condição do interesse legítimo não foi frequentemente objecto de dúvida, uma vez que a maior parte dos autores das denúncias se encontravam numa posição em que eram directa e negativamente afectados pela alegada infracção. No entanto, há situações em que a condição do interesse legítimo. prevista no n.º 2 do artigo 7.º exige uma análise mais aprofundada para se concluir que é satisfeita. A melhor maneira de fornecer uma orientação útil nesta matéria é através de um conjunto não exaustivo de exemplos.

35. O Tribunal de Primeira Instância considerou que uma associação de empresas pode invocar um interesse legítimo ao apresentar uma denúncia relativa a práticas que afectem os seus membros, mesmo que a associação não seja directamente afectada enquanto empresa operando no mercado em questão pela prática denunciada, desde que, em primeiro lugar, esteja habilitada a representar os interesses dos seus membros e, em segundo lugar, a prática denunciada seja susceptível

---

[1] Ver n.º 1 do artigo 5.º do Regulamento n.º 773/04.

de afectar negativamente os interesses dos seus membros[1]. Inversamente, a Comissão foi considerada habilitada para não dar seguimento a uma denúncia apresentada por uma associação de empresas cujos membros não participavam no tipo de transacções comerciais objecto da denúncia[2].

36. Pode inferir-se desta jurisprudência que as empresas (por si próprias ou por intermédio de associações habilitadas a representar os seus interesses) podem invocar um interesse legítimo quando operam no mercado relevante ou quando a prática denunciada é susceptível de afectar directa e negativamente os seus interesses. Isto confirma a prática estabelecida da Comissão, que aceitou que um interesse legítimo pode, por exemplo, ser invocado pelas partes no acordo ou prática que é objecto de denúncia, por concorrentes cujos interesses tenham alegadamente sido prejudicados pelo comportamento denunciado ou por empresas excluídas de um sistema de distribuição.

37. As associações de consumidores podem igualmente apresentar denúncias à Comissão[3]. Além disso, a Comissão considera que consumidores individuais cujos interesses económicos sejam directa e negativamente afectados na sua qualidade de compradores de bens ou serviços que são objecto de uma infracção podem estar em condições de demonstrar um interesse legítimo[4].

38. No entanto, a Comissão não considera como interesse legítimo na acepção do n.º 2 do artigo 7.º o interesse de pessoas ou organizações que desejem avançar considerações de interesse geral sem demonstrarem que elas ou os seus membros podem ser directa e negativamente afectados pela infracção *(pro bono publico)*.

39. As autoridades públicas locais ou regionais podem demonstrar um interesse legítimo, na sua capacidade de compradores ou utilizadores de bens ou serviços afectados pelo comportamento denunciado. Inversamente, não se pode

---

[1] Processo T-114/92, *Bureau Européen des Médias et de l'Industrie Musicale (BEMIM) / Comissão das Comunidades Europeias*, Col. 1995, p. II-147, ponto 28. Associações de empresas figuraram igualmente como queixosas nos casos que deram origem aos acórdãos no processo 298/83, *Comité des industries cinématographiques des Communautés européennes (CICCE)/Comissão das Comunidades Europeias*, Col. 1985, p. 1105 e processo T-319/99, *Federacion Nacional de Empresas (FENIN)/Comissão das Comunidades Europeias*, ainda não publicado na Colectânea de Jurisprudência de 2003.

[2] Processos apensos T-133/95 e T-204/95, *International Express Carriers Conference (IECC)/Comissão das Comunidades Europeias*, Col. 1998, p. II-3645, pontos 79-83.

[3] Processo T-37/92, *Bureau Européen des Unions des Consommateurs (BEUC)/ /Comissão,* Col. 1994, p. II-285, ponto 36.

[4] Esta questão está actualmente em análise num processo pendente no Tribunal de Primeira Instância (processos apensos T-213 e 214/01). A Comissão também aceitou como queixoso um consumidor individual na sua Decisão de 9 de Dezembro de 1998 no processo IV/D-2/34.466, *Greek Ferries,* JO L 109 de 27.4.1999, ponto 1, p. 24.

considerar que demonstrem um interesse legítimo na acepção do n.º 2 do artigo 7.º do Regulamento n.º 1/2003 quando levarem ao conhecimento da Comissão alegadas infracções *pro bono publico*.

40. Os autores da denúncia têm de demonstrar o seu interesse legítimo. Quando uma pessoa singular ou colectiva que apresenta uma denúncia não puder demonstrar um interesse legítimo, a Comissão está habilitada, sem prejuízo do seu direito de dar início a um processo oficiosamente, a não dar seguimento à denúncia. A Comissão pode averiguar se esta condição está preenchida em qualquer fase da investigação[1].

C. APRECIAÇÃO DAS DENÚNCIAS

a) Interesse comunitário

41. Segundo a jurisprudência pacífica dos tribunais comunitários, a Comissão não é obrigada a efectuar uma investigação sobre cada caso[2] ou, *a fortiori*, a tomar uma decisão na acepção do artigo 249.º do Tratado CE sobre a existência ou não de uma infracção aos artigos 81.º ou 82.º[3], estando habilitada a atribuir diferentes graus de prioridade às denúncias que lhe são apresentadas e a basear-se no interesse comunitário para determinar o grau de prioridade a atribuir às várias denúncias recebidas[4]. A situação só é diferente quando a denúncia se enquadra na competência exclusiva da Comissão[5].

42. No entanto, a Comissão deve examinar cuidadosamente os elementos factuais e jurídicos que o autor da denúncia põe à sua consideração, a fim de avaliar o interesse comunitário em proceder à investigação de um caso[6].

---

[1] Processos apensos T-133/95 e T-204/95, *International Express Carriers Conference (IECC)/Comissão das Comunidades Europeias*, Col. 1998, p. II-3645, ponto 79.

[2] Processo T-24/90, *Automec/Comissão das Comunidades Europeias*, Col. 1992, p. II-2223, ponto 76; processo C-91/95 P, *Roger Tremblay e outros/Comissão das Comunidades Europeias*, Col. 1996, p. I-5547, ponto 30.

[3] Processo 125/78, *GEMA/Comissão das Comunidades Europeias*, Col. 1979, p. 3173, ponto 17; processo C-119/97P, *Union française de l'express (Ufex) e outros/ /Comissão das Comunidades Europeias*, Col. 1999, p. I-1341, ponto 87.

[4] Jurisprudência pacífica desde o processo T-24/90, *Automec/Comissão das Comunidades Europeias*, Col. 1992, p. II-2223, pontos 77 e 85. O décimo oitavo considerando do Regulamento n.º 1/2003 confirma expressamente esta possibilidade.

[5] Jurisprudência pacífica desde o processo T-24/90, *Automec/Comissão das Comunidades Europeias*, Col. 1992, p. II-2223, pontos 77 e 85. Nos termos do disposto no Regulamento n.º 1/2003, este princípio só pode ser relevante no contexto do artigo 29.º do referido regulamento.

[6] Processo 210/81, *Oswald Schmidt, agindo em nome de Demo-Studio Schmidt/ /Comissão das Comunidades Europeias*, Col. 1983, p. 3045, ponto 19, processo C-119/97 P,

43. A avaliação do interesse comunitário suscitado por uma denúncia depende das circunstâncias de cada caso específico. Consequentemente, o número de critérios de avaliação nos quais a Comissão pode basear-se não é limitado, nem a Comissão é obrigada a recorrer exclusivamente a determinados critérios. Uma vez que as circunstâncias factuais e jurídicas podem variar consideravelmente de caso para caso, é admissível que se apliquem critérios que não tenham sido considerados anteriormente[1]. Quando apropriado, a Comissão pode atribuir prioridade a um único critério para proceder à avaliação do interesse comunitário[2].

44. Entre os critérios que a jurisprudência considera relevantes para a avaliação do interesse comunitário na realização de investigação suplementar de um caso contam-se os seguintes:

– A Comissão pode rejeitar uma denúncia com base no facto de o seu autor poder intentar uma acção a fim de afirmar os seus direitos perante os tribunais nacionais[3].

– A Comissão pode não considerar determinadas situações excluídas, em princípio, da sua competência no âmbito da missão que lhe é confiada pelo Tratado mas deve avaliar, em cada caso, a gravidade das alegadas infracções e a persistência das suas consequências. Isto implica, especificamente, que deve ter em conta a duração e a extensão das infracções denunciadas e os seus efeitos sobre a situação da concorrência na Comunidade[4].

– A Comissão pode ter de ponderar a gravidade da alegada infracção em termos dos seus efeitos sobre o funcionamento do mercado interno, a probabilidade de ser feita a prova da sua existência e a dimensão da investigação necessária para exercer a sua missão de assegurar o cumprimento dos artigos 81.º e 82.º do Tratado[5].

– Embora o poder discricionário da Comissão não dependa de quão avançada

---

Union française de l'express (Ufex) e outros/Comissão das Comunidades Europeias, Col. 1999, p. I-1341, ponto 86.

[1] Processo C-119/97 P, *Union française de l'express (Ufex) e outros/Comissão das Comunidades Europeias*, Col. 1999, p. I-1341, pontos 79-80.

[2] Processo C-450/98 P, *International Express Carriers Conference (IECC)/Comissão das Comunidades Europeias*, Col. 2001, p. I-3947, pontos 57-59.

[3] Processo T-24/90, *Automec/Comissão das Comunidades Europeias*, Col. 1992, p. II-2223, ponto 88 e seguintes; processo T-5/93, *Roger Tremblay e outros/Comissão das Comunidades Europeias*, Col. 1995, p. II-185, pontos 65 e seguintes; processo T-575/93, *Casper Koelman/Comissão das Comunidades Europeias*, Col. 1996, p. II-1, pontos 75-80; ver igualmente parte II, em que são dadas explicações mais pormenorizadas sobre esta situação.

[4] Processo C-119/97 P, *Union française de l'express (Ufex) e outros/Comissão das Comunidades Europeias*, Col. 1999, p. I-1341, pontos 92/93.

[5] Jurisprudência constante desde o processo T-24/90, *Automec/Comissão das Comunidades Europeias*, Col. 1992, p. II-2223, ponto 86.

esteja a investigação de um processo, a fase da investigação faz parte das circunstâncias do processo que a Comissão pode ter de tomar em consideração[1].

– A Comissão pode decidir que não é apropriado investigar uma denúncia se as práticas em questão tiverem cessado. Contudo, para este efeito, a Comissão terá de averiguar se os efeitos anticoncorrenciais persistem e se a gravidade das infracções ou a persistência dos seus efeitos confere eventualmente à denúncia interesse comunitário[2].

– A Comissão pode igualmente decidir que não é apropriado investigar uma denúncia quando as empresas em causa concordarem em alterar o seu comportamento de tal forma que a Comissão possa considerar que deixou de ser do interesse comunitário intervir[3].

45. Quando entenda que um caso não se reveste de suficiente interesse comunitário para justificar investigação suplementar, a Comissão pode rejeitar a denúncia com esse mesmo fundamento. Esta decisão pode ser tomada antes do início de uma investigação ou depois de serem tomadas medidas de investigação[4]. No entanto, a Comissão não é obrigada a rejeitar uma denúncia por ausência de interesse comunitário. Pode investigar qualquer infracção suspeita aos artigos 81.º e 82.º com vista à adopção de uma decisão de proibição[5].

b) Avaliação à luz dos artigos 81.º e 82.º

46. O exame de uma denúncia ao abrigo dos artigos 81.º e 82.º implica duas vertentes, uma relativa aos factos a apurar para provar a infracção aos artigos 81.º ou 82.º e outra relativa à apreciação jurídica das práticas denunciadas.

47. Quando a denúncia, embora respeitando os requisitos previstos no artigo 5.º do Regulamento n.º 773/2004 e do formulário C, não fundamentar suficien-

---

[1] Processo C-449/98 P, *International Express Carriers Conference (IECC)/Comissão das Comunidades Europeias*, Col. 2001, p. I-3875, ponto 37.

[2] Processo T-77/95, *Syndicat français de l.Express International e outros/Comissão das Comunidades Europeias*, Col. 1997, p. II-1, ponto 57, confirmado, neste aspecto, pelo processo C-119/97 P, *Union française de l'express (Ufex) e outros/Comissão das Comunidades Europeias*, Col. 1999, p. I-1341, ponto 95. Ver também processo T-37/92, *Bureau Européen des Unions des Consommateurs (BEUC)/Comissão das Comunidades Europeias*, Col. 1994, p. II-285, ponto 113, em que um compromisso não escrito entre um Estado Membro e um país terceiro exterior à política comercial comum não foi considerado suficiente para estabelecer que a prática denunciada tinha cessado

[3] Processo T-110/95, *International Express Carriers Conference (IECC)/Comissão das Comunidades Europeias e outros,* Col. 1998, p. II-3605, ponto 57, confirmado pelo processo 449/98 P, *International Express Carriers Conference (IECC)/Comissão das Comunidades Europeias e outros,* Col. 2001, p. I-3875, pontos 44-47.

[4] Processo C-449/98 P, *International Express Carriers Conference (IECC)/Comissão das Comunidades Europeias e outros*, Col. 2001, p. I-3875, ponto 37.

[5] Ver processo T-77/92, *Parker Pen/Comissão das Comunidades Europeias*, Col. 1994, p. II-549, pontos 64/65.

temente as alegações apresentadas, pode ser rejeitada por essa razão[1]. Para rejeitar uma denúncia devido ao facto de o comportamento denunciado não infringir as regras comunitárias em matéria de concorrência ou não ser abrangido pelo seu âmbito de aplicação, a Comissão não é obrigada a tomar em consideração circunstâncias que não lhe tenham sido comunicadas pelo autor da denúncia e que só poderia ter descoberto através da investigação do caso[2].

48. Os critérios para a apreciação jurídica de acordos ou práticas à luz dos artigos 81.º e 82.º não podem ser analisados de forma exaustiva na presente Comunicação.

Contudo, os potenciais autores de denúncias devem recorrer às extensas orientações que a Comissão disponibiliza[3], para além de outras fontes e, em especial, a jurisprudência dos tribunais comunitários e a prática decisória da Comissão. Nos pontos seguintes são referidas quatro questões específicas, com indicações sobre a forma de obter mais orientações.

49. Os acordos e práticas são abrangidos pelo âmbito de aplicação dos artigos 81.º e 82.º se forem susceptíveis de afectar o comércio entre Estados Membros. Quando um acordo ou prática não preenche esta condição, pode ser aplicada a legislação nacional em matéria de concorrência, mas não a legislação comunitária. Podem ser encontradas mais orientações nesta matéria na Comunicação sobre o conceito de efeitos sobre o comércio[4].

50. Os acordos que são abrangidos pelo âmbito de aplicação do artigo 81.º podem ser acordos de menor importância, que se considera não restringirem sensivelmente a concorrência. Na Comunicação *de minimis* da Comissão encontram-se orientações sobre esta questão[5].

51. Considera-se que os acordos que preenchem as condições de um regulamente de isenção por categoria satisfazem as condições do n.º 3 do artigo 81.º[3]. Para que a Comissão retire o benefício da isenção por categoria, nos termos do artigo 29.º

---

[1] Processo 298/83, *Comité des industries cinématographiques des Comunautés européennes (CICCE)/Comissão das Comunidades Europeias*, Col. 1985, p. 1105, pontos 21-24; processo T 198/98, *Micro Leader Business/Comissão das Comunidades Europeias*, Col. 1999, p. II-3989, pontos 32-39.

[2] Processo T-319/99, *Federacion Nacional de Empresas (FENIN)/Comissão das Comunidades Europeias*, ainda não publicado na Col. 2003, ponto 43.

[3] Orientações extensivas encontram-se disponíveis no sítio Web da Comissão em http://europa.eu.int/comm/competition/index_en.html.

[4] Comunicação sobre o conceito de efeitos no comércio previsto nos artigos 81.º e 82.º do Tratado – JO, C 101, de 27.4.2004, pp. 81.

[5] Comunicação da Comissão relativa aos acordos de pequena importância que não restringem sensivelmente a concorrência nos termos do n.º 1 do artigo 81° do Tratado que institui a Comunidade Europeia (*de minimis*), JO C 368 de 22 de Dezembro de 2001, p. 13.

[6] Os textos de todos os regulamentos de isenção por categoria estão disponíveis no sítio Web da Comissão em http://europa.eu.int/comm/competition/index_pt.html.

do Regulamento n.º 1/2003, é necessário que conclua, mediante uma apreciação individual, que um acordo a que se aplica o regulamento de isenção produz determinados efeitos que são incompatíveis com o n.º 3 do artigo 81.º.

52. Acordos que restrinjam a concorrência na acepção do n.º 1 do artigo 81.º do Tratado CE podem satisfazer as condições previstas no n.º 3 do mesmo artigo. Nos termos do n.º 2 do artigo 1.º do Regulamento n.º 1/2003, e não sendo necessária para o efeito uma decisão administrativa prévia, estes acordos não são proibidos. A Comunicação relativa ao n.º 3 do artigo 81.º[1] contém orientações sobre as condições que devem ser satisfeitas por um acordo nos termos do n.º 3 do artigo 81.º.

D. PROCEDIMENTOS DA COMISSÃO NO TRATAMENTO DE DENÚNCIAS

a) Panorâmica

53. Tal como recordado anteriormente, a Comissão não é obrigada a realizar uma investigação relativamente a cada denúncia apresentada, com o objectivo de verificar se foi cometida uma infracção. No entanto, a Comissão tem o dever de tomar devidamente em consideração as questões factuais e jurídicas que lhe são comunicadas pelo autor da denúncia, a fim de avaliar se essas questões indiciam um comportamento susceptível de infringir os artigos 81.º e 82.º[2].

54. No procedimento seguido pela Comissão para o tratamento de denúncias, podem distinguir-se diferentes fases[3].

55. Na primeira fase após a apresentação da denúncia, a Comissão examina a denúncia e pode recolher informações adicionais a fim de decidir que medidas tomará. Esta fase pode incluir uma troca informal de pontos de vista entre a Comissão e o autor da denúncia, com o objectivo de clarificar os aspectos factuais e jurídicos decorrentes da denúncia. Nesta fase, a Comissão pode transmitir ao autor da denúncia uma primeira reacção, que permitirá a este desenvolver as suas alegações à luz desta reacção inicial.

56. Na segunda fase, a Comissão pode investigar mais aprofundadamente o caso, com vista a dar início a um processo nos termos do n.º 1 do artigo 7.º do Regulamento n.º 1/2003 contra as empresas objecto da denúncia. Caso a Comissão

---

[1] Comunicação da Comissão – Orientações relativas à aplicação do n.º 3 do artigo 81.º do Tratado – JO, C 101, de 27.4.2004, pp. 97.

[2] Processo 210/81, *Oswald Schmidt, agindo em nome de Demo-Studio Schmidt//Comissão das Comunidades Europeias*, Col. 1983, p. 3045, ponto 19; processo T-24/90, *Automec/Comissão das Comunidades Europeias*, Col. 1992, p. II-2223, ponto 79.

[3] Processo T-64/89, *Automec/Comissão das Comunidades Europeias*, Col. 1990, p. II-367, pontos 45-47 e processo T-37/92, *Bureau Européen des Unions des Consomma--teurs (BEUC)/Comissão das Comunidades Europeias*, Col. 1994, p. II-285, ponto 29.

considere que são insuficientes os fundamentos para dar seguimento à denúncia, informará o autor da denúncia das suas razões e dar-lhe-á a oportunidade de apresentar as suas observações num prazo que fixará (n.º 1 do artigo 7.º do Regulamento n.º 773/04).

57. Se o autor da denúncia não apresentar observações dentro do prazo fixado pela Comissão, a denúncia considera-se retirada (n.º 3 do artigo 7.º do Regulamento n.º 773/04).

Em todos os outros casos, na terceira fase do processo, a Comissão toma conhecimento das observações apresentadas pelo autor da denúncia e ou dá início a um processo contra o objecto da denúncia ou toma a decisão de a rejeitar[1].

58. Quando a Comissão rejeita uma denúncia nos termos do artigo 13.º do Regulamento n.º 1/2003 devido ao facto de outra autoridade estar a instruir o processo, a Comissão procederá em conformidade com o artigo 9.º do Regulamento n.º 773/04.

59. Ao longo de todo o procedimento, os autores das denúncias beneficiam de um conjunto de direitos previstos nos artigos 6.º a 8.º do Regulamento n.º 773/04. No entanto, os processos da Comissão em casos de concorrência não são procedimentos contraditórios entre o autor da denúncia, por um lado, e as empresas que são objecto da investigação, por outro. Consequentemente, os direitos processuais dos autores das denúncias não são tão amplos quanto o direito de defesa das empresas que são objecto de um processo por infracção[2].

b) Prazo indicativo para informar o autor da denúncia sobre as medidas propostas da Comissão

60. A Comissão tem a obrigação de decidir sobre as denúncias num prazo razoável[3]. O que se entende por prazo razoável depende das circunstâncias de cada caso e, em especial, do seu contexto, das várias fases processuais seguidas pela Comissão, do comportamento das partes durante o procedimento, da complexidade do caso e da sua importância para as várias partes implicadas[4].

61. A Comissão esforçar-se-á, em princípio, por informar os autores da denúncia das medidas que se propõe tomar relativamente a uma denúncia num quadro temporal indicativo de quatro meses a contar da data de recepção da denúncia.

---

[1] Processo C-282-/95 P, *Guérin automobiles/Comissão das Comunidades Europeias*, Col. 1997, p. I-1503, ponto 36.

[2] Processos apensos 142 e 156/84, *British American Tobacco Company e R. J. Reynolds Industries c. Comissão das Comunidades Europeias*, Col. 1987, p. 249, pontos 19/20.

[3] Processo C-282/95 P, *Guérin automobiles/Comissão das Comunidades Europeias*, Col. 1997, p. I-1503, ponto 37.

[4] Processos apensos T-213/95 e T-18/96, *Stichting Certificatie Kraanverhuurbedrijf (SCK) e Federatie van Nederlandse Kraanbedrijven (FNK)/Comissão das Comunidades Europeias*, Col. 1997, p. 1739, ponto 57.

Assim, dependendo das circunstâncias do caso individual e, em especial, à eventual necessidade de solicitar informações complementares ao autor da denúncia ou a terceiros, a Comissão informará, em princípio, o autor da denúncia no prazo de quatro meses da sua intenção de aprofundar ou não a investigação do caso. Este prazo não constitui um dever juridicamente vinculativo.

62. Em conformidade, neste prazo de quatro meses a Comissão pode informar o autor da denúncia da orientação que se propõe seguir, o que constitui uma reacção inicial na primeira fase do processo (ver parágrafo 55 supra). A Comissão pode igualmente, quando o exame da denúncia tiver avançado até à segunda fase (ver parágrafo 56 supra), informar directamente o autor da denúncia sobre a sua apreciação provisória, através de uma carta nos termos do n.º 1 do artigo 7.º do Regulamento n.º 773/04, de 7 de Abril de 2004.

63. Para assegurar o mais expedito tratamento das denúncias, é desejável que os seus autores cooperem diligentemente nos procedimentos[1], por exemplo informando a Comissão de quaisquer desenvolvimentos.

c) Direitos procedimentais do autor da denúncia

64. Quando a Comissão envia uma comunicação de objecções às empresas objecto da denúncia, nos termos do n.º 1 do artigo 10.º do Regulamento n.º 773/04, o autor da denúncia tem o direito de receber uma cópia deste documento, da qual são suprimidos os segredos comerciais e outras informações confidenciais das empresas em questão (versão não confidencial da comunicação de objecções; ver n.º 1 do artigo 6.º do Regulamento n.º 773/04). O autor da denúncia é convidado a apresentar por escrito as suas observações sobre a comunicação de objecções. É fixado um prazo para a apresentação de tais observações escritas.

65. Além disso, a Comissão pode, se for caso disso, dar ao autor da denúncia a oportunidade de apresentar os seus pontos de vista na audição oral das partes a quem foi transmitida uma comunicação de objecções, se tal for solicitado pelo autor da denúncia nas suas observações escritas[2].

66. Os autores das denúncias podem apresentar, por sua própria iniciativa ou a pedido da Comissão, documentos que contenham segredos comerciais ou outras informações confidenciais. Todas as informações confidenciais serão protegidas pela Comissão[3].

---

[1] A noção de "diligência" por parte do autor da denúncia é utilizada no acórdão do Tribunal de Primeira Instância proferido no processo T-77/94, *Vereniging van Groothandelaren in Bloemkwekerijprodukten e outros/Comissão das Comunidades Europeias*, Col. 1997, p. II-759, ponto 75.

[2] N.º 2 do artigo 6.º do Regulamento n.º 773/04 da Comissão.

[3] Artigo 287.º do Tratado CE, artigo 28.º do Regulamento n.º 1/2003 e artigos 15.º e 16.º do Regulamento n.º 773/04.

Nos termos do artigo 16.º do Regulamento n.º 773/04, os autores das denúncias são obrigados a identificar as informações confidenciais, a fundamentar por que razão essas informações são consideradas confidenciais e a apresentar uma versão não confidencial quando apresentarem observações nos termos do n.º 1 do artigo 6.º e do n.º 1 do artigo 7.º do Regulamento n.º 773/04, bem como quando apresentarem subsequentemente mais informações no âmbito do mesmo processo. Além disso, a Comissão pode, em todos os outros casos, solicitar aos autores das denúncias que apresentaram documentos ou declarações, que identifiquem os documentos ou partes de documentos ou declarações, que consideram confidenciais. Pode, especificamente, estabelecer um prazo para que o autor da denúncia especifique a razão por que considera confidencial uma determinada informação e forneça uma versão não confidencial, que inclua uma descrição concisa ou uma versão não confidencial de cada parte da informação retirada.

67. A classificação de uma informação como confidencial não impede a Comissão de divulgar e utilizar as informações quando tal seja necessário para provar uma infracção aos artigos 81.º ou 82.º[1]. Quando seja necessário utilizar segredos comerciais e informações confidenciais para provar uma infracção, a Comissão deve examinar, em relação a cada documento individual, se a necessidade de divulgação é superior ao prejuízo susceptível de resultar da divulgação da informação.

68. Quando a Comissão considera que não deve prosseguir o exame de uma denúncia, por não haver suficiente interesse comunitário em dar seguimento ao processo ou por outras razões, informa o autor da denúncia através de uma carta na qual indica a sua base legal (n.º 1 do artigo 7.º do Regulamento n.º 773/04), enuncia as razões que a levaram a concluir, a título provisório, por aquela opção e dá ao autor da denúncia a possibilidade de apresentar informações ou observações suplementares dentro de um prazo fixado pela Comissão. A Comissão indicará também as consequências de uma não resposta nos termos do n.º 3 do artigo 7.º do Regulamento n.º 773/04, como adiante se refere.

69. Nos termos do n.º 1 do artigo 8.º do Regulamento n.º 773/04, o autor da denúncia tem o direito de aceder à informação na qual a Comissão baseia a sua avaliação preliminar. Este acesso concretiza-se, geralmente, pela anexação à carta de uma cópia dos documentos pertinentes.

70. O prazo para a formulação de observações por parte do autor da denúncia à carta enviada nos termos do n.º 1 do artigo 7.º do Regulamento [...][2] será fixado de acordo com as circunstâncias do caso. Não deverá ser inferior a quatro semanas (n.º 2 do artigo 17.º do Regulamento n.º 773/04). Se o autor da denúncia não responder dentro do prazo fixado, a denúncia é considerada retirada nos termos do n.º 3 do artigo 7.º do Regulamento n.º 773704. Os autores de denúncias podem também retirá-las a qualquer momento se assim o desejarem.

---

[1] N.º 2 do artigo 27.º do Regulamento n.º 1/2003.
[2] Assim no original.

71. O autor da denúncia pode solicitar um prolongamento do prazo para apresentar observações. Segundo as circunstâncias do caso, a Comissão pode conceder essa extensão.

72. Nesse caso, quando o autor da denúncia apresenta observações suplementares, a Comissão toma delas conhecimento. Caso estas observações tenham por efeito levar a Comissão a alterar a sua posição anterior, esta pode dar início a um processo contra as empresas objecto da denúncia. Neste processo, o autor da denúncia dispõe dos direitos processuais acima referidos.

73. Quando as observações do autor da denúncia não alteram a orientação proposta da Comissão, esta rejeita a denúncia mediante decisão[1].

d) Decisão da Comissão de rejeitar uma denúncia

74. Quando a Comissão rejeita uma denúncia mediante decisão nos termos do n.º 2 do artigo 7.º do Regulamento [...], deve fundamentar essa decisão em conformidade com o artigo 253.º do Tratado CE, ou seja, de uma forma adequada ao acto em apreço e tendo em conta as circunstâncias de cada caso.

75. A exposição de motivos deve revelar de forma clara e inequívoca o raciocínio seguido pela Comissão, de forma a permitir ao autor da denúncia avaliar as razões da decisão e ao tribunal comunitário competente exercer o seu poder de revisão. No entanto, a Comissão não é obrigada a tomar posição sobre todos os argumentos invocados pelos autores da denúncia em apoio da mesma. Tem apenas de estabelecer as considerações de ordem factual e jurídica que tenham importância decisiva no contexto da decisão[2].

76. Quando a Comissão rejeita uma denúncia num processo que também suscita uma decisão nos termos do artigo 10.º do Regulamento n.º 1/2003 (Declaração de não aplicabilidade dos artigos 81.º e 82.º) ou do artigo 9.º do mesmo regulamento (Compromissos), a decisão de rejeição da denúncia deve fazer referência a essa outra decisão adoptada com base nas disposições mencionadas.

77. A decisão de rejeição de uma denúncia é susceptível de recurso para os tribunais comunitários[3].

78. Uma decisão de rejeição de uma denúncia inibe os autores da denúncia de requererem a reabertura da investigação, salvo se apresentarem novos elementos de prova significativos. Consequentemente, uma nova carta relativa à mesma alegada infracção de anteriores autores de uma denúncia não pode ser considerada como

---

[1] N.º 2 do artigo 7.º do Regulamento [..]; processo C-282/95 P, *Guérin automobiles/ /Comissão das Comunidades Europeias*, Col. 1997, p. I-1503, ponto 36.

[2] Jurisprudência pacífica; ver, nomeadamente, processo T-114/92, *Bureau Européen des Médias et de l'Industrie Musicale (BEMIM)/Comissão das Comunidades Europeias*, Col. 1995, p. II-147, ponto 41.

[3] Jurisprudência pacífica desde o processo 210/81, *Oswald Schmidt, agindo em nome de Demo-Studio Schmidt / Comissão das Comunidades Europeias*, Col. 1983, p. 3045.

uma nova denúncia, a menos que traga ao conhecimento da Comissão novas provas significativas. No entanto, a Comissão pode reabrir um processo em determinadas circunstâncias.

79. Uma decisão de rejeição de uma denúncia não resolve definitivamente a questão de saber se existe ou não uma infracção aos artigos 81.º e 82.º, mesmo que a Comissão tenha apreciado os factos com base nos artigos 81.º e 82.º. Assim, as apreciações feitas pela Comissão numa decisão de rejeição de uma denúncia não impedem um tribunal ou uma autoridade responsável em matéria de concorrência de um Estado-Membro de aplicarem os artigos 81.º e 82.º a acordos ou práticas que sejam apresentados à sua apreciação. As apreciações feitas pela Comissão numa decisão de rejeição de uma denúncia constituem factos que os tribunais ou as autoridades de concorrência dos Estados-Membros podem ter em conta ao averiguarem se os acordos ou práticas em apreço estão em conformidade com os artigos 81.º e 82.º[1].

e) Situações específicas

80. Nos termos do artigo 8.º do Regulamento n.º 1/2003, em caso de urgência devida ao risco de um prejuízo grave e irreparável para a concorrência, a Comissão pode, *actuando oficiosamente*, ordenar medidas provisórias. O artigo 8.º do Regulamento n.º 1/2003 torna bem claro que os autores de uma denúncia não podem solicitar a aplicação de medidas provisórias nos termos do n.º 2 do artigo 7.º do Regulamento.º 1/2003. Os pedidos de medidas provisórias por parte de empresas podem ser apresentados junto dos tribunais dos Estados-Membros, que se encontram bem posicionados para decidir sobre tais medidas[2].

81. Algumas pessoas podem informar a Comissão de infracções suspeitas relativamente aos artigos 81.º e 82.º sem que a sua identidade seja revelada às empresas em causa nas alegações. A Comissão acolhe com agrado o contacto destas pessoas. A Comissão é obrigada a respeitar o pedido de anonimato de um informador[3], salvo se o pedido de anonimato for manifestamente injustificado.

---

[1] Processo T-575/93, *Casper Koelman / Comissão das Comunidades Europeias*, Col. 1996, p. II-1, pontos 41-43.

[2] Em função do caso, as autoridades de concorrência dos Estados-Membros também podem estar bem colocadas para adoptar medidas provisórias.

[3] Processo 145/83, *Stanley George Adams / Comissão das Comunidades Europeias*, Col. 1985, p. 3539.

ANEXO

FORMULÁRIO C

Denúncia nos termos do artigo 7.º do Regulamento (CE) n.º 1/2003

I. INFORMAÇÕES RELATIVAS AO AUTOR DA DENÚNCIA E À(S) EMPRESA(S) OU ASSOCIAÇÃO DE EMPRESAS OBJECTO DA DENÚNCIA

(1) Fornecer elementos completos sobre a identificação da pessoa singular ou colectiva que apresenta a denúncia. Sempre que o autor da denúncia for uma empresa, identificar o grupo empresarial a que pertence e apresentar uma visão geral concisa da natureza e âmbito das suas actividades comerciais.

Indicar uma pessoa para contacto (com número de telefone e endereços postal e electrónico) que possa fornecer explicações adicionais.

(2) Identificar a(s) empresa(s) ou associação de empresas a cujo comportamento a denúncia se refere, incluindo, se for caso disso, todas as informações disponíveis sobre o grupo empresarial a que pertence a empresa objecto de denúncia e a natureza e âmbito das actividades comerciais a que se dedica. Indicar a relação do autor da denúncia com a(s) empresa(s) ou associação de empresas objecto da denúncia (por exemplo, cliente, concorrente).

II. INFORMAÇÕES PORMENORIZADAS SOBRE A ALEGADA INFRACÇÃO E ELEMENTOS DE PROVA

(3) Apresentar pormenorizadamente os factos que, na sua opinião, consubstanciam uma infracção aos artigos 81.º ou 82.º do Tratado e/ou aos artigos 53.º ou 54.º do Acordo EEE. Indicar, em especial, a natureza dos produtos (bens ou serviços) afectados pelas alegadas infracções e explicar, sempre que necessário, as relações comerciais respeitantes a esses produtos. Fornecer todos os dados de que disponha sobre acordos ou práticas das empresas ou associações de empresas relacionadas com a presente denúncia. Indicar, o mais pormenorizadamente possível, as posições de mercado relativas das empresas que são objecto da denúncia.

(4) Apresentar toda a documentação de que disponha relacionada ou directamente ligada aos factos apresentados na denúncia (por exemplo, textos de acordos, actas de negociações ou de reuniões, condições de transacção, documentos comerciais, circulares, correspondência, anotações de conversas telefónicas, etc.). Indicar os nomes e endereços das pessoas que podem corroborar os factos apresentados na denúncia e, em especial, das pessoas afectadas pela alegada infracção. Apresentar estatísticas ou outros dados que possua relacionados com os factos apresentados, em especial quando revelam uma evolução do mercado (por exemplo, informações relativas a preços e tendências de preços, barreiras à entrada no mercado para novos fornecedores, etc.).

(5) Apresentar a sua opinião sobre o âmbito geográfico da alegada infracção e explicar, quando não for óbvio, em que medida as transacções entre Estados Membros ou entre a

Comunidade e um ou mais Estados da EFTA que são Partes no Acordo EEE podem ser afectadas pela conduta que é objecto de denúncia.

III. O QUE SE PRETENDE DA COMISSÃO E INTERESSE LEGÍTIMO

(6) Explicar qual a solução ou acção que pretende como resultado do processo iniciado pela Comissão.

(7) Apresentar a fundamentação do seu interesse legítimo enquanto autor da denúncia nos termos do artigo 7.º do Regulamento (CE) n.º 1/2003. Referir, em especial, de que forma é afectado pela conduta que é objecto de denúncia e explicar como, do seu ponto de vista, a intervenção da Comissão poderá corrigir a alegada situação danosa.

IV. PROCESSOS PERANTE AS AUTORIDADES NACIONAIS RESPONSÁVEIS EM MATÉRIA DE CONCORRÊNCIA OU DOS TRIBUNAIS NACIONAIS

(8) Fornecer informações completas sobre qualquer diligência da sua parte, relativa ao mesmo objecto ou a objecto relacionado, junto de outra autoridade responsável em matéria de concorrência e/ou sobre uma eventual acção interposta junto de um tribunal nacional. Se for o caso, fornecer os elementos completos sobre a autoridade administrativa ou judicial a quem se dirigiu e as alegações apresentadas a essa autoridade. Declaração de que as informações contidas no presente formulário e nos Anexos foram prestadas de boa fé.

Data e assinatura.

CARTAS DE ORIENTAÇÃO

Comunicação da Comissão*

I. REGULAMENTO N.º 1/2003

1. O Regulamento n.º 1/2003[1] estabelece um novo sistema de aplicação dos artigos 81.º e 82.º do Tratado. Embora concebido no sentido de uma reorientação para a tarefa principal de aplicação eficaz das regras de concorrência, o Regulamento proporciona também segurança jurídica, porquanto determina que os acordos[2] abrangidos pelo n.º 1 do artigo 81.º mas que preencham as condições previstas no n.º 3 do mesmo artigo são válidos e de integral aplicação *ab initio*, sem necessidade de decisão prévia de uma autoridade responsável em matéria de concorrência (artigo 1.º do Regulamento n.º 1/2003).

2. O quadro do Regulamento n.º 1/2003, embora introduzindo competências paralelas da Comissão, das autoridades responsáveis em matéria de concorrência dos Estados-Membros e dos tribunais dos Estados-Membros para a integral aplicação dos artigos 81.º e 82.º, limita os riscos de uma aplicação incoerente através de um conjunto de medidas, assegurando, deste modo, o aspecto fundamental para as empresas que é a segurança jurídica, reflectida na jurisprudência do Tribunal de Justiça . ou seja, a garantia de que as regras de concorrência são aplicadas de forma coerente em toda a Comunidade.

3. As empresas encontram-se geralmente em boa situação para avaliar a legalidade das suas acções, podendo tomar decisões com conhecimento de causa sobre a eventual conclusão de um acordo ou a adopção de uma prática e sob que forma.

---

* Comunicação da Comissão sobre a orientação informal relacionada com questões novas relativas aos artigos 81.º e 82.º do Tratado CE que surjam em casos individuais (cartas de orientação) (Texto relevante para efeitos do EEE) – JO, C 101, de 27.4.2004, pp. 78.

[1] Regulamento (CE) n.º 1/2003 do Conselho, de 16 de Dezembro de 2002, relativo à execução das regras de concorrência estabelecidas nos artigos 81.º e 82.º do Tratado, JO, L 1, de 4.1.2003, pp. 1-25.

[2] Na presente Comunicação, o termo "acordo" abrange tanto os acordos, como as decisões de associações de empresas e as práticas concertadas. O termo "práticas" refere-se ao comportamento de empresas em posição dominante. O temo "empresas" abrange igualmente as "associações de empresas".

Estão próximas dos factos e têm à sua disposição o quadro constituído pelos regulamentos de isenção por categoria, pela jurisprudência e pela prática decisória e têm também acesso a um extenso acervo de orientações e comunicações da Comissão[1].

4. Paralelamente à reforma das regras de execução dos artigos 81.º e 82.º resultante do Regulamento n.º 1/2003, a Comissão procedeu a uma revisão dos regulamentos de isenção por categoria, bem como das suas comunicações e orientações, tendo em vista reforçar o apoio à auto-avaliação por parte dos operadores económicos. A Comissão elaborou também orientações sobre a aplicação do n.º 3 do artigo 81.º[2], o que permite às empresas, na grande maioria dos casos, avaliarem de forma fiável a conformidade dos seus acordos com o artigo 81.º . Além disso, a prática da Comissão tem-se orientado no sentido de aplicar coimas que não são meramente simbólicas[3] apenas nos casos em que se verifica, quer em instrumentos horizontais, quer na jurisprudência e na prática, que um certo comportamento constitui uma infracção.

5. Nos casos que, não obstante os elementos acima referidos, suscitam verdadeiras incertezas por apresentarem questões novas ou não resolvidas em relação à aplicação dos artigos 81.º e 82.º , as empresas poderão pretender obter orientações informais por parte da Comissão[4]. Quando o considere apropriado e sob reserva das suas prioridades de aplicação da lei, a Comissão poderá fornecer tais orientações informais sobre questões novas relacionadas com a interpretação dos artigos 81.º e/ou 82.º através de um declaração escrita (carta de orientação). A presente comunicação aborda em pormenor este instrumento.

II. QUADRO PARA AVALIAR A OPORTUNIDADE DA EMISSÃO DE UMA CARTA DE ORIENTAÇÃO

6. O Regulamento n.º 1/2003 confere poderes à Comissão para investigar infracções aos artigos 81.º e 82.º[5] e impor sanções. Um dos principais objectivos do Regulamento consiste em assegurar a aplicação eficaz das regras comunitárias de

---

[1] Todos os textos referidos estão disponíveis em: http://europa.eu.int/comm/competition/index_en.html.

[2] Comunicação da Comissão "Orientações relativas à aplicação do n.º 3 do artigo 81.º do Tratado".

[3] As coimas simbólicas são fixadas normalmente em 1000 euros. Cf. as Orientações da Comissão para o cálculo das coimas aplicadas por força do n.º 2 do artigo 15.º do Regulamento n.º 17 e do n.º 5 do artigo 65.º do Tratado CECA, JO C 9 de 14.01.1998.

[4] Ver trigésimo oitavo considerando do Regulamento 1/2003.

[5] Ver, em especial, artigos 7.º a 9.º, 12.º, 17.º a 24.º e 29.º do Regulamento 1/2003.

concorrência através da supressão do anterior sistema de notificação e, deste modo, permitir à Comissão concentrar-se na repressão das infracções mais graves[1].

7. Embora o Regulamento n.º 1/2003 não prejudique a possibilidade da Comissão de fornecer orientação informal a empresas[2], conforme exposto na presente Comunicação, esta possibilidade não deve interferir com o principal objectivo do Regulamento, que consiste em assegurar uma aplicação eficaz da lei. Consequentemente, a Comissão apenas poderá prestar orientação informal a empresas se tal for compatível com as suas prioridades de aplicação da lei.

8. Sem prejuízo do disposto no ponto 7, a Comissão, face a um pedido de carta de orientação, apreciará se é adequado dar-lhe seguimento. A emissão de uma carta de orientação só poderá ser considerada se forem observadas de forma cumulativa as seguintes condições:

a) A avaliação substantiva de um acordo ou prática à luz dos artigos 81.º e/ou 82.º do Tratado colocar uma questão de aplicação da lei para a qual não existe clarificação no actual quadro jurídico comunitário, incluindo a jurisprudência dos tribunais comunitários, nem nas orientações gerais de acesso público, nem um precedente na prática decisória ou em cartas de orientação anteriores.

b) Uma avaliação *prima facie* das especificidades e dos antecedentes do caso sugerir ser útil a clarificação da referida questão nova através de uma carta de orientação, tendo em conta os seguintes elementos:
— a importância económica, do ponto de vista do consumidor dos bens ou serviços a que o acordo ou prática diz respeito e/ou
— medida em que o acordo ou prática corresponde ou poderá corresponder a uma utilização económica mais alargada no mercado e/ou
— a importância dos investimentos associados à transacção relativamente à
— dimensão das empresas em causa e a medida em que a transacção afecta uma operação estrutural, como seja a criação de uma empresa comum que não exerce todas as funções de uma entidade económica autónoma.

c) É possível emitir uma carta de orientação com base nas informações prestadas, ou seja, não é necessário proceder a novo apuramento dos factos.

9. Além disso, a Comissão não considerará um pedido de carta de orientação em qualquer das seguintes circunstâncias:
— as questões incluídas no pedido são idênticas ou semelhantes àquelas que constituem o objecto de um processo pendente no Tribunal de Primeira Instância ou no Tribunal de Justiça das Comunidades Europeias;
— o acordo ou prática a que se refere o pedido constitui o objecto de um processo pendente na Comissão, num tribunal de um Estado Membro ou numa autoridade responsável em matéria de concorrência de um Estado Membro.

10. A Comissão não procederá à análise de questões hipotéticas nem emitirá cartas de orientação sobre acordos ou práticas que deixaram de ser aplicadas pelas

---

[1] Ver, em especial, terceiro considerando do Regulamento 1/2003.
[2] Ver trigésimo oitavo considerando do Regulamento 1/2003.

partes. Contudo, as empresas podem solicitar uma carta de orientação à Comissão relativamente a questões suscitadas por um acordo ou prática planeados, isto é, antes da concretização desse acordo ou prática. Neste caso, a operação deve ter atingido um grau de desenvolvimento suficientemente avançado para que o pedido seja considerado.

11. Um pedido de carta de orientação não prejudica a competência da Comissão para dar início a um processo, nos termos do Regulamento n.º 1/2003, relativamente aos factos apresentados no pedido.

III. INDICAÇÕES SOBRE A FORMA DE REQUERER ORIENTAÇÃO

12. Uma empresa ou empresas que tenham celebrado ou pretendam celebrar um acordo ou prática nos termos dos artigos 81.º e/ou 82.º do Tratado podem apresentar um pedido relativamente a questões de interpretação suscitadas pelo referido acordo ou prática.

13. Os pedidos de carta de orientação devem ser endereçados a:
Commission européenne / Europese Commissie
DG Concorrência
B-1049 Bruxelles / Brussel
4

14. Não existe qualquer formulário. Deve ser apresentado um memorando que refira claramente:

– a identificação de todas as empresas em causa, assim como um endereço único para contacto com a Comissão;

– as questões específicas relativamente às quais é solicitada orientação;

– informação completa e exaustiva sobre todos os pontos relevantes para uma análise fundamentada das questões suscitadas, incluindo a documentação pertinente;

– exposição pormenorizada, tendo em conta a alínea *a)* do ponto 8, dos motivos pelos quais o pedido apresenta uma ou mais questões novas;

– todas as outras informações que permitam uma avaliação do pedido à luz dos elementos contidos nos pontos 8 a 10 da presente comunicação, incluindo, em especial, uma declaração de que o acordo ou prática a que o requerimento se refere não é objecto de qualquer processo pendente num tribunal ou perante uma autoridade de concorrência de um Estado Membro;

– sempre que o pedido contenha elementos que sejam considerados segredos comerciais, uma identificação clara dos mesmos;

– quaisquer outras informações ou documentação relevantes para o caso específico.

IV. TRATAMENTO DO PEDIDO

15. A Comissão analisará, em princípio, o pedido com base nas informações prestadas. Não obstante o disposto na alínea c) do ponto 8, a Comissão pode utilizar informações adicionais disponíveis em fontes públicas, processos anteriores ou qualquer outra fonte, e pode solicitar aos requerentes a prestação de informações adicionais. São aplicáveis as regras normais em matéria de segredo profissional às informações prestadas pelos requerentes.

16. A Comissão pode partilhar as informações que lhe foram prestadas com as autoridades responsáveis em matéria de concorrência dos Estados Membros e destas receber informações. Pode debater o conteúdo do pedido com as autoridades responsáveis em matéria de concorrência dos Estados Membros antes de emitir uma carta de orientação.

17. Sempre que não seja emitida uma carta de orientação, a Comissão informará o(s) requerente(s) em conformidade.

18. Uma empresa pode retirar o seu pedido a qualquer momento. De qualquer modo, as informações fornecidas no contexto de um pedido de orientação ficam em poder da Comissão e podem ser utilizadas em processos subsequentes nos termos do Regulamento n.º 1/2003 (ver ponto 11).

V. CARTAS DE ORIENTAÇÃO

19. Uma carta de orientação inclui:
   – uma descrição sumária dos factos em que se baseia;
   – a principal fundamentação jurídica em que assenta a interpretação da Comissão relativamente a questões novas relativas aos artigos 81.º e/ou 82.º suscitadas no pedido.

20. A carta de orientação pode incidir apenas sobre uma parte das questões suscitadas no pedido. Pode ainda incluir aspectos adicionais àqueles que foram apresentados no pedido.

21. As cartas de orientação serão colocadas no sítio Web da Comissão, tendo em conta o legítimo interesse das empresas na protecção dos seus segredos comerciais. Antes de emitir uma carta de orientação, a Comissão acordará com os requerentes numa versão pública.

VI. EFEITOS DAS CARTAS DE ORIENTAÇÃO

22. As cartas de orientação da Comissão destinam-se, em primeiro lugar, a ajudar as empresas a procederem, elas próprias, a uma avaliação com conhecimento de causa dos seus acordos e práticas.

23. Uma carta de orientação não prejudica a apreciação da mesma questão pelos tribunais comunitários.

24. Naqueles casos em que um acordo ou uma prática tenham constituído o substrato factual de uma carta de orientação, a Comissão não fica impedida de examinar subsequentemente o mesmo acordo ou prática no âmbito de um procedimento ao abrigo do Regulamento 1/2003, em especial na sequência de uma denúncia. Nesse caso, a Comissão terá em consideração a carta de orientação anterior, sob reserva, em especial, de alterações ocorridas nos factos subjacentes, de quaisquer novos aspectos suscitados pelo denunciante, da evolução jurisprudencial dos tribunais europeus ou de alterações significativas na política seguida pela Comissão.

25. As cartas de orientação não constituem decisões da Comissão e não vinculam as autoridades em matéria de concorrência nem os tribunais dos Estados Membros com competência para aplicar os artigos 81.º e 82.º. No entanto, as autoridades em matéria de concorrência e os tribunais dos Estados Membros podem ter em conta as cartas de orientação emitidas da Comissão, desde que as considerem útil no contexto de um processo.

IMUNIDADE E REDUÇÃO DE COIMAS

Comunicação da Comissão*

INTRODUÇÃO

1. A presente Comunicação aplica-se aos cartéis secretos entre dois ou mais concorrentes que têm por objectivo fixar os preços, a produção ou as quotas de vendas, repartir os mercados, incluindo fraude a nível dos processos de concurso, ou restringir as importações ou exportações. Estas práticas contam-se entre as restrições de concorrência mais graves com que se debate a Comissão e provocam, em última análise, o aumento dos preços e uma diminuição das possibilidades de escolha para os consumidores. Prejudicam também a indústria europeia.

2. Ao limitarem de forma artificial a concorrência que normalmente deveria existir entre si, as empresas evitam precisamente as pressões que as levariam a inovar, tanto no que diz respeito ao desenvolvimento dos produtos como à introdução de processos de produção mais eficazes. Estas práticas conduzem igualmente a um aumento dos preços das matérias-primas e dos componentes para as empresas comunitárias que os adquirem a esses produtores. A longo prazo, enfraquecem a competitividade e reduzem as oportunidades de emprego.

3. A Comissão está consciente de que algumas empresas envolvidas neste tipo de acordos ilegais estão dispostas a pôr termo à sua participação e a informar a Comissão da sua existência, mas receiam fazê-lo devido às elevadas coimas a que estarão potencialmente expostas. A fim de esclarecer a sua posição neste tipo de situações, a Comissão adoptou uma Comunicação sobre a não aplicação ou a redução de coimas nos processos relativos a acordos, decisões e práticas concertadas, seguidamente designada por "Comunicação de 1996".[1]

4. A Comissão considera que é do interesse da Comunidade conceder um tratamento favorável às empresas que com ela cooperam. Para os consumidores e os cidadãos em geral, a detecção e a sanção dos cartéis secretos reveste-se de maior

---

* Comunicação da Comissão relativa à imunidade em matéria de coimas e à redução do seu montante nos processos relativos a cartéis *(leniency)* (2002/C 45/03) (Texto relevante para efeitos do EEE) – JO, C 45, 2002, pp. 3.

[1] JO, C 207, de 18.7.1996, p. 4.

interesse do que a aplicação de coimas às empresas que permitem à Comissão detectar e proibir essas práticas.

5. Na Comunicação de 1996, a Comissão anunciou que iria analisar a necessidade de alterar a Comunicação logo que tivesse adquirido experiência suficiente na sua aplicação. Após cinco anos de aplicação, a Comissão dispõe da experiência necessária para alterar a sua política na matéria. Embora a validade dos princípios que regem a Comunicação tenha sido confirmada, a experiência revelou que a sua eficácia seria reforçada através de um aumento da transparência e da certeza das condições de concessão de eventuais reduções das coimas. Uma maior correspondência entre o nível da redução das coimas e a importância da contribuição da empresa para a determinação da existência da infracção poderá também aumentar esta eficácia. A presente Comunicação aborda estas questões.

6. A Comissão considera que a colaboração de uma empresa para a detecção da existência de um cartel possui um valor intrínseco. Uma contribuição decisiva para o início de uma investigação ou para a determinação de uma infracção poderá justificar a concessão de imunidade em matéria de coimas à empresa em questão, desde que estejam preenchidas algumas condições adicionais.

7. Além disso, a cooperação por parte de uma ou mais empresas pode justificar que a Comissão reduza a coima. Qualquer redução da coima deverá reflectir a contribuição efectiva da empresa, em termos de qualidade e oportunidade, para a determinação da existência da infracção por parte da Comissão. As reduções deverão limitar-se às empresas que fornecem à Comissão elementos de prova que apresentem um valor acrescentado significativo relativamente àqueles de que a Comissão já dispõe.

A. IMUNIDADE EM MATÉRIA DE COIMAS

8. A Comissão concederá a uma empresa imunidade relativamente a qualquer coima que de outra forma lhe seria aplicada desde que:

a) A empresa seja a primeira a fornecer elementos de prova que, na opinião da Comissão, lhe possam permitir adoptar uma decisão no sentido de efectuar uma investigação na acepção do n.º 3 do artigo 14.º do Regulamento n.º 17[1] relativamente a um cartel alegado que afecte a Comunidade; ou

b) A empresa seja a primeira a fornecer elementos de prova que, na opinião da Comissão, lhe permitam verificar a existência de uma infracção ao artigo 81.º CE[2], relativamente a um cartel alegado que afecte a Comunidade.

---

[1] JO, 13, de 21.2.1962, p. 204/62. [Ou os Regulamentos processuais equivalentes: n.º 3 do artigo 21.º do Regulamento (CEE) n.º 1017/68 do Conselho; n.º 3 do artigo 18.º do Regulamento (CEE) n.º 4056/86 do Conselho e n.º 3 do artigo 11.º do Regulamento (CEE) n.º 3975/87 do Conselho].

[2] As referências, no presente texto, ao artigo 81.º do Tratado CE abrangem igualmente

9. Só será concedida a imunidade prevista na alínea *a*) do ponto 8 se a Comissão não dispuser, na altura da apresentação destes elementos de prova, de elementos suficientes para adoptar uma decisão no sentido de efectuar uma investigação na acepção do n.º 3 do artigo 14.º do Regulamento n.º 17, relativamente ao cartel alegado.

10. Só será concedida a imunidade prevista na alínea *b*) do ponto 8 se estiverem preenchidas as seguintes condições cumulativas: se a Comissão não dispuser, na altura da apresentação, de elementos de prova suficientes para verificar a existência de uma infracção ao artigo 81.º CE, relativamente ao cartel alegado e se não tiver sido concedida a nenhuma empresa imunidade condicional em matéria de coimas nos termos da alínea *a*) do ponto 8, relativamente ao cartel alegado.

11. Para além das condições previstas na alínea *a*) do ponto 8 e no ponto 9 ou na alínea *b*) do ponto 8 e no ponto 10, conforme o caso, deverão, de qualquer forma, estar preenchidas as seguintes condições cumulativas para poder beneficiar de imunidade em matéria de coimas:

a) A empresa coopere plenamente, de forma permanente e expedita, durante todo o procedimento administrativo da Comissão e forneça à Comissão todos os elementos de prova na sua posse ou à sua disposição relacionados com a infracção presumida. Em especial, deve colocar-se à disposição da Comissão para responder prontamente a qualquer pedido que possa contribuir para a determinação dos factos em causa;

b) A empresa ponha termo à sua participação na infracção presumida o mais tardar na altura em que apresentar os elementos de prova previstos nas alíneas *a*) ou *b*) do ponto 8, conforme adequado;

c) A empresa não tenha exercido qualquer coacção sobre outras empresas no sentido de participarem na infracção.

ASPECTOS PROCESSUAIS

12. As empresas que pretendam apresentar um pedido de imunidade em matéria de coimas devem contactar a Direcção-Geral da Concorrência da Comissão. Verificando-se que as condições previstas nos pontos 8 a 10, conforme o caso, não estão preenchidas, a empresa será imediatamente informada de que não é possível a concessão de imunidade em matéria de coimas relativamente à infracção presumida.

13. Se for possível a concessão de imunidade em matéria de coimas relativamente a uma infracção presumida, a empresa pode, a fim de preencher as condições previstas nas alíneas *a*) ou *b*) do ponto 8, conforme o caso:

a) Fornecer imediatamente à Comissão todos os elementos de prova relativos à infracção presumida de que dispõe no momento da apresentação; ou

---

o artigo 53.º do Acordo EEE quando aplicado pela Comissão nos termos do disposto no artigo 56.º do Acordo EEE.

b) Apresentar inicialmente estes elementos de prova em termos hipotéticos, devendo neste caso apresentar uma lista descritiva dos elementos de prova que se propõe divulgar numa data posterior acordada. Esta lista deverá reflectir rigorosamente a natureza e conteúdo dos elementos de prova, salva-guardando simultaneamente a natureza hipotética da sua divulgação. Poderão ser utilizadas cópias expurgadas de documentos, após eliminação das partes sensíveis, para ilustrar a natureza e conteúdo dos elementos de prova.

14. A Direcção-Geral da Concorrência fornecerá uma confirmação escrita do pedido de imunidade em matéria de coimas da empresa, indicando a data em que a empresa quer apresentou elementos de prova nos termos da alínea *a)* do ponto 13, quer apresentou à Comissão a lista descritiva referida na alínea *b)* do ponto 13.

15. Após a Comissão ter recebido os elementos de prova apresentados pela empresa termos da alínea *a)* do ponto 13 e ter verificado que preenchem as condições previstas nas alíneas *a)* ou *b)* do ponto 8, conforme o caso, concederá à empresa, por escrito, imunidade condicional em matéria de coimas.

16. Em alternativa, a Comissão verificará se a natureza e conteúdo dos elementos de prova descritos na alínea *b)* do ponto 13 preenchem as condições previstas nas alíneas *a)* ou *b)* do ponto 8, conforme o caso, e informará a empresa em conformidade. Na sequência da divulgação dos elementos de prova, o mais tardar na data acordada, e após ter verificado que correspondem à descrição apresentada na lista, a Comissão concederá à empresa, por escrito, imunidade condicional em matéria de coimas.

17. Uma empresa que não preencha as condições previstas nas alíneas *a)* ou *b)* do ponto 8, conforme o caso, pode retirar os elementos de prova divulgados para efeitos do seu pedido de imunidade ou solicitar à Comissão que os considere nos termos da secção B da presente Comunicação. Este facto não impede a Comissão de utilizar os seus poderes normais em matéria de investigação a fim de obter as informações.

18. A Comissão não tomará em consideração outros pedidos de imunidade em matéria de coimas antes de ter tomado posição sobre um pedido existente relativo à mesma infracção presumida.

19. Se, no final do procedimento administrativo, a empresa tiver preenchido as condições previstas no ponto 11, a Comissão conceder-lhe-á imunidade em matéria de coimas na decisão relevante.

B. REDUÇÃO DO MONTANTE DA COIMA

20. As empresas que não preenchem as condições previstas na secção A supra podem ser elegíveis para uma redução da coima que de outra forma lhes seria aplicada.

21. Por forma a poder beneficiar desta redução, a empresa deve fornecer à Comissão elementos de prova da infracção presumida, que apresentem um valor

acrescentado significativo relativamente aos elementos de prova já na posse da Comissão e deverá pôr termo à sua participação na infracção presumida o mais tardar na altura em que apresenta tais elementos de prova.

22. O conceito de "valor acrescentado" refere-se à forma como os elementos de prova apresentados reforçam, pela sua própria natureza e/ou pelo seu nível de pormenor, a capacidade de a Comissão provar os factos em questão. Na sua apreciação, a Comissão considerará normalmente que os elementos de prova escritos que datem do período a que os factos se referem têm um valor superior aos elementos de prova de origem subsequente. Da mesma forma, considera-se geralmente que os elementos de prova directamente relacionados com os factos em questão têm um valor superior aos elementos de prova que com eles apenas têm uma ligação indirecta.

23. Na decisão final adoptada no termo do processo administrativo, a Comissão determinará:

a) Se os elementos de prova fornecidos por uma empresa apresentaram um valor acrescentado significativo relativamente aos elementos de prova na posse da Comissão nesse momento;

b) O nível de redução de que a empresa beneficiará, que será determinado da seguinte forma tendo por base a coima que de outra forma seria aplicada:

– À primeira empresa que preencha as condições previstas no ponto 21: uma redução de 30-50%;

– À segunda empresa que preencha as condições previstas no ponto 21: uma redução de 20-30%;

– Às empresas seguintes que preencham as condições previstas no ponto 21: uma redução até 20%.

Para determinar o nível de redução no âmbito de cada uma destas margens de variação, a Comissão levará em linha de conta a data na qual foram apresentados os elementos de prova que preencham as condições previstas no ponto 21 e o grau de valor acrescentado que estes representem. Poderá igualmente levar em linha de conta a extensão e a continuidade da cooperação fornecida pela empresa a partir da data da sua apresentação.

Além disso, se uma empresa fornecer elementos de prova relacionados com factos anteriormente desconhecidos da Comissão, com incidência directa sobre a gravidade ou duração do cartel presumido, a Comissão não tomará em consideração estes elementos ao fixar o montante de qualquer coima a aplicar à empresa que os forneceu.

ASPECTOS PROCESSUAIS

24. As empresas que desejem beneficiar de uma redução do montante da coima devem fornecer à Comissão elementos de prova do cartel em questão.

25. A empresa receberá uma confirmação de recepção emitida pela Direcção--Geral da Concorrência, com indicação da data em que os elementos de prova

relevantes foram apresentados. A Comissão não tomará em consideração quaisquer elementos de prova apresentados por uma empresa tendo em vista a redução do montante da coima, antes de ter tomado posição relativamente a qualquer pedido existente de imunidade condicional em matéria de coimas, relativamente à mesma infracção presumida.

26. Caso a Comissão chegue à conclusão preliminar de que os elementos de prova apresentados pela empresa apresentam um valor acrescentado na acepção do ponto 22, informará por escrito a empresa, o mais tardar na data em que é notificada a comunicação de objecções, da sua intenção de aplicar uma redução da coima, dentro de um intervalo de variação especificado, nos termos do disposto na alínea b) do ponto 23.

27. A Comissão avaliará a situação final de cada empresa que apresentou um pedido de redução do montante da coima no termo do procedimento administrativo em qualquer decisão que adoptar.

CONSIDERAÇÕES GERAIS

28. A partir de 14 de Fevereiro de 2002, a presente Comunicação substitui a Comunicação de 1996 no que se refere a todos os processos relativamente aos quais nenhuma empresa contactou a Comissão a fim de beneficiar do tratamento favorável previsto nessa Comunicação. A Comissão determinará se é necessário alterar a presente Comunicação, após ter adquirido experiência suficiente na sua aplicação.

29. A Comissão está consciente de que a presente Comunicação cria expectativas legítimas em que as empresas se podem basear para divulgar a existência de um cartel à Comissão.

30. Em qualquer fase do procedimento administrativo, se não for satisfeita qualquer das condições enumeradas nos pontos A ou B, consoante o caso, poderá não ser concedido à empresa em causa o tratamento favorável aí estabelecido.

31. Em conformidade com a prática da Comissão, o facto de uma empresa ter cooperado com a Comissão durante o seu procedimento administrativo será indicado em qualquer decisão, por forma a explicar a razão da imunidade em matéria de coimas ou da redução do seu montante. O facto de ser concedida imunidade em matéria de coimas ou uma redução do seu montante não protege a empresa das consequências de direito civil da sua participação numa infracção ao artigo 81.º CE.

32. A Comissão considera que, na generalidade, a divulgação, em qualquer altura, de documentos recebidos no contexto desta Comunicação prejudicaria a protecção do objectivo das actividades de inspecção e inquérito, na acepção do n.º 2 do artigo 4.º do Regulamento (CE) n.º 1049/2001.

33. Qualquer declaração escrita feita à Comissão e relacionada com a presente Comunicação, faz parte do processo da Comissão. Não poderá ser divulgada ou utilizada para outros fins que não os da aplicação do artigo 81.º CE.

COMUNICAÇÕES RELATIVAS AO ARTIGO 81.º CE

APLICAÇÃO DO N.º 3 DO ARTIGO 81.º

Comunicação da Comissão*

1. Introdução

1. O n.º 3 do artigo 81.º do Tratado estabelece uma regra de excepção que confere às empresas uma possibilidade de defesa relativamente à conclusão da existência de uma infracção ao n.º 1 do artigo 81.º do Tratado. Os acordos, decisões de associações de empresas e práticas concertadas[1] abrangidos pelo n.º 1 do artigo 81.º que satisfaçam as condições previstas no n.º 3 do artigo 81.º são válidos e aplicáveis, não sendo necessária qualquer decisão prévia nesse sentido.

2. O n.º 3 do artigo 81.º pode ser aplicado em casos individuais ou a categorias de acordos e práticas concertadas, mediante regulamentos de isenção por categoria. O Regulamento (CE) n.º 1/2003 relativo à execução das regras de concorrência estabelecidas nos artigos 81.º e 82.º do Tratado[2] não afecta a validade e a natureza jurídica dos regulamentos de isenção por categoria. Todos os regulamentos de isenção por categoria permanecem aplicáveis e os acordos abrangidos por tais regulamentos são juridicamente válidos e aplicáveis, ainda que restrinjam a concorrência na acepção do n.º 1 do artigo 81.º[3]. Tais acordos só podem ser proibidos para o futuro e apenas mediante a retirada formal do benefício da isenção por categoria pela Comissão ou por uma autoridade nacional responsável em matéria de concorrência[4]. Os acordos abrangidos por isenções por categoria não podem ser declarados inválidos por tribunais nacionais, no âmbito de litígios entre particulares.

---

* Comunicação "Orientações relativas à aplicação do n.º 3 do artigo 81.º do Tratado" (Texto relevante para efeitos do EEE) – JO, C 101, de 27.4.2004, pp. 97.

[1] No texto a seguir o termo "*acordo*" inclui as práticas concertadas e as decisões de associações de empresas.

[2] JO, L 1, de 4.1.2003, p. 1.

[3] Os regulamentos de isenção por categoria existentes e as comunicações da Comissão estão disponíveis no sítio Web da DG Concorrência – http://www.europa.eu.int/comm/dgs/competition.

[4] Ver ponto 36.

3. As actuais orientações em matéria de restrições verticais, de acordos de cooperação horizontal e de acordos de transferência de tecnologia[1] referem-se à aplicação do artigo 81.º a diversos tipos de acordos e práticas concertadas. Estas orientações têm por objectivo apresentar a posição da Comissão no que se refere aos principais critérios de avaliação materiais aplicados aos diversos tipos de acordos e práticas.

4. As presentes orientações estabelecem a interpretação da Comissão das condições para a excepção prevista no n.º 3 do artigo 81.º. Fornecem indicações sobre o modo como o artigo 81.º será aplicado em casos individuais. Apesar de não serem vinculativas para os tribunais e para as autoridades dos Estados Membros, estas orientações destinam-se também a orientá-los na aplicação dos n.ºs 1 e 3 do artigo 81.º do Tratado.

5. As orientações definem um quadro analítico para a aplicação do n.º 3 do artigo 81.º, com o objectivo de desenvolver uma metodologia para a aplicação desta disposição do Tratado. Este metodologia baseia-se na abordagem económica já introduzida e desenvolvida nas orientações relativas às restrições verticais, aos acordos de cooperação horizontal e aos acordos de transferência de tecnologia. A Comissão aplicará também as presentes orientações, que fornecem orientações mais pormenorizadas sobre a aplicação das quatro condições enunciadas no n.º 3 do artigo 81.º do que as incluídas nas orientações da Comissão relativas às restrições verticais, aos acordos de cooperação horizontal e aos acordos de transferência de tecnologia, aos acordos abrangidos por aquelas orientações.

6. As normas estabelecidas nas presentes orientações devem ser aplicadas à luz das circunstâncias específicas de cada caso, o que exclui qualquer aplicação mecânica.

Cada caso deve ser apreciado com base no seu próprio mérito, devendo as orientações ser aplicadas de forma razoável e flexível.

7. As presentes orientações reflectem a situação actual da jurisprudência do Tribunal de Justiça. Contudo, a Comissão tenciona também explicar a sua política relativamente a questões que não foram tratadas pela jurisprudência ou que possam ser interpretadas de diferentes maneiras. No entanto, a posição da Comissão não prejudica a jurisprudência do Tribunal de Justiça ou do Tribunal de Primeira Instância no que respeita à interpretação que estes Tribunais poderão vir a dar a tais disposições.

---

[1] Ver a Comunicação da Comissão – Orientações relativas às restrições verticais, JO, 2000, C 291, p. 1, a Comunicação da Comissão – Orientações sobre a aplicação do artigo 81.º do Tratado CE aos acordos de cooperação horizontal, JO 2001 C 3, p. 2, e a Comunicação da Comissão sobre as orientações relativas à aplicação do artigo 81.º do Tratado aos acordos de transferência de tecnologia.

2. O quadro geral estabelecido pelo artigo 81.º do tratado CE

2.1. As disposições do Tratado

8. O n.º 1 do artigo 81.º proíbe todos os acordos entre empresas, decisões de associações de empresas e práticas concertadas que sejam susceptíveis de afectar o comércio entre os Estados-Membros[1] e que tenham por objectivo ou efeito impedir, restringir ou falsear a concorrência[2].

9. A título de excepção a esta regra, o n.º 3 do artigo 81.º prevê que a proibição estabelecida no n.º 1 do mesmo artigo pode ser declarada inaplicável a acordos que contribuam para melhorar a produção ou a distribuição dos produtos ou para promover o progresso técnico ou económico, contanto que aos utilizadores se reserve uma parte equitativa do lucro daí resultante, e que não imponham às empresas restrições que não sejam indispensáveis à consecução desses objectivos nem dêem a essas empresas a possibilidade de eliminar a concorrência relativamente a uma parte substancial dos produtos em causa.

10. Nos termos do n.º 1 do artigo 1.º do Regulamento (CE) n.º 1/2003, os acordos referidos no n.º 1 do artigo 81.º do Tratado que não satisfaçam as condições previstas no n.º 3 do mesmo artigo são proibidos, não sendo necessária, para o efeito, uma decisão prévia[3]. Nos termos do n.º 2 do artigo 1.º do mesmo regulamento, os acordos referidos no n.º 1 do artigo 81.º do Tratado que satisfaçam as condições previstas no n.º 3 do mesmo artigo não são proibidos, não sendo necessária, para o efeito, uma decisão prévia. Esses acordos são válidos e aplicáveis desde que estejam satisfeitas as condições previstas no n.º 3 do artigo 81.º e enquanto tal se verificar.

11. Nestas circunstâncias, uma apreciação à luz do artigo 81.º comporta duas partes. O primeiro passo consiste em avaliar se um acordo entre empresas, susceptível de afectar o comércio entre Estados-Membros, tem um objectivo anticoncorrencial ou efeitos anticoncorrenciais reais ou potenciais[4]. O segundo passo, que só é pertinente no caso de se concluir que o acordo restringe a concorrência, consiste em determinar quais os benefícios desse acordo para a concorrência e em avaliar se tais benefícios compensam os efeitos anticoncorrenciais. Esta análise do equilíbrio

---

[1] O conceito de efeitos no comércio entre os Estados Membros é objecto de orientações específicas.

[2] No resto do documento, o termo *"restrição"* inclui o impedimento e a distorção da concorrência.

[3] Nos termos do n.º 2 do artigo 81.º, tais acordos são automaticamente nulos.

[4] O n.º 1 do artigo 81.º proíbe os efeitos anticoncorrenciais tanto reais como potenciais; ver, por exemplo, processo C-7/95 P, *John Deere*, Col. 1998, p. I-3111, ponto 77.

entre efeitos concorrenciais e anticoncorrenciais é efectuada exclusivamente no quadro definido pelo n.º 3 do artigo 81.º[1].

12. A avaliação de eventuais benefícios compensatórios ao abrigo do n.º 3 do artigo 81.º requer, necessariamente, a determinação prévia do carácter e do impacto restritivo do acordo. Para inserir o n.º 3 do artigo 81.º no seu contexto, é conveniente esboçar sumariamente o objectivo e os principais elementos da proibição prevista no n.º 1 do mesmo artigo. As orientações da Comissão relativas às restrições verticais, aos acordos de cooperação horizontal e aos acordos de transferência de tecnologia contêm orientações substanciais relativamente à aplicação do n.º 1 do artigo 81.º a diversos tipos de acordos. As presentes orientações limitam-se, portanto, a recordar o quadro analítico de base para a aplicação do n.º 1 do artigo 81.º.

2.2. A regra de proibição do n.º 1 do artigo 81.º

2.2.1. *Observações de carácter geral*

13. O artigo 81.º tem por objectivo proteger a concorrência no mercado, como forma de reforçar o bem-estar dos consumidores e de assegurar uma eficiente afectação de recursos. A concorrência e a integração do mercado servem estes objectivos, na medida em que a criação e a preservação de um mercado único aberto promove uma afectação de recursos eficiente em toda a Comunidade em benefício dos consumidores.

14. A regra de proibição consignada no n.º 1 do artigo 81.º é aplicável a acordos restritivos e a práticas concertadas entre empresas, bem como a decisões de associações de empresas, na medida em que sejam susceptíveis de afectar o comércio entre Estados-Membros. Um princípio geral subjacente ao n.º 1 do artigo 81.º, enunciado pela jurisprudência dos tribunais europeus, consiste no facto de cada operador económico dever determinar de forma independente a política que pretende adoptar no mercado[2]. Assim, os tribunais europeus definiram "acordos", "decisões" e "práticas concertadas" como conceitos de direito comunitário que permitem estabelecer uma distinção entre conduta unilateral de uma empresa no mercado e coordenação de comportamento ou colusão entre empresas[3]. A conduta unilateral

---

[1] Ver processo T-65/98, *Van den Bergh Foods*, Col. 2003, p. II-, ponto 107 e processo T-112/99, *Métropole télévision (M6) e outros*, Col. 2001, p. II-2459, ponto 74 em que o Tribunal de Primeira Instância referiu que é apenas no âmbito preciso desta disposição que uma ponderação dos aspectos pró-concorrenciais e anticoncorrenciais de uma restrição pode ter lugar.

[2] Ver, por exemplo, processo C-49/92 P, *Anic Partecipazioni*, Col. 1999, p. I-4125, ponto 116, e processos apensos 40/73 a 48/73 e outros, *Suiker Unie*, Col. 1975, p. 1663, ponto 173.

[3] Ver, a este respeito, o ponto 108 do acórdão proferido no processo *Anic Partecipazioni*, referido na nota anterior, e o processo C-277/87, *Sandoz Prodotti*, Col. 1990, p. I-45.

está apenas sujeita ao artigo 82.º do Tratado, na medida em que esteja em causa o direito comunitário da concorrência. Além disso, a regra de convergência prevista no n.º 2 do artigo 3.º do Regulamento (CE) n.º 1/2003 não é aplicável à conduta unilateral.

Esta disposição aplica-se apenas aos acordos, decisões e práticas concertadas susceptíveis de afectar o comércio entre Estados-Membros. O n.º 2 do artigo 3.º prevê que quando tais acordos, decisões e práticas concertadas não são proibidos por força do artigo 81.º não podem também ser proibidos pela legislação nacional de concorrência. O artigo 3.º não prejudica o princípio fundamental da primazia do direito comunitário, que implica, em especial, que os acordos e práticas abusivas proibidos pelos artigos 81.º e 82.º não podem ser autorizados pela legislação nacional[1].

15. O tipo de coordenação de conduta ou colusão entre empresas, que cai no âmbito de aplicação do n.º 1 do artigo 81.º é aquele em que pelo menos uma empresa se comprometa perante outra a adoptar determinada conduta no mercado ou que, na sequência de contactos entre elas, seja eliminada ou, pelo menos, substancialmente reduzida, a incerteza quanto à sua conduta no mercado[2]. Por conseguinte, a coordenação pode assumir a forma de obrigações que regulam a conduta no mercado de pelo menos uma das partes ou de acordos que influenciam a conduta no mercado de pelo menos uma das partes, ao causarem uma alteração nos seus incentivos. Não é necessário que a coordenação seja do interesse de todas as empresas em causa[3], do mesmo modo que não tem, necessariamente, de ser expressa. Pode também ser tácita.

Para que se possa considerar que um acordo foi concluído por aceitação tácita deverá existir um convite feito por uma empresa a outra empresa, de forma expressa ou implícita, para atingir conjuntamente um determinado objectivo[4]. Em certas circunstâncias pode inferir-se que existe um acordo devido à existência de uma relação comercial entre as partes[5]. No entanto, o mero facto de uma medida adoptada por uma empresa se inserir no contexto de relações comerciais existentes não é suficiente[6].

---

[1] Ver a este respeito, por exemplo, o processo 14/68, *Walt Wilhem*, Col. 1969, p. 1. e mais recentemente o processo T-203/01, *Michelin (II)*, Col. 2003, p. II-, ponto 112.

[2] Ver processos apensos T-25/95 e outros, *Cimenteries CBR*, Col. 2000, p. II-491, pontos 1849 e 1852; processos apensos T-202/98 e outros, *British Sugar*, Col. 2001, p. II--2035, pontos 58 a 60.

[3] Ver, sobre este aspecto, processo C-453/99, *Courage / Crehan*, Col. 2001, p. I-6297 e ponto 3444 do acórdão *Cimenteries CBR*, referido na nota anterior.

[4] Ver, sobre este aspecto, processos apensos C-2/01 P e C-3/01 P, *Bundesverband der Arzneimittel-Importeure*, Col. 2004, p I-, ponto 102.

[5] Ver, por exemplo, processos apensos 25/84 e 26/84, *Ford*, Col. 1985, p. 2725.

[6] Ver, a este respeito, o ponto 141 do acórdão *Bundesverband der Arzneimittel--Importeure*.

16. Acordos entre empresas são abrangidos pela regra de proibição do n.º 1 do artigo 81.º, quando são susceptíveis de ter um impacto negativo apreciável nos parâmetros da concorrência no mercado, como o preço, produção, qualidade do produto, variedade do produto e inovação.Os acordos podem ter este efeito, ao reduzir consideravelmente a rivalidade entre as partes no acordo ou entre estas e terceiros.

2.2.2. Os princípios de base de apreciação dos acordos nos termos do n.º 1 do artigo 81.º

17. Ao determinar se um acordo restringe a concorrência deve ter-se em conta o contexto em que a concorrência se processaria efectivamente na ausência do acordo com as suas alegadas restrições[1]. Ao proceder a esta avaliação é necessário tomar em consideração o impacto provável do acordo sobre a *concorrência intermarcas* (ou seja, a concorrência entre fornecedores de marcas concorrentes) e sobre a *concorrência intramarca* (ou seja, a concorrência entre distribuidores da mesma marca). O n.º 1 do artigo 81.º proíbe simultaneamente as restrições da concorrência intermarcas e da concorrência intramarca[2].

18. Para apreciar se um acordo ou as suas partes podem restringir a concorrência intermarcas e/ou a concorrência intramarca é necessário considerar se e em que medida o acordo afecta ou é susceptível de afectar a concorrência no mercado. As duas perguntas apresentadas seguidamente proporcionam um quadro útil para fazer esta apreciação. A *primeira pergunta* refere-se ao impacto do acordo na *concorrência intermarcas*, enquanto a *segunda* se refere ao impacto do acordo na *concorrência intramarca*. Uma vez que as restrições podem afectar simultaneamente a concorrência intermarcas e a concorrência intramarca, pode ser necessário analisar uma restrição à luz de ambas as perguntas antes de se concluir se restringe ou não a concorrência na acepção do n.º 1 do artigo 81.º:

(1) O acordo restringe a concorrência efectiva ou potencial que teria existido na ausência do acordo? Em caso afirmativo, o acordo pode ser abrangido pelo n.º 1 do artigo 81.º. Para efectuar esta avaliação é necessário ter em conta a concorrência entre as partes e a concorrência por parte de terceiros. Por exemplo, quando duas empresas estabelecidas em Estados Membros diferentes se comprometem a não vender produtos nos mercados nacionais uma da outra, a concorrência (potencial) que existia antes do acordo é restringida. Da mesma forma, quando um fornecedor impõe obrigações aos seus distribuidores de não venderem produtos concorrentes e estas obrigações impedem o acesso de terceiros ao mercado, a concorrência efectiva ou potencial que teria existido na ausência do acordo é restringida. Ao avaliar se as partes num acordo são concorrentes efectivos ou potenciais, deve ser tido em conta

---

[1] Ver processo 56/65, *Société Technique Minière*, Col. 1966, p. 337, e o ponto 76 do acórdão *John Deere*.

[2] Ver a este respeito, por exemplo, os processos apensos 56/64 e 58/66, *Consten e Grundig*, Col. 1966, p. 429.

o contexto económico e jurídico. Por exemplo, se devido aos riscos financeiros envolvidos e às capacidades técnicas das partes não for provável, com base em factores objectivos, que cada uma das partes fosse capaz de realizar por si só as actividades abrangidas pelo acordo, considera-se que as partes não são concorrentes relativamente a essa actividade[1]. É às partes que incumbe fornecer provas para esse efeito.

(2) O acordo restringe a concorrência efectiva ou potencial que teria existido na ausência da ou das restrições contratuais? Em caso afirmativo, o acordo pode ser abrangido pelo n.º 1 do artigo 81.º. Por exemplo, quando um fornecedor impõe restrições aos seus distribuidores em relação à sua capacidade de competirem entre si, a concorrência (potencial) que teria existido entre distribuidores se as restrições não existissem é restringida. Tais restrições incluem a fixação de preços de revenda e restrições de vendas numa base territorial ou de clientela entre distribuidores. No entanto, certas restrições podem, nalguns casos, não ser abrangidas pelo n.º 1 do artigo 81.º quando a restrição é objectivamente necessária para a existência de um acordo desse tipo e dessa natureza[2]. Esta exclusão do âmbito de aplicação do n.º 1 do artigo 81.º só pode ser efectuada com base em factores objectivos externos às próprias partes e não com base nas suas opiniões subjectivas e características.

Não se trata de saber se as partes, na sua situação específica, teriam aceite concluir um acordo menos restritivo, mas se, dada a natureza do acordo e as características do mercado, teria sido concluído um acordo menos restritivo por empresas na mesma posição. Por exemplo, as restrições territoriais num acordo entre um fornecedor e um distribuidor podem não ser abrangidas durante um certo período pelo âmbito de aplicação do n.º 1 do artigo 81.º, se as restrições forem objectivamente necessárias para o distribuidor penetrar num novo mercado[3]. Da mesma forma, uma proibição imposta a todos os distribuidores de não venderem a certas categorias de utilizadores finais pode não restringir a concorrência se tal restrição for objectivamente necessária por razões de saúde ou segurança ligadas à natureza perigosa do produto em questão. Não será suficiente alegar que, na ausência da restrição, o fornecedor teria recorrido à integração vertical. A decisão de proceder ou não a uma integração vertical depende de um amplo leque de factores económicos complexos, sendo alguns deles internos à empresa em causa.

---

[1] Ver a este respeito, por exemplo, a Decisão da Comissão nos processos *Elopak/Metal Box . Odin*, JO, 1990, L 209, p. 15, e *TPS*, JO, 1999, L 90, p. 6.

[2] Ver, a este respeito, o acórdão *Société Technique Minière*, e o processo 258/78, *Nungesser*, Col. 1982, p. 2015.

[3] Ver a regra 10 no ponto 119 das Orientações relativas às restrições verticais referidas na nota 5, nos termos da qual se considera nomeadamente que as restrições de vendas passivas – uma restrição grave – não são abrangidas pelo n.º 1 do artigo 81.º por um período de 2 anos quando a restrição está associada à abertura de novos mercados do produto ou geográficos.

19. Ao aplicar o quadro analítico descrito no ponto anterior deve ter-se em conta que o n.º 1 do artigo 81.º estabelece uma distinção entre acordos que têm por objectivo restringir a concorrência e acordos que têm por efeito restringir a concorrência. Um acordo ou uma restrição contratual só são proibidos pelo n.º 1 do artigo 81.º se tiverem por objectivo ou efeito restringir a concorrência intermarcas e/ou a concorrência intramarca.

20. Esta distinção entre restrições por objectivo e restrições por efeito é importante.

Quando se verifica que o objectivo de um acordo é restringir a concorrência, não é necessário ter em conta os seus efeitos concretos[1]. Por outras palavras, para efeitos da aplicação do n.º 1 do artigo 81.º, não é necessário demonstrar os efeitos anticoncorrenciais efectivos quando o acordo tem por objectivo restringir a concorrência. Por outro lado, o n.º 3 do artigo 81.º não estabelece qualquer distinção entre acordos que têm por objectivo restringir a concorrência e acordos que têm por efeito restringir a concorrência. O n.º 3 do artigo 81.º é aplicável a todos os acordos que satisfaçam as quatro condições nele previstas[2].

21. As restrições de concorrência *por objectivo* são aquelas que, pela sua natureza, podem restringir a concorrência. Trata-se de restrições que, à luz dos objectivos prosseguidos pelas regras comunitárias da concorrência, têm um elevado potencial em termos de efeitos negativos na concorrência e relativamente às quais não é necessário, para efeitos da aplicação do n.º 1 do artigo 81.º, demonstrar os seus efeitos concretos no mercado. Esta presunção baseia-se na natureza grave da restrição e na experiência que demonstra ser provável que as restrições da concorrência por objectivo tenham efeitos negativos no mercado e contrariem os objectivos das regras comunitárias da concorrência. As restrições por objectivo, como a fixação dos preços e a partilha do mercado, reduzem a produção e aumentam os preços, provocando uma deficiente afectação de recursos, na medida em que os bens e serviços procurados pelos consumidores não são produzidos. São igualmente prejudiciais para o bem-estar dos consumidores, dado que os obrigam a pagar preços mais elevados pelos bens e serviços em causa.

22. Para determinar se um acordo tem por objectivo restringir a concorrência, toma-se em consideração uma série de factores. Estes factores incluem, em especial, o teor do acordo e os seus objectivos concretos. Poderá também revelar-se necessário apreciar o contexto em que é (ou irá ser) aplicado e a conduta e comportamento efectivos das partes no mercado[3]. Por outras palavras, pode ser necessário examinar os factos subjacentes ao acordo e as circunstâncias específicas do seu funciona-

---

[1] Ver, por exemplo, o ponto 99 do acórdão *Anic Partecipazioni*.
[2] Ver ponto 46.
[3] Ver processos apensos 29/83 e 30/83, *CRAM e Rheinzink*, Col. 1984, p. 1679, ponto 26, e processos apensos 96/82 e outros, *ANSEAU-NAVEWA*, Col. 1983, p. 3369, pontos 23-25.

mento antes de concluir se uma determinada restrição constitui uma restrição da concorrência por objectivo. A forma como um acordo é efectivamente aplicado pode revelar que o seu objectivo é restringir a concorrência, ainda que o acordo formal não contenha qualquer disposição expressa nesse sentido. A existência de provas da intenção subjectiva das partes de restringir a concorrência constitui um factor relevante, mas não uma condição indispensável.

23. Os regulamentos de isenção por categoria, as orientações e as comunicações da Comissão fornecem orientações não exaustivas acerca das restrições por objectivo.

As restrições excluídas das isenções por categoria ou identificadas como restrições graves nas orientações e comunicações da Comissão são, regra geral, por ela consideradas como restrições por objectivo. No caso dos acordos horizontais, as restrições da concorrência por objectivo incluem a fixação dos preços, a limitação da produção e a partilha de mercados e clientes[1]. Quanto aos acordos verticais, a categoria de restrições por objectivo inclui, nomeadamente, as que prevêem da imposição de preços fixos e mínimos de revenda e as restrições que conferem protecção territorial absoluta, incluindo restrições em matéria de vendas passivas[2].

24. Se um acordo não restringe a concorrência em termos de objectivo deverá ser analisado, a fim de verificar se tem efeitos restritivos na concorrência. Devem ser tidos em conta simultaneamente os efeitos efectivos e potenciais[3]. Por outras palavras, deve existir a probabilidade de o acordo ter efeitos anticoncorrenciais. No caso das restrições da concorrência por efeito, não existe qualquer presunção de efeitos anticoncorrenciais. Para que um acordo seja restritivo em termos de efeitos deve afectar a concorrência real ou potencial a ponto de permitir esperar, com um grau de probabilidade razoável[4], efeitos negativos no mercado relevante a nível dos preços, produção, inovação e variedade ou qualidade dos bens e serviços. Esses efeitos negativos devem ser *sensíveis*. A regra de proibição do n.º 1 do artigo 81.º não é aplicável no caso de os efeitos anticoncorrenciais identificados serem insigni-

---

[1] Ver as Orientações sobre os acordos de cooperação horizontal, ponto 25, e artigo 5.º do Regulamento (CE) n.º 2658/2000 da Comissão relativo à aplicação do n.º 3 do artigo 81.º do Tratado a certas categorias de acordos de especialização, JO, 2000, L 304, p. 3.

[2] Ver artigo 4.º do Regulamento (CE) n.º 2790/1999 da Comissão relativo à aplicação do n.º 3 do artigo 81.º do Tratado CE a determinadas categorias de acordos verticais e práticas concertadas, JO, 1999, L 336, p. 21, e Orientações relativas às restrições verticais, pontos 46 e seguintes. Ver ainda processo 279/87, *Tipp-Ex*, Col. 1990, p. I-261 e processo T-62/98, *Volkswagen / Comissão*, Col. 2000, p. II-2707, ponto 178.

[3] Ver ponto 77 do acórdão *John Deere*.

[4] Não basta que o acordo restrinja a liberdade de acção de uma ou mais partes; ver pontos 76 e 77 do acórdão *Métropole télévision (M6)*. Tal está em conformidade com o facto de o objecto do artigo 81.º consistir em proteger a concorrência no mercado em benefício dos consumidores.

ficantes[1]. Este critério reflecte a abordagem económica que a Comissão aplica. A proibição do n.º 1 do artigo 81.º só é aplicável quando, com base numa análise de mercado adequada, se pode concluir que o acordo é susceptível de ter efeitos anticoncorrenciais no mercado[2]. Para chegar a tal conclusão, é insuficiente considerar que as quotas de mercado das partes excedem os limiares estabelecidos na Comunicação *de minimis* da Comissão. Acordos que são abrangidos pela segurança proporcionada pelos regulamentos de isenção por categoria podem ser abrangidos pelo n.º 1 do artigo 81.º, mas não necessariamente. Além disso, o facto de, devido às quotas de mercado das partes, um acordo não beneficiar da segurança proporcionada por uma isenção por categoria não constitui em si uma base suficiente para se concluir que o acordo é abrangido pelo n.º 1 do artigo 81.º ou que não preenche as condições enunciadas no n.º 3 do artigo 81.º. É necessário nesse caso proceder a uma apreciação individual dos efeitos prováveis do acordo.

25. Os efeitos negativos para a concorrência no mercado relevante verificam-se normalmente quando as partes, individual ou conjuntamente, têm ou obtêm um certo poder de mercado e o acordo contribui para a criação, manutenção ou reforço desse poder ou permite que as partes dele tirem partido. O poder de mercado é a capacidade de manter os preços acima dos níveis concorrenciais durante um período de tempo significativo ou de manter a produção, em termos de quantidade, qualidade e variedade do produto ou inovação, abaixo dos níveis concorrenciais durante um período de tempo significativo. Em mercados com elevados custos fixos, as empresas têm de praticar preços significativamente superiores aos seus custos marginais de produção para obterem uma remuneração competitiva do seu investimento. O facto de as empresas praticarem preços acima dos seus custos marginais não constitui, por conseguinte, em si mesmo, um sinal de que a concorrência no mercado não está a funcionar de forma adequada e que as empresas dispõem de um poder de mercado que lhes permite praticar preços acima dos níveis concorrenciais. É quando as pressões concorrenciais são insuficientes para manter os preços e a produção a níveis concorrenciais que as empresas dispõem de poder de mercado na acepção do n.º 1 do artigo 81.º.

26. A criação, manutenção ou reforço do poder de mercado pode resultar de uma restrição da concorrência entre as partes no acordo. Pode igualmente resultar de uma restrição da concorrência entre qualquer uma das partes e ter-

---

[1] Ver, por exemplo, processo 5/69, *Völk*, Col. 1969, p. 295, ponto 7. A Comunicação da Comissão relativa aos acordos de pequena importância que não restringem sensivelmente a concorrência nos termos do n.º 1 do artigo 81.º do Tratado que institui a Comunidade Europeia (JO, 2001, C 368, p. 13) fornece orientações sobre a questão do carácter sensível. A comunicação define este carácter sensível pela negativa. Os acordos que não se inscrevem no âmbito da comunicação *de minimis* não têm necessariamente efeitos restritivos sensíveis, sendo necessária uma avaliação individual.

[2] Ver, a este respeito, processos apensos T-374/94 e outros, *European Night Services*, Col. 1998, p. II-3141.

ceiros, por exemplo, devido ao facto de o acordo conduzir à exclusão dos concorrentes ou ao aumento dos seus custos, limitando a sua capacidade de competir efectivamente com as partes contratantes. O poder de mercado é sempre relativo. O nível de poder de mercado normalmente necessário para que seja determinada a existência de uma infracção ao n.º 1 do artigo 81.º no caso de acordos que são restritivos da concorrência devido ao seu efeito, é inferior ao nível de poder de mercado necessário para que seja reconhecida uma posição dominante na acepção do artigo 82.º.

27. Para efeitos da análise dos efeitos restritivos de um acordo é, em princípio, necessário definir o mercado relevante[1]. Regra geral, é igualmente necessário examinar e avaliar, nomeadamente, a natureza dos produtos, a posição de mercado das partes, a posição de mercado dos concorrentes, a posição de mercado dos compradores, a existência de concorrentes potenciais e o nível das barreiras à entrada no mercado. Contudo, em alguns casos, pode ser possível demonstrar directamente os efeitos anticoncorrenciais, através da análise da conduta no mercado das partes num acordo. Pode, por exemplo, ser possível estabelecer que um acordo conduziu a um aumento dos preços. As orientações relativas aos acordos de cooperação horizontal e às restrições verticais estabelecem um enquadramento pormenorizado para a análise, à luz do n.º 1 do artigo 81.º, do impacto concorrencial dos diferentes tipos de acordos horizontais e verticais.

2.2.3. Restrições acessórias

28. O ponto 18 supra estabelece um quadro para a análise do impacto de um acordo e das suas restrições individuais na concorrência intermarcas e na concorrência intramarca.

Se, com base nestes princípios, se concluir que a operação principal abrangida pelo acordo não restringe a concorrência, torna-se relevante examinar se as restrições individuais incluídas no acordo são também compatíveis com o n.º 1 do artigo 81.º pelo facto de serem acessórias à operação principal que não é restritiva.

29. No direito comunitário da concorrência, o conceito de restrições acessórias abrange as restrições alegadas da concorrência que estão directamente relacionadas e são necessárias à realização de uma operação principal não restritiva e que são proporcionais a essa operação[2]. Se os elementos fundamentais de um acordo, por exemplo um acordo de distribuição ou uma empresa comum, não têm por objectivo ou efeito a restrição da concorrência, as restrições que estão directamente relacionadas e que são necessárias à realização dessa operação principal, também não

---

[1] Ver, a este propósito, a Comunicação da Comissão relativa à definição de mercado relevante para efeitos do direito comunitário da concorrência, JO 1997 C 372, p. 1.

[2] Ver ponto 104 do acórdão *Métropole télévision (M6) e outros*.

são abrangidos pelo âmbito de aplicação do n.º 1 do artigo 81.º[1]. Estas restrições conexas são designadas restrições acessórias. Uma restrição está directamente relacionada com a operação principal se depender da realização dessa operação e a ela estiver indissociavelmente ligada. A condição da necessidade implica que a restrição deve ser objectivamente necessária para a realização da operação principal e ser proporcional a essa operação. Por conseguinte, o critério a aplicar às restrições acessórias é o mesmo que o descrito no ponto 18(2) supra. No entanto, o critério das restrições acessórias aplica-se em todos os casos em que a operação principal não restringe a concorrência[2], não se limitando à determinação do impacto do acordo na concorrência intramarca.

30. Importa distinguir a aplicação do conceito de restrição acessória da aplicação da isenção ao abrigo do n.º 3 do artigo 81.º, que se prende com determinados benefícios económicos resultantes de acordos restritivos e que compensam os seus efeitos restritivos. A aplicação do conceito de restrição acessória não implica a ponderação dos efeitos pró-concorrenciais e anticoncorrenciais, que só pode ser efectuada no quadro do n.º 3 do artigo 81.º[3].

31. A avaliação das restrições acessórias tem em vista, unicamente, determinar se, no quadro específico da operação ou actividade principal não restritiva, uma restrição específica é necessária e proporcional à realização dessa operação ou actividade. Se, com base em factores objectivos, se puder concluir que, sem a restrição, a operação principal não restritiva, seria difícil ou impossível de realizar, a restrição pode ser considerada objectivamente necessária e proporcional à operação[4]. Se, por exemplo, o objectivo principal de um acordo de franquia não restringir a concorrência, as restrições necessárias ao bom funcionamento do acordo, como é o caso das obrigações que têm em vista proteger a uniformidade e a reputação do sistema de franquia, também não serão abrangidas pelo n.º 1 do artigo 81.º[5]. Do mesmo modo, se uma empresa comum não restringir por si só a concorrência, as restrições necessárias para o funcionamento do acordo são consideradas acessórias da operação principal e por isso não são abrangidas pelo n.º 1 do artigo 81.º. Por exemplo, no processo *TPS*[6], a Comissão concluiu que a obrigação de as partes não estarem envolvidas em empresas que tinham por actividade a distribuição e comercialização de programas de televisão por satélite era, durante a fase inicial, acessória da criação da empresa comum. Por conseguinte, considerou-

---

[1] Ver, por exemplo, processo C-399/93, *Luttikhuis*, Col. 1995, p. I-4515, pontos 12 a 14.

[2] Ver, a este respeito, os pontos 118 e seguintes do acórdão *Métropole télévision*.

[3] Ver ponto 107 do acórdão *Métropole télévision*.

[4] Ver, por exemplo, a decisão da Comissão no processo *Elopak/Metal Box – Odin*.

[5] Ver processo 161/84, *Pronuptia*, Col. 1986, p. 353.

[6] Ver nota 22. A decisão foi confirmada pelo Tribunal de Primeira Instância no acórdão *Métropole télévision*, citado.

-se que a restrição não era abrangida pelo n.º 1 do artigo 81.º por um período de três anos. Para chegar a esta conclusão, a Comissão teve em conta os pesados investimentos e os riscos comerciais envolvidos na entrada no mercado de televisão mediante pagamento.

2.3. A regra de excepção do n.º 3 do artigo 81.º

32. A avaliação das restrições por objectivo ou por efeito à luz do n.º 1 do artigo 81.º constitui apenas um aspecto da análise. O outro aspecto, que se reflecte no n.º 3 do artigo 81.º, consiste na avaliação dos efeitos económicos positivos dos acordos restritivos.

33. As regras comunitárias de concorrência têm por objectivo proteger a concorrência no mercado enquanto meio para promover o bem-estar dos consumidores e assegurar uma afectação eficiente dos recursos. Os acordos que restringem a concorrência podem, simultaneamente, ao proporcionarem ganhos de eficiência, ter efeitos pró-concorrenciais[1]. A eficiência pode gerar valor acrescentado ao reduzir os custos de produção, melhorar a qualidade do produto ou criar um novo produto. Quando os efeitos pró-concorrenciais de um acordo excedem os seus efeitos anticoncorrenciais, o acordo é globalmente pró-concorrencial e compatível com os objectivos das regras comunitárias da concorrência. Esses acordos acabam por promover a essência do processo concorrencial, nomeadamente ao permitirem às empresas conquistar novos clientes graças à oferta de melhores produtos ou melhores preços do que os oferecidos pelos concorrentes. Este quadro analítico está reflectido nos n.ºs 1 e 3 do artigo 81.º. Aliás, esta última disposição admite expressamente que determinados acordos restritivos podem gerar benefícios económicos objectivos, capazes de compensar os efeitos da restrição da concorrência[2].

34. A aplicação da excepção prevista no n.º 3 do artigo 81.º deve obedecer a quatro condições cumulativas, duas positivas e duas negativas:

(a) O acordo deve contribuir para melhorar a produção ou a distribuição dos produtos ou para promover o progresso técnico ou económico;

(b) Deve ser reservada aos consumidores uma parte equitativa do lucro resultante;

(c) As restrições devem ser indispensáveis à consecução desses objectivos e, por último,

(d) O acordo não deve dar às partes a possibilidade de eliminar a concorrência relativamente a uma parte substancial dos produtos em causa.

---

[1] As economias de custos e outros ganhos para as partes resultantes do mero exercício do poder de mercado não dão origem a benefícios objectivos, não podendo ser tidos em conta; ver ponto 49.

[2] Ver acórdão *Consten e Grundig*, citado.

Quando estas quatro condições estão reunidas, os acordos reforçam a concorrência no mercado relevante, na medida em que levam as empresas em causa a propor aos consumidores produtos mais baratos ou de melhor qualidade, o que compensa os efeitos negativos das restrições da concorrência.

35. O n.º 3 do artigo 81.º pode ser aplicado a acordos individuais ou a categorias de acordos, mediante um regulamento de isenção por categoria. No caso dos acordos abrangidos por isenções por categoria, as partes num acordo restritivo ficam dispensadas, por força do artigo 2.º do Regulamento (CE) n.º 1/2003, da obrigação de demonstrar que o seu acordo específico satisfaz cada uma das condições enunciadas no n.º 3 do artigo 81.º. Têm apenas que demonstrar que o acordo restritivo beneficia de uma isenção por categoria. A aplicação do n.º 3 do artigo 81.º a categorias de acordos, mediante regulamentos de isenção por categoria, baseia-se no pressuposto de que os acordos restritivos abrangidos pelo seu âmbito de aplicação[1] satisfazem as quatro condições previstas no n.º 3 do artigo 81.º.

36. Se, num determinado caso, o acordo for abrangido pelo n.º 1 do artigo 81.º e as condições previstas no n.º 3 do mesmo artigo não estiverem satisfeitas, pode ser retirado o benefício da isenção por categoria. Nos termos do n.º 1 do artigo 29.º do Regulamento (CE) n.º 1/2003, a Comissão pode retirar o benefício de uma isenção por categoria se considerar que, num determinado caso, um acordo abrangido por um regulamento de isenção produz efeitos incompatíveis com o n.º 3 do artigo 81.º do Tratado. Nos termos do n.º 2 do artigo 29.º do Regulamento (CE) n.º 1/2003, a autoridade responsável em matéria de concorrência de um Estado Membro pode igualmente retirar o benefício da aplicação de um regulamento de isenção por categoria da Comissão, relativamente ao seu território (ou parte do seu território), se este território apresentar todas as características de um mercado geográfico distinto.

Em caso de retirada do benefício, incumbe às autoridades de concorrência em causa demonstrar que o acordo infringe o n.º 1 do artigo 81.º e não satisfaz as condições do n.º 3 do mesmo artigo.

37. Os tribunais dos Estados Membros não têm poder para retirar o benefício de isenções por categoria. Além disso, na aplicação dos regulamentos de isenção por categoria, os tribunais dos Estados Membros não podem alterar o seu âmbito tornando-os extensivos a acordos não originalmente abrangidos pelo regulamento de isenção por categoria em questão[2]. Fora do âmbito dos regulamentos de isenção por categoria os tribunais dos Estados Membros têm o poder de aplicar o artigo 81.º na sua totalidade (cf. Artigo 6.º do Regulamento 1/2003).

---

[1] O facto de um acordo beneficiar de uma isenção por categoria não é, por si só, indicativo de que o acordo individual é abrangido pelo n.º 1 do artigo 81.º.

[2] Ver, por exemplo, processo C-234/89, *Delimitis*, Col. 1991, p. I-935, ponto 46.

3. Aplicação das quatro condições do n.º 3 do artigo 81.º

38. Até ao final das presentes orientações, iremos abordar cada uma das quatro condições previstas no n.º 3 do artigo 81.º[1]. Dado que as quatro condições são cumulativas[2], basta que uma das condições não seja satisfeita para que a análise das demais se torne supérflua. Nestas circunstâncias, em certos casos, pode ser conveniente examinar as quatro condições numa ordem diferente.

39. Para efeitos das presentes orientações, considera-se conveniente inverter a ordem da segunda e terceira condições, e apreciar a questão da indispensabilidade antes da das repercussões nos consumidores. A análise das repercussões requer a ponderação dos efeitos negativos e positivos de um acordo para os consumidores e não deve contemplar os efeitos de restrições que não satisfaçam a condição da indispensabilidade e que, por esse motivo, são proibidas pelo artigo 81.º.

3.1. Princípios gerais

40. A aplicação do n.º 3 do artigo 81.º do Tratado só é pertinente no caso de acordos entre empresas que restrinjam a concorrência na acepção do n.º 1 do artigo 81.º. No caso de acordos não restritivos, não é necessário examinar eventuais benefícios decorrentes do acordo.

41. Se, num determinado caso, ficar provada uma restrição da concorrência, na acepção do n.º 1 do artigo 81.º, pode ser invocado como defesa o disposto no n.º 3 do mesmo artigo. Nos termos do artigo 2.º do Regulamento (CE) n.º 1/2003, o ónus da prova, para efeitos da aplicação do n.º 3 do artigo 81.º, recai sobre a empresa ou empresas que invoquem o benefício da excepção. Quando as condições do n.º 3 do artigo 81.º não estiverem satisfeitas, o acordo será nulo, ver n.º 2 do artigo 81.º. No entanto, esta nulidade automática intervém unicamente em relação às partes do acordo que são incompatíveis com o artigo 81.º, desde que essas partes possam ser separadas do acordo no seu conjunto[3]. Se apenas uma parte do acordo for nula, é a legislação nacional aplicável que determina as respectivas consequências para a parte restante do acordo[4].

---

[1] O n.º 4 do artigo 36.º do Regulamento (CE) n.º 1/2003 revogou, nomeadamente, o artigo 5.º do Regulamento (CE) n.º 1017/68 relativo à aplicação de regras de concorrência nos sectores dos transportes ferroviários, rodoviários e por via navegável. No entanto, a prática adoptada pela Comissão nos termos do Regulamento (CEE) n.º 1017/68 continua a ser pertinente para efeitos da aplicação do n.º 3 do artigo 81.º nestes sectores de transportes.

[2] Ver ponto 42.

[3] Ver o acórdão *Société Technique Minière*.

[4] Ver, a este respeito, o processo 319/82, *Kerpen & Kerpen*, Col. 1983, p. 4173, pontos 11 e 12.

42. De acordo com a jurisprudência constante, as quatro condições do n.º 3 do artigo 81.º são cumulativas[1], ou seja, para que a excepção seja aplicável todas as condições devem ser satisfeitas. Se tal não for o caso, deve ser recusada a aplicação da regra de excepção prevista no n.º 3 do artigo 81.º[2]. As quatro condições do n.º 3 do artigo 81.º são igualmente exaustivas. Quando estão satisfeitas, a excepção é aplicável, não podendo ser subordinada a qualquer outra condição. Os objectivos de outras disposições do Tratado apenas podem ser tidos em conta se puderem ser incluídos nas quatro condições do n.º 3 do artigo 81.º[3].

43. A avaliação à luz do n.º 3 do artigo 81.º dos benefícios resultantes de acordos restritivos é, em princípio, efectuada dentro dos limites de cada mercado relevante com que o acordo está relacionado. As regras de concorrência comunitárias têm como objectivo proteger a concorrência no mercado e não podem ser dissociadas deste objectivo. Além disso, a condição de que deve ser reservada aos consumidores[4] uma parte equitativa dos lucros implica, em geral, que os ganhos de eficiência resultantes de acordos restritivos num mercado relevante devam ser suficientes para compensar os efeitos anticoncorrenciais desses acordos no mesmo mercado[5]. Os efeitos negativos para os consumidores num dado mercado geográfico ou de produto não podem normalmente ser contrabalançados ou compensados por efeitos positivos para os consumidores noutro mercado geográfico ou de produto não relacionado com o primeiro. Contudo, no caso de dois mercados estreitamente relacionados, o aumento da eficiência obtido em mercados separados pode ser tido em conta, desde que o grupo de consumidores afectado pela restrição e que beneficia dos ganhos de eficiência seja, fundamentalmente, o mesmo[6]. Com efeito,

---

[1] Ver, por exemplo, T-185/00 e outros, *Métropole télévision SA (M6)*, Col. 2002, p. II-3805, ponto 86, processo T-17/93, *Matra*, Col. 1994, p. II-595, ponto 85 e processos apensos 43/82 e 63/82, *VBVB e VBBB*, Col. 1984, p. 19, ponto 61.

[2] Ver processo T-213/00, *CMA CGM e outros*, Col. 2003, p. II-, ponto 226.

[3] Ver, a este propósito, implicitamente, o ponto 139 do acórdão *Matra*, e o processo 26/76, *Metro (I)*, Col. 1977, p. 1875, ponto 43.

[4] No que se refere ao conceito de consumidores, ver ponto 84 em que se declara que os consumidores são os clientes das partes e adquirentes subsequentes. As partes em si mesmas não são "consumidores" para efeitos da aplicação do n.º 3 do artigo 81.º.

[5] A avaliação é específica a cada mercado; ver, a este propósito, o processo T-131/99, *Shaw*, Col. 2002, p. II-2023, ponto 163, em que o Tribunal de Primeira Instância decidiu que a avaliação nos termos do n.º 3 do artigo 81.º tinha de ser efectuada utilizando o mesmo quadro analítico que o utilizado para avaliar os efeitos restritivos, e o processo C-360/92 P, *Publishers Association*, Col. 1995, p. I-23, ponto 29 em que, num caso em que o mercado relevante era mais amplo que o mercado nacional, o Tribunal de Justiça decidiu que, para efeitos de aplicação do n.º 3 do artigo 81.º, não era correcto considerar apenas os efeitos no território nacional.

[6] No processo T-86/95, *Compagnie Générale Maritime e outros*, Col. 2002, p. II-1011, pontos 343 a 345, o Tribunal de Primeira Instância decidiu que o n.º 3 do artigo 81.º

nalguns casos só os consumidores num mercado a jusante são afectados pelo acordo e, nesse caso, deve ser apreciado o impacto do acordo nesses consumidores. É o que acontece por exemplo com os acordos de aquisição[1].

44. A avaliação de acordos restritivos à luz do n.º 3 do artigo 81.º é efectuada tendo em conta o contexto em que tais acordos são concluídos[2] e com base nos factos em presença num dado momento. A avaliação é sensível a alterações materiais dos factos. A excepção prevista no n.º 3 do artigo 81.º é aplicável enquanto estiverem reunidas as quatro condições e deixa de ser aplicável logo que tal se deixe de verificar[3]. Ao aplicar o n.º 3 do artigo 81.º à luz destes princípios é necessário ter em consideração os investimentos iniciais não recuperáveis efectuados por qualquer uma das partes, bem como o tempo e as limitações necessárias para realizar e recuperar um investimento para aumentar a eficiência. O artigo 81.º não pode ser aplicado sem ter devidamente em conta este investimento *ex ante*. O risco suportado pelas partes e o investimento não recuperável a que têm de proceder para executar o acordo podem portanto fazer com que o acordo não seja abrangido pelo n.º 1 do artigo 81.º ou que preencha as condições previstas no n.º 3 do artigo 81.º, conforme o caso, pelo período de tempo necessário para recuperar o investimento.

---

não exige que os benefícios estejam ligados a um mercado específico e que em casos adequados devem ser tidos em conta os benefícios para qualquer outro mercado no qual o acordo em causa possa ter efeitos benéficos, e mesmo, numa perspectiva mais geral, para qualquer serviço cuja qualidade ou eficiência possa ser melhorada através da existência desse acordo. Importante, contudo, é o facto de no referido caso o grupo de consumidores afectados ser o mesmo. O processo dizia respeito a serviços de transporte intermodal que abrangiam nomeadamente uma série de serviços de transporte terrestre e marítimo prestados a empresas de navegação em toda a Comunidade. As restrições prendiam-se com os serviços de transporte terrestre, que se considerou constituírem um mercado distinto, embora, alegadamente, os benefícios incidissem nos serviços de transporte marítimo. Ambos os serviços eram requeridos por carregadores necessitando de serviços de transporte intermodal entre o Norte da Europa e o Sueste e Este Asiático. O julgamento *CMA CGM* também dizia respeito a uma situação em que o acordo, se bem que abrangesse serviços distintos, afectava o mesmo grupo de consumidores, nomeadamente carregadores de carga contentorizada entre o norte da Europa e o Extremo Oriente. Nos termos do acordo as partes fixavam taxas e sobretaxas respeitantes a serviços de transporte terrestre, serviços portuários e serviços de transporte marítimo. O Tribunal de Primeira Instância decidiu (pontos 226 a 228) que atendendo às circunstâncias do caso não havia necessidade de definir os mercados relevantes para efeitos de aplicação do n.º 3 do artigo 81.º. O acordo era restritivo da concorrência pelo seu objectivo próprio e não acarretava benefícios para os consumidores.

[1] Ver pontos 126 e 132 das Orientações relativas aos acordos de cooperação horizontal.

[2] Ver o acórdão *Ford*.

[3] A este propósito, ver, por exemplo, a Decisão da Comissão no processo *TPS*, JO. 1999 L 90, p. 6. Do mesmo modo, a proibição prevista no n.º 1 do artigo 81.º apenas é aplicável a acordos enquanto tiverem por objectivo ou efeito uma restrição da concorrência.

45. Nalguns casos, o acordo restritivo é irreversível. Uma vez aplicado o acordo restritivo não pode ser restabelecida a situação *ex ante*. Nestes casos, a avaliação deve ser realizada exclusivamente com base nos factos relativos ao período de aplicação do acordo. Por exemplo, no caso de um acordo de investigação e desenvolvimento nos termos do qual cada uma das partes aceita abandonar o respectivo projecto de investigação e associar os seus recursos aos da outra parte, de um ponto de vista objectivo, pode ser técnica e economicamente impossível retomar um projecto que foi abandonado. Os efeitos anticoncorrenciais e pró-concorrenciais do acordo que prevê o abandono dos projectos de investigação individuais devem, por conseguinte, ser avaliados no contexto do momento em que deixaram de ser aplicados. Se, nesse momento, o acordo é compatível com o artigo 81.º, por exemplo porque um número suficiente de terceiros desenvolve projectos de investigação e desenvolvimento concorrentes, o acordo das partes no sentido de abandonarem os seus projectos individuais continua a ser compatível com o artigo 81.º, mesmo que, posteriormente, os projectos dos terceiros não se concretizem. Contudo, a proibição do artigo 81.º pode aplicar-se a outras partes do acordo relativamente às quais não se coloca a questão da irreversibilidade. Se, por exemplo, para além de actividades conjuntas de investigação e desenvolvimento, o acordo previr a exploração conjunta, pode aplicar-se o artigo 81.º a esta parte do acordo se, devido a uma evolução subsequente do mercado, o acordo passar a ser restritivo da concorrência e não preencher (doravante) as condições previstas no n.º 3 do artigo 81.º tendo na devida consideração os investimentos *ex ante* não recuperáveis, ver ponto anterior.

46. O n.º 3 do artigo 81.º não exclui, *a priori*, do seu âmbito determinados tipos de acordos. Em princípio, todos os acordos restritivos que satisfaçam as quatro condições do n.º 3 do artigo 81.º são abrangidos pela excepção[1]. Contudo, é improvável que restrições graves da concorrência satisfaçam as condições do n.º 3 do artigo 81.º. Tais restrições são normalmente excluídas dos regulamentos de isenção por categoria ou identificadas como restrições graves nas orientações e comunicações da Comissão. Regra geral, os acordos desta natureza não satisfazem (pelo menos) as duas primeiras condições enunciadas no n.º 3 do artigo 81.º: não geram benefícios económicos[2] nem beneficiam os consumidores[3]. Por exemplo, um acordo horizontal que tenha por objectivo a fixação dos preços limita a produção, originando uma deficiente afectação dos recursos. Além disso, transfere valor dos consumidores para os produtores, na medida em que conduz a preços mais elevados sem proporcionar qualquer compensação aos consumidores do mercado relevante.

---

[1] Ver ponto 85 do acórdão *Matra*.
[2] Sobre este requisito, ver ponto 49.
[3] Ver, por exemplo, processo T-29/92, *Vereniging van Samenwerkende Prijsregelende Organisaties in de Bouwnijverheid (SPO)*, Col. 1995, p. II-289.

Por último, estes tipos de acordos não satisfazem, regra geral, a terceira condição relativa à indispensabilidade[1].

47. A alegação de que acordos restritivos se justificam por terem em vista assegurar condições de concorrência leais no mercado carece, por definição, de fundamento, pelo que deve ser rejeitada[2]. O artigo 81.º tem por objectivo proteger a concorrência efectiva, assegurando que os mercados se mantenham abertos e concorrenciais. A protecção de condições de concorrência leais constitui uma tarefa do legislador, no respeito das obrigações do direito comunitário[3], não incumbindo às empresas regulamentarem a sua actividade.

3.2. Primeira condição do n.º 3 do artigo 81.º : ganhos de eficiência

3.2.1. Observações de carácter geral

48. Em conformidade com a primeira condição enunciada no n.º 3 do artigo 81.º, o acordo restritivo deve contribuir para melhorar a produção ou a distribuição dos produtos ou para promover o progresso técnico ou económico. Embora apenas se refira expressamente aos produtos, a disposição é aplicável, por analogia, aos serviços.

49. Decorre da jurisprudência do Tribunal de Justiça que apenas podem ser tidos em conta benefícios objectivos[4]. Tal significa que os benefícios não são avaliados segundo o ponto de vista subjectivo das partes[5]. A redução dos custos resultante do mero exercício do poder de mercado pelas partes não podem ser tidas em conta. Por exemplo, quando acordam na fixação de preços ou na partilha de mercados, as empresas reduzem a produção e, por conseguinte, os custos de produção. A redução da concorrência pode igualmente originar uma diminuição das vendas e das despesas de comercialização. Estas reduções de custos constituem uma consequência directa da redução da produção e do respectivo valor. As reduções de custos em causa não têm quaisquer efeitos pró-concorrenciais no mercado. Nomeadamente, não criam valor através de uma integração de activos e actividades, limitando-se, com efeito, a permitir que as empresas em causa aumentem os seus lucros, pelo que são irrelevantes do ponto de vista do n.º 3 do artigo 81.º.

50. O objectivo da primeira condição enunciada no n.º 3 do artigo 81.º consiste em definir os tipos de ganhos de eficiência que podem ser tidos em consi-

---

[1] Ver, por exemplo, processo 258/78, *Nungesser*, Col. 1982, p. 2015, ponto 77, relativo à protecção territorial absoluta.

[2] A este propósito, ver, por exemplo, o acórdão *SPO*.

[3] As medidas nacionais devem, nomeadamente, respeitar as regras do Tratado em matéria de livre circulação de mercadorias, serviços, pessoas e capitais.

[4] Ver, por exemplo, o acórdão *Consten e Grundig*.

[5] Ver, a este propósito, a decisão da Comissão no processo *Van den Bergh Foods*, JO, 1998, L 246, p. 1.

deração e ser sujeitos às análises suplementares da segunda e terceira condições do n.º 3 do artigo 81.º. O que se pretende com essa análise é verificar quais são os benefícios objectivos criados pelo acordo e qual a importância económica destes ganhos de eficiência.

Tendo em conta que, para que o n.º 3 do artigo 81.º seja aplicável, os efeitos pró-concorrenciais decorrentes do acordo devem compensar os seus efeitos anticoncorrenciais, é necessário verificar qual o nexo que existe entre o acordo e os alegados ganhos de eficiência, bem como o respectivo valor.

51. Todas as alegações de ganhos de eficiência devem ser fundamentadas, de modo a ser possível verificar:

(*a*) A *natureza* dos alegados ganhos de eficiência;
(*b*) A *relação* entre o acordo e os ganhos de eficiência;
(*c*) A *probabilidade* e a *magnitude* de cada um dos alegados ganhos de eficiência;
(*d*) *Como* e *quando* se produzirá cada um dos alegados ganhos de eficiência;

52. A alínea (*a*) permite à instância decisória verificar se os alegados ganhos de eficiência apresentam natureza objectiva (ver ponto 49 supra).

53. A alínea (*b*) permite à instância decisória verificar se o nexo causal entre o acordo restritivo e os alegados ganhos de eficiência é suficiente. Esta condição exige normalmente que os ganhos de eficiência resultem da actividade económica que constitui o objecto do acordo. Tal actividade económica pode, por exemplo, assumir a forma de distribuição, licenciamento de tecnologia, produção conjunta ou investigação e desenvolvimento conjuntos. Contudo, no caso de um acordo ter efeitos de aumento de eficiência mais amplos no mercado relevante, na medida em que, por exemplo, induz uma redução dos custos do sector, esses benefícios adicionais são igualmente tidos em conta.

54. Em princípio, o nexo causal entre o acordo e os alegados ganhos de eficiência deve também ser directo[1]. As alegações com base em efeitos indirectos são, regra geral, demasiado incertas e demasiado difíceis de verificar para poderem ser tomadas em consideração. Existirá, por exemplo, um nexo causal directo quando um acordo de transferência de tecnologia permite aos licenciados produzirem um novo produto ou um produto melhorado ou quando um acordo de distribuição permite que os produtos sejam distribuídos a custos mais baixos ou que sejam fornecidos serviços de valor.

Um exemplo de um efeito indirecto seria um caso em que se alega que um acordo restritivo permite às empresas em causa aumentarem os seus lucros, permitindo-lhes investir mais em investigação e desenvolvimento, o que em última instância beneficiará os consumidores. Apesar de poder existir um nexo entre rendibilidade e investigação e desenvolvimento, este nexo não é em geral suficiente-

---

[1] Ver a este respeito a Decisão da Comissão no processo *Glaxo Wellcome*, JO, 2001, L 302, p. 1.

mente directo para poder ser tomado em consideração no contexto do n.º 3 do artigo 81.º.

55. As alíneas (c) e (d) permitem à instância decisória verificar o valor dos alegados ganhos de eficiência, os quais devem ser ponderados com os efeitos anticoncorrenciais do acordo no contexto da terceira condição do n.º 3 do artigo 81.º (ver ponto 101 infra). Tendo em conta que o n.º 1 do artigo 81.º só se aplica nos casos em que é provável que o acordo tenha efeitos negativos na concorrência e nos consumidores (no caso de restrições graves existe uma presunção de que tais efeitos ocorrem) as alegações de ganhos de eficiência devem ser justificadas de forma a poderem ser verificadas. As alegações não justificadas serão rejeitadas.

56. No caso de alegados ganhos de eficiência com reflexos a nível dos custos, as empresas que invocam a aplicação do n.º 3 do artigo 81.º devem, tão rigorosamente quanto for razoavelmente possível, calcular ou estimar o valor dos ganhos de eficiência e descrever pormenorizadamente a forma como calcularam o montante apresentado. Devem ainda descrever pormenorizadamente através de que método(s) os ganhos de eficiência foram ou serão obtidos. Os dados apresentados devem ser verificáveis por forma a que exista um grau suficiente de certeza de que os ganhos de eficiência se concretizaram ou se concretizarão.

57. Em caso de alegados ganhos de eficiência que assumam a forma de produtos novos ou melhorados e de outros ganhos de eficiência não relacionados com os custos, as empresas que invocam a aplicação do n.º 3 do artigo 81.º devem descrever e explicar, pormenorizadamente, a natureza das melhorias e de que forma e por que motivo estas constituem um benefício económico objectivo.

58. Nos casos em que o acordo ainda não estiver a ser aplicado plenamente, as partes devem fundamentar todas as projecções para o período com início na data em que os ganhos de eficiência se tornam efectivos e com um significativo impacto positivo no mercado.

3.2.2. As diferentes categorias de ganhos de eficiência

59. Os tipos de ganhos de eficiência enunciados no n.º 3 do artigo 81.º constituem categorias abrangentes, a fim de cobrir todos os benefícios económicos objectivos.

Regista-se uma considerável sobreposição entre as diferentes categorias referidas no n.º 3 do artigo 81.º, podendo de um mesmo acordo resultar diferentes tipos de ganhos de eficiência. Por conseguinte, não é conveniente estabelecer distinções claras e firmes entre as diversas categorias. Para efeitos das presentes orientações, é estabelecida uma distinção entre ganhos de eficiência em termos de custos e ganhos de eficiência de natureza qualitativa através dos quais é criado valor sob a forma de produtos novos ou melhorados, maior variedade de produtos, etc.

60. Regra geral, os ganhos de eficiência decorrem de uma integração das actividades económicas que passa pela combinação dos activos das empresas, de modo a que estas possam alcançar, em conjunto, aquilo que mais dificilmente alcançariam

isoladamente ou pela delegação noutra empresa de tarefas cuja realização pode ser mais eficientemente assegurada por essa empresa.

61. O processo de investigação e desenvolvimento, produção e distribuição pode ser considerado como uma cadeia de valor susceptível de ser dividida numa série de etapas. Em cada etapa desta cadeia, as empresas têm de escolher entre desenvolverem sozinhas a actividade, desenvolvê-la em colaboração com outra(s) empresa(s) ou subcontratá-la integralmente a outra(s) empresa(s).

62. Sempre que a escolha feita envolve cooperação no mercado com outra empresa é, em princípio, necessário concluir um acordo na acepção do n.º 1 do artigo 81.º. Esse acordo pode ser vertical, no caso de as empresas operarem a níveis diferentes da cadeia de valor, ou horizontal, no caso de as empresas operarem ao mesmo nível da cadeia de valor. Ambas as categorias de acordos podem gerar ganhos de eficiência, ao permitirem que as empresas em causa realizem uma dada tarefa com custos mais baixos ou com mais alto valor acrescentado para os consumidores. Os acordos podem igualmente conter ou implicar restrições da concorrência, caso em que a proibição prevista no n.º 1 do artigo 81.º ou a excepção prevista no n.º 3 do mesmo artigo podem ser aplicáveis.

63. Os tipos de ganhos de eficiência a seguir enumerados constituem meros exemplos e não pretendem ser exaustivos.

3.2.2.1. Ganhos de eficiência em termos de custos

64. Os ganhos de eficiência em termos de custos decorrentes de acordos entre empresas podem ter diferentes origens. Uma fonte de economia muito importante consiste no desenvolvimento de novas tecnologias e métodos de produção. Regra geral, o maior potencial de economia surge associado a avanços tecnológicos. Por exemplo, a introdução da linha de montagem proporcionou uma redução muito substancial do custo de produção dos veículos a motor.

65. Outra fonte de ganhos de eficiência muito importante prende-se com as sinergias resultantes de uma integração de activos existentes. Mediante a combinação dos seus activos, as partes num acordo podem atingir um nível de custos/perfil de produção que não seria possível sem esse acordo. A combinação de duas tecnologias existentes que apresentem vantagens complementares pode reduzir os custos de produção ou permitir a produção de bens de qualidade superior. Por exemplo, pode acontecer que os activos de produção de uma empresa A gerem um maior volume de produção por hora mas requeiram um volume relativamente mais elevado de matérias-primas por unidade de produto, enquanto os activos de produção da empresa B gerem um volume de produção inferior por hora mas requerem um volume relativamente menor de matérias-primas por unidade de produto. Serão criadas sinergias se, através da criação de uma empresa comum de produção que combine os activos de produção de A e B, as partes puderem atingir um nível (mais) elevado de produção por hora com um nível menos elevado de matérias-primas por unidade de produto. Do mesmo modo, se uma empresa tiver optimizado uma parte

da cadeia de valor e outra empresa tiver optimizado outra parte da cadeia de valor, a combinação das actividades das duas empresas pode permitir custos mais baixos. A empresa A pode, por exemplo, dispor de uma instalação de produção altamente automatizada que permite obter baixos custos de produção por unidade, enquanto a empresa B desenvolveu um sistema eficaz de tratamento das encomendas. O sistema permite que a produção seja adaptada à procura dos clientes, assegurando a entrega a tempo e reduzindo os custos de armazenagem e de obsolescência. A combinação dos activos das empresas A e B poderá permitir obter reduções de custos.

66. Também as economias de escala, ou seja, a diminuição do custo unitário do produto em consequência do aumento da produção, podem gerar ganhos de eficiência em termos de custos. Por exemplo, o investimento em equipamento e noutros activos tem, frequentemente, de ser feito em blocos indivisíveis. Se uma empresa não tiver condições para utilizar plenamente um bloco, os seus custos médios serão superiores ao que seriam se o pudesse fazer. Por exemplo, o custo de exploração de um veículo pesado de mercadorias é virtualmente o mesmo quer este esteja quase vazio, meio cheio ou cheio. Os acordos pelos quais as empresas combinam as suas actividades logísticas pode permitir-lhes aumentar os níveis de carga e reduzir o número de veículos utilizados. O funcionamento em mais ampla escala pode igualmente permitir uma melhor divisão do trabalho, susceptível de reduzir os custos unitários.

As empresas podem realizar economias de escala em todas as partes da cadeia de valor, incluindo a investigação e desenvolvimento, a produção, a distribuição e o *marketing*. As economias obtidas com a aprendizagem constituem um tipo de ganhos de eficiência conexo. A produtividade pode aumentar à medida que se vai adquirindo experiência de utilização de um determinado processo de produção ou de execução de uma dada tarefa, na medida em que o processo pode ser acelerado ou a tarefa executada mais rapidamente.

67. Outra fonte de ganhos de eficiência em termos de custos são as economias de gama, que ocorrem quando as empresas realizam economias ao produzirem diferentes produtos a partir dos mesmos factores de produção. Estes ganhos de eficiência podem advir do facto de ser possível utilizar os mesmos componentes, as mesmas instalações e o mesmo pessoal para produzir uma série de produtos. Do mesmo modo, podem ser realizadas economias de gama na distribuição, quando diversos tipos de produtos são distribuídos nos mesmos veículos. Por exemplo, um produtor de *pizzas* congeladas e um produtor de legumes congelados podem realizar economias de gama se distribuírem conjuntamente os seus produtos. Ambos os grupos de produtos devem ser distribuídos em veículos refrigerados e, provavelmente, verificam-se sobreposições significativas em termos de clientes.

Com a combinação das suas actividades, os dois produtores poder obter custos de distribuição mais baixos por unidade vendida.

68. Os ganhos de eficiência sob a forma de reduções de custos podem igualmente resultar de acordos que permitam uma melhor planificação da produção,

reduzindo a necessidade de manter existências onerosas e permitindo uma melhor utilização das capacidades. Ganhos de eficiência desta natureza podem, por exemplo, decorrer da aplicação de um regime de aquisições.just-in-time., ou seja, a obrigação de um fornecedor de componentes fornecer continuamente o adquirente em função das suas necessidades, evitando assim que o adquirente mantenha existências importantes de componentes que correm o risco de se tornarem obsoletas. A redução dos custos pode igualmente resultar de acordos que permitem a racionalização da produção das partes nas respectivas instalações.

3.2.2.2. Ganhos de eficiência de natureza qualitativa

69. Os acordos entre empresas podem gerar diversos ganhos de eficiência de natureza qualitativa relevantes para efeitos da aplicação do n.º 3 do artigo 81.º. Num certo número de casos, o principal potencial de ganhos de eficácia do acordo não reside em reduções de custos, mas sim em melhorias de qualidade e outros ganhos de eficiência de natureza qualitativa. Em função de cada caso, estes ganhos de eficiência podem assim ser tão ou mais importantes do que os ganhos de eficiência em termos de custos.

70. Os progressos técnicos e tecnológicos constituem um elemento essencial e dinâmico da economia, que gera benefícios significativos sob a forma de produtos e serviços novos ou melhorados. Através da cooperação, as empresas podem conseguir gerar ganhos de eficiência que, na ausência do acordo restritivo, não seriam possíveis ou sê-lo-iam com um atraso considerável ou com custos mais elevados. Este tipo de ganhos de eficiência constitui uma importante fonte de benefícios económicos, abrangidos pela primeira condição do n.º 3 do artigo 81.º. Os acordos susceptíveis de produzir ganhos de eficiência desta natureza incluem, nomeadamente, os acordos de investigação e desenvolvimento. Por exemplo, a criação por A e por B de uma empresa comum para o desenvolvimento e, em caso de êxito, para a produção conjunta de um pneumático celular. O furo de uma célula não afecta as outras, o que significa que não existe qualquer risco de o pneu se esvaziar por completo em caso de furo. Este pneumático é assim mais seguro do que os pneumáticos tradicionais.

Implica também que não é necessário proceder imediatamente à mudança do pneu e que se pode dispensar o pneu sobresselente. Estes dois tipos de ganhos de eficiência constituem benefícios objectivos na acepção da primeira condição do n.º 3 do artigo 81.º.

71. Da mesma forma que a combinação de activos complementares pode dar origem a poupanças de custos, as combinações de activos podem também provocar sinergias que criam ganhos de eficiência de natureza qualitativa. A combinação de activos de produção pode, por exemplo, permitir a produção de produtos de qualidade mais elevada ou de produtos com novas características. Tal pode acontece, por exemplo, com os acordos de licença e os acordos que prevêem a produção conjunta de produtos ou serviços novos ou melhorados. Os acordos de licença podem,

nomeadamente, assegurar uma divulgação mais rápida de nova tecnologia na Comunidade e permitir que os licenciados lancem novos produtos ou utilizem novas técnicas de produção que propiciam uma melhor qualidade. Os acordos de produção conjunta podem, nomeadamente, permitir que produtos ou serviços novos ou melhorados sejam introduzidos no mercado mais rapidamente ou com custos mais baixos[1]. No sector das telecomunicações, por exemplo, foram concluídos acordos de cooperação com vista à obtenção de ganhos de eficiência mediante a mais rápida disponibilização de novos serviços mundiais[2]. No sector bancário, considerou-se igualmente que os acordos de cooperação que melhoraram a infra-estrutura para a realização de pagamentos transfronteiras criaram ganhos de eficiência na acepção do n.º 3 do artigo 81.º[3].

72. Os acordos de distribuição podem também dar origem a ganhos de eficiência. Por exemplo, os distribuidores especializados podem estar em condições de prestar serviços mais adequados às necessidades dos consumidores, de assegurar entregas mais rápidas ou de dar mais garantias de qualidade ao longo de toda a cadeia de distribuição[4].

3.3. Terceira condição do n.º 3 do artigo 81.º: carácter indispensável das restrições

73. Em conformidade com a terceira condição enunciada no n.º 3 do artigo 81.º, os acordos restritivos não devem impor restrições que não sejam indispensáveis para a obtenção dos ganhos de eficiência gerados pelo acordo em causa. Esta condição implica uma apreciação em função de dois critérios. Em primeiro lugar, o acordo restritivo, enquanto tal, deve ser necessário para a obtenção dos ganhos de eficiência.

Em segundo lugar, as restrições individuais da concorrência decorrentes do acordo devem igualmente ser necessárias para a obtenção dos ganhos de eficiência.

74. No contexto da terceira condição enunciada no n.º 3 do artigo 81.º, é decisivo saber se o acordo restritivo e as restrições individuais permitem que a actividade em causa seja desenvolvida mais eficientemente do que seria na ausência do acordo ou restrição em causa. Não se trata de saber se, na ausência da restrição, o

---

[1] Ver, por exemplo, decisões da Comissão nos processos *GEAE/P&W,* JO, 2000 L 58, p. 16; *British Interactive Broadcasting/Open,* JO 1999 L 312, p. 1; e *Asahi/Saint Gobain,* JO, 1994, L 354, p. 87.

[2] Ver, por exemplo, decisões da Comissão nos processos *Atlas,* JO, 1996, L 239, p. 23 e *Phoenix/Global One,* JO, 1996, L 239, p. 57.

[3] Ver, por exemplo, a decisão da Comissão no processo *Uniform Eurocheques,* JO, 1985, L 35, p. 43.

[4] Ver, por exemplo, a decisão da Comissão no processo *Cégétel + 4,* JO, 1999, L 88, p. 26.

acordo não teria sido concluído, mas se foram gerados mais ganhos de eficiência com o acordo ou restrição do que na sua ausência[1].

75. O primeiro critério contido na terceira condição do n.º 3 do artigo 81.º requer que os ganhos de eficiência sejam específicos ao acordo em causa, ou seja, que não haja outros meios economicamente viáveis e menos restritivos de obter os ganhos de eficiência em questão. Nesta avaliação, devem ser tidas em conta as condições de mercado e a realidade empresarial enfrentada pelas partes no acordo. Não obstante, as empresas que invocam o benefício do n.º 3 do artigo 81.º não têm de considerar alternativas puramente hipotéticas ou teóricas. A Commissão não vai duvidar do juízo comercial das partes. e apenas intervirá quando for razoavelmente evidente que há alternativas realistas e atingíveis. Nesse caso, as partes devem apenas explicar e demonstrar as razões pelas quais eventuais alternativas aparentemente realistas e significativamente menos restritivas ao acordo seriam muito menos eficientes.

76. É especialmente importante determinar se, tendo em conta as circunstâncias de cada caso, as partes poderiam ter obtido os ganhos de eficiência sem o acordo restritivo, ou através de outro tipo de acordo menos restritivo e, na afirmativa, em que momento possivelmente os teriam obtido. Por exemplo, quando os alegados ganhos de eficiência assumem a forma de reduções de custos decorrentes de economias de escala ou de gama, as empresas em causa devem explicar por que motivo os mesmos ganhos de eficiência não seriam susceptíveis de ser obtidos mediante crescimento interno e concorrência de preços. Nesta avaliação, é importante ter em conta, *inter alia*, a escala de eficiência mínima do mercado em causa. A escala de eficiência mínima é o nível de produção necessário para minimizar o custo médio e esgotar as economias de escala[2]. Quanto maior for a escala de eficiência mínima, comparativamente com a dimensão de cada uma das partes no acordo, maior é a probabilidade de os ganhos de eficiência serem considerados específicos ao acordo.

No caso de acordos que produzam, através da combinação de activos e capacidades complementares, sinergias substanciais, a própria natureza dos ganhos de eficiência permite presumir que o acordo é necessário à sua obtenção.

77. Estes princípios podem ser ilustrados através do seguinte exemplo hipotético: A e B combinam numa empresa comum as suas tecnologias de produção para aumentar a produção e reduzir o consumo de matérias-primas. A empresa comum recebe uma licença exclusiva relativamente a estas tecnologias de produção. As partes transferem as suas instalações de produção existentes para a empresa comum.

---

[1] Quanto à primeira questão, que poderá ser relevante no contexto do n.º 1 do artigo 81.º, ver ponto 18.

[2] Regra geral, as economias de escala esgotam-se num determinado ponto. A partir daí, os custos médios estabilizam e acabam por aumentar, devido, por exemplo, a restrições de capacidade e a estrangulamentos.

Procedem também à transferência de pessoal-chave no sentido de assegurar as economias de formação podem ser exploradas e desenvolvidas. Estima-se que estas economias reduzirão os custos de produção em mais 5%. A produção da empresa comum é vendida de forma independente por A e B. Neste caso, a condição do carácter indispensável exige que se proceda a uma apreciação se os benefícios podiam ou não ser substancialmente atingidos através de um acordo de licença, que seria provavelmente menos restritivo na medida em que A e B teriam continuado a produzir de forma independente. Nas circunstâncias descritas, tal seria improvável uma vez que, nos termos de um acordo de licença, as partes não teriam podido beneficiar, de uma forma tão flexível e permanente, das suas experiências respectivas em matéria de aplicação das duas tecnologias, de que resultam economias importantes em matéria de formação.

78. Se se verificar que o acordo em causa é necessário para a obtenção de ganhos de eficiência, deve ser avaliado se é indispensável cada uma das restrições da concorrência decorrentes do acordo. Neste contexto, é necessário determinar se as restrições individuais são necessárias, em termos razoáveis, para obter os ganhos de eficiência. As partes no acordo devem justificar a sua pretensão em função da natureza e da intensidade da restrição.

79. Uma restrição é indispensável se a sua ausência eliminar ou reduzir significativamente os ganhos de eficiência decorrentes do acordo ou tornar a sua concretização bastante menos provável. A avaliação das soluções alternativas deve ter em conta o reforço, efectivo e potencial, da concorrência resultante da eliminação de uma dada restrição ou do recurso a uma alternativa menos restritiva. Quanto mais restritiva for a restrição, mais rigorosa deve ser a avaliação à luz da terceira condição[1]. É pouco provável que as restrições excluídas dos regulamentos de isenção por categoria ou identificadas como restrições graves nas orientações e comunicações da Comissão sejam consideradas indispensáveis.

80. A avaliação do carácter indispensável é realizada no contexto efectivo em que o acordo funciona e deve, nomeadamente, ter em conta a estrutura do mercado, os riscos económicos inerentes ao acordo e os incentivos das partes. Quanto mais incerto for o êxito do produto abrangido pelo acordo, maior será a necessidade de restrições para assegurar a concretização dos ganhos de eficiência. As restrições podem igualmente ser indispensáveis para alinhar os incentivos das partes e assegurar que estas concentram os seus esforços na aplicação do acordo. Pode, por exemplo, ser necessária uma restrição para evitar problemas de catividade logo que uma das partes tenha realizado um investimento cativo substancial. Se, por exemplo, um fornecedor realizou um investimento significativo, específico à relação estabelecida, com o objectivo de fornecer um produto ao cliente, o fornecedor fica ligado ao cliente. Por forma a evitar que o cliente venha a explorar posteriormente esta dependência para obter condições mais favoráveis, poderá ser necessário impor

---

[1] Ver, a este propósito, os pontos 392 a 395 do acórdão *Compagnie Générale Maritime*.

uma proibição de aquisição de componentes junto de terceiros ou uma obrigação de adquirir quantidades mínimas da componente junto do fornecedor[1]

81. Em alguns casos, uma restrição pode ser indispensável apenas durante um certo período; neste caso, a excepção prevista no n.º 3 do artigo 81.º é aplicável, unicamente, durante esse período. Nesta avaliação, é necessário ter em devida conta o período de que as partes necessitam para obter os ganhos de eficiência que justificam a aplicação da excepção[2]. Nos casos em que, para a produção dos benefícios, é necessário um investimento considerável, deve ser tido em conta, nomeadamente, o período de tempo necessário para garantir uma rentabilidade.adequada desse investimento (ver também o ponto 44).

82. Estes princípios podem ser ilustrados através dos seguintes exemplos hipotéticos:

P produz e distribui pizzas congeladas, com uma quota de mercado de 15% no Estado-Membro X. As entregas são feitas directamente aos retalhistas. Uma vez que a maior parte dos retalhistas dispõe de uma capacidade de armazenamento limitada, é necessário proceder a entregas frequentes, o que conduz a uma baixa utilização da capacidade e à utilização de veículos relativamente pequenos. T é um grossista de pizzas congeladas e de outros produtos congelados, que procede a entregas sensivelmente aos mesmos clientes que P. As pizzas distribuídas por T representam 30% do mercado. T dispõe de uma frota de veículos de maiores dimensões e de excesso de capacidade. P conclui um acordo de distribuição exclusiva com T relativamente ao Estado-Membro X e compromete-se a assegurar que os distribuidores noutros Estados-Membros não procederão a vendas, nem activas nem passivas, no território de T. T por seu turno compromete-se a fazer publicidade aos produtos, a estudar as preferências dos consumidores e os índices de satisfação e a assegurar a entrega aos retalhistas de todos os produtos no espaço de 24 horas. O acordo conduz a uma redução dos custos totais de distribuição de 30% uma vez que a capacidade é melhor utilizada e se elimina a duplicação de trajectos. O acordo conduz igualmente à prestação de serviços suplementares aos consumidores. As restrições às vendas passivas constituem restrições graves nos termos do regulamento de isenção por categoria das restrições verticais[3] e só podem ser consideradas indispensáveis em circunstâncias excepcionais. A boa posição de mercado de T e a natureza das obrigações que lhe são impostas indicam que não se trata de um caso excepcional. A proibição de vendas activas, em contrapartida, é susceptível de ser indispensável. T terá provavelmente menos interesse em vender e publicitar a marca P se distribuidores noutros

---

[1] Para mais pormenores, ver ponto 116 das Orientações relativas às restrições verticais.

[2] Ver processos apensos T-374/94 e outros, *European Night Services*, Col. 1998, p. II-3141, ponto 230.

[3] Ver Regulamento n.º 2790/1999 da Comissão relativo à aplicação do n.º 3 do artigo 81.º do Tratado CE a determinadas categorias de acordos verticais e práticas concertadas, JO, 1999, L 336, p. 21.

Estados-Membros puderem proceder a vendas activas no Estado-Membro X, aproveitando-se assim dos esforços de T. É o que acontece exactamente neste caso, uma vez que T também distribui marcas concorrentes, tendo, portanto, a possibilidade de promover as marcas menos expostas ao parasitismo.

S é um produtor de refrigerantes, com uma quota de mercado de 40%. O seu concorrente mais próximo tem uma quota de mercado de 20%. S conclui acordos de fornecimento com clientes que representam 25% da procura, através dos quais estes se comprometem a adquirir exclusivamente à S durante um período de 5 anos. Com outros clientes, que representam 15% da procura, S conclui acordos através dos quais os clientes beneficiam trimestralmente de descontos por "objectivo", se as suas compras ultrapassarem certos níveis fixados individualmente. S alega que os acordos lhe permitem prever a procura com maior precisão e, por conseguinte, planear melhor a produção, reduzindo os custos de armazenagem das matérias-primas e dos produtos e evitando penúrias de fornecimento. Tendo em conta a posição de mercado de S e a cobertura combinada das restrições, é muito pouco provável que estas sejam consideradas indispensáveis. A obrigação de compra exclusiva excede o que é necessário para planear a produção, o mesmo acontecendo com o sistema de descontos por "objectivo". A previsibilidade da procura pode ser conseguida por meios menos restritivos. S poderia, por exemplo, dar incentivos para que os clientes encomendassem maiores quantidades de uma só vez, oferecendo descontos de quantidade ou um desconto aos clientes que fizessem encomendas firmes antecipadamente para entrega em datas especificadas.

3.4. Segunda condição do n.º 3 do artigo 81.º: uma parte equitativa dos benefícios para os consumidores

3.4.1. Observações de carácter geral

83. Nos termos da segunda condição prevista no n.º 3 do artigo 81.º, aos consumidores deve ser reservada uma parte equitativa dos ganhos de eficiência gerados pelo acordo restritivo.

84. O conceito de *"consumidores"* engloba todos os utilizadores dos produtos cobertos pelo acordo, incluindo grossistas, retalhistas e consumidores finais. Por outras palavras, os consumidores, na acepção do n.º 3 do artigo 81.º, são os clientes das partes no acordo e os compradores subsequentes. Estes clientes podem ser empresas, como é o caso dos compradores de maquinaria industrial ou de matéria-prima para transformação, ou particulares, como é o caso dos compradores de gelados ou bicicletas.

85. O conceito de *"parte equitativa"* implica que a repercussão dos benefícios deve, no mínimo, compensar os consumidores pelo eventual impacto negativo, efectivo ou potencial, que a restrição da concorrência nos termos do n.º 1 do artigo 81.º teve para esses consumidores. Em conformidade com o objectivo geral do artigo 81.º, que consiste em evitar a aplicação de acordos anticoncorrenciais, o

efeito líquido de um acordo deve ser, no mínimo, neutro do ponto de vista daqueles consumidores que sejam directa ou indirectamente afectados pelo acordo[1]. Se a situação dos consumidores piorar na sequência do acordo, a segunda condição do n.º 3 do artigo 81.º não é satisfeita. Os efeitos positivos de um acordo devem contrabalançar e compensar os seus efeitos negativos para os consumidores afectados em cada mercado relevante[2]. Se tal for o caso, os consumidores não são prejudicados pelo acordo. Além disso, a sociedade em geral é beneficiada onde os ganhos de eficiência conduzem à utilização de menos recursos para produzir o bem consumido ou à produção de bens de maior valor e, portanto, a uma afectação mais eficiente dos recursos.

86. Não é necessário que os consumidores recebam uma parte de todos os ganhos de eficiência identificados no âmbito da primeira condição. Basta que sejam repercutidos benefícios suficientes para compensar os efeitos negativos do acordo restritivo. Nesse caso os consumidores obtêm uma parte equitativa dos benefícios globais[3]. Se um acordo restritivo for susceptível de provocar um aumento dos preços, os consumidores deverão ser plenamente compensados por uma melhoria da qualidade ou por benefícios de outra natureza. Caso contrário, não é satisfeita a segunda condição do n.º 3 do artigo 81.º.

87. O factor decisivo é o impacto global nos consumidores dos produtos no mercado relevante e não o impacto em membros individuais deste grupo de consumidores[4].

Nalguns casos, poderá ser necessário um determinado período antes que os ganhos de eficiência se concretizem; durante esse período, o acordo pode ter, unicamente, efeitos negativos. O facto de a repercussão nos consumidores ser algo desfasada no tempo não exclui, por si só, a aplicação do n.º 3 do artigo 81.º. Contudo, quanto maior for esse desfasamento, maiores devem ser os ganhos de eficiência, a fim de compensarem, igualmente, as perdas sofridas pelos consumidores no período que antecedeu a repercussão.

88. Nesta apreciação, deve ter-se em consideração que o valor de um determinado benefício para os consumidores no futuro não é o mesmo que o de um benefício idêntico no momento presente. O valor de poupar hoje 100 euros é maior do que o valor de poupar o mesmo montante um ano mais tarde. Os benefícios para os consumidores no futuro não compensam plenamente um prejuízo actual para os consumidores com o mesmo valor nominal. No sentido de permitir uma compara-

---

[1] Ver, a este propósito, o acórdão *Consten e Grundig*, em que o Tribunal de Justiça defendeu que as melhorias na acepção da primeira condição do n.º 3 do artigo 81.º devem revelar vantagens objectivas apreciáveis de forma a compensarem as desvantagens que provocam no domínio da concorrência.

[2] Recorda-se que os efeitos positivos e negativos para o consumidor são em princípio ponderados dentro de cada mercado relevante (ver ponto 43 supra).

[3] Ver, a este propósito, o ponto 48 do acórdão *Metro (I)*.

[4] Ver ponto 163 do acórdão *Shaw*.

ção adequada entre um prejuízo no momento presente e um benefício futuro para os consumidores, o valor dos benefícios futuros deve ser descontado. A taxa de desconto a aplicar deve reflectir a taxa de inflação, no caso de existir, e os juros que seriam auferidos a título de indicação do valor mais reduzido dos benefícios futuros.

89. Noutros casos, o acordo pode permitir às partes obter os ganhos de eficiência mais cedo do que seria possível na sua ausência. Nestas circunstâncias, é necessário ter em conta o provável impacto negativo nos consumidores do mercado relevante no final deste período de tempo. Se, em consequência do acordo restritivo, obtiverem uma posição forte no mercado, as partes podem ficar em condições de cobrar um preço significativamente mais elevado do que sem o acordo. Para que a segunda condição do n.º 3 do artigo 81.º seja satisfeita, o benefício que resulta para os consumidores do facto de terem mais cedo acesso aos produtos deve igualmente ser significativo. Tal pode acontecer, por exemplo, quando um acordo permite que dois fabricantes de pneumáticos lancem no mercado três anos mais cedo um pneumático substancialmente mais seguro, mas ao mesmo tempo, ao aumentar a sua quota de mercado, lhes permite aumentar os preços de 5%. Neste caso, é provável que o acesso antecipado a um produto substancialmente melhorado permita compensar o aumento do preço.

90. A segunda condição do n.º 3 do artigo 81.º inclui uma escala móvel. Quanto mais grave for a restrição da concorrência nos termos do n.º 1 do artigo 81.º, maiores devem ser os ganhos de eficiência e a repercussão nos consumidores. A abordagem da escala móvel implica que, se os efeitos restritivos de um acordo forem relativamente limitados e os seus ganhos de eficiência substanciais, é provável que uma parte equitativa das economias seja repercutidas nos consumidores. Nesses casos, não é, em princípio, necessário proceder a uma análise aprofundada da segunda condição do n.º 3 do artigo 81.º, desde que as três outras condições para a aplicação desta disposição estejam satisfeitas.

91. Em contrapartida, se os efeitos restritivos do acordo forem substanciais e as economias dele resultantes relativamente insignificantes, é muito pouco provável que este satisfaça a segunda condição do n.º 3 do artigo 81.º. O impacto da restrição da concorrência depende da intensidade da restrição e do grau de concorrência que subsiste após a conclusão do acordo.

92. Se o acordo tiver, simultaneamente, efeitos anticoncorrenciais e efeitos pró-concorrenciais substanciais, é necessário proceder a uma análise aprofundada. Nestes casos, a avaliação do equilíbrio deve ter em conta que, a longo prazo, a concorrência constitui um importante vector de eficiência e inovação. As empresas que não estão sujeitas a pressões concorrenciais efectivas – como por exemplo as empresas dominantes – têm menos incentivos para manter ou reforçar a sua eficiência. Quanto mais substancial for o impacto do acordo na concorrência, maior é a probabilidade de os consumidores virem a ser prejudicados a longo prazo.

93. As duas secções seguintes descrevem mais pormenorizadamente o quadro analítico para a avaliação da repercussão dos ganhos de eficiência nos consumidores. A primeira secção aborda os ganhos de eficiência em termos de custos,

enquanto a segunda incide noutros tipos de ganhos de eficiência, como por exemplo produtos novos ou melhorados (ganhos de eficiência de natureza qualitativa). O quadro desenvolvido nestas duas secções é especialmente importante nos casos em que não é imediatamente óbvio se os prejuízos para a concorrência excedem os benefícios para os consumidores ou *vice versa*[1].

94. Para efeitos da aplicação dos princípios apresentados infra, a Comissão tomará em consideração o facto de, em muitos casos, ser difícil calcular com rigor a taxa de repercussão nos consumidores, bem como outros tipos de repercussões nos consumidores. Exige-se apenas que as empresas fundamentem as suas alegações, fornecendo, para o efeito, estimativas e outros dados razoáveis, tomando em consideração as circunstâncias do caso individual.

3.4.2. *Repercussão e equilíbrio dos ganhos de eficiência em termos de custos*

95. Quando os mercados não são perfeitamente concorrenciais, o que é normalmente o caso, as empresas podem influenciar, em maior ou menor grau, os preços de mercado mediante a alteração da respectiva produção[2]. Podem igualmente estar em condições de discriminar os clientes através dos preços.

96. Em determinadas circunstâncias, os ganhos de eficiência em termos de custos podem resultar num aumento da produção e em preços mais baixos para os seus clientes. Se, graças a ganhos de eficiência em termos de custos, as empresas em causa puderem aumentar os lucros mediante o aumento da produção, podem verificar-se repercussões nos consumidores. Na avaliação da medida em que os ganhos de eficiência em termos de custos são susceptíveis de ser repercutidos nos consumidores e do resultado do critério do equilíbrio previsto no n.º 3 do artigo 81.º, devem ser tidos em conta os seguintes factores:

(*a*) As características e a estrutura do mercado;
(*b*) A natureza e dimensão dos ganhos de eficiência;
(*c*) A elasticidade da procura; e
(*d*) A intensidade da restrição da concorrência.

Em princípio, todos os factores devem ser considerados. Dado que o n.º 3 do artigo 81.º apenas é aplicável no caso de a concorrência no mercado ser sensivelmente restringida (ver ponto 24 supra), não é possível presumir que a concorrência

---

[1] Nas secções seguintes, por razões de ordem prática os prejuízos para a concorrência são referidos em termos de preços mais elevados; os prejuízos para a concorrência podem também significar uma qualidade inferior, menor variedade ou menor inovação do que aquela que se teria verificado de outro modo.

[2] Em mercados de concorrência perfeita, as empresas individuais aceitam os preços, isto é, vendem os seus produtos ao preço do mercado, que é determinado pela oferta e pela procura globais. A produção de uma empresa individual é tão pequena que uma eventual alteração da produção de uma só empresa não afecta o preço de mercado.

residual assegurará que aos consumidores seja reservada uma parte equitativa dos benefícios.

97. O grau de concorrência remanescente no mercado e a natureza dessa concorrência influenciam a probabilidade de se verificarem repercussões. Quanto maior for o grau de concorrência residual, maior é a probabilidade de algumas empresas procurarem aumentar as respectivas vendas mediante a repercussão dos ganhos de eficiência em termos de custos. Se as empresas concorrerem essencialmente a nível dos preços e não estiverem sujeitas a limitações significativas em termos de capacidade, as repercussões podem fazer-se sentir bastante rapidamente. Se a concorrência existir sobretudo ao nível da capacidade e se as adaptações da capacidade forem efectuadas com um certo desfasamento temporal, as repercussões far-se-ão sentir mais lentamente. No caso de a estrutura do mercado ser favorável à colusão tácita[1], as repercussões também deverão fazer-se sentir mais lentamente. Se for provável que os concorrentes respondam ao aumento da produção de uma ou várias partes no acordo, o incentivo para aumentar a produção pode ser atenuado, a menos que a vantagem concorrencial decorrente dos ganhos de eficiência seja de molde a incentivar as empresas em causa a afastar-se da política comum adoptada no mercado pelos membros do oligopólio. Por outras palavras, os ganhos de eficiência gerados pelo acordo podem transformar as empresas em causa em "elementos perturbadores"[2].

98. A natureza dos ganhos de eficiência desempenha igualmente um papel importante. De acordo com a teoria económica, as empresas maximizam os lucros se venderem um número de unidades de produto até que a receita marginal seja equivalente ao custo marginal. A receita marginal é o acréscimo da receita total resultante da venda de uma unidade adicional de produto e o custo marginal é o acréscimo do custo total resultante da produção dessa unidade adicional de produto. Decorre deste princípio que, regra geral, as decisões em matéria de produção e de preços de uma empresa que pretenda maximizar os lucros não são determinadas pelos seus custos fixos (ou seja, os custos que não variam com o volume de produção), mas pelos seus custos variáveis (ou seja, os custos que variam com o volume de produção). Depois de determinados os custos fixos e fixada a capacidade, as decisões em matéria de preços e de produção são determinadas pelos custos variáveis e pelas condições da procura.

Tomemos por exemplo a situação de duas empresas em que, cada uma, produz dois produtos em duas linhas de produção que funcionam apenas a metade da sua capacidade. Um acordo de especialização poderá permitir que as duas empresas se

---

[1] As empresas realizam uma colusão tácita quando, num mercado oligopolístico, podem coordenar a sua actividade no mercado sem recorrerem a um acordo de cartel formal.

[2] Expressão aplicada às empresas que condicionam o comportamento de outras empresas no mercado em matéria de preços, que de outro modo poderiam ter-se colidido tacitamente.

especializem na produção de um dos dois produtos e eliminem a segunda linha de produção relativa ao outro produto. Simultaneamente, a especialização poderá permitir que as empresas reduzam os custos variáveis de produção e de armazenagem. Apenas estas últimas economias terão um efeito directo sobre as decisões em matéria de preços e de produção das empresas, uma vez que irão influenciar os custos marginais de produção. A eliminação, por cada uma das empresas, de uma das suas linhas de produção, não reduzirá os seus custos variáveis e não terá um impacto sobre os seus custos de produção. Deste modo, as empresas podem ter um incentivo directo para repercutir nos consumidores, sob a forma de uma maior produção e de preços mais baixos, os ganhos de eficiência que reduzem os custos marginais, enquanto não têm este tipo de incentivo directo no que respeita aos ganhos de eficiência que reduzem os custos fixos. Por conseguinte, é mais provável que seja reservada aos consumidores uma proporção equitativa dos ganhos de eficiência com reflexos nos custos variáveis, do que no caso de esse impacto incidir nos custos fixos.

99. O facto de as empresas poderem ter incentivo para repercutir determinados tipos de ganhos de eficiência em termos de custos não implica que a taxa de repercussão seja necessariamente de 100%. A taxa de repercussão efectiva depende da medida em que os consumidores respondem às alterações de preços, ou seja, da elasticidade da procura. Quanto maior for o aumento da procura resultante de uma redução dos preços, maior será a taxa de repercussão, uma vez que, quanto mais significativo for o aumento das vendas subsequente a uma redução de preços determinada por um aumento da produção, maior será a probabilidade de essas vendas compensarem a perda de receitas provocada pela redução de preços determinada pelo aumento da produção. Na ausência de discriminação em matéria de preços, a descida de preços afecta todas as unidades vendidas pela empresa e, nesse caso, a receita marginal é inferior ao preço obtido pelo produto marginal. Se as empresas em causa tiverem condições para cobrar preços diferentes a clientes diferentes, ou seja, para praticar discriminação em matéria de preços, as repercussões irão beneficiar, unicamente, os clientes sensíveis aos preços[1].

100. Importa ter igualmente em conta o facto de, frequentemente, os ganhos de eficiência não afectarem a totalidade da estrutura de custos das empresas em causa. Neste caso, o impacto no preço ao consumidor é reduzido. Se, por exemplo, um acordo permitir que as partes reduzam os respectivos custos de produção em 6%, mas se a proporção destes custos representar apenas um terço dos custos com base nos quais os preços são determinados, o impacto no preço do produto é de apenas 2%, partindo do princípio de que a redução é integralmente repercutida.

101. Por último, mas não menos importante, é necessário equilibrar as duas forças opostas resultantes da restrição da concorrência e dos ganhos de eficiência em termos de custos. Por um lado, qualquer aumento do poder de mercado resul-

---

[1] O acordo restritivo pode até permitir às empresas em causa cobrar um preço mais elevado a clientes com uma elasticidade da procura reduzida.

tante do acordo restritivo proporciona às empresas em causa a capacidade e um incentivo para aumentarem os preços. Por outro lado, tipos de ganhos de eficiência em termos de custos que são tidos em conta podem proporcionar às empresas em causa um incentivo para reduzir os preços (ver ponto 98). Os efeitos destas duas forças opostas devem ser ponderados. Importa lembrar, neste contexto, que a condição relativa à repercussão nos consumidores integra uma escala móvel. Se o acordo reduzir substancialmente a concorrência que as partes têm de enfrentar, é, em princípio, necessário que os ganhos de eficiência em termos de custos sejam excepcionalmente importantes para que se verifique uma repercussão suficiente.

3.4.3. *Repercussão e equilíbrio de outros tipos de ganhos de eficiência*

102. A repercussão nos consumidores pode igualmente assumir a forma de ganhos de eficiência de natureza qualitativa como produtos novos e melhorados, que tenham, para os clientes, valor suficiente para compensar os efeitos anticoncorrenciais do acordo, incluindo um eventual aumento do preço.

103. A avaliação deste tipo de ganhos de eficiência requer necessariamente um julgamento de valor. É difícil atribuir valores precisos a ganhos de eficiência dinâmicos desta natureza. Todavia, o objectivo fundamental da avaliação permanece o mesmo, a saber, determinar o impacto global do acordo nos consumidores no âmbito do mercado relevante. As empresas que invocam a aplicação do n.º 3 do artigo 81 devem provar que daí advêm benefícios para os consumidores (ver a este propósito os pontos 57 e 86 supra).

104. A disponibilização de produtos novos e melhorados contribui de forma importante para o bem-estar dos consumidores. Enquanto o aumento do valor decorrente dos melhoramentos for superior a um eventual prejuízo causado por um aumento de preço resultante do acordo restritivo, os consumidores estão em melhor situação do que estariam sem o acordo, pelo que, em princípio, a condição relativa à repercussão nos consumidores do n.º 3 do artigo 81.º deve ser considerada satisfeita. Nos casos em que o efeito provável do acordo é aumentar os preços para os consumidores no âmbito do mercado relevante, deve avaliar-se cuidadosamente se os alegados ganhos de eficiência criam um valor real para os consumidores nesse mercado que permita compensar os efeitos negativos da restrição de concorrência.

3.5. *Quarta condição do n.º 3 do artigo 81.º: não eliminação da concorrência*

105. Nos termos da quarta condição prevista no n.º 3 do artigo 81.º, o acordo não deve dar às empresas envolvidas a possibilidade de eliminar a concorrência relativamente a uma parte substancial dos produtos em causa. Em última análise, é conferida à rivalidade e ao processo concorrencial prioridade sobre os ganhos de eficiência potencialmente pró-concorrenciais que poderão resultar de acordos restritivos. A última condição do n.º 3 do artigo 81.º reconhece o facto de a rivalidade

entre empresas constituir um vector indispensável da eficiência económica, incluindo ganhos de eficiência dinâmicos sob a forma de inovação. Por outras palavras, o objectivo último do artigo 81.º consiste em proteger o processo concorrencial. Com a eliminação da concorrência, o processo concorrencial termina e os benefícios a curto prazo são superados pelos prejuízos a mais longo prazo decorrentes nomeadamente de despesas incorridas pelo operador estabelecido para manter a sua posição (procura de uma renda monopolista), má afectação de recursos, inovação reduzida e preços mais elevados.

106. O conceito de eliminação da concorrência relativamente a uma parte substancial dos produtos em causa enunciado no n.º 3 do artigo 81.º constitui um conceito autónomo de direito comunitário, específico do n.º 3 deste artigo[1]. No entanto, na aplicação deste conceito é necessário ter em conta a articulação entre os artigos 81.º e 82.º. De acordo com jurisprudência consolidada, a aplicação do n.º 3 do artigo 81.º não pode impedir a aplicação do artigo 82.º do Tratado[2]. Além disso, dado que os artigos 81.º e 82.º têm por objectivo a preservação da concorrência efectiva no mercado, requer-se por razões de coerência que o n.º 3 do artigo 81.º seja interpretado de modo a excluir da aplicação desta disposição os acordos restritivos que constituam um abuso de posição dominante[3,4]. Contudo, nem todos os acordos restritivos concluídos por empresas em posição dominante constituem um abuso de posição dominante. Tal é o caso, por exemplo, de uma empresa dominante que é parte numa empresa comum que não é uma empresa de pleno exercício[5], que é considerada restritiva da concorrência mas que implica

---

[1] Ver processos apensos T-191/98, T-212/98 e T-214/98, *Atlantic Container Line (TACA)*, Col. 2003, p. II-, ponto 939, e processo T-395/94, *Atlantic Container Line*, Col. 2002, p. II-875, ponto 330.

[2] Ver processos apensos C-395/96 P e C-396/96 P, *Compagnie Maritime Belge*, Col. 2000, p. I-1365, ponto 130. De modo semelhante, a aplicação do n.º 3 do artigo 81.º não impede a aplicação das regras do Tratado sobre a livre circulação de mercadorias, serviços, pessoas e capitais. Estas disposições são aplicáveis, em determinadas circunstâncias, aos acordos, decisões e práticas concertadas na acepção do n.º 1 do artigo 81.º; ver, para o efeito, o processo C-309/99, *Wouters*, Col. 2002, p. I-1577, ponto 120.

[3] Ver, a este propósito, processo T-51/89, *Tetra Pak (I)*, Col. 1990, p. II-309, e processos apensos T-191/98, T-212/98 e T-214/98, *Atlantic Container Line (TACA)*, Col. 2003, p. II-, ponto 1456.

[4] É desta forma que se deve interpretar o ponto 135 das Orientações relativas às restrições verticais e os pontos 36, 71, 105, 134 e 155 das Orientações relativas aos acordos de cooperação horizontal, quando afirmam que, em princípio, os acordos restritivos concluídos por empresas em posição dominante não podem ser isentos.

[5] As empresas comuns de pleno exercício, ou seja, as empresas comuns que desempenham de forma duradoura todas as funções de uma entidade económica autónoma, são abrangidas pelo Regulamento (CEE) n.º 4064/89 do Conselho relativo ao controlo das operações de concentração de empresas, JO, 1990 L 257, p.13.

simultaneamente uma integração substancial dos activos. Estes acordos podem, consoante as circunstâncias, ser considerados objectivamente justificados nos termos do artigo 82.º e, por conseguinte, não abusivos.

107. Se a concorrência está ou não a ser eliminada, na acepção da última condição do n.º 3 do artigo 81.º, depende do grau de concorrência prevalecente antes do acordo e do impacto do acordo restritivo na concorrência, ou seja, da redução da concorrência provocada pelo acordo. Quanto mais enfraquecida estiver a concorrência no mercado em causa, menor é a redução necessária para eliminar a concorrência na acepção do n.º 3 do artigo 81.º. Além disso, quanto maior for a redução da concorrência provocada pelo acordo, maior é a probabilidade de a concorrência relativamente a uma parte substancial dos produtos em causa correr o risco de ser eliminada.

108. A aplicação da última condição do n.º 3 do artigo 81.º requer uma análise das diversas fontes de concorrência no mercado, do nível de pressão concorrencial que estas exercem sobre as partes no acordo e do impacto do acordo nessa pressão concorrencial. Devem ser tidas em conta ambas a concorrência efectiva e a concorrência potencial.

109. Embora as quotas de mercado sejam relevantes, a importância das restantes fontes de concorrência efectiva não pode ser avaliada exclusivamente com base na quota de mercado, sendo, em princípio, necessário proceder a uma análise qualitativa e quantitativa mais aprofundada. A capacidade concorrencial dos operadores efectivos e o seu incentivo para concorrer deve igualmente ser analisada. Se, por exemplo, os concorrentes tiverem limitações de capacidade ou custos de produção relativamente mais elevados, a sua resposta concorrencial será, necessariamente, limitada.

110. Na avaliação do impacto do acordo na concorrência, é igualmente importante examinar a sua influência nos diversos parâmetros da concorrência. A última condição da excepção prevista no n.º 3 do artigo 81.º não estará satisfeita se o acordo eliminar a concorrência sob uma das suas expressões mais importantes. Tal é o caso, nomeadamente, de um acordo que elimine a concorrência de preços[2] ou a concorrência em matéria de inovação e desenvolvimento de novos produtos.

111. A conduta das partes no mercado pode fornecer indicações acerca do impacto do acordo. Se, no seguimento da conclusão do acordo, as partes tiverem aplicado e mantido aumentos substanciais dos preços ou adoptado outras condutas que indiciem a existência de um grau considerável de poder de mercado, tal constitui uma indicação de que as partes não estão sujeitas a uma pressão concorrencial efectiva e de que a concorrência foi eliminada relativamente a uma parte substancial dos produtos em causa.

112. A interacção concorrencial passada pode igualmente fornecer uma indicação acerca do impacto do acordo na interacção concorrencial futura. Uma

---

[2] Ver ponto 21 do acórdão *Metro (I)*.

empresa pode ficar em condições de eliminar a concorrência, na acepção do n.º 3 do artigo 81.º, se concluir um acordo com um concorrente que, no passado, se tenha revelado um "elemento perturbador"[1]. Um acordo deste tipo pode alterar os incentivos concorrenciais e as capacidades do concorrente, eliminando, desta forma, uma fonte importante de concorrência no mercado.

113. Quando estão em causa produtos diferenciados, ou seja, produtos que são diferentes aos olhos dos consumidores, o impacto do acordo pode depender da relação de concorrência entre os produtos vendidos pelas partes no acordo. Quando as empresas oferecem produtos diferenciados, a pressão concorrencial que os produtos individuais exercem entre si difere em função do grau de substituibilidade desses produtos. Assim, deverá considerar-se qual o grau de substituibilidade entre os produtos oferecidos pelas partes, ou seja, qual a pressão concorrencial que exercem entre si. Quanto mais facilmente os produtos das partes no acordo forem substituíveis entre si, maior é a probabilidade de o acordo ter efeitos restritivos. Por outras palavras, quanto mais substituíveis forem os produtos, maior é a mudança provável imposta pelo acordo em termos de restrição da concorrência no mercado e maior a probabilidade de a concorrência relativamente a uma parte substancial dos produtos em causa correr o risco de ser eliminada.

114. Embora as fontes de concorrência efectiva sejam normalmente as mais importantes, na medida em que são mais facilmente verificáveis, as fontes de concorrência potencial devem igualmente ser tidas em conta. A avaliação da concorrência potencial requer uma análise das barreiras que se colocam à entrada no mercado relevante de empresas que nele ainda não competem. As alegações das partes de que as barreiras à entrada no mercado são reduzidas devem ser apoiadas por informações que identifiquem as fontes de concorrência potencial e as partes devem igualmente justificar por que razão estas fontes representam, para elas, uma pressão concorrencial efectiva.

115. Na avaliação das barreiras à entrada e da possibilidade efectiva da entrada de novos operadores numa escala significativa, é importante examinar nomeadamente os seguintes aspectos:

(*i*) O enquadramento regulamentar, a fim de determinar o seu impacto nos novos operadores;

(*ii*) O custo de entrada, incluindo os custos de investimento cativos. Estes custos são aqueles que não podem ser recuperados se o novo operador se retirar, subsequentemente, do mercado. Quanto mais elevados forem estes custos, mais elevado é o risco comercial incorrido pelos novos operadores potenciais.

(*iii*) A escala de eficiência mínima do sector, ou seja, o volume de produção que permite minimizar os custos médios. Se a escala de eficiência mínima for importante comparativamente com a dimensão do mercado, a entrada eficaz de novos operadores será, provavelmente, mais onerosa e mais arriscada.

---

[1] Ver ponto 97.

(*iv*) Os trunfos concorrenciais dos potenciais novos operadores. A entrada efectiva será mais provável, sobretudo, se os novos operadores tiverem acesso a tecnologias pelo menos tão eficientes em termos de custos quanto a dos operadores presentes no mercado ou a outras vantagens concorrenciais que lhes permitam concorrer efectivamente. No caso de os novos operadores potenciais seguirem uma trajectória tecnológica igual ou inferior à dos operadores presentes no mercado e não possuírem qualquer outra vantagem concorrencial significativa, a sua entrada é mais arriscada e menos eficaz.

(*v*) A posição dos compradores e a sua capacidade de introduzir no mercado novas fontes de concorrência. É irrelevante o facto de determinados compradores importantes conseguirem obter das partes no acordo condições mais favoráveis do que as impostas as seus concorrentes mais fracos[1]. A presença de compradores fortes apenas pode contrariar uma constatação preliminar de eliminação da concorrência se existir a probabilidade de os compradores em causa criarem condições para a entrada efectiva de novos operadores no mercado.

(*vi*) A reacção provável dos operadores presentes no mercado à tentativa de entrada de novos operadores. Os operadores presentes no mercado podem, por exemplo, ter adquirido, com a sua conduta passada, uma reputação de comportamento agressivo, que terá impacto na entrada de novos operadores.

(*vii*) As perspectivas económicas do sector podem constituir um indicador da sua capacidade de atracção a mais longo prazo. Os sectores em estagnação ou em declínio são menos atractivos para novos operadores do que os sectores em expansão.

(*viii*) Entradas anteriores significativas ou o facto de não terem entrado no mercado novos operadores.

116. Os princípios acima enunciados podem ser ilustrados pelos exemplos hipotéticos apresentados a seguir, que não se destinam a fixar quaisquer limiares:

A empresa A é uma cervejeira, com uma quota de 70% do mercado relevante, que inclui a venda de cerveja em cafés e outras estabelecimentos. Durante os últimos 5 anos, A aumentou a sua quota de mercado de 60%. Existem quatro outros concorrentes no mercado, B, C, D e E com quotas de mercado, respectivamente, de 10%, 10%, 5% e 5%. Não se registou qualquer nova entrada no mercado no passado recente e os aumentos de preços introduzidos por A foram geralmente seguidos pelos concorrentes. A conclui acordos com 20% dos estabelecimentos que representam 40% dos volumes de vendas, através dos quais as partes contratantes se comprometem a adquirir cerveja unicamente a A por um período de 5 anos. Os acordos aumentam os custos e reduzem as receitas das empresas concorrentes, que se vêem excluídas dos estabelecimentos mais atractivos. Tendo em conta a posição de mercado de A, reforçada nos últimos anos, a ausência de novas entradas no mercado

---

[1] Ver, a este propósito, o processo T-228/97, *Irish Sugar*, Col. 1999, p. II-2969, ponto 101.

e a posição já enfraquecida dos concorrentes, é provável que a concorrência no mercado seja eliminada na acepção do n.º 3 do artigo 81.º.

As companhias de navegação A, B, C e D, que detêm colectivamente mais de 70% do mercado relevante, concluem um acordo através do qual procedem à coordenação dos horários e das tarifas. Na sequência da execução do acordo, os preços sofrem um aumento entre 30% e 100%. Existem quatro outros prestadores, dos quais o maior detém uma quota de 14% do mercado relevante. Não se registaram entradas no mercado nos últimos anos e as partes no acordo não perderam quotas de mercado significativas na sequência dos aumentos de preços. Os concorrentes existentes não introduziram no mercado novas capacidades significativas e não ocorreram novas entradas no mercado. Tendo em conta a posição de mercado das partes e a ausência de reacção concorrencial ao seu comportamento conjunto, pode concluir-se razoavelmente que as partes no acordo não estão sujeitas a pressões concorrenciais reais e que o acordo lhes confere a possibilidade de eliminarem a concorrência na acepção do n.º 3 do artigo 81.º.

A é um produtor de aparelhos eléctricos para utilização profissional com uma quota de 65% do mercado relevante nacional. B é um fabricante concorrente com uma quota de mercado de 5% que desenvolveu um novo tipo de motor mais potente e que consome menos energia eléctrica. A e B concluem um acordo através do qual estabelecem uma empresa comum para a produção do novo motor. B compromete-se a conceder uma licença exclusiva à empresa comum. A empresa comum combina a nova tecnologia de B com o eficiente processo de produção e de controlo de qualidade de A. Existe um outro importante concorrente com uma quota de mercado de 15%. Outro concorrente, com uma quota de mercado de 5%, foi recentemente adquirido por C, um importante fabricante internacional de aparelhos eléctricos concorrentes, que possui tecnologias eficientes. C até agora não estava presente no mercado essencialmente devido ao facto de os clientes exigirem uma presença e assistência técnica local. Através desta aquisição, C obtém o acesso à organização de assistência técnica necessária para penetrar no mercado. A entrada de C no mercado é susceptível de assegurar que a concorrência não será eliminada.

RESTRIÇÕES VERTICAIS

Comunicação da Comissão*

I. INTRODUÇÃO

1. Objectivo das Orientações

(1) As presentes Orientações estabelecem os princípios para a apreciação dos acordos verticais ao abrigo do artigo 81.º do Tratado CE. Os acordos considerados verticais são definidos no n.º 1 do artigo 2.º do Regulamento (CE) n.º 2790/1999 da Comissão, de 22 de Dezembro de 1999, relativo à aplicação do n.º 3 do artigo 81.º do Tratado CE a determinadas categorias de acordos verticais e práticas concertadas[1] (Regulamento de Isenção por Categoria) (ver n.ºs 23 a 45). As presentes Orientações não prejudicam a eventual aplicação paralela do artigo 82.º do Tratado aos acordos verticais. As Orientações estão estruturadas da seguinte forma:
– Capítulo II (n.ºs 8 a 20) descreve os acordos verticais não abrangidos em geral pelo n.º 1 do artigo 81.º;
– Capítulo III (n.ºs 21 a 70) comenta a aplicação do Regulamento de Isenção por Categoria;
– Capítulo IV (n.ºs 71 a 87) descreve os princípios respeitantes à verificação da isenção por categoria e à não aplicação do Regulamento de Isenção por Categoria;
– O Capítulo V (n.ºs 88 a 99) aborda as questões de definição de mercado e cálculo de quotas de mercado;
– Capítulo VI (n.ºs 100 a 229) descreve o enquadramento geral de análise e política de aplicação da Comissão em casos particulares no que diz respeito aos acordos verticais.

(2) Ao longo das presentes Orientações, a análise efectuada refere-se tanto aos bens como aos serviços, apesar de certas restrições verticais serem principalmente utilizadas na distribuição de bens. Do mesmo modo, acordos verticais podem ser

---

* Comunicação da Comissão "Orientações relativas às restrições verticais" (Texto relevante para efeitos de EEE) – JO, C 291, de 13.10.2000, p. 1-44.

[1] JO, L 336, de 29.12.1999, p. 21.

concluídos em relação a bens e serviços intermédios e finais. Se nada for dito em contrário, a análise e argumentos apresentados no texto são aplicáveis a todos os tipos de bens e serviços e a todos os níveis de comércio. O termo "produtos" inclui bens e serviços. Os termos "fornecedor" e "comprador" são utilizados para todos os níveis de comércio.

(3) Ao publicar estas Orientações, a Comissão pretende ajudar as empresas a efectuar a sua própria apreciação de acordos verticais no âmbito das regras comunitárias em matéria de concorrência. As normas estabelecidas nas presentes Orientações devem ser aplicadas de acordo com as circunstâncias específicas de cada caso, o que exclui uma aplicação automática. Cada caso deve ser apreciado à luz dos factos que lhe são inerentes. A Comissão aplicará as Orientações de uma forma razoável e flexível.

(4) As presentes Orientações não prejudicam a interpretação susceptível de ser dada pelo Tribunal de Primeira Instância e pelo Tribunal de Justiça das Comunidades Europeias em relação à aplicação do artigo 81.º a acordos verticais.

2. Aplicação do artigo 81.º aos acordos verticais

(5) O artigo 81.º do Tratado CE é aplicável aos acordos verticais susceptíveis de afectar o comércio entre Estados-membros e que impeçam, restrinjam ou falseiem a concorrência (a seguir denominados "restrições verticais")[1]. Relativamente às restrições verticais, o artigo 81.º prevê o enquadramento jurídico apropriado para a apreciação, reconhecendo a distinção entre efeitos anticoncorrenciais e efeitos pró-concorrenciais: o n.º 1 do artigo 81.º proíbe os acordos que restrinjam ou falseiem significativamente a concorrência, enquanto o n.º 3 do mesmo artigo permite a isenção dos acordos que criem eficiências suficientes para compensar os efeitos anticoncorrenciais.

(6) Em relação à maior parte das restrições verticais só podem surgir problemas a nível da concorrência se existir uma concorrência intermarcas insuficiente, isto é, se existir um certo grau de poder de mercado a nível do fornecedor ou do comprador ou de ambos. Sempre que a concorrência intermarcas for insuficiente, a protecção da concorrência intermarcas e intramarcas torna-se importante.

(7) A protecção da concorrência constitui o principal objectivo da política comunitária da concorrência, uma vez que melhora o bem-estar dos consumidores e dá origem a uma afectação eficaz dos recursos. Ao aplicar as regras comunitárias em matéria de concorrência, a Comissão adoptará uma abordagem económica baseada nos efeitos sobre o mercado; os acordos verticais devem ser analisados no seu contexto jurídico e económico. Contudo, no caso das restrições pelo objecto, tal

---

[1] Ver, nomeadamente, a sentença do Tribunal de Justiça das Comunidades Europeias nos processos apensos 56 e 58/64 *Grundig-Consten/Comissão,* [1966] Col. 423; Processo 56/65 *Technique Minière/Machinenbau Ulm Gmb,* [1969] Col. 235; e a sentença do Tribunal de Primeira Instância no processo T77/92, *Parker Pen Ltd/Comissão,* [1994] Col. II-549.

como indicadas no artigo 4.º do Regulamento de Isenção por Categoria, a Comissão não tem de apreciar os efeitos reais sobre o mercado. A integração dos mercados constitui um objectivo adicional da política de concorrência comunitária e aumenta a concorrência na Comunidade. Não se deve permitir que as empresas recriem obstáculos de natureza privada entre Estados-membros, quando já se conseguiram eliminar com êxito os obstáculos estaduais.

II. ACORDOS VERTICAIS GERALMENTE NÃO ABRANGIDOS PELO N.º 1 DO ARTIGO 81.º

1. Acordos de pequena importância e PME

(8) Os acordos que não sejam susceptíveis de afectar significativamente o comércio entre Estados-membros nem tenham por objecto ou efeito restringir de uma forma considerável a concorrência não são abrangidos no âmbito de aplicação do n.º 1 do artigo 81.º. O Regulamento de Isenção por Categoria só é aplicável aos acordos abrangidos no âmbito de aplicação do n.º 1 do artigo 81.º. As presentes Orientações não prejudicam a aplicação da actual ou de qualquer futura Comunicação *de minimis*.

(9) Sem prejuízo das condições estabelecidas nos n.ºs 11 e 20 da Comunicação *de minimis* relativas às restrições graves e aos efeitos cumulativos, os acordos verticais concluídos por empresas cuja quota no mercado relevante não ultrapasse 10% são geralmente considerados como não abrangidos no âmbito de aplicação do n.º 1 do artigo 81.º. Não há qualquer presunção de que os acordos verticais concluídos por empresas com uma quota de mercado superior a 10% infrinjam automaticamente o n.º 1 do artigo 81.º. Mesmo os acordos entre empresas que ultrapassem o limiar de 10% podem não ter um efeito considerável no comércio entre Estados--membros ou podem não constituir uma restrição significativa da concorrência[1]. Tais acordos necessitam de ser apreciados no seu contexto jurídico e económico. Os critérios para a apreciação de acordos particulares são estabelecidos nos n.ºs 100 a 229.

(10) No que diz respeito às restriçoes graves definidas na Comunicação *de minimis*, o n.º 1 do artigo 81.º pode ser aplicável abaixo do limiar de 10%, desde que exista um efeito considerável sobre o comércio entre Estados membros e sobre a concorrência. A jurisprudência aplicável do Tribunal de Justiça e do Tribunal de Primeira Instância é relevante neste aspecto[2]. É feita igualmente referência à situa-

---

[1] Ver Processo T-7/93, *Langnese-Iglo Gmbh/Comissão*, [1995] Col. II.-1533, ponto 98.

[2] Ver sentença do Tribunal de Primeira Instância no Processo 5/69,*Völk/Vervaeke*, [1969] Col. 95; Processo 1/71, *Cadillon/Höss*, [1971] Col. 351 e Processo C-306/96, *Javico/Yves Saint Laurent*, [1998] Col. I-1983, pontos 16 e 17.

ção específica de lançamento de um novo produto ou à entrada num novo mercado, que é tratada no n.º 111, ponto 10 das presentes Orientações.

(11) Por outro lado, a Comissão considera que, sem prejuízo dos efeitos cumulativos e das restrições graves, os acordos concluídos entre pequenas e médias empresas tal como definidas no Anexo da Recomendação n.º 96/280/CE da Comissão[1] só raramente são susceptíveis de afectar significativamente o comércio entre Estados membros ou de restringir consideravelmente a concorrência, para efeitos do n.º 1 do artigo 81.º, e não são, por conseguinte, geralmente abrangidos no âmbito de aplicação do n.º 1 do artigo 81.º. Nos casos em que, porém, tais acordos preencham os termos de aplicação do n.º 1 do artigo 81.º, a Comissão ainda assim evitará normalmente dar início a processos devido à ausência de suficiente interesse comunitário, excepto se as empresas colectiva ou individualmente tiverem uma posição dominante numa parte substancial do mercado comum.

2. Acordos de agência

(12) Os n.ºs 8 a 20 substituem a Comunicação relativa aos contratos de representação exclusiva concluídos com agentes comerciais, de 1962[2]. Deve ser lido conjuntamente com a Directiva 86/653/CEE do Conselho[3].

Os acordos de agência abrangem a situação em que uma pessoa singular ou colectiva (o agente) é incumbido de negociar e/ou celebrar contratos por conta de outra pessoa (o comitente), quer em nome próprio do agente quer em nome do comitente, relativamente à:
– compra de bens ou serviços pelo comitente, ou
– venda de bens ou serviços fornecidos pelo comitente.

(13) No caso de autênticos acordos de agência, as obrigações impostas ao agente no que diz respeito aos contratos negociados e/ou celebrados por conta do comitente não são abrangidas pelo âmbito de aplicação do n.º 1 do artigo 81.º O factor determinante na apreciação da aplicabilidade do n.º 1 do artigo 81.º é o risco financeiro ou comercial suportado pelo agente na prática dos actos relativamente aos quais foi nomeado agente pelo comitente. Relativamente a este aspecto, não é significativo para a apreciação saber se o agente age por conta de um ou mais comitentes. Os acordos que não são autênticos acordos de agência não genuínos podem ser abrangidos pelo âmbito de aplicação do n.º 1 do artigo 81.º, caso em que será aplicável o Regulamento de Isenção por Categoria e os outros capítulos das presentes Orientações.

(14) Existem dois tipos de riscos financeiros ou comerciais que são significativos para a apreciação da verdadeira natureza de um acordo de agência nos termos

---

[1] JO, L 107, de 30.4.1996, p. 4.
[2] JO, 139, de 24.12.1962, p. 2921.
[3] JO, 382, de 31.12.1986, p. 17.

do n.º 1 do artigo 81.º. Em primeiro lugar, existem os riscos directamente relacionados com os contratos celebrados e/ou negociados pelo representante por conta do comitente, tais como o financiamento de existências. Em segundo lugar, existem os riscos relativos a investimentos específicos do mercado em causa. Trata-se de investimentos exigidos especificamente pela actividade para a qual o agente foi nomeado pelo comitente, isto é, que são necessários para permitir que o agente celebre e/ou negoceie este tipo de contratos. Tais investimentos são normalmente irrecuperáveis, se após o abandono desse domínio de actividade específico o investimento não puder ser utilizado para outras actividades ou só puder ser vendido com prejuízos significativos.

(15) O acordo de agência não é abrangido pelo n.º 1 do artigo 81.º se o agente não suportar quaisquer riscos ou suportar apenas riscos insignificantes em relação aos contratos celebrados e/ou negociados por conta do comitente e aos investimentos específicos no mercado desse domínio de actividade. Numa tal situação, a função de compra ou de venda constitui parte integrante das actividades do comitente, apesar do facto de o representante ser uma empresa distinta. Assim, o comitente suporta todos os riscos financeiros e comerciais correspondentes e o agente não exerce uma actividade económica independente em relação às actividades para as quais foi nomeado agente pelo comitente. Na situação contrária, o acordo de agência não é considerado um autêntico acordo de agência e pode estar abrangido pelo n.º 1 do artigo 81.º. Nesse caso o agente suporta os riscos, e será tratado como um comerciante independente que deve continuar a ter a liberdade de determinar a sua estratégia de *marketing* a fim de poder recuperar os seus investimentos especificamente derivados do contrato ou do mercado. Os riscos relacionados com a actividade de prestação de serviços de agência em geral, tais como o risco de as receitas do agente dependerem do seu êxito enquanto agente ou de investimentos gerais em, por exemplo, instalações ou pessoal, não são importantes para a presente apreciação.

(16) A questão do risco deve ser apreciada caso a caso, dando prevalência à realidade económica da situação face à sua forma jurídica. No entanto, a Comissão considera que o n.º 1 do artigo 81.º não será geralmente aplicável às obrigações impostas ao agente no que diz respeito aos contratos negociados e/ou celebrados por conta do comitente, quando o representante não é titular da propriedade dos bens contratuais vendidos ou adquiridos ou quando o próprio representante não fornece os serviços contratuais e nos casos em que o representante:

– não contribui para os custos relativos ao fornecimento/aquisição dos bens ou serviços contratuais, incluindo os custos para o transporte dos bens. Tal não impede o representante de prestar o serviço de transporte, desde que os custos sejam cobertos pelo comitente;

– não é, directa ou indirectamente, obrigado a fazer investimentos na promoção de vendas, tais como a contribuição para orçamentos de publicidade do comitente;

– não mantém por sua conta e risco existências dos produtos contratuais, incluindo os custos de financiamento de existências e os custos de perda de existências, e pode devolver ao comitente produtos não vendidos sem o pagamento de quaisquer encargos, a não ser que o agente possa ser responsabilizado por culpa (por exemplo, incumprimento de medidas de segurança razoáveis a fim de evitar a perda de existências);

– não cria e/ou explora um serviço pós-venda, um serviço de reparação ou um serviço de garantia a não ser que seja totalmente reembolsado pelo comitente;

– não efectua investimentos específicos derivados do mercado em equipamento, instalações ou formação de pessoal, tais como, por exemplo, os depósitos de armazenamento de gasolina em caso de venda a retalho de gasolina ou software específico para a venda de apólices de seguros no caso de agentes de seguros;

– não assuma a responsabilidade face a terceiros pelos danos causados pelo produto vendido (responsabilidade pelo produto), a não ser que o agente possa ser responsabilizado por culpa relativamente a este aspecto;

– não assuma a responsabilidade pelo incumprimento do contrato pelos clientes, à excepção da perda da comissão, a não ser que o agente possa ser responsabilizado por culpa (por exemplo, incumprimento de medidas de segurança razoáveis ou de medidas anti-roubo ou por incumprimento de medidas razoáveis para participar um roubo ao comitente ou à polícia ou comunicar ao comitente todas as informações necessárias de que tem conhecimento sobre a solvabilidade financeira do cliente).

(17) Esta lista não é exaustiva. Contudo, quando o agente incorre em um ou mais riscos ou custos acima referidos, nesse caso o n.º 1 do artigo 81.º pode ser aplicável tal como a qualquer outro acordo vertical.

(18) Caso um acordo de agência não seja abrangido pelo âmbito de aplicação do n.º 1 do artigo 81.º, as obrigações impostas ao agente em relação aos contratos celebrados e/ou negociados por conta do comitente não são abrangidas pelo n.º 1 do artigo 81.º. As obrigações do agente a seguir referidas serão geralmente consideradas parte integrante de qualquer acordo de agência, uma vez que cada uma delas diz respeito à capacidade de o comitente fixar o âmbito de actividade do agente em relação aos bens ou serviços contratuais, o que é essencial quando o comitente deve assumir todos os riscos e, por conseguinte, se encontrar numa situação de poder determinar uma estratégia comercial:

– limitações relativas ao território no qual o agente pode vender os bens ou serviços;

– limitações em relação aos clientes a quem o agente pode vender os bens ou serviços;

– os preços e as condições a que o agente deve vender ou adquirir os bens ou serviços.

(19) Para além de regular as condições de venda ou de aquisição de bens ou serviços contratuais por parte do agente por conta do comitente, os acordos de representação incluem frequentemente disposições que dizem respeito à relação entre o agente e o comitente. Em particular, podem incluir uma disposição que impeça o comitente de nomear outros agentes relativamente a um determinado tipo de tran-

sacção, cliente ou território (disposições de agência exclusiva) e/ou uma disposição que impeça o agente de agir enquanto agente ou distribuidor de empresas concorrentes do comitente (disposições de não concorrência). As disposições de agência exclusiva dizem apenas respeito à concorrência intramarcas e não produzirão em princípio efeitos anticoncorrenciais. As disposições de não concorrência, incluindo as disposições de não concorrência após o termo do contrato, referem-se à concorrência intermarcas e podem infringir o n.º 1 do artigo 81.º se conduzirem a um encerramento do mercado relevante em que os bens ou serviços contratuais são vendidos ou adquiridos (ver capítulo VI.2.1).

(20) Um acordo de agência pode igualmente ser abrangido pelo âmbito de aplicação do n.º 1 do artigo 81.º, mesmo que o comitente suporte todos os riscos financeiros e comerciais relevantes, no caso de facilitar a concertação. Tal poderá, por exemplo, acontecer quando alguns comitentes utilizam os mesmos agentes impedindo colectivamente outros de utilizarem estes agentes ou quando utilizam os agentes para uma concertação relativa à estratégia de *marketing* ou para trocar informações de mercado sensíveis entre os comitentes.

III. APLICAÇÃO DO REGULAMENTO DE ISENÇÃO POR CATEGORIA

1. Zona de segurança criada pelo Regulamento de Isenção por Categoria

(21) O Regulamento de Isenção por Categoria cria uma presunção de legalidade relativamente aos acordos verticais consoante a quota de mercado do fornecedor ou do comprador. Nos termos do artigo 3.º do Regulamento de Isenção por Categoria, é em geral a quota de mercado do fornecedor no mercado em que vende os bens ou serviços contratuais que determina a aplicação da isenção por categoria. Para que a isenção por categoria seja aplicável, a quota de mercado não pode exceder o limiar de 30%. Só quando o acordo inclui uma obrigação de fornecimento exclusivo, tal como definida na alínea c) do artigo 1.º do Regulamento de Isenção por Categoria, é que é a quota de mercado do comprador no mercado em que adquire os bens ou serviços contratuais que não pode ultrapassar o limiar de 30% para que a isenção por categoria seja aplicável. Relativamente aos aspectos da quota de mercado veja o Capítulo V (n.ºs 88 a 99).

(22) De um ponto de vista económico, um acordo vertical pode produzir efeitos não só no mercado entre fornecedor e comprador mas também em mercados a jusante do comprador. A abordagem simplificada do Regulamento de Isenção por Categoria, que apenas toma em consideração a quota de mercado do fornecedor ou do comprador (consoante o caso) no mercado entre estas duas partes, justifica-se pelo facto de abaixo do limiar de 30% os efeitos nos mercados a jusante serem em geral reduzidos. Para além disso, tomar apenas em consideração o mercado entre o fornecedor e o comprador facilita a aplicação do Regulamento de Isenção por Categoria

e reforça o grau de segurança jurídica, mantendo-se o instrumento de revogação (n.ºs 71 a 87) disponível para sanar eventuais problemas noutros mercados conexos.

2. Âmbito de aplicação do Regulamento de Isenção por Categoria

(i) DEFINIÇÃO DE ACORDOS VERTICAIS

(23) Os acordos verticais são definidos no n.º 1 do artigo 2.º do Regulamento de Isenção por Categoria como "acordos ou práticas concertadas em que participam duas ou mais empresas, cada uma delas operando, para efeitos do acordo, a um nível diferente da produção ou da cadeia de distribuição e que digam respeito aos termos em que as partes podem adquirir, vender ou revender certos bens ou serviços."

(24) Existem três elementos principais nesta definição:

– o acordo ou prática concertada é concluído entre duas ou mais empresas. Acordos verticais com clientes finais que não operam como uma empresa não são abrangidos. Em geral, os acordos com consumidores finais não são abrangidos pelo n.º 1 do artigo 81.º, uma vez que este artigo só é aplicável a acordos entre empresas, decisões de associações de empresas e práticas concertadas. Tal não prejudica a eventual aplicação do artigo 82.º do Tratado CE;

– o acordo ou prática concertada verifica-se entre empresas que operam cada uma delas, para efeitos do acordo, num estádio diferente da produção ou da cadeia de distribuição. Isto significa, por exemplo, que uma empresa produz uma matéria-prima que a outra empresa utiliza como factor de produção, ou que a primeira é um produtor, a segunda um grossista e a terceira um retalhista. Tal não exclui que uma empresa desenvolva as suas actividades em mais de um estádio da produção ou da cadeia de distribuição;

– os acordos ou práticas concertadas dizem respeito aos termos em que as partes no acordo, o fornecedor e o comprador, "pode(m) adquirir, vender ou revender certos bens ou serviços". Tal reflecte o objectivo do Regulamento de Isenção por Categoria de abranger acordos de compra e distribuição. Trata-se de acordos que dizem respeito às condições de compra, venda ou revenda de bens ou serviços fornecidos pelo fornecedor e/ou que dizem respeito às condições de venda pelo comprador dos bens ou serviços que integram aqueles bens ou serviços. Para a aplicação do Regulamento de Isenção por Categoria tanto os bens ou serviços fornecidos pelo fornecedor como os bens ou serviços resultantes são considerados bens ou serviços contratuais. Os acordos verticais relativos a todos os bens e serviços finais e intermédios são abrangidos. A única excepção é o sector dos veículos automóveis, na medida em que este sector con-tinue a ser abrangido por uma isenção por categoria específica tal como a concedida pelo Regulamento (CE) n.º 1475/95 da Comissão[1]. Os bens ou serviços fornecidos ou prestados pelo for-

---

[1] JO, L 145, de 29.6.1995, p. 25.

necedor podem ser revendidos pelo comprador ou podem ser utilizados como um factor de produção pelo comprador a fim de fabricar os seus próprios bens ou serviços.

(25) O Regulamento de Isenção por Categoria é igualmente aplicável a bens vendidos e adquiridos para aluguer a terceiros. Contudo, os contratos de arrendamento e locação enquanto tais não são abrangidos, uma vez que o fornecedor não está a vender ao comprador qualquer bem ou serviço. De uma forma mais geral, o Regulamento de Isenção por Categoria não abrange restrições ou obrigações que não estejam relacionadas com os termos de compra, venda e revenda, tais como a obrigação que impeça as partes de realizar actividades de investigação e desenvolvimento independentes, que teria podido ser incluída num acordo que em outros termos poderá ser um acordo vertical. Por outro lado, os n.ºs 2, 3, 4 e 5 do artigo 2.º excluem directa ou indirectamente certos acordos verticais do âmbito da aplicação do Regulamento de Isenção por Categoria.

(ii) ACORDOS VERTICAIS ENTRE CONCORRENTES

(26) O n.º 4 do artigo 2.º do Regulamento de Isenção por Categoria exclui expressamente do seu âmbito de aplicação "os acordos verticais concluídos entre empresas concorrentes". Os acordos verticais entre concorrentes serão tratados, no que respeita à possibilidade de colisão, nas futuras Orientações relativas à aplicação do artigo 81.º à cooperação horizontal[1]. Contudo, os aspectos verticais desses acordos devem ser apreciados à luz das presentes Orientações. A alínea *a*) do artigo 1.º do Regulamento de Isenção por Categoria define empresas concorrentes como "fornecedores reais ou potenciais no mesmo mercado de produto", independentemente de serem ou não concorrentes no mesmo mercado geográfico. Empresas concorrentes são empresas que são fornecedores reais ou potenciais dos bens ou serviços contratuais ou de bens ou serviços sucedâneos dos bens ou serviços contratuais. Um fornecedor potencial é uma empresa que não produz efectivamente um produto concorrente, mas que seria capaz e susceptível de o fazer na ausência do acordo, em resposta a um ligeiro e permanente aumento dos preços relativos. Isto significa que a empresa seria capaz e susceptível de realizar os investimentos adicionais necessários e forneceria o mercado no espaço de um ano. Esta apreciação deve basear-se em factores realistas; a mera possibilidade teórica de entrada no mercado não é suficiente[2].

(27) Verificam-se três excepções à exclusão geral dos acordos verticais entre concorrentes, todas constantes do n.º 4 do artigo 2.º e relativas a acordos não recí-

---

[1] Projecto publicado no JO, C 118, de 27.4.2000, p. 14.
[2] Ver Comunicação da Comissão relativa à definição do mercado relevante para efeitos do direito comunitário da concorrência, JO, C 372, de 9.12.1997, p. 5, pontos 20-24, XIII Relatório sobre a Política de Concorrência da Comissão, ponto 55, Decisão 90/410/CEE da Comissão e no Processo IV/32.009, *Elopak/Metal Box-Odin,* JO, L 209, de 8.8.1990.

procos. Acordos não recíprocos são, por exemplo, os acordos em que um fabricante se torna distribuidor dos produtos de outro fabricante, sem que este último se torne distribuidor dos produtos do primeiro fabricante. Os acordos não recíprocos entre concorrentes são abrangidos pelo Regulamento de Isenção por Categoria sempre que[1] o comprador tenha um volume de negócios que não exceda 100 milhões de euros, ou[2] o fornecedor seja um fabricante e distribuidor de bens, enquanto o comprador é apenas um distribuidor e não igualmente um fabricante de bens concorrentes, ou[3] o fornecedor seja um prestador de serviços que opera a vários níveis de comércio, enquanto o comprador não fornece serviços concorrentes ao nível do comércio em que adquire os serviços contratuais. A segunda excepção abrange situações de distribuição dupla, isto é, situações em que o fabricante de determinados bens opera igualmente enquanto distribuidor dos bens em concorrência com distribuidores independentes dos seus bens. Um distribuidor que fornece especificações a um fabricante para a produção de determinados bens com a marca do distribuidor não é considerado um fabricante destes bens com marca própria. A terceira excepção abrange situações semelhantes de distribuição dupla, mas neste caso em relação aos serviços, sempre que o fornecedor é também um prestador de serviços ao mesmo nível do comprador.

(iii) ASSOCIAÇÕES DE RETALHISTAS

(28) O n.º 2 do artigo 2.º do Regulamento de Isenção por Categoria abrange na sua aplicação os acordos verticais concluídos por uma associação de empresas que satisfaça determinadas condições, excluindo por conseguinte do Regulamento de Isenção por Categoria os acordos verticais concluídos por todas as outras associações. Os acordos verticais concluídos entre uma associação e os seus membros, ou entre uma associação e os seus fornecedores, só são abrangidos pelo Regulamento de Isenção por Categoria se todos os seus membros forem retalhistas de bens (não de serviços) e se cada membro individual da associação tiver um volume de negócios que não ultrapasse 50 milhões de euros. Os retalhistas são distribuidores que revendem bens a clientes finais. Quando só um número limitado dos membros da associação tem um volume de negócios que não excede significativamente o limiar de 50 milhões de euros, tal normalmente não alterará a apreciação efectuada ao abrigo do artigo 81.º.

---

[1] JO, L 336, de 29.12.1999, p. 21.

[2] Ver, nomeadamente, a sentença do Tribunal de Justiça das Comunidades Europeias nos Processos apensos 56 e 58/64 *Grundig-Consten/Comissão*, [1966] Col. 423; Processo 56/65 *Technique Minière/Machinenbau Ulm Gmb*, [1969] Col. 235; e a sentença do Tribunal de Primeira Instância no processo T77/92 *Parker Pen Ltd/Comissão*, [1994] Col. II-549.

[3] Ver Comunicação relativa aos acordos de pequena importância de 9.12.1997, JO, C 372, de 9.12.1997, p. 13.

(29) Uma associação de empresas pode implicar acordos horizontais e verticais. Os acordos horizontais devem ser apreciados segundo os princípios estabelecidos nas futuras Orientações relativas à aplicação do artigo 81.º à cooperação horizontal. Se esta apreciação conduzir à conclusão de que uma cooperação entre empresas no domínio das compras ou das vendas é aceitável, será necessária uma nova apreciação para examinar os acordos verticais concluídos pela associação com os seus fornecedores ou os seus membros individuais. Esta última apreciação seguirá as regras do Regulamento de Isenção por Categoria bem como as presentes orientações. Por exemplo, os acordos horizontais concluídos entre os membros da associação ou as decisões adoptadas pela associação, como a decisão de exigir que os membros comprem à associação ou a decisão de atribuir territórios exclusivos aos membros devem ser apreciados em primeiro lugar enquanto acordo horizontal. Só se esta apreciação for favorável, é que se torna relevante apreciar os acordos verticais entre a associação e membros individuais ou entre a associação e os fornecedores.

(iv) ACORDOS VERTICAIS QUE INCLUAM DISPOSIÇÕES RELATIVAS AOS DIREITOS DE PROPRIEDADE INTELECTUAL

(30) O n.º 3 do artigo 2.º do Regulamento de Isenção por Categoria abrange os acordos verticais que contenham disposições relativas à atribuição ao comprador ou à utilização pelo comprador de direitos de propriedade intelectual, excluindo assim do Regulamento de Isenção por Categoria todos os outros acordos verticais que incluam disposições relativas aos direitos de propriedade intelectual. O Regulamento de Isenção por Categoria é aplicável a acordos verticais que incluam disposições relativas aos direitos de propriedade intelectual sempre que estiverem preenchidas cinco condições:
— as disposições relativas aos direitos de propriedade intelectual devem fazer parte de um acordo vertical, isto é, um acordo que permita às partes comprar, vender ou revender determinados bens ou serviços.
— os direitos de propriedade intelectual devem ser atribuídos ao comprador ou para sua utilização;
— as disposições relativas aos direitos de propriedade intelectual não devem constituir o objecto principal do acordo;
— as disposições relativas aos direitos de propriedade intelectual devem dizer directamente respeito à utilização, venda ou revenda de bens ou serviços pelo comprador ou pelos seus clientes. No caso de acordos de franquia, em que o marketing constitui o objecto da exploração dos direitos de propriedade intelectual, os bens ou serviços são distribuídos pelo franqueado principal ou pelos outros franqueados.
— as disposições relativas aos direitos de propriedade intelectual, relacionadas com os bens ou serviços contratuais, não devem conter restrições da concorrência que tenham o mesmo objecto ou efeito do que as restrições verticais não isentadas pelo Regulamento de Isenção por Categoria.

(31) Estas condições garantem que o Regulamento de Isenção por Categoria é aplicável aos acordos verticais quando a utilização, venda ou revenda de bens ou serviços pode ser efectuada de uma forma mais eficaz pelo facto de os direitos de propriedade intelectual serem atribuídos ou transferidos para utilização pelo comprador. Por outras palavras, restrições relativas à atribuição ou utilização de direitos de propriedade intelectual podem ser abrangidas quando o objecto principal do acordo for a compra ou a distribuição de bens ou serviços.

(32) A primeira condição torna claro que o contexto em que os direitos de propriedade intelectual são fornecidos é um acordo de compra ou de distribuição de bens ou um acordo de compra ou prestação de serviços e não um acordo relativo à atribuição ou licenciamento de direitos de propriedade intelectual para o fabrico de bens nem um puro acordo de licenciamento. O Regulamento de Isenção por Categoria não abrange por exemplo:

– acordos em que uma parte fornece à outra parte uma fórmula e concede uma licença à outra parte para produzir uma bebida com esta fórmula;

– acordos no âmbito dos quais uma parte fornece à outra um molde ou uma cópia original e concede uma licença à outra parte para produzir e distribuir cópias;

– uma pura licença de uma marca comercial ou insígnia para efeitos de merchandising;

– contratos de patrocínio relativos ao direito de se publicitar como patrocinador oficial de um acontecimento;

– licenciamento de direitos de autor para efeitos tais como contratos de radiodifusão envolvendo o direito de registar e/ou direito de difundir um acontecimento.

(33) A segunda condição torna claro que o Regulamento de Isenção por Categoria não é aplicável quando os direitos de propriedade intelectual são fornecidos pelo comprador ao fornecedor, independentemente de dizerem respeito à forma de fabrico ou de distribuição. Um acordo relativo à transferência de direitos de propriedade intelectual para o fornecedor e que contenha eventuais restrições às vendas efectuadas pelo fornecedor não é abrangido pelo Regulamento de Isenção por Categoria. Isto significa em especial que em matéria de subcontratação a transferência de saber-fazer para um subcontratante[1] não é abrangida pelo âmbito de aplicação do Regulamento de Isenção por Categoria. Contudo, os acordos verticais segundo os quais o comprador apenas fornece ao fornecedor especificações que descrevem os bens ou os serviços a ser fornecidos são abrangidos pelo Regulamento de Isenção por Categoria.

(34) A terceira condição torna claro que, a fim de ser abrangido pelo Regulamento de Isenção por Categoria, o principal objecto do acordo não deve ser a atribuição ou o licenciamento de direitos de propriedade intelectual. O principal objecto deve ser a compra ou distribuição de bens ou serviços e as disposições rela-

---

[1] Ver Comunicação relativa à subcontratação, JO, C 1, de 3.1.1979, p. 12.

tivas a direitos de propriedade intelectual devem servir para a aplicação do acordo vertical.

(35) A quarta condição exige que as disposições relativas aos direitos de propriedade intelectual facilitem a utilização, venda ou revenda de bens ou serviços pelo comprador ou pelos seus clientes. Os bens ou serviços para utilização ou revenda são normalmente fornecidos pelo licenciador, mas também podem ser adquiridos a um terceiro fornecedor pelo licenciado. As disposições relativas aos direitos de propriedade intelectual dirão normalmente respeito à comercialização de bens ou serviços. É o que acontece por exemplo num acordo de franquia, em que o franqueador vende ao franqueado bens para revenda e concede ao franqueado para além disso uma licença para utilização da sua marca e do seu saber-fazer para comercializar os bens. É o que acontece igualmente quando o fornecedor de um concentrado concede uma licença ao comprador para diluir o concentrado e engarrafar antes da respectiva venda como bebida.

(36) A quinta condição implica, em especial, que as disposições relativas aos direitos de propriedade intelectual não tenham um objecto ou efeito idênticos a qualquer das restrições graves indicadas no artigo 4.º do Regulamento de Isenção por Categoria ou a qualquer das restrições excluídas do âmbito do Regulamento de Isenção por Categoria pelo artigo 5.º (n.ºs 46 a 61).

(37) Os direitos de propriedade intelectual que podem ser considerados como servindo a aplicação dos acordos verticais nos termos do n.º 3 do artigo 2.º do Regulamento de Isenção por Categoria dizem geralmente respeito a três áreas principais: as marcas, os direitos de autor e o saber-fazer.

Marcas
(38) O licenciamento de uma marca a um distribuidor pode estar relacionada com a distribuição dos produtos do licenciador num determinado território. Se se tratar de uma licença exclusiva, o acordo corporiza um caso de distribuição exclusiva.

Direitos de autor
(39) Os revendedores de bens protegidos por direitos de autor (livros, software, etc.) podem ser obrigados pelo titular dos direitos de autor a revender apenas na condição de o comprador, independentemente de ser um outro revendedor ou o utilizador final, não infringir os direitos de autor. Essas obrigações impostas ao revendedor, na medida em que são abrangidas pelo âmbito de aplicação do n.º 1 do artigo 81.º, são cobertas pelo Regulamento de Isenção por Categoria.

(40) Os acordos no âmbito dos quais são fornecidas cópias impressas de programas informáticos para revenda e em que o revendedor não adquire uma licença relativa a quaisquer direitos sobre esse programa informático, tendo apenas o direito de revender as versões impressas, devem ser considerados como acordos para o fornecimento de bens para revenda nos termos do Regulamento de Isenção por Categoria. No âmbito desta forma de distribuição, o licenciamento do programa informático só produz efeitos entre o proprietário dos direitos e o utilizador do pro-

grama. Tal pode assumir a forma de uma licença do tipo "shrink wrap", isto é, um conjunto de condições incluídas na embalagem da cópia impressa que se considera aceite pelo utilizador final ao abrir a embalagem.

(41) Os compradores de equipamento informático que inclua programas protegidos por direitos de autor podem ser obrigados pelo titular dos direitos de autor a não infringir esses direitos, por exemplo, a não fazer cópias e revender os programas informáticos ou a não fazer cópias e utilizar programas informáticos em conjugação com outro equipamento. Essas restrições à utilização, na medida em que sejam abrangidas pelo âmbito de aplicação do n.º 1 do artigo 81.º, são cobertas pelo Regulamento de Isenção por Categoria.

Saber-fazer
(42) Os acordos de franquia, à excepção dos acordos de franquia industrial, constituem o exemplo mais óbvio em que o saber-fazer para efeitos de comercialização é comunicado ao comprador. Os acordos de franquia contêm o licenciamento de direitos de propriedade intelectual relativo a marcas ou insígnias e saber-fazer para a utilização e distribuição de bens ou a prestação de serviços. Para além da licença de direitos de propriedade intelectual, o franqueador proporciona normalmente ao franqueado durante a duração do acordo assistência comercial ou técnica, tais como serviços de fornecimento, formação, conselhos em matéria de imobiliário, planeamento financeiro, etc. A licença e a assistência constituem componentes integrais do método de negócio objecto da franquia.

(43) A atribuição de licenças incluídas nos acordos de franquia é abrangida pelo Regulamento de Isenção por Categoria, se as cinco condições indicadas no ponto 30.º estiverem preenchidas. É o que acontece normalmente, uma vez que na maior parte dos acordos de franquia, incluindo os acordos de franquia principal, o franqueador fornece bens e/ou serviços, em especial serviços de assistência comercial ou técnica, ao franqueado. Os direitos de propriedade intelectual ajudam o franqueado a revender os produtos fornecidos pelo franqueador ou por um fornecedor designado pelo franqueador ou a utilizar estes produtos e a vender os bens ou serviços daí resultantes. Quando o acordo de franquia envolve apenas ou principalmente o licenciamento de direitos de propriedade intelectual, esse acordo não é abrangido pelo Regulamento de Isenção por Categoria, mas será tratado de forma semelhante aos acordos de franquia abrangidos pelo Regulamento de Isenção por Categoria.

(44) As seguintes obrigações relativas a direitos de propriedade intelectual são geralmente consideradas necessárias para proteger os direitos de propriedade intelectual do franqueador e são, forem abrangidas pelo n.º 1 do artigo 81.º, igualmente cobertas pelo Regulamento de Isenção por Categoria. A obrigação de o franqueado:

(*a*) não desenvolver, directa ou indirectamente, quaisquer actividades semelhantes;

(*b*) não adquirir participações financeiras no capital de uma empresa concorrente, de tal modo que esse facto lhe conferisse o poder de influenciar o comportamento económico dessa empresa;

(c) não divulgar a terceiros o saber-fazer transmitido pelo franqueador, enquanto este saber-fazer não se tiver tornado do domínio público;

(d) comunicar ao franqueador qualquer experiência adquirida na exploração da franquia e conceder-lhe, bem como a outros franqueados, uma licença não exclusiva para o saber-fazer resultante dessa experiência;

(e) informar o franqueador de infracções aos direitos de propriedade intelectual licenciados, desencadear procedimentos legais contra os infractores ou apoiar o franqueador em quaisquer procedimentos legais contra os infractores;

(f) não utilizar o saber-fazer licenciado pelo franqueador para outros efeitos que não a exploração da franquia;

(g) não ceder os direitos e obrigações resultantes do acordo de franquia sem o acordo do franqueador.

(v) RELAÇÃO COM OUTROS REGULAMENTOS DE ISENÇÃO POR CATEGORIA

(45) O n.º 5 do artigo 2.º estabelece que o Regulamento de Isenção por Categoria "não é aplicável a acordos verticais cuja matéria seja abrangida pelo âmbito de aplicação de outros Regulamentos de isenção por categoria". Isto significa que o Regulamento de Isenção por Categoria não é aplicável a acordos verticais abrangidos pelos Regulamentos da Comissão (CE) n.º 240/96[1] relativo à transferência de tecnologias, (CE) n.º 1475/1995[2] relativo à distribuição de veículos automóveis ou pelos Regulamentos (CEE) n.º 417/85[3] e 418/85[4], regulamentos de isenção de acordos verticais concluídos em relação a acordos horizontais, com a última redacção que lhe foi dada pelo Regulamento (CE) n.º 2276/97[5] ou por quaisquer futuros Regulamentos do género.

3. Restrições graves no âmbito do Regulamento de Isenção por Categoria

(46) O Regulamento de Isenção por Categoria inclui no seu artigo 4.º uma lista de restrições graves que leva à exclusão de um acordo vertical na sua totalidade do seu âmbito de aplicação. Esta lista de restrições graves é aplicável aos acordos verticais relativos ao comércio no âmbito da Comunidade. Na medida em que os acordos verticais digam respeito às exportações para fora ou às importações/ /reimportações de fora da Comunidade, veja o acórdão *Javico/Yves Saint Laurent*.

---

[1] JO, L 31, de 9.2.1996, p. 2.
[2] JO, L 145, de 29.6.1995, p. 25.
[3] JO, L 53, de 22.2.1985, p. 1.
[4] JO, L 53, de 22.2.1985, p. 5.
[5] JO, L 306, de 11.11.1997, p. 12.

A isenção individualizada de acordos verticais que incluam essas restrições graves é igualmente pouco provável.

(47) A restrição grave constante da alínea *a*) do artigo 4.º do Regulamento de Isenção por Categoria diz respeito à manutenção dos preços de revenda, ou seja, acordos ou práticas concertadas que têm por objecto directo ou indirecto estabelecer um preço de revenda mínimo ou fixo ou um nível de preços mínimo ou fixo que o comprador deve respeitar. No caso de disposições contratuais ou práticas concertadas que estabeleçam directamente os preços de revenda a restrição é bem clara. Contudo, a manutenção dos preços por revenda pode igualmente ser alcançada através de meios indirectos. Exemplos destes últimos são o acordo de fixação da margem de distribuição, o acordo de fixação do nível máximo de descontos que o distribuidor pode conceder a partir de um determinado nível de preços estabelecidos, a subordinação da concessão de reduções ou o reembolso dos custos de promoção por parte do fornecedor em relação a um determinado nível de preços, a associação do preço de revenda estabelecido com os preços de revenda de concorrentes, ameaças, intimidações, avisos, sanções, atrasos ou suspensão das entregas ou cessações de contratos em relação ao cumprimento de um determinado nível de preços. Os meios directos ou indirectos para alcançar uma fixação de preços podem ser utilizados de uma forma mais eficaz quando combinados com medidas para identificar os distribuidores que reduzem os preços, tais como a criação de um sistema de controlo dos preços ou a obrigação de os retalhistas denunciarem outros membros da rede de distribuição que se desviem do nível de preços comuns. Do mesmo modo, a fixação de preços directa ou indirecta pode ser feita de uma forma mais eficaz quando combinada com medidas susceptíveis de reduzir o incentivo do comprador para reduzir os preços de revenda, tais como o fornecedor imprimir um preço de revenda recomendado no produto ou o fornecedor obrigar o comprador a aplicar uma cláusula de cliente mais favorecido. Podem ser utilizados os mesmos meios indirectos e as mesmas medidas "de apoio" para fazer com que os preços recomendados ou máximos funcionem como manutenção dos preços de revenda. No entanto, o fornecimento de uma lista com preços recomendados ou preços máximos por parte do fornecedor ao comprador não é considerado em si mesmo como conducente à manutenção dos preços.

(48) No caso de acordos de agência, é o comitente que normalmente estabelece os preços de venda, uma vez que o agente nunca se torna proprietário dos bens. Contudo, quando um acordo de agência é abrangido pelo âmbito de aplicação do n.º 1 do artigo 81.º (n.ºs 12 a 20), uma obrigação que impeça ou restrinja o agente na partilha da sua comissão, fixa ou variável, com o cliente será uma restrição grave nos termos da alínea *a*) do artigo 4.º do Regulamento de Isenção por Categoria. O agente deverá assim ter liberdade para reduzir o preço efectivo pago pelo cliente sem diminuir as receitas do comitente[1].

---

[1] Ver por exemplo a Decisão 91/562/CEE da Comissão no Processo IV/32.737 – *Eirpage,* JO, L 306, de 7.11.1991, p. 22, em especial o ponto 6.

(49) A restrição grave constante da alínea *b*) do artigo 4.º do Regulamento de Isenção por Categoria diz respeito aos acordos ou práticas concertadas que têm por objecto directo ou indirecto a restrição de vendas por parte do comprador, na medida em que estas restrições se refiram ao território em que, ou aos clientes a que, o comprador pode vender os bens ou serviços contratuais. Esta restrição grave diz respeito à partilha do mercado por território ou por cliente. Tal pode resultar de obrigações directas, tais como a obrigação de não vender a determinados clientes ou a clientes em determinados territórios ou a obrigação de transferir as encomendas destes clientes para outros distribuidores. Pode resultar igualmente de medidas indirectas destinadas a induzir o distribuidor a não vender a esses clientes, tais como a recusa ou a redução de bónus ou descontos, a recusa de fornecimento, a redução das quantidades fornecidas ou a limitação das quantidades fornecidas à procura no território atribuído ou pelo grupo de clientes, a ameaça de cessação do contrato ou as obrigações de partilha dos lucros. Pode ainda resultar do facto de o fornecedor não prestar um serviço de garantia a nível comunitário, sendo todos os distribuidores obrigados a fornecer um serviço de garantia e reembolsados por este serviço pelo fornecedor, mesmo em relação a produtos vendidos por outros distribuidores no seu território. Estas práticas são ainda mais susceptíveis de serem consideradas uma restrição das vendas do comprador quando utilizadas em conjugação com a aplicação por parte do fornecedor de um sistema de controlo destinado a verificar o destino efectivo dos bens fornecidos (por exemplo, a utilização de rótulos diferenciados ou de números de série). Todavia, uma proibição imposta a todos os distribuidores de venderem a determinados utilizadores finais não é considerada uma restrição grave se existir uma justificação objectiva relacionada com o produto, tal como uma proibição geral de venda de substâncias perigosas a certos clientes por razões de segurança ou de saúde. Tal implica que também o fornecedor não venda a esses clientes. As obrigações impostas ao revendedor relativas à exposição das marcas do fornecedor também não são consideradas graves.

(50) Existem quatro excepções à restrição grave prevista na alínea *b*) do artigo 4.º do Regulamento de Isenção por Categoria. A primeira excepção permite a um fornecedor restringir as vendas activas por parte dos seus compradores directos a um território ou a um grupo de clientes que foi atribuído exclusivamente a outro comprador ou que o fornecedor reservou para si próprio. Considera-se que um território ou um grupo de clientes é atribuído exclusivamente quando o fornecedor concorda em vender o seu produto apenas a um distribuidor para efeitos de distribuição num território específico ou a um grupo de clientes específico e o distribuidor exclusivo é protegido contra as vendas activas no seu território ou ao seu grupo de clientes pelo fornecedor e por todos os outros compradores ao fornecedor na Comunidade. O fornecedor pode combinar a atribuição de um território exclusivo e de um grupo de clientes exclusivo através, por exemplo, da nomeação de um distribuidor exclusivo para um determinado grupo de clientes num certo território. Esta protecção de territórios exclusivos ou de grupos de clientes exclusivos deve contudo permitir vendas passivas nesses territórios ou a esses grupos de

clientes. Para efeitos de aplicação da alínea *b*) do artigo 4.º do Regulamento de Isenção por Categoria, a Comissão interpreta vendas "activas" e "passivas" da seguinte forma:

– Entende-se por vendas "activas":[1] a abordagem activa de clientes individuais no território exclusivo de outro distribuidor ou de um grupo exclusivo de clientes através de, por exemplo, publicidade por correio ou visitas, ou[2] a abordagem activa de um grupo de clientes específico ou de clientes num território determinado atribuído exclusivamente a outro distribuidor através de publicidade nos meios de comunicação ou outras promoções especificamente destinadas a esse grupo de clientes ou orientadas para clientes nesse território, ou[3] a instalação de um armazém ou de um estabelecimento de distribuição no território exclusivo de outro distribuidor.

– Entende-se por vendas "passivas" a resposta a pedidos não incentivados por parte de clientes individuais, incluindo a entrega de bens ou a prestação de serviços a esses clientes. A publicidade de carácter geral ou a promoção em meios de comunicação ou na Internet que atinge os clientes nos territórios exclusivos ou grupos de clientes de outros distribuidores mas que constitui uma forma razoável de atingir clientes fora desses territórios ou grupos de clientes, por exemplo, tais como clientes em territórios não exclusivos ou no seu próprio território, são consideradas vendas passivas.

(51) Cada distribuidor deve ter a liberdade de utilizar a *Internet* para fazer publicidade ou vender produtos. Uma restrição relativa à utilização da Internet por parte dos distribuidores só poderá ser compatível com o Regulamento de Isenção por Categoria na medida em que essa promoção ou venda na *Internet* conduza a vendas activas nos territórios exclusivos ou a grupos de clientes de outros distribuidores. Em geral, a utilização da *Internet* não é considerada uma forma de vendas activa nesses territórios ou a esses grupos de clientes, uma vez que constitui uma forma razoável de chegar a qualquer cliente. O facto de poder ter efeitos fora do próprio território ou junto de um grupo de clientes é o resultado da tecnologia, isto é, o fácil acesso generalizado. Se um cliente visita um sítio da *web* de um distribuidor e contacta o distribuidor e se este contacto conduz a uma venda, incluindo a entrega, tal é considerado uma venda passiva. A linguagem utilizada no sítio da *web* ou na comunicação não desempenha normalmente um papel significativo neste contexto. Na medida em que o sítio da *web* não é especificamente orientado para atingir prin-

---

[1] JO, L 336, de 29.12.1999, p. 21.

[2] Ver, nomeadamente, a sentença do Tribunal de Justiça nos processos apensos 56 e 58/64, *Grundig-Consten/Comissão,* [1966] Col. 423.
Processo 56/65, *Technique Minière/Machinenbau Ulm Gmbh,* [1969] Col. 235; e a sentença do Tribunal de Primeira Instância no processo T-77/92, *Parker Pen Ltd/Comissão,* [1994] Col. II-549.

[3] Ver Comunicação relativa aos acordos de pequena importância de 9.12.1997, JO, C 372, de 9.12.1997, p. 13.

cipalmente clientes no território ou um grupo de clientes exclusivamente atribuídos a outro distribuidor, por exemplo, com a utilização de *banners* ou *links* nas páginas dos fornecedores especificamente disponíveis para esses clientes atribuídos exclusivamente, o sítio da *web* não é considerado uma forma de venda activa. Contudo, o envio de correio electrónico não solicitado a clientes individuais ou a grupos específicos de clientes é considerado venda activa. As mesmas considerações são aplicáveis para a venda por catálogo. Apesar do que foi referido anteriormente, o fornecedor pode exigir normas de qualidade para a utilização do sítio na Internet para revender os seus bens, tal como pode exigir normas de qualidade para um estabelecimento ou para a publicidade e promoção em geral. Estas últimas podem ser particularmente relevantes para a distribuição selectiva. Só é possível uma proibição absoluta de venda na *Internet* ou por catálogo se existir uma justificação objectiva. De qualquer modo, o fornecedor não pode reservar para si próprio as vendas e/ou a publicidade na *Internet*.

(52) Existem três outras excepções à segunda restrição grave prevista na alínea *b*) do artigo 4.º do Regulamento de Isenção por Categoria. Qualquer das três excepções permite a restrição tanto das vendas activas como das vendas passivas. Assim, é permitido restringir um grossista de vender a clientes finais, restringir um distribuidor nomeado num sistema de distribuição selectiva de vender, a qualquer nível de comércio, a distribuidores não autorizados em mercados em que esse sistema é aplicado e restringir um comprador de componentes fornecidas para incorporação de as revender a concorrentes do fornecedor. O termo componente inclui quaisquer bens intermédios e o termo incorporação refere-se à utilização de qualquer factor de produção para o fabrico de um bem.

(53) A restrição grave constante da alínea *c*) do artigo 4.º do Regulamento de Isenção por Categoria diz respeito à restrição de revendas activas ou passivas a utilizadores finais, independentemente de serem utilizadores finais profissionais ou consumidores finais, por parte de membros de uma rede de distribuição selectiva. Isto significa que os representantes num sistema de distribuição selectiva, tal como definido na alínea *d*) do artigo 1.º do Regulamento de Isenção por Categoria, não podem ser objecto de restrições, em relação aos utilizadores ou aos agentes que agem em nome dos utilizadores, a quem podem vender. Por exemplo, também num sistema de distribuição selectiva o representante deverá ter a liberdade de fazer publicidade e vender através da *Internet*. A distribuição selectiva pode ser combinada com distribuição exclusiva, desde que as vendas activas e passivas não sejam restringidas de qualquer forma. O fornecedor pode por conseguinte comprometer--se a fornecer apenas um representante ou um número limitado de representantes num determinado território.

(54) Por outro lado, no caso da distribuição selectiva, podem ser impostas restrições à capacidade de o representante escolher a localização das suas instalações comerciais. Alguns representantes seleccionados podem ser impedidos de prosseguir as suas actividades a partir de diferentes instalações ou de abrir um novo estabelecimento numa localização diferente. Se o estabelecimento do comerciante

for móvel (estabelecimento ambulante) pode ser definida uma área fora da qual o estabelecimento ambulante não pode funcionar.

(55) A restrição grave constante da alínea *d*) do artigo 4.º do Regulamento de Isenção por Categoria diz respeito à restrição de fornecimentos cruzados entre distribuidores nomeados no âmbito de um sistema de distribuição selectiva. Tal significa que um acordo ou prática concertada não pode ter como objecto directo ou indirecto impedir ou restringir a venda activa ou passiva de produtos contratuais entre os distribuidores seleccionados. Estes devem continuar a poder adquirir os produtos contratuais a outros distribuidores nomeados no âmbito da rede, quer funcionem num mesmo estádio ou num estádio diferente de comércio. Isto significa que a distribuição selectiva não pode ser combinada com restrições verticais destinadas a forçar os distribuidores a adquirirem os produtos contratuais exclusivamente junto de uma determinada fonte, por exemplo, a compra exclusiva. Significa igualmente que no âmbito de uma rede de distribuição selectiva não podem ser impostas quaisquer restrições a grossistas nomeados no que diz respeito às suas vendas de produtos aos retalhistas designados.

(56) A restrição grave constante da alínea *e*) do artigo 4.º do Regulamento de Isenção por Categoria diz respeito a acordos que impedem ou restringem utilizadores finais, estabelecimentos de reparação e fornecedores de serviços independentes de terem acesso a peças sobressalentes directamente junto do fabricante destas. Um acordo entre um fabricante de peças sobressalentes e um comprador que incorpora estas peças nos seus próprios produtos (fabricante de equipamento inicial) não pode, quer directa quer indirectamente, impedir ou restringir as vendas destas peças sobressalentes pelo fabricante aos utilizadores finais, aos estabelecimentos de reparação ou aos prestadores de serviço independentes. Podem surgir restrições indirectas em especial quando o fornecedor das peças sobressalentes é restringido em termos de fornecer informações técnicas e equipamento especial necessários à utilização de peças sobressalentes por parte dos utilizadores, dos estabelecimentos de reparação ou dos prestadores de serviços independentes. Contudo, o acordo pode restringir o fornecimento das peças sobressalentes aos estabelecimentos de reparação ou aos prestadores de serviços a quem o fabricante do equipamento inicial confiou a reparação ou a prestação de serviços dos seus próprios bens. Por outras palavras, o fabricante de equipamento inicial pode exigir que a sua própria rede de reparação e de prestação de serviços lhe compre as peças sobressalentes.

4. Condições de isenção no âmbito do Regulamento de Isenção por Categoria

(57) O artigo 5.º do Regulamento de Isenção por Categoria exclui determinadas obrigações do seu âmbito de aplicação, mesmo que o limiar da quota de mercado não seja ultrapassado. Todavia, o Regulamento de Isenção por Categoria

continua a ser aplicável à restante parte do acordo vertical se essa parte puder ser separada das obrigações não isentadas.

(58) A primeira exclusão está prevista na alínea *a*) do artigo 5.º do Regulamento de Isenção por Categoria e diz respeito a obrigações de não concorrência. As obrigações de não concorrência são obrigações que exigem que o comprador adquira ao fornecedor ou a outra empresa por ele designada mais de 80% das aquisições totais do comprador, no ano anterior, dos bens e serviços contratuais e respectivos substitutos (definição constante da alínea *b*) do artigo 1.º do Regulamento de Isenção por Categoria), impedindo desta forma o comprador de adquirir bens ou serviços concorrentes ou limitando essas compras a menos de 20% das compras totais. No caso de, em relação ao ano anterior à conclusão do contrato, não se encontrarem disponíveis dados relevantes respeitantes às aquisições do comprador, podem ser utilizadas as melhores estimativas do comprador em relação às suas necessidades totais anuais. Estas obrigações de não concorrência não são abrangidas pelo Regulamento de Isenção por Categoria, quando a sua duração é indefinida ou ultrapassa cinco anos. As obrigações de não concorrência que são tacitamente renováveis para além de um período de cinco anos não são igualmente abrangidas pelo Regulamento de Isenção por Categoria. Contudo, as obrigações de não concorrência são abrangidas quando a sua duração se limita a cinco anos ou menos, ou quando a renovação para além de cinco anos exige o consentimento expresso de ambas as partes e não existem quaisquer obstáculos que impeçam o comprador de pôr efectivamente termo à obrigação de não concorrência no final do período de cinco anos. Se por exemplo o acordo prever uma obrigação de não concorrência por cinco anos e o fornecedor conceder um empréstimo ao comprador, o reembolso desse empréstimo não deve impedir o comprador de pôr efectivamente termo à obrigação de não concorrência no final do período de cinco anos; o reembolso deve ser estruturado em fracções iguais ou decrescentes e não aumentar ao longo do tempo[1]. O comprador deve ter a possibilidade de reembolsar o montante remanescente da dívida, no caso de existir ainda um saldo, no final da obrigação de não concorrência. Do mesmo modo, quando o fornecedor fornece ao comprador equipamento que não é específico das suas relações, o comprador deve igualmente ter a possibilidade de adquirir esse equipamento ao preço de mercado no final do período de não concorrência.

(59) O prazo limite de cinco anos não se aplica quando os bens ou serviços são revendidos pelo comprador "a partir de instalações e terrenos que sejam propriedade do fornecedor ou tomadas de arrendamento pelo fornecedor a terceiros não ligados ao comprador". Nesses casos, a obrigação de não concorrência pode ter a mesma duração do que o período de ocupação do ponto de venda por parte do com-

---

[1] Isto sem prejuízo da possibilidade, no caso por exemplo de novas instalações de distribuição, de suspender o reembolso durante o primeiro ou segundo anos até as vendas alcançarem um determinado nível.

prador (alínea *a*) do artigo 5.º do Regulamento de Isenção por Categoria). A razão para esta excepção é que é normalmente pouco razoável esperar que um fornecedor permita que produtos concorrentes sejam vendidos a partir de instalações e terrenos que sejam propriedade do fornecedor sem a sua autorização. Quaisquer artifícios de propriedade destinados a evitar um prazo máximo de cinco anos não podem beneficiar desta excepção.

(60) A segunda exclusão do Regulamento de Isenção por Categoria está prevista na alínea *b*) do seu artigo 5.º e diz respeito a obrigações de não concorrência a partir do termo do acordo. Essas obrigações não são normalmente abrangidas pelo Regulamento de Isenção por Categoria, a não ser que a obrigação seja indispensável para proteger o saber-fazer transferido pelo fornecedor para o comprador, seja limitada ao ponto de venda a partir do qual o comprador operou durante o período contratual e se limite a um período máximo de um ano. De acordo com a definição prevista na alínea *f*) do artigo 1.º do Regulamento de Isenção por Categoria, o saber-fazer deve ser "substancial", entendendo-se enquanto tal "que o saber-fazer inclui informações indispensáveis ao comprador para a utilização, venda ou revenda dos bens ou serviços contratuais".

(61) A terceira exclusão do Regulamento de Isenção por Categoria está prevista na alínea *c*) do seu artigo 5.º e diz respeito à venda de bens concorrentes num sistema de distribuição selectiva. O Regulamento de Isenção por Categoria abrange a combinação de distribuição selectiva com uma obrigação de não concorrência, obrigando os representantes a não revenderem marcas concorrentes em geral. Contudo, se o fornecedor impedir os seus representantes autorizados, quer directa quer indirectamente, de comprarem produtos para revenda a determinados fornecedores concorrentes, essa obrigação não pode beneficiar do Regulamento de Isenção por Categoria. O objectivo da exclusão desta obrigação consiste em evitar que alguns fornecedores, que utilizam as mesmas instalações de distribuição selectiva, impeçam um concorrente específico ou certos concorrentes específicos, de utilizarem essas instalações para distribuírem os seus produtos (exclusão de um fornecedor concorrente que constituiria uma forma de boicote colectivo)[1].

5. Inexistência de presunção de ilegalidade fora do âmbito do Regulamento de Isenção por Categoria

(62) Não existe uma presunção de ilegalidade relativamente aos acordos verticais não abrangidos pelo Regulamento de Isenção por Categoria, mas os referidos

---

[1] Um exemplo de medidas indirectas com esses efeitos de exclusão consta da Decisão 92/428/CEE da Comissão no processo IV/33.542, *Givenchy* (JO, L 236, de 19.8.1992, p. 11).

acordos podem exigir um exame individual. As empresas são incentivadas a efectuar a sua própria apreciação sem comunicação formal do acordo. No caso de uma análise individual pela Comissão, é a esta que cabe o ónus da prova de que o acordo em questão infringe o n.º 1 do artigo 81.º. Quando são demonstrados efeitos anticoncorrenciais significativos, as empresas podem alegar razões de eficiência e explicar por que motivo um certo sistema de distribuição é susceptível de introduzir benefícios que sejam relevantes para as condições de isenção ao abrigo do n.º 3 do artigo 81.º.

6. Dispensa de comunicação formal preventiva

(63) Nos termos do n.º 2 do artigo 4.º do Regulamento n.º 17 do Conselho, de 6 de Fevereiro de 1962, Primeiro Regulamento de execução dos artigos 85.º e 86.º do Tratado[1], com a última redacção que lhe foi dada pelo Regulamento (CE) n.º 1216/1999[2], os acordos verticais podem beneficiar de uma isenção ao abrigo do n.º 3 do artigo 81.º a contar da data da sua entrada em vigor mesmo se a comunicação formal ocorrer após essa data. Isto significa que, na prática, não é necessária comunicação formal a título cautelar. Se surgir um litígio, uma empresa pode ainda comunicar formalmente, caso em que a Comissão pode isentar o acordo vertical com efeitos retroactivos a partir da sua data de entrada em vigor se estiverem preenchidas as quatro condições previstas no n.º 3 do artigo 81.º. A empresa notificante não tem que explicar a razão pela qual o acordo não foi comunicado formalmente mais cedo e não lhe será negada a isenção retroactiva devido ao facto de não o ter formalmente verificada anteriormente. Qualquer notificação será analisada pelos seus próprios méritos. A alteração do n.º 2 do artigo 4.º do Regulamento n.º 17 deverá eliminar a litigiosidade artificial junto dos tribunais nacionais e reforçar a execução civil dos contratos. Toma igualmente em consideração a situação de as empresas não terem procedido à comunicação formal por estarem convencidas de que o acordo era abrangido pelo Regulamento de Isenção por Categoria.

(64) Uma vez que a data da comunicação formal deixou de limitar a possibilidade de isenção por parte da Comissão, os tribunais nacionais têm de apreciar a probabilidade de o n.º 3 do artigo 81.º ser aplicado relativamente a acordos verticais abrangidos pelo âmbito de aplicação do n.º 1 do artigo 81.º. Se se verificar tal probabilidade, devem suspender o processo até à adopção de uma posição pela Comissão. Os tribunais nacionais podem contudo adoptar providências cautelares na pendência da apreciação da Comissão relativa à aplicabilidade do n.º 3 do artigo 81.º, da mesma forma que o fazem quando submetem uma questão a título pre-

---

[1] JO, 13, de 21.2.1962, p. 204.
[2] JO, L 148, de 15.6.1999, p. 5.

judicial ao Tribunal de Justiça ao abrigo do artigo 234.º do Tratado CE. Não é necessária qualquer suspensão em relação a processos de injunção quando os tribunais nacionais têm competência para apreciar eles próprios a probabilidade da aplicação do n.º 3 do artigo 81.º[1].

(65) Na ausência de denúncias ou de litígios nos tribunais nacionais, não será dada prioridade às comunicações formais de acordos verticais a nível da política de execução da Comissão. A comunicação formal enquanto tal não proporciona validade provisória aos acordos. No caso de as empresas não terem comunicado formalmente um acordo devido ao facto de terem considerado de boa fé que o limiar da quota de mercado do Regulamento de Isenção por Categoria não tinha sido ultrapassado, a Comissão não aplicará coimas.

7. Divisibilidade

(66) O Regulamento de Isenção por Categoria isenta os acordos verticais desde que não incluam ou dêem origem à prática de restrições graves, tal como estabelecido no seu artigo 4.º. Se existir uma ou mais restrições graves, perde-se o benefício do Regulamento de Isenção por Categoria em relação à totalidade do acordo vertical. Não existe divisibilidade em relação às restrições graves.

(67) A regra da divisibilidade é contudo aplicável às condições estabelecidas no artigo 5.º do Regulamento de Isenção por Categoria. Por conseguinte, só se perde o benefício do Regulamento de Isenção por Categoria em relação à parte do acordo vertical que não esteja em conformidade com os termos do seu artigo 5.º.

8. Carteira de produtos distribuídos através do mesmo sistema de distribuição

(68) No caso de um fornecedor utilizar o mesmo acordo de distribuição para distribuir vários bens/serviços, alguns destes podem, tendo em conta o limiar da quota de mercado, ser abrangidos pelo Regulamento de Isenção por Categoria enquanto outros não. Nesse caso, o Regulamento de Isenção por Categoria é aplicável aos bens e serviços relativamente aos quais se encontram preenchidas as condições de aplicação.

(69) No que diz respeito aos bens e serviços não abrangidos pelo Regulamento de Isenção por Categoria, são aplicáveis as regras da concorrência comuns, o que significa que:

– não existe qualquer isenção por categoria mas também não existe qualquer presunção de ilegalidade;

---

[1] Processo C-234/89, *Delimitis/Henninger Bräu* [1991], Col. I-935, ponto 52.

– se existir uma infracção ao n.º 1 do artigo 81.º que não seja susceptível de isenção, poder-se-á ponderar se existem soluções adequadas para resolver o problema de concorrência no âmbito do sistema de distribuição existente;

– caso não existam essas soluções apropriadas, o fornecedor em causa terá de concluir outros acordos de distribuição.

Esta situação pode igualmente surgir nos casos em que é aplicável o artigo 82.º em relação a alguns produtos embora não o seja a outros.

9. Período transitório

(70) O Regulamento de Isenção por Categoria é aplicável a partir de 1 de Junho de 2000. O artigo 12.º do Regulamento de Isenção por Categoria prevê um período transitório para os acordos verticais já em vigor antes de 1 de Junho de 2000, que não satisfaçam as condições de isenção previstas no Regulamento de Isenção por Categoria, mas que satisfaçam as condições de isenção dos regulamentos de isenção por categoria que deixaram de vigorar em 31 de Maio de 2000 (Regulamento da Comissão (CEE) n.º 1983/83, (CEE) n.º 1984/83 e (CEE) n.º 4087/88). A Comunicação da Comissão relativa aos referidos regulamentos caduca também em 31 de Maio de 2000. Estes últimos acordos podem continuar a beneficiar daqueles regulamentos até 31 de Dezembro de 2001. Os acordos de fornecedores com uma quota de mercado que não ultrapasse 30% que assinaram com os seus compradores acordos de não concorrência por um prazo que ultrapassa 5 anos são abrangidos pelo Regulamento de Isenção por Categoria se, em 1 de Janeiro de 2002, os acordos de não concorrência não tiverem um período de vigência superior a 5 anos.

IV. VERIFICAÇÃO DA ISENÇÃO POR CATEGORIA E NÃO APLICAÇÃO DO REGULAMENTO DE ISENÇÃO POR CATEGORIA

1. Processo de verificação

(71) A presunção de legalidade prevista pelo Regulamento de Isenção por Categoria pode ser infirmada se o acordo vertical, considerado quer isoladamente quer em conjunto com acordos semelhantes aplicados por fornecedores ou compradores concorrentes, for abrangido pelo âmbito de aplicação do n.º 1 do artigo 81.º e não satisfizer todas as condições do n.º 3 do artigo 81.º. Tal pode ocorrer quando um fornecedor ou um comprador, em caso de acordos de fornecimento exclusivo, com uma quota de mercado que não ultrapasse 30%, conclua um acordo vertical que não dê origem a vantagens objectivas que possam compensar os danos que causa à concorrência. Tal pode ocorrer em especial relativamente à distribuição de bens a

consumidores finais que se encontram muitas vezes numa posição muito mais fraca do que os compradores profissionais de produtos intermédios. No caso de vendas a consumidores finais, as desvantagens causadas por um acordo vertical podem ter um impacto mais forte do que no caso de venda e compra de produtos intermédios. Sempre que as condições previstas no n.º 3 do artigo 81.º não estejam preenchidas, a Comissão pode retirar o benefício do Regulamento de Isenção por Categoria ao abrigo do artigo 6.º de forma a declarar uma infracção ao n.º 1 do artigo 81.º.

(72) Sempre que for aplicável o processo de verificação, é à Comissão que cabe o ónus da prova de que o acordo é abrangido pelo âmbito de aplicação do n.º 1 do artigo 81.º e de que não satisfaz as quatro condições do n.º 3 do artigo 81.º.

(73) As condições para uma isenção ao abrigo do n.º 3 do artigo 81.º podem, em particular, não estar satisfeitas quando o acesso ao mercado relevante ou a concorrência nesse mercado forem significativamente restringidos pelo efeito cumulativo de redes paralelas de acordos verticais semelhantes concluídos por fornecedores ou compradores concorrentes. Redes paralelas de acordos verticais devem ser consideradas como semelhantes quando incluírem restrições que produzam efeitos semelhantes no mercado. Verificar-se-ão normalmente efeitos semelhantes quando as restrições verticais praticadas por fornecedores ou compradores concorrentes se enquadram num dos quatro grupos enumerados nos n.ºs 103 a 114. Outros casos em que a decisão de retirar o benefício pode ser tomada incluem situações em que o comprador, por exemplo no contexto de fornecimento exclusivo ou de distribuição exclusiva, tem um poder de mercado significativo no mercado relevante a jusante em que revende os bens ou presta os serviços.

(74) A responsabilidade por um efeito cumulativo anticoncorrencial só pode ser atribuída a empresas que para ele tenham contribuído de uma forma significativa. Os acordos concluídos por empresas cujo contributo para o efeito cumulativo seja insignificante não são abrangidos pela proibição prevista no n.º 1 do artigo 81.º[1] e não estão por conseguinte sujeitos ao processo de verificação. A apreciação dessa contribuição será efectuada de acordo com os critérios estabelecidos nos n.ºs 137 a 229.

(75) Uma decisão de verificação negativa só pode ter efeitos *ex nunc,* o que significa que o estatuto de isenção dos acordos em causa não será afectado até à data em que a verificação negativa se tornar eficaz.

(76) Nos termos do artigo 7.º do Regulamento de Isenção por Categoria a autoridade competente de um Estado Membro pode retirar o benefício do Regulamento de Isenção por Categoria em relação a acordos verticais cujos efeitos anticoncorrenciais se façam sentir no território do Estado Membro em causa ou numa parte deste que tenha todas as características de um mercado geográfico distinto. Nos casos em que um Estado Membro não adoptou legislação que permita à auto-

---

[1] Acórdão proferido no processo *Delimitis.*

ridade nacional responsável pela concorrência aplicar o Direito Comunitário da Concorrência ou pelo menos retirar o benefício do Regulamento de Isenção por Categoria, o Estado membro pode solicitar à Comissão que dê início ao processo para esse efeito.

(77) A Comissão tem competência exclusiva para retirar o benefício do Regulamento de Isenção por Categoria no que diz respeito a acordos verticais que restrinjam a concorrência num mercado geográfico relevante que seja mais vasto do que o território de um único Estado-membro. Sempre que o território de um único Estado-membro, ou parte deste, constitua o mercado geográfico relevante, a Comissão e o Estado-membro em causa têm competência concorrente no que diz respeito à verificação negativa. Frequentemente, tais casos prestam-se a uma execução descentralizada por parte das autoridades nacionais responsáveis pela concorrência. Contudo, a Comissão reserva-se o direito de evocar certos casos com um interesse comunitário específico, tais como os casos que suscitem novas questões de Direito.

(78) As decisões nacionais de verificação negativa são tomadas de acordo com os procedimentos estabelecidos no Direito nacional e só têm efeitos no território do Estado-membro em causa. Essas decisões nacionais não devem prejudicar a aplicação uniforme das regras comunitárias em matéria de concorrência e o pleno efeito das medidas adoptadas para execução dessas regras[1]. A observância deste princípio implica que as autoridades nacionais responsáveis pela concorrência realizem a sua apreciação nos termos do artigo 81.º à luz dos critérios relevantes desenvolvidos pelo Tribunal de Justiça e pelo Tribunal de Primeira Instância e das Comunicações e decisões anteriormente adoptadas pela Comissão.

(79) A Comissão considera que os mecanismos de consulta previstos na Comunicação sobre a cooperação entre as autoridades de concorrência dos Estados Membros e a Comissão[2] devem ser utilizados para evitar o risco de decisões contraditórias e de duplicação de processos.

2. Não aplicação do Regulamento de Isenção por Categoria

(80) O artigo 8.º do Regulamento de Isenção por Categoria permite à Comissão excluir do seu âmbito, através de regulamento, redes paralelas de restrições verticais semelhantes quando abranjam mais de 50% de um mercado relevante. Tal medida não se destina a empresas individuais, dizendo antes respeito a todas as empresas cujos acordos estejam definidos no regulamento de não aplicação do Regulamento de Isenção por Categoria.

---

[1] Acórdão do Tribunal de Justiça no processo 14/68, *Walt Wilhelm e Outros/ Bundeskartellamt* [1969], Col. I, ponto 4 e Processo *Delimitis*.

[2] JO, C 313, de 15.10.1997, p. 3, pontos 49 a 53.

(81) Enquanto que a retirada do benefício do Regulamento de Isenção por Categoria nos termos do artigo 6.º implica a adopção de uma decisão que estabeleça uma infracção ao artigo 81.º por parte de uma determinada empresa, o efeito de um regulamento nos termos do artigo 8.º é meramente o de suprimir, em relação às restrições e aos mercados em causa, o benefício da aplicação do Regulamento de Isenção por Categoria e restabelecer a plena aplicação dos n.ºs 1 e 3 do artigo 81.º Na sequência da adopção de um regulamento que declare a isenção por categoria inaplicável relativamente a determinadas restrições verticais num mercado específico, os critérios desenvolvidos pela jurisprudência relevante do Tribunal de Justiça e do Tribunal de Primeira Instância e por Comunicações e decisões anteriores adoptadas pela Comissão orientarão a aplicação do artigo 81.º a acordos individuais. Quando for o caso, a Comissão tomará uma decisão num caso individual, que pode proporcionar uma orientação para todas as empresas que operam no mercado em causa.

(82) Para efeitos do cálculo do rácio de cobertura do mercado de 50%, deve ser tomada em consideração cada rede individual de acordos verticais que incluam restrições ou respectivas combinações, e que produzam efeitos semelhantes no mercado. Dão-se normalmente efeitos semelhantes quando as restrições se enquadram num dos quatro grupos enumerados nos n.ºs 104 a 114.

(83) O artigo 8.º não implica a obrigação de a Comissão agir sempre que o rácio de cobertura do mercado de 50% seja ultrapassado. Em geral, a não aplicação é apropriada quando o acesso ao mercado relevante ou a concorrência nesse mercado são restringidos de uma forma significativa. Tal pode acontecer em especial quando redes paralelas de distribuição selectiva, que cubram mais de 50% de um mercado, utilizem critérios de selecção que não são exigidos pela natureza dos produtos relevantes ou procedam a uma discriminação relativamente a certas formas de distribuição através das quais se possam vender esses produtos.

(84) Ao avaliar a necessidade de aplicação do artigo 8.º, a Comissão tomará em consideração a possibilidade de a verificação individual negativa constituir uma solução mais apropriada. Tal pode depender, em especial, do número de empresas concorrentes que contribuem para um efeito cumulativo no mercado ou do número de mercados geográficos afectados na Comunidade.

(85) Qualquer regulamento adoptado nos termos do artigo 8.º deve estabelecer claramente o seu âmbito de aplicação. Tal implica, em primeiro lugar, que a Comissão deve definir o(s) mercado(s) do produto e geográfico(s) relevante(s) e, em segundo lugar, que deve identificar o tipo de restrição vertical relativamente à qual deixa de ser aplicável o Regulamento de Isenção por Categoria. No que respeita a este último aspecto, a Comissão pode moldar o âmbito do seu regulamento em relação aos problemas de concorrência que pretende solucionar. Por exemplo, embora todas as redes paralelas de acordos do tipo marca única sejam tomadas em consideração a fim de estabelecer o rácio de cobertura do mercado de 50%, a Comissão pode, no entanto, restringir o âmbito de um regulamento de não aplicação apenas a obrigações de não concorrência que excedam um determinado prazo.

Deste modo, podem não ser afectados os acordos que tenham uma duração menor ou que sejam menos restritivos, tendo em consideração o menor grau de encerramento imputável a essas restrições. Da mesma forma, quando num determinado mercado é praticada uma distribuição selectiva em conjugação com restrições adicionais, tais como obrigações de não concorrência ou uma obrigação de aquisição de determinadas quantidades por parte do comprador, o regulamento de não aplicação pode dizer apenas respeito a essas restrições adicionais. Se for o caso, a Comissão pode igualmente fornecer uma orientação especificando o nível da quota de mercado que, no contexto do mercado específico, pode ser considerado como insuficiente para se considerar que uma empresa individual contribui de forma significativa para o efeito cumulativo.

(86) O período transitório não inferior a seis meses que a Comissão terá de estabelecer nos termos do n.º 2 do artigo 8.º deverá permitir às empresas em causa adaptarem os seus acordos, a fim de ter em conta o âmbito do regulamento de não aplicação do Regulamento de Isenção por Categoria.

(87) Um regulamento de não aplicação do Regulamento de Isenção por Categoria não afectará o estatuto de isenção dos acordos em causa relativamente ao período anterior à entrada em vigor.

V. DEFINIÇÃO DO MERCADO E QUESTÕES RELATIVAS AO CÁLCULO DA QUOTA DE MERCADO

1. Comunicação da Comissão relativa à definição de mercado relevante

(88) A Comunicação da Comissão relativa à definição de mercado relevante para efeitos do Direito comunitário da concorrência[1] fornece uma orientação sobre as regras, critérios e elementos comprovativos que a Comissão segue quando analisa questões relativas à definição de mercado. Essa Comunicação não será objecto de uma explicação pormenorizada nas presentes Orientações e deverá servir como base para as questões de definição de mercado. As presentes Orientações tratarão apenas de questões específicas que surjam no contexto das restrições verticais e que não são tratadas na Comunicação geral relativa à definição de mercado.

2. O mercado relevante para efeitos do cálculo do limiar da quota de mercado de 30% no âmbito do Regulamento de Isenção por Categoria

(89) Nos termos do artigo 3.º do Regulamento de Isenção por Categoria, é geralmente a quota de mercado do fornecedor que se mostra decisiva para a aplica-

---

[1] JO, C 372, de 9.12.1997, p. 5.

ção da isenção por categoria. No caso de acordos verticais concluídos entre uma associação de retalhistas e membros individuais, a associação é o fornecedor e deve tomar em consideração a sua quota de mercado enquanto fornecedor. Só no caso de fornecimento exclusivo, tal como definido na alínea c) do artigo 1.º do Regulamento de Isenção por Categoria, é que a quota de mercado do comprador, e apenas essa quota de mercado, é decisiva para a aplicação do Regulamento de Isenção por Categoria.

(90) A fim de calcular a quota de mercado, é necessário determinar o mercado relevante. Para este efeito, têm que ser definidos o mercado de produto relevante e o mercado geográfico relevante. O mercado de produto relevante inclui quaisquer bens ou serviços considerados permutáveis ou substituíveis pelo comprador devido às suas características, preço e utilização pretendida. O mercado geográfico relevante compreende a área em que as empresas em causa fornecem e adquirem os bens ou serviços relevantes, em que as condições de concorrência são suficientemente homogéneas e que podem distinguir-se de áreas geográficas vizinhas devido ao facto, em especial, de as condições de concorrência serem consideravelmente diferentes nessas áreas.

(91) Para efeitos de aplicação do Regulamento de Isenção por Categoria, a quota de mercado do fornecedor é a sua quota no mercado de produto e no mercado geográfico relevantes em que vende aos seus compradores[1]. No exemplo referido no n.º 92 trata-se do mercado A. O mercado do produto depende em primeiro lugar da substituibilidade na perspectiva dos compradores. Quando o produto fornecido é utilizado como um factor de produção para fabricar outros produtos e não é geralmente reconhecível no produto final, o mercado do produto é normalmente definido pelas preferências dos compradores directos. Os clientes dos compradores não terão normalmente uma preferência acentuada relativamente aos factores de produção utilizados pelos compradores. Normalmente, as restrições verticais acordadas entre o fornecedor e o comprador do factor de produção dizem apenas respeito à venda e compra do produto intermédio e não à venda do produto resultante. No caso da distribuição de bens finais, o facto de serem substituíveis para os compradores directos será normalmente influenciado ou determinado pelas preferências dos consumidores finais. Um distribuidor, enquanto revendedor, não pode ignorar as preferências dos consumidores finais quando compra bens finais. Por outro lado, ao nível da distribuição, a maior parte das vezes as restrições verticais não dizem apenas respeito à venda de produtos entre o fornecedor e o comprador, mas igualmente à sua revenda. Uma vez que normalmente diferentes modelos de distribuição

---

[1] Por exemplo, o mercado neerlandês dos pneus novos de substituição para camiões e autocarros no processo *Michelin* (Processo 322/81, *NV Nederlandsche Banden-Industrie Michelin/Comissão*, [1983] Col. 3461), e os vários mercados da carne no processo dos matadouros dinamarqueses: Decisão 2000/42/CE da Comissão no caso IV/M.1313 *(Danish Crown/Vestjyske Slagterier)*, JO, L 20, de 25.1.2000, p. 1.

concorrem entre si, os mercados não são em geral definidos pela forma de distribuição aplicável. Nos casos em que os fornecedores vendem em geral uma carteira de produtos, a carteira no seu todo pode determinar o mercado de produto quando as carteiras de produtos entre si, e não os produtos individualmente, são consideradas substitutos pelos compradores. Uma vez que os compradores no mercado A são compradores profissionais, o mercado geográfico é normalmente mais vasto do que o mercado em que o produto é revendido a consumidores finais. Muitas vezes tal conduzirá à definição de mercados nacionais ou mercados geográficos mais vastos.

(92) No caso do fornecimento exclusivo, a quota de mercado do comprador é a sua quota de compras no mercado das aquisições[1]. No exemplo referido infra trata-se igualmente do mercado A.

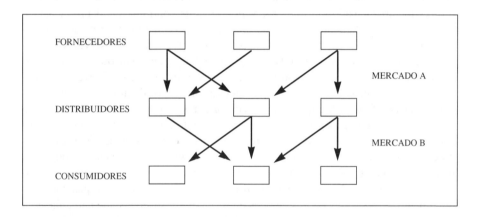

(93) No caso de um acordo vertical envolver três partes operando a diferentes níveis de comércio, as suas quotas de mercado terão de ser inferiores ao limiar da quota de mercado de 30% em ambos os níveis a fim de o acordo ser abrangido pelo âmbito de aplicação da isenção por categoria. Por exemplo, quando num acordo entre um fabricante, um grossista (ou uma associação de retalhistas) e um retalhista é acordada uma obrigação de não concorrência, nem a quota de mercado do fabricante nem a quota de mercado do grossista (ou de uma associação de retalhistas) pode ultrapassar 30% a fim de a obrigação poder beneficiar da isenção por categoria.

(94) Quando um fornecedor fabrica equipamento original e peças de reparação e substituição para esse equipamento, o fornecedor será frequentemente o único ou o principal fornecedor nos mercados pós-venda, no que diz respeito a essas peças

---

[1] Para um exemplo de mercados das aquisições ver Decisão 1999/674/CE da Comissão no caso IV/M.1221 (Processo *Rewe/Meinl,* IV/M.1221), JO, L 274, de 23.10.1999, p. 1.

de reparação e substituição. Tal pode igualmente acontecer quando o fornecedor (fornecedor do equipamento inicial) subcontratar o fabrico das peças de reparação e substituição. O mercado relevante para efeitos de aplicação do Regulamento de Isenção por Categoria pode ser o mercado de equipamento inicial, incluindo as peças sobressalentes, ou o mercado distinto do equipamento inicial e serviços pós-venda, consoante as circunstâncias do caso, tais como os efeitos das restrições envolvidas, a duração do equipamento e a importância dos custos de reparação ou substituição[1].

(95) Quando o acordo vertical, para além do fornecimento dos bens contratuais, inclui igualmente disposições relativas a direitos de propriedade intelectual – tais como uma disposição relativa à utilização da marca do fornecedor – que ajudam o comprador a comercializar os bens contratuais, a quota de mercado do fornecedor no mercado em que este vende os bens contratuais é decisiva para a aplicação do Regulamento de Isenção por Categoria. Quando um franqueador não fornece bens para serem revendidos, mas fornece um conjunto de serviços combinados com disposições de direitos de propriedade intelectual, que em conjunto constituem o método de negócio a ser franqueado, o franqueador deve tomar em consideração a sua quota de mercado enquanto fornecedor de um método de negócio. Para esse efeito, o franqueador deve calcular a sua quota no mercado em que o método de negócio é explorado, o qual corresponde ao mercado em que os franqueados exploram esse método comercial para fornecer bens ou serviços a utilizadores finais. O franqueador tem que basear a sua quota de mercado no valor dos bens ou serviços fornecidos pelos seus franqueados neste mercado. Num mercado deste tipo, a concorrência pode ser outros métodos de negócio franqueados, mas igualmente outros fornecedores de bens ou serviços substituíveis que não aplicam a franquia. Por exemplo, sem prejuízo da definição de tal mercado, se existisse um mercado de serviços de refeições rápidas, um franqueador que operasse nesse mercado teria que calcular a sua quota de mercado com base nos valores de vendas relevantes dos seus franqueados neste mercado. Nos casos em que o franqueador, para além do método de negócio, fornecer também determinados factores intermédios, tais como a carne e as especiarias, então o franqueador terá igualmente que calcular a sua quota no mercado em que estes bens são vendidos.

---

[1] Ver por exemplo *Pelikan/Kyocera* no XXV Relatório sobre a Política de Concorrência, ponto 87 e Decisão 91/595/CEE da Comissão (processo IV/M.12 *Varta/ /Bosch*, JO, L 320, de 22.11.1991, p. 26), Decisão da Comissão (processo IV/M.1094 *Caterpillar/Perkins Engines*, JO, C 94, de 28.3.1998, p. 23), e Decisão da Comissão (processo IV/M.768 *Lucas/Varity*, JO, C 266, de 13.9.1996, p. 6). Ver igualmente o processo *Eastman Kodak Co/Image Technical Services, Inc e outros*, Supremo Tribunal dos Estados Unidos, n.º 90 1029. Ver igualmente o ponto 56 da Comunicação da Comissão relativa à definição de mercado relevante para efeitos do direito comunitário da concorrência.

3. O mercado relevante para efeitos de avaliação individual

(96) Para efeitos de apreciação individual de acordos verticais não abrangidos pelo Regulamento de Isenção por Categoria, podem ter de ser investigados mercados suplementares para além do mercado relevante definido para a aplicação do Regulamento de Isenção por Categoria. Os efeitos do acordo vertical podem não só produzir-se no mercado entre fornecedor e comprador, mas podem igualmente produzir-se nos mercados a jusante. Para uma apreciação individual de um acordo vertical serão examinados os mercados relevantes em cada estádio do comércio afectado pelas restrições incluídas no acordo:

(i) No que diz respeito aos (bens ou serviços intermédios) incorporados pelo comprador nos seus próprios bens ou serviços, as restrições verticais em geral têm efeitos apenas no mercado entre o fornecedor e o comprador. Uma obrigação de não concorrência imposta ao comprador pode por exemplo excluir outros fornecedores, mas não conduzirá à redução da concorrência a jusante a nível do estabelecimento comercial. Contudo, no caso de fornecimento exclusivo, a posição do comprador no seu próprio mercado a jusante é igualmente relevante, uma vez que o comportamento de exclusão do comprador apenas terá efeitos negativos significativos se este tiver poder de mercado no mercado a jusante.

(ii) Quanto aos (produtos finais), uma análise limitada ao mercado entre o fornecedor e o comprador é menos susceptível de se revelar suficiente, uma vez que restrições verticais podem ter efeitos negativos de redução da concorrência intermarcas e/ou intramarcas no mercado de revenda, ou seja, no mercado a jusante do comprador. Por exemplo, a distribuição exclusiva pode não só conduzir a efeitos de exclusão no mercado entre o fornecedor e o comprador, mas pode sobretudo conduzir a uma menor concorrência intramarcas nos territórios dos distribuidores. O mercado de revenda é especialmente importante quando o comprador for um retalhista que vende a consumidores finais. Uma obrigação de não concorrência acordada entre um fabricante e um grossista pode excluir o grossista face a outros fabricantes, mas uma diminuição da concorrência no próprio estabelecimento comercial não é muito susceptível de ocorrer a este nível de distribuição. O mesmo acordo concluído com um retalhista pode contudo dar origem a essa diminuição adicional da concorrência intermarcas ao nível do estabelecimento comercial no mercado a jusante.

(iii) Em casos de apreciação individual de um (mercado pós-venda), o mercado relevante pode ser o mercado do equipamento inicial ou o mercado pós-vendas consoante as circunstâncias do caso. De qualquer forma, a situação num mercado pós-vendas distinto será apreciada tomando em consideração a situação no mercado do equipamento inicial. Uma posição menos importante no mercado do equipamento inicial reduzirá normalmente os eventuais efeitos anticoncorrenciais no mercado pós-venda.

4. Cálculo da quota de mercado no âmbito do Regulamento de Isenção por Categoria

(97) O cálculo da quota de mercado deve basear-se em princípio em quantitativos de valor. Quando não se encontrem disponíveis quantitativos de valor podem ser apresentadas estimativas. Essas estimativas podem basear-se noutras informações de mercado fiáveis, tais como quantitativos de volume (ver o n.º 1 do artigo 9.º do Regulamento de Isenção por Categoria).

(98) A produção própria, ou seja, o fabrico de um produto intermédio para uso próprio, pode ser muito importante numa análise da concorrência, podendo corresponder a uma das limitações da concorrência ou podendo evidenciar a posição de mercado de uma empresa. Contudo, para efeitos de definição do mercado e de cálculo da quota de mercado em relação aos bens e serviços intermédios, a produção própria não será tomada em consideração.

(99) Contudo, no caso de distribuição dupla de bens finais, ou seja, quando um fabricante de bens finais age igualmente enquanto distribuidor no mercado, a definição de mercado e o cálculo da quota de mercado devem incluir os bens vendidos pelo produtor e por produtores concorrentes através dos seus distribuidores e agentes integrados (ver o n.º 2, alínea b) do artigo 9.º do Regulamento de Isenção por Categoria). Os distribuidores integrados são empresas ligadas na acepção do artigo 11.º do Regulamento de Isenção por Categoria.

VI. POLÍTICA DE APLICAÇÃO EM CASOS INDIVIDUAIS

(100) As restrições verticais são em geral menos prejudiciais do que as restrições horizontais. A principal razão para o tratamento de uma restrição vertical de uma forma menos severa do que uma restrição horizontal baseia-se no facto de esta última poder dizer respeito a um acordo entre concorrentes que fabricam bens ou serviços idênticos ou substituíveis. Nessas relações horizontais, o exercício do poder de mercado por uma empresa (preços mais elevados para o seu produto) pode beneficiar os seus concorrentes. Tal pode constituir um incentivo para os concorrentes se comportarem de forma anticoncorrencial entre si. Em relações verticais, o produto de um é o factor de produção do outro. Tal significa que o exercício do poder de mercado pela empresa a montante ou a jusante prejudicará normalmente a procura do produto da outra. As empresas envolvidas no acordo têm por conseguinte normalmente um incentivo para impedir o exercício do poder de mercado da outra.

(101) Todavia, este carácter de auto-restrição não deve ser sobrestimado. Quando uma empresa não tem qualquer poder de mercado, só pode tentar aumentar os seus lucros optimizando os seus processos de fabrico e distribuição, com ou sem a ajuda de restrições verticais. Contudo, quando possui poder de mercado, pode igualmente tentar aumentar os seus lucros à custa dos seus concorrentes directos

através do aumento dos custos desses concorrentes e em detrimento dos seus próprios compradores e em última análise dos consumidores, tentando apropriar-se de uma parte dos respectivos excedentes. Tal pode acontecer quando a empresa a montante e a jusante partilham os lucros suplementares ou quando uma das duas empresas utiliza restrições verticais para se apropriar da totalidade dos lucros suplementares.

(102) Na avaliação de casos individuais, a Comissão adoptará uma abordagem económica na aplicação do artigo 81.º às restrições verticais. Tal limitará o âmbito de aplicação do artigo 81.º às empresas que possuem um certo grau de poder de mercado, quando a concorrência intermarcas for insuficiente. Nesses casos, a protecção da concorrência intermarcas e intramarcas é importante a fim de garantir eficiências e benefícios para os consumidores.

1. O enquadramento da análise

1.1. Efeitos negativos das restrições verticais

(103) Os efeitos negativos no mercado que podem resultar de restrições verticais, que a legislação comunitária em matéria de concorrência pretende impedir, são os seguintes:

(i) exclusão de outros fornecedores ou outros compradores através do aumento dos obstáculos à entrada;

(ii) redução da concorrência intermarcas entre as empresas que operam num mercado, incluindo facilitar colusões entre fornecedores ou compradores. Por "colusão" entende-se tanto a colusão explícita como a colusão tácita (comportamento paralelo consciente).

(iii) redução da concorrência intramarcas entre distribuidores da mesma marca;

(iv) criação de obstáculos à integração do mercado, incluindo, principalmente, limitações à liberdade de os consumidores adquirirem bens ou serviços em qualquer Estado-membro da sua escolha.

(104) Esses efeitos negativos podem resultar de várias restrições verticais. Acordos de formas diferentes podem ter o mesmo impacto substancial sobre a concorrência. Para analisar estes eventuais efeitos negativos afigura-se apropriado dividir as restrições verticais em quatro grupos: um grupo de marca única, um grupo de distribuição limitada, um grupo de manutenção de preços de revenda e um grupo de partilha de mercados. As restrições verticais no âmbito de cada grupo têm em grande medida efeitos negativos semelhantes sobre a concorrência.

(105) A classificação em quatro grupos baseia-se no que pode ser descrito como as componentes básicas das restrições verticais. Nos n.ºs 103 a 136, são analisados os quatro grupos diferentes. Nos n.ºs 137 a 229 são analisados os acordos

verticais, tal como são utilizados na prática, devido ao facto de muitos acordos verticais utilizarem mais de uma destas componentes.

Grupo da marca única

(106) Sob a designação de marca única incluem-se os acordos que têm como principal elemento o facto de o comprador ser induzido a concentrar as suas encomendas num determinado tipo de produto junto de um fornecedor. Esta componente pode ser encontrada nomeadamente em disposições de não concorrência e de imposição ao comprador da compra de determinadas quantidades, em que uma obrigação ou regime de incentivos acordado entre o fornecedor e o comprador obriga este último a abastecer-se das suas necessidades de um determinado produto e os seus substitutos apenas ou principalmente junto de um fornecedor. Pode encontrar-se o mesmo elemento na subordinação, na qual o regime de obrigações ou de incentivos diz respeito a um produto que o comprador deve adquirir como condição para comprar outro produto distinto. O primeiro produto é denominado produto "subordinado" e o segundo "subordinante".

(107) Verificam-se quatro efeitos negativos principais sobre a concorrência:[1] outros fornecedores nesse mercado não podem vender a esses compradores específicos, o que pode conduzir ao encerramento do mercado ou, no caso de subordinação, ao encerramento do mercado do produto subordinado;[2] as quotas de mercado tornam-se mais rígidas, o que pode ajudar à colusão quando haja aplicação por vários fornecedores;[3] no que diz respeito à distribuição de bens finais, os retalhistas só venderão uma marca, não se verificando por conseguinte qualquer concorrência intermarcas nos seus estabelecimentos (inexistência de concorrência no estabelecimento); e[4] no caso de subordinação, o comprador pode pagar um preço mais elevado pelo produto subordinado do que pagaria de outro modo. Todos estes efeitos podem conduzir a uma redução da concorrência intermarcas.

(108) A redução da concorrência intermarcas pode ser atenuada por uma forte concorrência inicial entre fornecedores a fim de obterem contratos de marca única, mas quanto maior for a duração da obrigação de não concorrência maior será a susceptibilidade de este efeito não ser suficientemente forte para compensar a redução de concorrência intermarcas.

---

[1] JO, L 336, de 29.12.1999, p. 21.

[2] Ver, nomeadamente, a sentença do Tribunal de Justiça nos processos apensos 56 e 58/64 *Grundig-Consten/Comissão,* [1966] Col. 423; Processo 56/65 *Technique Minière/ /Machinenbau Ulm Gmb,* [1969] Col. 235; e a sentença do Tribunal de Primeira Instância no processo T-77/92, *Parker Pen Ltd/Comissão,* [1994] Col. II-549.

[3] Ver Comunicação relativa aos acordos de pequena importância de 9.12.1997, JO, C 372, de 9.12.1997, p. 13.

[4] Ver Processo T-7/93, *Langnese-Iglo Gmbh/Comissão,* [1995] Col. II.-1533, ponto 98.

Grupo de distribuição limitada

(109) Sob a designação de distribuição limitada incluem-se os acordos que têm como elemento principal o facto de o fabricante vender apenas a um comprador ou a um número limitado de compradores. Tal pode acontecer com o objectivo de restringir o número de compradores num determinado território ou grupo de clientes ou para seleccionar um certo tipo de compradores. Esta componente pode ser encontrada nomeadamente:

– na distribuição exclusiva e atribuição exclusiva de clientes, quando o fornecedor limita as suas vendas a apenas um comprador em relação a um determinado território ou categoria de clientes;

– no fornecimento exclusivo e nas obrigações de compra de determinadas quantidades impostas ao fornecedor, quando uma obrigação ou um regime de incentivos acordado entre o fornecedor e o comprador obriga o primeiro a vender apenas ou principalmente a um comprador;

– na distribuição selectiva, em que as condições impostas ou acordadas com os representantes autorizados limitam normalmente o seu número;

– nas restrições de vendas no mercado pós-venda, que limitam as possibilidades de venda do fornecedor de componentes.

(110) Verificam-se três efeitos negativos principais sobre a concorrência:[1] alguns compradores nesse mercado deixam de poder comprar a esse fornecedor específico, o que pode conduzir, em especial no caso do fornecimento exclusivo, ao encerramento do mercado das aquisições;[2] quando a maior parte ou todos os fornecedores concorrentes limitam o número de retalhistas, tal pode facilitar a colusão quer a nível dos distribuidores quer a nível dos fornecedores, e[3] uma vez que há menos distribuidores a oferecer o produto, conduzirá igualmente a uma redução da concorrência intramarcas. No caso de territórios exclusivos vastos ou da atribuição de clientes exclusivos o resultado pode ser a total eliminação da concorrência intramarcas. Esta redução da concorrência intramarcas pode por seu lado conduzir a um enfraquecimento da concorrência intermarcas.

Grupo de manutenção dos preços de revenda

(111) Sob a designação de manutenção dos preços de revenda incluem-se os acordos que têm como elemento principal o facto de o comprador ser obrigado ou induzido a não revender abaixo de um certo preço, a um preço determinado ou não

---

[1] JO, L 336, de 29.12.1999, p. 21.

[2] Ver, nomeadamente, a sentença do Tribunal de Justiça nos processos apensos 56 e 58/64 *Grundig-Consten/Comissão*, [1966] Col. 423; Processo 56/65 *Technique Minière//Machinenbau Ulm Gmb*, [1969] Col. 235; e a sentença do Tribunal de Primeira Instância no processo T-77/92 *Parker Pen Ltd/Comissão*, [1994] Col. II-549.

[3] Ver Comunicação relativa aos acordos de pequena importância de 9.12.1997, JO, C 372, de 9.12.1997, p. 13.

acima de um preço determinado. Este grupo inclui preços de revenda mínimos, fixos, máximos e recomendados. Os preços de revenda máximos e recomendados que não constituam restrições graves podem mesmo assim conduzir a uma restrição da concorrência.

(112) Existem dois efeitos negativos principais da manutenção dos preços de revenda sobre a concorrência: 1) uma redução da concorrência a nível dos preços intramarcas, e 2) uma maior transparência a nível dos preços. No caso de manutenção dos preços de revenda fixos ou mínimos, os distribuidores deixam de poder concorrer a nível dos preços em relação a essa marca, o que conduz a uma eliminação total da concorrência a nível dos preços intramarcas. Um preço máximo ou recomendado pode funcionar como um ponto de referência para os revendedores, conduzindo a uma aplicação mais ou menos uniforme desse nível de preços. Uma maior transparência a nível dos preços e responsabilidade pelas alterações de preços facilita a colusão horizontal entre fabricantes e fornecedores, pelo menos nos mercados concentrados. A redução da concorrência intramarcas pode, uma vez que conduz a uma menor pressão no sentido da baixa sobre os preços de determinados bens, ter como efeito indirecto uma redução da concorrência intermarcas.

Grupo da partilha de mercados

(113) Sob a designação de partilha de mercados incluem-se os acordos que têm como elemento principal o facto de colocarem restrições ao comprador no que diz respeito ao local onde este se abastece ou revende um determinado bem ou serviço. Esta componente pode ser encontrada nos acordos de compra exclusiva, em que uma obrigação ou regime de incentivos acordado entre o fornecedor e o comprador obriga este último a suprir as suas necessidades de um determinado produto, por exemplo, da marca X, exclusivamente junto do fornecedor designado, mas deixando ao comprador a liberdade de comprar e vender produtos, por exemplo, marcas de cervejas concorrentes. Inclui igualmente restrições territoriais de revenda, a atribuição de uma área de responsabilidade principal, restrições quanto à localização de um distribuidor e restrições de revenda aos clientes.

(114) O principal efeito negativo sobre a concorrência consiste na redução da concorrência intramarcas que pode ajudar o fornecedor a repartir o mercado, impedindo assim a integração dos mercados. Tal pode facilitar uma discriminação a nível dos preços. Se a maior parte ou a totalidade dos fornecedores concorrentes limitar as possibilidades de abastecimento ou de revenda dos seus compradores, essa situação poderá facilitar a colusão, quer a nível dos distribuidores quer a nível dos fornecedores.

1.2. *Efeitos positivos das restrições verticais*

(115) É importante reconhecer que as restrições verticais têm frequentemente efeitos positivos, em especial promovendo a concorrência sem ser a nível dos pre-

ços e melhorando a qualidade dos serviços. Quando uma empresa não tem qualquer poder de mercado, apenas pode tentar aumentar os seus lucros optimizando os seus processos de fabrico ou de distribuição. Em algumas situações, as restrições verticais podem ser úteis neste aspecto, uma vez que as transacções habituais em condições de concorrência entre fornecedor e comprador, que determinam apenas o preço e a quantidade de uma determinada transacção, podem conduzir a um nível suboptimizado dos investimentos e das vendas.

(116) Embora tentando apresentar um panorama adequado das várias justificações para as restrições verticais, as presentes Orientações não pretendem ser completas nem exaustivas. As razões que se seguem podem justificar a aplicação de certas restrições verticais:

1) "Solucionar um problema de 'parasitismo' ('free rider')". Um distribuidor pode exercer "parasitismo" sobre outro distribuidor, beneficiando gratuitamente dos esforços de promoção deste último. Este tipo de problema é muito comum a nível grossista e retalhista. A distribuição exclusiva ou restrições semelhantes podem ser úteis para evitar este "parasitismo". Pode igualmente verificar-se "parasitismo" entre fornecedores, por exemplo, quando um investe na promoção das instalações do comprador, em geral a nível retalhista, o que pode igualmente atrair clientes para os seus concorrentes. As restrições de não concorrência podem ajudar a ultrapassar esta situação de "parasitismo".

Para que constitua um problema é necessário que exista uma verdadeira situação de "parasitismo". O "parasitismo" entre compradores pode apenas ocorrer em serviços pré-venda e não em serviços pós-venda. O produto necessita normalmente de ser relativamente novo ou tecnicamente complexo, uma vez que de outra forma o cliente pode saber perfeitamente o que pretende a partir de compras anteriores. E o produto deve ter um valor razoavelmente elevado, uma vez que de outra forma não será atractivo para um cliente deslocar-se a um estabelecimento para pedir informações e a um outro para comprar. Por último, não pode ser praticável para o fornecedor impor contratualmente a todos os compradores obrigações de prestação de serviços relativamente aos serviços pré-venda

O "parasitismo" entre fornecedores é igualmente limitado a situações específicas, nomeadamente nos casos em que a promoção se realiza nas instalações do comprador e é genérica, não específica de uma marca.

2) "Abrir novos mercados ou entrar em novos mercados". Quando um fabricante pretender entrar num novo mercado geográfico, por exemplo, exportando pela primeira vez para outro país, tal pode envolver "investimentos iniciais" especiais por parte do distribuidor a fim de implantar a marca no mercado. Para convencer um distribuidor local a realizar estes investimentos, pode ser necessário proporcionar protecção territorial ao distribuidor, de forma a que este possa recuperar estes investimentos cobrando temporariamente um preço mais elevado. Os distribuidores sediados noutros mercados serão então impedidos por um período limitado de vender no novo mercado. É o que acontece especialmente nos problemas de "parasitismo" descritos no ponto 1) supra.

3) "O reconhecimento da questão do 'parasitismo'". Em alguns sectores, certos retalhistas têm a reputação de armazenarem apenas os produtos "de qualidade". Nesse caso, a venda através destes retalhistas pode revelar-se vital para a introdução de um novo produto. Se o fabricante não puder inicialmente limitar as suas vendas aos estabelecimentos de qualidade, corre o risco de ser desreferenciado e a introdução do produto poder falhar. Isto significa que pode existir uma razão para permitir a vigência durante um período limitado de uma restrição como a distribuição exclusiva ou a distribuição selectiva. Deve ser suficiente para garantir a introdução do novo produto, mas não demasiado longo de forma a impedir a sua divulgação em grande escala. Estes benefícios ocorrerão mais provavelmente com os produtos "à experiência" ou com produtos complexos que representam uma aquisição de vulto para o consumidor final.

4) "O denominado problema da 'captividade' ('hold-up')". Por vezes existem investimentos específicos para um cliente efectuados quer pelo fornecedor quer pelo comprador, tais como em equipamento especial ou em formação. Por exemplo, um fabricante de componentes que tem de construir maquinaria e equipamento novo a fim de satisfazer uma determinada exigência de um dos seus clientes. O investidor pode não realizar os investimentos necessários antes da conclusão de acordos específicos de fornecimento.

Contudo, tal como nos outros exemplos de "parasitismo", existem algumas condições que devem ser satisfeitas antes de o risco de subinvestimento ser real ou significativo. Em primeiro lugar, o investimento deve ser específico de uma relação contratual. Um investimento realizado pelo fornecedor é considerado específico de uma relação contratual quando, após o termo do contrato, não pode ser utilizado pelo fornecedor para abastecer outros clientes e só pode ser vendido com um prejuízo signi-ficativo. Um investimento efectuado pelo comprador é considerado específico da relação contratual quando, após o termo do contrato, não pode ser utilizado pelo comprador para adquirir e/ou utilizar produtos fornecidos por outros fornecedores e só pode ser vendido com um prejuízo significativo. Portanto, um investimento é específico de uma relação contratual quando, por exemplo, só pode ser utilizado para fabricar uma componente de marca específica ou para manter uma marca específica e não pode, pois, ser utilizado de uma forma rentável para a produção ou revenda de produtos alternativos. Em segundo lugar, deve ser um investimento a longo prazo que não seja recuperado a curto prazo. E em terceiro lugar, o investimento deve ser assimétrico, isto é, uma parte no contrato investe mais do que a outra. Apenas quando estas condições se encontrarem reunidas poderá existir normalmente um motivo válido para impor uma restrição vertical em relação ao período de amortização do investimento. A restrição vertical adequada será do tipo de não concorrência ou de obrigação de aquisição de determinadas quantidades quando o investimento é realizado pelo fornecedor e do tipo de distribuição exclusiva, de atribuição exclusiva de clientes ou de fornecimento exclusivo quando o investimento é realizado pelo comprador.

5) "O problema específico da 'captividade' que pode surgir em caso de transferência de saber-fazer substancial". Após o fornecimento do saber-fazer, este não

pode ser retirado e o fornecedor do saber-fazer pode não querer que este seja utilizado pelos seus concorrentes. Na medida em que o saber-fazer não se encontre directamente à disposição do comprador, seja essencial e indispensável para o funcionamento do acordo, essa transferência pode justificar uma restrição do tipo de não concorrência. Normalmente não será abrangida pelo n.º 1 do artigo 81.º.

6) "Economias de escala a nível da distribuição". A fim de explorar economias de escala e desta forma conseguir um preço de retalho inferior para o seu produto, o fabricante pode pretender concentrar a revenda do seu produto num número limitado de distribuidores. Por esta razão, poderia usar distribuição exclusiva, a obrigação de aquisição de determinadas quantidades sob a forma de uma exigência de compra mínima, a distribuição selectiva com um requisito desse tipo ou a obrigação de compra exclusiva.

7) "Imperfeições do mercado de capitais". Os fornecedores tradicionais de capital (bancos, mercados de capitais, etc.) podem oferecer capital de uma forma sub-optimizada quando têm informações incompletas sobre a qualidade do mutuário ou quando existe uma base inadequada para garantir o empréstimo. O comprador ou fornecedor pode ter melhores informações e conseguir, através de uma relação exclusiva, obter garantias suplementares para o seu investimento. Quando o fornecedor concede um empréstimo ao comprador, tal pode conduzir a uma obrigação de não concorrência ou à obrigação por parte do comprador de adquirir determinadas quantidades. Quando o comprador concede o empréstimo ao fornecedor, tal pode constituir a razão para ter uma obrigação de fornecimento exclusivo ou uma obrigação de o fornecedor vender determinadas quantidades.

8) "Uniformidade e normalização da qualidade". Uma restrição vertical pode ajudar a aumentar as vendas através da criação de uma imagem de marca, melhorando desta forma o carácter atractivo de um produto para os consumidores finais através da imposição de uma certa uniformidade e de normalização da qualidade a nível dos distribuidores. É o que se verifica, por exemplo, na distribuição selectiva e nos acordos de franquia.

(117) As oito situações referidas no n.º 116 tornam bem claro que em certas condições os acordos verticais são susceptíveis de ajudar a obter eficiências e a desenvolver novos mercados, e que isto pode compensar os seus eventuais efeitos negativos. Tal é mais evidente relativamente às restrições verticais por um período limitado que ajudem a introdução de novos produtos complexos ou protejam investimentos específicos de uma relação. Uma restrição vertical é por vezes necessária tanto tempo quanto o fornecedor venda o seu produto ao comprador (ver em especial as situações descritas nos pontos 1, 5, 6 e 8 do n.º 116).

(118) Existe um elevado grau de substituibilidade entre as diferentes restrições verticais. Isto significa que o mesmo problema de ineficiência pode ser solucionado através de diferentes restrições verticais. Por exemplo, as economias de escala na distribuição podem provavelmente ser alcançadas através da utilização da distribuição exclusiva, da distribuição selectiva, da obrigação de aquisição de determinadas quantidades ou da compra exclusiva. Tal afigura-se muito importante, uma

vez que os efeitos negativos sobre a concorrência podem divergir consoante as várias restrições verticais, o que desempenha um papel importante quando o carácter indispensável é apreciado no âmbito do n.º 3 do artigo 81.º.

1.3. Regras gerais para a apreciação das restrições verticais

(119) Ao apreciar as restrições verticais de um ponto de vista da política da concorrência, podem ser formuladas algumas regras gerais:

1) Em relação à maior parte das restrições verticais só podem surgir problemas a nível da concorrência se existir uma concorrência intermarcas insuficiente, isto é, se existir um certo grau de poder de mercado a nível do fornecedor ou do comprador ou de ambos. Teoricamente, o poder de mercado é o poder para aumentar os preços acima do nível concorrencial e, pelo menos a curto prazo, obter lucros acima do normal. As empresas podem ter poder de mercado abaixo do nível da posição dominante, que representa o limiar para a aplicação do artigo 82.º. Quando existem muitas empresas em concorrência num mercado não concentrado, pode considerar-se que as restrições verticais não graves não terão efeitos negativos consideráveis. Um mercado é considerado não concentrado quando o índice HHI, isto é, a soma das quotas de mercado individuais ao quadrado de todas as empresas no mercado relevante, é inferior a 1000.

2) As restrições verticais que reduzem a concorrência intermarcas são geralmente mais prejudiciais do que as restrições verticais que reduzem a concorrência intramarcas. Por exemplo, as obrigações de não concorrência são susceptíveis de ter mais efeitos negativos líquidos do que a distribuição exclusiva. As primeiras, por provavelmente encerrarem um mercado a outras marcas, podem impedir que estas marcas cheguem ao mercado. A última, embora limitando a concorrência intramarcas, não impede os bens de chegar ao consumidor final.

3) As restrições verticais do grupo da distribuição limitada, na ausência de uma concorrência intermarcas suficiente, podem restringir de uma forma significativa a escolha dos consumidores. São particularmente prejudiciais quando são excluídos distribuidores mais eficazes ou distribuidores com uma forma de distribuição diferente. Tal pode reduzir a inovação a nível da distribuição e impede que os consumidores tenham acesso a um determinado serviço ou a uma combinação preço/serviço por parte desses distribuidores.

4) Os acordos de representação exclusiva são geralmente mais negativos para a concorrência do que os acordos não exclusivos. O acordo exclusivo faz com que, através dos termos dos contratos ou dos seus efeitos práticos, uma parte se abasteça na totalidade ou praticamente na totalidade junto da outra parte. Por exemplo, no âmbito de uma obrigação de não concorrência, o comprador adquire apenas uma marca. A obrigação de aquisição de determinadas quantidades, por outro lado, deixa ao comprador alguma margem para comprar bens concorrentes. O grau de encerramento pode por conseguinte ser menor no que se refere à obrigação de aquisição de determinadas quantidades.

5) As restrições verticais acordadas para bens e serviços sem marca são em geral menos prejudiciais do que as restrições que afectam a distribuição de bens e serviços de marca. As marcas tendem a aumentar a diferenciação dos produtos e a reduzir a sua substituibilidade, conduzindo a uma menor elasticidade da procura e a uma maior possibilidade de aumento dos preços. A distinção entre bens ou serviços com e sem marca coincide frequentemente com a distinção entre bens e serviços intermédios e bens e serviços finais.

Os bens e serviços intermédios são vendidos a empresas para utilização como factor de produção para fabricar outros bens ou serviços e não são geralmente reconhecíveis nos bens ou serviços finais. Os compradores de produtos intermédios são normalmente clientes bem informados, capazes de avaliar a qualidade e por conseguinte menos dependentes da marca e da imagem. Os bens finais são, directa ou indirectamente vendidos a consumidores finais que frequentemente atribuem mais importância à marca e à imagem. Como os distribuidores (retalhistas, grossistas) têm de responder à procura dos consumidores finais, a concorrência pode ser mais prejudicada quando os distribuidores são impedidos de venderem uma ou algumas marcas do que quando os compradores de produtos intermédios são impedidos de efectuar compras junto de certas fontes de abastecimento de produtos concorrentes.

As empresas que compram bens ou serviços intermédios têm normalmente departamentos especializados ou consultores que controlam a evolução do mercado do fornecimento. Uma vez que efectuam transações de dimensão considerável, os custos de pesquisa não são em geral proibitivos. Por conseguinte, uma diminuição da concorrência intramarcas é menos importante a nível intermédio.

6) Em geral, a combinação de restrições verticais agrava os seus efeitos negativos. Contudo, certas combinações de restrições verticais são mais favoráveis para a concorrência do que a sua aplicação de uma forma singular. Por exemplo, num sistema de distribuição exclusiva, o distribuidor pode ser tentado a aumentar os preços dos produtos, uma vez que a concorrência intramarcas foi reduzida. A utilização da obrigação de compra de determinadas quantidades ou a fixação de preços de revenda máximos pode limitar esses aumentos de preços.

7) Os eventuais efeitos negativos das restrições verticais são agravados quando vários fornecedores e os seus compradores organizam o seu comércio de uma forma semelhante. Estes denominados efeitos cumulativos podem constituir um problema para vários sectores.

8) Quanto mais a restrição vertical estiver relacionada com a transferência de saber-fazer mais razões existem para esperar o aparecimento de eficiências e tanto mais será necessária uma restrição vertical para proteger o saber-fazer transferido ou os custos de investimento suportados.

9) Quanto mais uma restrição vertical estiver associada a investimentos específicos de uma relação, maior justificação existe para determinadas restrições verticais. O período justificável dependerá do tempo necessário para amortizar o investimento.

10) No caso de um novo produto ou no caso de um produto existente ser vendido pela primeira vez num mercado geográfico diferente, pode ser difícil para a empresa definir o mercado ou pode a sua quota de mercado ser muito elevada. Contudo, tal não deveria constituir um problema significativo, uma vez que as restrições verticais associadas à abertura de novos mercados do produto ou geográficos geralmente não restringem a concorrência. Esta regra é válida, independentemente da quota de mercado da empresa, por um período de dois anos após a colocação do produto pela primeira vez no respectivo mercado. É aplicável a todas as restrições verticais que não são consideradas graves e, no caso de um novo mercado geográfico, a restrições relativas a vendas activas e passivas impostas aos compradores directos do fornecedor localizados noutros mercados e a intermediários no novo mercado. No caso de um ensaio genuíno de um novo produto num território limitado ou com um grupo limitado de clientes, os distribuidores designados para venderem o novo produto no mercado de ensaio podem ser restringidos na sua venda activa fora desse mercado por um período máximo de 1 ano sem serem abrangidos pelo n.º 1 do artigo 81.º.

1.4. *Metodologia da análise*

(120) A avaliação de uma restrição vertical envolve em geral as seguintes cinco fases.

1) Em primeiro lugar, as empresas em causa têm de definir o mercado relevante a fim de determinar a quota de mercado do fornecedor ou do comprador, consoante a restrição vertical em causa (n.ºs 88 a 99 e nomeadamente os n.ºs 89 a 95).

2) Se a quota de mercado relevante não exceder o limiar de 30%, o acordo vertical é abrangido pelo Regulamento de Isenção por Categoria, sem prejuízo das restrições graves e das condições estabelecidas no referido regulamento.

3) Se a quota de mercado relevante for superior ao limiar de 30%, é necessário avaliar se o acordo vertical é abrangido pelo âmbito de aplicação do n.º 1 do artigo 81.º.

4) Se o acordo vertical for abrangido pelo âmbito de aplicação do n.º 1 do artigo 81.º, é necessário examinar se preenche as condições de isenção previstas no n.º 3 do artigo 81.º.

1.4.1. *Factores relevantes para a apreciação ao abrigo do n.º 1 do artigo 81.º*

(121) Ao avaliar casos em que se verifique a ultrapassagem do limiar de quota de mercado de 30%, a Comissão procederá a uma análise completa da situação concorrencial. Os factores que se seguem são os mais importantes para determinar se um acordo vertical implica uma restrição significativa da concorrência nos termos do n.º 1 do artigo 81.º:

a) posição de mercado do fornecedor;

b) posição de mercado dos concorrentes;
c) posição de mercado do comprador;
d) obstáculos à entrada no mercado;
e) maturidade do mercado;
f) nível de comércio;
g) natureza do produto;
h) outros factores.

(122) A importância de factores específicos pode variar de caso para caso e depende de todos os outros factores. Por exemplo, uma quota de mercado elevada do fornecedor constitui normalmente um bom indício de poder de mercado mas a existência de obstáculos reduzidos à entrada pode não indicar um poder de mercado. Não é por conseguinte possível prever regras rigorosas relativas à importância dos factores específicos. Contudo pode referir-se o seguinte.

Posição de mercado do fornecedor

(123) A posição de mercado do fornecedor é determinada em primeiro lugar e principalmente pela sua quota nos mercados do produto e geográfico relevantes. Quanto mais elevada for a sua quota de mercado mais provável é que o seu poder de mercado seja elevado. A posição de mercado do fornecedor é ainda reforçada se este beneficiar de certas vantagens a nível dos custos em relação aos seus concorrentes. As vantagens concorrenciais podem decorrer de uma vantagem de antecipação (ter a melhor localização, etc.), de possuir patentes essenciais, de possuir uma tecnologia superior, de ser um líder de marca ou de possuir uma carteira mais importante.

Posição de mercado dos concorrentes

(124) Os mesmo indicadores, ou seja, a quota de mercado e eventuais vantagens concorrenciais, são utilizadas para descrever a posição de mercado dos concorrentes. Quanto mais fortes são os concorrentes estabelecidos e maior for o seu número, menor é o risco de que o fornecedor ou o comprador em questão consiga encerrar o mercado individualmente e menor risco existirá de uma redução da concorrência intermarcas. Contudo, se o número de concorrentes diminuir consideravelmente e a sua posiçao no mercado (dimensao, custos, potencial de I& D, etc.) for bastante semelhante, esta estrutura de mercado pode aumentar o risco de colusão. Quotas de mercado flutuantes ou que mudam rapidamente são em geral uma indicação de que existe uma intensa concorrência.

Posição de mercado do comprador

(125) O poder de compra resulta da posição do comprador no mercado. O primeiro indicador do poder de compra é a quota do comprador no mercado de aquisições. Esta quota reflecte a importância da sua procura para os seus eventuais fornecedores. Outros indicadores centram-se na posição do comprador no seu mercado de revenda incluindo características tais como uma vasta dispersão geográfica

dos seus estabelecimentos, marcas próprias do comprador/distribuidor e a sua imagem junto dos consumidores finais. O efeito do poder de compra na probabilidade de efeitos anticoncorrenciais não é o mesmo em relação às diferentes restrições verticais. O poder de compra pode em especial aumentar os efeitos negativos em caso de limitações dos grupos da distribuição limitada e da partilha de mercado, tais como o fornecimento exclusivo, a distribuição exclusiva e a distribuição selectiva quantitativa.

Obstáculos à entrada

(126) Os obstáculos à entrada são quantificados pela medida em que as empresas existentes no mercado podem aumentar o seu preço acima do nível concorrencial, normalmente acima do custo total mínimo em média, e realizar lucros acima do normal sem atrair a entrada de novos candidatos. Sem quaisquer obstáculos à entrada, uma entrada fácil e rápida eliminaria esses lucros. Na medida em que possa ocorrer uma entrada efectiva no mercado num prazo de um ou dois anos, que impediria ou atenuaria os lucros acima do normal, pode dizer-se que os obstáculos à entrada no mercado são reduzidos.

(127) Os obstáculos à entrada podem decorrer de uma grande diversidade de factores, tais como economias de escala e de gama, legislação, especialmente quando são estabelecidos direitos exclusivos, auxílios estatais, direitos pautais à importação, direitos de propriedade intelectual, a propriedade de recursos em que o fornecimento é limitado devido por exemplo a limitações naturais[1], equipamentos infra-estruturais, uma vantagem de antecipação no mercado e fidelidade à marca por parte dos consumidores criada por uma forte publicidade. As restrições verticais e a integração vertical podem igualmente funcionar como um obstáculo à entrada, dificultando o acesso e excluindo concorrentes (potenciais). Os obstáculos à entrada podem existir apenas ao nível dos fornecedores ou dos compradores ou a ambos os níveis.

(128) A questão de saber se alguns destes factores podem ser descritos como obstáculos à entrada depende de estarem ou não relacionados com custos irrecuperáveis. Os custos irrecuperáveis são os que têm de ser suportados para entrar ou desenvolver actividades no mercado, mas que são custos perdidos aquando da saída do mercado. Os custos de publicidade para criar fidelidade do consumidor são normalmente custos irrecuperáveis a não ser que uma empresa que saia do mercado consiga vender a sua marca ou utilizá-la noutro domínio sem prejuízos. Quanto mais os custos forem irrecuperáveis mais os candidatos potenciais devem pesar os riscos de entrada no mercado e mais as empresas já instaladas podem ameaçar fazer face à nova concorrência, uma vez que os custos irrecuperáveis fazem com que se torne mais oneroso para as empresas já instaladas abandonar o mercado. Se por exemplo os distribuidores estiverem vinculados a um fabricante através de uma obrigação de não concorrência, o efeito de encerramento será mais

---

[1] Ver Decisão 97/26/CE da Comissão (Processo N.º IV/M.619 – *Gencor/Lonhro*) – (JO, L 11, de 14.1.1997, p. 30).

significativo se a criação de distribuidores próprios impuser custos irrecuperáveis ao potencial candidato.

(129) Em geral, a entrada no mercado exige custos irrecuperáveis, por vezes menores e outras vezes maiores. Por conseguinte, a concorrência efectiva é em geral mais acentuada e terá maior peso na apreciação de um caso do que a concorrência potencial.

Maturidade do mercado

(130) O mercado maduro é um mercado que existe já há algum tempo, em que a tecnologia utilizada é bem conhecida e disseminada e não regista grandes alterações, em que não existem inovações significativas a nível das marcas e em que a procura é relativamente estável ou em declínio. É mais provável que surjam efeitos negativos num mercado deste tipo do que em mercados mais dinâmicos.

Nível de comércio

(131) O nível de comércio está associado à distinção entre bens e serviços intermédios e finais. Tal como indicado anteriormente, os efeitos negativos são em geral menos susceptíveis de ocorrer a nível dos bens e serviços intermédios.

Natureza do produto

(132) A natureza do produto é importante no que diz respeito aos produtos finais para apreciar tanto os efeitos eventualmente negativos como os efeitos provavelmente positivos. Ao apreciar os eventuais efeitos negativos, é importante saber se os produtos no mercado são mais homogéneos ou heterogéneos, se o produto é dispendioso, consumindo uma grande parte do orçamento do consumidor, ou se não é dispendioso e se o produto é adquirido uma única vez ou repetidamente. Em geral, quando o produto é mais heterogéneo, menos dispendioso e mais do tipo de ser adquirido uma única vez, as restrições verticais são mais susceptíveis de produzirem efeitos negativos.

Outros factores

(133) Na apreciação de restrições específicas podem ter de ser tomados em consideração outros factores. Entre estes factores pode contar-se o efeito cumulativo, isto é, a cobertura do mercado por acordos semelhantes, a duração dos acordos, se o acordo é "imposto" (é sobretudo uma das partes que está sujeita a restrições ou obrigações) ou "voluntário" (ambas as partes aceitam restrições ou obrigações), o quadro legislativo, o comportamento das partes, que podem indicar ou facilitar uma colusão do tipo líder de preços, alterações de preços previamente anunciadas e discussões sobre o preço "certo", rigidez dos preços em resposta a capacidade excedentária, discriminação a nível dos preços e anterior comportamento conclusivo.

1.4.2. *Factores relevantes para a apreciação ao abrigo do n.º 3 do artigo 81.º*

(134) Há quatro condições cumulativas para a aplicação do n.º 3 do artigo 81.º:

– o acordo vertical deve contribuir para melhorar a produção ou a distribuição ou promover o progresso técnico ou económico;

– o acordo vertical deve reservar aos utilizadores uma parte equitativa do lucro resultante;

– o acordo vertical não pode impor às empresas em causa quaisquer restrições verticais que não sejam indispensáveis à consecução desses benefícios;

– o acordo vertical não pode dar a essas empresas a possibilidade de eliminar a concorrência relativamente a uma parte substancial dos produtos em causa.

(135) O último critério de eliminação da concorrência relativamente a uma parte substancial dos produtos em questão diz respeito à questão do domínio. Sempre que uma empresa se encontrar em posição dominante ou se tornar dominante como consequência do acordo vertical, uma restrição vertical que tenha efeitos anticoncorrenciais significativos não pode em princípio ser objecto de isenção. O acordo vertical pode contudo não ser abrangido pelo âmbito do n.º 1 do artigo 81.º se existir uma justificação objectiva, por exemplo, se for necessário para a protecção de investimentos específicos relativos a um contrato ou para a transferência de saber-fazer substancial sem o qual o fornecimento ou compra de determinados bens ou serviços não se poderia realizar.

(136) Sempre que o fornecedor e o comprador não se encontrarem em posição dominante, os outros três critérios tornam-se importantes. O primeiro, relativo à melhoria da produção ou da distribuição e à promoção do progresso técnico ou económico, refere-se ao tipo de eficiências descritas nos n.ºs 115 a 118. Estas eficiências devem ser fundamentadas e produzir um efeito líquido positivo. Não serão aceites alegações especulativas relativas à necessidade de evitar o "parasitismo" ou declarações de carácter geral relativas a poupanças de custos. As poupanças de custos decorrentes do mero exercício de poder de mercado ou de um comportamento anticoncorrencial não podem ser aceites. Em segundo lugar, os benefícios económicos devem favorecer não só as partes no acordo, mas igualmente o consumidor. Em geral, a repercussão dos benefícios nos consumidores dependerá da intensidade da concorrência no mercado relevante. As pressões concorrenciais garantirão normalmente que as poupanças em termos de custos se repercutirão através de preços mais baixos ou que as empresas têm um incentivo para introduzir novos produtos no mercado tão rapidamente quanto possível. Por conseguinte, se for mantida no mercado uma concorrência suficiente, que efectivamente limite as partes no acordo, o processo concorrencial assegurará normalmente que os consumidores receberão uma parte equitativa dos benefícios económicos. O terceiro critério terá uma certa importância para garantir que é escolhida a restrição que afecte menos a concorrência para obter determinados efeitos positivos.

2. Análise de restrições verticais específicas

(137) Os acordos verticais podem incluir geralmente uma combinação de duas ou mais componentes de restrições verticais mencionadas nos n.ºs 103 a 114. As restrições verticais e respectivas combinações mais comuns são a seguir analisadas com a ajuda da metodologia desenvolvida nos n.ºs 120 a 136.

2.1. Marca única

(138) O acordo de não concorrência baseia-se numa obrigação ou num regime de incentivos que obriga o comprador a adquirir praticamente todas as suas necessidades num determinado mercado apenas junto de um fornecedor. Tal não significa que o comprador só possa comprar directamente ao fornecedor, mas que o comprador não comprará nem revenderá ou incorporará bens ou serviços concorrentes. Os eventuais riscos de concorrência são a exclusão de fornecedores concorrentes e potenciais fornecedores do mercado, o aparecimento de situações de colusão entre fornecedores no caso de utilização cumulativa e, quando o comprador é um retalhista que vende a consumidores finais, uma diminuição da concorrência intermarcas a nível do estabelecimento. Os três efeitos restritivos têm um impacto directo na concorrência intermarcas.

(139) A situação de marca única é objecto de isenção pelo Regulamento de Isenção por Categoria, quando a quota de mercado do fornecedor não ultrapassa 30% e está sujeita a uma limitação no tempo de cinco anos no que se refere à obrigação de não concorrência. Acima do limiar da quota de mercado ou para além do prazo de cinco anos, prevêem-se para a apreciação de casos singulares as seguintes orientações.

(140) A "posição do fornecedor no mercado" é de grande importância para apreciar eventuais efeitos anticoncorrenciais de obrigações de não concorrência. Em geral, este tipo de obrigação é imposto pelo fornecedor que tem acordos semelhantes com outros compradores.

(141) Não é só a posição do fornecedor no mercado que é importante, mas igualmente a extensão e a duração da aplicação de uma obrigação de não concorrência. Quanto mais elevada for a quota de mercado subordinada, isto é, a parte da sua quota de mercado vendida sob uma obrigação de marca única, mais susceptível é de se verificar um encerramento significativo. Do mesmo modo, quanto maior for a duração da obrigação de não concorrência mais susceptível é de se verificar um encerramento significativo. As obrigações de não concorrência inferiores a um ano concluídas por empresas que não têm uma posição dominante, não são em geral consideradas como dando origem a efeitos anticoncorrenciais consideráveis ou a efeitos líquidos negativos. As obrigações de não concorrência entre um e cinco anos concluídas por empresas que não têm uma posição dominante, exigem normalmente um equilíbrio adequado entre os efeitos pró-concorrenciais e anticoncorrenciais,

enquanto as obrigações de não concorrência que ultrapassam cinco anos relativamente à maior parte dos tipos de investimento não são consideradas necessárias para alcançar as alegadas eficiências ou as eficiências não são suficientes para compensar o seu efeito de encerramento. As empresas em posição dominante só podem impor obrigações de não concorrência aos seus compradores se puderem objectivamente justificar essas práticas comerciais no contexto do artigo 82.º.

(142) Para apreciar o poder de mercado do fornecedor é importante "a posição dos seus concorrentes no mercado". Desde que os concorrentes sejam suficientemente numerosos e fortes não são de esperar quaisquer efeitos anticoncorrenciais significativos. Só é provável que os fornecedores concorrentes sejam excluídos se forem significativamente mais pequenos do que o fornecedor que aplica a obrigação de não concorrência. Não é muito provável que se verifique a exclusão de concorrentes, quando estes têm posições semelhantes no mercado e podem oferecer produtos atractivos idênticos. Nesse caso, só se poderá contudo verificar uma exclusão de potenciais candidatos quando um número de fornecedores importantes concluir contratos de não concorrência com um número significativo de compradores no mercado relevante (situação de efeito cumulativo). Esta é igualmente uma situação em que os acordos de não concorrência podem facilitar a colusão entre fornecedores concorrentes. Se individualmente tais fornecedores forem abrangidos pela isenção por categoria, pode ser necessária a verificação negativa da sua aplicação a fim de fazer face a esta situação de efeito cumulativo negativo. Uma quota de mercado subordinada inferior a 5% não é em geral considerada como contribuindo de forma significativa para esse efeito cumulativo de encerramento.

(143) Nos casos em que a quota de mercado do maior fornecedor for inferior a 30% e a quota de mercado dos cinco maiores fornecedores (RC5 – Rácio de Cobertura 5) for inferior a 50%, é pouco provável que exista uma situação de efeito anticoncorrencial única ou cumulativa. Se um potencial candidato não puder entrar no mercado de forma rentável, tal dever-se-á provavelmente a factores que não as obrigações de não concorrência, tais como as preferências dos consumidores. Não é provável que se verifique um problema a nível da concorrência quando, por exemplo, 50 empresas, das quais nenhuma tem uma importante quota de mercado, concorrem ferozmente num determinado mercado.

(144) "Os obstáculos à entrada" são relevantes a fim de estabelecer se existe um encerramento efectivo. Na medida em que é relativamente fácil para os fornecedores concorrentes encontrarem novos compradores ou compradores alternativos para a venda dos produtos, o encerramento não é susceptível de constituir um problema real. Todavia, existem frequentemente obstáculos à entrada, quer a nível da produção quer a nível da distribuição.

(145) "O poder de compensação" é relevante, uma vez que os compradores importantes não permitirão facilmente que os impeçam de se abastecerem de bens ou serviços concorrentes. O encerramento não baseado na eficiência e que tem efeitos prejudiciais para os consumidores finais constitui por conseguinte um risco principalmente no caso de compradores dispersos. No entanto, não concluir acordos de

não concorrência com compradores importantes pode ter um efeito de encerramento acentuado.

(146) Por último, "o nível de comércio" é relevante para o encerramento. O encerramento é menos susceptível de existir no caso de um produto intermédio. Quando o fornecedor de um produto intermédio não se encontra em posição dominante, os fornecedores concorrentes têm ainda uma parte substancial de procura considerada "livre". Abaixo do nível da posição dominante pode contudo verificar--se um grave efeito de exclusão em relação a concorrentes reais ou potenciais no caso de um efeito cumulativo. É pouco provável que surja um efeito cumulativo grave enquanto menos de 50% do mercado for subordinado. Quando o fornecedor está em posição dominante, qualquer obrigação de comprar apenas ou principalmente os produtos ao fornecedor dominante pode facilmente conduzir a efeitos de encerramento significativos no mercado. Quanto maior for essa posição dominante mais elevado é o risco de exclusão de outros concorrentes.

(147) Quando o acordo disser respeito ao fornecimento de um produto final a nível grossista a questão de saber se um problema a nível da concorrência poderá eventualmente surgir abaixo do nível da posição dominante depende em grande medida do tipo de comércio por grosso e dos obstáculos à entrada a nível grossista. Não existe qualquer risco real de exclusão se os fabricantes concorrentes puderem facilmente criar o seu próprio sistema grossista. O facto de os obstáculos à entrada serem reduzidos depende em parte do tipo de comércio grossista, isto é, se os grossistas podem ou não operar eficazmente com apenas o produto abrangido pelo acordo (por exemplo, gelado) ou se é mais eficiente comercializarem toda uma gama de produtos (por exemplo, produtos alimentares congelados). Neste último caso, não é eficiente para um produtor que vende apenas um produto criar o seu próprio sistema grossista. Nesse caso, podem surgir efeitos anticoncorrenciais abaixo do nível de posição dominante. Também podem surgir problemas de efeitos cumulativos se vários concorrentes subordinarem a maior parte dos grossistas disponíveis.

(148) No que diz respeito aos produtos finais, em geral, é mais provável que se verifique uma exclusão a nível retalhista devido à existência de obstáculos significativos de entrada no mercado para que a maior parte dos fabricantes abram estabelecimentos retalhistas apenas para os seus próprios produtos. Para além disso, é a nível retalhista que os acordos de não concorrência podem conduzir a uma redução da concorrência intermarcas no estabelecimento. É por estas razões que em relação aos produtos finais a nível retalhista podem começar a surgir efeitos anticoncorrenciais significativos, tomando em consideração todos os outros factores relevantes, se um fornecedor não dominante subordinar 30% ou mais do mercado relevante. Para uma empresa em posição dominante, mesmo uma modesta quota de mercado subordinada é já susceptível de conduzir a efeitos anticoncorrenciais significativos. Quanto mais forte for a sua posição dominante mais elevado é o risco de exclusão dos outros concorrentes.

(149) A nível retalhista poderá igualmente surgir um efeito cumulativo de encerramento. Quando todas as empresas têm quotas de mercado inferiores a 30%,

é pouco provável que exista um efeito cumulativo de encerramento se o total da quota de mercado subordinada for inferior a 40%, sendo, por conseguinte, pouco provável a verificação negativa da isenção por categoria. Este valor pode ser mais elevado quando são tomados em consideração outros factores, tais como o número de concorrentes, os obstáculos à entrada, etc. Sempre que nem todas as empresas tiveram quotas de mercado inferiores ao limiar previsto no Regulamento de Isenção por Categoria, mas nenhuma tiver uma posição dominante, é pouco provável um efeito cumulativo de encerramento se o total da quota de mercado subordinada for inferior a 30%.

(150) Quando o comprador opera a partir de instalações e terrenos propriedade do fornecedor ou que este arrendou a um terceiro ligado ao comprador, a possibilidade de impor soluções efectivas em caso de um eventual efeito de encerramento será limitada. Nesse caso é pouco provável uma intervenção da Comissão abaixo do nível de posição dominante.

(151) Em certos sectores, a venda de mais de uma marca a partir de um único estabelecimento poderá revelar-se difícil, caso em que um problema de encerramento pode ser solucionado de uma melhor forma através da limitação da duração efectiva dos contratos.

(152) Uma cláusula do tipo "cláusula inglesa", que exige que o comprador comunique qualquer melhor oferta e que lhe permite apenas aceitar essa oferta quando o fornecedor não a acompanhar, pode vir a ter o mesmo efeito do que uma obrigação de não concorrência, especialmente quando o comprador tem de revelar o nome de quem apresenta a melhor oferta. Por outro lado, ao aumentar a transparência do mercado, pode facilitar a colusão entre fornecedores. Pode também funcionar como obrigação de compra de uma determinada quantidade. A obrigação de compra de uma determinada quantidade em relação ao comprador é uma forma mais suave de não concorrência, em que os incentivos ou as obrigações acordadas entre o fornecedor e o comprador fazem com que este último concentre as suas compras numa grande medida apenas num fornecedor. Esta obrigação pode por exemplo assumir a forma de exigências mínimas de compra ou de fixação não linear de preços, tais como sistemas de descontos de quantidades, sistemas de descontos de fidelidade ou uma tabela com duas componentes (uma taxa fixa mais um preço por unidade). A obrigação de aquisição de uma determinada quantidade em relação ao comprador terá efeitos de encerramento semelhantes mas mais fracos do que uma obrigação de não concorrência. A avaliação destas diferentes formas dependerá do seu efeito no mercado. Por outro lado, o artigo 82.º impede especificamente as empresas em posição dominante de aplicarem cláusulas inglesas ou sistemas de desconto de fidelidade.

(153) Sempre que forem detectados efeitos anticoncorrenciais consideráveis, surge a questão de uma eventual isenção ao abrigo do n.º 3 do artigo 81.º, desde que o fornecedor não se encontre em posição dominante. Em relação a obrigações de não concorrência podem ser especialmente relevantes as eficiências descritas nos pontos 1 ("parasitismo" entre fornecedores), 4, 5 (problemas de "captividade") e 7 (imperfeições do mercado de capitais) do n.º 116.

(154) No caso de uma eficiência tal como a descrita nos pontos 1, 4 e 7, do n.º 116 a obrigação de compra de uma determinada quantidade por parte do comprador pode eventualmente constituir uma alternativa menos restritiva. Uma obrigação de não concorrência pode ser a única forma viável de alcançar uma eficiência tal como a descrita no ponto 5 do n.º 116 (problema de captividade relacionado com a transferência de saber-fazer).

(155) Em caso de investimento específico realizado pelo fornecedor relativo a um contrato (ver eficiência 4 no n.º 116), um acordo de não concorrência ou de obrigação de compra de determinadas quantidades durante o período de amortização do investimento satisfará em geral as condições previstas no n.º 3 do artigo 81.º. Em caso de elevados investimentos específicos relativos a um contrato pode justificar-se uma obrigação de não concorrência por um período superior a 5 anos. Um investimento específico relativo a um contrato poderá, por exemplo, ser a instalação ou adaptação de equipamento por parte do fornecedor, quando este equipamento for utilizado posteriormente apenas para produzir componentes para um determinado comprador. Os investimentos de carácter geral ou específicos do mercado em capacidade (extra) são normalmente investimentos não específicos de um contrato. Contudo, sempre que um fornecedor criar novas capacidades especificamente associadas às operações de um determinado comprador, por exemplo, uma empresa que produz latas metálicas, que cria as capacidades para fabricar latas nas instalações ou próximo das instalações de acondicionamento em latas de um produtor de produtos alimentares, as novas capacidades só podem ser economicamente viáveis quando a produção se destinar a este cliente específico, caso em que o investimento seria considerado específico de um contrato.

(156) Sempre que o fornecedor conceder um empréstimo ao comprador ou lhe fornece equipamento que não é específico de um contrato, tal em si mesmo não é normalmente suficiente para justificar a isenção relativa a um efeito de encerramento no mercado. As situações de imperfeição do mercado de capitais, em que será mais eficaz para o fornecedor de um produto do que para um banco conceder um empréstimo, serão reduzidas (ver eficiência 7 no n.º 116). Mesmo que o fornecedor do produto fosse o fornecedor mais eficiente de capital, um empréstimo só justificaria uma obrigação de não concorrência se o comprador não for impedido de pôr termo à obrigação de não concorrência e puder reembolsar a parte restante do empréstimo a qualquer momento e sem o pagamento de qualquer cláusula penal. Isto significa que o reembolso do empréstimo deve ser estruturado em fracções iguais ou decrescentes, que estas não devem aumentar ao longo do tempo e que o comprador deve ter a possibilidade de adquirir o equipamento fornecido pelo fornecedor pelo seu valor de mercado. Isto sem prejuízo da possibilidade, no caso por exemplo de um novo ponto de distribuição, de suspender o reembolso no primeiro ou segundo anos enquanto as vendas não atingirem ainda um determinado nível.

(157) A transferência de um saber-fazer substancial (eficiência no n.º 116) justifica normalmente uma obrigação de não concorrência em relação à totalidade

do período de vigência do acordo de fornecimento, tal como por exemplo no contexto dos acordos de franquia.

(158) Abaixo do nível de posição dominante, a combinação de não concorrência com distribuição exclusiva pode igualmente justificar que a obrigação de não concorrência seja válida durante a totalidade da vigência do acordo. Neste último caso, a obrigação de não concorrência é susceptível de melhorar os esforços de distribuição do distribuidor exclusivo no seu território (ver n.ºs 161 a 177).

(159) Exemplo de não concorrência

O líder num mercado nacional relativamente a um produto de consumo por impulso, com uma quota de mercado de 40%, vende a maior parte do seu produto (90%) através de retalhistas subordinados (quota de mercado subordinada de 36%). Os acordos obrigam os retalhistas a efectuar compras apenas junto do líder de mercado durante pelo menos quatro anos. Este líder de mercado encontra-se fortemente representado em especial nas áreas mais densamente povoadas, tal como a capital. Os seus concorrentes, em número de 10, dos quais alguns se encontram representados apenas localmente, têm todos quotas de mercado muito inferiores, tendo o principal 12%. Estes 10 concorrentes fornecem em conjunto mais 10% do mercado através de estabelecimentos subordinados. Existe uma diferenciação acentuada em termos de marca e de produto no mercado. O líder de mercado possui as marcas mais fortes. É o único com campanhas de publicidade periódicas a nível nacional. Fornece aos seus retalhistas subordinados móveis especiais para armazenarem o seu produto.

O resultado no mercado é que no total 46% (36% + 10%) do mercado está encerrado a potenciais candidatos e a operadores já existentes que não tenham estabelecimentos subordinados. Os potenciais candidatos consideram a entrada ainda mais difícil nas áreas densamente povoadas, em que o encerramento é ainda mais acentuado, apesar de ser aí que prefeririam entrar no mercado. Por outro lado, devido à forte diferenciação em termos de marca e de produto e aos elevados custos de pesquisa relativos ao preço do produto, a ausência de concorrência intermarcas no estabelecimento conduz a uma diminuição suplementar do bem-estar para os consumidores. As eventuais eficiências da exclusividade do estabelecimento que, segundo o líder de mercado, têm origem nos custos de transporte reduzidos e num eventual problema de "captividade" relativamente aos móveis, são limitadas e não compensam os efeitos negativos sobre a concorrência. As eficiências são limitadas, uma vez que os custos de transporte se encontram associados à quantidade e não à exclusividade e os móveis para os produtos não incluem um saber-fazer especial e não são específicos da marca. Por conseguinte, é improvável que estejam satisfeitas as condições para ser concedida uma isenção.

(160) Exemplo da obrigação de compra de uma determinada quantidade

Um produtor X com uma quota de mercado de 40% vende 80% dos seus produtos através de contratos que especificam que o revendedor deve adquirir pelo menos 75% das suas necessidades desse tipo de produto a X. Por seu lado, X oferece financiamento e equipamento a taxas favoráveis. Os contratos têm um período de vigência de 5 anos em que se prevê o reembolso do empréstimo em fracções iguais. Todavia, após os 2 primeiros anos os compradores têm a possibilidade de pôr termo ao contrato com um período de pré-aviso de seis meses se reembolsarem a parte do empréstimo não amortizada e comprarem o equipamento ao seu valor de mercado. No termo do período de 5 anos, o equipamento passa a ser propriedade do comprador. A maior parte dos fabricantes são pequenos concorrentes, doze no total, tendo o maior uma quota de mercado de 20% e concluem contratos semelhantes com diferentes períodos de vigência. Os produtores com quotas de mercado inferiores a 10% têm frequentemente contratos com uma maior duração e com cláusulas menos vantajosas no que se refere ao seu termo. Os contratos do fabricante X deixam 25% das necessidades livres para serem fornecidas pelos concorrentes. Nos últimos 3 anos dois novos produtores entraram no mercado e ganharam uma quota de mercado combinada de cerca de 8%, em parte retomando os empréstimos de alguns revendedores em troca de contratos com estes revendedores.

A quota de mercado subordinada do fabricante X é de 24% (0,75 x 0,80 x 0,40). A quota de mercado subordinada dos outros fabricantes é de cerca de 25%. Por conseguinte, no total cerca de 49% do mercado está encerrado a potenciais candidatos e a operadores já existentes que não possuam estabelecimentos vinculados durante pelo menos os dois primeiros anos dos contratos de fornecimento. O mercado demonstra que os revendedores têm frequentemente dificuldade em obter empréstimos junto dos bancos e são demasiado pequenos em geral para obter capital através de outros meios tais como a emissão de acções. Para além disso, o produtor X consegue demonstrar que uma concentração das suas vendas num número limitado de revendedores lhe permite planear melhor as suas vendas e poupar custos de transporte. À luz da quota não subordinada de 25% nos contratos do produtor X, da possibilidade real do termo antecipado do contrato, da recente entrada de novos produtores e do facto de cerca de metade dos revendedores não estarem vinculados, a obrigação de adquirir uma quantidade de 75% aplicada pelo produtor X é susceptível de satisfazer as condições de isenção.

2.2. Distribuição exclusiva

(161) Num acordo de distribuição exclusiva, o fornecedor concorda em vender os seus produtos apenas a um distribuidor para revenda num determinado território. Simultaneamente, o distribuidor é normalmente limitado a nível das suas vendas activas noutros territórios atribuídos em exclusividade. Os eventuais riscos em termos de concorrência são principalmente uma redução da concorrência intramarcas e a partilha do mercado, que podem facilitar em especial a discriminação a nível dos preços. Quando a maior parte ou a totalidade dos fornecedores utiliza a distribuição exclusiva, tal pode facilitar a colusão quer a nível dos fornecedores quer a nível dos distribuidores.

(162) A distribuição exclusiva é objecto de isenção pelo Regulamento de Isenção por Categoria, quando a quota de mercado do fornecedor não ultrapassar

30%, mesmo se combinada com outras restrições verticais que não sejam restrições graves, tais como uma obrigação de não concorrência limitada a 5 anos, uma obrigação de compra de uma determinada quantidade ou a compra exclusiva. Uma combinação da distribuição exclusiva e da distribuição selectiva só é objecto de isenção pelo Regulamento de Isenção por Categoria se as vendas activas noutros territórios não forem restringidas. Acima do limiar da quota de mercado de 30%, são dadas as seguintes orientações para a avaliação da distribuição exclusiva em casos singulares.

(163) A posição de mercado do fornecedor e dos seus concorrentes tem grande importância, uma vez que a eliminação da concorrência intramarcas só pode ser problemática se a concorrência intermarcas for limitada. Quanto mais forte for a "posição do fornecedor", mais grave é a perda da concorrência intramarcas. Acima do limiar da quota de mercado de 30% pode existir um risco de uma redução significativa da concorrência intramarcas. Para beneficiar de uma isenção, a eliminação da concorrência intramarcas deve ser compensada com eficiências reais.

(164) A "posição dos concorrentes" pode ter um duplo significado. A existência de concorrentes fortes significará em geral que a redução da concorrência intramarcas é compensada por uma concorrência intermarcas suficiente. Contudo, se o número de concorrentes se tornar bastante reduzido e se a sua posição no mercado for bastante semelhante em termos de quota de mercado, capacidade e rede de distribuição, existe um risco de colusão. A eliminação da concorrência intramarcas pode aumentar este risco, especialmente quando vários fornecedores operam sistemas de distribuição semelhantes. A representação exclusiva múltipla, isto é, quando diferentes fornecedores nomeiam o mesmo distribuidor exclusivo num determinado território, pode aumentar ainda mais o risco de colusão. Se for concedido a um representante o direito exclusivo de distribuir dois ou mais produtos concorrentes importantes no mesmo território, a concorrência intermarcas é susceptível de ser substancialmente restringida em relação a essas marcas. Quanto maior for a quota de mercado cumulativa das marcas distribuídas pelo representante múltiplo, mais elevado será o risco de colusão e de redução da concorrência intermarcas. Essas situações de efeito cumulativo podem constituir uma razão para a verificação negativa do benefício do Regulamento de Isenção por Categoria, quando as quotas de mercado dos fornecedores são inferiores ao limiar previsto no Regulamento de Isenção por Categoria.

(165) "Os obstáculos à entrada" que podem impedir que os fornecedores designem novos distribuidores ou encontrem distribuidores alternativos são menos importantes na avaliação de eventuais efeitos anticoncorrenciais da distribuição exclusiva. A exclusão de outros fornecedores não ocorrerá, desde que a distribuição exclusiva não seja combinada com a marca única.

(166) A exclusão de outros distribuidores não constitui um problema se o fornecedor que opera o sistema de distribuição exclusiva nomear um elevado número de distribuidores exclusivos no mesmo mercado e estes distribuidores exclusivos não forem restringidos de vender a outros distribuidores não nomeados. A exclusão

de outros distribuidores pode contudo tornar-se um problema em caso de "poder de compra" e de poder de mercado a jusante, em especial, no caso de territórios muito vastos em que o distribuidor exclusivo se torna o comprador exclusivo num mercado global. Um exemplo seria uma cadeia de supermercados que se torna o único distribuidor de uma marca líder num mercado retalhista nacional de produtos alimentares. A exclusão de outros distribuidores pode ser agravada no caso de representantes exclusivos múltiplos. Esses casos, abrangidos pelo Regulamento de Isenção por Categoria quando a quota de mercado de cada fornecedor for inferior a 30%, podem dar origem à verificação negativa da aplicação da isenção por categoria.

(167) "O poder de compra" pode igualmente aumentar o risco de colusão em relação aos compradores, quando os acordos de distribuição exclusiva são impostos por compradores importantes, possivelmente situados em diferentes territórios, a um ou a vários fornecedores.

(168) "A maturidade do mercado" é importante, uma vez que a eliminação da concorrência intramarcas e a discriminação a nível dos preços podem constituir um problema grave num mercado maduro, mas podem ser menos relevantes num mercado com uma procura crescente, com tecnologias em mudança e com posições de mercado que se alteram.

(169) "O nível de comércio" é importante uma vez que os eventuais efeitos negativos podem divergir entre o nível grossista e o nível retalhista. A distribuição exclusiva é principalmente aplicada na distribuição de bens e serviços finais. A eliminação da concorrência intramarcas é em especial susceptível de ocorrer a nível retalhista se associada a vastos territórios, uma vez que os consumidores finais podem ver-se confrontados com uma reduzida possibilidade de escolha entre um preço elevado/um serviço elevado e um preço reduzido/um serviço reduzido a nível do distribuidor em relação a uma marca importante.

(170) Um fabricante que escolha um grossista para seu distribuidor exclusivo fá-lo-á normalmente para um território mais vasto, tal como a totalidade de um Estado-membro. Desde que o grossista possa vender o produto sem limitações a retalhistas a jusante, não é provável que surjam efeitos anticoncorrenciais significativos, quando o produtor não se encontra em posição dominante. Uma eventual eliminação da concorrência intramarcas a nível grossista pode ser facilmente compensada por eficiências obtidas a nível da logística, das promoções, etc., em especial quando o fabricante está situado num país diferente. A exclusão de outros grossistas nesse território é pouco provável que venha a constituir um problema, uma vez que um fornecedor com uma quota de mercado superior a 30% tem normalmente suficiente poder de negociação para não escolher um grossista menos eficiente. Os eventuais riscos de concorrência intramarcas de representantes exclusivos múltiplos são contudo mais elevados a nível grossista do que a nível retalhista.

(171) A combinação da distribuição exclusiva com a marca única pode acrescentar o problema do encerramento do mercado para outros fornecedores, especialmente no caso de uma rede densa de distribuidores exclusivos com pequenos ter-

ritórios ou no caso de um efeito cumulativo. Tal pode exigir a aplicação dos princípios estabelecidos em relação à marca única. Contudo, quando a combinação não conduz a um encerramento significativo, a combinação de distribuição exclusiva e marca única pode ser pró-competitiva aumentando o incentivo para o distribuidor exclusivo centrar os seus esforços numa determinada marca. Por conseguinte, na ausência desse efeito de exclusão, a combinação da distribuição exclusiva com a obrigação de não concorrência pode ser objecto de isenção para a totalidade da vigência do acordo, em especial a nível grossista.

(172) A combinação de distribuição exclusiva com compra exclusiva aumenta os eventuais riscos da redução de concorrência intramarcas e da partilha do mercado, podendo em especial facilitar a discriminação a nível dos preços. A distribuição exclusiva já limita a escolha por parte dos clientes, uma vez que limita o número de distribuidores e normalmente restringe também os distribuidores na sua liberdade de vendas activas. A compra exclusiva, que exige que os distribuidores exclusivos adquiram os seus fornecimentos relativamente a uma determinada marca directamente junto do fabricante, elimina para além disso a eventual escolha por parte dos distribuidores exclusivos que são impedidos de comprar a outros distribuidores do sistema. Tal aumenta a possibilidade de o fornecedor limitar a concorrência intramarcas, embora aplicando condições de venda diferentes. A combinação de distribuição exclusiva e de compra exclusiva é por conseguinte pouco provável de ser objecto de isenção para fornecedores com uma quota de mercado superior a 30%, a não ser que existam eficiências muito claras e substanciais que conduzam a preços mais baixos para todos os consumidores finais. A falta de tais eficiências pode igualmente conduzir à verificação negativa da isenção por categoria quando a quota de mercado do fornecedor for inferior a 30%.

(173) "A natureza do produto" não é muito relevante para avaliar eventuais efeitos anticoncorrenciais da distribuição exclusiva. É contudo relevante quando é discutida a questão de eventuais eficiências, ou seja, depois de ter sido determinado um efeito anticoncorrencial significativo.

(174) A distribuição exclusiva pode conduzir a eficiências especialmente no caso de serem necessários investimentos por parte dos distribuidores a fim de proteger ou desenvolver a imagem de marca. Em geral, o caso das eficiências é mais acentuado em relação a novos produtos, a produtos complexos, a produtos cujas qualidades são difíceis de apreciar antes de consumo (os denominados produtos à experiência) ou cujas qualidades são ainda difíceis de apreciar mesmo após o consumo (os denominados produtos de confiança). Para além disso, a distribuição exclusiva pode conduzir a poupanças em termos de custos logísticos devido a economias de escala no transporte e na distribuição.

(175) Exemplo de distribuição exclusiva a nível grossista

No mercado de um produto de consumo duradouro, A é o líder de mercado. A vende o seu produto através de grossistas exclusivos. Os territórios dos grossistas correspondem à totalidade de um Estado membro no que diz respeito a pequenos Estados membros e a uma região no que respeita a Estados membros maiores.

Estes distribuidores exclusivos ocupam-se das vendas a todos os retalhistas nos seus territórios. Não vendem a consumidores finais. Os grossistas têm a seu cargo a promoção nos seus mercados, o que inclui o patrocínio de manifestações locais, mas igualmente a explicação e promoção dos novos produtos aos retalhistas dos seus territórios. A tecnologia e a inovação dos produtos estão a evoluir bastante rapidamente neste mercado, e o serviço pré-venda a retalhistas e a consumidores finais desempenha um papel importante. Não se exige que os grossistas adquiram todas as suas necessidades da marca do fornecedor A junto do próprio fabricante e verifica--se a possibilidade de escolha por grossistas ou retalhistas devido ao facto de os custos de transporte serem relativamente reduzidos em comparação com o valor do produto. Os grossistas não estão abrangidos por uma obrigação de não concorrência. Os retalhistas vendem igualmente uma série de marcas de fornecedores concorrentes e não existem quaisquer acordos de distribuição exclusiva ou de distribuição selectiva a nível retalhista. No mercado europeu das vendas aos grossistas, A tem uma quota de mercado de cerca de 50%. A sua quota nos vários mercados retalhistas nacionais varia entre 40% e 60%. A tem entre 6 e 10 concorrentes em cada mercado nacional: B, C e D são os maiores concorrentes que se encontram igualmente presentes em cada mercado nacional, com quotas de mercado que variam entre 20% e 5%. Os restantes produtores são produtores nacionais, com quotas de mercado mais pequenas. B, C e D têm redes de distribuição idênticas, enquanto os produtores locais têm tendência para vender os seus produtos directamente aos retalhistas.

No mercado grossista acima descrito, o risco de uma redução da concorrência intermarcas e de discriminação a nível dos preços é baixo. A livre escolha não é impedida e a ausência de concorrência intramarcas não é muito relevante a nível grossista. A nível retalhista, não é impedida a concorrência intramarcas nem a concorrência intermarcas. Para além disso, a concorrência intermarcas não é em grande medida afectada por acordos exclusivos a nível grossista, o que faz com que seja provável, se existirem efeitos anticoncorrenciais, que estejam satisfeitas as condições para a concessão de uma isenção.

(176) Exemplo de representação exclusiva múltipla num mercado oligopolista

Num mercado nacional de um produto final, existem quatro líderes de mercado, cada um com uma quota de mercado de cerca de 20%. Estes quatro líderes de mercado vendem os seus produtos através de distribuidores exclusivos a nível retalhista. Os retalhistas dispõem de um território exclusivo, que corresponde à cidade em que se encontram situados ou a uma zona da cidade no que diz respeito às grandes cidades. Na maior parte dos territórios, os quatro líderes de mercado nomeiam o mesmo retalhista exclusivo ("representação múltipla"), frequentemente com uma localização central e bastante especializado no produto. Os restantes 20% do mercado nacional pertencem a pequenos produtores locais, o maior dos quais tem uma quota de 5% do mercado nacional. Estes produtores locais vendem os seus produtos em geral através de outros retalhistas, em especial devido ao facto de os distribuidores exclusivos dos quatro principais fornecedores demonstrarem pouco interesse pela venda de marcas menos bem conhecidas e mais baratas. Existe uma diferenciação acentuada a nível da marca e do produto no mercado. Os quatro líderes de mercado realizam amplas campanhas publicitárias a nível nacional e têm uma forte imagem de marca, enquanto os outros produtores não publicitam os seus produtos a nível nacional. O mercado é relativamente maduro, com uma procura estável e sem uma inovação significativa a nível do produto e da tecnologia. O produto é relativamente simples.

Num mercado oligopolista deste tipo, existe um risco de colusão entre os quatro líderes de mercado. Este risco é aumentado através da representação múltipla. A concorrência intramarcas é limitada pela exclusividade territorial. A concorrência entre as quatro marcas líder é reduzida a nível retalhista, uma vez que um retalhista fixa o preço das quatro marcas em cada território. A representação múltipla implica que, se um produtor reduz o preço da sua marca, o retalhista não estará disposto a repercutir esta redução de preço no consumidor final, uma vez que reduziria as suas vendas e os lucros obtidos com as outras marcas. Por conseguinte, os produtores têm pouco interesse em entrar numa concorrência a nível de preços uns com os outros. A concorrência a nível dos preços intermarcas existe principalmente a nível dos produtos com uma imagem de marca reduzida dos pequenos produtores. Os eventuais argumentos em termos de eficiência no que diz respeito aos distribuidores exclusivos (comuns) são limitados, uma vez que o produto é relativamente simples, a revenda não exige quaisquer investimentos específicos ou formação e a publicidade é principalmente efectuada a nível dos produtores.

Ainda que cada um dos líderes de mercado tenha uma quota de mercado inferior ao limiar, a isenção ao abrigo do n.º 3 do artigo 81.º pode não se justificar e ser necessária verificação negativa da isenção por categoria.

(177) Exemplo de distribuição exclusiva e compra exclusiva

O fabricante A é o líder europeu do mercado no que diz respeito a um bem de consumo duradouro volumoso, com uma quota de mercado entre 40% e 60% na maior parte dos mercados retalhistas nacionais. Em cada Estado membro, tem cerca de 7 concorrentes com quotas de mercado muito inferiores, o maior dos quais tem uma quota de mercado de 10%. Estes concorrentes estão presentes em apenas um ou dois mercados nacionais. A vende o seu produto através das suas filiais nacionais a distribuidores exclusivos a nível retalhista, que não são autorizados a praticar vendas activas nos territórios uns dos outros. Por outro lado, os retalhistas são obrigados a comprar os produtos do fabricante A exclusivamente junto da filial nacional do fabricante A no seu próprio país. Os retalhistas que vendem a marca do fabricante A são os principais revendedores desse tipo de produto no seu território. Vendem marcas concorrentes mas com êxito e empenho diferentes. A aplica diferenças de preços de 10% a 15% entre mercados e diferenças mais pequenas no mesmo mercado. Tal traduz-se em diferenças de preços inferiores a nível retalhista. O mercado é relativamente estável no que diz respeito à procura e à oferta e não existem quaisquer alterações tecnológicas significativas.

Nestes mercados, a eliminação da concorrência intramarcas resulta não apenas do facto de existir exclusividade territorial a nível retalhista, mas é agravada pela obrigação de compra exclusiva imposta aos retalhistas. A obrigação de compra exclusiva ajuda igualmente a manter os mercados e os territórios separados impossibilitando a escolha entre retalhistas exclusivos. Os retalhistas exclusivos também não podem praticar vendas activas nos territórios uns dos outros e na prática têm tendência para evitar as entregas fora dos seus próprios territórios. A livre escolha por parte dos consumidores ou comerciantes independentes é limitada devido ao volume do produto.

Os eventuais argumentos em termos de eficiência deste sistema, associados a economias de escala no transporte e nos esforços de promoção a nível dos retalhistas não são susceptíveis de compensar os efeitos negativos da discriminação a nível dos preços e da reduzida concorrência intramarcas. Por conseguinte, é improvável que estejam satisfeitas as condições para ser concedida uma isenção.

2.3. Atribuição exclusiva de clientes

(178) Num acordo de atribuição exclusiva de clientes, o fornecedor concorda em vender os seus produtos apenas a um distribuidor para revenda a uma determinada categoria de clientes. Simultaneamente, o distribuidor é normalmente limitado nas suas vendas activas a outras categorias de clientes exclusivamente atribuídas. Os eventuais riscos em termos de concorrência são principalmente a redução de uma concorrência intramarcas e a partilha do mercado, que pode facilitar em especial a discriminação através dos preços. Quando a maior parte ou a totalidade dos fornecedores utiliza a atribuição de clientes exclusivos tal pode facilitar a colusão, quer a nível dos fornecedores quer a nível dos distribuidores.

(179) A atribuição exclusiva de clientes é objecto de isenção por parte do Regulamento de Isenção por Categoria, quando a quota de mercado do fornecedor não ultrapassar o limiar de quota de mercado de 30%, ainda que combinada com outras restrições verticais, não graves, tais como a obrigação de não concorrência, uma obrigação de compra de determinadas quantidades ou a compra exclusiva. Uma combinação de atribuição exclusiva de clientes e distribuição selectiva é normalmente grave, uma vez que as vendas activas a utilizadores finais por parte de distribuidores designados não são habitualmente permitidas. Acima do limiar da quota de mercado de 30% a orientação dada nos n.ºs 161 a 177 no que se refere à distribuição exclusiva é aplicável mutatis mutandis à apreciação da atribuição exclusiva de clientes, sujeita às seguintes observações específicas.

(180) Normalmente, a atribuição de clientes dificulta ainda mais a escolha por parte dos clientes. Por outro lado, uma vez que cada distribuidor designado tem a sua própria categoria de clientes, os distribuidores não designados, que não sejam abrangidos por essa categoria, podem considerar difícil obter o produto. Tal reduzirá a possibilidade de compra por parte de distribuidores não designados. Por conseguinte, acima do limiar da quota de mercado de 30% prevista no Regulamento de Isenção por Categoria, não é susceptível de ser concedida uma isenção à atribui-

ção exclusiva de clientes, a não ser que se verifiquem efeitos claros e substanciais em termos de eficiência.

(181) A atribuição exclusiva de clientes é principalmente aplicada a produtos intermédios e a nível grossista quando diz respeito aos produtos finais, quando podem ser distinguidos grupos de clientes com diferentes necessidades específicas relativas ao produto.

(182) A atribuição exclusiva de clientes pode conduzir a eficiências em especial quando se exige que os distribuidores realizem investimentos em, por exemplo, equipamento específico, formação ou saber-fazer para se adaptarem às necessidades das suas categorias de clientes. O período de amortização destes investimentos indica a duração justificada de um sistema de atribuição exclusiva de clientes. Em geral, tal acontece mais frequentemente em relação a novos produtos ou a produtos complexos e em relação a produtos que exigem uma adaptação às necessidades do cliente individual. São mais prováveis necessidades diferenciadas identificáveis em relação a produtos intermédios, ou seja, produtos vendidos a diferentes categorias de compradores profissionais. A atribuição de clientes finais não é susceptível de conduzir a quaisquer eficiências e não é por conseguinte provável que seja objecto de isenção.

(183) Exemplo de atribuição exclusiva de clientes

Uma empresa desenvolveu um sistema sofisticado de extinção de incêndios por aspersão. A empresa tem actualmente uma quota de 40% no mercado da instalação de aspersores. Quando começou a vender o sistema sofisticado tinha uma quota de mercado de 20% com um produto mais antigo. A instalação do novo tipo de aspersor depende do tipo de construção e da utilização do edifício (escritórios, fábrica de produtos químicos, hospital, etc.). A empresa nomeou uma série de distribuidores para vender e instalar o sistema. Cada distribuidor necessitou de formar os seus trabalhadores em relação aos requisitos gerais e específicos de instalação do sistema de aspersão no que diz respeito a uma determinada categoria de clientes. Para garantir que os distribuidores se especializariam, a empresa designou uma categoria de clientes exclusiva para cada distribuidor e proibiu vendas activas a cada categoria de clientes exclusiva dos outros. Após cinco anos, todos os distribuidores exclusivos serão autorizados a vender activamente a todas as categorias de clientes, terminando assim o sistema de atribuição exclusiva de clientes. O fornecedor pode então também começar a vender a novos distribuidores. O mercado é bastante dinâmico, com duas recentes entradas e uma série de evoluções tecnológicas. Os concorrentes, com quotas de mercado entre 25% e 5%, estão também a melhorar os seus produtos.

Uma vez que a exclusividade é de duração limitada e ajuda a garantir que os distribuidores possam recuperar os seus investimentos e a concentrar inicialmente os seus esforços de vendas numa determinada categoria de clientes, para aprender o negócio e, uma vez que os eventuais efeitos anticoncorrenciais parecem limitados a um mercado dinâmico, parecem estar satisfeitas as condições para a concessão de uma isenção.

2.4. Distribuição selectiva

(184) Os acordos de distribuição selectiva, assim como os acordos de distribuição exclusiva, restringem, por um lado, o número de distribuidores autorizados e, por outro, as possibilidade de revenda. A diferença em relação à distribuição exclusiva é que a restrição do número de representantes não depende do número de territórios, mas dos critérios de selecção associados em primeiro lugar à natureza do produto. Uma outra diferença em relação à distribuição exclusiva é que a restrição de revenda não se refere às vendas activas num território, mas a uma restrição em relação a quaisquer vendas activas a distribuidores não autorizados, deixando apenas como eventuais compradores os representantes autorizados e os clientes finais. A distribuição selectiva é quase sempre utilizada para distribuir produtos finais de marca.

(185) Os eventuais riscos concorrenciais são uma redução da concorrência intramarcas e, em especial no caso de efeito cumulativo, a exclusão de certo(s) tipo(s) de distribuidores e o aparecimento de colusão entre fornecedores ou compradores. Para apreciar os eventuais efeitos anticoncorrenciais da distribuição selectiva nos termos do n.º 1 do artigo 81.º, é necessário estabelecer uma distinção entre distribuição selectiva puramente qualitativa e distribuição selectiva quantitativa. A distribuição selectiva puramente qualitativa selecciona representantes apenas com base em critérios objectivos, exigidos pela natureza do produto, tais como a formação do pessoal de vendas, os serviços fornecidos no ponto de venda, uma certa gama de produtos a serem vendidos, etc.[1]. A aplicação desses critérios não limita directamente o número de representantes. A distribuição selectiva puramente qualitativa é em geral considerada como não abrangida pelo n.º 1 do artigo 81.º por falta de efeitos anticoncorrenciais, desde que sejam satisfeitas três condições. Primeira, a natureza do produto em causa deve exigir um sistema de distribuição selectiva, na medida em que esse sistema constitua um requisito legítimo, tendo em conta a natureza do produto em causa, a fim de manter a sua qualidade e garantir o seu uso adequado. Segunda, os revendedores devem ser escolhidos com base em critérios objectivos de natureza qualitativa que são estabelecidos uniformemente para todos os potenciais revendedores e não são aplicados de forma discriminatória. Terceira, os critérios estabelecidos não devem ir para além do necessário[2]. A distribuição selectiva quantitativa acrescenta outros critérios para a selecção, que limitam mais directamente o número potencial de representantes, por exemplo, exigindo vendas mínimas ou máximas, fixando o número de representantes, etc.

---

[1] Ver por exemplo sentença do Tribunal de Primeira Instância no processo T-88/92, *Groupement d'achat Édouard Leclerc/ Comissão*.

[2] Ver Processo 31/80, *L'Oréal*, [1980] Col.-3775, pontos 15 e 16; Processo 26/76, *Metro* I [1977] Col.-1875, pontos 20 e 21; Processo 107/82, *AEG* [1983] Col.-3151; ponto 35; e Processo T-19/91 *Vichy/Comissão* [1992] Col. II-415, ponto 65.

(186) A distribuição selectiva qualitativa e quantitativa é isenta pelo Regulamento de Isenção por Categoria até uma quota de mercado de 30%, mesmo que combinada com outras restrições verticais não graves, tais como uma obrigação de não concorrência ou a distribuição exclusiva, desde que as vendas activas por parte de distribuidores autorizados entre si e a utilizadores finais não seja restringida. O Regulamento de Isenção por Categoria isenta a distribuição selectiva independentemente da natureza do produto em causa. Contudo, no caso de a natureza do produto não exigir distribuição selectiva, tal sistema de distribuição não cria em geral efeitos de melhoria de eficiências suficientes para compensar uma redução significativa da concorrência intramarcas. Se ocorrerem efeitos anticoncorrenciais importantes, o benefício do Regulamento de Isenção por Categoria é susceptível de ser retirado. Por outro lado, é dada a orientação que se segue para a apreciação da distribuição selectiva em casos singulares não abrangidos pelo Regulamento de Isenção por Categoria ou no caso de um efeito cumulativo resultante de redes paralelas de distribuição selectiva.

(187) A "posição de mercado do fornecedor e dos seus concorrentes" tem uma importância capital para avaliar os eventuais efeitos anticoncorrenciais, uma vez que a eliminação da concorrência intramarcas apenas pode causar problemas se a concorrência intermarcas for limitada. Quanto mais forte for a posição do fornecedor, mais problemática é a eliminação da concorrência intramarcas. Um outro factor importante é o número de redes de distribuição selectiva presentes no mesmo mercado. Quando a distribuição selectiva seja aplicada por apenas um fornecedor no mercado, que não seja uma empresa dominante, a distribuição selectiva quantitativa não cria normalmente efeitos negativos líquidos, desde que os bens contratuais, tendo em conta a sua natureza, exijam o uso de um sistema de distribuição selectiva e na condição de os critérios de selecção aplicados serem necessários para garantir a distribuição eficaz dos bens em questão. A realidade, contudo, parece ser que a distribuição selectiva é frequentemente aplicada por alguns fornecedores num determinado mercado.

(188) A posição dos concorrentes pode ter um duplo significado e desempenha em especial um papel importante em caso de efeito cumulativo. A existência de concorrentes fortes significará em geral que a redução da concorrência intramarcas é facilmente compensada por uma concorrência intermarcas suficiente. No entanto, quando a maior parte dos principais fornecedores utiliza a distribuição selectiva, haverá uma eliminação significativa da concorrência intramarcas e uma eventual exclusão de certos tipos de distribuidores bem como um maior risco de colusão entre os principais fornecedores. O risco de exclusão de distribuidores mais eficientes foi sempre mais importante na distribuição selectiva do que na distribuição exclusiva, devido à restrição das vendas aos representantes não autorizados na distribuição selectiva. Tal destina-se a conferir aos sistemas de distribuição selectiva um carácter mais fechado, impossibilitando que os representantes não autorizados obtenham fornecimentos, o que torna a distribuição selectiva particularmente bem adaptada para evitar pressões por parte dos que praticam reduções de preços sobre

as margens do fabricante, bem como sobre as margens dos representantes autorizados.

(189) Sempre que o Regulamento de Isenção por Categoria seja aplicável a redes individuais de distribuição selectiva, é susceptível de ser tomada em consideração a verificação negativa da isenção ou a não aplicação do Regulamento de Isenção por Categoria em caso de efeitos cumulativos. No entanto, é pouco provável que ocorra um problema de efeito cumulativo, quando a quota do mercado abrangido pela distribuição selectiva seja inferior a 50%. Do mesmo modo, não é provável que surja qualquer problema, quando o rácio de cobertura do mercado ultrapassar 50%, mas a quota de mercado combinada dos cinco maiores fornecedores (RC5) seja inferior a 50%. Sempre que tanto o RC5 como a quota do mercado abrangido pela distribuição selectiva ultrapassarem 50%, a apreciação pode variar consoante os cinco maiores fornecedores apliquem ou não a distribuição selectiva. Quanto mais forte for a posição dos concorrentes que não aplicam a distribuição selectiva, menos susceptível é de se verificar a exclusão de outros distribuidores. Se os cinco maiores fornecedores aplicarem a distribuição selectiva, podem em especial surgir preocupações em matéria de concorrência no que diz respeito aos acordos que aplicam critérios de selecção quantitativos através da limitação directa do número de representantes autorizados. As condições previstas no n.º 3 do artigo 81.º são em geral pouco susceptíveis de serem satisfeitas se os sistemas de distribuição selectiva em questão impedirem o acesso ao mercado a novos distribuidores capazes de venderem os produtos em questão de forma adequada, especialmente os que praticam reduções, limitando desta forma a distribuição em benefício de certos canais existentes e em detrimento dos consumidores finais. Formas mais indirectas de distribuição selectiva quantitativa, resultantes por exemplo da combinação de critérios de selecção puramente qualitativos com o requisito imposto aos representantes de atingirem um montante mínimo de compras anuais, são menos susceptíveis de produzirem efeitos líquidos negativos se tal montante não representar uma parte significativa do volume de negócios total do representante alcançado com o tipo de produtos em questão e não ultrapassar o estritamente necessário para que o fornecedor recupere os seus investimentos específicos de uma relação e/ou realize economias de escala na distribuição. Quanto às contribuições individuais, um fornecedor com uma quota de mercado inferior a 5% não é em geral considerado como contribuindo significativamente para um efeito cumulativo.

(190) Os "obstáculos à entrada" são particularmente importantes no caso de encerramento do mercado aos representantes não autorizados. Em geral, os obstáculos à entrada serão significativos, uma vez que a distribuição selectiva é normalmente aplicada por fabricantes de produtos de marca. Levará em geral algum tempo e envolverá investimentos consideráveis até que os retalhistas excluídos lancem as suas próprias marcas ou obtenham fornecimentos em condições concorrenciais.

(191) O "poder de compra" pode aumentar o risco de colusão entre representantes, alterando assim de uma forma considerável a análise de eventuais efeitos

anticoncorrenciais da distribuição selectiva. A exclusão dos retalhistas mais eficientes do mercado pode em especial resultar, nos casos em que uma forte organização de representantes imponha critérios de selecção ao fornecedor destinados a limitar a distribuição em proveito dos seus membros.

(192) A alínea c) do artigo 5.º do Regulamento de Isenção por Categoria prevê que o fornecedor não pode impor uma obrigação aos representantes autorizados, directa ou indirectamente, de não venderem as marcas de determinados fornecedores concorrentes. Esta condição destina-se especificamente a evitar uma colusão horizontal a fim de excluir determinadas marcas através da criação de um clube selectivo de marcas por parte de fornecedores líderes. É pouco provável que este tipo de obrigação seja objecto de isenção, quando o RC5 é igual ou superior a 50%, a menos que nenhum dos fornecedores que impõe uma obrigação desse tipo pertença aos cinco maiores fornecedores do mercado.

(193) A exclusão de outros fornecedores não constitui normalmente um problema, desde que possam utilizar os mesmos distribuidores, ou seja, desde que o sistema de distribuição selectiva não seja combinado com a marca única. No caso de uma rede densa de distribuidores autorizados ou no caso de um efeito cumulativo, a combinação de distribuição selectiva e de uma obrigação de não concorrência pode constituir um risco de exclusão de outros fornecedores e exigir a aplicação dos princípios estabelecidos relativos à marca única. No caso de a distribuição selectiva não ser combinada com uma obrigação de não concorrência, a exclusão de fornecedores concorrentes do mercado pode continuar a constituir um problema, quando os fornecedores líderes apliquem não só critérios de selecção puramente qualitativos, mas também imponham aos seus representantes certas obrigações adicionais, tais como a obrigação de reservar um espaço de prateleira mínimo para os seus produtos ou de garantir que as vendas dos seus produtos pelo representante atinjam uma percentagem mínima do volume de negócios total do representante. É pouco provável que tal problema se coloque se a quota do mercado abrangido pela distribuição selectiva for inferior a 50% ou, no caso de este rácio de cobertura ser ultrapassado, se a quota de mercado dos cinco maiores fornecedores for inferior a 50%.

(194) A "maturidade do mercado" é importante, uma vez que a eliminação da concorrência intramarcas e uma eventual exclusão de fornecedores ou representantes podem constituir um grave problema num mercado maduro, mas é menos relevante num mercado com uma procura crescente, alterações tecnológicas e mudanças nas posições de mercado.

(195) A distribuição selectiva pode ser eficiente quando conduz a poupanças nos custos logísticos devido a economias de escala no transporte e tal pode acontecer independentemente da natureza do produto (eficiência 6). Contudo, trata-se normalmente apenas de uma eficiência marginal nos sistemas de distribuição selectiva. Para ajudar a resolver o problema do "parasitismo" entre os distribuidores (eficiência 1) ou para ajudar a criar uma imagem de marca (eficiência 8) a natureza do produto é muito relevante. Em geral, é o que acontece em relação aos novos produtos,

aos produtos complexos, aos produtos em que as qualidades são difíceis de apreciar antes do consumo (os denominados produtos à experiência) ou os produtos em que as qualidades continuam a ser difíceis de apreciar mesmo após o consumo (os denominados produtos de confiança). A combinação de distribuição selectiva e distribuição exclusiva é susceptível de infringir o artigo 81.º se for aplicada por um fornecedor cuja quota de mercado ultrapasse 30% ou no caso de efeitos cumulativos, mesmo que as vendas activas entre os territórios permaneçam livres. Essa combinação pode excepcionalmente satisfazer as condições previstas no n.º 3 do artigo 81.º, se for indispensável para proteger investimentos substanciais e específicos de uma relação realizados pelos representantes autorizados (eficiência 4).

(196) Para garantir que é escolhida a restrição menos anticoncorrencial, é importante verificar se as mesmas eficiências podem ser obtidas com custos comparáveis, mediante, por exemplo, meras obrigações ao nível dos serviços.

(197) Exemplo de distribuição selectiva quantitativa

Num mercado de produtos de consumo duradouros, o líder de mercado (marca A), com uma quota de mercado de 35%, vende o seu produto aos consumidores finais através de uma rede de distribuição selectiva. Existem vários critérios para a admissão na rede: o estabelecimento deve empregar pessoal qualificado e prestar serviços pré-venda, existir uma zona especializada no estabelecimento dedicada às vendas do produto e produtos de alta tecnologia semelhantes e o estabelecimento deve vender uma vasta gama de modelos do fornecedor e dispô-los de uma forma atractiva. Para além disso, o número de retalhistas admissíveis na rede é directamente limitado através da fixação de um número máximo de retalhistas por número de habitantes em cada província ou zona urbana. O produtor A tem seis concorrentes neste mercado. Os seus maiores concorrentes, B, C e D têm quotas de mercado de respectivamente 25%, 15% e 10%, enquanto os outros produtores têm quotas de mercado mais pequenas. A é o único produtor a utilizar a distribuição selectiva. Os distribuidores selectivos da marca A dispõem sempre de algumas marcas concorrentes. Contudo, as marcas concorrentes são também amplamente vendidas em estabelecimentos não membros da rede de distribuição selectiva de A. Os canais de distribuição são vários: por exemplo, as marcas B e C são vendidas na maior parte dos estabelecimentos seleccionados de A, mas igualmente noutros estabelecimentos que fornecem um serviço de elevada qualidade e em hipermercados. A marca D é principalmente vendida em estabelecimentos com uma elevada qualidade de serviço. A tecnologia está a evoluir bastante rapidamente neste mercado e os principais fornecedores mantêm uma forte imagem de qualidade em relação aos seus produtos através da publicidade.

Neste mercado, o rácio de cobertura da distribuição selectiva é de 35%. A concorrência intermarcas não é directamente afectada pelo sistema de distribuição selectiva de A. A concorrência intramarcas em relação à marca A pode ser reduzida, mas os consumidores têm acesso aos retalhistas com um serviço reduzido/preços reduzidos para as marcas B e C, que têm uma imagem de qualidade comparável à da marca A. Por outro lado, o acesso a retalhistas de outras marcas com uma elevada qualidade de serviço não é excluído, uma vez que não existe qualquer limite na capacidade de os distribuidores seleccionados venderem marcas concorrentes e uma vez que a limitação quantitativa do número de retalhistas da marca A deixa disponíveis outros retalhistas com uma elevada qualidade de serviço para distribuírem marcas concorrentes. Neste caso, tendo em conta os requisitos a nível do serviço e as eficiências que estes poderão proporcionar bem como o efeito limitado na concorrência intramarcas, são susceptíveis de estarem satisfeitas as condições para ser concedida uma isenção à rede de distribuição selectiva de A.

(198) Exemplo de distribuição selectiva com efeito cumulativo

Num mercado de um determinado artigo desportivo, existem sete fabricantes, cujas quotas de mercado são: 25%, 20%, 15%, 15%, 10%, 8% e 7% respectivamente. Os cinco principais fabricantes distribuem os seus produtos através da distribuição selectiva quantitativa, embora os dois mais pequenos utilizem sistemas de distribuição diferentes, o que dá origem a um rácio de cobertura de 81%. Os critérios para admissão nas redes de distribuição selectiva são significativamente uniformes entre os fabricantes: os estabelecimentos devem empregar pessoal qualificado e prestar serviços pré-vendas, deve existir uma zona especializada no estabelecimento dedicada às vendas do artigo e é especificada a dimensão mínima desta zona. O estabelecimento deve vender uma vasta gama da marca em questão e dispor o artigo de forma atractiva, deve estar situado numa rua comercial, e este tipo de artigo deve representar pelo menos 30% do volume de negócios total do estabelecimento. Em geral, o mesmo representante é designado distribuidor selectivo para as cinco marcas. As duas marcas que não utilizam a distribuição selectiva vendem normalmente através de retalhistas menos especializados com níveis de serviço inferiores. O mercado é estável, quer a nível da oferta quer a nível da procura, e existe uma forte imagem de marca e diferenciação do produto. Os cinco líderes de mercado têm imagens de marca fortes, adquiridas através da publicidade e do patrocínio, enquanto os dois fabricantes mais pequenos têm uma estratégia de produtos mais baratos, sem qualquer imagem de marca forte.

Neste mercado, é negado o acesso das empresas que efectuam descontos de preços às cinco marcas líder. Na realidade, a exigência de que a venda deste tipo de artigos represente pelo menos 30% da actividade dos representantes e os critérios relativos à apresentação do produto e à prestação de serviços pré-venda excluem da rede de representantes autorizados a maior parte dos que efectuam descontos de preços. Por conseguinte, os consumidores não têm qualquer outra opção se não comprar as cinco marcas líder em estabelecimentos com um elevado serviço/elevado preço. Tal conduz a uma redução da concorrência intermarcas entre as cinco marcas líder. O facto de as duas marcas mais pequenas poderem ser compradas em estabelecimentos com um serviço inferior/preço reduzido não compensa completamente esta situação, devido ao facto de a imagem de marca dos cinco líderes de mercado ser muito superior. A concorrência intermarcas é igualmente limitada através da representação múltipla. Apesar de existir um certo grau de concorrência intramarcas e do número de retalhistas não ser directamente limitado, os critérios de admissão são suficientemente restritos para conduzir a um pequeno número de retalhistas das cinco marcas líder em cada território.

As eficiências associadas a estes sistemas de distribuição selectiva quantitativa são reduzidas: o produto não é muito complexo e não justifica um tal serviço de elevada qualidade. A não ser que os fabricantes possam provar que existem eficiências claras associadas à sua rede de distribuição selectiva, é provável que a isenção por categoria não se verifique devido aos seus efeitos cumulativos que dão origem a uma escolha reduzida e a preços mais elevados para os consumidores.

2.5. Acordos de franquia

(199) Os acordos de franquia contêm o licenciamento de direitos de propriedade intelectual relativos em especial a marcas comerciais ou insígnias e saber-fazer para a utilização e distribuição de bens ou serviços. Para além da licença de direitos de propriedade intelectual, o franqueador presta normalmente ao franqueado durante o prazo do acordo assistência comercial ou técnica. A licença e a assistência fazem parte integrante do método comercial objecto da franquia. Ao franqueador que concede a licença é em geral paga uma franquia ou *royalty* pelo franqueado para a utilização do método comercial específico. Os acordos de franquia podem proporcionar ao franqueador a possibilidade de criar com investimentos limitados uma rede uniforme de distribuição dos seus produtos. Para além do fornecimento do método comercial, os acordos de franquia, normalmente incluem uma combinação de diferentes restrições verticais, ou seja, distribuição selectiva e/ou obrigação de não concorrência e/ou distribuição exclusiva ou as suas formas mais atenuadas.

(200) A cobertura pelo Regulamento de Isenção por Categoria do licenciamento de direitos de propriedade intelectual incluído em acordos de franquia é abordada nos n.ºs 23 a 45. Quanto às restrições verticais relativas à compra, venda e revenda de bens e serviços no âmbito de um acordo de franquia, tais como distribuição selectiva, obrigação de não concorrência ou distribuição exclusiva, o Regulamento de Isenção por Categoria é aplicável até um limiar de quota de mercado de 30% para o franqueador ou o fornecedor por este designado[1]. As orientações fornecidas anteriormente no que diz respeito a estes tipos de restrições são aplicáveis igualmente aos acordos de franquias, sem prejuízo das seguintes observações específicas:

1) Em conformidade com a regra geral 8 (ver n.º 119), quanto mais importante é a transferência do saber-fazer, mais facilmente as restrições verticais satisfazem as condições de isenção.

---

[1] Ver igualmente os n.ºs 89 a 95, em especial o n.º 95.

2) Uma obrigação de não concorrência relativa aos bens ou serviços adquiridos pelo franqueado não é abrangida pelo n.º 1 do artigo 81.º, quando a obrigação é necessária para manter a identidade comum e a reputação da rede franqueada. Nesses casos, também é irrelevante a duração da obrigação de não concorrência ao abrigo do n.º 1 do artigo 81.º, desde que não exceda a duração do próprio acordo de franquia.

(201) Exemplo de acordo de franquia

Um fabricante desenvolveu um novo conceito para vender rebuçados e outros doces nas denominadas "fun shops", em que estes podem ser especialmente coloridos a pedido do consumidor. O fabricante de doces desenvolveu igualmente a maquinaria para os colorir e produz igualmente os líquidos corantes. A qualidade e frescura do líquido é de importância vital para a produção de bons rebuçados e outros doces. O fabricante teve grande êxito com os seus rebuçados e outros doces através de uma série de estabelecimentos retalhistas próprios, que funcionam todos com a mesma designação comercial e com uma apresentação uniforme (estilo de disposição dos estabelecimentos, publicidade comum, etc.). A fim de expandir as vendas, o fabricante deu início a um sistema de franquia. Os franqueados são obrigados a comprar ao fabricante os rebuçados e outros doces, o líquido e a máquina corante, a ter a mesma apresentação e a trabalhar sob a mesma designação comercial, a pagar uma franquia, a contribuir para a publicidade comum e a garantir a confidencialidade do manual de instruções preparado pelo franqueador. Para além dos franqueados serem apenas autorizados a vender nas instalações designadas, apenas são autorizados a vender aos clientes finais ou a outros franqueados, não lhes sendo permitido vender outros rebuçados ou doces. O franqueador tem a obrigação de não designar outro franqueado nem explorar ele próprio um estabelecimento retalhista num determinado território contratual. O franqueador tem igualmente a obrigação de actualizar e desenvolver ainda mais os seus produtos, a apresentação comercial e o manual de instruções e a disponibilizar estes melhoramentos a todos os franqueados retalhistas. Os acordos de franquia são concluídos por um período de 10 anos.

Os retalhistas de rebuçados e outros doces compram estes produtos num mercado nacional quer aos produtores nacionais que satisfazem os gostos nacionais quer junto de grossistas que os importam de produtores estrangeiros, para além de venderem igualmente produtos dos fabricantes nacionais. Neste mercado, os produtos do franqueador estão em concorrência com outras marcas de rebuçados e doces. O franqueador tem uma quota de 30% no mercado dos rebuçados e doces vendidos a retalhistas. A concorrência é exercida por parte de uma série de marcas nacionais e internacionais, por vezes fabricadas por grandes empresas de produtos alimentares diversificados. Existem muitos (potenciais) pontos de venda de rebuçados e outros doces, tais como tabacarias, estabelecimentos de produtos alimentares, cafés e estabelecimentos especializados em doces. No mercado das máquinas de coloração de produtos alimentares a quota do franqueador é inferior a 10%.

A maior parte das obrigações incluídas nos acordos de franquia pode ser considerada necessária para proteger os direitos de propriedade intelectual ou manter a identidade comum e a reputação da rede de franquia e não é abrangida pelo âmbito de aplicação do n.º 1 do artigo 81.º. As restrições à venda por parte dos franqueados (cláusula de localização e distribuição selectiva) proporcionam um incentivo aos franqueados para investirem na máquina de coloração e no conceito de franquia e, se não forem necessárias para esse fim, pelo menos ajudam a manter a identidade comum, compensando assim a eliminação da concorrência intramarcas. A cláusula de não concorrência que exclui outras marcas de rebuçados e doces dos estabelecimentos durante a totalidade da duração dos acordos permite que o franqueador mantenha a uniformidade dos estabelecimentos e impede os concorrentes de beneficiarem da sua designação comercial. Não conduz a qualquer encerramento grave do mercado, tendo em conta o grande número de (potenciais) estabelecimentos à disposição dos outros produtores de rebuçados e doces. Os acordos de franquia deste franqueador são susceptíveis de satisfazer as condições de isenção ao abrigo do n.º 3 do artigo 81.º na medida em que as obrigações neles incluídas forem abrangidas pelo âmbito de aplicação do n.º 1 do artigo 81.º.

2.6. Fornecimento exclusivo

(202) O fornecimento exclusivo, tal como definido na alínea c) do artigo 1.º do Regulamento de Isenção por Categoria, é a forma extrema de distribuição limitada na medida em que diz respeito ao limite do número de compradores: no acordo é especificado que existe apenas um comprador na Comunidade ao qual o fornecedor pode vender um determinado produto final. Em relação aos bens e serviços intermédios, o fornecimento exclusivo implica que exista apenas um comprador na Comunidade ou que exista apenas um comprador na Comunidade para uma utilização específica. Para os bens ou serviços intermédios, o fornecimento exclusivo é frequentemente denominado fornecimento industrial.

(203) O fornecimento exclusivo, tal como definido na alínea c) do artigo 1.º do Regulamento de Isenção por Categoria, é isento até uma quota de mercado do comprador de 30%, mesmo que combinado com outras restrições verticais não graves, tais como uma obrigação de não concorrência. Acima do limiar da quota de mercado são dadas as seguintes orientações para a apreciação do fornecimento exclusivo em casos individuais.

(204) O principal risco do fornecimento exclusivo a nível da concorrência é principalmente o da exclusão de outros compradores. A quota de mercado do comprador no mercado de aquisições a montante é obviamente importante para a avaliação da capacidade de o comprador "impor" o fornecimento exclusivo, que exclui outros compradores do acesso aos fornecimentos. A importância do comprador no mercado a jusante constitui contudo o factor determinante para apreciar se existe um problema de concorrência. Se o comprador não tem qualquer poder de mercado a

jusante, não se poderão esperar quaisquer efeitos negativos consideráveis para os consumidores. Esses efeitos negativos podem contudo prever-se quando a quota do comprador no mercado do fornecimento a jusante bem como no mercado de aquisições a montante ultrapassa 30%. No caso de a quota do comprador no mercado a montante não ultrapassar 30%, os efeitos significativos de encerramento podem ainda verificar-se, especialmente quando a quota do comprador no seu mercado a jusante ultrapassa 30%. Nesses casos, pode ser necessária a verificação negativa da isenção por categoria. Quando uma empresa está em posição dominante no mercado a jusante, qualquer obrigação de só fornecer ou fornecer principalmente os produtos ao comprador dominante pode facilmente ter efeitos anticoncorrenciais importantes.

(205) Não é apenas "a posição do comprador no mercado" a montante e a jusante que é importante, mas igualmente a medida e a duração em que é aplicável uma obrigação de fornecimento exclusivo. Quanto maior for a sua quota de mercado subordinada, e maior a duração do fornecimento exclusivo, mais provável é que o encerramento seja significativo. Os acordos de fornecimento exclusivo inferiores a 5 anos concluídos por empresas não dominantes exigem normalmente um equilíbrio entre efeitos pró-concorrenciais e anticoncorrenciais, enquanto os acordos superiores a cinco anos não são, em relação à maior parte dos investimentos, considerados necessários para obter as alegadas eficiências ou as eficiências não são suficientes para compensar o efeito de encerramento desses acordos de fornecimento exclusivo a longo prazo.

(206) "A posição dos compradores concorrentes no mercado a montante" é importante, uma vez que é provável que os compradores concorrentes sejam excluídos por razões anticoncorrenciais, ou seja, para aumentar os seus custos, se forem significativamente mais baixos do que os custos do comprador responsável pela exclusão. A exclusão de compradores concorrentes não é muito provável no caso de estes concorrentes terem um poder de compra semelhante e poderem oferecer aos fornecedores possibilidades de vendas semelhantes. Nesse caso, só se poderá verificar uma exclusão de candidatos potenciais que não sejam capazes de garantir fornecimentos seguros quando uma série de compradores importantes concluir contratos de fornecimento exclusivo com a maior parte dos fornecedores no mercado. Esse efeito cumulativo pode conduzir à não aplicação do benefício do Regulamento de Isenção por Categoria.

(207) "Os obstáculos à entrada no mercado" a nível dos fornecedores são relevantes para determinar se existe um encerramento efectivo. Na medida em que seja eficiente para os compradores concorrentes fornecerem eles próprios os bens o serviços através de uma integração vertical a montante, é pouco provável que o encerramento constitua um problema real. Contudo, existem frequentemente obstáculos significativos à entrada.

(208) "O poder de compensação dos fornecedores" é relevante, uma vez que fornecedores importantes não serão facilmente afastados de compradores eficientes alternativos. O encerramento constitui por conseguinte principalmente um risco no

caso de fornecedores fracos e compradores fortes. No caso de fornecedores fortes, verifica-se o fornecimento exclusivo em conjugação com a obrigação de não concorrência. A combinação com a obrigação de não concorrência faz intervir as regras desenvolvidas para a marca única. No caso de existirem investimentos específicos de uma relação dos dois lados (problema da captividade), a combinação de fornecimento exclusivo e de obrigação de não concorrência, isto é, exclusividade recíproca em acordos de fornecimento industrial é normalmente justificada até ao nível da posição dominante.

(209) Por último, "o nível do comércio e a natureza do produto" são relevantes para a questão do encerramento. Este é menos susceptível de ocorrer no caso de um produto intermédio ou quando o produto é homogéneo. Em primeiro lugar, um fabricante excluído que necessite do factor de produção tem normalmente mais flexibilidade para dar resposta à procura dos seus clientes do que um grossista/ /retalhista tem para responder à procura do consumidor final para quem as marcas podem representar um papel importante. Em segundo lugar, a perda de uma eventual fonte de fornecimento tem menos significado para os compradores excluídos em caso de produtos homogéneos do que no caso de um produto heterogéneo com diferentes categorias e qualidades.

(210) No que diz respeito aos produtos intermédios homogéneos, os efeitos anticoncorrenciais são susceptíveis de ser objecto de isenção abaixo do nível de domínio. Quanto aos produtos de marca finais ou produtos intermédios diferenciados em que existem obstáculos à entrada no mercado, o fornecimento exclusivo pode ter efeitos anticoncorrenciais apreciáveis no caso de os compradores concorrentes serem relativamente pequenos em comparação com o comprador, mesmo que este não seja dominante no mercado a jusante.

(211) Quando são determinados efeitos anticoncorrenciais significativos, a questão de uma eventual isenção ao abrigo do n.º 3 do artigo 81.º surge, desde que a empresa não tenha uma posição dominante. Podem prever-se eficiências no caso de um problema de "captividade" (pontos 4 e 5 do n.º 116), e isso é mais provável de acontecer em relação aos produtos intermédios do que em relação aos produtos finais. A verificação de outras eficiências é menos provável. Eventuais economias de escala na distribuição (ponto 6) não parecem susceptíveis de justificar o fornecimento exclusivo.

(212) No caso de um problema de "captividade" e ainda mais no caso de economias de escala na distribuição, a obrigação de venda de uma determinada quantidade imposta ao fornecedor, tal como requisitos de fornecimento mínimos, poderá com efeito constituir uma alternativa menos restritiva.

(213) Exemplo de fornecimento exclusivo

Num mercado de um determinado tipo de componentes (mercado do produto intermédio), o fornecedor A concorda com o comprador B em desenvolver, com o seu próprio saber-fazer e investimentos consideráveis em nova maquinaria e com a ajuda das especificações fornecidas pelo comprador B, uma versão diferente do componente. B terá de realizar investimentos consideráveis para incorporar o novo componente. É acordado que A fornecerá o novo produto apenas ao comprador B por um período de 5 anos a contar da data da primeira entrada no mercado. B é obrigado a comprar o novo produto exclusivamente a A durante o mesmo período de 5 anos. Tanto A como B podem continuar a vender e comprar, respectivamente, as outras versões do produto noutros pontos. A quota do comprador B no mercado dos componentes a montante e no mercado dos produtos finais a jusante é de 40%. A quota de mercado do fornecedor do componente é de 35%. Existem dois outros fornecedores de componentes com uma quota de mercado de cerca de 20%-25% e vários outros pequenos fornecedores.

O acordo, dados os investimentos consideráveis, é susceptível de satisfazer as condições para a concessão de uma isenção tendo em conta as eficiências e o efeito limitado de encerramento. Outros compradores são excluídos de uma determinada versão de um produto de um fornecedor com uma quota de mercado de 35% e existem outros fornecedores de componentes que poderiam desenvolver novos produtos idênticos. O encerramento de parte da procura do comprador B a outros fornecedores limita-se a um máximo de 40% do mercado.

(214) O fornecimento exclusivo baseia-se numa obrigação, directa ou indirecta imposta ao fornecedor de vender apenas a este comprador. A obrigação de venda de uma determinada quantidade por parte do fornecedor baseia-se em incentivos acordados entre o fornecedor e o comprador que fazem com que o primeiro concentre as suas vendas (principalmente) junto de um único comprador. A obrigação de venda de uma determinada quantidade por parte do fornecedor pode ter em geral efeitos semelhantes, mas mais atenuados do que o fornecimento exclusivo. A apreciação da obrigação de venda de uma determinada quantidade dependerá do grau de exclusão de outros compradores no mercado a montante.

2.7. Subordinação

(215) Fala-se de subordinação quando o fornecedor condiciona a venda de um produto à compra de outro produto distinto por parte do fornecedor ou de alguém por ele nomeado. O primeiro produto é designado por produto subordinante e o segundo produto subordinado. Se a subordinação não for objectivamente justificada pela natureza dos produtos ou pela sua utilização comercial, tal prática pode constituir um abuso nos termos do artigo 82.º[1]. O artigo 81.º pode ser aplicável a acordos horizontais ou práticas concertadas entre fornecedores concorrentes a fim de condicionar a venda de produto à compra de outro produto distinto. A subordinação pode igualmente conduzir a uma restrição vertical abrangida pelo artigo 81.º, quando der origem a uma obrigação do tipo da marca única (ver n.ºs 138 a 160) no

---

[1] Acórdão do Tribunal de Justiça proferido no processo C-333/94 P, *Tetrapak/*

que se refere ao produto subordinado. As presentes Orientações tratam apenas desta última situação.

(216) O que deve ser considerado como um produto distinto é em primeiro lugar determinado pela procura dos compradores em geral. Dois produtos são distintos se, na ausência de subordinação, na perspectiva do comprador, estes produtos são por ele comprados em dois mercados diferentes. Por exemplo, uma vez que os clientes pretendem comprar sapatos com atacadores, torna-se um hábito comercial para os fabricantes fornecerem sapatos com atacadores. Por conseguinte, a venda de sapatos com atacadores não constitui uma prática subordinada. Frequentemente, essas combinações tornaram-se prática comum, uma vez que a natureza do produto torna tecnicamente difícil fornecer um produto sem o fornecimento do outro.

(217) O principal efeito negativo da subordinação na concorrência é o eventual encerramento do mercado do produto subordinado. Subordinação significa que existe pelo menos uma forma de obrigação de compra de uma determinada quantidade por parte do comprador no que se refere ao produto subordinado. Quando, além disso, é acordada uma obrigação de não concorrência relativamente ao produto subordinado, tal aumenta o eventual efeito de encerramento no mercado do produto subordinado. A subordinação pode igualmente conduzir a preços supracompetitivos, especialmente em três situações. Primeiro, quando o produto subordinante e o produto subordinado são parcialmente substituíveis para o comprador. Em segundo lugar, quando a subordinação permite uma discriminação a nível dos preços consoante a utilização que o cliente faz do produto subordinante, por exemplo, a subordinação de cartuchos de tinta à venda de fotocopiadoras. Em terceiro lugar, quando em caso de contratos de longa duração ou no caso de mercados pós-venda de equipamentos originais que só serão substituídos a longo prazo, se torna difícil para os clientes calcularem as consequências da subordinação. Por último, a subordinação pode igualmente conduzir a maiores obstáculos à entrada quer no mercado do produto subordinante quer no mercado do produto subordinado.

(218) A subordinação é isenta, nos termos do n.º 1 do artigo 2.º, conjugado com o artigo 3.º do Regulamento de Isenção por Categoria quando a quota do fornecedor no mercado do produto subordinado e no mercado do produto subordinante não exceder 30%. Pode ser combinada com outras restrições verticais, que não sejam graves, tais como obrigações de não concorrência ou de compra de uma determinada quantidade no que se refere ao produto subordinante ou a compra exclusiva. Acima do limiar da quota de mercado são dadas as seguintes orientações para a apreciação da subordinação em casos singulares.

(219) A "posição do fornecedor no mercado" do produto subordinante é obviamente de grande importância para uma apreciação dos eventuais efeitos anticoncorrenciais. Em geral, este tipo de acordo é imposto pelo fornecedor. A importância do fornecedor no mercado do produto subordinante constitui a principal razão pela qual um comprador pode considerar difícil recusar uma obrigação de subordinação.

(220) Para avaliar o poder de mercado do fornecedor é importante a "posição dos seus concorrentes no mercado" do produto subordinante. Desde que os seus concorrentes sejam suficientemente numerosos e fortes não são de prever quaisquer efeitos anticoncorrenciais, uma vez que os compradores dispõem de alternativas suficientes para adquirirem o produto subordinante sem o produto subordinado, a não ser que outros fornecedores apliquem um sistema de subordinação semelhante. Por outro lado, "os obstáculos à entrada no mercado do produto subordinante" são importantes para determinar a posição do fornecedor no mercado. Quando a subordinação é combinada com uma obrigação de não concorrência relativamente ao produto subordinante, tal reforça consideravelmente a posição do fornecedor.

(221) O "poder de compra" é relevante, uma vez que compradores importantes não serão facilmente forçados a aceitar a subordinação sem obterem pelo menos parte das eventuais eficiências. Por conseguinte, a subordinação não baseada em eficiências constitui sobretudo um risco no caso de compradores que não possuam um poder de compra significativo.

(222) Quando são detectados efeitos anticoncorrenciais consideráveis, surge a questão de uma eventual isenção ao abrigo do n.º 3 do artigo 81.º, desde que a empresa não se encontre em posição dominante. As obrigações de subordinação podem ajudar a produzir eficiências resultantes de produção ou de distribuição conjuntas. No caso de o produto subordinado não ser fabricado pelo fornecedor, pode igualmente surgir uma eficiência por parte do fornecedor que adquire grandes quantidades do produto subordinado. Para que a subordinação seja objecto de isenção deve contudo ser demonstrado que pelo menos parte destas reduções em termos de custos se repercutem no consumidor. A subordinação não é por conseguinte normalmente objecto de isenção, quando o retalhista consegue obter, numa base regular, fornecimentos dos mesmos produtos ou de produtos equivalentes em melhores condições ou condições idênticas às oferecidas pelo fornecedor que aplica a prática de subordinação. Pode existir uma outra eficiência quando a subordinação ajuda a garantir uma certa uniformidade e normalização em termos de qualidade (ver eficiência 8). Contudo, é preciso que seja demonstrado que os efeitos positivos não podem ser realizados da uma forma igualmente eficaz exigindo que o comprador utilize ou revenda produtos que satisfaçam normas mínimas de qualidade sem exigir que o comprador os adquira ao fornecedor ou a alguém por ele designado. Os requisitos relativos às normas mínimas de qualidade não serão normalmente abrangidos pelo n.º 1 do artigo 81.º Quando o fornecedor do produto subordinante impõe ao comprador os fornecedores a quem este deve adquirir o produto subordinado, por exemplo, devido ao facto de não ser possível a formulação das normas mínimas de qualidade, tal pode também não ser abrangido pelo n.º 1 do artigo 81.º, especialmente quando o fornecedor do produto subordinante não obtém um benefício (financeiro) directo da designação dos fornecedores do produto subordinado.

(223) O efeito de preços supracompetitivos é considerado em si mesmo anticoncorrencial. O efeito de encerramento depende da percentagem subordinada das

vendas totais no mercado do produto subordinado. Quanto à questão do que possa ser considerado um encerramento considerável, nos termos do n.º 1 do artigo 81.º, pode ser aplicada a análise da marca única. Acima do limiar de quota de mercado 30% é improvável a concessão de uma isenção à subordinação, a não ser que sejam repercutidas eficiências evidentes, pelo menos em parte, nos consumidores. É ainda menos provável a concessão de uma isenção, quando a subordinação é combinada com uma obrigação de não concorrência, quer no que se refere ao produto subordinado quer ao produto subordinante.

(224) É provável a verificação negativa da isenção por categoria no caso de a subordinação não dar origem a quaisquer eficiências ou quando tais eficiências não são repercutidas no consumidor (ver n.º 222). A verificação negativa é igualmente provável no caso de efeito cumulativo, quando a maior parte dos fornecedores impõe acordos de subordinação semelhantes sem que as eventuais eficiências sejam transmitidas pelo menos em parte aos consumidores.

2.8. Preços de revenda recomendados e máximos

(225) A prática de recomendar um preço de revenda a um revendedor ou exigir ao revendedor o respeito de um preço de revenda máximo é – sem prejuízo das observações relativamente à manutenção dos preços de revenda constantes dos n.ºs 46 a 56 – abrangida pelo Regulamento de Isenção por Categoria, quando a quota de mercado do fornecedor não ultrapassa o limiar de 30%. Em relação aos casos superiores ao limiar da quota de mercado e aos casos de verificação negativa da isenção por categoria, são dadas as seguintes orientações.

(226) Os eventuais riscos em termos de concorrência dos preços máximos e recomendados são em primeiro lugar que os preços máximos e recomendados funcionem como um ponto de referência para os revendedores e possam ser seguidos pela maior parte ou por todos eles. Um segundo risco em termos de concorrência é que os preços máximos e recomendados possam facilitar uma colusão entre fornecedores.

(227) O factor mais importante para apreciar os eventuais efeitos anticoncorrenciais dos preços de revenda máximos ou recomendados é a "posição do fornecedor no mercado". Quanto mais forte for a posição do fornecedor no mercado, maior será o risco de que um preço de revenda máximo ou recomendado conduza a uma aplicação mais ou menos uniforme desse nível de preços por parte dos revendedores, uma vez que a podem usar como ponto de referência. Podem considerar difícil desviar-se do que consideram ser o preço de revenda preferido proposto por um fornecedor importante no mercado. Nestas circunstâncias, a prática de impor um preço de revenda máximo ou recomendar um preço de revenda pode infringir o n.º 1 do artigo 81.º, se conduzir a um nível de preços uniforme.

(228) O segundo factor mais importante para apreciar os eventuais efeitos anticoncorrenciais da prática de preços de revenda máximos ou recomendados

é a "posição dos concorrentes no mercado". Especialmente num oligopólio estreito, a prática de utilizar ou publicar preços máximos ou recomendados pode facilitar a colusão entre os fornecedores através da troca de informações sobre o nível de preços preferidos e da redução da possibilidade de preços de revenda inferiores. A prática de impor um preço de revenda máximo ou recomendar preços de revenda que conduzam a esses efeitos que podem igualmente infringir o n.º 1 do artigo 81.º.

2.9. Outras restrições verticais

(229) As restrições verticais e combinações descritas são apenas uma amostragem. Existem outras restrições e combinações relativamente às quais não é dada no presente documento qualquer orientação directa. Serão contudo tratadas segundo os mesmos princípios, com a ajuda das mesmas regras de carácter geral e com o mesmo ênfase relativamente ao seu efeito no mercado.

ACORDOS DE TRANSFERÊNCIA DE TECNOLOGIA

Comunicação da Comissão*

I. INTRODUÇÃO

1. As presentes orientações definem os princípios que regem a apreciação dos acordos de transferência de tecnologia ao abrigo do artigo 81.º do Tratado. Os acordos de transferência de tecnologia dizem respeito à concessão de licenças relativas a tecnologias, em que o licenciante autoriza o licenciado a explorar a tecnologia licenciada para a produção de bens ou serviços, tal como definido na alínea 1) do artigo 1.º do Regulamento (CE) n.º 772/2004 da Comissão relativo à aplicação do n.º 3 do artigo 81.º do Tratado a categorias de acordos de transferência de tecnologia (a seguir denominado RICTT)[1].

2. As orientações têm por objectivo fornecer directrizes sobre a aplicação do RICTT, bem como sobre a aplicação do artigo 81.º aos acordos de transferência de tecnologia que não são abrangidos pelo âmbito de aplicação do RICTT. O RICTT e as orientações não prejudicam uma eventual aplicação paralela do artigo 82.º do Tratado aos acordos de concessão de licenças[2].

3. As normas estabelecidas nas presentes Orientações devem ser aplicadas de acordo com as circunstâncias específicas de cada caso, o que exclui uma aplicação mecânica. Cada caso deve ser apreciado em função das suas características próprias e as orientações devem ser aplicadas de forma razoável e flexível. Os exemplos apresentados são apenas ilustrativos e não pretendem ser exaustivos. A Comissão continuará a analisar o funcionamento do RICTT e as orientações no âmbito do

---

* Comunicação da Comissão "Orientações relativas à aplicação do artigo 81.º do Tratado CE aos acordos de transferência de tecnologia" (Texto relevante para efeitos do EEE) – JO, C 101, de 27.4.2004, pp. 2-42.

[1] JO L 123, de 27.4.2004, p. 11. Este regulamento substitui o Regulamento (CE) n.º 240/96 da Comissão, de 31 de Janeiro de 1996, relativo à aplicação do n.º 3 do artigo 81.º do Tratado a certas categorias de acordos de transferência de tecnologia, JO 1996 L 31, p. 2.

[2] Ver processos apensos C-395/96 P e C-396/96 P, *Compagnie Maritime Belge*, [2000] Col. I-1365, ponto 130, e ponto 106 das Orientações da Comissão relativas à aplicação do n.º 3 do artigo 81.º do Tratado.

novo sistema de aplicação criado pelo Regulamento 1/2003[1], a fim de tomar em consideração a necessidade de eventuais alterações.

4. As presentes orientações são aplicáveis sem prejuízo da interpretação do artigo 81.º e do RICCT susceptível de ser dada pelo Tribunal de Justiça e pelo Tribunal de Primeira Instância.

II. PRINCÍPIOS GERAIS

1. O artigo 81.º e os direitos de propriedade intelectual

5. O objectivo global do artigo 81.º consiste em salvaguardar a concorrência no mercado, a fim de promover o bem-estar dos consumidores e uma afectação eficaz dos recursos. O n.º 1 do artigo 81.º proíbe todos os acordos e práticas concertadas entre empresas e todas as decisões de associações de empresas[2], susceptíveis de afectar o comércio entre os Estados-Membros[3] e que tenham por objecto ou por efeito impedir, restringir ou falsear a concorrência[4]. Em derrogação a esta regra, o n.º 3 do artigo 81.º estabelece que a proibição prevista no n.º 1 do artigo 81.º pode ser declarada inaplicável no caso de acordos entre empresas que contribuam para melhorar a produção ou a distribuição dos produtos ou para promover o progresso técnico e económico, contanto que aos utilizadores se reserve uma parte equitativa do lucro daí resultante e que não imponham às empresas em causa quaisquer restrições que não sejam indispensáveis à consecução desses objectivos, nem dêem a essas empresas a possibilidade de eliminar a concorrência relativamente a uma parte substancial dos produtos em causa.

6. A legislação relativa à propriedade intelectual confere direitos exclusivos aos titulares de patentes, direitos de autor, desenhos e modelos, marcas e outros direitos legalmente protegidos. O titular do direito de propriedade intelectual está habilitado por lei a impedir qualquer utilização não autorizada da sua propriedade intelectual e a explorá-la, nomeadamente, concedendo-a sob licença a terceiros. Logo que um produto que inclua um direito de propriedade intelectual tenha sido colocado no mercado no EEE pelo titular ou com a sua autorização, o direito de propriedade intelectual fica esgotado no sentido em que o titular não pode conti-

---

[1] Regulamento (CE) n.º 1/2003 do Conselho relativo à execução das regras de concorrência estabelecidas nos artigos 81.° e 82.° do Tratado – JO, L 1, de 4.1.2003, p. 1.

[2] Seguidamente, o termo *"acordo"* inclui as práticas concertadas e as decisões de associações de empresas.

[3] Ver Comunicação da Comissão sobre o conceito de efeito no comércio entre Estados Membros constante dos artigos 81.º e 82.º do Tratado.

[4] Seguidamente, o termo *"restrição"* inclui os actos destinados a impedir e a falsear a concorrência.

nuar a utilizá-lo para controlar a venda do produto[1] (princípio do esgotamento comunitário). O titular do direito não tem o direito, no âmbito da legislação relativa à propriedade intelectual, de impedir a venda pelos licenciados ou pelos compradores de tais produtos que incorporam a tecnologia licenciada[2]. O princípio do esgotamento na Comunidade é consentâneo com a função essencial dos direitos de propriedade intelectual, que consiste em conceder ao titular o direito de impedir outras pessoas de explorarem a sua propriedade intelectual sem o seu consentimento.

7. O facto de a legislação relativa à propriedade intelectual conceder direitos de exploração exclusivos não significa que os direitos de propriedade intelectual sejam excluídos da aplicação do direito da concorrência. Os artigos 81.º e 82.º são, em especial, aplicáveis aos acordos através dos quais o titular concede licenças a outra empresa para esta explorar os seus direitos de propriedade intelectual[3]. Tal não significa também que exista um conflito intrínseco entre os direitos de propriedade intelectual e as regras comunitárias em matéria de concorrência. Com efeito, estes dois corpos legislativos têm o mesmo objectivo fundamental, que consiste em promover o bem-estar dos consumidores, bem como uma afectação eficaz dos recursos. A inovação constitui uma componente essencial e dinâmica de uma economia de mercado aberta e competitiva. Os direitos de propriedade intelectual favorecem uma concorrência dinâmica, incentivando as empresas a investirem no desenvolvimento de produtos e de processos novos ou melhorados. O mesmo faz a concorrência, na medida em que pressiona as empresas a inovar. Por esta razão, tanto os direitos de propriedade intelectual como a concorrência são necessários para promover a inovação e garantir que esta é explorada em condições competitivas.

8. Na apreciação dos acordos de licença ao abrigo do artigo 81.º deve ter-se em conta que a criação de direitos de propriedade intelectual implica muitas vezes investimentos substanciais e que se trata frequentemente de um esforço que inclui riscos. Para não reduzir a concorrência dinâmica e manter o incentivo para inovar, o inovador não deve ser indevidamente limitado na exploração dos direitos de propriedade intelectual que vierem a revelar-se com valor. Por estas razões, o inovador deve normalmente ter a liberdade de procurar compensações para projectos com

---

[1] Este princípio do esgotamento de um direito na Comunidade encontra-se, nomeadamente, consagrado no n.º 1 do artigo 7.º da Directiva 104/89/CEE que harmoniza as legislações dos Estados Membros em matéria de marcas, JO L 40 de 11.2.1989, p. 1, e estabelece que o direito conferido pela marca não permite ao seu titular proibir o uso desta para produtos comercializados na Comunidade sob essa marca pelo titular ou com o seu consentimento.

[2] Em contrapartida, a venda de cópias de uma obra protegida não provoca o esgotamento dos direitos de execução, incluindo os direitos de locação, desta obra. Ver relativamente a este aspecto, o processo 158/86, *Warner Brothers e Metronome Video*, [1998] Col. 2605 e processo C-61/97, *Foreningen af danske videogramdistributører*, [1998] Col. I-5171.

[3] Ver por exemplo os processos apensos 56/64 e 58/64, *Consten and Grundig*, [1966] Col. 429.

êxito, que se revelem suficientes para manter incentivos ao investimento, tomando em consideração os projectos que não tiverem êxito. A concessão de licenças de tecnologia pode igualmente exigir que o licenciado realize investimentos irrecuperáveis significativos na tecnologia licenciada e activos de produção necessários para a explorar. O artigo 81.º não pode ser aplicado sem tomar em consideração esses investimentos *ex ante* realizados pelas partes e os riscos a eles associados. O risco com que as partes se confrontam e os investimentos irrecuperáveis que devem ser suportados podem assim levar a que o acordo não seja abrangido pelo n.º 1 do artigo 81.º ou preencha as condições do n.º 3 do artigo 81.º, consoante o caso, durante o período necessário para a rentabilização do investimento.

9. Quando se aprecia acordos de concessão de licenças ao abrigo do artigo 81.º, o actual enquadramento é suficientemente flexível para tomar em consideração os aspectos dinâmicos da concessão de licenças de tecnologia. Não existe uma presunção de que os direitos de propriedade intelectual e os acordos de licença enquanto tal suscitam problemas de concorrência. A maior parte dos acordos de licença não restringem a concorrência e criam eficiências pró-competitivas. Na realidade, a concessão de licenças enquanto tal é pró-competitiva, uma vez que conduz à divulgação de tecnologias e promove a inovação. Para além disso, mesmo os acordos de licença que restringem a concorrência podem dar frequentemente origem a ganhos de eficiência favoráveis à concorrência, que devem ser apreciados ao abrigo do n.º 3 do artigo 81.º e que permitem compensar os efeitos negativos sobre a concorrência[1]. A grande maioria dos acordos de licença é, por conseguinte, compatível com o artigo 81.º.

2. Quadro geral de aplicação do artigo 81.º

10. O n.º 1 do artigo 81.º proíbe os acordos que tenham por objectivo ou efeito restringir a concorrência. O n.º 1 do artigo 81.º é aplicável tanto a restrições da concorrência entre as partes num acordo como a restrições da concorrência entre qualquer uma delas e terceiros.

11. A apreciação para se verificar se um acordo de licença restringe a concorrência deve efectuar-se em função do contexto real em que a concorrência se exerceria na ausência do acordo com as suas alegadas restrições[2]. Ao proceder a esta apreciação, é necessário tomar em consideração o impacto provável do acordo sobre a *concorrência intertecnologias* (isto é, a concorrência entre empresas que utilizam tecnologias concorrentes) e sobre a *concorrência intratecnologia* (isto é, a

---

[1] A metodologia para a aplicação do n.º 3 do artigo 81.º é estabelecida nas Orientações da Comissão relativas à aplicação do n.º 3 do artigo 81.º do Tratado.

[2] Ver processo 56/65, *Société Technique Minière*, [1966] Col. 337 e processo C-7/95 P, *John Deere*, [1998] Col. I-3111, ponto 76.

concorrência entre empresas que utilizam a mesma tecnologia)[1]. O n.º 1 do artigo 81.º proíbe restrições da concorrência intertecnologias e da concorrência intratecnologia. É, por conseguinte, necessário, apreciar em que medida o acordo afecta ou é susceptível de afectar estes dois aspectos da concorrência no mercado.

12. As duas perguntas que se seguem proporcionam um enquadramento útil para a realização desta apreciação. A *primeira pergunta* diz respeito ao impacto do acordo na *concorrência intertecnologias,* enquanto a segunda se refere ao impacto do acordo na *concorrência intratecnologia*. Uma vez que a concorrência intertecnologias e a concorrência intratecnologia são susceptíveis de serem simultaneamente afectadas por restrições, pode afigurar-se necessário apreciar uma restrição à luz das duas perguntas, antes de se poder concluir que a concorrência, na acepção do n.º 1 do artigo 81.º, é restringida:

(*a*) O acordo de licença restringe a concorrência real ou potencial que teria existido sem o acordo previsto? Em caso afirmativo, o acordo pode ser abrangido pelo n.º 1 do artigo 81.º. Ao realizar esta apreciação, é necessário tomar em consideração a concorrência entre as partes e a concorrência de terceiros. Por exemplo, quando duas empresas estabelecidas em Estados-Membros diferentes concedem licenças cruzadas de tecnologias concorrentes e se comprometem a não vender produtos nos mercados nacionais da outra empresa, a concorrência (potencial) que existia antes do acordo é restringida. Do mesmo modo, quando um licenciante impõe aos seus licenciados uma obrigação de não utilização de tecnologias concorrentes e estas obrigações excluem as tecnologias de terceiros, a concorrência real ou potencial que teria existido na ausência do acordo é restringida.

(*b*) O acordo restringe a concorrência real ou potencial que teria existido na ausência da ou das restrições contratuais? Em caso afirmativo, o acordo pode ser abrangido pelo n.º 1 do artigo 81.º. Por exemplo, quando um licenciante restringe os seus licenciados de competirem entre si, a concorrência (potencial) que poderia ter existido entre os licenciados na ausência das restrições é limitada. Tais restrições incluem a fixação vertical de preços e restrições de vendas territoriais ou a clientes entre licenciados. Contudo, certas restrições podem em certos casos não ser abrangidas pelo n.º 1 do artigo 81.º, quando a restrição é objectivamente necessária para a existência de um acordo desse tipo ou dessa natureza[2]. Tal exclusão da aplicação do n.º 1 do artigo 81.º só pode ser aplicada com base em factores objectivos externos às próprias partes e não com base nos pontos de vista subjectivos e nas características das partes. A questão não é de saber se as partes na sua situação específica não teriam aceite concluir um acordo menos restritivo, mas se, dada a natureza do acordo e as características do mercado, não teria sido concluído um acordo menos

---

[1] Ver relativamente a este aspecto, por exemplo, o acórdão proferido no processo *Consten and Grundig,* citado.

[2] Ver relativamente a este aspecto, o acórdão proferido no processo *Société Technique Minière,* citado, e o processo 258/78, *Nungesser,* [1982] Col. 2015.

restritivo por empresas num contexto semelhante. Por exemplo, as restrições territoriais num acordo entre não concorrentes podem não ser abrangidas pelo âmbito de aplicação do n.º 1 do artigo 81.º, durante um certo período, se forem objectivamente necessárias para um licenciado penetrar num novo mercado.

Do mesmo modo, uma proibição imposta a todos os licenciados de não venderem a certas categorias de utilizadores finais pode não ser restritiva da concorrência, se tal restrição for objectivamente necessária por razões de segurança ou de saúde relacionadas com a natureza perigosa do produto em questão. Não são suficientes as alegações de que, na ausência de uma restrição, o fornecedor teria recorrido a uma integração vertical. As decisões quanto a recorrer ou não à integração vertical dependem de uma vasta gama de factores económicos complexos, alguns dos quais são próprios à empresa em causa.

13. Ao aplicar o enquadramento analítico definido no ponto anterior, deve tomar-se em consideração que o n.º 1 do artigo 81.º estabelece uma distinção entre os acordos que têm uma restrição da concorrência como objectivo e os acordos que têm uma restrição da concorrência como efeito. Um acordo ou restrição contratual só é proibido pelo n.º 1 do artigo 81.º se tiver por objectivo ou efeito restringir a concorrência intertecnologias e/ou a concorrência intratecnologia.

14. As restrições da concorrência por objectivo são as que, pela sua própria natureza, restringem a concorrência. Trata-se de restrições que, tendo em conta os objectivos das regras comunitárias em matéria de concorrência, têm um potencial de efeitos negativos sobre a concorrência tão elevado que não é necessário demonstrar o impacto real sobre o mercado para efeitos da aplicação do n.º 1 do artigo 81.º[1]. Além disso, é pouco provável que, no caso das restrições por objectivo, estejam preenchidas as condições enunciadas no n.º 3 do artigo 81.º. Vários factores permitem apreciar se um acordo tem ou não por objectivo uma restrição da concorrência. Trata-se nomeadamente do conteúdo do acordo e a finalidade objectiva que prossegue. Pode igualmente ser necessário tomar em consideração o contexto em que é ou será aplicado, bem como a conduta e o comportamento efectivo das partes no mercado[2]. Por outras palavras, pode afigurar-se necessária uma análise dos factos subjacentes ao acordo e das circunstâncias específicas do seu funcionamento, antes de se poder concluir se uma determinada restrição constitui uma restrição grave da concorrência. A forma como um acordo é efectivamente aplicado pode revelar uma restrição por objectivo, ainda que o acordo formal não inclua qualquer disposição expressa nesse sentido. A prova da intenção subjectiva das partes de restringir a concorrência constitui um factor relevante, mas não uma condição necessária.

---

[1] Ver relativamente a este aspecto, por exemplo, o processo C-49/92 P, *Anic Partecipazioni*, [1999] Col. I-4125, ponto 99.

[2] Ver processos apensos 29/83 e 30/83, *CRAM e Rheinzink*, [1984] Col. 1679, ponto 26 e processos apensos 96/82 e outros, *ANSEAU-NAVEWA*, [1983] Col. 3369, pontos 23-25.

Quanto aos acordos de licença, a Comissão considera que as restrições abrangidas pela lista de restrições graves da concorrência incluída no artigo 4.º do RICTT constituem restrições por objectivo.

15. Se um acordo não for restritivo da concorrência em função do seu objectivo, é necessário analisar-se se tem efeitos restritivos na concorrência. Deve tomar-se em consideração tanto os efeitos reais como os potenciais[1]. Por outras palavras, o acordo deve ter *provavelmente* efeitos anticoncorrenciais. Para que os acordos de licença sejam restritivos da concorrência por efeito devem afectar a concorrência real ou potencial numa medida tal que se possa esperar, com um grau de probabilidade razoável, que produzam efeitos negativos sobre os preços, a produção, a inovação ou a variedade e a qualidade dos bens e dos serviços no mercado relevante. Os efeitos negativos prováveis sobre a concorrência devem ser significativos[2]. Um acordo é susceptível de ter efeitos anticoncorrenciais significativos quando, pelo menos, uma das partes tem ou obtém um certo grau de poder de mercado e o acordo contribui para a criação, manutenção ou reforço desse poder de mercado ou permite às partes explorarem esse poder de mercado. O poder de mercado é a capacidade de manter preços acima dos níveis competitivos ou a produção em termos de quantidade e qualidade dos produtos e variedade ou inovação abaixo de níveis competitivos durante um período de tempo que não seja negligenciável. O grau de poder de mercado normalmente exigível para concluir da existência de uma infracção nos termos do n.º 1 do artigo 81.º é menor do que o grau de poder de mercado exigido para concluir da existência de uma posição dominante nos termos do artigo 82.º.

16. Para analisar restrições da concorrência por efeito, é normalmente necessário definir o mercado relevante e examinar e apreciar, nomeadamente, a natureza dos produtos e das tecnologias em causa, a posição das partes, dos concorrentes e dos compradores no mercado, a presença de concorrentes potenciais, bem como o nível dos obstáculos à entrada. Em alguns casos, contudo, pode ser possível demonstrar efeitos anticoncorrenciais directamente através da análise do comportamento no mercado das partes no acordo. Pode, por exemplo, considerar-se que um acordo conduziu a aumentos de preços.

17. Os acordos de licença, todavia, têm também um potencial pró--competitivo significativo. Na realidade, a vasta maioria dos acordos de licença são pró-competitivos. Com efeito, podem promover a inovação permitindo aos inovadores obter um rendimento que cubra pelo menos parcialmente os seus custos

---

[1] Ver o acórdão proferido no processo *John Deere*, [1998] citado.

[2] Encontram-se orientações sobre a questão do carácter sensível na Comunicação da Comissão relativa aos acordos de pequena importância que não restringem sensivelmente a concorrência nos termos do n.º 1 do artigo 81.º do Tratado – JO, C 368, de 22.12.2001, p. 13. A Comunicação define o carácter sensível pela negativa. Os acordos, que não são abrangidos pelo âmbito da Comunicação *de minimis*, não têm necessariamente efeitos restritivos significativos, mas é necessária uma apreciação individual.

de investigação e desenvolvimento. Os acordos de licença conduzem igualmente à divulgação de tecnologias, que podem criar valor ao reduzir os custos de produção do licenciado ou ao permitir-lhe fabricar produtos novos ou produtos melhorados. Os ganhos de eficiência realizados a nível do licenciado provêm frequentemente de uma combinação da tecnologia do licenciante e dos activos e das tecnologias do licenciado. Uma tal integração de activos e tecnologias complementares pode conduzir a uma configuração custos/produção que não seria possível de outro modo.

Por exemplo, a combinação das tecnologias melhoradas pertencentes ao licenciante e dos activos de produção e de distribuição mais eficientes pertencentes ao licenciado podem permitir a redução dos custos de produção ou conduzir ao fabrico de um produto de melhor qualidade. A concessão de licenças pode igualmente servir o objectivo pró-competitivo de suprimir obstáculos ao desenvolvimento e exploração da própria tecnologia do licenciado. Em especial em sectores em que prevaleçam grandes números de patentes, a concessão de licenças ocorre frequentemente a fim de criar liberdade de concepção, suprimindo o risco de alegações de infracção por parte do licenciante. Quando o licenciante concorda em não invocar os seus direitos de propriedade intelectual para impedir a venda dos produtos do licenciado, o acordo suprime um obstáculo à venda do produto do licenciado, promovendo geralmente desta forma a concorrência.

18. Nos casos em que um acordo de licença é abrangido pelo âmbito de aplicação do n.º 1 do artigo 81.º, os efeitos pró-competitivos do acordo devem ser compensados face aos seus efeitos restritivos no contexto do n.º 3 do artigo 81.º. Quando estiverem preenchidas as quatro condições previstas no n.º 3 do artigo 81.º, o acordo de licença restritivo em questão é válido e aplicável, não podendo ser exigida qualquer outra decisão prévia para o efeito[1]. As restrições graves da concorrência apenas satisfazem as condições previstas no n.º 3 do artigo 81.º em circunstâncias excepcionais. Em geral, tais acordos não satisfazem (pelo menos) uma das duas primeiras condições previstas no n.º 3 do artigo 81.º. Geralmente não apresentam vantagens económicas objectivas, nem benefícios para os consumidores. Além disso, os acordos deste tipo também não satisfazem em geral a terceira condição relativa ao carácter indispensável das restrições. Por exemplo, se as partes fixam o preço a que os produtos fabricados sob licença devem ser vendidos, isto conduzirá geralmente a uma produção inferior e a uma afectação incorrecta de recursos, bem como a preços mais elevados para os consumidores. A restrição a nível dos preços também não é indispensável para atingir as eventuais eficiências resultantes da disponibilidade das duas tecnologias para ambos os concorrentes.

---

[1] Ver n.º 2 do artigo 1.º do Regulamento n.º 1/2003 do Conselho.

3. Definição de mercado

19. A abordagem da Comissão em matéria de definição de mercado relevante consta da sua comunicação relativa à definição de mercado[1]. As presentes orientações abordam apenas os aspectos da definição de mercado que apresentam uma importância especial no domínio dos acordos de licença de tecnologia.

20. A tecnologia é um factor que está integrado quer num produto quer num processo de produção. A concessão de licenças de tecnologia pode, por conseguinte, afectar a concorrência tanto no mercado dos factores de produção, como no mercado da produção propriamente dita. Por exemplo, um acordo entre duas partes que vendem produtos concorrentes e que se concedem mutuamente as licenças respectivas para as tecnologias relativas ao fabrico desses produtos pode restringir a concorrência no mercado do produto relevante. Pode igualmente restringir a concorrência no mercado das tecnologias e eventualmente também noutros mercados de factores de produção.

Para apreciar os efeitos de acordos de licença sobre a concorrência, pode por conseguinte revelar-se necessário definir o mercado relevante dos bens e serviços (mercado do produto), bem como o mercado da tecnologia[2]. A expressão "mercado do produto" utilizada no artigo 3.º do RICTT refere-se aos mercados dos bens e serviços relevantes nas suas dimensões geográfica e de produto. Tal como decorre claramente do n.º 1, alínea j), do artigo 1.º do RICTT, a expressão é utilizada apenas para estabelecer uma distinção entre o mercado dos bens e serviços relevante e o mercado da tecnologia relevante.

21. O RICTT e as presentes orientações dizem respeito aos efeitos nos mercados dos produtos finais e dos produtos intermédios. O mercado do produto relevante inclui produtos considerados pelos compradores como intersubstituíveis ou substituíveis em relação aos produtos contratuais que integram a tecnologia licenciada, devido às características dos produtos, aos seus preços e à utilização pretendida.

22. O mercado da tecnologia inclui a tecnologia licenciada e os seus substitutos, ou seja, outras tecnologias que são consideradas pelos licenciados como intersubstituíveis ou substituíveis em relação à tecnologia licenciada, devido às características das tecnologias, às suas *royalties* e à utilização pretendida. O método utilizado para definir o mercado da tecnologia assenta nos mesmos princípios que o utilizado para definir o mercado do produto. A partir da tecnologia comercializada pelo licenciante, é conveniente identificar as outras tecnologias que os licenciados poderão passar a utilizar em reacção a um aumento ligeiro mas permanente dos pre-

---

[1] Comunicação da Comissão relativa à definição de mercado relevante para efeitos do direito comunitário da concorrência – JO, C 372, de 9.12.1997, p. 1.

[2] Quanto a estas distinções ver igualmente as Orientações da Comissão sobre a aplicação do artigo 81.º do Tratado CE aos acordos de cooperação horizontal – JO, C 3, de 6.1.2001, p. 2, pontos 44 a 52.

ços relativos, isto é, das *royalties*. Uma outra abordagem consiste em considerar os produtos que incorporam a tecnologia licenciada (ver ponto 23).

23. Após a definição dos mercados relevantes, é conveniente atribuir quotas de mercado às diferentes fontes de concorrência que nele operam e que são utilizadas como indicador do poder relativo dos diferentes operadores. No caso dos mercados da tecnologia, uma forma de proceder consiste em calcular quotas de mercado com base na parte de cada tecnologia nas receitas totais constituídas pelas *royalties*, que representam uma quota da tecnologia no mercado em que diferentes tecnologias concorrentes são licenciadas. Contudo, isto pode frequentemente ser uma simples forma teórica e não muito prática de proceder, devido à falta de informações claras sobre as *royalties*, etc. Uma abordagem alternativa, a utilizada no n.º 3 do artigo 3.º do RICTT, consiste em calcular as quotas de mercado no mercado da tecnologia com base nas vendas de produtos que incorporam a tecnologia licenciada nos mercados do produto a jusante (ver ponto 70). Nesta abordagem, todas as vendas no mercado do produto relevante são tomadas em consideração, independentemente do facto de o produto incorporar uma tecnologia licenciada. No caso dos mercados da tecnologia, justifica-se a abordagem do n.º 3 do artigo 3.º, a fim de tomar em consideração tecnologias que são (apenas) utilizadas internamente. Na realidade, esta abordagem é geralmente um bom indicador da relevância da tecnologia. Em primeiro lugar, considera qualquer concorrência potencial de empresas que fabricam os produtos com a sua própria tecnologia e que são susceptíveis de começar a licenciá-la em reacção a um ligeiro mas permanente aumento do preço das licenças. Em segundo lugar, mesmo que seja pouco provável que outros titulares da tecnologia comecem a licenciá-la, o licenciante não tem necessariamente poder no mercado da tecnologia, ainda que obtenha uma parte elevada das receitas de licenças. Se o mercado do produto situado a jusante for competitivo, a concorrência que se exerce a esse nível pode efectivamente limitar o licenciante. Um aumento das *royalties* a montante afecta os custos do licenciado, o que o torna menos competitivo e lhe faz perder vendas. A parte detida por uma tecnologia num mercado do produto reflecte igualmente este elemento e constitui, por conseguinte, normalmente um bom indicador do poder de mercado do licenciante. Em casos individuais não abrangidos pela zona de protecção proporcionada pelo RICTT, pode revelar-se necessário, quando for possível na prática, aplicar as duas abordagens anteriormente referidas, a fim de apreciar com mais exactidão o poder de mercado do licenciante.

24. Além disso, fora da zona de protecção proporcionada pelo RICTT, deve ser igualmente tomado em consideração, que a quota de mercado pode nem sempre constituir uma indicação correcta do poder relativo das tecnologias disponíveis. Por conseguinte, a Comissão terá também em conta, nomeadamente, o número de tecnologias disponíveis controladas independentemente, para além das tecnologias controladas pelas partes no acordo, susceptíveis de serem substituíveis em relação à tecnologia licenciada a custos comparáveis para o utilizador (ver ponto 131).

25. Certos acordos de licença podem afectar os mercados da inovação. Contudo, quando a Comissão analisa estes efeitos, limita-se normalmente a exami-

nar o impacto do acordo sobre a concorrência nos mercados do produto e da tecnologia existentes[1]. A concorrência nesses mercados pode ser afectada por acordos que atrasam a introdução de produtos melhorados ou de novos produtos que, a prazo, substituirão os produtos existentes. Nesse caso, a inovação constitui uma fonte de concorrência potencial que deve ser tomada em consideração aquando da apreciação do impacto do acordo no mercado do produto e no mercado da tecnologia. Todavia, num número limitado de casos, pode ser útil e necessário definir também os mercados da inovação. É nomeadamente o que acontece quando o acordo afecta a inovação destinada a criar novos produtos e quando é possível determinar muito cedo os pólos de investigação e desenvolvimento[2]. Pode então determinar-se se, após o acordo, se manterá um número de pólos de investigação e desenvolvimento competitivos suficiente para que uma concorrência efectiva se mantenha no domínio da inovação.

4. Distinção entre concorrentes e não concorrentes

26. Em geral, os acordos entre concorrentes apresentam maiores riscos para a concorrência do que os acordos entre não concorrentes. Contudo, a concorrência entre empresas que utilizam a mesma tecnologia (concorrência intratecnologia entre licenciados) constitui um complemento importante para a concorrência entre as empresas que utilizam tecnologias concorrentes (concorrência intertecnologias). A concorrência intratecnologia pode, por exemplo, dar origem a preços mais reduzidos dos produtos que englobam a tecnologia em causa, o que pode não apenas trazer vantagens directas e imediatas para os consumidores desses produtos, mas igualmente promover a concorrência entre empresas que utilizam tecnologias concorrentes. No contexto da concessão de licenças, é necessário igualmente ter em conta o facto de os licenciados venderem o seu próprio produto e não revenderem um produto fornecido por outra empresa. Por conseguinte, poderá existir uma maior possibilidade de diferenciação dos produtos e da concorrência com base na qualidade entre licenciados do que no caso de acordos verticais para a revenda de produtos.

27. A fim de determinar a relação concorrencial entre as partes, é necessário examinar se estas teriam sido concorrentes reais ou potenciais no caso de o acordo não ter existido. Se sem o acordo as partes não tivessem sido concorrentes reais ou potenciais em nenhum dos mercados relevantes afectados pelo acordo, considera-se que não são concorrentes.

28. Se o licenciante e o licenciado operam ambos no mesmo mercado do produto ou no mesmo mercado da tecnologia sem que uma ou ambas as partes infrin-

---

[1] Ver para esse efeito os pontos 50 a 52 das Orientações sobre os acordos de cooperação horizontal.

[2] Idem, ponto 51.

jam os direitos de propriedade intelectual da outra parte, são *concorrentes reais* no mercado relevante. As partes são consideradas concorrentes reais no mercado da tecnologia se o licenciado já estiver a licenciar a sua tecnologia e o licenciante entrar no mercado da tecnologia através da concessão ao licenciado de uma licença para uma tecnologia concorrente.

29. As partes são consideradas *concorrentes potenciais* no mercado do produto se, na ausência do acordo e sem infringir os direitos de propriedade intelectual da outra parte, tivessem provavelmente realizado os investimentos suplementares necessários para penetrar no mercado relevante em reacção a um aumento ligeiro, mas permanente, dos preços dos produtos. A fim de constituir uma pressão competitiva realista, a entrada deve ser susceptível de se verificar num curto espaço de tempo. Normalmente, afigura-se apropriado um período de um ou dois anos. Contudo, em casos individuais, podem ser tomados em consideração prazos mais longos. O prazo necessário às empresas já presentes no mercado para ajustarem as suas capacidades pode ser utilizado como referência para determinar este período. As partes são, por exemplo, susceptíveis de serem consideradas concorrentes potenciais no mercado do produto, quando o licenciado produz com base na sua própria tecnologia num mercado geográfico e começa a produzir num outro mercado geográfico com base numa tecnologia concorrente licenciada. Nessas circunstâncias, é provável que o licenciado tivesse podido entrar no segundo mercado geográfico com base na sua própria tecnologia, a menos que tal entrada fosse excluída por factores objectivos, incluindo a existência de patentes de bloqueio (ver ponto 32).

30. Considera-se que as partes são concorrentes potenciais no mercado da tecnologia quando possuem tecnologias de substituição, se no caso em apreço, o licenciado não conceda licenças da sua própria tecnologia, desde que seja susceptível de o fazer em reacção a um aumento ligeiro, mas permanente, dos preços da tecnologia em causa. Contudo, para efeitos de aplicação do RICTT, a concorrência potencial no mercado da tecnologia não é tomada em consideração (ver ponto 66).

31. Em alguns casos, as partes podem tornar-se concorrentes posteriormente à conclusão do acordo, uma vez que o licenciado desenvolve e começa a explorar uma tecnologia concorrente. Nesses casos, deve ser tomado em consideração o facto de as partes não serem concorrentes no momento da conclusão do acordo e de o acordo ter sido concluído nesse contexto. Por conseguinte, a Comissão centrar-se-á principalmente no impacto do acordo sobre a capacidade de o licenciado explorar a sua própria tecnologia (concorrente). Em especial, a lista de restrições graves, aplicável a acordos entre concorrentes, não será aplicada a esses acordos, a não ser que o acordo seja posteriormente alterado em qualquer aspecto material, depois de as partes se terem tornado concorrentes (ver o n.º 3 do artigo 4.º do RICTT). As empresas parte no acordo podem igualmente tornar-se concorrentes após a conclusão do acordo, se o licenciado já desenvolvia actividades no mercado do produto antes da licença e se o licenciante posteriormente entrar no mercado do produto quer com base na tecnologia licenciada quer com base numa nova tecnologia. Também neste

caso, a lista de restrições graves relevantes para acordos entre não concorrentes continuará a ser aplicada ao acordo, a não ser que este seja posteriormente alterado em qualquer aspecto material (ver o n.º 3 do artigo 4.º do RICTT).

32. Se as partes possuírem tecnologias que se encontram numa posição de bloqueio unidireccional ou bidireccional, considera-se que não são concorrentes no mercado da tecnologia. Verifica-se uma situação de bloqueio unidireccional quando uma tecnologia não pode ser explorada sem interferir com outra tecnologia. É por exemplo o que acontece quando uma patente cobre um melhoramento de uma tecnologia abrangida por uma outra patente. Nesse caso, a exploração da patente que abrange o melhoramento pressupõe que o titular obtenha uma licença para a patente de base. Verifica-se uma situação de bloqueio bidireccional quando nenhuma das tecnologias pode ser explorada sem interferir com a outra e quando os titulares devem, por conseguinte, obter uma licença ou uma dispensa um do outro. Para determinar se existe uma situação de bloqueio, a Comissão baseia-se em factores objectivos, e não em opiniões subjectivas das partes. São necessárias provas especialmente convincentes da existência de uma posição de bloqueio, se as partes tiverem um interesse comum em alegarem a existência de uma posição de bloqueio, a fim de serem consideradas não concorrentes, por exemplo, quando a alegada posição de bloqueio bidireccional disser respeito a tecnologias, que são tecnologias substituíveis. Como provas pertinentes, podem referir-se decisões judiciais, incluindo injunções e pareceres de peritos independentes. Neste último caso, a Comissão examinará cuidadosamente, em especial, a forma como o perito foi seleccionado.

Todavia, também outras provas convincentes, incluindo provas de peritos das partes, que têm ou tiveram razões boas e válidas para considerar que existe ou existiu uma posição de bloqueio, podem ser relevantes para fundamentar a existência de uma posição de bloqueio.

33. Em certos casos, pode igualmente ser possível concluir que, embora o licenciante e o licenciado fabriquem produtos concorrentes, não são concorrentes no mercado do produto e no mercado da tecnologia relevantes, uma vez que a tecnologia licenciada constitui uma inovação de tal forma radical que a tecnologia do licenciado se tornou obsoleta ou não concorrencial. Nesses casos, a tecnologia do licenciante ou cria um novo mercado ou exclui a tecnologia do licenciado do mercado. Todavia, tal é frequentemente impossível de estabelecer no momento da conclusão do acordo.

Normalmente, é só quando a tecnologia ou os produtos que a incorporam estão disponíveis para os consumidores durante um certo tempo, que se afigura evidente que a antiga tecnologia se tornou obsoleta ou não competitiva. Por exemplo, quando a tecnologia CD foi desenvolvida e os leitores e os discos foram colocados no mercado, não era evidente que esta nova tecnologia substituiria a tecnologia dos LP.

Tal só se tornou evidente anos mais tarde. Por conseguinte, as partes serão consideradas concorrentes se, no momento da conclusão do acordo, não for evidente que a tecnologia do licenciado é obsoleta ou não concorrencial. No entanto, tendo em conta o facto de tanto o n.º 1 como o n.º 3 do artigo 81.º deverem ser aplicados em função do contexto real em que o acordo é concluído, a apreciação poderá ser alterada em caso de evolução significativa da situação. A caracterização da relação entre as partes poderá, por conseguinte, ser alterada para uma relação de não concorrentes se, mais tarde, a tecnologia do licenciado se tornar obsoleta ou não concorrencial no mercado.

III. APLICAÇÃO DO REGULAMENTO DE ISENÇÃO POR CATEGORIA

1. Os efeitos do regulamento de isenção por categoria

34. Os acordos de transferência de tecnologia que satisfaçam as condições enunciadas no RICTT são isentos da proibição prevista no n.º 1 do artigo 81.º. Os acordos que beneficiam da isenção por categoria são legalmente válidos e aplicáveis. Tais acordos só podem ser proibidos para o futuro e apenas mediante a retirada formal da isenção por categoria pela Comissão ou pela autoridade responsável pela concorrência de um Estado-Membro. Os acordos que beneficiam de uma isenção por categoria não podem ser proibidos a título do artigo 81.º por tribunais nacionais no âmbito de litígios entre particulares.

35. A isenção por categoria de acordos de transferência de tecnologia baseia-se na presunção de que tais acordos – na medida em que sejam abrangidos pelo âmbito do n.º 1 do artigo 81.º – satisfazem as quatro condições previstas no n.º 3 do artigo 81.º.

Presume-se, por conseguinte, que esses acordos permitem realizar ganhos de eficiência, que as restrições que incluem são indispensáveis para a obtenção desses ganhos de eficiência, que os consumidores no mercado relevante receberão uma parte equitativa desses ganhos de eficiência e que os acordos não conferirão às empresas em causa a possibilidade de eliminar a concorrência numa parte substancial dos produtos em causa. Os limiares de quota de mercado (artigo 3.º), a lista das restrições graves (artigo 4.º), bem como as restrições excluídas (artigo 5.º) estabelecidos no RICTT têm por objectivo garantir que apenas os acordos restritivos relativamente aos quais se pode razoavelmente presumir que satisfazem as quatro condições previstas no n.º 3 do artigo 81.º beneficiarão da isenção por categoria.

36. Tal como estabelecido na Secção IV, muitos acordos de licença não são abrangidos pelo âmbito do n.º 1 do artigo 81.º, quer porque não restringem a concorrência, quer porque a restrição da concorrência não é significativa[1]. Na medida em que tais acordos seriam de qualquer forma abrangidos pelo âmbito

---

[1] Ver no que se refere a este aspecto a Comunicação relativa aos acordos de pequena importância.

do RICTT, não há necessidade de determinar se são abrangidos pelo n.º 1 do artigo 81.º[1].

37. Fora do âmbito da isenção por categoria, é importante examinar se, no caso individual, o acordo é abrangido pelo n.º 1 do artigo 81.º e, em caso afirmativo, se estão satisfeitas as condições previstas no n.º 3 do mesmo artigo. Não existe qualquer presunção de que os acordos de transferência de tecnologia que estejam fora do âmbito da isenção por categoria são abrangidos pelo n.º 1 do artigo 81.º ou não satisfazem as condições previstas no n.º 3 do mesmo artigo. Em especial, o simples facto de as quotas de mercado das partes ultrapassarem os limiares das quotas de mercado estabelecidos no artigo 3.º do RICTT não constitui uma base suficiente para concluir que o acordo é abrangido pelo âmbito do n.º 1 do artigo 81.º. É necessária uma apreciação individual dos eventuais efeitos do acordo. Só quando os acordos incluem restrições graves da concorrência é que se pode normalmente presumir que são proibidos pelo artigo 81.º.

2. Âmbito de aplicação e vigência do regulamento de isenção por categoria

2.1. Acordos entre duas partes

38. Em conformidade com o disposto no n.º 1 do artigo 2.º do RICTT, o regulamento abrange os acordos de transferência de tecnologia *"entre duas empresas"*, pelo que os acordos de transferência de tecnologia concluídos entre mais de duas empresas não são abrangidos pelo RICTT[2]. O factor decisivo para distinguir os acordos entre duas empresas e os acordos com várias partes reside no facto de o acordo em questão ter sido concluído por mais de duas empresas.

39. Os acordos concluídos entre duas empresas são abrangidos pelo âmbito de aplicação do RICTT, ainda que o acordo inclua disposições aplicáveis a vários níveis da cadeia comercial. Assim, o RICTT é aplicável a um acordo de licença respeitante não apenas ao estádio da produção, mas igualmente ao estádio da distribuição, que especifique as obrigações que o licenciado deve ou pode impor aos revendedores dos produtos fabricados ao abrigo da licença[3].

40. Os acordos de licença concluídos entre mais de duas empresas suscitam frequentemente as mesmas questões do que os acordos de licença da mesma natu-

---

[1] Nos termos do n.º 2 do artigo 3.º do Regulamento 1/2003, os acordos susceptíveis de afectar o comércio entre Estados Membros, mas que não são proibidos pelo artigo 81.º, não podem ser proibidos pela legislação nacional em matéria de concorrência.

[2] Nos termos do Regulamento 19/65 do Conselho, a Comissão não dispõe de poderes para isentar por categoria os acordos de transferência de tecnologia concluídos entre mais de duas empresas.

[3] Ver décimo nono considerando do RICTT e ainda a secção 2.5 infra.

reza concluídos entre duas empresas. Na sua apreciação individual de acordos de licença que são da mesma natureza do que os abrangidos pela isenção por categoria, mas que são concluídos entre mais de duas empresas, a Comissão aplicará por analogia os princípios estabelecidos no RICTT.

2.2. Acordos relativos ao fabrico de produtos contratuais

41. O artigo 2.º do RICTT estabelece que, para que os acordos de licença sejam abrangidos, devem dizer respeito *"ao fabrico de produtos contratuais"*, isto é, produtos que incorporam ou que são fabricados com a tecnologia licenciada. Por outras palavras, para ser abrangida pelo RICTT, a licença deve autorizar o licenciado a explorar a tecnologia licenciada para o fabrico de bens ou serviços (ver sétimo considerando do RICTT). O RICTT não abrange os agrupamentos de tecnologias. A noção de agrupamento de tecnologias abrange acordos através dos quais duas ou mais partes acordam em reunir as suas tecnologias e licenciá-las como um pacote. A noção de agrupamento de tecnologias abrange acordos através dos quais duas ou mais empresas acordam em conceder licenças a terceiros e autorizá-los a concederem eles próprios licenças relativamente ao pacote de tecnologias. Os agrupamentos de tecnologias são abordados na secção IV.4.

42. O RICTT é aplicável aos acordos de licença relativos ao fabrico de produtos contratuais, através dos quais o licenciado é também autorizado a conceder sublicenças da tecnologia licenciada a terceiros, desde que, contudo, o fabrico de produtos contratuais constitua o objectivo principal do acordo. Inversamente, o RICTT não é aplicável a acordos cujo objectivo principal consiste na concessão de sublicenças. Todavia, a Comissão aplicará, por analogia, os princípios estabelecidos no RICTT e nas presentes orientações a tais "acordos-quadro de licença" entre o licenciante e o licenciado. Os acordos entre o licenciado e os sublicenciados são abrangidos pelo RICTT.

43. A expressão *"produtos contratuais"* inclui os bens e serviços fabricados com a tecnologia licenciada, isto é, tanto os casos em que a tecnologia licenciada é utilizada no processo de produção, como os casos em que é integrada no próprio produto. Nas presentes orientações, a expressão "produtos que incorporam a tecnologia licenciada" abrange os dois casos. O RICTT é aplicável a todos os casos em que a tecnologia é licenciada com o objectivo de produzir bens e serviços. Relativamente a este aspecto, é suficiente que o licenciante se comprometa a não exercer os seus direitos de propriedade intelectual contra o licenciado. Na realidade, a essência de uma licença de patente pura é o direito de operar dentro do âmbito do direito exclusivo da patente. Daí resulta que o RICTT também abrange os denominados acordos de não reivindicação e de resolução de litígios, através dos quais o licenciante autoriza o licenciado a produzir dentro do âmbito da patente.

44. O RICTT abrange a "subcontratação", através da qual o licenciante concede uma licença da tecnologia ao licenciado, que se compromete a fabricar deter-

minados produtos exclusivamente para o licenciante com base nessa tecnologia. A subcontratação pode igualmente incluir o fornecimento, por parte do licenciante, de equipamentos a utilizar para a produção dos bens e dos serviços abrangidos pelo acordo. Para que este último tipo de subcontratação seja abrangido pelo RICTT, é a tecnologia licenciada que deve constituir o objecto principal do acordo e não os equipamentos fornecidos. A subcontratação é igualmente abrangida pela Comunicação da Comissão relativa à apreciação dos contratos de fornecimento face ao disposto no n.º 1 do artigo 81.º do Tratado[1]. Em conformidade com a referida comunicação, que se mantém aplicável, os acordos de subcontratação, por força dos quais o subcontratante se compromete a fabricar determinados produtos exclusivamente para o contratante, não são em geral abrangidos pelo n.º 1 do artigo 81.º. Contudo, outras restrições impostas ao subcontratante, tais como a obrigação de não realizar ou explorar a sua própria investigação e desenvolvimento, podem ser abrangidas pelo artigo 81.º[2].

45. O RICTT é igualmente aplicável a acordos através dos quais o licenciado deve realizar trabalhos de desenvolvimento antes de obter um produto ou um processo pronto para exploração comercial, desde que tenha sido identificado um produto contratual. Mesmo que sejam necessários esses trabalhos e investimento suplementar, o objecto do acordo consiste no fabrico de um produto contratual identificado. Por outro lado, o RICTT e as orientações não abrangem acordos através dos quais uma tecnologia é licenciada a fim de permitir ao licenciado continuar a realizar investigação e desenvolvimento em vários domínios. Por exemplo, o RICTT e as orientações não abrangem o licenciamento de um instrumento de investigação tecnológica utilizado na realização de actividades de investigação suplementares. O quadro do RICTT e as orientações baseiam-se na premissa de que existe uma relação directa entre a tecnologia licenciada e um produto contratual identificado. Nos casos em que não existe essa relação, o principal objecto do acordo é a investigação e desenvolvimento por oposição à introdução de um determinado produto no mercado; nesse caso, o quadro analítico do RICTT bem como as orientações podem não ser apropriados. Pelas mesmas razões, o RICTT e as orientações não incluem a subcontratação de investigação e desenvolvimento, através da qual o licenciado se compromete a realizar trabalhos de investigação e desenvolvimento no domínio abrangido pela tecnologia licenciada e a devolver o pacote de tecnologia melhorada ao licenciante. O principal objecto de tais acordos é o fornecimento de serviços de investigação e desenvolvimento destinados a melhorar a tecnologia, por oposição à produção de bens e serviços com base na tecnologia licenciada.

---

[1] Ver JO 1979 C 1, p. 2.
[2] Ver ponto 3 da Comunicação relativa aos contratos de fornecimento.

2.3. O conceito de acordos de transferência de tecnologia

46. O RICTT e as presentes orientações abrangem os acordos de transferência de tecnologia. Nos termos do disposto no n.º 1, alíneas *b*) e *h*), do artigo 1.º do RICTT, a noção de *"tecnologia"* abrange as patentes e os pedidos de patentes, os modelos de utilidade e os pedidos de modelos de utilidade, os direitos sobre desenhos e modelos, os direitos de obtenção vegetal, as topografias de produtos semicondutores, os certificados de protecção suplementar para produtos farmacêuticos ou outros produtos, relativamente aos quais tais certificados de protecção suplementar podem ser obtidos, direitos de autor relativos a suportes lógicos e saber--fazer. A tecnologia licenciada deve permitir ao licenciado fabricar os produtos contratuais com ou sem outros factores de produção.

47. O saber-fazer é definido no n.º 1, alínea *g*), do artigo 1.º como um conjunto de informações práticas não patenteadas, decorrentes da experiência e de ensaios, que são secretas, substanciais e identificadas. *"Secretas"* significa que o saber-fazer não é geralmente conhecido nem de fácil obtenção. *"Substanciais"* significa que o saber-fazer inclui informações significativas e úteis para o fabrico dos produtos abrangidos pelo acordo de licença ou para a aplicação do processo abrangido por esse acordo. Por outras palavras, a informação deve contribuir de forma significativa para facilitar o fabrico dos produtos contratuais. Em casos em que o saber-fazer licenciado diz respeito a um produto por oposição a um processo, esta condição implica que o saber-fazer é útil para o fabrico do produto contratual. Esta condição não é preenchida, quando o produto contratual pode ser fabricado com base na tecnologia livremente disponível. Contudo, a condição não exige que o produto contratual tenha um valor superior aos produtos fabricados com a tecnologia livremente disponível. No caso de tecnologias que incidem sobre um processo, esta condição implica que o saber-fazer é útil, na medida em que pode razoavelmente esperar-se no momento da conclusão do acordo que seja capaz de melhorar significativamente a posição concorrencial do licenciado, reduzindo por exemplo os seus custos de produção. *"Identificadas"* significa que é possível verificar que o saber-fazer licenciado preenche os critérios de carácter secreto e substancial. Esta condição é preenchida quando o saber-fazer licenciado é descrito em manuais ou noutros suportes escritos. Todavia, em alguns casos tal pode não ser razoavelmente possível. O saber-fazer licenciado pode consistir em conhecimentos práticos de que dispõem os trabalhadores do licenciante. Por exemplo, os trabalhadores do licenciante podem dispor de conhecimentos secretos e substanciais sobre um determinado processo de fabrico, que são transmitidos ao licenciado através de formação dos seus trabalhadores. Nesses casos, é suficiente descrever no acordo a natureza geral do saber-fazer e enumerar os trabalhadores que estarão ou estiveram implicados na sua transmissão ao licenciado.

48. A noção de *"transferência"* implica que a tecnologia deve passar de uma empresa para outra. Tal efectua-se normalmente através da concessão de uma licença graças à qual o licenciante concede ao licenciado o direito de utilizar a sua tecnologia mediante o pagamento de *royalties*. A transferência pode igualmente

efectuar-se através de um acordo de sublicença, ao abrigo do qual um licenciado, após para tal ter sido autorizado pelo licenciante, concede licenças a terceiros (sublicenciados) para a exploração da tecnologia.

49. O RICTT só é aplicável aos acordos que tenham por objecto principal a transferência de tecnologia, tal como definida nesse regulamento, por oposição à aquisição de bens e serviços ou à concessão de licenças relativamente a outros tipos de propriedade intelectual. Os acordos que incluem disposições relativas à compra e à venda de produtos só são abrangidos pelo RICTT se essas disposições não constituírem o objecto principal do acordo e estiverem directamente relacionadas com a aplicação da tecnologia licenciada. É provavelmente o que acontece quando os produtos associados são equipamentos ou processos especialmente concebidos para que a tecnologia licenciada possa ser explorada de forma eficaz. Em contrapartida, se o produto for simplesmente um outro elemento que entra na composição do produto final, será conveniente examinar cuidadosamente se a tecnologia licenciada constitui o objecto principal do acordo. Quando, por exemplo, o licenciado fabrica já um produto final com base numa outra tecnologia, a licença deve introduzir uma melhoria significativa no processo de produção do licenciado, superior ao valor do produto adquirido ao licenciante. A exigência de que os produtos associados devem estar ligados à concessão da licença de tecnologia implica que o RICTT não abrange a compra de produtos que não tenham qualquer relação com os produtos que incluem a tecnologia licenciada. É por exemplo o que acontece quando o produto associado não se destina a ser utilizado com o produto licenciado, mas está associado a uma actividade num mercado do produto distinto.

50. O RICTT só abrange a concessão de licenças relativamente a outros tipos de propriedade intelectual, tais como as marcas e os direitos de autor que não os relativos a suportes lógicos, se estiverem directamente associados à exploração da tecnologia licenciada e não constituírem o objecto principal do acordo. Esta condição garante que os acordos que abrangem outros tipos de direitos de propriedade intelectual só beneficiam da isenção por categoria se esses direitos permitirem ao licenciado explorar melhor a tecnologia licenciada. O licenciante pode, por exemplo, autorizar o licenciado a utilizar a sua marca nos produtos que incluem a tecnologia licenciada. A licença de uma marca pode igualmente permitir ao licenciado explorar melhor a tecnologia licenciada, uma vez que os consumidores farão directamente a associação entre o produto e as características que lhe são conferidas pela tecnologia licenciada. A obrigação de o licenciado utilizar a marca do licenciante pode igualmente favorecer a divulgação da tecnologia, permitindo ao licenciante identificar-se como fonte da tecnologia utilizada. Contudo, quando o valor da tecnologia licenciada é limitado, uma vez que utiliza já uma tecnologia idêntica ou muito semelhante, e quando o objecto principal do acordo é a marca, o RICTT não é aplicável[1].

---

[1] Ver relativamente a este aspecto, a decisão da Comissão no processo *Moosehead/ /Whitbread*, JO 1990 L 100, p. 32.

51. A concessão de uma licença de direitos de autor para a reprodução e distribuição da obra protegida, isto é, a produção de cópias destinadas a serem revendidas, é considerada semelhante à concessão de uma licença de tecnologia. Tais acordos de licença relativos à produção e à venda de produtos com base num direito de propriedade intelectual são considerados de natureza semelhante à dos acordos de transferência de tecnologia e colocam normalmente problemas comparáveis. Apesar de o RICTT não abranger os direitos de autor que não os relativos a suportes lógicos, a Comissão aplicará como regra geral os princípios definidos no RICTT e nas presentes orientações quando for chamada a apreciar, ao abrigo do artigo 81.º, tal concessão de uma licença de direitos de autor.

52. Considera-se, por outro lado, que a concessão de licenças de direitos de execução e outros direitos conexos coloca problemas específicos e que não é oportuno apreciar este tipo de licença com base nos princípios enunciados nas presentes orientações.

No caso dos vários direitos relativos às execuções, o valor não é criado pela reprodução e venda de cópias de um produto, mas por cada execução individual da obra protegida. Esta exploração pode assumir diferentes formas, nomeadamente a execução, a apresentação ou a locação de material protegido, tal como filmes, música ou manifestações desportivas. Para efeitos da aplicação do artigo 81.º, é necessário ter em conta a especificidade da obra e a forma como é explorada[1]. Por exemplo, as restrições à revenda são susceptíveis de provocar menos preocupações de concorrência, sendo mais preocupante quando os licenciantes obrigam os seus licenciados a aplicarem a cada um dos licenciantes as condições mais favoráveis obtidas por um deles. A Comissão não aplicará, por conseguinte, o RICTT nem as presentes orientações por analogia à concessão de licenças destes outros direitos.

53. A Comissão não alargará também os princípios enunciados no RICTT e nas presentes orientações às licenças de marca. A concessão de licenças de marca ocorre frequentemente no contexto da distribuição e revenda de bens e serviços, e assemelha-se geralmente mais aos acordos de distribuição do que aos acordos de licença de tecnologia. Quando uma licença de marca está directamente associada à utilização, venda ou revenda de bens e serviços e não constitui o objecto principal do acordo, o acordo de licença é abrangido pelo Regulamento (CE) n.º 2790/1999 da Comissão relativo à aplicação do n.º 3 do artigo 81.º do Tratado a certas categorias de acordos verticais e práticas concertadas[2].

2.4. Vigência

54. Sob reserva do período de vigência do RICTT, a isenção por categoria será aplicável enquanto o direito de propriedade licenciado não tiver chegado ao seu

---

[1] Ver relativamente a este aspecto, o processo 262/81, *Coditel (II)*, [1982] Col. p. 3381.

[2] JO 1999 L 336, p. 21.

termo, cessado ou sido declarado nulo. No caso do saber-fazer, enquanto permanecer secreto, salvo se o saber-fazer for divulgado como o resultado de uma acção pelo licenciado, caso em que a isenção será aplicável durante o período de vigência do acordo (ver artigo 2.º do RICTT).

55. A isenção por categoria é aplicável a cada direito de propriedade intelectual licenciado abrangido pelo acordo e deixa de ser aplicável na data de cessação, nulidade ou entrada no domínio público do último direito de propriedade intelectual que constitua uma "tecnologia" na acepção do RICTT (ver ponto 46).

2.5. Relação com outros regulamentos de isenção por categoria

56. O RICTT abrange os acordos entre duas empresas relativos à concessão de licenças de tecnologia tendo em vista o fabrico de produtos contratuais. Contudo, a tecnologia pode constituir igualmente um elemento de outro tipo de acordos. Além disso, os produtos que incorporam a tecnologia licenciada são seguidamente vendidos no mercado. Afigura-se, por conseguinte, necessário examinar as relações entre o RICTT e o Regulamento (CE) n.º 2658/2000 da Comissão relativo à aplicação do n.º 3 do artigo 81.º do Tratado a certas categorias de acordos de especialização[1], o Regulamento n.º 2659/2000 da Comissão relativo à aplicação do n.º 3 do artigo 82.º do Tratado a certas categorias de acordos de investigação e de desenvolvimento[2], bem como com o Regulamento (CE) n.º 2790/1999 da Comissão relativo à aplicação do n.º 3 do artigo 81.º do Tratado CE a determinadas categorias de acordos verticais e práticas concertadas.

2.5.1. Os regulamentos de isenção por categoria relativos aos acordos de especialização e aos acordos de investigação e desenvolvimento

57. Nos termos do disposto no n.º 1, alínea c), do artigo 1.º do Regulamento n.º 2658/2000 relativo aos acordos de especialização, esse regulamento abrange, nomeadamente, os acordos de produção conjunta ao abrigo dos quais duas ou mais empresas acordam em fabricar determinados produtos conjuntamente. O regulamento é igualmente aplicável às disposições relativas à cessão ou à utilização de direitos de propriedade intelectual, desde que estes não constituam o objecto principal do acordo, mas estejam directamente associados e sejam necessários à sua aplicação.

58. Quando empresas criam uma empresa comum de produção e concedem a esta empresa uma licença para a exploração de uma tecnologia utilizada na produção dos produtos fabricados pela empresa comum, este tipo de licença é abrangido pelo âmbito de aplicação do Regulamento n.º 2658/2000 e não pelo RICTT. Por esta

---

[1] JO, 2000, L 304, p. 3.
[2] JO, 2000, L 304, p. 7.

razão, a concessão de licenças no âmbito de uma empresa comum de produção é normalmente apreciada ao abrigo do Regulamento 2658/2000. Contudo, quando a empresa comum concede sob licença a terceiros a tecnologia, a actividade não está associada ao fabrico de produtos pela empresa comum, não sendo por conseguinte abrangida por este regulamento. Tais acordos de licença que permitem reunir as tecnologias das partes, constituem agrupamentos de tecnologias e são abordados na Secção IV.4.

59. O Regulamento n.º 2659/2000 relativo aos acordos de investigação e desenvolvimento abrange os acordos através dos quais duas ou mais empresas acordam em desenvolver em comum actividades de investigação e desenvolvimento e em explorar em comum os respectivos resultados. Nos termos do n.º 11 do artigo 2.º, a investigação e desenvolvimento ou a exploração dos resultados são efectuados em comum, quando as tarefas a eles relativas são executadas por uma equipa, uma organização ou uma empresa comum, confiadas em comum a um terceiro ou repartidas entre as partes em função de uma especialização na investigação, desenvolvimento, produção ou distribuição, incluindo a concessão de licenças.

60. O Regulamento n.º 2659/2000 abrange, por conseguinte, a concessão de licenças entre as partes e pelas partes a uma entidade comum no âmbito de um acordo de investigação e desenvolvimento. No âmbito de tais acordos, as partes podem igualmente determinar as condições em que o resultado dos acordos de investigação e desenvolvimento será concedido sob licença a terceiros. Contudo, como os licenciados terceiros não são parte no acordo de investigação e desenvolvimento, o acordo de licença individual concluído com terceiros não é abrangido pelo Regulamento n.º 2659/2000. Tais acordos de licença podem beneficiar de uma isenção por parte do RICTT, se satisfizerem as condições estabelecidas nesse regulamento.

2.5.2. *O regulamento de isenção por categoria relativo aos acordos verticais*

61. O Regulamento (CE) n.º 2790/1999 da Comissão relativo aos acordos verticais abrange os acordos concluídos entre duas ou mais empresas, cada uma das quais opera, para efeitos do acordo, a um nível diferente da cadeia de produção ou de distribuição e que dizem respeito às condições em que as partes podem comprar, vender ou revender determinados bens ou serviços. Abrange, por conseguinte, os acordos de fornecimento e de distribuição[1].

62. Uma vez que o RICTT só abrange os acordos concluídos entre duas partes e sendo o licenciado, que vende produtos que incluam a tecnologia licenciada, um fornecedor para efeitos da aplicação do Regulamento n.º 2790/1999,

---

[1] Ver o guia "Política de concorrência na Europa – As regras de concorrência aplicáveis aos acordos de fornecimento e distribuição", 2002.

estes dois regulamentos de isenção por categoria estão estreitamente associados. Os acordos concluídos entre um licenciante e um licenciado estão sujeitos ao RICTT, enquanto os acordos concluídos entre um licenciado e os compradores estão sujeitos ao Regulamento n.º 2790/1999 e às Orientações relativas às restrições verticais[1].

63. O RICTT isenta também os acordos entre o licenciante e o licenciado quando estes impõem obrigações ao licenciado quanto à forma como deve vender os produtos que incorporam a tecnologia licenciada. O licenciado pode nomeadamente ser obrigado a criar um determinado tipo de sistema de distribuição, por exemplo, uma distribuição exclusiva ou selectiva. Todavia, os acordos de distribuição concluídos para a aplicação deste tipo de obrigação devem estar em conformidade com o Regulamento n.º 2790/1999 para poderem ser objecto de uma isenção por categoria. Assim, o licenciante pode obrigar o licenciado a criar um sistema baseado na distribuição exclusiva, em conformidade com regras precisas. Contudo, nos termos do disposto na alínea *b*) do artigo 4.º do Regulamento n.º 2790/1999, os distribuidores devem poder efectuar vendas passivas nos territórios de outros distribuidores exclusivos.

64. Além disso, os distribuidores devem em princípio ter a liberdade de vender, tanto activa como passivamente, nos territórios abrangidos pelos sistemas de distribuição de outros licenciados que produzem os seus próprios produtos a partir da tecnologia licenciada. Tal acontece porque para efeitos da aplicação do Regulamento n.º 2790/1999, cada licenciado constitui um fornecedor distinto. Todavia, os motivos subjacentes à concessão da isenção por categoria previstos nesse regulamento podem igualmente ser aplicados quando os produtos que incluem a tecnologia licenciada são vendidos pelos licenciados sob uma marca comum pertencente ao licenciante.

Quando esses produtos são vendidos sob uma marca comum, pode ser desejável, pelas mesmas razões de eficácia, aplicar os mesmos tipos de restrições entre os sistemas de distribuição dos licenciados que no caso de um sistema de distribuição vertical único. Em tais casos, é pouco provável que a Comissão conteste eventuais restrições, quando as condições enunciadas no Regulamento n.º 2790/1999 são cumpridas por analogia. Para que exista uma identidade de marca comum, os produtos devem ser vendidos e comercializados sob uma marca comum, que é predominante no que diz respeito às noções de qualidade e outras informações pertinentes para os consumidores. Não é suficiente que o produto tenha, para além das marcas dos licenciados, igualmente a marca do licenciante, que permitiria identificar este último como fonte da tecnologia licenciada.

---

[1] Ver JO, 2000, C 291, p. 1.

3. A zona de protecção criada pelo regulamento de isenção por categoria

65. Nos termos do disposto no artigo 3.º do RICTT, a isenção por categoria de acordos restritivos está sujeita a limiares de quotas de mercado, o que limita o âmbito da aplicação da isenção por categoria aos acordos que, apesar de poderem ser restritivos da concorrência, se presume que geralmente satisfazem as condições previstas no n.º 3 do artigo 81.º. Fora da zona de protecção criada pelos limiares de quotas de mercado, é necessária uma apreciação individual. O facto de as quotas de mercado ultrapassarem os limiares não cria qualquer presunção de que o acordo é abrangido pelo n.º 1 do artigo 81.º ou de que não satisfaz as condições enunciadas no n.º 3 do artigo 81.º. Na ausência de restrições graves, é necessária uma análise do mercado.

66. O limiar de quota de mercado a aplicar para efeitos da zona de protecção do RICTT depende de saber se o acordo é concluído entre concorrentes ou não concorrentes.

Para efeitos da aplicação do RICTT, as empresas são consideradas concorrentes no mercado da tecnologia relevante, quando concedem licenças de tecnologias concorrentes. A concorrência potencial no mercado da tecnologia não é tomada em consideração para a aplicação dos limiares de quota de mercado. Fora da zona de protecção do RICTT, a concorrência potencial no mercado da tecnologia é tomada em consideração, mas não dá origem à aplicação da lista de restrições graves a acordos entre concorrentes (ver igualmente ponto 31).

67. As empresas são consideradas concorrentes no mercado do produto relevante, quando operam ambas no ou nos mesmos mercados do produto e no ou nos mesmos mercados geográficos em que os produtos que incorporam a tecnologia licenciada são vendidos (concorrentes reais). São igualmente consideradas concorrentes, quando poderiam, em termos realistas, realizar os investimentos suplementares necessários ou suportar os outros custos necessários para poderem penetrar no ou nos mercados do produto ou no ou nos mercados geográficos relevantes num prazo relativamente curto[1] em resposta a um aumento ligeiro mas permanente dos preços relativos (concorrentes potenciais).

68. Decorre dos pontos 66 e 67 que duas empresas não são concorrentes para efeitos do RICTT, quando o licenciante não é um fornecedor nem real nem potencial de produtos no mercado relevante e o licenciado, já presente no mercado do produto, não concede licenças de uma tecnologia concorrente, ainda que a possua e produza com base nessa tecnologia. Contudo, as partes tornam-se concorrentes se mais tarde o licenciado começar a conceder licenças da sua tecnologia ou o licenciante se tornar um fornecedor real ou potencial de produtos no mercado relevante. Nesse caso, a lista de restrições graves relevantes para acordos entre não concorrentes continuará a ser aplicada ao acordo, a não ser que este seja posteriormente

---

[1] Ver ponto 29.

alterado relativamente a qualquer aspecto material (ver o n.º 3 do artigo 4.º do RICTT e o ponto 31).

69. No que diz respeito aos acordos entre concorrentes, o limiar de quota de mercado é de 20% e para os acordos entre não concorrentes de 30%, (ver n.ºs 1 e 2 do artigo 3.º do RICTT). Quando as empresas parte no acordo de licença não são concorrentes, o acordo é abrangido se a quota de mercado de qualquer das partes não ultrapassar 30% nos mercados da tecnologia e do produto relevantes afectados. Quando as empresas parte no acordo de licença são concorrentes, o acordo é abrangido se as quotas de mercado combinadas das partes não ultrapassarem 20% nos mercados da tecnologia e do produto relevantes. Os limiares de quota de mercado são aplicáveis tanto aos mercados da tecnologia como aos mercados do produto que incorpora a tecnologia licenciada. Se a quota de mercado detida ultrapassar o limiar aplicável num dos mercados relevantes afectados, o acordo não poderá beneficiar da isenção por categoria nesse mercado relevante. Por exemplo, se o acordo de licença disser respeito a dois mercados do produto ou a dois mercados geográficos distintos, a isenção por categoria pode ser aplicável a um dos mercados e não ao outro.

70. No que diz respeito ao mercado da tecnologia, decorre do n.º 3 do artigo 3.º do RICTT que a quota de mercado do licenciante deve ser calculada com base nas vendas realizadas pelo licenciante, bem como por todos os seus licenciados, de produtos que incorporam a tecnologia licenciada e isto individualmente para cada mercado relevante[1]. Quando as partes são concorrentes no mercado da tecnologia, as vendas de produtos que incorporam a própria tecnologia do licenciado devem ser combinadas com as vendas dos produtos que incorporam a tecnologia licenciada. No caso de tecnologias novas, que não tenham ainda gerado vendas, é atribuída uma quota de mercado igual a zero. Quando as vendas se iniciarem, a tecnologia começará a acumular quota de mercado.

71. No que diz respeito aos mercados do produto, a quota de mercado do licenciado deve ser calculada com base nas vendas pelo licenciado dos produtos que incorporam a tecnologia do licenciante e nas vendas dos produtos concorrentes, ou seja, as vendas totais do licenciado no mercado do produto relevante. Quando o licenciante é igualmente fornecedor de produtos no mercado relevante, as vendas do licenciante no mercado do produto relevante devem igualmente ser tomadas em consideração.

Todavia, aquando do cálculo das quotas de mercado relativamente aos mercados do produto, as vendas realizadas por outros licenciados não são tomadas em consideração para o cálculo da quota de mercado do licenciado e/ou do licenciante.

72. As quotas de mercado deverão ser calculadas com base nos dados relativos ao valor das vendas, quando esses dados estiverem disponíveis, uma vez que

---

[1] As razões para esta regra de cálculo são explicadas no ponto 23.

dão normalmente uma indicação mais exacta da relevância de uma tecnologia do que os dados relativos ao volume de vendas. Contudo, quando esses dados não estiverem disponíveis, é possível utilizar estimativas que se baseiem noutras informações fiáveis, incluindo os dados relativos aos volumes de vendas.

73. Os princípios definidos anteriormente podem ser ilustrados pelos seguintes exemplos:

Concessão de licenças entre não concorrentes
Exemplo 1

A empresa A é especializada no desenvolvimento de produtos e técnicas biotecnológicos, tendo desenvolvido um novo produto, o Xeran. Não desenvolve as suas actividades como produtor de Xeran, em relação ao qual não dispõe de instalações nem de produção nem de distribuição. A empresa B é um dos fabricantes de produtos concorrentes, recorrendo a tecnologias não privativas livremente disponíveis. No ano 1, B vendia produtos no valor de 25 milhões de euros, fabricados com as tecnologias livremente disponíveis. No ano 2, A concede a B uma licença para o fabrico de Xeran. Nesse ano, B vende produtos no valor de 15 milhões de euros com recurso às tecnologias livremente disponíveis e Xeran no valor de 15 milhões de euros. No ano 3 e nos anos seguintes, B fabrica e vende apenas Xeran no valor de 40 milhões de euros por ano. Para além disso, no ano 2, A concede também uma licença a C. C não desenvolvia anteriormente quaisquer actividades nesse mercado do produto. C fabrica e vende apenas Xeran, no valor de 10 milhões de euros no ano 2 e de 15 milhões de euros no ano 3 e seguintes. Está estabelecido que o mercado total de Xeran e dos seus substitutos, em que B e C desenvolvem as suas actividades, tem um valor anual de 200 milhões de euros.

No ano 2, ano em que foi concluído o acordo de licença, a quota de A no mercado da tecnologia é de 0%, uma vez que a sua quota de mercado deve ser calculada com base nas vendas totais de Xeran realizadas no ano anterior. No ano 3, a quota de A no mercado da tecnologia é de 12,5%, reflectindo o valor de Xeran fabricado por B e C no anterior ano 2. No ano 4 e seguintes, a quota de A no mercado da tecnologia é de 27,5%, reflectindo o valor de Xeran fabricado por B e C no ano anterior.

No ano 2, a quota de B no mercado do produto é de 12,5%, reflectindo as vendas de 25 milhões de euros de B no ano 1. No ano 3, a quota de mercado de B é de 15%, uma vez que as suas vendas aumentaram para 30 milhões de euros no ano 2. No ano 4 e seguintes, a quota de mercado de B é de 20%, uma vez que as suas vendas se elevaram a 40 milhões de euros por ano. A quota de C no mercado do produto é de 0% no ano 1 e 2, 5% e no ano 3 e de 7,5% posteriormente.

Dado que se trata de acordos de licença entre não concorrentes e que as quotas de mercado individuais de A, B e C são inferiores a 30% por ano, os acordos são abrangidos pela zona de segurança do RICTT.

Exemplo 2

A situação é idêntica à do exemplo 1, mas agora B e C operam em mercados geográficos diferentes. Está estabelecido que o mercado total de Xeran e dos seus substitutos tem um valor anual de 100 milhões de euros em cada mercado geográfico.

Neste caso, a quota de A no mercado da tecnologia deve ser calculada em relação a cada um dos dois mercados geográficos. No mercado em que B desenvolve as suas actividades, a quota de mercado de A depende da venda de Xeran por B. Como neste exemplo se presume que o mercado total tenha um valor de 100 milhões de euros, isto é, metade da dimensão do mercado citado no exemplo 1, a quota de mercado de A é de 0% no ano 2, de 15% no ano 3 e de 40% posteriormente. A quota de mercado de B é de 25% no ano 2, 30% no ano 3 e 40% posteriormente. Nos anos 2 e 3, a quota de mercado tanto de A como de B não ultrapassou o limiar de 30%. No entanto, o limiar é excedido a partir do ano 4 e isto significa que, nos termos do disposto no n.º 2 do artigo 8.º do RICTT, após o ano 6, o acordo de licença entre A e B deixará de beneficiar da zona de segurança, devendo ser apreciado numa base individual.

No mercado em que C desenvolve as suas actividades, a quota de mercado de A depende da venda de Xeran por C. A quota de A no mercado da tecnologia, com base nas vendas de C no ano anterior, é, por conseguinte, de 0% no ano 2, de 10% no ano 3 e de 15% posteriormente. A quota de C no mercado do produto é a mesma: 0% no ano 2, 10% no ano 3 e 15% posteriormente. O acordo de licença entre A e C é, por conseguinte, abrangido pela zona de segurança durante todo o seu período de vigência.

Concessão de licenças entre concorrentes
Exemplo 3

As empresas A e B desenvolvem actividades no mesmo mercado do produto e geográfico relevantes relativamente a um determinado produto químico. Também são ambas titulares de uma patente no que diz respeito às diferentes tecnologias utilizadas para o fabrico deste produto. No ano 1, A e B celebraram um acordo de licenças cruzadas pelo qual cada uma das empresas concede à outra o dieito de utilizar as suas tecnologias respectivas. No ano 1, A e B utilizam apenas a sua própria tecnologia na sua produção e A vende produtos no valor de 15 milhões de euros e B de 20 milhões de euros. A partir do ano 2, utilizam ambas a sua própria tecnologia e a tecnologia uma da outra. Desse ano para diante, A vende produtos no valor de 10 milhões de euros fabricados com a sua própria tecnologia e 10 milhões de euros de produtos fabricados com a tecnologia de B. B vende a partir do ano 2 produtos no valor de 15 milhões de euros fabricados com a sua própria tecnologia e 10 milhões de euros de produtos fabricados com a tecnologia de A. Está estabelecido que o mercado total do produto e dos seus substitutos tem um valor anual de 100 milhões de euros.

A fim de apreciar o acordo de licença no âmbito do RICTT, as quotas de mercado de A e B devem ser ambas calculadas com base nos mercados da tecnologia e do produto. A quota de A no mercado da tecnologia depende do montante do produto vendido no ano anterior que foi fabricado por A e B com a tecnologia de A. No ano 2, a quota de A no mercado da tecnologia é, por conseguinte, de 15%, reflectindo a sua própria produção e vendas de 15 milhões de euros no ano 0. A partir do ano 3, a quota de A no mercado da tecnologia é de 20%, reflectindo as vendas no valor de 20 milhões de euros do produto fabricado com a tecnologia de A e fabricado e vendido por A e B (10 milhões de euros cada). Do mesmo modo, no ano 2, a quota de B no mercado da tecnologia é de 20% e de 25% posteriormente.

As quotas de mercado de A e B no mercado do produto dependem das suas vendas respectivas do produto no ano anterior, independentemente da tecnologia utilizada. A quota de A no mercado do produto é de 15% no ano 2 e de 20% posteriormente. A quota de B no mercado do produto é de 20% no ano 2 e de 25% posteriormente.

Como se trata de um acordo entre concorrentes, a sua quota de mercado cumulada, nos mercados da tecnologia e do produto, tem de ser inferior ao limiar de quota de mercado de 20%, a fim de beneficiar da zona de segurança. É evidente que tal não acontece neste caso. A quota de mercado cumulada nos mercados das tecnologia e do produto é de 35% no ano 2 e de 45% posteriormente. Este acordo entre concorrentes deve, por conseguinte, ser apreciado numa base individual.

4. Restrições graves da concorrência nos termos do regulamento de isenção por categoria

4.1. Princípios gerais

74. O artigo 4.º do RICTT inclui uma lista de restrições graves da concorrência. Uma restrição da concorrência é considerada grave em função da sua própria natureza e do facto de a experiência ter demonstrado que tal restrição era quase sempre anticoncorrencial. Em conformidade com a jurisprudência dos tribunais comunitários[1], tal restrição pode resultar do objectivo específico do acordo ou das circunstâncias próprias de cada caso individual (ver ponto 14).

75. Quando um acordo de transferência de tecnologia inclui uma restrição grave da concorrência, os n.ºs 1 e 2 do artigo 4.º do RICTT estabelecem que o acordo no seu conjunto não pode beneficiar da isenção por categoria. Para efeitos do RICTT, as restrições graves não podem ser separadas do resto do acordo. Além disso, a Comissão considera que, no âmbito de uma apreciação individual, as restrições graves da concorrência só excepcionalmente satisfarão as quatro condições enunciadas no n.º 3 do artigo 81.º (ver ponto 18).

76. O artigo 4.º do RICTT estabelece uma distinção entre acordos entre concorrentes e acordos entre não concorrentes.

---

[1] Ver por exemplo a jurisprudência citada na nota 2 do ponto 14.

4.2. Acordos entre concorrentes

77. O n.º 1 do artigo 4.º enumera as restrições graves relativas aos acordos de licença entre concorrentes. Em conformidade com esta disposição, o RICTT não é aplicável aos acordos que, directa ou indirectamente, de forma separada ou em conjugação com outros factores sob o controlo das partes, tiverem por objecto:

(*a*) A restrição da capacidade de uma parte para determinar os seus preços aquando da venda de produtos a terceiros;

(*b*) A limitação da produção, exceptuando as limitações da produção dos produtos contratuais impostas ao licenciado num acordo não recíproco ou impostas a apenas um dos licenciados num acordo recíproco;

(*c*) A repartição de mercados ou de clientes, salvo:
    (*i*) a obrigação imposta ao ou aos licenciados de produzirem com a tecnologia licenciada apenas no âmbito de um ou mais domínios técnicos de utilização ou de um ou mais mercados do produto;
    (*ii*) a obrigação imposta ao licenciante e/ou ao licenciado, num acordo não recíproco, de não produzir com a tecnologia licenciada no âmbito de um ou mais domínios técnicos de utilização ou de um ou mais mercados do produto ou num ou mais territórios exclusivos reservados à outra parte;
    (*iii*) a obrigação imposta ao licenciante de não licenciar a tecnologia a outro licenciado num determinado território;
    (*iv*) a restrição, num acordo não recíproco, de vendas activas e/ou passivas pelo licenciado e/ou pelo licenciante no território exclusivo ou ao grupo exclusivo de clientes reservado à outra parte;
    (*v*) a restrição num acordo não recíproco de vendas activas pelo licenciado no território exclusivo ou ao grupo de clientes exclusivo atribuído pelo licenciante a um outro licenciado, desde que este último não seja uma empresa concorrente do licenciante no momento da concessão da sua própria licença;
    (*vi*) a obrigação imposta ao licenciado de fabricar os produtos contratuais apenas para utilização própria, desde que o licenciado não seja limitado na venda dos produtos contratuais activa ou passivamente a título de peças sobresselentes para os seus próprios produtos;
    (*vii*) a obrigação imposta ao licenciado num acordo não recíproco de fabricar os produtos contratuais apenas para um determinado cliente, quando a licença foi concedida para criar uma fonte de abastecimento alternativa para esse cliente.

(*d*) A restrição da capacidade do licenciado de explorar a sua própria tecnologia ou a restrição da capacidade de qualquer das partes no acordo realizarem investigação e desenvolvimento, excepto se esta última restrição for indispensável para impedir a divulgação a terceiros do saber-fazer licenciado.

78. Em relação a um certo número de restrições graves, o RICTT estabelece uma distinção entre acordos recíprocos e acordos não recíprocos. A lista de restrições graves é mais estrita para os acordos recíprocos do que para os acordos não recíprocos entre concorrentes. Os acordos recíprocos são acordos de licenças cruzadas, em que as tecnologias licenciadas são tecnologias concorrentes ou podem ser utilizadas para o fabrico de produtos concorrentes. Um acordo não recíproco é um acordo em que apenas uma das partes licencia a sua tecnologia à outra parte ou em que no caso de licenças cruzadas, as tecnologias licenciadas não são tecnologias concorrentes e não podem ser utilizadas para o fabrico de produtos concorrentes. Um acordo não é recíproco pelo simples facto de incluir uma obrigação de retrocessão ou de o licenciado retroceder sob licença os seus próprios melhoramentos da tecnologia licenciada. No caso de um acordo não recíproco se tornar posteriormente recíproco devido à conclusão de uma segunda licença entre as mesmas partes, estas podem ter de reexaminar a primeira licença a fim de evitar que o acordo inclua uma restrição grave. Aquando da apreciação do caso presente, a Comissão tomará em consideração o prazo decorrido entre a conclusão da primeira e da segunda licença.

79. A restrição grave constante do n.º 1, alínea *a*), do artigo 4.º diz respeito aos acordos entre concorrentes que têm por objecto a fixação de preços dos produtos vendidos a terceiros, incluindo os produtos que incorporam a tecnologia licenciada. A fixação dos preços entre concorrentes constitui uma restrição da concorrência pelo seu próprio objecto. A fixação de preços pode, por exemplo, efectivar-se sob forma de um acordo directo relativo aos preços exactos a facturar ou de uma tabela de preços com certas reduções máximas autorizadas. É irrelevante se o acordo diz respeito a preços fixos, mínimos, máximos ou recomendados. Pode igualmente praticar-se fixação de preços de forma indirecta, utilizando meios para incentivar as empresas a não se afastarem do nível de preços acordados, por exemplo prevendo que o montante da *royalty* aumentará se os preços dos produtos diminuírem abaixo de um determinado nível. Contudo, uma obrigação imposta ao licenciado de pagar uma certa *royalty* mínima não equivale em si a uma fixação de preço.

80. Quando as *royalties* são calculadas com base nas vendas dos produtos individuais, o seu montante tem uma incidência directa sobre o custo marginal do produto e por isso sobre o seu preço[1]. Por conseguinte, os concorrentes podem utilizar licenças cruzadas com *royalties* recíprocas para coordenarem os preços nos mercados do produto a jusante[2]. Todavia, a Comissão só tratará as licenças cruzadas com *royalties* recíprocas como fixação de preços, quando o acordo não tem qualquer objecto pró-concorrencial e, por conseguinte, não constitui um acordo de

---

[1] Ver relativamente a este aspecto, o ponto 98 das Orientações relativas à aplicação do n.º 3 do artigo 81.º do Tratado.

[2] É igualmente o que acontece quando uma parte concede uma licença a outra parte e acorda em comprar um factor de produção material ao licenciado. O preço pode então ter a mesma função da *royalty*.

licença autêntico. Nos casos em que o acordo não cria qualquer valor e, por conseguinte, não possui qualquer justificação comercial válida, o acordo é uma simulação e é equivalente a um cartel.

81. A restrição grave mencionada no n.º 1, alínea *a*), do artigo 4.º abrange igualmente os acordos em que as *royalties* são calculadas com base no conjunto das vendas do produto relevante, independentemente do facto de a tecnologia licenciada ter ou não sido utilizada. Tais acordos são igualmente abrangidos pelo âmbito de aplicação do n.º 1, alínea *d*), do artigo 4.º, por força do qual a capacidade do licenciado para utilizar a sua própria tecnologia não deve ser restringida (ver ponto 95). Em geral, esses acordos restringem a concorrência, na medida em que aumentam, para o licenciado, o custo de utilização da sua própria tecnologia concorrente e restringe a concorrência que existiria na ausência do acordo[1]. Tal é válido tanto para os acordos recíprocos como para os não recíprocos. Contudo, o acordo em que as *royalties* são calculadas com base no conjunto das vendas pode excepcionalmente satisfazer as condições previstas no n.º 3 do artigo 81.º em casos individuais quando for possível concluir, com base em factores objectivos, que a restrição é indispensável para que a posse da licença seja favorável à concorrência. Tal pode acontecer quando, na ausência da restrição, fosse impossível ou excessivamente difícil, calcular e controlar a *royalty* devida pelo licenciado, por exemplo, dado que a tecnologia do licenciante não deixa qualquer traço visível no produto final e que não existem outros métodos de controlo viáveis.

82. A restrição grave da concorrência constante do n.º 1, alínea *b*), do artigo 4.º diz respeito a restrições recíprocas da produção impostas às partes. Uma restrição da produção é uma limitação da quantidade que uma parte pode produzir e vender. O n.º 1, alínea *b*), do artigo 4.º não abrange limitações da produção impostas ao licenciado num acordo não recíproco ou limitações da produção impostas a um dos licenciados num acordo recíproco, desde que a limitação da produção diga apenas respeito aos produtos fabricados com a tecnologia licenciada. O n.º 1, alínea b), do artigo 4.º identifica como restrições graves as limitações da produção recíprocas impostas às partes e as limitações da produção impostas ao licenciante no que se refere à sua própria tecnologia. Quando concorrentes acordam em impor limitações da produção recíprocas, o objecto e eventual efeito do acordo consiste em reduzir a produção no mercado. O mesmo acontece em acordos que reduzem o incentivo de as partes expandirem a produção, por exemplo, obrigando cada parte a efectuar pagamentos à outra, se for ultrapassado um certo nível de produção.

83. O tratamento mais favorável das limitações quantitativas não recíprocas baseia-se no facto de que uma restrição unidireccional não conduz necessariamente a uma produção inferior no mercado, embora o risco de que o acordo não seja um

---

[1] Ver relativamente a este aspecto, o processo 193/83, *Windsurfing International*, [1986] Col. 611, ponto 67.

acordo de licença autêntico seja menor quando a restrição é não recíproca. Quando um licenciado está disposto a aceitar uma restrição unilateral, é provável que o acordo dê origem a uma integração real das tecnologias complementares ou a ganhos de eficiência que favoreçam a integração da tecnologia superior do licenciante e dos activos de produção do licenciado. Num acordo recíproco, uma limitação da produção imposta a um dos licenciados é susceptível de reflectir o valor superior da tecnologia licenciada por uma das partes e pode servir para promover a concessão de licenças favoráveis à concorrência.

84. A restrição grave da concorrência constante do n.º 1, alínea c), do artigo 4.º diz respeito à repartição dos mercados e dos clientes. Os acordos através dos quais os concorrentes partilham entre si mercados e clientes têm por objecto restringir a concorrência. Trata-se de uma restrição grave, quando os concorrentes num acordo recíproco acordam em não produzir em determinados territórios ou em não realizar vendas activas e/ou passivas em certos territórios ou a determinados clientes reservados à outra parte.

85. A alínea c) do n.º 1 do artigo 4.º é aplicável independentemente do facto de o licenciado continuar a ter liberdade para utilizar a sua própria tecnologia. Após o licenciado se ter equipado para utilizar a tecnologia do licenciante a fim de fabricar um determinado produto, pode ser dispendioso manter uma linha de produção separada utilizando uma outra tecnologia a fim de servir clientes abrangidos pelas restrições. Além disso, tendo em conta o potencial anticoncorrencial da restrição, o licenciado pode ter pouco incentivo para produzir utilizando a sua própria tecnologia.

É também muito pouco provável que tais restrições sejam indispensáveis para que a concessão de licenças seja favorável à concorrência.

86. Nos termos do ponto ii) da alínea c) do n.º 1 do artigo 4.º não é considerado uma restrição grave para o licenciante num acordo não recíproco conceder ao licenciado uma licença exclusiva para produzir com base na tecnologia licenciada num determinado território, acordando desta forma em não produzir ele próprio os produtos contratuais ou fornecer os produtos contratuais a partir desse território.

Essas licenças exclusivas são objecto de uma isenção por categoria independentemente do âmbito do território. Se a licença é mundial, a exclusividade implica que o licenciante se abstém de entrar ou de permanecer no mercado. A isenção por categoria é igualmente aplicável quando a licença é limitada a um ou mais domínios técnicos de utilização ou um ou mais mercados do produto. O objectivo dos acordos abrangidos pelo ponto ii) da alínea c) do n.º 1 do artigo 4.º pode consistir em incentivar o licenciado a investir em e a desenvolver a tecnologia licenciada. O objecto do acordo não é, por conseguinte, necessariamente partilhar mercados.

87. Nos termos do disposto no ponto iv) da alínea c) do n.º 1 do artigo 4.º e pelas mesmas razões, a isenção por categoria é igualmente aplicável a acordos não recíprocos, através dos quais as partes acordam em não proceder a vendas activas

ou passivas[1] num território exclusivo ou a um grupo exclusivo de clientes reservado à outra parte.

88. Nos termos do disposto no ponto *iii*) da alínea *c*) do n.º 1 do artigo 4.º, também não é considerado uma restrição se o licenciante nomeia o licenciado seu único licenciado num determinado território, o que implica que não serão concedidas licenças a terceiros para produzirem a partir da tecnologia do licenciante no território em questão. No caso dessas licenças únicas, a isenção por categoria será aplicável independentemente de o acordo ser recíproco ou não, dado que o acordo não afecta a possibilidade de as partes explorarem plenamente a sua própria tecnologia nos territórios respectivos.

89. O ponto *v*) da alínea *c*) do n.º 1 do artigo 4.º exclui da lista de restrições graves, concedendo assim uma isenção por categoria até ao limiar da quota de mercado, as restrições num acordo não recíproco impostas às vendas activas realizadas por um licenciado no território ou a um grupo de clientes atribuídos pelo licenciante a um outro licenciado. É uma condição, contudo, que o licenciado protegido não fosse um concorrente do licenciante, aquando da conclusão do acordo. Não está garantido que tais restrições sejam consideradas graves. Ao permitir que o licenciante conceda a um licenciado, que não se encontrava ainda no mercado, protecção contra vendas activas por parte de licenciados que são concorrentes do licenciante e que por essa razão já estão estabelecidos no mercado, tais restrições são susceptíveis de induzir o licenciado a explorar a tecnologia licenciada de uma forma mais eficaz. Por outro lado, se os licenciados acordarem entre si em não vender activa ou passivamente em determinados territórios ou a certos grupos de clientes, o acordo equivale a um cartel entre os licenciados. Dado que tais acordos não implicam qualquer transferência de tecnologia, não são abrangidos pelo âmbito de aplicação do RICTT.

90. Nos termos do ponto *i*) da alínea *c*) do n.º 1 do artigo 4.º, restrições nos acordos entre concorrentes, que limitam a licença a um ou vários mercados do produto ou domínios técnicos de utilização[2], não são restrições graves. Tais restrições beneficiam da isenção por categoria até ao limiar da quota de mercado de 20% independentemente de ao acordo ser recíproco ou não. Contudo, a aplicação da isenção por categoria está sujeita à condição de as restrições relativas ao domínio de utilização não ultrapassarem o âmbito das tecnologias licenciadas. Outra condição consiste na necessidade de os licenciados não serem restringidos na utilização da sua própria tecnologia (ver n.º 1, alínea *d*), do artigo 4.º). Quando os licenciados são restringidos na utilização da sua própria tecnologia, o acordo equivale a uma partilha de mercados.

---

[1] Para uma definição geral de vendas activas e passivas, é feita referência ao ponto 50 das Orientações relativas às restrições verticais.

[2] As restrições relativas ao domínio de utilização são ainda abordadas na secção IV.2.4.

91. A isenção por categoria é aplicável independentemente de a restrição do domínio de utilização ser simétrica ou assimétrica. Uma restrição do domínio de utilização assimétrica num acordo de licença recíproco implica que ambas as partes são autorizadas a utilizar as respectivas tecnologias relativamente às quais concedem licenças no âmbito de diferentes domínios de utilização. Desde que as partes não sejam objecto de restrições na utilização das suas próprias tecnologias, não se presume que o acordo conduza as partes a abandonarem ou a limitarem a sua entrada no ou nos domínios abrangidos pela licença concedida à outra parte. Mesmo que os licenciados se equipem para utilizar a tecnologia licenciada no âmbito do domínio de utilização licenciado, pode não se verificar qualquer impacto nos activos utilizados para produzir fora do âmbito da licença. É importante, relativamente a este aspecto, que a restrição diga respeito a mercados do produto ou domínios de utilização distintos e não a clientes, atribuídos por território ou por grupo, que adquiram produtos abrangidos pelo mesmo mercado do produto ou domínio técnico de utilização. O risco de partilha de mercado é substancialmente maior neste último caso (ver ponto 85). Além disso, as restrições relativas ao domínio de utilização podem revelar-se necessárias para promover a concessão de licenças favoráveis à concorrência (ver ponto 182).

92. O ponto *vi*) da alínea *c*) do n.º 1 do artigo 4.º prevê ainda outra excepção, a saber, as restrições de utilização cativa, ou seja, uma obrigação por força da qual o licenciado só pode fabricar os produtos que incorporam a tecnologia licenciada para sua própria utilização. Quando o produto contratual é uma componente, o licenciado pode desta forma ser obrigado a só fabricar essa componente para a integrar nos seus próprios produtos e pode ser obrigado a não vender as componentes a outros produtores.

Contudo, o licenciado deve poder vender as componentes enquanto peças sobresselentes para os seus próprios produtos e deve, por conseguinte, poder fornecê-los a terceiros que proporcionam um serviço pós-venda para esses produtos.

As restrições associadas à utilização cativa, tal como acabam de ser definidas, podem ser necessárias para favorecer a divulgação de uma tecnologia, nomeadamente entre concorrentes, e estão abrangidas pela isenção por categoria. Essas restrições são abordadas na secção IV.2.5.

93. Finalmente, o ponto *vii*) da alínea *c*) do n.º 1 do artigo 4.º exclui da lista das restrições graves a obrigação imposta ao licenciado num acordo não recíproco de fabricar os produtos contratuais apenas para um determinado cliente tendo em vista criar uma fonte de abastecimento alternativa para esse cliente. Constitui portanto uma condição para a aplicação do ponto *vii*) da alínea *c*) do n.º 1 do artigo 4.º que a licença se limite a criar uma fonte de abastecimento alternativa para esse cliente específico. Não constitui, em contrapartida, uma condição que só seja concedida uma licença deste tipo. O ponto *vii*) da alínea *c*) do n.º 1 do artigo 4.º abrange igualmente situações em que mais de uma empresa beneficia de uma licença para abastecer o mesmo cliente específico. A possibilidade de tais acordos repartirem mercados é limitada, na medida em que a licença é concedida apenas para efeitos de

abastecimento de um determinado cliente. Em especial, nessas circunstâncias, não se pode presumir que o acordo leve o licenciado a deixar de explorar a sua própria tecnologia.

94. A restrição grave da concorrência constante da alínea *d*) do n.º 1 do artigo 4.º abrange em primeiro lugar restrições da capacidade de qualquer das partes efectuar investigação e desenvolvimento. As duas partes devem ter a liberdade de realizar actividades independentes de investigação e desenvolvimento. Esta regra é aplicável independentemente de a restrição dizer respeito a um domínio abrangido pela licença ou a outros domínios. Contudo, o simples facto de as partes acordarem em fornecer reciprocamente futuros melhoramentos das suas tecnologias respectivas não equivale a uma restrição imposta à investigação e desenvolvimento independente. O efeito de tais acordos sobre a concorrência deve ser apreciado à luz das circunstâncias do caso individual. A alínea *d*) do n.º 1 do artigo 4.º também não se estende à restrição da capacidade de uma parte para realizar actividades de investigação e desenvolvimento com terceiros, quando esta restrição é necessária para impedir a divulgação do saber-fazer do licenciante. Para serem abrangidas pela derrogação, as restrições impostas para impedir a divulgação do saber-fazer do licenciante devem ser necessárias e proporcionais para garantir essa protecção. Por exemplo, quando o acordo determina que certos empregados do licenciado sejam treinados e responsáveis pela utilização do saber-fazer licenciado, pode ser suficiente obrigar o licenciado a não autorizar esses trabalhadores a envolverem-se em investigação e desenvolvimento com terceiros. Podem afigurar-se igualmente apropriadas outras salvaguardas.

95. Nos termos do disposto na alínea *d*) do n.º 1 do artigo 4.º, o licenciado deve igualmente poder utilizar livremente a sua própria tecnologia concorrente, desde que ao fazê-lo não utilize a tecnologia licenciada pelo licenciante. Em relação à sua própria tecnologia, o licenciado não deve estar sujeito a limitações em termos do local onde produz ou realiza vendas, da quantidade que produz ou vende e a que preço vende. Não deve também estar obrigado a pagar *royalties* relativamente a produtos fabricados com base na sua própria tecnologia (ver ponto 81). Além disso, deve poder conceder livremente a terceiros licenças em relação à sua própria tecnologia. Quando são impostas restrições ao licenciado no que diz respeito à utilização da sua própria tecnologia ou à sua liberdade de efectuar investigação e desenvolvimento, a competitividade da tecnologia do licenciado é reduzida, o que tem por efeito limitar a concorrência nos mercados do produto e da tecnologia existentes, bem como reduzir o incentivo que o licenciado teria em investir no desenvolvimento e melhoria da sua tecnologia.

4.3. *Acordos entre não concorrentes*

96. O n.º 2 do artigo 4.º enumera as restrições graves aplicáveis aos acordos de licença entre não concorrentes. Em conformidade com esta disposição, o RICTT

não abrange os acordos que, directa ou indirectamente, de forma separada ou em conjugação com outros factores sob o controlo das partes, tenham como objecto:

(*a*) A restrição da capacidade de uma parte para determinar os seus preços aquando da venda de produtos a terceiros, sem prejuízo da possibilidade de impor um preço de venda máximo ou de recomendar um preço de venda, desde que tal não corresponda a um preço de venda fixo ou mínimo na sequência de pressões exercidas ou de incentivos oferecidos por qualquer das partes;

(*b*) A restrição do território no qual, ou dos clientes aos quais, o licenciado pode vender passivamente os produtos contratuais, excepto:

    (*i*) a restrição das vendas passivas no território exclusivo ou a um grupo de clientes exclusivos reservado para o licenciante;

    (*ii*) a restrição das vendas passivas num território exclusivo ou a um grupo de clientes exclusivo atribuídos pelo licenciante a um outro licenciado durante os primeiros dois anos em que este outro licenciado vende os produtos contratuais nesse território ou a esse grupo de clientes;

    (*iii*) a obrigação de produzir os produtos contratuais exclusivamente para utilização própria, desde que o licenciado não seja limitado na venda dos produtos contratuais activa ou passivamente a título de peças sobresselentes para os seus próprios produtos.

    (*iv*) a obrigação de produzir os produtos contratuais apenas para um determinado cliente, quando a licença foi concedida para criar uma fonte de abastecimento alternativa para esse cliente;

    (*v*) a restrição das vendas a utilizadores finais por um licenciado que opere a nível grossista;

    (*vi*) a restrição das vendas a distribuidores não autorizados pelos membros de um sistema de distribuição selectiva;

(*c*) A restrição de vendas activas ou passivas a utilizadores finais por um licenciado que seja membro de um sistema de distribuição selectiva e que opere ao nível retalhista, sem prejuízo da possibilidade de um membro do sistema ser proibido de operar a partir de um local de estabelecimento não autorizado.

97. A restrição grave da concorrência constante da alínea *a*) do n.º 2 do artigo 4.º diz respeito à fixação dos preços de venda a terceiros. Esta disposição abrange mais especialmente as restrições que tenham por objecto directo ou indirecto a determinação de um preço de venda fixo ou mínimo ou de um nível de preços fixo ou mínimo que o licenciante ou o licenciado deverão respeitar quando venderem os produtos a terceiros. No caso dos acordos que fixam directamente o preço de venda, a restrição é evidente. Contudo, os preços de venda podem igualmente ser fixados de forma indirecta, por exemplo, através de acordos que fixam a margem, o nível máximo de redução autorizado num nível de preço acordado ou que associa o preço de revenda imposto aos preços de venda de concorrentes, ou ainda através de ameaças, de intimidação, de avisos, de multas ou da rescisão do contrato caso um determinado nível de preço não seja respeitado. Os meios directos ou indirectos

utilizados para chegar a uma fixação dos preços podem ser reforçados se forem combinados com medidas que permitam identificar as vendas a baixo preço, tais como um sistema de controlo dos preços ou a obrigação imposta aos licenciados de assinalarem qualquer desvio em relação aos preços acordados. Da mesma forma, a fixação directa ou indirecta dos preços pode ser reforçada, se for combinada com medidas destinadas a reduzir os incentivos que o licenciado teria em diminuir o seu preço de venda, por exemplo, a obrigação imposta pelo licenciante ao licenciado de aplicar uma cláusula de cliente mais favorecido, isto é, a obrigação de conceder a um cliente condições mais favoráveis do que a outros. Podem ser utilizados os mesmos meios para que os preços máximos ou recomendados funcionem como preços de venda fixos ou mínimos. Todavia, a apresentação de uma tabela de preços recomendados ou a imposição de preços máximos ao licenciado por parte do licenciante não é considerada em si como conduzindo a preços de venda fixos ou mínimos.

98. A alínea b) do n.º 2 do artigo 4.º identifica como restrições graves da concorrência os acordos ou práticas concertadas que tenham por objecto directo ou indirecto restringir as vendas passivas, por parte dos licenciados, de produtos que incorporem a tecnologia licenciada[1]. As restrições de vendas passivas impostas ao licenciado podem resultar de obrigações directas, tais como a obrigação de não vender a determinados clientes ou a clientes estabelecidos em determinados territórios, ou a obrigação de remeter as encomendas desses clientes para outros licenciados. Podem igualmente resultar de medidas indirectas destinadas a incentivar o licenciado a abster-se desse tipo de vendas, que podem, por exemplo, assumir a forma de incentivos financeiros e da criação de um sistema de controlo que permita verificar o destino efectivo dos produtos licenciados. As limitações de quantidade podem constituir um meio indirecto para restringir as vendas passivas. A Comissão não assumirá que as limitações de quantidade, enquanto tal, servem este objectivo.

Contudo, será diferente se as limitações de quantidade forem utilizadas para estabelecer um acordo subjacente de partilha do mercado. Indícios dessa situação incluem o ajustamento de quantidades ao longo do tempo, a fim de cobrir apenas a procura local, a combinação de limitações de quantidade com uma obrigação de vender quantidades mínimas no território, obrigações de uma *royalty* mínima associadas a vendas no território, taxas diferenciadas de *royalties* consoante o destino dos produtos, bem como o controlo do destino dos produtos vendidos por licenciados individuais. A restrição grave geral que cobre as vendas passivas realizadas por licenciados esta sujeita a várias derrogações, que são tratadas seguidamente.

99. A alínea b) do n.º 2 do artigo 4.º não abrange as restrições de vendas em relação ao licenciante. Todas as restrições de vendas impostas ao licenciante são objecto de isenção por categoria até ao limiar da quota de mercado de 30%.

---

[1] Esta restrição grave é aplicável a acordos de licença relativos ao comércio na Comunidade. No que se refere a acordos relativos a exportações fora da Comunidade ou a importações/reimportações de fora da Comunidade, ver processo C-306/96, *Javico*, [1998] Col. I-1983.

O mesmo é aplicável a todas as restrições relativas a vendas activas por parte do licenciado, à excepção do referido nos pontos 105 e 106. A isenção por categoria de restrições relativas a vendas activas assenta na hipótese de que tais restrições favorecem os investimentos, a concorrência não baseada nos preços e melhoramentos da qualidade dos serviços prestados pelos licenciados, resolvendo problemas de parasitismo e de catividade. No caso de restrições de vendas activas entre territórios ou grupos de clientes de licenciados, não é uma condição que ao licenciado protegido tenha sido concedido um território exclusivo ou um grupo de clientes exclusivo. A isenção por categoria também é aplicável às restrições de vendas activas, quando foi nomeado mais de um licenciado para um determinado território ou grupo de clientes. É provável que se promova o investimento que permite um ganho de eficiência, quando se pode garantir a um licenciado que apenas se confrontará com concorrência a nível das vendas activas por parte de um número limitado de licenciados dentro do território e não também por parte de licenciados fora do território.

100. As restrições impostas às vendas activas e passivas efectuadas pelos licenciados num território exclusivo ou a um grupo de clientes exclusivo que o licenciante se reservou não constituem restrições graves da concorrência (ver ponto *i*) da alínea *b*) do n.º 2 do artigo 4.º). Na realidade, são objecto de uma isenção por categoria. Pressupõe-se que quando as quotas de mercado sejam inferiores ao limiar, tais restrições, ainda que restrinjam a concorrência, podem contudo ser pró-concorrenciais na medida em que promovem a divulgação das tecnologias e a integração destas nos activos de produção do licenciado. Em relação a um território ou grupo de clientes a reservar para o licenciante, não é obrigatório que o licenciante produza realmente com a tecnologia licenciada no território ou para o grupo de clientes em questão. Pode igualmente ser reservado para o licenciante um território ou grupo de clientes para exploração posterior.

101. As restrições das vendas passivas por parte de licenciados num território exclusivo ou a um grupo de clientes exclusivo atribuídos a um outro licenciado são objecto de isenção por categoria por dois anos calculados a partir da data em que um licenciado protegido comercializa pela primeira vez os produtos que incorporam a tecnologia licenciada no seu território exclusivo ou ao seu grupo de clientes exclusivo (cf. art. 4(2)(*b*)(*ii*)). Os licenciados têm de frequentemente realizar investimentos significativos em activos de produção e actividades promocionais a fim de começar a explorar e desenvolver um novo território. Os riscos com que o novo licenciado se confrontará são, por conseguinte, susceptíveis de ser significativos, em especial, uma vez que as despesas de promoção e o investimento em activos necessários para produzir com base numa determinada tecnologia são muitas vezes perdidos, isto é, não podem ser recuperados se o licenciado abandona o mercado. Nessas circunstâncias, acontece frequentemente que os licenciados não concluiriam o acordo de licença sem protecção durante um certo período contra vendas passivas (e activas) no seu território por parte de outros licenciados. Por conseguinte, as restrições de vendas passivas no território exclusivo de um licenciado por parte de outros licenciados não são frequentemente abrangidas pelo n.º 1 do artigo 81.º por

um período até dois anos a contar da data em que o produto que incorpora a tecnologia licenciada foi pela primeira vez colocado no mercado no território exclusivo pelo licenciado em causa. Todavia, na medida em que em casos individuais essas restrições são abrangidas pelo n.º 1 do artigo 81.º, são objecto de isenção por categoria. Após o termo do período de dois anos, as restrições de vendas passivas entre licenciados constituem restrições graves. Tais restrições são geralmente abrangidas pelo n.º 1 do artigo 81.º e têm pouca possibilidade de satisfazer as condições constantes do n.º 3 do artigo 81.º. É nomeadamente pouco provável que as restrições de vendas passivas sejam indispensáveis para obter ganhos de eficiência[1].

102. O ponto *iii*) da alínea *b*) do n.º 2 do artigo 4.º introduz no âmbito da isenção por categoria uma restrição que obriga o licenciado a só fabricar os produtos que incorporam a tecnologia licenciada para sua utilização própria (utilização cativa).

Quando o produto contratual é uma componente, o licenciado pode desta forma ser obrigado a só fabricar esse produto para o integrar nos seus próprios produtos e pode ser obrigado a não vender o produto a outros produtores. Contudo, o licenciado deve poder vender activa e passivamente os produtos enquanto peças sobresselentes para os seus próprios produtos e deve, por conseguinte, poder fornecê-los a terceiros proporcionando um serviço pós-venda para esses produtos. As restrições relativas à utilização cativa são igualmente abordadas na Secção IV.2.5.

103. Tal como no caso de acordos entre concorrentes (ver ponto 93), a isenção por categoria é igualmente aplicável a acordos através dos quais o licenciado é obrigado a fabricar os produtos contratuais apenas para um determinado cliente a fim de proporcionar a esse cliente uma fonte de abastecimento alternativa (ver ponto *iv*) da alínea *b*) do n.º 2 do artigo 4.º). No caso de acordos entre não concorrentes, essas restrições não são provavelmente abrangidas pelo n.º 1 do artigo 81.º.

104. O ponto *v*) da alínea *b*) do n.º 2 do artigo 4.º introduz no âmbito da isenção por categoria uma obrigação de o licenciado não vender a clientes finais, mas unicamente a retalhistas. Uma tal obrigação permite ao licenciante atribuir a função de distribuição grossista ao licenciado e não é geralmente abrangida pelo âmbito de aplicação do n.º 1 do artigo 81.º[2].

105. Finalmente, o ponto *vi*) da alínea *b*) do n.º 2 do artigo 4.º introduz no âmbito da isenção por categoria uma restrição que consiste em proibir os licenciados de venderem os produtos a distribuidores não autorizados. Permite ao licenciante impor aos licenciados uma obrigação de fazer parte de um sistema de distribuição selectiva.

Nesse caso, contudo, os licenciados devem, nos termos do disposto na alínea *c*) do n.º 2 do artigo 4.º, ser autorizados a realizar vendas tanto activas como passivas a consumidores finais, sem prejuízo da possibilidade de limitar o licenciado

---

[1] Ver relativamente a este aspecto o ponto 77 do acórdão *Nungesser*.
[2] Ver relativamente a este aspecto, o processo 26/76, *Metro (I)*,[1977] Col. 1875.

a uma função grossista, tal como previsto no ponto v) da alínea b) do n.º 2 do artigo 4.º (ver ponto anterior).

106. É conveniente recordar (ver ponto 39) que a isenção por categoria abrange os acordos de licença através dos quais o licenciante impõe obrigações que o licenciado deve ou pode impor aos seus compradores, incluindo aos distribuidores. Contudo, essas obrigações devem ser conformes às regras de concorrência aplicáveis aos acordos de fornecimento e distribuição. Como o RICTT abrange unicamente os acordos entre duas partes, os acordos concluídos entre o licenciado e os seus compradores no âmbito dessas obrigações não são abrangidos pelo referido regulamento. Tais acordos só podem beneficiar de uma isenção por categoria se forem conformes às disposições do Regulamento 2790/1999 (ver secção 2.5.2).

5. Restrições excluídas

107. O artigo 5.º do RICTT enumera quatro tipos de restrições que não podem beneficiar de uma isenção por categoria e que exigem, por conseguinte, uma apreciação individual dos seus efeitos anticoncorrenciais e pró-concorrenciais. Decorre do artigo 5.º que a inclusão num acordo de licença de qualquer restrição que conste dessas disposições não impede a aplicação da isenção por categoria à parte restante do acordo. Trata-se apenas da restrição individual em causa que não beneficia da isenção por categoria, e que deve por conseguinte ser apreciada individualmente. As restrições enunciadas no artigo 5.º são portanto dissociáveis.

108. O n.º 1 do artigo 5.º prevê que a isenção por categoria não será aplicável às três obrigações seguintes:

(*a*) Qualquer obrigação directa ou indirecta de o licenciado conceder ao licenciante ou a um terceiro por este designado uma licença exclusiva relativamente aos melhoramentos dissociáveis que ele próprio tenha introduzido ou relativamente às novas aplicações da tecnologia licenciada que tenha desenvolvido;

(*b*) Qualquer obrigação directa ou indirecta de o licenciado ceder ao licenciante ou a um terceiro por este designado direitos relativos a melhoramentos separáveis ou a novas aplicações da tecnologia licenciada;

(*c*) Qualquer obrigação directa ou indirecta de o licenciado contestar a validade dos direitos de propriedade intelectual de que o licenciante seja titular no mercado comum. No entanto, o RICTT abrange a possibilidade de o licenciante rescindir o acordo de licença no caso de o licenciado contestar a validade da tecnologia licenciada.

O n.º 1, alíneas *a*), *b*) e *c*), do artigo 5.º tem por objectivo evitar a concessão de uma isenção por categoria a acordos susceptíveis de limitarem o incentivo para os licenciados inovarem.

109. As alíneas *a*) e *b*) do n.º 1 do artigo 5.º dizem respeito a retrocessões ou cessões exclusivas ao licenciante de melhoramentos separáveis da tecnologia licenciada.

Qualquer melhoramento é dissociável quando puder ser explorado sem interferir com a tecnologia licenciada. A obrigação de conceder ao licenciante uma licença exclusiva relativamente aos melhoramentos separáveis da tecnologia licenciada ou de ceder tais melhoramentos ao licenciante é susceptível de reduzir o incentivo do licenciado para inovar, na medida em que este não poderá explorar os melhoramentos que introduza, nem mesmo concedendo-os sob licença a terceiros.

Tal é aplicável simultaneamente aos casos em que o melhoramento separável diz respeito à mesma aplicação do que a tecnologia licenciada e quando o licenciado desenvolve novas aplicações da tecnologia licenciada. Nos termos das alíneas *a)* e *b)* do n.º 1 do artigo 5.º tais obrigações não são objecto de isenção por categoria.

Contudo, as obrigações de retrocessão não exclusivas são abrangidas pela isenção por categoria no que se refere a melhoramentos separáveis. Tal verifica-se até quando a obrigação de retrocessão é não recíproca, isto é, apenas imposta ao licenciado e, quando, por força do acordo, o licenciante é autorizado a comunicar os melhoramentos separáveis a outros licenciados. Uma obrigação de retrocessão não recíproca pode promover a inovação e a divulgação de novas tecnologias, permitindo que o licenciante determine livremente se e em que medida transfere os seus próprios melhoramentos para os seus licenciados. Uma cláusula de comunicação desse tipo pode igualmente favorecer a divulgação da tecnologia, uma vez que cada licenciado sabe, no momento da conclusão do acordo, que se encontrará em pé de igualdade com os outros licenciados no que diz respeito à tecnologia com a qual fabricará os produtos contratuais. As retrocessões exclusivas e as obrigações de ceder melhoramentos não separáveis não são restritivos da concorrência na acepção do n.º 1 do artigo 81.º, uma vez que os melhoramentos não separáveis não podem ser explorados pelo licenciado sem a autorização do licenciante.

110. O n.º 1, alíneas *a)* e *b)*, do artigo 5.º é aplicável independentemente de o licenciante pagar ou não uma contrapartida para adquirir o melhoramento ou para obter uma licença exclusiva. No entanto, a existência e o nível dessa contrapartida podem constituir um factor relevante no contexto de uma apreciação individual efectuada ao abrigo do artigo 81.º. Quando as retrocessões são efectuadas mediante remuneração, é menos provável que a obrigação elimine o incentivo do licenciado para inovar. Na apreciação de retrocessões exclusivas que não são abrangidas pela isenção por categoria, a posição do licenciante no mercado da tecnologia deve igualmente ser tomada em consideração. Quanto mais forte for esta posição, mais provável será que as obrigações de retrocessão exclusivas tenham efeitos restritivos sobre a concorrência no domínio da inovação. Quanto mais forte for a posição da tecnologia do licenciante, mais o licenciado terá hipóteses de constituir uma importante fonte de inovação e de concorrência futura. O impacto negativo das obrigações de retrocessão pode igualmente ser reforçado no caso de redes paralelas de acordos de licença que incluam tais obrigações. Quando as tecnologias disponíveis são controladas por um número limitado de licenciantes que impõem obrigações de retro-

cessão exclusivas aos licenciados, o risco de incidências anticoncorrenciais é maior do que quando existem várias tecnologias, das quais apenas algumas são licenciadas com obrigações de retrocessão exclusivas.

111. O risco de impacto negativo sobre a inovação é mais elevado no caso de licenças cruzadas entre concorrentes quando uma obrigação de retrocessão imposta a ambas as partes se encontra associada à obrigação, relativamente a ambas as partes, de partilhar com a outra parte os melhoramentos introduzidos na sua própria tecnologia.

A partilha do conjunto dos melhoramentos entre concorrentes pode impedir cada concorrente de adquirir uma liderança competitiva em relação aos outros (ver também ponto 208). Contudo, não é provável que as partes sejam impedidas de alcançar uma superioridade competitiva em relação umas às outras, quando o objectivo da licença seja permitir-lhes desenvolver as suas respectivas tecnologias e quando a licença não as conduza a utilizar a mesma base tecnológica na concepção dos seus produtos. É o que acontece quando o objectivo da licença consiste em criar liberdade de concepção e não em melhorar a base tecnológica do licenciado.

112. A restrição excluída referida na alínea c) do n.º 1 do artigo 5.º diz respeito às cláusulas de não contestação, isto é, às obrigações de não contestar a validade dos direitos de propriedade intelectual detidos pelo licenciante. A razão da exclusão das cláusulas de não contestação do âmbito da isenção por categoria é o facto de os licenciados se encontrarem em geral nas melhores condições para determinar se um direito de propriedade intelectual é ou não inválido. Para evitar qualquer distorção da concorrência e em conformidade com os princípios subjacentes à protecção da propriedade intelectual, os direitos de propriedade intelectual não válidos devem ser eliminados, uma vez que paralisam a inovação em vez de a promoverem. O n.º 1 do artigo 81.º pode igualmente ser aplicável a cláusulas de não contestação, quando a tecnologia licenciada possui um determinado valor e penaliza, por conseguinte, a nível da concorrência, as empresas que não a podem utilizar ou que a podem apenas utilizar mediante o pagamento de *royalties*[1]. Nesse caso, é pouco provável que as condições previstas no n.º 3 do artigo 81.º se encontrem reunidas[2]. No entanto, a Comissão tem uma posição favorável em relação às cláusulas de não contestação relativas ao saber-fazer, uma vez que se for divulgado pode ser impossível ou muito difícil recuperar o saber-fazer licenciado. Nesses casos, uma obrigação de o licenciado não contestar o saber-fazer licenciado promove a divulgação de nova tecnologia, em especial, permitindo que os licenciantes mais fracos concedam licenças a licenciados mais fortes sem temer contestação depois de o licenciado ter absorvido o saber-fazer.

---

[1] Se a tecnologia licenciada for obsoleta, não existe qualquer restrição da concorrência; ver relativamente a este aspecto, o processo 65/86, *Bayer / Süllhofer*, [1988] Col. 5249.

[2] Relativamente às cláusulas de não contestação no contexto dos acordos de resolução de litígios ver ponto 209.

113. O RICTT abrange a possibilidade de o licenciante rescindir o acordo de licença em caso de contestação da tecnologia licenciada. O licenciante não é, por conseguinte, obrigado a continuar a negociar com o licenciado que contesta a própria matéria do acordo de licença, o que significa que, em caso de rescisão, qualquer utilização da tecnologia contestada pelo licenciado se efectua por conta e risco do que contestou a sua validade. Contudo, nos termos do disposto na alínea *c)* do n.º 1 do artigo 5.º, o RICTT não abrange as obrigações contratuais que impedem o licenciado de contestar a tecnologia licenciada, o que permitiria ao licenciante intentar uma acção contra o licenciado por ruptura de contrato, e que teria por efeito criar um motivo suplementar para que o licenciado não conteste a validade da tecnologia do licenciante. Esta disposição garante que o licenciado se encontra na mesma posição do que terceiros.

114. O n.º 2 do artigo 5.º exclui do âmbito da isenção por categoria, no caso de acordos entre não concorrentes, qualquer obrigação directa ou indirecta que limite a capacidade de o licenciado explorar a sua própria tecnologia ou a capacidade de as partes no acordo realizarem investigação e desenvolvimento, a menos que esta última restrição seja indispensável para impedir a divulgação a terceiros do saber-fazer licenciado. O conteúdo desta condição é o mesmo da alínea *d)* do n.º 1 do artigo 4.º da lista de restrições graves no que se refere a acordos entre concorrentes, que é abordada nos pontos 94 e 95. Contudo, no caso de acordos entre não concorrentes, não se pode considerar que tais restrições tenham em geral efeitos negativos na concorrência ou que as condições previstas no n.º 3 do artigo 81.º não são em geral satisfeitas[1]. Esses acordos devem ser apreciados individualmente.

115. No caso de acordos entre não concorrentes, o licenciado normalmente não possui uma tecnologia concorrente. Contudo, podem existir casos em que, para efeitos da isenção por categoria, as partes são consideradas não concorrentes, apesar do facto de o licenciado possuir uma tecnologia concorrente. É o que acontece quando o licenciado possui uma tecnologia, mas não a licencia e o licenciante não é um fornecedor real ou potencial no mercado do produto. Para efeitos da isenção por categoria, as partes nessas circunstâncias não são nem concorrentes no mercado da tecnologia nem concorrentes no mercado do produto[2]. Em tais casos, é importante assegurar-se de que o licenciado não é restringido na sua capacidade de explorar a sua própria tecnologia e de continuar o seu desenvolvimento. Esta tecnologia constitui uma limitação competitiva no mercado, que devia ser mantida. Numa situação desse tipo, as restrições relativas à utilização por parte do licenciado da sua própria tecnologia ou à investigação e desenvolvimento são normalmente consideradas limitativas da concorrência e não satisfazem as condições previstas no n.º 3 do artigo 81.º. Por exemplo, uma obrigação imposta ao licenciado de pagar *royal-*

---

[1] Ver ponto 14.
[2] Ver pontos 66 e 67.

ties não apenas com base nos produtos que fabrica com a tecnologia licenciada, mas também com base nos produtos que fabrica com a sua própria tecnologia, limita em geral a capacidade do licenciado de explorar a sua própria tecnologia e deve ser excluída do âmbito da isenção por categoria.

116. Em casos em que o licenciado não possui uma tecnologia concorrente ou não está já a desenvolver tal tecnologia, uma restrição à capacidade das partes para a realização de investigação e desenvolvimento pode ser restritiva da concorrência, quando estiverem disponíveis apenas algumas tecnologias. Nesse caso, as partes podem ser uma importante fonte (potencial) de inovação no mercado. Tal acontece principalmente quando as partes possuem os activos e as competências necessários para continuar a realizar investigação e desenvolvimento. Nesse caso, não é provável que as condições previstas no n.º 3 do artigo 81.º sejam satisfeitas. Noutros casos, em que se encontram disponíveis várias tecnologias e as partes não possuem activos ou competências especiais, a restrição relativa à investigação e desenvolvimento é susceptível quer de não ser abrangida pelo n.º 1 do artigo 81.º por falta de efeitos restritivos significativos quer de satisfazer as condições previstas no n.º 3 do artigo 81.º. A restrição pode promover a divulgação de novas tecnologias, garantindo ao licenciante que a licença não cria um novo concorrente e persuadindo o licenciado a centrar-se na exploração e desenvolvimento da tecnologia licenciada. Além disso, o n.º 1 do artigo 81.º só é aplicável quando o acordo reduz o incentivo de o licenciado melhorar e explorar a sua própria tecnologia. Não é, por exemplo, provável que seja o que acontece quando o licenciante pode rescindir o acordo de licença depois de o licenciado ter começado a produzir com base na sua própria tecnologia concorrente.

Esse direito não reduz o incentivo de o licenciado inovar, uma vez que o acordo só pode ser rescindido quando foi desenvolvida uma tecnologia comercialmente viável e os produtos fabricados com base nela estiverem prontos para serem colocados no mercado.

6. Retirada do benefício da aplicação do regulamento de isenção por categoria e não aplicação do regulamento

6.1. Procedimento de retirada

117. Nos termos do artigo 6.º do RICTT, a Comissão e as autoridades responsáveis pela concorrência dos Estados-Membros podem retirar o benefício do regulamento de isenção por categoria relativamente aos acordos individuais que não satisfaçam as condições previstas no n.º 3 do artigo 81.º. As autoridades responsáveis pela concorrência dos Estados-Membros só estão habilitadas a retirar o benefício da isenção por categoria nos casos em que o mercado geográfico relevante não é mais vasto do que o território do Estado-Membro em questão.

118. As quatro condições enunciadas no n.º 3 do artigo 81.º são cumulativas e devem ser todas preenchidas para que a isenção seja aplicável[1]. A isenção por categoria pode, por conseguinte, ser retirada, quando um determinado acordo não satisfaça uma ou várias dessas quatro condições.

119. Quando o procedimento de retirada é aplicado, cabe à autoridade que retira o benefício da isenção o ónus da prova de que o acordo é abrangido pelo âmbito de aplicação do n.º 1 do artigo 81.º e que não satisfaz o conjunto das quatro condições enunciadas no n.º 3 do artigo 81.º. Tendo em conta o facto de a retirada implicar que o acordo em causa restringe a concorrência na acepção do n.º 1 do artigo 81.º e não satisfaz as condições enunciadas no n.º 3 do artigo 81.º, a retirada é necessariamente acompanhada por uma decisão negativa tomada nos termos dos artigos 5.º, 7.º ou 9.º do Regulamento 1/2003.

120. Nos termos do disposto no artigo 6.º, uma retirada pode nomeadamente justificar-se nos seguintes casos:

(1) O acesso ao mercado da tecnologia de terceiros é restringido, por exemplo, através do efeito cumulativo de redes paralelas de acordos restritivos semelhantes que proíbem os licenciados de recorrerem às tecnologias de terceiros;

(2) O acesso ao mercado de potenciais licenciados é restringido, por exemplo, através do efeito cumulativo de redes paralelas de acordos restritivos semelhantes que proíbem os licenciantes de conceder licenças a outros licenciados;

(3) Sem qualquer razão objectivamente válida, as partes não exploram a tecnologia licenciada.

121. Os artigos 4.º e 5.º do RICTT, em que figuram na lista das restrições graves da concorrência, bem como as restrições excluídas, têm por objectivo garantir que os acordos que beneficiam de uma isenção por categoria não limitam o incentivo para inovar, não atrasam a divulgação das tecnologias e não restringem indevidamente a concorrência entre o licenciante e o licenciado ou entre licenciados. Todavia, a lista das restrições graves e a lista das restrições excluídas não têm em conta o eventual impacto dos acordos de licença. A isenção por categoria não abrange, nomeadamente, os eventuais efeitos cumulativos de restrições semelhantes contidos em redes de acordos de licenças. Os acordos de licença podem dar origem à exclusão de terceiros, tanto a nível do licenciante, como a nível do licenciado. A exclusão de outros licenciantes pode ser devida ao efeito cumulativo de redes de acordos de licença que proíbem os licenciados de explorarem tecnologias concorrentes, o que dá origem à exclusão de outros licenciantes (potenciais). Pode existir exclusão de licenciantes, quando a maior parte das empresas presentes num mercado, que seriam susceptíveis de adquirir (com eficácia) uma licença concorrente, são impedidas de o fazer devido à existência de acordos restritivos e quando os licenciados potenciais se vêem confrontados com obstáculos à entrada relati-

---

[1] Ver relativamente a este aspecto, o ponto 42 das Orientações relativas à aplicação do n.º 3 do artigo 81.º do Tratado.

vamente elevados. Pode existir exclusão de outros licenciados em caso de efeito cumulativo de acordos de licença que proíbam os licenciantes de concederem licenças a outros licenciados, impedindo assim licenciados potenciais de acederem à tecnologia necessária. O problema da exclusão é examinada mais pormenorizadamente na Secção IV.2.7. Além disso, é também provável que a Comissão retire o benefício da isenção por categoria, quando um número significativo de licenciantes de tecnologias concorrentes em acordos individuais impõe aos seus licenciados abrangê-los por condições mais favoráveis acordadas com outros licenciantes.

122. A Comissão pode igualmente retirar o benefício da isenção por categoria quando as partes se abstêm de explorar a tecnologia licenciada, salvo se tiverem uma razão objectiva para o fazer. Com efeito, quando as partes não exploram a tecnologia licenciada, não se pode produzir qualquer actividade de promoção da eficiência, e a isenção por categoria deixa, por conseguinte, de ter razão de existir. Contudo, a exploração não necessita de assumir a forma de uma integração de activos. Também se verifica exploração quando a licença cria liberdade de concepção para o licenciado, permitindo-lhe explorar a sua própria tecnologia sem se ver confrontado com o risco de alegações de infracção por parte do licenciante. No caso de um acordo de licença entre concorrentes, o facto de as partes não explorarem a tecnologia licenciada pode indicar que o acordo constitui um cartel. Por estas razões, a Comissão examinará muito cuidadosamente os casos de não exploração.

6.2. Não aplicação do regulamento de isenção por categoria

123. O artigo 7.º do RICTT habilita a Comissão a excluir do seu âmbito de aplicação, através de regulamento, as redes paralelas de acordos semelhantes que abranjam mais de 50% de um mercado relevante. Esta disposição destina-se às empresas individuais, mas é aplicável a todas as empresas cujos acordos são definidos no regulamento que determina a não aplicação do RICTT.

124. Embora a retirada do benefício do RICTT pela Comissão nos termos do artigo 6.º implique a adopção de uma decisão ao abrigo dos artigos 7.º ou 9.º do Regulamento 1/2003, um regulamento de não aplicação adoptado pela Comissão por força do artigo 7.º do RICTT tem simplesmente por objecto retirar, no que diz respeito às restrições e aos mercados em causa, o benefício do RICTT e de restabelecer a plena aplicabilidade dos n.ºs 1 e 3 do artigo 81.º. Na sequência da adopção de um regulamento que declara o RICTT inaplicável a acordos que contenham certas restrições num determinado mercado, os critérios enunciados na jurisprudência relevante dos tribunais comunitários, bem como nas comunicações e decisões anteriores adoptadas pela Comissão fornecerão orientações sobre a aplicação do artigo 81.º a acordos individuais. Se for caso disso, a Comissão adoptará uma decisão relativamente a um caso individual que fornecerá orientações para todas as empresas que operam no mercado relevante.

125. Para efeitos do cálculo da taxa de cobertura do mercado de 50%, será conveniente ter em conta cada rede individual de acordos de licença que incluam restrições, ou combinações de restrições, que produzem efeitos semelhantes no mercado.

126. O artigo 7.º não implica, para a Comissão, uma obrigação de agir quando a taxa de cobertura de 50% seja ultrapassada. De uma forma geral, a não aplicação é adequada, quando é provável que o acesso ao mercado relevante, ou a concorrência que existe nesse mercado, sejam restringidos de forma significativa. Quando a Comissão for chamada a apreciar a necessidade de aplicar o artigo 7.º, examinará se uma retirada individual não constituiria uma solução mais apropriada. Tal pode nomeadamente depender do número de empresas concorrentes que contribuem para produzir um efeito cumulativo num mercado ou do número dos mercados geográficos afectados no âmbito da Comunidade.

127. Um regulamento adoptado ao abrigo do artigo 7.º deve definir claramente o seu âmbito de aplicação. Tal significa em primeiro lugar que a Comissão deve definir o ou os mercados do produto e zonas geográficas relevantes e em segundo, identificar o tipo de restrições relativamente às quais o regulamento de isenção por categoria deixará de ser aplicável. No que diz respeito a este último aspecto, a Comissão pode adaptar o âmbito de aplicação do seu regulamento em função dos problemas de concorrência que pretende solucionar. Por exemplo, embora todas as redes paralelas de acordos não concorrentes sejam tomadas em consideração para efeitos de determinar se a taxa de cobertura de 50% do mercado é atingida, a Comissão pode não obstante limitar o âmbito do seu regulamento de não aplicação apenas às obrigações de não concorrência que ultrapassem uma determinada duração. Assim, os acordos com uma duração mais curta ou de natureza menos restritiva poderão não ser afectados, considerando-se que o efeito de exclusão das restrições em causa é menos importante. Se for caso disso, a Comissão poderá igualmente fornecer orientações, especificando o nível de quotas de mercado que, no contexto em causa, poderá ser considerado insuficiente para se considerar que uma empresa contribui de forma significativa para o efeito cumulativo. Em geral, considera-se que quando a quota de mercado detida pelos produtos que incorporam uma tecnologia licenciada por um licenciante individual não ultrapassa 5%, o acordo ou a rede de acordos que cobrem essa tecnologia não contribui de forma significativa para o efeito cumulativo de encerramento do mercado[1].

128. O período de transição mínimo de seis meses que a Comissão deverá prever nos termos do n.º 2 do artigo 7.º, deverá permitir às empresas em causa adaptarem os seus acordos a fim de terem em conta o regulamento de não aplicação do RICTT.

---

[1] Ver relativamente a este aspecto, o ponto 8 da Comunicação da Comissão relativa aos acordos de menor importância.

129. Um regulamento de não aplicação do RICTT não afectará a isenção por categoria concedida aos acordos em causa durante o período que antecede a sua entrada em vigor.

IV. APLICAÇÃO DOS N.ºS 1 E 3 DO ARTIGO 81.º FORA DO ÂMBITO DE APLICAÇÃO DO REGULAMENTO DE ISENÇÃO POR CATEGORIA

1. Quadro geral da análise

130. Os acordos que não podem beneficiar de uma isenção por categoria, por exemplo, quando os limiares de quota de mercado são ultrapassados ou quando o acordo foi concluído entre mais de duas partes, devem ser apreciados individualmente. Os acordos que não restrinjam a concorrência na acepção do n.º 1 do artigo 81.º que satisfaçam as condições enunciadas no n.º 3 do artigo 81.º são válidos e aplicáveis.

Recorde-se que não existe qualquer presunção de ilegalidade dos acordos não abrangidos pelo âmbito da isenção por categoria, desde que não contenham restrições graves da concorrência. Não existe em especial qualquer presunção de aplicação do n.º 1 do artigo 81.º pelo simples facto de os limiares de quota de mercado serem ultrapassados. Esses acordos devem ser apreciados individualmente, com base nos princípios descritos nas presentes orientações.

131. A fim de fomentar a previsibilidade para além da aplicação do RICTT e de limitar a análise pormenorizada a casos susceptíveis de apresentar verdadeiros problemas de concorrência, a Comissão considera que, fora da área das restrições graves, não é provável que haja uma infracção ao artigo 81.º, quando existem quatro ou mais tecnologias controladas independentemente, para além das tecnologias controladas pelas partes no acordo, que podem ser substituíveis em relação à tecnologia licenciada a um custo comparável para o utilizador. Ao apreciar se as tecnologias são suficientemente substituíveis, deve ser tomado em consideração o poder comercial relativo das tecnologias em questão. A pressão competitiva exercida por uma tecnologia é limitada, se não constituir uma alternativa comercialmente viável para a tecnologia licenciada. Por exemplo, se devido a efeitos de rede no mercado, os consumidores revelarem uma forte preferência por produtos que incorporam a tecnologia licenciada, outras tecnologias já no mercado ou susceptíveis de entrarem no mercado num período razoável de tempo podem não constituir uma verdadeira alternativa, podendo, por conseguinte, impor apenas uma restrição limitada em termos de concorrência. O facto de um acordo não ser abrangido pela zona de protecção descrita no presente ponto não implica que o acordo seja abrangido pelo n.º 1 do artigo 81.º e, em caso afirmativo, que as condições do n.º 3 do artigo 81.º não são satisfeitas. Quanto à zona de protecção da quota de mercado do RICTT, esta zona de protecção suplementar apenas cria uma presunção negativa de que o acordo não

é proibido pelo artigo 81.º. Fora da zona de protecção, é necessária uma apreciação individual do acordo com base nos princípios desenvolvidos nas presentes orientações.

1.1. Os factores relevantes

132. Quando se aplica o artigo 81.º a casos individuais, é conveniente ter em conta a forma como a concorrência funciona no mercado em causa. Relativamente a este aspecto, devem ser tomados em consideração nomeadamente os seguintes factores:
(a) A natureza do acordo;
(b) A posição das partes no mercado;
(c) A posição dos concorrentes no mercado;
(d) A posição no mercado dos compradores dos produtos licenciados;
(e) Os obstáculos à entrada no mercado;
(f) O grau de maturidade do mercado; e
(g) Outros factores.

A importância de cada um destes factores pode variar de um caso para outro e depende igualmente do conjunto dos outros factores. Por exemplo, o facto de as partes deterem uma quota de mercado elevada constitui geralmente um bom indício do seu poder de mercado, salvo quando os obstáculos à entrada são reduzidos. Por conseguinte, não é possível prever regras rigorosas sobre a importância respectiva destes diferentes factores.

133. Os acordos de transferência de tecnologia podem assumir várias formas. Por essa razão, afigura-se importante analisar *a natureza do acordo* na perspectiva da relação concorrencial entre as partes, bem como as restrições que o acordo contém. No que diz respeito a este último ponto, é necessário ir mais longe do que as condições expressas do acordo. A forma como o acordo é aplicado pelas partes e os incentivos com que as partes se confrontam podem indicar a existência de restrições implícitas.

134. A *posição das partes no mercado* dá uma indicação do grau de poder de mercado que possuem eventualmente o licenciante, o licenciado ou ambos. Quanto mais elevada for a sua quota de mercado, maiores são os riscos de que exista poder de mercado. Tal acontece nomeadamente quando a quota de mercado traduz as vantagens em matéria de custos ou outras vantagens competitivas que as partes possuem face aos seus concorrentes. Tais vantagens podem, por exemplo, dever-se ao facto de terem sido os primeiros a penetrar no mercado, de deterem patentes essenciais ou de possuírem tecnologias mais avançadas.

135. Na análise da relação concorrencial entre as partes é por vezes necessário ir mais além da análise enunciada nas Secções II.3 (definição dos mercados) e II.4 (distinção entre concorrentes e não concorrentes). Ainda que o licenciante não seja um fornecedor real ou potencial no mercado do produto e o licenciado não seja

um concorrente real ou potencial no mercado da tecnologia, é conveniente analisar se o licenciado detém ou não uma tecnologia concorrente que não foi licenciada. Se o licenciado se encontrar bem posicionado no mercado do produto, um acordo que lhe conceda uma licença exclusiva relativamente a uma tecnologia concorrente pode restringir a concorrência de forma muito mais importante do que se o licenciante não conceder uma licença exclusiva ou conceder licenças a outras empresas.

136. As quotas de mercado e as eventuais vantagens e desvantagens competitivas constituem igualmente factores utilizados para apreciar a *posição dos concorrentes no mercado*. Quanto mais fortes e numerosos forem os concorrentes reais, menor será o risco de as partes deterem individualmente poder de mercado. Contudo, se o número de concorrentes for bastante reduzido e a sua posição no mercado (dimensão, custos, potencial I & D, etc.) for relativamente semelhante, estaremos na presença de uma estrutura de mercado em que aumenta o risco de colusão.

137. A *posição dos compradores no mercado* permite verificar se um ou mais compradores possuem ou não poder de pressão. O primeiro indicador de poder de pressão é a quota detida pelo comprador no mercado das aquisições. Esta parte reflecte a importância da sua necessidade de eventuais fornecedores. Outros indicadores são a posição do comprador no seu mercado de revenda, incluindo características tais como a dimensão da cobertura geográfica dos seus estabelecimentos e a sua imagem junto dos consumidores finais. Em certos casos, o poder de um comprador pode impedir o licenciante e/ou o licenciado de exercerem o seu poder no mercado, solucionando desta forma um problema de concorrência que de outro modo teria existido. É nomeadamente o que acontece quando compradores poderosos têm capacidade e incentivo para introduzir novas fontes de fornecimento nesse mercado em caso de um aumento ligeiro mas permanente dos preços relativos.

Quando os compradores fortes obtêm simplesmente condições favoráveis do fornecedor ou se contentam em repercutir cada aumento de preços nos seus clientes, a posição que detêm não é de molde a impedir o licenciado de exercer o seu poder no mercado do produto e, por conseguinte, não resolve os problemas de concorrência nesse mercado[1].

138. Os *obstáculos à entrada* são avaliados calculando a medida em que as empresas presentes no mercado podem aumentar os seus preços para além do nível competitivo sem suscitar a entrada no mercado de novas empresas. Na ausência de obstáculos à entrada, a possibilidade de entrada fácil e rápida tornaria tais aumentos não rentáveis. Quando as entradas efectivas, que impeçam ou limitem o exercício do poder de mercado, são susceptíveis de ocorrer num prazo de um ano ou dois, considera-se geralmente que os obstáculos à entrada são reduzidos. Os obstáculos à entrada podem dever-se a uma grande número de factores, como por exemplo, economias de escala e de gama, regulamentações, nomeadamente quando criam

---

[1] Ver relativamente a este aspecto, o processo T-228/97, *Irish Sugar*, [1999] Col. p. II-2969, ponto 101.

direitos exclusivos, auxílios estatais, direitos aduaneiros à importação, direitos de propriedade intelectual, propriedade de recursos quando o fornecimento é limitado, por exemplo, por razões naturais, instalações essenciais, vantagens associadas ao facto de ser a primeira empresa implantada ou a fidelidade à marca por parte dos consumidores criada por fortes acções publicitárias durante um período prolongado.

Podem igualmente constituir um obstáculo à entrada a acordos restritivos entre empresas, dificultando o acesso ao mercado e dele excluindo concorrentes potenciais. Podem existir obstáculos à entrada em todas as fases do processo de investigação e desenvolvimento, da produção e da distribuição. A questão de saber se alguns destes factores podem ser descritos como obstáculos à entrada depende em especial de darem ou não origem a custos irrecuperáveis. Os custos não recuperáveis ou ociosos são os custos que foram suportados para penetrar ou operar num mercado, mas que são perdidos a partir do momento em que a empresa abandona esse mercado. Quanto maiores forem os custos ociosos, mais os novos candidatos potenciais devem ponderar os riscos inerentes à entrada num determinado mercado e mais credíveis serão as ameaças dos operadores tradicionais no sentido de dar resposta a esta nova concorrência, na medida em que os custos ociosos tornarão qualquer saída do mercado onerosa. De uma forma geral, qualquer entrada num mercado impõe custos ociosos por vezes reduzidos, por vezes importantes. Por esta razão, uma concorrência real é em geral mais eficaz e pesará mais na apreciação de um caso do que a concorrência potencial.

139. Um *mercado maduro* é um mercado que existe há algum tempo, no qual a tecnologia utilizada é bem conhecida, largamente utilizada e relativamente estável e em que a procura é relativamente estável ou mesmo em declínio. Num mercado desse tipo, é mais provável que as restrições da concorrência tenham efeitos negativos do que nos mercados mais dinâmicos.

140. Na apreciação de restrições específicas, será eventualmente necessário tomar em consideração *outros factores*. Estes incluem nomeadamente efeitos cumulativos, isto é, a percentagem do mercado coberto por acordos semelhantes, a duração dos acordos e o quadro regulamentar, bem como certos comportamentos susceptíveis de indicar ou facilitar a colusão, como por exemplo uma liderança em matéria de preços, alterações de preços anunciados antecipadamente, discussões sobre o preço "justo", uma rigidez dos preços em caso de capacidade excedentária, discriminações através dos preços e comportamentos colusivos anteriores.

1.2. Efeitos negativos dos acordos de licença restritivos

141. Os efeitos negativos susceptíveis de resultarem dos acordos de transferência de tecnologia restritivos são, nomeadamente, os seguintes:
(1) Redução da concorrência intertecnologias entre as empresas que operam no mercado da tecnologia ou num mercado do produto que incorpora as tecnologias em questão, facilitando nomeadamente a colusão, tanto explícita como implícita;

(2) Exclusão dos concorrentes através do aumento dos seus custos, da restrição do seu acesso a factores de produção essenciais ou do aumento de outros obstáculos à entrada; e

(3) Redução da concorrência intratecnologia entre as empresas que fabricam produtos a partir da mesma tecnologia.

142. Os acordos de transferência de tecnologia podem reduzir a concorrência intertecnologias, isto é, a concorrência entre as empresas que concedem licenças ou fabricam produtos com base em tecnologias substituíveis. É nomeadamente o que acontece quando são impostas obrigações recíprocas. Por exemplo, quando concorrentes transferem entre si tecnologias concorrentes e impõem uma obrigação recíproca de se fornecerem mutuamente futuros melhoramentos das suas tecnologias respectivas e quando este acordo impede um concorrente de obter um avanço tecnológico sobre um outro, a concorrência em matéria de inovação entre as partes é restringida (ver igualmente ponto 208).

143. A concessão de licenças entre concorrentes pode igualmente facilitar a colusão. O risco de colusão é particularmente elevado em mercados concentrados. A colusão exige que as empresas em causa tenham a mesma opinião sobre o que constitui o seu interesse comum e sobre a forma como os mecanismos de coordenação devem funcionar. Para que a colusão funcione, as empresas devem também poder controlar o comportamento de mercado umas das outras e devem existir elementos dissuasores para impedir desvios das políticas comuns no mercado, embora os obstáculos à entrada devam ser suficientemente elevados para limitar a entrada ou expansão de estranhos. Os acordos podem facilitar a colusão reforçando a transparência do mercado, controlando certos comportamentos e aumentando os obstáculos à entrada.

Acordos de licença que dêem origem a um grau elevado de similitude dos custos podem também excepcionalmente facilitar a colusão, uma vez que as empresas que têm custos semelhantes são mais susceptíveis de ter pontos de vista semelhantes relativamente às condições de coordenação[1].

144. Os acordos de licença podem igualmente ter uma incidência sobre a concorrência intertecnologias, criando obstáculos que impedem a entrada de concorrentes ou a sua expansão no mercado. Tais efeitos de encerramento podem ser produzidos por restrições que impedem os licenciados de conceder licenças a terceiros ou dissuadindo-os de o fazer. Por exemplo, terceiros podem ser impedidos de entrar no mercado quando os licenciantes existentes impõem aos licenciados obrigações de não concorrência numa medida tal que os terceiros dispõem de um número insuficiente de licenciados e quando é difícil a entrada a nível dos licenciados. Os fornecedores de tecnologias de substituição podem igualmente ser excluídos quando um licenciante com um grau suficiente de poder de mercado associa diferentes par-

---

[1] Ver relativamente a este aspecto, o ponto 23 das Orientações relativas aos acordos de cooperação horizontal.

tes de uma tecnologia e concede uma licença globalmente num pacote, enquanto apenas uma parte desse conjunto é necessária para fabricar um determinado produto.

145. Os acordos de licença podem igualmente reduzir a concorrência intratecnologia, isto é, a concorrência entre as empresas que fabricam produtos a partir da mesma tecnologia. Um acordo que impõe restrições territoriais aos licenciados, impedindo-os de venderem nos territórios uns dos outros, reduz a concorrência recíproca. Os acordos de licença podem igualmente reduzir a concorrência intratecnologia facilitando a colusão entre os licenciados. Além disso, os acordos de licença que reduzem a concorrência intratecnologia podem facilitar a colusão entre os proprietários de tecnologias concorrentes ou reduzir a concorrência intratecnologia aumentando os obstáculos à entrada no mercado.

1.3. *Efeitos positivos dos acordos de licença e quadro para a análise desses efeitos*

146. Os acordos de licença restritivos também podem principalmente ter efeitos pró-concorrenciais, sob a forma de ganhos de eficiência, susceptíveis de compensar os seus efeitos anticoncorrenciais. A apreciação efectuar-se-á ao abrigo do n.º 3 do artigo 81.º, que prevê uma derrogação à regra de proibição constante do n.º 1 do artigo 81.º. Para que esta derrogação seja aplicável, o acordo de licença deve apresentar vantagens económicas objectivas, as restrições da concorrência devem ser indispensáveis para atingir esses ganhos de eficiência, os consumidores devem obter uma parte equitativa desses ganhos de eficiência e o acordo não deve conferir às partes a possibilidade de eliminarem a concorrência relativamente a uma parte substancial dos produtos em causa.

147. A apreciação de acordos restritivos ao abrigo do n.º 3 do artigo 81.º é efectuada no contexto real em que ocorrem[1], e com base nos factos existentes a qualquer momento. A apreciação poderá ser alterada em caso de evolução significativa da situação. A derrogação prevista no n.º 3 do artigo 81.º é aplicável, desde que estejam preenchidas as quatro condições e deixa de ser aplicável quando tal já não acontecer[2]. Contudo, ao aplicar o n.º 3 do artigo 81.º em conformidade com estes princípios, é necessário tomar em consideração os investimentos não recuperáveis iniciais realizados por qualquer uma das partes, bem como o tempo necessário e as restrições exigidas para realizar e recuperar um investimento de melhoria da eficiência. O artigo 81.º não pode ser aplicado sem tomar em consideração o investimento *ex ante* e os riscos a ele relativos. O risco com que as partes se confrontam, bem como os investimentos não recuperáveis que devem ser realizados para aplicar

---

[1] Ver processos apensos 25/84 e 26/84, *Ford,* [1985] Col. 2725.

[2] Ver relativamente a este aspecto, por exemplo, a decisão da Comissão no processo *TPS,* JO, 1999, L 90, p. 6. Do mesmo modo, a proibição do n.º 1 do artigo 81.º também só é aplicável, desde que o acordo tenha um objectivo restritivo ou efeitos restritivos.

o acordo, podem assim conduzir a que o acordo não seja abrangido pelo n.º 1 do artigo 81.º ou que satisfaça as condições previstas no n.º 3 do artigo 81.º, consoante o caso, durante o tempo necessário para a recuperação do investimento.

148. A primeira condição do n.º 3 do artigo 81.º exige uma apreciação dos benefícios objectivos em termos de eficiências produzidas pelo acordo. Relativamente a este aspecto, os acordos de licença podem permitir reunir as tec-no-logias e outros activos complementares, o que permitirá colocar no mercado produtos novos ou melhorados ou ainda fabricar produtos existentes a custos inferiores. À excepção do caso dos cartéis mais graves, a concessão de licenças é frequente, uma vez que é mais racional para o licenciante conceder a sua tecnologia do que explorá-la ele próprio. Tal pode nomeadamente acontecer quando o licenciado tem já acesso aos activos de produção necessários. O acordo permite então ao licenciado aceder a uma tecnologia que pode ser combinada com esses activos, o que lhe permite explorar tecnologias novas ou melhoradas. Um outro caso em que a concessão de uma licença pode potencialmente favorecer os ganhos de eficiência é o caso em que o licenciado possui já uma tecnologia e em que a combinação desta tecnologia com a do licenciante dá origem a sinergias. Quando as duas tecnologias são combinadas, o licenciado pode então obter uma relação custos/produção que não poderia atingir de outra forma. Os acordos de licença podem igualmente criar ganhos de eficiência na fase da distribuição, tal como os acordos de distribuição vertical. Pode tratar-se de redução de custos ou do fornecimento de serviços de melhor qualidade aos consumidores. Os efeitos positivos dos acordos verticais são descritos nas orientações relativas às restrições verticais[1].

Um outro exemplo de eventuais ganhos de eficiência são os acordos através dos quais os proprietários de tecnologia reúnem um pacote de tecnologia para a concessão de licenças a terceiros. Tais acordos de agrupamento podem, em especial, reduzir os custos de transacção, uma vez que os licenciados não têm de concluir acordos de licença distintos com cada licenciante. A concessão de licença pró--concorrenciais pode igualmente verificar-se para garantir a liberdade de concepção. Em sectores em que existe um grande número de direitos de propriedade intelectual e quando os produtos individuais podem infringir alguns dos direitos de propriedade intelectual existentes e futuros, os acordos de licença, através dos quais as partes acordam em não utilizar os seus direitos de propriedade intelectual uma contra a outra, são muitas vezes favoráveis à concorrência, uma vez que permitem às partes desenvolverem as suas tecnologias respectivas sem o risco de posteriores alegações de infracção.

149. Para se assegurar que as restrições são indispensáveis, tal como exigido no n.º 3 do artigo 81.º, a Comissão examinará nomeadamente se cada restrição permite realizar a actividade em causa da forma mais eficaz do que se a restrição em causa não tivesse existido. Ao efectuar esta apreciação, devem ser tomadas em con-

---

[1] Ver, em especial, ponto 115 e seguintes.

sideração as condições e realidades do mercado com que as partes se confrontam. Não é necessário que as empresas que invoquem o benefício do n.º 3 do artigo 81.º tenham em conta alternativas hipotéticas e teóricas. Devem, contudo, explicar e demonstrar a razão pela qual alternativas aparentemente realistas e em grande medida menos restritivas seriam significativamente menos eficientes. Se o recurso a uma possibilidade que pareceria comercialmente realista e menos restritiva viesse dar origem a perdas de eficiência significativas, a restrição em causa será considerada indispensável. Em certos casos, pode igualmente revelar-se necessário analisar se o acordo, enquanto tal, é indispensável para obter os ganhos de eficiência. Tal pode por exemplo acontecer em relação aos acordos de agrupamento de tecnologias que incluem tecnologias complementares mas não essenciais[1], caso em que é necessário examinar em que medida a inclusão dessas tecnologias dá origem a ganhos de eficiência específicos ou se o acordo de agrupamento podia ser limitado a tecnologias para as quais não existe qualquer substituto e isto sem perda significativa de eficiência. No caso de uma simples concessão de licença entre duas partes, não é geralmente necessário ir além de uma análise do carácter indispensável das diferentes restrições. Normalmente, não existem soluções menos restritivas em relação ao acordo de licença.

150. A condição de que os consumidores devem receber uma parte equitativa dos benefícios significa que os consumidores dos produtos fabricados no quadro da licença devem beneficiar de compensações pelo menos em relação aos efeitos negativos do acordo[2]. Tal significa que os ganhos de eficiência devem compensar inteiramente o eventual impacto negativo do acordo sobre os preços, a produção e outros factores relevantes. Podem concretizar-se através dos efeitos na estrutura de custos da empresa em causa que lhe dará um incentivo para reduzir os preços ou permitindo que os consumidores tenham acesso a produtos novos ou melhorados, compensando-os por quaisquer eventuais aumentos de preços[3].

151. A última condição enunciada no n.º 3 do artigo 81.º, segundo a qual um acordo não deve conferir às partes a possibilidade de eliminar a concorrência relativamente a uma parte substancial dos produtos em causa, pressupõe uma análise das pressões concorrenciais que subsistem no mercado e do impacto do acordo sobre essas fontes de concorrência. Aquando da aplicação da última condição prevista no n.º 3 do artigo 81.º, é conveniente ter em conta a relação entre o n.º 3 do artigo 81.º e o artigo 82.º.

Segundo jurisprudência constante, a aplicação do n.º 2 do artigo 81.º não pode impedir a aplicação do artigo 82.º do Tratado[4]. Além disso, como os artigos

---

[1] Quanto a estas noções, ver secção IV.4.1.

[2] Ver ponto 85 das Orientações relativas à aplicação do n.º 3 do artigo 81.º do Tra-tado.

[3] Ver pontos 98 e 102.

[4] Ver ponto 130 do acórdão citado na nota 2. Do mesmo modo, a aplicação do n.º 3 do artigo 81.º não deve impedir a aplicação das disposições do Tratado relativas à livre

81.º e 82.º têm ambos por objectivo a manutenção de uma concorrência efectiva no mercado, é conveniente, por razões de coerência, que o n.º 3 do artigo 81.º seja interpretado no sentido de excluir qualquer aplicação da derrogação aos acordos restritivos que constituem um abuso de posição dominante[1].

152. O facto de o acordo reduzir substancialmente uma das dimensões da concorrência não significa necessariamente que toda a concorrência seja eliminada na acepção do n.º 3 do artigo 81.º. Um acordo de agrupamento de tecnologias, por exemplo, pode dar origem à criação de uma norma industrial, que conduzirá a uma situação em que a concorrência é reduzida em termos de formato tecnológico. A partir do momento em que os principais operadores do mercado tiverem adoptado um determinado formato, os efeitos de rede podem dificultar a sobrevivência de formatos alternativos.

Tal não significa contudo que a criação de uma norma industrial elimina sempre de facto a concorrência na acepção da última condição do n.º 3 do artigo 81.º. No quadro desta norma, os fornecedores podem com efeito estar em concorrência a nível dos preços, da qualidade e das características dos produtos. Todavia, para que o n.º 3 do artigo 81.º seja respeitado, deve garantir-se que o acordo não restringe indevidamente a concorrência nem restringe indevidamente qualquer futura inovação.

2. Aplicação do artigo 81.º a diferentes tipos de restrições próprias dos acordos de licença

153. A presente secção aborda os diferentes tipos de restrições normalmente incluídas nos acordos de licença. Dada a sua importância, é útil proporcionar uma orientação quanto à forma como são apreciadas fora da zona de protecção do RICTT. As restrições que foram já abordadas em precedentes partes das presentes orientações, nomeadamente nas Secções III.4 e III.5, só serão abordadas de forma limitada na presente secção.

154. Esta secção abrange simultaneamente os acordos entre não concorrentes e os acordos entre concorrentes. No que diz respeito a estes últimos, é estabelecida uma distinção,se for caso disso, entre acordos recíprocos e acordos não recíprocos. Essa distinção não é necessária no caso de acordos entre não concorrentes. Quando as empresas nãosão nem concorrentes reais nem concorrentes potenciais num mer-

---

circulação dos bens, dos serviços, das pessoas e dos capitais. Estas disposições são, em determinadas circunstâncias, aplicáveis aos acordos, decisões e práticas concertadas na acepção do n.º 1 do artigo 81.º; ver relativamente a este aspecto, o processo C-309/99, *Wouters*, [2000] Col. I-1577, ponto 120.

[1] Ver relativamente a este aspecto, o processo T-51/89, *Tetra Pak (I)*, [1990] Col. II--309. Ver igualmente o ponto 106 das Orientações relativas à aplicação do n.º 3 do artigo 81.º do Tratado citadas na nota 2.

cado da tecnologia relevante ou num mercado de produtos que incorporam a tecnologia licenciada, a concessão de licenças recíprocas não diverge, a nível prático, da concessão de duas licenças distintas. Os acordos através dos quais as partes reúnem um pacote tecnológico, que é então licenciado a terceiros, são acordos de agrupamento de tecnologias, abordados na Secção 4.

155. A presente secção não aborda as obrigações incluídas nos acordos de licença que não restringem geralmente a concorrência na acepção do n.º 1 do artigo 81.º. Estas obrigações incluem, nomeadamente:

a) Obrigações de confidencialidade;

b) Obrigações impostas ao licenciado de não conceder sublicenças;

c) Obrigações de não utilizar a tecnologia licenciada após o termo do acordo, desde que a tecnologia licenciada permaneça válida e em vigor;

d) Obrigações de prestar assistência ao licenciante na aplicação dos direitos de propriedade intelectual licenciados;

e) Obrigações de pagar *royalties* mínimas ou de fabricar uma quantidade mínima de produtos que incorporam a tecnologia licenciada, e

f) Obrigações de utilizar a marca do licenciante ou de indicar a designação do licenciante no produto.

2.1. *Obrigações em matéria de* royalties

156. As partes num acordo de licença têm normalmente a liberdade, sem que o acordo seja abrangido pelo âmbito de aplicação do n.º 1 do artigo 81.º, de determinar as *royalties* a pagar pelo licenciado, bem como o modo de pagamento. Este princípio é aplicável simultaneamente aos acordos entre concorrentes e aos acordos entre não concorrentes. As obrigações em matéria de *royalties* podem, por exemplo, assumir a forma de pagamentos de montantes fixos, de uma percentagem sobre o preço de venda ou de um montante fixo por cada produto que incorpora a tecnologia licenciada. Quando a tecnologia licenciada diz respeito a um factor de produção integrado seguidamente num produto final, o facto de as *royalties* serem calculadas com base no preço do produto final não dá geralmente origem a restrições da concorrência, desde que esse produto incorpore a tecnologia licenciada. No caso das *royalties* relativas à concessão de licenças de *software* com base no número de utilizadores e *royalties* calculadas com base em unidades de equipamento, estas são regra geral compatíveis com o n.º 1 do artigo 81.º.

157. No caso de acordos de licença entre concorrentes, recorda-se, ver pontos 80 e 81, que num número limitado de circunstâncias, as obrigações relativas às *royalties* podem constituir uma fixação de preços, que é uma restrição grave (ver alínea *a)* do n.º 1 do artigo 4.º). Constituirá uma restrição grave, nos termos da alínea *a)* do n.º 1 do artigo 4.º, se os concorrentes previrem *royalties* recíprocas em circunstâncias em que a licença é fictícia, na medida em que o seu objectivo não é permitir uma integração de tecnologias complementares, nem atingir um outro objectivo pró-concorrencial.

Constituirá também uma restrição grave, nos termos das alíneas *a)* e *d)* do n.º 1 do artigo 4.º, se as *royalties* abrangerem também os produtos fabricados unicamente com a própria tecnologia do licenciado.

158. Outros tipos de acordos de *royalties* entre concorrentes são objecto de isenção por categoria até ao limiar da quota de mercado de 20%, ainda que restrinjam a concorrência. Fora da zona de protecção da isenção por categoria, o n.º 1 do artigo 81.º pode ser aplicável, quando os concorrentes concedem licenças cruzadas e impõem *royalties* claramente desproporcionadas em comparação com o valor de mercado da licença e quando tais *royalties* têm um impacto significativo nos preços de mercado. Ao apreciar se as *royalties* são desproporcionadas, é relevante tomar em consideração as *royalties* pagas por outros licenciados no mercado do produto para as mesmas tecnologias ou para tecnologias de substituição. Nesses casos, é pouco provável que estejam satisfeitas as condições previstas no n.º 3 do artigo 81.º. O n.º 1 do artigo 81.º pode ser igualmente aplicável quando as *royalties* recíprocas por unidade aumentam à medida que aumenta a produção. Se as partes dispõem de um poder de mercado significativo, essas *royalties* podem ter o efeito de limitar a produção.

159. Independentemente do facto de a isenção por categoria só se aplicar se a tecnologia for válida e aplicável, as partes podem normalmente acordar em alargar a obrigação de *royalties* para além do período de validade dos direitos de propriedade intelectual licenciados, sem infringir o n.º 1 do artigo 81.º. Quando esses direitos terminarem, os terceiros podem legalmente explorar a tecnologia em questão e entrar em concorrência com as partes no acordo. Esta concorrência real e potencial será normalmente suficiente para garantir que as obrigações em questão não terão qualquer efeito anticoncorrencial significativo.

160. No caso de acordos entre não concorrentes, a isenção por categoria abrange os acordos em que as *royalties* são calculadas com base simultaneamente nos produtos fabricados com a tecnologia licenciada e nos produtos fabricados com tecnologias licenciadas por terceiros. Tais acordos podem facilitar o cálculo das *royalties*. Contudo, podem igualmente dar origem a um encerramento do mercado aumentando o custo da utilização dos factores de produção de terceiros e podem ter assim efeitos semelhantes aos de uma obrigação de não concorrência. Se as *royalties* são pagas não apenas em relação aos produtos fabricados com a tecnologia licenciada, mas também em relação aos produtos fabricados com a tecnologia de terceiros, nesse caso as *royalties* aumentarão os custos destes últimos produtos e reduzirão a procura da tecnologia de terceiros. Fora do âmbito da isenção por categoria, deve por conseguinte ser analisado se a restrição tem efeitos de exclusão. Para esse fim, afigura-se apropriado utilizar o quadro analítico definido na Secção 2.7. No caso de efeitos de exclusão significativos, tais acordos são abrangidos pelo n.º 1 do artigo 81.º e é pouco provável que satisfaçam as condições enunciadas no n.º 3 do artigo 81.º, a não ser que não exista qualquer outro método prático de calcular e controlar o pagamento das *royalties*.

2.2. Acordos de licença exclusivos e restrições das vendas

161. Para os presentes efeitos, afigura-se útil estabelecer uma distinção entre restrições da produção num determinado território (licenças exclusivas ou únicas) e restrições da venda de produtos que incorporam a tecnologia licenciada num determinado território e a um determinado grupo de clientes (restrições de vendas).

2.2.1. Licenças exclusivas e licenças únicas

162. Uma licença é considerada exclusiva se o licenciado for o único autorizado a produzir com base na tecnologia licenciada num determinado território. O licenciante compromete-se assim a não produzir ele próprio nem a conceder licenças a outros para produzir num determinado território. Este território pode abranger todo o mundo. Quando o licenciante se compromete apenas a não conceder licenças a terceiros para produzirem num determinado território, a licença é uma licença única.

Muitas vezes a concessão de licenças exclusivas ou únicas são acompanhadas de restrições de vendas, que limitam as partes na medida em que podem vender produtos que incorporam a tecnologia licenciada.

163. A concessão de licenças exclusivas recíprocas entre concorrentes é abrangida pela alínea c) do n.º 1 do artigo 4.º, que considera a partilha de mercado entre concorrentes uma restrição grave. A concessão de licenças únicas recíprocas entre concorrentes é objecto de isenção por categoria até ao limiar da quota de mercado de 20%. No âmbito de um acordo desse tipo, as partes comprometem-se mutuamente a não conceder licenças das suas tecnologias concorrentes a terceiros. Em casos em que as partes dispõem de um poder de mercado significativo, tais acordos podem facilitar a colusão, garantindo que as partes são as únicas fontes de produção no mercado com base nas tecnologias licenciadas.

164. A concessão de licenças exclusivas não recíprocas entre concorrentes é objecto de isenção por categoria até ao limiar da quota de mercado de 20%. Acima do limiar da quota de mercado, deve analisar-se quais os eventuais efeitos anticoncorrenciais dessa concessão de licenças exclusivas. Quando a licença exclusiva é mundial, implica que o licenciante abandona o mercado. Em casos em que a exclusividade se limita a um determinado território, tal como um Estado Membro, o acordo implica que o licenciante se abstém de produzir bens e serviços dentro do território em questão. No contexto do n.º 1 do artigo 81.º, deve em especial apreciar-se qual a importância competitiva do licenciante. Se o licenciante dispõe de uma posição de mercado limitada, no mercado do produto ou não tem capacidade para explorar eficazmente a tecnologia no território do licenciado, não é provável que o acordo seja abrangido pelo n.º 1 do artigo 81.º. Trata-se de um caso especial quando o licenciante e o licenciado apenas estão em concorrência no mercado da tecnologia e o licenciante, por exemplo, sendo um instituto de investigação ou uma pequena empresa com base na investigação não dispõe de activos de produção e

distribuição para introduzir efectivamente no mercado produtos que incorporam a tecnologia licenciada. Nesses casos, não é provável que haja infracção ao n.º 1 do artigo 81.º.

165. A concessão exclusiva de licenças entre não concorrentes – na medida em que seja abrangida pelo n.º 1 do artigo 81.º[1] – é susceptível de satisfazer as condições previstas no n.º 3 do artigo 81.º. O direito de conceder uma licença exclusiva é geralmente necessário para induzir o licenciado a investir na tecnologia licenciada e para introduzir atempadamente os produtos no mercado. É em especial o que acontece quando o licenciado deve realizar investimentos avultados para continuar a desenvolver a tecnologia licenciada. A intervenção contra a exclusividade depois de o licenciado ter tido êxito comercial com a tecnologia licenciada privaria o licenciado de colher os frutos do seu êxito e seria prejudicial para a concorrência, a divulgação da tecnologia e a inovação. Por conseguinte, a Comissão só intervirá excepcionalmente em relação a acordos de licenças exclusivas em acordos entre não concorrentes, independentemente do âmbito territorial da licença.

166. A principal situação em que a intervenção pode estar garantida é quando um licenciado em posição dominante obtém uma licença exclusiva de uma ou mais tecnologias concorrentes. Estes acordos são susceptíveis de ser abrangidos pelo n.º 1 do artigo 81.º e têm poucas possibilidades de satisfazer as condições constantes do n.º 3 do artigo 81.º. Contudo, é uma condição que a entrada no mercado da tecnologia seja difícil e a tecnologia licenciada constitua uma fonte efectiva de concorrência no mercado. Nesse caso, uma licença exclusiva pode excluir terceiros licenciados do mercado e permitir ao licenciado conservar o seu poder de mercado.

167. Os acordos através dos quais duas ou mais partes se concedem mutuamente licenças cruzadas e se comprometem a não conceder licenças a terceiros, coloca problemas específicos, quando o conjunto das tecnologias licenciadas desta forma cria uma norma industrial *de facto* a que terceiros devem ter acesso para se tornarem concorrentes efectivos no mercado. Nesses casos, o acordo cria uma norma fechada reservada às partes. A Comissão apreciará esses acordos com base nos mesmos princípios do que os aplicados aos acordos de agrupamento de tecnologias (ver Secção 4). Exigirá normalmente que as tecnologias na base dessa norma sejam licenciadas a terceiros em condições justas, razoáveis e não discriminatórias[2].

Quando as partes no acordo estão em concorrência com terceiros num mercado do produto existente e os acordos incidem sobre esse mercado do produto, uma norma fechada ameaça ter efeitos de exclusão importantes. A incidência negativa sobre a concorrência só pode ser evitada concedendo igualmente licenças a terceiros.

---

[1] Ver o acórdão no processo *Nungesser,* citado.

[2] Ver relativamente a este aspecto, a Comunicação da Comissão no processo *Canon/Kodak,* JO 1997 C 330, p. 10 e o processo *IGR Stereo Television* citado no XI Relatório sobre a política de concorrência, ponto 94.

2.2.2. *Restrições das vendas*

168. Também no que diz respeito às restrições das vendas, deve ser estabelecida uma importante distinção entre acordos de licença entre concorrentes e entre não concorrentes.

169. As restrições relativas às vendas activas e passivas efectuadas por uma ou por ambas as partes num acordo recíproco entre concorrentes são restrições graves da concorrência nos termos da alínea c) do n.º 1 do artigo 4.º. As restrições das vendas em relação a cada uma das partes num acordo recíproco entre concorrentes são abrangidas pelo n.º 1 do artigo 81.º e não é provável que satisfaçam as condições previstas no n.º 3 do mesmo artigo. Considera-se em geral que tais restrições constituem uma partilha de mercados, uma vez que impedem a parte afectada de vender activa e passivamente em territórios e a grupos de clientes que abastecem efectivamente ou que poderia ter razoavelmente abastecido na ausência do acordo.

170. No caso de acordos não recíprocos entre concorrentes, a isenção por categoria é aplicável a restrições relativas às vendas activas e passivas por parte do licenciado ou do licenciante no território exclusivo ou a um grupo exclusivo de clientes reservado à outra parte (ver ponto *iv*) da alínea c) do n.º 1 do artigo 4.º). Acima do limiar da quota de mercado de 20%, as restrições de vendas entre licenciante e licenciado são abrangidas pelo n.º 1 do artigo 81.º, quando uma ou ambas as partes dispõem de um poder de mercado significativo. Contudo, tais restrições podem ser indispensáveis para a divulgação de tecnologias valiosas e, por conseguinte, satisfazer as condições previstas no n.º 3 do artigo 81.º. É o que pode acontecer quando o licenciante dispõe de uma posição de mercado relativamente fraca no território em que ele próprio explora a tecnologia. Nessas circunstâncias, as restrições de vendas activas, em especial, podem ser indispensáveis para induzir o licenciante a conceder a licença.

Na sua ausência, o licenciante arriscar-se-ia a ser confrontado com uma concorrência activa na sua principal área de actividade. Do mesmo modo, as restrições de vendas activas impostas pelo licenciante podem ser indispensáveis, em especial, quando o licenciado dispõe de uma posição de mercado relativamente fraca no território que lhe é atribuído e tem de realizar investimentos significativos a fim de explorar de forma eficaz a tecnologia licenciada.

171. A isenção por categoria abrange também as restrições das vendas activas no território ou ao grupo de clientes atribuído a um outro licenciado, que não era concorrente do licenciante no momento da conclusão do acordo de licença com o licenciante.

Contudo, é uma condição que o acordo entre as partes em questão seja não recíproco.

Acima do limiar da quota de mercado, tais restrições de vendas activas são susceptíveis de serem abrangidas pelo n.º 1 do artigo 81.º, quando as partes dispõem de um poder de mercado significativo. Todavia, é provável que a restrição seja indispensável, na acepção do n.º 3 do artigo 81.º, durante o tempo necessário para que o licenciado protegido penetre num novo mercado e estabeleça uma presença no mercado no território atribuído ou face ao grupo de clientes atribuído. Esta protecção contra vendas activas permite ao licenciado ultrapassar assimetrias, com que se confronta devido ao facto de alguns dos licenciados serem empresas concorrentes e, portanto, já estabelecidas no mercado. As restrições de vendas passivas por parte de licenciados num território ou a um grupo de clientes exclusivo atribuídos a um outro licenciado são restrições graves nos termos da alínea c) do n.º 1 do artigo 4.º do RICTT.

172. No caso de acordos entre não concorrentes, as restrições das vendas entre o licenciante e um licenciado podem beneficiar de uma isenção por categoria até ao limiar da quota de mercado de 30%. Acima deste, as restrições de vendas activas e passivas efectuadas por licenciados em territórios ou a grupos de clientes reservados ao licenciante podem não ser abrangidas pelo n.º 1 do artigo 81.º, quando, com base em factores objectivos, se puder concluir que na ausência das restrições de vendas a licença não teria sido concedida. O proprietário de uma tecnologia não entrará normalmente em concorrência directa com ele próprio com base na sua própria tecnologia. Noutros casos, as restrições impostas às vendas do licenciado podem ser abrangidas pelo n.º 1 do artigo 81.º, quer quando o licenciante individualmente dispõe de um poder de mercado significativo, quer no caso de um efeito cumulativo de acordos semelhantes concluídos por licenciantes, que em conjunto detêm uma posição forte no mercado.

173. As restrições impostas às vendas do licenciante, quando são abrangidas pelo n.º 1 do artigo 81.º, satisfazem normalmente as condições previstas no n.º 3 do artigo 81.º, a menos que não existam alternativas reais para a tecnologia do licenciante no mercado ou que tais alternativas sejam licenciadas pelo licenciado de terceiros. Tais restrições, nomeadamente, as relativas às vendas activas, são frequentemente indispensáveis, na acepção do n.º 3 do artigo 81.º, para incentivar o licenciado a investir na produção, na comercialização e na venda dos produtos que incorporam a tecnologia licenciada. É provável que o licenciado tivesse nitidamente menos incentivos para investir se viesse a confrontar-se com a concorrência directa do licenciante, cujos custos de produção não são agravados pelas *royalties* a pagar, conduzindo eventualmente a níveis suboptimizados de investimento.

174. No que diz respeito às restrições de vendas entre licenciados em acordos entre não concorrentes, o RICTT concede uma isenção por categoria às restrições de vendas activas entre territórios ou grupos de clientes. Acima do limiar de quotas de mercado, a restrição das vendas activas entre territórios e grupos de clientes exclusivos dos licenciados limita a concorrência intratecnologia e é susceptível de ser abrangida pelo âmbito de aplicação do n.º 1 do artigo 81.º, se um licenciado detiver um grau significativo de poder de mercado. Todavia, este tipo de restrições pode satisfazer as condições previstas no n.º 3 do artigo 81.º, quando estas são necessárias para impedir qualquer parasitismo e incentivar o licenciado a realizar os investimentos necessários para uma exploração eficiente da tecnologia licenciada

no âmbito do seu território, bem como para promover as vendas dos produtos fabricados sob licença. As restrições relativas às vendas passivas constam da lista das restrições graves referida no n.º 2, alínea b), do artigo 4.º (ver ponto 101), quando ultrapassam dois anos a contar da data em que o produto que incorpora a tecnologia licenciada foi pela primeira vez colocado no mercado no território exclusivo pelo licenciado que beneficia das restrições. As restrições impostas às vendas passivas, que excedam este período de dois anos, têm pouca possibilidade de satisfazer as condições constantes do n.º 3 do artigo 81.º.

2.3. Restrições relativas à produção

175. As restrições recíprocas da produção no âmbito de acordos de licença entre concorrentes constituem uma restrição grave abrangida pelo n.º 1, alínea b), do artigo 4.º do RICTT (ver ponto 82). O n.º 1, alínea b). do artigo 4.º não abrange restrições da produção impostas ao licenciado num acordo não recíproco ou a um dos licenciados num acordo recíproco. Tais restrições são objecto de uma isenção por categoria até ao limiar da quota de mercado de 20%. Para além deste limiar, as restrições de produção impostas ao licenciado podem restringir a concorrência, em casos em que as partes dispõem de um significativo poder de mercado. Contudo, é provável que o n.º 3 do artigo 81.º seja aplicável em casos em que a tecnologia do licenciante é substancialmente melhor do que a tecnologia do licenciado e a limitação da produção ultrapassa significativamente a produção do licenciado antes da conclusão do acordo.

Nesse caso, o efeito da limitação relativa à produção é limitado mesmo em mercados em que a procura é crescente. Na aplicação do n.º 3 do artigo 81.º deve igualmente tomar-se em consideração que tais restrições podem ser necessárias para induzir o licenciante a divulgar a sua tecnologia o mais amplamente possível. Um licenciante poderia, por exemplo, hesitar em conceder uma licença da sua tecnologia aos seus concorrentes se não tiver a possibilidade de limitar a licença a um local de produção específico com uma determinada capacidade (licença para uma determinada instalação). Se o acordo de licença der origem a uma real integração de activos complementares, a limitação da produção do licenciado pode satisfazer as condições enunciadas no n.º 3 do artigo 81.º. Todavia, tal é pouco provável quando as partes dispõem de um poder de mercado significativo.

176. As restrições da produção nos acordos de licença entre não concorrentes beneficiam da isenção por categoria até ao limiar de quotas de mercado de 30. O principal risco anticoncorrencial associado às restrições da produção dos licenciados nos acordos entre não concorrentes é uma redução da concorrência intratecnologia entre licenciados. O significado de tais efeitos anticoncorrenciais depende da posição do licenciante e dos licenciados no mercado e da medida em que a limitação da produção impede o licenciado de satisfazer a procura relativamente aos produtos que incorporam a tecnologia licenciada.

177. Quando as restrições da produção são combinadas com territórios exclusivos ou grupos de clientes exclusivos, os efeitos restritivos aumentam. A combinação destes dois tipos de restrições aumenta a probabilidade de um acordo ter por objectivo o encerramento do mercado.

178. As limitações de produção impostas aos licenciados em acordos entre não concorrentes podem igualmente ter efeitos pró-concorrenciais, quando favorecem a divulgação de uma tecnologia. O licenciante, enquanto fornecedor de tecnologia, deve normalmente ter a liberdade de determinar a produção fabricada pelo licenciado com a tecnologia. Se o licenciante não tivesse a liberdade de determinar a produção do licenciado, um certo número de acordos de licença poderia nunca ter existido, o que teria uma incidência negativa sobre a divulgação das tecnologias novas. Tal poderá nomeadamente acontecer quando o licenciante é igualmente um produtor, uma vez que a produção dos licenciados pode então encontrar-se no território principal de actividade do licenciante, tendo assim uma incidência directa sobre as suas actividades. Por outro lado, a limitação da produção é sem dúvida menos necessária para garantir a divulgação da tecnologia do licenciante, quando combinada com uma restrição de vendas do licenciado proibindo-o de vender no território ou a um grupo de clientes reservado ao licenciante.

2.4. Restrições do domínio de utilização

179. Quando existem restrições do domínio de utilização, a licença é limitada quer a um ou a vários domínios técnicos de aplicação, quer a um ou a vários mercados do produto. Existem inúmeros casos em que uma mesma tecnologia pode ser utilizada para fabricar diferentes produtos ou pode ser incorporada em produtos que pertencem a diferentes mercados do produto. Uma nova tecnologia de moldagem pode por exemplo ser utilizada para fabricar garrafas e copos de plástico, pertencendo cada produto a mercados do produto distintos. Contudo, um mercado do produto único pode comportar vários domínios técnicos de utilização. Por exemplo, uma nova tecnologia de motores pode ser utilizada em motores de quatro cilindros e em motores de seis cilindros. Do mesmo modo, uma tecnologia para o fabrico de conjuntos de circuitos integrados (*chipsets*) pode ser utilizada para fabricar conjuntos de circuitos integrados para funcionarem com quatro e mais unidades centrais de processamento (CPU). Uma licença que limite a utilização da tecnologia licenciada para o fabrico de, digamos, motores de quatro cilindros e conjuntos de circuitos integrados para funcionarem com um máximo de quatro CPU constitui uma restrição do domínio técnico de utilização.

180. Dado que as restrições do domínio de utilização são objecto de isenção por categoria e que certas restrições associadas aos clientes são restrições graves nos termos da alínea c) do n.º 1 e da alínea b) do n.º 2 do artigo 4.º do RICTT, é importante estabelecer uma distinção entre as duas categorias de restrições. Uma restrição relativamente aos clientes pressupõe que são identificados grupos de clientes espe-

cíficos e que as partes são restringidas nas vendas que realizam a esses grupos. O facto de uma restrição do domínio técnico de utilização poder corresponder a certos grupos de clientes num mercado do produto, não implica que a restrição deva ser classificada como uma restrição dos clientes. Por exemplo, o facto de certos clientes comprarem predominante ou exclusivamente conjuntos de circuitos integrados para funcionarem com mais de quatro CPU não implica que uma licença que é limitada a conjuntos de circuitos integrados para funcionarem com um máximo de quatro CPU constitua uma restrição dos clientes. Todavia, o domínio de utilização deve ser definido objectivamente por referência a características técnicas identificadas e significativas do produto licenciado.

181. Uma restrição do domínio de utilização limita a exploração da tecnologia licenciada pelo licenciado a um ou mais domínios de utilização específicos sem limitar a possibilidade de o licenciante explorar a tecnologia licenciada. Além disso, tal como acontece com os territórios, estes domínios de utilização podem ser concedidos ao licenciado através de uma licença exclusiva ou única. As restrições do domínio de utilização combinadas com uma licença exclusiva ou única também restringem a possibilidade de o licenciante explorar a sua própria tecnologia, impedindo-o de a explorar ele próprio, incluindo através da concessão de licenças a outros. No caso de uma licença única, só é restringida a concessão de licenças a terceiros. As restrições do domínio de utilização combinadas com licenças exclusivas e únicas são tratadas da mesma forma que as licenças exclusivas e as licenças únicas abordadas na Secção 2.2.1. Em especial no que se refere aos acordos de licença entre concorrentes, isto significa que a concessão de licenças exclusivas recíprocas é uma restrição grave nos termos da alínea c) do n.º 1 do artigo 4.º.

182. As restrições relativas ao domínio de utilização podem ter efeitos favoráveis à concorrência, incentivando o licenciante a conceder licenças da sua tecnologia para aplicações que não são abrangidas pelo seu domínio principal de actividade. Se um licenciante não puder impedir os licenciados de operarem nos domínios em que ele próprio explora a sua tecnologia ou em domínios em que o valor da tecnologia ainda não está bem estabelecida, o licenciante poderia não ter qualquer incentivo para conceder licenças ou teria de cobrar uma *royalty* mais elevada. Deve igualmente tomar-se em consideração o facto de em certos sectores a concessão de licenças ocorrer frequentemente a fim de garantir liberdade de concepção, suprimindo o risco de alegações de infracção. Dentro do âmbito da licença, o licenciado pode desenvolver a sua própria tecnologia sem temer alegações de infracção por parte do licenciante.

183. As restrições do domínio de utilização impostas aos licenciados em acordos entre concorrentes reais ou potenciais são objecto de uma isenção por categoria até ao limiar da quota de mercado de 20%. O principal problema em termos de concorrência no caso dessas restrições é o risco de que o licenciado deixe de constituir uma força competitiva fora do domínio de utilização licenciado. O risco é maior no caso de concessão de licenças cruzadas entre concorrentes, em que o acordo prevê

restrições do domínio de utilização assimétricas. Uma restrição do domínio de utilização é assimétrica, quando uma parte é autorizada a utilizar a tecnologia licenciada num mercado do produto ou domínio técnico de utilização e a outra parte é autorizada a utilizar a outra tecnologia licenciada num outro mercado do produto ou domínio técnico de utilização. Podem surgir em especial problemas de concorrência, quando as instalações de produção do licenciado, que está equipado para utilizar a tecnologia licenciada, são igualmente utilizadas para fabricar produtos com a sua própria tecnologia fora do domínio de utilização licenciado. Se o acordo for susceptível de levar o licenciado a reduzir a produção fora do domínio de utilização licenciado, é provável que seja abrangido pelo n.º 1 do artigo 81.º. É pouco provável que restrições do domínio de utilização simétricas, isto é, acordos através dos quais as partes obtêm licenças para utilizar as tecnologias uma da outra no ou nos mesmos domínios de utilização, sejam abrangidas pelo n.º 1 do artigo 81.º. É improvável que tais acordos restrinjam a concorrência que existiria na ausência do acordo. É também pouco provável que o n.º 1 do artigo 81.º seja aplicável no caso de acordos que apenas permitem ao licenciado desenvolver e explorar a sua própria tecnologia dentro do âmbito da licença sem temer alegações de infracção por parte do licenciante. Nessas circunstâncias, as restrições relativas ao domínio de utilização não restringem por si só a concorrência que existia na ausência do acordo. Na ausência do acordo, o licenciado também se arriscava a alegações de infracção fora do âmbito do domínio de utilização licenciado. No entanto, se o licenciado, sem qualquer justificação comercial cessar ou diminuir as suas actividades na área fora do domínio de utilização licenciada, tal pode constituir uma indicação de um acordo subjacente de partilha de mercados equivalente a uma restrição grave abrangida pelo n.º 1, alínea c), do artigo 4.º do RICTT.

184. As restrições do domínio de utilização impostas ao licenciado e ao licenciante em acordos entre não concorrentes são objecto de isenção por categoria até ao limiar de quota de mercado de 30%. As restrições do domínio de utilização nos acordos entre não concorrentes, em que o licenciante se reserva um ou mais mercados do produto ou domínios de utilização técnica, não restringem geralmente a concorrência e são propícios a ganhos de eficiência. Favorecem a divulgação de tecnologias novas, incentivando o licenciante a conceder licenças de exploração relativamente aos domínios em que este não pretende explorar ele próprio a tecnologia em causa. Se um licenciante não puder impedir os licenciados de operarem nos domínios em que ele próprio explora a sua tecnologia, o licenciante poderia não ter qualquer incentivo para conceder licenças.

185. Em acordos entre não concorrentes, o licenciante pode também normalmente conceder licenças únicas ou exclusivas a licenciados diferentes limitadas a um ou vários domínios de utilização. Essas restrições limitam a concorrência intratecnologia entre licenciados da mesma maneira que as licenças exclusivas e são analisadas da mesma forma (ver secção 2.2.1).

2.5. *Restrições de utilização cativa*

186. Uma restrição de utilização cativa é uma obrigação imposta ao licenciado de limitar o seu fabrico dos produtos licenciados às quantidades exigidas para o fabrico dos seus próprios produtos, bem como para a manutenção e reparação dos seus próprios produtos. Por outras palavras, este tipo de restrição da utilização traduz-se na obrigação imposta ao licenciado de só utilizar os produtos que incorporam a tecnologia licenciada como factor de produção destinado a ser integrado nos seus próprios produtos; não abrange a venda dos produtos destinados a serem integrados nos produtos de outros produtores. As restrições de utilização cativa beneficiam da isenção por categoria até aos limiares das quotas de mercado de 20% e 30%. Quando os acordos em causa não podem beneficiar da isenção por categoria, é necessário examinar quais os efeitos pró-concorrenciais e anticoncorrenciais das restrições em causa. Relativamente a esse aspecto, é necessário estabelecer uma distinção entre acordos entre concorrentes e acordos entre não concorrentes.

187. No caso dos acordos de licença entre concorrentes, uma restrição que imponha ao licenciado fabricar os produtos objecto da licença apenas para os incorporar nos seus próprios produtos não o impede de fornecer as componentes em questão a produtores terceiros. Se antes da conclusão do acordo o licenciado não era um fornecedor real ou potencial dessas componentes a outros produtores, a obrigação de utilização cativa em nada alterará a situação. Nesse caso, a restrição será apreciada da mesma forma que no caso dos acordos entre não concorrentes. Se, em contrapartida, o licenciado é um fornecedor real ou potencial de componentes, é necessário analisar qual o impacto do acordo nesta actividade. Se ao equipar-se para utilizar a tecnologia do licenciante, o licenciado deixar de utilizar a sua própria tecnologia de uma forma autónoma e, portanto de ser um fornecedor de componentes, o acordo restringe a concorrência que existia antes de ter sido concluído. Pode ter graves efeitos negativos no mercado, quando o licenciante dispõe de um significativo de poder no mercado de componentes.

188. No que diz respeito aos acordos de licença entre não concorrentes, as restrições de utilização cativa apresentam dois grandes riscos para a concorrência: (*a*) uma restrição da concorrência intratecnologia no mercado do fornecimento dos factores de produção e (*b*) uma exclusão da arbitragem entre licenciados, que confere aos licenciantes uma maior possibilidade de imporem aos licenciados *royalties* discriminatórias.

189. Contudo, as restrições de utilização cativa podem igualmente favorecer a concorrência. Se um licenciante for um fornecedor de componentes, a restrição pode ser necessária para que a tecnologia seja divulgada entre não concorrentes. Na ausência da restrição, o licenciante pode não conceder a licença ou pode fazê-lo apenas com *royalties* mais elevadas, uma vez que de outra forma criaria uma concorrência directa para si no mercado das componentes. Nesses casos, uma restrição de utilização cativa é normalmente ou não restritiva da concorrência ou abrangida pelo n.º 3 do artigo 81.º. Todavia, é necessário que o licenciado tenha toda a liberdade de

vender os produtos licenciados enquanto peças sobresselentes para os seus próprios produtos. Deve estar em condições de assegurar o serviço pós-venda para os seus próprios produtos, incluindo através de empresas de serviço pós-venda independentes que asseguram a manutenção e a reparação dos produtos por ele fabricados.

190. Quando o licenciante não for um fornecedor de componentes no mercado relevante, a razão que justifica a aplicação de restrições de utilização cativa mencionada anteriormente não é aplicável. Em tais casos, uma restrição de utilização cativa pode em princípio favorecer a divulgação da tecnologia, garantindo que os licenciados não venderão a produtores que se encontram em concorrência com o licenciante noutros mercados. No entanto, existe uma outra solução menos restritiva, que consiste em impor ao licenciado que não venda a determinados grupos de clientes reservados ao licenciante. Por conseguinte, em tais casos, não é normalmente necessária uma restrição de utilização cativa para que a tecnologia possa ser divulgada.

2.6. *Subordinação e agrupamento*

191. No domínio da concessão de licenças de tecnologia, considera-se que existe subordinação quando o licenciante subordina a concessão de uma tecnologia (o produto subordinante) ao facto de o licenciado adquirir igualmente uma licença para uma outra tecnologia ou comprar um produto ao licenciante ou a uma pessoa por este designada (o produto subordinado). Verifica-se agrupamento quando duas tecnologias ou uma tecnologia e um produto são apenas vendidos em conjunto como um pacote. Em ambos os casos, contudo, é uma condição que os produtos e tecnologias em causa sejam distintos no sentido em que exista uma procura distinta para cada produto e cada tecnologia que constitui parte da subordinação ou agrupamento. Não é normalmente o que acontece quando as tecnologias ou produtos estão necessariamente ligados de tal forma que a tecnologia licenciada não pode ser explorada sem o produto subordinado ou as duas partes do pacote não podem ser exploradas uma sem a outra. Seguidamente, o termo "subordinação" refere-se a subordinação e agrupamento.

192. O artigo 3.º do RICTT, que limita a aplicação da isenção por categoria aos limiares de quotas de mercado, garante que a subordinação e o agrupamento não beneficiarão da isenção por categoria para além dos limiares das quotas de mercado de 20%, no caso de acordos entre concorrentes e 30%, no caso de acordos entre não concorrentes. Os limiares são aplicáveis a qualquer mercado da tecnologia ou do produto relevante afectado pelo acordo de licença, incluindo o mercado do produto subordinado. Para além desses limiares, será necessário ponderar os efeitos pró--concorrenciais e anticoncorrenciais da subordinação.

193. O principal efeito restritivo da subordinação consiste em excluir os fornecedores concorrentes do produto subordinado. A subordinação pode igualmente permitir que o licenciante mantenha poder no mercado do produto subordinado

criando obstáculos à entrada, uma vez que pode forçar os novos candidatos a entrarem simultaneamente em vários mercados. Além disso, a subordinação pode igualmente permitir ao licenciante aumentar as *royalties*, em especial quando o produto subordinante e o produto subordinado são potencialmente substituíveis e os dois produtos não são utilizados em proporções fixas. A subordinação impede o licenciado de passar a utilizar produtos de substituição quando as *royalties* aumentam relativamente ao produto subordinado. Estes problemas de concorrência são independentes do facto de as partes no acordo serem ou não concorrentes. Para que a subordinação possa ter efeitos anticoncorrenciais, o licenciante deve dispor de um grau significativo de poder de mercado relativamente aos produtos subordinantes para poder restringir a concorrência relativamente aos produtos subordinados. Na ausência de poder de mercado relativamente ao produto subordinante, o licenciante não pode utilizar a sua tecnologia com um objectivo anticoncorrencial e excluir os fornecedores do produto subordinado. Para além disso, tal como no caso das obrigações de não concorrência, a subordinação deve cobrir uma certa proporção do mercado do produto subordinado para que possam existir efeitos de encerramento significativos do mercado. Quando o licenciante se encontra melhor posicionado no mercado do produto subordinado do que no do produto subordinante, a restrição é considerada uma cláusula de não concorrência ou uma obrigação quantitativa, devido ao facto de qualquer problema de concorrência ter a sua origem no mercado do produto "subordinado" e não no do produto "subordinante"[1].

194. A subordinação pode igualmente dar origem a ganhos de eficiência. É por exemplo o que acontece quando o produto subordinado é necessário para que a tecnologia licenciada possa ser explorada de forma tecnicamente satisfatória ou para garantir a conformidade da produção com as normas de qualidade observadas pelo licenciante e pelos outros licenciados. Nesses casos, as licenças subordinadas são geralmente ou não restritivas da concorrência ou abrangidas pelo n.º 3 do artigo 81.º. Quando os licenciados utilizam a marca ou o nome do licenciante ou quando é evidente, para os consumidores, que existe uma subordinação entre o produto que incorpora a tecnologia licenciada e o licenciante, o licenciante tem um interesse legítimo em se assegurar de que a qualidade dos produtos não prejudica a sua tecnologia e a sua reputação enquanto operador económico. Além disso, se os consumidores tiverem conhecimento de que os licenciados (e o licenciante) produzem com base na mesma tecnologia, não é provável que os licenciados estejam dispostos a obter uma licença, a menos que a tecnologia seja explorada por todos de uma forma tecnicamente satisfatória.

195. A subordinação pode igualmente favorecer a concorrência, quando o produto subordinado permite ao licenciado explorar a tecnologia licenciada de forma mais. Por exemplo, quando o licenciante concede uma tecnologia que incide

---

[1] No que diz respeito ao quadro analítico aplicável ver Secção 2.7 e pontos 138 e seguintes das Orientações relativas às restrições verticais.

sobre um determinado processo, as partes podem igualmente acordar que o licenciado adquirirá ao licenciante um catalisador fabricado para ser utilizado com a tecnologia licenciada e que permita explorá-la de forma mais eficaz do que com outros catalisadores. Quando uma restrição deste tipo é abrangida pelo âmbito de aplicação do n.º 1 do artigo 81.º, as condições constantes do n.º 3 do artigo 81.º são susceptíveis de serem igualmente satisfeitas, mesmo quando as quotas de mercado são superiores aos limiares fixados no RICTT.

2.7. Obrigações de não concorrência

196. No contexto dos acordos de tecnologia, as obrigações de não concorrência consistem em impor ao licenciado a não utilização de tecnologias de terceiros que se encontrariam em concorrência com a tecnologia licenciada. Quando a obrigação de não concorrência abrange um produto ou uma tecnologia suplementar fornecida pelo licenciante, a obrigação é tratada no âmbito da secção anterior relativa à subordinação.

197. O RICTT isenta as obrigações de não concorrência simultaneamente em relação aos acordos entre concorrentes e aos acordos entre não concorrentes até aos limiares de quotas de mercado de 20% e 30% respectivamente.

198. O principal risco que as obrigações de não concorrência colocam para a concorrência é a exclusão das tecnologias pertencentes a terceiros. Podem igualmente facilitar a colusão entre licenciantes, quando existe utilização cumulativa. A exclusão de tecnologias concorrentes reduz as pressões concorrenciais que se exercem sobre as *royalties* facturadas pelo licenciante e reduz também a concorrência entre as tecnologias existentes, limitando as possibilidades dos licenciados de proceder a substituições entre tecnologias concorrentes. A análise pode, em geral, ser a mesma no caso de acordos entre concorrentes e de acordos entre não concorrentes, na medida em que em ambos os casos é a exclusão das outras tecnologias que constitui o principal problema. No entanto, no caso de um acordo de licenças cruzadas entre concorrentes em que as duas partes acordam em não utilizar tecnologias pertencentes a terceiros, o acordo pode facilitar uma colusão entre si no mercado do produto, o que justifica a fixação de um limiar de quotas de mercado mais reduzido de 20%.

199. Pode verificar-se encerramento do mercado quando uma parte importante dos licenciados potenciais estão já subordinados a uma ou, no caso de efeitos cumulativos, a várias fontes tecnológicas e não têm a possibilidade de explorar tecnologias concorrentes. Um encerramento pode ser provocado por acordos concluídos por um único licenciante com um grau significativo de poder de mercado ou pelo efeito cumulativo de acordos concluídos por vários licenciantes, mesmo quando cada acordo individual ou rede individual de acordos é abrangida pelo RICTT. Neste último caso, contudo, não é provável que se registe um efeito cumulativo grave enquanto a proporção do mercado subordinado pelos acordos for infe-

rior a 50%. Para além desse limiar, os riscos de existência de um encerramento importante do mercado, quando existem obstáculos à entrada de novos licenciados, são relativamente elevados. Se esses obstáculos são reduzidos, novos licenciados poderão penetrar no mercado e explorar comercialmente tecnologias atractivas detidas por terceiros, constituindo desta forma uma real alternativa aos licenciados existentes. A fim de determinar quais as possibilidades reais de entrada e de extensão de que os terceiros dispõem, é também necessário ter em conta a medida em que os distribuidores estão vinculados aos licenciados por obrigações de não concorrência. Com efeito, as tecnologias pertencentes a terceiros só terão possibilidades reais de penetrar no mercado se tiverem acesso aos activos de produção e de distribuição necessários. Por outras palavras, a facilidade de acesso depende não apenas da existência de um número suficiente de licenciados, mas igualmente da medida em que estes têm acesso à distribuição. Para apreciar os efeitos de encerramento a nível da distribuição, a Comissão utilizará o quadro analítico exposto na Secção IV.2.1 das Orientações relativas às restrições verticais.

200. Quando o licenciante detém um poder de mercado significativo, qualquer obrigação imposta aos licenciados de só adquirirem a tecnologia junto do licenciante, pode dar origem a efeitos de encerramento significativos. Quanto mais forte for a posição detida pelo licenciante no mercado, maior será o risco de exclusão das tecnologias concorrentes. Para que os efeitos de encerramento sejam significativos, as obrigações de não concorrência não têm necessariamente de abranger uma parte substancial do mercado. Mesmo que tal não aconteça, o encerramento pode ser significativo se as obrigações de não concorrência visarem empresas mais susceptíveis de conceder licenças relativamente a tecnologias concorrentes. O risco de encerramento é particularmente elevado, quando existe apenas um número limitado de licenciados potenciais e o acordo de licença diz respeito a uma tecnologia que é utilizada pelos licenciados para produzir um elemento para sua utilização própria. Nesses casos, é provável que os obstáculos à entrada para um novo licenciante sejam elevados. O encerramento pode ser menos provável nos casos em que a tecnologia é utilizada para fabricar um produto que é vendido a terceiros, apesar de neste caso a restrição subordinar também a capacidade da produção em questão, mas não subordina a procura do produto que incorpora a produção fabricada com a tecnologia licenciada Para entrar no mercado nestes últimos casos, os licenciantes apenas têm necessidade de ter acesso a um ou mais licenciados que possuem uma capacidade de produção apropriada e salvo quando apenas algumas empresas possuem ou são capazes de obter os activos necessários para adquirir uma licença, é pouco provável que ao impor obrigações de não concorrência aos seus licenciados, o licenciante esteja em condições de impedir os concorrentes de terem acesso a licenciados eficientes.

201. As obrigações de não concorrência podem igualmente ter efeitos pró-concorrenciais. Em primeiro lugar, podem favorecer a divulgação das tecnologias, reduzindo o risco de apropriação fraudulenta da tecnologia licenciada, nomeadamente do saber-fazer. Se um licenciante for autorizado a obter licenças relativa-

mente a tecnologias concorrentes pertencentes a terceiros, existe o risco de um saber-fazer específico obtido sob licença ser utilizado para a exploração de tecnologias concorrentes, beneficiando desta forma os concorrentes. Quando um licenciado explora igualmente tecnologias concorrentes, normalmente tal dificulta também o controlo do pagamento de *royalties*, o que poderia incentivar os licenciantes a não concederem licenças.

202. Em segundo lugar, as obrigações de não concorrência eventualmente em combinação com um território exclusivo podem afigurar-se necessárias para que um licenciado seja encorajado a investir na tecnologia licenciada e a explorá-la eficazmente. No caso de o acordo ser abrangido pelo n.º 1 do artigo 81.º devido a um efeito de encerramento considerável, pode afigurar-se necessário para beneficiar do n.º 3 do artigo 81.º, a escolha de uma alternativa menos restritiva, por exemplo, impor uma produção mínima ou o pagamento de *royalties*, o que normalmente apresenta um menor potencial de exclusão das tecnologias concorrentes.

203. Em terceiro lugar, quando o licenciante se compromete a realizar investimentos importantes a favor do cliente, por exemplo, em acções de formação ou numa adaptação da tecnologia licenciada às necessidades do licenciado, as obrigações de não concorrência ou, alternativamente, uma obrigação de produção mínima ou de *royalties* mínimas, podem revelar-se necessárias para incentivar o licenciante a realizar esses investimentos e a evitar problemas de catividade. Contudo, o licenciante terá normalmente a possibilidade de facturar directamente os seus investimentos sob a forma de pagamento de um montante fixo, o que demonstra que existem alternativas menos restritivas.

3. Acordos de resolução de litígios e de não reivindicação

204. A concessão de licenças pode servir como meio de resolver litígios ou evitar que uma parte exerça os seus direitos de propriedade intelectual a fim de impedir que a outra parte explore a sua própria tecnologia. A concessão de licenças, incluindo as licenças cruzadas no contexto de acordos de resolução de litígios e de acordos de não reivindicação não constitui em si uma restrição da concorrência, uma vez que permite às partes explorar as suas tecnologias após o acordo. Contudo, as modalidades e condições individuais de tais acordos podem ser abrangidas pelo âmbito de aplicação do n.º 1 do artigo 81.º. A concessão de licenças no contexto de acordos de resolução de litígios é tratado como outros acordos de licença. No caso de tecnologias que de um ponto de vista técnico são substitutos é, por conseguinte, necessário apreciar em que medida é provável que as tecnologias em questão se encontrem numa posição de bloqueio unidireccional ou bidireccional (ver ponto 32). Em caso afirmativo, as partes não são consideradas concorrentes.

205. A isenção por categoria é aplicável desde que o acordo não contenha quaisquer restrições graves da concorrência, tal como definido no artigo 4.º do

RICTT. A lista de restrições graves constante do n.º 1 do artigo 4.º pode, nomeadamente, ser aplicável, quando for evidente para as partes que não existe qualquer posição de bloqueio e que, por conseguinte, são realmente concorrentes. Nesses casos, a resolução do litígio constitui um simples meio para restringir a concorrência que existiria na ausência do acordo.

206. Nos casos em que é provável que sem a licença o licenciado fosse excluído do mercado, o acordo é em geral favorável à concorrência. As restrições que limitam a concorrência intratecnologia entre o licenciante e o licenciado são frequentemente compatíveis com o artigo 81.º (ver Secção 2).

207. Os acordos através dos quais as partes se concedem mutuamente licenças cruzadas e impõem restrições à utilização das suas tecnologias, incluindo restrições à concessão de licenças a terceiros, podem ser abrangidos pelo n.º 1 do artigo 81.º. Quando as partes dispõem de um poder de mercado significativo e o acordo impõe restrições que ultrapassam claramente o necessário para eliminar o bloqueio, o acordo é susceptível de ser abrangido pelo n.º 1 do artigo 81.º, ainda que seja provável a existência de uma posição de bloqueio mútua. É particularmente provável que o n.º 1 do artigo 81.º seja aplicável, quando as partes partilham mercados ou fixam *royalties* recíprocas com um impacto significativo no mercado.

208. Quando no âmbito do acordo as partes têm o direito de utilizar a tecnologia uma da outra e o acordo se estende a futuros desenvolvimentos, é necessário apreciar qual o impacto do acordo no incentivo que as partes têm para inovar. Em casos em que as partes possuem um grau significativo de poder de mercado, o acordo é susceptível de ser abrangido pelo n.º 1 do artigo 81.º, na medida em que impede as partes de obterem uma vantagem competitiva uma em relação à outra. Os acordos que eliminam ou reduzem substancialmente a possibilidade de uma das partes obter uma vantagem competitiva em relação à outra reduzem o incentivo para inovação e afectam, portanto, negativamente uma parte essencial do processo competitivo. É também pouco provável que tais acordos satisfaçam as condições do n.º 3 do artigo 81.º. É particularmente pouco provável que a restrição possa ser considerada indispensável na acepção da terceira condição do n.º 3 do artigo 81.º. A realização do objectivo do acordo, nomeadamente, garantir que as partes podem continuar a explorar a sua própria tecnologia sem serem objecto de um bloqueio pela outra parte, não exige que as partes acordem em partilhar futuras inovações. Contudo, não é provável que as partes sejam impedidas de adquirir uma liderança competitiva em relação umas às outras, quando o objectivo da licença seja permitir-lhes desenvolver as suas respectivas tecnologias e quando a licença não as conduza a utilizar as mesmas soluções tecnológicas. Tais acordos limitam-se a criar liberdade de concepção, impedindo futuras alegações de infracção pela outra parte.

209. No contexto de um acordo de resolução de litígios e de não reivindicação, as cláusulas de não contestação são geralmente consideradas não abrangidas pelo n.º 1 do artigo 81.º. É inerente a tais acordos que as partes acordam em não contestar os direitos de propriedade intelectual *ex post* abrangidos pelo acordo. Na rea-

lidade, o verdadeiro objectivo do acordo consiste em resolver os litígios existentes e/ou evitar futuros litígios.

4. Acordos de agrupamento de tecnologias

210. Os acordos de agrupamento de tecnologias são acordos através dos quais duas ou mais partes agrupam um conjunto de tecnologias que não são licenciadas unicamente aos participantes no agrupamento, mas igualmente a terceiros. A nível da estrutura, os acordos de agrupamento de tecnologias podem assumir a forma de simples acordos entre um número limitado de partes ou de acordos organizacionais complexos, nos quais a organização da concessão das licenças relativas às tecnologias agrupadas é confiada a uma identidade distinta. Em ambos os casos o acordo pode autorizar os licenciados a operarem no mercado com base numa licença única.

211. Não existe qualquer ligação sistemática entre os acordos de agrupamento de tecnologia e as normas, mas em certos casos, as tecnologias em causa abrangem (totalmente ou em parte) uma norma industrial *de facto* ou *de jure*. Quando tais acordos abrangem normas industriais, não se trata necessariamente de uma norma única. Os acordos de agrupamento de tecnologias diferentes podem abranger normas concorrentes[1].

212. Os acordos que criam agrupamentos de tecnologias e que definem as condições do seu funcionamento não são abrangidos pela isenção de categoria, independentemente do número das partes em causa (ver Secção III.2.2.). Tais acordos são exclusivamente analisados nas presentes orientações. Os agrupamentos de tecnologias colocam um certo número de problemas específicos associados à selecção das tecnologias escolhidas e ao funcionamento do acordo, que não se colocam no caso de outros tipos de acordos de licença. As licenças individuais concedidas pelas partes a licenciados terceiros são contudo tratadas como os outros acordos de licenças, que podem beneficiar de uma isenção por categoria, quando as condições mencionadas no RICTT estão preenchidas, incluindo as condições constantes do artigo 4.º, que dizem respeito às restrições graves.

213. Os acordos de agrupamento de tecnologias podem restringir a concorrência. Tais acordos implicam necessariamente a venda em comum das tecnologias agrupadas o que, quando se trata de agrupamentos constituídos apenas ou predominantemente por tecnologias substituíveis entre si, equivale a um cartel de fixação de

---

[1] Ver relativamente a este aspecto, o comunicado de imprensa IP/02/1651 da Comissão relativo à concessão de patentes para os serviços de telefonia móvel de terceira geração (3G). Este processo dizia respeito a cinco acordos de agrupamentos de tecnologias com cinco tecnologias diferentes, cada uma das quais pode ser utilizada para fabricar equipamentos 3G.

preços. Além disso, para além do facto de reduzirem a concorrência entre as partes, os agrupamentos de tecnologias podem igualmente, nomeadamente quando abrangem uma norma industrial ou criam uma norma industrial *de facto*, dar origem a uma redução da inovação, excluindo outras tecnologias do mercado. A existência da norma e das tecnologias agrupadas que lhe estão associadas pode dificultar a penetração no mercado de tecnologias novas e melhoradas.

214. Os agrupamentos de tecnologias podem igualmente ser favoráveis à concorrência, nomeadamente ao limitarem os custos da operação e ao estabelecerem um limite às *royalties* cumulativas para evitar uma dupla margem. O agrupamento permite a concessão numa única licença das licenças relativas às tecnologias em causa, o que constitui uma vantagem específica em sectores em que prevalecem os direitos de propriedade intelectual e em que, para poder operar no mercado, os licenciados devem obter licenças de um número importante de licenciantes. Nos casos em que os licenciados beneficiam de um serviço contínuo para a aplicação da tecnologia licenciada, o agrupamento de licenças e serviços pode dar origem a reduções de custos suplementares.

4.1. *Natureza das tecnologias agrupadas*

215. Os riscos dos agrupamentos de tecnologia colocarem problemas a nível da concorrência, bem como as suas capacidades de melhorar os ganhos de eficiência, dependem numa grande medida da relação entre as tecnologias agrupadas e da relação entre as tecnologias agrupadas e as outras. É conveniente estabelecer duas distinções fundamentais entre (*a*) os complementos tecnológicos e os substitutos tecnológicos, por um lado, e (*b*) as tecnologias essenciais e as tecnologias não essenciais, por outro.

216. Duas tecnologias[1] constituem *complementos*, mas não *substitutos*, quando são ambas necessárias para fabricar o produto ou realizar o processo a que as tecnologias se aplicam. Inversamente, duas tecnologias constituem substitutos quando cada uma delas permite ao licenciado fabricar o produto ou realizar o processo a que as tecnologias se aplicam. Uma tecnologia é considerada *essencial* por oposição a *não essencial*, se não existir qualquer substituto para esta tecnologia entre as tecnologias agrupadas e entre as outras e se a tecnologia em questão constitui uma parte necessária do conjunto das tecnologias agrupadas para fabricar o ou os produtos ou realizar o ou os processos a que o agrupamento se aplica. Uma tecnologia para a qual não existe substituto, permanece essencial, enquanto a tecnologia for abrangida por pelo menos um direito de propriedade intelectual válido. As tecnologias essenciais são necessariamente também complementos.

---

[1] A noção de "tecnologia" não se limita às patentes. Abrange igualmente as aplicações de patentes e os direitos de propriedade intelectual que não as patentes.

217. Quando as tecnologias agrupadas são substitutos, as *royalties* são susceptíveis de ser mais elevadas, uma vez que a ausência de concorrência entre as tecnologias em questão não constitui uma vantagem para os licenciados. Quando as tecnologias agrupadas são complementos o acordo reduz os custos da transacção e pode dar origem a *royalties* globalmente mais reduzidas, uma vez que as partes estão em condições de fixar as *royalties* comuns para o conjunto das tecnologias, em vez de fixar cada uma das *royalties* não tendo em conta a *royalty* fixada pelos outros.

218. A distinção entre tecnologias complementares e tecnologias substitutos nem sempre é bem definida em todos os casos, uma vez que as tecnologias podem ser em parte substitutos e em parte complementos. Quando, devido a ganhos de eficiência que resultarão da integração de duas tecnologias, os licenciados são susceptíveis de pretender utilizá-las ambas, as tecnologias são tratadas como complementos, mesmo que sejam parcialmente substituíveis entre si. Em tais casos, é provável que na ausência do agrupamento de tecnologias, os licenciados procurassem obter licenças para as duas tecnologias devido às vantagens económicas suplementares decorrentes da utilização de ambas em oposição à utilização de uma delas.

219. A inclusão de tecnologias substitutas no acordo de agrupamento restringe a concorrência intertecnologias e equivale a um agrupamento colectivo. Além disso, quando o agrupamento é principalmente composto por tecnologias substitutas, o acordo equivale a um acordo de fixação de preços entre concorrentes. De uma forma geral, a Comissão considera que a inclusão de substitutos em tecnologias agrupadas constitui uma infracção ao n.º 1 do artigo 81.º e que é pouco provável que as condições enunciadas no n.º 3 do artigo 81.º sejam preenchidas no caso de agrupamentos que incluem numa medida significativa tecnologias substitutas. Dado que as tecnologias em questão se podem substituir entre si, a inclusão de ambas não dá origem a qualquer redução dos custos da operação. Na ausência do agrupamento, os licenciados não teriam solicitado as duas tecnologias. Não é suficiente que as partes continuem a ter a liberdade de conceder licenças de forma independente. A fim de não prejudicar os efeitos do agrupamento, que lhes permite exercer conjuntamente o seu poder de mercado, as partes terão pouco incentivo para o fazer.

220. Quando o acordo só inclui tecnologias que são essenciais e que são por conseguinte necessariamente também complementares, não é geralmente abrangido pelo âmbito de aplicação do n.º 1 do artigo 81.º, independentemente da posição das partes no mercado. Todavia, as condições em que as licenças são concedidas podem ser abrangidas pelo âmbito de aplicação da referida disposição.

221. Quando o acordo diz respeito a patentes não essenciais, mas complementares, existe um risco de exclusão da tecnologia de terceiros. Por conseguinte, quando uma tecnologia é abrangida pelo acordo e licenciada enquanto parte do conjunto das tecnologias agrupadas, os licenciados terão provavelmente poucos incentivos para adquirir uma licença para uma tecnologia concorrente, uma vez que a *royalty* paga pelas tecnologias agrupadas cobre já um substituto. Além disso, a inclusão de tecnologias, que não são necessárias para fabricar o(s) produto(s) ou

realizar o(s) processo(s) a que se aplicam as tecnologias agrupadas, obriga igualmente os licenciados a pagar por tecnologias de que provavelmente não têm necessidade. A inclusão de patentes complementares equivale por conseguinte ao agrupamento colectivo. Quando o agrupamento inclui tecnologias não essenciais, o acordo é susceptível de ser abrangido pelo âmbito de aplicação do n.º 1 do artigo 81.º, na medida em que o agrupamento tenha uma posição significativa em qualquer mercado relevante.

222. Uma vez que podem ser desenvolvidas tecnologias complementares e tecnologias de substituição após a criação do agrupamento, a apreciação do carácter essencial é um procedimento contínuo. Uma tecnologia pode, por conseguinte, tornar-se não essencial após a criação do agrupamento devido ao aparecimento de novas tecnologias de terceiros. Uma forma de garantir que essas tecnologias de terceiros não são excluídas é excluir do agrupamento tecnologias que se tornaram não essenciais. Contudo, podem existir outros meios para garantir que as tecnologias de terceiros não são excluídas. Na apreciação de agrupamentos de tecnologias que incluem tecnologias não essenciais, isto é, tecnologias relativamente às quais existem substitutos fora do agrupamento ou que não são necessárias para fabricar um ou vários dos produtos a que o agrupamento diz respeito, a Comissão terá, por conseguinte, nomeadamente em conta na sua apreciação global, os seguintes factores:

(a) O facto de existirem razões pró-concorrenciais para incluir as tecnologias não essenciais no agrupamento;

(b) O facto de os licenciantes manterem a liberdade de conceder licenças relativamente às suas tecnologias respectivas de forma independente. Quando o acordo inclui um número limitado de tecnologias e existem tecnologias de substituição fora do agrupamento, os licenciados podem desejar constituir o seu próprio pacote tecnológico composto em parte por tecnologias que fazem parte do agrupamento e em parte por tecnologias detidas por terceiros;

(c) O facto de, em casos em que as tecnologias agrupadas têm diferentes aplicações, algumas das quais não exigem a utilização de todas as tecnologias agrupadas, o acordo de agrupamento oferecer as tecnologias apenas enquanto pacote único ou oferecer pacotes separados para aplicações distintas. Neste último caso, evita-se que as tecnologias que não são essenciais para um determinado produto ou processo estejam associadas a tecnologias essenciais.

(d) O facto de as tecnologias agrupadas estarem apenas disponível enquanto pacote único ou de os licenciados terem a possibilidade de obter uma licença para apenas uma parte do pacote com uma redução correspondente das *royalties*. A possibilidade de obter uma licença para apenas parte do pacote pode reduzir o risco de exclusão do mercado de tecnologias pertencentes a terceiros e que não são abrangidas pelo agrupamento, em especial se o licenciado obtiver uma redução correspondente das *royalties*, o que exige que uma parte das *royalties* globais tenha sido afectada a cada uma das tecnologias abrangidas pelo acordo de agrupamento. Se os acordos de licença concluídos entre o agrupamento e os licenciados individuais tiverem uma duração relativamente longa e a tecnologia agrupada suportar uma norma industrial *de facto*, deve igualmente tomar-se em consideração o facto de o agrupamento poder excluir o acesso ao mercado por parte de novas tecnologias de substituição. Ao apreciar o risco de exclusão em tais casos, afigura-se relevante ter em conta se os licenciados podem pôr termo, mediante um pré-aviso razoável, a parte da licença e obter uma correspondente redução das *royalties*.

4.2. Apreciação de restrições individuais

223. A presente secção aborda um certo número de restrições que se encontram normalmente, sob uma forma ou outra, em acordos de agrupamento de tecnologias e que devem ser apreciadas no contexto global do acordo. É conveniente recordar (ver ponto 212) que o RICTT é aplicável aos acordos de licença concluídos entre as partes no acordo de agrupamento de tecnologias e terceiros licenciados. A presente secção aborda, por conseguinte, unicamente os aspectos associados à criação do agrupamento e aos problemas específicos da concessão de licenças no âmbito de agrupamentos de tecnologias.

224. Na sua apreciação, a Comissão basear-se-á essencialmente nos seguintes princípios:

(1) Quanto mais forte for a posição de mercado das partes no acordo de agrupamento, mais elevados são os riscos de existirem efeitos anticoncorrenciais;

(2) Os agrupamentos que detêm uma forte posição no mercado devem ser abertos e não discriminatórios;

(3) Os agrupamentos não devem excluir indevidamente tecnologias pertencentes a terceiros nem limitar a criação de outros agrupamentos.

225. As empresas que criam um agrupamento de tecnologias compatível com o artigo 81.º e qualquer norma industrial que possa abranger, têm normalmente a liberdade de negociar e fixar as *royalties* do pacote de tecnologia e de cada parte da tecnologia nas royalties totais antes ou depois da criação da norma. Tal acordo é inerente à criação da norma ou do agrupamento e não pode em si mesmo ser considerado restritivo da concorrência, podendo em certas circunstâncias conduzir a resultados mais eficazes.

Em certas circunstâncias, pode revelar-se mais eficaz, se as *royalties* forem acordadas antes e não depois da escolha da norma, a fim de evitar que a escolha da norma confira um poder de mercado significativo a uma ou mais tecnologias essenciais. Por outro lado, os licenciados devem continuar a ter liberdade para determinar os preços dos produtos fabricados sob licença. Quando a selecção de tecnologias a incluir no agrupamento é realizada por um perito independente, a concorrência entre soluções tecnológicas disponíveis pode ser reforçada.

226. Quando o agrupamento tem uma posição dominante no mercado, as *royalties* e outras condições de concessão de licenças devem ser justas e não discriminatórias e as licenças não exclusivas. Estas condições são necessárias para garan-

tir que o agrupamento é aberto e não conduz a um encerramento do mercado nem a outros efeitos anticoncorrenciais nos mercados a jusante. Estas condições, contudo, não excluem a aplicação de diferentes *royalties* para diferentes utilizações. Em geral, não é considerada restritiva da concorrência a aplicação de *royalties* diferentes a mercados de produtos diferentes, embora não devesse existir qualquer discriminação no âmbito dos mercados do produto. Em especial, o tratamento dos licenciados não deve depender do facto de serem ou não licenciantes. A Comissão tomará, por conseguinte, em consideração o facto de os licenciantes estarem também sujeitos a obrigações de pagamento de *royalties*.

227. Os licenciantes e os licenciados devem ter a liberdade de desenvolver produtos e normas concorrentes bem como de conceder e obter licenças fora do agrupamento.

Estas condições são necessárias a fim de limitar o risco de exclusão do mercado das tecnologias de terceiros e garantir que o agrupamento não limita a inovação nem impede a criação de soluções tecnológicas concorrentes. Quando um agrupamento abrange uma norma industrial (*de facto*) e quando as partes estão sujeitas a obrigações de não concorrência, o agrupamento desenvolve um risco específico de impedir a criação de tecnologias e normas novas e melhoradas.

228. As obrigações de retrocessão de direitos devem ser não exclusivas e limitadas aos desenvolvimentos indispensáveis ou importantes para a utilização das tecnologias agrupadas. O agrupamento poderá então tirar partido e beneficiar de melhoramentos introduzidos na tecnologia agrupada. É legítimo que as partes garantam que a exploração da tecnologia agrupada não possa ser entravada por licenciados que detêm ou estão em vias de obter patentes essenciais.

229. Um dos problemas identificados relativamente aos agrupamentos de patente é o risco de protegerem patentes não válidas. O agrupamento aumenta os custos/riscos de uma contestação eficaz, uma vez que esta não terá êxito se apenas uma patente do agrupamento for válida. A protecção de patentes não válidas no agrupamento pode obrigar os licenciados a pagarem *royalties* mais elevadas e pode igualmente impedir a inovação no domínio abrangido pela patente não válida. A fim de limitar este risco, os direitos de pôr termo a uma licença em caso de contestação devem ser limitados a tecnologias propriedade do licenciante, que é o destinatário da contestaçao e não se devem estender às tecnologias propriedade dos outros licenciantes no agrupamento.

4.3. *Enquadramento institucional que rege o acordo de agrupamento*

230. A forma como um agrupamento de tecnologias é criado, organizado e funciona pode reduzir o risco de que este tenha por objecto ou por efeito a restrição da concorrência e dá garantias de que é pró-competitivo.

231. Quando a participação no processo de criação de uma norma ou de um agrupamento é aberta a todas as partes interessadas, que representam diversos inte-

resses, é mais provável que as tecnologias que serão integradas no grupo sejam seleccionadas com base em considerações de preço/qualidade do que quando o agrupamento é criado por um conjunto limitado de proprietários de tecnologia. Do mesmo modo, quando as partes no agrupamento se compõem de pessoas que representam diferentes interesses, é mais provável que as condições de concessão de licenças, incluindo as *royalties*, sejam abertas e não discriminatórias e reflictam o valor da tecnologia licenciada do que quando o agrupamento é controlado por representantes dos licenciantes.

232. Um outro factor relevante é a medida em que os peritos independentes estão envolvidos na criação e funcionamento do agrupamento. Por exemplo, determinar se a tecnologia é ou não essencial para uma norma abrangida por um acordo de agrupamento constitui frequentemente uma questão complexa, que exige uma experiência específica. O envolvimento no processo de selecção de peritos independentes pode contribuir de modo significativo para garantir a aplicação efectiva do compromisso de incluir apenas tecnologias essenciais.

233. A Comissão tomará em consideração a forma como os peritos são seleccionados, bem como a natureza exacta das suas funções. Os peritos devem ser independentes das empresas que constituíram o agrupamento. Se os peritos estiverem ligados aos licenciantes ou de qualquer modo deles dependentes, a sua participação terá menos peso. Os peritos devem também ter a experiência técnica necessária para desempenhar as várias funções que lhes foram confiadas. As funções de peritos independentes podem incluir, nomeadamente, uma apreciação da validade das tecnologias propostas para integração no agrupamento e se são ou não essenciais.

234. É igualmente conveniente tomar em consideração as disposições relativas ao intercâmbio de informações sensíveis entre as partes. Em mercados oligopolistas, o intercâmbio de informações sensíveis, tais como os dados relativos à fixação de preços e à produção, podem facilitar a colusão[1]. Em tais casos, a Comissão tomará em consideração se foram criadas salvaguardas para garantir que não foram trocadas quaisquer informações sensíveis. Um perito independente ou a entidade que concede licenças pode desempenhar um papel importante relativamente a este aspecto garantindo que os dados relativos à produção e às vendas, que podem ser necessários para efeitos de cálculo e de verificação das *royalties*, não são divulgados a empresas que estejam em concorrência nos mercados relevantes.

235. Finalmente, é conveniente examinar os mecanismos de resolução de litígios previstos nos instrumentos de criação do agrupamento. Quanto mais a resolução de litígios for confiada a entidades ou a pessoas independentes do agrupamento ou dos seus membros, mais provável é que a resolução dos litígios funcione de forma neutra.

---

[1] Ver relativamente a este aspecto, o acórdão proferido no processo *John Deere*.

ACORDOS DE COOPERAÇÃO HORIZONTAL

Comunicação da Comissão*

1. Introdução

1.1. *Objecto*

1. As presentes orientações estabelecem os princípios para a apreciação dos acordos de cooperação horizontal nos termos do artigo 81.º do Tratado. Diz-se que a cooperação é de "natureza horizontal" quando existe um acordo ou práticas concertadas entre empresas que se situam ao(s) mesmo(s) nível(eis) do mercado. Trata-se, a maior parte das vezes, de cooperação entre concorrentes, que diz respeito, por exemplo, a domínios como a Investigação e o Desenvolvimento (I & D), a produção, as compras ou a comercialização.

2. A cooperação horizontal pode dar origem a problemas de concorrência. É o que acontece, por exemplo, se as partes numa cooperação acordam em fixar preços ou o nível da produção, partilhar mercados, ou se a cooperação permitir às partes manterem, ganharem ou aumentarem poder de mercado, causando desta forma efeitos negativos no mercado no que se refere aos preços, à produção, à inovação ou à diversidade e qualidade dos produtos.

3. Por outro lado, a cooperação horizontal pode dar origem a vantagens económicas significativas. As empresas devem adaptar-se a pressões concorrenciais crescentes, a um mercado em evolução constante que se globaliza cada vez mais, ao ritmo da evolução tecnológica e ao maior dinamismo dos mercados em geral. A cooperação pode constituir um meio de partilhar riscos, realizar economias, agrupar saber-fazer e lançar inovações no mercado de forma mais rápida. Para as pequenas e médias empresas, em especial, a cooperação constitui uma importante forma de adaptação à evolução dos mercados.

4. Embora reconhecendo as vantagens económicas que podem decorrer da cooperação, a Comissão deve no entanto velar pela manutenção de uma concor-

---

* Comunicação da Comissão "Orientações sobre a aplicação do artigo 81.º do Tratado CE aos acordos de cooperação horizontal" (Texto relevante para efeitos do EEE) – JO, C 3, de 6.1.2001, pp. 2-30.

rência efectiva. O artigo 81.º fornece o enquadramento jurídico para uma apreciação equilibrada, que toma em consideração tanto os efeitos anticoncorrenciais como as vantagens económicas.

5. No passado, a apreciação da cooperação horizontal nos termos do artigo 81.º era regida por duas comunicações e dois regulamentos de isenção por categoria. O Regulamento (CEE) n.º 417/85 da Comissão[1], com a última redacção que lhe foi dada pelo Regulamento (CE) n.º 2236/97[2] e o Regulamento (CEE) n.º 418/85 da Comissão[3], com a última redacção que lhe foi dada pelo Regulamento (CE) n.º 2236/97, previam a isenção de certas categorias de acordos de especialização e acordos de investigação e desenvolvimento (I & D) respectivamente. Esses dois regulamentos foram agora substituídos pelo Regulamento (CE) n.º 2658/2000 da Comissão de 29 de Novembro de 2000, relativo à aplicação do n.º 3 do artigo 81.º do Tratado a certas categorias de acordos de especialização[4] ("o Regulamento de isenção por categoria da especialização") e pelo Regulamento (CE) n.º 2659/2000 da Comissão, de 29 de Novembro de 2000, relativo à aplicação do n.º 3 do artigo 81.º do Tratado a certas categorias de acordos de investigação e de desenvolvimento[5] ("o Regulamento de isenção por categoria da I & D"). As duas comunicações diziam respeito a certos tipos de acordos de cooperação não abrangidos pelo artigo 81.º[6] e à apreciação de empresas comuns com carácter de cooperação[7].

6. A evolução constante dos mercados conduziu a uma diversificação crescente das formas de cooperação horizontal e a um maior recurso a este tipo de cooperação. Por conseguinte, impõem-se actualmente orientações mais completas e actualizadas para que as condições de aplicação do artigo 81.º neste domínio sejam mais claras e mais transparentes. A apreciação da cooperação horizontal deve sublinhar ainda mais os critérios económicos, de forma a melhor ter em conta alterações ocorridas recentemente na aplicação das regras de concorrência e na jurisprudência do Tribunal de Justiça das Comunidades Europeias e do Tribunal de Primeira Instância.

7. O objectivo das presentes orientações consiste em fornecer um quadro analítico para os tipos de cooperação horizontal mais correntes. Este quadro é principalmente elaborado com base em critérios que ajudam a analisar o contexto económico em que se insere um determinado acordo de cooperação. Critérios económicos como o do poder de mercado das partes, bem como outros factores associados à estrutura dos mercados, constituem um elemento-chave da apreciação dos efeitos que a cooperação é susceptível de produzir nos mercados e, por conseguinte,

---

[1] JO, L 53, de 22.2.1985, p. 1.
[2] JO, L 6, de 11.11.1997, p. 12.
[3] JO, L 53, de 22.2.1985, p. 5.
[4] JO, L 304, de 5.12.2000, p. 3.
[5] JO, L 304, de 5.12.2000, p. 7.
[6] JO, C 75, de 29.7.1968, p. 3.
[7] JO, C 43, de 16.2.1993, p. 2.

para a sua apreciação nos termos do artigo 81.º. Dada a enorme diversidade dos tipos de cooperação horizontal e das suas combinações, bem como as condições de mercado que as envolvem, é impossível dar respostas adaptadas a cada cenário previsível. O presente quadro analítico, baseado em critérios económicos, ajudará contudo as empresas a avaliarem caso a caso a compatibilidade dos seus acordos de cooperação com o artigo 81.º.

8. As presentes orientações não só substituem as comunicações referidas no ponto 5, mas abrangem também um âmbito mais alargado dos tipos de acordos horizontais mais correntes. Por outro lado, complementam o Regulamento de isenção por categoria relativo à investigação e desenvolvimento e o Regulamento de isenção por categoria relativo à especialização.

1.2. Âmbito de aplicação das presentes orientações

9. As presentes orientações abrangem os acordos ou práticas concertadas (seguidamente designados por "acordos") entre duas ou mais empresas que operam no(s) mesmo(s) nível(eis) do mercado, por exemplo, no mesmo nível da produção ou da distribuição. Neste contexto, a tónica é colocada na cooperação entre concorrentes. Para efeitos das presentes orientações, entende-se por "concorrentes" tanto os concorrentes efectivos[1] como os concorrentes potenciais[2].

---

[1] Uma empresa é considerada um concorrente efectivo se se encontra presente no mesmo mercado relevante ou se, na ausência de acordo, é capaz de adaptar a sua produção tendo em vista o fabrico dos produtos relevantes e a sua comercialização a curto prazo sem incorrer em qualquer custo nem risco suplementar elevado em reacção a variações ligeiras, mas permanentes, dos preços relativos (substituibilidade imediata do lado da oferta). O mesmo raciocínio pode conduzir ao agrupamento de diferentes áreas geográficas. Por outro lado, quando a substituibilidade do lado da oferta conduz à necessidade de introduzir importantes alterações nos seus activos corpóreos e incorpóreos existentes a fim de os adaptar, realizar pesados investimentos suplementares, rever profundamente as suas decisões estratégicas ou registar atrasos importantes, uma empresa não poderá ser considerada um concorrente efectivo, mas sim um concorrente potencial (ver infra). Ver a Comunicação da Comissão relativa à definição de mercado relevante para efeitos do direito comunitário da concorrência (JO, C 372, de 9.12.1997, pontos 20-23).

[2] Uma empresa é considerada um concorrente potencial se determinados indícios levam a pensar que na ausência de acordo essa empresa poderia e seria susceptível de realizar os investimentos suplementares ou outros custos de mudança necessários para poder entrar no mercado relevante, em reacção a um ligeiro e permanente aumento dos preços relativos. Esta apreciação deve basear-se numa abordagem realista, não sendo suficiente a possibilidade puramente teórica de uma entrada no mercado (ver a Comunicação da Comissão relativa à definição de mercado relevante para efeitos do direito comunitário da concorrência (ponto 24); ver igualmente o *XIII Relatório sobre a Política de Concorrência*, ponto 55 e a Decisão 90/410/CEE da Comissão no processo IV/32.009, *Elopak/Metal Box-*

10. No entanto, as presentes orientações não abrangem todos os acordos horizontais possíveis. Dizem apenas respeito aos tipos de cooperação que dão potencialmente origem a ganhos de eficiência, isto é, acordos de I & D, de produção, de compra, de comercialização, de normalização e acordos em matéria ambiental. Serão abordados separadamente outros tipos de acordos horizontais entre concorrentes, por exemplo, relativos ao intercâmbio de informações ou a participações minoritárias.

11. Os acordos concluídos entre empresas situadas a um nível diferente da cadeia de produção ou de distribuição, ou seja, os acordos verticais, estão em princípio excluídos do âmbito de aplicação das presentes orientações e são objecto do Regulamento (CE) n.º 2790/1999 da Comissão[1] (o "Regulamento de isenção por categoria relativo às restrições verticais") e das Orientações relativas às restrições verticais[2]. Todavia, na medida em que os acordos verticais, por exemplo, acordos de distribuição, forem concluídos entre concorrentes, os efeitos do acordo no mercado e os eventuais problemas em matéria de concorrência podem ser semelhantes aos dos acordos horizontais. Por conseguinte, estes acordos devem ser apreciados segundo os princípios estabelecidos nas presentes orientações. Tal não exclui a aplicação adicional das Orientações relativas aos acordos verticais a estes acordos a fim de analisar as restrições verticais incluídas nos mesmos[3].

12. Os acordos podem combinar diferentes fases de cooperação, como por exemplo as actividades de I & D com o fabrico de produtos resultantes dessas actividades. A menos que sejam abrangidos pelo Regulamento (CEE) n.º 4064/89 do Conselho, de 21 de Dezembro de 1989, relativo ao controlo das operações de concentração de empresas[4], com a última redacção que lhe foi dada pelo Regulamento (CE) 1310/97[5] ("Regulamento das concentrações") estes acordos são

---

-*Odin* (JO, L 209, de 8.8.1990, p. 15). A entrada no mercado deve realizar-se suficientemente depressa de forma a que a ameaça constitua uma restrição ao comportamento dos participantes no mercado. Normalmente, isto significa que a entrada deve ocorrer no curto prazo de um ano. As Orientações relativas às restrições verticais, ponto 26, consideram um período máximo de 1 ano para efeitos de aplicação do Regulamento de isenção por categoria relativo às restrições verticais. Contudo, em casos individuais podem ser tomados em consideração prazos mais longos. O prazo necessário às empresas já presentes no mercado para ajustarem as suas capacidades pode ser utilizado como referência para determinar este período.

[1] JO, L 336, de 29.12.1999, p. 21.

[2] JO, C 291, de 13.10.2000, p. 1.

[3] A delimitação entre acordos horizontais e acordos verticais será mais aprofundada nos capítulos relativos às compras em comum (Capítulo 4 e comercialização em comum (Capítulo 5). Ver igualmente as Orientações relativas aos acordos verticais, pontos 26 e 29.

[4] JO, L 395, de 30.12.1989, p. 1. Versão rectificada JO, L 257, de 21.9.1990, p. 13.

[5] JO, L 180, de 9.7.1997, p. 1. Versão rectificada em JO, L 40, de 13.2.1997, p. 17.

regidos pelas presentes orientações. É a vertente principal da cooperação que determina a secção das presentes orientações aplicável ao acordo em causa. Para definir esta vertente principal devem ser especialmente tomados em consideração dois factores: em primeiro lugar, o ponto de partida da cooperação e, em segundo, o grau de integração das diferentes funções que são combinadas. Um acordo de cooperação que implique I & D conjunta e o fabrico em comum dos produtos resultantes dessas actividades será por conseguinte, normalmente, regido pela secção consagrada aos "acordos de I & D", na medida em que a produção conjunta só pode realizar-se se a I & D conjunta tiver êxito. Tal significa que os resultados dessa actividade são determinantes para a produção. O acordo de I & D pode por conseguinte ser considerado o ponto de partida da cooperação. A conclusão seria diferente se o acordo previsse uma integração total das actividades de produção e uma integração apenas parcial de certas actividades de I & D. Nesse caso, os eventuais efeitos anticoncorrenciais e as vantagens económicas da cooperação estariam estreitamente associadas à produção conjunta, de forma a que o acordo seria examinado à luz dos princípios expostos na secção relativa aos "acordos de produção". Os acordos mais complexos, como as alianças estratégicas que combinam, de diversas formas, um certo número de domínios e de instrumentos de cooperação diferentes, não são abrangidos pelas presentes orientações. A apreciação de cada domínio de cooperação no âmbito de uma aliança pode realizar-se com referência à secção correspondente das presentes orientações. Os acordos complexos devem contudo ser analisados no seu conjunto. Dada a diversidade dos domínios que podem ser combinados no âmbito de uma aliança, é impossível dar indicações gerais para a apreciação global desses acordos. É impossível apreciar a compatibilidade com as regras de concorrência das alianças ou de outras formas de cooperação que são essencialmente declarações de intenções, enquanto o seu âmbito de aplicação não estiver definido com precisão.

13. Os critérios expostos nas presentes orientações são aplicáveis a formas de cooperação que dizem respeito tanto aos bens como aos serviços, colectivamente denominados "produtos". Não são aplicáveis, por outro lado, quando existe já regulamentação sectorial, como acontece na agricultura, nos transportes ou nos seguros[1].

---

[1] Regulamento n.º 26/62 (JO 30 de 20.4.1962, p. 993) (agricultura); Regulamento (CEE) n.º 1017/68 do Conselho, (JO, L 175, de 23.7.1968, p. 1 (transportes ferroviários, rodoviários e por via navegável); Regulamento (CEE) n.º 4056/86 do Conselho, JO, L 378, de 31.12.1986, p. 4) (transportes marítimos); Regulamento (CEE) n.º 3975/87 do Conselho, JO, L 374, de 31.12.1987, p. 1) (transportes aéreos); Regulamento (CEE) n.º 3976/87 do Conselho, JO, L 374, de 31.12.1987, p. 9) (transportes aéreos); Regulamento (CEE) n.º 1617/93 da Comissão, JO, L 155, de 26.6.1993, p. 18) (isenção por categoria relativa ao planeamento e coordenação conjuntos dos horários, às operações conjuntas, às consultas sobre as tarifas de passageiros e de frete dos serviços aéreos regulares e à atribuição das faixas horárias nos aeroportos); Regulamento (CEE) n.º 479/92 do Conselho, JO, L 55, de 29.2.1992, p. 3 (companhias de transportes marítimos regulares); Regulamento (CE)

As operações abrangidas pelo Regulamento das concentrações também não são objecto das presentes orientações.

14. O artigo 81.º só é aplicável aos acordos de cooperação horizontal que podem afectar o comércio entre Estados-Membros. As presentes orientações não dizem respeito à análise da possibilidade de um determinado acordo afectar o comércio. Os princípios relativos à aplicação do artigo 81.º expostos seguidamente partem por conseguinte da hipótese de que o comércio entre os Estados Membros é afectado. Na prática, contudo, esta questão deve ser examinada numa base casuística.

15. O artigo 81.º não é aplicável a acordos de pequena importância, uma vez que não podem restringir significativamente a concorrência por objecto ou por efeito. As presentes orientações não prejudicam a aplicação da actual ou de qualquer futura comunicação "de minimis"[1].

16. A apreciação efectuada nos termos do artigo 81.º, tal como descrita nas presentes orientações, não prejudica a eventual aplicação paralela do artigo 82.º do Tratado aos acordos de cooperação horizontal. Por outro lado, estas orientações não prejudicam a interpretação que o Tribunal de Primeira Instância ou o Tribunal de Justiça das Comunidades Europeias possam adoptar em relação à aplicação do artigo 81.º aos acordos de cooperação horizontal.

1.3. Princípios fundamentais para a apreciação nos termos do artigo 81.º

1.3.1. *N.º 1 do artigo 81.º*

17. O n.º 1 do artigo 81.º é aplicável aos acordos de cooperação horizontal que tenham por objecto ou por efeito impedir, restringir ou falsear a concorrência (a seguir denominados "restrições da concorrência").

18. Em alguns casos, a natureza da cooperação indica desde o início a aplicabilidade do n.º 1 do artigo 81.º. É o que acontece com os acordos que têm por objecto uma restrição da concorrência através da fixação dos preços, da limitação da produção ou da partilha dos mercados ou dos clientes. Presume-se que estes acordos têm efeitos negativos sobre o mercado. Por conseguinte, não se afigura necessário apreciar os seus efeitos reais na concorrência e no mercado a fim de estabelecer que são abrangidos pelo âmbito de aplicação do n.º 1 do artigo 81.º.

---

n.º 870/95 da Comissão, JO, L 89, de 21.4.1995, p. 7 (isenção por categoria de certos acordos entre companhias de transportes marítimos regulares); Regulamento (CEE) n.º 1534/91 do Conselho, JO, L 143, de 7.6.1991, p. 1 (sector dos seguros); Regulamento (CEE) n.º 3932/92 da Comissão, JO, L 398, de 31.12.1992, p. 7 (isenção por categoria de certos acordos no domínio dos seguros).

[1] Ver Comunicação relativa a acordos de pequena importância, JO, C 372, de 9.12.1997, p. 13.

19. No entanto, muitos acordos de cooperação horizontal não têm por objecto uma restrição da concorrência. É por conseguinte necessária uma análise dos efeitos do acordo. Para esta análise não é suficiente que o acordo limite a concorrência entre as partes. É necessário igualmente que seja susceptível de afectar a concorrência no mercado a um ponto tal que se possam prever efeitos negativos no mercado a nível dos preços, da produção, da inovação ou da diversidade ou qualidade dos produtos ou serviços.

20. A possibilidade de o acordo em questão causar ou não efeitos negativos deste tipo depende do contexto económico, tendo em conta a natureza do acordo e o poder de mercado cumulado das partes, que determina, conjuntamente com outros factores estruturais, a capacidade da cooperação para afectar de forma significativa a concorrência global.

Natureza do acordo
21. A natureza de um acordo é definida por elementos como o domínio e o objectivo da cooperação, as relações de concorrência entre as partes e o âmbito da combinação das suas actividades. Estes elementos indicam a probabilidade de uma coordenação do comportamento das partes no mercado.

22. Certos tipos de acordos, como a maior parte dos acordos de I & D ou a maior parte da cooperação em matéria de normalização ou de melhoria das condições de protecção do ambiente, são menos susceptíveis de incluir restrições relativas aos preços ou à produção. Os eventuais efeitos negativos que estes tipos de acordos podem ter dizem mais respeito à inovação ou à diversidade dos produtos. Podem igualmente criar problemas de encerramento dos mercados.

23. Outros tipos de cooperação, como os acordos de produção ou de compras, incluem geralmente uma certa partilha dos custos (totais). Se os custos partilhados são importantes, é mais fácil às partes coordenarem os preços e a produção no mercado. Para que os custos comuns sejam importantes, devem estar reunidas determinadas condições: por um lado, o domínio de cooperação, por exemplo, a produção ou as compras, deve representar uma parte importante dos custos totais num determinado mercado; por outro lado, as partes devem combinar significativamente as suas actividades no domínio abrangido pela cooperação. É nomeadamente o que acontece quando fabricam ou compram em comum um produto intermédio importante ou uma parte significativa da sua produção total de um bem final.

Acordos não abrangidos pelo n.º 1 do artigo 81.º
24. Por natureza, certas categorias de acordos não são abrangidas pelo n.º 1 do artigo 81.º. Trata-se normalmente de actividades de cooperação que não implicam qualquer coordenação do comportamento concorrencial das partes no mercado, tal como acontece nos casos seguintes:
– cooperação entre empresas não concorrentes;
– cooperação entre empresas concorrentes que não podem de modo independente realizar o projecto ou a actividade abrangida pela cooperação;

— cooperação que incide sobre uma actividade que não influencia os parâmetros relevantes da concorrência.

Estes tipos de cooperação só podem ser abrangidos pelo n.º 1 do artigo 81.º quando os participantes são empresas com poder de mercado significativo[1] e quando a cooperação é susceptível de dar origem à proibição do acesso de terceiros ao mercado.

Acordos quase sempre abrangidos pelo n.º 1 do artigo 81.º

25. Uma outra categoria de acordos pode ser considerada desde o início como abrangida normalmente pelo n.º 1 do artigo 81.º. Trata-se de acordos de cooperação que têm por objecto restringir a concorrência fixando os preços, limitando a produção ou repartindo os mercados ou os clientes. Estas restrições são consideradas as mais prejudiciais, uma vez que interferem directamente com o resultado do processo concorrencial. A fixação de preços e a limitação da produção conduzem directamente a que os clientes paguem preços mais elevados ou a que não recebam as quantidades pretendidas. A repartição de mercados ou de clientes reduz a escolha de que os clientes dispõem e por conseguinte traduz-se também em preços mais elevados ou numa redução da produção. Pode por conseguinte presumir-se que estas restrições produzem efeitos negativos nos mercados, sendo por conseguinte quase sempre proibidas[2].

Acordos susceptíveis de serem abrangidos pelo n.º 1 do artigo 81.º

26. Os acordos que não são abrangidos pelas categorias anteriormente referidas devem ser objecto de uma análise complementar a fim de determinar se são abrangidos pelo n.º 1 do artigo 81.º. A análise deve utilizar critérios ligados ao mercado, tais como a posição das partes nos mercados e outros factores estruturais. Poder de mercado e estrutura dos mercados.

27. O ponto de partida da análise é a posição das partes nos mercados afectados pela cooperação. Tal permite determinar se as partes podem, graças a esta cooperação, manter, adquirir, ou reforçar o poder de mercado já existente, isto é, ter a possibilidade de causar efeitos negativos no mercado no que diz respeito aos pre-

---

[1] As empresas podem ter um poder de mercado significativo abaixo do nível de posição dominante no mercado, que é o limiar para aplicação do artigo 82.º.

[2] Contudo, tal não é aplicável excepcionalmente a uma empresa comum de produção. É inerente ao funcionamento dessa empresa comum que as decisões relativas à produção sejam tomadas conjuntamente pelas partes. Se a empresa comum comercializar também conjuntamente os produtos manufacturados, então as decisões relativas aos preços devem ser tomadas conjuntamente pelas partes nesse acordo. Neste caso, a inclusão de disposições relativas aos preços ou à produção não faz com que o acordo seja automaticamente abrangido pelo n.º 1 do artigo 81.º. As disposições em matéria de preços ou de produção terão de ser apreciadas juntamente com os efeitos da empresa comum sobre o mercado a fim de determinar a aplicação do n.º 1 do artigo 81.º (ver ponto 90).

ços, à produção, à inovação ou à variedade ou qualidade dos bens e serviços. Para realizar esta análise é necessário definir o mercado ou os mercados relevantes utilizando o método descrito na Comunicação da Comissão relativa à definição de mercado relevante[1]. Relativamente a certos tipos de mercados relevantes, como os das aquisições ou das tecnologias, poder-se-ão encontrar nas presentes orientações indicações complementares.

28. Se, em conjunto, as partes tiverem uma quota de mercado reduzida[2], é pouco provável que a cooperação produza efeitos restritivos, de forma que normalmente não se impõe qualquer análise complementar. Se apenas uma de duas partes tiver só uma quota de mercado insignificante e se não possuir recursos importantes, mesmo uma elevada quota de mercado combinada não pode normalmente ser considerada como indicando um efeito restritivo sobre a concorrência no mercado[3]. Dada a diversidade das formas de cooperação e dos efeitos que podem produzir nos mercados em função das condições que neles existem, é impossível definir um limiar de quota de mercado geral acima do qual se poderá presumir a existência de um poder de mercado suficiente para causar efeitos restritivos.

29. Para além da posição das partes no mercado e da cumulação das quotas de mercado, pode revelar-se necessário tomar em consideração, enquanto elemento suplementar para a apreciação dos efeitos da cooperação sobre a concorrência no mercado, a concentração do mercado, ou seja, a posição e o número de concorrentes. Pode utilizar-se o índice Herfindahl-Hirshman ("IHH"), que é igual à soma dos quadrados das quotas de mercado individuais de todos os concorrentes[4]: para um IHH inferior a 1000, a concentração do mercado é considerada reduzida, para um IHH entre 1000 e 1800 o grau de concentração é moderado e para um IHH superior a 1800 o grau de concentração é elevado. Um outro indicador eventual seria o

---

[1] Ver Comunicação da Comissão relativa à definição de mercado relevante para efeitos do direito comunitário da concorrência (JO, C 372, de 9.12.1997, p. 5).

[2] As quotas de mercado deviam normalmente ser calculadas com base no valor das vendas no mercado (ver artigo 6.º do Regulamento de isenção por categoria relativa à I & D e o artigo 6.º do Regulamento de isenção por categoria relativa à especialização). Para determinar a quota de uma das partes num determinado mercado, é necessário ter em conta as empresas que estão ligadas às partes (ver ponto 2 do artigo 2.º do Regulamento de isenção por categoria relativa à I & D e ponto 2 do artigo 2.º do Regulamento de isenção por categoria relativa à especialização).

[3] Se existirem mais de duas partes, então a quota colectiva de todos os concorrentes na cooperação tem de ser significativamente maior do que a quota do maior concorrente participante individual.

[4] Um mercado composto por quatro empresas cujas quotas de mercado são respectivamente de 30%, 25%, 25% e 20%, tem um IHH de 2550 (900 + 625 + 625 + 400) antes da cooperação. Se as duas principais empresas do mercado iniciam uma cooperação, o IHH passa para 4050 (3025 + 625 + 400) com a cooperação. É este IHH resultante da cooperação que é relevante para a apreciação dos eventuais efeitos da cooperação no mercado.

rácio de concentração da empresa líder, que resume as quotas de mercado individuais dos principais concorrentes[1].

30. Em função da posição das partes num mercado e do índice de concentração desse mesmo mercado, será igualmente necessário ter em conta outros factores, como a estabilidade das quotas de mercado ao longo do tempo, os obstáculos à entrada, a probabilidade de outras entradas no mercado, o poder de compensação dos compradores/fornecedores ou a natureza dos produtos (por exemplo, homogeneidade e maturidade). Quando são prováveis efeitos sobre a concorrência em matéria de inovação, mas não podem ser avaliados de forma apropriada com base nos mercados existentes, pode revelar-se necessário ter em conta factores específicos para poder analisar esses efeitos (ver Capítulo 2, acordos de Investigação e desenvolvimento).

1.3.2. N.º 3 do artigo 81.º

31. Os acordos abrangidos pelo n.º 1 do artigo 81.º podem beneficiar de uma isenção desde que sejam respeitadas as condições previstas no n.º 3 do mesmo artigo. É o que acontece quando o acordo:

– contribui para melhorar a produção ou a distribuição dos produtos ou para promover o progresso técnico ou económico;

– reserva aos utilizadores uma parte equitativa do lucro daí resultante; e não

– impõe às empresas interessadas restrições que não são indispensáveis para atingir estes objectivos;

– dá a essas empresas a possibilidade, relativamente a uma parte substancial dos produtos em causa, de eliminar a concorrência.

Vantagens económicas

32. A primeira condição exige que o acordo contribua para melhorar a produção ou a distribuição de produtos ou promover o progresso técnico ou económico. Uma vez que estas vantagens se referem às eficiências estáticas ou dinâmicas, podem ser denominadas vantagens económicas. Estas podem compensar os efeitos restritivos sobre a concorrência. Por exemplo, a cooperação pode permitir às empresas oferecerem bens ou serviços a preços inferiores e de melhor qualidade ou lançarem inovações no mercado de uma forma mais rápida. A maior parte dos ganhos de eficiência decorrem da combinação e da integração de diferentes competências ou recursos. As partes devem comprovar que a cooperação é susceptível de dar origem a ganhos de eficiência que não poderiam ser obtidos através de meios menos restritivos (ver igualmente infra). As alegações de ganhos de eficiência devem ser fundamentadas, não sendo suficientes meras especulações ou declarações gerais sobre economias de custos.

---

[1] Por exemplo, o rácio de concentração de três empresas, RC3, é a soma das quotas de mercado dos três principais concorrentes num mercado.

33. A Comissão não tem em conta economias realizadas graças a uma redução da produção, à repartição dos mercados, nem graças ao simples exercício do poder de mercado.

Parte equitativa para os consumidores

34. As vantagens económicas devem beneficiar não apenas as partes no acordo, mas igualmente os utilizadores. Geralmente a repercussão das vantagens nos consumidores dependerá da intensidade da concorrência no mercado relevante. A pressão concorrencial garantirá normalmente que as poupanças em termos de custos são repercutidas através da redução dos preços ou que as empresas têm um incentivo para lançar novos produtos no mercado o mais cedo possível. Por conseguinte, se for mantida no mercado uma concorrência suficiente, que efectivamente restrinja as partes no acordo, o processo concorrencial garantirá normalmente que os consumidores obterão uma parte equitativa das vantagens económicas.

Carácter indispensável

35. As restrições de concorrência devem ser necessárias à realização das vantagens económicas. Se existirem meios menos restritivos para obter vantagens comparáveis, os alegados ganhos de eficiência não podem servir para justificar as restrições de concorrência. O carácter indispensável de cada restrição depende da situação do mercado e da duração do acordo. Por exemplo, os acordos de exclusividade podem impedir uma das partes no acordo de praticar o parasitismo, podendo por conseguinte ser aceitáveis. Em certos casos, por outro lado, podem não ser necessários e arriscam-se mesmo a agravar os efeitos restritivos.

Não eliminação da concorrência

36. O último critério de eliminação da concorrência em relação a uma parte substancial dos produtos em questão diz respeito à questão de domínio. Se uma empresa for dominante ou se tornar dominante em consequência de um acordo horizontal, um acordo que produz efeitos anticoncorrenciais na acepção do artigo 81.º não pode em princípio ser objecto de isenção.

Regulamentos de isenção por categoria em matéria de I & D e de especialização

37. Sob certas condições, pode presumir-se que os critérios enunciados no n.º 3 do artigo 81.º são satisfeitos em relação a determinadas categorias de acordos. É normalmente o que acontece com os acordos de I & D e de produção em que a conjugação de competências ou de activos complementares pode dar origem a ganhos de eficiência importantes. As presentes orientações devem ser consideradas complementares dos regulamentos de isenção por categoria em matéria de I & D e de especialização. Estes regulamentos de isenção por categoria isentam as categorias de acordos mais correntes nos domínios da produção/especialização até um limiar de quota de mercado de 20% e da I & D até um limiar de 25% e desde que os acordos

satisfaçam as condições de aplicação da isenção por categoria e não incluam restrições graves ("cláusulas proibidas") que impossibilitariam a aplicação de qualquer isenção. Os regulamentos de isenção por categoria não prevêem divisibilidade para as restrições graves. Se existir uma ou mais restrições graves, perde-se o benefício do regulamento de isenção por categoria relativamente à totalidade do acordo.

1.4. *Estrutura dos capítulos seguintes relativos aos tipos de cooperação*

38. As presentes orientações dividem-se em capítulos consagrados a determinados tipos de acordos. Cada capítulo é estruturado de acordo com o quadro analítico descrito no ponto 1.3. Se for caso disso, serão fornecidas indicações específicas sobre a definição dos mercados relevantes (por exemplo, em matéria de I & D ou no que diz respeito aos mercados de compra de produtos).

2. Acordos de investigação e desenvolvimento

2.1. *Definição*

39. Os acordos de I & D podem variar, tanto pela sua forma como pelo seu âmbito de aplicação. Podem prever a subcontratação de determinadas actividades de I & D, para melhorar em comum tecnologias existentes e para uma cooperação em matéria de investigação, desenvolvimento e comercialização de produtos totalmente novos. Podem assim assumir a forma de acordos de cooperação ou de empresas controladas em comum. O presente capítulo é aplicável a todas as formas de acordos de I & D, incluindo os acordos conexos relativos ao fabrico ou à comercialização de produtos resultantes da I & D, sob reserva de que a vertente principal da cooperação seja I & D, à excepção das operações de concentração e das empresas comuns abrangidas pelo Regulamento das concentrações.

40. A cooperação em matéria de I & D pode reduzir a duplicação dos custos, permitir uma troca mutuamente frutuosa e intensiva de ideias e experiências e, por conseguinte, o desenvolvimento mais rápido de produtos e de tecnologias. Regra geral, a cooperação em matéria de I & D tende a aumentar as actividades de I & D no seu conjunto.

41. As pequenas e médias empresas (PME) constituem uma comunidade dinâmica e heterogénea, que tem de fazer face a inúmeros desafios, nomeadamente as crescentes exigências das grandes empresas de que são frequentemente subcontratantes. Nos sectores com um elevado coeficiente de I & D, as PME de crescimento rápido, mais frequentemente denominadas empresas de desenvolvimento rápido, procuram também ser líderes nos segmentos de mercado em rápida evolução. Para poder dar resposta a esses desafios e continuar a ser competitivas, as PME devem constantemente inovar. Graças à cooperação em matéria de I & D, pode esperar-se

um aumento do conjunto das actividades de I & D das PME e que estas serão capazes de concorrer mais fortemente com empresas mais poderosas.

42. Em certos casos, contudo, os acordos de I & D podem dar origem a problemas de concorrência, tais como efeitos restritivos sobre os preços, produção, inovação, diversidade ou qualidade dos produtos.

2.2. Mercados relevantes

43. A definição do mercado relevante tendo em vista a apreciação dos efeitos de um acordo de I & D passa pela determinação dos produtos, das tecnologias ou dos esforços de I & D que exercerão uma restrição concorrencial sobre as partes. Entre as diferentes situações previsíveis encontramos, num extremo, as inovações que podem dar origem a um produto (ou uma tecnologia) que vai entrar em concorrência num mercado de produtos (ou de tecnologias) existente. É o caso das actividades de I & D centradas em ligeiras melhorias ou alterações (por exemplo, novos modelos de um produto). Neste cenário, os efeitos potenciais dizem respeito ao mercado dos produtos existentes. No outro extremo situam-se as inovações que podem dar origem a um produto completamente novo, que criará o seu próprio mercado (por exemplo, uma nova vacina para uma doença até então incurável). Nesse caso, os mercados existentes só constituem mercados relevantes se tiverem qualquer ligação com a inovação em questão. Por esta razão, os efeitos da cooperação em matéria de inovação devem ser na medida do possível apreciados. Existem possibilidades, contudo, de a maior parte dos casos se situar entre estas duas extremidades, isto é, tratar-se de situações em que os esforços de inovação são susceptíveis de dar origem à criação de produtos (ou de tecnologias) que substituirão, a prazo, produtos (ou tecnologias) existentes (por exemplo, os discos compactos, que substituíram os discos clássicos). Uma análise aprofundada destas situações poderá exigir o estudo dos mercados existentes e do impacto do acordo sobre a inovação.

Mercados existentes

a) Mercados do produto

44. Se a cooperação diz respeito a actividades de I & D orientadas para a melhoria de produtos existentes, estes últimos, incluindo os seus produtos de substituição próximos, constituem o mercado relevante abrangido pela cooperação[1].

44. Se os esforços em matéria de I & D têm por objectivo alterar profundamente um produto existente, ou mesmo lançar um novo produto que irá substituir produtos existentes, a substituição do produto existente pode ser imperfeita ou efectuar-se apenas a longo prazo. Consequentemente, os antigos produtos e os novos

---

[1] Para a definição do mercado, ver a Comunicação da Comissão relativa à definição do mercado relevante.

produtos potenciais não pertencerão provavelmente ao mesmo mercado relevante. O mercado dos produtos existentes pode contudo ser um mercado relevante, se a reunião dos esforços de I & D for susceptível de dar origem a uma coordenação do comportamento das partes enquanto fornecedoras dos produtos existentes. A exploração do poder no mercado existente só é contudo possível se as partes detiverem em conjunto uma posição de força tanto no mercado dos produtos existentes como nas actividades de I & D.

46. Se a I & D disser respeito a uma importante componente de um produto final, o mercado relevante para a apreciação será não apenas o mercado dessa componente, mas igualmente o mercado do produto final existente. A título de exemplo, se construtores automóveis cooperam para a investigação e o desenvolvimento de um novo tipo de motor, o mercado automóvel pode ser afectado por essa cooperação. No entanto, o mercado dos produtos finais só é um mercado relevante para efeitos da apreciação se a componente em causa nessas actividades de I & D for tecnológica ou economicamente uma componente essencial desses produtos finais e se as partes no acordo de I & D forem grandes concorrentes no mercado desses produtos finais.

b) Mercados das tecnologias

47. A cooperação em matéria de I & D pode igualmente incidir sobre tecnologias. Quando são comercializados direitos de propriedade intelectual independentemente dos produtos a que dizem respeito, o mercado da tecnologia relevante deve ser igualmente definido. Os mercados de tecnologias incluem os direitos de propriedade intelectual, que são concedidos sob licença, bem como as tecnologias de substituição próximas, ou seja, outras tecnologias que os clientes poderiam utilizar em substituição.

48. O método para definir os mercados das tecnologias segue os mesmos princípios que para a definição dos mercados do produto[1]. A partir da tecnologia comercializada pelas partes, é necessário identificar as outras tecnologias para as quais os clientes poderiam mudar em resposta a aumentos pequenos mas duradouros dos preços relativos. Após a identificação destas tecnologias, pode calcular-se as quotas de mercado dividindo as receitas provenientes da concessão de licenças geradas pelas partes pelo conjunto das receitas resultantes da concessão de licenças de todos os vendedores de tecnologias de substituição.

49. A posição das partes no mercado das tecnologias existentes constitui um critério pertinente de apreciação quando a cooperação em matéria de I & D visa melhorar radicalmente uma tecnologia existente ou criar uma nova tecnologia susceptível de substituir outra já existente. A quota de mercado das partes pode

---

[1] Ver a Comunicação da Comissão relativa à definição de mercado relevante; ver igualmente, por exemplo, a Decisão 94/811/CE da Comissão de 8 de Junho de 1994 no processo n.º IV/M.269, "Shell/Montecatini", JO, L 332, de 22.12.1994, p. 48.

contudo ser apenas tomada como ponto de partida para esta análise. Em mercados de tecnologias, deve ser colocada uma tónica especial na concorrência potencial. Se empresas que actualmente não concedem licenças da sua tecnologia forem candidatos potenciais à entrada no mercado da tecnologia poderiam limitar a capacidade de as partes aumentarem os preços da sua tecnologia (ver exemplo 3 infra).

Concorrência na inovação (actividades de I & D)

50. A cooperação em matéria de I & D pode não afectar – ou não afectar apenas – a concorrência nos mercados existentes, mas também a concorrência em matéria de inovação. É o que acontece quando a cooperação diz respeito ao desenvolvimento de novos produtos ou de novas tecnologias que podem – se se tratar de produtos ou de tecnologias emergentes – substituir um dia produtos ou tecnologias existentes, ou destinar-se a uma nova utilização e que, por conseguinte, não substituirão produtos ou tecnologias existentes mas criarão uma procura totalmente nova. Os efeitos sobre a concorrência a nível da inovação são importantes nestas situações, mas pode acontecer que a sua avaliação seja insuficiente se a análise se limitar à concorrência efectiva ou potencial nos mercados do produto ou das tecnologias existentes. Relativamente a este aspecto, podem distinguir-se dois cenários, em função da natureza do processo de inovação num determinado sector de actividade.

51. No primeiro cenário, aplicável por exemplo à indústria farmacêutica, o processo de inovação é estruturado de tal forma que é possível determinar muito cedo pólos de I & D. Estes pólos são actividades de I & D centradas num novo produto ou numa nova tecnologia, bem como as actividades de I & D de substituição, isto é, a I & D destinada a desenvolver produtos ou tecnologias substituíveis pelos que são objecto da cooperação em causa e que têm um acesso comparável aos recursos e seguem um calendário semelhante. Neste caso, pode analisar-se se após o acordo existirá ainda um número suficiente de pólos de I & D. O ponto de partida da análise do mercado é o esforço de I & D desenvolvido pelas partes. Seguidamente, é necessário definir pólos de I & D concorrentes e credíveis. Para avaliar a credibilidade de pólos concorrentes, devem ser tomados em consideração os seguintes aspectos: a natureza, o âmbito e a importância de outros esforços de I & D eventuais, o seu acesso a recursos financeiros e humanos, o saber-fazer e as patentes ou outros activos específicos, respectivo calendário e capacidade para explorar os eventuais resultados. Um pólo de I & D não é um pólo concorrente credível se não puder ser considerado um substituto próximo da actividade de I & D das partes na perspectiva, por exemplo, do acesso aos recursos ou do calendário.

52. No segundo cenário, as actividades de inovação num sector não são estruturadas de forma suficientemente clara para permitir a definição de pólos de I & D. Nesse caso, a Comissão não procurará, na ausência de circunstâncias excepcionais, perante um tal cenário, avaliar os efeitos sobre a inovação de uma determinada cooperação em matéria de I & D e limitará a sua apreciação aos mercados do produto e/ou das tecnologias que têm uma relação com a cooperação em questão em matéria da I & D.

Cálculo das quotas de mercado

53. O cálculo das quotas de mercado, tanto para efeitos do Regulamento de isenção por categoria relativo à I & D como das presentes orientações, deve reflectir a distinção entre os mercados existentes e a concorrência na inovação. No início de uma cooperação, o ponto de referência é o mercado dos produtos capazes de serem melhorados ou substituídos pelos produtos em desenvolvimento. Se o acordo de I & D se destinar apenas a melhorar ou a apurar produtos existentes, este mercado inclui os produtos directamente em causa na I & D. As quotas de mercado podem então ser calculadas com base no valor das vendas dos produtos existentes. Se a I & D se destinar a substituir um produto já existente, o novo produto, se tiver êxito, tornar-se-á um substituto dos produtos existentes. Para apreciar a posição competitiva das partes, é uma vez mais possível calcular as quotas de mercado com base no valor das vendas dos produtos existentes. Por conseguinte, o Regulamento de isenção por categoria para a I & D baseia a sua isenção destas situações na quota de mercado no "mercado relevante dos produtos susceptíveis de serem melhorados ou substituídos pelos produtos contratuais". Para uma isenção automática, esta quota de mercado não pode exceder 25%[1].

54. Se a I & D se destinar a desenvolver um produto que criará uma procura completamente nova, não podem ser calculadas as quotas de mercado baseadas em vendas. Só é possível uma análise dos efeitos do acordo na concorrência a nível da inovação. Por conseguinte, o Regulamento de isenção por categoria para a I & D isenta estes acordos independentemente da quota de mercado por um período de sete anos a contar da data de comercialização dos produtos no mercado[2]. Contudo, o benefício da isenção por categoria pode ser retirado se o acordo eliminar uma concorrência efectiva a nível da inovação[3]. Após o período de sete anos, podem ser calculadas as quotas de mercado baseadas no valor das vendas, sendo aplicável o limiar de quota de mercado de 25%[4].

2.3. *Apreciação nos termos do n.º 1 do artigo 81.º*

2.3.1. *Natureza do acordo*

2.3.1.1. Acordos não abrangidos pelo n.º 1 do artigo 81.º

55. A maior parte dos acordos de I & D não são abrangidos pelo n.º 1 do artigo 81.º. Tal é principalmente verdadeiro em relação aos acordos que prevêem uma

---

[1] N.º 2 do artigo 4.º do Regulamento de isenção por categoria relativa à I & D.
[2] N.º 1 do artigo 4.º do Regulamento de isenção por categoria relativa à I & D.
[3] Artigo 7.º, alínea *e*), do Regulamento de isenção por categoria relativa à I & D.
[4] N.º 3 do artigo 4.º do Regulamento de isenção por categoria relativa à I & D.

cooperação em matéria de I & D numa fase bastante teórica, muito afastada da exploração dos eventuais resultados.

56. Para além disso, a cooperação em matéria de I & D entre empresas não concorrentes não restringe geralmente a concorrência[1]. As relações de concorrência entre as partes devem ser analisadas no contexto dos mercados existentes e/ou da inovação afectados. Se as partes não estão em condições de efectuar independentemente os trabalhos de I & D necessários, não é susceptível de ser restringida qualquer concorrência. Esta observação pode aplicar-se, por exemplo, às empresas que agrupam competências, tecnologias e outros recursos complementares. A questão da concorrência potencial deve ser examinada fazendo prova de realismo. Assim, as partes não podem ser consideradas concorrentes potenciais simplesmente porque a cooperação lhes permite realizar estas actividades de I & D. A questão determinante consiste em saber se cada parte dispõe independentemente dos meios necessários em termos de activos, de saber-fazer e de outros recursos.

57. A cooperação em matéria de I & D, que passa pela subcontratação de actividades de I & D antes realizadas internamente na empresa, envolve frequentemente empresas especializadas, institutos de investigação ou organismos académicos que não participam na exploração dos resultados decorrentes desses trabalhos. Trata-se geralmente de acordos acompanhados de uma transferência de saber-fazer e/ou de uma cláusula de fornecimento exclusivo sobre os resultados eventuais. Dado o carácter complementar dos participantes na cooperação nestes cenários, não lhes é aplicável o n.º 1 do artigo 81.º.

58. Uma cooperação em matéria de I & D que não inclua a exploração em comum dos resultados através da concessão de licenças, da produção e/ou da comercialização, raramente é abrangida pelo n.º 1 do artigo 81.º. Estes acordos "puros" de I & D só podem colocar um problema de concorrência se a concorrência efectiva no domínio da inovação for significativamente reduzida.

2.3.1.2. Acordos quase sempre abrangidos pelo n.º 1 do artigo 81.º

59. Se o verdadeiro objectivo de um acordo não for I & D mas a criação de um cartel disfarçado, ou seja, uma fixação dos preços, uma limitação da produção ou uma repartição dos mercados que de outra forma lhes são proibidos, é abrangido pelo n.º 1 do artigo 81.º. No entanto, um acordo de I & D que inclua a exploração em comum dos eventuais resultados futuros não é necessariamente restritivo da concorrência.

---

[1] Uma cooperação em matéria de I & D entre empresas não concorrentes pode contudo dar origem a efeitos de encerramento dos mercados, na acepção do n.º 1 do artigo 81.º, se implicar a exploração exclusiva dos resultados e se for concluída por empresas das quais uma detém um poder de mercado significativo em tecnologias-chave.

2.3.1.3. Acordos susceptíveis de serem abrangidos pelo n.º 1 do artigo 81.º

60. Os acordos de I & D que não podem ser desde o início considerados como manifestamente não restritivos podem ser abrangidos pelo n.º 1 do artigo 81.º[1] e devem ser analisados no seu contexto económico. Esta observação é válida para qualquer cooperação em matéria de I & D que seja estabelecida numa fase bastante próxima da comercialização e que seja concluída por empresas concorrentes quer nos mercados do produto ou das tecnologias existentes quer nos mercados da inovação.

2.3.2. *Poder de mercado e estruturas dos mercados*

61. A cooperação em matéria de I & D pode produzir três tipos de efeitos negativos nos mercados: em primeiro lugar pode restringir a inovação, em segundo pode dar origem à coordenação do comportamento das partes nos mercados existentes e em terceiro pode provocar problemas de encerramento no estádio da exploração dos resultados eventuais. Estes tipos de efeitos negativos nos mercados só podem contudo produzir-se quando os participantes na cooperação são muito poderosos nos mercados existentes e/ou quando a concorrência na inovação é significativamente reduzida. Na ausência de poder de mercado, as empresas não têm incentivo para coordenar o seu comportamento nos mercados existentes nem para reduzir ou abrandar a inovação. Os problemas de encerramento só podem colocar-se no âmbito de uma cooperação em que participa pelo menos uma empresa com um poder de mercado significativo numa tecnologia-chave e que implique uma exploração exclusiva dos resultados.

62. Não existe qualquer limiar absoluto de quota de mercado que indique que um acordo de I & D cria um certo grau de poder de mercado, sendo por conseguinte abrangido pelo âmbito de aplicação do n.º 1 do artigo 81.º. Todavia, os acordos de I & D são objecto de isenção desde que sejam concluídos entre partes com uma quota de mercado cumulada que não ultrapasse 25% e que estejam satisfeitas as outras condições de aplicação do Regulamento de isenção por categoria relativo à I & D. Por conseguinte, no que diz respeito à maior parte dos acordos de I & D, os efeitos restritivos apenas têm de ser analisados se as quotas de mercado cumuladas das partes excederem 25%.

63. Os acordos que, devido ao maior poder de mercado das partes, não podem beneficiar do Regulamento de isenção por categoria relativo à I & D, não restringem automaticamente a concorrência. No entanto, quanto mais forte for a posição cumulada das partes nos mercados existentes e/ou mais restringida for a concorrência a nível da inovação, mais elevados são os riscos de o n.º 1 do artigo 81.º ser aplicável e de a apreciação do acordo em questão exigir uma análise mais aprofundada.

---

[1] Por força do n.º 2, ponto 3), do artigo 4.º do Regulamento n.º 17/62 do Conselho, os acordos que tenham apenas por objecto a investigação e o desenvolvimento em comum podem ser notificados à Comissão, sem que tal constitua uma obrigação.

64. Se a I & D se destina a melhorar ou a aperfeiçoar produtos ou tecnologias existentes, os efeitos que daí poderiam decorrer dizem respeito ao ou aos mercados relevantes desses produtos ou tecnologias existentes. Os efeitos sobre os preços, a produção e/ou a inovação nos mercados existentes só são contudo possíveis se as partes tiverem em conjunto uma posição de força, se a entrada nesses mercados for difícil e se as outras actividades de inovação forem reduzidas. Para além disso, se as actividades de I & D disserem apenas respeito a um produto intermédio relativamente secundário, que entra na composição de um produto final, os efeitos sobre a concorrência em relação a esse produto final serão, caso existam, muito limitados. Regra geral, deve estabelecer-se uma distinção entre os acordos puros de I & D e uma cooperação mais ampla que se estenderá a diferentes fases da exploração dos resultados (ou seja, a concessão de licenças, a produção e a comercialização). Tal como já referido anteriormente, os acordos puros de I & D raramente são abrangidos pelo n.º 1 do artigo 81.º. É o que acontece em especial em relação às actividades de I & D que têm por objecto uma melhoria limitada dos produtos/tecnologias existentes. Se, num tal cenário, a cooperação em matéria de I & D incluir uma exploração conjunta limitada à concessão de licenças, são pouco prováveis efeitos restritivos como o encerramento do mercado. Por outro lado, se a cooperação se alarga à produção e/ou à comercialização em comum dos produtos ou das tecnologias em que são introduzidas essas ligeiras melhorias, a cooperação deve ser objecto de uma análise mais aprofundada. Por um lado, são mais prováveis efeitos negativos sobre os preços e a produção nos mercados existentes se a cooperação associar grandes concorrentes. Por outro, a cooperação pode equiparar-se mais a um acordo de produção na medida em que as actividades de I & D podem não constituir, na realidade, o centro de gravidade de tal colaboração.

65. Se as actividades de I & D são consagradas à criação de um produto completamente novo (ou de uma tecnologia nova) que criará o seu próprio mercado, os efeitos sobre os preços e a produção nos mercados existentes são relativamente improváveis. A análise deve centrar-se nas eventuais restrições da inovação e que digam respeito, por exemplo, à qualidade e à diversidade dos futuros produtos ou tecnologias potenciais ou ainda ao ritmo da inovação. Estes efeitos restritivos podem produzir-se quando duas ou mais das poucas empresas que desenvolvem um novo produto começam a cooperar num estádio em que cada uma delas está em vias de lançar este produto de forma independente. Pode então existir restrição da inovação mesmo em presença de um acordo puro de I & D. Todavia, a cooperação em matéria de I & D para a criação de um produto totalmente novo tem, em geral, efeitos positivos sobre a concorrência. Este princípio não se altera significativamente se a cooperação se estender à exploração em comum dos resultados, mesmo à sua comercialização em comum. A exploração em comum só coloca problemas nos casos em que o acesso a tecnologias-chave for vedado às empresas. Este tipo de problemas desaparece, por outro lado, se as partes concederem licenças a terceiros.

66. A maior parte dos acordos de I & D situam-se mais ou menos a meio caminho entre as duas situações extremas acima referidas. Podem, por conseguinte produzir efeitos na inovação e ter repercussões nos mercados existentes.

Consequentemente, pode ser relevante analisar o mercado existente e o efeito na inovação a fim de quantificar as posições cumuladas das duas partes, o grau de concentração dos mercados, o número de empresas, nomeadamente as que inovam, e as condições de entrada nos mercados. Nota-se por vezes efeitos restritivos sobre os preços ou a produção nos mercados existentes e efeitos negativos sobre a inovação devido a um abrandamento do desenvolvimento. Por exemplo, se importantes concorrentes num mercado de tecnologias existentes cooperam a fim de criar uma nova tecnologia susceptível de substituir, a prazo, produtos existentes, esta cooperação causará provavelmente efeitos restritivos se as partes tiverem um poder de mercado significativo no mercado existente (o que as incentivaria a explorarem esta posição) e nas actividades de I & D. São possíveis efeitos semelhantes se a principal empresa de um mercado existente cooperar com um concorrente muito mais pequeno, ou mesmo com um concorrente potencial que está em vias de aparecer no mercado com um novo produto ou uma nova tecnologia susceptível de ameaçar a posição da empresa existente.

67. Certos acordos podem igualmente não beneficiar da isenção por categoria, independentemente do poder de mercado das partes. É nomeadamente o que acontece em relação a acordos que limitam o acesso de uma parte aos resultados das actividades na medida em que geralmente não favorecem o progresso económico e técnico através de uma maior divulgação dos conhecimentos técnicos entre as partes[1]. O Regulamento de isenção por categoria prevê uma excepção específica a esta regra geral no que diz respeito a organismos académicos, institutos de investigação ou empresas especializadas que fornecem I & D enquanto prestação de um serviço e que não desenvolvem actividades na exploração industrial dos resultados da I & D[2]. Todavia, é conveniente notar que os acordos que prevêem direitos de acesso exclusivos podem, quando são abrangidos pelo n.º 1 do artigo 81.º, satisfazer os critérios de isenção enunciados no n.º 3 do mesmo artigo, em especial quando esses direitos de acesso exclusivos são economicamente indispensáveis devido ao mercado, aos riscos e aos pesados investimentos necessários para poder explorar os resultados da I & D.

2.4. Apreciação nos termos do n.º 3 do artigo 81.º

2.4.1. Vantagens económicas

68. A maior parte dos acordos de I & D, independentemente de preverem ou não a exploração em comum dos resultados, produzem vantagens económicas

---

[1] Ver o n.º 2 do artigo 3.º do Regulamento de isenção por categoria relativo à I & D.
[2] Ver o n.º 2 do artigo 3.º do Regulamento de isenção por categoria relativo à I & D.

devido às economias e à troca frutuosa de ideias e de experiências que permitem realizar, o que acelera o fabrico de produtos ou a criação de tecnologias novos ou melhorados. Nestas circunstâncias, afigura-se razoável que seja prevista a isenção dos acordos que dão origem a uma restrição da concorrência até um limiar de quota de mercado abaixo do qual se possa, para aplicação do n.º 3 do artigo 81.º, em geral, presumir que os efeitos positivos dos acordos de investigação e desenvolvimento compensem quaisquer efeitos negativos sobre a concorrência. Por conseguinte, o Regulamento de isenção por categoria relativo à I & D isenta os acordos de I & D que satisfaçam certas condições (ver artigo 3.º) e que não incluam restrições graves (ver artigo 5.º), desde que a quota de mercado cumulada das partes no(s) mercado(s) relevante(s) existente(s) não exceda 25%.

69. Se a cooperação criar ou aumentar um poder de mercado considerável, as partes têm de demonstrar vantagens significativas na realização de I & D, um lançamento mais rápido dos novos produtos/da nova tecnologia ou outras eficiências.

2.4.2. *Carácter indispensável*

70. Um acordo de I & D não poderá ser isento se impuser restrições que não sejam indispensáveis para atingir as vantagens acima referidas. A maior parte das vezes, as cláusulas individuais enunciadas no artigo 5.º do Regulamento de isenção por categoria relativa à I & D impossibilitam a isenção, mesmo após análise do acordo, podendo, por conseguinte, ser consideradas como um bom exemplo das restrições que não são indispensáveis à cooperação.

2.4.3. *Não eliminação da concorrência*

71. Não será concedida qualquer isenção se for dada a possibilidade às partes de eliminarem a concorrência relativamente a uma parte substancial dos produtos (ou das tecnologias) em causa. Se, em consequência de um acordo de I & D, uma empresa for dominante ou se tornar dominante quer nos mercados existentes quer nos da inovação, o acordo que produz efeitos anticoncorrenciais na acepção do artigo 81.º não pode, em princípio, ser objecto de isenção. É o que acontece por exemplo a nível da inovação se o acordo combinar os dois únicos pólos de investigação existentes.

Momento da análise do acordo e duração da isenção

72. Os acordos de I & D que englobam o fabrico e a comercialização em comum de novos produtos ou de novas tecnologias exigem uma atenção especial no que diz respeito ao momento em que a análise é efectuada.

73. No início de uma cooperação em matéria de I & D, por exemplo, não se sabe frequentemente se a cooperação terá êxito e qual será a posição futura das partes no mercado nem a evolução dos futuros mercados do produto ou das tecnologias. Por conseguinte, a análise da cooperação no momento da sua criação limita-se aos mercados do produto ou das tecnologias (então) existentes e/ou aos mercados

da inovação, tal como se descreve no presente capítulo. Se resultar desta análise que a concorrência não é susceptível de ser eliminada, o acordo de I & D pode beneficiar de uma isenção. Esta última é normalmente concedida em relação a toda a duração da fase de investigação e desenvolvimento, prorrogada por um período suplementar, se a cooperação se estende à produção e à comercialização em comum dos resultados, a fim de ter em conta o lançamento e a colocação no mercado eventuais dos produtos resultantes dessas actividades de I & D. A razão que justifica esta prorrogação é que as primeiras empresas a penetrarem no mercado com um novo produto ou uma nova tecnologia adquirem frequentemente, numa primeira fase, quotas de mercado muito elevadas e o êxito das actividades de I & D é frequentemente recompensado pela protecção dos direitos de propriedade intelectual. Normalmente, uma forte posição de mercado devida a esta "vantagem do primeiro" não pode ser interpretada como uma eliminação da concorrência. A isenção por categoria abrange por conseguinte os acordos de I & D durante um período suplementar de sete anos (por outras palavras, para além da fase de I & D propriamente dita), independentemente do facto de se saber se, durante este período, as partes obtêm ou não uma quota elevada de mercado graças ao seu novo produto ou à sua nova tecnologia. Tal é igualmente válido para a análise individual dos casos de cooperação não abrangidos pela isenção por categoria, sob reserva de os critérios enunciados no n.º 3 do artigo 81.º, relativamente aos outros aspectos do acordo, estarem preenchidos. Tal não exclui a possibilidade de que um período superior a sete anos satisfaça igualmente os critérios previstos no n.º 3 do artigo 81.º, se se puder demonstrar que é o período mínimo necessário para garantir um rendimento adequado do capital investido.

74. Se um acordo de cooperação em matéria de I & D for objecto de uma nova análise no final deste período – por exemplo, na sequência de uma denúncia – esta deve basear-se na situação dos mercados existentes (nesta nova data). A isenção por categoria continua aplicável se a quota das partes no mercado relevante (nesta data) não ultrapassar 25%. Da mesma forma, o n.º 3 do artigo 81.º continua a ser aplicável aos acordos de I & D não abrangidos pela isenção por categoria desde que os critérios sejam preenchidos.

2.5. *Exemplos*

75. Exemplo 1
Hipótese: imaginemos duas grandes empresas do mercado europeu do fabrico de componentes electrónicas existentes, que detêm as seguintes quotas de mercado: empresa A (30%) e empresa B (30%). Realizaram ambas importantes investimentos nas actividades de I & D necessárias à criação de componentes electrónicos miniaturizados e desenvolveram os primeiros protótipos. Acordam agora em agrupar as suas actividades de I & D criando uma empresa comum que realizará essas actividades e produzirá os componentes para os revender seguidamente às suas

empresas-mãe, que os comercializarão separadamente. As outras empresas do mercado são pequenas empresas que não dispõem de recursos suficientes para proceder aos investimentos necessários.

Análise: os componentes electrónicos miniaturizados, ainda que susceptíveis de fazer concorrência aos componentes existentes em certos domínios, constituem essencialmente uma nova tecnologia, de forma que é necessário realizar uma análise dos pólos de investigação consagrados a este mercado futuro. Se for criada a empresa comum, passará a haver apenas uma única via de acesso às tecnologias de fabrico necessárias, embora parecesse provável que as empresas A e B conseguiriam entrar neste mercado separadamente com o seu próprio produto. Ainda que o acordo possa apresentar vantagens, permitindo o lançamento mais rápido de uma nova tecnologia, não é menos verdadeiro que reduz também a diversidade e confere às partes a possibilidade de partilharem certos custos. Para além disso, há que ter em conta o risco de as partes explorarem a sua posição de força no mercado existente. Na medida em que passariam a não ter concorrência a nível da I & D, o incentivo das partes para criar rapidamente esta nova tecnologia poderia ser fortemente reduzido. Ainda que alguns desses problemas possam ser resolvidos impondo às partes a concessão de licenças do seu saber-fazer essencial a terceiros e em condições razoáveis para o fabrico dos componentes miniaturizados, poderia revelar-se impossível solucionar a totalidade dos problemas colocados e satisfazer as condições exigidas para beneficiar de uma isenção.

76. Exemplo 2

Hipótese: uma pequena empresa de investigação A, que não dispõe de qualquer organização comercial própria, descobriu uma substância farmacêutica para a qual obteve uma patente e que assenta numa nova tecnologia que revolucionará o tratamento de uma determinada doença. A empresa A conclui um acordo de I & D com uma importante sociedade farmacêutica B, que fabrica produtos que serviam até então para tratar a doença em questão. A empresa B não realiza qualquer programa de I & D semelhante. No mercado dos produtos existentes, a empresa B dispõe de uma quota de mercado de aproximadamente 75% em todos os Estados--Membros, mas as patentes de que é titular terminarão durante os cinco próximos anos. Existem dois outros pólos de investigação que se encontram mais ou menos no mesmo estádio de desenvolvimento e utilizam as mesmas novas tecnologias de base. A empresa B trará recursos financeiros e um saber-fazer consideráveis para o desenvolvimento do produto e assegurará o acesso futuro ao mercado. É-lhe concedida uma licença para a produção e distribuição exclusivas do produto resultante da investigação durante todo o período de validade da patente. Prevê-se que as partes possam em conjunto colocar o produto no mercado dentro de cinco a sete anos. Análise: o produto pertence provavelmente a um novo mercado relevante. As partes reúnem recursos e competências complementares no quadro da sua cooperação e as probabilidades de colocação do produto no mercado aumentam consideravelmente. Ainda que a empresa B possa ser muito forte no mercado existente, este poder não tardará a diminuir e a existência de outros pólos de investigação tem probabilidades de evitar qualquer tentação da sua parte de reduzir as actividades de I & D. É provável que os direitos de exploração sejam necessários à empresa B durante o período remanescente de validade da patente, a fim de realizar os esforços de investimento necessários. Para além disso, a empresa A não dispõe de qualquer outra estrutura comercial. Por conseguinte, o acordo não ameaça restringir a concorrência.

77. Exemplo 3

Hipótese: duas empresas que fabricam componentes para veículos automóveis acordam em criar uma empresa comum a fim de reunir os seus esforços em matéria de I & D, de forma a melhorar a produção e os resultados de um componente existente. Agrupam igualmente as suas actividades existentes de concessão de licenças de tecnologias neste domínio, mas continuarão a fabricar os componentes separadamente. As duas empresas têm quotas de mercado de 15% e 20% no mercado europeu dos fabricantes de equipamentos. Dois outros grandes concorrentes encontram-se igualmente presentes, bem como grandes construtores automóveis que realizam internamente vários programas de investigação. No mercado mundial das concessões de licenças de tecnologias para o fabrico destes produtos, as suas quotas, medidas em função das receitas geradas, atingem 20% e 25%. Para além disso, existem duas outras grandes tecnologias. O ciclo de vida do componente é normalmente de dois a três anos. Durante os últimos cinco anos, foi lançada anualmente no mercado uma nova versão ou uma versão melhorada por uma das grandes empresas do sector.

Análise: uma vez que nenhuma das empresas procura desenvolver um produto completamente novo, os mercados a tomar em consideração são os dos componentes existentes e o da concessão de licenças de tecnologias correspondentes. Ainda que os seus programas de I & D existentes se sobreponham em grande medida, a redução da duplicação dos esforços decorrente da cooperação poderia permitir-lhes gastar mais recursos em investigação e desenvolvimento do que individualmente. Existem várias outras tecnologias e a quota cumulada das partes no mercado dos fabricantes de equipamentos não lhes confere qualquer posição dominante. Ainda que a sua quota no mercado das tecnologias, a um nível de 45%, seja muito elevada, encontram-se no mercado tecnologias concorrentes. Para além disso, os construtores automóveis, que não concedem actualmente quaisquer licenças relativas às suas tecnologias, constituem igualmente novos concorrentes potenciais neste mercado, o que limita a capacidade das partes de aumentarem os preços. Tal como referido, a empresa comum poderá provavelmente beneficiar de uma isenção.

3. Acordos de produção (incluindo os acordos de especialização)

3.1. Definição

78. Os acordos de produção podem variar na forma e no âmbito. Podem assumir a forma de cooperação comum através de uma empresa comum[1], ou seja, através de uma empresa controlada conjuntamente que explore uma ou várias instalações de produção, ou através de acordos de especialização ou de subcontratação, através dos quais uma parte acorda em realizar a produção de um determinado produto.

79. Em geral, podem distinguir-se três categorias de acordos de produção: acordos de produção conjunta, através dos quais as partes acordam em produzir determinados produtos em conjunto (unilaterais ou recíprocos); acordos de especialização, através dos quais as partes acordam, unilateral ou reciprocamente, em cessar a produção de um produto e comprá-lo à outra parte; e acordos de subcontratação, através dos quais uma parte (o "contratante") confia a uma outra parte (o "contratado") o fabrico de um produto.

80. Os acordos de subcontratação são acordos verticais. Por conseguinte, na medida em que incluam restrições da concorrência, são abrangidos pelo Regulamento de isenção por categoria e pelas Orientações relativas às restrições verticais. Existem contudo duas excepções a esta regra: os acordos de subcontratação entre concorrentes[2] e os acordos de subcontratação entre não concorrentes que envolvam a transferência de saber-fazer para o subcontratante[3].

---

[1] Tal como referido anteriormente, as empresas comuns abrangidas pelo Regulamento das concentrações não são objecto das presentes orientações. As empresas comuns de pleno exercício que não atinjam uma dimensão comunitária são normalmente tratadas pelas autoridades responsáveis pela concorrência dos Estados-Membros. A aplicação do Regulamento n.º 17 poderia ser relevante apenas se essa empresa comum de pleno exercício conduzisse a uma restrição da concorrência resultante da coordenação das empresas-mãe fora da empresa comum ("efeitos secundários"). Relativamente a este aspecto, a Comissão declarou que deixará tanto quanto possível a apreciação dessas operações aos Estados Membros (ver Declaração para a Acta do Conselho relativa ao Regulamento 1310/97, ponto 4).

[2] N.º 4 do artigo 2.º do Regulamento de isenção por categoria relativo às restrições verticais.

[3] N.º 3 do artigo 2.º do Regulamento de isenção por categoria relativo às restrições verticais. Ver igualmente as Orientações relativas às restrições verticais, ponto 33, que refere que os acordos de subcontratação entre não concorrentes, segundo os quais o comprador prevê apenas especificações para o fornecedor, que descrevem os bens ou serviços a fornecer, são abrangidos pelo Regulamento de isenção por categoria relativo às restrições verticais.

81. Os acordos de subcontratação entre concorrentes são abrangidos pelas presentes orientações[1]. São fornecidas directrizes numa Comunicação separada[2] para a apreciação dos acordos de subcontratação entre não concorrentes que envolvam a transferência de saber-fazer para o contratante.

3.2. Mercados relevantes

82. Para poder avaliar as relações de concorrência entre os participantes na cooperação, há em primeiro lugar que definir o(s) mercado(s) do produto e geográfico relevante(s) directamente em causa na cooperação (isto é, o(s) mercado(s) a que pertencem os produtos abrangidos pelo acordo). Por outro lado, um acordo de produção num mercado pode também afectar o comportamento concorrencial das partes num mercado situado a montante ou a jusante desse mercado ou num mercado vizinho estreitamente ligado ao mercado directamente em causa na cooperação[3] (é o que se entende por "mercados secundários"). Todavia, só podem existir efeitos secundários se a cooperação num mercado der inevitavelmente origem à coordenação do comportamento concorrencial num outro mercado, por outras palavras, se os mercados forem interdependentes e se as partes se encontrarem numa posição de força no mercado secundário.

3.3. Apreciação nos termos do n.º 1 do artigo 81.º

3.3.1. Natureza do acordo

83. A principal fonte de problemas de concorrência que pode resultar de acordos de produção é a coordenação do comportamento concorrencial das partes enquanto fornecedores. Este tipo de problemas de concorrência coloca-se quando os participantes na cooperação são concorrentes efectivos ou potenciais em pelo menos um dos mercados relevantes, ou seja, no mercado directamente em causa na cooperação e/ou nos eventuais mercados secundários.

84. O facto de as partes serem concorrentes não conduz automaticamente a uma coordenação do seu compartamento. Para além disso, é necessário que a cooperação entre as partes diga respeito a uma grande parte das suas actividades para que a partilha dos custos atinja proporções importantes. Quanto mais importante for

---

[1] Se um acordo de subcontratação entre concorrentes determinar que o contratante cessará a produção do produto a que o acordo diz respeito, o acordo constitui um acordo de especialização unilateral abrangido, mediante certas condições, pelo Regulamento de isenção por categoria relativo à especialização.

[2] Comunicação relativa à apreciação de determinados acordos de subcontratação no que diz respeito ao n.º 1 do artigo 85.º do Tratado CEE – JO, C 1, de 3.1.1979, p. 2.

[3] É o que prevê igualmente o n.º 4 do artigo 2.º do Regulamento das concentrações.

a parte dos custos em comum, maior é o risco de limitação da concorrência através dos preços, em especial no caso de produtos homogéneos.

85. Além dos problemas de coordenação, os acordos de produção podem criar também problemas de exclusão e outros efeitos negativos a terceiros. Não são provocados por uma relação de concorrência entre as partes, mas por uma posição de mercado forte de pelo menos uma das partes (por exemplo, num mercado a montante de uma componente-chave, que permite às partes aumentarem os custos dos seus concorrentes num mercado a jusante) no contexto de uma relação mais vertical ou complementar entre as partes cooperantes. Por conseguinte, a possibilidade de exclusão necessita de ser principalmente analisada no caso de produção conjunta de uma importante componente e no caso de acordos de subcontratação (ver infra).

3.3.1.1. Acordos não abrangidos pelo n.º 1 do artigo 81.º

86. A não ser que surjam problemas de encerramento, os acordos de produção entre empresas não concorrentes não são normalmente abrangidos pelo n.º 1 do artigo 81.º. Esta observação é igualmente válida para os acordos que prevêem que bens intermédios ou componentes, que eram até então fabricados tendo em vista o autoconsumo (produção cativa), são a partir de então comprados a um terceiro através de subcontratação ou de especialização unilateral, a menos que certos elementos indiquem que a empresa que até agora produzia apenas para consumo próprio teria podido penetrar no mercado das vendas a terceiros desses bens intermédios ou desses componentes, sem suportar qualquer custo ou risco suplementar elevado em reacção a variações ligeiras, mas permanentes, dos preços relativos.

87. Os acordos de produção entre concorrentes também não são necessariamente abrangidos pelo n.º 1 do artigo 81.º. Por um lado, com efeito, uma cooperação entre empresas concorrentes em mercados estreitamente associados ao mercado directamente em causa nessa cooperação não poderá ser acusada de restringir a concorrência se constituir a única forma possível comercialmente justificável de entrar num novo mercado, lançar um novo produto ou serviço ou realizar um determinado projecto.

88. Em segundo lugar, é bastante provável que esta cooperação altere o comportamento concorrencial das partes enquanto fornecedores, se a parte dos seus custos totais que partilham for reduzida. Pode por exemplo pressupor-se que os custos totais partilhados são limitados se duas ou várias empresas acordarem em se especializarem ou produzirem em comum um produto intermédio que representa apenas uma parte reduzida dos custos de produção do produto final e, por conseguinte, dos custos totais. O mesmo se aplica a um acordo de subcontratação entre concorrentes, em que o factor de produção que um concorrente adquire a um outro representar apenas uma pequena parte dos custos de produção do produto final. É previsível a mesma hipótese quando as partes fabricam em comum o produto final, mas esta produção conjunta constitui apenas uma parte reduzida da produção total desse bem final. Ainda que a parte da produção conjunta seja elevada, a

proporção dos custos totais partilhados pode ser reduzida ou melhorada se a cooperação incidir sobre produtos heterogéneos que exigem acções comerciais dispendiosas.

89. Em terceiro lugar, os acordos de subcontratação entre concorrentes não são abrangidos pelo n.º 1 do artigo 81.º, se se limitarem a vendas e compras individuais no mercado comercial sem quaisquer outras obrigações e sem fazer parte de uma relação comercial mais vasta entre as partes[1].

3.3.1.2. Acordos quase sempre abrangidos pelo n.º 1 do artigo 81.º

90. Os acordos que fixam os preços dos fornecimentos das partes, limitam a produção ou repartem os mercados ou grupos de clientes têm por objecto restringir a concorrência e são quase sempre abrangidos pelo n.º 1 do artigo 81.º. Tal não é contudo aplicável aos casos:

– em que as partes fixam a produção directamente abrangida pelo acordo de produção (por exemplo, a capacidade e o volume de produção de uma empresa comum, ou um volume acordado de produtos subcontratados);

– em que uma empresa comum de produção, que também procede à distribuição dos produtos transformados, fixa os preços de venda destes produtos, desde que a fixação dos preços pela empresa comum resulte da integração dessas diversas funções[2].

Nestes dois cenários, o acordo relativo à produção ou aos preços não será apreciado separadamente, mas à luz dos efeitos globais da empresa comum no mercado a fim de determinar a aplicabilidade do n.º 1 do artigo 81.º.

3.3.1.3. Acordos susceptíveis de serem abrangidos pelo n.º 1 do artigo 81.º

91. Os acordos de produção que não podem ser considerados acordos manifestamente restritivos ou não restritivos baseando-se nos critérios enunciados anteriormente podem ser abrangidos pelo n.º 1 do artigo 81.º[3] e devem ser analisados no seu contexto económico. Esta observação é aplicável aos acordos de cooperação entre concorrentes que dão origem a uma partilha dos custos importante, mas não implicam qualquer das restrições graves mencionadas supra.

---

[1] Tal como qualquer acordo de subcontratação, esse acordo pode contudo ser abrangido pelo n.º 1 do artigo 81.º se incluir restrições verticais, tais como restrições relativas a vendas passivas, manutenção do preço de revenda, etc.

[2] Uma empresa comum de produção que assegura igualmente a distribuição comum é contudo, a maior parte das vezes, uma empresa comum de pleno exercício.

[3] Por força do n.º 2, ponto 3), do artigo 4.º do Regulamento n.º 17/62 do Conselho, os acordos que tenham apenas por objecto a especialização no fabrico de produtos podem, mediante certas condições, ser notificados à Comissão, sem que tal constitua uma obrigação.

3.3.2. Poder de mercado e estrutura dos mercados

92. O ponto de partida da análise é a posição das partes no ou nos mercados em causa. Tal deve-se ao facto de, na ausência de poder de mercado, as partes num acordo de produção não terem incentivo para coordenar o seu comportamento concorrencial enquanto fornecedores. Por outro lado, não existem efeitos sobre a concorrência se as partes não dispuserem de qualquer poder de mercado, ainda que coordenem o seu comportamento.

93. Não existe qualquer limiar absoluto de quota de mercado, que indique que um acordo de produção cria um certo grau de poder de mercado, sendo por conseguinte abrangido pelo âmbito de aplicação do n.º 1 do artigo 81.º. Contudo, os acordos que prevêem uma especialização unilateral ou recíproca, bem como os acordos de produção conjunta, estão isentos por categoria, desde que sejam concluídos entre partes cuja quota de mercado cumulada não seja superior a 20% no(s) mercado(s) relevante(s) e que estejam satisfeitas as outras condições de aplicação do Regulamento de isenção por categoria relativa à especialização. Por conseguinte, no que diz respeito a acordos abrangidos pela isenção por categoria, os efeitos restritivos só têm de ser analisados se a quota de mercado cumulada das partes ultrapassar 20%.

94. Os acordos não abrangidos pelo Regulamento de isenção por categoria exigem uma análise mais aprofundada. O ponto de partida da análise é a posição das partes no ou nos mercados relevantes, antes de passar ao cálculo do índice de concentração e do número de empresas existentes no mercado, bem como à análise dos outros factores, tal como referido no Capítulo 1.

95. Habitualmente, a análise envolverá apenas o ou os mercados em causa directamente na cooperação. Em certas circunstâncias, por exemplo, se a posição cumulada das partes é muito forte nos mercados a montante ou a jusante ou nos mercados estreitamente associados, através de outros aspectos, aos mercados directamente abrangidos pela cooperação, esses mercados secundários poderão contudo ter de ser igualmente analisados. Tal é válido em particular para uma cooperação em mercados a montante entre empresas que dispõem já, em conjunto, de uma posição de força em mercados a jusante. Do mesmo modo, os problemas de exclusão podem necessitar de ser analisados se as partes individualmente tiverem uma posição forte, enquanto fornecedores ou compradores de um factor de produção.

Posição das partes no mercado, índice de concentração, número de empresas e outros factores estruturais

96. Se a quota de mercado cumulada das partes ultrapassar 20%, devem ser avaliados os efeitos prováveis do acordo de produção no mercado. Quanto a este aspecto, o índice de concentração no mercado, bem como as quotas de mercado, constituem elementos de informação importantes. Quanto mais elevada for a quota de mercado cumulada das partes mais concentrado é o mercado em causa. Contudo, não é suficiente que a quota de mercado seja ligeiramente superior ao limiar autori-

zado pelo Regulamento de isenção por categoria para que o índice de concentração seja necessariamente elevado. Por exemplo, uma quota de mercado cumulada das partes ligeiramente superior a 20% pode ser compatível com um mercado moderadamente concentrado (IHH inferior a 1800). Num tal cenário, os efeitos restritivos são improváveis. Num mercado mais concentrado, em contrapartida, uma quota de mercado que ultrapassasse 20% será susceptível, para além de outros elementos, de dar origem a uma restrição da concorrência (ver igualmente o exemplo 1 infra). A conclusão pode contudo ser diferente se o mercado for muito dinâmico, devido à entrada de novos concorrentes e à evolução frequente das posições no mercado.

97. No que diz respeito à produção conjunta, os efeitos de rede, que se produzem quando existem ligações entre um grande número de concorrentes, podem igualmente desempenhar um papel importante. Num mercado concentrado, a criação de uma relação suplementar pode contrariar o equilíbrio e torna provável uma colusão neste mercado, ainda que as partes tenham uma quota de mercado cumulada elevada, mas moderada (ver o exemplo 2 infra).

98. Em certos casos, uma cooperação entre concorrentes potenciais pode também colocar problemas de concorrência. Isto verifica-se contudo apenas no caso em que uma empresa com grande poder no mercado coopera com um novo candidato potencial, segundo uma hipótese realista, por exemplo, um fornecedor do mesmo produto ou serviço em posição de força num mercado geográfico vizinho. A redução da concorrência potencial suscita problemas específicos se a concorrência efectiva for já reduzida e se a ameaça da chegada de novos concorrentes constituir um motor essencial da concorrência.

Cooperação nos mercados a montante

99. A produção conjunta de um componente importante ou de outros bens intermédios que entram na composição do produto final fabricado pelas partes pode dar origem a efeitos negativos no mercado em determinadas circunstâncias:

– problemas de encerramento (ver exemplo 3 infra), desde que as partes disponham de uma posição de força no mercado relevante do produto intermédio (utilização não cativa) e que a passagem de uma utilização cativa para uma utilização não cativa não se possa efectuar em caso de aumento dos preços relativos ligeiros, mas permanentes, em relação ao produto em questão;

– efeitos secundários (ver exemplo 4 infra), desde que o produto intermédio represente um elemento de custo importante e que as partes estejam em posição de força no mercado a jusante do produto final.

Acordos de subcontratação entre concorrentes

100. Podem surgir problemas semelhantes se um concorrente subcontratar uma componente importante ou outro produto intermédio para o seu produto final junto de um concorrente. Tal pode conduzir também a:

– problemas de encerramento desde que as partes disponham de uma forte posição como fornecedores ou compradores no mercado relevante dos factores de produção (uso não cativo). A subcontratação poderia então dar origem a que outros concorrentes não conseguissem este produto intermédio a um preço competitivo ou a que outros concorrentes não pudessem fornecer o produto intermédio a um nível competitivo se perdessem uma grande parte da procura.

– efeitos secundários, desde que o produto intermédio represente um elemento de custo importante e que as partes estejam em posição de força no mercado a jusante do produto final.

Acordos de especialização

101. Os acordos recíprocos de especialização entre partes cujas quotas de mercado ultrapassam o limiar previsto no Regulamento de isenção por categoria são quase sempre abrangidos pelo n.º 1 do artigo 81.º, devendo ser examinados com atenção devido ao risco de repartição dos mercados (ver exemplo 5 infra).

3.4. Apreciação nos termos do n.º 3 do artigo 81.º

3.4.1. *Vantagens económicas*

102. Pode presumir-se que a maior parte dos tipos comuns de acordos de produção dá origem a algumas vantagens económicas sob a forma de economias de escala ou âmbito ou melhores tecnologias de produção, a não ser que sejam um instrumento de fixação dos preços, de restrição da produção ou de atribuição de um mercado e de clientela. Nestas condições, afigura-se razoável prever a isenção dos acordos que dêem origem a uma restrição da concorrência até um limiar de quota de mercado, abaixo do qual se pode, para aplicação do n.º 3 do artigo 81.º, em geral, presumir que os efeitos positivos dos acordos de investigação e desenvolvimento compensarão quaisquer efeitos negativos sobre a concorrência. Por conseguinte, os acordos relativos à especialização unilateral ou recíproca bem como à produção conjunta estão isentos por categoria (Regulamento de isenção por categoria relativo à especialização), desde que não contenham restrições graves (ver artigo 5.º) e que sejam concluídos entre partes com uma quota de mercado cumulada que não exceda 20% no(s) mercado(s) relevante(s).

103. Quanto aos acordos não abrangidos pela isenção por categoria, as partes devem comprovar que daí resulta uma melhoria da produção ou outros ganhos de eficiência. Os ganhos de eficiência de que apenas beneficiam as partes ou as economias que resultam de uma redução da produção ou da repartição dos mercados não poderão ser tomadas em consideração.

3.4.2. *Carácter indisponível*

104. As restrições que ultrapassam o que é necessário para atingir as vantagens económicas descritas anteriormente não são aceitáveis. Por exemplo, não é

necessário que o comportamento concorrencial das partes seja limitado no que diz respeito à produção não abrangida pela cooperação.

3.4.3. Não eliminação da concorrência

105. Não será possível qualquer isenção se as partes tiverem a possibilidade de eliminar a concorrência no que diz respeito a uma parte substancial dos produtos em questão. Se em consequência de um acordo de produção uma empresa for dominante ou se tornar dominante, o acordo que produz efeitos anticoncorrenciais na acepção do artigo 81.º pode em princípio não ser objecto de isenção. Tal deve ser analisado no mercado relevante a que pertencem os produtos abrangidos pela cooperação e nos eventuais mercados secundários.

3.5. Exemplos

Produção conjunta

106. Os dois exemplos que se seguem dizem respeito a casos hipotéticos que suscitam problemas de concorrência no mercado relevante a que pertencem os produtos fabricados em comum.

107. Exemplo 1

Hipótese: dois fornecedores, A e B, de um produto químico de base X decidem construir uma nova unidade de produção, cujo controlo confiam a uma empresa comum. Esta unidade assegurará mais ou menos 50% da sua produção total. X é um produto homogéneo, que não tem qualquer outro produto substituível, de forma que constitui por si só um mercado relevante. O mercado está relativamente estagnado. As partes não aumentarão a sua produção total de uma forma espectacular. Por outro lado, encerrarão duas antigas unidades cujas capacidades transferirão para a nova unidade. A e B têm ambos uma quota de mercado de 20%. Encontram-se presentes no mercado três outros grandes fornecedores, cada um com uma quota de 10%--15%, e vários outros pequenos fornecedores. Análise: é provável que esta empresa comum produza um efeito no comportamento concorrencial das partes, uma vez que esta coordenação lhes conferirá um poder considerável no mercado, não estando excluída a possibilidade de criação de uma posição dominante. São prováveis graves efeitos restritivos. Num tal cenário são improváveis ganhos de eficiência capazes de compensar estes efeitos, uma vez que não se prevê qualquer aumento significativo da produção.

108. Exemplo 2

Hipótese: dois fornecedores, A e B, criam uma empresa comum de produção no mesmo mercado relevante do exemplo 1. A empresa comum assegura também 50% da produção total das partes. A e B detêm uma quota de mercado de 15% cada um; o mercado conta com três outras empresas: C, com uma quota de mercado de 30%, D, com 25% e E, com 15%. B criou já uma unidade de produção conjunta com E. Análise: neste caso, o mercado caracteriza-se pela existência de um número muito reduzido de empresas e por estruturas bastante simétricas. A empresa comum cria uma relação suplementar entre as empresas. A coordenação entre A e B reforçará, de facto, a concentração do mercado e associará E a A e B. Esta cooperação é susceptível de dar origem a um grave efeito restritivo e, tal como no exemplo 1, não é previsível qualquer ganho de eficiência significativo.

109. O exemplo 3 diz igualmente respeito ao mercado relevante a que pertencem os produtos fabricados em comum, mas demonstra toda a importância dos critérios que não a quota de mercado (neste exemplo: passagem de uma produção cativa para uma produção não cativa).

110. Exemplo 3

Hipótese: A e B constituem uma empresa comum de produção para o fabrico de um produto intermédio X, através de uma reestruturação das suas actuais unidades. A empresa comum vende o produto X exclusivamente a A e B. Assegura 40% da produção total do produto X de A e 50% de B. A e B são utilizadores cativos do produto X e são igualmente fornecedores no mercado não cativo. A parte de A na produção total de X à escala do sector é de 10%, a de B, de 20% e a da empresa comum de 14%. No mercado não cativo, todavia, A e B detêm uma quota de mercado de 25% e de 35%, respectivamente.

Análise: apesar da forte posição das partes no mercado não cativo, a cooperação não pode eliminar a concorrência efectiva no mercado do produto X, se os custos de passagem da utilização cativa para a utilização não cativa forem reduzidos. No entanto, a quota de mercado elevada (60%) só pode ser contrariada se esta passagem de uma utilização para outra for muito rápida. Caso contrário, esta empresa comum de produção levanta graves problemas de concorrência que não poderão ser compensados mesmo através de vantagens económicas importantes.

111. O exemplo 4 incide numa cooperação que diz respeito a um produto intermédio importante com efeitos secundários num mercado a jusante.

112. Exemplo 4

Hipótese: A e B criam uma empresa comum de produção para o fabrico de um produto intermédio X. Encerrarão as suas próprias instalações onde fabricavam até então esse produto e abastecer-se-ão exclusivamente junto da empresa comum a fim de cobrir as suas necessidades do produto. Este produto intermédio representa 50% dos custos totais do produto final Y. A e B detêm cada um uma quota de 20% no mercado do produto Y. 0 mercado conta com dois outros grandes fornecedores do produto Y, que possuem cada um 15% do mercado, e vários pequenos concorrentes.

Análise: neste exemplo, os custos em comum são elevados. Para além disso, as partes adquiririam poder de mercado graças à coordenação do seu comportamento no mercado do produto Y. Esta cooperação coloca problemas na perspectiva da concorrência e a apreciação é quase idêntica à do exemplo 1, ainda que a cooperação se efectue, neste caso, num mercado a montante.

Especialização recíproca
113. Exemplo 5
Hipótese: A e B fabricam e fornecem ambos os produtos homogéneos X e Y, que pertencem a mercados distintos. A quota de mercado de A no que diz respeito ao produto X é de 28% e ao produto Y é de 10%. A quota de B no mercado do produto X é de 10%, contra 30% no mercado do produto Y. Devido a economias de escala, A e B concluem um acordo de especialização recíproco segundo o qual, no futuro, A passará apenas a fabricar o produto X e B o produto Y. Acordam, para além disso, em abastecer-se mutuamente, de forma a permanecerem ambos fornecedores nesses mercados. Dada a homogeneidade dos produtos, os custos de distribuição são muito reduzidos. Os mercados contam com dois outros fabricantes fornecedores dos produtos X e Y, com quotas de mercado próximas dos 15% cada um, tendo os outros fornecedores quotas de mercado compreendidas entre 5% e 10%.

Análise: a parte dos custos comuns é extremamente elevada. Apenas os custos de distribuição permanecem distintos, mas são relativamente reduzidos. Por conseguinte, existe pouco espaço para a concorrência. As partes adquiririam poder de mercado através da coordenação do seu comportamento nos mercados dos produtos X e Y. Para além disso, a oferta do produto Y por A e a do produto X por B virá muito provavelmente a diminuir a prazo. Este exemplo coloca problemas de concorrência que não são susceptíveis de ser compensados pelas economias de escala. O cenário poderia ser diferente se os produtos X e Y fossem heterogéneos e se os custos de comercialização e de distribuição representassem uma parte muito importante (por exemplo, 65%-70% dos custos totais). Se, para além disso, a oferta de uma gama completa destes produtos diferenciados constituísse uma condição de êxito em relação à concorrência, a retirada de uma ou de várias partes enquanto fornecedor do produto X e/ou do produto Y seria pouco provável. Num tal cenário, os critérios a cumprir para beneficiar de uma isenção poderiam ser satisfeitos (desde que as economias de escala sejam importantes), apesar das quotas de mercado elevadas.

Subcontratação entre concorrentes
114. Exemplo 6
Situação: A e B são concorrentes no mercado do produto final X. A possui uma quota de mercado de 15%, B de 20%. Ambos produzem também o produto intermédio Y, que é um factor na produção de X, mas que é igualmente utilizado para fabricar outros produtos. Representa 10% do custo de X. A fabrica apenas Y para consumo interno, enquanto B vende também Y a clientes terceiros. A sua quota de mercado relativamente a Y é de 10%. A e B concluem um acordo de subcontratação, através do qual A adquirirá 60% das suas necessidades de Y a B. Continuará a produzir 40% das suas necessidades internamente a fim de não perder o saber--fazer relativo à produção de Y.

Análise: Uma vez que A só produziu Y para consumo interno, há que analisar em primeiro lugar se A é um candidato potencial efectivo à entrada no mercado das vendas de Y a terceiros. Se tal não acontecer, nesse caso o acordo não restringe a concorrência no que se refere a Y. Não é provável que se verifiquem efeitos secundários no mercado em relação a X tendo em conta o grau reduzido de uniformidade dos custos criado pelo acordo.

Se A viesse a ser considerado um candidato potencial efectivo à entrada no mercado das vendas de Y a terceiros, a posição de B no mercado relativamente a Y devia ser tomada em consideração. Uma vez que a quota de mercado de B é bastante reduzida, o resultado da análise não mudará.

4. Acordos de compra

4.1. *Definição*

115. O presente capítulo trata dos acordos que dizem respeito às compras de produtos em comum. Este tipo de compras pode realizar-se através de uma empresa controlada conjuntamente ou de uma empresa em que um grande número de empresas detém uma pequena participação, ou através de um acordo contratual, ou ainda através de uma forma de cooperação mais flexível.

116. Os acordos de compra são frequentemente concluídos por pequenas e médias empresas, a fim de lhes permitir comprar quantidades e obter reduções semelhantes às dos seus concorrentes de maior dimensão. Estes acordos entre PME são por conseguinte geralmente favoráveis à concorrência. Ainda que criem um certo poder de mercado, esta consequência pode ser compensada pelas economias de escala realizadas, se as partes agruparem verdadeiramente as quantidades que compram.

117. As compras em comum podem basear-se tanto em acordos horizontais como verticais. Nestes casos é necessária uma análise em duas fases. Em primeiro lugar, os acordos horizontais devem ser apreciados segundo os princípios descritos nas presentes orientações. Se esta apreciação conduzir à conclusão de que uma cooperação entre concorrentes na área das compras é aceitável, será necessária uma apreciação mais aprofundada a fim de examinar os acordos verticais concluídos com fornecedores ou vendedores individuais. Esta última apreciação basear-se-á nas regras do Regulamento de isenção por categoria e nas Orientações relativas às restrições verticais[1].

118. Uma associação constituída por um grupo de retalhistas para a compra em comum de produtos poderá constituir um exemplo. Os acordos horizontais concluídos entre os membros da associação ou as decisões adoptadas pela associação devem ser apreciadas em primeiro lugar enquanto acordo horizontal à luz das presentes orientações. Apenas se esta apreciação for favorável é que se torna relevante

---

[1] Ver Orientações relativas às restrições verticais, ponto 29.

apreciar os acordos verticais daí decorrentes entre a associação e um dos seus membros, ou entre a associação e fornecedores. Estes acordos são regidos, até certo ponto, pela isenção por categoria relativa às restrições verticais[1]. Os acordos não abrangidos pela isenção por categoria vertical não serão à partida considerados ilegais, mas podem exigir um exame individual.

4.2. Mercados relevantes

119. Podem ser afectados pelas compras em comum dois mercados: em primeiro lugar, o ou os mercados directamente abrangidos pela cooperação, isto é, o(s) mercado(s) de compras relevante. Em segundo lugar, o(s) mercado(s) de venda, isto é, os mercados a jusante em que as partes no acordo de compra em comum operam enquanto vendedores.

120. A definição dos mercados de compra relevantes segue os princípios constantes da Comunicação da Comissão relativa à definição de mercado relevante e baseia-se no conceito de substituibilidade, a fim de identificar as restrições concorrenciais. A única diferença em relação à definição dos "mercados de venda" é que a substituibilidade deve ser definida do ponto de vista da oferta e não da procura. Por outras palavras, as alternativas de que dispõem os fornecedores são determinantes para identificar as restrições concorrenciais que se exercem sobre os compradores. Estas poderiam por exemplo ser analisadas ao examinar a reacção dos fornecedores a uma diminuição dos preços reduzida, mas duradoura. Uma vez definido o mercado, a quota de mercado detida será então igual à percentagem que as compras das partes em causa representam em relação às vendas totais do produto ou do serviço comprado no mercado relevante.

121. Exemplo 1

Um grupo de construtores automóveis acorda em comprar em conjunto o produto X. As suas compras combinadas de X elevam-se a 15 unidades. O conjunto das vendas de X a construtores automóveis representa 50 unidades. Contudo, X é igualmente vendido a fabricantes de produtos que não veículos automóveis. A totalidade das vendas de X representa 100 unidades. Nesse caso, a quota de mercado (de compras) do grupo é de 15%.

122. Se as partes são concorrentes num ou em vários mercados de vendas, estes são igualmente considerados mercados relevantes para efeitos da apreciação. É mais provável que se produzam restrições da concorrência nestes mercados se as partes conseguirem obter um certo poder de mercado coordenando o seu comportamento e partilhando uma parte substancial dos seus custos totais. É por exemplo o que acontece quando retalhistas que operam no ou nos mesmos mercados retalhistas relevantes compram em conjunto quantidades importantes dos produtos que pro-

---

[1] Ver o n.º 2 do artigo 2.º do Regulamento de isenção por categoria relativo às restrições verticais.

põem para revenda. Tal pode igualmente acontecer se fabricantes e vendedores de um produto final concorrente entre si se agrupam para comprar em conjunto uma parte importante dos seus bens intermédios. Os mercados de vendas devem ser definidos aplicando a metodologia descrita na Comunicação da Comissão relativa à definição de mercado relevante.

4.3. Apreciação nos termos do n.º 1 do artigo 81.º

4.3.1. Natureza do acordo

4.3.1.1. Acordos não abrangidos pelo n.º 1 do artigo 81.º

123. Pela sua própria natureza, os acordos de compras em comum são concluídos entre empresas que são pelo menos concorrentes nos mercados de compras. Se existir cooperação entre compradores concorrentes que não operam no mesmo mercado relevante a jusante (por exemplo, retalhistas que operam em mercados geográficos diferentes e que não podem por conseguinte ser considerados, numa abordagem realista, concorrentes potenciais), o n.º 1 do artigo 81.º será raramente aplicável, a menos que as partes beneficiem de uma posição muito forte nesses mercados, que podia ser utilizada para prejudicar a posição competitiva de outros operadores nos seus respectivos mercados de vendas.

4.3.1.2. Acordos quase sempre abrangidos pelo n.º 1 do artigo 81.º

124. Os acordos de compra só são por natureza abrangidos pelo n.º 1 do artigo 81.º quando a cooperação não incide verdadeiramente nas compras em comum, mas é utilizada como instrumento para um acordo dissimulado, isto é, práticas normalmente proibidas, tais como a fixação de preços, a limitação da produção ou a repartição dos mercados.

4.3.1.3. Acordos susceptíveis de ser abrangidos pelo n.º 1 do artigo 81.º

125. A maior parte dos acordos de compra devem ser analisados em função do seu contexto legal e económico. A análise deve incidir simultaneamente sobre os mercados de compras e sobre os mercados de vendas.

4.3.2. Poder de mercado e estrutura dos mercados

126. O ponto de partida da análise é o exame do poder de compra das partes. Pode pressupor-se que existe poder de compra quando um acordo de compra incide sobre uma parte suficientemente importante do volume total de um mercado de compras, de tal forma que os preços podem ser reduzidos abaixo do nível em que existe concorrência, ou o acesso ao mercado encerrado a compradores concorrentes. Quando pode ser exercido um forte poder de compra face a fornecedores num deter-

minado mercado, tal pode dar origem a perdas de eficiência, por exemplo, uma redução da qualidade, uma diminuição do esforço no domínio da inovação ou, finalmente, uma limitação da oferta. Contudo, uma das principais preocupações suscitadas pela situação do poder de compra é que a redução dos preços não seja repercutida sobre os clientes a jusante e que dê origem a um aumento dos custos para os concorrentes dos compradores nos mercados de venda, na medida em que ou os fornecedores tentarão compensar as reduções de preços concedidas a um grupo de clientes, aumentando os preços facturados aos outros clientes, ou os concorrentes terão menos acesso a fornecedores eficientes. Por conseguinte, os mercados de compra e de venda caracterizam-se por um certo número de relações de interdependência, que serão seguidamente referidas.

Relações de interdependência entre o(s) mercado(s) de compra e de venda

127. Uma cooperação entre compradores concorrentes pode reduzir significativamente a concorrência criando poder de compra. Se a existência de poder de compra se pode traduzir por uma redução dos preços no consumo, não é menos verdadeiro que nem sempre é favorável à concorrência, podendo mesmo, em certas circunstâncias, ter graves repercussões negativas sobre esta.

128. Em primeiro lugar, uma redução dos custos de compra subsequente ao exercício de poder de compra não pode ser considerada favorável à concorrência se os compradores, considerados no seu conjunto, podem exercer um certo poder nos mercados de venda. Nesse caso, as economias realizadas a nível dos custos não serão provavelmente repercutidas sobre os consumidores. Quanto maior for o poder global das partes nos mercados em que vendem os seus produtos, mais tentadas serão a coordenar o seu comportamento enquanto vendedoras. Tal poderá ser-lhes ainda mais fácil se conseguirem agrupar uma grande parte dos seus custos através de compras em comum. Se, por exemplo, vários retalhistas de grande dimensão comprarem em conjunto uma grande parte dos seus produtos, poderão partilhar uma parte importante dos seus custos. Os efeitos negativos das compras em comum podem por conseguinte ser muito semelhantes aos da produção conjunta.

129. Em segundo lugar, a existência de um poder de compra utilizado para impedir a entrada de concorrentes ou aumentar os custos dos rivais pode criar ou reforçar o poder exercido nos mercados de venda. Se um grupo de clientes possuir um forte poder de compra, tal pode conduzir ao afastamento de compradores, limitando o seu acesso a fornecedores eficientes. Pode igualmente dar origem a um aumento dos custos para os seus concorrentes, na medida em que os fornecedores tentarão recuperar as reduções de preços concedidas a um grupo de clientes aumentando os preços facturados a outros clientes (por exemplo, discriminações em matéria de reduções exercidas pelos fornecedores face aos retalhistas). Todavia, tal só será possível se os fornecedores do mercado de compra possuírem igualmente um certo poder de mercado. Nesses casos, a concorrência nos mercados de venda pode ser ainda mais limitada pelo poder de compra.

130. Não existe um limiar absoluto que indique quando é que uma cooperação no domínio das compras cria um certo grau de poder de mercado, sendo assim abrangida pelo n.º 1 do artigo 81.º. Contudo, na maior parte dos casos é pouco provável que o poder de mercado exista se as partes no acordo tiverem uma quota de mercado cumulada inferior a 15% no(s) mercado(s) de compra bem como uma quota de mercado cumulada inferior a 15% no(s) mercado(s) de venda. De qualquer modo, a esse nível de quota de mercado é provável que as condições previstas no n.º 3 do artigo 81.º mencionadas infra sejam satisfeitas pelo acordo em questão.

131. Uma quota de mercado superior a este limiar não indica automaticamente que a cooperação tem efeitos negativos no mercado, mas necessita de uma apreciação mais aprofundada do impacto de um acordo de compra em comum no mercado, incidindo nomeadamente em factores tais como a concentração do mercado e a existência eventual de um poder de compensação a nível dos fornecedores mais importantes. Acordos de compra em comum que reunam partes que possuem uma quota de mercado cumulada claramente superior a 15% num mercado concentrado são susceptíveis de ser abrangidos pelo n.º 1 do artigo 81.º e as partes deverão demonstrar que estes acordos dão origem a ganhos de eficiência que podem compensar os seus efeitos restritivos.

4.4. Apreciação nos termos do n.º 3 do artigo 81.º

4.4.1. Vantagens económicas

132. Os acordos de compra podem dar origem a vantagens económicas, tais como economias de escala no domínio das encomendas ou transportes, que podem compensar os efeitos restritivos. Se as partes possuírem em conjunto um poder de compra ou de venda importante, a questão dos ganhos de eficiência deverá ser analisada cuidadosamente. As economias realizadas no domínio dos custos, que são devidas ao simples exercício do poder de compra e que não beneficiam os consumidores não podem ser tomadas em consideração.

4.4.2. Carácter indispensável

133. Os acordos de compra não podem ser isentos se impuserem restrições não indispensáveis à realização das vantagens mencionadas supra. A obrigação de comprar unicamente no âmbito do acordo de cooperação pode, em certos casos, revelar-se indispensável para atingir o volume necessário à realização de economias de escala. No entanto, uma tal obrigação deve ser apreciada no contexto de cada caso tratado.

4.4.3. Não eliminação da concorrência

134. Não será possível qualquer isenção se se permitir às partes eliminarem a concorrência de uma parte substancial dos produtos em causa. Esta apreciação deve

incidir simultaneamente sobre os mercados de compra e sobre os mercados de venda. As quotas de mercado cumuladas das partes podem ser tomadas como ponto de partida. Seguidamente, será necessário avaliar se essas quotas de mercado indicam a existência de uma posição dominante e se existem factores atenuantes, tais como um poder de compensação dos fornecedores nos mercados de compra ou possibilidades de entrada nos mercados de venda. Se em consequência de um acordo de compra uma empresa for dominante ou se tornar dominante tanto no mercado de compra como no mercado de venda, o acordo que produz efeitos anticoncorrenciais na acepção do artigo 81.º não pode em princípio ser objecto de isenção.

4.5. *Exemplos*

135. Exemplo 2

Hipótese: dois fabricantes, A e B, decidem comprar em comum o componente X. São concorrentes no seu mercado de vendas. As suas compras em conjunto representam 35% das vendas totais de X no EEE, que se pressupõe ser o mercado geográfico relevante. Existem seis outros fabricantes (concorrentes de A e B no seu mercado de vendas), que representam os 65% restantes do mercado de compra; um deles possui 25% desse mercado e os outros uma parte muito menos importante. A oferta é relativamente concentrada, com seis fornecedores do componente X, dos quais dois possuem 30% do mercado cada um e os outros entre 10% e 15% (IHH 2300-2500). No seu mercado de venda, A e B possuem uma quota de mercado cumulada de 35%.

Análise: devido ao poder que as partes possuem no seu mercado de venda, as vantagens das economias susceptíveis de serem realizadas em matéria de custos podem não ser repercutidas nos consumidores finais. Para além disso, as compras em comum das partes são susceptíveis de dar origem a um aumento dos custos dos seus concorrentes de menor dimensão, uma vez que os dois fornecedores mais importantes recuperarão provavelmente as reduções de preços concedidas ao grupo, aumentando os preços dos clientes menos importantes. Tal pode dar origem a um reforço da concentração no mercado a jusante. Para além disso, a cooperação pode causar uma concentração mais acentuada a nível dos fornecedores, na medida em que os mais fracos, que trabalham talvez já a um nível próximo do nível optimizado mínimo, ou mesmo inferior, arriscam-se a ser eliminados do mercado se não conseguirem reduzir ainda mais os seus preços. Um tal caso dará provavelmente origem a uma restrição significativa da concorrência, que poderia não ser compensada pelos ganhos de eficiência susceptíveis de serem realizados através das quantidades compradas em comum.

136. Exemplo 3

Hipótese: 150 pequenos retalhistas concluem um acordo para constituir um agrupamento de compras. São obrigados a comprar um volume mínimo através do agrupamento, o que equivale a cerca de 50% dos seus custos totais respectivos. Podem comprar mais do que o volume mínimo através do agrupamento, e podem igualmente abastecer-se fora deste. Possuem uma quota de mercado cumulada de 20% simultaneamente no mercado da compra e no mercado das vendas. A e B são os seus maiores concorrentes. A possui 25% em cada um dos mercados relevantes e B 35%. Os outros concorrentes mais pequenos constituíram igualmente um agrupamento de compras. Os 150 retalhistas realizam economias efectuando em comum a compra de quantidades importantes, bem como as operações associadas às compras.

Análise: os retalhistas podem partilhar uma grande parte dos seus custos se comprarem em conjunto mais do que o volume mínimo acordado. Todavia, possuem apenas, considerados no seu conjunto, quotas pouco elevadas tanto no mercado de compra como no mercado de venda. Para além disso, a cooperação, que dá origem a certas economias de escala, é susceptível de beneficiar de uma isenção.

137. Exemplo 4

Hipótese: duas cadeias de supermercados concluem um acordo para comprar em comum produtos que representam cerca de 50% dos seus custos totais. Nos mercados relevantes de compras das diferentes categorias de produtos, as partes atingem quotas que se situam entre 25% e 40%, enquanto no mercado relevante de vendas (pressupondo-se que existe um único mercado geográfico relevante), as suas quotas atingem 40%. Existem cinco outros grandes retalhistas, que possuem quotas de mercado entre 10% e 15% cada um. São pouco prováveis entradas no mercado.

Análise: este acordo de compra em comum é susceptível de influenciar o comportamento concorrencial das partes, na medida em que a coordenação das suas compras lhes conferirá um poder de mercado importante. É o que acontece muito especialmente quando as possibilidades de entrada são reduzidas. Para além disso, se os custos são semelhantes, as partes terão um maior incentivo para coordenar o seu comportamento. Se estas realizarem margens semelhantes, serão ainda mais encorajadas a praticar os mesmos preços. Mesmo que a cooperação dê origem a ganhos de eficiência, terá poucas probabilidades de ser objecto de uma isenção, devido ao forte poder de mercado das partes.

138. Exemplo 5

Hipótese: 5 pequenas cooperativas concluem um acordo tendo em vista constituir um agrupamento de compras. São obrigadas a comprar um volume mínimo através do agrupamento. Podem, no entanto, comprar mais do que esse volume mínimo e são igualmente autorizadas a abastecer-se fora do agrupamento. Cada uma das partes possui uma quota de mercado total de 5% tanto no mercado das compras como no mercado das vendas, o que lhes confere uma quota cumulada de 25%. Existem dois outros retalhistas importantes, que possuem cada um uma quota de mercado entre 20% e 25%, bem como vários pequenos retalhistas cujas quotas são inferiores a 5%.

Análise: a criação do agrupamento de compras é susceptível de conferir às partes, tanto no mercado das compras como no mercado das vendas, um poder que lhes permitirá entrar em concorrência com os dois retalhistas mais importantes. Para além disso, a presença destes dois outros operadores, com poderes de mercado semelhantes, pode conduzir à repercussão sobre os consumidores dos ganhos de eficiência resultantes do acordo. Nesse caso, o acordo teria todas as hipóteses de beneficiar de uma isenção.

5. Acordos de comercialização

5.1. *Definição*

139. Os acordos abrangidos pelo presente capítulo dizem respeito a uma cooperação entre concorrentes relativamente à venda, distribuição ou promoção dos seus produtos. Estes acordos podem ter um âmbito muito diferente, em função dos elementos da comercialização sobre os quais incide a cooperação. Num dos extremos encontramos a venda em comum, o que implica uma definição conjunta de todos os aspectos comerciais associados à venda do produto, incluindo o preço. No outro extremo podemos encontrar acordos mais limitados que incidem apenas num determinado aspecto da comercialização, tal como a distribuição, o serviço pós--venda ou a publicidade.

140. O mais importante destes acordos mais limitados parece ser o acordo de distribuição. Este tipo de acordo é igualmente abrangido pelo Regulamento de isenção por categoria e pelas Orientações relativas às restrições verticais, a menos que as partes sejam concorrentes efectivos ou potenciais. Nesse caso, o Regulamento de isenção por categoria só abrange os acordos verticais não recíprocos concluídos entre empresas concorrentes se *a)* o comprador, bem como as empresas que lhe estão associadas, tiver um volume de negócios anual que não ultrapasse 100 milhões de euros, ou se *b)* o fornecedor for fabricante e distribuidor de produtos e o comprador um distribuidor que não seja também um fabricante de produtos que estejam em concorrência com os produtos contratuais ou *c)* o fornecedor for um prestador de serviços em vários níveis do comércio e o comprador não forneça serviços concorrentes no mesmo nível de comércio em que adquire os serviços contratuais[1]. Se os concorrentes acordarem em assegurar reciprocamente a distribuição dos seus produtos, é possível, em certos casos, que os acordos tenham por objecto ou por efeito o encerramento de mercados em benefício das partes ou que dêem origem a uma colusão. Tal é igualmente válido para os acordos não recíprocos entre concorrentes que ultrapassam uma determinada dimensão. Por conseguinte, tais acordos devem em primeiro lugar ser apreciados segundo os princípios referidos seguidamente. Se esta apreciação permitir concluir que uma cooperação entre concorrentes na área da distribuição seria em princípio aceitável, será necessária uma outra

---

[1] N.º 4 do artigo 2.º do Regulamento de isenção por categoria relativo às restrições verticais.

apreciação a fim de examinar as restrições verticais incluídas nesses acordos. Esta apreciação deverá basear-se nos princípios definidos nas Orientações relativas às restrições verticais.

141. Seria igualmente conveniente estabelecer uma distinção entre os acordos em que as partes concordam unicamente numa comercialização em comum e os acordos em que a comercialização se encontra associada a uma outra forma de cooperação. Tal pode, por exemplo, acontecer relativamente à produção conjunta ou às compras em comum. Estes acordos serão apreciados da mesma forma que os relativos a estes tipos de cooperação.

5.2. Mercados relevantes

142. Para apreciar as relações de concorrência entre as partes na cooperação, há que em primeiro lugar definir o(s) mercado(s) do produto e geográfico relevante(s) directamente abrangido(s) pela cooperação (ou seja, o(s) mercado(s) a que pertencem os produtos objecto do acordo). Seguidamente, é necessário saber se um acordo de comercialização concluído num determinado mercado pode igualmente afectar o comportamento concorrencial das partes num mercado vizinho estreitamente associado ao mercado a que diz respeito a cooperação.

5.3. Apreciação nos termos do n.º 1 do artigo 81.º

5.3.1. *Natureza do acordo*

5.3.1.1. Acordos não abrangidos pelo n.º 1 do artigo 81.º

143. Os acordos de comercialização abrangidos pela presente secção só são abrangidos pelas regras de concorrência se as partes em causa forem concorrentes. Se as partes não estiverem manifestamente em concorrência relativamente aos produtos ou serviços abrangidos pelo acordo, este não poderá criar problemas de natureza horizontal. Contudo, o acordo pode ser abrangido pelo n.º 1 do artigo 81.º se incluir restrições verticais, tais como restrições relativas a vendas passivas, manutenção de preços de revenda, etc. O mesmo acontece quando uma cooperação no domínio da comercialização é objectivamente necessária para permitir a uma parte penetrar num mercado em que não teria podido entrar individualmente, por exemplo devido aos custos que tal implica. Acontece nomeadamente quando várias empresas constituem um agrupamento de empresas a fim de poderem elaborar uma proposta credível para projectos relativamente aos quais não estariam em condições de apresentar propostas a título individual. Como não são concorrentes potenciais em relação a esta proposta precisa, não se verificará qualquer restrição da concorrência.

5.3.1.2. Acordos quase sempre abrangidos pelo n.º 1 do artigo 81.º

144. O principal problema que o acordo de comercialização entre concorrentes coloca é a fixação dos preços. Os acordos limitados à venda em comum têm geralmente por objecto e por efeito a coordenação das políticas de fixação de preços de fabricantes concorrentes. Nesse caso, não eliminam apenas qualquer concorrência a nível dos preços entre as partes, mas limitam igualmente o volume dos produtos que serão fornecidos pelas partes no âmbito do sistema de repartição de encomendas. Por conseguinte, restringem a concorrência entre as partes no domínio da oferta e limitam a escolha dos adquirentes. Por este facto, são abrangidos pelo n.º 1 do artigo 81.º.

145. Esta apreciação continua a ser a mesma se o acordo não for exclusivo. O n.º 1 do artigo 81.º é com efeito aplicável mesmo quando as partes têm a liberdade de vender os seus produtos fora do acordo, se se puder pressupor que este dará origem a uma coordenação global dos preços facturados pelas partes.

5.3.1.3. Acordos susceptíveis de ser abrangidos pelo n.º 1 do artigo 81.º

146. Os acordos de comercialização que não abrangem as vendas em comum suscitam duas grandes preocupações. A primeira é que a comercialização em comum proporciona uma boa oportunidade para a troca de informações comerciais sensíveis, nomeadamente sobre as estratégias de comercialização e os preços. A segunda é que, consoante a estrutura dos custos de comercialização, um elemento importante dos custos finais das partes pode ser comum. Tal pode levar à redução das possibilidades de concorrência a nível dos preços na fase final da venda. Os acordos de comercialização em comum podem por conseguinte ser abrangidos pelo n.º 1 do artigo 81.º se permitirem a troca de informações comerciais sensíveis ou se influenciarem uma parte importante dos custos finais das partes.

147. Um dos riscos que apresentam os acordos de distribuição entre concorrentes que operam em mercados geográficos diferentes é que podem dar origem ou constituir um instrumento de encerramento dos mercados. No caso de acordos recíprocos de distribuição dos produtos das diferentes partes, estas repartem entre si os mercados ou os clientes, eliminando desta forma a concorrência entre elas. Aquando da apreciação deste tipo de acordo, é necessário antes de mais saber se o acordo em causa era objectivamente necessário para que as partes pudessem penetrar nos seus mercados respectivos. Em caso afirmativo, o acordo não cria problemas de concorrência de natureza horizontal. Todavia, o acordo de distribuição pode ser abrangido pelo n.º 1 do artigo 81.º se incluir restrições verticais, tais como restrições relativas a vendas passivas, manutenção do preço de revenda, etc. Se o acordo não for objectivamente necessário para as partes entrarem no mercado da outra, é abrangido pelo n.º 1 do artigo 81.º. Se o acordo não é recíproco, o risco de encerramento do mercado é menor. Todavia, se as partes utilizam um acordo não recíproco para se comprometerem a não penetrar nos seus mercados respectivos ou se este constitui um

meio para controlar o acesso ou a concorrência no mercado "de importação", este deverá ser objecto de uma análise.

5.3.2. *Poder de mercado e estrutura dos mercados*

148. Tal como já referido supra, os acordos que implicam a fixação dos preços são sempre abrangidos pelo n.º 1 do artigo 81.º, independentemente do poder de mercado das partes. Contudo, podem ser isentos por força do n.º 3 do artigo 81.º se as condições mencionadas infra forem satisfeitas.

149. Os acordos de comercialização entre concorrentes que não implicam fixação de preços só estão sujeitos ao disposto no n.º 1 do artigo 81.º se as partes no acordo possuírem um certo poder de mercado. Na maior parte dos casos, é improvável que o poder de mercado exista se as partes no acordo tiverem uma quota de mercado cumulada inferior a 15%. De qualquer modo, a esse nível de quota de mercado, é provável que as condições previstas no n.º 3 do artigo 81.º mencionadas infra sejam satisfeitas pelo acordo em questão.

150. Se a sua quota de mercado cumulada for superior a 15%, deve ser apreciado o impacto provável do acordo de comercialização em comum no mercado. No que diz respeito a este aspecto, a concentração do mercado, bem como as quotas de mercado detidas constituem factores significativos. Quanto mais o mercado é concentrado mais úteis são as informações sobre os preços e as estratégias de comercialização para reduzir a margem de incerteza e mais as partes são incentivadas a trocar informações deste tipo[1].

5.4. *Apreciação nos termos do n.º 3 do artigo 81.º*

5.4.1. *Vantagens económicas*

151. Os ganhos de eficiência que devem ser tomados em consideração para apreciar se o acordo de comercialização em comum pode ser objecto de isenção dependerão da natureza da actividade em causa. A fixação dos preços não se justifica geralmente, salvo se for indispensável para a integração de outras funções de comercialização e se esta integração der origem a ganhos de eficiência substanciais. O volume dos ganhos de eficiência depende nomeadamente da importância da comercialização em comum para a estrutura geral dos custos do produto em causa. A distribuição em comum terá por conseguinte mais possibilidades de gerar ganhos

---

[1] As trocas de informações sensíveis e pormenorizadas num mercado oligopolista podem ser abrangidas pelo n.º 1 do artigo 81.º. Os acórdãos proferidos em 28 de Maio de 1998 nos processos "Tractor" (C-8/958 P: *New Holland Ford* e C-7/95 P: *John Deere*) e em 11 de Março de 1999 nos processos *"Vigas de aço"* (T-134/94, T-136/94, T-137/94, T-138/94, T-141/94, T-145/94, T-147/94, T-148/94, T-151/94, T-156/94 e T-157/94) dão esclarecimentos úteis relativamente a este aspecto.

de eficiência importantes para os fabricantes de produtos de consumo generalizado do que em relação a fabricantes de produtos industriais que só são adquiridos por um número limitado de clientes.

152. Para além disso, os alegados ganhos de eficiência não devem ser economias resultantes unicamente da eliminação de custos inerentes à concorrência, mas devem resultar da integração de actividades económicas. Assim, uma redução dos custos do transporte resultante unicamente de uma repartição dos clientes, mas sem integração do sistema logístico, não pode ser considerada um ganho de eficiência que justifique a isenção de um acordo.

153. Os alegados ganhos de eficiência devem ser comprovados. No que diz respeito a este aspecto, a contribuição, pelas duas partes, de capitais, tecnologias ou outros activos importantes pode constituir um elemento de prova. As reduções de custo resultantes da diminuição da duplicação de recursos e instalações podem igualmente ser aceites. Por outro lado, se a comercialização em comum não é mais do que um simples acordo de vendas, sem que se tenha verificado qualquer investimento, arrisca-se a constituir um acordo dissimulado e não dará por conseguinte resposta às condições enunciadas no n.º 3 do artigo 81.º.

5.4.2. Carácter indispensável

154. Um acordo de comercialização não pode ser objecto de isenção se impuser restrições que não são indispensáveis à realização das vantagens supramencionadas. Tal como já foi anteriormente referido, a questão do carácter indispensável das restrições é particularmente importante para os acordos que implicam uma fixação dos preços ou uma repartição dos mercados.

5.4.3. Não eliminação da concorrência

155. Não será possível qualquer isenção se se permitir às partes a possibilidade de eliminarem a concorrência numa parte substancial dos produtos em causa. Para a apreciação deste elemento, pode tomar-se como ponto de partida as quotas de mercado cumuladas das partes. Seguidamente, é necessário avaliar se essas quotas de mercado indicam a existência de uma posição dominante e se existem factores atenuantes, tais como possibilidades de penetração no mercado. Se, como consequência de um acordo de comercialização, uma empresa for dominante ou se tornar dominante, o acordo que produz efeitos anticoncorrenciais na acepção do artigo 81.º pode, em princípio, não ser objecto de isenção.

5.5. Exemplos

156. Exemplo 1
Hipótese: 5 pequenos fabricantes de produtos alimentares, detendo cada um 2% do conjunto deste mercado, acordam em reunir as suas instalações de distri-

buição, comercializar os seus produtos sob uma marca comum e vender os seus produtos a um preço comum. Esta decisão, implica pesados investimentos em armazéns, meios de transporte, campanhas publicitárias, acções de marketing e agentes de vendas. Tal permite-lhes reduzir significativamente os seus custos, que representam geralmente 50% do preço a que vendem os seus produtos, e propor um sistema de distribuição mais eficaz e mais rápido. Os clientes destes produtores são grandes cadeias de venda a retalho.

O mercado é dominado por três grandes grupos alimentares multinacionais, que detêm cada um uma quota de 20%. O resto do mercado é composto por pequenos produtores independentes. As gamas de produtos das partes no acordo sobrepõem-se em certos sectores importantes, mas a sua quota de mercado cumulada não é superior a 15% em qualquer dos mercados do produto em causa.

Análise: este acordo implica uma fixação dos preços e é por conseguinte abrangido pelo n.º 1 do artigo 81.º, ainda que não se possa considerar que as partes no acordo dispõem de poder de mercado. Todavia, a integração das actividades de marketing e de distribuição parece permitir ganhos de eficiência importantes, que beneficiarão os clientes tanto em termos de melhoria do serviço como de redução dos custos. A questão que se coloca é por conseguinte a de saber se este acordo pode ser objecto de isenção por força do n.º 3 do artigo 81.º. A fim de responder a esta questão, é conveniente estabelecer se a fixação dos preços é indispensável para permitir a integração das outras funções de comercialização e a prossecução dos benefícios económicos. Neste caso preciso, a fixação dos preços pode ser considerada indispensável, na medida em que os clientes – ou seja, grandes cadeias de venda a retalho – não pretendem ver-se confrontados com uma grande variedade de preços. É igualmente indispensável na medida em que o objectivo pretendido, ou seja, uma marca comum, só pode realmente ser atingido de forma credível se todos os aspectos da comercialização, incluindo os preços, forem normalizados. Uma vez que as partes não possuem poder de mercado e o acordo dá origem a ganhos de eficiência importantes, este é compatível com o artigo 81.º.

157. Exemplo 2

Hipótese: 2 produtores de rolamentos, cada um com uma quota de mercado de 5%, criam uma empresa comum de vendas a fim de comercializar os seus produtos, fixar os preços e efectuar as encomendas às empresas-mãe. Conservam o direito de vender fora desta estrutura. Os clientes continuam a ser directamente abastecidos pelas unidades de produção das empresas-mãe. Os produtores alegam que tal lhes permite ganhos de eficiência, na medida em que os vendedores comuns podem apresentar os produtos das partes ao mesmo tempo e aos mesmos clientes, eliminando desta forma uma dupla utilização dispendiosa em matéria de vendedores. Para além disso, a empresa comum deverá, na medida do possível, atribuir as encomendas às unidades de produção mais próximas, o que permitirá reduzir os custos de transporte.

Análise: este acordo implica uma fixação dos preços e é por conseguinte abrangido pelo n.º 1 do artigo 81.º, ainda que não se possa considerar que as partes no acordo possuem poder de mercado. Todavia, não pode beneficiar de uma isenção ao abrigo do n.º 3 do artigo 81.º, na medida em que os alegados ganhos de eficiência se limitam a reduções de custos subsequentes à eliminação da concorrência entre as partes.

158. Exemplo 3

Hipótese: 2 produtores de bebidas não alcoólicas operam em dois Estados Membros vizinhos. Ambos possuem uma quota de 20% no seu mercado nacional. Acordam em distribuir cada um os produtos do outro nos seus mercados geográficos respectivos.

Os dois mercados são dominados por um grande produtor multinacional de bebidas não alcoólicas, que possui uma quota de 50% em cada um dos mercados. Análise: o acordo é abrangido pelo n.º 1 do artigo 81.º, se se presumir que as partes são concorrentes potenciais. Para o determinar, é necessário analisar os obstáculos à entrada nos mercados geográficos respectivos. Se as partes puderem penetrar cada uma de forma independente no mercado da outra, então o acordo que concluíram eliminará a concorrência entre si. Todavia, ainda que as quotas de mercado detidas pelas partes indiquem que poderão possuir um certo poder de mercado, uma análise da estrutura de mercado demonstra que tal não acontece. Para além disso, o acordo de distribuição recíproca beneficia os consumidores, na medida em que aumenta a escolha de produtos disponíveis em cada um dos mercados geográficos. Por conseguinte, o acordo poderá ser objecto de uma isenção, mesmo que se considere que restringe a concorrência.

6. Acordos de normalização

6.1. *Definição*

159. Os acordos de normalização têm por objectivo principal a definição de requisitos técnicos ou requisitos de qualidade a que podem responder produtos, processos ou métodos de produção actuais ou futuros[1]. Estes acordos podem ter diferentes objectivos, tais como a normalização de diferentes qualidades ou dimensões de um determinado produto ou especificações técnicas de mercados em que a compatibilidade e a interoperabilidade com outros produtos ou sistemas são essenciais. As condições de acesso a uma marca de qualidade especifica ou as condições de

---

[1] A normalização pode revestir diversas formas, desde a adopção, pelos organismos de normalização europeus ou nacionais reconhecidos, de normas que assentam num consenso nacional, passando por consórcios e outras instâncias, até aos acordos entre empresas. Mesmo que o direito comunitário dê uma definição estreita das normas, as presentes orientações consideram como acordos de normalização todos os acordos semelhantes aos definidos no presente ponto.

autorização por parte de um organismo regulador podem igualmente ser consideradas normas.

160. As normas relativas à prestação de serviços profissionais, tais como as normas de admissão numa profissão liberal, não são abrangidas pelas presentes orientações.

6.2. Mercados relevantes

161. Os acordos de normalização podem ter repercussões em três mercados, que serão definidos em conformidade com a Comunicação da Comissão relativa à definição de mercado. Trata-se em primeiro lugar do(s) mercado(s) do produto a que a norma ou normas são aplicáveis. Normas relativas a produtos inteiramente novos podem colocar, no que diz respeito à definição dos mercados, problemas semelhantes aos que suscitam os acordos de I & D (ver ponto 2.2). Seguidamente, existe o mercado de serviços de fixação de normas, caso existam organismos ou acordos de normalização diferentes e finalmente, se for caso disso, o mercado distinto dos ensaios e da certificação.

6.3. Apreciação nos termos do n.º 1 do artigo 81.º

162. Os acordos de normalização[1] podem ser concluídos entre empresas privadas ou sob a égide de organismos públicos ou de organismos a quem foi confiada a gestão de serviços de interesse económico geral, tal como acontece com os organismos de normalização reconhecidos ao abrigo da Directiva 98/34/CE[2]. A participação deste tipo de organismos está sujeita às obrigações dos Estados-Membros relativas à manutenção de uma concorrência não falseada na Comunidade.

6.3.1. Natureza do acordo

6.3.1.1. Acordos não abrangidos pelo n.º 1 do artigo 81.º

163. Quando a participação na fixação de normas é transparente e não acompanhada de restrições, os acordos de normalização que respondem à definição supra e que não impõem qualquer obrigação de respeito da norma em causa ou que fazem parte integrante de um acordo mais amplo destinado a garantir a compatibilidade

---

[1] Nos termos do n.º 2, ponto 3), do artigo 4.º do Regulamento n.º 17/62 do Conselho, os acordos que tenham apenas por objecto a elaboração ou a aplicação uniforme de normas e de tipos podem ser notificados à Comissão, sem que tal constitua uma obrigação.

[2] Directiva 98/34/CE do Parlamento Europeu e do Conselho, de 22 de Junho de 1998, relativa a um procedimento de informação no domínio das normas e regulamentações técnicas (JO, L 204, de 21.7.1998, p. 37).

dos produtos, não restringem a concorrência. Esta situação aplica-se em geral às normas adoptadas por organismos de normalização reconhecidos, que se baseiam em procedimentos não discriminatórios, abertos e transparentes.

164. As normas que abrangem apenas uma parte negligenciável do mercado relevante não restringem significativamente a concorrência, desde que a situação não evolua. Tal acontece igualmente em relação aos acordos que reúnem PME tendo em vista normalizar formulários de candidatura ou condições de participação colectiva em concursos ou os que normalizam aspectos tais como características pouco importantes dos produtos, formulários e relatórios, que têm efeitos mínimos sobre os principais factores que afectam a concorrência nos mercados relevantes.

6.3.1.2. Acordos quase sempre abrangidos pelo n.º 1 do artigo 81.º

165. Os acordos que recorrem a uma norma como meio utilizado no âmbito de um acordo restritivo mais amplo, cujo objectivo consiste em afastar concorrentes efectivos ou potenciais, serão quase sempre abrangidos pelo n.º 1 do artigo 81.º. Um acordo graças ao qual uma associação nacional de fabricantes fixaria uma norma e exerceria pressões sobre terceiros para que não comercializassem produtos que não respondessem a esta norma seria, por exemplo, abrangido por esta categoria.

6.3.1.3. Acordos susceptíveis de ser abrangidos pelo n.º 1 do artigo 81.º

166. Os acordos de normalização podem ser abrangidos pelo n.º 1 do artigo 81.º, se concederem às partes um controlo conjunto sobre a produção e/ou sobre a inovação, limitando desta forma as suas possibilidades de entrarem em concorrência a partir das características dos produtos, afectando simultaneamente terceiros, tais como os fornecedores ou os compradores dos produtos normalizados. A apreciação de cada acordo deverá ter em conta a natureza da norma e dos seus efeitos prováveis sobre os mercados relevantes, por um lado, e eventuais restrições que vão para além do principal objectivo da normalização, tal como definido supra, por outro.

167. O facto de os acordos de normalização restringirem ou não a concorrência depende da medida em que as partes continuam a ter liberdade para desenvolverem simultaneamente outras normas ou outros produtos que não respeitem à norma objecto do acordo. Os acordos de normalização podem restringir a concorrência quando impedem as partes de desenvolver normas alternativas ou de comercializar produtos que não respeitam a norma em causa. Os acordos que conferem a certos organismos o direito exclusivo de proceder a ensaios de conformidade com a norma ultrapassam o objectivo principal na origem da definição da norma e podem igualmente restringir a concorrência. Os acordos que impõem restrições à marca de conformidade com as normas, salvo quando estas restrições estão previstas nas disposições regulamentares, podem igualmente restringir a concorrência.

6.3.2. *Poder de mercado e estrutura dos mercados*

168. O facto de as partes deterem quotas elevadas no ou nos mercados em causa não constitui necessariamente um problema no caso dos acordos de normalização. A sua eficiência é frequentemente proporcional à parte do sector que determina e/ou aplica a norma. Todavia, normas que não são acessíveis a terceiros podem provocar discriminações ou afastamentos face a esses terceiros ou a certos segmentos do mercado, em função do seu âmbito de aplicação geográfica. É por conseguinte a medida em que estes obstáculos à entrada são susceptíveis ou não de ser ultrapassados que constituirá o critério determinante para apreciar se um acordo restringe a concorrência. Esta apreciação deverá necessariamente efectuar-se caso a caso.

6.4. *Apreciação nos termos do n.º 3 do artigo 81.º*

6.4.1. *Vantagens económicas*

169. A Comissão mostra-se geralmente favorável aos acordos que promovem a interpenetração económica no mercado comum ou que incentivam o desenvolvimento de novos mercados e a melhoria das condições da oferta. Para que estas vantagens económicas sejam efectivas, as informações necessárias à aplicação da norma devem ser acessíveis a todos os que pretendem penetrar no mercado e uma parte importante do sector em causa deve estar implicada na fixação da norma, de uma forma transparente. Incumbirá às partes demonstrar que qualquer restrição relativa à fixação, utilização ou acesso à norma confere vantagens económicas.

170. A fim de aproveitar as vantagens técnicas ou económicas, as normas não devem limitar a inovação. Tal depende essencialmente da duração de vida dos produtos em causa na norma, em relação com o estádio de desenvolvimento do mercado (em rápido crescimento, em crescimento, em estagnação, etc.). Os efeitos sobre a inovação devem ser analisados caso a caso. Se uma nova norma for susceptível de conduzir a uma obsolescência rápida dos produtos existentes, sem introduzir vantagens suplementares objectivas, as partes podem também ter que comprovar que a normalização colectiva contribuirá com ganhos de eficiência benéficos para o consumidor.

6.4.2. *Carácter indispensável*

171. Pela sua própria natureza, as normas não incluem todas as especificações nem tecnologias possíveis. Em certos casos, é necessário dispor apenas de uma única solução tecnológica, no interesse dos consumidores ou da economia no seu conjunto. Uma tal norma deve no entanto ser definida numa base não discriminatória. O ideal seria que as normas fossem neutras a nível tecnológico. De qualquer forma, é necessário justificar a escolha de uma forma de preferência em relação a outra.

172. Todos os concorrentes que operam no ou nos mercados afectados pela norma deveriam ter a possibilidade de participar nas discussões. Por esta razão, a participação na definição de uma norma deve estar aberta a todos, a menos que as partes possam provar que tal participação teria repercussões negativas importantes ou que procedimentos reconhecidos estejam previstos para a representação de interesses colectivos, como no âmbito dos organismos de normalização oficiais.

173. De uma forma geral, seria necessário estabelecer uma distinção clara entre a definição de uma norma e, se for caso disso, as actividades de I & D que lhes estão associadas, e a exploração comercial dessa norma. Os acordos de normalização só deveriam abranger os elementos estritamente necessários à realização dos seus objectivos, quer seja a compatibilidade técnica quer um certo nível de qualidade. Seria por exemplo necessário provar muito claramente a razão pela qual é indispensável, a fim de que as vantagens económicas sejam evidentes, que um acordo que visa impor uma norma num sector em que apenas um outro concorrente propõe uma solução equivalente, obriga as partes no acordo a boicotarem a alternativa.

6.4.3. Não eliminação da concorrência

174. Existirá manifestamente um momento a partir do qual uma norma privada elaborada por um grupo de empresas que têm conjuntamente uma posição dominante terá todas as hipóteses de se tornar uma norma industrial de facto. A principal preocupação será então garantir que esta norma seja tão aberta quanto possível e aplicada de uma forma não discriminatória. A fim de evitar qualquer eliminação da concorrência no ou nos mercados relevantes, a norma deve ser acessível a terceiros, em condições equitativas, razoáveis e não discriminatórias.

175. Se organismos ou grupos de empresas privados definem uma norma ou se a sua tecnologia privativa se torna numa norma de facto, a concorrência será eliminada se esta norma não for acessível a terceiros.

6.5. Exemplos

176. Exemplo 1
Hipótese: a norma EN 60603-7:1993 define os requisitos em matéria de ligação dos televisores aos componentes vídeo, tais como os gravadores ou os equipamentos de jogos vídeo. Ainda que esta norma não seja juridicamente vinculativa, na prática, os fabricantes de televisores e os fabricantes de jogos vídeo cumprem-na, uma vez que o mercado o exige.

Análise: não existe qualquer infracção ao n.º 1 do artigo 81.º. A norma foi adoptada por organismos de normalização – nacionais, europeus e internacionais – reconhecidos, no âmbito de procedimentos abertos e transparentes e assenta num consenso nacional que reflecte a posição dos fabricantes e consumidores. Todos os fabricantes são autorizados a utilizar esta norma.

177. Exemplo 2
Hipótese: vários fabricantes de cassetes vídeo acordam em desenvolver uma marca de qualidade ou uma norma que prove que as suas cassetes vídeo cumprem determinadas especificações técnicas mínimas. Os fabricantes têm a liberdade de produzir cassetes que não cumpram esta norma e esta está livremente acessível a outros fabricantes.

Análise: sob reserva de que o acordo não restrinja a concorrência relativamente a outros aspectos, não existe qualquer infracção ao n.º 1 do artigo 81.º, na medida em que a participação na definição da norma é transparente e ilimitada e em que o acordo de normalização não inclui a obrigação de respeito da norma. Se as partes acordarem apenas em produzir cassetes vídeo conformes a esta nova norma, o acordo limitará o desenvolvimento tecnológico e impedirá as partes de venderem produtos diferentes, o que seria contrário ao disposto no n.º 1 do artigo 81.º.

178. Exemplo 3
Hipótese: um grupo de concorrentes que operam em diferentes mercados que têm ligações de interdependência com produtos que devem ser compatíveis e com mais de 80% dos mercados relevantes acordam em desenvolver em conjunto uma nova norma que será introduzida em concorrência com outras normas já em vigor e amplamente aplicadas pelos seus concorrentes. Os diferentes produtos conformes à nova norma não serão compatíveis com as normas existentes. Devido aos pesados investimentos necessários para alterar a produção e torná-la conforme à nova norma, as partes acordam em reservar um certo volume de vendas para os produtos que respeitam a nova norma, de forma a introduzir uma "massa crítica" no mercado. Acordam igualmente em limitar a sua produção individual de produtos não conformes à norma ao nível atingido no ano anterior.

Análise: tendo em conta o poder de mercado das partes e as limitações de produção previstas, este acordo é abrangido pelo n.º 1 do artigo 81.º, mas não satisfaz as condições definidas no n.º 3, a menos que os outros fornecedores que pretendem entrar em concorrência com as partes possam aceder às informações técnicas necessárias numa base não discriminatória e em condições razoáveis.

7. Acordos em matéria de ambiente

7.1. Definição

179. Os acordos em matéria de ambiente[1] são acordos nos termos dos quais as partes se comprometem a atingir uma redução da poluição, em conformidade

---

[1] O termo "acordo" é utilizado na acepção definida pelo Tribunal de Justiça e pelo Tribunal de Primeira Instância na sua jurisprudência relativa ao artigo 81.º. Não corresponde necessariamente à definição de "acordo" dada pela Comissão em documentos sobre questões do ambiente, tal como a Comunicação relativa a acordos em matéria de ambiente, COM(96) 561 final de 27 de Novembro de 1996.

com a legislação sobre o ambiente ou com os objectivos ambientais, nomeadamente os que constam do artigo 174.º do Tratado. Por esta razão, o objectivo ou as medidas objecto do acordo devem estar directamente ligados à redução de um poluente ou de um tipo de resíduos identificados como tal na regulamentação em causa[1]. Tal exclui os acordos que provocam uma redução da poluição enquanto efeito secundário de outras medidas.

180. Os acordos em matéria de ambiente podem definir normas sobre os resultados ecológicos de certos produtos (matérias-primas ou produtos acabados) ou processos de produção[2]. Assim, podem existir acordos concluídos a um mesmo nível sectorial, através dos quais as partes acordam em atingir todas um objectivo ambiental, tal como a reciclagem de certos materiais, a redução de emissões ou a melhoria da eficiência energética.

181. Certos Estados-Membros criaram regimes que incidem sobre sectores inteiros, a fim de se conformarem com as obrigações em matéria de recuperação ou de reciclagem. Estes regimes incluem geralmente um conjunto de acordos complexos, dos quais alguns são horizontais e outros verticais. Quando tais acordos incluem restrições verticais, não estão sujeitos às presentes orientações.

7.2. Mercados relevantes

182. Os efeitos devem ser apreciados relativamente aos mercados a que o acordo se refere, que serão definidos em conformidade com a Comunicação relativa à definição de mercado relevante. Quando o poluente não é em si mesmo um produto, o mercado relevante inclui o do produto em que o poluente é incorporado. No que diz respeito aos acordos que incidem sobre a recolha/reciclagem, é necessário apreciar, para além dos seus efeitos no mercado no qual as partes operam enquanto produtores ou distribuidores, igualmente os efeitos no mercado dos serviços de recolha que abrangem potencialmente o produto em questão.

7.3. Apreciação nos termos do n.º 1 do artigo 81.º

183. Alguns acordos em matéria de ambiente podem ser fomentados ou impostos pelas entidades públicas no exercício das suas prerrogativas. As presentes orientações não tratam da questão da conformidade de tais intervenções dos Estados-Membros com as obrigações que lhes incumbem por força do Tratado.

---

[1] Um acordo nacional que incide sobre a eliminação progressiva de um poluente ou de um resíduo identificado como tal nas directivas comunitárias em causa pode, por exemplo, não ser equiparado a um boicote colectivo de um produto que circula livremente na Comunidade.

[2] Quando os acordos em matéria de ambiente podem ser equiparados a acordos de normalização, são então aplicáveis os princípios de apreciação enunciados para estes últimos.

Dizem apenas respeito à apreciação que deve ser feita para estabelecer a compatibilidade do acordo com o artigo 81.º.

7.3.1. Natureza do acordo

7.3.1.1. Acordos não abrangidos pelo n.º 1 do artigo 81.º

184. Alguns acordos em matéria de ambiente não são susceptíveis de ser abrangidos pela proibição do n.º 1 do artigo 81.º, independentemente da quota de mercado cumulada das partes.

185. Tal pode acontecer quando nenhuma obrigação individual precisa é imposta às partes ou quando estas só estão comprometidas de forma flexível à realização de um objectivo ambiental estabelecido para o conjunto de um sector. Neste último caso, a apreciação centrar-se-á na latitude conferida às partes quanto aos meios técnicos e economicamente disponíveis para atingir o objectivo ambiental fixado. Quanto mais diversos são estes meios menos serão importantes os efeitos restritivos potenciais.

186. Da mesma forma, os acordos que definem o desempenho ecológico de produtos ou processos que não afectam significativamente a diversidade dos produtos e da produção no mercado relevante ou que só influenciam reduzidamente as decisões de compra não são abrangidos pelo n.º 1 do artigo 81.º. Quando certas categorias de um determinado produto são eliminadas, imediata ou progressivamente, do mercado, considera-se que tal não dá origem a restrições importantes, desde que essas categorias representem apenas uma parte reduzida do mercado geográfico relevante ou, no caso de se tratar de mercados comunitários, dos mercados de todos os Estados-Membros.

187. Finalmente, os acordos que dão origem a uma verdadeira criação de mercado, como por exemplo os acordos de reciclagem, não restringem geralmente a concorrência, desde que e enquanto as partes não estiverem em condições de realizar as actividades em causa isoladamente, quando não exista qualquer outra alternativa possível ou qualquer outro concorrente.

7.3.1.2. Acordos quase sempre abrangidos pelo n.º 1 do artigo 81.º

188. Os acordos em matéria de ambiente são abrangidos pelo n.º 1 do artigo 81.º, pela sua natureza, se a cooperação não incidir realmente sobre objectivos ambientais, mas servir como instrumento para um acordo dissimulado, ou seja, para realizar práticas que seriam normalmente proibidas, tais como a fixação dos preços, a limitação da produção ou a repartição dos mercados ou ainda se a cooperação servir de instrumento no âmbito de um acordo restritivo mais amplo que visa excluir do mercado concorrentes existentes ou potenciais.

7.3.1.3. Acordos susceptíveis de ser abrangidos pelo n.º 1 do artigo 81.º

189. Os acordos em matéria de ambiente que abrangem uma grande parte de um sector, quer a nível nacional quer a nível comunitário, são susceptíveis de ser abrangidos pelo n.º 1 do artigo 81.º, quando restringem significativamente a capacidade das partes de definirem as características dos seus produtos ou a forma como os produzem, o que lhes permite influenciar a sua produção ou as suas vendas respectivas. Para além das restrições que impõe às partes, um acordo em matéria de ambiente pode igualmente reduzir ou afectar significativamente a produção de terceiros, quer sejam fornecedores quer compradores.

190. Por exemplo, os acordos em matéria de ambiente susceptíveis de eliminarem progressivamente ou afectarem significativamente uma percentagem importante das vendas das partes no que diz respeito aos seus produtos ou processos de produção, podem ser abrangidos pelo n.º 1 do artigo 81.º, quando as partes detêm uma quota de mercado importante. Tal é igualmente válido para os acordos nos termos dos quais as partes atribuem quotas individuais de poluição.

191. Da mesma forma, os acordos através dos quais as partes que detêm quotas de mercado significativas numa parte substancial do mercado comum designam uma empresa como prestadora exclusiva de serviços de recolha e/ou de reciclagem para os seus produtos podem igualmente restringir significativamente a concorrência, desde que existam outros prestadores potenciais, efectivos ou previsíveis, para esses mesmos serviços.

7.4. Apreciação nos termos do n.º 3 do artigo 81.º

7.4.1. *Vantagens económicas*

192. A Comissão é favorável ao recurso a acordos em matéria de ambiente como instrumento de realização dos objectivos definidos no artigo 2.º e no artigo 174.º do Tratado CE, bem como nos programas de acção comunitários em matéria de ambiente[1], desde que esses acordos sejam compatíveis com as regras da concorrência[2].

193. Os acordos em matéria de ambiente abrangidos pelo n.º 1 do artigo 81.º podem introduzir vantagens económicas que a nível do consumidor individual ou

---

[1] Quinto Programa de acção comunitário em matéria de ambiente (JO, C 138, de 17.5.1993, p. 1) e Decisão 2179/98/CE do Parlamento Europeu e do Conselho, de 24 de Setembro de 1998 (JO, L 275, de 10.10.1998, p. 1).

[2] Comunicação da Comissão relativa a acordos em matéria de ambiente, COM(96) 561 final de 27 de Novembro de 1996, pontos 27-29, e n.º 1, alínea *f*), do artigo 3.º da Decisão do Parlamento Europeu e do Conselho referida supra. A Comunicação inclui uma "lista recapitulativa dos acordos em matéria de ambiente" que retoma os elementos que devem geralmente constar de um acordo deste tipo.

dos consumidores no seu conjunto compensam os seus efeitos negativos sobre a concorrência. A fim de que estas condições sejam cumpridas, devem existir vantagens líquidas em termos de redução da pressão sobre o ambiente, devido à aplicação do acordo e em comparação com uma situação de base. Por outras palavras, as vantagens económicas previstas devem compensar os custos[1].

194. Estes custos incluem nomeadamente os efeitos de uma redução da concorrência, bem como os custos de conformidade para os operadores económicos e/ou os efeitos sobre terceiros. As vantagens podem ser apreciadas em duas etapas. Quando os consumidores individualmente obtêm resultados positivos do acordo, em prazos razoáveis, não é necessário que as vantagens ambientais globais sejam objectivamente estabelecidas. Se tal não acontecer, poderá revelar-se necessária uma análise custos/benefícios a fim de determinar se as vantagens líquidas para os consumidores em geral podem razoavelmente ser previstas.

7.4.2. *Carácter indispensável*

195. Quanto mais for possível comprovar a eficiência económica de um acordo em matéria de ambiente, mais claramente cada uma das suas disposições poderá ser considerada indispensável à realização das metas ambientais no seu contexto económico.

196. Uma avaliação objectiva de disposições que à primeira vista não sejam consideradas indispensáveis deverá ser apoiada por uma análise custo/eficácia que demonstre que os outros meios que permitem obter as vantagens ambientais previstas seriam mais dispendiosos, económica ou financeiramente, com base em hipóteses razoáveis. Seria, por exemplo, necessário demonstrar com toda a clareza que uma taxa uniforme, facturada sem ter em conta custos individuais de recolha dos resíduos, era indispensável para o funcionamento de um sistema de recolha aplicado ao conjunto de um sector.

7.4.3. *Não eliminação da concorrência*

197. Independentemente dos ganhos ambientais e económicos e igualmente da necessidade das disposições previstas, o acordo não deve eliminar a concorrência em termos de diferenciação dos produtos ou processos, da inovação tecnológica ou da entrada no mercado a curto ou, se for caso disso, a médio prazo. Por exemplo, no caso de direitos de recolha exclusivos concedidos a uma empresa de recolha/reciclagem que tenha concorrentes potenciais, o período durante o qual os direitos são concedidos deverá ter em conta o aparecimento eventual de um operador alternativo.

---

[1] Está conforme à obrigação de tomar em consideração as vantagens e os encargos que podem resultar da acção ou omissão da acção, definida no n.º 3 do artigo 174.º do Tratado CE e na alínea *d*) do artigo 7.º da Decisão do Parlamento Europeu e do Conselho referida supra.

7.5. Exemplos

198. Exemplo
Hipótese: a quase totalidade dos produtores e dos importadores comunitários de um determinado aparelho electrodoméstico (por exemplo, máquinas de lavar) acordam, com o apoio de um organismo público, em deixar de fabricar ou de importar na Comunidade produtos que não satisfaçam determinados critérios no domínio do ambiente (tais como a eficiência energética). Em conjunto, as partes detêm 90% do mercado comunitário. Os produtos que serão por conseguinte progressivamente eliminados do mercado representam uma parte não negligenciável das vendas totais. Serão substituídos por produtos mais ecológicos, mas mais caros. Para além disso, o acordo reduz indirectamente a produção de terceiros (por exemplo, as companhias de electricidade, os fornecedores de componentes integrados nos produtos a eliminar, etc.).

Análise: este acordo confere às partes o controlo da sua produção e das suas importações respectivas, diz respeito a uma parte significativa das suas vendas e da sua produção total, reduzindo simultaneamente a produção de terceiros. Restringe a escolha oferecida aos consumidores, que é orientada em parte pelas características do produto na perspectiva dos seus efeitos sobre o ambiente e dará provavelmente origem a um aumento dos preços. O acordo é por conseguinte abrangido pelo n.º 1 do artigo 81.º. O envolvimento do organismo público é indiferente para a apreciação deste acordo.

Contudo, os produtos mais recentes são tecnicamente mais avançados e, ao reduzir o efeito sobre o ambiente indirectamente visado nesta medida (emissões resultantes da produção de electricidade), não vão inevitavelmente criar nem agravar outros problemas para o ambiente (por exemplo, consumo da água, utilização de detergentes). O contributo líquido para uma melhor protecção do ambiente no seu conjunto compensa o aumento dos custos. Para além disso, os compradores dos produtos mais caros recuperarão rapidamente esse suplemento de custo na medida em que os produtos mais ecológicos fazem baixar os custos de funcionamento. Comprova-se que outras alternativas ao acordo não teriam as mesmas vantagens líquidas com uma rendibilidade equivalente. As partes podem ter acesso a meios técnicos variados e a um custo razoável para poder fabricar produtos que apresentem as características ecológicas acordadas e a concorrência continuará a exercer-se nas outras características deste produto. Estão por conseguinte reunidas as condições para poder beneficiar da isenção por força do n.º 3 do artigo 81.º.

ACORDOS DE SUBCONTRATAÇÃO

Comunicação da Comissão*

1. Pela presente comunicação, a Comissão das Comunidades Europeias dá a sua opinião sobre a situação jurídica dos contratos de fornecimento face ao disposto no n.º 1 do artigo 85.º do Tratado CEE. Este tipo de contratos constitui actualmente uma forma de divisão do trabalho que interessa às empresas de qualquer dimensão, mas oferece, em especial, possibilidades de desenvolvimento às pequenas e médias empresas.

A Comissão considera que os contratos por força dos quais uma empresa, o «comitente» na sequência ou não de uma encomenda de terceiro, encarrega, segundo as suas directivas, uma outra empresa, o «fornecedor», do fabrico de produtos, da prestação de serviços ou da execução de trabalhos que são destinados a serem fornecidos ao comitente ou executados por sua conta, não são abrangidos enquanto tais pela proibição constante do n.º 1 do artigo 85.º.

A execução de certos contratos de fornecimento em conformidade com as directivas do comitente pode necessitar da utilização de conhecimentos ou equipamentos específicos que o comitente deve pôr à disposição do fornecedor. Para manter o valor económico destes conhecimentos ou destes equipamentos, o comitente pode ser levado a limitar a respectiva utilização pelo fornecedor à execução do contrato. Põe-se ainda a questão de saber se tais limitações são abrangidas pelo n.º 1 do artigo 85.º. A apreciação destas limitações é feita em função do objecto específico de tais contratos, que os distingue dos contratos de licença de patente e de know-how.

2. A Comissão considera que a proibição constante do n.º 1 do artigo 85.º não abrange as cláusulas contratuais nos termos das quais:

– os conhecimentos ou os equipamentos que provenham do comitente não podem ser utilizados para outros fins, senão o da execução do contrato;

– os conhecimentos ou os equipamentos que provenham do comitente não podem ser postos à disposição de terceiros;

---

* Comunicação da Comissão, de 18.12.1978, relativa à apreciação dos contratos de fornecimento face ao disposto no n.º 1 do artigo 85.º do Tratado que institui a Comunidade Económica Europeia (JO, C 1, de 3.1.1979, pp. 2 – EE, Cap. 8, Fasc. 2, pp. 63).

– os produtos, serviços ou trabalhos que resultem da sua aplicação só podem ser fornecidos ao comitente ou executados por sua conta,

se e na medida em que estes conhecimentos ou estes equipamentos forem necessários para permitir ao fornecedor, em condições razoáveis, fabricar os produtos, fornecer os serviços ou executar os trabalhos segundo as directivas do comitente. Nesta medida, o fornecedor pratica um acto de produção relativamente ao qual não aparece como fornecedor independente no mercado.

É geralmente assim quando a execução do contrato de fornecimento necessita de utilização pelo fornecedor:

– de direitos de propriedade industrial de que é titular o comitente ou que se encontram à sua disposição sob a forma de patentes, modelos de utilidade, desenhos e modelos depositados, ou doutros direitos de protecção; ou

– de conhecimentos técnicos ou processos de fabrico que tenham natureza secreta (know-how) de que o comitente é titular ou que se encontram aí sua disposição; ou ainda

– de estudos, planos documentos específicos, elaborados pelo comitente ou para ele; ou

– de matrizes, moldes, utensílios e seus acessórios, próprios do comitente, que, mesmo sem serem objecto de direitos de propriedade industrial ou sem terem natureza secreta, permitam fabricar um produto com uma forma, função ou composição que o distinga dos outros produtos que são fabricados ou fornecidos no mercado.

Em contrapartida, a imposição das cláusulas contratuais acima referidas não é justificada se o fornecedor tiver à sua disposição ou puder obter em condições razoáveis os conhecimentos e equipamento necessários para realizar os produtos, serviços ou trabalhos. Normalmente, isto acontece quando o comitente se limita a fornecer-lhe indicações gerais que servem apenas para a descrição da encomenda. Nestas condições, tais limitações podem privar o fornecedor da possibilidade de desenvolver uma actividade económica independente nos domínios objecto do contrato.

3. As limitações seguintes impostas em relação com a transmissão de conhecimentos técnicos pelo comitente podem, na opinião da Comissão, figurar igualmente nos contratos de fornecimento sem darem lugar a objecções do ponto de vista do n.º 1 do artigo 85.º:

– a obrigação para cada uma das partes no contrato de não revelar os conhecimentos técnicos ou processos de fabrico que tenham natureza secreta, bem como as informações confidenciais que lhes sejam comunicadas pela outra parte durante a negociação e execução do contrato, enquanto essas informações não caírem no domínio público;

– a obrigação para o fornecedor de não explorar, mesmo depois da execução do contrato de fornecimento, os conhecimentos técnicos ou processos de fabrico que tenham natureza secreta recebidos durante a vigência do contrato, enquanto não caírem no domínio público,

– a obrigação para o fornecedor de comunicar ao comitente numa base não exclusiva os aperfeiçoamentos técnicos que tenha introduzido durante a vigência do contrato ou, se se tratar de invenções patenteáveis feitas pelo fornecedor, de conceder ao comitente pelo período da patente de que este é titular, licenças não exclusivas de patentes de aperfeiçoamento ou de aplicação.

Esta obrigação do fornecedor pode ser exclusiva em favor do comitente na medida em que os aperfeiçoamentos introduzidos ou as invenções feitas pelo fornecedor durante a vigência do contrato não sejam susceptíveis de utilização independentemente dos conhecimentos técnicos secretos ou da patente do comitente, dado que não constituirá então uma restrição sensível da concorrência.

Em contrapartida, qualquer obrigação do fornecedor relativa ao direito de dispor dos resultados provenientes dos seus próprios trabalhos de pesquisa ou de desenvolvimento e susceptíveis de exploração independente pode restringir a concorrência.

Nestas circunstâncias, a relação de fornecimento não é suficiente para se eximir às regras de concorrência comuns relativas à disposição dos direitos de propriedade industrial ou dos conhecimentos técnicos secretos.

4. Quando o fornecedor estiver autorizado a utilizar no âmbito do contrato de fornecimento uma marca, um nome comercial ou uma apresentação determinadas, o comitente pode, do mesmo modo, proibir o fornecedor de as utilizar para os produtos, serviços ou trabalhos que não se destinam a ser-lhe fornecidos.

5. A presente comunicação, que deve, em geral, fazer desaparecer o interesse que as empresas teriam em clarificar a situação jurídica através de uma decisão individual da Comissão, não afecta a possibilidade de as empresas interessadas pedirem um certificado negativo na acepção do artigo 2.º do Regulamento n.º 17 ou de notificarem o acordo à Comissão nos termos do n.º 1 do artigo 4.º deste regulamento[1].

A comunicação de 1968 sobre a cooperação entre empresas[2], que enumera uma série de acordos que, por natureza, não restringem a concorrência, é assim completada no domínio do fornecimento. A Comissão relembra igualmente que, com o objectivo de promover a cooperação entre pequenas e médias empresas, publicou uma «comunicação relativa aos acordos de pequena importância que não são abrangidos pelo disposto no n.º 1 do artigo 85.º do Tratado que institui a Comunidade Económica Europeia»[3].

A presente comunicação não prejudica a apreciação que possa ser feita dos contratos em causa pelo Tribunal de Justiça das Comunidades Europeias.

---

[1] Primeiro Regulamento de execução dos artigos 85.º e 86.º do Tratado CEE (JO, 13, de 21.2.1962, p. 204/62), revogado pelo Regulamento (CE) n.º 1/2003.

[2] Comunicação relativa aos acordos, decisões e práticas concertadas, no que respeita à cooperação entre empresas (JO, C 75, de 29.7.1968, p. 3).

[3] JO, C 313, de 29.12.1977, p. 3.

COMUNICAÇÕES

CONCENTRAÇÕES

CONCEITO DE CONCENTRAÇÃO

Comunicação da Comissão*

I. INTRODUÇÃO

1. A presente comunicação tem por objectivo clarificar a interpretação da Comissão sobre o conceito de concentração nos termos do artigo 3.º do Regulamento (CEE) n.º 4064/89[1], com a última redacção que lhe foi dada pelo Regulamento (CE) n.º 1310/97[2] (a seguir denominado «regulamento das concentrações»). Estas orientações formais sobre a interpretação do artigo 3.º deverão permitir às empresas determinar mais rapidamente se, e em que medida, as suas operações são abrangidas pelo controlo comunitário em matéria de concentrações antes de estabelecerem quaisquer contactos com os serviços da Comissão.

A presente comunicação substitui a comunicação relativa ao conceito de concentração de empresas[3].

A presente comunicação incide sobre os n.ºs 1, 3, 4 e 5 do artigo 3.º A interpretação do artigo 3.º no que respeita às empresas comuns, abordada nomeadamente no n.º 2 do artigo 3.º, é exposta na comunicação da Comissão relativa ao conceito de empresas comuns que desempenham todas as funções de uma entidade económica autónoma.

2. As orientações consignadas na presente comunicação reflectem a experiência da Comissão na aplicação do regulamento das concentrações desde a sua entrada em vigor em 21 de Dezembro de 1990. Os princípios nela enunciados serão aplicados e desenvolvidos pela Comissao no âmbito dos processos individuais.

3. Segundo o considerando 23 do Regulamento (CEE) n.º 4064/89, o conceito de concentração deve ser definido de modo a só abranger as operações de que resulte uma alteração duradoura da estrutura das empresas em causa. O n.º 1 do

---

* Comunicação da Comissão relativa ao conceito de concentração de empresas em conformidade com o Regulamento (CEE) n.° 4046/89 do Conselho, relativo ao controlo das operações de concentração de empresas – JO, C 66, de 2.3.1998, pp. 5-11.

[1] JO, L 395, de 30.12.1989, e p. 1, JO, L 257, de 21.9.1990, p. 13 (rectificação).

[2] JO, L 180, de 9.7.1997, p. 1.

[3] JO, C 385, de 31.12.1994, p. 5.

artigo 3.º estabelece que se verifica uma alteração estrutural desse tipo quando duas ou mais empresas anteriormente independentes se fundem ou aquando da aquisição do controlo do conjunto ou de parte de uma outra empresa.

4. A determinação da existência de uma concentração nos termos do regulamento das concentrações baseia-se mais em critérios qualitativos do que quantitativos, centrando-se no conceito de controlo. Estes critérios incluem considerações de direito e de facto. Daí que uma operação de concentração possa ter por base uma situação de direito ou de facto.

5. O n.º 1 do artigo 3.º do regulamento define dois tipos de concentração:
– as decorrentes de uma fusão entre empresas anteriormente independentes [alínea a)];
– as decorrentes de uma aquisição de controlo [alínea b)].

Estes dois tipos de operações de concentração são analisados nas secções II e III, respectivamente.

II. FUSÕES ENTRE EMPRESAS ANTERIORMENTE INDEPENDENTES

6. Realiza-se uma fusão nos termos do n.º 1, alínea a), do artigo 3.º do regulamento das concentrações sempre que duas ou mais empresas independentes se fundem numa nova empresa, deixando de existir como entidades jurídicas diferentes. Pode igualmente ocorrer uma fusão quando uma empresa é absorvida por outra, mantendo esta última a sua identidade jurídica, enquanto a primeira deixa de existir como entidade jurídica.

7. Pode igualmente verificar-se uma fusão nos termos do n.º 1, alínea a), do artigo 3.º sempre que, na ausência de uma operação de concentração de carácter jurídico, a conjugação das actividades de empresas anteriormente independentes conduza à criação de uma única unidade económica[1]. Tal pode ocorrer, nomeadamente, quando duas ou mais empresas, embora mantendo a sua personalidade jurídica própria, estabelecem uma gestão económica comum por via contratual[2]. Se tal conduzir à junção de facto das empresas interessadas numa verdadeira unidade económica comum, considera-se que a operação constitui uma fusão. Um pré-requisito para a determinação de uma unidade económica comum é a existência de uma gestão económica permanente e única. Outros factores relevantes podem incluir a

---

[1] Para determinar a independência anterior das empresas, a questão do controlo pode ser relevante. O controlo é analisado em geral nos pontos 12 e seguintes. Considera-se, relativamente a este aspecto específico, que os accionistas minoritários têm o controlo se obtiveram anteriormente uma maioria de votos em relação a decisões importantes nas assembleias de accionistas. O período de referência neste contexto é normalmente de três anos.

[2] Esta situação pode, por exemplo, ser aplicável no caso de um «Gleicoordnungskonzern» no direito alemão, de certos «groupements d'intérêt économique» no direito francês e de certas «partnerships» no direito anglo-saxónico.

compensação interna dos lucros e perdas entre as várias empresas do grupo e a sua responsabilidade conjunta do ponto de vista externo. Esta junção de facto pode ser reforçada pela existência de participações cruzadas entre as empresas que constituem a unidade económica.

III. AQUISIÇÃO DE CONTROLO

8. O n.º 1, alínea b), do artigo 3.º prevê que se verifica uma operação de concentração no caso de uma aquisição de controlo. Esse controlo pode ser adquirido por uma empresa actuando individualmente ou por duas ou mais empresas actuando em conjunto.

O controlo pode ser igualmente adquirido por uma pessoa sempre que essa pessoa controle já (quer individualmente, quer em comum) pelo menos uma outra empresa ou, alternativamente, por várias pessoas (que controlam outra empresa) e/ou empresas. O termo «pessoa» neste contexto abrange entidades públicas[1] e entidades privadas, bem como pessoas singulares.

Conforme acima definido, uma operação de concentração nos termos do regulamento das concentrações circunscreve-se às alterações em termos de controlo. A reestruturação interna de um grupo de empresas não pode, por conseguinte, constituir uma operação de concentração.

Verifica-se uma situação excepcional nos casos em que tanto as empresas adquiridas como as empresas adquirentes são empresas públicas pertencentes ao mesmo Estado (ou à mesma entidade pública). Neste caso, o facto de a operação ser considerada ou não uma reestruturação interna depende, por seu turno, da questão de saber se ambas as empresas se integravam anteriormente na mesma unidade económica, nos termos do considerando n.º 12 do Regulamento (CEE) n.º 4064/89. Quando as empresas pertenciam previamente a diferentes unidades económicas, com poder de decisão autónomo, considerar-se-á que a operação constitui uma concentração e não uma reestruturação interna[2]. Contudo, é de assinalar que esse poder de decisão autónomo não existe normalmente nos casos em que as empresas se integram na mesma empresa gestora de participações sociais[3].

9. O facto de uma operação dar origem a uma aquisição de controlo depende de uma série de elementos de direito e/ou de facto. A aquisição de direitos de propriedade e os acordos de accionistas são importantes, mas não são os únicos

---

[1] Incluindo o próprio Estado, como por exemplo no processo IV/M.157, *Air France/Sabena*, de 5 de Outubro de 1992, em relação ao Estado belga, ou outras entidades públicas, como por exemplo o Treuhand no processo IV/M.308, *Kali und Salz/MDK/ /Treuhand*, de 14 de Dezembro de 1993.

[2] Processos IV/M.097, *Péchiney/Usinor*, de 24 de Junho de 1991, e IV/M.216, *CEA Industrie/France Telecom/SGS-Thomson*, de 22 de Fevereiro de 1993.

[3] Ver ponto 55 da comunicação relativa ao conceito de empresas em causa.

elementos a tomar em consideração: as relações estritamente económicas podem igualmente constituir um factor determinante. Deste modo, em circunstâncias excepcionais, uma situação de dependência económica pode conduzir ao controlo de um ponto de vista material sempre que, por exemplo, a existência de acordos de fornecimento a longo prazo muito importantes ou créditos concedidos por fornecedores ou clientes, associados a relações estruturais, lhes confira uma influência determinante[1].

Pode igualmente verificar-se uma aquisição de controlo mesmo se tal não for a intenção declarada das partes[2]. Além disso, o regulamento das concentrações define claramente o controlo como «a possibilidade de exercer uma influência determinante» e não como o exercício efectivo de uma influência desse tipo.

10. O controlo é, não obstante, normalmente adquirido por pessoas ou empresas que são titulares de direitos ou que têm o poder de exercer direitos que lhes conferem o controlo [n.º 4, alínea a), do artigo 3.º]. Podem registar-se situações excepcionais em que o titular formal de uma participação de controlo não corresponde à pessoa ou à empresa que tem, na realidade, o poder efectivo de exercer os direitos decorrentes dessa participação. Tal pode suceder, por exemplo, nos casos em que uma empresa recorre a outra pessoa ou empresa para a aquisição de uma participação de controlo, exercendo os direitos através desta pessoa ou empresa, muito embora sejam estes últimos os titulares desses direitos, do ponto de vista formal. Numa situação deste tipo, o controlo é adquirido pela empresa que se encontra na realidade por detrás da operação e que usufrui, de facto, do poder de controlar a empresa-alvo [n.º 4, alínea b), do artigo 3.º]. Os elementos de prova necessários para estabelecer a existência deste tipo de controlo indirecto podem incluir, por exemplo, as fontes de financiamento ou relações familiares.

11. O objecto do controlo pode incluir uma ou mais empresas com personalidade jurídica própria, os activos dessas entidades, ou apenas alguns desses activos[3]. Os activos em causa, que podem ser marcas ou licenças, devem constituir uma actividade à qual possa ser claramente atribuído um volume de negócios no mercado.

12. A aquisição de controlo pode assumir a forma de um controlo exclusivo ou conjunto. Em ambos os casos, o controlo é definido como a possibilidade de exercer uma influência determinante sobre uma empresa com base em direitos, contratos ou qualquer outro meio (n.º 3 do artigo 3.º).

---

[1] Por exemplo, na decisão *Usinor/Bamesa* adoptada pela Comissão ao abrigo do Tratado CECA. Ver também processo IV/M.258, CCIE/GTE, de 25 de Setembro de 1992 e processo IV/M.697, *Lockhead Martin Corporation/Loral Corporation*, de 27 de Março de 1996.

[2] Processo IV/M.157, *Air France/Sabena*, de 5 de Outubro de 1992.

[3] Processo IV/M.286, *Zürich/MMI*, de 2 de Abril de 1993.

1. Controlo exclusivo

13. O controlo exclusivo é normalmente adquirido, do ponto de vista jurídico, sempre que uma empresa adquira a maioria dos direitos de voto numa empresa. Não constitui um factor significativo em si que a participação adquirida corresponda a 50% do capital social mais uma acção[1] ou a 100% do capital social[2]. Na falta de outros elementos, uma aquisição que não inclua a maioria dos direitos de voto não confere normalmente o controlo, mesmo se envolver a aquisição de uma participação maioritária.

14. O controlo exclusivo pode ser igualmente adquirido através de uma «minoria qualificada», com base numa situação de direito e/ou de facto.

De um ponto de vista jurídico, tal verifica-se quando as participações minoritárias conferem direitos específicos. Podem revestir a forma de acções preferenciais conducentes a uma maioria dos direitos de voto ou outros direitos que permitem ao accionista minoritário determinar o comportamento empresarial estratégico da empresa-alvo como, por exemplo, o poder de nomeação de mais de metade dos membros do órgão de fiscalização ou do conselho de administração.

Mas pode igualmente considerar-se que um accionista minoritário detém o controlo exclusivo com base numa situação de facto. Tal sucede, por exemplo, quando o accionista tem fortes probabilidades de obter uma maioria na assembleia geral de accionistas, dado o facto de as restantes acções se encontrarem muito dispersas[3]. Neste caso, revela-se pouco provável que todos os pequenos accionistas estejam presentes ou representados na assembleia geral de accionistas. A determinação da existência ou não de um controlo exclusivo num determinado caso baseia--se nos elementos de prova associados à presença dos accionistas no decurso de anos anteriores. Se, com base no número de accionistas presentes nas assembleias gerais, um accionista minoritário nelas tiver uma maioria estável de votos, presume-se que este accionista minoritário importante dispõe do controlo exclusivo[4].

O controlo exclusivo pode ser igualmente exercido por um accionista minoritário que disponha do direito de gerir as actividades da empresa e de determinar a sua política empresarial.

15. Uma opção de aquisição ou de conversão de acções não pode, em si, conferir o controlo exclusivo, salvo se esta opção for exercida num futuro imediato, em função de acordos juridicamente vinculativos[5]. No entanto, o eventual exercício

---

[1] Processo IV/M.296, *Crédit Lyonnais/BFG Bank,* de 11 de Janeiro de 1993.

[2] Processo IV/M.299, *Sarah Lee/BP Food Division,* de 8 de Fevereiro de 1993.

[3] Processo IV/M.025, *Arjomari/Wiggins Teape,* de 10 de Fevereiro de 1990.

[4] Processo IV/M.343, *Société Générale de Belgique/Générale de Banque,* de 3 de Agosto de 1993.

[5] Processo T 2/93, *Air France/Comissão,* acórdão de 19 de Maio de 1994, Col. 1994 II, p. 323.

de uma opção deste tipo pode ser tomado em consideração enquanto elemento suplementar que, juntamente com outros factores, pode levar a concluir sobre a existência de um controlo exclusivo.

16. Considera-se operação de concentração nos termos do regulamento das concentrações uma transformação do controlo conjunto de uma empresa em controlo exclusivo, uma vez que uma influência determinante exercida exclusivamente é substancialmente diferente de uma influência exercida conjuntamente[1]. Pelo mesmo motivo, uma operação que envolve a aquisição do controlo conjunto de parte de uma empresa e o controlo exclusivo de outra parte é, em princípio, considerada como sendo duas concentrações separadas ao abrigo do regulamento das concentrações[2].

17. O conceito de controlo nos termos do regulamento das concentrações pode divergir do aplicado em áreas específicas de legislação como, por exemplo, normas prudenciais, fiscalidade, transportes aéreos ou meios de comunicação. Para além disso, a legislação de um Estado-membro pode prever regras específicas relativas às estruturas dos órgãos intervenientes no processo de tomada de decisões numa empresa, nomeadamente no que respeita aos direitos dos representantes dos trabalhadores. Embora esta legislação possa conferir um certo poder de controlo a pessoas que não os accionistas, o conceito de controlo nos termos do regulamento das concentrações refere-se apenas aos meios de influência de que beneficiam normalmente os proprietários de uma empresa. Finalmente, as prerrogativas exercidas por um Estado actuando como autoridade pública e não como accionista, desde que se limitem à protecção do interesse público, não constitui controlo nos termos do regulamento das concentrações, na medida em que não têm o objectivo nem o efeito de permitir que o Estado exerça uma influência determinante na actividade de uma empresa[3].

2. Controlo conjunto

18. Tal como no caso do controlo exclusivo, a aquisição do controlo conjunto (que inclui a mudança de controlo exclusivo para controlo conjunto) pode igualmente assentar numa base de direito ou de facto. Verifica-se uma situação de controlo conjunto se for necessário o acordo dos accionistas (as empresas-mãe) para a adopção das principais decisões respeitantes à empresa controlada (a empresa comum).

19. Existe controlo conjunto se duas ou mais empresas ou pessoas dispuserem da possibilidade de exercer uma influência determinante sobre uma outra empresa.

---

[1] Esta questão é tratada nos pontos 30-32 da comunicação relativa ao conceito de empresas em causa.

[2] Processo IV/M.409, *ABB/Renault Automation*, de 9 de Março de 1994.

[3] Processo IV/M.493, *Tractebel/Distrigaz II*, de 1 de Setembro de 1994.

Por influência determinante, neste contexto, entende-se normalmente o poder de bloquear medidas que determinam o comportamento empresarial estratégico duma empresa. Ao invés do controlo exclusivo, que confere a um accionista específico o poder de determinar as decisões estratégicas numa empresa, o controlo conjunto caracteriza-se pela possibilidade de uma situação de impasse decorrente do poder de duas ou mais empresas-mãe rejeitarem as decisões estratégicas propostas. Daí a necessidade de esses accionistas chegarem a acordo sobre a política empresarial da empresa comum.

2.1. Igualdade de direitos de voto ou de representação nos órgãos de decisão

20. A forma mais evidente de controlo conjunto verifica-se quando existem apenas duas empresas-mãe que partilham, de forma equitativa, os direitos de voto na empresa comum. Neste caso, não é necessária a celebração de um acordo formal entre as empresas-mãe. No entanto, quando exista um acordo formal, este não deve ser contrário ao princípio de igualdade entre as empresas-mãe, devendo prever, por exemplo, que cada uma destas tem direito ao mesmo número de representantes nos órgãos de gestão e que nenhum dos membros dispõe de um direito de voto decisivo[1]. Pode ser igualmente assegurada uma situação de igualdade nos casos em que ambas as empresas-mãe dispõem do direito de nomear um número idêntico de membros para os órgãos responsáveis pela tomada de decisões na empresa comum.

2.2. Direito de veto

21. Pode também existir controlo conjunto mesmo nos casos em que não se verifica uma situação de igualdade entre as duas empresas-mãe no que respeita aos direitos de voto ou à representação nos órgãos responsáveis pela tomada de decisões, ou ainda quando existem mais de duas empresas-mãe. Tal é o caso quando os accionistas minoritários dispõem de direitos suplementares que lhes permitem vetar decisões fundamentais para o comportamento empresarial estratégico da empresa comum[2]. Esses direitos de veto podem estar consignados nos estatutos da empresa comum ou podem ser conferidos por um acordo celebrado entre as empresas-mãe. Os próprios direitos de veto podem ser exercidos por meio de um quórum específico necessário para a tomada de decisões nas assembleias gerais ou no conselho de administração, na medida em que as empresas-mãe se encontrem representadas neste último. É também possível que as decisões estratégicas estejam sujeitas à aprovação de um órgão específico, por exemplo, do órgão de fiscalização, em que

---

[1] Processo IV/M.272, *Matra/CAP Gemini Sogeti*, de 17 de Março de 1993.
[2] Processo T-2/93, *Air France/Comissão (ibidem)*. Processo IV/M.010, *Conagra/Idea*, de 3 de Maio de 1991.

os accionistas minoritários se encontram representados e integram o quórum necessário para a tomada dessas decisões.

22. Estes direitos de veto devem incidir sobre as decisões estratégicas relativas à política empresarial da empresa comum. Devem ir além dos direitos de veto normalmente conferidos aos accionistas minoritários no intuito de proteger os seus interesses financeiros enquanto investidores na empresa comum. Esta protecção normal dos direitos dos accionistas minoritários prende-se com as decisões relativas a aspectos fundamentais da empresa comum, como por exemplo alterações do estatuto, aumento ou redução de capital ou ainda a liquidação da empresa. A título ilustrativo, um direito de veto que impeça a venda ou a liquidação de uma empresa comum não confere o controlo conjunto ao accionista minoritário em causa[1].

23. Ao invés, os direitos de veto que conferem o controlo conjunto incidem normalmente sobre decisões e questões como o orçamento, o plano de actividades, os investimentos avultados ou a nomeação dos quadros superiores. Contudo, a aquisição do controlo conjunto não requer que o adquirente disponha do poder de exercer uma influência determinante sobre a gestão quotidiana de uma empresa. O elemento crucial consiste no facto de os direitos de veto serem suficientes para permitir às empresas-mãe exercer essa influência no tocante ao comportamento empresarial estratégico da empresa comum. Além disso, não é necessário determinar se um adquirente do controlo conjunto da empresa comum exercerá efectivamente essa influência determinante. Basta a possibilidade de dispor desta influência, sendo por conseguinte suficiente a mera existência de direitos de veto.

24. A fim de adquirir o controlo conjunto, não é necessário que um accionista minoritário disponha de todos os direitos de veto supramencionados. Pode ser suficiente que detenha apenas alguns, se não mesmo um único direito de veto. Tal dependerá do teor exacto do próprio direito de veto e da importância desse direito no contexto das actividades específicas da empresa comum.

Nomeação dos quadros e elaboração do orçamento

25. Normalmente, os direitos de veto mais importantes prendem-se com as decisões em matéria de nomeação dos quadros e do orçamento. O poder de determinação conjunta da estrutura da gestão confere ao seu detentor o poder de exercer uma influência determinante sobre a política empresarial de uma empresa. O mesmo sucede em relação às decisões sobre o orçamento, dado este estabelecer o enquadramento exacto das actividades da empresa comum e, nomeadamente, os investimentos que esta pode efectuar.

Plano de actividades

26. O plano de actividades estabelece normalmente de forma pormenorizada os objectivos de uma empresa, juntamente com as medidas a adoptar tendo em vista

---

[1] Processo IV/M.062, *Eridania/ISI*, de 30 de Julho de 1991.

a prossecução desses objectivos. Um direito de veto sobre este tipo de plano de actividades pode ser suficiente para conferir o controlo conjunto, mesmo se não houver qualquer outro direito de veto. Ao invés, se o plano de actividades contiver apenas declarações gerais relativas aos objectivos empresariais da empresa comum, a existência de um direito de veto constituirá apenas um elemento a ter em conta na análise geral do controlo conjunto, mas não basta em si mesmo para conferir o controlo conjunto.

Investimentos
27. No que respeita a um direito de veto sobre os investimentos, a importância desse direito depende, em primeiro lugar, do nível de investimentos que se encontram sujeitos a aprovação pelas empresas-mãe e, em segundo lugar, da medida em que esses investimentos representam uma característica fundamental do mercado em que a empresa comum exerce actividades. Em relação ao primeiro ponto, é de assinalar que, quando o nível de investimentos que carece de aprovação das empresas-mãe é extremamente elevado, esse direito de veto pode corresponder a uma protecção normal dos interesses dos accionistas minoritários, não constituindo um direito que confere um poder de co-decisão relativa à política empresarial da empresa comum. No que respeita ao segundo ponto, a política de investimento de uma empresa constitui normalmente um elemento importante para a determinação da eventual existência de controlo conjunto. No entanto, pode haver mercados em que o investimento não desempenhe um papel significativo no comportamento de mercado de uma empresa.

Direitos específicos relativamente a um mercado
28. Para além dos direitos de veto normais acima referidos, existem vários outros direitos de veto referentes a decisões específicas que são importantes no contexto de um determinado mercado da empresa comum. Um exemplo ilustrativo são as decisões sobre a tecnologia a utilizar pela empresa comum sempre que a tecnologia represente um elemento fundamental das actividades dessa empresa. Outro exemplo ainda prende-se com os mercados que se caracterizam por uma diferenciação de produtos e um grau de inovação significativo. Nestes mercados, o direito de veto sobre as decisões respeitantes a novas linhas de produto a desenvolver pela empresa comum pode igualmente constituir um elemento importante para a determinação da existência de controlo conjunto.

Contexto global
29. Na avaliação da importância relativa dos direitos de veto, em caso de multiplicidade dos mesmos, estes não devem ser avaliados de forma isolada. Pelo contrário, a determinação da existência ou não do controlo conjunto baseia-se numa análise destes direitos no seu conjunto. No entanto, um direito de veto que não se relacione quer com a política empresarial e estratégica, quer com o orçamento ou o

plano de actividades, não pode ser considerado como conferindo o controlo conjunto ao seu titular[1].

2.3. Exercício comum dos direitos de voto

30. Mesmo na ausência de direitos de veto específicos, duas ou mais empresas que adquiram participações minoritárias numa outra empresa podem obter o controlo conjunto. Tal poderá suceder quando as participações minoritárias proporcionam, no seu conjunto, meios para controlar a empresa objecto da operação. Isto significa que os accionistas minoritários deterão, em conjunto, a maioria dos direitos de voto; e que estes actuarão em conjunto ao exercerem esses direitos de voto. Tal poderá resultar da existência de um acordo juridicamente vinculativo para este efeito ou de circunstâncias de facto.

31. O meio jurídico de assegurar o exercício comum de direitos de voto pode revestir a forma de uma sociedade gestora de participações sociais para a qual os accionistas minoritários transferem os seus direitos ou de um acordo nos termos do qual estes se comprometem a actuar em comum («pooling agreement»).

32. Muito excepcionalmente, pode verificar-se uma acção colectiva assente numa situação de facto quando existam importantes interesses comuns entre os accionistas minoritários que os impeçam de se oporem uns aos outros no exercício dos seus direitos relativos à empresa comum.

33. No caso de aquisições de participações minoritárias, a existência prévia de relações entre os accionistas minoritários ou a aquisição das participações através de uma acção concertada constituirão factores indicativos desse interesse comum.

34. Aquando da criação de uma nova empresa comum, ao contrário do que sucede na aquisição de uma participação minoritária numa empresa já existente, existem maiores probabilidades de as empresas-mãe adoptarem uma política comum deliberada. É este o caso, nomeadamente, quando a contribuição de cada empresa-mãe para a empresa comum é essencial para o seu funcionamento (por exemplo, tecnologias específicas, saber-fazer local ou acordos de fornecimento). Nestas circunstâncias, pode suceder que as empresas-mãe só possam gerir a empresa comum num regime de plena cooperação com o acordo mútuo relativamente às decisões estratégicas mais importantes, mesmo se não forem expressamente previstos quaisquer direitos de veto neste contexto. Contudo, quanto maior for o número de empresas-mãe participantes nessa empresa comum, menores serão as probabilidades de uma situação deste tipo.

35. Na falta de importantes interesses partilhados como os acima delineados, o facto de os accionistas minoritários poderem coligar-se de forma diferente entre si excluirá normalmente a presunção da existência de controlo conjunto. Sempre que não se verifique qualquer maioria estável no processo de tomada de decisões,

---

[1] Processo IV/M.295, *SITA-RPC/SCORI*, de 19 de Março de 1993.

podendo a maioria em cada caso resultar de diversas combinações possíveis entre os accionistas minoritários, não se pode presumir que os accionistas minoritários controlam em conjunto a empresa. Neste contexto, não basta a existência de acordos entre duas ou mais partes com uma participação equivalente no capital social de uma empresa que prevejam a concessão de direitos e poderes idênticos às partes. Por exemplo, no caso de uma empresa em que três accionistas têm um terço do capital social, elegendo cada um destes um terço dos membros do conselho de administração, os accionistas não têm o controlo conjunto, uma vez que as decisões devem ser tomadas com base numa maioria simples. São aplicáveis as mesmas considerações a estruturas mais complexas, por exemplo, quando o capital social de uma empresa se encontra dividido equitativamente entre três accionistas e cujo conselho de administração seja constituído por doze membros, dos quais dois são nomeados por cada um dos accionistas A, B e C, outros dois por A, B e C em conjunto, sendo os restantes 4 designados pelos outros oito membros do conselho de administração em conjunto. Também neste caso não se verifica qualquer controlo conjunto e, por conseguinte, nenhuma forma de controlo na acepção do regulamento das concentrações.

2.4. Outras considerações relacionadas com o controlo conjunto

36. O controlo conjunto não é incompatível com o facto de uma das empresas-mãe beneficiar de experiência e conhecimentos específicos no ramo da actividade da empresa comum. Neste caso, a outra empresa-mãe pode desempenhar um papel modesto ou mesmo inexistente na gestão quotidiana da empresa comum, sendo a sua presença motivada por considerações que se prendem com uma estratégia financeira a longo prazo, uma imagem de marca ou a sua política geral. Não obstante, deve sempre dispor da possibilidade efectiva de se opor às decisões tomadas pela outra empresa-mãe dado que, caso contrário, estaríamos perante uma situação de controlo exclusivo.

37. Para que exista controlo conjunto, uma empresa-mãe não deve dispor de qualquer direito de voto decisivo. No entanto, a Comissão aceitou que se pode verificar uma situação de controlo conjunto sempre que este direito de voto decisivo apenas possa ser exercido após uma série de fases de arbitragem e tentativas de conciliação ou se se circunscrever apenas a um domínio muito restrito[1].

2.5. Controlo conjunto por um período limitado

38. Quando uma operação conduz a uma situação de controlo conjunto por um período de tempo limitado na fase de arranque da empresa[2], controlo esse que é

---

[1] Processo IV/M.425, British *Telecom/Banco Santander*, de 28 de Março de 1994.
[2] Este período de arranque não deve ser superior a três anos. Processo IV/M.425, British *Telecom/Banco Santander, ibidem.*

posteriormente transformado em controlo exclusivo exercido por um dos accionistas, nos termos de acordos juridicamente vinculativos, a operação será normalmente considerada, no seu conjunto, como uma aquisição de controlo exclusivo.

3. Controlo por um accionista único com base no direito de veto

39. Verifica-se uma situação excepcional sempre que apenas um accionista possa vetar decisões estratégicas numa empresa embora este accionista não tenha poderes, por si só, para impor tais decisões. Esta situação ocorre quando um accionista tem 50% de uma empresa, enquanto os 50% remanescentes são propriedade de dois ou mais accionistas minoritários, ou quando é exigido um quórum para a tomada de decisões estratégicas que, na realidade, confere um direito de veto apenas a um único accionista minoritário[1]. Nestas circunstâncias, um único accionista possui o mesmo nível de influência de que normalmente beneficiam vários accionistas que dispõem do controlo conjunto, ou seja, o poder de bloquear a adopção de decisões estratégicas. Contudo, este accionista não usufrui dos poderes normalmente conferidos numa empresa com controlo exclusivo, isto é, o poder para impor decisões estratégicas. Dado o facto de este accionista poder provocar uma situação de impasse comparável aos casos normais de controlo conjunto, adquire uma influência determinante e, por conseguinte, o controlo na acepção do regulamento das concentrações[2].

4. Alterações a nível da estrutura de controlo

40. Pode igualmente verificar-se uma concentração quando a operação em causa conduz a uma alteração a nível da estrutura de controlo, como a transformação do controlo conjunto em controlo exclusivo, bem como o aumento do número de accionistas que exercem o controlo conjunto. Os princípios para determinar a existência de uma concentração nestas circunstâncias estão estabelecidos de forma pormenorizada na Comunicação relativa ao conceito de empresas em causa[3].

---

[1] Processo IV/M.258, *CCIE/GTE*, de 25 de Setembro de 1992, em que os direitos de veto de um único accionista eram exercidos através de um membro da administração nomeado por este accionista.

[2] Uma vez que este accionista é o único a adquirir o controlo, apenas ele é obrigado a apresentar uma notificação ao abrigo do regulamento das concentrações.

[3] Pontos 30 a 48.

IV. DERROGAÇÕES

41. O n.º 5 do artigo 3.º prevê três situações excepcionais em que a aquisição de uma participação de controlo não constitui uma operação de concentração nos termos do regulamento das concentrações.

42. Em primeiro lugar, a aquisição de valores mobiliários por empresas cujas actividades normais incluam a transacção e a negociação de títulos por conta própria ou de outrem não é considerada uma operação de concentração, desde que essa aquisição seja efectuada no âmbito dessas actividades e sempre que estes valores mobiliários sejam apenas detidos a título temporário [n.º 5, alínea *a*), do artigo 3.º]. Para que esta derrogação seja aplicável, devem ser respeitados os seguintes requisitos:
 – a empresa adquirente deve ser uma instituição de crédito ou outra instituição financeira, ou ainda uma companhia de seguros cujas actividades normais sejam as supramencionadas,
 – os valores mobiliários devem ser adquiridos para fins de revenda,
 – a empresa adquirente não deve exercer os direitos de voto com o objectivo de determinar o comportamento empresarial estratégico da empresa-alvo ou deve exercer estes direitos apenas com o objectivo de preparar a alienação total ou parcial da empresa ou a realização dos respectivos activos ou títulos,
 – a empresa adquirente deve alienar a sua participação de controlo no prazo de um ano a contar da data de aquisição, isto é, deve reduzir a sua participação neste período de um ano para, no mínimo, um nível em que deixe de deter o poder de controlo. Este período pode, contudo, ser prorrogado pela Comissão sempre que a empresa adquirente possa comprovar que a alienação não é razoavelmente possível no período de um ano.

43. Em segundo lugar, não se verifica qualquer operação de concentração na acepção do regulamento das concentrações quando o controlo é adquirido por uma pessoa mandatada pela autoridade pública por força da legislação de um Estado membro relativa à liquidação, falência, insolvência, cessação de pagamentos, concordata ou qualquer outro processo análogo [n.º 5, alínea *b*), do artigo 3.º];

44. Em terceiro lugar, não há operação de concentração quando o controlo é adquirido por uma sociedade de participação financeira, na acepção da Quarta Directiva 78/660/CEE[1], desde que essa empresa exerça os seus direitos de voto apenas para manter o valor integral desses investimentos e não para determinar

---

[1] JO, L 222, de 14.8.1978, p. 11; directiva alterada pelo Acto de Adesão da Áustria, da Finlândia e da Suécia. O n.º 3 do artigo 5.º desta directiva define as empresas de participação financeira como «empresas que têm por único objectivo adquirir participações noutras empresas e gerir essas participações com objectivos lucrativos, sem se envolverem directa ou indirectamente na gestão destas empresas e sem prejuízo dos seus direitos enquanto accionistas».

directa ou indirectamente o comportamento empresarial estratégico da empresa controlada.

45. No contexto das derrogações previstas no n.º 5 do artigo 3.º, pode levantar-se a questão de saber se uma operação de recuperação constitui uma concentração ao abrigo do regulamento das concentrações. Uma operação de recuperação envolve normalmente a conversão da dívida existente numa nova empresa, através da qual o sindicato bancário pode adquirir o controlo conjunto da empresa em causa. Se esta operação preencher os critérios em matéria de controlo conjunto, conforme acima indicados, esta será normalmente considerada uma concentração[1]. Embora a principal intenção dos bancos seja a reestruturação do financiamento da empresa em causa tendo em vista a sua revenda subsequente, a derrogação prevista no n.º 5, alínea a), do artigo 3.º não é normalmente aplicável a este tipo de operação. Isto porque o programa de reestruturação requer normalmente que os bancos que detêm o controlo determinem o comportamento empresarial estratégico da empresa objecto de recuperação. Além disso, não é normalmente realista prever a transformação de uma empresa deste tipo numa entidade comercialmente viável e a sua alienação no prazo previsto de um ano. Para além do mais, o período de tempo necessário para a prossecução desse objectivo pode ser tão incerto que seria difícil conceder uma prorrogação no que respeita ao período de alienação.

V. DISPOSIÇÃO FINAL

46. A interpretação pela Comissão do artigo 3.º, conforme exposta na presente comunicação, não prejudica qualquer eventual interpretação do Tribunal de Justiça ou do Tribunal de Primeira Instância das Comunidades Europeias.

---

[1] Processo IV/M.116, *Kelt/American Express*, de 28 de Agosto de 1991.

EMPRESAS COMUNS

Comunicação da Comissão*

I. INTRODUÇÃO

1. A presente comunicação tem por objectivo fornecer orientações sobre o modo como a Comissão interpreta o disposto no artigo 3.º do Regulamento (CEE) n.º 4064/89[1], com a última redacção que lhe foi dada pelo Regulamento (CE) n.º 1310/97[2] (a seguir denominado «regulamento das concentrações»), no que respeita às empresas comuns[3].

2. A presente comunicação substitui a comunicação relativa à distinção entre empresas comuns com carácter de concentração e empresas comuns com carácter de cooperação. As alterações da presente comunicação reflectem as modificações introduzidas no regulamento das concentrações, bem como a experiência adquirida pela Comissão através da aplicação do regulamento das concentrações desde a sua entrada em vigor, em 21 de Setembro de 1990. Os princípios estabelecidos na presente comunicação serão aplicados e desenvolvidos, na prática, pela Comissão relativamente a casos individuais.

---

* Comunicação da Comissão relativa ao conceito de empresas comuns que desempenham todas as funções de uma entidade económica autónoma, nos termos do Regulamento (CEE) n.º 4064/89 do Conselho, relativo ao controlo das operações de concentração de empresas (JO, C 66, de 2.3.1998, pp. 1-4).

[1] JO, L 395, de 30.12.1989, p. 1, e JO, L, 257 de 21.9.1990, p. 13 (rectificação).

[2] JO, L 180, de 9.7.1997, p. 1.

[3] A Comissão tem a intenção de, no momento devido, fornecer orientações sobre a aplicabilidade do n.º 4 do artigo 2.º do regulamento das concentrações. Aguardando a adopção de tais orientações, as partes interessadas devem referir-se aos princípios delineados nos pontos 17 a 20 da comunicação da Comissão relativa à distinção entre empresas comuns com carácter de concentração e empresas comuns com carácter de cooperação (JO, C 385, de 31.12.1994, p. 1).

3. Nos termos do direito comunitário da concorrência, as empresas comuns são empresas controladas conjuntamente por duas ou mais empresas[1]. Na prática, as empresas comuns abrangem uma vasta gama de operações, desde operações do tipo fusão à cooperação com objectivos específicos, tais como a investigação e desenvolvimento (I & D), produção ou distribuição.

4. As empresas comuns são abrangidas pelo regulamento das concentrações no caso de preencherem os requisitos de uma concentração estabelecidos no artigo 3.º do referido regulamento.

5. De acordo com o considerando 23 do Regulamento (CEE) n.º 4064/89, o conceito de concentração deve ser definido de modo a só abranger as operações de que resulte uma alteração duradoura da estrutura das empresas em causa.

6. As alterações estruturais decorrentes de concentrações reflectem frequentemente um dinâmico processo de reestruturação nos mercados em causa. São autorizadas ao abrigo do regulamento das concentrações, excepto se delas resultar um prejuízo grave para a estrutura da concorrência, através da criação ou do reforço de uma posição dominante.

7. O regulamento das concentrações refere-se ao conceito de empresas comuns que desempenham todas as funções de uma entidade económica autónoma no n.º 2 do seu artigo 3.º da seguinte forma:

«A criação de uma empresa comum que desempenhe de forma duradoura todas as funções de uma entidade económica autónoma constitui uma operação de concentração, na acepção da alínea b) do n.º 1».

II. EMPRESAS COMUNS NOS TERMOS DO ARTIGO 3.º DO REGULAMENTO DAS CONCENTRAÇÕES

8. Para constituir uma concentração para efeitos do artigo 3.º do regulamento das concentrações, uma operação tem de preencher os seguintes critérios:

1. Controlo conjunto

9. Uma empresa comum pode ser abrangida pelo regulamento das concentrações se houver uma aquisição do controlo conjunto por duas ou mais empresas, ou seja, pelas suas empresas-mãe [n.º 1, alínea b), do artigo 3.º]. O conceito de controlo está definido no n.º 3 do artigo 3.º, que estabelece que o controlo se baseia na possibilidade de exercer uma influência determinante sobre uma empresa em função de circunstâncias de facto e de direito.

---

[1] O conceito de controlo conjunto encontra-se definido na comunicação relativa ao conceito de concentração de empresas.

10. Os princípios para a determinação do controlo conjunto são definidos de forma pormenorizada na comunicação da Comissão relativa ao conceito de concentração de empresas[1].

2. Alteração estrutural das empresas

11. O n.º 2 do artigo 3.º estabelece que a empresa comum deve desempenhar de forma duradoura todas as funções de uma entidade económica autónoma. As empresas comuns que preenchem este requisito introduzem uma alteração duradoura na estrutura das empresas em causa e são designadas por «empresas comuns que desempenham todas as funções de uma entidade económica autónoma»[2].

12. Tal significa, essencialmente, que a empresa comum deve operar num mercado, desempenhando as funções habitualmente desenvolvidas pelas outras empresas que operam no mesmo mercado. Para tal, a empresa comum deve dispor de gestão própria e ter acesso aos recursos necessários, incluindo financiamento, pessoal e activos (corpóreos e incorpóreos) e deve, numa base duradoura, administrar a sua actividade através da própria gestão no quadro da sua autonomia operacional.

13. Se uma empresa comum desempenhar apenas uma função específica no âmbito das actividades desenvolvidas pelas suas empresas-mãe, não tendo acesso ao mercado, não será considerada como desempenhando todas as funções de uma entidade económica autónoma. É este o caso, por exemplo, das empresas comuns circunscritas a actividades de I & D ou de produção. Estas empresas comuns funcionam como auxiliares das actividades empresariais das empresas-mãe. É também o caso das empresas comuns circunscritas essencialmente a actividades de distribuição ou de venda dos produtos das suas empresas-mãe, que, por conseguinte, funcionam principalmente como agências de vendas. Todavia, o facto de uma empresa comum utilizar a rede ou os canais de distribuição de uma ou várias das suas empre-

---

[1] Pontos 18 a 39.
[2] Processo IV/M.527, *Thomson CSF/Deutsche Aerospace*, de 2 de Dezembro de 1994 (fundamento n.º 10) – direitos de propriedade intelectual; processo IV/M.560, *EDS/Lufthansa*, de 11 de Maio de 1995 (fundamento n.º 11) – recurso a fornecimentos externos; processo IV/M.585, *Voest Alpine Industrieanlagenbau GmbH/Davy International Ltd*, de 7 de Setembro de 1995 (fundamento n.º 8) – direito da empresa comum de solicitar outros conhecimentos especializados e pessoal às suas empresas-mãe; processo IV/M.686, *Nokia/Autoliv*, de 5 de Fevereiro de 1996 (fundamento n.º 7) – possibilidade de a empresa comum denunciar os «acordos de serviços» com a empresa-mãe e sair das instalações detidas pela empresa-mãe; processo IV/M.791, *British Gas Trading Ltd/Group 4 Utility Services Ltd*, de 7 de Outubro de 1996 (fundamento n.º 9) – os activos destinados à empresa comum serão transferidos para uma empresa de locação financeira e arrendados pela empresa comum.

sas-mãe geralmente não é incompatível com a sua qualidade de «empresa comum que desempenha todas as funções de uma entidade económica autónoma», desde que as empresas-mãe operem apenas como agentes da empresa comum[1].

14. A forte presença das empresas-mãe nos mercados a montante ou a jusante é um factor que deve ser tomado em consideração na apreciação do carácter de empresa comum que desempenha todas as funções de uma entidade económica autónoma, nos casos em que essa presença dá origem a vendas ou aquisições substanciais entre as empresas-mãe e a empresa comum. O facto de a empresa comum depender quase inteiramente das suas empresas-mãe para efectuar as suas vendas ou proceder às suas aquisições apenas num período de arranque não afecta normalmente o seu carácter de empresa comum que desempenha todas as funções de uma entidade económica autónoma. Esse período de arranque pode ser necessário para que a empresa comum se estabeleça num mercado e, regra geral, não excederá um período de tempo de três anos, dependendo das condições específicas do mercado em questão[2].

Se as vendas da empresa comum às empresas-mãe forem previstas numa base duradoura, a questão essencial consiste em determinar se, independentemente dessas vendas, a empresa comum está preparada para desempenhar um papel activo no mercado. A este respeito, a proporção relativa destas vendas comparada com a produção total da empresa comum constitui um factor importante. Um outro factor consiste no facto de as vendas às empresas-mãe serem efectuadas com base em condições comerciais normais[3].

Em relação às aquisições da empresa comum às suas empresas-mãe, a natureza de empresa comum que desempenha todas as funções de uma entidade económica autónoma é questionável, em especial, quando o valor acrescentado aos produtos ou serviços em causa a nível da própria empresa comum é pouco significativo. Neste caso, a empresa comum poderá estar mais próxima de uma agência comum de vendas. Todavia, contrariamente ao que sucede nesta situação, quando uma

---

[1] Processo IV/M.102, *TNT/Canada Post e. o.*, de 2 de Dezembro de 1991 (fundamento n.º 14).

[2] Processo IV/M.560, *EDS/Lufthansa*, de 11 de Maio de 1995 (fundamento n.º 11); processo IV/M.686, *Nokia/Autoliv*, de 5 de Fevereiro de 1996 (fundamento n.º 6); a confrontar com o processo IV/M.904, *RSB/Tenex/Fuel Logistics*, de 2 de Abril de 1997 (fundamentos n.ºs 15 a 17) e com o processo IV/M.979, *Preussag/Voest-Alpine*, de 1 de Outubro de 1997 (fundamentos n.ºs 9 a 12). Verifica-se um caso especial quando as vendas pela empresa comum às empresas-mãe se devem a um monopólio legal a jusante da empresa comum [processo IV/M.468, *Siemens/Italtel*, de 17 de Fevereiro de 1995 (fundamento n.º 12)], ou quando as vendas a uma empresa-mãe são constituídas por produtos secundários, de pouca importância para a empresa comum [processo IV/M.550, *Union Carbide/Enichem*, de 13 de Março de 1995 (fundamento n.º 14)].

[3] Processo IV/M.556, *Zeneca/Vanderhave*, de 9 de Abril de 1996 (fundamento n.º 8); processo IV/M.751, *Bayer/Hüls*, de 3 de Julho de 1996 (fundamento n.º 10).

empresa comum desenvolve actividades num mercado comercial e desempenha as funções normais de uma empresa de comercialização nesse mercado, normalmente não será uma agência de vendas auxiliar, mas sim uma empresa comum que desempenha todas as funções de uma entidade económica autónoma. Um mercado comercial caracteriza-se pela existência de empresas especializadas na venda e distribuição de produtos sem estarem integradas verticalmente, paralelamente a outras que estejam integradas, no qual estão disponíveis diferentes fontes de abastecimento para os produtos em causa. Além disso, muitos mercados comerciais podem obrigar a um investimento, por parte dos operadores, em meios específicos, tais como pontos de venda, manutenção de existências, entrepostos, armazéns, frota de transporte e pessoal de vendas. Para ser considerada uma empresa comum que desempenha todas as funções de uma entidade económica autónoma num mercado comercial, a empresa comum deve dispor dos meios necessários e poder obter uma proporção substancial dos seus fornecimentos não só das respectivas empresas-mãe, mas também de outras fontes concorrentes[1].

15. Além disso, a empresa comum deve destinar-se a operar numa base duradoura. O facto de as empresas-mãe atribuírem à empresa comum os recursos acima descritos demonstra que normalmente será este o caso. Por outro lado, os acordos de criação de uma empresa comum prevêem normalmente certas eventualidades, como o fracasso da empresa comum ou um desacordo fundamental entre as empresas-mãe[2]. Tal pode ser obtido mediante a inclusão de disposições respeitantes a uma eventual dissolução da própria empresa comum ou à possibilidade de uma ou várias das suas empresas-mãe se retirarem da empresa comum. Disposições deste tipo não impedem que a empresa comum seja considerada como destinada a operar numa base duradoura. O mesmo sucede também normalmente nos casos em que o acordo especifica um período de duração para a empresa comum, sendo esse período suficientemente longo para dar origem a uma alteração duradoura da estrutura das empresas em causa[3] ou quando o acordo prevê a eventual continuação da empresa comum para além desse período. Em contrapartida, não se considera que a empresa comum se destina a operar numa base duradoura quando é criada por um período limitado de curta duração. Este seria por exemplo o caso de uma empresa comum criada para a realização de um projecto específico, tal como a construção de uma central eléctrica, mas que não participará na exploração dessa central uma vez concluída a fase de construção.

---

[1] Processo IV/M.788, *AgrEVO/Marubeni*, de 3 de Setembro de 1996 (fundamentos n.ºs 9 e 10).

[2] Processo IV/M.891, *Deutsche Bank/Commerzbank/J.M.Voith*, de 23 de Abril de 1997 (fundamento n.º 7).

[3] Processo IV/M.791, *British Gas Trading Ltd/Group 4 Utility Services Ltd*, de 7 de Outubro de 1996 (fundamento n.º 10); a confrontar com o processo IV/M.722, *Teneo/Merrill Lynch/Bankers Trust*, de 15 de Abril de 1996 (fundamento n.º 15).

III. DISPOSIÇÃO FINAL

16. A criação de uma empresa comum que desempenha todas as funções de uma entidade económica autónoma constitui uma operação de concentração na acepção do artigo 3.º do regulamento das concentrações. As restrições admitidas pelas empresas-mãe da empresa comum directamente relacionadas e necessárias para a execução da operação de concentração («restrições acessórias») serão apreciadas juntamente com a própria concentração[1].

Para além disso, a criação de uma empresa comum de pleno exercício poderá ter como consequência directa a coordenação do comportamento concorrencial de empresas que se mantêm independentes. Em tais casos, o n.º 4 do artigo 2.º do regulamento das concentrações prevê que esses efeitos cooperativos serão avaliados de acordo com os mesmos processos que a concentração. Essa avaliação será feita segundo os critérios previstos nos n.ºs 1 e 3 do artigo 85.º do Tratado, a fim de determinar se a operação é ou não compatível com o mercado comum.

A aplicabilidade do artigo 85.º do Tratado CE a outras restrições de concorrência, que não são nem acessórias à concorrência nem uma consequência directa da criação da empresa comum, deverá normalmente ser examinada de acordo com o Regulamento n.º 17.

17. A interpretação pela Comissão do artigo 3.º no que respeita às empresas comuns em nada prejudica a eventual interpretação do Tribunal de Justiça ou do Tribunal de Primeira Instância das Comunidades Europeias.

---

[1] Ver comunicação da Comissão relativa às restrições acessórias às operações de concentração (JO, C 203, de 14.8.1990, p. 5).

CONCEITO DE "EMPRESAS EM CAUSA"

Comunicação da Comissão*

I. INTRODUÇÃO

1. A presente comunicação tem por objectivo clarificar a interpretação da Comissão sobre o conceito de empresas em causa constante dos artigos 1.º e 5.º do Regulamento (CEE) n.º 4064/89[1], com a última redacção que lhe foi dada pelo Regulamento (CE) n.º 1310/97[2] (a seguir denominado «regulamento das concentrações»), bem como ajudar a identificar as empresas em causa nas situações mais correntes dos processos instruídos pela Comissão até à data. Os princípios enunciados na presente comunicação serão seguidos e desenvolvidos pela Comissão na sua prática relativa aos casos individuais.

A presente comunicação substitui a comunicação relativa ao conceito de empresas em causa[3].

2. Nos termos do seu artigo 1.º, o regulamento das concentrações é apenas aplicável às operações que satisfaçam dois requisitos. Em primeiro lugar, a operação projectada deve envolver a fusão de várias empresas ou a aquisição por uma ou mais empresas do controlo do conjunto ou de partes de outras empresas, devendo esta operação ser considerada uma operação de concentração nos termos do artigo 3.º do regulamento. Em segundo lugar, estas empresas devem atingir os limiares relativos ao volume de negócios estabelecidos no artigo 1.º.

3. Para efeitos da determinação da jurisdição competente, as empresas em causa são, em geral, os intervenientes na transacção, na medida em que são as empresas que se fundem ou as empresas adquirentes ou adquiridas. Além disso, a sua dimensão económica total agregada, em termos de volume de negócios, será decisiva para determinar se são ou não atingidos os limiares previstos.

---

* Comunicação da Comissão relativa ao conceito de empresas em causa para efeitos do Regulamento (CEE) n.º 4064/89 do Conselho, relativo ao controlo das operações de concentração de empresas (JO, C 66, de 2.3.1998, pp. 14-23).

[1] JO, L 395, de 30.12.1989, p. 1, e JO, L 257, de 21.9.1990, p. 13 (rectificação).
[2] JO, L 180, de 9.7.1997, p. 1.
[3] JO, C 385, de 31.12.1994, p. 12.

4. A interpretação da Comissão dos artigos 1.º e 5.º, no que respeita ao conceito de empresas em causa, não prejudica qualquer interpretação eventual do Tribunal de Justiça ou do Tribunal de Primeira Instância das Comunidades Europeias.

II. CONCEITO DE EMPRESA EM CAUSA

5. As empresas em causa são os participantes directos numa fusão ou numa aquisição do controlo. Neste contexto, o n.º 1 do artigo 3.º do regulamento das concentrações prevê o seguinte:
«Realiza-se uma operação de concentração:
a) Quando duas ou mais empresas anteriormente independentes se fundem; ou
b) Quando:
– uma ou mais pessoas que já detêm o controlo de pelo menos uma empresa, ou
– uma ou mais empresas adquirem, directa ou indirectamente, por compra de partes de capital ou de elementos do activo, por via contratual ou por qualquer outro meio, o controlo do conjunto ou de partes de uma ou de várias outras empresas».

6. No caso de uma fusão, as empresas em causa serão as empresas que se fundem.

7. Nos restantes casos, é o conceito de «aquisição do controlo» que determinará quais as empresas em causa. Do lado dos adquirentes, pode haver uma ou várias empresas que adquirem o controlo exclusivo ou conjunto. Do lado dos adquiridos, pode haver uma ou mais empresas no seu conjunto ou apenas em parte, se a transacção abranger apenas uma das suas filiais ou alguns dos seus activos. Regra geral, cada uma destas empresas constituirá uma empresa em causa na acepção do regulamento das concentrações. No entanto, as características específicas de determinadas transacções requerem um certo aprofundamento deste princípio, conforme será a seguir demonstrado aquando da análise dos diferentes cenários possíveis.

8. Nas operações de concentração que não digam respeito a fusões ou à criação de novas empresas comuns, isto é, no caso de aquisição do controlo exclusivo ou conjunto de empresas já existentes ou de partes das mesmas, não se tem em consideração um interveniente importante no acordo relativo à operação aquando da identificação das empresas em causa: o vendedor. Embora seja evidente que a operação não se pode realizar sem o seu consentimento, o seu papel finda quando a transacção fica concluída, dado que, por definição, a partir do momento em que o vendedor abandonou todo o controlo da empresa desaparecem as suas ligações com esta. Caso o vendedor mantenha o controlo conjunto com a(s) empresa(s) adquirente(s), será considerado como uma das empresas em causa.

9. Após a identificação das empresas em causa numa dada transacção, o seu volume de negócios deve ser calculado de acordo com as regras estabelecidas no

artigo 5.º do regulamento das concentrações[1], para efeitos de determinação da jurisdição competente. Uma das principais regras deste artigo prevê a tomada em consideração de todo o grupo no cálculo do volume de negócios, no caso de as empresas em causa pertencerem a um grupo. Por conseguinte, todas as referências no artigo 1.º ao volume de negócios das empresas em causa devem ser entendidas como feitas ao volume de negócios dos seus grupos respectivos.

10. O mesmo sucede em relação à apreciação do impacto de uma operação de concentração no mercado do ponto de vista material. Quando o artigo 2.º do regulamento das concentrações prevê que a Comissão terá em conta «a posição que as empresas em causa ocupam no mercado e o seu poder económico e financeiro», tal inclui os grupos a que pertencem.

11. É importante não confundir, quando se designa as diversas empresas que podem ser abrangidas por um processo, o conceito de empresas em causa, nos termos dos artigos 1.º e 5.º, com a terminologia utilizada no regulamento das concentrações e no Regulamento (CE) n.º 447/98 da Comissão, de 1 de Março de 1998 («regulamento de execução»)[2] para designar as diversas empresas que podem ser abrangidas por um processo. Essa terminologia designa as partes notificantes, outras partes envolvidas, terceiros e partes a que podem ser aplicadas coimas ou sanções pecuniárias compulsórias e que estão definidos no capítulo III do regulamento de execução, incluindo os respectivos direitos e obrigações.

III. IDENTIFICAÇÃO DAS EMPRESAS EM CAUSA NOS DIFERENTES TIPOS DE OPERAÇÕES

1. Fusões

12. Numa fusão, várias empresas anteriormente independentes reúnem-se de modo a criar uma nova empresa ou, embora permanecendo entidades jurídicas separadas, para criar uma unidade económica única. Conforme acima referido, as empresas em causa são todas as empresas que se fundem.

2. Aquisição do controlo exclusivo

2.1. *Aquisição do controlo exclusivo da totalidade da empresa*

13. A aquisição do controlo exclusivo da totalidade da empresa é o caso

---

[1] As regras relativas ao cálculo do volume de negócios em conformidade com o ar-tigo 5.º são indicadas de forma pormenorizada na comunicação da Comissão relativa ao cálculo do volume de negócios.

[2] JO, L 61, de 2.3.1998, p. 1.

menos problemático neste contexto; as empresas em causa são a empresa adquirente e a empresa adquirida ou empresa-alvo.

2.2. Aquisição do controlo exclusivo de parte de uma empresa

14. O n.º 2, primeiro parágrafo, do artigo 5.º do regulamento das concentrações prevê que, quando a concentração consistir na aquisição de partes de uma ou mais empresas, só serão tomadas em consideração, no que se refere ao vendedor ou vendedores, as partes que foram objecto da transacção. Por «partes», deve entender-se uma ou mais entidades com personalidade jurídica própria (como, por exemplo, as filiais), as subdivisões internas no âmbito do vendedor (tal como uma divisão ou uma unidade), ou activos específicos que constituam só por si uma actividade (por exemplo, em determinados casos, marcas ou licenças) aos quais possa ser claramente atribuído um volume de negócios no mercado. Neste caso, as empresas em causa são o adquirente e a(s) parte(s) adquirida(s) da empresa-alvo.

15. O n.º 2, segundo parágrafo, do mesmo artigo inclui uma regra especial sobre as operações fragmentadas ou as transacções consecutivas a outras operações nos termos das quais, se num período de dois anos, forem efectuadas diversas aquisições de partes pelo mesmo comprador ao mesmo vendedor, estas transacções serão consideradas como uma única operação de concentração, com a data da última transacção. Neste caso, as empresas em causa são o adquirente e a(s) diferente(s) parte(s) adquirida(s) da empresa-alvo no seu conjunto.

2.3. Aquisição do controlo exclusivo depois da redução ou da expansão da empresa-alvo

16. As empresas em causa são a empresa adquirente e a(s) empresa(s)-alvo, com a sua respectiva configuração na data da operação.

17. A Comissão baseia-se na configuração das empresas em causa na data do facto que suscita a obrigação de notificação nos termos do n.º 1 do artigo 4.º do regulamento das concentrações, a saber, a conclusão do acordo, o anúncio da oferta pública ou a aquisição da participação de controlo. Se a empresa-alvo tiver alienado uma entidade ou encerrado quaisquer actividades antes da data do facto que dá origem à notificação ou se essa alienação ou encerramento constituir um pré-requisito da operação[1], as vendas da entidade alienada ou das actividades encerradas não devem ser incluídas no cálculo do volume de negócios. Na mesma lógica, se a empresa-alvo tiver adquirido uma entidade antes da data do facto que dá origem à notificação, devem ser incluídas as vendas desta última[2].

---

[1] Ver acórdão do Tribunal de Primeira Instância proferido no processo T-3/93, *Air France/Comissão*, de 24 de Março de 1994, Col. 1994 II, p. 21.

[2] O cálculo do volume de negócios no caso de aquisições ou alienações efectuadas

2.4. Aquisição do controlo exclusivo através de uma filial de um grupo

18. Quando uma empresa-alvo for adquirida por um grupo por intermédio de uma das suas filiais, as empresas em causa, para efeitos do cálculo do volume de negócios, são a empresa-alvo e a filial adquirente. No entanto, no que se refere à notificação propriamente dita, esta pode ser feita pela filial em questão ou pela sua empresa-mãe.

19. Todas as empresas pertencentes a um grupo (empresas-mãe, filiais, etc.) constituem uma única entidade económica, pelo que só poderá haver uma empresa em causa no âmbito de um grupo. Assim, a filial e a empresa-mãe não podem ser consideradas separadamente empresas em causa, tanto para verificar se são atingidos os limiares em matéria de volume de negócios (por exemplo, se a empresa-alvo não atingir o limiar de 250 milhões de ecus de volume de negócios a nível comunitário), como para verificar se o não são (por exemplo, se um grupo está dividido em duas empresas, cada uma delas com um volume de negócios a nível comunitário inferior a 250 milhões de ecus).

20. No entanto, apesar de apenas poder haver uma única empresa em causa no âmbito de um grupo, o n.º 4 do artigo 5.º do regulamento das concentrações prevê que, para efeitos do cálculo dos limiares, deve ser incluído o volume de negócios da totalidade do grupo a que pertença a empresa em causa[3].

3. Aquisição do controlo conjunto

3.1. Aquisição do controlo conjunto de uma empresa recém-criada

21. No caso da aquisição do controlo conjunto de uma empresa recém-criada, as empresas em causa são todas as empresas que adquirem o controlo da empresa comum recém-criada (esta última, dado ainda não existir, não pode ser considerada como uma empresa em causa, não possuindo, além disso, um volume de negócios próprio).

3.2. Aquisição do controlo conjunto de uma empresa já existente

22. No caso da aquisição do controlo conjunto de uma empresa ou de actividades já existentes[1], as empresas em causa são todas as empresas que adquirem o controlo conjunto, por um lado, e a empresa adquirida já existente, por outro.

---

depois das últimas contas auditadas é abordado na comunicação da Comissão relativa ao cálculo do volume de negócios, ponto 27.

[3] O cálculo do volume de negócios no caso de grupos de empresas é abordado na comunicação da Comissão relativa ao cálculo do volume de negócios, pontos 36 a 42.

[1] Isto é, duas ou mais empresas (empresas A, B, etc.) adquirem uma empresa já existente (empresa X). Relativamente às alterações nas participações em caso de controlo conjunto de uma empresa comum existente, ver a secção III.6.

23. Todavia, no caso de a empresa já existente se encontrar sob controlo exclusivo de uma empresa e um ou vários novos accionistas adquirirem o controlo conjunto, mantendo, no entanto a empresa-mãe inicial uma participação, as empresas em causa são cada uma das empresas que assegura o controlo conjunto (incluindo, portanto, esse accionista inicial). A empresa-alvo não é, neste caso, uma empresa em causa e o seu volume de negócios faz parte do volume de negócios da empresa-mãe inicial.

3.3. Aquisição do controlo conjunto com vista à repartição imediata dos activos

24. Quando várias empresas se reúnem apenas para adquirir outra empresa, acordando em dividir os activos adquiridos, segundo um plano já existente, imediatamente após a realização da transacção, não se verifica qualquer concentração efectiva do poder económico entre os adquirentes e a empresa-alvo, visto que os activos adquiridos são apenas detidos e controlados em conjunto, do ponto de vista jurídico, por um curto período de tempo. Este tipo de aquisição com vista à repartição imediata dos activos será, na realidade, considerado como várias operações, no âmbito das quais cada uma das empresas adquirentes obtém a sua parte relevante da empresa-alvo. Em relação a cada uma destas operações, as empresas em causa serão, por conseguinte, a empresa adquirente e a parte da empresa-alvo adquirida (tal como se se tratasse de uma aquisição de controlo exclusivo de parte de uma empresa).

25. Esta situação é referida no considerando 24 do Regulamento (CEE) n.º 4064/89, que prevê que o referido regulamento é aplicável aos acordos que tenham por único objectivo repartir os activos imediatamente após a respectiva aquisição.

4. Aquisição do controlo conjunto por uma empresa comum

26. Nas transacções em que uma empresa comum adquire o controlo de outra empresa, levanta-se a questão de saber se, do ponto de vista do adquirente, a empresa comum deve ser considerada como uma única empresa em causa (devendo o seu volume de negócios ser incluído no volume de negócios das suas empresas-mãe), ou se cada empresa-mãe deve ser individualmente considerada como uma empresa em causa. Por outras palavras, a questão consiste em saber se é ou não necessário clarificar os vínculos empresariais da sociedade intermediária (o veículo). Em princípio, a empresa em causa é a empresa que participa directamente na aquisição do controlo. Contudo, podem existir circunstâncias em que empresas criam empresas «fictícias», que não possuem um volume de negócios próprio (ou este é insignificante), ou utilizam uma empresa comum já existente, que opera num mercado diferente do mercado da empresa-alvo, a fim de proceder a aquisições por

conta das empresas-mãe. Se a empresa adquirida ou a empresa-alvo possuir um volume de negócios a nível comunitário inferior a 250 milhões de ecus, a questão da determinação das empresas em causa pode ser decisiva para efeitos da determinação da jurisdição competente[1]. Neste tipo de situação, a Comissão analisará a realidade económica da operação a fim de determinar quais as empresas em causa.

27. No caso de a aquisição ser efectuada por uma empresa comum que desempenha todas as funções de uma empresa, ou seja, uma empresa comum que possui recursos financeiros e outros suficientes para desenvolver actividades comerciais numa base duradoura[2], que opera já num mercado, a Comissão considerará normalmente a própria empresa comum e a empresa-alvo como as empresas em causa (e não as empresas-mãe da empresa comum).

28. Inversamente, quando a empresa comum puder ser considerada como um veículo para uma aquisição pelas empresas-mãe, a Comissão considerará cada uma das próprias empresas-mãe, e não a empresa comum, como as empresas em causa conjuntamente com a empresa-alvo. É o que acontece, nomeadamente, quando a empresa comum é criada especialmente para efeitos de aquisição da empresa-alvo, quando a empresa comum não iniciou ainda as suas actividades, quando uma empresa comum já existente não possui personalidade jurídica ou não desempenha todas as funções de uma empresa, tal como referido supra, ou quando a empresa comum é uma associação de empresas. O mesmo se aplica quando existem elementos que demonstram que as empresas-mãe são na realidade os verdadeiros intervenientes na operação. Estes elementos podem incluir um envolvimento significativo das próprias empresas-mãe na iniciativa, organização e financiamento da operação. Por outro lado, quando a aquisição conduz a uma diversificação substancial da natureza das actividades da empresa comum, isto pode igualmente indicar que as empresas-mãe são os verdadeiros intervenientes na operação. É o que nor-

---

[1] Suponhamos que a empresa-alvo possui um volume de negócios agregado a nível comunitário inferior a 250 milhões de ecus e que as partes adquirentes são duas (ou mais) empresas, cada uma com um volume de negócios a nível comunitário superior a 250 milhões de ecus. Se a empresa-alvo for adquirida por uma sociedade «fictícia» criada pelas empresas adquirentes, existiria apenas uma única empresa (a empresa «fictícia») com um volume de negócios a nível comunitário superior a 250 milhões de ecus, pelo que uma das condições cumulativas em matéria de limiares para a apreciação comunitária não seria preenchida (nomeadamente, a existência de, pelo menos, duas empresas com um volume de negócios superior a 250 milhões de ecus a nível comunitário). Ao invés, se em vez de actuarem através de uma sociedade «fictícia», as empresas adquirentes comprassem directamente a empresa-alvo, o limiar relativo ao volume de negócios seria preenchido, sendo aplicável o regulamento das concentrações a esta operação. As mesmas considerações se aplicam em relação aos limiares do volume de negócios nacional previstos no n.º 3 do artigo 1.º

[2] Os critérios que permitem definir a autonomia de uma empresa comum estão incluídos na comunicação da Comissão relativa ao conceito de empresas comuns que desempenham todas as funções de uma entidade económica autónoma.

malmente se verifica quando a empresa comum adquire uma empresa-alvo que opera num mercado do produto diferente. Nesses casos, as empresas-mãe são consideradas como as empresas em causa.

29. No processo TNT[1], o controlo conjunto de uma empresa comum (JVC) deveria ser adquirido através de uma empresa (GD NET BV) constituída em comum por cinco administrações de correios e uma outra empresa adquirente (TNT Ltd) (ver infra). Neste caso, a Comissão considerou que a empresa comum GD NET BV constituía apenas um veículo criado para permitir às suas empresas-mãe (as cinco administrações de correios) participar na empresa comum JVC, a fim de facilitar a tomada de decisões entre si e para assegurar que as empresas-mãe se pronunciassem e actuassem como uma única entidade; esta configuração asseguraria o exercício de uma influência decisiva pelas empresas-mãe e pela outra empresa adquirente, a TNT, em relação à empresa comum JVC e evitaria que o outro adquirente estivesse em condições de exercer um controlo exclusivo devido à impossibilidade de as administrações dos correios atingirem uma posição comum relativamente às decisões a tomar.

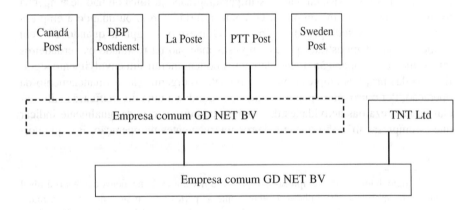

5. Passagem do controlo conjunto para o controlo exclusivo

30. No caso da passagem do controlo conjunto para o controlo exclusivo, um accionista adquire a participação previamente detida por outro(s) accionista(s). No caso de dois accionistas, cada um deles exerce um controlo conjunto sobre toda a empresa comum e não um controlo exclusivo sobre 50% da empresa comum; daí que a venda de todas as acções por um accionista ao outro não tenha como consequência que o único accionista remanescente passe do controlo exclusivo sobre 50%

---

[1] Processo IV/M.102, *TNT/Canada Post, DBP Postdienst, La Poste, PTT Post e Sweden Post*, de 2 de Dezembro de 1991.

para o controlo exclusivo sobre 100% da empresa comum, mas de uma situação de controlo conjunto para o controlo exclusivo de toda a empresa (que deixa de ser uma empresa «comum» após a operação).

31. Nestas circunstâncias, as empresas em causa são o accionista remanescente (o adquirente) e a empresa comum. Tal como sucede em relação a qualquer outro vendedor, o accionista que aliena a sua participação na empresa não constitui uma empresa em causa.

32. O processo ICI/Tioxide[1] incidiu sobre uma passagem de controlo conjunto (50/50) para controlo exclusivo. A Comissão considerou que «a influência decisiva exercida em exclusivo é substancialmente diferente de uma influência decisiva exercida em conjunto, uma vez que neste último caso devem ser tomados em consideração os interesses potencialmente diferentes da outra parte ou partes em causa (...). Com a alteração do tipo de influência decisiva exercida pela ICI sobre a Tioxide, a transacção introduzirá uma alteração duradoura na estrutura das partes em causa». Neste caso, considerou-se que as empresas em causa eram a ICI (enquanto adquirente) e a Tioxide no seu conjunto (enquanto empresa adquirida), mas não a Cookson, o vendedor.

6. Alterações a nível da estrutura dos accionistas em caso de controlo conjunto de uma empresa comum existente

33. O factor decisivo na análise das alterações da estrutura dos accionistas de uma empresa consiste no facto de a operação conduzir a uma alteração no tipo de controlo. A Comissão analisa cada operação numa base casuística, mas, sob determinadas circunstâncias, presumir-se-á que a operação em causa conduz ou, inversamente, não conduz, a uma alteração do tipo de controlo, constituindo, deste modo, uma concentração que deve ou não ser notificada.

34. Deve ser estabelecida uma distinção em função das circunstâncias em que se regista a alteração da estrutura dos accionistas; em primeiro lugar, pode verificar-se a saída de um ou mais accionistas existentes; em segundo lugar, pode verificar-se a entrada de um ou mais novos accionistas suplementares e, em terceiro lugar, um ou mais accionistas existentes podem ser substituídos por um ou mais accionistas novos.

6.1. *Redução do número de accionistas conducente à passagem do controlo conjunto para o controlo exclusivo.*

35. Não é a redução do número de accionistas em si que é importante, mas o facto de, no caso de alguns accionistas venderem as suas participações numa dada

---

[1] Processo IV/M.023, *ICI/Tioxide,* de 28 de Novembro de 1990.

empresa comum, essas participações serem subsequentemente adquiridas por outros accionistas (novos ou existentes), podendo deste modo a aquisição dessas participações ou de direitos contratuais adicionais conduzir à tomada de controlo ou reforçar uma posição de controlo já existente (por exemplo, direitos de votos suplementares ou direitos de veto, novos membros no conselho de administração, etc.).

36. Quando há uma redução do número de accionistas, pode verificar-se uma passagem do controlo conjunto para o controlo exclusivo (ver também secção III.5 supra), caso em que o accionista remanescente adquire o controlo exclusivo da empresa. As empresas em causa neste caso serão o accionista que permanece na empresa (o adquirente) e a empresa adquirida (anteriormente a empresa comum).

37. Para além do accionista que detém o controlo exclusivo da empresa, pode haver outros accionistas, por exemplo, com participações minoritárias, que não asseguram o controlo da empresa; estes accionistas não constituem empresas em causa, uma vez que não exercem qualquer controlo.

6.2. *Redução do número de accionistas não conducente à passagem do controlo conjunto para o controlo exclusivo*

38. Quando a operação envolve uma redução do número de accionistas que detêm o controlo conjunto, sem implicar a passagem do controlo conjunto para o controlo exclusivo e sem que se verifique a entrada ou a substituição de accionistas que adquirem o controlo (ver secção III.6.3. infra), presumir-se-á normalmente que a transacção projectada não conduz a uma alteração do tipo de controlo, não constituindo, por conseguinte, uma concentração que exige notificação. Tal seria o caso, por exemplo, numa situação em que cinco accionistas detinham inicialmente participações equivalentes de 20% e em que, após a operação, se registava a retirada de um accionista, passando os restantes quatro accionistas a ter participações análogas de 25%.

39. Esta situação será diferente se se verificar uma alteração significativa do tipo de controlo, tal como no caso em que a redução do número de accionistas confere aos remanescentes direitos de veto adicionais ou membros suplementares no conselho de administração, conferindo a aquisição do controlo pelo menos a um dos accionistas, quer através da aplicação do acordo de accionistas existentes, quer através de um acordo dos novos accionistas. Neste caso, as empresas em causa serão cada um dos accionistas remanescentes que exercem o controlo conjunto e a empresa comum. No processo Avesta II[1], o facto de o número de accionistas principais ter diminuído de quatro para três levou a que um dos accionistas remanescentes adquirisse um direito de veto (de que não dispunha anteriormente) em

---

[1] Processo IV/M.452, *Avesta II*, de 9 de Junho de 1994.

consequência das disposições constantes do acordo de accionistas que permaneceu em vigor[1]. Esta aquisição de um direito de veto foi considerada pela Comissão como correspondente a uma alteração do tipo de controlo.

6.3. Outras eventuais alterações na estrutura dos accionistas

40. Por último, nos casos em que um ou mais accionistas adquirem o controlo na sequência de alterações da estrutura dos accionistas, a operação deverá ser notificada, uma vez que se presume que a mesma conduzirá normalmente a uma alteração do tipo de controlo.

41. Independentemente do facto do número de accionistas diminuir, aumentar ou permanecer idêntico após a operação, esta aquisição de controlo pode assumir uma das formas seguintes:
– entrada de novo(s) accionista(s) (quer conducente à passagem do controlo exclusivo para o controlo conjunto, quer à manutenção do controlo conjunto tanto antes como após a operação),
– aquisição de uma participação de controlo por accionista(s) minoritário(s) (quer conducente à passagem do controlo exclusivo para o controlo conjunto, quer à manutenção do controlo conjunto tanto antes como após a operação),
– substituição de accionista(s) (situação de controlo conjunto tanto antes como após a operação).

42. A questão consiste em saber se as empresas em causa são a empresa comum e o(s) novo(s) accionista(s) que adquirem, em conjunto, o controlo de uma empresa já existente, ou se todos os accionistas (tanto existentes como novos) devem ser considerados como empresas em causa que adquirem o controlo de uma nova empresa comum. Esta questão assume particular relevância sempre que não haja qualquer acordo específico entre um (ou mais) dos accionistas existentes e o(s) novo(s) accionista(s), que podem apenas ter um acordo com o(s) accionista(s) que aliena(m) as suas participações, isto é, o(s) vendedor(es).

43. Considera-se que uma alteração da estrutura dos accionistas mediante a entrada ou a substituição de accionistas conduz a uma alteração do tipo de controlo. Isto porque a entrada de uma nova empresa-mãe, ou a substituição de uma empresa--mãe por outra, não pode ser comparada à simples aquisição de parte de uma actividade, visto implicar uma alteração a nível da natureza e do tipo de controlo de toda a empresa comum, mesmo nos casos em que, tanto antes como após a operação, o controlo conjunto é exercido por um determinado número de accionistas.

---

[1] Neste caso, uma parte no acordo de accionistas vendeu a sua participação de aproximadamente 7%. Dado que o accionista que alienou a sua participação partilhava um direito de veto com outro accionista que permaneceu na empresa e visto o acordo de accionistas se manter inalterado, o accionista remanescente adquiriu, por conseguinte, um direito de veto pleno.

44. Por conseguinte, nos casos em que se verificam alterações a nível da estrutura dos accionistas, a Comissão considera que as empresas em causa são os accionistas (tanto existentes como novos) que exercem o controlo conjunto e a própria empresa comum. Como acima referido, os accionistas que não têm uma participação de controlo não são considerados empresas em causa.

45. Um exemplo recente de uma alteração deste tipo na estrutura dos accionistas foi o processo Synthomer/Yule Catto[1], em que uma das duas empresas-mãe que exercia o controlo conjunto sobre uma empresa comum já existente foi substituída por uma nova empresa. Considerou-se que as empresas em causa eram ambas as empresas-mãe que exerciam o controlo conjunto (tanto a existente como a nova), bem como a empresa comum.

7. Cisão e divisão de empresas

46. Quando duas empresas procedem a uma fusão ou à criação de uma empresa comum, realizando subsequentemente a cisão ou a divisão desta última e os activos[2] são divididos entre as partes intervenientes na cisão em particular numa configuração diferente da configuração inicial, existirão normalmente várias operações de aquisição de controlo (ver anexo).

47. Por exemplo, as empresas A e B procedem a uma fusão, realizando subsequentemente uma cisão da qual resulta uma configuração distinta dos activos. A operação compreende a aquisição pela empresa A de vários activos (de que pode ter sido anteriormente proprietária, bem como de activos previamente pertencentes à empresa B e de activos adquiridos em conjunto pela entidade resultante da fusão), assim como aquisições similares por parte da empresa B. Do mesmo modo, uma divisão de uma empresa comum pode ser igualmente considerada como implicando a passagem do controlo conjunto sobre todos os activos da empresa comum para o controlo exclusivo sobre os activos divididos[3].

48. Uma divisão de uma empresa efectuada desta forma constitui uma divisão «assimétrica». Para uma cisão deste tipo, as empresas em causa (relativamente a cada operação de divisão) serão, por um lado, as partes iniciais intervenientes na fusão e, por outro, os activos adquiridos por cada parte inicialmente interveniente na operação. Numa divisão de uma empresa comum, as empresas em causa (em relação a cada operação de divisão) serão, por um lado, as partes iniciais intervenientes na empresa comum, enquanto adquirentes, e por outro a parte da empresa comum adquirida por cada um destes intervenientes.

---

[1] Processo IV/M.376, *Synthomer/Yule Catto*, de 22 de Outubro de 1993.

[2] Por «activos» deve entender-se os activos específicos que podem constituir, em si, uma actividade (por exemplo, uma filial, uma divisão de uma empresa e, nalguns casos, marcas ou licenças) à qual possa ser claramente atribuído um volume de negócios no mercado.

[3] Processo IV/M.197, *Solvay-Laporte/Interox*, de 30 de Abril de 1992.

8. Permuta de activos

49. Nas transacções em que duas (ou mais) empresas procedem à permuta de activos, independentemente de estes constituírem ou não entidades jurídicas, cada aquisição de controlo constitui uma operação de concentração independente. Embora seja certo que ambas as transferências de activos numa permuta são geralmente consideradas pelas partes como interdependentes, dado serem frequentemente acordadas num único documento, podendo mesmo ser realizadas de forma simultânea, o regulamento das concentrações tem por objectivo apreciar o impacte da operação resultante da aquisição do controlo por cada uma das empresas. As relações de índole jurídica ou mesmo económica entre estas operações não são suficientes para que as mesmas sejam consideradas como uma operação de concentração única.

50. Assim, em relação a cada transferência de propriedade, as empresas em causa serão as empresas adquirentes e as empresas ou os activos adquiridos.

9. Aquisições de controlo por pessoas singulares

51. O n.º 1 do artigo 3.º do regulamento das concentrações prevê expressamente que é realizada uma operação de concentração quando, entre outros, «uma ou mais pessoas, que já detêm o controlo de pelo menos uma empresa» adquirem o controlo do conjunto ou de parte de uma ou de várias outras empresas. A formulação deste artigo indica que as aquisições de controlo por pessoas singulares só introduzirão uma alteração duradoura na estrutura das empresas em causa se estes realizarem actividades económicas próprias. A Comissão considera que as empresas em causa são a empresa-alvo e a pessoa singular que a adquiriu (sendo o volume de negócios das empresas controladas por essa pessoa singular incluído no cálculo do volume de negócios dessa pessoa singular).

52. Foi este o ponto de vista adoptado na decisão da Comissão relativa ao processo Asko/Jacobs/Adia[1], em que a Asko, uma empresa gestora de participações sociais alemã com importantes activos no domínio do comércio retalhista, e o Sr. Jacobs, um investidor suíço, adquiriram o controlo conjunto da Adia, uma empresa suíça que opera sobretudo no domínio dos serviços de pessoal. O Sr. Jacobs foi considerado uma empresa em causa devido aos interesses económicos que tinha nos sectores industriais do chocolate, confeitaria e café.

10. Aquisição da empresa pelos seus quadros

53. Uma aquisição de controlo de uma empresa pelos seus próprios quadros constitui também uma aquisição por pessoas singulares e o que precede é igualmente aplicável, por conseguinte, neste caso. No entanto, os quadros da empresa podem reunir os seus interesses através de uma «empresa veículo», de modo a

---

[1] Processo IV/M.082, *Asko/Jacobs/Adia,* de 16 de Maio de 1991.

actuarem em uníssono e com vista a facilitar o processo de tomada de decisão. Esta empresa veículo pode ser, mas não necessariamente, uma empresa em causa. Neste contexto, é aplicável a regra geral relativa às aquisições de controlo por uma empresa comum (ver secção III.4).

54. Independentemente da existência ou não de uma empresa veículo, os quadros podem igualmente procurar investidores para financiar a operação. Verifica-se muito frequentemente que os direitos concedidos a estes investidores em função da sua participação são de molde a conferir-lhes o controlo na acepção do artigo 3.º do regulamento das concentrações, possuindo os quadros apenas direitos minoritários.

Na decisão CWB/Goldman Sachs/Tarkett[1], foram as duas empresas responsáveis pela gestão dos fundos de investimento que participaram na operação que adquiriram o controlo conjunto e não os quadros.

11. Aquisição do controlo por uma empresa pública

55. Nas situações em que uma empresa pública procede a uma fusão ou adquire o controlo de outra empresa controlada pelo mesmo Estado[2], levanta-se a questão de saber se estas transacções constituem efectivamente concentrações na acepção do artigo 3.º do regulamento ou apenas operações internas de reestruturação do «sector empresarial público»[3]. Neste contexto, o considerando 12 do Regulamento (CEE) n.º 4064/89 estabelece o princípio da não discriminação entre os sectores público e privado e refere que «no sector público, (...) para calcular o volume de negócios de uma empresa que participe na concentração, é necessário ter em conta as empresas que constituem um grupo económico dotado de poder de decisão autónomo, independentemente de quem detém o respectivo capital ou das regras de tutela administrativa que lhe são aplicáveis».

56. Uma fusão ou uma aquisição de controlo realizada entre duas empresas pertencentes ao mesmo Estado pode constituir uma operação de concentração e, neste caso, ambas as empresas serão consideradas empresas em causa, uma vez que o simples facto de pertencerem ambas ao mesmo Estado não significa forçosamente que se enquadrem no mesmo «grupo». Com efeito, o factor decisivo consistirá em saber se estas empresas se integram ou não na mesma holding industrial e se são objecto de uma certa estratégia coordenada. Esta foi a abordagem adoptada na Decisão SGS/Thomson[4].

---

[1] Processo IV/M.395, *CWB/Goldman Sachs/Tarkett*, de 21 de Fevereiro de 1994.

[2] Por «Estado» entende-se qualquer entidade jurídica de carácter público, isto é, os Estados membros, mas também as autoridades regionais ou locais como, por exemplo, províncias, departamentos, Estados federados, etc.

[3] Ver também comunicação da Comissão relativa ao conceito de operação de concentração de empresas, ponto 8.

[4] Processo IV/M.216, *CEA Industrie/France Telecom/Finmeccanica/SGS-Thomson*, de 22 de Fevereiro de 1993.

ANEXO

CISÕES E DIVISÃO DE EMPRESAS*

Cenário da fusão

Antes da fusão

| Empresa A | | Empresa B |

Após a fusão

| Empresa resultante da fusão |
| Activos conjugados |

Após a divisão

Empresa A:		Empresa B:
Activos divididos da empresa resultante da fusão:		Activos divididos da empresa resultante da fusão:
– alguns activos (iniciais) de A		– alguns activos (iniciais) de A
– alguns activos (iniciais) de B		– alguns activos (iniciais) de B
– alguns activos (subsequentes) da empresa resultante da fusão		– alguns activos (subsequentes) da empresa resultante da fusão

Cenário de empresa comum
Antes da criação da empresa comum

| Empresa A | Activos de A a transferir para a EC | | Activos de B a transferir para a EC | Empresa B |

Após a criação da empresa comum

| Empresa A | ------ | Empresa comum / Activos conjugados | ------ | Empresa B |

Após a divisão da empresa comum

Empresa A	Activos divididos da empresa comum		Activos divididos da empresa comum	Empresa B
	– alguns activos (iniciais) de A		– alguns activos (iniciais) de A	
	– alguns activos (iniciais) de B		– alguns activos (iniciais) de B	
	– alguns activos (subsequentes) da EC		– alguns activos (subsequentes) da EC	

---

* Por «activos» deve entender-se os activos específicos que podem constituir, em si, uma actividade (por exemplo, uma filial, uma divisão de uma empresa e, nalguns casos, marcas ou licenças) à qual possa ser claramente atribuído um volume de negócios no mercado.

CÁLCULO DO VOLUME DE NEGÓCIOS

Comunicação da Comissão*

1. A presente comunicação tem por objecto efectuar uma exposição sobre o texto dos artigos 1.º e 5.º do Regulamento (CEE) n.º 4064/89[1], com a última redacção que lhe foi dada pelo Regulamento (CE) n.º 1310/97[2] (a seguir denominado «regulamento das concentrações») e, neste âmbito, clarificar certas questões práticas e de ordem processual que suscitaram dúvidas ou dificuldades.

2. A presente comunicação baseia-se na experiência adquirida pela Comissão na aplicação do regulamento das concentrações até à data. Os princípios nela enunciados serão aplicados e desenvolvidos pela Comissão no âmbito de processos individuais.

A presente comunicação substitui a comunicação relativa ao cálculo do volume de negócios[3].

3. O regulamento das concentrações estabelece dois critérios para determinar a competência da Comissão. O primeiro consiste no facto de a transacção dever constituir uma operação de concentração nos termos do artigo 3.º[4]. O segundo inclui os limiares em matéria de volume de negócios previstos no artigo 1.º e que se destinam a identificar as transacções que possuem um impacte a nível da Comunidade, podendo ser consequentemente consideradas de «interesse comunitário». O volume de negócios traduz os recursos económicos e as actividades que serão reunidos numa operação de concentração, sendo repartido geograficamente a fim de reflectir a distribuição geográfica dos mesmos. Nos n.ºs 2 e 3, respectivamente, do artigo 1.º são estabelecidos dois grupos de limiares. O n.º 2 do artigo 1.º define os limiares

---

* Comunicação da Comissão relativa ao cálculo do volume de negócios para efeitos do Regulamento (CEE) nº 4064/89 do Conselho, relativo ao controlo das operações de concentração de empresas (JO, C 66, de 2.3.1998, pp. 25-35).

[1] JO L 395 de 30.12.1989, p. 1, e JO L 257 de 21.9.1990, p. 13 (rectificação).
[2] JO L 180 de 9.7.1997, p. 1.
[3] JO C 385 de 31.12.1994, p. 21.
[4] O conceito de concentração é definido na comunicação relativa ao conceito de operação de concentração de empresas.

que devem ser utilizados a fim de determinar se a transacção reveste uma dimensão comunitária. A esse respeito, o limiar relativo ao volume de negócios a nível mundial tem por objectivo avaliar a dimensão global das empresas em causa, o limiar relativo ao volume de negócios a nível comunitário destina-se a determinar se a concentração involve um nível mínimo de actividades na Comunidade, e a regra dos dois terços pretende excluir da jurisdição comunitária as transacções de âmbito meramente nacional.

O n.º 3 do artigo 1.º apenas deve ser aplicado no caso em que os limiares expostos no n.º 2 do artigo 1.º não sejam respeitados. Este segundo grupo de limiares destina-se a ser aplicado às transacções que não atinjam uma dimensão comunitária no âmbito do n.º 2 do artigo 1.º, mas que, de acordo com as regras de concorrência nacionais, necessitem de ser notificadas em, pelo menos, três Estados-membros («notificações múltiplas»). Com esta finalidade, o n.º 3 do artigo 1.º prevê que possam ser obtidos limiares mais baixos relativos ao volume de negócios, realizados quer a nível mundial quer a nível comunitário, pelas empresas interessadas. Uma concentração tem dimensão comunitária se esses limiares mais baixos forem preenchidos e as empresas interessadas conseguirem, conjunta e individualmente, um nível de actividades mínimo em, pelo menos, três Estados-membros. O n.º 3 do artigo 1.º também inclui uma regra de dois terços semelhante à do n.º 2 do artigo 1.º, que tem como objectivo identificar transacções exclusivamente domésticas.

4. Os limiares têm por objeto determinar a jurisdição competente, não se destinando a avaliar a posição no mercado das partes que intervêm na concentração, nem o impacte da operação. Como tal, incluem o volume de negócios derivado e, por conseguinte, os recursos afectados a todas as áreas de actividade das partes e não apenas os directamente abrangidos pela operação de concentração. O artigo 1.º do regulamento das concentrações estabelece os limiares que determinam a «dimensão comunitária» de uma concentração, ao passo que o artigo 5.º explica a forma de cálculo do volume de negócios.

5. O facto de os limiares previstos no artigo 1.º do regulamento das concentrações serem meramente de ordem quantitativa, uma vez que se baseiam apenas no cálculo do volume de negócios, não tendo em consideração as quotas de mercado ou outros critérios, demonstra que o seu objectivo é estabelecer um mecanismo simples e objectivo que possa ser facilmente utilizado pelas empresas intervenientes numa operação de concentração, a fim de determinar se a sua transacção reveste uma dimensão comunitária, devendo, por conseguinte, ser notificada.

6. No âmbito do artigo 1.º do regulamento das concentrações, a questão decisiva consiste em avaliar o poder económico das empresas interessadas, com base nos respectivos volumes de negócios, independentemente do sector em que foi realizado e do facto de todos esses sectores serem ou não afectados pela transacção em causa. Deste modo, o regulamento das concentrações atribui prioridade à determinação de todos os recursos económicos e financeiros que serão reunidos através da operação de concentração, a fim de apreciar se esta última se reveste de interesse comunitário.

7. Neste contexto, é evidente que o volume de negócios deve reflectir da forma mais exacta possível o poder económico das empresas intervenientes numa transacção. É essa a finalidade do conjunto de regras estabelecido no artigo 5.º do regulamento das concentrações, que se destina a assegurar que os valores daí resultantes representam uma imagem fiel da realidade económica.

8. A interpretação pela Comissão dos artigos 1.º e 5.º no que respeita ao cálculo do volume de negócios não prejudica uma eventual interpretação do Tribunal de Justiça ou do Tribunal de Primeira Instância das Comunidades Europeias.

I. DETERMINAÇÃO «CONTABILÍSTICA» DO VOLUME DE NEGÓCIOS

1. Volume de negócios como reflexo da actividade

1.1. Conceito de volume de negócios

9. O conceito de volume de negócios utilizado no artigo 5.º do regulamento refere-se expressamente aos «montantes que resultam da venda de produtos e da prestação de serviços». As vendas, enquanto reflexo da actividade da empresa, constituem assim o critério essencial para a determinação do volume de negócios, quer se trate de produtos ou da prestação de serviços. De modo geral, os «montantes que resultam da venda» figuram nas contas das empresas sob a rubrica «vendas».

10. Em matéria de produtos, a determinação do volume de negócios não levanta quaisquer dificuldades, bastando identificar qualquer acto comercial que implique uma transferência de propriedade.

11. Em matéria de serviços, os elementos a tomar em consideração no cálculo do volume de negócios são muito mais complexos, dado que o acto comercial implica uma transferência de «valor».

12. De um modo geral, o método de cálculo do volume de negócios aplicado aos serviços não difere do utilizado a nível dos produtos: a Comissão toma em consideração o montante total das vendas. Quando o serviço prestado é vendido directamente pelo prestador desse serviço ao cliente, o volume de negócios da empresa em causa corresponde ao montante total das vendas de prestações de serviços no último exercício financeiro.

13. Atendendo à complexidade do sector dos serviços, este princípio geral é susceptível de ser adaptado às condições específicas do serviço prestado. Assim, em determinados sectores de actividade (turismo, publicidade, etc.), o serviço pode ser vendido por intermédio de terceiros. Tendo em conta a diversidade destes sectores, podem verificar-se vários tipos de casos: por exemplo, uma empresa de serviços que actua como intermediária pode apenas ter um volume de negócios correspondente ao montante das comissões por ela cobradas.

14. De igual forma, em vários domínios de actividades, nomeadamente o crédito, os serviços financeiros e os seguros, levantam-se problemas técnicos de cálculo que serão expostos na secção III.

1.2. Actividades normais

15. O n.º 1 do artigo 5.º precisa que os montantes a tomar em consideração para o cálculo do volume de negócios devem corresponder às «actividades normais» das empresas em causa.

16. No que respeita aos auxílios concedidos às empresas por entidades públicas, é de assinalar que qualquer auxílio destinado a uma das actividades normais de uma empresa em causa é susceptível de entrar no cálculo do volume de negócios, na medida em que esta empresa seja a beneficiária desse auxílio e que o mesmo se encontre directamente associado à venda dos produtos e à prestação de serviços efectuadas por esta empresa e que, por conseguinte, se reflicta no preço[1]. Por exemplo, um auxílio a favor do consumo de um produto permite ao fabricante vender a um preço mais elevado do que o efectivamente pago pelos consumidores.

17. Em matéria de serviços, a Comissão centra-se nas actividades normais da empresa, relativas à criação dos recursos necessários à realização das suas prestações. Na sua decisão no processo Accor/Wagons-Lits[2], a Comissão decidiu tomar em consideração a rubrica «outras receitas de exploração», que figura na conta de ganhos e perdas da Wagons-Lits. A Comissão considerou que os elementos desta rubrica, que incluíam determinadas receitas das suas actividades de aluguer de automóveis, decorriam da venda de produtos e da prestação de serviços realizada pela Wagons-Lits, fazendo parte das suas actividades normais.

2. Volume de negócios «líquido»

18. O volume de negócios a tomar em consideração é um volume de negócios «líquido», após a dedução de um certo número de elementos referidos expressamente no regulamento das concentrações. Para a Comissão, trata-se de precisar o volume de negócios de forma a poder pronunciar-se sobre o peso económico real da empresa.

---

[1] Ver processo IV/M.156, *Cereol/Continentale Italiana*, de 27 de Novembro de 1991. Neste caso, a Comissão excluiu o auxílio comunitário do cálculo do volume de negócios, visto que o auxílio em questão não se destinava a apoiar a venda de produtos fabricados por uma das empresas intervenientes na concentração, mas os produtores das matérias-primas (cereais) utilizadas pela referida empresa, especializada na moagem de cereais.

[2] Processo IV/M.126, *Accor/Wagons-Lits*, de 28 de Abril de 1992.

2.1. Dedução de descontos e impostos

19. O n.º 1 do artigo 5.º prevê «a dedução dos descontos sobre vendas, do imposto sobre o valor acrescentado e de outros impostos directamente relacionados com o volume de negócios». São consequentemente visados neste contexto dados de carácter comercial (descontos sobre vendas) e fiscal (imposto sobre o valor acrescentado e outros impostos directamente relacionados com o volume de negócios).

20. Por «descontos sobre vendas» deve entender-se o conjunto dos descontos, reduções ou bonificações atribuídos pelas empresas no decurso das suas relações comerciais com os clientes e que influem directamente no montante das vendas.

21. No que respeita à dedução de impostos, o regulamento menciona o IVA e «outros impostos directamente relacionados com o volume de negócios». A dedução do IVA não levanta, de modo geral, quaisquer problemas. A noção de «impostos directamente relacionados com o volume de negócios» remete claramente para os impostos indirectos, uma vez que estes se encontram directamente associados ao volume de negócios como sucede, por exemplo, com os impostos sobre as bebidas alcoólicas.

2.2. Dedução do volume de negócios «interno»

22. Nos termos do n.º 1, primeiro parágrafo, do artigo 5.º, «o volume total de negócios de uma empresa em causa não tem em conta as transacções ocorridas entre as empresas referidas no n.º 4 do presente artigo», ou seja, as que se encontrem associadas à empresa em causa (sobretudo empresas-mãe ou filiais).

23. Trata-se, em suma, da necessidade de excluir o produto das relações comerciais no seio de um grupo, a fim de ter em conta o peso económico real de cada entidade. Deste modo, os «montantes» tomados em consideração pelo regulamento das concentrações reflectem apenas o conjunto das transacções realizadas entre o grupo de empresas, por um lado, e terceiros, por outro.

3. Adaptação das regras de cálculo do volume de negócios aos diferentes tipos de operações

3.1. Regra geral

24. Nos termos do n.º 1 do artigo 5.º do regulamento das concentrações, o volume total de negócios referido no n.º 2 do artigo 1.º inclui os montantes que resultam da venda de produtos e da prestação de serviços realizados pelas empresas em causa durante o último exercício. Consequentemente, o princípio básico consiste em que o volume de negócios a tomar em consideração relativamente a cada

empresa em causa deve ser o volume de negócios no exercício financeiro mais próximo da data da transacção.

25. Esta disposição demonstra que, dado não existirem geralmente contas auditadas do ano que finda no dia anterior à transacção, a imagem mais fiel de um ano total de actividades realizadas pela empresa em causa é a representada pelos valores do volume de negócios do exercício financeiro mais recente.

26. A Comissão procura basear-se nos valores disponíveis mais exactos e fiáveis. Por conseguinte, regra geral, a Comissão basear-se-á nas contas auditadas ou noutras contas finais. No entanto, nos casos em que se observam importantes diferenças entre as normas contabilísticas comunitárias e as normas de um país não comunitário, a Comissão pode considerar necessário proceder à reelaboração destas contas em conformidade com as normas comunitárias em matéria de volume de negócios. Em todo o caso, a Comissão manifesta uma certa relutância em basear-se em contas provisórias, contas de gestão ou qualquer outro tipo de contas provisórias, salvo em circunstâncias excepcionais (ver ponto subsequente). Quando uma operação de concentração é realizada nos primeiros meses do ano, não estando ainda disponíveis as contas auditadas do mais recente exercício financeiro, os valores a tomar em consideração são os referentes ao exercício anterior. No caso de se verificarem importantes discrepâncias entre as duas séries de contas e, em especial, quando se encontram disponíveis os projectos de valores finais relativos aos exercícios mais recentes, a Comissão pode optar por tomá-los em consideração.

27. Não obstante o referido no ponto 26, podem ser sempre introduzidas adaptações de modo a ter em conta as aquisições ou alienações efectuadas após a data das contas auditadas. Tal é necessário para que sejam identificados os verdadeiros recursos que serão objecto de concentração. Assim, se uma empresa alienar uma parte das suas actividades em qualquer momento anterior à assinatura do acordo final ou ao anúncio de uma oferta pública ou da aquisição de uma participação de controlo susceptível de dar origem a uma operação de concentração, ou se tal alienação ou encerramento constituir uma condição prévia para a operação[1], a parte do volume de negócios a ser atribuída a essa parte do negócio deve ser deduzido do volume que figura nas últimas contas auditadas da parte notificante. Inversamente, o volume de negócios a ser atribuído aos activos cujo controlo tenha sido adquirido após a elaboração das contas auditadas mais recentes da empresa deve ser acrescentado ao volume de negócios da empresa para efeitos de notificação.

28. Outros factores que podem afectar temporariamente o volume de negócios, como por exemplo uma diminuição das encomendas ou uma desaceleração do processo de produção no período anterior à transacção não serão tomados em con-

---

[1] Ver acórdão do Tribunal de Primeira Instância proferido no processo T-3/93, *Air France/Comissão*, de 24 de Março de 1994, Col. 1994 II, p. 21.

sideração para efeitos de cálculo do volume de negócios. Não serão efectuados quaisquer ajustamentos nas contas finais de molde a incluí-los.

29. No que respeita à afectação geográfica do volume de negócios e atendendo ao facto de as contas auditadas frequentemente não apresentarem uma repartição geográfica do tipo exigido pelo regulamento das concentrações, a Comissão basear-se-á nos valores mais fiáveis disponíveis, apresentados pelas empresas em conformidade com o disposto no n.º 1 do artigo 5.º do regulamento das concentrações (ver secção II.1).

3.2. *Aquisições de partes de empresas*

30. O n.º 2 do artigo 5.º do regulamento prevê que «se a concentração consistir na aquisição de parcelas, com ou sem personalidade jurídica própria, de uma ou mais empresas, só será tomado em consideração, no que se refere ao cedente ou cedentes, o volume de negócios respeitante às parcelas que foram objecto de transacção».

31. Esta disposição estabelece que, quando o comprador não adquire a totalidade de um grupo, mas apenas uma, ou parte, das suas actividades, independentemente do facto de esta assumir ou não a forma de uma filial, só deve ser incluído, para efeitos do cálculo, o volume de negócios da parte efectivamente adquirida. Na realidade, embora o vendedor no seu conjunto (com todas as suas filiais) seja, do ponto de vista jurídico, uma parte essencial na transacção, uma vez que o acordo de compra e venda não pode ser concluído sem a sua intervenção, este não desempenha qualquer papel após a entrada em vigor do acordo. O eventual impacte da transacção no mercado dependerá exclusivamente da conjugação dos recursos económicos e financeiros que são objecto de uma transferência de propriedade com os do adquirente e não com as actividades que sobrarem do vendedor que permanece independente.

3.3. *Operações fragmentadas*

32. Por vezes, determinadas transacções sucessivas constituem apenas etapas no âmbito de uma estratégia mais lata entre as mesmas partes. A tomada em consideração de cada transacção isolada, mesmo que seja só para efeitos de determinar a jurisdição competente, implicaria ignorar a realidade económica. Simultaneamente, embora algumas dessas operações fragmentadas possam ser concebidas deste modo a fim de melhor satisfazer as necessidades das partes, outras poderiam revestir esta estrutura a fim de iludir a aplicação do regulamento das concentrações.

33. O regulamento previu esta possibilidade no n.º 2, segundo parágrafo, do artigo 5.º, que estabelece que «caso entre as mesmas pessoas ou empresas sejam efectuadas, num período de dois anos, duas ou mais das transacções referi-

das no primeiro parágrafo, tais operações serão consideradas como uma única operação de concentração, efectuada na data daquela que tenha ocorrido em último lugar».

34. Em termos práticos, esta disposição significa que se a empresa A adquirir uma filial da empresa B que represente 50% da actividade total de B e adquirir, um ano mais tarde, a outra filial (os restantes 50% de B), ambas as transacções serão consideradas como uma única operação. Na hipótese de cada uma das filiais apenas realizar um volume de negócios na Comunidade de 200 milhões de ecus, a primeira transacção não teria de ser notificada a não ser que a operação preenchesse as condições indicadas no n.º 3 do artigo 1.º. No entanto, uma vez que a segunda operação ocorre num prazo de dois anos, ambas as transacções devem ser notificadas como uma única operação após a ocorrência da segunda.

35. A importância desta disposição reside no facto de impor a obrigação de notificação das transacções anteriores (efectuadas nos últimos dois anos), juntamente com a transacção mais recente, desde que sejam cumulativamente atingidos os limiares estabelecidos.

3.4. *Volume de negócios de grupos*

36. Quando uma empresa em causa numa operação de concentração na acepção do artigo 1.º do regulamento das concentrações[1] pertence a um grupo, deve ser tido em conta o volume de negócios do grupo no seu conjunto a fim de determinar se são ou não atingidos os limiares. Uma vez mais, o objectivo é determinar o volume total dos recursos económicos que serão reunidos através da operação de concentração.

37. O regulamento das concentrações não define o conceito de grupo em termos abstractos, mas centra-se no facto de saber se as empresas têm o direito de gerir os negócios da empresa como parâmetro para determinar quais as empresas que possuem ligações directas ou indirectas com uma empresa em causa que devem ser consideradas parte do grupo a que pertence essa empresa em causa.

38. O n.º 4 do artigo 5.º do regulamento prevê o seguinte:

«Sem prejuízo do n.º 2 [aquisição de partes], o volume de negócios de uma empresa em causa, na acepção dos n.ºs 2 e 3 do artigo 1.º, resulta da adição dos volumes de negócios:

a) Da empresa em causa;

b) Das empresas em que a empresa em causa dispõe directa ou indirectamente, seja:

— de mais de metade do capital ou do capital de exploração, seja
— do poder de exercer mais de metade dos direitos de voto, seja

---

[1] Ver *Comunicação da Comissão relativa ao conceito de empresas em causa.*

— do poder de designar mais de metade dos membros do conselho geral ou do conselho de administração ou dos órgãos que representam legalmente a empresa, seja

— do direito de gerir os negócios da empresa;

c) Das empresas que dispõem, numa empresa em causa, dos direitos ou poderes enumerados na alínea b);

d) Das empresas em que uma empresa referida na alínea c) dispõe dos direitos ou poderes enumerados na alínea b);

e) Das empresas em que várias empresas referidas nas alíneas a) a d) dispõem, em conjunto, dos direitos ou poderes enumerados na alínea b).».

Isto significa que o volume de negócios da empresa directamente envolvida na transacção [alínea a)] deve incluir as suas filiais [alínea b)], as suas empresas-mãe [alínea c)], as outras filiais das suas empresas-mãe [alínea d)], bem como qualquer outra empresa controlada em conjunto por duas ou mais das empresas pertencentes ao grupo [alínea e)]. A seguir apresenta-se um exemplo gráfico:

A empresa em causa e respectivo grupo:

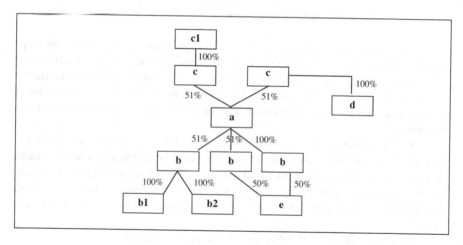

a: Empresa em causa
b: As suas filiais e respectivas filiais (b1 e b2)
c: As suas empresas-mãe e as empresas-mãe do grupo (c1)
d: Outras filiais das empresas-mãe da empresa em causa
e: Empresas controladas em conjunto por duas (ou mais) empresas do grupo
Nota: Estas letras correspondem às alíneas relevantes do n.º 4 do artigo 5.º

A partir deste gráfico, podem ser tecidas as seguintes observações:

1. Desde que sejam satisfeitas as condições em matéria de controlo da alínea b), será tomado em consideração o volume total de negócios da filial em causa, independentemente da participação efectiva da empresa que a controla. No exemplo, será incluído o volume total de negócios das três filiais (denominadas b) da empresa em causa (a).

2. Sempre que qualquer das empresas identificadas como pertencentes ao grupo controle igualmente outras empresas, estas devem ser integradas no cálculo. No exemplo, uma das filiais de «a» (denominada b) possui, por seu turno, as suas próprias filiais b1 e b2.

3. Quando duas ou mais empresas controlam em conjunto a empresa em causa (a), isto é, quando a gestão das actividades dessa empresa requer o acordo unânime das suas empresas-mãe, deve ser incluído o volume de negócios de todas essas empresas[1]. No exemplo, seria tomado em consideração o volume de negócios das duas empresas-mãe (c) da empresa em causa (a), bem como o das suas próprias empresas-mãe (c1, no exemplo). Embora o regulamento das concentrações não mencione expressamente esta regra em relação aos casos em que a empresa em causa constitui, na realidade, uma empresa comum, esta depreende-se do texto do n.º 4, alínea c), do artigo 5.º, que emprega o plural quando alude às empresas-mãe. Esta interpretação tem sido sempre aplicada pela Comissão.

4. Qualquer venda intragrupo deve ser deduzida do volume de negócios do grupo (ver ponto 22).

39. O regulamento das concentrações também aborda a situação específica que ocorre quando duas ou mais empresas em causa numa transacção exercem o controlo conjunto sobre uma outra empresa. Nos termos do n.º 5, alínea a), do artigo 5.º, não deve ser tomado em consideração o volume de negócios resultante da venda de produtos ou da prestação de serviços realizada entre a empresa comum e cada uma das empresas em causa ou qualquer outra empresa ligada a uma delas no sentido do n.º 4 do artigo 5.º Esta regra tem por objectivo evitar a duplicação contabilística. No que respeita ao volume de negócios da empresa comum gerado a partir de actividades com terceiros, o n.º 5, alínea b), do artigo 5.º prevê que este deve ser imputado em partes iguais às empresas em causa, de modo a reflectir o controlo conjunto[2].

40. Aplicando o princípio enunciado no n.º 5, alínea b), do artigo 5.º por analogia, no caso de empresas comuns criadas por empresas em causa e terceiros, a prática da Comissão tem consistido em imputar a cada uma das empresas em causa o volume de negócios dividido em partes iguais por todas as empresas que controlam a empresa comum. No entanto, é necessário nestes casos demonstrar a existência do controlo conjunto.

A prática mostra que é impossível incluir na presente comunicação toda a gama de cenários possíveis que possam surgir em relação ao cálculo de volume de negócios de empresas comuns ou de casos de controlo comum. Em caso de ambiguidades, a avaliação deve sempre dar prioridade aos princípios gerais de forma a

---

[1] Ver comunicação da Comissão relativa ao conceito de empresas em causa (pontos 26 a 29).

[2] Por exemplo, a empresa A e a empresa B criam uma empresa comum C. Estas duas empresas-mãe exercem simultaneamente o controlo conjunto da empresa D, apesar de a empresa A deter 60% e a empresa B 40% do capital. Ao calcular o volume de negócios de A e B no momento em que criaram a nova empresa comum C, o volume de negócios de D com terceiros é afectado equitativamente a A e a B.

evitar duplicação contabilística e reflectir tão correctamente quanto possível o poder económico das empresas envolvidas na transacção[1].

41. Cabe observar que o n.º 4 do artigo 5.º apenas se refere aos grupos já existentes aquando da data da transacção, isto é, o grupo a que pertence cada uma das empresas em causa numa operação de concentração, e não as novas estruturas criadas em consequência da mesma. Por exemplo, se as empresas A e B, juntamente com as suas respectivas filiais, pretendem proceder a uma fusão, considerar-se-á que as empresas em causa são A e B e não a nova entidade a criar, o que significa que o volume de negócios de cada um dos dois grupos deve ser calculado de forma separada.

42. Dado que esta disposição tem unicamente por objectivo identificar as empresas pertencentes aos grupos existentes para efeitos de cálculo do volume de negócios, o critério para verificar a existência do direito de gerir os negócios da empresa previsto no n.º 4 do artigo 5.º[2] é ligeiramente diferente do critério para avaliar a existência do controlo estabelecido no n.º 3 do artigo 3.º, que se refere à aquisição de controlo através da transacção em análise. Enquanto o primeiro critério é mais simples e mais fácil de comprovar com base em elementos objectivos, o segundo levanta mais dificuldades, dado que não se verifica qualquer operação de concentração perante a inexistência de uma aquisição efectiva de controlo.

3.5. *Volume de negócios de empresas públicas*

43. Ao passo que o n.º 4 do artigo 5.º estabelece o método para determinar o agrupamento económico em que se insere uma empresa para efeitos de cálculo do volume de negócios, o disposto nesse artigo deve ser conjugado com o considerando n.º 12 do Regulamento (CEE) n.º 4064/89 no que respeita às empresas públicas. Este considerando prevê que, a fim de evitar qualquer discriminação entre os sectores público e privado, é necessário tomar em consideração «as empresas que constituem um grupo económico dotado de poder de decisão autónomo, independentemente de quem tem o respectivo capital ou das regras de tutela administrativa que lhe são aplicáveis». Assim, o simples facto de duas empresas pertencerem ao Estado não leva forçosamente a concluir que se integrem num grupo para efeitos do disposto no artigo 5.º Ao invés, deve analisar-se se existem motivos para considerar que cada empresa constitui uma unidade económica independente.

44. Assim, quando uma empresa pública não pertence a uma holding industrial mais vasta e não se encontra sujeita a qualquer estratégia de coordenação com

---

[2] Ver, por exemplo, processo IV/M.806, *BA/TAT*, de 26 de Agosto de 1996.

[1] Ver, por exemplo, processo IV/M.126, *Accor/Wagons-Lits*, de 28 de Abril de 1992, e processo IV/M.940, *UBS/Mister Minit*, de 9 de Julho de 1997.

outras holdings do Estado, a empresa deve ser considerada um grupo independente para efeitos do artigo 5.º, não devendo ser tomado em consideração o volume de negócios de outras empresas pertencentes ao Estado. No entanto, quando as participações de um Estado-membro se encontram reunidas em empresas gestoras de participações sociais ou são objecto de uma gestão conjunta ou quando, por outros motivos, seja evidente que as empresas públicas constituem uma «unidade económica dotada de poder de decisão autónomo», o volume de negócios dessas empresas deve ser considerado parte integrante do volume de negócios das empresas em causa para efeitos do disposto no artigo 5.º

II. AFECTAÇÃO GEOGRÁFICA DO VOLUME DE NEGÓCIOS

1. Regra geral

45. Os limiares diferentes dos estabelecidos na alínea a) do n.º 2 e na alínea a) do n.º 3 do artigo 1.º determinam os casos em que se regista um volume de negócios na Comunidade suficiente para se considerar a operação de interesse comunitário e com natureza essencialmente transfronteiras. Estes limiares exigem que o volume de negócios seja repartido em termos geográficos. O n.º 1, segundo parágrafo, do artigo 5.º prevê que o local de realização do volume de negócios é determinado pela localização geográfica do cliente na data da transacção.

«O volume de negócios realizado, quer na Comunidade quer num Estado-membro, compreende os produtos vendidos e os serviços prestados a empresas ou a consumidores, quer na Comunidade quer nesse Estado-membro.».

46. A referência a «produtos vendidos» e a «serviços prestados» não se destina a discriminar entre bens e serviços ao colocar a tónica no local em que as vendas são efectuadas no caso das mercadorias, mas a salientar o local em que é prestado o serviço (que pode não coincidir com o local em que o mesmo foi vendido) no caso dos serviços. Em ambos os casos o volume de negócios deve ser imputado ao local em que se encontra situado o cliente dado que, na maior parte das circunstâncias, é este o local em que se celebra a transacção, onde o volume de negócios para o fornecedor em questão foi realizado e onde se registou a concorrência com outros possíveis fornecedores[1]. O n.º 1, segundo parágrafo, do artigo 5.º não atribui importância ao local de usufruto ou ao local onde se verifica o benefício decorrente da mercadoria ou serviço. Por exemplo, no caso de um bem móvel, um veículo automóvel pode ser conduzido através de toda a Europa pelo seu adquirente mas foi adquirido apenas num local: Paris, Berlim ou Madrid. Sucede o mesmo no

---

[1] Quando o local em que o cliente se encontrava localizado ao adquirir o bem ou o serviço e o local em que a facturação foi posteriormente efectuada forem diferentes, o volume de negócios deve ser imputado ao primeiro.

caso dos serviços em que é possível separar a aquisição de um serviço da sua prestação.

Assim, no caso de viagens organizadas, a concorrência entre as agências de viagens para a venda dos seus serviços ocorre a nível local, tal como as vendas a retalho, muito embora o serviço possa ser prestado numa série de locais distantes. O volume de negócios é, todavia, realizado no local da venda e não no local de destino de uma viagem.

47. O que precede é igualmente válido mesmo nos casos em que uma empresa multinacional possui uma estratégia de aquisição a nível comunitário, abastecendo-se num único local relativamente a todas as suas necessidades em termos de mercadorias ou serviços. O facto de as componentes serem subsequentemente utilizadas em dez instalações diferentes em vários Estados-membros não altera o facto de a transacção realizada com uma empresa não pertencente ao grupo se efectuar apenas num único país. A subsequente distribuição por outros locais constitui apenas uma questão interna da empresa em causa.

48. Alguns sectores levantam, contudo, problemas muito específicos no que respeita à afectação geográfica do volume de negócios (ver secção III).

2. Conversão do volume de negócios em ecus

49. Na conversão do volume de negócios em ecus, deve atribuir-se particular atenção à taxa de câmbio utilizada. O volume de negócios anual de uma empresa deve ser convertido à taxa média dos doze meses relevantes. Esta média pode ser obtida junto da Comissão. O volume de negócios anual auditado não deve ser dividido em valores relativos às vendas trimestrais, mensais ou semanais, convertidos individualmente às taxas médias trimestrais, mensais ou semanais correspondentes, sendo subsequentemente adicionados os valores em ecus de modo a dar um montante total para o ano em causa.

50. Quando uma empresa realiza vendas em várias moedas distintas, o processo é idêntico. O volume de negócios total constante das contas consolidadas auditadas, na moeda utilizada na contabilidade da empresa, deve ser convertido em ecus à taxa média dos últimos doze meses. As vendas na moeda local não devem ser convertidas directamente em ecus, uma vez que esses valores não figuram nas contas consolidadas auditadas da empresa.

III. INSTITUIÇÕES DE CRÉDITO E OUTRAS INSTITUIÇÕES FINANCEIRAS E EMPRESAS DE SEGUROS

1. Definições

51. A natureza específica das actividades nos sectores da banca e dos seguros é formalmente reconhecida pelo regulamento das concentrações com a inclusão

de disposições especiais sobre o cálculo do volume de negócios nesses sectores[1]. Embora o regulamento das concentrações não dê uma definição de «instituições de crédito e outras instituições financeiras» para efeitos do disposto no n.º 3, alínea a), do artigo 5.º, a Comissão tem sempre adoptado na prática as definições previstas nas primeira e segunda directivas bancárias, a saber:

– «Instituição de crédito: uma empresa cuja actividade consiste em receber do público depósitos ou outros fundos reembolsáveis e em conceder créditos por sua própria conta»[2],

– «Instituição financeira: uma empresa que não seja uma instituição de crédito e cuja actividade principal consista em tomar participações ou em exercer uma ou mais das actividades referidas nos pontos 2 a 12 da lista anexa»[3].

52. Da definição supramencionada de «instituição financeira» depreende-se claramente que, por um lado, as empresas gestoras de participações sociais devem ser consideradas instituições financeiras e, por outro, que as empresas que desempenham regularmente, enquanto actividade principal, uma ou mais das actividades expressamente mencionadas nos pontos 2 a 12 da lista anexa acima referida devem ser igualmente consideradas instituições financeiras na acepção do n.º 3, alínea a), do artigo 5.º do regulamento das concentrações. Estas actividades incluem:

– concessão de empréstimos (nomeadamente crédito ao consumo, crédito hipotecário, factoring, etc.),

– locação financeira,

– cooperações de pagamento,

– emissão e gestão de meios de pagamento (cartões de crédito, cheques de viagem, letras de crédito),

– concessão de garantias e outros compromissos,

– transacções efectuadas por conta da própria instituição de crédito ou por conta da respectiva clientela sobre instrumentos do mercado monetário, mercado de câmbios, instrumentos financeiros a prazo e opções, instrumentos sobre divisas ou sobre taxas de juros e valores mobiliários,

– participação em emissões de títulos e prestação de serviços relativos a essa participação,

---

[1] Ver n.º 3 do artigo 5.º do regulamento das concentrações.

[2] Artigo 1.º da Primeira Directiva 77/780/CEE do Conselho de 12 de Dezembro de 1977, relativa à coordenação das disposições legislativas, regulamentares e administrativas respeitantes ao acesso à actividade dos estabelecimentos de crédito e ao seu exercício (JO L 322 de 17.12.1977, p. 30).

[3] N.º 6 do artigo 1.º da Segunda Directiva 89/646/CEE do Conselho de 15 de Dezembro de 1989, relativa à coordenação das disposições legislativas, regulamentares e administrativas respeitantes ao acesso à actividade das instituições de crédito e ao seu exercício (JO L 386 de 30.12.1989, p. 1).

– consultoria às empresas em matéria de estrutura de capital, de estratégia industrial e de questões conexas, bem como consultoria e serviços no domínio da fusão e de aquisição de empresas,
– intermediação nos mercados interbancários,
– gestão e consultoria de patrimónios,
– conservação e administração de valores mobiliários.

2. Cálculo do volume de negócios

53. Os métodos de cálculo do volume de negócios das instituições de crédito e outras instituições financeiras, bem como das empresas de seguros, são descritos no n.º 3 do artigo 5.º do regulamento das concentrações. A presente secção tem como finalidade dar resposta às questões suplementares que se levantaram no decurso dos primeiros anos de aplicação do regulamento das concentrações relativamente ao cálculo do volume de negócios das empresas supramencionadas.

2.1. *Instituições de crédito e instituições financeiras (à excepção das sociedades gestoras de participações financeiras)*

2.1.1. Aspectos gerais

54. Normalmente não há quaisquer dificuldades particulares na aplicação do critério dos proveitos bancários para a definição do volume de negócios a nível mundial das instituições de crédito e outros tipos de instituições financeiras. Podem surgir dificuldades na determinação do volume de negócios na Comunidade e também em cada Estado-membro. Para este propósito, o critério apropriado é o do domicílio da sucursal ou divisão, como previsto no n.º 3, segundo parágrafo da alínea *a*), do artigo 5.º do regulamento das concentrações.

2.1.2. Volume de negócios das empresas de locação financeira

55. Deve ser estabelecida uma distinção fundamental entre a locação financeira e o leasing operacional. Em traços gerais, os contratos de locação financeira têm um período de vigência maior do que os contratos de leasing operacional e a propriedade é geralmente transferida para o locatário no termo do contrato mediante uma opção de compra prevista no mesmo. Ao invés, ao abrigo do contrato de leasing operacional, a propriedade não é transferida para o locatário após o termo do contrato e os custos de manutenção, reparação e seguro do equipamento objecto de locação são incluídos nos respectivos pagamentos. Deste modo, o contrato de locação financeira funciona como um empréstimo destinado a permitir ao locatário adquirir um determinado bem. Assim, uma empresa de locação financeira constitui uma instituição financeira na acepção do n.º 3, subalínea *v*) da alínea *a*), do artigo

5.º e o seu volume de negócios deve ser calculado com base nas regras específicas relativas ao cálculo do volume de negócios das instituições de crédito e outras instituições financeiras. Uma vez que as actividades de leasing operacional não têm esta função de empréstimo, não são consideradas como actividades realizadas por instituições financeiras, pelo menos enquanto actividades principais, pelo que lhes são aplicáveis as regras gerais em matéria de cálculo do volume de negócios constantes do n.º 1 do artigo 5.º[1].

2.2. Empresas seguradoras

2.2.1. Prémios ilíquidos emitidos

56. A aplicação do conceito de prémios ilíquidos emitidos como forma de avaliar o volume de negócios de uma empresa de seguros suscitou questões suplementares, não obstante a definição prevista no n.º 3, alínea b), do artigo 5.º do regulamento das concentrações. Revelam-se oportunas as seguintes clarificações:
– Os prémios «ilíquidos» emitidos incluem todos os montantes recebidos (podendo eventualmente incluir os prémios de resseguro recebidos se a empresa em causa exercer actividades no domínio do resseguro). Os prémios de resseguro cedidos (isto é, todos os montantes pagos ou a pagar pela empresa em causa para obter cobertura de resseguro), encontram-se já incluídos nos prémios ilíquidos emitidos na acepção do regulamento das concentrações;
– Sempre que for utilizado o termo «prémios» [prémios ilíquidos, prémios líquidos (recebidos), prémios a ceder às resseguradoras, etc.], estes referem-se não apenas aos novos contratos de seguro celebrados durante o exercício financeiro em causa, mas também a todos os prémios referentes a contratos celebrados em anos anteriores que permanecem em vigor durante o período tomado em consideração.

2.2.2. Investimentos das empresas seguradoras

57. A fim de constituírem reservas adequadas que lhes permitam proceder ao pagamento dos pedidos de indemnização, as empresas de seguros, que são igualmente consideradas investidores institucionais, possuem geralmente uma importante carteira de investimentos em acções, valores mobiliários, terrenos e outros bens imobiliários, bem como outros activos que geram receitas anuais que não são consideradas como parte integrante do volume de negócios das empresas de seguros.

58. No que respeita à aplicação do regulamento das concentrações, deve ser estabelecida uma importante distinção entre os simples investimentos financeiros, em que a empresa de seguros não se encontra envolvida na gestão das empresas nas quais foram efectuados os investimentos, e os investimentos conducentes à aquisição de

---

[1] Ver processo IV/M.234, *GECC/Avis Lease*, de 15 de Julho de 1992.

uma participação conferindo o controlo numa determinada empresa, permitindo assim à empresa de seguros exercer uma influência determinante sobre a gestão das actividades da filial ou subsidiária em causa. Nestes casos, é aplicável o n.º 4 do artigo 5.º do regulamento das concentrações, devendo o volume de negócios da filial ou subsidiária ser acrescentado ao volume de negócios da empresa de seguros para efeitos da determinação dos limiares estabelecidos no regulamento das concentrações[1].

2.3. As sociedades gestoras de participações financeiras[2]

59. Uma sociedade gestora de participações financeiras constitui uma instituição financeira, pelo que o cálculo do seu volume de negócios deve respeitar os critérios estabelecidos no n.º 3, alínea a), do artigo 5.º relativamente ao cálculo do volume de negócios das instituições de crédito e outras instituições financeiras. No entanto, dado que a principal finalidade de uma sociedade gestora de participações financeiras é a aquisição e a gestão de participações noutras empresas, é também aplicável o disposto no n.º 4 do artigo 5.º (tal como no caso das empresas de seguros) no que respeita às participações que permitem a estas sociedades exercer uma influência determinante na gestão das actividades das empresas em questão.

Na prática, é necessário considerar inicialmente o volume de negócios (não-consolidado) da sociedade gestora de participações financeiras. A seguir, deve ser adicionado o volume de negócios das empresas mencionadas no n.º 4 do artigo 5.º, embora tendo o cuidado de deduzir os dividendos e outros rendimentos distribuídos por essas empresas às sociedades gestoras de participações financeiras. O caso seguinte fornece um exemplo para este tipo de cálculo:

em milhões de ecus

1	Volume de negócios referentes às actividades financeiras (conta de lucro e perda não-consolidade)	3 000
2	Volume de negócios refentes às actividades de seguro das empresas do n.º 4 do artigo 5.º (prémios ilíquidos emitidos)	300
3	Volume de negócios das actividades industriais das empresas do n.º 4 do artigo 5.º 2 e 3	2 000
4	Deduzir dividendos e outros proveitos resultantes das empresas das campanhias do n.º 4 do artigo 5.º 2 e 3	<200>
	Volume de negócios total da gestora de participações financeiras e do seu grupo	5 100

---

[1] Ver processo IV/M.018, *AG/AMEV*, de 21 de Novembro de 1990.

[2] Os princípios delineados neste ponto para as sociedades gestoras de participações financeiras pode, até um certo nível, ser aplicado a companhias de gestão de fundos.

60. Em tais cálculos, pode revelar-se necessário tomar em consideração diferentes regras contabilísticas, nomeadamente as referentes à elaboração de contas consolidadas, que embora se encontrem em certa medida harmonizadas, não são idênticas na Comunidade. Enquanto esta consideração sucede em relação a qualquer tipo de empresa abrangida pelo regulamento das concentrações, sendo particularmente importante no caso das sociedades gestoras de participações financeiras[1], em que o número e a diversidade das empresas controladas e o grau de controlo exercido pela holding sobre as suas filiais, subsidiárias e outras empresas nas quais tem uma participação exige um exame minucioso.

61. O cálculo do volume de negócios para sociedades gestoras de participações financeiras como acima descrito pode revelar-se oneroso na prática. Por conseguinte, a sua aplicação rigorosa e pormenorizada será apenas necessária nos casos em que se afigura que o volume de negócios de uma sociedade gestora de participações financeiras é susceptível de se aproximar dos limiares estabelecidos no regulamento das concentrações; nos restantes casos, quando seja evidente que o volume de negócios em causa se encontra bastante distante destes limiares, pode bastar o exame das contas publicadas para determinar a competência.

---

[1] Ver, por exemplo, processo IV/M.166, *Torras/Sarrió*, de 24 de Fevereiro de 1992, processo IV/M.213, *Hong Kong and Shanghai Bank/Midland*, de 21 de Maio de 1992, processo IV/M.192, *Banesto/Totta*, de 14 de Abril de 1992.

RESTRIÇÕES ACESSÓRIAS

Comunicação da Comissão[*]

I. INTRODUÇÃO

1. O Regulamento (CEE) n.º 4064/89 do Conselho, de 21 de Dezembro de 1989, relativo ao controlo das operações de concentração de empresas[1] (a seguir denominado "regulamento das concentrações"), refere no segundo parágrafo da alínea b) do n.º 1 do artigo 6.º e no último período do segundo parágrafo do n.º 2 do artigo 8.º que a decisão que declara a concentração compatível com o mercado comum abrange igualmente as "restrições directamente relacionadas com a realização da concentração e a ela necessárias". Este conceito é referido igualmente no considerando 25 do regulamento das concentrações. A decisão que declara uma concentração compatível com o mercado comum também deve abranger este tipo de restrições. De acordo com o disposto no n.º 1 do artigo 22.º do regulamento das concentrações, apenas este regulamento é aplicável, com exclusão do Regulamento n.º 17 do Conselho[2], bem como do Regulamentos (CEE) n.º 1017/68 do Conselho, de 19 de Julho de 1968, relativo à aplicação de regras de concorrência nos sectores dos transportes ferroviários, rodoviários e por via navegável[3], (CEE) n.º 4056/86 do Conselho, de 22 de Dezembro de 1986, que determina as regras de aplicação aos transportes marítimos dos artigos 85.º e 86.º do Tratado[4] e (CEE) n.º 3975/87 do

---

[*] Comunicação da Comissão relativa às restrições directamente relacionadas e necessárias às operações de concentração (Texto relevante para efeitos do EEE) – JO, C 188, de 4.7.2001, pp. 5-11.

[1] JO L 395 de 30.12.1989, p. 1; versão rectificada: JO L 257 de 21.9.1990, p. 13. Regulamento alterado pelo Regulamento (CE) n.º 1310/97 (JO L 180 de 9.7.1997, p. 1; versão rectificada: JO L 40 de 13.2.1998, p. 17).

[2] Primeiro regulamento de execução dos artigos 81.º e 82.º do Tratado, (JO 13 de 21.2.1962, p. 204). Regulamento com a última redacção que lhe foi dada pelo Regulamento (CE) n.º 1216/1999 (JO L 148 de 15.6.1999, p. 5).

[3] JO L 175 de 23.7.1968, p. 1. Regulamento com a última redacção que lhe foi dada pelo Acto de Adesão da Áustria, da Finlândia e Suécia.

[4] JO L 378 de 31.12.1986, p. 4. Regulamento com a última redacção que lhe foi dada pelo Acto de Adesão da Áustria, da Finlândia e da Suécia.

Conselho, de 14 de Dezembro de 1987, que estabelece o procedimento relativo às regras de concorrência aplicáveis às empresas do sector dos transportes aéreos[1].

2. Este quadro legal não impõe à Comissão a obrigação de apreciar e tratar formalmente estas restrições. Tal apreciação tem apenas natureza declarativa, uma vez que todas as restrições que preenchem os critérios definidos pelo regulamento das concentrações já estão abrangidas pelo segundo parágrafo da alínea *b*) do n.º 1 do artigo 6.º e pelo último período do segundo parágrafo do n.º 2 do artigo 8.º, sendo por isso automaticamente autorizadas, sejam ou não abordadas expressamente na decisão da Comissão. A Comissão tenciona deixar de proceder a essa apreciação nas suas decisões relativas às operações de concentração. Trata-se de uma abordagem que está de acordo com a prática administrativa da Comissão introduzida para os casos elegíveis para aplicação do procedimento simplificado desde 1 de Setembro de 2000[2].

3. Os diferendos entre as partes numa concentração relativos ao facto de as restrições serem directamente relacionadas e necessárias à sua realização e portanto abrangidas automaticamente pela decisão de autorização da Comissão são da competência dos tribunais nacionais.

4. A presente comunicação define a interpretação da Comissão acerca da noção de "restrições directamente relacionadas com a realização da concentração e a ela necessárias". As orientações das secções seguintes reflectem a experiência e a prática da Comissão neste domínio.

A presente comunicação substitui a comunicação da Comissão relativa às restrições acessórias às operações de concentração[3].

5. A interpretação dada pela Comissão ao disposto no segundo parágrafo da alínea *b*) do n.º 1 do artigo 6.º e no último período do segundo parágrafo do n.º 2 do artigo 8.º do regulamento das concentrações não prejudica a interpretação que possa ser feita pelo Tribunal de Justiça ou pelo Tribunal de Primeira Instância das Comunidades Europeias.

II. PRINCÍPIOS GERAIS

6. Uma concentração pode ser constituída por disposições contratuais e acordos que estabelecem o controlo na acepção do n.º 3 do artigo 3.º do regulamento das concentrações. Todos os acordos relacionados com os activos necessários para realizar o objectivo principal da concentração são igualmente parte integrante da

---

[1] JO L 374 de 31.12.1987, p. 1. Regulamento com a última redacção que lhe foi dada pelo Regulamento (CEE) n.º 2410/92 (JO L 240 de 24.8.1992, p. 18).

[2] Ver o ponto 14 da comunicação da Comissão relativa a um procedimento simplificado de tratamento de certas operações de concentração nos termos do Regulamento (CEE) n.º 4064/89 do Conselho, (JO C 217 de 29.7.2000, p. 32).

[3] JO C 203 de 14.8.1990, p. 5.

mesma operação. Para além destas disposições e destes acordos, as partes na concentração podem concluir outros acordos que não fazem parte da concentração e que limitam a sua liberdade de acção no mercado. Se tais acordos incluírem restrições directamente relacionadas e necessárias à realização da concentração propriamente dita, essas restrições estão abrangidas pela decisão que declara a concentração compatível com o mercado comum; caso contrário, os seus efeitos restritivos podem ter de ser apreciados ao abrigo dos artigos 81.º e 82.º do Tratado CE.

7. Para que as restrições sejam consideradas "directamente relacionadas com a realização da concentração" não basta ter sido concluído um acordo ao mesmo tempo ou no mesmo contexto da concentração.

8. Os acordos devem ser "necessários à realização da concentração", o que significa que na ausência de tais acordos a concentração não poderia realizar-se ou se realizaria em condições mais aleatórias, a custos substancialmente mais elevados, num prazo consideravelmente maior ou com muito maiores dificuldades[1]. Os acordos destinados a proteger o valor transferido[2], a assegurar a continuidade do abastecimento após o desmembramento de uma antiga entidade económica[3], ou a permitir o arranque de uma nova entidade[4] preenchem geralmente estas condições.

9. Para determinar se uma restrição é necessária, é conveniente não só ter em conta a sua natureza, mas também assegurar que a sua duração e alcance material e geográfico não ultrapassam o exigido razoavelmente para a realização da operação de concentração. Se existirem alternativas que sejam igualmente eficazes para atingir o objectivo legítimo prosseguido, as empresas devem escolher a que objectivamente causar menores restrições de concorrência.

10. Relativamente às concentrações que são realizadas em diversas fases, as disposições contratuais relativas às etapas anteriores ao estabelecimento do controlo na acepção dos n.ºs 1 e 3 do artigo 3.º do regulamento das concentrações não podem ser consideradas directamente relacionadas e necessárias à realização da concentração. Em relação a esses acordos continuam a aplicar-se os artigos 81.º e 82.º do Tratado CE. No entanto, os acordos que sirvam para facilitar a aquisição do controlo podem ser considerados directamente relacionados e necessários.

---

[1] Decisão da Comissão de 18 de Dezembro de 2000 (COMP/M.1863 – *Vodafone/BT/Airtel JV*, ponto 20).

[2] Decisão da Comissão de 30 de Julho de 1998 (IV/M.1245 – *Valeo/ITT Industries*, ponto 59); decisão da Comissão de 3 de Março de 1999 (IV/M.1442 – *MMP/AFP*, ponto 17); decisão da Comissão de 9 de Março de 2001 (COMP/M.2330 – *Cargill/Banks*, ponto 30); decisão da Comissão de 20 de Março de 2001 (COMP/M.2227 – *Goldman Sachs/Messer Griesheim*, ponto 11)

[3] Decisão da Comissão de 25 de Fevereiro de 2000 (COMP/M.1841 – *Celestica/IBM*).

[4] Decisão da Comissão de 30 de Março de 1999 (IV/JV.15 – *BT/AT & T*, pontos 207--214); decisão da Comissão de 22 de Dezembro de 2000 (COMP/M.2243 – *Stora Enso/AssiDomän/JV*, pontos 49, 56 e 57).

11. Os critérios de relação directa e de necessidade têm carácter objectivo. As restrições não são directamente relacionadas e necessárias à realização de uma operação de concentração só porque as partes assim o consideram.

III. PRINCÍPIOS APLICÁVEIS ÀS CLÁUSULAS HABITUAIS NO CASO DE AQUISIÇÃO DE UMA EMPRESA

12. As restrições acordadas entre as partes no âmbito da cessão de uma empresa podem reverter em benefício do adquirente ou do cedente. Em geral, a necessidade de protecção é mais premente para o adquirente do que para o cedente. É ao adquirente que é preciso assegurar que conseguirá obter o valor integral da actividade adquirida. Assim, de um modo geral, as restrições a favor do cedente não são directamente relacionadas e necessárias à realização da concentração ou então o seu âmbito e/ou duração têm de ser mais limitados do que as cláusulas a favor do adquirente.

A. Cláusulas de não concorrência

13. As obrigações de não concorrência impostas ao cedente no contexto da cessão de uma empresa ou de parte de uma empresa podem ser directamente relacionadas e necessárias à realização da concentração. A fim de dispor do valor integral dos activos cedidos, o adquirente deve poder beneficiar de uma certa protecção contra a concorrência por parte do cedente a fim de poder assegurar a fidelidade da clientela e assimilar e explorar o saber-fazer. Estas cláusulas de não concorrência garantem a transferência para o adquirente do valor integral dos activos cedidos, que em geral compreendem os activos corpóreos e incorpóreos, como a clientela que o cedente angariou ou o saber-fazer[1] que desenvolveu[2]. Tais cláusulas não só estão directamente relacionadas com a operação de concentração, como são necessárias à sua realização, uma vez que sem elas provavelmente a venda da empresa ou de parte da empresa não se poderia concretizar.

14. Contudo, estas cláusulas de não concorrência só são justificadas pelo objectivo legítimo de realização da operação de concentração quando a sua duração, o seu alcance territorial e o seu âmbito material e pessoal de aplicação não excederem o que é razoavelmente necessário para esse fim. Em geral, não se reconhece a necessidade desta protecção quando a cessão é limitada, de facto, a ac-

---

[1] Tal como definido no artigo 10.º do Regulamento (CE) n.º 240/96 da Comissão, de 31 de Janeiro de 1996, relativo à aplicação do n.º 3 do artigo 81.º do Tratado a certas categorias de acordos de transferência de tecnologias (JO L 31 de 9.2.1996, p. 2).

[2] Decisão da Comissão de 2 de Março de 2001 (COMP/M.2305 – *Vodafone Group plc/Eircell*, ponto 22).

tivos corpóreos (como terrenos, edifícios e máquinas) ou a direitos exclusivos de propriedade industrial e comercial (em relação aos quais os seus titulares podem deduzir imediatamente oposição a qualquer infracção por parte do cedente de tais direitos).

15. A experiência e a prática anteriores da Comissão revelaram que quando a cessão da empresa inclui ao mesmo tempo elementos de clientela e de saber--fazer, geralmente as cláusulas de não concorrência se justificam por um período até três anos[1]; quando só estão incluídos elementos referentes à clientela, em geral estas cláusulas justificam-se por um período até dois anos[2]. Um período superior só se poderá justificar num reduzido conjunto de circunstâncias, por exemplo quando for possível demonstrar que a fidelidade dos clientes ao cedente se manterá por um período superior a dois anos ou superior a três anos quando o âmbito ou a natureza do saber-fazer transferido justificar um período de protecção suplementar[3].

16. O âmbito geográfico de uma cláusula de não concorrência deve limitar-se geralmente à área em que o cedente oferecia os produtos ou serviços relevantes antes da cessão[4]. O que se presume é que o adquirente não precisa de protecção contra a concorrência do cedente nos territórios onde este não tinha penetrado anteriormente, a menos que se demonstre que essa protecção é necessária por circunstâncias específicas do caso, como por exemplo em relação a territórios onde na altura da operação o cedente tinha planeado entrar, desde que já tivesse investido na preparação dessa entrada.

17. Do mesmo modo, as cláusulas de não concorrência devem limitar-se aos produtos (incluindo versões melhoradas ou actualizações de produtos, bem como os modelos que lhes sucedem) e serviços que constituem a actividade económica da empresa cedida. Podem aqui incluir-se os produtos e serviços que se encontram numa fase avançada de desenvolvimento na altura da cessão, ou produtos já plenamente desenvolvidos mas que ainda não foram comercializados. O adquirente não

---

[1] Decisão da Comissão de 2 de Abril de 1998 (IV/M.1127 – *Nestlé/Dalgety*, ponto 33); decisão da Comissão de 1 de Setembro de 2000 (COMP/M.2077 – *Clayton Dubilier & Rice/Iteltel*, ponto 15); Decisão da Comissão de 2 de Março de 2001 (COMP/M.2305 – *Vodafone Group plc/Eircell*, pontos 21 e 22).

[2] Decisão da Comissão de 12 de Abril de 1999 (IV/M.1482 – *Kingfisher/Groβlabor*, ponto 26); decisão da Comissão de 14 de Dezembro de 1997 (IV/M.884 – *KNP BT/Bunzl/Wilhelm Seiler*, ponto 17).

[3] Decisão da Comissão de 1 de Setembro de 2000 (COMP/M.1980 – *Volvo/Renault VI*, ponto 56).

[4] Decisão da Comissão de 14 de Dezembro de 1997 (IV/M.884 – *KNP BT/Bunzl/Wilhelm Seiler*, ponto 17); decisão da Comissão de 12 de Abril de 1999 (IV/M.1482 – *Kingfisher/Groβlabor*, ponto 27); decisão da Comissão de 6 de Abril de 2001 (COMP/M.2355 – *Dow/Enichem Polyurethane*, ponto 28); decisão da Comissão de 4 de Agosto de 2000 (COMP/M.1979 – *CDC/Banco Urquijo/JV*, ponto 18).

carece de protecção contra a concorrência do cedente nos mercados de produtos ou serviços onde a empresa cedida não operava antes da cessão[1].

18. O cedente pode vincular-se ele próprio, as suas filiais e os seus agentes comerciais. No entanto, uma obrigação de impor restrições similares a terceiros não será considerada directamente relacionada e necessária à realização da concentração. Esta regra aplica-se, nomeadamente, às cláusulas que restringem a liberdade de os revendedores ou utilizadores procederem a importações ou exportações.

19. As cláusulas que limitam o direito de o cedente adquirir ou manter acções de uma empresa concorrente da actividade transferida serão consideradas directamente relacionadas e necessárias para a realização da concentração, em condições idênticas às acima referidas para as cláusulas de não concorrência, salvo se impedirem o cedente de adquirir ou manter acções para fins de investimento e que não lhe confiram, directa ou indirectamente, funções de gestão ou uma influência efectiva na empresa concorrente[2.]

20. As cláusulas de não angariação e de confidencialidade devem ser avaliadas da mesma forma que as cláusulas de não concorrência, desde que os seus efeitos restritivos não ultrapassem os destas últimas. Contudo, como o seu alcance pode ser mais limitado do que o das cláusulas de não concorrência, estas cláusulas são mais susceptíveis de ser consideradas directamente relacionadas e necessárias à realização da concentração. As cláusulas de confidencialidade, se forem justificadas por circunstâncias específicas do caso, podem ser admitidas por períodos superiores a três anos, tendo em conta o interesse das empresas em protegerem os seus segredos comerciais de grande valor[3].

---

[1] Decisão da Comissão de 14 de Dezembro de 1997 (IV/M.884 – *KNP BT/Bunzl/Wilhelm Seiler*, ponto 17); decisão da Comissão de 2 de Março de 2001 (COMP/M.2305 – *Vodafone Group plc/Eircell*, ponto 22); decisão da Comissão de 6 de Abril de 2001 (COMP/M.2355 – *Dow/Enichem Polyurethane*, ponto 28); decisão da Comissão de 4 de Agosto de 2000 (COMP/M.1979 – *CDC/Banco Urquijo/JV*, ponto 18).

[2] Decisão da Comissão de 4 de Fevereiro de 1993 (IV/M.304 – *Tesco/Catteau*, ponto 14); decisão da Comissão de 14 de Dezembro de 1997 (IV/M.884 – *KNP BT/Bunzl/Wilhelm Seiler*, ponto 19); decisão da Comissão de 12 de Abril de 1999 (IV/M.1482 – *Kingfisher/ /Großlabor*, ponto 27); decisão da Comissão de 6 de Abril de 2000 (COMP/M.1832 – *Ahold/ICA Förbundet/Canica*, ponto 26); decisão da Comissão de 22 de Junho de 2000 (COMP/JV.40 – *Canal+/Lagardère/Canalsatellite*, ponto 61).

[3] Decisão da Comissão de 12 de Abril de 1999 (IV/M.1482 – *Kingfisher/Großlabor*, ponto 28); decisão da Comissão de 1 de Setembro de 2000 (COMP/M.1980 – *Volvo/Renault VI*, ponto 56); decisão da Comissão de 6 de Abril de 2001 (COMP/M.2355 – *Dow/Enichem Polyurethane*, ponto 28).

B. Acordos de licença

21. A cessão de uma empresa ou de parte de uma empresa inclui geralmente a transferência para o adquirente, tendo em vista a plena exploração dos activos cedidos, de direitos de propriedade intelectual ou de saber-fazer. No entanto, o cedente pode manter a titularidade de tais direitos, a fim de os explorar noutras actividades que não foram objecto de cessão. Nestes casos, o meio habitual para garantir ao adquirente a plena utilização dos activos cedidos é a celebração de acordos de licença a seu favor. Do mesmo modo, se o cedente transferiu direitos de propriedade intelectual com a actividade, pode pretender continuar a utilizá-los, total ou parcialmente, para outras actividades que não foram cedidas. Nesse caso, será o adquirente que concederá uma licença ao cedente.

22. As licenças de patentes[1], de direitos similares ou de saber-fazer[2] podem ser consideradas necessárias para a realização da concentração. Podem igualmente ser consideradas parte integrante da concentração, não precisando de qualquer modo de ter uma duração limitada. Estas licenças podem ser simples ou exclusivas e podem ser limitadas a certos domínios de utilização, na medida em que estes correspondam às actividades da empresa cedida. No cntanto, as limitações territoriais de fabrico que correspondam ao território da actividade transferida não são geralmente necessárias para a realização da operação. As restrições inerentes aos acordos de licença que ultrapassem este âmbito, como as que protegem o licenciante e não o licenciado, não são normalmente necessárias à realização da operação de concentração, podendo ser apreciadas à luz do artigo 81.º do Tratado CE. Os acordos que incluam restrições da concorrência podem, contudo, ser abrangidos pelo Regulamento (CE) n.º 240/96 da Comissão. No caso de uma licença concedida pelo cedente de uma empresa ao adquirente, o cedente pode ser sujeito a uma restrição territorial incluída no acordo de licença nas mesmas condições que as fixadas para as cláusulas de não concorrência no âmbito da venda de uma empresa.

23. Da mesma forma, no caso de licenças de marcas, de denominações comerciais, de direitos de desenhos e modelos, de direitos de autor ou de direitos similares, podem ocorrer situações em que o cedente pretenda manter a titularidade destes direitos com vista à exploração das actividades que conserva, necessitando o adquirente, por outro lado, desses direitos para comercializar os bens ou serviços

---

[1] Incluindo os pedidos de patente, os modelos de utilidade, as topografias de produtos semicondutores, os "certificats d'utilité" e os "certificats d'addition" de direito francês e respectivos pedidos, os certificados complementares de protecção para os medicamentos ou para quaisquer outros produtos para os quais possam ser obtidos certificados de protecção complementar e os certificados de obtentor vegetal [tal como referidos no artigo 8.º do Regulamento (CE) n.º 240/96 da Comissão].

[2] Tal como definido no artigo 10.º do Regulamento (CE) n.º 240/96 da Comissão.

produzidos pela empresa ou parte da empresa cedida. Neste caso, são aplicáveis as considerações enunciadas anteriormente[1].

24. Os acordos relativos à utilização de denominações comerciais ou marcas serão normalmente analisados no contexto da licença correspondente do direito de propriedade intelectual.

C. Obrigações de aquisição e de fornecimento

25. Em muitos casos, a cessão de uma empresa ou de parte de uma empresa pode conduzir à ruptura dos canais tradicionais de aprovisionamento e de forne-cimento existentes devido à anterior integração das actividades no âmbito da unidade económica do cedente. Para viabilizar, em condições razoáveis, o desmembramento da unidade económica do cedente e a transferência parcial dos activos para o adquirente, é muitas vezes necessário manter, pelo menos por um período transitório, as relações existentes ou relações similares entre o cedente e o adquirente. Este objectivo é normalmente atingido através da imposição de obrigações de aquisição e de fornecimento ao cedente e/ou ao adquirente da empresa ou de parte da empresa. Tendo em conta a situação especial resultante do desmembramento da unidade económica do cedente, tais obrigações, susceptíveis de provocar restrições da concorrência, podem ser consideradas directamente relacionadas e necessárias à realização da concentração. Podem ser estipuladas tanto a favor do cedente como do adquirente, em função das circunstâncias específicas de cada caso.

26. A finalidade destas obrigações pode consistir em assegurar a continuidade do aprovisionamento de qualquer das partes relativamente aos produtos necessários à prossecução das actividades mantidas pelo cedente ou compradas pelo adquirente[2]. Por conseguinte, deve considerar-se fundada, em relação a um período transitório[3], a necessidade de obrigações de fornecimento destinadas a garantir as quantidades anteriormente fornecidas no âmbito da actividade integrada do cedente, incluindo, se for caso disso, a possibilidade da sua adaptação em função da procura prevista.

27. Do mesmo modo, o objectivo pode consistir igualmente em assegurar a continuidade das vendas, tal como eram anteriormente garantidas no âmbito de uma

---

[1] Decisão da Comissão de 1 de Setembro de 2000 (COMP/M.1980 – *Volvo/Renault VI*, ponto 54).

[2] Decisão da Comissão de 6 de Abril de 2001 (COMP/M.2355 – *Dow/Enichem Polyurethane*, ponto 31).

[3] Decisão da Comissão de 30 de Julho de 1998 (IV/M.1245 – *Valeo/ITT Industries*, pontos 63 e 64); Decisão da Comissão de 30 de Março de 1999 (IV/JV.15 – *BT/AT & T*, pontos 209, 210 e 212); decisão da Comissão de 1 de Setembro de 2000 (COMP/M.1980 – *Volvo/Renault VI*, ponto 55); decisão da Comissão de 6 de Abril de 2001 (COMP/M.2355 – *Dow/Enichem Polyurethane*, ponto 28).

mesma entidade económica. As obrigações de aquisição em benefício do fornecedor exigem uma fundamentação particularmente rigorosa das partes, consoante as circunstâncias do caso.

28. Tanto as obrigações de fornecimento como as de aquisição relativas a quantidades fixas, eventualmente acompanhadas de uma cláusula evolutiva, podem ser consideradas directamente relacionadas e necessárias à realização da operação de concentração. Todavia, presume-se que as obrigações relativas a quantidades ilimitadas ou que confiram o estatuto de fornecedor ou de cliente privilegiado não são necessárias para a realização da concentração. Tais obrigações devem ser justificadas pelas características específicas do caso.

29. Da mesma forma, não existe uma justificação geral para as obrigações de aquisição e de fornecimento exclusivo[1]. Salvo em circunstâncias excepcionais, resultantes por exemplo da inexistência de um mercado ou da especificidade dos produtos em questão, tal exclusividade não é necessária para a realização de uma concentração.

30. A experiência e a prática anteriores da Comissão revelaram que a duração das obrigações de aquisição e de fornecimento se deve limitar ao período necessário para substituir as relações de dependência por uma posição autónoma no mercado[2]. A duração dos contratos de aquisição e de fornecimento de produtos industriais complexos justifica-se normalmente por um período transitório de três anos e deve, de qualquer modo, fundar-se nas circunstâncias específicas do caso, tendo em conta os bens e serviços em questão[3].

31. Os contratos de prestação de serviços podem ter um efeito equivalente aos contratos de fornecimento, sendo nesse caso aplicáveis as considerações enunciadas anteriormente. No que diz respeito aos contratos de distribuição, também podem ser considerados como restrições directamente relacionadas e necessárias à realização da concentração[4]. Se não for esse o caso, os contratos que incluam restrições da concorrência podem ser abrangidos pelo Regulamento (CE) n.º 2790/1999 da Comissão, de 22 de Dezembro de 1999, relativo à aplicação do n.º 3 do artigo 81.º do Tratado CE a determinadas categorias de acordos verticais e práticas concertadas[5].

---

[1] Decisão da Comissão de 30 de Julho de 1998 (IV/M.1245 – *Valeo/ITT Industries*, ponto 64).

[2] Decisão da Comissão de 30 de Março de 1999 (IV/JV.15 – *BT/AT & T*, ponto 209).

[3] Decisão da Comissão de 2 de Fevereiro de 1997 (IV/M.984 – *Dupont/ICI*, ponto 55); decisão da Comissão de 30 de Julho de 1998 (IV/M.1245 – *Valeo/ITT Industries*, ponto 64); decisão da Comissão de 6 de Abril de 2001 (COMP/M.2355 – *Dow/Enichem Polyurethane*, ponto 31).

[4] Decisão da Comissão de 30 de Março de 1999 (IV/JV.15 – *BT/AT & T*, pontos 207 e 211).

[5] JO L 336 de 29.12.1999, p. 21.

IV. PRINCÍPIOS APLICÁVEIS ÀS CLÁUSULAS HABITUAIS NO CASO DE AQUISIÇÃO CONJUNTA

32. O regulamento das concentrações é aplicável quando duas ou mais empresas acordam em adquirir em conjunto, em especial mediante oferta pública de aquisição, o controlo de uma ou mais empresas, tendo como objectivo e efeito repartir entre si estas empresas ou os seus activos. Trata-se de uma operação de concentração que se realiza em duas fases sucessivas. A estratégia comum limita-se à aquisição do controlo. Para o efeito, no quadro de uma oferta comum, pode considerar-se directamente relacionado e necessário à realização da concentração um acordo dos participantes na aquisição conjunta no sentido de não apresentarem separadamente ofertas concorrentes relativamente à mesma empresa ou de não adquirirem o seu controlo por outra forma.

33. Por outro lado, as restrições destinadas a concretizar a divisão dos activos serão consideradas directamente relacionadas e necessárias à realização da concentração. É o caso dos acordos celebrados entre as partes para a aquisição conjunta do controlo com vista a dividir entre elas as unidades de produção ou as redes de distribuição, bem como os direitos de marca existentes da empresa adquirida em conjunto.

34. Na medida em que esta divisão implica o desmembramento de uma unidade económica preexistente, devem ser consideradas directamente relacionadas e necessárias à realização da concentração as disposições acordadas tendo em vista tornar este desmembramento possível em condições razoáveis. A este respeito, devem ser aplicados por analogia os princípios enunciados anteriormente em relação ao período transitório no domínio das obrigações de aquisição e de fornecimento no caso da cessão de uma empresa.

V. PRINCÍPIOS APLICÁVEIS ÀS CLÁUSULAS HABITUAIS NO CASO DE EMPRESAS COMUNS NA ACEPÇÃO DO N.º 2 DO ARTIGO 3.º DO REGULAMENTO DAS CONCENTRAÇÕES

A. Obrigações de não concorrência

35. Uma obrigação de não concorrência entre as empresas-mãe e uma empresa comum pode ser considerada directamente relacionada e necessária à realização da concentração. As cláusulas de não concorrência podem traduzir, nomeadamente, a necessidade de assegurar que as negociações são conduzidas de boa fé; podem igualmente traduzir a necessidade de utilizar plenamente os activos da empresa comum ou de permitir que esta integre o saber-fazer e a clientela transferidos pelas empresas-mãe; ou a necessidade de proteger os interesses das empresas-mãe na empresa comum contra actos de concorrência facilitados, nomeadamente, pelo acesso privilegiado das empresas-mãe ao saber-fazer e à clientela transferidos para a empresa comum ou por esta desenvolvidos.

36. De um modo geral, estas cláusulas podem justificar-se, no caso de empresas comuns, por um período até cinco anos. No entanto, a Comissão considera que as cláusulas de não concorrência com duração superior a três anos devem ser devidamente justificadas pelas circunstâncias específicas do caso[1]. Além disso, as obrigações de não concorrência entre as empresas-mãe e uma empresa comum que ultrapassem o período de vida desta última nunca poderão ser consideradas directamente relacionadas e necessárias à realização de uma concentração[2].

37. O âmbito geográfico de uma cláusula de não concorrência deve ser limitado à área em que as empresas-mãe ofereciam os produtos ou serviços relevantes antes da criação da empresa comum[3]. Esse âmbito geográfico pode ser alargado aos territórios em que as empresas-mãe estavam a planear entrar na altura da operação, desde que essas empresas já tivessem investido na preparação dessa entrada.

38. As cláusulas de não concorrência devem também ser limitadas aos produtos e serviços que constituem a actividade económica da empresa comum. Podem incluir produtos e serviços numa fase de desenvolvimento avançado na altura da operação, bem como produtos e serviços totalmente desenvolvidos, mas ainda não comercializados.

39. Se a empresa comum foi criada com o objectivo de penetrar num novo mercado, será feita referência aos produtos, serviços e territórios que, segundo o acordo de constituição ou os estatutos, serão abrangidos pelo seu âmbito de actividade. Presume-se que o interesse de uma empresa-mãe na empresa comum não tem que ser protegido da concorrência da outra empresa-mãe noutros mercados para além daquele em que a empresa comum exercerá as suas actividades no início.

40. Por outro lado, de um modo geral presumir-se-á que as obrigações de não concorrência entre empresas-mãe que não exercem o controlo e uma empresa comum não são directamente relacionadas e necessárias à realização da concentração.

41. Aplicam-se os mesmos princípios às cláusulas de não angariação e de confidencialidade, desde que os seus efeitos restritivos não ultrapassem os de uma cláusula de não concorrência. No entanto, como o alcance destas cláusulas pode ser mais limitado do que o das cláusulas de não concorrência, podem ser consideradas directamente relacionadas e necessárias à realização da concentração num maior

---

[1] Decisão da Comissão de 16 de Outubro de 2000 (COMP/M.2137 – *SLDE/NTL/MSCP/Noos*, ponto 41); decisão da Comissão de 4 de Agosto de 2000 (COMP/M.1979 – *CDC/Banco Urquijo/JV*, pontos 18 e 19); decisão da Comissão de 22 de Dezembro de 2000 (COMP/M.2243 – *Stora Enso/AssiDomän/JV*, ponto 49).

[2] Decisão da Comissão de 10 de Julho de 2000 (COMP/M.1964 – *Planet Internet/Fortis Bank/Mine JV*, ponto 16); decisão da Comissão de 29 de Agosto de 2000 (COMP/M.1913 – *Lufthansa Menzies/LGS/JV*, ponto 18).

[3] Decisão da Comissão de 29 de Agosto de 2000 (COMP/M.1913 – *Lufthansa Menzies/LGS/JV*, ponto 18); decisão da Comissão de 22 de Dezembro de 2000 (COMP/M.2243 – *Stora Enso/AssiDomän/JV*, ponto 49).

número de casos. Além disso, a duração das cláusulas de confidencialidade pode exceder cinco anos, consoante as circunstâncias específicas do caso, tendo em conta os interesses das empresas na protecção dos seus segredos comerciais de grande valor.

B. Acordos de licença

42. Uma licença concedida pelas empresas-mãe à empresa comum pode ser considerada directamente relacionada e necessária à realização da concentração. Esta regra é aplicável independentemente de a licença ser ou não exclusiva ou de ter ou não um limite temporal. A licença pode ser limitada a um determinado domínio de utilização correspondente às actividades da empresa comum.

43. As licenças concedidas pela empresa comum a uma das suas empresas--mãe ou os acordos de concessão recíproca de licenças podem ser considerados directamente relacionados e necessários à realização da concentração nas mesmas condições do caso de cessão de uma empresa. Os acordos de licença entre empresas-mãe não são, pelo contrário, considerados directamente relacionados e necessários à criação de uma empresa comum.

44. Os acordos de licença que incluam restrições da concorrência e não sejam considerados directamente relacionados e necessários à realização da concentração podem assim ser abrangidos pelo Regulamento (CE) n.º 240/96 da Comissão.

C. Obrigações de aquisição e de fornecimento

45. Se as empresas-mãe mantiverem a sua presença num mercado a montante ou a jusante do da empresa comum, quaisquer acordos de aquisição ou de fornecimento, incluindo os acordos de distribuição, estão sujeitos aos princípios aplicáveis no caso de cessão de uma empresa.

CONCENTRAÇÕES HORIZONTAIS

Orientações da Comissão*

I. INTRODUÇÃO

1. O artigo 2.º do Regulamento do Conselho n.º 139/04, de 20 de Janeiro de 2004, relativo ao controlo das operações de concentração de empresas[1] (seguidamente designado "Regulamento das Concentrações"), estabelece que a Comissão deve apreciar as concentrações abrangidas por este regulamento com vista a estabelecer se são ou não compatíveis com o mercado comum. Para o efeito, a Comissão deve apreciar, nos termos dos n.ºs 2 e 3 do artigo 2.º, se de uma concentração resultam entraves significativos à concorrência efectiva, em especial através da criação ou reforço de uma posição dominante, no mercado comum ou numa parte substancial deste.

2. Por conseguinte, a Comissão deve tomar em consideração qualquer entrave significativo à concorrência efectiva susceptível de resultar de uma concentração. A criação ou reforço de uma posição dominante constitui uma das formas principais deste tipo de prejuízo para a concorrência. O conceito de posição dominante foi definido no contexto do Regulamento (CEE) n.º 4064/89 do Conselho, de 21 de Dezembro de 1989, relativo ao controlo das operações de concentração de empresas (seguidamente designado "Regulamento n.º 4064/89"), da seguinte forma:

"Uma situação de poderio económico detida por uma ou várias empresas que lhes daria a faculdade de obstar à manutenção de uma concorrência efectiva no mercado em causa, dando-lhes a possibilidade de adoptarem comportamentos independentes numa medida apreciável em relação aos seus concorrentes, aos seus clientes e, finalmente, aos consumidores"[2].

---

* Orientações para a apreciação das concentrações horizontais nos termos do regulamento do Conselho relativo ao controlo das concentrações de empresas (2004/C 31/03) – JO, C 31, de 5.2.2004, pp. 5-18.

[1] Regulamento do Conselho n.º 139/04, de 20 de Janeiro de 2004 (JO, L 24, de 29.1.2004, p. 1).

[2] Processo T-102/96, *Gencor/Comissão*, Col. 1999, p. II-753, ponto 200. Ver processos apensos C-68/94 e C-30/95, *França e outros c. Comissão* (seguidamente designado "Kali & Salz"), Col. 1998, p. I-1375, ponto 221. Em circunstâncias excepcionais, uma concen-

3. Para efeitos de interpretação do conceito de posição dominante no contexto do Regulamento n.º 4064/89, o Tribunal de Justiça referiu que este "se destina a ser aplicado a todas as operações de concentração de dimensão comunitária, na medida em que, devido aos seus efeitos sobre a estrutura da concorrência na Comunidade, se possam revelar incompatíveis com o regime de concorrência não falseada pretendido no Tratado"[1].

4. A criação ou reforço de uma posição dominante por uma única empresa na sequência de uma concentração tem constituído o motivo mais comum para concluir que de uma concentração resulta um entrave significativo à concorrência efectiva. Além disso, o conceito de posição dominante tem sido também aplicado num contexto oligopolístico aos casos de posição dominante colectiva. Por conseguinte, prevê-se que a maior parte dos casos de incompatibilidade de uma concentração com o mercado comum continuarão a basear-se na existência de uma posição dominante. Assim, este conceito proporciona uma indicação importante quanto ao tipo de prejuízo para a concorrência que determina se uma concentração é susceptível de provocar um entrave significativo à concorrência efectiva e, por conseguinte, quanto à possibilidade de uma intervenção[2]. Para o efeito, a presente comunicação tenciona preservar na íntegra as orientações que podem ser extraídas da prática decisória anterior e tomar plenamente em consideração a jurisprudência anterior dos tribunais comunitários.

5. A presente comunicação tem por objectivo fornecer orientações sobre a forma como a Comissão aprecia as concentrações[3]), quando as empresas em causa são concorrentes efectivos ou potenciais no mesmo mercado relevante[4]. Na presente comunicação tais concentrações serão denominadas "concentrações horizontais". Embora a presente comunicação apresente a abordagem analítica utilizada pela Comissão na sua apreciação das concentrações horizontais, não pode enumerar pormenorizadamente todas as aplicações possíveis desta abordagem. A Comissão

---

tração poderá dar lugar à criação ou reforço de uma posição dominante por parte de uma empresa que não é parte da operação notificada (ver processo IV/M.1383 – *Exxon/Mobil*, pontos 225-229; processo COMP/M.2434 – *Grupo Villar MIR/EnBW/Hidroelectrica del Cantabrico*, pontos 67-71).

[1] Ver igualmente processos apensos C-68/94 e C-30/95, *Kali & Salz*, ponto 170.

[2] Ver considerandos 25 e 26 do Regulamento das Concentrações.

[3] O termo concentração utilizado no Regulamento das Concentrações abrange diversos tipos de operações, como fusões, aquisições, tomadas de controlo e determinados tipos de empresas comuns. No texto da presente comunicação, e excepto quando especificado em contrário, a expressão "fusão" será utilizada como sinónimo de concentração, abrangendo assim todos os tipos de operações acima referidos.

[4] A presente comunicação não abrange a apreciação dos efeitos sobre a concorrência que uma concentração produz noutros mercados, incluindo efeitos verticais e de conglomerado. Não abrange também a apreciação dos efeitos de uma empresa comum, tal como referida no n.º 4 do artigo 2.º do Regulamento das Concentrações.

aplica a abordagem descrita na comunicação aos factos e circunstâncias específicos de cada caso.

6. As orientações enunciadas na presente comunicação reflectem e desenvolvem a experiência obtida pela Comissão na apreciação das concentrações horizontais nos termos do Regulamento n.º 4064/89, desde a sua entrada em vigor em 21 de Setembro de 1990, bem como a jurisprudência do Tribunal de Justiça e do Tribunal de Primeira Instância das Comunidades Europeias. Os princípios apresentados na presente comunicação serão aplicados, desenvolvidos e aperfeiçoados pela Comissão no âmbito de processos individuais. A Comissão poderá rever ocasionalmente a presente comunicação à luz da evolução futura da situação.

7. A interpretação do Regulamento das Concentrações por parte da Comissão, no que se refere à apreciação das concentrações horizontais, não prejudica a interpretação que possa ser dada pelo Tribunal de Justiça ou pelo Tribunal de Primeira Instância das Comunidades Europeias.

II. ASPECTOS GERAIS

8. A concorrência efectiva traduz-se em benefícios para os consumidores, tais como preços reduzidos, produtos de elevada qualidade, uma vasta escolha de bens e serviços e inovação. Através do controlo das concentrações, a Comissão impede as concentrações susceptíveis de privar os consumidores destas vantagens por aumentarem significativamente o poder de mercado das empresas. Entende-se por "aumento de poder de mercado" a capacidade de uma ou mais empresas aumentarem os preços de forma lucrativa, reduzirem a produção, a escolha ou a qualidade dos bens e serviços, diminuírem a inovação ou influenciarem de outra forma os parâmetros da concorrência. Na presente comunicação, é frequentemente utilizada a expressão "aumento de preços" como uma formulação resumida dos diversos tipos de prejuízo para a concorrência susceptíveis de resultarem de uma concentração[1]. O poder de mercado pode ser detido tanto pelos fornecedores como pelos compradores. Contudo, para efeitos de clareza do texto, o poder de mercado refere-se normalmente, na presente comunicação, ao poder de mercado dos fornecedores. Quando está em causa o poder de mercado dos compradores, é utilizada a expressão "poder dos compradores".

9. Ao apreciar os efeitos de uma concentração sobre a concorrência, a Comissão compara as condições de concorrência resultantes da concentração notificada com as condições que se verificariam se a concentração não fosse reali-

---

[1] Deve entender-se que a expressão abrange também situações em que, por exemplo, os preços registam uma redução inferior, ou são menos susceptíveis de serem reduzidos, do que na ausência da concentração e as situações em que os preços aumentam mais, ou são mais susceptíveis de aumentar, do que na ausência de concentração.

zada[1]. Na maior parte dos casos, as condições de concorrência existentes na altura da concentração constituem o elemento de comparação relevante para a apreciação dos efeitos de uma concentração. Todavia, nalgumas circunstâncias, a Comissão poderá tomar em consideração futuras alterações do mercado que possam ser previstas de forma razoável[2]. Em especial, ao determinar aquilo que constitui a comparação relevante, pode tomar em consideração a probabilidade de entrada ou saída de empresas caso a concentração não fosse realizada[3].

10. A apreciação das concentrações por parte da Comissão implica normalmente:

a) a definição dos mercados do produto e geográfico relevantes

b) a apreciação da concentração em termos de concorrência.

O principal objectivo da definição de mercado consiste em identificar de forma sistemática as limitações concorrenciais imediatas que a entidade resultante da concentração tem de enfrentar. A comunicação da Comissão relativa à definição de mercado relevante para efeitos do direito comunitário da concorrência[4] apresenta orientações na matéria. Muitas das considerações que levam à delimitação dos mercados relevantes, podem também revelar-se importantes para a apreciação da concentração em termos de concorrência.

11. A presente comunicação articula-se em torno dos seguintes elementos:

a) A abordagem da Comissão relativamente aos níveis de quotas de mercado e de concentração (Secção III).

b) A probabilidade de uma concentração ter efeitos anticoncorrenciais nos mercados relevantes, na ausência de factores de compensação (Secção IV).

c) A probabilidade de o poder dos compradores actuar como factor de compensação face a um aumento de poder de mercado resultante da concentração (Secção V).

d) A probabilidade de a entrada de novas empresas preservar a concorrência efectiva nos mercados relevantes (Secção VI).

e) A probabilidade de os ganhos de eficiência funcionarem como factor de compensação dos efeitos prejudiciais para a concorrência que, caso contrário, poderiam resultar da concentração (Secção VII).

---

[1] Por analogia, no caso de uma concentração que tenha sido realizada sem ter sido notificada, a Comissão apreciará a concentração à luz das condições de concorrência que se verificariam se a concentração não tivesse sido realizada.

[2] Ver, por exemplo, Decisão 98/526/CE da Comissão no processo IV/M.950 – *Hoffmann La Roche/Boehringer Mannheim,* JO L 234 de 21.8.1998, p. 14, ponto 13; processo IV/M.1846 – *Glaxo Wellcome/SmithKline Beecham,* pontos 70-72; processo COMP/M.2547 – *Bayer/Aventis Crop Science,* pontos 324 e seguintes.

[3] Ver, por exemplo, processo T-102/96, *Gencor/Comissão,* Col. 1999, p. II-753, pontos 247-263.

[4] JO C 372 de 9.12.1997, p. 5.

f) As condições de aplicação do argumento da empresa insolvente (Secção VIII).

12. Por forma a apreciar o impacto previsível[1] de uma concentração nos mercados relevantes, a Comissão analisa os seus possíveis efeitos anticoncorrenciais e os factores de compensação relevantes, como o poder dos compradores, a dimensão das barreiras à entrada e os possíveis ganhos de eficiência apresentados pelas partes. Em circunstâncias excepcionais, a Comissão considera se estão preenchidas as condições de aplicação do argumento da empresa insolvente.

13. À luz destes elementos, a Comissão determina, nos termos do artigo 2.º do Regulamento das Concentrações, se da concentração resultam entraves significativos à concorrência efectiva, em especial através da criação ou reforço de uma posição dominante, devendo por consequência a mesma ser declarada incompatível com o mercado comum. De realçar que estes factores não constituem uma "lista de verificação" a aplicar de forma mecânica em todos os casos. Pelo contrário, a análise em termos de concorrência de um caso específico basear-se-á na apreciação global do impacto previsível da concentração à luz dos factores e condições relevantes. Nem sempre todos os elementos serão relevantes para cada concentração horizontal e poderá não ser necessário analisar todos os elementos de um caso com o mesmo grau de pormenor.

III. NÍVEIS DE QUOTAS DE MERCADO E DE CONCENTRAÇÃO

14. Os níveis de quotas de mercado e de concentração fornecem uma primeira indicação útil acerca da estrutura de mercado e da importância em termos de concorrência das partes na concentração e dos seus concorrentes.

15. Normalmente, a Comissão utiliza as quotas de mercado correntes na sua análise em termos de concorrência[2]. Contudo, as quotas de mercado correntes podem ser ajustadas por forma a reflectir, de forma razoável, certas alterações futuras, por exemplo à luz da saída, entrada ou expansão no mercado[3]. As quotas de mercado após a concentração são calculadas partindo do princípio de que, após a concentração, a quota de mercado combinada das partes na concentração corresponde à soma das suas quotas de mercado anteriores à concentração[4]. Podem ser

---

[1] Ver processo T-102/96, *Gencor/Comissão,* Col. 1999, p. II-753, ponto 262 e processo T-342/99, *Airtours/Comissão,* Col. 2002, p. II-2585, ponto 280.

[2] No que se refere ao cálculo das quotas de mercado, ver igualmente a comunicação da Comissão relativa à definição de mercado relevante para efeitos do direito comunitário da concorrência, JO C 372 de 9.12.1997, p. 3, pontos 54 e 55.

[3] Ver, por exemplo, processo COMP/M.1806 – *Astra Zeneca/Novartis,* pontos 150 e 415.

[4] Quando necessário, as quotas de mercado podem ser ajustadas, em especial para tomar em consideração as participações de controlo noutras empresas (ver, por exemplo

utilizados dados históricos caso se verifique uma volatilidade das quotas de mercado, por exemplo quando o mercado se caracteriza por encomendas de grandes dimensões e irregulares. As alterações nas quotas de mercado tradicionais podem fornecer informações úteis acerca do processo concorrencial e da provável importância futura dos diversos concorrentes, por exemplo, indicando se as empresas têm vindo a conquistar ou a perder quotas de mercado. De qualquer forma, a Comissão interpreta as quotas de mercado à luz das condições de mercado prováveis, por exemplo, se o mercado se caracteriza pelo seu elevado dinamismo e se a estrutura de mercado é instável devido à inovação ou crescimento[1].

16. O nível de concentração global existente num mercado pode também fornecer informações úteis acerca da situação concorrencial. Para avaliar os níveis de concentração, a Comissão aplica frequentemente o índice *Herfindahl-Hirschman* (IHH)[2]. Este índice é calculado adicionando os quadrados das quotas de mercado individuais de todos os participantes no mercado[3]. O IHH confere, proporcionalmente, um maior peso às quotas de mercado das empresas de maiores dimensões. Embora seja melhor incluir todas as empresas no cálculo, a ausência de informações acerca das pequenas empresas poderá não ter importância, uma vez que tais empresas não afectam o IHH de forma significativa. Apesar de o nível absoluto de IHH poder fornecer uma indicação inicial da pressão concorrencial no mercado após a concentração, a variação no IHH (conhecida por "delta") constitui um valor aproximado da variação na concentração do mercado directamente resultante da operação de concentração[4].

---

processo IV/M.1383 – *Exxon/Mobil*, pontos 446-458; processo COMP/M.1879 – *Boeing/Hughes*, pontos 60-79; processo COMP/JV 55 – *Hutchison/RCPM/ECT*, pontos 66-75) ou para outros acordos com terceiros (ver, por exemplo, no que se refere aos subcontratantes, Decisão 2001/769/CE da Comissão no processo COMP/M.1940 – *Framatome/ /Siemens/Cogema*, JO L 289 de 6.11.2001, p. 8, ponto 142).

[1] Ver, por exemplo, processo COMP/M.2256 – *Philips/Agilent Health Care Technologies*, pontos 31 e 32, e processo COMP/M.2609 – *HP/Compaq*, ponto 39.

[2] Ver, por exemplo, processo IV/M.1365 – *FCC/Vivendi*, ponto 40; processo COMP/JV 55 – *Hutchison/RCPM/ECT*, ponto 50. Se necessário, a Comissão pode também utilizar outros elementos de avaliação dos níveis de concentração, como por exemplo rácios de concentração que avaliam a quota de mercado agregada de um pequeno número (normalmente três ou quatro) das empresas mais importantes num determinado mercado.

[3] Por exemplo, um mercado que inclua cinco empresas com quotas de mercado de 40%, 20%, 15%, 15% e 10%, tem um IHH de 2550 ($40^2 + 20^2 + 15^2 + 15^2 + 10^2 = 2550$). O IHH varia entre aproximadamente zero (num mercado atomizado) e 10000 (no caso de um monopólio puro).

[4] O aumento da concentração, avaliado através do IHH, pode ser calculado independentemente da concentração global do mercado, duplicando o produto das quotas de mercado das empresas objecto da concentração. Por exemplo, a concentração de duas empresas com quotas de mercado de 30% e 15%, respectivamente, iria aumentar o IHH em 900 ($30 \times 15 \times 2 = 900$). A explicação desta técnica é a seguinte: antes da concentração, as quotas de

Níveis de quotas de mercado

17. Segundo a jurisprudência constante, uma quota de mercado especialmente elevada – 50% ou mais – pode, em si mesma, constituir um elemento de prova da existência de uma posição dominante[1]. Todavia, os concorrentes de menores dimensões podem funcionar como uma força de pressão suficiente se, por exemplo, tiverem capacidade e incentivo para aumentar os seus fornecimentos. Uma concentração em que participe uma empresa cuja quota de mercado se situe a um nível inferior a 50% após a concentração pode também dar origem a preocupações em termos de concorrência relativamente a outros factores, como o poder e o número dos concorrentes, a existência de limitações de capacidade ou o grau de substituibilidade entre os produtos das partes na concentração. Desta forma, a Comissão concluiu em diversos processos que as concentrações que levam a quotas de mercado situadas entre 40% e 50%[2] e, nalguns casos, inferiores a 40%[3], conduzem à criação ou reforço de uma posição dominante.

18. Pode presumir-se que as concentrações que, devido à quota de mercado limitada das empresas em causa, não são susceptíveis de entravar a manutenção de uma concorrência efectiva, são compatíveis com o mercado comum. Sem prejuízo dos artigos 81.º e 82.º do Tratado, existe essa presunção, nomeadamente, quando a quota de mercado das empresas em causa não ultrapassa 25%[4] no mercado comum, nem numa parte substancial deste[5].

Níveis de IHH

19. É pouco provável que a Comissão identifique preocupações em termos de concorrência de tipo horizontal num mercado com um IHH, após a concentração,

---

mercado das empresas objecto da concentração contribuem para o IHH com quadrados individuais: (a)2 + (b)2. Após a concentração, a contribuição corresponderá ao quadrado desta soma: (a + b)2, o que é igual a a2 + b2 + 2ab. O aumento do IHH é por conseguinte representado por 2ab.

[1] Processo T-221/95, *Endemol/Comissão*, Col. 1999, p. II-1299, ponto 134 e pro-cesso T-102/96, *Gencor/Comissão*, Col. 1999, p. II-753, ponto 205. O facto de ser criada ou reforçada uma posição dominante na sequência da concentração constitui uma questão distinta.

[2] Ver, por exemplo processo COMP/M.2337 – *Nestlé/Ralston Purina*, pontos 48-50.

[3] Ver, por exemplo, Decisão 1999/674/CE da Comissão no processo IV/M.1221 – *Rewe/Meinl*, JO L 274 de 23.10.1999, p. 1, pontos 98-114; processo COMP/M.2337 – *Nestlé/Ralston Purina*, pontos 44-47.

[4] O cálculo das quotas de mercado depende fundamentalmente da definição de mercado. De realçar que a Comissão não aceita necessariamente a definição de mercado proposta pelas partes.

[5] Considerando 32 do Regulamento das Concentrações. Contudo, esta indicação não se aplica aos casos em que a concentração proposta cria ou reforça uma posição dominante colectiva que envolva as "empresas em causa" e outros terceiros (ver processos apensos C-68/94 e C-30/95, *Kali & Salz*, Col. 1998, p. I-1375, pontos 171 e seguintes, e processo T-102/96, *Gencor/Comissão*, Col. 1999, p. II-753, pontos 134 e seguintes).

inferior a 1000. Estes mercados não justificam, normalmente, uma análise aprofundada.

20. É também pouco provável que a Comissão identifique preocupações em termos de concorrência de tipo horizontal numa concentração com um IHH, após a concentração, situado entre 1000 e 2000 e com um delta inferior a 250, ou numa concentração com um IHH, após a concentração, superior a 2000 e com um delta inferior a 150, excepto quando se verificam circunstâncias especiais como, por exemplo, um ou mais dos seguintes factores:

a) Uma concentração que envolva um concorrente potencial que entre no mercado ou um concorrente recente com uma quota de mercado reduzida;

b) Uma ou mais das partes na concentração são inovadores importantes e este facto não está reflectido nas quotas de mercado;

c) Existência de participações cruzadas significativas entre os participantes no mercado[1];

d) Uma das empresas na concentração é uma empresa "dissidente", existindo grandes probabilidades de perturbar o comportamento coordenado;

e) Indícios de existência de coordenação passada ou presente ou de práticas que a facilitam;

f) Uma das partes na concentração possui uma quota de mercado anterior à concentração igual ou superior a 50%[2].

21. Cada um destes níveis de IHH, em combinação com os deltas relevantes, pode ser utilizado como um indicador inicial da ausência de preocupações em matéria de concorrência. Contudo, não permitem presumir nem a existência nem a ausência de tais preocupações.

IV. POSSÍVEIS EFEITOS ANTICONCORRENCIAIS DAS CONCENTRAÇÕES HORIZONTAIS

22. Das concentrações horizontais podem resultar entraves significativos à concorrência efectiva, em especial através da criação ou reforço de uma posição dominante, principalmente de duas formas:

a) Eliminando pressões concorrenciais importantes sobre uma ou mais empresas que, consequentemente, beneficiarão de um aumento do poder de mercado, sem recorrer a um comportamento coordenado (efeitos não coordenados).

b) Alterando a natureza da concorrência, de forma que as empresas que anteriormente não coordenavam o seu comportamento são agora muito mais susceptí-

---

[1] Em mercados com participações cruzadas ou empresas comuns, a Comissão poderá utilizar um IHH alterado, que tome em consideração este tipo de participações (ver, por exemplo, processo IV/M.1383 – *Exxon/Mobil*, ponto 256).

[2] Ver ponto 17.

veis de o coordenar e de aumentar os preços ou de prejudicar de qualquer outra forma a concorrência efectiva. Uma concentração poderá também tornar a coordenação mais fácil, mais estável ou mais efectiva para as empresas que já coordenavam o seu comportamento antes da concentração (efeitos coordenados).

23. A Comissão aprecia em que medida as alterações provocadas pela concentração terão alguns destes efeitos. Ambas as situações acima referidas podem ser relevantes ao apreciar uma operação específica.

Efeitos não coordenados[1]

24. De uma concentração podem resultar entraves significativos à concorrência efectiva num mercado se forem eliminadas pressões concorrenciais importantes sobre um ou mais vendedores que, consequentemente, beneficiam de um aumento de poder de mercado. O efeito mais directo da concentração será a eliminação da concorrência entre as empresas objecto da concentração. Por exemplo, se antes da concentração uma das empresas objecto da concentração tivesse aumentado os seus preços, teria perdido algumas das suas vendas a favor da outra empresa na concentração. A concentração suprime esta pressão concorrencial específica. As empresas que não participam na concentração e que se encontram no mesmo mercado podem também beneficiar da redução da pressão concorrencial resultante da concentração, uma vez que o aumento dos preços das empresas na concentração pode fazer deslocar uma parte da procura para as empresas rivais que, por seu turno, poderão considerar lucrativo aumentar os preços[2]. A redução destas pressões concorrenciais poderá levar a aumentos de preços significativos no mercado relevante.

25. Normalmente, de uma concentração que der origem a tais efeitos não coordenados resultam entraves significativos à concorrência efectiva no mercado, em especial através da criação ou reforço da posição dominante de uma única empresa que, normalmente, teria uma quota de mercado significativamente superior à do seu concorrente mais próximo, após a concentração. Além disso, as concentrações realizadas em mercados oligopolísticos[3], que implicam a eliminação de importantes pressões concorrenciais que anteriormente as partes na concentração exerciam mutuamente, juntamente com uma redução da pressão concorrencial sobre os restantes concorrentes podem, mesmo quando existem poucas probabilidades de coordenação entre os membros do oligopólio, resultar também num entrave signifi-

---

[1] Frequentemente também designados por efeitos "unilaterais".

[2] Estas reacções previsíveis dos concorrentes poderão constituir um factor relevante que influencia os incentivos da entidade resultante da concentração para aumentar os preços.

[3] Entende-se por mercado oligopolístico uma estrutura de mercado com um número limitado de empresas de dimensão considerável. Visto que o comportamento de uma empresa tem efeitos apreciáveis sobre as condições gerais do mercado e, por conseguinte, indirectamente sobre a situação das restantes empresas, as empresas oligopolísticas são interdependentes

cativo à concorrência. O Regulamento das Concentrações esclarece que todas as concentrações que derem origem a tais efeitos não coordenados devem também ser declaradas incompatíveis com o mercado comum[1].

26. Diversos factores, que considerados separadamente não são necessariamente decisivos, poderão influenciar a probabilidade de uma concentração ter efeitos não coordenados significativos. Não é necessário que todos estes factores estejam presentes para que tais efeitos sejam prováveis e esta lista também não deve ser considerada exaustiva.

As empresas na concentração têm elevadas quotas de mercado

27. Quanto mais elevada for a quota de mercado, mais probabilidades existem de que uma empresa possua poder de mercado. Quanto maior for a cumulação de quotas de mercado, mais probabilidades existem de que uma concentração provoque um aumento significativo do poder de mercado. Quanto maior for o aumento da base de vendas em que são obtidas margens mais elevadas após um aumento de preços, maiores probabilidades existem de que as empresas na concentração considerem que esse aumento de preços é lucrativo, apesar da redução da produção que o acompanha. Embora as quotas de mercado e a cumulação de quotas de mercado forneçam apenas uma primeira indicação acerca do poder de mercado e dos aumentos do poder de mercado, constituem normalmente factores importantes no âmbito da apreciação[2].

As empresas que participam na concentração são concorrentes próximos

28. Os produtos num mercado relevante podem ser diferenciados[3], pelo que alguns produtos são substitutos mais próximos do que outros[4]. Quanto mais elevado for o grau de substituibilidade entre os produtos das empresas na concentração, maiores probabilidades existem de que essas empresas aumentem os preços de

---

[1] Considerando 25 do Regulamento das Concentrações.

[2] Ver, em especial, os pontos 17 e 18.

[3] Os produtos podem ser diferenciados de diversas formas. Poderão, por exemplo, existir diferenciações em termos de localização geográfica, com base na situação das sucursais ou dos estabelecimentos; a localização é relevante no que se refere à distribuição retalhista, aos bancos, às agências de viagens ou às estações de serviço. A diferenciação pode também basear-se na imagem de marca, nas especificações técnicas, na qualidade ou no nível do serviço. O nível de publicidade no mercado poderá constituir um indicador do esforço da empresa para diferenciar os seus produtos. No que se refere a outros produtos, os compradores poderão ter de suportar custos de mudança para utilizar o produto de um concorrente.

[4] Para a definição de mercado relevante, ver a Comunicação da Comissão relativa à definição de mercado relevante para efeitos do direito comunitário da concorrência, acima citada.

forma significativa[1]. Por exemplo, uma concentração entre dois fabricantes que oferecem produtos considerados por um número significativo de clientes como as suas primeira e segunda escolhas poderá provocar um aumento de preços significativo. Desta forma, o facto de a rivalidade entre as partes ter sido uma importante fonte de concorrência no mercado pode constituir um factor determinante na análise[2]. A existência de elevadas margens antes da concentração[3] poderá igualmente tornar mais prováveis aumentos de preços significativos. São maiores as probabilidades de limitação do incentivo das empresas na concentração para aumentarem os preços quando as empresas rivais produzem substitutos próximos dos produtos das empresas na concentração do que quando oferecem substitutos menos próximos[4]. Por conseguinte, é menos provável que de uma concentração resultem entraves significativos à concorrência efectiva, em especial através da criação ou reforço de uma posição dominante, quando existe um elevado grau de substituibilidade entre os produtos das empresas na concentração e os produtos fornecidos pelos fabricantes rivais.

29. Quando existem dados disponíveis, o grau de substituibilidade pode ser avaliado através de inquéritos sobre as preferências dos consumidores, análises dos padrões de compra, estimativas das elasticidades cruzadas de preços dos produtos em causa[5] ou dos rácios de transferência[6]. Nos mercados sujeitos à realização de concursos poderá ser possível avaliar em que medida as propostas apresentadas por

---

[1] Ver, por exemplo, processo COMP/M.2817 – *Barilla/BPS/Kamps*, ponto 34; Decisão 2001/403/CE da Comissão no processo COMP/M.1672 – *Volvo/Scania*, JO L 143 de 29.5.2001, p. 74, pontos 107-148.

[2] Ver, por exemplo, Decisão 94/893/CE da Comissão no processo IV/M. 430 – *Procter & Gamble/VP Schickedanz* (II), JO L 354 de 21.06.1994, p. 32; processo T-290/94, *Kaysersberg/Comissão*, Col. 1997, p. II-2137, ponto 153; Decisão 97/610/CE da Comissão no processo IV/M.774 – *Saint-Gobain/Wacker-Chemie/NOM*, JO L 247 de 10.9.1997, p. 1, ponto 179; Decisão 2002/156/CE da Comissão no processo COMP/M.2097 – *SCA/Metsä Tissue*, JO L 57 de 27.2.2002, p. 1, pontos 94-108; processo T-310/01, *Schneider/Comissão*, Col. 2002, p. II-4071, ponto 418.

[3] Normalmente, a margem relevante (m) corresponde à diferença entre o preço (p) e o acréscimo de custo (c) do fornecimento de mais uma unidade de produção expressa em percentagem do preço [$m = (p - c)/p$].

[4] Ver, por exemplo, processo IV/M.1980 – *Volvo/Renault VI*, ponto 34; processo COMP/M.2256 – *Philips Agilent/Health Care Solutions*, pontos 33-35; processo COMP/M.2537 – *Philips/Marconi Medical Systems*, pontos 31-34.

[5] A elasticidade cruzada dos preços da procura avalia a variação do volume da procura de um produto, em resposta a uma variação do preço de outro produto, mantendo-se todas as outras condições inalteradas. A elasticidade própria dos preços avalia a variação da procura de um produto em resposta à variação do preço do próprio produto.

[6] O rácio de transferência do produto A para o produto B avalia a proporção das vendas do produto A perdida a favor do produto B em caso de um aumento de preços do produto A.

uma das partes na concentração têm, ao longo do tempo, sido limitadas através da presença da outra parte na concentração[1].

30. Nalguns mercados poderá revelar-se relativamente fácil e não demasiado oneroso para as empresas que neles desenvolvem actividades reposicionarem os seus produtos ou alargarem a sua carteira de produtos. A Comissão analisa, em especial, se a possibilidade de reposicionamento ou de extensão da linha de produtos por parte dos concorrentes ou por parte das empresas na concentração é susceptível de influenciar o incentivo da entidade resultante da concentração para aumentar os preços. Contudo, o reposicionamento de um produto ou a extensão da linha de produtos implica frequentemente riscos e elevados custos irrecuperáveis[2] e poderá ser menos lucrativo do que a linha de produtos existente.

Os clientes têm poucas possibilidades de mudar de fornecedor

31. Os clientes das partes na concentração poderão ter dificuldades em mudar para outros fornecedores, devido ao facto de existir um número reduzido de fornecedores alternativos[3] ou porque enfrentam custos de transferência significativos[4]. Estes clientes são particularmente vulneráveis aos aumentos de preços. A concentração pode afectar a capacidade de estes clientes se protegerem contra os aumentos de preços. É o que acontece, em especial, com os clientes que utilizaram as duas empresas na concentração como uma dupla fonte de fornecimentos para obter preços concorrenciais. Os padrões de transferência dos clientes e as reacções às alterações de preços verificadas no passado poderão fornecer informações importantes neste contexto.

É pouco provável que os concorrentes aumentem a oferta se os preços aumentarem

32. Quando as condições de mercado implicam que seja pouco provável que os concorrentes das partes na concentração aumentem substancialmente a sua oferta se os preços aumentarem, as empresas na concentração poderão ter um incentivo para reduzir a produção para um nível inferior aos níveis agregados antes da concentração, aumentando assim os preços no mercado[5]. A concentração aumenta o incentivo para reduzir a produção, ao proporcionar à empresa resultante da concentração uma base de vendas mais alargada em que beneficiará de margens

---

[1] Decisão 97/816/CE da Comissão no processo IV/M.877 – *Boeing/McDonnell Douglas,* JO L 336 de 8.12.1997, p. 16, pontos 58 e seguintes; processo COMP/M.3083 – *GE/Instrumentarium,* pontos 125 e seguintes.

[2] Os custos irrecuperáveis são aqueles que a empresa não consegue reaver após sair do mercado.

[3] Ver, por exemplo, Decisão 2002/156/CE no processo IV/M.877 – *Boeing//McDonnell Douglas,* JO L 336 de 8.12.1997, p. 16, ponto 70.

[4] Ver, por exemplo, processo IV/ M.986 – *Agfa Gevaert/DuPont,* JO L 211 de 29.7.1998, p. 22, pontos 63-71.

[5] Ver, por exemplo, processo COMP/M.2187 – *CVC/Lenzing,* pontos 162-170.

mais elevadas resultantes de um aumento dos preços provocado pela redução da produção.

33. Em contrapartida, quando as condições de mercado são tais que empresas rivais dispõem de capacidade suficiente e que um aumento suficiente das suas vendas lhes seria lucrativo, é pouco provável que a Comissão conclua que a concentração cria ou reforça uma posição dominante ou que, de outra forma, resulte num entrave significativo à concorrência efectiva.

34. Esta expansão da produção é particularmente improvável quando os concorrentes estão confrontados com limitações de capacidade insuperáveis e quando a expansão de capacidade é onerosa[1] ou ainda quando as capacidades excedentárias existentes têm custos de exploração significativamente mais elevados do que a capacidade que está a ser utilizada.

35. Embora seja mais provável que as limitações de capacidade sejam importantes quando os bens são relativamente homogéneos, poderão ser também relevantes quando as empresas oferecem produtos diferenciados.

A entidade resultante da concentração está em condições de impedir a expansão dos concorrentes

36. Algumas concentrações projectadas poderiam, caso fossem autorizadas, resultar em entraves significativos à concorrência efectiva ao proporcionar à empresa resultante da concentração uma posição que lhe daria a capacidade e o incentivo para dificultar ainda mais a expansão das empresas de menores dimensões e dos concorrentes potenciais ou para restringir, de outro modo, a capacidade concorrencial das empresas rivais. Neste caso, os concorrentes podem não estar em condições, quer individualmente quer em conjunto, de exercer sobre a entidade resultante da concentração uma pressão tal que a impeça de aumentar os preços ou de adoptar outras medidas prejudiciais para a concorrência. Por exemplo, a entidade resultante da concentração poderá possuir um tal nível de controlo ou de influência sobre a oferta de matérias-primas[2] ou sobre as possibilidades de distribuição[3] que a expansão ou a entrada de empresas rivais poderá revelar-se mais onerosa. Da mesma forma, o controlo que a entidade resultante da concentração detém sobre as patentes[4] ou outros tipos de propriedade intelectual [por exemplo, marcas[5]] pode

---

[1] Ao analisar a possível expansão de capacidade por parte dos rivais, a Comissão toma em consideração factores semelhantes aos descritos na Secção VI, relativa à entrada no mercado. Ver, por exemplo, processo COMP/M.2187 – *CVC/Lenzing*, pontos 162--173.

[2] Ver, por exemplo, processo T-221/95, *Endemol/Comissão*, Col. 1999, p. II-1299, ponto 167.

[3] Ver, por exemplo, processo T-22/97, *Kesko/Comissão*, Col. 1999, p. II-3775, pontos 141 e seguintes.

[4] Ver, por exemplo, Decisão 2001/684/CE da Comissão no processo M.1671 – *Dow Chemical/Union Carbide*, JO L 245 de 14.9.2001, p. 1, pontos 107-114.

[5] Ver, por exemplo, Decisão 96/435/CE da Comissão no processo IV/M.623 –

dificultar a expansão ou a entrada de empresa rivais. Em mercados em que a interoperabilidade entre diferentes infra-estruturas ou plataformas é importante[1], uma concentração poderá proporcionar à entidade resultante da concentração a capacidade e o incentivo para aumentar os custos ou diminuir a qualidade do serviço dos seus rivais[2]. Ao proceder a esta apreciação, a Comissão poderá tomar em consideração, entre outros factores, o poder financeiro da entidade resultante da concentração relativamente ao dos seus rivais[3].

A concentração elimina uma força concorrencial importante
37. Algumas empresas exercem maior influência sobre o processo concorrencial do que as suas quotas de mercado ou avaliações semelhantes poderiam sugerir. Uma concentração que envolva uma empresa deste tipo poderá alterar a dinâmica concorrencial de forma significativa e anticoncorrencial, em especial quando o mercado já se encontra concentrado[4]. Por exemplo, uma empresa poderá ser um participante recente no mercado, prevendo-se que, no futuro, venha a exercer uma pressão concorrencial significativa sobre as outras empresas no mercado.

38. Nos mercados em que a inovação constitui uma força concorrencial importante, uma concentração poderá aumentar a capacidade e o incentivo para as empresas introduzirem outras inovações no mercado, aumentando, assim, a pressão concorrencial exercida sobre os rivais para inovarem nesse mercado. Em alternativa, a concorrência efectiva poderá ser entravada de forma significativa devido a uma concentração entre duas importantes empresas inovadoras, por exemplo, entre duas empresas com produtos prontos a serem comercializados num determinado mercado de produtos. Da mesma forma, uma empresa com uma quota de mercado relativamente reduzida poderá, todavia, constituir uma força concorrencial importante se possuir produtos promissores prontos a serem comercializados[5].

Kimberly-Clark/Scott, JO L 183 de 23.7.1996, p. 1; processo T-114/02, *Babyliss SA/Comissão ("Seb/Moulinex")*, Col. 2003, p. II-000, pontos 343 e seguintes.

[1] É o que acontece, por exemplo, em indústrias de rede como a energia, telecomunicações e outras indústrias da comunicação.

[2] Decisão 99/287/CE da Comissão no processo IV/M.1069 – *Worldcom/MCI*, JO L 116 de 4.5.1999, p. 1. pontos 117 e seguintes; processo IV/M.1741 – *MCI Worldcom/Sprint*, pontos 145 e seguintes; processo IV/M.1795 – *Vodafone Airtouch/Mannesmann*, pontos 44 e seguintes.

[3] Processo T-156/98, *RJB Mining/Comissão*, Col. 2001, p. II-337.

[4] Decisão 2002/156/CE da Comissão no processo IV/M.877 – *Boeing/McDonnell Douglas*, JO L 336 de 8.12.1997, p. 16, ponto 58; processo COMP/M.2568 – *Haniel/Ytong*, ponto 126.

[5] Para um exemplo de produtos prontos a serem comercializados por uma parte na concentração que poderão concorrer com os produtos prontos a serem comercializados ou os produtos existentes da outra parte na concentração, ver processo IV/M.1846 – *Glaxo Wellcome/SmithKline Beecham*, ponto 188

Efeitos coordenados

39. Nalguns mercados, a estrutura do mercado poderá ser de tal ordem que as empresas considerem ser possível, razoável em termos económicos e por conseguinte preferível, adoptar de forma duradoura um comportamento no mercado que tenha por objectivo realizar vendas a preços mais elevados. De uma concentração num mercado concentrado podem resultar entraves significativos à concorrência efectiva, através da criação ou reforço de uma posição dominante colectiva, porque essa concentração aumenta a probabilidade de as empresas poderem coordenar desta forma o seu comportamento e aumentar os preços, mesmo sem concluírem um acordo ou sem recorrerem a práticas concertadas na acepção do artigo 81.º do Tratado[1]. Uma concentração poderá também tornar a coordenação mais fácil, mais estável ou mais efectiva para as empresas que já coordenavam o seu comportamento antes da concentração, quer ao reforçar a coordenação quer ao permitir que as empresas coordenem o seu comportamento relativamente a preços ainda mais elevados.

40. A coordenação pode assumir diversas formas. Nalguns mercados, a coordenação mais provável poderá consistir em manter os preços acima do nível concorrencial. Noutros mercados, a coordenação pode ter por objectivo limitar a produção ou o volume da nova capacidade introduzida no mercado. As empresas podem também coordenar o seu comportamento através da repartição do mercado, por exemplo, por área geográfica[2] ou em função de outras características dos clientes, ou acordando entre si quem ganha os contratos nos mercados sujeitos à realização de concursos.

41. É mais provável que surja coordenação nos mercados onde seja relativamente simples chegar a um consenso sobre as condições de tal coordenação. Além disso, deverão estar preenchidas três condições para que a coordenação seja sustentável. Em primeiro lugar, as empresas que participam na coordenação deverão poder controlar, de forma suficiente, se as condições da coordenação estão a ser cumpridas. Em segundo lugar, a disciplina exige que existam alguns mecanismos de dissuasão credíveis que possam ser activados quando é detectado um desvio. Em terceiro lugar, as reacções das empresas terceiras, como os concorrentes actuais e futuros que não participam na coordenação, e também dos clientes, não deverão poder prejudicar os resultados esperados da coordenação[3].

42. A Comissão analisa em que medida é possível chegar a acordo sobre as condições de coordenação e se é provável que a coordenação seja sustentável. Neste contexto, a Comissão considera as alterações provocadas pela concentração. A

---

[1] Processo T-102/96, *Gencor/Comissão,* Col. 1999, p. II-753, ponto 277; processo T-342/99, *Airtours/Comissão,* Col. 2002, p. II-2585, ponto 61.

[2] Esta situação poderá ocorrer se os oligopolistas tiverem revelado uma tendência para concentrar as suas vendas em áreas diferentes por razões históricas.

[3] Processo T-342/99, *Airtours/Comissão,* Col. 2002, p.-II-2585, ponto 62.

redução do número de empresas num mercado pode, por si só, constituir um factor que facilita a coordenação. Contudo, uma concentração poderá também aumentar a probabilidade ou a importância dos efeitos coordenados de outras formas. Por exemplo, uma concentração poderá envolver uma empresa "dissidente" que tenha no passado impedido ou perturbado a coordenação, por exemplo por não seguir os aumentos de preços dos seus concorrentes, ou cujas características a levem a favorecer opções estratégicas diferentes daquelas que os seus concorrentes na coordenação prefeririam. Se a empresa resultante da concentração adoptar estratégias semelhantes às dos outros concorrentes, será mais fácil para as restantes empresas coordenarem o seu comportamento, e a concentração aumentará a probabilidade, a estabilidade ou a eficácia da coordenação.

43. Ao apreciar a probabilidade da existência de efeitos coordenados, a Comissão toma em consideração todas as informações relevantes disponíveis sobre as características dos mercados em causa, incluindo tanto as características estruturais como o comportamento anterior das empresas[1]. Elementos de prova relativos a uma coordenação anterior são importantes, caso as características do mercado relevante não tenham sofrido alterações apreciáveis ou não sejam susceptíveis de registar alterações num futuro próximo[2]. Da mesma forma, os elementos de prova relativos a uma coordenação em mercados semelhantes poderão constituir informações úteis.

Acordar as condições de coordenação

44. É mais provável que ocorra coordenação se for fácil, para os concorrentes, ter uma percepção comum do funcionamento do mecanismo de coordenação. As empresas que participam na coordenação deverão ter opiniões semelhantes relativamente aos comportamentos que consideram estar ou não em conformidade com o comportamento alinhado.

45. Na generalidade, quanto menos complexo e mais estável for o contexto económico, mais facilmente as empresas chegam a um consenso sobre as condições de coordenação. Por exemplo, é mais fácil coordenar o comportamento entre um número reduzido de intervenientes do que entre um número elevado. É também mais fácil coordenar os preços em relação a um produto único e homogéneo do que coordenar centenas de preços num mercado com muitos produtos diferenciados. Da mesma forma, a coordenação de preços é mais simples quando as condições da procura e da oferta são relativamente estáveis do que quando registam constantes oscilações[3]. Neste contexto de procura volátil, um crescimento interno significativo de

---

[1] Ver Decisão 92/553/CE da Comissão no processo IV/M.190 – *Nestlé/Perrier,* JO L 356 de 5.12.1992, p. 1, pontos 117-118.

[2] Ver, por exemplo, processo IV/M.580 – *ABB/Daimler-Benz,* ponto 95.

[3] Ver, por exemplo, Decisão 2002/156/CE da Comissão no processo COMP/M.2097 – *SCA/Metsä Tissue,* JO L 57 de 27.2.2002, p. 1, ponto 148.

algumas empresas no mercado ou a entrada frequente de novas empresas poderão indicar que a situação não é, nesse momento, suficientemente estável para que a coordenação seja provável[1]. Em mercados onde a inovação é importante, a coordenação poderá revelar-se mais difícil, uma vez que as inovações, particularmente quando são significativas, podem permitir que uma empresa obtenha uma vantagem importante sobre os seus rivais.

46. A coordenação através da repartição do mercado será mais fácil se os clientes apresentarem características simples, que permitam que as empresas que participam na coordenação os distribuam facilmente. Estas características podem basear-se na localização geográfica, no tipo de cliente ou simplesmente na existência de clientes que normalmente fazem as suas aquisições junto de uma determinada empresa. A coordenação através da repartição do mercado poderá ser relativamente simples se for fácil identificar o fornecedor de cada cliente e se o mecanismo de coordenação consistir na afectação dos clientes existentes ao seu fornecedor habitual.

47. As empresas que participam na coordenação podem, contudo, encontrar outras formas de ultrapassar os problemas decorrentes de contextos económicos complexos, que não impliquem uma repartição do mercado. Podem, por exemplo, estabelecer regras simples em matéria de preços, que reduzam a complexidade de uma coordenação relativa a um elevado número de preços. Um exemplo de uma regra desta natureza consiste em estabelecer um número limitado de preços de referência, reduzindo assim o problema da coordenação. Outro exemplo consiste em estabelecer uma relação fixa entre determinados preços de base e diversos outros preços, de tal forma que, basicamente, todos os preços mudam em paralelo. As informações fundamentais disponíveis publicamente, o intercâmbio de informações através de associações do sector ou as informações recebidas através de participações cruzadas ou da participação em empresas comuns poderão também contribuir para que as empresas cheguem a acordo sobre as condições de coordenação. Quanto mais complexa for a situação de mercado, maior será a necessidade de transparência ou de comunicação para chegar a um consenso sobre as condições de coordenação.

48. As empresas poderão considerar mais fácil chegar a um consenso sobre as condições de coordenação se forem relativamente simétricas[2], principalmente em termos de estruturas de custos, quotas de mercado, níveis de capacidade e níveis de integração vertical[3]. Os vínculos estruturais, como as participações cruzadas ou a

---

[1] Ver, por exemplo, processo IV/M.1298 – *Kodak/Imation*, ponto 60.

[2] Processo T-102/96, *Gencor/Comissão*, Col. 1999, p. II-753, ponto 222; Decisão 92/553/CE da Comissão no processo IV/M.190 – *Nestlé/Perrier*, JO L 356 de 5.12.1992, p. 1, pontos 63-123.

[3] Ao apreciar se uma concentração é ou não susceptível de aumentar a simetria das diversas empresas presentes no mercado, os ganhos de eficiência poderão fornecer indícios importantes (ver igualmente o ponto 82 da presente comunicação).

participação em empresas comuns, podem também contribuir para alinhar os incentivos entre as empresas que participam na coordenação[1].

Controlo dos desvios

49. As empresas que participam numa coordenação são muitas vezes tentadas a aumentar as suas quotas de mercado desviando-se das condições de coordenação, por exemplo diminuindo os preços, oferecendo descontos secretos, aumentando a qualidade do produto ou a capacidade ou tentando obter novos clientes. Só a ameaça credível de uma retaliação atempada e suficiente impede que as empresas se desviem da coordenação. Assim, os mercados deverão ser suficientemente transparentes para que as empresas que participam na coordenação controlem, de forma suficiente, se as outras empresas se estão a desviar, sabendo assim quando exercer uma retaliação[2].

50. Muitas vezes, a transparência do mercado é tanto maior quanto menor for o número de participantes activos no mercado. Além disso, o nível de transparência depende frequentemente da forma como se realizam as transacções num mercado específico. Por exemplo, é provável que a transparência seja elevada num mercado em que as transacções se efectuam numa bolsa pública ou através de licitação[3]. Em contrapartida, a transparência poderá ser reduzida num mercado em que as transacções são negociadas de forma confidencial e bilateral entre os vendedores e os compradores[4]. Ao avaliar o nível de transparência do mercado, é fundamental identificar aquilo que as empresas podem inferir acerca do comportamento das outras empresas a partir da informação disponível[5]. As empresas que participam numa acção de coordenação deverão poder interpretar, com alguma segurança, em que medida um comportamento imprevisível resulta de um desvio relativamente às condições da coordenação. Por exemplo, em contextos instáveis, uma empresa pode ter dificuldades em saber se a sua perda de vendas se deve a um baixo nível global da procura ou ao facto de um concorrente oferecer preços particularmente baixos. Da mesma forma, numa situação em que as condições gerais da procura ou dos custos oscilam, poderá ser difícil interpretar em que medida um concorrente reduz os seus

---

[1] Ver, por exemplo, Decisão 2001/519/CE da Comissão no processo COMP/M.1673 – *VEBA/VIAG*, JO L 188 de 10.7.2001, p. 1, ponto 226; processo COMP/M.2567 – *Nordbanken/Postgirot*, ponto 54.

[2] Ver, por exemplo, processo COMP/M.2389 – *Shell/DEA*, pontos 112 e seguintes, e processo COMP/M.2533 – *BP/E.ºN*, pontos 102 e seguintes.

[3] Ver igualmente Decisão 2000/42/CE da Comissão no processo IV/M.1313 – *Danish Crown/Vestjyske Slagterier*, JO L 20 de 25.1.2000, p. 1, pontos 176-179.

[4] Ver, por exemplo, processo COMP/M.2640 – *Nestlé/Schöller*, ponto 37; Decisão 1999/641/CE da Comissão no processo COMP/M.1225 – *Enso/Stora*, JO L 254 de 29.9.1999, pontos 67 e 68.

[5] Ver, por exemplo, processo IV/M.1939 – *Rexam (PLM)/American National Can*, ponto 24.

preços porque espera uma descida dos preços coordenados ou porque se está a desviar do acordado.

51. Nalguns mercados em que as condições gerais parecem dificultar o controlo dos desvios, as empresas podem contudo optar por práticas que facilitam a tarefa de controlo, mesmo que tais práticas não tenham, necessariamente, sido acordadas para esse efeito. Estas práticas, como as cláusulas de acompanhamento da concorrência ou do cliente mais favorecido, a publicação voluntária de informações, os anúncios, ou o intercâmbio de informações através das associações do sector, podem aumentar a transparência ou ajudar os concorrentes a interpretarem as opções efectuadas. A gestão cruzada, a participação em empresas comuns e em acordos semelhantes poderá também facilitar o controlo.

Mecanismos de dissuasão

52. A coordenação não é sustentável sem que as consequências de um desvio sejam suficientemente graves para convencer todas as empresas participantes na coordenação de que têm todo o interesse em cumprir as condições da coordenação. É por conseguinte a ameaça de uma futura retaliação que mantém a coordenação sustentável[1]. Contudo, a ameaça só é credível se existir uma certeza suficiente de que será activado um mecanismo de dissuasão caso seja detectado um desvio por parte de uma das empresas[2].

53. É menos provável que uma retaliação que só é exercida após um período de tempo significativo ou cuja activação não é certa seja suficiente para anular os benefícios do desvio. Por exemplo, se o mercado se caracterizar por encomendas não frequentes e de elevado volume, poderá ser difícil criar um mecanismo de dissuasão suficientemente severo, uma vez que os ganhos decorrentes do desvio podem ser elevados, certos e imediatos, enquanto as perdas decorrentes do castigo podem ser reduzidas e incertas e concretizar-se apenas decorrido algum tempo. A rapidez de aplicação dos mecanismos de dissuasão está relacionada com a questão da transparência. Se as empresas apenas podem observar o comportamento dos seus concorrentes após um período significativo, a retaliação sofrerá também atrasos, o que poderá determinar se será suficiente para impedir o desvio.

54. A credibilidade do mecanismo de dissuasão depende do facto de as outras empresas participantes na coordenação terem um incentivo para retaliar. Alguns mecanismos de dissuasão, como por exemplo um castigo aplicado à empresa que se

---

[1] Ver processo COMP/M.2389 – *Shell/DEA*, ponto 121, e processo COMP/M.2533 – *BP/E.ºN*, ponto 111.

[2] Embora os mecanismos de dissuasão sejam por vezes também designados por mecanismos de "castigo", este termo não deve ser entendido em sentido estrito, ou seja, que tal mecanismo castiga necessariamente de forma individual uma empresa que se tenha desviado. O facto de admitir que a coordenação pode ser destruída durante um determinado período se for identificado um desvio, poderá constituir por si só um mecanismo de dissuasão suficiente.

desvia da coordenação iniciando temporariamente uma guerra de preços ou aumentando significativamente a produção, poderão provocar prejuízos económicos a curto prazo para as empresas que retaliam. Essa situação não suprime necessariamente o incentivo para retaliar, uma vez que o prejuízo a curto prazo pode ser mais reduzido do que o benefício a longo prazo da retaliação, que resultará do restabelecimento do regime de coordenação.

55. Não é necessário que a retaliação seja aplicada no mesmo mercado onde foi verificado o desvio[1]. Se as empresas participantes na coordenação mantêm uma interacção comercial noutros mercados, estes poderão oferecer diversos métodos de retaliação[2]. A retaliação pode assumir muitas formas, incluindo a anulação de empresas comuns ou de outras formas de cooperação ou a venda de participações de empresas que sejam propriedade conjunta.

Reacções de empresas terceiras

56. Para que a coordenação seja coroada de êxito, o comportamento das empresas que não participam na coordenação e dos concorrentes potenciais, bem como dos clientes, não deverá poder prejudicar os resultados previstos da coordenação. Se, por exemplo, a coordenação se destinar a reduzir a capacidade geral do mercado, apenas afectará os consumidores se as empresas que não participam na coordenação não estiverem em condições ou não tiverem incentivos para reagir a esta redução aumentando a sua própria capacidade de forma suficiente para impedir uma diminuição líquida da capacidade ou, pelo menos, para tornar não rendível a diminuição de capacidade coordenada[3].

57. Os efeitos da entrada no mercado e da compensação do poder dos compradores que os clientes possuem serão analisados posteriormente, noutras secções da presente comunicação. Contudo, deverá ser consagrada especial atenção ao possível impacto destes elementos sobre a estabilidade da coordenação. Por exemplo, ao concentrar um grande volume das suas necessidades no mesmo fornecedor ou ao oferecer contratos a longo prazo, um grande comprador poderá tornar a coordenação instável, conseguindo levar uma das empresas que participam na coordenação a desviar-se, por forma a expandir significativamente as suas actividades.

Concentração com um concorrente potencial

58. As concentrações em que uma empresa que já desenvolve actividades num mercado relevante realiza uma fusão com um concorrente potencial no mesmo mercado podem ter efeitos anticoncorrenciais semelhantes aos das concentrações entre duas empresas que já desenvolvem actividades no mesmo mercado relevante

---

[1] Ver, por exemplo, Decisão 2000/42/CE da Comissão no processo IV/M.1313 – *Danish Crown/Vestjyske Slagterier,* JO L 20 de 25.1.2000, ponto 177.

[2] Ver processo T-102/96, *Gencor/Comissão,* Col. 1999, p. II-753, ponto 281.

[3] Estes elementos são analisados de forma semelhante aos efeitos não coordenados.

e, assim, podem resultar em entraves significativos à concorrência efectiva, em especial através da criação ou reforço de uma posição dominante.

59. Uma concentração com um concorrente potencial pode gerar efeitos anticoncorrenciais horizontais, coordenados ou não, se o concorrente potencial restringir de forma significativa o comportamento das empresas que desenvolvem actividades no mercado. É o que se passa se o concorrente potencial possuir activos que possam ser facilmente utilizados para entrar no mercado, sem incorrer em custos irrecuperáveis significativos. Podem também ocorrer efeitos anticoncorrenciais se existirem elevadas probabilidades de o parceiro na concentração suportar os custos irrecuperáveis necessários para entrar no mercado num prazo relativamente curto, após o qual passaria a restringir o comportamento das empresas que já desenvolvem actividades no mercado[1].

60. Para que uma concentração com um concorrente potencial tenha efeitos anticoncorrenciais significativos, devem estar preenchidas duas condições de base. Em primeiro lugar, o concorrente potencial deve exercer já uma influência restritiva significativa ou deve existir uma probabilidade considerável de vir a transformar-se numa força concorrencial efectiva. Elementos que revelem que um concorrente potencial projecta entrar num mercado de uma forma significativa poderão contribuir para que a Comissão chegue a esta conclusão[2]. Em segundo lugar, não deverá existir um número razoável de outros concorrentes potenciais susceptíveis de manter uma pressão concorrencial suficiente após a concentração[3].

Concentrações que criam ou reforçam o poder dos compradores nos mercados a montante

61. A Comissão poderá também analisar em que medida a entidade resultante de uma concentração aumentará o seu poder de comprador nos mercados a montante. Por um lado, de uma concentração que cria ou reforça o poder de mercado de um comprador podem resultar entraves significativos à concorrência efectiva, em especial através da criação ou reforço de uma posição dominante. A empresa resultante da concentração poderá encontrar-se em condições de obter preços mais reduzidos, reduzindo as suas compras de matérias-primas. Esta situação poderá, por seu turno, levá-la também a baixar o nível de produção no mercado do produto final,

---

[1] Ver, por exemplo, processo IV/M.1630 – *Air Liquide/BOC*, pontos 201 e seguintes. Para um exemplo de um processo em que a entrada da outra empresa na concentração não era suficientemente provável a médio ou a curto prazo, ver processo T-158/00, *ARD/Comissão*, Col. 2003, p. II-000, pontos 115-127.

[2] Decisão 2001/98/CE da Comissão no processo COMP/M.1439 – *Telia/Telenor*, JO L 40 de 9.2.2001, p. 1, pontos 330-331, e processo IV/M.1681 – *Akzo Nobel/Hoechst Roussel Vet*, ponto 64.

[3] Processo IV/M.1630 – *Air Liquide/BOC*, ponto 219; Decisão 2002/164/CE da Comissão no processo COMP/M.1853 – *EDF/EnBW*, JO L 59 de 28.2.2002, p. 1, pontos 54-64.

prejudicando assim os consumidores[1]. Estes efeitos poderão sobretudo surgir quando os vendedores a montante estão relativamente fragmentados. A concorrência nos mercados a jusante poderá também ser afectada negativamente, em especial se for provável que a entidade resultante da concentração utilize o seu poder de comprador face aos fornecedores para impedir o acesso dos seus rivais[2].

62. Por outro lado, o aumento do poder dos compradores poderá ser benéfico para a concorrência. Se o aumento do poder dos compradores provocar uma redução dos custos das matérias-primas sem restringir a concorrência a jusante ou a produção total, uma parte destas reduções de custos será provavelmente repercutida nos consumidores sob a forma de preços mais baixos.

63. A fim de apreciar se de uma concentração podem resultar entraves significativos à concorrência efectiva através da criação ou reforço do poder dos compradores, é necessária uma análise das condições concorrenciais nos mercados a montante e uma avaliação dos possíveis efeitos positivos e negativos acima descritos.

V. PODER DE COMPENSAÇÃO DOS COMPRADORES

64. A pressão concorrencial sobre um fornecedor não é apenas exercida pelos concorrentes, mas pode também provir dos seus clientes. Mesmo as empresas com quotas de mercado muito elevadas poderão não estar em condições, após a concentração, de causar entraves significativos à concorrência efectiva, em especial adoptando um comportamento em larga medida independente do dos seus clientes, caso estes últimos possuam um poder de compensação[3]. O poder dos compradores de compensação deverá neste contexto ser entendido como o poder de negociação do comprador face ao vendedor, no âmbito de negociações comerciais, devido à sua dimensão, à sua importância comercial para o vendedor e à sua capacidade de mudar para fornecedores alternativos.

65. A Comissão considera, quando relevante, em que medida os clientes estarão em condições de contrariar o aumento de poder de mercado que, caso contrário, uma concentração seria susceptível de criar. Uma fonte de compensação resultante do poder dos compradores consistiria no facto de um cliente poder ameaçar de forma credível que recorreria, num prazo razoável, a fontes de fornecimento alternativas caso o fornecedor decidisse aumentar os preços[4] ou agravar de qualquer

---

[1] Ver Decisão 1999/674/CE da Comissão no processo M. 1221 – *Rewe/Meinl,* JO L 274 de 23.10.1999, p. 1, pontos 71-74.

[2] Processo T-22/97, *Kesko/Comissão,* Col. 1999, p. II-3775, ponto 157; Decisão 2002/156/CE da Comissão no processo M.877 – *Boeing/McDonnell Douglas,* JO L 336 de 8.12.1997, p. 16, pontos 105-108.

[3] Ver, por exemplo, processo IV/M.1882 – *Pirelli/BICC,* pontos 73-80.

[4] Ver, por exemplo, processo IV/M.1245 – *Valeo/ITT Industries,* ponto 26.

outra forma a qualidade ou as condições de entrega. Tal aconteceria se o comprador pudesse mudar imediatamente para outros fornecedores[1], pudesse ameaçar, de forma credível, com uma integração vertical no mercado a montante ou apoiar uma entrada ou expansão no mercado a montante[2], por exemplo, convencendo um concorrente potencial a entrar no mercado e comprometendo-se a fazer-lhe grandes encomendas. É mais provável que este tipo de poder de compensação dos compradores seja detido pelos grandes clientes sofisticados do que pelas pequenas empresas num sector fragmentado[3]. Um comprador pode também exercer poder de compensação recusando comprar outros produtos fabricados pelo fornecedor ou, principalmente no caso de bens duradouros, atrasando as aquisições.

66. Nalguns casos, poderá revelar-se importante consagrar especial atenção aos incentivos que os compradores têm para utilizar o seu poder[4]. Por exemplo, uma empresa a jusante pode não pretender efectuar um investimento para apoiar a entrada de uma nova empresa se os benefícios dessa entrada em termos de redução dos custos das matérias-primas puderem também ser aproveitados pelos seus concorrentes.

67. Não se pode concluir que o poder de compensação dos compradores compensa de forma suficiente os efeitos negativos potenciais de uma concentração se apenas garantir que um segmento específico de clientes[5], com um poder de negociação particularmente forte, fica protegido relativamente à aplicação de preços significativamente superiores ou à deterioração das condições após a concentração[6]. Além disso, não é suficiente que exista poder dos compradores antes da concentração, é também necessário que este poder exista e permaneça efectivo depois da concentração, uma vez que uma concentração entre dois fornecedores pode reduzir o poder dos compradores se suprimir uma alternativa credível.

---

[1] Mesmo um pequeno número de clientes pode não possuir poder dos compradores suficiente se tais clientes estiverem em larga medida "bloqueados" devido a elevados custos de transferência (ver processo COMP/M.2187 – *CVC/Lenzing*, ponto 223).

[2] Decisão 1999/641/CE da Comissão no processo COMP/M.1225 – *Enso/Stora*, JO L 254 de 29.9.1999, p. 9, pontos 89-91.

[3] Poderá também ser útil comparar a concentração que existe no lado da procura, com a concentração que existe no lado da oferta (processo COMP/JV 55 – *Hutchison/ /RCPM/ECT*, ponto 119 e Decisão 1999/641/CE da Comissão no processo COMP/M.1225, Enso/Stora, JO L 254 de 29.9.1999, p. 9, ponto 97).

[4] Processo COMP/JV 55 – *Hutchison/RCPM/ECT*, pontos 129-130.

[5] Decisão 2002/156/CE da Comissão no processo COMP/M.2097 – *SCA/Metsä Tissue*, JO L 57 de 27.2.2002, ponto 88. A discriminação em matéria de preços entre diferentes categorias de clientes poderá ser relevante nalguns casos, no contexto da definição de mercado (ver Comunicação da Comissão relativa à definição de mercado relevante, acima citada, ponto 43).

[6] Desta forma, a Comissão pode apreciar se os diversos compradores têm poder de compensação; ver por exemplo, Decisão 1999/641/CE da Comissão no processo COMP/M.1225 – *Enso/Stora*, JO L 254 de 29.9.1999, p. 9, pontos 84-97.

VI. ENTRADA NO MERCADO

68. Quando a entrada no mercado é suficientemente fácil, é pouco provável que uma concentração suscite um risco anticoncorrencial significativo. Desta forma, a análise da entrada no mercado constitui um elemento importante para a apreciação geral em termos de concorrência. Para que uma entrada no mercado possa ser considerada como pressão concorrencial suficiente sobre as partes na concentração, deverá demonstrar-se que a entrada é provável, será realizada em tempo útil e será suficiente para evitar ou anular os eventuais efeitos anticoncorrenciais da concentração.

Probabilidades de entrada no mercado

69. A Comissão examina se existem probabilidades de entrada no mercado ou se as entradas potenciais são susceptíveis de limitar o comportamento após a concentração das empresas já estabelecidas. Para que a entrada seja provável, deverá ser suficientemente rentável, tomando em consideração os efeitos, a nível dos preços, da injecção de produção adicional no mercado e a reacção potencial das empresas estabelecidas. A entrada é assim menos provável se apenas for viável em termos económicos quando realizada em grande escala, provocando por conseguinte uma redução significativa dos níveis de preços. A entrada será provavelmente mais difícil se as empresas estabelecidas estiverem em condições de proteger as suas quotas de mercado, oferecendo contratos a longo prazo ou reduções de preços especialmente dirigidas aos clientes que o novo participante está a tentar conquistar. Além disso, a existência de riscos elevados e os custos do malogro de uma tentativa de entrada poderão tornar as entradas no mercado menos prováveis. Quanto mais elevados forem os custos do malogro de uma tentativa de entrada, mais elevado é o nível dos custos irrecuperáveis a ela associados[1].

70. Os participantes potenciais podem ver-se confrontados com barreiras à entrada que determinam os riscos e os custos de entrada e que têm por conseguinte um impacto sobre a sua rendibilidade. As barreiras à entrada são características específicas do mercado, que proporcionam às empresas estabelecidas vantagens sobre os concorrentes potenciais. Quando as barreiras à entrada são reduzidas, haverá maior possibilidade de as empresas na concentração sofrerem maiores restrições devido às entradas no mercado. Em contrapartida, quando as barreiras à entrada são elevadas, os aumentos de preços das empresas na concentração não serão significativamente limitados pelas entradas no mercado. Exemplos históricos das entradas e saídas no sector poderão fornecer informações úteis acerca da dimensão das barreiras à entrada.

---

[1] Decisão 97/610/CE da Comissão no processo IV/M.774 – *Saint-Gobain/Wacker--Chemie/NOM,* JO L 247 de 10.9.1997, p. 1, ponto 184.

71. As barreiras à entrada podem assumir diversas formas:

a) As vantagens legais abrangem situações em que as barreiras regulamentares limitam o número de participantes no mercado ao restringir, por exemplo, o número de licenças[1]. Podem também abranger as barreiras pautais e não pautais ao comércio[2].

b) As empresas estabelecidas poderão também beneficiar de vantagens técnicas, como o acesso preferencial a instalações essenciais, recursos naturais[3], inovação e I& D[4], ou direitos de propriedade intelectual[5], que poderão dificultar o êxito da concorrência por parte de qualquer outra empresa. Por exemplo, nalgumas indústrias, poderá ser difícil obter as matérias-primas necessárias ou os produtos ou processos poderão estar protegidos por patentes. Outros factores, como as economias de escala e de gama, as redes de distribuição e de venda[6] e o acesso a tecnologias importantes poderão também constituir barreiras à entrada.

c) Além disso, poderão existir barreiras à entrada devido à posição firme das empresas estabelecidas no mercado. Em especial, poderá revelar-se complexo entrar num determinado sector devido ao facto de ser necessária experiência ou reputação para concorrer de forma efectiva, o que poderá ser difícil para um novo participante. Factores como a lealdade dos consumidores a uma marca específica[7], a proximidade das relações entre os fornecedores e os clientes, a importância da promoção ou da publicidade, ou outras vantagens a nível da reputação[8] serão tomados em consideração neste contexto. As barreiras à entrada englobam igualmente situações em que as empresas estabelecidas já criaram uma elevada capacidade excedentária[9] ou em que os custos que os clientes incorrem ao mudar para um novo fornecedor são também susceptíveis de inibir a entrada.

---

[1] Processo IV/M.1430 – Vodafone/Airtouch, ponto 27; processo IV/M.2016 – *France Télécom/Orange*, ponto 33.

[2] Decisão 2002/174/CE da Comissão no processo COMP/M.1693 – *Alcoa/Reynolds*, JO L 58 de 28.2.2002, ponto 87.

[3] Decisão 95/335/CE da Comissão no processo IV/M.754 – *Anglo American Corp./Lonrho*, JO L 149 de 20.5.1998, p. 21, pontos 118-119.

[4] Decisão 97/610/CE da Comissão no processo IV/M.774 – *Saint-Gobain/Wacker-Chemie/NOM*, JO L 247 de 10.9.1997, p. 1, pontos 184-187.

[5] Decisão 94/811/CE da Comissão no processo IV/M.269 – *Shell/Montecatini*, JO L 332 de 22.12.1994, p. 48, ponto 32.

[6] Decisão 98/327/CE da Comissão no processo IV/ M.883 – *The Coca-Cola Company/Carlsberg A/S*, JO L 145 de 15.5.1998, p. 41, ponto 74.

[7] Decisão 98/327/CE da Comissão no processo IV/ M.883 – *The Coca-Cola Company/Carlsberg A/S*, JO L 145 de 15.5.1998, p. 41, pontos 72-73.

[8] Decisão 2002/156/CE da Comissão no processo COMP/M.2097 – *SCA/Metsä Tissue*, JO L 57 de 27.2.2002, p. 1, pontos 83-84.

[9] Decisão 2001/432/CE da Comissão no processo IV/M.1813 – *Industri Kapital Nordkem/Dyno*, JO L 154 de 9.6.2001, p. 41, ponto 100.

72. A evolução prevista para o mercado deverá ser tomada em consideração ao apreciar se uma entrada será ou não rendível. É mais provável que uma entrada seja rendível num mercado que se prevê irá registar um elevado crescimento no futuro[1] do que num mercado que é maduro ou que se espera irá entrar em declínio[2]. As economias de escala ou os efeitos de rede podem tornar uma entrada não rendível, a não ser que o novo participante possa conquistar uma quota de mercado suficientemente importante[3].

73. A entrada é particularmente provável se os fornecedores noutros mercados já possuem instalações de produção que possam ser utilizadas para penetrar no mercado em questão, reduzindo assim os custos irrecuperáveis da entrada. Esta reafectação das instalações de produção é tanto mais provável quanto menor for a diferença de rendibilidade entre a entrada e a não entrada antes da concentração.

Oportunidade

74. A Comissão analisa se uma entrada será suficientemente rápida e sólida para impedir ou anular o exercício do poder de mercado. O período de tempo adequado depende das características e da dinâmica do mercado e também das capacidades específicas dos participantes potenciais[4]. Todavia, normalmente só se considera que uma entrada é realizada em tempo útil se ocorrer no prazo de dois anos.

Dimensão e âmbito suficientes

75. A entrada deve ter âmbito e dimensão suficientes para impedir ou anular os efeitos anticoncorrenciais da concentração[5]. Uma entrada de pequena dimensão, por exemplo num determinado "nicho" de mercado, poderá não ser considerada suficiente.

VII. GANHOS DE EFICIÊNCIA

76. As reorganizações de empresas sob a forma de concentrações podem corresponder às exigências de uma concorrência dinâmica e podem contribuir para aumentar a competitividade da indústria europeia, melhorando as condições do crescimento e elevando o nível de vida na Comunidade[6]. É possível que os ganhos

---

[1] (97) Ver, por exemplo, Decisão 98/475/CE da Comissão no processo IV/M.986 – *Agfa-Gevaert/Dupont,* JO L 211 de 29.7.1998, p. 22, pontos 84-85.

[2] (98) Processo T-102/96, *Gencor/Comissão,* Col. 1999, p. II-753, ponto 237.

[3] (99) Ver, por exemplo, Decisão 2000/718/CE da Comissão no processo IV/M.1578 – *Sanitec/Sphinx,* JO L 294 de 22.11.2001, p. 1, ponto 114.

[4] (100) Ver, por exemplo, Decisão 2002/174/CE no processo COMP/M.1693 – *Alcoa/Reynolds,* JO L 58 de 28.2.2002, pontos 31-32 e 38.

[5] Decisão 91/535/CE da Comissão no processo IV/M.68 – *Tetra Pak/Alfa Laval,* JO L 290 de 22.10.1991, p. 35, ponto 3.4.

[6] Ver o considerando 4 do Regulamento das Concentrações.

de eficiência resultantes de uma concentração compensem os efeitos sobre a concorrência e, em especial, os prejuízos potenciais para os consumidores que a concentração poderia ter de outra forma[1]. Por forma a determinar se de uma concentração resultam entraves significativos à concorrência efectiva, em especial através da criação ou reforço de uma posição dominante, na acepção dos n.ºs 2 e 3 do artigo 2.º do Regulamento das Concentrações, a Comissão realiza uma apreciação global da concentração em termos de concorrência. Ao realizar esta apreciação, a Comissão toma em consideração os factores referidos no n.º 1 do artigo 2.º, incluindo a evolução do progresso técnico e económico desde que tal evolução seja vantajosa para os consumidores e não constitua um obstáculo à concorrência[2].

77. A Comissão toma em consideração as alegações devidamente fundamentadas de ganhos de eficiência na apreciação global da concentração. Poderá decidir que, devido aos ganhos de eficiência decorrentes da concentração, não existem razões para declarar a concentração incompatível com o mercado comum, nos termos do n.º 3 do artigo 2.º do Regulamento das Concentrações. É o que acontece quando a Comissão pode concluir, com base em elementos suficientes, que os ganhos de eficiência resultantes da concentração são susceptíveis de reforçar a capacidade e o incentivo para que a entidade resultante da concentração se comporte de forma pró-concorrencial em benefício dos consumidores, compensando assim os efeitos negativos que, de outro modo, a concentração teria sobre a concorrência.

78. Para que a Comissão tome em consideração as alegações de ganhos de eficiência na sua apreciação da concentração e possa concluir que, devido aos ganhos de eficiência, não existem motivos para declarar a concentração incompatível com o mercado comum, tais ganhos de eficiência têm de beneficiar os consumidores, ser específicos da concentração e ser verificáveis. Estas condições são cumulativas.

Benefício para os consumidores

79. A referência relevante para apreciar as alegações de ganhos de eficiência consiste no facto de a situação dos consumidores[3] não piorar na sequência da concentração. Para o efeito, os ganhos de eficiência devem ser substanciais, realizados em tempo útil e, em princípio, devem beneficiar os consumidores nos mercados relevantes em que, de outra forma, seria provável a ocorrência de preocupações em matéria de concorrência.

---

[1] Ver o considerando 29 do Regulamento das Concentrações.

[2] Cf. n.º 1, alínea b), do artigo 2.º do Regulamento das Concentrações.

[3] Nos termos do n.º 1, alínea b), do artigo 2.º, o conceito de "consumidores" engloba os consumidores intermédios e finais, ou seja, os utilizadores dos produtos abrangidos pela concentração. Por outras palavras, na acepção desta disposição, a noção de consumidores inclui os clientes potenciais e/ou efectivos das partes na concentração.

80. As concentrações podem provocar diversos tipos de ganhos de eficiência susceptíveis de levar a uma redução dos preços ou a outros benefícios para os consumidores. Por exemplo, as poupanças de custos a nível da produção ou da distribuição poderão proporcionar à entidade resultante da concentração a capacidade e o incentivo para cobrar preços inferiores, na sequência da concentração. Tendo em conta a necessidade de apreciar se os ganhos de eficiência proporcionarão um benefício líquido para os consumidores, é mais provável que as eficiências em termos de custos que permitem reduções nos custos variáveis ou marginais[1] sejam relevantes para a apreciação dos ganhos de eficiência do que as reduções dos custos fixos, uma vez que, em princípio, é mais plausível que das primeiras resultem preços mais baixos para os consumidores[2]. As reduções de custos que resultam meramente de reduções anticoncorrenciais na produção não podem ser consideradas como ganhos de eficiência que beneficiam os consumidores.

81. Os consumidores podem igualmente beneficiar de produtos ou serviços novos ou melhorados, resultantes, por exemplo, de ganhos de eficiência no domínio da I& D e inovação. Uma empresa comum criada para desenvolver um novo produto poderá proporcionar o tipo de ganhos de eficiência que a Comissão pode tomar em consideração.

82. No contexto dos efeitos coordenados, os ganhos de eficiência podem aumentar o incentivo da entidade resultante da concentração para aumentar a produção e reduzir os preços, reduzindo por conseguinte o seu incentivo para coordenar o seu comportamento no mercado com as outras empresas nele presentes. Desta forma, os ganhos de eficiência poderão ter por consequência um menor risco de efeitos coordenados no mercado relevante.

83. Na generalidade, quanto mais tarde os ganhos de eficiência se concretizarem, menos importância lhes pode a Comissão atribuir. Tal implica que, para poderem ser considerados como um factor de compensação, os ganhos de eficiência devem ser realizados em tempo útil.

84. Os incentivos para a entidade resultante da concentração repercutir os ganhos de eficiência nos consumidores estão muitas vezes relacionados com a existência de pressão concorrencial por parte das empresas remanescentes no mercado e devido à possibilidade de entrada no mercado. Quanto maiores forem os efeitos negativos possíveis sobre a concorrência, maior será a necessidade de a Comissão se assegurar que os alegados ganhos de eficiência são substanciais e susceptíveis de serem realizados e repercutidos a um nível suficiente nos consumidores. É muito

---

[1] Devem considerar-se como custos variáveis aqueles que variam com o nível de produção ou com as vendas durante o período de tempo relevante. Os custos marginais são os custos associados à expansão da produção ou vendas na margem.

[2] Não é normalmente consagrada esta importância às poupanças de custos fixos, uma vez que a relação entre custos fixos e preços de consumo é normalmente menos directa, pelo menos a curto prazo.

improvável que uma concentração que leve a uma posição de mercado próxima do monopólio, ou que conduza a um nível semelhante de poder de mercado, possa ser declarada compatível com o mercado comum com base no facto de os ganhos de eficiência serem suficientes para anular os seus efeitos anticoncorrenciais potenciais.

Especificidade relativamente a uma concentração

85. Os ganhos de eficiência são relevantes para efeitos da apreciação em termos de concorrência quando são consequência directa da concentração notificada e não podem ser conseguidos, a um nível semelhante, através de alternativas menos anticoncorrenciais. Nestas circunstâncias, considera-se que os ganhos de eficiência são causados pela concentração e, por conseguinte, específicos de uma concentração[1]. Incumbe às partes na concentração fornecer atempadamente todas as informações relevantes necessárias para demonstrar que não existem alternativas realistas e viáveis, menos anticoncorrenciais do que a concentração notificada, quer sem carácter de concentração (por exemplo, um acordo de licença, ou uma empresa comum com carácter de cooperação) ou com carácter de concentração (por exemplo, uma empresa comum com carácter de concentração ou uma concentração estruturada de forma diferente) e que preservem os alegados ganhos de eficiência. A Comissão toma apenas em consideração as alternativas que são viáveis em termos razoáveis relativamente à situação que as empresas na concentração enfrentam, tendo em conta as práticas comerciais estabelecidas no sector em causa.

Possibilidade de verificação.

86. Os ganhos de eficiência devem ser verificáveis, de modo que a Comissão possa estar razoavelmente segura de que virão a concretizar-se e de que são suficientemente substanciais para compensar o prejuízo potencial de uma concentração para os consumidores. Quanto mais precisas e convincentes forem as alegações de ganhos de eficiência, em melhores condições estará a Comissão para avaliar tais alegações. Sempre que tal for razoavelmente possível, os ganhos de eficiência e os benefícios que deles resultam para os consumidores deverão ser quantificados. Quando não estiverem disponíveis os dados necessários para permitir uma análise quantitativa precisa, deverá ser possível prever um impacto positivo claramente identificável para os consumidores e não um impacto marginal. Normalmente, quanto mais tarde os ganhos de eficiência tiverem início, menor será o grau de probabilidade que a Comissão poderá atribuir à sua efectiva concretização.

87. A maior parte das informações necessárias para a Comissão apreciar em que medida a concentração induzirá ganhos de eficiência que permitam a sua autorização está exclusivamente em poder das partes na concentração. Cabe assim às partes notificantes fornecer atempadamente todas as informações relevantes, neces-

---

[1] À luz do princípio geral estabelecido no ponto 9 da presente comunicação.

sárias para demonstrar que os ganhos de eficiência alegados são específicos da concentração e susceptíveis de serem realizados. Da mesma forma, compete às partes notificantes demonstrar em que medida os ganhos de eficiência são susceptíveis de compensar quaisquer efeitos negativos para a concorrência que poderiam de outra forma resultar da concentração, beneficiando assim os consumidores.

88. Os elementos relevantes para a apreciação das alegações de ganhos de eficiência englobam, em especial, documentos internos utilizados pelos órgãos de gestão para tomar a decisão de realização da concentração, declarações dos órgãos de gestão aos accionistas e aos mercados financeiros acerca dos ganhos de eficiência esperados, exemplos históricos de ganhos de eficiência e dos benefícios para os consumidores e estudos anteriores à concentração realizados por peritos externos, sobre o tipo e dimensão dos ganhos de eficiência e sobre a importância dos prováveis benefícios para os consumidores.

VIII. ARGUMENTO DA EMPRESA INSOLVENTE

89. A Comissão pode decidir que uma concentração, que de outra forma seria problemática, é compatível com o mercado comum se uma das empresas objecto da concentração for uma empresa insolvente. O requisito de base consiste em não se poder considerar que a deterioração da estrutura concorrencial após a concentração é causada pela concentração[1]. É o que acontece quando a estrutura concorrencial do mercado se deteriora, pelo menos na mesma extensão, na ausência da concentração[2].

90. A Comissão considera que os três critérios que se seguem são relevantes para a aplicação do "argumento da empresa insolvente". Em primeiro lugar, a empresa alegadamente insolvente seria num futuro próximo excluída do mercado devido a dificuldades financeiras, se não fosse adquirida por outra empresa. Em segundo lugar, não existe qualquer aquisição alternativa que provoque menos distorções da concorrência do que a concentração notificada. Em terceiro lugar, na ausência da concentração, os activos da empresa insolvente sairiam inevitavelmente do mercado[3].

91. Compete às partes notificantes fornecer atempadamente todas as informações relevantes necessárias para demonstrar que a deterioração da estrutura concorrencial após a concentração não é causada pela concentração.

---

[1] Processos apensos C-68/94 e C-30/95, *Kali & Salz*, ponto 110.

[2] Processos apensos C-68/94 e C-30/95, *Kali & Salz*, ponto 114. Ver também Decisão 2002/365/CE da Comissão no processo COMP/M.2314 – *BASF/Pantochim/Eurodiol*, JO L 132 de 17.5.2002, p. 45, pontos 157-160. Esta exigência está ligada ao princípio geral estabelecido no ponto 9 da presente comunicação.

[3] Pode considerar-se, particularmente no caso de um monopólio, que os activos da empresa insolvente sairiam inevitavelmente do mercado em questão se se concluir que a quota de mercado da empresa insolvente iria de qualquer forma reverter a favor da outra parte na concentração. Ver processos apensos C-68/94 e C-30/95, *Kali & Salz*, pontos 115 e 116.

PROCEDIMENTO SIMPLIFICADO

Comunicação da Comissão*

1. A presente comunicação descreve o procedimento simplificado que a Comissão tenciona seguir para tratar certas operações de concentração que não levantam problemas de concorrência. Baseia-se na experiência adquirida até ao momento pela Comissão com a aplicação do Regulamento (CEE) n.º 4064/89 do Conselho, de 21 de Dezembro de 1989, relativo ao controlo das operações de concentração de empresas[1], com a última redacção que lhe foi dada pelo Regulamento (CE) n.º 1310/97[2] ("regulamento das concentrações"), que revelou que, na ausência de circunstâncias especiais, certas categorias de concentrações notificadas são normalmente autorizadas sem levantarem dúvidas de fundo.

2. Através do procedimento descrito nas secções que se seguem, a Comissão pretende assegurar um controlo comunitário mais preciso e mais eficaz das operações de concentração.

I. SÍNTESE DO PROCEDIMENTO SIMPLIFICADO

3. A presente comunicação define as condições de aplicação do procedimento simplificado, bem como o procedimento propriamente dito. Os contactos entre as partes notificantes e a Comissão na fase de pré-notificação são, neste caso, encorajados. Quando se encontrem satisfeitas todas as condições necessárias, e desde que não se verifiquem circunstâncias especiais, a Comissão adoptará uma decisão de compatibilidade simplificada no prazo de um mês a contar da data de notificação, nos termos do n.º 1, alínea *b*), do artigo 6.º do regulamento das concentrações. A Comissão pode, naturalmente, quando o considerar apropriado num determinado

---

* Comunicação da Comissão relativa a um procedimento simplificado de tratamento de certas operações de concentração nos termos do Regulamento (CEE) n.º 4064/89 do Conselho (Texto relevante para efeitos do EEE) – JO, C 217, de 29.7.2000, pp. 32-34.

[1] JO L 395 de 30.12.1989, p. 1 (rectificação: JO L 257 de 21.9.1990, p. 13).

[2] JO L 180 de 9.7.1997, p. 1 (rectificação: JO L 40 de 13.2.1998, p. 17).

caso, dar início a uma investigação e/ou tomar uma decisão normal nos prazos previstos no n.º 1 do artigo 10.º do regulamento das concentrações.

II. CATEGORIAS DE CONCENTRAÇÕES QUE SE PRESTAM À APLICAÇÃO DO PROCEDIMENTO SIMPLIFICADO

Concentrações elegíveis

4. O procedimento simplificado aplicar-se-á às seguintes categorias de concentrações:

a) Aquisição por duas ou mais empresas do controlo conjunto de uma empresa comum, desde que esta não exerça nem tencione exercer quaisquer actividades no território do Espaço Económico Europeu (EEE), ou quando tais actividades sejam mínimas. Tal acontece quando:

    i) o volume de negócios[1] da empresa comum e/ou o volume de negócios das actividades transferidas[2] for inferior a 100 milhões de euros no território do EEE, e

    ii) o valor total dos activos[3] transferidos para a empresa comum for inferior a 100 milhões de euros no território do EEE[4];

---

[1] O volume de negócios da empresa comum deve ser calculado com base nas contas verificadas mais recentes das empresas-mãe, ou da própria empresa comum, em função da existência ou não de contas separadas para os recursos agrupados na empresa comum.

[2] A alternativa "e/ou" é utilizada para ter em conta a diversidade de situações abrangidas, por exemplo:
– no caso da aquisição em comum de uma empresa, o volume de negócios a considerar é o desta última (a empresa comum),
– no caso da criação de uma empresa comum para a qual as empresas-mãe transferem as suas actividades, o volume de negócios a tomar em consideração é o imputável às actividades cedidas,
– no caso de uma empresa terceira passar a deter o controlo conjunto de uma empresa comum existente, o volume de negócios a considerar é o da empresa comum e o imputável às actividades transferidas pela nova empresa-mãe (no caso de existir).

[3] O valor total dos activos da empresa comum deve ser calculado com base no último balanço, regularmente estabelecido e aprovado, de cada empresa-mãe. O conceito de "activos" inclui: *a)* todas as imobilizações corpóreas e incorpóreas que serão transferidas para a empresa comum (como exemplos de imobilizações corpóreas podem ser citadas as instalações de produção, as redes de grossistas ou de retalhistas e as existências; como exemplos de imobilizações incorpóreas, podem citar-se a propriedade intelectual, o goodwill, etc.), e *b)* o montante dos créditos ou das responsabilidades da empresa comum ou que uma das suas empresas-mãe tenha aceite conceder ou garantir.

[4] Quando os activos transferidos geram volume de negócios, nem o valor destes activos nem o do volume de negócios podem exceder 100 milhões de euros.

b) Fusão de duas ou mais empresas ou aquisição por uma ou mais empresas do controlo exclusivo ou do controlo conjunto de uma outra empresa, desde que nenhuma das partes na concentração exerça actividades comerciais no mesmo mercado de produtos e/ou mercado geográfico ou num mercado de produtos situado a montante ou a jusante de um mercado de produtos no qual opera qualquer outra parte na concentração[1];

c) Fusão de duas ou mais empresas ou aquisição por uma ou mais empresas do controlo exclusivo ou do controlo conjunto de uma outra empresa, e:

    i) duas ou mais das partes na concentração exercem actividades comerciais no mesmo mercado de produtos e no mesmo mercado geográfico (relações horizontais), ou

    ii) uma ou mais das partes na concentração exercem actividades comerciais num mercado de produtos que se situe a montante ou a jusante de um mercado de produtos no qual uma outra parte na concentração exerce a sua actividade (relações verticais)[2], desde que a sua quota de mercado combinada não corresponda a 15% ou mais, no caso de relações horizontais e a 25 %, ou mais, no caso de relações verticais[3].

5. A experiência adquirida até à data pela Comissão com a aplicação do regulamento das concentrações revela que as operações que integram as categorias acima definidas não causam, salvo circunstâncias excepcionais, uma combinação de posições no mercado susceptível de levantar problemas de concorrência.

Salvaguardas e exclusões

6. Para apreciar se uma concentração integra uma das categorias acima definidas, a Comissão assegurar-se-á de que todas as circunstâncias pertinentes estão demonstradas de forma suficientemente clara. Tendo em conta que as definições de mercado podem constituir um elemento-chave de tal apreciação, as partes são convidadas a fornecer informações sobre as diferentes definições de mercado possíveis durante a fase de pré-notificação (ver ponto 10). Incumbe às partes notificantes descreverem todos os possíveis mercados de produtos e mercados geográficos relevan-

---

[1] Ver Comunicação da Comissão relativa à definição de mercado relevante para efeitos do direito comunitário da concorrência (JO C 372 de 9.12.1997, p. 5).

[2] Ver nota anterior.

[3] Tal significa que só são abrangidas por esta categoria as concentrações no âmbito das quais nenhum mercado é afectado na acepção da secção 6 III do formulário CO. Os limiares relativos às relações horizontais e verticais aplicam-se às quotas de mercado a nível nacional e à escala do EEE, bem como a qualquer outra definição do mercado dos produtos em causa que se justifique adoptar num determinado caso. É necessário que as definições de mercado fornecidas na notificação sejam suficientemente precisas para justificar a apreciação segundo a qual estes limiares não são atingidos e que todas as outras definições do mercado possíveis sejam mencionadas (incluindo mercados geográficos mais limitados do que os mercados nacionais).

tes em que a concentração notificada poderá ter repercussões, bem como fornecerem dados e informações relativos à definição desses mercados[1]. A Comissão resevar-se, no entanto, a possibilidade de decidir sobre a definição de mercados, baseando-se numa análise dos factos específicas do caso. Quando se revele difícil definir os mercados relevantes ou determinar as quotas de mercado das partes, a Comissão não utilizará o procedimento simplificado.

7. Se se pode normalmente presumir que as concentrações abrangidas pelas categorias acima definidas não leventarão sérias dúvidas quanto à sua compatibilidade com o mercado comum, ocorrerão não obstante situações que justificarão, a título excepcional, um exame aprofundado e/ou a adopção de uma decisão normal. Nestes casos, a Comissão poderá não aplicar o procedimento simplificado.

8. Os exemplos seguidamente apresentados ilustram certos tipos de casos susceptíveis de serem excluídos do âmbito de aplicação do procedimento simplificado. Certos tipos de concentrações podem reforçar o poder de mercado das partes, por exemplo ao combinarem recursos tecnológicos, financeiros ou outros, mesmo se as partes na concentração não operam no mesmo mercado. As concentrações que incluem aspectos de conglomerado podem também não se prestar ao procedimento simplificado, em especial quando uma ou mais das partes na concentração detêm individualmente uma quota igual ou superior a 25% num mercado de produtos em que não existem relações horizontais ou verticias, entre as partes. Noutros casos, poderá não ser possível determinar com precisão as quotas de mercado das partes. Tal acontece frequentemente quando as partes operam em mercados novos ou pouco desenvolvidos. As operações de concentração realizadas em mercados caracterizados pela existência de fortes barreiras à entrada, um elevado grau de concentração ou outros problemas de concorrência notórios podem igualmente não ser abrangidos pelo procedimento simplificado. Por último, a Comissão pode renunciar à aplicação do procedimento simplificado se sobrevir um problema de coordenação na acepção do n.º 4 do artigo 2.º do regulamento das concentrações.

9. Se um Estado-Membro manifestar preocupações justificadas a propósito da concentração notificada no prazo de três semanas a contar da recepção da cópia da notificação, ou se um terceiro expressar preocupações justificadas no prazo previsto para o efeito, a Comissão adoptará uma decisão normal. São aplicáveis os prazos previstos no n.º 1 do artigo 10.º do regulamento das concentrações. O procedimento simplificado não será aplicado se um Estado-Membro solicitar a remessa de uma concentração notificada ao abrigo do artigo 9.º do regulamento das concentrações.

---

[1] Tal como relativamente a todas as outras notificações, a Comissão pode revogar a decisão sob forma simplificada se esta se basear em indicações inexactas pelas quais uma das empresas em causa é responsável [n.º 3, alínea *a*), do artigo 6.º do regulamento das concentrações].

III. REGRAS PROCESSUAIS

Contactos prévios à notificação

10. A experiência demonstrou que as empresas consideram benéficos os contactos estabelecidos na fase de pré-notificação entre as partes notificantes e a Comissão[1]. Estes contactos permitem, em especial, à Comissão e às partes notificantes determinarem com precisão o volume de informações a fornecer na notificação. É, por conseguinte, aconselhável que as partes notificantes estabeleçam contactos prévios, em especial quando solicitam à Comissão a dispensa da obrigação de proceder a uma notificação pormenorizada, em conformidade com o n.º 2 do artigo 3.º do Regulamento (CE) n.º 447/98 da Comissão[2], devido ao facto de a operação a notificar não levantar problemas de concorrência.

Publicação do facto da notificação

11. As informações a publicar no *Jornal Oficial das Comunidades Europeias* na altura da notificação[3] são as seguintes: os nomes das partes na concentração, a natureza da concentração e os sectores económicos envolvidos, bem como a indicação de que, com base nas informações apresentadas pela parte notificante, a concentração é susceptível de beneficiar de um procedimento simplificado que inclui uma autorização tácita. Os terceiros interessados terão a ocasião de apresentar as suas observações, em especial sobre as circunstâncias que poderão justificar uma investigação.

Decisão simplificada

12. Se a Comissão verificar que a concentração pode beneficiar do procedimento simplificado, tomará normalmente uma decisão simplificada. A concentração será nesse caso declarada compatível com o mercado comum no prazo de um mês a contar da data de notificação, nos termos do disposto nos n.ºs 1 e 6 do artigo 10.º do regulamento das concentrações. Todavia, antes de decorrido o prazo de um mês, a Comissão tem a possibilidade de voltar ao procedimento normal de primeira fase e, portanto, de dar início a uma investigação e/ou de adoptar uma decisão normal se o considerar necessário no caso em questão.

Publicação da decisão simplificada

13. Tal como acontece com todas as decisões normais de autorização, a Comissão anunciará a tomada de uma decisão, mediante publicação de uma comu-

---

[1] Ver código de boas práticas do Comité ECLF, reproduzido na página da Comissão no endereço seguinte: http://europa.eu.int/comm/competition/mergers/others/best_practice_gl.html

[2] JO L 61 de 2.3.1998, p. 1.

[3] Ver n.º 3 do artigo 4.º do regulamento das concentrações.

nicação no *Jornal Oficial das Comunidades Europeias*. A versão pública da decisão será disponibilizada na internet durante um período de tempo limitado. A decisão simplificada incluirá as informações sobre a concentração notificada publicadas no Jornal Oficial na altura da notificação (nomes das partes, natureza da concentração e sectores económicos em causa) e uma declaração de compatibilidade da concentração com o mercado comum por ser abrangida por uma ou mais das categorias referidas na comunicação relativa a um procedimento simplificado, devendo a ou as categorias aplicáveis ser expressamente identificadas.

IV. RESTRIÇÕES DIRECTAMENTE RELACIONADAS E NECESSÁRIAS À REALIZAÇÃO DE UMA OPERAÇÃO DE CONCENTRAÇÃO

14. Salvo decisão em contrário da Comissão, o procedimento simplificado de autorização das operações de concentração aplicar-se-á igualmente às restrições directamente relacionadas e necessárias à realização da concentração. A autorização de uma concentração mediante uma decisão simplificada abrangerá, nos termos do n.º 1, segundo parágrafo da alínea *b*), do artigo 6.º do regulamento das concentrações, as restrições que sejam especificadas pelas partes notificantes e que sejam directamente relacionadas e necessárias à realização da operação de concentração. Deve notar-se neste contexto que os critérios de relação directa e da necessidade são critérios de carácter objectivo[1]. As restrições não são acessórias simplesmente por serem consideradas como tal pelas partes.

---

[1] Ver comunicação da Comissão relativa às restrições directamente relacionadas e necessárias às operações de concentração (JO C 203 de 14.8.1990, p. 5). Esta comunicação define as categorias de restrições que, com base na experiência até hoje adquirida pela Comissão com a aplicação do regulamento das concentrações, podem ser consideradas directamente relacionadas e necessárias à realização de uma operação de concentração.

COMPROMISSOS E OUTRAS SOLUÇÕES

Comunicação da Comissão*

A. INTRODUÇÃO

1. O Regulamento (CEE) n.º 4064/89 do Conselho, de 21 de Dezembro de 1989, relativo ao controlo das operações de concentração de empresas[1] com a última redacção que lhe foi dada pelo Regulamento (CE) n.º 1310/97[2], (a seguir denominado "Regulamento das concentrações"), prevê expressamente que a Comissão pode declarar uma concentração compatível com o mercado comum na sequência de alterações introduzidas pelas partes[3]. O considerando 8 do Regulamento (CE) n.º 1310/97 do Conselho diz o seguinte: "na segunda fase do processo[4], a Comissão pode declarar uma concentração compatível com o mercado comum na sequência de compromissos assumidos pelas partes que sejam proporcionais à restrição de concorrência e a eliminem completamente". O considerando 8 prevê igualmente a possibilidade de "compromissos na primeira fase[5] do processo quando o problema em termos de concorrência seja rapidamente identificável e possa ser facilmente sanado. (...) Nas duas fases do processo, deve ser assegurada a transparência e a consulta efectiva dos Estados-Membros e dos terceiros interessados".

2. A presente Comunicação tem por finalidade estabelecer orientações no que se refere às alterações introduzidas nas operações de concentração, incluindo os compromissos de alterar uma operação de concentração. Tais alterações são mais correntemente denominadas "soluções" uma vez que o seu objecto consiste em

---

* Comunicação da Comissão sobre as soluções passíveis de serem aceites nos termos do Regulamento (CEE) n.° 4064/89 do Conselho e do Regulamento (CE) n.° 447/98 da Comissão (Texto relevante para efeitos do EEE) – JO, C 68, de 2.3.2001, pp. 3-11.

[1] JO L 395 de 30.12.1989, p. 1, versão rectificada: JO L 257 de 21.9.1990, p. 13.

[2] JO L 180 de 9.7.1997, p. 1.

[3] As alusões a "partes" e "partes na concentração" englobam igualmente as situações em que existe somente uma parte notificante.

[4] Em seguida denominada fase II.

[5] Em seguida denominada fase I.

reduzir o poder de mercado das partes na concentração e restaurar as condições de concorrência efectiva que seriam falseadas como resultado da criação ou reforço de uma posição dominante. As orientações enunciadas na presente Comunicação reflectem a experiência em constante evolução da Comissão a nível da apreciação, aceitação e aplicação de soluções nos termos do Regulamento das concentrações, desde a sua entrada em vigor em 21 de Setembro de 1990. Os princípios apresentados serão aplicados, desenvolvidos e aprofundados pela Comissão no âmbito de processos singulares. As orientações em matéria de compromissos não prejudicam a interpretação que possa ser dada pelo Tribunal de Justiça ou pelo Tribunal de Primeira Instância das Comunidades Europeias.

3. A presente Comunicação delineia os princípios gerais que se aplicam às soluções passíveis de serem aceites pela Comissão, os principais tipos de compromissos por ela aceites em processos objecto do Regulamento das concentrações, os requisitos específicos que as propostas de compromissos devem satisfazer em ambas as fases do processo e os principais requisitos a observar na execução dos referidos compromissos.

II. PRINCÍPIOS GERAIS

4. Nos termos do Regulamento das concentrações, a Comissão aprecia a compatibilidade com o mercado comum de uma concentração formalmente comunicada em função do seu efeito sobre a estrutura da concorrência na Comunidade[1]. O critério de compatibilidade nos termos dos n.ºs 2 e 3 do artigo 2.º do Regulamento das concentrações consiste em saber se uma concentração criará ou reforçará uma posição dominante de que resultem entraves significativos à concorrência efectiva no mercado comum ou numa parte substancial do mercado comum[2]. Uma concentração que crie ou reforce uma posição dominante conforme acima descrito é incompatível com o mercado comum e a Comissão deve proibi-la.

5. Se uma concentração suscitar problemas de concorrência no que se refere à criação ou ao reforço de uma posição dominante, as partes podem pretender alterar a operação no intuito de dar solução às preocupações em matéria de concorrência manifestadas pela Comissão, por forma a obter, assim, a respectiva autorização. Tais

---

[1] Considerando 7 do Regulamento das concentrações.

[2] Em caso de criação de uma empresa comum, a Comissão examinará a concentração igualmente ao abrigo do n.º 4 do artigo 2.º do Regulamento das concentrações. Neste contexto, a Comissão examina se a criação da empresa comum tem ou não por objecto ou efeito a coordenação do comportamento concorrencial de empresas que se mantêm independentes. Tal coordenação deve ser apreciada em conformidade com os critérios enunciados nos n.ºs 1 e 3 do artigo 81.º do Tratado, com vista a determinar se a operação é ou não compatível com o mercado comum. Os princípios delineados na presente Comunicação são também normalmente aplicáveis aos processos nos termos do n.º 4 do artigo 2.º.

alterações podem ser propostas e executadas previamente à adopção de uma decisão de autorização. No entanto, constitui prática mais corrente que as partes apresentem compromissos com vista a tornar a concentração compatível com o mercado comum num prazo específico que começa a correr após a respectiva autorização.

6. Incumbe à Comissão demonstrar que a concentração cria ou reforça estruturas de mercado que são susceptíveis de entravar de forma significativa a concorrência efectiva no mercado comum. Incumbe às partes demonstrar que as soluções propostas, uma vez executadas, suprimem a criação ou o reforço da posição dominante identificada pela Comissão. Para o efeito, as partes devem demonstrar claramente, a contento da Comissão em função das obrigações que lhe incumbem por força do Regulamento das concentrações, que a solução restabelece as condições de concorrência efectiva no mercado comum numa base duradoura.

7. Quando se trata de apreciar se uma solução restabelece a concorrência efectiva, a Comissão terá em conta todos os factores relevantes relacionados com a solução em si, incluindo, nomeadamente, o tipo, dimensão e alcance da solução proposta, juntamente com as probabilidades da sua bem-sucedida, plena e atempada execução pelas partes. Além disso, esses factores devem ser apreciados com base na estrutura e nas características específicas do mercado em que se colocam as preocupações de concorrência, incluindo evidentemente a posição das partes e de outros operadores no mercado. Daí que as partes devam eliminar desde o início eventuais incertezas sobre qualquer um desses factores, susceptíveis de levar a Comissão a rejeitar a solução proposta.

8. De modo mais geral, a Comissão tomará em consideração o facto de qualquer solução pressupor sempre um certo elemento de incerteza quanto aos seus resultados, na medida em que constitui um compromisso que não foi ainda executado. Este factor de carácter geral deve ser também tido em conta pelas partes quando apresentam uma solução à Comissão.

9. No âmbito do processo Genco[1], o Tribunal de Primeira Instância estabeleceu o princípio de que o objectivo básico dos compromissos consiste em assegurar estruturas de mercado concorrenciais. Por conseguinte, os compromissos que representem meramente uma promessa de adoptar um determinado comportamento, por exemplo, um compromisso no sentido de não abusar de uma posição dominante criada ou reforçada pela concentração projectada, não são, enquanto tal, adequados para tornar uma concentração compatível com o mercado comum. Segundo o Tribunal[2], os compromissos de carácter estrutural, tal como o compromisso de alienar uma filial, são, regra geral, preferíveis atendendo ao objectivo prosseguido pelo regulamento, na medida em que um compromisso deste tipo impede a criação ou o reforço de uma posição dominante previamente identificada pela Comissão e

---

[1] Acórdão do Tribunal de Primeira Instância de 25 de Março de 1999, proferido no Processo T-102/96, *Gencor Ltd./Comissão,* Colectânea 1999, II-753, fundamento 316.

[2] Op. cit., fundamento 319.

não requer, além disso, medidas de acompanhamento a médio ou a longo prazos. Não obstante, não pode ser automaticamente excluída a possibilidade de outros tipos de compromissos serem igualmente susceptíveis de impedir a criação ou o reforço de uma posição dominante. Todavia, a possibilidade de aceitação ou não de tais compromissos deve ser determinada numa base casuística.

10. Uma vez realizada a operação de concentração, e não obstante a possibilidade de algumas salvaguardas provisórias, as condições de concorrência que se pretendem assegurar no mercado só podem ser verdadeiramente restabelecidas quando os compromissos forem preenchidos. Deste modo, os compromissos devem ser susceptíveis de uma execução eficaz e a curto prazo. Uma vez executados, os compromissos não devem exigir acompanhamento adicional[1].

11. A Comissão pode aceitar compromissos nas duas fases do processo. No entanto, tendo em conta que só na Fase II é realizada uma investigação aprofundada do mercado, os compromissos apresentados à Comissão na Fase I devem ser suficientes para eliminar claramente dúvidas sérias, nos termos do n.º 1, alínea c), do artigo 6.º do Regulamento das concentrações[2]. Nos termos do n.º 2 do artigo 10.º do Regulamento das concentrações, a Comissão deve tomar uma decisão de autorização logo que se afigure que já não se colocam as sérias dúvidas referidas no n.º 1, alínea c), do artigo 6.º do referido regulamento, em virtude dos compromissos apresentados pelas partes. Esta regra é aplicável, em especial, relativamente aos compromissos propostos num estádio relativamente precoce da Fase II do processo[3]. Após uma investigação aprofundada e se a Comissão numa comunicação de objecções tiver concluído, a título preliminar, que a operação cria ou reforça uma posição dominante, na acepção do n.º 3 do artigo 2.º do Regulamento das concentrações, os compromissos devem eliminar a criação ou o reforço de tal posição dominante.

12. Muito embora os compromissos devam ser propostos pelas partes, a Comissão assegura a aplicação dos compromissos, subordinando a autorização à sua plena observância[4]. Deve ser feita distinção entre condições e obrigações. A

---

[1] Somente em circunstâncias excepcionais, terá a Comissão em conta compromissos que exijam novas medidas de acompanhamento: Decisão 97/816/CE da Comissão (IV/M.877 – *Boeing/MacDonnell Douglas,* JO L 336 de 8.12.1997, p. 16).

[2] Os compromissos na fase I só podem ser aceites em determinados tipos de situações. O problema de concorrência suscitado deve ser de tal forma claro e as soluções de tal maneira inequívocas que não é necessário empreender uma investigação aprofundada.

[3] Decisão da Comissão de 30 de Março de 1999 (IV/JV.15 – *BT/AT & T*); Decisão 2001/45/CE da Comissão (IV/M.1532 – *BP Amoco/Arco,* JO L 18 de 19.1.2001, p. 1).

[4] Se a apreciação final da Comissão de um determinado caso revelar que não existem preocupações de concorrência ou que a eliminação das preocupações não depende de um elemento específico dos compromissos apresentados, as partes, tendo sido informadas desse facto, podem retirar os compromissos. Se as partes não os retirarem, a Comissão pode tomar

exigência de concretização de cada medida conducente à alteração estrutural do mercado constitui uma condição, por exemplo, alienar uma actividade. As medidas de execução necessárias para atingir este resultado constituem, em geral, obrigações impostas às partes, por exemplo, a nomeação de um administrador com o mandato irrevogável de proceder à venda dessa actividade. Sempre que as empresas em causa infrinjam uma obrigação, a Comissão pode revogar, por força do n.º 3 do artigo 6.º ou do n.º 5, alínea b), do artigo 8.º do Regulamento das concentrações, as decisões de autorização tomadas, respectivamente, nos termos do n.º 2 do artigo 6.º ou do n.º 2 do artigo 8.º do referido regulamento. Podem ser igualmente aplicadas às partes coimas ou sanções pecuniárias compulsórias, respectivamente, nos termos do n.º 2, alínea a), do artigo 14.º ou do n.º 2, alínea a), do artigo 15.º do Regulamento das concentrações. Sempre que, no entanto, a situação que torna a concentração compatível com o mercado comum não se concretizar[1], isto é, sempre que a condição não for preenchida, a decisão de compatibilidade não se pode manter. Nestas circunstâncias, a Comissão pode, nos termos do n.º 4 do artigo 8.º do Regulamento das concentrações, ordenar a adopção de quaisquer medidas adequadas necessárias para restabelecer as condições de uma concorrência efectiva[2]. Além disso, podem ser impostas coimas às partes conforme previsto no n.º 2, alínea c), do artigo 14.º.

III. TIPOS DE SOLUÇÕES ACEITES PELA COMISSÃO[3]

1. Alienação

13. Quando a concentração projectada ameaça criar ou reforçar uma posição dominante que impediria uma concorrência efectiva, a forma mais eficaz de restabelecer a concorrência efectiva, para além da proibição da operação, consiste na criação das condições para o aparecimento de um novo concorrente ou para o reforço dos concorrentes existentes através de uma alienação.

Actividade viável
14. As actividades alienadas devem constituir uma actividade viável que, no caso de ser explorada por um adquirente adequado, possa concorrer eficazmente

---

em consideração na suas decisões as propostas ou ignorá-las, devendo, no primeiro caso, explicar na decisão que os compromissos não constituem uma condição da autorização.

[1] O mesmo princípio é válido quando a situação que tinha inicialmente tornado a concentração compatível é subsequentemente alterada, ver último período do ponto 49.

[2] Estas medidas podem igualmente conduzir a sanções pecuniárias compulsórias, conforme previsto no n.º 2, alínea b), do artigo 15.º.

[3] A descrição seguidamente apresentada não é exaustiva.

numa base duradoura com a entidade resultante da concentração. Normalmente, uma actividade viável é uma actividade existente susceptível de ser explorada numa base autónoma, isto é, de forma independente das partes na concentração, no que diz respeito ao fornecimento de materiais de produção e a outras formas de cooperação, findo um período transitório.

15. Quando propõem a alienação de uma actividade viável, as partes devem ter em conta as incertezas e os riscos associados à transferência de uma actividade para um novo proprietário. Tais riscos podem limitar o impacto concorrencial da actividade alienada e, deste modo, conduzir a uma situação de mercado em que as preocupações da Comissão em matéria de concorrência não serão forçosamente dissipadas.

Objecto da alienação

16. Quando o problema de concorrência resulta de uma sobreposição horizontal, terá de ser alienada a actividade mais adequada[1]. Poderá tratar-se de actividades da empresa incorporante nos casos de uma oferta hostil em que o conhecimento da parte notificante da actividade a adquirir é mais limitado. Um compromisso de alienar actividades da empresa a ser incorporada, poderia, nestas circunstâncias, aumentar o risco de tais actividades poderem não se tornar um concorrente viável que possa efectivamente concorrer no mercado numa base duradoura.

17. Na determinação das actividades em sobreposição a alienar, a capacidade de a actividade poder ser explorada numa base autónoma constitui um factor importante a tomar em consideração[2]. No intuito de assegurar uma actividade viável, poderá vir a ser mesmo necessário incluir numa alienação igualmente actividades relacionadas com mercados relativamente aos quais a Comissão não manifestou preocupações do ponto de vista da concorrência, se tal for a única forma possível de criar um concorrente eficaz nos mercados afectados[3].

18. Muito embora se tenha aceite em determinadas circunstâncias específicas[4], uma alienação que consista na conjugação de certos activos da empresa incorporante e da empresa incorporada pode criar riscos adicionais no que se refere à

---

[1] Quando o problema de concorrência resulta de uma integração vertical, uma alienação pode igualmente resolver as preocupações de concorrência.

[2] Decisão da Comissão de 29 de Setembro de 1999 (IV/M.1383 – *Exxon/Mobil*), ponto 860; Decisão da Comissão de 9 de Fevereiro de 2000 (COMP/M.1641 – *Linde/AGA*), ponto 94.

[3] Decisão 1999/229/CE da Comissão (IV/M.913 – *Siemens/Elektrowatt;* JO L 88 de 31.3.1999, p. 1, ponto 134); Decisão 2000/718/CE da Comissão (COMP/M.1578 – *Sanitec/Sphinx;* JO L 294 de 22.11.2000, p. 1, ponto 255); Decisão da Comissão de 8 de Março de 2000 (COMP/M.1802 – *Unilever/Amora Maille*); Decisão da Comissão de 28 de Setembro de 2000 (COMP/M.1990 – *Unilever/Bestfoods,* JO C 311 de 31.10.2000, p. 6).

[4] Decisão 96/222/CE da Comissão (IV/M.603 – *Crown Cork & Seal/Carnaud Metalbox,* JO L 75 de 23.3.1996, p. 38).

viabilidade e eficiência das actividades daí resultantes. Tal possibilidade deverá ser assim cuidadosamente analisada. Em casos excepcionais, um pacote a alienar que inclua apenas marcas e activos ligados à produção pode ser suficiente para criar as condições de uma concorrência efectiva[1]. Em tais circunstâncias, a Comissão terá de estar convicta de que o adquirente poderá proceder à integração desses activos de forma eficaz e imediata.

Adquirente adequado

19. A condição da decisão de autorização da Comissão consiste na transferência da actividade viável para um adquirente adequado[2] num prazo específico. Estes dois elementos, a saber, uma empresa viável e um adquirente adequado encontram-se assim interligados. A capacidade de uma empresa de atrair um adquirente adequado constitui, por conseguinte, um importante elemento a ter em conta na apreciação da Comissão quanto à adequação dos compromissos propostos[3].

20. Verificam-se casos em que a viabilidade do pacote de alienação depende em grande medida, atendendo aos activos que constituem parte integrante da actividade, da identidade do adquirente. Nessas circunstâncias, a Comissão só autorizará a concentração se as partes se comprometerem a não realizar a operação formalmente comunicada antes de terem celebrado um contrato com um adquirente relativamente à actividade a alienar (o denominado "comprador firme"), aprovado pela Comissão[4].

21. Quando a alienação de uma actividade constitua uma condição da decisão de autorização, incumbe às partes encontrar um adquirente adequado para a referida actividade. As partes podem acrescentar outros activos por iniciativa própria a fim de tornar o pacote mais atraente para os adquirentes[5].

Compromissos alternativos em matéria de alienação

22. Em certos casos, a concretização da possibilidade de alienação preferida das partes (de uma actividade viável que resolva as preocupações do ponto de vista da concorrência) pode ser incerta ou difícil devido, por exemplo, a direitos de preferência de terceiros ou à incerteza quanto à possibilidade de transferir contratos fundamentais, direitos de propriedade intelectual e trabalhadores. Não obstante, as

---

[1] Decisão 96/435/CE da Comissão (IV/M.623 – *Kimberly-Clark/Scott Paper*, JO L 183 de 23.7.1996, p. 1).

[2] Ver ponto 49 relativamente às condições mínimas do adquirente.

[3] IV/M.913 – *Siemens/Elektrowatt*, já citado.

[4] Decisão da Comissão de 13 de Dezembro de 2000 (COMP/M.2060 – *Bosch//Rexroth*).

[5] IV/M-1532 – *BP Amoco/Arco*, já citado em que o compromisso consistia em alienar as participações em determinados gasodutos e instalações de transformação no Mar do Norte, mas em que foram igualmente alienadas as participações nos campos de gás conexos.

partes podem considerar que poderiam alienar esta actividade dentro de um curto prazo adequado.

23. Nestas circunstâncias, a Comissão não pode assumir o risco de, no final, não ser restabelecida a concorrência efectiva. Por conseguinte, incumbe às partes propor no âmbito dos compromissos uma alternativa, que deve ser pelo menos equivalente se não mesmo mais favorável, para restabelecer a concorrência efectiva, bem como um calendário claro que indique como e quando a outra alternativa será concretizada[1].

Supressão de vínculos estruturais

24. Os compromissos em matéria de alienação não se limitam a solucionar problemas de concorrência criados por uma sobreposição horizontal. A alienação de uma participação numa empresa comum pode revelar-se necessária para pôr termo a uma relação estrutural com um concorrente importante[2].

25. Noutros casos, uma solução possível poderá consistir na alienação de participações minoritárias ou na eliminação de direcções interligadas para aumentar os incentivos para competir no mercado[3].

2. Outras soluções

26. Muito embora represente a solução preferida, a alienação não é a única solução passível de ser aceite pela Comissão. Em primeiro lugar, porque pode haver situações em que a alienação de uma actividade é impossível[4]. Em segundo lugar, porque podem igualmente advir problemas de concorrência em consequência de características específicas como, por exemplo, a existência de acordos exclusivos, a conjugação de redes ("efeitos de rede") ou a combinação de patentes essenciais. Nestas circunstâncias, a Comissão deve determinar se é ou não possível que outros

---

[1] Decisão da Comissão de 8 de Abril de 1999 (COMP/M.1453 – *AXA/GRE*, JO C 30 de 2.2.2000, p. 6).

[2] Decisão 98/455/CE (IV/M. 942 VEBA/Degussa, JO L 201 de 17.7.1998, p. 102).

[3] Decisão da Comissão de 9 de Fevereiro de 2000 (COMP/M.1628 – *TotalFina/Elf*); Decisão da Comissão de 13 de Junho de 2000 (COMP/M.1673 – *VEBA/VIAG*); Decisão da Comissão de 1 de Setembro de 2000 (COMP/M.1980 – *Volvo/Renault*, JO C 301 de 21.10.2000, p. 23).

[4] IV/M.877 – *Boeing/McDonnell Douglas*, já citado. As averiguações da Comissão revelaram que nenhum fabricante de aeronaves existente manifestava interesse em adquirir a Douglas Aircraft Company (DAC, a divisão de aeronaves comerciais da McDonnell Douglas à Boeing,) nem era possível encontrar um novo operador potencial no mercado dos jactos comerciais que pudesse assegurar a sua entrada neste mercado através da aquisição da DAC.

tipos de soluções tenham um efeito suficiente no mercado com vista a restabelecer a concorrência efectiva.

27. A alteração da estrutura de mercado resultante da concentração projectada pode fazer com que certas cláusulas de carácter contratual existentes passem a ser prejudiciais para a concorrência. É o que acontece, em especial, com os acordos exclusivos a longo prazo de fornecimento e de distribuição, no caso de limitarem o potencial de mercado disponível para os concorrentes. Quando a entidade resultante da concentração tiver uma quota de mercado considerável, os efeitos de encerramento resultantes dos acordos exclusivos existentes podem contribuir para a criação de uma posição dominante[1]. Em tais circunstâncias, a rescisão de acordos exclusivos existentes[2] pode ser considerada adequada para eliminar os problemas de concorrência, se claramente não existirem indicações de que a exclusividade se manterá na prática.

28. A alteração da estrutura de mercado que advém de uma concentração projectada pode criar barreiras ou obstáculos importantes à entrada no mercado relevante. Tais entraves podem resultar do controlo de infra-estruturas, em especial redes, ou de tecnologias essenciais, incluindo patentes, saber-fazer ou outros direitos de propriedade intelectual. Nestas circunstâncias, as soluções podem destinar-se a facilitar a entrada no mercado, assegurando o acesso dos concorrentes às infra--estruturas necessárias[3] ou às tecnologias essenciais.

29. Quando o problema de concorrência resultar do controlo de tecnologias essenciais, a alienação dessa tecnologia[4] constitui a solução preferida, uma vez que suprime uma relação duradoura entre a entidade resultante da concentração e os seus concorrentes. No entanto, a Comissão pode aceitar acordos de licença (de preferência licenças exclusivas sem restrições em termos de domínio de utilização para o licenciado), como alternativa à alienação, nos casos em que, por exemplo, esta última entravaria uma investigação eficiente em curso. A Comissão adoptou

---

[1] Decisão 98/475/CE da Comissão (IV/M. 986 – *AGFA Gevaert/DuPont,* JO L 211 de 29.7.1998, p. 22).

[2] Decisão da Comissão de 28 de Outubro de 1999 (IV/M.1571 – *New Holland/Case,* JO C 130 de 11.5.2000, p. 11); Decisão da Comissão de 19 de Abril de 1999 (IV/M.1467 – *Rohm and Haas/Morton,* JO C 157 de 4.6.1999, p. 7).

[3] Decisão da Comissão de 5 de Outubro de 1992 (IV/M.157 – *Air France/SABENA,* JO C 272 de 21.10.1992, p. 1); Decisão da Comissão de 27 de Novembro de 1992 (IV/M.259 British Airways/TAT, JO C 326 de 11.12.1992, p. 1); Decisão da Comissão de 20 de Julho de 1995 (IV/M.616 *Swissair/SABENA,* JO C 200 de 4.8.1995, p. 10); Decisão da Comissão de 13 de Outubro de 1999 (IV/.1439 – *Telia/Telenor*); Decisão da Comissão de 12 de Abril de 2000 (COMP/M.1795 – *Vodafone/Mannesman*).

[4] Decisão da Comissão de 9 de Agosto de 1999 (IV/M.1378 – *Hoechst/Rhône-Poulenc,* JO C 254 de 7.9.1999, p. 5); Decisão da Comissão de 1 de Dezembro de 1999 (COMP/M.1601 – *AlliedSignal/Honeywell*); Decisão da Comissão de 3 de Maio de 2000 (COMP/M.1671 – *Dow/UCC*).

esta abordagem em concentrações realizadas, por exemplo, no sector farmacêutico[1].

30. Em virtude da especificidade dos problemas de concorrência suscitados por uma dada concentração em diversos mercados, as partes podem ter de propor pacotes de soluções que englobem uma combinação de alienações e outros tipos de soluções que facilitem a entrada no mercado, facultando o acesso à rede ou o acesso a um conteúdo específico[2]. Tais pacotes podem ser adequados para resolver problemas relativos ao encerramento de mercados específicos que se colocam, por exemplo, em concentrações nos sectores das telecomunicações e dos meios de comunicação. Por outro lado, certas operações podem afectar principalmente um mercado do produto, sendo, no entanto, necessário um pacote que inclua uma diversidade de outras soluções para resolver globalmente os problemas de concorrência levantados por uma concentração específica[3].

IV. SITUAÇÕES EM QUE É DIFÍCIL, OU MESMO IMPOSSÍVEL, ENCONTRAR UMA SOLUÇÃO

31. A Comissão está disposta a explorar soluções para os problemas de concorrência levantados por uma concentração, desde que tais soluções se revelem convincentes e eficazes. Existem, no entanto, casos de concentrações em que não é possível encontrar soluções adequadas para eliminar as preocupações de concorrência no mercado comum[4]. Nestas circunstâncias, a única possibilidade consiste na sua proibição.

32. Quando as partes propõem soluções tão extensas e complexas que a Comissão não pode determinar, com o grau de certeza necessário, que a concorrên-

---

[1] Decisão da Comissão de 28 de Fevereiro de 1995 (IV/M.555 *Glaxo/Wellcome*, JO C 65 de 16.3.1995, p. 3).

[2] COMP/M.1439 – Telia/Telenor; COMP/M.1795 – *Vodafone Airtouch/Mannesman* já citada; Decisão da Comissão de 13 de Outubro de 2000 (COMP/M.2050 – *Vivendi/Canal+/Seagram*, JO C 311 de 31.10.2000, p. 3).

[3] Decisão 97/816/CE da Comissão (IV/M. 877 *Boeing/McDonnell Douglas*, JO L 336 de 8.12.1997, p. 16); COMP/M.1673 – VEBA/VIAG.

[4] Decisão 94/922/CE da Comissão (*MSG Media Service*, JO L 364 de 31.12.1994, p. 1); Decisão 96/177/CE (*Nordic Satellite Distribution*, JO L 53 de 2.3.1996 p. 20); Decisão 96/342/CE da Comissão (*RTL/Veronica/Endemol*, JO L 134 de 5.6.1996, p. 32); Decisão 1999/153/CE da Comissão (*Bertelsmann/Kirch/Premiere* JO L 53 de 27.2.1999, p. 1); Decisão 1999/154/CE (*Deutsche Telekom BetaResearch*, JO L 53 de 27.2.1999, p. 31); Decisão 97/610/CE da Comissão (*St. Gobain/Wacker Chemie/NOM*, JO L 247 de 10.9.1997, p. 1); Decisão 91/619/CEE da Comissão (*Aerospatiale/Alenia/De Havilland*, JO L 334 de 5.12.1991, p. 42); Decisão 97/26/CE da Comissão (*Gencor/Lonrho*, JO L 11 de 14.1.1997, p. 30); Decisão 2000/276/CE (M.1524 – *Airtours/First Choice*, JO L 93 de 13.4.2000, p. 1).

cia efectiva será restaurada no mercado, não pode ser concedida uma decisão de autorização[1].

V. REQUISITOS ESPECÍFICOS PARA A APRESENTAÇÃO DE COMPROMISSOS

1. Fase I
33. Nos termos do n.º 2 do artigo 6.º do Regulamento das concentrações, a Comissão pode declarar uma concentração compatível com o mercado comum se considerar que, na sequência das alterações introduzidas, a operação formalmente comunicada deixa de suscitar sérias dúvidas nos termos da alínea c) do n.º 1 do mesmo artigo. As partes podem submeter à apreciação da Comissão, a título informal, propostas de compromissos mesmo antes da comunicação formal. Sempre que as partes apresentarem propostas de compromissos em conjunto com a comunicação formal ou no prazo de três semanas a contar da data de recepção da comunicação formal[2], o prazo para a Comissão tomar a sua decisão nos termos do n.º 1 do artigo 6.º do Regulamento das concentrações passa de um mês para seis semanas.

34. Para poderem servir de base a uma decisão nos termos do n.º 2 do artigo 6.º, as propostas de compromissos devem satisfazer os seguintes requisitos:

a) devem ser apresentadas atempadamente, o mais tardar no último dia do prazo de três semanas;

b) devem especificar os compromissos assumidos pelas partes com um grau de pormenor suficiente para permitir uma apreciação completa;

c) devem explicar a forma como os compromissos propostos resolvem as preocupações de concorrência identificadas pela Comissão.

Paralelamente à apresentação dos compromissos, as partes devem fornecer uma versão não confidencial dos referidos compromissos, para efeitos de inquérito de mercado[3].

35. As propostas apresentadas pelas partes que satisfaçam estes requisitos serão apreciadas pela Comissão, a qual consultará as autoridades dos Estados-Membros sobre os compromissos propostos e, quando apropriado, igualmente ter-

---

[1] Decisão da Comissão de 15 de Março de 2000 (COMP/M.1672 – *Volvo/Scania*); Decisão de 28 de Junho de 2000 (COMP/M.1741 – *WorldCom/Sprint*).

[2] N.º 1 do artigo 18.º do Regulamento (CE) n.º 447/98 da Comissão (Regulamento de execução), JO L 61 de 2.3.1998, p. 1.

[3] A título de inquérito de mercado, é solicitado aos clientes, concorrentes, fornecedores e outras empresas que possam ser afectados ou que disponham de competências específicas que indiquem à Comissão a sua opinião fundamentada sobre a eficácia do compromisso.

ceiros interessados no âmbito de um inquérito de mercado. Além disso, nos casos em que o mercado geográfico envolvido seja mais vasto do que o Espaço Económico Europeu ("EEE") ou quando, por razões atinentes à viabilidade da actividade, o alcance das actividades a alienar seja mais vasto do que o território do EEE, as soluções propostas podem igualmente ser discutidas com autoridades de concorrência exteriores ao EEE no âmbito de acordos de cooperação bilaterais da Comunidade com estes países.

36. Se a apreciação confirmar que os compromissos propostos dissipam os motivos para a existência de sérias dúvidas, a Comissão autorizará a concentração no decurso da fase I.

37. Se a apreciação revelar que os compromissos propostos não são suficientes para dissipar as preocupações de concorrência suscitadas pela concentração, as partes serão informadas desse facto. Dado que as soluções propostas na Fase I se destinam a proporcionar uma resposta clara a uma preocupação de concorrência facilmente identificável[1] só podem ser aceites pequenas alterações aos compromissos propostos. Tais alterações, apresentadas como uma resposta imediata ao resultado das consultas, incluem clarificações, precisões e/ou outras melhorias que assegurarão que os compromissos são viáveis e efectivos.

38. Se as partes não eliminarem claramente as sérias dúvidas, a Comissão tomará uma decisão nos termos do n.º 1, alínea c), do artigo 6.º e dará início a um processo.

2. Fase II

39. Nos termos do n.º 2 do artigo 8.º do Regulamento das concentrações, a Comissão declarará a compatibilidade de uma concentração com o mercado comum se, depois de lhe terem sido introduzidas alterações, a operação deixar de criar ou reforçar uma posição dominante nos termos do n.º 3 do artigo 2.º do Regulamento das concentrações. Os compromissos propostos à Comissão, nos termos do n.º 2 do artigo 8.º, devem ser-lhe apresentados no prazo de três meses a contar da data do início do processo. A possibilidade de prorrogação deste prazo só será considerada mediante pedido das partes acompanhado das circunstâncias excepcionais que, na sua opinião, a justificam. O pedido de prorrogação deve ser recebido no prazo de três meses. Uma prorrogação só é possível em caso de circunstâncias excepcionais e se, no caso específico, a Comissão dispuser de tempo suficiente para apreciar a proposta e para proceder à consulta adequada dos Estados-Membros e de terceiros[2].

---

[1] Ver oitavo considerando do Regulamento (CE) n.º 1310/97 do Conselho referido no ponto 1.

[2] M.1439 *Telia/Telenor* e na Decisão 98/335/CE da Comissão (M.754 – *Anglo American/Lonrho*, JO L 149 de 20.5.1998, p. 21).

40. A Comissão está disposta a discutir compromissos adequados antes do termo do período de três meses. As partes são encorajadas a apresentar projectos de propostas que contemplem tanto os aspectos materiais como processuais, necessários para assegurar que os compromissos sejam plenamente viáveis.

41. Para poderem servir de base a uma decisão nos termos do n.º 2 do artigo 8.º, as propostas de compromissos devem satisfazer os seguintes requisitos:

a) Devem ser apresentadas atempadamente, o mais tardar no último dia do prazo de três meses;

b) devem resolver todos os problemas de concorrência levantados na comunicação de objecções e que não tenham sido subsequentemente retirados.

Neste contexto, devem especificar as condições materiais e as modalidades de execução acordadas pelas partes com um grau de pormenor suficiente para permitir uma apreciação completa;

c) devem explicar a forma como os compromissos propostos resolvem as preocupações do ponto de vista da concorrência.

Paralelamente à apresentação dos compromissos, as partes devem fornecer uma versão não confidencial dos referidos compromissos, para efeitos de inquérito de mercado.

42. As propostas apresentadas pelas partes que respeitem estes requisitos serão apreciadas pela Comissão. Se a apreciação confirmar que os compromissos propostos eliminam os problemas de concorrência, após consulta das autoridades dos Estados-Membros e discussão com autoridades de Estados não membros[1] e, se necessário, com terceiros interessados no âmbito de um inquérito de mercado, a Comissão aprovará uma decisão de autorização.

43. Se, pelo contrário, a apreciação levar à conclusão que os compromissos propostos não se afiguram suficientes para resolver os problemas de concorrência levantados pela concentração, as partes serão informadas desse facto. Se as partes alterarem subsequentemente os compromissos propostos, a Comissão só pode aceitar os compromissos alterados[2] se puder verificar inequivocamente a partir da apreciação de informações já recebidas durante a investigação, incluindo os resultados do inquérito de mercado anterior e sem necessidade de proceder a outro inquérito deste tipo que tais compromissos, uma vez executados, resolverão os problemas de concorrência identificados e proporcionam tempo suficiente para uma consulta adequada dos Estados-Membros.

VI. REQUISITOS PARA A EXECUÇÃO DOS COMPROMISSOS

44. Os compromissos são propostos como um meio para garantir a autorização, devendo a sua execução ocorrer normalmente depois da decisão. Os compro-

---

[1] Ver ponto 35.
[2] COMP/M.1628 – *TotalFina/Elf*, LPG, já citado ponto 345.

missos exigem medidas de salvaguarda para assegurar a sua execução eficaz e atempada. Essas disposições de execução integrarão os compromissos assumidos pelas partes face à Comissão. Devem ser apreciadas caso a caso. É o que se passa, nomeadamente,com os prazos previstos para a execução que devem, em princípio, ser tão curtos quanto possível. Consequentemente, não é possível proceder a uma normalização completa dos referidos requisitos.

45. As orientações apresentadas seguidamente destinam-se a ajudar as partes a elaborarem propostas de compromissos. Os princípios enunciados assentam no compromisso de alienação que, tal como acima referido, constitui o compromisso mais generalizado. No entanto, muitos dos princípios discutidos seguidamente são igualmente aplicáveis a outros tipos de compromissos.

1. Características essenciais dos compromissos de alienação

46. No âmbito dos compromissos de alienação mais correntes, a actividade a alienar consiste normalmente numa combinação de activos corpóreos e incorpóreos, estruturados sob a forma de uma empresa ou grupo de empresas já existentes ou de uma actividade empresarial que não dispunha anteriormente de personalidade jurídica própria. Por conseguinte, as partes[1], quando apresentam um compromisso de alienação, devem apresentar uma definição precisa e exaustiva do objecto da alienação (a seguir denominada "descrição da actividade" ou "a descrição"). A descrição deve incluir todos os elementos da actividade que sejam necessários para que a empresa opere enquanto concorrente viável no mercado: activos corpóreos (por exemplo, actividades de I & D, produção, distribuição, venda e marketing) e incorpóreos (por exemplo, direitos de propriedade intelectual, trespasse), pessoal, acordos de fornecimento e venda (com garantias adequadas quanto à sua possibilidade de transferência), listas de clientes, acordos de prestação de serviços a terceiros, assistência técnica (âmbito, duração, custo, qualidade), etc. No intuito de evitar qualquer confusão sobre a actividade a alienar, os activos que são utilizados no âmbito dessa actividade mas que não devem, segundo as partes, ser alienados, devem ser identificados de forma separada.

47. A descrição deve prever um mecanismo mediante o qual o adquirente da actividade possa reter e seleccionar o pessoal adequado. Um mecanismo deste tipo é necessário, tanto no que se refere ao pessoal que exerce a sua actividade na unidade empresarial como é explorada, como ao pessoal que desempenha funções essenciais para a actividade como, por exemplo, pessoal afectado à I & D a nível do grupo e à tecnologia de informação, mesmo se este pessoal for nesse momento empregue por outra unidade empresarial das partes. O referido mecanismo não pre-

---

[1] Os compromissos devem ser assinados por pessoa devidamente mandatada para o efeito.

judica a aplicação das directivas do Conselho em matéria de despedimentos colectivos[1], de salvaguarda dos direitos dos trabalhadores em caso de transferências de empresas[2] e de informação e consulta dos trabalhadores[3], bem como as disposições nacionais de execução dessas directivas.

48. A alienação deverá ser realizada num determinado prazo acordado entre as partes e a Comissão, em função de todas as circunstâncias relevantes. O pacote de medidas especificará o tipo de acordo – carta de intenções vinculativa, acordo final, transferência do título de propriedade – necessário e o respectivo prazo. O prazo para a alienação começa a correr na data de adopção da decisão da Comissão.

49. Para assegurar a eficácia do compromisso, a venda a um adquirente proposto está sujeita à aprovação prévia da Comissão. Exige-se normalmente que o adquirente seja um concorrente viável, existente ou potencial, independente e não relacionado com as partes, que disponha de recursos financeiros[4] e de comprovada experiência e tenha interesse em manter e desenvolver a actividade alienada enquanto operador activo em concorrência com as partes. Além disso, a aquisição da actividade por um determinado adquirente proposto não deve ser susceptível de dar origem a novos problemas de concorrência, nem de provocar um atraso na execução do compromisso proposto. Estas condições são em seguida denominadas "condições mínimas do adquirente". A fim de manter o efeito estrutural de uma solução, a entidade resultante da concentração não pode, mesmo na ausência de uma cláusula expressa nos compromissos, adquirir subsequentemente qualquer influência no todo ou em parte da actividade alienada, excepto se a Comissão tiver anteriormente considerado que a estrutura do mercado se alterou de tal modo que a influência deixou de ser relevante para tornar a concentração compatível com o mercado comum.

---

[1] Directiva 98/59/CE do Conselho, de 20 de Julho de 1998, relativa à aproximação das legislações dos Estados-membros respeitantes aos despedimentos colectivos (JO L 225 de 12.8.1998, p. 16).

[2] Directiva 77/187/CEE do Conselho, de 14 de Fevereiro de 1977, relativa à aproximação das legislações dos Estados-membros respeitantes à manutenção dos direitos dos trabalhadores em caso de transferência de empresas, estabelecimentos ou partes de estabelecimentos (JO L 61 de 5.3.1977, p. 26), com a redacção que lhe foi dada pela Directiva 98/50/CE do Conselho (JO L 201 de 17.7.1998, p. 88).

[3] Directiva 94/45/CE do Conselho, de 22 de Setembro de 1994, relativa à instituição de um conselho de empresa europeu ou de um procedimento de informação e consulta dos trabalhadores nas empresas ou grupos de empresas de dimensão comunitária (JO L 254 de 30.9.1994, p. 64), com a redacção que lhe foi dada pela Directiva 97/94/CE (JO L 10 de 16.1.1998, p. 22).

[4] A Comissão não aceita as alienações financiadas pelo vendedor devido ao impacto em termos de independência da empresa alienada.

2. Medidas de conservação provisórias dos activos a alienar – o administrador responsável pela actividade separada

50. Incumbe às partes reduzir ao mínimo qualquer risco eventual de perda do potencial concorrencial da actividade a alienar que possa advir de incertezas inerentes à transferência de uma actividade. Na pendência da alienação, a Comissão exigirá que as partes proponham compromissos destinados a manter a independência, a viabilidade económica, o valor comercial e a competitividade da actividade.

51. Esses compromissos serão concebidos por forma a manter a separação da actividade a alienar em relação às actividades conservadas pelas partes e a assegurar que a primeira é gerida enquanto actividade distinta e destinada a venda. As partes deverão assegurar que todos os activos corpóreos e incorpóreos relevantes do pacote a alienar sejam mantidos em conformidade com as boas práticas comerciais e as práticas habituais do mundo empresarial. Este aspecto refere-se particularmente à manutenção dos activos fixos, saber-fazer ou informações comerciais de carácter confidencial ou privativo, da base de clientela e da competência técnica e comercial do pessoal. Além disso, as partes devem manter em relação ao pacote a alienar as mesmas condições de concorrência que se verificavam antes da concentração, de forma a que a actividade seja prosseguida como até então. Este aspecto inclui a disponibilização de funções administrativas e de gestão adequadas, de um capital suficiente e de uma linha de crédito e pode incluir outras condições específicas para manter a concorrência num sector.

52. Uma vez que a Comissão não pode, numa base quotidiana, intervir directamente no controlo da observância destas medidas de conservação provisórias, aprova a nomeação de um administrador responsável por controlar a observância pelas partes das referidas medidas de conservação (o denominado "administrador responsável pela actividade separada"). O administrador responsável pela actividade separada actuará na defesa dos interesses da actividade a alienar. O compromisso definirá em pormenor o mandato do administrador. O mandato, a ser aprovado pela Comissão em conjunto com a nomeação do administrador, incluirá, a título ilustrativo, as suas responsabilidades em matéria de supervisão, incluindo o direito de propor e, se for caso disso, impor todas as medidas que o administrador considere necessárias para assegurar a observância dos compromissos, bem como relatórios periódicos sobre o respeito dos referidos compromissos.

3. Execução dos compromissos – o administrador responsável pela alienação

53. O compromisso definirá igualmente de forma pormenorizada os aspectos e os procedimentos relacionados com o acompanhamento pela Comissão da execução da alienação, por exemplo, os critérios de aprovação do adquirente, os requisitos quanto à apresentação periódica de informações e a aprovação de um prospecto ou de material de publicidade. Igualmente neste contexto, é de observar que a

Comissão não pode, numa base quotidiana, intervir directamente no processo de gestão da alienação. Consequentemente, na maioria dos casos, a Comissão considera adequado proceder à nomeação de um administrador responsável por supervisionar a execução dos compromissos (o "administrador responsável pela alienação").

54. O papel desse administrador variará em função das circunstâncias de cada caso, mas englobará normalmente a supervisão, incluindo o direito de propor e, se for caso disso, impor todas as medidas que considere necessárias para assegurar a observância dos compromissos, bem como relatórios periódicos sobre o respeito dos compromissos. Quando oportuno, o papel do administrador abrangerá duas fases: na primeira fase, será responsável por acompanhar os esforços envidados pelas partes no sentido de encontrar um adquirente potencial. Se as partes não encontrarem um adquirente aceitável no prazo fixado nos seus compromissos, nesse caso, será atribuído numa segunda fase um mandato irrevogável ao administrador tendo em vista a alienação da actividade num prazo específico e a qualquer preço, com a aprovação prévia da Comissão.

4. Aprovação do administrador e respectivo mandato

55. Em função dos tipos de compromissos em causa e das características do caso em apreço, o administrador responsável pela alienação pode ser ou não a mesma pessoa ou instituição que assume as funções de administrador responsável pela actividade separada. O administrador será normalmente um banco de investimento, uma empresa de consultoria na área de gestão ou de contabilidade ou uma instituição similar. As partes proporão o administrador (ou uma série de administradores) à Comissão. O administrador deve ser independente das partes, dispor das qualificações necessárias para desempenhar o cargo e não deve ser (nem tornar-se) objecto de um conflito de interesses. Compete às partes fornecer à Comissão informações adequadas para que esta possa apreciar se estes requisitos são preenchidos. A Comissão examinará e aprovará as condições de nomeação do administrador, nomeação essa que deve ser irrevogável, salvo se forem apresentadas à Comissão razões ponderosas para a nomeação de um novo administrador.

56. As partes são responsáveis por remunerar cada administrador por todos os serviços prestados em execução das suas responsabilidades e a estrutura de remuneração deve ser de molde a não entravar a independência e a eficácia do administrador no desempenho do seu mandato. O administrador assumirá funções específicas destinadas a assegurar, em nome da Comissão, que os compromissos são respeitados de boa-fé, devendo essas funções ser definidas no mandato do administrador. O mandato deve incluir todas as disposições necessárias para que o administrador possa desempenhar as suas funções no âmbito dos compromissos aceites pela Comissão. O mandato está sujeito à aprovação da Comissão.

57. Quando os compromissos específicos de que o administrador tenha sido incumbido tiverem sido executados, isto é, quando for assinado o acto jurídico de

alienação do pacote ou no termo de algumas obrigações específicas que subsistem após a alienação, o mandato deve prever que o administrador solicite à Comissão a quitação relativamente a outras responsabilidades. Não obstante o facto de a quitação ter sido dada, a Comissão tem o direito de solicitar a renomeação do administrador, caso se afigure subsequentemente que os compromissos relevantes podem não ter sido plena e devidamente executados.

5. Aprovação do adquirente e do acordo de aquisição

58. As partes ou o administrador só podem proceder à venda se a Comissão aprovar o adquirente proposto e o acordo de aquisição com base nas modalidades estabelecidas no compromisso. As partes ou o administrador deverão demonstrar de forma adequada à Comissão que o adquirente proposto satisfaz os requisitos dos compromissos, isto é, as condições mínimas do adquirente, e que a actividade é alienada de forma consentânea com o compromisso. A Comissão comunicará formalmente a sua posição às partes. Antes de o fazer, os serviços da Comissão podem debater com o adquirente proposto o seu interesse em concorrer com a entidade resultante da concentração com base no seu plano de actividades. Sempre que forem propostos adquirentes distintos para diferentes partes do pacote, a Comissão avaliará se cada adquirente individual proposto é aceitável e se o pacote na sua globalidade soluciona o problema de concorrência.

59. Nos casos em que a Comissão concluir que a aquisição pelo adquirente proposto do pacote a alienar ameaça criar aparentemente, à luz das informações de que dispõe, problemas de concorrência[1] ou outras dificuldades, susceptíveis de atrasarem a execução do compromisso ou de revelarem a falta de interesse suficiente para que o adquirente concorra com a entidade resultante da operação, o adquirente proposto não será considerado aceitável. Neste caso, a Comissão comunicará formalmente a sua opinião de que o adquirente não satisfaz as condições mínimas[2].

60. Quando a aquisição se traduz numa operação de concentração de dimensão comunitária, esta nova operação terá que ser formalmente comunicada nos termos do Regulamento das concentrações e autorizada segundo o processo normal[3]. Sempre que tal não for o caso, a aprovação pela Comissão de um adquirente não prejudica a competência das autoridades nacionais em matéria de controlo das concentrações.

---

[1] É mais provável que tal suceda quando a estrutura de mercado denota já um elevado grau de concentração e quando a solução resultaria na transferência da quota de mercado para outro operador.

[2] COMP/M.1628 – *TotalFina/Elf* – estações de serviço nas auto-estradas.

[3] Decisão da Comissão de 29 de Setembro de 1999 (Processo M.1383 – *Exxon/Mobil*) e Decisões da Comissão de 2 de Fevereiro de 2000 nos processos subsequentes M.1820 – *BP/Dissolução de empresa comum* (não publicada) e M.1822 – *Mobil/Dissolução de empresa comum,* (JO C 112 de 19.4.2000, p. 6).

AUXÍLIOS PÚBLICOS

COOPERAÇÃO COM OS TRIBUNAIS NACIONAIS

Comunicação da Comissão*

A presente comunicação tem por objectivo orientar a cooperação entre os tribunais nacionais e a Comissão no domínio dos auxílios estatais e não restringe de qualquer modo os direitos conferidos pelo direito comunitário aos Estados-membros, aos particulares ou às empresas, nem afecta as interpretações do direito comunitário por parte do Tribunal de Justiça e do Tribunal de Primeira Instância das Comunidades Europeias. Finalmente, não se pretende interferir de qualquer forma no exercício pelos tribunais nacionais das suas funções.

I. INTRODUÇÃO

1. A supressão das fronteiras internas entre os Estados-membros permite às empresas comunitárias expandirem as suas actividades no mercado interno e aos consumidores beneficiarem do aumento de concorrência. Estas vantagens não devem ser afectadas por distorções de concorrência provocadas por auxílios concedidos indevidamente às empresas. A realização do mercado interno reafirma, por conseguinte, a importância da aplicação da política comunitária da concorrência.

2. O Tribunal de Justiça proferiu vários acórdãos importantes sobre a interpretação e a aplicação dos artigos 92.º e 93.º do Tratado CE. A competência em matéria de recursos interpostos por particulares contra as decisões da Comissão sobre auxílios estatais pertence agora ao Tribunal de Primeira Instância, o que vai, por conseguinte, contribuir também para o desenvolvimento da jurisprudência neste domínio. A Comissão é responsável pela aplicação quotidiana do direito da concorrência sob o controlo do Tribunal de Primeira Instância e do Tribunal de Justiça. Os poderes públicos e os tribunais dos Estados-membros, juntamente com os tribunais da Comunidade e a Comissão, assumirão as respectivas funções e responsabilidades na aplicação das disposições relativas aos auxílios estatais previstas no Tratado CE, em conformidade com os princípios estabelecidos pela jurisprudência do Tribunal de Justiça.

---

* Comunicação da Comissão sobre a cooperação entre os tribunais nacionais e a Comissão no domínio dos auxílios estatais (95/C 312/07) – JO, C 312, de 23.11.1995, pp. 8-13.

3. A correcta aplicação da política da concorrência no mercado interno pode exigir uma cooperação eficaz entre a Comissão e os tribunais nacionais. A presente comunicação explica como é que a Comissão pensa dar apoio aos tribunais nacionais através da criação de uma cooperação mais estreita na aplicação dos artigos 92.º e 93.º do Tratado CE em casos individuais. É frequentemente manifesta a preocupação quanto ao facto de as decisões finais da Comissão em matéria de processos de auxílios estatais serem tomadas depois de as distorções da concorrência terem lesado os interesses de terceiros. Uma vez que a Comissão não está sempre em condições de intervir prontamente em defesa dos interesses de terceiros em matéria de auxílios estatais, os tribunais nacionais podem mais facilmente garantir o tratamento e a solução das infracções ao disposto no último trecho do n.º 3 do artigo 93.º.

II. COMPETÊNCIAS[1]

4. A Comissão é a autoridade administrativa responsável pela execução e desenvolvimento da política de concorrência no interesse público da Comunidade.

---

[1] O Tribunal de Justiça descreveu as funções da Comissão e dos órgãos jurisdicionais nacionais do modo seguinte:

«9. No que diz respeito à função da Comissão, o Tribunal de Justiça salientou no acórdão proferido no processo 78/76, *Steinlike e Weinlig contra Alemanha*, (1977) Colectânea, página 595, ponto 9, que, ao organizar através do artigo 93.º o exame permanente e o controlo dos auxílios pela Comissão, o Tratado pretende que o reconhecimento da eventual incompatibilidade de um auxílio com o mercado comum resulte, sob a fiscalização do Tribunal de Justiça, de um processo adequado cuja execução é da responsabilidade da Comissão.

10. No que diz respeito aos órgãos jurisdicionais nacionais, o Tribunal declarou no mesmo acórdão que eles podem ser chamados a decidir litígios que os obrigam a interpretar e a aplicar o conceito de auxílio constante do artigo 92.º, com vista a determinar se uma medida estatal instituída sem ter em conta o procedimento de controlo prévio do artigo 93.º, n.º 3, devia ou não ser-lhe submetida.

11. A intervenção dos órgãos jurisdicionais nacionais deve-se ao efeito directo reconhecido ao n.º 3, último período, do artigo 93.º do Tratado. A esse respeito, o Tribunal de Justiça esclareceu no acórdão proferido no processo 120/73, *Lorenz contra Alemanha*, (1973) Colectânea, página 1471, que a natureza imediatamente aplicada da proibição de pôr em execução, contida neste artigo, abrange qualquer auxílio que tenha sido executado sem ser notificado e, em caso de notificação, opera durante a fase preliminar e, se a Comissão iniciar um processo contraditório, até a decisão final.

12. (...) A função principal e exclusiva reservada à Comissão pelos artigos 92.º e 93.º do Tratado, relativamente ao reconhecimento da eventual incompatibilidade de um auxílio com o mercado comum, é fundamentalmente diferente da que cabe aos órgãos jurisdicionais nacionais quanto à protecção dos direitos conferidos aos particulares pelo efeito directo da proibição estabelecida no último período do artigo 93.º, n.º 3, do Tratado. Enquanto a Co-

Os tribunais nacionais são responsáveis pela protecção dos direitos e pelo respeito das obrigações, normalmente a pedido dos particulares. A Comissão deve examinar todas as medidas de auxílio abrangidas pelo n.º 1 do artigo 92.º por forma a verificar a sua compatibilidade com o mercado comum. Os tribunais nacionais devem velar no sentido de os Estados-membros cumprirem as obrigações processuais previstas.

5. O disposto no último trecho do n.º 3 do artigo 93.º (a seguir assinalado a negrito) tem efeito directo nos ordenamentos jurídicos dos Estados-membros:

«Para que possa apresentar as suas observações, deve a Comissão ser informada atempadamente dos projectos relativos à instituição ou alteração de quaisquer auxílios. Se a Comissão considerar que determinado projecto de auxílio não é compatível com o mercado comum nos termos do artigo 92.º, deve sem demora dar início ao procedimento previsto no número anterior. **O Estado-membro em causa não pode pôr em execução as medidas projectadas antes de tal procedimento haver sido objecto de uma decisão final**».

6. A proibição de execução, contida no último trecho do n.º 3 do artigo 93.º, abrange qualquer auxílio que tenha sido concedido sem ser notificado[1] e, em caso de notificação, tem efeito durante a fase preliminar e, se a Comissão der início a um processo contraditório, até a decisão final[2].

7. Obviamente que o tribunal terá que apreciar se as «medidas projectadas» constituem um auxílio estatal nos termos do n.º 1 do artigo 92.º[3], antes de tomar uma decisão em conformidade com o último trecho do n.º 3 do artigo 93.º As decisões da Comissão e a jurisprudência do Tribunal prestam uma atenção considerável a esta importante questão. Por conseguinte, a noção de auxílio estatal deve ser interpretada em sentido amplo for forma a abranger não só as subvenções mas também

---

missão deve apreciar a compatibilidade do auxílio projectado com o mercado comum, mesmo nos casos em que o Estado-membro desrespeite a proibição de pôr em execução medidas de auxílio, os órgãos jurisdicionais nacionais apenas protegem, até à decisão final da Comissão, os direitos dos particulares face a uma eventual inobservância, pelas autoridades estatais, da proibição contida no artigo 93.º, n.º 3, último período, do Tratado.».

Tribunal de Justiça, acórdão no processo C-354/90, *Fédération nationale du commerce extérieur des produits alimentaires e Syndicat national des négociants et transformateurs de saumon c. Estado francês,* (1991) Colectânea, página I-5505, 5527 (pontos 9-11 e 14).

[1] Com excepção dos auxílios «existentes». Esses auxílios podem ser autorizados até a Comissão ter decidido se são incompatíveis com o mercado comum: ver TJ acórdão no Processo C-387/92, *Banco de Crédito Industrial, actualmente Banco Exterior de España contra Ayuntamiento de Valencia,* (1994) Col. I-877; e acórdão no processo C-44/93, *Namur-Les Assurances du Crédit contra Office National du Ducroire e Bélgica,* (1994) Col. I-3829.

[2] Processo C-354/90; ver nota 1, p. 5527, ponto 11.

[3] Ver acórdão do Tribunal de Justiça proferido no processo 78/86, *Steinlike e Weinlig c. Alemanha,* (1977) Rec. 595, ponto 14: «... um órgão jurisdicional nacional pode ser chamado a interpretar e a aplicar o conceito de auxílio previsto no artigo 92.º por forma a determinar se o auxílio estatal autorizado sem observância do procedimento de exame prévio previsto no n.º 3 do artigo 93.º devia ter sido sujeito a tal procedimento».

os incentivos fiscais e os investimentos com fundos públicos efectuados em circunstâncias em que um investidor privado teria recusado participar[1]. O auxílio deve ser proveniente do «Estado», que inclui todos os níveis, formas e entidades relevantes da autoridade pública[2]. O auxílio deve favorecer certas empresas ou certas produções: é o que permite distinguir entre auxílios estatais a que se aplica o n.º 1 do artigo 92.º, das medidas gerais que não são abrangidas pelo mesmo[3]. Por exemplo, as medidas que não têm por objecto ou por efeito favorecer certas empresas ou certas produções, ou que se destinam a pessoas com base em critérios objectivos não relacionados com a localização, sector ou empresa em que o beneficiário pode desenvolver a sua actividade, não são consideradas auxílios estatais.

8. Somente a Comissão pode decidir se um auxílio estatal é «compatível com o mercado comum», isto é, permitido.

9. Nos termos do n.º 1 do artigo 92.º, os tribunais nacionais, portanto, podem, e em certas circunstâncias devem solicitar ao Tribunal de Justiça que se pronuncie a título prejudicial, em conformidade com o artigo 177.º do Tratado CE. Podem igualmente solicitar a assistência da Comissão, pedindo «informações jurídicas ou económicas» por analogia com o acórdão do Tribunal de Justiça no processo *Delimitis*[4] relativamente ao artigo 85.º

10. A função do tribunal nacional consiste em salvaguardar os direitos de que beneficiam os particulares por força do efeito directo da proibição estabelecida no último trecho do n.º 3 do artigo 93.º do Tratado. O tribunal deverá utilizar todos os instrumentos e meios de que dispõe e aplicar todas as disposições relevantes do

---

[1] Para uma formulação recente, ver conclusões do advogado-geral Jacobs nos processos apensos C-278/92 a C-280/92, *Espanha contra Comissão*, ponto 28: «... qualquer auxílio estatal é concedido se um Estado-membro puser à disposição de uma empresa fundos que, em circunstâncias normais, não seriam concedidos por um investidor privado com base em critérios comerciais normais e não tendo a ver com outras considerações de natureza social, política ou filantrópica.».

[2] O Tribunal de Justiça, no processo 290/83, *Comissão c. França*, (1985) Col. 439 e 449 (ponto 14), declarou que: «... a proibição constante do artigo 92.º abrange todos os auxílios concedidos pelos Estados-membros ou através de recursos estatais, não sendo necessário estabelecer qualquer distinção entre se o auxílio é concedido directamente pelo Estado ou por organismos públicos ou privados por ele criados ou designados para administrar o auxílio».

[3] Para uma clara afirmação desta distinção, cf. conclusões do advogado-geral Darmon nos processos apensos C-72 e C-73/91, *Sloman Neptun*, (1993), Col. I-887.

[4] Tribunal de Justiça, acórdãos nos processos C-234/89, *Delimitis c. Henninger Bräu*, (1991) Col. I-935; Comunicação da Comissão relativa à cooperação entre a Comissão e os tribunais nacionais para a aplicação dos artigos 85.º e 86.º do Tratado CE (JO n.º C 39 de 13. 2. 1993, p. 6). Ver parecer do advogado-geral Lenz no processo C-44/93 (ponto 106). Ver igualmente processo C-2/88 *Imm Zwartveld*, (1990) Col. I-3365 e I-4405: «As instituições comunitárias estão sujeitas a uma obrigação de cooperação leal com as autoridades judiciais dos Estados-membros, encarregadas de velar pela aplicação e pelo respeito do direito comunitário na ordem jurídica nacional» (p. 4410-11).

direito nacional para garantir o efeito directo desta obrigação que o Tratado impõe aos Estados-membros[1]. Um tribunal nacional deve, num processo no âmbito da sua jurisdição, aplicar integralmente o direito comunitário e proteger os direitos que esse direito confere aos particulares, bem como afastar qualquer disposição do direito nacional contrária ao mesmo, seja anterior ou posterior à disposição comunitária[2]. O tribunal pode, se necessário e em conformidade com o direito nacional e a jurisprudência do Tribunal de Justiça[3], tomar medidas provisórias, por exemplo, ordenar o congelamento ou a restituição dos montantes pagos ilegalmente e conceder indemnizações às partes cujos interesses foram afectados.

11. O Tribunal de Justiça declarou que a plena eficácia das disposições comunitárias ficaria comprometida e a salvaguarda dos direitos que as mesmas conferem seria afectada se os particulares não tivessem possibilidades de obter reparação quando os seus direitos são lesados na sequência de uma violação do direito comunitário imputável a um Estado-membro[4]; o princípio segundo o qual um Estado deve ser responsabilizado pelos prejuízos causados a particulares devido a infracções ao direito comunitário, relativamente às quais o Estado pode ser declarado responsável, é inerente ao sistema do Tratado[5]; um tribunal nacional que considere, num processo relativo ao direito comunuitário, que uma disposição de direito nacional é o único obstáculo que o impede de tomar medidas provisórias, deve afastar essa disposição[6].

---

[1] Tal como afirmado pelo Tribunal de Justiça no processo C-354/90, p. 5528, ponto 12: «... a validade dos actos de execução de medidas de auxílio é afectada pela inobservância, pelas autoridades nacionais, do n.º 3, último período, do artigo 93.º do Tratado. Os órgãos jurisdicionais nacionais devem garantir aos particulares que possam invocar essa inobservância que todas as consequências serão daí retiradas, em conformidade com o direito nacional, quer no que diz respeito à validade dos actos de execução das medidas de auxílio, quer à restituição dos apoios financeiros concedidos em violação dessa disposição ou de eventuais medidas provisórias».

[2] Acórdão no processo 106/77, *Amministrazione delle Finanze dello Stato c.Simmenthal*, (1978) Col. 629, 644, ponto 21. Ver igualmente *The Queen contra Secretary of State for Transport, ex parte: Factortame Ltd and others* (1990) Col. I-2433, 2475.

[3] Processos apensos C-6/90 e C-9/90, *Andrea Francovich e outros c. Itália*, (1991) Col. I-5357. Encontram-se pendentes no Tribunal de Justiça outros processos importantes relativamente à responsabilidade dos tribunais nacionais na aplicação do direito comunitário: processo C-48/93, *The Queen contra Secretary of State for Transport, ex parte: Factortame Ltd and others*, JO n.º C 94 de 3. 4. 1993, p. 13; processo C-46/93, *Brasserie du Pêcheur SA c. Alemanha*, JO n.º C 92 de 2. 4. 1993, p. 4; processo C-312/93, *SCS Peterbroeck, Van Campenhout & Cie. c. Estado belga*, JO n.º C 189 de 13. 7. 1993, p. 9; processos C-430 e C-431/93, *J. Van Schindel und J. N. C. Van Veen c. Stichting Pensioenfonds voor Fysiotherapeuten*, JO n.º C 338 de 15. 12. 1993, p. 10.

[4] *Francovich*, p. 5414 (ponto 33).

[5] *Francovich*, p. 5414 (ponto 35).

[6] *The Queen c. Secretary of State for Transport, ex parte: Factortame Ltd et al.*.

12. Estes princípios aplicam-se no caso de uma infracção ao direito comunitário da concorrência. Os particulares e as empresas devem ter acesso a todas as faculdades das regras processuais e vias de recurso previstas pelo direito nacional, nas mesmas condições que se aplicariam se se tratasse de uma infracção do mesmos tipo ao direito nacional. Esta igualdade de tratamento diz respeito não só à declaração definitiva de uma infracção ao direito comunitário directamente aplicável, mas abrange também todos os instrumentos jurídicos susceptíveis de contribuir para uma protecção jurídica eficaz.

III. COMPETÊNCIA LIMITADA DA COMISSÃO

13. A aplicação do direito comunitário da concorrência por parte dos tribunais nacionais apresenta consideráveis vantagens para os particulares e para as empresas. A Comissão não pode conceder indemnizações por prejuízos causados por uma infracção ao n.º 3 do artigo 93.º Esses pedidos apenas podem ser apresentados aos tribunais nacionais. Os tribunais nacionais podem, regra geral, adoptar medidas provisórias e ordenar que seja posto rapidamente termo às infracções. Perante os tribunais nacionais é possível intentar uma acção fundada simultaneamente no direito comunitário e no direito nacional, o que não é possível num processo perante a Comissão. Além disso, os tribunais nacionais podem determinar o pagamento de despesas do processo à parte vencedora, o que não é possível no procedimento administrativo perante a Comissão.

IV. APLICAÇÃO DO N.º 3 DO ARTIGO 93.º

14. Os Estados-membros são obrigados a notificar à Comissão todos os projectos de concessão de auxílios ou de alteração de auxílios já aprovados. O mesmo se aplica aos auxílios susceptíveis de serem aprovados automaticamente por força do n.º 2 do artigo 92.º, uma vez que a Comissão deve verificar se estão preenchidas as condições exigidas. A única excepção à obrigação de notificação aplica-se aos auxílios de minimis porque não afectam significativamente as trocas comerciais entre Estados-membros e, por conseguinte, não são abrangidos pelo n.º 1 do artigo 92.º do Tratado[1].

15. A Comissão recebe as notificações dos regimes gerais ou programas de auxílio, bem como os projectos de concessão de auxílios a empresas individuais. Quando um regime já foi autorizado pela Comissão, a concessão dos auxílios indi-

---

[1] Ponto 2 do n.º 3 do Enquadramento comunitário dos auxílios estatais às pequenas e médias empresas, JO n.º C 213 de 19.8.1992, p. 2, e carta aos Estados-membros, ref. IV/D/06878 de 23 de Março de 1993, in compilação do direito da concorrência nas Comunidades Europeias, volume II.

viduais no âmbito desse regime não necessita, normalmente, de ser notificada. No entanto, alguns códigos ou enquadramentos de auxílios para certos sectores ou tipos específicos de auxílios, exigem a notificação individual de todas os auxílios ou dos auxílios que ultrapassem um determinado montante. Em certos casos, a autorização da Comissão para um determinado regime de auxílios poderá igualmente exigir a notificação individual. Os Estados-membros devem notificar os auxílios que pretendem conceder fora do âmbito de um regime autorizado. É obrigatória a notificação das medidas projectadas, incluindo projectos de transferências financeiras de fundos públicos para empresas do sector público ou privado, susceptíveis de constituir um auxílio nos termos do n.º 1 do artigo 92.º

16. A primeira questão que os tribunais nacionais devem apreciar numa acção com base no último trecho do n.º 3 do artigo 93.º é se a medida constitui um auxílio estatal novo ou existente nos termos do n.º 1 do artigo 92.º A segunda questão a abordar é se a medida foi notificada individualmente ou no âmbito de um regime de auxílios e, em caso afirmativo, se a Comissão dispôs de tempo suficiente para tomar uma decisão[1].

17. Relativamente aos regimes de auxílios, o Tribunal de Justiça considera que o período de dois meses é um «prazo suficiente», no termo do qual os Estados-membros em questão podem, após notificação prévia à Comissão, aplicar as medidas notificadas[2]. Para os processos individuais a Comissão reduz este período para trinta dias úteis e para processos «acelerados» para vinte dias úteis. Os prazos começam a correr no momento em que a Comissão considera que as informações recebidas dos Estados-membros são suficientes para lhe permitir tomar uma decisão[3].

18. Se a Comissão decidir dar início ao procedimento previsto no n.º 2 do artigo 93.º, o prazo durante o qual a execução de uma medida de auxílio é proibida termina quando a Comissão tomar uma decisão favorável. Para as medidas de auxílios não notificadas, não está previsto qualquer prazo para o processo de decisão da Comissão, embora a Comissão o faça o mais rapidamente possível. O auxílio não pode ser concedido antes de uma decisão final da Comissão.

19. Se a Comissão não se tiver pronunciado sobre um auxílio, os tribunais nacionais podem sempre, para a interpretação do direito comunitário, basear-se na jurisprudência do Tribunal de Primeira Instância e do Tribunal de Justiça, bem como nas decisões da Comissão. A Comissão publicou várias comunicações gerais que podem ser úteis neste domínio[4].

---

[1] Acórdão no processo 120/73, *Lorenz c. Alemanha,* (1973) Col. 1471.

[2] Processo 120/73, *Lorenz c. Alemanha*, p. 1481, ponto 4; ver igualmente processo 84/42, *Alemanha c. Comissão,* (1984) Col. 1451, 1488 (ponto 11).

[3] A Comissão publicou um guia de procedimento nos processos sobre auxílios estatais: ver compilação do direito da concorrência nas Comunidades Europeias, volume II.

[4] A Comissão publica e actualiza periodicamente uma compilação das regras

20. Os tribunais nacionais deveriam, por conseguinte, poder decidir se a medida é ou não ilegal por força do n.º 3 do artigo 93.º Em caso de dúvidas, os tribunais nacionais podem, e em certos casos devem, solicitar ao Tribunal de Justiça, em conformidade com o artigo 177.º, que se pronuncie a título prejudicial.

21. Quando os tribunais nacionais decidirem que o n.º 3 do artigo 93.º não foi cumprido, devem declarar que a medida em questão viola o direito comunitário e tomar as medidas adequadas para salvaguardar os direitos de que beneficiam os particulares e as empresas.

V. EFEITOS DAS DECISÕES DA COMISSÃO

22. O Tribunal de Justiça declarou[1] que um tribunal nacional está vinculado por uma decisão da Comissão destinada a um Estado-membro em conformidade com o n.º 2 do artigo 93.º, sempre que o beneficiário do auxílio em questão impugne a decisão de que foi informado por escrito pelo Estado-membro em causa mas não tenha interposto recurso de anulação da decisão dentro do prazo previsto pelo artigo 173.º do Tratado CE.

VI. COOPERAÇÃO ENTRE OS TRIBUNAIS NACIONAIS E A COMISSÃO

23. A Comissão está consciente de que os princípios acima referidos relativos à aplicação dos artigos 92.º e 93.º por parte dos tribunais nacionais são complexos e, por vezes, insuficientemente articulados para lhes permitir cumprir cabalmente a sua missão. Os tribunais nacionais podem por esse motivo solicitar o apoio da Comissão.

24. O artigo 5.º do Tratado CE estabelece o princípio de uma cooperação permanente e leal entre as instituições comunitárias e os Estados-membros por forma a atingir os objectivos do Tratado, nomeadamente no que se refere à aplicação da alínea g) do artigo 3.º que prevê a instituição de um regime que garanta que a concorrência não seja falseada no mercado interno. Este princípio implica obrigações e deveres de assistência mútua tanto por parte dos Estados-membros como por parte das instituições comunitárias. Por força do artigo 5.º, a Comissão deve cooperar com as autoridades judiciais dos Estados-membros responsáveis pela aplicação e respeito do direito comunitário na ordem jurídica nacional.

25. A Comissão considera que tal cooperação é essencial para garantir a aplicação rigorosa, efectiva e coerente do direito comunitário da concorrência. Além

---

aplicáveis aos auxílios estatais («Direito da Concorrência nas Comunidades Europeias», volume II).

[1] Processo C-188/92, *TWD Textilwerke Deggendorf GmbH c. Alemanha*, (1994) Col. I-833; ver igualmente processo 77/72, *Capolongo*, (1973) Col. 611.

disso, é necessária a participação dos tribunais nacionais na aplicação do direito da concorrência no domínio dos auxílios estatais para dar aplicação ao n.º 3 do artigo 93.º O Tratado obriga a Comissão a seguir o processo estabelecido no n.º 2 do artigo 93.º antes de ordenar a restituição de auxílios incompatíveis com o mercado comum[1]. O Tribunal de Justiça declarou que o n.º 3 do artigo 93.º tem efeito directo e que a ilegalidade de um auxílio, com as consequências daí decorrentes, nunca pode ser regularizada retroactivamente mediante uma decisão favorável da Comissão sobre um auxílio. A aplicação das disposições relativas à notificação no domínio dos auxílios estatais constitui, por conseguinte, um elo essencial na cadeia de eventuais acções judiciais por parte dos particulares e empresas.

26. À luz destas considerações, a Comissão tenciona trabalhar no sentido de uma cooperação mais estreita com os tribunais nacionais da forma que a seguir se expõe.

27. A Comissão está empenhada numa política de abertura e transparência. A Comissão conduz a sua política por forma a prestar às partes interessadas informações úteis sobre a aplicação do direito da concorrência. Com este objectivo continuará a publicar o maior número possível de informações sobre os processos de auxílios estatais e sobre a sua política nessa matéria. A jurisprudência do Tribunal de Justiça e do Tribunal de Primeira Instância, os textos de carácter geral sobre auxílios estatais publicados pela Comissão, as decisões da Comissão, os relatórios anuais da Comissão sobre a política da concorrência e o Boletim mensal da União Europeia podem ajudar os tribunais nacionais na apreciação dos processos individuais.

28. Se estas informações gerais não forem suficientes, os tribunais nacionais podem, dentro dos limites do seu direito processual nacional, solicitar à Comissão informações de natureza processual que lhes permitam saber se um determinado caso se encontra pendente na Comissão, se foi objecto de notificação ou se a Comissão deu formalmente início a um processo ou se tomou qualquer outra decisão.

29. Os tribunais nacionais podem também consultar a Comissão caso a aplicação do n.º 1 do artigo 92.º ou do n.º 3 do artigo 93.º suscite dificuldades particulares. No que diz respeito ao n.º 1 do artigo 92.º, essas dificuldades podem relacionar-se em particular com a qualificação da medida como auxílio estatal, as eventuais distorções da concorrência que podem provocar e os efeitos sobre as trocas

---

[1] A Comissão informou os Estados-membros que «... se necessário pode, após ter dado ao Estado-membro em causa a oportunidade para apresentar as suas observações e para considerar de modo alternativo a concessão do auxílio de emergência, como definido pelas orientações da Comissão – tomar uma decisão provisória que impõe ao Estado-membro o reembolso dos montantes pagos em infracção às normas processuais. O auxílio deve ser reembolsado de acordo com as disposições da legislação nacional; o montante a reembolsar será acrescido de juros que começarão a vencer a partir da data da concessão do auxílio» (Comunicação da Comissão aos Estados-membros que completa a carta da Comissão n.º SG(91) D/4577, de 4 de Março de 1991, relativamente aos procedimentos de notificação de projectos de auxílio e procedimentos aplicáveis em caso de auxílios concedidos em infracção ao n.º 3 do artigo 93.º do Tratado CE, ainda não publicada).

comerciais entre Estados-membros. Os tribunais podem, por conseguinte, consultar a Comissão relativamente à sua prática habitual sobre estes aspectos e podem obter informações da Comissão relativamente a dados de facto, estatísticas, estudos de mercado e análises económicas. Sempre que possível, a Comissão comunicará estes dados ou indicará a fonte onde os mesmos podem ser obtidos.

30. Nas suas respostas, a Comissão não se pronunciará sobre o conteúdo dos processos individuais ou sobre a compatibilidade da medida com o mercado comum. As respostas dadas pela Comissão não vinculam o tribunal que apresentou o pedido. A Comissão esclarecerá que a sua posição não é definitiva e que não é afectado o direito de o tribunal solicitar uma decisão a título prejudicial ao Tribunal de Justiça em conformidade com o artigo 177.º.

31. Para a boa administração da justiça é conveniente que a Comissão dê respostas aos pedidos de informações de carácter factual e jurídico no mais curto prazo de tempo possível. No entanto, a Comissão só pode satisfazer esses pedidos mediante certas condições. A Comissão deve ter à sua disposição os dados solicitados e só poderá comunicar as informações não confidenciais.

32. O artigo 214.º do Tratado obriga a Comissão a não divulgar as informações que, por sua natureza, estejam abrangidas pelo segredo profissional. Além disso, a obrigação de cooperação leal em conformidade com o artigo 5.º aplica-se às relações entre tribunais e Comissão e não diz respeito às partes em litígio perante esses tribunais. A Comissão é obrigada a respeitar a neutralidade e a objectividade da justiça. Por conseguinte, só pode responder aos pedidos de informações se os mesmos forem apresentados por um tribunal nacional, directa ou indirectamente, através da parte a quem o tribunal em questão solicitou certas informações.

VII. OBSERVAÇÕES FINAIS

33. A presente comunicação aplica-se *mutatis mutandis* com relação às correspondentes disposições relativas aos auxílios estatais, na medida em que tenham efeitos directos sobre os ordenamentos jurídicos dos Estados-membros constantes:
– do Tratado que institui a Comunidade Europeia do Carvão e do Aço e disposições adoptadas ao abrigo do mesmo;
– do Acordo sobre o Espaço Económico Europeu.

34. A presente comunicação é publicada a título de orientação e não restringe de qualquer modo os direitos conferidos pelo direito comunitário aos Estados-membros, aos particulares ou às empresas.

35. A presente comunicação não afecta a interpretação do direito comunitário pelo Tribunal de Justiça e pelo Tribunal de Primeira Instância das Comunidades Europeias.

36. Será publicado anualmente no relatório sobre a política de concorrência um resumo das respostas dadas pela Comissão em conformidade com a presente comunicação.

SIGILO PROFISSIONAL

Comunicação da Comissão*

1. Introdução

(1) A presente comunicação estabelece a forma como a Comissão tenciona tratar os pedidos dos Estados-Membros, enquanto destinatários de decisões em matéria de auxílios estatais, para considerar que partes de tais decisões são abrangidas pela obrigação de sigilo profissional, não sendo assim divulgadas aquando da publicação da decisão.

(2) Este tratamento implica dois aspectos:

a) a identificação das informações susceptíveis de serem abrangidas pela obrigação de sigilo profissional, e

b) o procedimento a seguir para o tratamento destes pedidos.

2. Quadro jurídico

(3) O artigo 287.º do Tratado estabelece: "os membros das instituições da Comunidade, os membros dos Comités bem como os funcionários e agentes da Comunidade são obrigados, mesmo após a cessação das suas funções, a não divulgar as informações que, por sua natureza, estejam abrangidas pelo segredo profissional, designadamente as respeitantes às empresas e respectivas relações comerciais ou elementos dos seus preços de custo".

(4) Este princípio está também consagrado nos artigos 24.º e 25.º do Regulamento (CE) n.º 659/1999 do Conselho, de 22 de Março de 1999 que estabelece as regras de execução do artigo 93.º do Tratado CE[1].

(5) O artigo 253.º do Tratado estabelece: "Os regulamentos, directivas e decisões adoptados em conjunto pelo Parlamento Europeu e pelo Conselho, e esses mesmos actos adoptados pelo Conselho e pela Comissão serão fundamentados e referir-se-ão às propostas e pareceres obrigatoriamente obtidos por força do presente Tratado".

---

* Comunicação da Comissão C(2003) 4582 de 1 de Dezembro de 2003 relativa ao sigilo profissional nas decisões em matéria de auxílios estatais – JO, C 297, de 9.12.2003, pp. 6-9.

[1] JO L 83 de 27.3.1999, p. 1.

(6) O primeiro período do n.º 1 do artigo 6.º do Regulamento (CE) n.º 659//1999 estabelece ainda, no que se refere à decisão de dar início a um procedimento formal de investigação: "a decisão de dar início a um procedimento formal de investigação resumirá os elementos pertinentes em matéria de facto e de direito, incluirá uma apreciação preliminar da Comissão quanto à natureza de auxílio da medida proposta e indicará os elementos que suscitam dúvidas quanto à sua compatibilidade com o mercado comum. [...]".

3. Identificação das informações que podem ser abrangidas pelo sigilo profissional

(7) O Tribunal de Justiça decidiu que, embora o artigo 287.º do Tratado se refira principalmente às informações recolhidas junto das empresas, o termo "designadamente" significa que o princípio em questão é um princípio geral que se aplica também a outras informações confidenciais[1].

(8) Decorre do atrás exposto que o sigilo profissional abrange tanto os segredos comerciais como as informações confidenciais.

(9) Não existe qualquer motivo para que as noções de segredos comerciais e informações confidenciais sejam interpretadas de forma diferente da acepção que lhes foi dada no contexto dos processos no domínio dos acordos, decisões e práticas concertadas e no domínio das concentrações. O facto de neste tipo de processos os destinatários da decisão da Comissão serem empresas, enquanto nos procedimentos no domínio dos auxílios estatais os destinatários são Estados-Membros, não constitui um obstáculo para uma abordagem uniforme no que se refere à identificação daquilo que constitui segredos comerciais ou informações confidenciais.

3.1. Segredos comerciais

(10) Os segredos comerciais dizem apenas respeito a informações que se relacionam com uma actividade com um valor económico efectivo ou potencial, cuja divulgação ou utilização possa proporcionar vantagens financeiras para outras empresas. Podem citar-se como exemplos típicos, os métodos de avaliação dos custos de produção e distribuição, os segredos de produção (ou seja, um segredo, um plano valioso em termos comerciais, uma fórmula, um processo ou instrumento utilizados para a produção, preparação, montagem ou processamento de produtos comerciais e que se possam considerar como o produto final de actividades de inovação ou de esforços consideráveis) e processos, fontes de fornecimento, quantidades produzidas e vendidas, quotas de mercado, listas de clientes e distribuidores,

---

[1] Processo 145/83 *Adams/Comissão,* Col.1985, p. 3539, ponto 34, e processo T-353/94 *Postbank/Comissão,* Col.1996, p. II-921, ponto 86.

planos de comercialização, estrutura de preços de custo, política de vendas e informações sobre a organização interna da empresa.

(11) Afigura-se que, em princípio, os segredos comerciais apenas podem dizer respeito ao beneficiário do auxílio (ou qualquer outro terceiro) e a informações apresentadas pelo Estado-Membro (ou terceiro). Desta forma, as comunicações da própria Comissão (por exemplo, em que expressa dúvidas acerca da viabilidade de um plano de reestruturação) não podem ser abrangidas pela obrigação de sigilo profissional.

(12) O simples facto de a divulgação de informações poder prejudicar a empresa não constitui por si só motivo suficiente para considerar tal informação como segredo comercial. Por exemplo, uma decisão da Comissão de dar início ao procedimento formal de investigação no caso de um auxílio à reestruturação poderá suscitar dúvidas relativamente a certos aspectos do plano de reestruturação à luz das informações que a Comissão recebeu. Esta decisão poderá afectar (ainda mais) a fiabilidade creditícia dessa empresa. Contudo, tal não deverá necessariamente levar à conclusão de que as informações em que se baseia a decisão devam ser consideradas segredos comerciais.

(13) Na generalidade, a Comissão aplicará a seguinte lista não exaustiva de condições para determinar se as informações devem ou não ser consideradas segredos comerciais:
— Em que medida as informações são conhecidas fora da empresa;
— Se foram tomadas medidas para proteger as informações dentro da empresa, por exemplo, através de cláusulas de não concorrência ou de acordos de não divulgação impostos aos empregados ou agentes, etc.;
— O valor da informação para a empresa e seus concorrentes;
— O esforço ou investimento empreendidos pela empresa para adquirir as informações;
— Os esforços que teriam de ser envidados por terceiros para adquirir ou copiar as informações;
— O nível de protecção proporcionado a essas informações nos termos da legislação do Estado-Membro em causa.

(14) Em princípio, a Comissão considera que as seguintes informações não serão, normalmente, abrangidas pela obrigação de sigilo profissional:
— Informações que estejam disponíveis publicamente, incluindo informações apenas disponíveis contra pagamento, através de serviços de informação especializados ou informações que são do conhecimento geral dos especialistas nessa área (por exemplo, do conhecimento geral de engenheiros ou de médicos). Assim, o volume de negócios não é normalmente considerado um segredo comercial, uma vez que se trata de um valor publicado nas contas anuais ou que é de outra forma conhecido no mercado. Os pedidos de confidencialidade relativos a dados respeitantes ao volume de negócios que não sejam do domínio público terão de ser justificados e deverão ser apreciados numa base casuística. O facto de a informação não estar disponível publicamente não significa necessariamente que deva ser considerada um segredo comercial.

– Informações históricas, em especial informações com pelo menos cinco anos;
– Informações estatísticas ou em termos agregados;
– Designação dos beneficiários do auxílio, sector de actividade, objectivo e montante do auxílio, etc.

(15) Deverá ser apresentada justificação pormenorizada e específica relativamente a qualquer pedido de derrogação a estes princípios em casos excepcionais.

3.2. Informações confidenciais

(16) Nos processos em matéria de acordos, decisões e práticas concertadas e em matéria de concentrações, as informações confidenciais são, nomeadamente, determinados tipos de informações comunicadas à Comissão sob condição de ser garantida a sua confidencialidade (por exemplo, um estudo de mercado encomendado por uma empresa parte no processo e que é de sua propriedade). Afigura-se que no caso de decisões em matéria de auxílios estatais poderia ser utilizada uma abordagem semelhante.

(17) No domínio dos auxílios estatais poderão, contudo, existir alguns tipos de informações confidenciais que nem sempre estão presentes nos processos em matéria de acordos, decisões e práticas concertadas e nos processos em matéria de concentrações, que se referem especificamente a segredos do Estado ou outras informações confidenciais relacionadas com a sua actuação. Normalmente, tendo em conta a obrigação que incumbe à Comissão de fundamentar as suas decisões e a exigência de transparência, estas informações só em circunstâncias muito excepcionais podem ser abrangidas pela obrigação de sigilo profissional. Por exemplo, informações relacionadas com a organização e custos dos serviços públicos não são normalmente consideradas "informações confidenciais" (embora possam constituir um segredo comercial, se estiverem preenchidas as condições estabelecidas no ponto 3.1).

4. Procedimento aplicável

4.1. Princípios gerais

(18) A principal tarefa da Comissão consiste em conciliar duas obrigações opostas, ou seja, a exigência de fundamentar as suas decisões nos termos do artigo 253.º do Tratado, assegurando assim que as suas decisões contêm todos os elementos essenciais em que se baseiam e a necessidade de salvaguardar a obrigação de sigilo profissional.

(19) Para além da obrigação de base de fundamentar as suas decisões, a Comissão deve tomar em consideração a necessidade de uma aplicação efectiva das regras em matéria de auxílios estatais (nomeadamente proporcionando aos Estados-Membros, aos beneficiários e às partes interessadas a possibilidade de comentar ou

contestar as suas decisões) e a necessidade de transparência da sua política. Existe portanto um interesse primordial em tornar públicos todos os aspectos fundamentais das suas decisões. O princípio geral consiste em que os pedidos de tratamento confidencial apenas possam ser aceites quando sejam estritamente necessários para proteger os segredos comerciais ou informações confidenciais que mereçam tal protecção.

(20) Os segredos comerciais e as informações confidenciais não gozam de uma protecção absoluta, o que significa, por exemplo, que podem ser divulgados quando são essenciais para a fundamentação das decisões da Comissão. Tal significa que as informações necessárias para a identificação de uma medida de auxílio e do seu beneficiário não podem, normalmente, ser abrangidas pela obrigação de sigilo profissional. Da mesma forma, as informações necessárias para demonstrar que estão preenchidas as condições previstas no n.º 1 do artigo 87.º do Tratado não podem, normalmente, ser abrangidas pela obrigação de sigilo profissional. Contudo, a Comissão terá de analisar cuidadosamente se a necessidade de publicação é mais importante, em função das condições específicas de um determinado caso, do que o prejuízo susceptível de ser causado ao Estado-Membro ou empresa envolvidos.

(21) As supressões no texto da versão pública de uma decisão da Comissão, relativamente à versão adoptada, só podem ser motivadas por razões de sigilo profissional. Os respectivos números não podem mudar de posição e não pode ser introduzida ou alterada qualquer frase. Quando a Comissão considera que uma determinada informação não pode ser divulgada, pode ser introduzida uma nota de pé-de-página parafraseando a informação não divulgada ou que indique um intervalo de variação em termos de importância ou dimensão, se tal for útil para garantir a compreensão e coerência da decisão.

(22) Os pedidos de não divulgação do texto integral de uma decisão ou de partes substanciais dessa decisão, que sejam susceptíveis de prejudicar a compreensão da fundamentação da Comissão não podem ser aceites.

(23) Nos casos em que está envolvido um denunciante, a Comissão terá em consideração o seu interesse em determinar as razões que levaram a Comissão a adoptar uma determinada decisão, sem ter necessidade de recorrer a um processo no Tribunal[1]. Desta forma, os pedidos dos Estados-Membros no sentido de as partes da decisão que dizem respeito às preocupações de denunciantes serem abrangidas pela obrigação de sigilo profissional, deverão ser particularmente bem justificados e persuasivos. Por outro lado, a Comissão não divulgará, normalmente, informações que alegadamente sejam do tipo abrangido pela obrigação de sigilo profissional quando existirem suspeitas de que a denúncia foi principalmente apresentada para obter o acesso às informações.

(24) Os Estados-Membros não podem invocar o sigilo profissional para se recusarem a prestar informações à Comissão que esta considere necessárias para a análise das medidas de auxílio. Neste contexto, remete-se para o procedimento esta-

---

[1] Processo C-367/95 P, *Comissão/Sytraval*, Col.1998, p. I-1719, ponto 64.

belecido no Regulamento (CE) n.º 659/1999 do Conselho (em especial o n.º 2 do seu artigo 2.º e os seus artigos 5.º, 10.º e 16.º).

4.2. Aspectos processuais

(25) Actualmente, a Comissão notifica as suas decisões aos Estados-Membros em causa, o mais rapidamente possível, dando-lhes a oportunidade de indicar, geralmente dentro de um prazo de quinze dias úteis, quais as informações que consideram dever ser abrangidas pela obrigação de sigilo profissional. Este período pode ser prorrogado mediante acordo entre a Comissão e o Estado-Membro em causa.

(26) Quando o Estado-Membro em causa não indica quais as informações que considera deverem ser abrangidas pela obrigação de sigilo profissional dentro do prazo estabelecido pela Comissão, a decisão será normalmente publicada na íntegra.

(27) Quando o Estado-Membro em causa pretenda que determinadas informações sejam abrangidas pela obrigação de sigilo profissional, deve indicar as partes que considera deverem ser abrangidas e fornecer uma justificação para cada parte relativamente à qual solicita a não divulgação.

(28) A Comissão examinará o pedido do Estado-Membro o mais rapidamente possível. Caso a Comissão não aceite que determinadas partes da decisão sejam abrangidas pela obrigação de sigilo profissional, apresentará as razões pelas quais, na sua opinião, tais partes não podem ser suprimidas da versão pública da decisão. Caso o Estado-Membro não justifique de forma aceitável o seu pedido (ou seja, uma justificação manifestamente irrelevante ou manifestamente incorrecta), a Comissão não tem de voltar a especificar as razões pelas quais tais partes não podem ser suprimidas da versão pública da decisão, limitando-se a referir o facto de a justificação não ser adequada.

(29) Se a Comissão decidir aceitar que determinadas partes são abrangidas pela obrigação de sigilo profissional, sem concordar completamente com o pedido do Estado-Membro, notificará um novo projecto de decisão ao Estado-Membro, indicando as partes que foram suprimidas. Caso a Comissão aceite que as partes indicadas pelo Estado-Membro são abrangidas pela obrigação de sigilo profissional, o texto da decisão será publicado nos termos do artigo 26.º do Regulamento (CE) n.º 659/1999, suprimindo as partes abrangidas pela obrigação de sigilo profissional. Tais omissões serão indicadas no texto[1].

(30) O Estado-Membro disporá de 15 dias úteis a contar da data de recepção da decisão da Comissão em que fundamenta a sua recusa de aceitar a não divulgação de certas partes, para responder e apresentar elementos adicionais que justifiquem o seu pedido.

---

[1] Utilizando parêntesis rectos [...] e indicando numa nota de pé-de-página "abrangido pela obrigação de sigilo profissional".

(31) Se o Estado-Membro em causa não responder no período estabelecido pela Comissão, esta publicará normalmente a decisão tal como indicada na sua resposta ao pedido inicial efectuado pelo Estado-Membro.

(32) Caso o Estado-Membro em causa apresente quaisquer elementos adicionais dentro do período estabelecido, a Comissão analisará tais elementos o mais rapidamente possível. Caso a Comissão aceite que as partes indicadas pelo Estado-Membro são abrangidas pela obrigação de sigilo profissional, o texto da decisão será publicado tal como previsto no ponto 29.

(33) Caso não seja possível chegar a acordo, a Comissão procederá à publicação da sua decisão de dar início ao procedimento formal de investigação. Tais decisões devem resumir os elementos pertinentes em matéria de facto e de direito, incluir uma apreciação preliminar quanto à natureza de auxílio da medida proposta e indicar os elementos que suscitam dúvidas quanto à sua compatibilidade com o mercado comum. É evidente que deverão ser incluídas algumas informações essenciais, por forma a que os terceiros e os outros Estados-Membros possam apresentar observações úteis. O dever da Comissão de fornecer tais informações essenciais terá normalmente primazia sobre qualquer exigência de protecção de segredos comerciais ou informações confidenciais. Além disso, é do interesse do beneficiário e também das partes interessadas ter acesso à decisão tão rapidamente quanto possível. Permitir quaisquer atrasos neste contexto prejudicaria o processo de controlo dos auxílios estatais.

(34) Caso não seja possível chegar a acordo sobre os pedidos para que determinadas informações, em decisões de não levantar objecções e em decisões de início do procedimento formal de investigação, sejam abrangidas pela obrigação de sigilo profissional, a Comissão notificará ao Estado-Membro a sua decisão final, juntamente com o texto que tenciona publicar, dando a esse Estado-Membro quinze dias úteis adicionais para reagir. Na ausência de uma resposta que a Comissão considere pertinente, procederá normalmente à publicação do texto.

(35) A Comissão está actualmente a rever os seus formulários de notificação de auxílios estatais. Por forma a evitar correspondência desnecessária com os Estados-Membros e atrasos na publicação das decisões, tenciona no futuro incluir no formulário uma pergunta no sentido de saber se a notificação contém informações que não devem ser publicadas, e respectivas razões. Apenas nos casos em que essa pergunta for respondida de forma afirmativa é que a Comissão dará início a correspondência com o Estado-Membro relativamente a casos específicos. Da mesma forma, caso a Comissão solicite informações adicionais, o Estado-Membro deverá indicar, na altura em que fornece as informações solicitadas, que pretende que estas não sejam publicadas e as respectivas razões. Se a Comissão utilizar na sua decisão as informações assim identificadas pelo Estado-Membro, enviar-lhe-á a decisão adoptada, apresentando as razões pelas quais, na sua opinião, tais partes não podem ser suprimidas da versão pública da decisão, tal como previsto no ponto 28.

(36) Logo que a Comissão tenha decidido qual o texto que irá publicar e tenha notificado o Estado-Membro da sua decisão final, compete ao Estado-Membro

decidir se utiliza quaisquer dos procedimentos judiciais de que dispõe, incluindo medidas provisórias, dentro dos prazos previstos no artigo 230.º do Tratado CE.

4.3. Terceiros

(37) Nos casos de apresentação de informações no contexto de procedimentos em matéria de auxílios estatais, por parte de terceiros que não o Estado-Membro em causa (por exemplo, denunciantes, outros Estados-Membros ou o beneficiário) as presentes orientações são-lhe aplicáveis *mutatis mutandis*.

4.4. Aplicação no tempo

(38) As presentes orientações não estabelecem normas juridicamente vinculativas e não pretendem fazê-lo. Limitam-se a apresentar antecipadamente, para permitir uma boa administração, a forma como a Comissão pretende abordar a questão da confidencialidade nos procedimentos em matéria de auxílios estatais. Na generalidade, caso não se consiga chegar a acordo, a decisão da Comissão de proceder à publicação poderá ser objecto de procedimentos específicos de controlo judicial. Uma vez que as presentes orientações apenas dizem respeito a questões processuais (e em larga medida descrevem a prática existente), serão aplicadas com efeitos imediatos, incluindo no que se refere às decisões de não levantar objecções[1], adoptadas antes da entrada em vigor do Regulamento (CE) n.º 659/1999, às quais terceiros pretendem ter acesso.

---

[1] As decisões de dar início ao procedimento formal de investigação e as decisões finais adoptadas antes dessa data, foram já publicadas na íntegra no *Jornal Oficial das Comunidades Europeias*. Antes da publicação, os Estados-Membros tiveram oportunidade de indicar se algumas das informações deviam ser abrangidas pela obrigação de sigilo profissional.

RESTITUIÇÃO DAS AJUDAS

Comunicação da Comissão*

A Comissão, na sua comunicação de 1991 referida em epígrafe, havia chamado uma vez mais a atenção dos Estados-membros para as suas preocupações relativamente aos inúmeros auxílios concedidos em violação do disposto no artigo 93.º, isto é, os auxílios concedidos sem autorização prévia da Comissão.

Com base na jurisprudência do Tribunal[1], a Comissão tinha informado os Estados-membros de que, no caso de um auxílio ser concedido ilegalmente, se reservava o direito de tomar uma decisão provisória, obrigando o Estado-membro a suspender imediatamente o auxílio em causa.

Com efeito, ainda que o Tribunal não tenha reconhecido à Comissão a possibilidade de declarar um auxílio incompatível pelo simples facto de ser ilegal, não deixou de considerar que "podem ser tomadas medidas tendo em vista contrariar qualquer violação das regras previstas no n.º 3 do artigo 93.º do Tratado".

No entanto, a Comissão considera que uma injunção de suspensão de um auxílio ilegalmente pago pode revelar-se insuficiente em certos casos, não permitindo contrariar todas as violações das regras processuais, especialmente quando o auxílio em causa foi já pago na sua totalidade ou em parte.

Por conseguinte, a Comissão, baseando-se na jurisprudência acima referida, após ter dado ao Estado-membro em causa a possibilidade de se exprimir relativamente a esta questão e de considerar a alternativa de conceder um auxílio de emergência tal como definido no respectivo enquadramento comunitário, reserva-se o direito de tomar igualmente uma decisão provisória obrigando o Estado-membro a

---

* Comunicação da Comissão aos Estados-membros (95/C 156/05) (Texto relevante para efeitos do EEE) Complemento da comunicação aos Estados-membros n.º SG(91) D/4577 de 4 de Março de 1991, relativa às modalidades de notificação dos auxílios e ao procedimento no que diz respeito aos auxílios executados em violação das regras processuais previstas no n.º 3 do artigo 93.º do Tratado CE. – JO, C 156, de 22.6.1995, pág. 5.

[1] Processos C-301/87 (*Boussac*) e C-142/87 (*Tubemeuse*), respectivamente de 14 de Fevereiro de 1990 e de 21 de Março de 1990, Colectânea 1990, p. I-307 e I-959.

recuperar o auxílio ou parte do auxílio pago em violação das regras processuais. Esta recuperação deverá efectuar-se em conformidade com o direito nacional, e deve ser majorada de juros de mora sobre o montante a recuperar, que devem começar a correr a partir da data de concessão do auxílio ilegal. Estes juros, tal como no caso de reembolso de auxílios ilegais e incompatíveis, devem ser calculados com base na taxa comercial, tal como definido na comunicação de 22 de Fevereiro de 1995.

Tal como o precisou na sua comunicação de 1991, no caso de o Estado-membro não respeitar esta decisão de injunção, a Comissão poderá apresentar a questão directamente ao Tribunal de Justiça segundo um procedimento semelhante ao previsto no n.º 2, segundo parágrafo, do artigo 93.º, recorrendo ao processo de urgência.

A Comissão tenciona, tal como anteriormente, utilizar este poder em todos os casos em que tal se revelar necessário, tendo em vista salvaguardar o efeito útil do artigo 93.º do Tratado CE.

TAXAS DE JURO APLICÁVEIS À RESTITUIÇÃO DE AJUDAS

Comunicação da Comissão*

O artigo 14.º do Regulamento (CE) n.º 659/1999 do Conselho, de 22 de Março de 1999, que estabelece as regras de execução do artigo 93.º do Tratado CE[1], determina que, em caso de decisão negativa relativa a um auxílio ilegal, a Comissão decidirá que o Estado-Membro em causa deve tomar todas as medidas necessárias para recuperar o auxílio junto do seu beneficiário. O auxílio a recuperar incluirá juros calculados com base numa taxa adequada fixada pela Comissão. Esses juros são devidos a partir da data em que o auxílio ilegal foi colocado à disposição do beneficiário e até ao momento da sua recuperação.

Numa carta dirigida aos Estados-Membros em 22 de Fevereiro de 1995, a Comissão considerou que, com o objectivo de restabelecer o status quo, as taxas comerciais ofereciam uma melhor quantificação da vantagem concedida indevidamente ao beneficiário do auxílio ilegal. Por conseguinte, informou os Estados--Membros de que, em todas as decisões que venha a adoptar ordenando a recuperação de um auxílio ilegal, a Comissão aplicará, como base da taxa comercial, a taxa de referência utilizada para o cálculo do equivalente de subvenção líquido dos auxílios regionais. Durante vários anos, a Comissão incluiu por conseguinte por princípio, nas suas decisões de recuperação, uma cláusula que exigia o cálculo dos juros com base na referida taxa de referência.

No âmbito do processo de cooperação leal entre a Comissão e os Estados--Membros aquando da execução de determinadas decisões de recuperação, colocou--se no entanto a questao de saber se esses juros deviam ser simples ou compostos[2]. Tendo em conta o objectivo de recuperação dos auxílios ilegais e a sua importância no sistema de controlo dos auxílios estatais previsto no Tratado CE, a Comissão considera urgente clarificar a sua posição relativamente a este aspecto.

---

* Comunicação da comissão sobre as taxas de juro aplicáveis em caso de recuperação de auxílios ilegais – JO, C 110, de 8.5.2003, pp. 21-22.

[1] JO, L 83, de 27.3.1999, p. 1.

[2] O cálculo de juros simples efectua-se segundo a seguinte fórmula: Juro = (Capital x Taxa de juro x Número de anos). O cálculo de juros compostos capitalizados numa base anual obedece a outra fórmula: Juro = [Capital (1 + Taxa de juro) Número de anos] – Capital.

Em conformidade com inúmeras decisões tomadas pelo poder judicial comunitário[1], a recuperação é a consequência lógica da ilegalidade do auxílio. Tem por objectivo restabelecer a situação anteriormente existente. Ao reembolsar o auxílio, o beneficiário perde a vantagem indevida de que beneficiou relativamente aos seus concorrentes, o que permite restabelecer as condições de concorrência que existiam anteriormente no mercado.

Segundo as práticas do mercado, são normalmente calculados juros simples quando o beneficiário dos fundos não utilizou o montante desses juros até ao final do período em causa, por exemplo, quando o montante em questão só é pago no termo deste período; por outro lado, são normalmente calculados juros compostos quando se considera que, anualmente (ou em cada período), é pago ao beneficiário o montante dos juros, que vêm juntar-se ao capital que recebeu inicialmente. Nesse caso, com efeito, o beneficiário obtém juros sobre os juros pagos relativamente a cada período.

Na prática, o tipo de auxílio concedido e a situação do beneficiário podem variar. Se o auxílio consistir num excesso de compensação, o benefício que a empresa em causa daí retira pode ser comparado a um depósito que exige normalmente a aplicação de juros compostos. Se se tratar de um auxílio ao investimento concedido relativamente a um determinado custo elegível, o auxílio pode ter substituído outra fonte de financiamento que, normalmente, teria também sido objecto de juros compostos calculados a uma taxa comercial. Se se tratar finalmente de um auxílio ao funcionamento, tem uma incidência directa sobre os lucros e as perdas e, por conseguinte, sobre o balanço, o que permite à empresa dispor de fundos para efeitos de depósito. Afigura-se, por conseguinte, que apesar da variedade das situações possíveis, um auxílio ilegal tem por efeito fornecer fundos ao beneficiário nas mesmas condições que um empréstimo a médio prazo sobre o qual não incidem quaisquer juros. Daí resulta que a aplicação de juros compostos parece necessária a fim de garantir a neutralização total dos benefícios financeiros decorrentes de uma situação deste tipo.

Por conseguinte, a Comissão pretende informar os Estados-Membros e as partes interessadas de que, em qualquer decisão que ordene a recuperação de um auxílio ilegal que venha futuramente a adoptar, aplicará a taxa de referência utilizada para o cálculo do equivalente subvenção líquido dos auxílios regionais numa base composta. Em conformidade com as práticas correntes do mercado, estes juros compostos serão determinados numa base anual. Da mesma forma, a Comissão espera que os Estados-Membros apliquem juros compostos aquando da execução da qualquer decisão de recuperação pendente, a menos que tal seja contrário a um princípio geral do direito comunitário.

---

[1] Ver, em especial, o processo C-24/95, *Land da Renânia-Palatinado/Alcan*, Col. 1997, p. I-1591, e o processo T-459/93, *Siemens/Comissão*, Col. 1995, p. II-1675.

AUXÍLIOS *DE MINIMIS*

Comunicação da Comissão*

O n.º 1 do artigo 92.º do Tratado CE proíbe, com possibilidade de excepções, «os auxílios concedidos pelos Estados ou provenientes de recursos estatais, independentemente da forma que assumam, que falseiem ou ameacem falsear a concorrência, favorecendo certas empresas ou certas produções» e que afectem as trocas comerciais entre Estados-membros. Se é um facto que qualquer intervenção financeira do Estado a favor de uma empresa falseia ou ameaça falsear, em maior ou menor grau, a concorrência entre essa empresa e os seus concorrentes que não beneficiaram de tal auxílio, nem todos os auxílios têm contudo um impacte sensível no comércio e na concorrência entre Estados-membros. É o que acontece em especial com os auxílios de montante muito reduzido, que muito frequentemente, apesar de não exclusivamente, são concedidos às pequenas e médias empresas (PME), sobretudo no âmbito de regimes geridos pelas autoridades locais ou regionais.

Com uma preocupação de simplificação administrativa tanto para os Estados-membros como para os serviços da Comissão – que deve poder concentrar os seus recursos em casos de importância real a nível comunitário – e no interesse das PME, a Comissão adoptou em 1992[1] uma regra dita *de minimis* que estabelece um limiar de auxílio em valor absoluto, abaixo do qual o n.º 1 do artigo 92.º pode ser considerado inaplicável, deixando o auxílio de estar sujeito à obrigação de notificação prévia à Comissão por força do n.º 3 do artigo 93.º. Verificou-se, no entanto, que, por um lado, esta regra não cobria certos auxílios que manifestamente não ameaçavam falsear a concorrência e o comércio entre Estados-membros de forma perceptível e, por outro, que o controlo das condições a ela ligadas podia revelar-se difícil, nomeadamente em caso de cumulação com regimes de auxílio aprovados pela Comissão. A regra *de minimis* é assim alterada do seguinte modo:

– o montante máximo total do auxílio *de minimis* é de 100 000 ecus[2] para

---

* Comunicação da Comissão relativa aos auxílios *de minimis* (96/C 68/06) (Texto relevante para efeitos de EEE) – JO, C 68, de 6.3.1996, pp. 9-10.

[1] Enquadramento comunitário dos auxílios às pequenas e médias empresas, ponto 3.2 (JO, C 213, de 19. 8. 1992, p. 2).

[2] A carta explicativa enviada aos Estados-membros em 23 de Março de 1993

um período de três anos, com início no momento da concessão do primeiro auxílio *de minimis;*

– este montante abrange todos os auxílios públicos concedidos a título de auxílio de minimis e não afecta a possibilidade de o beneficiário receber outros auxílios com base em regimes aprovados pela Comissão;

– este montante cobre todas as categorias de auxílios, independentemente da sua forma e objectivo, à excepção dos auxílios à exportação[1] que não podem beneficiar desta medida.

Os auxílios públicos a considerar para efeitos do respeito do limite máximo de 100 000 ecus são os auxílios concedidos pelas autoridades nacionais, regionais ou locais, independentemente de os recursos provirem inteiramente dos Estados-membros ou de as medidas serem co-financiadas pela Comunidade através dos fundos estruturais, em especial do Fundo Europeu de Desenvolvimento Regional (Feder).

Apesar de esta regra apresentar sobretudo interesse para as PME, aplica-se a todas as empresas, independentemente da dimensão da empresa beneficiária. Não se aplica, no entanto, aos sectores abrangidos pelo Tratado CECA, à construção naval e ao sector dos transportes, nem aos auxílios concedidos para despesas relativas à actividade da agricultura ou da pesca.

Para efeitos da regra *de minimis,* o montante máximo é expresso sob forma de uma subvenção de 100 000 ecus. Quando os auxílios não são concedidos sob forma de subvenção, devem ser convertidos em equivalente subvenção para efeitos da aplicação do limite previsto pela regra *de minimis*. As outras formas correntemente utilizadas para conceder auxílios de valor reduzido são os empréstimos bonificados, os benefícios fiscais e as garantias de empréstimos. A conversão dos auxílios concedidos sob estas formas em equivalente subvenção deve ser efectuada da forma a seguir referida.

O equivalente subvenção deve ser calculado em termos brutos, isto é, antes de impostos se a subvenção for tributável. No caso de o auxílio não ser tributável, como acontece com certas isenções de impostos, será tomado em consideração o montante nominal do auxílio, que é simultaneamente bruto e líquido.

Qualquer auxílio a receber em data posterior deve ser actualizado. A taxa a utilizar para o cálculo do valor actual deve ser a taxa de referência em vigor no momento da concessão do auxílio. As subvenções devem, no entanto, ser tomadas em consideração de forma global, mesmo se os pagamentos forem escalonados.

(D/06878) continua a ser válida no que se refere às modalidades de cálculo do equivalente subvenção dos auxílios que não são concedidos sob forma de subvenção.

[1] Por «auxílio à exportação» deve entender-se qualquer auxílio directamente ligado às quantidades exportadas, à criação e ao funcionamento de uma rede de distribuição ou às despesas correntes ligadas à actividade de exportação. Não são considerados como auxílios à exportação os custos de participação em feiras e os estudos e consultoria necessários à introdução num novo mercado geográfico de um novo produto ou de um produto existente.

O equivalente subvenção de um empréstimo bonificado para um determinado ano corresponde à diferença entre os juros que deveriam ser pagos com base na taxa de juro de referência e os juros efectivamente pagos. As reduções dos encargos com juros decorrentes da bonificação até ao reembolso total do empréstimo devem ser descontadas para determinar o seu valor actual reportado ao momento da concessão do empréstimo e adicionadas.

O equivalente subvenção de um benefício fiscal corresponde à economia de impostos realizada durante o ano em causa. Também aqui, as reduções de impostos que se verificarão durante os anos posteriores devem ser descontadas pela taxa de juro de referência para o cálculo do seu valor actual.

No que se refere às garantias de empréstimos, o equivalente subvenção para um determinado ano pode ser calculado:

– quer da mesma forma que o equivalente subvenção de um empréstimo bonificado, deduzidos os prémios pagos, representando a bonificação de juros a diferença entre a taxa de referência e a taxa obtida devido à garantia estatal,

– quer como a diferença entre a) o montante garantido em dívida multiplicado pelo coeficiente de risco (probabilidade de não reembolso) e b) qualquer prémio pago, ou seja:

(montante garantido x risco) – prémio

No que diz respeito ao coeficiente de risco, este deverá reflectir os casos de não reembolso registados relativamente a empréstimos concedidos em circunstâncias similares (sector, dimensão da empresa, nível da actividade económica geral). A actualização será efectuada como anteriormente descrito.

A Comissão tem o dever de assegurar que os Estados-membros não concedem às suas empresas auxílios incompatíveis com o mercado comum[1]. Os Estados-membros devem facilitar o desempenho desta missão, criando um mecanismo de controlo que permita assegurar que da cumulação de diferentes auxílios concedidos a um mesmo beneficiário a título de auxílios *de minimis* não resulta um montante total deste tipo de auxílios superior a 100 000 ecus num período de três anos. Em especial, a concessão de um auxílio *de minimis* ou as modalidades de um regime que preveja a concessão deste tipo de auxílios deve incluir uma condição expressa que preveja que um auxílio suplementar concedido à mesma empresa a título da regra *de minimis* não deve fazer com que o montante total do auxílio *de minimis* de que a empresa beneficia ultrapasse o limite de 100 000 ecus num período de três anos. Este mecanismo deve igualmente permitir aos Estados-membros responder a eventuais questões que a Comissão possa levantar.

---

[1] A Comissão reserva-se igualmente o direito de tomar as medidas adequadas em relação aos auxílios que respeitem a regra *de minimis* mas que violem outras disposições do Tratado.

AUXÍLIOS PÚBLICOS E AMBIENTE

Comunicação da Comissão*

A. INTRODUÇÃO

1. A Comissão adoptou em 1994 o Enquadramento comunitário dos auxílios estatais a favor do ambiente[1], cujo prazo de validade terminou em 31 de Dezembro de 1999. Em conformidade com o disposto no seu ponto 4.3, a Comissão reexaminou o referido enquadramento em 1996, tendo concluído não ser necessário introduzir alterações antes do termo da sua validade. Em 22 de Dezembro de 1999, a Comissão decidiu prorrogar a validade do referido enquadramento até 30 de Junho de 2000[2]. Em 28 de Junho de 2000, a Comissão decidiu prorrogar a validade do referido enquadramento até 31 de Dezembro de 2000[3].

2. Desde a adopção do referido enquadramento em 1994, as acções no domínio do ambiente evoluíram, por iniciativa dos Estados-Membros e da Comunidade, bem como a nível mundial, designadamente na sequência da assinatura do Protocolo de Quioto. As intervenções dos Estados-Membros são, por exemplo, mais numerosas no sector da energia, assumindo formas até então pouco utilizadas, designadamente reduções ou isenções de impostos. De igual forma, tendem a desenvolver-se novas formas de auxílios ao funcionamento. Afigura-se assim necessária a adopção de um novo enquadramento para que os Estados-Membros e as empresas tenham conhecimento dos critérios que a Comissão aplicará ao decidir se os auxílios propostos pelos Estados-Membros são ou não compatíveis com o mercado comum.

3. Em conformidade com o disposto no artigo 6.º do Tratado CE, a política da Comissão em matéria de controlo dos auxílios no sector do ambiente deve integrar os objectivos prosseguidos pela política do ambiente, nomeadamente no que diz respeito à promoção de um desenvolvimento sustentável. A política da concorrência e a política do ambiente não são contraditórias, mas as exigências associadas à

---

* Comunicação da Comissão – Enquadramento comunitário dos auxílios estatais a favor do ambiente (JO, C 37, de 3.2.2001, pp. 3).
[1] JO, C 72, de 10.3.1994, p. 3.
[2] JO, C 14, de 19.1.2000, p. 8.
[3] JO, C 184, de 1.7.2000, p. 25.

protecção do ambiente devem ser integradas na definição e aplicação da política da concorrência, nomeadamente, a fim de promover um desenvolvimento sustentável[1].

4. A tomada em consideração a longo prazo dos imperativos em matéria de ambiente não significa, contudo, que todos os auxílios devam ser autorizados. Para o efeito, convém ter em conta as repercussões dos auxílios em termos de desenvolvimento sustentável e da plena aplicação do princípio do poluidor-pagador. Determinados auxílios inserem-se indubitavelmente nesta categoria, em especial quando permitem atingir um elevado nível de protecção do ambiente, sem impedir a internalização dos custos. Pelo contrário, outros auxílios, para além dos seus efeitos nefastos sobre o comércio entre Estados-Membros e sobre a concorrência, podem colidir com o princípio do poluidor-pagador e constituir um entrave à implementação de um desenvolvimento sustentável. Trata-se, por exemplo, de certos auxílios que se destinam unicamente a favorecer a adaptação a novas normas comunitárias obrigatórias.

5. No âmbito do presente enquadramento, a abordagem da Comissão consiste, portanto, em determinar em que medida e em que condições os auxílios estatais se podem revelar necessários para assegurar a protecção do ambiente e o desenvolvimento sustentável sem causar efeitos desproporcionados a nível da concorrência e do crescimento económico. Esta análise deve ser realizada à luz das ilações que podem ser extraídas da aplicação do enquadramento adoptado em 1994 e das alterações registadas desde essa data em matéria de política do ambiente.

B. DEFINIÇÕES E ÂMBITO DE APLICAÇÃO

6. Conceito de protecção do ambiente: no âmbito do presente enquadramento, por protecção do ambiente a Comissão entende qualquer medida destinada a sanar ou impedir uma intervenção nociva ao meio físico ou aos recursos naturais ou a incentivar uma utilização racional desses recursos.

A Comissão considera que as acções a favor da poupança de energia e das energias renováveis se incluem igualmente na categoria das medidas a favor da defesa do ambiente. Por medidas a favor da poupança de energia, devem entender-se designadamente as acções que permitem às empresas reduzir o consumo de energia utilizada durante o seu ciclo de produção. A concepção e o fabrico de máquinas ou de meios de transporte cujo funcionamento consome menos recursos

---

[1] A vontade da Comissão de assegurar a integração da política ambiental nas outras políticas foi igualmente recordada no seu "Relatório de Colónia sobre a integração dos requisitos ambientais", de 26 de Maio de 1999, bem como no seu relatório ao Conselho Europeu de Helsínquia sobre a integração do ambiente e do desenvolvimento sustentável nas outras políticas [SEC (1999)1941 final].

naturais não são abrangidos pelo presente enquadramento. As acções empreendidas nas unidades fabris ou noutras instalações de produção com vista a reforçar a segurança ou a higiene são importantes e podem eventualmente ser elegíveis para determinados auxílios, mas não são abrangidas pelo presente enquadramento.

Conceito de internalização dos custos: no presente documento, por internalização dos custos deve entender-se a necessidade de as empresas absorverem nos seus custos de produção o conjunto dos custos associados à protecção do ambiente.

Princípio do poluidor-pagador: princípio segundo o qual os custos da luta contra a poluição devem ser imputados aos poluidores por ela responsáveis.

Poluidor: o poluidor é aquele que contribui, directa ou indirectamente, para a degradação do ambiente ou cria as condições conducentes à sua degradação[1].

Veracidade dos preços: por este conceito, deve entender-se que os preços das mercadorias ou dos serviços incorporam os custos externos associados às repercussões negativas sobre o ambiente que advêm da sua produção e da sua comercialização no mercado.

Norma comunitária: norma comunitária obrigatória que fixa os níveis a atingir em matéria de ambiente e que impõe a obrigação, em aplicação do direito comunitário, de utilizar a melhor tecnologia disponível que não implique custos excessivos (melhor tecnologia disponível – MTD)[2].

Fontes de energia renováveis: as fontes de energia renováveis não fósseis – energia eólica, solar, geotérmica, das ondas, das marés, a partir de instalações hidroeléctricas com uma capacidade situada abaixo dos 10 MW, e a partir da biomassa, sendo a biomassa definida como produtos provenientes da agricultura e da silvicul-

---

[1] Recomendação do Conselho, de 3 de Março de 1975, relativa à imputação dos custos e à intervenção dos poderes públicos em matéria de ambiente (JO, L 194, de 25.7.1975, p. 1).

[2] O conceito de "melhor tecnologia disponível" foi introduzido pela Directiva 76/464/CEE do Conselho, de 4 de Maio de 1976, relativa à poluição causada por determinadas substâncias perigosas lançadas no meio aquático da Comunidade (JO, L 129, de 18.5.1976, p. 23), e retomado, ligeiramente alterado, pela Directiva 84/360/CEE do Conselho, de 28 de Junho de 1984, relativa à luta contra a poluição atmosférica provocada por instalações industriais (JO, L 188, de 16.7.1984, p. 20). A Directiva 96/61/CEE do Conselho, de 24 de Setembro de 1996, relativa à prevenção e controlo integrados da poluição (JO, L 257, de 10.10.1996, p. 26) (directiva "IPPC") desenvolveu e confirmou este conceito. O âmbito de aplicação da Directiva "IPPC" abrange as instalações industriais de elevado potencial poluente. Relativamente às instalações novas ou a grandes alterações em instalações existentes, a directiva aplica-se desde Novembro de 1999. As instalações existentes deverão ser conformes às regras da Directiva "IPPC" até Outubro de 2007. Até essa data, vigoram as disposições relativas ao conceito de MTD previstas nas duas directivas supramencionadas. Regra geral, as normas concretas, ou seja, os valores-limite de emissões poluentes ou de consumo baseados na utilização da melhor tecnologia disponível não são estipulados pela Comunidade mas sim pelas autoridades nacionais

tura, resíduos vegetais da agricultura, da silvicultura e da indústria de produção alimentar, resíduos de madeira e de cortiça não tratados[1].

Electricidade produzida a partir de fontes de energia renováveis: a electricidade produzida por centrais que utilizem apenas fontes renováveis de energia, incluindo a parte da electricidade produzida a partir de fontes renováveis de energia em centrais híbridas utilizando fontes de energia convencionais, em especial para fins de segurança[2].

Imposto ambiental: "Uma imposição assume um carácter ambiental caso o facto gerador do imposto tenha um efeito negativo evidente no ambiente. No entanto, uma imposição pode também ser considerada de carácter ambiental se tiver um efeito ambiental positivo menos evidente, mas todavia discernível. Em geral, cabe ao Estado-Membro a obrigação de demonstrar o efeito ambiental previsto da imposição"[3].

7. Âmbito de aplicação: o presente enquadramento é aplicável aos auxílios[4] destinados a assegurar a protecção do ambiente em todos os sectores abrangidos pelo Tratado CE, nomeadamente os que são abrangidos pelas regras comunitárias específicas em matéria de auxílios estatais [sectores siderúrgico[5], construção naval, veículos automóveis, fibras sintéticas, transportes, agricultura e pescas], à excepção do domínio abrangido pelas Orientações comunitárias para os auxílios estatais no sector agrícola[6]. O disposto no presente enquadramento é aplicável aos sectores da pesca e da aquicultura, sem prejuízo do disposto no Regulamento (CE) n.º 2792/1999 do Conselho, de 17 de Dezembro de 1999, que define os critérios e condições das acções estruturais no sector das pescas[7], bem como nas Orientações relativas ao exame dos auxílios estatais nos sectores da pesca e da aquicultura[8]. Os auxílios estatais à investigação e ao desenvolvimento no domínio

---

[1] Esta definição é a que figura na proposta da Comissão de directiva do Parlamento Europeu e do Conselho relativa à promoção da electricidade produzida a partir de fontes renováveis de energia no mercado interno da electricidade (JO, C 311, de 31.10.2000, p. 320). Quando esta directiva for adoptada pelo Parlamento e pelo Conselho, a Comissão aplicará a definição constante da versão final.

[2] Aplicam-se as mesmas observações que as formuladas na nota de pé de página 7.

[3] Taxas e impostos ambientais no mercado interno [COM(97) 9 final de 26.3.1997].

[4] O presente enquadramento não tem por objecto debater o conceito de auxílio estatal. Este conceito resulta do n.º 1 do artigo 87.º do Tratado CE, bem como da jurisprudência do Tribunal de Justiça e do Tribunal de Primeira Instância.

[5] Nos limites previstos no terceiro parágrafo do presente ponto 7.

[6] JO, C 28, de 1.2.2000, p. 2.

[7] JO, L 337, de 30.12.1999, p. 10.

[8] JO, C 100, de 23.7.1997, p. 12. A Comissão recorda que o presente enquadramento apenas incide sobre os auxílios a favor do ambiente, sem prejuízo da aplicabilidade de outras disposições comunitárias em matéria de auxílios estatais, nos limites das regras de cumulação enumeradas no ponto 74 do presente enquadramento.

do ambiente são, por seu turno, abrangidos pelo disposto no Enquadramento comunitário dos auxílios à investigação e desenvolvimento[1]. De igual forma, a Comissão considera que os auxílios em prol de acções de formação no sector do ambiente não apresentam qualquer especificidade susceptível de justificar um tratamento diferenciado. Por conseguinte, a Comissão examinará estes auxílios em conformidade com o disposto no Regulamento (CE) n.º 68/2001 da Comissão, de 12 de Janeiro de 2001, relativo à aplicação dos artigos 87.º e 88.º do Tratado CE aos auxílios à formação[2].

Em virtude do artigo 3.º da Decisão n.º 2496/96/CECA da Comissão, de 18 de Dezembro de 1996, que cria normas comunitárias para os auxílios à siderurgia[3], os auxílios destinados à protecção do ambiente no sector da siderurgia continuarão a ser analisados de acordo com as regras do enquadramento comunitário dos auxílios estatais a favor do ambiente, tal como consta no Jornal Oficial n C 72, de 10 de Março de 1994, até ao termo do Tratado CECA.

O disposto no presente enquadramento não é aplicável aos custos irrecuperáveis, que serão objecto de um texto específico[4]. A Comissão recorda que, em virtude do Regulamento (CE) n.º 69/2001 da Comissão, de 12 de Janeiro de 2001, relativo à aplicação dos artigos 87.º e 88.º do Tratado CE aos auxílios de minimis[5] os auxílios cujo montante exceda 100000 euros a favor de uma empresa ao longo de um período de três anos não são abrangidos pelo âmbito de aplicação do artigo 87.º. Esta disposição não é, contudo, aplicável aos sectores da agricultura, da pesca, dos transportes e aos sectores abrangidos pelo Tratado CECA.

C. POLÍTICA DE CONTROLO DOS AUXÍLIOS ESTATAIS E POLÍTICA DO AMBIENTE

8. Nos anos setenta e oitenta, a política comunitária em matéria do ambiente pautou-se por uma abordagem que visava essencialmente corrigir os problemas neste domínio. A tónica foi sobretudo colocada na elaboração de normas relativas aos principais vectores da política em matéria do ambiente.

9. O quinto programa comunitário de acção em matéria de ambiente, adoptado em 1993 e intitulado "Em direcção a um desenvolvimento sustentável"[6], marca uma certa ruptura com esta abordagem. Insiste na necessidade de se passar a adoptar uma

---

[1] JO, C 45, de 17.2.1996, p. 5.
[2] JO, L 10, de 13.1.2001, p. 20.
[3] JO, L 338, de 28.12.1996, p. 42.
[4] Por custos irrecuperáveis, entende-se aqueles que as empresas devem suportar em virtude dos compromissos assumidos e que deixaram de poder honrar devido à liberalização do sector relevante.
[5] JO, L 10, de 13.1.2001, p. 30.
[6] JO, C 138, de 17.5.1993, p. 1.

política a longo prazo com vista a assegurar um desenvolvimento sustentável. O objectivo consiste em conciliar, a longo prazo, o desenvolvimento da economia europeia e os imperativos da protecção do ambiente. Tal como previsto expressamente no artigo 6.º do Tratado CE, com a última redacção que lhe foi dada pelo Tratado de Amesterdão, a intervenção comunitária deve deixar de se circunscrever a uma mera reacção aos problemas em matéria de ambiente, devendo as exigências em matéria de protecção do ambiente ser integradas a montante, na definição e execução das políticas e acções da Comunidade, e fomentar a participação activa dos operadores socioeconómicos.

10. O artigo 174.º do Tratado prevê igualmente que a política da Comunidade se deve basear no princípio do poluidor-pagador. Os custos inerentes à protecção do ambiente devem ser assumidos pelas empresas da mesma forma que os outros custos de produção. Para prosseguir esta política, a Comunidade deve basear-se numa série de instrumentos: a regulamentação, nomeadamente a adopção de normas, mas também acordos voluntários ou instrumentos económicos.

11. Em 1996, a Comissão elaborou um relatório sobre a aplicação do quinto programa comunitário de acção em matéria de ambiente. Este relatório conclui que a estratégia global e os objectivos do quinto programa continuam a ser válidos. A integração dos aspectos ambientais e de um desenvolvimento sustentável nas outras políticas comunitárias registou indubitavelmente progressos. No entanto, o que falta é uma verdadeira mudança de atitude por parte de todos os interessados: responsáveis políticos, empresas e cidadãos. Perante os problemas do ambiente há que desenvolver o conceito de responsabilidade partilhada e sensibilizar todos os cidadãos para a importância dos problemas em causa.

12. Além disso, em 1999 a Comissão adoptou uma avaliação global do quinto programa de acção. O relatório constata que, muito embora o quinto programa tenha permitido uma maior sensibilização dos terceiros interessados, dos cidadãos e dos responsáveis de outros sectores quanto à necessidade de prosseguir activamente os objectivos em matéria de ambiente, os progressos realizados para inverter as tendências económicas e os comportamentos prejudiciais ao ambiente foram globalmente insuficientes.

13. Nessa avaliação observa-se igualmente o seguinte: "torna-se cada vez mais evidente que os prejuízos provocados ao ambiente têm um custo para a sociedade no seu conjunto e que, inversamente, a acção a favor do ambiente pode ter consequências positivas em termos de crescimento económico, emprego e competitividade" e que "a aplicação efectiva do princípio do poluidor-pagador e a internalização total dos custos ambientais através da sua imputação aos poluidores representam um vector fundamental"[1].

---

[1] O ambiente na Europa: que orientações para o futuro? Avaliação global do programa comunitário de política e acção em matéria de ambiente e de desenvolvimento duradouro "Para um desenvolvimento sustentável" [COM (1999) 543 final de 24.11.1999].

14. A política da Comissão em matéria de controlo dos auxílios estatais a favor do ambiente deve atender a um duplo requisito:

a) Por um lado, assegurar um funcionamento concorrencial dos mercados, promovendo simultaneamente a realização do mercado interno e uma maior competitividade das empresas;

b) Por outro, assegurar a integração das exigências associadas à protecção do ambiente na definição e aplicação da política da concorrência, nomeadamente, a fim de promover o desenvolvimento sustentável. Neste contexto, a Comissão considera que a internalização dos custos constitui um objectivo prioritário a atingir, podendo ser alcançado através de diversos meios como, por exemplo, os instrumentos de intervenção baseados nas leis de mercado, ou os baseados numa abordagem regulamentar, que representam os meios mais eficazes para a prossecução dos objectivos supramencionados.

15. A internalização dos custos contribui para a veracidade dos preços, na medida em que os operadores económicos decidem da afectação dos seus recursos financeiros em função dos preços dos bens e dos serviços que pretendem obter. O relatório sobre a aplicação do quinto programa salienta que esta veracidade dos preços não foi alcançada, uma vez que os preços não reflectem os custos ecológicos. Tal torna mais difícil, por seu turno, sensibilizar a opinião pública para a importância destes aspectos e favorece a exploração excessiva dos recursos naturais.

16. A veracidade dos preços em todas as etapas do processo económico representa a melhor forma de sensibilizar todos os intervenientes para o custo da protecção do ambiente. Os auxílios estatais, para além dos seus efeitos potencialmente negativos sobre o comércio e a concorrência, contrariam geralmente este objectivo de veracidade dos preços, por permitirem a determinadas empresas reduzir artificialmente os seus custos e não revelar aos consumidores os custos em termos de protecção do ambiente. Por conseguinte, a longo prazo, certos auxílios podem colidir com o objectivo de um desenvolvimento sustentável.

17. O enquadramento comunitário dos auxílios estatais adoptado pela Comissão em 1994 insere-se nesta política comunitária. De uma maneira geral, o princípio do poluidor-pagador e a necessidade de as empresas internalizarem os custos inerentes à defesa do ambiente são a priori argumentos contra a concessão de auxílios às empresas.

18. No entanto, o enquadramento prevê que os auxílios podem justificar-se em dois casos:

a) Em determinadas circunstâncias específicas, não é ainda possível a internalização total dos custos, podendo os auxílios incentivar as empresas a adaptarem-se às normas, representando "soluções temporárias alternativas";

b) Os auxílios podem também ter efeito de incentivo, nomeadamente, ao encorajarem as empresas a ultrapassarem as normas ou a investirem em alterações que tornem as suas instalações menos poluentes.

19. No enquadramento dos auxílios estatais a favor do ambiente adoptado em 1994, a Comissão tinha considerado que, nalguns casos, a internalização total dos

custos não era ainda possível e que os auxílios poderiam ser temporariamente indispensáveis. Desde 1994 verificaram-se, todavia, as seguintes alterações:

a) Desde a adopção do quinto programa comunitário em matéria de ambiente, que se baseou já no princípio do "poluidor-pagador" e na necessária internalização dos custos, as empresas beneficiaram de um prazo de sete anos para se adaptarem à aplicação progressiva do referido princípio;

b) O relatório da Comissão de 1996 sobre a aplicação do quinto programa, acima mencionado, bem como o relatório de 1999 relativo à sua avaliação global, reiteraram a necessidade de assegurar a internalização dos custos e do recurso aos instrumentos de mercado a fim de se registarem avanços significativos em termos de melhoria do ambiente;

c) O recurso aos instrumentos de mercado e à veracidade dos preços é igualmente fomentado pelo Protocolo de Quioto sobre as Alterações Climáticas.

20. Deste modo, a Comissão considera que a concessão de auxílios deve deixar de colmatar a falta de internalização dos custos. A tomada em consideração a longo prazo dos imperativos ambientais exige a veracidade dos preços e a internalização integral dos custos associados à protecção do ambiente. Em consequência, a Comissão considera que a concessão de auxílios já não se justifica no caso de investimentos destinados meramente a assegurar a conformidade com as normas técnicas comunitárias, novas ou já existentes. A Comissão considera, porém, que para responder às dificuldades específicas defrontadas pelas pequenas e médias empresas (PME), convém prever a possibilidade de conceder auxílios a estas empresas para se conformarem às novas regras comunitárias, durante um período de três anos a contar da adopção das referidas normas. Em contrapartida, os auxílios podem revelar-se úteis quando constituem um incentivo para atingir um nível de protecção mais elevado do que o exigido pelas normas comunitárias. Tal sucede quando um Estado-Membro decide adoptar normas nacionais mais rigorosas do que as normas comunitárias, permitindo assim atingir um nível de protecção do ambiente mais elevado. Sucede o mesmo quando uma empresa realiza investimentos para proteger o ambiente, excedendo as normas comunitárias vigentes mais rigorosas ou na ausência de quaisquer normas comunitárias.

21. Pelo contrário, no caso da simples observância das normas técnicas comunitárias existentes ou novas, o auxílio não reveste qualquer carácter de incentivo. Estas normas constituem o direito comum que as empresas devem respeitar, não sendo necessário um auxílio para incentivar as empresas a respeitarem a lei[1].

Caso específico do sector da energia

22. Desde a adopção do enquadramento de 1994, o sector da energia tem registado importantes alterações que convém tomar em consideração.

---

[1] À excepção das PME, conforme previsto no ponto 20 do presente enquadramento.

23. Alguns Estados-Membros adoptaram, estão em vias de adoptar ou poderão vir a adoptar, impostos cujos efeitos são favoráveis em termos de protecção de ambiente. São, por vezes, concedidas isenções ou reduções dos impostos a determinadas categorias de empresas, a fim de evitar colocá-las numa situação concorrencial difícil. A Comissão considera que estas medidas podem constituir auxílios estatais na acepção do artigo 87.º do Tratado. No entanto, os aspectos negativos destes auxílios podem ser compensados pelos efeitos positivos que resultam da adopção dos impostos. Em consequência, se tais derrogações forem necessárias para assegurar a adopção ou a manutenção de impostos aplicáveis aos produtos no seu conjunto, a Comissão entende que podem ser aceites em determinadas condições e por um período limitado. Este período poderia atingir dez anos quando fossem preenchidas as condições para o efeito. No termo deste período de dez anos, os Estados-Membros conservam a possibilidade de notificar novamente as medidas em causa à Comissão, que poderia adoptar a mesma abordagem no quadro da sua análise, atendendo aos resultados positivos obtidos em termos de melhoria do ambiente.

24. Nos últimos anos, tem vindo a assistir-se igualmente ao desenvolvimento das intervenções dos Estados-Membros a favor das energias renováveis e da produção combinada de calor e electricidade, sendo a utilização destas energias fomentada pela Comunidade em virtude das vantagens importantes para o ambiente. A Comissão considera, por conseguinte, que quando as medidas a favor das energias renováveis e da produção combinada de calor e de electricidade constituem auxílios estatais, estes podem ser aceites em determinadas condições. Será conveniente garantir, entre outros aspectos, que estes auxílios não colidam com outras disposições do Tratado ou com legislação adoptada em aplicação do mesmo.

D. IMPORTÂNCIA RELATIVA DOS AUXÍLIOS A FAVOR DO AMBIENTE

25. Os dados recolhidos no quadro do oitavo relatório sobre os auxílios estatais na União Europeia[1] revelam que, entre 1996 e 1998, os auxílios a favor do ambiente apenas representaram, em média, 1,85% do montante total dos auxílios concedidos à indústria transformadora e ao sector dos serviços.

26. No período 1994-1999, a grande maioria dos auxílios a favor do ambiente foram concedidos sob a forma de subvenções. Em termos proporcionais, as outras formas de auxílio, designadamente, empréstimos a taxas bonificadas, garantias estatais, etc., continuam a ser pouco utilizadas.

27. No que diz respeito aos sectores em que os auxílios são concedidos, verificou-se, no último período correspondente a 1998-1999, o desenvolvimento das intervenções no domínio da energia, tanto em termos de auxílios a favor da poupança de energia, como a favor de energias novas ou renováveis, nomeadamente sob a forma de impostos ambientais.

---

[1] COM(2000) 205 final de 11.4.2000.

E. CONDIÇÕES GERAIS DE AUTORIZAÇÃO DOS AUXÍLIOS A FAVOR DO AMBIENTE

E.1. Auxílios ao investimento

E.1.1. *Auxílios ao investimento, de carácter transitório, destinados a auxiliarem as PME a adaptarem-se a novas normas comunitárias*

28. Por um período de três anos a contar da adopção de novas normas comunitárias obrigatórias, os auxílios ao investimento a favor de PME, destinados a auxiliá-las a cumprirem estas novas normas, podem ser autorizados até ao nível máximo de 15% brutos dos custos elegíveis.

E.1.2. *Condições gerais de autorização dos auxílios ao investimento com vista a exceder as normas comunitárias*

29. Os auxílios ao investimento que permitem às empresas exceder as normas comunitárias aplicáveis podem ser autorizadas até um nível máximo de 30% brutos dos custos de investimento elegíveis, na acepção do ponto 37. Estas condições são igualmente aplicáveis quando as empresas realizam investimentos na ausência de normas comunitárias obrigatórias, ou quando as empresas devam realizar investimentos para dar cumprimento às normas nacionais mais rigorosas do que as normas comunitárias aplicáveis.

E.1.3. *Investimentos no domínio da energia*

30. Os investimentos em matéria de poupança de energia, tal como definidos no ponto 6, são equiparados a investimentos a favor da protecção do ambiente. Desempenham um importante papel com vista a permitir atingir, de forma rentável, os objectivos comunitários no domínio do ambiente[1]. Estes investimentos podem assim beneficiar de auxílios ao investimento à taxa de base de 40% dos custos elegíveis.

31. Os investimentos a favor da produção combinada de electricidade e de calor podem igualmente beneficiar do disposto no presente enquadramento se for demonstrado que estas acções são benéficas para a protecção do ambiente, quer porque o rendimento de conversão[2] é particularmente elevado, quer porque estas

---

[1] Plano de acção para melhorar a eficiência energética na Comunidade Europeia [COM (2000) 247 final de 26.4.2000].

[2] Por rendimento de conversão, deve entender-se a relação entre a quantidade de energia primária utilizada para produzir uma energia secundária e a quantidade de energia secundária efectivamente produzida. Este rendimento é calculado da seguinte forma: energia eléctrica produzida+energia térmica produzida/energia utilizada.

acções permitem reduzir o consumo de energia, quer ainda porque o processo de produção é menos nocivo para o ambiente. Neste contexto, a Comissão tomará nomeadamente em consideração o tipo de energia primária utilizada no processo de produção. Convém igualmente ter em conta o facto de a utilização acrescida de energia a partir da produção combinada de calor e de electricidade constituir uma prioridade comunitária no domínio do ambiente[1]. Estes investimentos podem assim beneficiar de auxílios ao investimento à taxa de base de 40% dos custos elegíveis.

32. Os investimentos a favor de energias renováveis são equiparados aos investimentos a favor do ambiente realizados na ausência de normas obrigatórias. Convém também ter em conta que as acções a favor destas energias representam uma das prioridades comunitárias no domínio do ambiente[2]. Trata-se de uma das medidas a longo prazo que devem ser incentivadas o mais possível. Consequentemente, no que respeita aos investimentos realizados a favor deste tipo de energias, a taxa de base do auxílio ascende a 40% dos custos elegíveis.

A Comissão considera que é também necessário favorecer as instalações de energias renováveis que permitem abastecer, de forma auto-suficiente, toda uma comunidade como, por exemplo, uma ilha ou uma povoação. Os investimentos realizados neste âmbito podem beneficiar de uma majoração de dez pontos percentuais a ser cumulada com a taxa de base de 40%.

A Comissão entende que sempre que for demonstrado o carácter indispensável do auxílio, os Estados-Membros podem conceder auxílios ao investimento a favor das energias renováveis que poderão atingir até a totalidade dos custos elegíveis. As referidas instalações não poderão beneficiar de qualquer outra forma de apoio.

E.1.4. *Bonificação para as empresas situadas em regiões assistidas*

33. Nas regiões elegíveis para efeitos dos regimes nacionais de auxílios com finalidade regional, as empresas beneficiam de auxílios concedidos para assegurar o desenvolvimento regional. No intuito de incentivar estas empresas a efectuarem investimentos complementares a favor do ambiente, é necessário que estas possam, se for caso disso, beneficiar de um montante de auxílio superior, tendo em conta o investimento para fins ambientais efectuado em conformidade com o disposto no ponto 29[3].

---

[1] Resolução do Conselho, de 18 de Dezembro de 1997, sobre uma estratégia comunitária para promover a produção combinada de calor e electricidade (JO, C 4, de 8.1.1998, p. 1).

[2] Resolução do Conselho, de 8 de Junho de 1998, sobre as fontes de energia renováveis (JO, C 198, 24.6.1998, p. 1).

[3] As referidas majorações não são aplicáveis quando o Estado-Membro conceder auxílios ao investimento em aplicação do disposto no terceiro período do ponto 32 (auxílios correspondentes, no máximo, a 100% dos custos elegíveis).

34. Consequentemente, nas regiões elegíveis para efeitos de auxílios regionais, a taxa máxima do auxílio a favor do ambiente aplicável aos custos elegíveis, tal como definidos no ponto 37, será determinada da forma seguinte:

Nas regiões assistidas, a taxa máxima de auxílio aplicável é a mais elevada das duas opções seguintes:

a) A taxa de base aplicável aos auxílios ao investimento a favor do ambiente, ou seja, 30% brutos (regime comum), ou 40% brutos (no caso de investimentos a favor da poupança de energia, dos investimentos a favor das energias renováveis e dos investimentos a favor da produção combinada de electricidade e de calor) ou ainda 50% brutos (no caso de investimentos a favor de energias renováveis que permitem abastecer toda uma comunidade), majorados de cinco pontos percentuais brutos nas regiões abrangidas pelo n.º 3, alínea c), do artigo 87.º e de dez pontos percentuais brutos nas regiões abrangidas pelo n.º 3, alínea a), do artigo 87.º[1], ou

b) A taxa de auxílio regional majorada de dez pontos percentuais brutos.

E.1.5. Bonificação a favor das PME

35. Às pequenas e médias empresas que efectuem os investimentos mencionados nos pontos 29 a 32 poderá aplicar-se uma majoração do auxílio de 10 pontos percentuais brutos[2]. Para efeitos do presente enquadramento, a definição de PME é a decorrente dos textos comunitários aplicáveis[3].

Destas majorações, as relativas às regiões objecto de auxílio e às PME poderão ser cumuladas, mas a taxa máxima de auxílio a favor do ambiente não poderá nunca exceder 100% brutos dos custos elegíveis. As PME não podem beneficiar de uma dupla majoração, ou seja, por um lado, por força das disposições aplicáveis aos auxílios regionais e, por outro, por força das disposições aplicáveis em matéria de ambiente[4].

---

[1] Os investimentos nas regiões assistidas podem beneficiar de auxílios ao investimento, se forem preenchidas as condições estabelecidas nas orientações relativas aos auxílios estatais com finalidade regional (JO, C 74, de 10.3.1998, p. 9).

[2] A referida majoração não é aplicável quando o Estado-Membro conceder auxílios em aplicação do disposto no terceiro período do ponto 32 (auxílios correspondentes, no máximo, a 100% dos custos elegíveis).

[3] Recomendação da Comissão de 3 de Abril de 1996, relativa à definição de pequenas e médias empresas (JO, L 107, de 30.4.1996, p. 4).

[4] Os investimentos realizados pelas PME podem beneficiar de auxílios a favor do investimento em aplicação do disposto no Regulamento (CE) n.º 70/2001 da Comissão, de 12 de Janeiro de 2001, relativo à aplicação dos artigos 87.º e 88.º do Tratado CE aos auxílios estatais a favor das pequenas e médias empresas (JO, L 10, de 13.1.2001, p. 33).

E.1.6. Investimentos tomados em consideração

36. Os investimentos abrangidos são os investimentos em terrenos, quando estritamente necessários para satisfazer objectivos de carácter ambiental, em edifícios, instalações e equipamentos destinados a reduzir ou eliminar a poluição e os danos ambientais, ou a adaptar os métodos de produção com vista a proteger o ambiente.

Podem ser igualmente tomadas em consideração as despesas associadas à transferência de tecnologias sob a forma de aquisição de licenças de exploração ou de conhecimentos técnicos patenteados ou não patenteados. Estes activos incorpóreos devem preencher, contudo, as seguintes condições:

a) ser considerados como elementos dos activos passíveis de amortização;

b) ser adquiridos em condições de mercado, junto de empresas em que o adquirente não exerça, directa ou indirectamente, qualquer poder de controlo;

c) figurar nos activos da empresa, permanecer e ser explorados nas instalações do beneficiário do auxílio por um período mínimo de cinco anos a partir da concessão do auxílio, salvo se estes activos incorpóreos corresponderem a técnicas manifestamente obsoletas. Em caso de revenda no decurso deste período de cinco anos, o produto da venda deve ser deduzido dos custos elegíveis e dar origem, se for caso disso, ao reembolso parcial ou total do montante do auxílio.

E.1.7. Custos elegíveis

37. Os custos elegíveis devem ser estritamente limitados aos custos dos investimentos suplementares necessários para alcançar os objectivos de protecção do ambiente.

Isto significa o seguinte: quando o custo do investimento para a protecção do ambiente não puder ser facilmente separado do custo global, a Comissão tomará em consideração métodos de cálculo objectivos e transparentes, por exemplo, o custo de um investimento comparável no plano técnico, mas que não permita atingir o mesmo grau de protecção do ambiente.

Os custos elegíveis devem ser sempre calculados em termos líquidos, ou seja, de forma a não incluir as vantagens retiradas de um eventual aumento de capacidade, da poupança de custos capitalizada nos cinco primeiros anos de vida do investimento e das produções acessórias adicionais durante este mesmo período de cinco anos[1].

No domínio das energias renováveis, os custos dos investimentos elegíveis correspondem geralmente aos sobrecustos suportados pela empresa em relação às

---

[1] Se os investimentos se prenderem unicamente com a protecção do ambiente, sem outros benefícios económicos, não será aplicada qualquer redução suplementar para determinar os custos elegíveis.

instalações convencionais de produção de energia, de capacidade idêntica em termos de produção efectiva de energia.

Em caso de adaptação a novas normas comunitárias por parte das PME, os custos elegíveis comportam os custos de investimentos suplementares para atingir o nível de protecção do ambiente exigido pelas novas normas comunitárias.

Em caso de adaptação a normas nacionais adoptadas na ausência de normas comunitárias, os custos elegíveis comportam os custos de investimentos suplementares para atingir o nível de protecção do ambiente exigido pelas normas nacionais.

Em caso de adaptação a normas nacionais mais rigorosas que as normas comunitárias, ou no caso de serem voluntariamente excedidas as normas comunitárias, os custos elegíveis comportam os custos de investimentos suplementares para atingir um nível de protecção do ambiente superior ao nível exigido pelas normas comunitárias. Não são elegíveis os custos relativos aos investimentos destinados a atingir o nível de protecção exigido pelas normas comunitárias.

Na ausência de normas, os custos elegíveis incluem os custos de investimento necessários para atingir um nível de protecção do ambiente superior ao nível que seria alcançado pela empresa ou pelas empresas em causa na falta de qualquer tipo de auxílio a favor do ambiente.

E.1.8. *Reabilitação de instalações industriais poluídas*

38. As intervenções por parte das empresas que contribuem para reparar os danos ambientais mediante a reabilitação de instalações industriais poluídas podem ser abrangidas pelo âmbito de aplicação do presente enquadramento[1]. Por estes danos, devem entender-se os prejuízos causados à qualidade do solo e das águas de superfície ou subterrâneas[2].

Sempre que o responsável da poluição for claramente identificado, este deve assegurar o financiamento da reabilitação, em conformidade com o princípio da responsabilidade, e na ausência de qualquer auxílio estatal. O conceito de responsável da poluição é definido pelo direito aplicável em cada Estado-Membro, sem prejuízo da adopção de regras comunitárias na matéria.

---

[1] A Comissão recorda que as operações de reabilitação efectuadas pelas autoridades públicas não são abrangidas, enquanto tal, pelo âmbito de aplicação do artigo 87.º do Tratado. Podem todavia levantar-se problemas em matéria de auxílios estatais se, após a reabilitação, os terrenos forem cedidos a empresas abaixo do seu valor de mercado.

[2] Para a reabilitação de terrenos poluídos, deve entender-se por investimentos tomados em consideração a totalidade das despesas incorridas pela empresa para recuperar o terreno em causa, independentemente de estas despesas poderem ou não ser inscritas no imobilizado.

Quando o responsável pela poluição não for identificado ou não puder aderir à iniciativa, o responsável pela realização dos trabalhos pode beneficiar de um auxílio para a realização destes trabalhos[1].

O montante de auxílios para a reabilitação de terrenos poluídos poderá atingir 100% dos custos elegíveis, majorado de 15% do montante dos trabalhos. Os custos elegíveis serão iguais ao montante dos trabalhos, uma vez deduzido o aumento do valor do terreno.

O montante total do auxílio não poderá, de modo algum, ser superior às despesas efectivamente desembolsadas pela empresa.

E.1.9. *Transferência das instalações de empresas*

39. A Comissão considera que, regra geral, a transferência de empresas para novos locais não se insere na protecção do ambiente, não sendo assim conducente à concessão de auxílios no âmbito do presente enquadramento.

A concessão de auxílios poderá, no entanto, justificar-se quando uma empresa instalada em meio urbano ou numa zona designada Natura 2000 desenvolve, no respeito da legislação, uma actividade que acarreta uma poluição importante, devendo assim deixar o seu local de instalação para se implantar numa zona mais adequada.

Deverão ser cumulativamente preenchidos os critérios seguintes:

a) A mudança de local deve ser motivada por razões de protecção do ambiente e ser realizada na sequência de uma decisão administrativa ou judiciária que ordene a transferência em causa;

b) A empresa deve respeitar as normas ambientais mais rigorosas aplicáveis na nova região de implantação.

As empresas que preencherem as condições supramencionadas poderão beneficiar de auxílios ao investimento em conformidade com o disposto no ponto 29. Aplica-se o disposto no ponto 35 relativamente à concessão de bonificações às PME.

Para determinar o montante dos custos elegíveis no caso de auxílios à transferência das instalações de empresas, a Comissão tomará em consideração, por um lado, o produto da revenda ou aluguer das instalações ou terrenos abandonados, bem como a indemnização em caso de expropriação e, por outro, os custos associados à compra de um terreno, à construção ou à aquisição das novas instalações, com capacidade equivalente à das instalações abandonadas. Poderão ser tidos em conta, se for caso disso, outros benefícios relacionados com a transferência de instalações, designadamente, as vantagens decorrentes de uma melhoria, aquando da transferência, da tecnologia utilizada, bem como os ganhos contabilísticos relacionados com a valo-

---

[1] O conceito de responsável pela realização dos trabalhos não prejudica o conceito de responsável pela poluição.

rização das instalações. Os investimentos associados a um eventual aumento de capacidade não podem ser tomados em consideração para o cálculo dos custos elegíveis susceptíveis de dar origem à concessão de um auxílio a favor do ambiente.

Se a decisão administrativa ou judicial que ordena a transferência tem por efeito pôr termo de forma prematura a um contrato de locação de imóveis, as eventuais penalizações suportadas pela empresa devido à rescisão do contrato poderão ser tomadas em consideração para o cálculo dos custos elegíveis.

E.1.10. *Disposições comuns*

40. Os auxílios ao investimento destinados a exceder as normas comunitárias ou realizados na sua ausência, não podem ser concedidos quando essa situação corresponda a uma mera observância de normas comunitárias já adoptadas, mas que ainda não se encontram em vigor. Uma empresa só pode beneficiar de um auxílio para dar cumprimento a normas nacionais mais rigorosas do que as normas comunitárias ou, na ausência de normas comunitárias, se tiver assegurado a observância das normas nacionais em causa na data-limite prevista por estas. Os investimentos realizados após esta data não podem ser tomados em consideração[1].

E.2. Auxílios às actividades de consultoria no domínio do ambiente a favor das PME

41. Estas acções de consultoria desempenham um papel importante para as pequenas e médias empresas, tendo em vista permitir-lhes realizar progressos no domínio da protecção do ambiente. Por conseguinte, a Comissão considera que podem ser concedidos auxílios em conformidade com o disposto no ponto 4.2.3 do Enquadramento comunitário dos auxílios estatais às pequenas e médias empresas.

E.3. Auxílios ao funcionamento

E.3.1. *Regras aplicáveis aos auxílios ao funcionamento a favor da gestão de resíduos e a favor da poupança de energia*

42. São aplicáveis as disposições seguintes às duas categorias de auxílios ao funcionamento:

---

[1] Este ponto não prejudica o disposto no ponto 28 relativamente aos auxílios às PME.

a) Auxílios à gestão dos resíduos, nos casos em que a gestão observe a classificação hierárquica dos princípios de gestão dos resíduos[1];
b) Auxílios no domínio da poupança de energia.

43. Quando estes auxílios se revelam indispensáveis, devem circunscrever-se à estrita compensação dos sobrecustos de produção em relação aos preços de mercado dos produtos ou serviços em causa[2]. Devem igualmente assumir um carácter temporário e ser, em princípio, degressivos, de molde a constituírem um incentivo no sentido da observância do princípio da veracidade dos preços dentro de um prazo razoável.

44. A Comissão entende que as empresas devem normalmente suportar os custos de tratamento dos resíduos industriais, de acordo com o princípio do poluidor-pagador. No entanto, podem ser necessários auxílios ao funcionamento em caso de adopção de normas nacionais mais rigorosas do que as normas comunitárias ou em caso de adopção de normas nacionais, na ausência de normas comunitárias, que impliquem para as empresas uma perda temporária da sua competitividade a nível internacional.

As empresas que beneficiem de auxílios ao funcionamento para o tratamento dos resíduos industriais ou não industriais devem financiar o serviço em causa de forma proporcional, em função da quantidade de resíduos por elas produzidos e/ou do respectivo custo de tratamento.

45. Em relação a todos estes auxílios ao funcionamento, a sua vigência é limitada a cinco anos, no caso de auxílios degressivos. A sua intensidade poderá atingir 100% dos sobrecustos no primeiro ano, mas deve diminuir de forma linear de molde a atingir uma taxa zero no final do quinto ano.

46. Em caso de auxílio não degressivo, a duração do auxílio é limitada a cinco anos e a sua intensidade a 50% dos sobrecustos.

E.3.2. *Condições aplicáveis a todos os auxílios ao funcionamento sob forma de reduções ou isenções de impostos*

47. Aquando da adopção de impostos que incidem sobre certas actividades e impostas por motivos relacionados com a protecção do ambiente, os Estados--Membros podem considerar necessário prever derrogações temporárias em benefí-

---

[1] Classificação definida na estratégia comunitária para a gestão de resíduos [COM(96) 399 final de 30.7.1996]. Na referida comunicação, a Comissão lembra que a gestão de resíduos constitui um objectivo prioritário para a Comunidade, nomeadamente a fim de reduzir os riscos para o ambiente. O conceito de valorização dos resíduos deve ser apreendido na sua tripla dimensão de reutilização, reciclagem e recuperação de energia. Os resíduos cuja produção não pode ser evitada devem ser valorizados e eliminados sem risco.

[2] A noção de custos de produção deve entender-se líquida de auxílios, mas incluindo lucros normais.

cio de certas empresas, nomeadamente por falta de harmonização a nível europeu ou por riscos temporários de perda de competitividade internacional de certas empresas. Estas derrogações constituem geralmente auxílios ao funcionamento na acepção do artigo 87.º do Tratado CE. Na análise das referidas medidas cabe examinar, nomeadamente, se a aplicação do imposto resulta de uma decisão comunitária ou de uma decisão autónoma do Estado.

48. Se a incidência do imposto resultar de uma decisão autónoma do Estado, as empresas em causa podem defrontar grandes dificuldades para se adaptarem rapidamente aos novos encargos fiscais. Nessa hipótese, pode justificar-se uma derrogação temporária em benefício de certas empresas, a fim de lhes permitir adaptarem-se à nova situação fiscal.

49. Se a incidência do imposto resultar de uma directiva comunitária, podem apresentar-se duas situações:

a) O Estado-Membro aplica, em relação a determinados produtos, uma taxa de imposto superior à taxa mínima prescrita pela directiva comunitária e concede uma derrogação a determinadas empresas, que deverão consequentemente pagar uma taxa inferior, que continua, não obstante, a ser igual à taxa mínima prescrita pela directiva. A Comissão considera que, neste caso, se pode justificar uma derrogação temporária a fim de permitir às empresas adaptarem-se a uma tributação superior e no intuito de orientar as empresas em direcção a acções mais favoráveis ao ambiente;

b) O Estado-Membro aplica, em relação a determinados produtos, uma taxa de imposto correspondente à taxa mínima prescrita pela directiva comunitária e concede uma derrogação a determinadas empresas, que ficarão consequentemente sujeitas a uma imposição inferior à taxa mínima. Se essa derrogação não for autorizada pela directiva comunitária relevante, tal constitui um auxílio incompatível com o artigo 87.º do Tratado CE. Se for autorizada pela directiva, nesse caso a Comissão poderá considerar que é compatível com o artigo 87.º, na medida em que seja necessária e desde que a sua dimensão não seja desproporcionada face aos objectivos comunitários prosseguidos. A Comissão atribuirá especial importância à rigorosa limitação no tempo de tal derrogação.

50. De modo geral, as medidas fiscais em causa devem contribuir de forma significativa para a protecção do ambiente. É necessário assegurar que as derrogações ou isenções não comprometam, devido à sua natureza, os objectivos gerais prosseguidos.

51. Estas derrogações são susceptíveis de constituírem formas de auxílios ao funcionamento que podem ser autorizadas de acordo com as modalidades seguintes:

1. Quando um Estado-Membro introduz um novo imposto por razões ambientais, num sector de actividade ou sobre determinados produtos, na ausência de uma harmonização fiscal a nível comunitário neste domínio, ou quando o imposto previsto pelo Estado-Membro for superior à taxa fixada pelas normas comunitárias, a Comissão entende que poderão justificar-se decisões de isenção por um período de dez anos, mesmo não se tratando de auxílios degressivos, em duas instâncias:

a) Quando estas isenções estiverem sujeitas à celebração de acordos entre o Estado-Membro interessado e as empresas beneficiárias, mediante os quais as empresas ou associações de empresas se comprometem a atingir os objectivos de protecção do ambiente no decurso do prazo de vigência da isenção. Estes acordos poderão nomeadamente envolver a redução do consumo de energia, a redução de emissões poluentes ou qualquer outra acção em prol do ambiente. O conteúdo dos acordos deverá ser negociado por cada Estado-Membro e será apreciado pela Comissão aquando da notificação dos projectos de auxílio. O Estado-Membro será responsável pelo acompanhamento preciso da observância dos compromissos subscritos pelas empresas ou associações de empresas. Os acordos celebrados entre os Estados-Membros e as empresas envolvidas devem prever as modalidades de penalização em caso de não observância dos compromissos

Estas disposições são igualmente aplicáveis quando um Estado-Membro submete um desagravamento fiscal a condições que produzem o mesmo efeito que os acordos ou compromissos supramencionados;

b) Estas isenções podem não estar sujeitas à celebração de acordos entre o Estado-Membro e as empresas beneficiárias se forem preenchidas as seguintes condições alternativas:

– quando o desagravamento fiscal incide sobre um imposto comunitário, o montante efectivamente pago pelas empresas após a redução deve manter-se significativamente superior aos limites mínimos comunitários, a fim de incentivar as empresas a actuarem com vista a reforçar a protecção do ambiente;

– quando o desagravamento incide sobre um imposto nacional adoptado na ausência de um imposto comunitário, as empresas beneficiárias da redução devem, não obstante, desembolsar uma parte significativa do imposto nacional.

2. O disposto no ponto 51.1 pode ser aplicado aos impostos existentes se forem cumulativamente preenchidas as duas condições seguintes:

a) O imposto em causa deve ter um efeito positivo considerável em termos de protecção do ambiente;

b) As derrogações a favor das empresas beneficiárias devem ser decididas aquando da adopção do imposto ou tornarem-se necessárias em virtude de uma alteração significativa das condições económicas, que coloque as empresas numa situação concorrencial particularmente difícil. Nesta última hipótese, o montante do desagravamento fiscal não pode exceder o aumento dos encargos resultante da alteração das condições económicas. Quando este aumento dos encargos desaparecer, o desagravamento fiscal deve ser igualmente suprimido.

3. Os Estados-Membros podem igualmente fomentar a concepção de processos de produção de electricidade a partir da energia tradicional como, por exemplo, o gás, que permitam atingir uma eficácia energética sensivelmente superior à obtida com os processos de produção tradicionais. Nestas circunstâncias, e atendendo ao interesse dessas técnicas para a protecção do ambiente, e sob reserva de a energia

primária utilizada minimizar de forma sensível os efeitos negativos a nível do ambiente, a Comissão considera que podem justificar-se isenções totais de impostos por um período de cinco anos, no caso de auxílios não degressivos. Podem ser igualmente concedidas derrogações de dez anos, em conformidade com as condições enunciadas nos pontos 51.1 e 51.2.

52. Quando um imposto existente for objecto de um aumento significativo e o Estado-Membro considerar que são necessárias derrogações para determinadas empresas, são aplicáveis por analogia as condições enunciadas no ponto 51.1 para os novos impostos.

53. Quando o desagravamento incide sobre um imposto que é objecto de harmonização comunitária, sendo a taxa nacional inferior ou igual à taxa mínima comunitária, a Comissão entende que não se justificam as isenções de longa duração. Neste caso, as eventuais isenções deverão preencher as condições fixadas nos pontos 45 e 46 e, em todo o caso, ser expressamente objecto de uma autorização de derrogação aos limites mínimos comunitários.

Em todos os casos de desagravamento fiscal, o Estado-Membro conserva a possibilidade de conceder auxílios ao funcionamento de acordo com as condições previstas nos pontos 45 e 46.

E.3.3. *Condições aplicáveis aos auxílios ao funcionamento a favor das energias renováveis*

54. Os auxílios ao funcionamento a favor da produção de energias renováveis constituem geralmente auxílios a favor do ambiente susceptíveis de beneficiar do disposto no presente enquadramento.

55. Relativamente a estes auxílios, a Comissão entende que podem ser adoptadas disposições específicas devido às dificuldades por vezes deparadas por estas energias para concorrerem eficazmente com as energias tradicionais. Deverá ser tomado igualmente em consideração o facto de que a política da Comunidade tem em vista assegurar o desenvolvimento destas energias, nomeadamente por motivos ambientais. Podem ser necessários auxílios, nomeadamente, quando os procedimentos técnicos disponíveis não permitem produzir a energia em causa a custos unitários comparáveis aos das energias tradicionais.

56. Nessa eventualidade, podem justificar-se auxílios ao funcionamento para cobrir o diferencial entre o custo de produção da energia produzida a partir de fontes de energias renováveis e o preço de mercado da referida energia. A forma desses auxílios pode variar consoante a energia em causa e as modalidades de apoio adoptadas pelos Estados-Membros. Além disso, no âmbito da sua análise, a Comissão tomará em consideração a competitividade de cada energia em causa.

57. Os Estados-Membros podem conceder auxílios a favor das energias renováveis de acordo com as seguintes modalidades:

E.3.3.1. *Opção 1*

58. No âmbito das energias renováveis, os custos de investimento unitários são particularmente elevados e representam em geral uma parte determinante dos custos das empresas, não lhes permitindo terem preços competitivos nos mercados onde vendem a energia.

59. A fim de melhor ter em conta este entrave de acesso ao mercado das energias renováveis, os Estados-Membros podem conceder auxílios que compensem a diferença entre os custos de produção das energias renováveis e o preço de mercado da energia em questão. Os eventuais auxílios ao funcionamento só poderão ser concedidos para assegurar a amortização das instalações. A energia suplementar produzida pela instalação em causa não poderá beneficiar de qualquer apoio. Contudo, o auxílio poderá igualmente englobar uma remuneração justa do capital, sempre que os Estados-Membros estiverem em condições de estabelecer que tal é indispensável, nomeadamente, em virtude da fraca competitividade de certas energias renováveis.

Para determinar o montante do auxílio ao funcionamento, deverão ser igualmente tomados em consideração os eventuais auxílios ao investimento concedidos às empresas em causa para a construção das suas instalações.

As disposições específicas de apoio adoptadas por um Estado-Membro e, nomeadamente, as modalidades de cálculo do montante de auxílio deverão ser discriminadas nos regimes de auxílios notificados à Comissão. Se estes regimes forem autorizados pela Comissão, o Estado-Membro deverá em seguida aplicar essas disposições e modalidades de cálculo aquando da concessão de auxílios às empresas.

60. Ao invés da maioria das outras energias renováveis, a biomassa requer investimentos relativamente menos elevados, mas deve suportar custos de funcionamento mais elevados. Em consequência, a Comissão poderá aceitar auxílios ao funcionamento susceptíveis de exceder o montante global necessário para cobrir os investimentos, quando os Estados-Membros puderem demonstrar que os custos totais suportados pelas empresas após a amortização das instalações, continuam a ultrapassar os preços de mercado da energia.

E.3.3.2. *Opção 2*

61. Os Estados-Membros podem facultar apoio às energias renováveis recorrendo a mecanismos de mercado como, por exemplo, os certificados verdes ou a realização de concursos. Estes sistemas permitem aos produtores de energias renováveis beneficiar indirectamente de uma procura garantida para a energia por eles produzida a um preço superior ao preço de mercado da energia convencional. O preço dos certificados verdes não é fixado à partida, decorrendo da lei da oferta e da procura.

62. Sempre que estes sistemas constituírem auxílios estatais, podem ser autorizados pela Comissão se os Estados-Membros puderem demonstrar que o apoio é indispensável para assegurar a viabilidade das energias renováveis em causa, que não acarreta, em termos globais, uma sobrecompensação em benefício das energias

renováveis e, por último, que não desincentiva os respectivos produtores de reforçarem a sua competitividade. No intuito de verificar se os referidos critérios são preenchidos, a Comissão prevê autorizar estes regimes de auxílio por períodos de dez anos. No termo deste período de dez anos, deverá ser feito um balanço para apreciar se se justifica a prossecução da medida de apoio.

E.3.3.3. Opção 3

63. Os Estados-Membros podem conceder auxílios ao funcionamento das novas instalações de produção de energia renovável, calculados com base nos custos externos evitados. Por estes custos, deve entender-se os custos ambientais que a sociedade teria de suportar se a mesma quantidade de energia fosse produzida por instalações de produção que funcionassem a partir de energias convencionais. Estes custos serão calculados com base na diferença, por um lado, entre os custos externos produzidos e não pagos pelos produtores da energia renovável e, por outro, os custos externos produzidos e não pagos pelos produtores da energia não renovável. Para proceder à realização destes cálculos, o Estado-Membro deverá utilizar um método de cálculo internacionalmente reconhecido e comunicado à Comissão. O Estado-Membro deverá nomeadamente fornecer uma análise de custos comparativa, fundamentada e quantificada, com uma avaliação dos custos externos dos produtores de energia concorrentes, por forma a demonstrar que o auxílio representa efectivamente uma compensação dos custos externos não cobertos.

Em todo o caso, o montante de auxílio assim concedido ao produtor de energia renovável não pode exceder 0,05 euros por kwh.

Por outro lado, o montante do auxílio concedido aos produtores que exceda o montante de auxílio resultante da opção n.º 1, deve obrigatoriamente ser reinvestido pelas empresas no sector das energias renováveis. Este montante de auxílio será tomado em consideração pela Comissão, se esta actividade for elegível para efeitos de auxílio estatal.

64. Para assegurar a consonância desta opção 3 com as regras gerais em matéria de concorrência, a Comissão deve estar convicta de que o auxílio não acarreta uma distorção da concorrência contrária ao interesse comum. Por outras palavras, a Comissão deve assegurar-se que o auxílio conduzirá a um verdadeiro desenvolvimento global das energias renováveis em detrimento das energias convencionais, e não a uma simples transferência de quotas de mercado entre as energias renováveis. Deverão ser assim respeitadas as condições seguintes:

a) O auxílio concedido em conformidade com a presente opção deve inserir-se num sistema que assegure a igualdade das condições para as empresas que operam no sector das energias renováveis;

b) O sistema deve prever a concessão de auxílios sem qualquer discriminação entre as empresas que produzem a mesma energia renovável;

c) Este sistema deve ser sujeito a verificação pela Comissão de cinco em cinco anos.

E.3.3.4. *Opção 4*

65. Os Estados-Membros mantêm a possibilidade de conceder auxílios ao funcionamento em conformidade com as disposições gerais sobre os auxílios ao funcionamento referidas nos pontos 45 e 46.

E.3.4. Condições aplicáveis aos auxílios ao funcionamento a favor da produção combinada de electricidade e calor

66. A Comissão entende que os auxílios ao funcionamento podem ser justificados para a produção combinada de electricidade e de calor quando estiverem reunidas as condições previstas no ponto 31. Este tipo de auxílios pode ser atribuído às empresas que asseguram o abastecimento público de calor e electricidade, quando os custos de produção da electricidade ou do calor forem superiores aos preços de mercado. Em tais circunstâncias, podem ser atribuídos auxílios ao funcionamento nas condições previstas nos pontos 58 a 65. O carácter indispensável do auxílio será determinado com base nos custos e nas receitas decorrentes da produção e da venda do calor e da electricidade.

67. Podem ser concedidos, em condições idênticas, auxílios ao funcionamento a favor da utilização industrial da produção combinada de calor e de electricidade, sempre que for efectivamente demonstrado que o custo de produção de uma unidade de energia segundo esta técnica é superior ao preço de mercado de uma unidade de energia tradicional. O custo de produção pode incluir a rentabilidade normal das instalações, mas os eventuais ganhos obtidos pela empresa em termos de produção de calor devem ser deduzidos dos custos de produção.

F. POLÍTICAS, MEDIDAS E INSTRUMENTOS DESTINADOS À REDUÇÃO DOS GASES COM EFEITO DE ESTUFA

68. O Protocolo de Quioto assinado pelos Estados-Membros e pela Comunidade prevê que as partes signatárias se comprometem, no período de 2008 a 2012, a limitar ou a reduzir as suas emissões de gases com efeito de estufa. Para o conjunto da Comunidade, o objectivo consiste em reduzir as emissões desses gases em 8% em relação ao seu nível atingido em 1990.

69. Os objectivos de redução de gases com efeito de estufa poderão ser alcançados pelos Estados-Membros e pela Comunidade, respectivamente, enquanto partes signatárias, por um lado, graças à realização de políticas e medidas comuns coordenadas a nível comunitário[1], incluindo instrumentos económicos, e, por outro,

---

[1] Para mais pormenores sobre as políticas e medidas comuns e coordenadas, ver nomeadamente "Preparação para a implementação do Protocolo de Quioto" [COM(1999) 230 de 19.5.1999].

recorrendo aos instrumentos instituídos pelo Protocolo de Quioto, isto é, as licenças negociáveis, a aplicação conjunta e o mecanismo de desenvolvimento limpo.

70. Na ausência de texto comunitário sobre a matéria, e sem prejuízo do direito de iniciativa da Comissão de propor tal texto, compete aos Estados-Membros definirem as políticas, medidas e instrumentos que entenderem para observarem os objectivos estipulados no âmbito do Protocolo de Quioto.

71. A Comissão considera que certas modalidade adoptadas pelos Estados-Membros para assegurar a conformidade com os objectivos deste Protocolo são susceptíveis de constituírem auxílios estatais, mas que é prematuro definir as condições de autorização destes eventuais auxílios.

G. BASE DE DERROGAÇÃO PARA TODOS OS PROJECTOS EXAMINADOS PELA COMISSÃO

72. Dentro dos limites e das condições fixadas no presente enquadramento, os auxílios a favor do ambiente serão autorizados pela Comissão em conformidade com o n.º 3, alínea c), do artigo 87.º do Tratado CE no que se refere aos "auxílios destinados a facilitar o desenvolvimento de certas actividades ou regiões económicas, quando não alterem as condições das trocas comerciais de maneira que contrariem o interesse comum".

73. Os auxílios destinados a promover a realização de projectos importantes de interesse europeu comum orientados primordialmente para o ambiente e que têm frequentemente efeitos benéficos fora das fronteiras do Estado ou dos Estados-Membros relevantes podem ser autorizados no quadro da derrogação prevista no n.º 3, alínea b), do artigo 87.º do Tratado CE. No entanto, o auxílio deve ser necessário para a realização do projecto, assumir um carácter específico e bem definido e ser importante em termos qualitativos, devendo constituir um contributo exemplar e claramente identificável para o interesse europeu comum. Na aplicação desta derrogação, a Comissão pode autorizar taxas de auxílio superiores aos limites prescritos para os auxílios autorizados com base no n.º 3, alínea c), do artigo 87.º.

H. CUMULAÇÃO DE AUXÍLIOS DE ORIGEM DIVERSA

74. São aplicáveis os limites de auxílio fixados no presente enquadramento, independentemente do facto de o auxílio em causa ser financiado integralmente com base em recursos do Estado ou, no todo ou em parte, por intermédio de recursos comunitários. Os auxílios autorizados em aplicação do presente enquadramento não podem ser cumulados com outros auxílios estatais na acepção do n.º 1 do artigo 87.º do Tratado, nem com outros financiamentos comunitários, se a referida cumulação conduzir a uma intensidade de auxílio superior à prevista pelo presente enquadramento.

No caso de auxílios estatais com diferentes finalidades, mas que incidam sobre os mesmos custos elegíveis, é aplicável o limite de auxílio mais favorável.

I. MEDIDAS ADEQUADAS NA ACEPÇÃO DO N.º 1 DO ARTIGO 88.º DO TRATADO CE

75. Com base no n.º 1 do artigo 88.º do Tratado, a Comissão proporá aos Estados-Membros as seguintes medidas adequadas no que diz respeito aos seus regimes de auxílios existentes.

76. A fim de permitir à Comissão apreciar a concessão de auxílios importantes no âmbito de regimes aprovados e a compatibilidade desses auxílios com o mercado comum, a Comissão proporá aos Estados-Membros, a título de medida adequada nos termos do n.º 1 do artigo 88.º do Tratado, que todos os projectos individuais de auxílios ao investimento concedidos com base num regime autorizado lhe sejam previamente notificados, sempre que os custos elegíveis excedam 25 milhões de euros e o auxílio ultrapassar o montante de equivalente-subvenção bruto de 5 milhões de euros. A notificação deverá ser efectuada mediante o formulário em anexo.

77. A Comissão proporá igualmente aos Estados-Membros, a título de medida adequada nos termos do n.º 1 do artigo 88.º do Tratado, que adaptem os seus regimes de auxílio existentes a favor do ambiente a fim de os tornarem compatíveis com o presente enquadramento até 1 de Janeiro de 2002.

78. A Comissão convidará os Estados-Membros a transmitirem-lhe, num prazo de um mês a contar da recepção da proposta das medidas adequadas previstas nos pontos 75 a 77, o seu acordo para dar cumprimento a estas disposições. Em caso de ausência de resposta, a Comissão considerará que o Estado-Membro não está de acordo com a proposta.

79. A Comissão recorda que, à excepção dos auxílios classificados como de minimis de acordo com o disposto no Regulamento (CE) n.º 69/2001[1], o presente enquadramento em nada prejudica a obrigação que recai sobre os Estados--Membros, por força do n.º 3 do artigo 88.º do Tratado CE, no sentido de notificarem todos os regimes de auxílio, as alterações introduzidas nos mesmos, bem como qualquer auxílio individual concedido às empresas fora do âmbito dos regimes autorizados.

80. A Comissão pretende sujeitar a autorização de qualquer regime futuro à observância do disposto no presente enquadramento.

---

[1] JO L 10 de 13.1.2001, p. 30.

J. A APLICAÇÃO DO ENQUADRAMENTO

81. O presente enquadramento aplica-se a partir da data da sua publicação no *Jornal Oficial das Comunidades Europeias*. A sua aplicação cessa em 31 de Dezembro de 2007. A Comissão poderá, após consulta dos Estados-Membros, alterar o presente enquadramento até 31 de Dezembro de 2007, por razões importantes relacionadas com a política de concorrência ou a política do ambiente ou ainda para tomar em consideração outras políticas comunitárias ou compromissos internacionais.

82. A Comissão aplicará as disposições enunciadas no presente enquadramento a todos os projectos de auxílios notificados sobre os quais deliberará após a sua publicação no Jornal Oficial, mesmo se estes projectos tiverem sido objecto de uma notificação antes da referida publicação.

Relativamente aos projectos não notificados, a Comissão aplicará:

a) As disposições do presente enquadramento se o auxílio tiver sido concedido após a publicação do presente enquadramento no J*ornal Oficial das Comunidades Europeias;*

b) O enquadramento em vigor no momento da concessão do auxílio nos restantes casos.

K. INTEGRAÇÃO DA POLÍTICA DO AMBIENTE NOS OUTROS ENQUADRAMENTOS EM MATÉRIA DE AUXÍLIOS ESTATAIS

83. O disposto no artigo 6.º do Tratado especifica que "as exigências em matéria de protecção do ambiente devem ser integradas na definição e execução das políticas e acções da Comunidade previstas no artigo 3.º, em especial com o objectivo de promover um desenvolvimento sustentável". Aquando da adopção ou da revisão de outros enquadramentos comunitários em matéria de auxílios estatais, a Comissão examinará em que medida estas exigências podem ser tomadas em consideração da forma mais adequada possível. Neste contexto, a Comissão examinará a proficuidade de solicitar aos Estados-Membros a apresentação de um estudo sobre as repercussões ambientais aquando da notificação de qualquer projecto de auxílio importante, independentemente do sector de actividade.

ANEXO

INFORMAÇÕES SUPLEMENTARES
A APRESENTAR NORMALMENTE NA NOTIFICAÇÃO
PREVISTA NO N.º 3 DO ARTIGO 88.º DO TRATADO
RELATIVA A AUXÍLIOS ESTATAIS A FAVOR DO AMBIENTE

(Regimes de auxílio, auxílios concedidos em aplicação de um regime autorizado e auxílios ad hoc)

Informações a incluir no questionário geral da secção A, anexo II, da carta de 2 de Agosto de 1995 transmitida pela Comissão aos Estados-Membros sobre as notificações e os relatórios anuais normalizados.

1. Objectivos.
Descrição pormenorizada dos objectivos da medida e do tipo de protecção do ambiente a promover.

2. Descrição da medida.
Descrição pormenorizada da medida e dos beneficiários.
Descrição dos custos totais de investimento e dos custos elegíveis.
Se a medida em causa tiver sido já aplicada anteriormente, quais foram os resultados obtidos em matéria de ambiente?
Se a medida for nova, quais são os resultados previstos em matéria de ambiente e qual o prazo projectado?
Em relação aos auxílios concedidos a fim de as normas serem excedidas, precisar qual a norma aplicável e a forma como a medida em causa permite atingir um nível de protecção do ambiente significativamente superior.
No que respeita aos auxílios concedidos na ausência de normas obrigatórias, especificar em pormenor a forma como são definidos os custos elegíveis.

AUXÍLIOS DE EMERGÊNCIA E DE REESTRUTURAÇÃO DE EMPRESAS EM DIFICULDADE

Comunicação da Comissão*

1. Introdução

1. A Comissão adoptou as suas primeiras orientações comunitárias relativas aos auxílios estatais de emergência e à reestruturação concedidos a empresas em dificuldade[1] em 1994. Em 1997, a Comissão acrescentou às referidas orientações determinações específicas para o sector da agricultura[2]. Em 1999[3] foi adoptada uma nova versão das orientações que caduca em 9 de Outubro de 2004.

2. Através das presentes orientações, cujo texto se inspira nas versões anteriores, a Comissão pretende introduzir certas alterações e clarificações motivadas por diversos factores.

3. Em primeiro lugar, à luz das conclusões dos Conselhos Europeus de Estocolmo, de 23 e 24 de Março de 2001, e de Barcelona, de 15 e 16 de Março de 2002, que instaram os Estados-Membros a continuarem a reduzir os auxílios estatais em percentagem do produto interno bruto e a reorientarem esses auxílios para objectivos de carácter mais horizontal de interesse comum, designadamente objectivos de coesão, parece justificar-se uma análise mais rigorosa dos efeitos de distorção provocados pela concessão de auxílios de emergência e à reestruturação. Esta abordagem está igualmente em consonância com as conclusões do Conselho Europeu de Lisboa, de 23 e 24 de Março de 2000, que visavam um aumento da competitividade da economia europeia.

4. O desaparecimento das empresas ineficientes constitui uma circunstância normal do funcionamento do mercado. Não pode constituir a regra o facto de uma

---

* Comunicação da Comissão "Orientações comunitárias relativas aos auxílios estatais de emergência e à reestruturação a empresas em dificuldade" (Texto relevante para efeitos de EEE) (JO, C 244, de 1.10.2004, pp. 2). Republicada, rectificada, em JO, C 266, de 29.10.2004, p. 12.

[1] JO, C 368, de 23.12.1994, p. 12.
[2] JO, C 283, de 19.9.1997, p. 2. Ver igualmente a nota relativa ao título do capítulo 5.
[3] JO, C 288, de 9.10.1999, p. 2.

empresa em dificuldade ser salva pelo Estado. Os auxílios de emergência e à reestruturação deram origem no passado a alguns dos casos de auxílios estatais mais controversos e constituem um dos tipos de auxílios que maiores distorções provocam. Assim, o princípio geral da proibição dos auxílios estatais, tal como estabelecido no Tratado, deverá continuar a ser a regra e as derrogações a tal princípio deverão ser limitadas.

5. O princípio do auxílio único é reforçado, a fim de evitar que a concessão repetida de auxílios de emergência ou à reestruturação seja utilizada para manter artificialmente empresas em funcionamento.

6. As orientações de 1999 distinguiam entre auxílios de emergência e auxílios à reestruturação, definindo os primeiros como uma assistência temporária destinada a manter uma empresa em dificuldade em funcionamento durante um período necessário para a elaboração de um plano de reestruturação e/ou de liquidação. Em princípio, durante esta fase não podem ser tomadas medidas de reestruturação financiadas através de auxílios estatais. Todavia, esta distinção tão estrita entre emergência e reestruturação deu origem a algumas dificuldades. As empresas em dificuldade podem já ser obrigadas a tomar determinadas medidas estruturais urgentes, a fim de impedir ou reduzir a degradação da sua situação financeira na fase de recuperação. Consequentemente, estas orientações alargam o conceito de «auxílio de emergência», a fim de permitir igualmente ao beneficiário tomar medidas urgentes, inclusivamente de carácter estrutural, tal como o encerramento imediato de uma sucursal ou qualquer outra forma de cessação de actividades deficitárias. Dado o carácter urgente destes auxílios, os Estados-Membros devem ter a oportunidade de optar por um procedimento simplificado para obterem a sua autorização.

7. No que se refere aos auxílios à reestruturação, as orientações de 1999, baseadas nas de 1994, continuavam a exigir uma contribuição substancial para a reestruturação por parte do beneficiário. No âmbito desta revisão, convém reafirmar com maior clareza o princípio de que essa contribuição deve ser real e isenta de auxílios. A contribuição do beneficiário tem um duplo objectivo: por um lado, demonstrar que os mercados (proprietários e credores) acreditam na possibilidade de um regresso a uma situação de viabilidade num período de tempo razoável; por outro, garantir que o auxílio à reestruturação é limitado ao mínimo necessário para restaurar a viabilidade, limitando ao mesmo tempo as distorções da concorrência. A este respeito, a Comissão exigirá também contrapartidas destinadas a minimizar o impacto sobre os concorrentes.

8. A concessão de auxílios estatais de emergência ou à reestruturação a empresas em dificuldade só pode ser considerada legítima em determinadas condições. Pode justificar-se, por exemplo, por razões de política social ou regional, pela necessidade de tomar em consideração o papel benéfico das pequenas e médias empresas (PME) na economia ou ainda, excepcionalmente, porque se afigura desejável manter uma estrutura de mercado concorrencial, quando o desaparecimento de empresas possa dar origem a uma situação de monopólio ou de oligopólio restrito. Por outro lado, não se justificaria manter artificialmente em funcionamento uma

empresa num sector com capacidade excedentária estrutural a longo prazo ou quando esta só poderá sobreviver graças a intervenções repetidas do Estado.

2. Definições e âmbito de aplicação das orientações e articulação com outros textos em matéria de auxílios estatais

2.1. Noção de «empresa em dificuldade»

9. Não existe qualquer definição comunitária de «empresa em dificuldade». No entanto, para efeito das presentes orientações, a Comissão considera que uma empresa se encontra em dificuldade quando é incapaz, com os seus próprios recursos financeiros ou com os recursos que os seus proprietários/accionistas e credores estão dispostos a conceder-lhe, de suportar prejuízos que a condenam, na ausência de uma intervenção externa dos poderes públicos, ao desaparecimento quase certo a curto ou médio prazo.

10. Em especial, uma empresa será, em princípio e independentemente da sua dimensão, considerada em dificuldade para efeitos das presentes orientações:

a) Se se tratar de uma sociedade de responsabilidade limitada[1], quando mais de metade do seu capital subscrito tiver desaparecido[2] e mais de um quarto desse capital tiver sido perdido durante os últimos 12 meses; ou

b) Se se tratar de uma sociedade em que pelo menos alguns sócios têm responsabilidade ilimitada relativamente às dívidas da empresa[3], quando mais de metade dos seus fundos próprios, tal como indicados na contabilidade da sociedade, tiver desaparecido e mais de um quarto desses fundos tiver sido perdido durante os últimos 12 meses; ou

c) Relativamente a todas as formas de sociedades, a empresa preencha nos termos do direito nacional as condições para ser objecto de um processo de falência ou de insolvência.

11. Ainda que nenhuma das condições referidas no ponto 10 esteja preenchida, uma empresa pode ainda ser considerada em dificuldade, designadamente se as características habituais de uma empresa nessa situação se manifestarem, como

---

[1] Trata-se, nomeadamente, das formas de sociedade que constam do primeiro parágrafo do n.º 1 do artigo 1.º da Directiva 78/660/CEE do Conselho (JO, L 222, de 14.8.1978, p. 11), com a última redacção que lhe foi dada pela Directiva 2003/51/CE do Parlamento Europeu e do Conselho (JO, L 178, de 17.7.2003, p. 16).

[2] Por analogia com o disposto no artigo 17.º da Directiva 77/91/CEE do Conselho (JO, L 26, de 30.1.1977, p. 1), com a última redacção que lhe foi dada pelo Acto de Adesão de 2003.

[3] Trata-se, nomeadamente, das formas de sociedade que constam do segundo parágrafo do n.º 1 do artigo 1.º da Directiva 78/660/CEE do Conselho.

por exemplo o nível crescente dos prejuízos, a diminuição do volume de negócios, o aumento das existências, a capacidade excedentária, a redução da margem bruta de autofinanciamento, o endividamento crescente, a progressão dos encargos financeiros e o enfraquecimento ou desaparecimento do valor do activo líquido. Nos casos mais graves, a empresa pode mesmo já ter-se tornado insolvente ou ser objecto de um processo de falência ou insolvência ao abrigo do direito nacional. Neste último caso, as presentes orientações são aplicáveis aos auxílios concedidos no âmbito de processos desse tipo, com vista a manter a empresa em actividade. De qualquer modo, a empresa só é elegível após verificação da sua incapacidade para garantir a sua recuperação com os seus recursos próprios ou com fundos obtidos junto dos seus proprietários/accionistas ou junto do mercado.

12. Para efeitos das presentes orientações, uma empresa recentemente criada não pode beneficiar de auxílios de emergência ou à reestruturação, mesmo que a sua posição financeira inicial seja precária. É o que acontece nomeadamente quando a nova empresa resulta da liquidação de uma empresa precedente ou da aquisição apenas dos seus activos. Uma empresa será, em princípio, considerada como recentemente criada durante os primeiros três anos a contar do início do seu funcionamento no sector de actividade relevante. Só após este período se tornará elegível para beneficiar de auxílios de emergência ou à reestruturação, desde que:

a) Possa ser considerada empresa em dificuldade nos termos das presentes orientações; e

b) Não integre um grupo de empresas[1], excepto nos termos do ponto 13.

13. Uma empresa que é propriedade ou está em vias de ser adquirida por um grupo de empresas não pode, em princípio, beneficiar de auxílios de emergência ou à reestruturação, salvo se puder demonstrar que as dificuldades da empresa lhe são específicas e não resultam de uma afectação arbitrária dos custos no âmbito do grupo e que essas dificuldades são demasiado graves para serem resolvidas pelo próprio grupo. No caso de uma empresa em dificuldade criar uma filial, esta, juntamente com a empresa em dificuldade que a controla, será considerada como um grupo e poderá beneficiar de auxílios nos termos do presente ponto.

2.2. Definição de auxílios de emergência e à reestruturação

14. Os auxílios de emergência e à reestruturação são tratados nas mesmas orientações, visto que em ambos os casos os poderes públicos se encontram perante uma empresa em dificuldade e a recuperação e a reestruturação constituem muitas vezes duas fases de uma única operação, ainda que envolvam mecanismos diferentes.

---

[1] Para determinar se uma empresa é independente ou faz parte de um grupo, atende-se aos critérios estabelecidos no anexo I do Regulamento (CE) n.º 68/2001 (JO, L 10, de 13.1.2001, p. 20), alterado pelo Regulamento (CE) n.º 363/2004 (JO, L 63, de 28.2.2004, p. 20).

15. Um auxílio de emergência é por natureza um apoio temporário e reversível. O seu objectivo prioritário consiste em manter uma empresa em dificuldade durante um período correspondente ao prazo necessário para a elaboração de um plano de reestruturação ou de liquidação. O auxílio de emergência deve, como princípio geral, permitir apoiar temporariamente uma empresa que enfrenta uma grave deterioração da sua situação financeira, traduzida numa crise aguda de liquidez ou numa insolvência técnica. Este apoio temporário deve proporcionar o tempo necessário para analisar as circunstâncias que provocaram as dificuldades e para elaborar um plano adequado para as resolver. Além disso, o auxílio de emergência deve ser limitado ao mínimo necessário. Por outras palavras, os auxílios de emergência proporcionam um breve período de alívio, não superior a seis meses, a uma empresa com dificuldades. O auxílio deve consistir num apoio reversível à tesouraria sob a forma de garantias de empréstimos ou de empréstimos, a uma taxa de juro pelo menos comparável às taxas praticadas para empréstimos a empresas sãs e nomeadamente à taxa de referência adoptada pela Comissão. As medidas estruturais que não exijam uma acção imediata, como por exemplo a participação inevitável e automática do Estado no capital da empresa, não podem ser financiadas através de auxílios de emergência.

16. A partir do momento em que foi elaborado e está a ser executado um plano de reestruturação ou de liquidação para o qual foi solicitado um auxílio, qualquer outro auxílio será considerado como auxílio à reestruturação. As medidas que devem ser executadas imediatamente, inclusivamente de carácter estrutural, a fim de suster os prejuízos, podem beneficiar de auxílios de emergência (por exemplo, a cessação imediata de actividades deficitárias), desde que sejam respeitadas as condições previstas na secção 3.1, em relação aos auxílios individuais, e na secção 4.3, no que se refere aos regimes de auxílios. Salvo no caso de recurso ao procedimento simplificado previsto na secção 3.1.2, o Estado-Membro deverá demonstrar que tais medidas estruturais devem ser tomadas imediatamente. Em geral, não podem ser concedidos auxílios de emergência para efeitos de uma reestruturação financeira.

17. Uma reestruturação, em contrapartida, faz parte de um plano exequível, coerente e de grande envergadura, destinado a restaurar a viabilidade a longo prazo de uma empresa. A reestruturação inclui normalmente um ou mais dos seguintes elementos: a reorganização e racionalização das actividades da empresa numa base mais eficiente, que a conduz normalmente a abandonar as actividades deficitárias, a reestruturação das actividades cuja competitividade pode ser restaurada e, por vezes, a diversificação para novas actividades rendíveis. Normalmente, a reestruturação industrial deve ser acompanhada de uma reestruturação financeira (injecções de capital, redução do passivo). Em contrapartida, uma reestruturação, para efeitos das presentes orientações, não pode limitar-se apenas a uma ajuda financeira destinada a colmatar os prejuízos anteriores, sem uma intervenção a nível das causas desses prejuízos.

2.3. Âmbito de aplicação

18. As presentes orientações são aplicáveis às empresas de todos os sectores, com excepção das empresas dos sectores do carvão[1] e do aço[2], sem prejuízo das determinações sectoriais específicas relativas às empresas em dificuldade no sector em causa[3]. Com excepção do ponto 79[4], as presentes orientações são aplicáveis ao sector das pescas e da aquicultura, sob reserva do respeito das determinações específicas estabelecidas nas linhas directrizes para o exame dos auxílios estatais no sector das pescas e da aquicultura[5]. O capítulo 5 inclui algumas regras adicionais para o sector da agricultura.

2.4. Compatibilidade com o mercado comum

19. Os n.ºs 2 e 3 do artigo 87.º do Tratado prevêem a possibilidade de os auxílios abrangidos pelo n.º 1 do artigo 87.º serem considerados compatíveis com o mercado comum. Exceptuando os casos dos auxílios previstos no n.º 2 do artigo 87.º, em especial os auxílios destinados a remediar os danos causados por calamidades naturais ou por outros acontecimentos extraordinários, que não são aqui tratados, o único fundamento para considerar compatíveis auxílios a empresas em dificuldade é o n.º 3, alínea c), do artigo 87.º. Por força desta disposição, a Comissão tem competência para autorizar «os auxílios destinados a facilitar o desenvolvimento de certas actividades económicas (...) quando não alterem as condições das trocas comerciais de maneira que contrariem o interesse comum». Em especial, poderá ser o caso quando o auxílio é necessário para corrigir disparidades provocadas por deficiências do mercado ou para garantir uma certa coesão económica e social.

20. Uma vez que a sua própria existência está em perigo, uma empresa em dificuldade não pode ser considerada um instrumento adequado para contribuir para a realização de objectivos de outras políticas públicas enquanto a sua viabilidade

---

[1] Artigo 3.º do Regulamento (CE) n.º 1407/2002 do Conselho (JO, L 205, de 2.8.2002, p. 1), tal como alterado pelo Acto de Adesão de 2003.

[2] Ponto 19 da comunicação da Comissão relativa a certos aspectos do tratamento dos processos de concorrência decorrentes do termo de vigência do Tratado CECA, JO, C 152, de 26.6.2002, p. 5. Ponto 1 da comunicação da Comissão relativa aos auxílios de emergência e à reestruturação e auxílios ao encerramento no sector siderúrgico (JO, C 70, de 19.3.2002, p. 21). Medidas adequadas adoptadas no contexto do enquadramento multissectorial dos auxílios regionais para grandes projectos de investimento (JO, C 70, de 19.3.2002, p. 8).

[3] Estas determinações específicas existem para o sector da aviação (JO, C 350, de 10.12.1994, p. 5).

[4] Quer dizer, os auxílios a favor das PME que não satisfaçam as condições especificadas no ponto 79 podem contudo ser dispensados de notificação individual.

[5] JO, C 19, de 20.1.2001, p. 7.

não estiver assegurada. Consequentemente, a Comissão considera que os auxílios a empresas em dificuldade podem contribuir para o desenvolvimento de actividades económicas sem afectar as trocas comerciais numa medida contrária ao interesse comunitário apenas quando estiverem preenchidas as condições estabelecidas nas presentes orientações. Quando as empresas que deverão beneficiar de auxílios de emergência ou à reestruturação se situam em regiões assistidas, a Comissão terá em conta as considerações de carácter regional referidas no n.º 3, alíneas *a*) e *c*), do artigo 87.º, tal como indicado nos pontos 55 e 56.

21. A Comissão terá particularmente em atenção a necessidade de evitar o recurso a estas orientações com o objectivo de contornar os princípios estabelecidos noutros enquadramentos e orientações aplicáveis.

22. A apreciação dos auxílios de emergência ou à reestruturação não deve ser afectada por alterações na propriedade da empresa beneficiária.

2.5. *Beneficiários de auxílios anteriores ilegais*

23. No caso de ter sido concedido anteriormente à empresa em dificuldade um auxílio ilegal, a respeito do qual a Comissão adoptou uma decisão negativa com obrigação de recuperação, e no caso de a sua recuperação não ter sido efectuada em conformidade com o artigo 14.º do Regulamento (CE) n.º 659/1999 do Conselho, que estabelece as regras de execução do artigo 93.º do Tratado CE[1], a apreciação de qualquer auxílio de emergência e à reestruturação a conceder à mesma empresa deve ter em conta, em primeiro lugar, o efeito cumulativo entre o auxílio anterior e o novo e, em segundo lugar, o facto de o auxílio anterior não ter sido reembolsado[2].

3. Condições gerais de autorização de auxílios de emergência e/ou à reestruturação notificados individualmente à comissão

24. O presente capítulo diz unicamente respeito aos auxílios notificados individualmente à Comissão. A Comissão pode, mediante certas condições, autorizar regimes de auxílios de emergência ou à reestruturação. As condições de autorização desses regimes são estabelecidas no capítulo 4.

---

[1] JO, L 83, de 27.3.1999, p. 1. Tal como alterado pelo Acto de Adesão de 2003.
[2] Processo C-355/95 P, *Textilwerke Deggendorf/Comissão e outros*, Col. 1997 p. I-2549.

3.1. Auxílios de emergência

3.1.1. Condições

25. Para serem aprovados pela Comissão, os auxílios de emergência, tal como definidos no ponto 15, devem:

a) Consistir em auxílios à tesouraria sob a forma de garantias de empréstimos ou de empréstimos[1]. Nos dois casos, o empréstimo deve ser concedido a uma taxa de juro pelo menos comparável às taxas praticadas para empréstimos a empresas sãs e nomeadamente às taxas de referência adoptadas pela Comissão. Os empréstimos devem ser reembolsados e as garantias devem extinguir-se num período de tempo não superior a seis meses após o desembolso da primeira parcela à empresa;

b) Ser justificados por razões sociais prementes e não ter efeitos colaterais negativos inaceitáveis para outros Estados-Membros;

c) Ser acompanhados, no momento da sua notificação, do compromisso do Estado-Membro em causa comunicar à Comissão, no prazo de seis meses a contar da autorização do auxílio de emergência, um plano de reestruturação, ou um plano de liquidação, ou a prova de que o empréstimo foi integralmente reembolsado e/ou de que foi posto termo à garantia. Nos casos de auxílios não notificados o Estado-Membro deve comunicar no prazo de seis meses a contar da primeira execução de medidas de auxílio de emergência, um plano de reestruturação ou de liquidação ou prova de que o empréstimo foi integralmente reembolsado e/ou de que foi posto termo à garantia.

d) Limitar-se ao montante necessário para manter a empresa em funcionamento durante o período relativamente ao qual o auxílio é autorizado. Tal montante poderá incluir um auxílio para medidas estruturais urgentes, nos termos do ponto 16. O montante necessário deve basear-se nas necessidades de tesouraria decorrentes dos prejuízos da empresa. Para a determinação do referido montante deve ter-se em consideração o resultado da aplicação da fórmula indicada no anexo. Os auxílios de emergência que excedam o resultado desse cálculo devem ser devidamente justificados.

e) Respeitar a condição estabelecida na secção 3.3 (auxílio único).

---

[1] Pode ser feita uma excepção quando se trata de auxílios de emergência no sector bancário, a fim de permitir à instituição de crédito em causa continuar temporariamente a exercer a sua actividade bancária em conformidade com a legislação prudencial em vigor (Directiva 2000/12/CE do Parlamento Europeu e do Conselho, JO, L 126, de 26.5.2000, p. 1). De qualquer modo, os auxílios sob uma forma que não a de garantias de empréstimos ou de empréstimos que satisfaçam as condições da alínea *a)* devem respeitar os princípios gerais dos auxílios de emergência e não podem consistir em medidas estruturais de carácter financeiro relacionadas com os fundos próprios da instituição de crédito. Qualquer auxílio concedido sob uma forma que não a de garantias de empréstimos ou de empréstimos que satisfaçam as condições da alínea *a)* será tomado em consideração aquando da apreciação eventual de contrapartidas ao nível de um plano de reestruturação nos termos dos pontos 38 a 42.

26. Se o Estado-Membro apresentou um plano de reestruturação no prazo de seis meses a contar da autorização do auxílio ou, no caso de um auxílio não notificado, a contar da execução da medida, o prazo para o reembolso do empréstimo ou para a extinção da garantia é alargado até a Comissão deliberar sobre esse plano, a menos que a Comissão decida que tal alargamento não se justifica.

27. Sem prejuízo do artigo 23.º do Regulamento (CE) n.º 659/1999 e da possibilidade de recorrer ao Tribunal de Justiça nos termos do segundo parágrafo do n.º 2 do artigo 88.º, a Comissão dará início ao procedimento previsto no n.º 2 do artigo 88.º do Tratado, se o Estado-Membro não cumprir o requisito de comunicar:

a) Um plano de reestruturação credível e fundamentado ou um plano de liquidação; ou

b) A prova de que o empréstimo foi integralmente reembolsado e/ou de que a garantia se extinguiu antes do termo do prazo de seis meses.

28. De qualquer forma, a Comissão pode decidir dar início a este procedimento, sem prejuízo do artigo 23.º do Regulamento (CE) n.º 659/1999 e da possibilidade de recorrer ao Tribunal de Justiça nos termos do segundo parágrafo do n.º 2 do artigo 88.º do Tratado, se considerar que o empréstimo ou a garantia foram utilizados de forma abusiva ou que o não reembolso do auxílio após o termo do prazo de seis meses deixou de se justificar.

29. A autorização do auxílio de emergência não prejudica a posterior aprovação de um auxílio concedido no âmbito de um plano de reestruturação, que deve ser avaliado em função do seu próprio mérito.

3.1.2. *Procedimento simplificado*

30. A Comissão envidará todos os esforços para adoptar uma decisão no prazo de um mês em relação aos auxílios de emergência que respeitem todas as condições previstas na secção 3.1.1 e que preencham os seguintes critérios cumulativos:

a) A empresa em causa preenche pelo menos um dos três critérios enunciados no ponto 10;

b) O auxílio de emergência é limitado ao montante resultante da aplicação da fórmula indicada no anexo e não excede 10 milhões de euros.

3.2. **Auxílios à reestruturação**

3.2.1. *Princípio de base*

31. Os auxílios à reestruturação colocam problemas específicos em matéria de concorrência, visto que deles pode resultar a transferência de uma parte injusta dos encargos com o ajustamento estrutural e os correspondentes problemas sociais e económicos para outros produtores que não beneficiam de auxílio, bem como para outros Estados-Membros. O princípio geral, por conseguinte, deverá ser o de auto-

rizar um auxílio à reestruturação apenas nos casos em que se possa demonstrar que a sua concessão não é contrária ao interesse da Comunidade.

Tal só será possível em função de critérios rigorosos e da garantia de que as eventuais distorções da concorrência serão compensadas por benefícios resultantes da manutenção da empresa em funcionamento (por exemplo, se for determinado que o efeito líquido dos despedimentos, na sequência da falência da empresa, combinado com os efeitos sobre os fornecedores, acentuariam os problemas em matéria de emprego, ou excepcionalmente que o seu desaparecimento daria origem a uma situação de monopólio ou de oligopólio restrito) e, em princípio, por contrapartidas suficientes a favor dos concorrentes.

3.2.2. *Condições para a autorização de um auxílio*
32. Sob reserva das disposições especiais relativas às zonas assistidas, às PME e ao sector agrícola (ver pontos 55, 56, 57, 59 e capítulo 5), a Comissão só aprova um auxílio mediante as seguintes condições:

Elegibilidade da empresa
33. A empresa deve poder ser considerada como uma empresa em dificuldade para efeitos das presentes orientações (ver pontos 9 a 13).

Restauração da viabilidade a longo prazo
34. A concessão do auxílio deve estar subordinada à aplicação do plano de reestruturação que deve ter sido, em relação a todos os auxílios individuais, aprovado pela Comissão, salvo no caso das PME, em conformidade com o disposto na secção 3.2.5.

35. O plano de reestruturação, cuja duração deve ser o mais reduzida possível, deve permitir restabelecer num período razoável a viabilidade a longo prazo da empresa, com base em hipóteses realistas no que diz respeito às condições futuras de exploração. Por conseguinte, o auxílio à reestruturação deve estar associado a um plano de reestruturação viável, em relação ao qual o Estado-Membro em causa se compromete. Este plano deve ser apresentado à Comissão com todos os dados necessários, incluindo nomeadamente um estudo de mercado. A melhoria da viabilidade deve resultar principalmente de medidas internas previstas no plano de reestruturação e só pode assentar em factores externos, como as variações de preços e da procura, sobre os quais a empresa não tem qualquer influência, se as hipóteses apresentadas sobre a evolução do mercado forem geralmente aceites. Uma reestruturação deve implicar o abandono das actividades que, mesmo após a reestruturação, continuariam a ser estruturalmente deficitárias.

36. O plano de reestruturação deve descrever as circunstâncias que deram origem às dificuldades da empresa, permitindo avaliar se as medidas propostas são adaptadas. Terá nomeadamente em conta a situação e a evolução previsível da oferta e da procura no mercado do produto relevante, com cenários que traduzam hipóteses optimistas, pessimistas e intermédias, bem como os pontos fortes e fracos

específicos da empresa. Deve permitir à empresa uma transição para uma nova estrutura que lhe dê perspectivas de viabilidade a longo prazo e a possibilidade de funcionar de forma autónoma.

37. O plano de reestruturação deve propor uma transformação da empresa de forma que esta última possa cobrir, após a realização da reestruturação, todos os seus custos, incluindo as amortizações e os encargos financeiros. A rendibilidade prevista dos capitais próprios da empresa reestruturada deverá ser suficiente para lhe permitir defrontar a concorrência contando apenas com as suas próprias capacidades. Se as dificuldades da empresa resultam de lacunas do seu sistema de administração, deverão ser introduzidas as adaptações necessárias.

Prevenção de distorções indevidas da concorrência

38. A fim de garantir que os efeitos negativos sobre as trocas comerciais são tanto quanto possível minimizados, de modo que os efeitos positivos prosseguidos compensem os efeitos negativos, devem ser tomadas medidas compensatórias (contrapartidas). A não ser assim, o auxílio deve ser considerado «contrário ao interesse comum» e, por conseguinte, incompatível com o mercado comum. A Comissão terá em conta o objectivo de restauração da viabilidade de longo prazo ao determinar a adequação das medidas compensatórias.

39. Estas medidas podem incluir a alienação de activos, a redução da capacidade ou da presença no mercado e a redução de barreiras à entrada nos mercados em causa. Para apreciar a adequação das contrapartidas, a Comissão terá em conta a estrutura do mercado e as condições de concorrência, por forma a garantir que nenhuma das medidas em questão provoca a deterioração da estrutura do mercado, tendo por exemplo por efeito indirecto criar um monopólio ou uma situação de oligopólio restrito. Se um Estado-Membro estiver em condições de provar que será criada uma situação deste tipo, as contrapartidas devem ser concebidas de forma a evitar essa situação.

40. As contrapartidas devem ser proporcionais aos efeitos de distorção causados pelo auxílio e, em especial, à dimensão[1] e ao peso relativo da empresa no seu ou seus mercados. Devem dizer respeito em especial ao mercado ou mercados onde a empresa terá uma posição de mercado significativa após a reestruturação. O grau de redução deve ser fixado numa base casuística. A Comissão determina as medidas necessárias com base no estudo de mercado em anexo ao plano de reestruturação e, se adequado, com base em quaisquer outros elementos de informação à sua disposição, incluindo os fornecidos por interessados directos. A redução deve constituir um elemento da reestruturação, tal como previsto no plano de reestruturação. Este princípio aplica-se independentemente de as referidas alienações se verificarem antes ou depois da concessão do auxílio estatal, desde que sejam parte inte-

---

[1] A este respeito, a Comissão pode ter igualmente em conta se a empresa em questão é uma média ou uma grande empresa.

grante da mesma reestruturação. Os abatimentos ao activo e o encerramento de actividades deficitárias que serão necessários de qualquer forma para restaurar a viabilidade não serão considerados medidas de redução da capacidade ou da presença no mercado para efeitos da apreciação das contrapartidas. Tal apreciação terá em conta os auxílios de emergência concedidos anteriormente.

41. Todavia, esta condição não será em princípio aplicável às pequenas empresas, uma vez que pode presumir-se que os auxílios pontuais às pequenas empresas normalmente não distorcem a concorrência numa medida contrária ao interesse comum, salvo disposição em contrário das regras sectoriais em matéria de auxílios estatais ou quando o beneficiário exerce a sua actividade num mercado com capacidade excedentária de longo prazo.

42. Quando o beneficiário exerce a sua actividade num mercado com capacidade excedentária estrutural de longo prazo[1] nos termos do enquadramento multissectorial dos auxílios regionais para grandes projectos de investimento, a redução da capacidade da empresa ou da sua presença no mercado pode atingir o nível de 100%[2].

Auxílios limitados ao mínimo necessário: contribuição real sem elementos de auxílio

43. O montante e intensidade do auxílio devem ser limitados aos custos mínimos estritamente necessários para permitir a reestruturação em função das disponibilidades financeiras da empresa, dos seus accionistas ou do grupo empresarial de que faz parte. Tal apreciação terá em conta os auxílios de emergência concedidos anteriormente. Os beneficiários do auxílio devem contribuir de forma significativa para o plano de reestruturação através dos seus fundos próprios, incluindo a venda de activos que não sejam indispensáveis para a sobrevivência da empresa, ou através de um financiamento externo obtido em condições de mercado. Tal contribuição constitui um sinal de que os mercados acreditam na exequibilidade do retorno a uma situação de viabilidade. Deve ser real, isto é, efectiva, com exclusão de todos os potenciais benefícios, nomeadamente a nível de tesouraria, e deve ser tão elevada quanto possível.

44. A Comissão terá normalmente em consideração as seguintes contribuições[3] para que a reestruturação seja adequada: pelo menos 25% no caso das pequenas empresas, pelo menos 40% no caso das empresas médias e pelo menos 50%

---

[1] JO, C 70, de 19.3.2002, p. 8.

[2] Nesse caso, a Comissão só autorizará auxílios destinados a atenuar os custos sociais da reestruturação, em conformidade com a secção 3.2.6, e auxílios a favor do ambiente destinados à limpeza de sítios poluídos que de outra forma poderiam ser abandonados.

[3] Ver o ponto 7. Esta contribuição mínima não pode conter qualquer auxílio. Tal não é o caso, por exemplo, quando resultar de um empréstimo bonificado ou estiver associada a garantias públicas que contenham elementos de auxílio.

para as grandes empresas. Em circunstâncias excepcionais e nos casos de especial dificuldade, que devem ser demonstrados pelo Estado-Membro, a Comissão pode aceitar uma contribuição menos elevada.

45. Para limitar o efeito de distorção, é conveniente evitar que o auxílio seja concedido sob uma forma ou num montante que leve a empresa a dispor de liquidez excedentária que poderia consagrar a actividades agressivas susceptíveis de provocar distorções no mercado e que não estariam associadas ao processo de reestruturação. Para este efeito, a Comissão analisa o nível do passivo da empresa após a sua reestruturação, inclusive após quaisquer reportes ou redução de dívidas, nomeadamente no âmbito da sua manutenção na sequência de um processo de falência ou de insolvência nos termos do direito nacional[1]. O auxílio não deve servir de qualquer modo para financiar novos investimentos que não sejam indispensáveis para restaurar a viabilidade.

Condições específicas associadas à autorização de um auxílio
46. Para além das contrapartidas referidas nos pontos 38 a 42, a Comissão pode impor as condições e obrigações que considerar necessárias para que a concorrência não seja falseada numa medida contrária ao interesse comum, no caso de o Estado-Membro em causa não ter assumido o compromisso de que irá adoptar tais disposições. Pode, por exemplo, exigir ao Estado-Membro em causa:

a) Que tome ele próprio certas medidas (por exemplo, abrir certos mercados directa ou indirectamente associados às actividades da empresa a outros operadores comunitários, com o devido respeito pela legislação comunitária);

b) Que imponha determinadas obrigações ao beneficiário;

c) Que não conceda ao beneficiário outros tipos de auxílios durante o período de reestruturação.

Execução integral do plano de reestruturação e cumprimento das condições impostas.
47. A empresa deve executar integralmente o plano de reestruturação e deve cumprir todas as outras obrigações previstas na decisão da Comissão que autoriza o auxílio. Esta considera que o não cumprimento do referido plano ou das obrigações constitui uma utilização abusiva do auxílio, sem prejuízo do artigo 23.º do Regulamento (CE) n.º 659/1999 e da possibilidade de recorrer ao Tribunal de Justiça nos termos do segundo parágrafo do n.º 2 do artigo 88.º do Tratado.

48. Em relação às reestruturações que se prolongam por vários anos e que mobilizam auxílios importantes, a Comissão poderá exigir que o auxílio à reestruturação seja fraccionado em vários pagamentos. A Comissão poderá subordinar os pagamentos:

i) À confirmação, prévia a cada pagamento, da boa execução do plano

---

[1] Ver alínea *c)* do ponto 10.

de reestruturação em cada uma das suas etapas segundo o calendário previsto; ou

ii) À sua autorização, prévia a cada pagamento, após verificação desta boa execução.

Acompanhamento e relatório anual

49. A Comissão deve estar em condições de se assegurar do bom andamento do plano de reestruturação através de relatórios periódicos e pormenorizados, que lhe serão comunicados pelo Estado-Membro.

50. No que diz respeito aos auxílios a favor de grandes empresas, o primeiro destes relatórios deverá normalmente ser apresentado à Comissão o mais tardar seis meses após a data de autorização do auxílio. Os relatórios deverão ser seguidamente enviados à Comissão, no mínimo numa base anual, numa determinada data, enquanto os objectivos do plano de reestruturação não forem considerados atingidos. Incluirão todas as informações de que a Comissão necessite para lhe permitir controlar a execução do plano de reestruturação, o calendário dos pagamentos à empresa e a situação financeira desta, bem como o cumprimento das condições e obrigações estabelecidas na decisão de autorização. Conterão nomeadamente todos os dados úteis relativos aos auxílios, independentemente da sua finalidade, concedidos numa base individual ou no âmbito de um regime geral, que a empresa recebeu durante o período de reestruturação (ver pontos 68 a 71). Se a Comissão necessitar que determinadas informações essenciais lhe sejam confirmadas atempadamente, tais como as relativas a encerramentos ou a reduções de capacidade, poderá exigir relatórios mais frequentes.

51. No que diz respeito aos auxílios a favor das pequenas e médias empresas, a transmissão anual de uma cópia da demonstração de resultados e do balanço da empresa beneficiária do auxílio será normalmente suficiente, salvo se existirem disposições mais restritivas na decisão de autorização.

3.2.3. *Alteração do plano de reestruturação*

52. Se tiver sido autorizado um auxílio à reestruturação, o Estado-Membro em causa pode, durante o período de reestruturação, solicitar à Comissão que aceite alterações ao plano de reestruturação e ao montante do auxílio. A Comissão pode autorizar essas alterações desde que observadas as seguintes condições:

a) O plano revisto deve continuar a demonstrar um retorno à viabilidade num período de tempo razoável;

b) Se o montante do auxílio for aumentado, a importância de qualquer contrapartida exigida deve ser mais elevada do que a aprovada inicialmente;

c) Se as contrapartidas propostas forem menores do que as inicialmente previstas, o montante do auxílio deve ser reduzido proporcionalmente;

d) O novo calendário da realização das contrapartidas poderá traduzir um atraso em relação ao inicialmente adoptado, apenas por razões não imputáveis à empresa ou ao Estado-Membro. Se tal não acontecer, o montante do auxílio deverá ser reduzido proporcionalmente.

53. Se as condições impostas pela Comissão ou os compromissos assumidos pelo Estado-Membro forem atenuados, o montante do auxílio deverá ser reduzido proporcionalmente ou poderão ser impostas outras condições.

54. Se o Estado-Membro introduzir alterações a um plano de reestruturação aprovado sem informar devidamente a Comissão, esta dará início ao procedimento previsto no n.º 2 do artigo 88.º do Tratado, tal como previsto no artigo 16.º do Regulamento (CE) n.º 659/1999 (utilização abusiva de um auxílio), sem prejuízo do artigo 23.º do Regulamento (CE) n.º 659/1999 e da possibilidade de recorrer ao Tribunal de Justiça nos termos do segundo parágrafo do n.º 2 do artigo 88.º do Tratado.

3.2.4. Auxílios à reestruturação em regiões assistidas

55. Uma vez que a coesão económica e social constitui um objectivo prioritário da Comunidade nos termos do artigo 158.º do Tratado e que as outras políticas devem contribuir para a realização deste objectivo, nos termos do artigo 159.º[1], a Comissão deve ter em conta as necessidades de desenvolvimento regional quando aprecia um auxílio à reestruturação em regiões assistidas. No entanto, o facto de uma empresa em dificuldade se situar numa destas regiões não justifica a adopção de uma abordagem permissiva em relação a estes auxílios: a médio e a longo prazo, a manutenção artificial de empresas não ajuda uma região. Por outro lado, para promover o desenvolvimento regional, as próprias regiões têm todo o interesse em utilizar os seus recursos para desenvolver o mais rapidamente possível actividades viáveis e duradouras. Por último, as distorções de concorrência devem ser reduzidas ao mínimo, mesmo no caso dos auxílios às empresas situadas em regiões assistidas. Neste contexto, há que ter igualmente em conta a ocorrência de eventuais efeitos induzidos prejudiciais na região em causa e noutras regiões assistidas.

56. Os critérios referidos nos pontos 32 a 54 são, por conseguinte, igualmente aplicáveis às regiões assistidas, mesmo quando se tem em conta as necessidades do desenvolvimento regional. Todavia, no que se refere a estas regiões assistidas, e salvo disposição em contrário das regras sectoriais em matéria de auxílios estatais, as condições da autorização do auxílio poderão ser menos exigentes no que diz respeito à obtenção de contrapartidas e ao nível da contribuição do beneficiário. Se as necessidades de desenvolvimento regional o justificarem, nos casos em que a redução de capacidade ou da presença no mercado parece a medida mais adequada para evitar distorções indevidas da concorrência, tal redução será inferior à exigida nas

---

[1] O artigo 159.º do Tratado CE prevê o seguinte: «A formulação e a concretização das políticas e acções da Comunidade, bem como a realização do mercado interno, terão em conta os objectivos enunciados no artigo 158.º e contribuirão para a sua realização».

regiões não assistidas. Nesses casos, que devem ser demonstrados pelo Estado--Membro em causa, será feita uma distinção entre as regiões que podem beneficiar de auxílios regionais por força da alínea *a*) do n.º 3 do artigo 87.º do Tratado e as que podem beneficiar do disposto na alínea *c*) do n.º 3 do mesmo artigo, a fim de ter em conta a maior gravidade dos problemas regionais nas primeiras.

3.2.5. *Auxílios à reestruturação das PME*

57. Os auxílios concedidos a pequenas empresas[1] afectam em geral menos as condições do comércio do que os auxílios concedidos a médias e grandes empresas. Estas considerações são igualmente válidas para os auxílios à reestruturação, de forma que as exigências são menores em relação às condições definidas nos pontos 32 a 54:

a) A concessão de auxílios à reestruturação de pequenas empresas não será associada de forma geral a contrapartidas (ver ponto 41), salvo disposição em contrário constante de regras sectoriais em matéria de auxílios estatais.

b) Os requisitos em matéria de conteúdo dos relatórios serão menos exigentes para as PME (ver pontos 49, 50 e 51).

58. Contudo, o princípio do «auxílio único» (secção 3.3) é plenamente aplicável às PME.

59. A nível das PME, o plano de reestruturação não carece de aprovação da Comissão. No entanto, deve preencher os requisitos estabelecidos nos pontos 35 a 37, ser aprovado pelo Estado-Membro em causa e ser comunicado à Comissão. A concessão do auxílio deve ser subordinada à execução integral do plano de reestruturação. Cabe ao Estado-Membro verificar o cumprimento destas condições.

3.2.6. *Auxílios destinados a cobrir os custos sociais da reestruturação*

60. Os planos de reestruturação implicam normalmente reduções ou o abandono das actividades afectadas. Muitas vezes são necessárias essas reduções com um objectivo de racionalização e de eficácia, independentemente das reduções de capacidade a que pode ser sujeita a concessão do auxílio. Quaisquer que sejam as razões que as justificam, estas medidas conduzem em geral a uma redução dos efectivos da empresa.

61. A legislação laboral dos Estados-Membros pode incluir regimes gerais de segurança social no âmbito dos quais as indemnizações por despedimento e as reformas antecipadas são pagas directamente aos trabalhadores despedidos. Estes regimes não são considerados um auxílio estatal abrangido pelo n.º 1 do artigo 87.º do Tratado.

---

[1] Tal como definidas na Recomendação 2003/361/CE da Comissão (JO, L 124, de 20.5.2003, p. 36). Até 31 de Dezembro de 2004, a definição relevante é a da Recomendação 96/280/CE da Comissão (JO, L 107, de 30.4.1996, p. 4).

62. Para além das indemnizações por despedimento e das reformas antecipadas estinadas aos trabalhadores, os regimes gerais de segurança social prevêem frequentemente que o Estado cubra o custo das indemnizações concedidas pela empresa aos trabalhadores despedidos para além das suas obrigações legais ou contratuais.

Quando estes regimes se aplicam de forma generalizada, sem restrições sectoriais, a qualquer trabalhador que preencha as condições fixadas previamente e prevêem a concessão automática destes benefícios, não são considerados como implicando um auxílio abrangido pelo n.º 1 do artigo 87.º a empresas em reestruturação. Em contrapartida, se estes regimes servirem para incentivar a reestruturação em sectores específicos, podem implicar um auxílio em virtude da sua abordagem selectiva[1].

63. As obrigações que uma empresa tem de assumir por força da legislação laboral ou de convenções colectivas celebradas com os sindicatos em matéria de indemnizações por despedimento e/ou de reformas antecipadas fazem parte dos custos normais que uma empresa deve suportar com os seus próprios recursos. Nestas condições, qualquer contribuição do Estado para estes custos deve ser considerada como um auxílio, independentemente de os pagamentos serem efectuados directamente à empresa ou aos seus trabalhadores por intermédio de um organismo estatal.

64. Quando concedidos a empresas em dificuldade, em princípio a Comissão não se opõe a estes auxílios, uma vez que os seus benefícios económicos ultrapassam os interesses da empresa em causa, dado que facilitam as alterações estruturais e atenuam os problemas sociais daí resultantes.

65. Para além de suportar os custos das indemnizações por despedimento e reforma antecipada, estes auxílios servem muitas vezes para financiar, em certos casos de reestruturação, acções de formação e de orientação profissional e de ajuda prática à procura de emprego, acções de ajuda à reinstalação e acções de formação profissional e assistência aos trabalhadores que desejam lançar-se numa nova actividade. Quando concedidos a empresas em dificuldade, a Comissão adopta sistematicamente uma posição favorável relativamente a este tipo de auxílios.

66. É necessário que o tipo de auxílios referidos nos pontos 62 a 65 sejam claramente identificados no plano de reestruturação. Com efeito, os auxílios para medidas sociais em benefício exclusivo dos trabalhadores despedidos não entram em

---

[1] No seu acórdão proferido no processo C-241/94, (*França/Comissão*, processo *Kimberly Clark Sopalin*, Col. 1996, p. I-4551), o Tribunal de Justiça confirmou que o financiamento pelas autoridades francesas, a partir do Fundo Nacional de Emprego, numa base discricionária, era susceptível de colocar certas empresas numa situação mais favorável do que outras, satisfazendo desta forma as condições para a existência de um auxílio nos termos do n.º 1 do artigo 87.º do Tratado. (O acórdão não pôs, aliás, em causa as conclusões da Comissão, que tinha considerado este auxílio compatível com o mercado comum).

linha de conta para determinar a dimensão das contrapartidas mencionadas nos pontos 38 a 42.

67. No interesse comum, a Comissão velará por limitar ao mínimo, no âmbito do plano de reestruturação, os efeitos sociais da reestruturação nos Estados--Membros que não o Estado-Membro que concede o auxílio.

3.2.7. *Necessidade de informar a Comissão de qualquer auxílio concedido à empresa beneficiária durante o período de reestruturação*

68. Quando um auxílio à reestruturação concedido a uma empresa de grande ou média dimensão é analisado ao abrigo das presentes orientações, a concessão de qualquer outro auxílio durante o período de reestruturação, mesmo em conformidade com um regime já autorizado, é susceptível de influenciar a determinação do nível das contrapartidas pela Comissão.

69. As notificações de auxílios à reestruturação concedidos a empresas de grande ou média dimensão devem indicar todos os outros auxílios, independentemente do seu tipo, previstos a favor da empresa beneficiária durante o período de reestruturação, a menos que o auxílio seja abrangido pela regra *de minimis* ou por um regulamento de isenção. A Comissão deve ter em conta este auxílio aquando da apreciação do auxílio à reestruturação.

70. Todos os auxílios efectivamente concedidos a uma grande ou média empresa durante o período de reestruturação, incluindo os auxílios concedidos ao abrigo de um regime autorizado, devem ser notificados individualmente à Comissão, desde que esta não tenha sido informada desses auxílios no momento da sua decisão relativa ao auxílio à reestruturação.

71. A Comissão deve garantir que a concessão de auxílios no âmbito de regimes aprovados não é susceptível de contornar as exigências das presentes orientações.

3.3. *Auxílio único*

72. Os auxílios de emergência constituem uma operação excepcional destinada principalmente a manter as empresas em actividade durante um período limitado, no decurso do qual o futuro dessas empresas pode ser avaliado. Não deve ser possível autorizar a concessão de sucessivos auxílios de emergência que se limitariam a manter o status quo, a retardar o inevitável e a transferir entretanto os problemas económicos e sociais para outros produtores mais eficientes ou para outros Estados-Membros. Assim, os auxílios de emergência só podem ser concedidos uma única vez (princípio do auxílio único).

De acordo com o mesmo princípio, a fim de evitar que as empresas sejam injustamente apoiadas, quando só conseguem sobreviver graças aos sucessivos apoios do Estado, os auxílios à reestruturação só devem ser concedidos uma única vez. Por último, se for concedido um auxílio de emergência a uma empresa que já tenha recebido um auxílio à reestruturação, pode considerar-se que as dificuldades do beneficiário são de carácter recorrente e que as intervenções repetidas do Estado provocam distorções da concorrência contrárias ao interesse comum. Tais intervenções repetidas do Estado não deviam ser permitidas.

73. Sempre que for notificado à Comissão um projecto de auxílio de emergência ou à reestruturação, o Estado-Membro deve especificar se a empresa já beneficiou de auxílios estatais de emergência ou à reestruturação, incluindo quaisquer auxílios concedidos antes do início de aplicação das presentes orientações e eventuais auxílios não notificados[1]. Em caso afirmativo, e se tiverem decorridos menos de 10 anos desde a concessão do auxílio de emergência, desde o termo do período de reestruturação ou desde que o plano de reestruturação deixou de ser executado (consoante o último acontecimento que tiver ocorrido), a Comissão não autorizará a concessão de outros auxílios de emergência ou à reestruturação, salvo:

a) No caso de um auxílio à reestruturação se seguir a um auxílio de emergência no âmbito de uma única operação de reestruturação; ou

b) No caso de um auxílio de emergência ter sido concedido em conformidade com as condições previstas na secção 3.1.1. e de este auxílio não ter sido acompanhado por uma reestruturação apoiada pelo Estado, se:

i) se puder razoavelmente considerar que a empresa é viável a longo prazo na sequência da concessão do auxílio de emergência, e

ii) forem necessários novos auxílios de emergência ou à reestruturação após pelo menos cinco anos devido a circunstâncias excepcionais e imprevisíveis[2] e não imputáveis à empresa;

c) Em circunstâncias excepcionais e imprevisíveis e não imputáveis à empresa.

Nos casos previstos nas alíneas *b)* e *c)* não pode ser utilizado o procedimento simplificado referido na secção 3.1.2.

74. As alterações de propriedade da empresa beneficiária na sequência da concessão de um auxílio, bem como de qualquer processo judicial ou administrativo que tenha por efeito sanear o seu balanço, reduzir o seu passivo ou eliminar as suas dívidas anteriores, em nada afectam a aplicação desta regra, desde que se trate da continuação de uma mesma empresa.

75. No caso de um grupo empresarial ter recebido um auxílio de emergência ou à reestruturação, a Comissão não autorizará normalmente a concessão ao refe-

---

[1] No que diz respeito a um auxílio não notificado, a Comissão terá em conta na sua análise a possibilidade de o auxílio poder ter sido declarado compatível com o mercado comum a outro título que não como auxílio de emergência ou à reestruturação.

[2] Circunstâncias imprevisíveis são aquelas que não podiam de modo nenhum ser previstas pelos gestores da empresa quando foi elaborado o plano de reestruturação e que não se devem a negligência nem a erros dos gestores da empresa ou a decisões do grupo a que a empresa pertence.

rido grupo ou a qualquer entidade pertencente ao grupo de outros auxílios de emergência ou à reestruturação, se não tiverem decorrido 10 anos desde a concessão do auxílio de emergência, desde o termo do período de reestruturação ou desde que o plano de reestruturação deixou de ser executado (consoante o último acontecimento que tiver ocorrido). Se uma entidade pertencente a um grupo empresarial tiver recebido um auxílio de emergência ou à reestruturação, o grupo no seu conjunto, bem como as outras entidades deste, com excepção da entidade que beneficiou anteriormente do auxílio, continuam a poder beneficiar de auxílios de emergência ou à reestruturação (desde que respeitem as outras disposições das presentes orientações). Os Estados-Membros devem garantir que nenhum auxílio será transferido do grupo ou de qualquer entidade deste para o anterior beneficiário do auxílio.

76. No caso de uma empresa adquirir activos de uma outra empresa, nomeadamente de uma empresa que tenha estado sujeita a um dos processos referidos no ponto 74 ou a um processo de falência ou de insolvência nos termos do direito nacional e que tenha ela própria já recebido um auxílio de emergência ou à reestruturação, o adquirente não está sujeito à condição do auxílio único, desde que estejam reunidas cumulativamente as condições seguintes:

a) O adquirente seja claramente distinto da antiga empresa;

b) O adquirente tenha adquirido os activos cedidos pela antiga empresa ao preço de mercado;

c) A liquidação ou a recuperação e a aquisição da antiga empresa não sejam simplesmente fórmulas destinadas a evitar a aplicação do princípio do auxílio único (o que a Comissão poderá verificar se, por exemplo, as dificuldades registadas pelo adquirente eram claramente previsíveis aquando da aquisição dos activos da antiga empresa).

77. Contudo, é conveniente recordar que os auxílios à aquisição dos activos, sendo auxílios ao investimento inicial, não são susceptíveis de serem autorizados ao abrigo das presentes orientações.

4. Regimes de auxílios a favor das PME

4.1. *Princípios gerais*

78. A Comissão só autorizará regimes de auxílios de emergência e/ou à reestruturação a pequenas e médias empresas em dificuldade se estas estiverem abrangidas pela definição comunitária de PME. Sob reserva das disposições específicas que se seguem, a compatibilidade desses regimes será apreciada à luz das condições estabelecidas nos capítulos 2 e 3, com excepção da secção 3.1.2, que não é aplicável aos regimes de auxílios. Qualquer auxílio concedido no âmbito de um regime e que não satisfaça uma destas condições deverá ser notificado individualmente e previamente aprovado pela Comissão.

4.2. Elegibilidade

79. Salvo disposição em contrário constante de regras sectoriais em matéria de auxílios estatais, os auxílios a favor de pequenas e médias empresas concedidos no âmbito de regimes autorizados a partir da data de início de aplicação das presentes orientações, só estão dispensados de notificação individual se a empresa beneficiária preencher pelo menos um dos três critérios enunciados no ponto 10. Os auxílios a favor de empresas que não satisfaçam nenhum destes três critérios, devem ser notificados individualmente à Comissão, a fim de que esta possa apreciar o carácter de empresa em dificuldade do beneficiário. Os auxílios a empresas que exercem a sua actividade num mercado com capacidade excedentária de longo prazo, independentemente da dimensão da empresa beneficiária, devem igualmente ser notificados individualmente à Comissão, de forma a que esta possa apreciar a aplicação do ponto 42.

4.3. Condições de autorização de regimes de auxílios de emergência

80. Para poderem ser autorizados pela Comissão, os regimes de auxílios de emergência devem satisfazer as condições previstas nas alíneas *a*), *b*), *d*) e *e*) do ponto 25. Por outro lado, os auxílios de emergência podem ser concedidos por um período máximo de seis meses, durante o qual deve ser feita uma análise da situação da empresa. Antes do final deste período, o Estado-Membro deve, quer ter aprovado um plano de reestruturação ou um plano de liquidação, quer ter exigido ao beneficiário o reembolso do empréstimo e do auxílio correspondente ao prémio de risco.

81. Qualquer auxílio de emergência que seja concedido por um período superior a seis meses ou que não seja reembolsado após seis meses deve ser notificado individualmente à Comissão.

4.4. Condições de autorização dos regimes de auxílios à reestruturação

82. A Comissão só poderá autorizar regimes de auxílios à reestruturação se a concessão dos auxílios for sujeita à execução completa por parte do beneficiário de um plano de reestruturação aprovado pelo Estado-Membro e que satisfaça as seguintes condições:

a) Restauração da viabilidade. São aplicáveis os critérios definidos nos pontos 34 a 37;

b) Prevenção de distorções indevidas da concorrência.

Uma vez que os auxílios às pequenas empresas são menos susceptíveis de distorcer a concorrência, o princípio enunciado nos pontos 38 a 42 não é aplicável, salvo disposição em contrário das regras sectoriais em matéria de auxílios estatais. Os regimes devem em contrapartida prever que as empresas beneficiárias não poderão proceder a qualquer aumento de capacidade durante o plano de reestruturação. No que se refere às empresas de média dimensão, aplica-se os pontos 38 a 42;

   c) Auxílios limitados ao mínimo necessário. São aplicáveis os princípios definidos nos pontos 43, 44 e 45;

   d) Alteração do plano de reestruturação. Qualquer alteração no plano de reestruturação deve respeitar as regras descritas nos pontos 52, 53 e 54.

4.5. *Condições comuns de autorização dos regimes de auxílios de emergência e/ou à reestruturação*

83. Os regimes devem indicar o montante máximo do auxílio susceptível de ser concedido a uma mesma empresa no âmbito de uma operação de auxílio de emergência e/ou à reestruturação, incluindo em caso de alteração do plano.

Qualquer auxílio que ultrapasse esse montante deve ser notificado individualmente à Comissão. O montante máximo para a concessão combinada de auxílios de emergência e à reestruturação a uma empresa não pode ultrapassar 10 milhões de euros, incluindo em caso de cumulação com outras fontes ou outros regimes.

84. Além disso, o princípio do auxílio único deve ser respeitado. É aplicável a regra estabelecida na secção 3.3.

85. Os Estados-Membros devem também notificar individualmente à Comissão os auxílios nos casos em que uma empresa tiver adquirido activos de outra empresa que tenha já recebido um auxílio de emergência ou à reestruturação.

4.6. *Controlo e relatórios anuais*

86. Os pontos 49, 50 e 51 não são aplicáveis aos regimes de auxílios. Contudo, a autorização do regime será acompanhada da obrigação de apresentar, normalmente numa base anual, um relatório sobre a aplicação do regime em questão, fornecendo as informações previstas nas instruções da Comissão sobre os relatórios normalizados[1]. Os relatórios devem igualmente incluir uma lista de todas as empresas beneficiárias e indicar em relação a cada uma delas:

   a) Denominação da empresa;

   b) Código sectorial da empresa correspondente ao código da classificação sectorial de três dígitos da NACE[2];

   c) Número de trabalhadores;

   d) Volume de negócios anual e valor contabilístico;

---

   [1] Ver anexo III A e B (modelo normalizado para apresentação de relatórios sobre os auxílios estatais existentes) do Regulamento (CE) n.º 794/2004 da Comissão, de 21 de Abril de 2004, relativo à aplicação do Regulamento (CE) n.º 659/1999 do Conselho que estabelece as regras de execução do artigo 93.º do Tratado CE (JO, L 140, de 30.4.2004, p. 1).

   [2] Nomenclatura geral das actividades económicas na Comunidade Europeia, publicado pelo Serviço das Publicações Oficiais das Comunidades Europeias.

e) Montante do auxílio concedido;
f) Montante e forma da contribuição do beneficiário;
g) Se for o caso, modalidade e importância das contrapartidas;
h) Se for o caso, quaisquer auxílios à reestruturação ou equiparados concedidos no passado;
i) Se o beneficiário foi ou não sujeito a liquidação ou a um processo de falência ou insolvência, até à conclusão do período de reestruturação.

5. Disposições aplicáveis aos auxílios à reestruturação no sector agrícola[1]

5.1. *Contrapartidas*

87. Os pontos 38 a 42, 57 e a alínea *b*) do ponto 82 prevêem que a exigência de contrapartidas não se aplica em princípio às pequenas empresas, salvo disposição em contrário das regras sectoriais em matéria de auxílios estatais. No sector agrícola, a Comissão exigirá normalmente contrapartidas, segundo os princípios enunciados nos pontos 38 a 42, de todos os beneficiários de um auxílio à reestruturação, independentemente da sua dimensão.

5.2. *Definição de capacidade excedentária*

88. Para efeitos das presentes orientações, a capacidade excedentária estrutural no sector agrícola será definida caso a caso pela Comissão, tendo nomeadamente em conta a dimensão e a tendência, para a categoria de produto em causa, das medidas de estabilização do mercado durante os três últimos anos, nomeadamente restituições à exportação e retiradas do mercado, a evolução dos preços no mercado mundial e as limitações sectoriais previstas na regulamentação comunitária.

5.3. *Elegibilidade para os regimes de auxílios de emergência e à reestruturação*

89. Em derrogação ao ponto 79, a Comissão pode dispensar igualmente auxílios a favor de PME do dever de notificação individual, se a PME em causa não preencher pelo menos um dos três critérios enunciados no ponto 10.

---

[1] Inclui, para efeitos das presentes orientações, a totalidade dos operadores que participam na produção primária dos produtos agrícolas constantes do anexo I do Tratado (agricultura). Os auxílios a favor de empresas que transformam e comercializam os produtos agrícolas não são abrangidos pelo presente capítulo. Os auxílios a estas empresas devem ser apreciados de acordo com as regras gerais das presentes orientações. O sector da pesca e da aquicultura não é abrangido pelo presente capítulo.

5.4. Reduções de capacidade

90. Quando exista um excesso de capacidade estrutural, é aplicável a exigência de uma redução ou de um encerramento irreversível das capacidades de produção referida nos pontos 38 a 42. As terras agrícolas podem ser reutilizadas após 15 anos de encerramento efectivo da capacidade. Nesse período de 15 anos têm de ser mantidas em boas condições agrícolas e ambientais, enquanto terras que deixaram de ser utilizadas para fins produtivos, em conformidade com o artigo 5.º do Regulamento (CE) n.º 1782/2003 do Conselho, de 29 de Setembro de 2003 que estabelece regras comuns para os regimes de apoio directo no âmbito da política agrícola comum e institui determinados regimes de apoio aos agricultores[1] e com as regras de execução relevantes.

91. No que se refere a medidas de auxílio orientadas para produtos ou operadores determinados, a redução da capacidade de produção deve atingir pelo menos 10% da capacidade relativamente à qual o auxílio à reestruturação é efectivamente concedido. No que se refere às medidas de auxílio não orientadas, a redução da capacidade de produção não deverá ser inferior a 5%. No que respeita aos auxílios à reestruturação nas regiões menos desenvolvidas[2], a exigência de redução de capacidade será diminuída de dois pontos percentuais. A Comissão suprimirá estas exigências de redução de capacidade quando a totalidade das decisões de concessão de auxílios à reestruturação tomadas a favor de beneficiários num determinado sector e num período consecutivo de doze meses não implicar mais de 1% da capacidade de produção desse sector no Estado-Membro em causa. Esta regra pode ser aplicada a nível regional no caso de um regime de auxílios limitado a uma determinada região.

92. A exigência de redução irreversível da capacidade de produção pode ser satisfeita ao nível do mercado relevante (sem ser aplicada aos beneficiários do auxílio à reestruturação). Os Estados-Membros podem, no respeito das disposições da política agrícola comum, escolher o sistema de redução da capacidade que desejarem aplicar.

93. O Estado-Membro deve demonstrar que a redução de capacidade é complementar das reduções de capacidade que deveriam ser efectuadas na ausência do auxílio à reestruturação.

94. Quando a redução da capacidade não se aplicar a nível do beneficiário do auxílio, as medidas de redução devem ser aplicadas no prazo de um ano após a concessão do auxílio.

---

[1] JO, L 270, de 21.10.2003, p. 1. Regulamento com a última redacção que lhe foi dada pelo Regulamento (CE) n.º 864/2004 (JO, L 161, de 30.4.2004, p. 48).

[2] Tal como definidas no artigo 13.º e seguintes do Regulamento (CE) n.º 1257/1999 do Conselho (JO, L 160, de 26.6.1999 p. 80), com a última redacção que lhe foi dada pelo Regulamento (CE) n.º 583/2004 (JO, L 91, de 30.3.2004, p. 1).

95. A fim de garantir a eficácia da redução da capacidade realizada a nível do mercado relevante, o Estado-Membro deve comprometer-se a não conceder auxílios estatais para aumentos de capacidade no sector em causa. Este compromisso deverá manter-se por um período de cinco anos a partir da data em que foi de facto atingida a redução de capacidade requerida.

96. Para determinar a elegibilidade para auxílios à reestruturação, bem como o respectivo montante, não deve ser tido em conta o dever do respeito da quota comunitária nem as disposições associadas, aplicáveis ao nível dos operadores individuais.

5.5. Princípio do auxílio único

97. O princípio segundo o qual os auxílios de emergência ou à reestruturação só devem ser concedidos uma única vez é igualmente aplicável ao sector agrícola. Contudo, em vez do período de dez anos previsto na secção 3.3 aplica-se um período de cinco anos.

5.6. Controlo e relatório anual

98. No que diz respeito ao controlo e relatório anual no sector agrícola, são aplicáveis as disposições dos capítulos 3 e 4, à excepção do dever de fornecer uma lista de todos os beneficiários de auxílios, bem como determinadas informações (ponto 86) relativamente a cada um deles. Em caso de recurso às disposições dos pontos 90 a 96, o relatório deve incluir igualmente informações sobre a capacidade de produção que efectivamente beneficiou do auxílio à reestruturação e sobre a redução de capacidades atingida.

6. Medidas adequadas nos termos do n.º 1 do artigo 88.º

99. A Comissão proporá aos Estados-Membros por ofício separado, com base no n.º 1 do artigo 88.º do Tratado CE, que adoptem as medidas adequadas nos termos dos pontos 100 e 101 relativamente aos seus regimes de auxílios existentes. A Comissão tenciona subordinar a autorização de qualquer futuro regime ao respeito das seguintes disposições.

100. Os Estados-Membros que tiverem aceite a proposta da Comissão devem adaptar os seus regimes existentes de auxílios aplicáveis após 9 de Outubro de 2004, no prazo de seis meses, a fim de os tornar conformes às presentes orientações.

101. Os Estados-Membros devem indicar que aceitam estas medidas adequadas no prazo de um mês após a recepção do ofício com a proposta de medidas adequadas acima referida.

7. Início de aplicação e duração

102. A Comissão aplicará as presentes orientações a partir de 10 de Outubro de 2004 até 9 de Outubro de 2009.

103. As notificações registadas pela Comissão antes de 10 de Outubro de 2004 serão apreciadas de acordo com os critérios aplicáveis à data da notificação.

104. A Comissão apreciará a compatibilidade com o mercado comum de qualquer auxílio de emergência ou à reestruturação concedido sem a sua autorização e, por conseguinte, em infracção ao n.º 3 do artigo 88.º do Tratado com base nas presentes orientações se o auxílio, ou parte deste, tiver sido concedido após a publicação das presentes orientações no Jornal Oficial da União Europeia.

Em todos os outros casos, a apreciação será feita com base nas orientações aplicáveis à data da concessão do auxílio.

ANEXO

Fórmula[1] para calcular o montante máximo dos auxílios de emergência a que pode ser aplicado o procedimento simplificado:

$$\frac{EBIT_t + amortissement_t + (fonds\ de\ roulement_t - fonds\ de\ roulement_{t-1})}{2}$$

Esta fórmula baseia-se nos resultados de exploração da empresa (EBIT, resultado antes de juros e impostos) registados no ano anterior ao da concessão/notificação do auxílio (designado por ano t). A este montante são acrescidas as amortizações. Seguidamente, é adicionada a variação do fundo de maneio. A variação do fundo de maneio é igual à diferença entre o activo corrente e o passivo corrente[2] registada nos últimos exercícios contabilísticos encerrados. Do mesmo modo, se forem incluídas provisões a nível dos resultados de exploração, tal facto deve ser claramente indicado e o resultado não deve comportar estas provisões.

A fórmula destina-se a estimar a margem negativa de autofinanciamento (cash flow) decorrente da exploração da empresa no exercício anterior ao do pedido de auxílio (ou anterior ao da concessão do auxílios, no caso de auxílios não notificados). Metade deste montante deve ser suficiente para manter a empresa em actividade por um período de seis meses. Por conseguinte, chega-se ao resultado da fórmula após uma divisão por 2.

A presente fórmula só pode ser aplicada quando o resultado for negativo.

No caso de a fórmula conduzir a um resultado positivo, deverá ser apresentada uma explicação pormenorizada que demonstre que a empresa está em dificuldade, nos termos dos pontos 10 e 11.

Exemplo:

---

[1] O EBIT (resultado antes de juros e impostos, constante das contas anuais do exercício anterior ao do pedido, designado exercício t) deve ser acrescido das amortizações do mesmo período e da variação do fundo de maneio ocorrida num período de dois anos (ano anterior ao do pedido e o ano que o precedeu), sendo o resultado dividido por dois, a fim de determinar um montante semestral, que corresponde ao prazo normal durante o qual pode ser concedido um auxílio de emergência.

[2] Activo corrente: disponibilidades, valores a receber (clientes e outros devedores), outros activos e despesas antecipadas e existências.

Passivo corrente: passivo financeiro, fornecedores (fornecedores e outros credores) e outros valores a pagar, receitas diferidas, outras dívidas e impostos a pagar.

Resultado antes de juros e impostos (milhões de euros)	(12)	
Amortizações (milhões de euros)	2	
Balanço (milhões de euros)	31 de Dezembro de X	31 de Dezembro de XO
Activo corrente		
Numerário ou outras disponibilidades	10	5
Devedores	30	20
Existências	50	45
Despesas antecipadas	20	10
Outros activos correntes	20	20
Total do activo corrente	130	100
Passivo corrente		
Credores	20	25
Despesas de regularização	15	10
Receitas diferidas	5	5
Total do passivo corrente	40	40
Fundo de maneio	90	60
Variação do fundo de maneio	(30)	

Montante máximo do auxílio de emergência = [- 12 + 2 + (- 30)] / 2 = -20 milhões de euros.

Como o resultado da fórmula é superior a 10 milhões de euros não se pode recorrer ao procedimento simplificado descrito no ponto 30. Se este limite for excedido, o Estado--Membro deve explicar como foram determinadas as necessidades futuras de tesouraria da empresa, bem como o montante do auxílio de emergência.

ENQUADRAMENTO MULTISSECTORIAL – GRANDES PROJECTOS DE INVESTIMENTO

Comunicação da Comissão*

1. Introdução: âmbito da medida

1. Em 16 de Dezembro de 1997, a Comissão adoptou o "Enquadramento multissectorial em matéria de auxílios com finalidade regional para grandes projectos de investimento"[1]. O enquadramento multissectorial entrou em vigor em 1 de Setembro de 1998 por um período experimental inicial de três anos. Em 2001 a sua vigência foi prorrogada até 31 de Dezembro de 2002.

2. Em conformidade com o ponto 4.1 do enquadramento multissectorial, a Comissão procedeu ao seu exame, em 2001, e concluiu que o enquadramento devia ser revisto. Considerou igualmente que os enquadramentos sectoriais específicos deviam ser integrados no novo enquadramento multissectorial.

3. O presente enquadramento aplica-se apenas aos auxílios com finalidade regional, tal como definidos nas orientações relativas aos auxílios estatais com finalidade regional[2], que visam promover o investimento inicial, incluindo a criação de emprego no âmbito desse investimento inicial, com base no n.º 3, alíneas *a*) e *c*), do artigo 87.º do Tratado. O enquadramento não prejudica a avaliação das propostas de auxílio ao abrigo de outras disposições do Tratado, como seja o n.º 3, alíneas *b*) ou *d*), do artigo 87.º No que respeita aos sectores do aço e das fibras sintéticas, aplica-se também a grandes auxílios estatais individuais a pequenas e médias empresas que não estejam isentas pelo Regulamento (CE) n.º 70/2001 da Comissão[3]. Não se aplica aos casos de auxílio à reestruturação, que continuarão a ser abrangidos pelas orientações comunitárias dos auxílios estatais de emergência e à reestruturação de

---

* Comunicação da Comissão – Enquadramento multissectorial dos auxílios com finalidade regional para grandes projectos de investimento [notificada com o número C(2002) 315] (Texto relevante para efeitos do EEE) – JO, C 70, de 19.3.2002, pp. 8-20 – alterada pela Comunicação 2003/C263/03 – JO, C 263, de 1.11.2003, pp. 3-4.

[1] JO, C 107, de 7.4.1998, p. 7.
[2] JO, C 74, de 10.3.1998, p. 9.
[3] JO, L 10, de 13.1.2001, p. 33.

empresas em dificuldade[1]. Do mesmo modo, o presente enquadramento não afecta a aplicação dos actuais enquadramentos horizontais, designadamente o enquadramento comunitário dos auxílios estatais à investigação e desenvolvimento[2] e o enquadramento comunitário dos auxílios estatais a favor do ambiente[3].

4. O presente enquadramento não afecta o funcionamento das regras específicas sobre os auxílios estatais aplicáveis aos sectores da agricultura, das pescas e dos transportes, bem como à indústria do carvão.

5. A intensidade dos auxílios com finalidade regional para projectos de investimento não isentos da obrigação de notificação prevista no n.º 3 do artigo 88.º do Tratado através de um regulamento de isenção adoptado pela Comissão com base no Regulamento (CE) n.º 994/98 do Conselho[4], será limitada com base nos critérios estabelecidos no presente enquadramento.

6. Ao abrigo do presente enquadramento, abaixo de determinados limiares não é necessário notificar previamente os auxílios para grandes projectos de investimento, desde que os mesmos sejam concedidos no âmbito de um regime de auxílios aprovado pela Comissão. No entanto, o enquadramento não interfere com a obrigação de os Estados-Membros notificarem novos auxílios individuais (ad hoc) não isentos da obrigação de notificação estabelecida no n.º 3 do artigo 88.º do Tratado através de um regulamento de isenção adoptado pela Comissão com base no Regulamento (CE) n.º 994/98. As regras delineadas no presente enquadramento aplicam-se também à avaliação de tais medidas de auxílios estatais individuais (ad hoc).

2. Necessidade da medida

2.1. *Um instrumento simples e transparente – fundamentação*

7. O presente enquadramento é um instrumento mais simples do que o anterior enquadramento multissectorial. A Comissão entende que os auxílios com finalidade regional destinados a grandes projectos de investimento devem ser controlados de forma simples e transparente. A experiência do anterior enquadramento multissectorial levou a Comissão a introduzir várias simplificações, alterações e clarificações.

8. Em primeiro lugar, o anterior enquadramento multissectorial não teve um impacto significativo nos níveis dos auxílios estatais para grandes projectos de investimento na Comunidade. A Comissão considera necessário adoptar uma abordagem restritiva no que diz respeito aos auxílios com finalidade regional para pro-

---

[1] JO, C 288, de 9.10.1999, p. 1.
[2] JO, C 45, de 17.2.1996, p. 1.
[3] JO, C 37, de 3.2.2001, p. 3.
[4] JO, L 142, de 14.5.1998, p. 1.

jectos de grande dimensão, mantendo no entanto a atracção das regiões desfavorecidas. A necessidade de uma abordagem mais restritiva relativamente aos auxílios com finalidade regional para grandes projectos de investimento móveis tem sido amplamente reconhecida nos últimos anos. A realização do mercado único torna cada vez mais importante a necessidade de manter um controlo rigoroso dos auxílios estatais para esses projectos, uma vez que os seus efeitos de distorção aumentam à medida que são eliminadas outras distorções da concorrência de origem pública e os mercados se tornam cada vez mais abertos e integrados. O justo equilíbrio entre os três objectivos fundamentais da política comunitária, a saber, concorrência não falseada no mercado interno, coesão económica e social e competitividade industrial, tem de prever medidas mais estritas para os auxílios com finalidade regional atribuídos a grandes projectos.

9. Em segundo lugar, a inclusão de vários enquadramentos num instrumento unificado permitirá simplificar a legislação existente e aumentar a fiabilidade e a transparência do controlo dos auxílios estatais.

10. Em terceiro lugar, a utilização de um instrumento muito mais simples reduzirá a carga administrativa nas administrações e reforçará a previsibilidade das decisões relativas aos montantes de auxílio admissíveis, quer para os investidores, quer para as administrações.

11. E, em quarto lugar, para impedir graves distorções da concorrência, o enquadramento apresenta regras mais estritas para os sectores que registam problemas estruturais.

2.2. Necessidade de um controlo mais sistemático dos auxílios com finalidade regional para grandes projectos de investimento móveis

12. Os limites máximos de auxílio fixados pela Comissão para todas as zonas elegíveis para auxílios com finalidade regional destinam-se, em geral, a proporcionar um nível adequado de incentivo necessário ao desenvolvimento das regiões assistidas. Todavia, dado tratar-se de um limite único, excedem habitualmente os problemas regionais quando aplicados a grandes projectos. O objectivo do presente enquadramento consiste em limitar o nível de incentivo disponível para grandes projectos a um nível que evite o mais possível distorções desnecessárias da concorrência.

13. Os grandes investimentos podem contribuir para o desenvolvimento regional, designadamente atraindo empresas à região, introduzindo tecnologias avançadas e contribuindo para a formação dos trabalhadores. No entanto, trata-se de investimentos menos afectados pelos problemas regionais específicos das zonas desfavorecidas. Em primeiro lugar, os grandes investimentos podem induzir economias de escala que reduzem os custos iniciais específicos da localização. Em segundo lugar, não estão em muitos aspectos associados à região onde o investimento físico se realiza. Os grandes investimentos podem facilmente obter capital e crédito em mercados globais e não são limitados pela oferta mais reduzida de serviços financeiros numa determinada região desfavorecida. Além disso, as empresas

que efectuam grandes investimentos podem ter acesso a uma oferta de mão-de-obra geograficamente mais vasta e podem mais facilmente transferir trabalhadores qualificados para a localização escolhida.

14. Simultaneamente, havendo grandes investimentos que recebam montantes elevados de auxílios estatais, ao beneficiarem da totalidade dos limites regionais máximos, existe maior risco de afectação do comércio e, por consequência, de uma maior distorção face a concorrentes de outros Estados-Membros. Tal deve-se ao facto de ser mais provável que o beneficiário do auxílio seja um operador muito importante no mercado em causa e, consequentemente, o investimento para o qual foi concedido o auxílio poder alterar a situação competitiva desse mercado.

15. Adicionalmente, as empresas que realizam grandes investimentos possuem normalmente um poder de negociação considerável face às autoridades que concedem o auxílio. Na realidade, os investidores em grandes projectos consideram frequentemente a hipótese de localizações alternativas em vários Estados-Membros, o que pode dar origem a uma espiral de promessas generosas de auxílio, provavelmente a um nível muito mais elevado do que o necessário para compensar as desvantagens regionais.

16. Esta escalada de subsídios é susceptível de dar origem a que grandes investimentos beneficiem de intensidades de auxílio superiores aos custos adicionais resultantes da escolha da localização do investimento numa região desfavorecida.

17. O montante de auxílio que ultrapasse o mínimo necessário para compensar as desvantagens regionais pode causar efeitos negativos (escolha inadequada de localização), maior distorção da concorrência e perdas de rendimento líquido, uma vez que os auxílios constituem uma transferência onerosa dos contribuintes para o beneficiário do auxílio.

18. A experiência recente demonstrou que os grandes projectos de investimento que beneficiaram de auxílios com finalidade regional para investimentos têm natureza de capital-intensivo, mais do que projectos de investimento de menor dimensão. Consequentemente, um tratamento mais favorável dos projectos de investimento mais pequenos traduzir-se-á por um tratamento mais favorável dos projectos com maior intensidade de mão-de-obra em áreas assistidas, contribuindo assim para a criação de postos de trabalho e a redução do desemprego.

19. Há investimentos susceptíveis de induzir graves distorções da concorrência, pondo em causa os seus efeitos benéficos na região em questão. É o caso dos investimentos em sectores em que uma única empresa possua uma elevada quota de mercado ou em que a capacidade de produção sectorial aumente significativamente, sem um aumento correspondente da procura dos produtos em questão. De uma forma mais geral, é provável que se verifiquem distorções da concorrência em sectores que registem problemas estruturais, em que a capacidade de produção existente exceda já a procura do produto no mercado ou em que a procura do produto em questão esteja a diminuir constantemente.

20. Em conformidade com o artigo 159.º do Tratado, há que ter em consideração a coerência entre as decisões sobre os auxílios estatais adoptadas ao abrigo do presente enquadramento e as acções dos fundos estruturais que contribuem para reforçar a coesão económica e social da Comunidade, em especial as que visam reduzir as disparidades entre os níveis de desenvolvimento das várias regiões e o atraso das regiões desfavorecidas. Os projectos co-financiados pelos fundos estruturais contribuem efectivamente para a coesão económica e social da Comunidade, pelo que devem ser devidamente considerados.

3. Redução dos níveis de auxílio para grandes projectos de investimento

21. Sem prejuízo dos critérios de compatibilidade previstos nas orientações relativas aos auxílios estatais com finalidade regional e no Regulamento (CE) n.º 70/2001, e sem prejuízo da obrigação de notificação estabelecida no ponto 24 e das disposições transitórias previstas na secção 8, os auxílios com finalidade regional para investimentos que impliquem despesas elegíveis[1] correspondentes aos limiares determinados a seguir serão sujeitos a um limite inferior ajustado do auxílio com finalidade regional, com base na seguinte escala:

Despesas elegíveis	Limite ajustado do auxílio
Até 50 milhões de euros	100% do limite regional
Parte entre 50 e 100 milhões de euros	50% do limite regional
Parte acima de 100 milhões de euros	34% do limte regional

---

[1] De acordo com as orientações relativas aos auxílios estatais com finalidade regional, as despesas elegíveis para os auxílios com finalidade regional destinados ao investimento são definidas pelas regras estabelecidas nos pontos 4.5 e 4.6 (opção 1) ou no ponto 4.13 (opção 2). De acordo com o ponto 4.19 das orientações relativas aos auxílios estatais com finalidade regional, o auxílio calculado com base na opção 1 ("auxílio ao investimento") pode ser combinado com o auxílio calculado com base na opção 2 ("auxílio à criação de emprego"), desde que o montante combinado do auxílio não exceda o limite do auxílio com finalidade regional multiplicado pelo valor mais elevado das duas despesas elegíveis possíveis. De acordo com esta regra e para os fins do presente enquadramento, as despesas elegíveis de um projecto de investimento específico definem-se com base na opção que conduzir ao montante mais elevado. O montante das despesas elegíveis será determinado por forma a que não exceda o montante do investimento mais elevado resultante do método de criação de emprego e do método de investimento inicial, sujeito ao limite de intensidade definido para a região.

22. Consequentemente, o montante do auxílio admissível para projectos superiores a 50 milhões de euros será calculado de acordo com a fórmula seguinte: montante máximo do auxílio = R x (50 + 0,50 B + 0,34 C); sendo R o limite regional não ajustado, B a despesa elegível compreendida entre 50 e 100 milhões de euros e C a despesa elegível acima de 100 milhões de euros, caso exista[1].

23. A título de exemplo, para uma grande empresa que invista 80 milhões de euros numa zona assistida onde o limite não ajustado de auxílio com finalidade regional seja de 25% ESL, o montante máximo do auxílio admissível seria de 16,25 milhões de euros ESL, o que corresponde a uma intensidade de auxílio de 20,3% ESL. Uma grande empresa que investisse 160 milhões de euros na mesma zona, teria como limite máximo de auxílio admissível 23,85 milhões de euros ESL, o que corresponde a uma intensidade de auxílio de 14,9% ESL.

24. No entanto, os Estados-Membros são obrigados a notificar individualmente os auxílios com finalidade regional, no caso de o auxílio proposto ultrapassar o auxílio máximo permitido que um investimento de 100 milhões de euros pode obter de acordo com a escala e as regras definidas no ponto 21[2]. Os projectos sujeitos a notificação individual não são elegíveis caso ocorra uma das duas situações seguintes:

a) O beneficiário do auxílio é responsável por mais de 25% das vendas do produto em questão antes do investimento ou responde, após o investimento, por mais de 25%;

b) A capacidade criada pelo projecto é superior a 5% da dimensão do mercado calculado, utilizando os dados relativos ao consumo aparente do produto em causa, excepto se a taxa de crescimento média anual do consumo aparente durante

---

[1] Este quadro ilustra, para montantes específicos das despesas elegíveis e para limites regionais específicos, as intensidades de auxílio que é possível conceder no âmbito da escala de redução.

Despesas elegíveis	Limites dos auxílios com finalidade regional					
	15%	20%	25%	30%	35%	40%
50 milhões de euros	15,00%	20,00%	25,00%	30,00%	35,00%	40,00%
100 milhões de euros	11,255	15,00%	18,75%	22,50%	26,25%	30,00%
200 Milhões de euros	8,18%	10,90%	13,63%	16,35%	19,08%	21,80%
500 milhões de euros	6,33%	8,44%	10,55%	12,66%	14,77%	16,88%

[2] As propostas de concessão de auxílios ad hoc têm de ser sempre notificadas e serão avaliadas com base nas regras definidas na secção 3 do enquadramento e de acordo com os critérios gerais de avaliação definidos nas orientações relativas aos auxílios estatais com finalidade regional.

os últimos cinco anos for superior à taxa de crescimento média anual do PIB do EEE.

Compete aos Estados-Membros provarem a inexistência das situações referidas nas alíneas *a*) e *b*)[1]. Para fins da aplicação das alíneas *a*) e *b*), o consumo aparente será definido ao nível adequado da nomenclatura Prodcom[2] no EEE ou, caso a informação não esteja disponível, com base em outra segmentação do mercado geralmente aceite para os produtos em questão e relativamente aos quais se disponha de estatísticas.

25. A intensidade de auxílio máxima aceitável que um projecto sujeito a notificação pode receber no âmbito do ponto 24 pode ser aumentada multiplicando-o pelo factor 1,15 caso o projecto seja co-financiado com recursos dos fundos estruturais na qualidade de grande projecto na acepção do artigo 25.º do Regulamento (CE) n.º 1260/1999 do Conselho, de 21 de Junho de 1999, que estabelece disposições gerais sobre os fundos estruturais[3], de acordo com as disposições previstas no artigo 26.º desse mesmo regulamento. A taxa de co-financiamento deverá ser, no mínimo, 10% da despesa pública total, no caso de o projecto estar localizado numa área elegível para auxílio ao abrigo do n.º 3, alínea *c*), do artigo 87.º e, no mínimo, 25% da despesa pública total se o projecto estiver localizado numa área elegível para auxílio ao abrigo do n.º 3, alínea *a*), do artigo 87.º

26. Todavia, o aumento do auxílio resultante do ponto 25 não deve implicar uma intensidade de auxílio superior ao máximo permitido para um investimento de 100 milhões de euros, ou seja, 75% do limite de auxílio com finalidade regional não ajustado.

4. Proibição de auxílios para projectos de investimento na indústria siderúrgica

27. No que respeita à indústria siderúrgica tal como definida no anexo B do presente enquadramento[4], a Comissão salienta que durante um longo período as

---

[1] Caso o Estado-Membro demonstre que o beneficiário do auxílio vai criar, através de inovação genuína, um novo mercado de produtos, não será necessário proceder aos testes previstos nas alíneas *a*) e *b*), sendo o auxílio autorizado segundo a escala fornecida no ponto 21.

[2] Regulamento (CE) n.º 3924/91 do Conselho, de 19 de Dezembro de 1991, relativo à criação de um inquérito comunitário sobre a produção industrial (JO, L 374, de 31.12.1991, p. 1).

[3] JO, L 161, de 26.6.1999, p. 1.

[4] Inclui-se o sector siderúrgico actualmente abrangido pelo Tratado CECA, bem como os subsectores dos tubos ocos sem costura e dos tubos soldados de grande diâmetro, actualmente não abrangidos pelo Tratado CECA mas que fazem parte de um processo integrado de produção com características semelhantes às do sector siderúrgico abrangido pelo Tratado CECA.

empresas CECA do sector funcionaram sem recurso aos auxílios ao investimento de que beneficiavam os restantes sectores industriais. As empresas siderúrgicas integraram este factor nas suas estratégias e estão habituadas a esta situação. Dadas as características específicas do sector siderúrgico (em especial a sua estrutura, o excesso de capacidade existente a nível europeu e mundial, o seu carácter capital-intensivo, a localização da maior parte das unidades de produção em regiões elegíveis para auxílios com finalidade regional e os montantes significativos de fundos públicos destinados à reestruturação do sector siderúrgico e à conversão das bacias siderúrgicas) e a experiência adquirida, aquando da aplicação, no passado, de regras menos estritas em matéria de auxílios estatais, afigura-se justificado continuar a proibir auxílios ao investimento neste sector, independentemente da dimensão do investimento. Consequentemente, a Comissão entende que os auxílios regionais à indústria siderúrgica não são compatíveis com o mercado comum. Esta incompatibilidade aplica-se também a elevados subsídios individuais concedidos a pequenas e médias empresas na acepção do artigo 6.º do Regulamento (CE) n.º 70/2001, e que não são isentos por este regulamento.

5. Projectos de investimento em sectores com problemas estruturais, para além do siderúrgico

28. A Comissão sempre considerou que o investimento em sectores que registam ou ameaçam registar um excesso de capacidade ou um declínio persistente da procura aumenta o risco de distorção da concorrência, sem acrescentar os necessários benefícios compensatórios para a região em causa. A melhor forma de reconhecer que estes investimentos são menos benéficos de um ponto de vista regional é reduzir os auxílios ao investimento a projectos em sectores com problemas estruturais para níveis inferiores ao admissível para outros sectores.

29. Até agora, vários sectores industriais sensíveis foram objecto de regras específicas e mais rigorosas em matéria de auxílios estatais[1]. Em conformidade com o ponto 1.3 do anterior enquadramento multissectorial, estas regras sectoriais específicas continuaram a ser aplicadas.

30. Um dos objectivos do anterior enquadramento multissectorial era proporcionar a possibilidade de se substituírem as regras sectoriais existentes por um instrumento único. De acordo com as regras de transição apresentadas na secção 8, a Comissão pretende, com a presente revisão, incluir estes sectores industriais sensíveis no presente enquadramento.

---

[1] Código dos auxílios ao sector das fibras sintéticas (JO, C 94, de 30.3.1996, p. 11); Enquadramento comunitário dos auxílios estatais no sector dos veículos automóveis (JO, C 279, de 15.9.1997, p. 1); Regulamento (CE) n.º 1540/98 do Conselho, de 29 de Junho de 1998, que estabelece novas regras de auxílio à construção naval é abrangido pelo auxílio à construção naval (JO, L 202, de 18.7.1998, p. 1).

31. Os sectores onde continuem a registar-se graves problemas estruturais poderão ser especificados numa lista de sectores a anexar ao presente enquadramento. Não serão autorizados auxílios ao investimento com finalidade regional nestes sectores, de acordo com o disposto na presente secção. A viabilidade técnica e a oportunidade política e económica de adoptar tal lista de sectores serão examinadas até ao final de 2005. Se a Comissão decidir adoptar tal lista de sectores, esta será adoptada e publicada antes de 31 de Março de 2006 e será aplicável a partir de 1 de Janeiro de 2007. As eventuais medidas adequadas nos termos do n.º 1 do artigo 88.º do Tratado CE que venham a revelar-se necessárias neste contexto serão propostas até 1 de Julho de 2006.

32. Para efeitos do exame da viabilidade técnica do estabelecimento de uma lista de sectores, os problemas sectoriais graves serão, em princípio, determinados com base nos dados do consumo aparente, ao nível adequado da nomenclatura CPA[1] no EEE ou, caso a informação não esteja disponível, de outra segmentação do mercado geralmente aceite para os produtos em questão e relativamente aos quais se disponha de estatísticas. Outros dados e informações relevantes poderão também ser tidos em consideração, incluindo estudos sectoriais. Nenhum sector será incluído com base numa abordagem estatística puramente mecânica. A lista de sectores pode ser actualizada sempre que necessário.

33. Se a Comissão decidir adoptar tal lista de sectores, a partir de 1 de Janeiro de 2007, relativamente aos sectores incluídos na lista de sectores com problemas estruturais graves, todos os auxílios com finalidade regional destinados a projectos de investimentos que impliquem despesas elegíveis superiores a um montante a definir pela Comissão no momento da elaboração da lista de sectores[2] terão de ser notificados individualmente à Comissão, sem prejuízo do disposto no Regulamento (CE) n.º 70/2001. A Comissão procederá à análise das notificações de acordo com as regras seguintes: o projecto de auxílio tem, antes de mais, de observar as orientações relativas aos auxílios com finalidade regional; além disso, as despesas elegíveis definidas no ponto 51 que excedam o montante a determinar pela Comissão no momento da elaboração da lista de sectores não serão elegíveis para auxílio ao investimento, excepto nos casos previstos no ponto 34.

34. Em derrogação ao disposto no ponto 33, a Comissão poderá autorizar auxílios ao investimento nos sectores incluídos na lista de sectores com base nas intensidades de auxílio definidas na secção 3 do presente enquadramento, desde que

---

[1] Regulamento (CEE) n.º 3696/93 do Conselho, de 29 de Outubro de 1993, relativo à classificação estatística dos produtos por actividade na Comunidade Económica Europeia (JO, L 342, de 31.12.1993, p. 1), com a última redacção que lhe foi dada pelo Regulamento (CE) n.º 204/2002 da Comissão (JO, L 36, de 6.2.2002, p. 1).

[2] O montante poderá, em princípio, ser fixado em 25 milhões de euros, mas poderá variar de sector para sector.

o Estado-Membro comprove que, embora o sector seja considerado em declínio, o mercado do produto em questão está em rápido crescimento[1].

6. Controlo *a posteriori*

35. Ao elaborar o presente enquadramento, a Comissão procurou garantir, na medida do possível, que fosse claro, inequívoco, previsível e eficaz e implicasse o mínimo de encargos administrativos suplementares.

36. A fim de garantir a transparência e eficácia do controlo, é conveniente estabelecer um formato normalizado segundo o qual os Estados-Membros fornecerão à Comissão informações sintéticas de acordo com o modelo estabelecido no anexo A quando for concedido um auxílio superior a 50 milhões de euros na acepção do presente enquadramento. Ao concederem auxílios no âmbito do presente enquadramento, os Estados-Membros têm de fornecer à Comissão uma síntese da informação referida no prazo de 20 dias úteis a contar da concessão do auxílio pela autoridade competente. A Comissão disponibilizará estas informações ao público através do seu sítio web (http://europa.eu.int/comm/competition/).

37. Os Estados-Membros devem conservar registos pormenorizados relativamente à concessão dos auxílios individuais abrangidos pelo presente enquadramento. Esses registos têm de incluir todas as informações necessárias para comprovar o cumprimento da intensidade máxima do auxílio estabelecida em aplicação do presente enquadramento. Os Estados-Membros devem conservar um registo dos auxílios individuais por um período de 10 anos a contar da data da sua concessão. Mediante pedido da Comissão, apresentado por escrito, o Estado-Membro em causa deve transmitir-lhe, no prazo de 20 dias úteis ou num prazo mais longo eventualmente indicado nesse pedido, todas as informações que a Comissão entenda necessárias para apreciar o respeito das condições estabelecidas no presente enquadramento.

7. Validade do enquadramento

38. O presente enquadramento será aplicável até 31 de Dezembro de 2009. Antes desta data, a Comissão procederá à avaliação do enquadramento. A Comissão pode alterar o enquadramento antes de 31 de Dezembro de 2009 com base em con-

---

[1] O mercado do produto em questão será considerado em rápido crescimento quando o consumo aparente nos últimos cinco anos ao nível adequado da nomenclatura Prodcom no EEE ou, caso esta informação não exista, de outra segmentação do mercado geralmente aceite para os produtos em questão e relativamente aos quais existam estatísticas, registar um crescimento em termos de valor a uma taxa média igual ou superior ao crescimento médio do PIB do EEE.

siderações importantes em matéria de política de concorrência ou por forma a ter em consideração outras políticas comunitárias ou compromissos internacionais. Essa alteração não poderá, no entanto, afectar a proibição de auxílios ao investimento ao sector siderúrgico.

39. No que respeita ao sector siderúrgico tal como definido no anexo B, o disposto no enquadramento será aplicável a partir de 24 de Julho de 2002. As regras sectoriais específicas existentes para antes de 1 de Janeiro de 2003 para o sector de veículos automóveis e para o sector das fibras sintéticas serão examinados à luz dos critérios em vigor no momento da notificação. No que respeita ao sector dos veículos automóveis tal como definido no anexo C, e ao sector das fibras sintéticas tal como definido no anexo D, o disposto no enquadramento será aplicável a partir de determinados sectores siderúrgicos não abrangidos pelo Tratado CECA[1] deixarão de vigorar a partir dessa data.

40. No que respeita aos sectores não mencionados no ponto 39, aplicar-se-á o disposto no enquadramento, a partir de 1 de Janeiro de 2004. O anterior enquadramento multissectorial continuará em vigor até 31 de Dezembro de 2003. Todavia, as notificações registadas pela Comissão antes de 1 de Janeiro de 2004 serão examinadas à luz dos critérios em vigor no momento da notificação.

41. A Comissão analisará a compatibilidade com o mercado comum dos auxílios ao investimento concedidos sem a sua autorização:

a) Com base nos critérios enunciados no presente enquadramento, se o auxílio for concedido:

– em 24 de Julho de 2002, ou depois desta data, no que respeita aos auxílios ao investimento no sector siderúrgico,

– em 1 de Janeiro de 2003, ou depois desta data, no que respeita aos auxílios ao investimento no sector de veículos automóveis e no sector das fibras sintéticas,

– em 1 de Janeiro de 2004, ou depois desta data, no que se refere a auxílios ao investimento em todos os outros sectores sujeitos ao presente enquadramento.

b) Com base nos critérios em vigor no momento da concessão do auxílio, em relação a todos os outros casos.

8. Disposições transitórias

42. Até 31 de Dezembro de 2006 e sem prejuízo do disposto no Regulamento (CE) n.º 70/2001:

a) Para montantes de auxílio que excedam 5 milhões de euros expressos em equivalente-subvenção bruto, a intensidade máxima para os auxílios ao investimento com finalidade regional no sector dos veículos automóveis, tal como definido

---

[1] JO, C 320, de 13.12.1988, p. 3.

no Anexo C, a conceder no âmbito de regimes de auxílio existentes, é limitada a 30% do limite máximo de auxílio regional correspondente;

b) Não serão elegíveis para auxílio ao investimento as despesas efectuadas no âmbito de projectos de investimento no sector das fibras sintéticas, tal como definido no Anexo D;

Este ponto entra em vigor a partir de 1 de Janeiro de 2004.

43. Revogado.
44. Revogado.

9. Medidas adequadas

45. Por forma a garantir a aplicação das regras estabelecidas no presente enquadramento, a Comissão proporá medidas adequadas na acepção do n.º 1 do artigo 88.º do Tratado. As medidas adequadas em questão incluirão:

a) A alteração dos mapas de auxílios regionais existentes mediante a adaptação:
 – a partir de 24 de Julho de 2002, dos actuais limites máximos dos auxílios com finalidade regional às intensidades de auxílio resultantes das regras definidas na secção 4 do presente enquadramento,
 – a partir de 1 de Janeiro de 2003, dos actuais limites máximos dos auxílios com finalidade regional às intensidades de auxílios resultantes das regras definidas na secção 8 do presente enquadramento,
 – a partir de 1 de Janeiro de 2004, dos actuais limites máximos dos auxílios com finalidade regional às intensidades de auxílio resultantes das regras definidas na secção 3 do presente regulamento.

b) O ajustamento de todos os regimes de auxílios regionais, de acordo com o definido nas orientações relativas aos auxílios estatais com finalidade regional, incluindo os isentos de notificação ao abrigo de um regulamento de isenção por categoria, por forma a garantir que, no que respeita aos auxílios regionais ao investimento concedidos:

 i) respeitem os limites dos auxílios com finalidade regional tal como definidos nos mapas de auxílios regionais e tendo em conta a alteração decorrente da alínea *a*), a partir de 1 de Janeiro de 2004, relativamente aos sectores não mencionados no ponto 39,

 ii) prevejam a notificação individual dos auxílios regionais a favor de investimentos que impliquem despesas superiores ao montante máximo elegível que um investimento de 100 milhões de euros pode obter ao abrigo da escala do ponto 21 do presente enquadramento, a partir de 1 de Janeiro de 2004,

---

[1] As propostas de concessão de auxílios *ad hoc* são de notificação obrigatória e serão avaliadas com base nesta regra e em conformidade com os critérios gerais de avaliação definidos nas orientações relativas aos auxílios estatais com finalidade regional.

iii) excluam do seu âmbito de aplicação os auxílios à indústria siderúrgica a partir de 24 de Julho de 2002,

iv) excluam do seu âmbito de aplicação auxílios à indústria de fibras sintéticas a partir de 1 de Janeiro de 2003 e até à entrada em vigor da lista de sectores,

v) limitem os auxílios regionais ao investimento no sector dos veículos automóveis tal como definido no anexo C a favor de projectos que envolvam despesas elegíveis superiores a 50 milhões de euros ou montantes de auxílio superiores a 5 milhões de euros expressos em equivalente-subvenção bruta a 30% do limite dos auxílios com finalidade regional correspondentes, a partir de 1 de Janeiro de 2003 e até que a lista de sectores seja aplicável;

c) A garantia de que os modelos mencionados no ponto 36 serão enviados à Comissão a partir da data de aplicação do presente enquadramento;

d) A garantia de que os registos mencionados no ponto 37 são conservados a partir da data de aplicação do presente enquadramento;

e) O cumprimento das regras contidas no anterior enquadramento multissectorial dos auxílios com finalidade regional para grandes projectos de investimento até 31 de Dezembro de 2003, nomeadamente dos requisitos em matéria de notificação aí estabelecidos.

46. Os Estados-Membros deverão proceder às alterações necessárias até 31 de Dezembro de 2003, excepto no que respeita às medidas relativas ao sector siderúrgico, cujas alterações deverão ter sido introduzidas até 24 de Julho de 2002, e no que respeita ao sector das fibras sintéticas e ao sector dos veículos automóveis relativamente aos quais deverão ter sido introduzidas as alterações até 1 de Janeiro de 2003. Convida-se os Estados-Membros a dar o seu acordo expresso às medidas adequadas propostas no prazo de 20 dias úteis a contar da data de notificação da pertinente carta. Na ausência de resposta, a Comissão presumirá que os Estados-Membros em causa não concordam com as medidas propostas.

46A. No sentido de se dispor, na ausência de uma lista de sectores que continuem a registar problemas sectoriais graves, de um conjunto de regras claras aplicáveis aos auxílios ao investimento com finalidade regional no sector dos veículos automóveis e no sector das fibras sintéticas a partir de 1 de Janeiro de 2004, a Comissão decidiu propor, a título de medidas adequadas nos termos do n.º 1 do artigo 88.º do Tratado:

– Continuar a aplicar as disposições transitórias existentes para o sector das fibras sintéticas, tal como definido no Anexo D, até 31 de Dezembro de 2006;

– Para montantes de auxílio que excedam 5 milhões de euros expressos em equivalente-subvenção bruto, limitar a intensidade máxima para os auxílios ao investimento com finalidade regional no sector dos veículos automóveis, tal como definido no Anexo C, a conceder no âmbito de regimes de auxílio existentes, a 30% do limite máximo de auxílio regional correspondente;

46B. Os Estados-Membros são convidados a darem o seu acordo expresso às medidas adequadas propostas no prazo especificado na carta que lhes foi enviada.

Na ausência de resposta, a Comissão presumirá que o Estado-Membro em questão não está de acordo com as medidas propostas.

10. Notificações ao abrigo do presente enquadramento

47. Convida-se os Estados-Membros a utilizarem o modelo de notificação anexo ao enquadramento (anexo E) para a notificação das propostas de auxílio ao abrigo do presente enquadramento.

11. Definição das expressões utilizadas

48. No âmbito do presente enquadramento aplicar-se-ão as definições das expressões seguidamente especificadas.

11.1. *Projecto de investimento*

49. Entende-se por "projecto de investimento" um investimento inicial na acepção da secção 4 das orientações relativas aos auxílios estatais com finalidade regional. Um projecto de investimento não deverá ser artificialmente dividido em subprojectos para escapar às disposições do enquadramento. Para efeitos do enquadramento, um projecto de investimento inclui todos os investimentos fixos efectuados num local por uma ou várias empresas, ao longo de um período de três anos. Para fins do presente enquadramento, entende-se por local de produção uma série de elementos de capital fixo economicamente indivisíveis que desempenham uma função técnica precisa, unidos por uma ligação física ou funcional, e que possuem objectivos claramente identificados, tais como o fabrico de produtos definidos. Quando dois ou mais produtos sejam fabricados a partir da mesma matéria-prima, considerar-se-á que as unidades de produção dos referidos produtos constituem um único local de produção.

11.2. *Despesas elegíveis*

50. As "despesas elegíveis" serão determinadas em conformidade com o estipulado nas orientações relativas aos auxílios estatais com finalidade regional.

11.3. *Limite máximo dos auxílios com finalidade regional*

51. O "limite máximo dos auxílios com finalidade regional" corresponde à intensidade máxima de auxílio autorizada para grandes empresas na região assistida no momento da concessão do auxílio. A intensidade máxima do auxílio é determinada

de acordo com as orientações relativas aos auxílios estatais com finalidade regional, com base no mapa de auxílios com finalidade regional aprovado pela Comissão.

11.4. Produtos em causa

52. Os "produtos em causa" são os previstos no projecto de investimento e, se for caso disso, os seus substitutos contemplados pelo consumidor (devido às características dos produtos, aos respectivos preços e sua utilização prevista) ou pelo produtor (através da flexibilidade das instalações de produção). Nos casos em que o projecto diga respeito a produtos intermédios e em que uma parte significativa da produção não seja vendida no mercado, considera-se que o produto em questão inclui os produtos a jusante.

11.5. Consumo aparente

53. Entende-se por "consumo aparente" do produto em questão a produção mais as importações menos as exportações.
54. Quando a Comissão decida, em função do presente enquadramento, qual o crescimento médio anual do consumo aparente do produto em questão, terá também em consideração, quando pertinente, a existência de uma alteração significativa da tendência.
55. Quando o projecto de investimento diga respeito a um sector de serviços, para determinar a dimensão e a evolução do mercado, a Comissão utilizará, em vez do consumo aparente, o volume de negócios dos serviços em questão com base na segmentação do mercado geralmente aceite para os serviços em causa e relativamente aos quais haja dados estatísticos disponíveis.

ANEXO A

MODELO PARA CONTROLO *A POSTERIORI*

– Denominação do regime de auxílio (ou indicar se se trata de um auxílio *ad hoc*)
– Entidade pública que concede o auxílio
– Se a base jurídica for um regime de auxílio autorizado pela Comissão, indicar a data de aprovação e o número de referência do auxílio estatal
– Especificar a região e a autarquia
– Especificar o nome da empresa, se se trata de PME ou de uma grande empresa e, quando pertinente, o nome das empresas-mãe
– Especificar o tipo de projecto, indicando se se trata de novo estabelecimento, de ampliação ou outro

— Especificar o montante do custo total e elegível das despesas de capital a investir ao longo de todo o projecto
— Montante nominal do auxílio e seu equivalente-subvenção líquido e bruto
— Especificar as condições de pagamento do auxílio previsto, caso existam
— Produtos ou serviços em causa e respectiva nomenclatura Prodcom ou a nomenclatura CPA para projectos nos sectores dos serviços.

ANEXO B

DEFINIÇÃO DE INDÚSTRIA SIDERÚRGICA PARA EFEITOS DO ENQUADRAMENTO MULTISSECTORIAL

Para efeitos do enquadramento multissectorial, a indústria siderúrgica é constituída pelas empresas de produção dos seguintes produtos siderúrgicos:
(*Não reproduzido*)

ANEXO C

DEFINIÇÃO DE SECTOR AUTOMÓVEL PARA EFEITOS DO ENQUADRAMENTO MULTISSECTORIAL

Por "sector dos veículos automóveis" deve entender-se a concepção, a construção e a montagem de "veículos automóveis", de "motores" para veículos automóveis e de "módulos ou subsistemas" para estes veículos ou motores, directamente por um construtor ou por um "fornecedor de componentes de primeira ordem" e, neste último caso, apenas no âmbito de um "projecto global".

a) Veículos automóveis – A definição de "veículo automóvel" inclui os automóveis particulares, as furgonetas, as camionetas, os camiões, os tractores rodoviários, os autocarros e os outros veículos comerciais. Encontram-se excluídos os automóveis de competição, os veículos destinados a ser utilizados fora da rede rodoviária (por exemplo, os veículos para a neve ou para o golfe), os motociclos, os reboques, os tractores agrícolas e florestais, as caravanas, os veículos especiais (por exemplo, os veículos de combate contra os incêndios ou as oficinas móveis), os dumpers, os carros automotores (por exemplo, os carros empilhadores, carros elevadores e carros com plataforma) e os veículos militares destinados às forças armadas.

b) Motores para veículos automóveis – Os "motores para veículos automóveis" incluem os motores de ignição por compressão ou comandada, bem como os motores eléctricos, de turbina, a gás, híbridos ou outros para os "veículos automóveis" acima definidos.

c) Módulos e subsistemas – Um módulo ou um subsistema é um conjunto de componentes primários, destinado a um veículo automóvel ou a um motor, produzido ou montado por um fornecedor de componentes de primeira ordem e entregue através de um sistema de encomendas informatizado ou numa base "just-in-time". Os serviços logísticos de abastecimento e de armazenagem, bem como a subcontratação de operações (como a pintura de subconjuntos, por exemplo) que intervêm na cadeia de produção devem igualmente ser equiparados a um módulo ou subsistema.

d) Fornecedores de componentes de primeira ordem – Por "fornecedor de componentes de primeira ordem" deve entender-se um fornecedor independente ou não de um construtor, que partilha a responsabilidade da concepção e desenvolvimento e que, nas fases de fabrico ou de montagem, fabrica, monta e/ou fornece a um industrial do sector dos veículos automóveis subconjuntos ou módulos como os descritos anteriormente. Este parceiro industrial encontra-se frequentemente vinculado ao construtor por um contrato cuja duração é equivalente à duração de vida do modelo (por exemplo, até à sua remodelação). Um fornecedor de componentes de primeira ordem pode igualmente prestar serviços, especialmente de tipo logístico, como a gestão de um centro de abastecimento.

e) Projecto global Um construtor pode integrar, no próprio local do seu investimento ou num ou vários parques industriais num determinado perímetro geográfico (13), um ou vários projectos de fornecedores de primeira ordem destinados a assegurar-lhe a entrega de módulos ou subsistemas para os veículos ou motores previstos pelo projecto. Este conjunto de projectos denomina-se "projecto global". A duração do projecto global é equivalente à duração do projecto de investimento do construtor de veículos automóveis. Para que o investimento de um fornecedor de componentes de primeira ordem se integre na definição de projecto, é necessário que pelo menos metade da produção resultante do investimento seja fornecida ao construtor em causa na fábrica em questão.

ANEXO D

DEFINIÇÃO DE SECTOR DAS FIBRAS SINTÉTICAS PARA EFEITOS DO ENQUADRAMENTO MULTISSECTORIAL

Para efeitos do enquadramento multissectorial por sector das "fibras sintéticas" entende-se:

– a extrusão/texturização de todos os tipos genéricos de fibras e fios com base em poliéster, poliamida, acrílico ou polipropileno, independentemente da sua utilização final, ou

– a polimerização (incluindo a policondensação) quando esta se encontra integrada na extrusão em termos de equipamento utilizado, ou

– qualquer processo industrial conexo associado à instalação simultânea de uma capacidade de extrusão/texturização pelo futuro beneficiário ou por outra empresa pertencente ao mesmo grupo e que, na actividade industrial específica em causa, possua normalmente tais capacidades em termos de equipamento utilizado.

ANEXO E

MODELO DE NOTIFICAÇÃO[1]

SECÇÃO 1 – ESTADO-MEMBRO

1.1. Informações relativas à autoridade pública notificante:
1.1.1. Nome e endereço da autoridade notificante.
1.1.2. Nome, número de telefone e de fax, endereço electrónico e cargo ocupado pela(s) pessoa(s) a contactar para mais informações.
1.2. Informações relativas à pessoa a contactar na representação permanente:
1.2.1. Nome, número de telefone e de fax, endereço electrónico e cargo ocupado pela(s) pessoa(s) a contactar para mais informações.

SECÇÃO 2 – BENEFICIÁRIO DO AUXÍLIO

2.1. Estrutura da empresa ou das empresas investidoras no projecto:
2.1.1. Identidade do beneficiário do auxílio.
2.1.2. Se o beneficiário do auxílio não tiver a mesma personalidade jurídica da ou das empresas que financiam o projecto ou que beneficiam do auxílio, indicar igualmente essas diferenças.
2.1.3. Indicar o nome do grupo principal a que pertence o beneficiário, descrever a sua estrutura e especificar quem detém o capital de cada empresa-mãe.
2.2. No que diz respeito à empresa ou empresas investidoras no projecto, fornecer os seguintes dados relativos aos três últimos exercícios financeiros:
2.2.1. Volume de negócios realizado a nível mundial, no EEE e no Estado-Membro em causa.
2.2.2. Lucros depois de impostos e cash-flow (numa base consolidada).
2.2.3. Emprego a nível mundial, no EEE e no Estado-Membro em causa.
2.2.4. Repartição das vendas por mercado no Estado-Membro em causa, no resto do EEE e fora do território do EEE.
2.2.5. Balanços certificados e relatório anual dos últimos três anos.
2.3. Se o investimento disser respeito a uma instalação industrial existente, fornecer os seguintes dados relativos aos três últimos exercícios financeiros dessa entidade:
2.3.1. Volume de negócios total.
2.3.2. Lucros depois de impostos e cash-flow.
2.3.3. Postos de trabalho.
2.3.4. Repartição das vendas por mercado no Estado-Membro em causa, no resto do EEE e fora do território do EEE.

---

[1] Relativamente aos auxílios concedidos fora dos regimes autorizados, compete ao Estado-Membro fornecer informações sobre os efeitos positivos do auxílio para a área assistida em questão.

SECÇÃO 3 – CONCESSÃO DE APOIOS PÚBLICOS

Para cada auxílio previsto, fornecer as seguintes informações:

3.1. Dados:

3.1.1. Denominação do regime de auxílio (indicar se se trata de um auxílio ad hoc).

3.1.2. Base jurídica (lei, decreto, etc.).

3.1.3. Entidade pública que concede o auxílio.

3.1.4. Se a base jurídica for um regime de auxílio autorizado pela Comissão, indicar a data de aprovação e o número de referência do auxílio estatal.

3.2. Tipo de auxílio proposto:

3.2.1. Indicar o tipo de auxílio proposto: subvenção, bonificação de juros, redução das contribuições para a segurança social, crédito de impostos (desagravamento fiscal), participação no capital, conversão ou remissão de dívidas, empréstimos em condições vantajosas, tributação diferida, montantes cobertos por um regime de garantia, etc.

3.2.2. Especificar as condições de pagamento do auxílio previsto.

3.3. Montante do auxílio previsto:

3.3.1. Montante nominal do auxílio e respectivo equivalente-subvenção líquido e bruto.

3.3.2. O auxílio está sujeito ao imposto sobre o rendimento das sociedades (ou a outra tributação directa)? Se apenas parcialmente, em que medida?

3.3.3. Indicar o calendário completo dos pagamentos relativos ao auxílio previsto.

No que diz respeito ao conjunto dos apoios públicos previstos, indicar o seguinte:

3.4. Características das medidas de apoio:

3.4.1. Alguma das medidas de apoio que compõem o pacote geral deve ainda ser definida? Em caso afirmativo, especificar.

3.4.2. Indicar quais das medidas supramencionadas não constituem um auxílio estatal e porquê.

3.5. Financiamentos comunitários (BEI, Instrumentos CECA, Fundo Social, Fundo Regional, outros):

3.5.1. Algumas das medidas supramencionadas serão co-financiadas por fundos comunitários? Especificar.

3.5.2. Está previsto solicitar para o mesmo projecto um apoio suplementar a outras instituições financeiras europeias ou internacionais? Em caso afirmativo, especificar os montantes.

3.6. Cumulação de auxílios públicos:

3.6.1. Estimativa do equivalente-subvenção bruto (antes de impostos) dos auxílios cumulados.

3.6.2. Estimativa do equivalente-subvenção líquido (depois de impostos) dos auxílios cumulados.

SECÇÃO 4 – PROJECTO OBJECTO DE AUXÍLIO

4.1. Localização do projecto:

4.1.1. Indicar a região e a autarquia, assim como o endereço.

4.2. Duração do projecto:

4.2.1. Indicar a data de arranque do projecto de investimento, bem como a data de conclusão do investimento.

4.2.2. Indicar a data prevista para o início da nova produção e o ano em que poderá atingir-se a produção plena.

4.3. Descrição do projecto:

4.3.1. Especificar o tipo de projecto, indicando se se trata de um novo estabelecimento, de um aumento de capacidade ou outro.

4.3.2. Descrever resumidamente o projecto.

4.4. Repartição dos custos do projecto:

4.4.1. Especificar o montante total das despesas de capital a investir que serão amortizadas ao longo da duração do projecto.

4.4.2. Indicar a repartição pormenorizada das despesas de capital e correntes (2) relacionadas com o projecto de investimento.

4.5. Financiamento do custo total do projecto:

4.5.1. Indicar o financiamento do custo total do projecto de investimento.

SECÇÃO 5 – CARACTERÍSTICAS DOS PRODUTOS E MERCADOS

5.1. Caracterização do ou dos produtos previstos no projecto:

5.1.1. Especificar o(s) produto(s) fabricado(s) na instalação beneficiária do auxílio na sequência da realização do investimento, assim como o(s) (sub)sector(es) relevante(s) a que pertence(m) o(s) produto(s) (indicar o código Prodcom ou a nomenclatura CPA para os projectos nos sectores dos serviços).

5.1.2. Qual ou quais os produtos substituídos? Se os produtos substituídos não forem produzidos no mesmo local, indicar o seu local de fabrico actual.

5.1.3. Quais os outros produtos que podem ser produzidos nas novas instalações sem custos suplementares ou a custos reduzidos?

5.2. Considerações sobre a capacidade:

5.2.1. Quantificar o impacto do projecto na capacidade total viável do beneficiário no EEE (incluindo a nível de grupo) para cada produto ou produtos relevantes (em unidades anuais no ano anterior ao ano de início e final do projecto).

5.2.2. Indicar uma estimativa da capacidade total dos produtores do EEE para cada um dos produtos pertinentes.

5.3. Dados relativos ao mercado afectado:

5.3.1. Indicar os dados sobre o consumo aparente do(s) produtos(s) pertinente(s) para cada um dos últimos seis exercícios. Caso estejam disponíveis, incluir estatísticas elaboradas por outras fontes para ilustrar a resposta.

5.3.2. Indicar a previsão da evolução do consumo aparente do ou dos produtos em causa para os próximos três exercícios. Caso estejam disponíveis, incluir estatísticas elaboradas por outras fontes para ilustrar a resposta.

5.3.3. O mercado relevante encontra-se em declínio? Por que motivo?

5.3.4. Indicar uma estimativa da quota de mercado (em valor) do beneficiário do auxílio ou do grupo a que pertence no ano anterior ao ano de início e no final do projecto.

AUXÍLIOS DE FINALIDADE REGIONAL

Comunicação da Comissão*

1. Introdução

Os critérios utilizados pela Comissão para examinar a compatibilidade dos auxílios estatais com finalidade regional com o mercado comum, nos termos das alíneas *a)* e *c)* do n.º 3 do artigo 92.º do Tratado CE, foram objecto de diversos documentos, de diferente natureza, transmitidos aos Estados-membros e a outros interesados[1].

O número cada vez mais elevado de documentos deste tipo, a sua heterogeneidade e o seu escalonamento no tempo, a evolução da reflexão e da prática tanto da Comissão como dos Estados-membros, bem como as necessidades de concentração dos auxílios e de redução das distorções de concorrência, tornam necessária a revisão dos critérios actualmente seguidos e a substituição desses documentos[2]

---

* Comunicação da Comissão – Orientações relativas aos auxílios estatais com finalidade regional (Texto relevante para efeitos do EEE) – JO, C 74, de 10.3.1998, pp. 9-18 – estendida para o período após 1 de Janeiro de 2007 pela Comunicação da Comissão "Revisão das orientações relativas aos auxílios com finalidade regional para o período após 1 de Janeiro de 2007" (2003/C 110/11) – JO, C 110, de 8.5.2003, pp. 24.

[1] Ver: Comissão das Comunidades Europeias, Direito da Concorrência nas Comunidades Europeias, volume IIA: Regras aplicáveis aos auxílios estatais, Bruxelas – Luxemburgo, 1995, pp. 205 e seguintes.

[2] Os documentos substituídos pelas presentes orientações, incluindo os respectivos anexos, são os seguintes:
 – comunicação da Comissão ao Conselho (JO C 111 de 4.11.1971, p. 7),
 – comunicação da Comissão ao Conselho [COM(73) 1110 de 27.6.1973],
 – comunicação da Comissão ao Conselho [COM(75) 77 final de 26.2.1975],
 – comunicação da Comissão aos Estados-membros (JO, C 31, de 3.2.1979, p. 9),
 – comunicação da Comissão aos Estados-membros sobre as modalidades de aplicação do n.º 3, alíneas a) e c), do artigo 92.º aos auxílios com finalidade regional (JO, C 212, de 12.8.1988, p. 2),
 – comunicação da Comissão aos Estados-membros sobre as taxas de referência e de actualização aplicáveis em França na Irlanda e em Portugal (JO, C 10, de 16.1.1990, p. 8),

por um único texto, com um objectivo simultaneamente de transparência, de actualização e de simplificação. O texto que se segue destina-se a dar resposta a essa necessidade.

Os auxílios que são objecto das presentes orientações (denominados, indistintamente, «auxílios com finalidade regional» ou, simplesmente, «auxílios regionais») distinguem-se das outras categorias de auxílios estatais (nomeadamente auxílios à investigação e desenvolvimento, a favor do ambiente ou a empresas em dificuldade), pelo facto de serem reservados a determinadas regiões e terem por objectivo específico o seu desenvolvimento[1].

Os auxílios regionais destinam-se ao desenvolvimento das regiões desfavorecidas através do apoio aos investimentos e à criação de emprego no contexto do desenvolvimento sustentável e favorecem o alargamento, a modernização e a diversificação das actividades dos estabelecimentos localizados nessas regiões, bem como a implantação de novas empresas. A fim de privilegiar este desenvolvimento e de reduzir os potenciais efeitos negativos de eventuais deslocalizações, é necessário subordinar a concessão destes auxílios à manutenção do investimento e dos postos de trabalho criados durante um período mínimo na região desfavorecida.

Em casos excepcionais, estes auxílios podem revelar-se insuficientes para dar início a um processo de desenvolvimento regional, atendendo ao elevado grau das deficiências estruturais da região em causa. Apenas nestes casos, os auxílios regionais podem ser completados por auxílios ao funcionamento.

A Comissão considera que os auxílios regionais podem desempenhar eficazmente o papel que lhes é atribuído e, a este título, justificar as distorções de concorrência que lhes estão associadas, se respeitarem determinados princípios e observarem certas regras. O primeiro destes princípios é o do carácter de excepção deste instrumento, em conformidade com o espírito e a letra do artigo 92.º.

– comunicação da Comissão aos Estados-membros sobre as modalidades de aplicação do n.º 3, alínea *a*), do artigo 92.º aos auxílios com finalidade regional (JO, C 163, de 4.7.1990, p. 6),
– comunicação da Comissão dirigida aos Estados-membros e terceiros interessados relativa a uma alteração introduzida no ponto II da comunicação da Comissão sobre as modalidades de aplicação do n.º 3, alíneas *a*) e *c*), do artigo 92.º aos auxílios com finalidade regional (JO, C 364, de 20.12.1994, p. 8),

Além disso, as presentes orientações estão em conformidade com os critérios da resolução do Conselho de 20 de Outubro de 1971 (JO, C 111, de 4.11.1971, p. 1).

No que se refere à comunicação relativa às taxas de referência e de actualização (JO, C 273, de 9.9.1997, p. 3), a mesma já não faz parte dos documentos relativos aos auxílios com finalidade regional, porque diz respeito aos auxílios estatais no seu conjunto.

[1] São igualmente considerados auxílios com finalidade regional os auxílios às pequenas e médias empresas (PME) que prevejam majorações a favor do desenvolvimento regional.

De facto, estes auxílios apenas podem ser concebidos na Comunidade Europeia se utilizados com parcimónia e circunscritos às regiões mais desfavorecidas[1]. Se os auxílios se generalizassem e se tornassem a regra, deixariam de ter qualquer carácter de incentivo e os seus efeitos económicos seriam anulados. Ao mesmo tempo, falseariam as regras do mercado e afectariam a eficácia da economia comunitária no seu conjunto.

2. Âmbito de aplicação

A Comissão aplicará as presentes orientações aos auxílios regionais concedidos em todos os sectores de actividade, à excepção da produção, transformação e comercialização dos produtos agrícolas constantes do anexo II do Tratado CE, das pescas e da indústria carbonífera. A certos sectores abrangidos pelas presentes orientações aplicam-se, além disso, regras específicas[2].

A concessão, a título da finalidade regional do auxílio, de uma derrogação ao princípio da incompatibilidade dos auxílios estabelecido no n.º 1 do artigo 92.º do Tratado CE, pressupõe que possa ser assegurado um equilíbrio entre as distorções da concorrência que lhe estão associadas e as vantagens dos auxílios em termos de desenvolvimento de uma região desfavorecida[3]. A importância atribuída às vantagens do auxílio pode variar consoante a derrogação aplicada, funcionando relativamente mais em detrimento da concorrência nas situações descritas na alínea *a*) do n.º 3 do artigo 92.º do que nos casos previstos na alínea *c*) do n.º 3 do artigo 92.º[4].

Um auxílio individual *ad hoc*[5] concedido a uma única empresa ou auxílios limitados a um único sector de actividade podem ter um impacto importante sobre a concorrência no mercado em causa, enquanto os seus efeitos para o desenvolvimento regional tendem a ser demasiado limitados. Esses auxílios inscrevem-se

---

[1] Ver conclusões do Conselho «Indústria», de 6 e 7 de Novembro de 1995, sobre a política da concorrência e da competitividade industrial.

[2] Actualmente, os sectores a que se aplicam regras específicas, a acrescentar às aqui enunciadas, são os seguintes: transportes, siderurgia, construção naval, fibras sintéticas e indústria automóvel. Além disso, aplicam-se regras específicas aos investimentos previstos no enquadramento multissectorial dos auxílios regionais a favor dos grandes projectos.

[3] Ver, a propósito, o acórdão de 17 de Setembro de 1979 do Tribunal de Justiça no processo 730/79 *(Philip Morris/Comissão)*, Colectânea 1980, p. 2671, fundamento 17, e o acórdão de 14 de Janeiro de 1997 do Tribunal de Justiça no processo C-169/95 *(Espanha//Comissão)*, Colectânea 1997, p. I-135, fundamento 20.

[4] Ver, a propósito, o acórdão de 12 de Dezembro de 1996 do Tribunal de Primeira Instância no processo T 380/94 *(AIUFFASS e AKT/Comissão)*, Colectânea 1996, p. II-2169, fundamento 54.

[5] Ver, a propósito, o acórdão de 14 de Setembro de 1994 do Tribunal de Justiça nos processos C-278/92, C-279/92 e C-280/92 *(Espanha/Comissão)*, Colectânea 1994, p. I-4103.

geralmente no quadro de políticas industriais pontuais ou sectoriais e afastam-se frequentemente do espírito da política dos auxílios regionais, enquanto tal[1]. Esta política deve, de facto, manter-se neutra relativamente à afectação dos recursos produtivos entre os diferentes sectores e actividades económicas. A Comissão considera que, salvo prova em contrário, esses auxílios não preenchem as condições referidas no parágrafo anterior[2].

Por conseguinte, aquelas derrogações apenas serão concedidas, em princípio, aos regimes de auxílios plurissectoriais e abertos, numa dada região, ao conjunto das empresas dos sectores em causa.

3. Delimitação das regiões

3.1. Para que os regimes de auxílios que lhes são destinados possam beneficiar de uma das derrogações em análise, as regiões a que se referem estes regimes devem satisfazer as condições previstas pelas derrogações em questão. A Comissão determina se essas condições se encontram preenchidas aplicando critérios de análise estabelecidos previamente.

3.2. À luz do princípio enunciado na introdução das presentes orientações (o do carácter de excepção dos auxílios), a Comissão considera, a priori, que a extensão total de regiões auxiliadas na Comunidade Europeia deve manter-se inferior à das regiões não auxiliadas. Na prática, e utilizando a unidade de medida da extensão dos auxílios mais corrente (a percentagem de população abrangida), isto significa que a cobertura total dos auxílios regionais na Comunidade Europeia deve manter-se inferior a 50% da população comunitária.

3.3. Por outro lado, considerando que as duas derrogações em questão visam problemas regionais de natureza e intensidade diferentes, a prioridade deve ser concedida, no limite da cobertura total dos auxílios indicada no ponto 3.2, às regiões afectadas pelos problemas mais graves[3].

---

[1] Por esta razão, no quadro do Acordo da Organização Mundial de Comércio (OMC) sobre as subvenções e as medidas de compensação, este tipo de auxílios foi expressamente excluído da categoria dos auxílios regionais não passíveis de recurso (autorizados a priori).

[2] No que diz respeito aos auxílios ad hoc a empresas em dificuldade, os mesmos são regulados por regras específicas e não são concebidos como auxílios regionais propriamente ditos. O texto actualmente em vigor relativo a esses auxílios é o que se encontra publicado no JO, C 368, de 23.12.1994, p. 12.

[3] As regiões elegíveis a título da derrogação da alínea *a*) representam actualmente 22,7% da população comunitária, contra 24% para as regiões elegíveis no quadro da derrogação da alínea *c*).

3.4. A delimitação das regiões elegíveis deve, por conseguinte, conduzir à concentração espacial dos auxílios de acordo com os princípios mencionados nos pontos 3.2 e 3.3.

Derrogação prevista na alínea a) do n.º 3 do artigo 92.º

3.5. A alínea *a*) do n.º 3 do artigo 92.º estabelece que podem ser considerados compatíveis com o mercado comum os auxílios destinados a promover o desenvolvimento económico das regiões em que o nível de vida seja anormalmente baixo ou em que exista uma situação grave de subemprego. Como sublinha o Tribunal de Justiça das Comunidades Europeias, «a utilização, na derrogação constante da alínea *a*), dos termos "anormalmente" e "grave" demonstra que essa derrogação apenas abrange as regiões em que a situação económica é particularmente desfavorável relativamente ao conjunto da Comunidade Europeia»[1].

Utilizando uma abordagem que já deu as suas provas, a Comissão considera assim que as condições indicadas ficam preenchidas se a região, correspondente a uma unidade geográfica de nível II da NUTS[2], tiver um produto interno bruto (PIB) por habitante avaliado em termos de padrão de poder de compra (PPC) não superior ao limiar de 75,0% da média comunitária[3]. O PIB/PPC de cada região e a média comunitária a utilizar na análise devem referir-se à média dos três últimos anos cobertos pelas estatísticas disponíveis. Estas grandezas são calculadas com base nos dados fornecidos pelo Serviço de Estatística das Comunidades Europeias.

Derrogação prevista na alínea c) do n.º 3 do artigo 92.º

3.6. Contrariamente à alínea *a*) do n.º 3 do artigo 92.º, em que a situação em causa é identificada de forma precisa e formal, a alínea *c*) do n.º 3 do artigo 92.º permite maior flexibilidade para a definição das dificuldades de uma região que podem ser atenuadas através dos auxílios. Por conseguinte, neste caso, os indicadores pertinentes não se limitam necessariamente ao nível de vida e ao subemprego. Por outro lado, o quadro adequado para avaliar estas dificuldades pode ser constituído não só pela Comunidade Europeia no seu conjunto mas também, em especial, pelo Estado-membro em questão.

O Tribunal de Justiça, no processo 248/84, pronunciou-se sobre estes dois temas (leque dos problemas visados e quadro de referência da análise) nos termos seguintes: «Em contrapartida – referência à derrogação da alínea *a*) – a derrogação estabelecida na alínea *c*) tem um alcance mais amplo na medida em que permite o desenvolvimento de determinadas regiões, sem se encontrar limitada pelas con-

---

[1] Acórdão do Tribunal de Justiça no processo 248/84 *(Alemanha/Comissão)*, Colectânea 1987, p. 4013, fundamento 19.

[2] Nomenclatura das unidades estatísticas territoriais.

[3] Assume-se assim, implicitamente, que o indicador do produto interno bruto é susceptível de reflectir de forma sintética os dois fenómenos referidos.

dições económicas previstas na alínea *a*), desde que os auxílios que lhes são desti-nados não alterem as condições das trocas comerciais de maneira que contrarie o interesse comum. Esta disposição atribui à Comissão a faculdade de autorizar auxílios destinados a promover o desenvolvimento económico das regiões de um Estado-membro que se encontrem em situação desfavorável relativamente à média nacional».

3.7. Os auxílios regionais abrangidos pela derrogação da alínea *c*) devem, porém, inscrever-se no quadro de uma política regional coerente do Estado-membro e respeitar os princípios de concentração geográfica acima referidos. Considerando que estes auxílios regionais se destinam a regiões menos desfavorecidas do que as referidas na alínea *a*), estes auxílios, com maior razão ainda que aqueles, têm um carácter de excepção e só poderão ser aceites de forma muito limitada. Nestas condições, apenas uma parte restrita do território nacional de um Estado-membro poderá, a priori, beneficiar dos auxílios em questão. É por esta razão que a cobertura da população das regiões abrangidas pelo artigo 92.º, n.º 3, alínea *c*) não deve ser superior a 50% da população nacional não abrangida pela derrogação prevista na alínea *a*) do n.º 3 do artigo 92.º[1].

Por outro lado, o facto de a natureza desses auxílios permitir que se tenham em conta especificidades nacionais de um Estado-membro não implica que eles não tenham que ser examinados na perspectiva do interesse comunitário. A determinação das regiões elegíveis em cada Estado-membro deve, assim, situar-se num quadro que permita assegurar a coerência global, a nível da Comunidade Europeia, de uma tal determinação[2].

3.8. Para que as autoridades nacionais possam dispor de uma margem suficiente para a escolha das regiões elegíveis, sem pôr em causa a eficácia do controlo exercido pela Comissão sobre este tipo de auxílios, nem a igualdade de tratamento de todos os Estados-membros, a determinação das regiões elegíveis a título da derrogação em questão comporta duas vertentes:

– a fixação, pela Comissão, de um limite máximo de cobertura desses auxílios por país,

– a selecção das regiões elegíveis.

Esta última obedecerá a regras transparentes mas será também suficientemente flexível para ter em conta da diversidade das situações que possam justificar a aplicação da derrogação em exame. Quanto ao limite máximo de cobertura dos auxílios, o seu objectivo é permitir a referida flexibilidade em matéria de determi-

---

[1] Salvo excepção transitória decorrente da aplicação do ponto 8 do anexo III das presentes orientações.

[2] Ver, a propósito, os acórdãos do Tribunal de Justiça nos processos 730/79 *(Philip Morris/Comissão)* fundamento 26, e 310/85 *(Deufil/Comissão)*, Colectânea 1987, p. 901, fundamento 18.

nação das regiões elegíveis, garantindo simultaneamente o tratamento uniforme exigido pela aceitação desses auxílios na perspectiva comunitária.

3.9. A fim de garantir um controlo eficaz dos auxílios com finalidade regional, contribuindo, ao mesmo tempo, para a realização dos objectivos referidos no artigo 3.º do Tratado CE, nomeadamente nas alíneas g) e j), e Comissão fixa um limite máximo global de cobertura dos auxílios com finalidade regional na Comunidade Europeia, em termos de população. Este limite máximo global abrange todas as regiões elegíveis a título das derrogações previstas nas alíneas a) e c) do n.º 3 do artigo 92.º Uma vez que as regiões elegíveis para efeitos dos auxílios regionais a título da derrogação prevista na alínea a) do n.º 3 do artigo 92.º, bem como a sua cobertura global ao nível da Comunidade, são determinadas de uma forma exógena e automática mediante a aplicação do critério de 75,0% do PIB/PPC por habitante, a decisão da Comissão sobre o limite máximo global define, por conseguinte, simultaneamente o limite máximo de cobertura a título da derrogação prevista na alínea c) do n.º 3 do artigo 92.º ao nível da Comunidade. De facto, o limite máximo relativo à alínea c) do n.º 3 do artigo 92.º obtém-se deduzindo do limite máximo global a população das regiões elegíveis a título da derrogação prevista na alínea a) do n.º 3 do artigo 92.º Este limite máximo é seguidamente repartido entre os diferentes Estados-membros em função da situação socioeconómica relativa das regiões no interior de cada Estado-membro, avaliada no contexto da Comunidade Europeia. O método para a determinação desta percentagem em cada Estado-membro encontra-se descrito no anexo III.

3.10. Os Estados-membros notificam à Comissão, para efeitos do n.º 3 do artigo 93.º, a metodologia e os indicadores quantitativos que desejam utilizar para determinar as regiões elegíveis, bem como a lista das regiões que propõem para beneficiarem da derrogação da alínea c) e as intensidades relativas[1].

A percentagem de população das regiões em causa não pode ser superior ao limite máximo de cobertura para efeitos da referida derrogação prevista na alínea c) do n.º 3 do artigo 92.º

3.10.1. *A metodologia deve preencher as seguintes condições:*

— ser objectiva,
— permitir avaliar as disparidades a nível da situação socioeconómica das regiões em exame no interior do Estado-membro em causa, salientando as disparidades significativas,
— ser apresentada de forma clara e pormenorizada, para que a Comissão possa apreciar a sua fundamentação.

---

[1] Ver pontos 4.8 e 4.9.

3.10.2. *Os indicadores devem preencher as seguintes condições:*

– o seu número, incluindo tanto os indicadores simples como as combinações de indicadores, não deve ser superior a cinco,
– ser objectivos e pertinentes para o exame da situação socioeconómica das regiões,
– basear-se quer em séries estatísticas relativas aos indicadores utilizados que cubram pelo menos os três últimos anos à data da notificação, quer no último inquérito efectuado, no caso das estatísticas pertinentes não se encontrarem disponíveis numa base anual,
– ser estabelecidos através de fontes estatísticas fiáveis.

3.10.3. *A lista das regiões deve satisfazer as seguintes condições:*

– as regiões correspondem ao nível III da NUTS ou, em circunstâncias justificadas, a uma unidade geográfica homogénea diferente. Apenas pode ser apresentado um tipo de unidade geográfica por cada Estado-membro,
– as regiões individuais propostas ou os grupos de regiões contíguas devem formar zonas compactas, cada uma das quais com um mínimo de 100 000 habitantes. Se o número de habitantes das regiões for inferior, será considerado um número fictício de 100 000 habitantes para o cálculo da percentagem de população abrangida. Constituem excepção a esta regra as regiões do nível III da NUTS cuja população seja inferior a 100 000 habitantes, as ilhas e outras regiões caracterizadas por um isolamento topográfico semelhante[1]. Se uma região confinar com regiões elegíveis para os auxílios com finalidade regional de outros Estados-membros, a regra é aplicada ao conjunto formado por estas regiões,
– a lista das regiões é ordenada com base nos indicadores referidos no ponto 3.10.2, devendo as disparidades das regiões propostas ser significativas (metade do desvio-padrão) relativamente à média das regiões potencialmente abrangidas pela alínea c) do n.º 3 do artigo 92.º do Estado-membro em causa, de acordo com um ou outro indicador considerado no método.

3.10.4. *Regiões com fraca densidade populacional:*

– até ao limite máximo de cada Estado-membro indicado no ponto 3.9 podem beneficiar igualmente da derrogação em questão as regiões cuja densidade pupulacional seja inferior a 12,5 habitantes por quilómetro quadrado[2].

---

[1] Devido à especificidade do seu número de habitantes, o Luxemburgo constitui também excepção a esta regra.

[2] Critério de elegibilidade estabelecido pela comunicação da Comissão mencionada na nota 2, oitavo travessão.

3.10.5. *Coerência com os fundos estruturais:*

– a fim de encorajar os Estados-membros a assegurar a coerência entre a escolha destas regiões e a selecção daquelas que beneficiam de apoio comunitário, as regiões elegíveis para efeitos dos fundos estruturais podem igualmente beneficiar da derrogação em questão, até aos limites máximos indicados no ponto 3.9 e no respeito das condições referidas no segundo travessão do ponto 3.10.3.

4. Objecto, forma e nível dos auxílios

4.1. Os auxílios regionais têm por objecto quer o investimento produtivo (investimento inicial), quer a criação de emprego resultante do investimento. Este método não privilegia, portanto, nem o factor capital nem o factor trabalho.

4.2. A fim de garantir a viabilidade e a solidez dos investimentos produtivos objecto do auxílio, o contributo do beneficiário[1] destinado ao seu financiamento deve atingir, no mínimo, 25%.

A forma dos auxílios é variável: subvenção, empréstimo com taxa de juros reduzida ou com bonificação de juros, garantia ou tomada de participação pública em condições vantajosas, isenções fiscais, redução de encargos sociais, fornecimento de bens ou serviços a custos vantajosos, etc.

Além disso, os regimes de auxílios devem prever que o pedido do auxílio seja apresentado antes do início da execução dos projectos.

4.3. O nível dos auxílios é definido em termos de intensidade em relação a custos de referência (ver pontos 4.5, 4.6 e 4.13).

Auxílios ao investimento inicial

4.4. Por investimento inicial entende-se um investimento em capital fixo para a criação de um novo estabelecimento, a extensão de um estabelecimento existente ou o arranque de uma actividade que implique uma alteração fundamental do produto ou do processo de produção de um estabelecimento existente (através da racionalização, diversificação ou modernização)[2].

---

[1] Este contributo mínimo de 25% deve ser isento de qualquer auxílio. Tal não é o caso, por exemplo, quando resultar de um empréstimo bonificado ou estiver associado a garantias públicas que contenham elementos de auxílio.

[2] O investimento de substituição é, portanto, excluído desta noção. Os auxílios a este tipo de investimento fazem parte da categoria dos auxílios ao funcionamento aos quais se aplicam as regras descritas nos pontos 4.15 a 4.17.

Ficam igualmente excluídos desta noção os auxílios à reestruturação financeira de uma

Um investimento em capital fixo realizado sob a forma de retoma de um estabelecimento encerrado, ou que teria encerrado sem essa retoma, pode igualmente ser considerado como investimento inicial, excepto se o estabelecimento em questão pertencer a uma empresa em dificuldade. No último caso, o auxílio à retoma de um estabelecimento pode comportar uma vantagem a favor da empresa em dificuldade que deve ser examinada em conformidade com as disposições das orientações relativas aos auxílios de emergência e à reestruturação concedidos a empresas em dificuldade[1].

4.5. Os auxílios ao investimento inicial são calculados em termos de percentagem do valor do investimento. Este valor é estabelecido a partir de um conjunto de despesas uniforme (base-tipo), correspondente aos elementos seguintes do investimento: terreno, edifício e equipamento[2].

Em caso de retoma, devem ser tomados em consideração exclusivamente[3] os custos de aquisição destes activos, desde que a transacção seja efectuada nas condições do mercado. Devem ser deduzidos os activos cuja aquisição tenha já beneficiado de um auxílio antes da retoma.

4.6. As despesas elegíveis para efeitos de auxílio podem igualmente incluir certas categorias de investimentos incorpóreos, na condição de não excederem 25% da base-tipo para as grandes empresa[4].

Trata-se unicamente das despesas associadas à transferência de tecnologia sob forma de aquisição de:
– patentes,

---

empresa em dificuldade segundo a definição constante das orientações comunitárias relativas aos auxílios estatais de emergência e à reestruturação concedidos a empresas em dificuldade (JO, C 368, de 23.12.1994, p. 12).

Os auxílios à reestruturação de uma empresa em dificuldade, em conformidade com o ponto 2.5 das referidas orientações, podem ser concedidos sem nova notificação, se for caso disso e na medida em que se destinem a medidas de investimento (racionalização, modernização, diversificação), no âmbito de um regime de auxílio com finalidade regional. Porém, tendo em conta que esses auxílios regionais se inscrevem num projecto de auxílio à reestruturação de uma empresa em dificuldade, os mesmos devem ser tomados em conta no exame efectuado no âmbito das referidas orientações.

[1] Para o texto actualmente em vigor, ver a citada comunicação.

[2] No sector dos transportes, as despesas destinadas à aquisição de material de transporte (activos móveis) não podem entrar no conjunto de despesas uniforme (base-tipo). Por conseguinte, estas despesas não são elegíveis para efeito dos auxílios ao investimento inicial.

[3] Se a retoma for acompanhada de outros investimentos iniciais, as despesas relativas a estes serão acrescentadas aos custos de aquisição.

[4] Para as PME são aplicáveis os critérios e condições definidos no enquadramento dos auxílios às PME, publicado no JO C 213 de 23.7.1996, p. 4.

– licenças de exploração ou conhecimentos técnicos patenteados,
– conhecimentos técnicos não patenteados.

Os activos incorpóreos elegíveis ficarão sujeitos às condições necessárias para garantir que se mantêm ligados à região beneficiária elegível para efeitos de auxílios com finalidade regional e, por conseguinte, que não são transferidos a favor de outras regiões e nomeadamente de outras regiões não elegíveis para efeitos de auxílios com finalidade regional. Com este objectivo, os activos incorpóreos elegíveis devem satisfazer, nomeadamente, as seguintes condições:

– serem explorados exclusivamente no estabelecimento beneficiário do auxílio regional,
– serem considerados elementos de activo amortizáveis,
– serem adquiridos a um terceiro a condições de mercado,
– constarem do activo da empresa e manterem-se no estabelecimento do beneficiário do auxílio regional durante um período de, pelo menos, cinco anos.

4.7. Os auxílios notificados pelos Estados-membros exprimem-se normalmente em termos brutos, isto é, antes de impostos. Para que as diferentes formas de auxílio sejam comparáveis entre si e para que as intensidades de auxílio sejam comparáveis entre Estados-membros, a Comissão converte os auxílios notificados pelos Estados-membros em auxílios expressos em equivalente-subvenção líquido (ESL)[1].

4.8. A intensidade do auxílio deve ser adaptada à natureza e à intensidade dos problemas regionais em causa. Por isso, deve ser feita à partida uma distinção entre as intensidades admitidas nas regiões elegíveis a título da derrogação prevista na alínea *a*) e as admitidas nas regiões abrangidas pela derrogação prevista na alínea *c*). Convém, a propósito, ter em conta que as regiões que beneficiam da derrogação prevista na alínea *c*) do n.º 3 do artigo 92.º não se caracterizam por um nível de vida anormalmente baixo ou por uma grave situação de subemprego na acepção em que as expressões são utilizadas na derrogação prevista na alínea *a*) do referido número. Por conseguinte, os efeitos de distorção dos auxílios são menos justificados nas regiões elegíveis a título da derrogação prevista na alínea *c*), o que implica que as intensidades de auxílio admissíveis são, à partida, menos elevadas nas regiões que beneficiam desta derrogação do que nas regiões que beneficiam da derrogação prevista na alínea *a*).

Nas regiões visadas na alínea *a*) do n.º 3 do artigo 92.º, a Comissão considera, portanto, que a intensidade do auxílio regional não deve exceder a taxa de 50% ESL, à excepção das regiões ultraperiférica[2] em que pode atingir 65% ESL. Nas

---

[1] Para o sistema de cálculo do ESL, ver o anexo 1.

[2] As regiões ultraperiféricas são as seguintes: departamentos franceses ultramarinos (DOM), Açores e Madeira e ilhas Canárias (ver Declaração n.º 26 relativa às regiões ultraperiféricas da Comunidade Europeia, anexa ao Tratado da União Europeia).

regiões visadas na alínea c) do n.º 3 do artigo 92.º, o limite máximo dos auxílios com finalidade regional não deve exceder 20% ESL em geral, salvo nas regiões com fraca densidade demográfica ou nas regiões ultraperiféricas em que pode atingir 30% ESL.

Nas regiões do nível II da NUTS elegíveis para efeitos da derrogação prevista na alínea a) do n.º 3 do artigo 92.º, cujo PIB por habitante em PPC é superior a 60% da média comunitária, a intensidade de auxílio regional não deve exceder 40% ESL, à excepção das regiões ultraperiféricas em que pode atingir 50% ESL.

Nas regiões elegíveis para efeitos da derrogação prevista na alínea c) do n.º 3 do artigo 92.º, que apresentam simultaneamente um PIB por habitante em PPC superior e uma taxa de desemprego inferior à média comunitária respectiva[1], a intensidade do auxílio regional não deve exceder 10% ESL, salvo nas regiões com fraca densidade demográfica ou nas regiões ultraperiféricas em que pode atingir 20% ESL. Excepcionalmente, no caso das regiões sujeitas ao limite máximo referido de 10% ESL, intensidades mais elevadas não superiores ao limite máximo normal de 20% ESL poderão ser aprovadas a favor das regiões (correspondentes ao nível III da NUTS ou inferior) confinantes com uma região que beneficie da derrogação da alínea a) do n.º 3 do artigo 92.º

Todos os limites máximos referidos constituem limites superiores. Abaixo destes limites máximos, a Comissão velará para que a intensidade do auxílio regional seja modulada de acordo com a gravidade e a intensidade dos problemas regionais em causa, apreciados num contexto comunitário.

4.9. Aos limites máximos indicados no ponto 4.8 podem acrescentar-se as majorações a favor das pequenas e médias empresas (PME) previstas na comunicação da Comissão relativa aos auxílios às PME, isto é, 15 pontos percentuais brutos[3] nas regiões abrangidas pela derrogação da alínea a) e 10 pontos percentuais brutos nas regiões abrangidas pela derrogação da alínea c). O limite máximo final é aplicável à base para as PME. Estes suplementos a favor das PME não se aplicam às empresas do sector dos transportes.

---

[1] O PIB e o desemprego devem ser calculados ao nível III da NUTS.

[2] Estão igualmente previstos suplementos de auxílio, a título regional, no caso dos auxílios à investigação e desenvolvimento e dos auxílios a favor do ambiente. A base de cálculo desses auxílios é, porém, diferente da dos auxílios com finalidade regional (incluindo a variante PME). Os suplementos em questão não se acrescentam, por conseguinte, ao auxílio regional, mas ao outro tipo de auxílio em causa. As disposições actualmente aplicáveis aos dois tipos de auxílio referidos são as publicadas, no caso da investigação e desenvolvimento, no JO, C 45, de 17.2.1996, p. 5 e, no caso do ambiente, no JO, C 72, de 10.3.1994, p. 3.

[3] São utilizados suplementos das intensidades dos auxílios em termos brutos, tal como definidos na referida comunicação sobre os auxílios às PME.

4.10. Os auxílios ao investimento inicial devem estar subordinados, através da sua forma de pagamento ou das condições ligadas à sua obtenção, à manutenção do investimento em causa por um período mínimo de cinco anos.

Auxílios à criação de emprego

4.11. Como referido no ponto 4.1, os auxílios regionais podem igualmente ser atribuídos à criação de emprego. Porém, contrariamente aos auxílios à criação de emprego definidos nas orientações relativas aos auxílios ao emprego (que se refere aos postos de trabalho não ligados a um investimento)[1], trata-se aqui unicamente de postos de trabalho ligados à realização de um investimento inicial[2].

4.12. Por criação de emprego entende-se o aumento líquido do número de postos de trabalho[3] do estabelecimento considerado em relação à média de um período de referência. Deverão assim ser deduzidos do número aparente de postos de trabalho criados durante o período em questão, os postos de trabalho eventualmente suprimidos durante o mesmo período[4].

4.13. À semelhança dos auxílios ao investimento, os auxílios à criação de emprego previstos nas presentes orientações devem ser modulados em função da natureza e da intensidade dos problemas regionais a que se destinam a fazer face. A Comissão considera que estes auxílios não devem exceder uma determinada percentagem do custo salarial[5] da pessoa contratada, calculado sobre um período de dois anos. Esta percentagem é igual à intensidade admitida na zona em questão para os auxílios ao investimento.

4.14. Os auxílios ao emprego devem estar subordinados, através da sua forma de pagamento ou das condições ligadas à sua obtenção, à manutenção do emprego criado por um período mínimo de cinco anos.

---

[1] Para o texto actualmente em vigor, ver JO, C 334, de 12.12.1995, p. 4.

[2] Considera-se que um posto de trabalho está ligado à realização de um investimento quando diz respeito à actividade a que se refere o investimento e quando é criado durante os três primeiros anos que se seguem à realização integral do investimento. Durante este período, estão também ligados ao investimento os postos de trabalho criados na sequência de um aumento da taxa de utilização da capacidade criada por este investimento.

[3] O número de postos de trabalho corresponde ao número de unidades de trabalho-ano (UTA), isto é, ao número de trabalhadores a tempo inteiro durante um ano, correspondendo o trabalho a tempo parcial ou o trabalho sazonal a fracções de UTA.

[4] É evidente que esta definição se aplica tanto a um estabelecimento existente como a um novo estabelecimento.

[5] O custo salarial inclui o salário bruto, isto é, antes de impostos, e as cotizações sociais obrigatórias. A Comissão reserva-se a possibilidade de utilizar como referência as estatísticas comunitárias relativas ao custo salarial médio nos diferentes Estados-membros.

Auxílios ao funcionamento
4.15. Os auxílios regionais destinados a reduzir as despesas correntes da empresa (auxílios ao funcionamento) são, em princípio, proibidos. Excepcionalmente, podem ser concedidos auxílios deste tipo nas regiões que beneficiam da derrogação prevista na alínea *a*) do n.º 3 do artigo 92.º, se se justificarem em função do seu contributo para o desenvolvimento regional e da sua natureza, e se o seu nível for proporcional às deficiências que se destinam a atenuar[1]. Compete ao Estado-membro demonstrar a existência dessas deficiências e avaliar a sua dimensão.

4.16. Nas regiões ultraperiféricas que beneficiam da derrogação prevista nas alíneas *a*) e *c*) do n.º 3 do artigo 92.º e nas regiões com fraca densidade de população que beneficiam, quer da derrogação prevista na alínea *a*) do n.º 3 do artigo 92.º, quer, a título do critério da densidade demográfica referida no ponto 3.10.4, da derrogação prevista na alínea *c*), podem ser autorizados auxílios destinados a compensar parcialmente os custos adicionais de transporte[2], no respeito de condições específicas[3]. Compete ao Estado-membro provar a existência dos referidos custos adicionais e avaliar a sua importância.

4.17. À excepção dos casos referidos no ponto 4.16, os auxílios ao funcionamento devem ser limitados no tempo e degressivos. Além disso, os auxílios ao funcionamento destinados a promover as exportações[4] entre os Estados-membros ficam excluídos.

Regras de cumulação
4.18. Os limites máximos de intensidade do auxílio, fixados de acordo com os critérios indicados nos pontos 4.8 e 4.9, aplicam-se ao total do auxílio:
– em caso de intervenção simultânea de diferentes regimes com finalidade regional,

---

[1] Os auxílios ao funcionamento assumem a forma, nomeadamente, de isenções fiscais ou redução dos encargos sociais.

[2] Por custos adicionais de transporte entendem-se os custos adicionais provocados pelo transporte de mercadorias no interior das fronteiras nacionais do país interessado. Esses auxílios não poderão em caso algum constituir auxílios à exportação, nem devem constituir medidas de efeito equivalente a restrições quantitativas à importação, na acepção do artigo 30.º do Tratado CE.

[3] No que diz respeito às condições específicas das regiões que beneficiam da derrogação prevista na alínea *c*) do n.º 3 do artigo 92.º a título do critério da densidade demográfica, ver anexo II. Quanto às outras regiões que beneficiam dos auxílios destinados a compensar parcialmente os custos adicionais de transporte, as condições aplicáveis serão análogas às que constam do anexo II.

[4] Ver a nota 3 da comunicação, relativa aos auxílios *de minimis,* publicada no JO, C 68, de 6.3.1996, p. 9.

— independemente de ser proveniente de recursos locais, regionais, nacionais ou comunitários.

4.19. O auxílio à criação de emprego descrito nos pontos 4.11 a 4.14 e o auxílio ao investimento descrito nos pontos 4.4 a 4.10 são cumuláveis[1] um com o outro até ao limite máximo de intensidade fixado para a região[2].

4.20. Quando as despesas elegíveis para efeitos de auxílios com finalidade regional são total ou parcialmente elegíveis para efeitos de auxílios com outras finalidades, a parte comum fica sujeita ao limite máximo mais favorável dos regimes aplicados.

4.21. Quando o Estado-membro prevê que os auxílios estatais de um regime podem ser cumuláveis com os auxílios de outros regimes, deve especificar, relativamente a cada regime, o método utilizado para garantir o respeito das condições acima referidas.

5. Mapa dos auxílios com finalidade regional e declaração de compatibilidade dos auxílios

5.1. O conjunto formado, por um lado, pelas regiões de um Estado-membro que podem beneficiar das derrogações em exame e, por outro, pelos limites máximos de intensidade dos auxílios ao investimento inicial ou à criação de emprego aprovados para cada uma delas, constitui o mapa dos auxílios com finalidade regional do Estado-membro.

5.2. Os Estados-membros notificam, para efeitos do n.º 3 do artigo 93.º do Tratado CE, o projecto de mapa estabelecido segundo os critérios constantes dos pontos 3.5, 3.10, 4.8 e 4.9. A Comissão adopta este mapa segundo o procedimento previsto no artigo 93.º do Tratado, em princípio mediante uma decisão única para o

---

[1] Os auxílios à criação de emprego e os auxílios ao investimento previstos nas presentes orientações não são cumuláveis com os auxílios à criação de emprego definidos nas orientações relativas aos auxílios ao emprego, porque intervêm em circunstâncias e momentos diferentes. Porém, podem ser aceites, de acordo com modalidades a definir nas orientações dos auxílios ao emprego, majorações a favor das categorias particularmente desfavorecidas.

[2] Esta condição considera-se preenchida se a soma do auxílio ao investimento inicial em percentagem do valor do investimento com o auxílio à criação de emprego em percentagem dos custos salariais não ultrapassar o montante mais favorável resultante da aplicação do limite máximo fixado para a região, quer segundo os critérios indicados nos pontos 4.8 e 4.9, quer segundo os critérios indicados no ponto 4.13.

conjunto das regiões abrangidas de um Estado-membro e para um período determinado. Os mapas nacionais dos auxílios regionais sero, portanto, revistos periodicamente.

5.3. Com uma preocupação de coerência entre as decisões tomadas pela Comissão no âmbito da política de concorrência e as decisões relativas às regiões elegíveis para os fundos estruturais, o período de validade dos mapas é alinhado, em princípio, pelo calendário das intervenções dos fundos estruturais.

5.4. Os projectos de regimes de auxílios são aprovados pela Comissão quer no momento do estabelecimento do mapa, quer posteriormente, nos limites estabelecidos por este em termos de regiões, limites máximos e duração.

5.5. A aplicação dos regimes mencionados no ponto 5.4 é objecto, por parte dos Estados-membros, de relatórios anuais a apresentar à Comissão de acordo com as regras em vigor[1].

5.6. Durante o período de validade do mapa, os Estados-membros podem solicitar ajustamentos, em caso de alterações significativas comprovadas das condições socioeconómicas. Estas alterações podem dizer respeito às taxas de intensidade e às regiões elegíveis, desde que a inclusão eventual de novas regiões seja compensada pela exclusão de regiões com a mesma população. A validade do mapa ajustado termina na data já prevista para o mapa inicial.

5.7. Para as regiões que tenham perdido o direito à derrogação prevista na alínea a) do n.º 3 do artigo 92.º na sequência da revisão do mapa dos auxílios com finalidade regional e tenham adquirido o direito à derrogação prevista na alínea c) do n.º 3 do artigo 92.º do Tratado, a Comissão poderá aceitar, durante um período de transição, uma redução progressiva das intensidades de auxílio de que as mesmas beneficiaram com base na derrogação prevista na alínea a) do n.º 3 do artigo 92.º, segundo uma evolução linear ou mais rápida, até ao limite máximo de intensidade correspondente nos termos dos pontos 4.8 e 4.9[2,3]. Este período de transição não

---

[1] Para as regras actualmente em vigor, ver comunicação da Comissão aos Estados-membros de 22 de Fevereiro de 1994, tal como modificada por ofício da Comissão aos Estados-membros de 2 de Agosto de 1995.

[2] As disposições transitórias não se aplicam às partes das regiões de nível II da NUTS, que, tendo deixado de beneficiar da derrogação prevista na alínea a) do n.º 3 do artigo 92.º deviam, na ausência da percentagem de população adicional obtida pela aplicação da segunda correcção, prevista no ponto 8 do anexo III das presentes orientações, ter sido excluídas do novo mapa de auxílios.

[3] Tendo em conta a sua situação particularmente difícil, a Irlanda do Norte manterá a sua condição de região excepcional e o seu limite máximo será de 40%.

deverá exceder dois anos para os auxílios ao funcionamento e quatro anos para os auxílios ao investimento inicial e à criação de emprego.

5.8. Com vista à definição do mapa, os Estados-membros são convidados a notificar à Comissão, para efeitos do n.º 3 do artigo 93.º do Tratado, para além da lista das regiões que propõem como elegíveis para efeitos das derrogações em exame e dos limites máximos de intensidade, os outros elementos essenciais para a definição de um regime-quadro aplicável aos regimes de auxílios (objecto e forma dos auxílios, dimensão das empresas, etc.) que tencionam adoptar, tanto a nível central como regional e local. Durante o período de validade do mapa, todos os regimes conformes a esse regime-quadro poderão ser notificados no âmbito do procedimento acelerado.

6. Aplicação e revisão

6.1. À excepção das disposições transitórias estabelecidas nos pontos 6.2 e 6.3, a Comissão apreciará a compatibilidade dos auxílios com finalidade regional com o mercado comum com base nas presentes orientações desde a sua adopção. Porém, os projectos de auxílios notificados antes da comunicação aos Estados--membros das presentes orientações, e relativamente aos quais a Comissão ainda não adoptou uma decisão final, serão apreciados com base nos critérios em vigor aquando da notificação.

Além disso, a Comissão proporá aos Estados-membros medidas adequadas para efeitos do n.º 1 do artigo 93.º do Tratado CE, a fim de garantir a compatibilidade de todos os mapas dos auxílios regionais e de todos os regimes de auxílio com finalidade regional, aplicáveis em 1 de Janeiro de 2000, com as disposições das presentes orientações.

Para o efeito, a Comissão proporá aos Estados-membros, enquanto medida adequada para efeitos do n.º 1 do artigo 93.º, que seja limitada a 31 de Dezembro de 1999 a validade de todas as listas das regiões assistidas aprovadas pela Comissão sem data-limite ou com uma data-limite posterior a 31 de Dezembro de 1999.

A Comissão proporá igualmente aos Estados-membros, enquanto medida adequada ao abrigo do n.º 1 do artigo 93.º, que alterem todos os regimes de auxílios com finalidade regional existentes que estiverem em vigor após 31 de Dezembro de 1999, por forma a torná-los compatíveis com as disposições das presentes orientações a partir de 1 de Janeiro de 2000, e que comuniquem as alterações previstas num prazo de seis meses.

---

[1] Ver nota 2, quinto travessão.

6.2. Tendo em conta que a elegibilidade para efeitos dos auxílios regionais a título das derrogações previstas nas alíneas *a*) e *c*) do n.º 3 do artigo 92.º da maioria das regiões assistidas foi aprovada até 31 de Dezembro de 1999, e com a preocupação de assegurar o tratamento equitativo dos Estados-membros até essa data, a Comissão poderá determinar uma derrogação, até 31 de Dezembro de 1999, às disposições das presentes orientações no que diz respeito ao exame da elegibilidade das listas das regiões assistidas (novas listas ou alterações) notificadas antes de 1 de Janeiro de 1999, desde que a sua validade termine em 31 de Dezembro de 1999. Nestes casos, a Comissão continuará a basear-se nas regras definidas na comunicação.

6.3. Com a mesma preocupação de assegurar o tratamento equitativo dos Estados-membros, a Comissão poderá determinar uma derrogação, até 31 de Dezembro de 1999, às disposicões das presentes orientações no que diz respeito ao exame da compatibilidade das intensidades de auxílio e limites máximos de cumulação previstos nos novos regimes, casos ad hoc e alterações dos regimes existentes notificados antes de 1 de Janeiro de 1999, desde que a validade dessas intensidades e limites máximos de cumulação termine em 31 de Dezembro de 1999, ou que as intensidades e limites máximos de cumulação previstos a partir de 1 de Janeiro de 2000 sejam compatíveis com as disposições das presentes orientações.

6.4. A Comissão reexaminará as presentes orientações dentro de cinco anos a contar do início da sua aplicação. A Comissão poderá, além disso, decidir alterá-las em qualquer altura se tal se verificar adequado por razões de política de concorrência ou para ter em conta outras políticas comunitárias e compromissos internacionais.

ANEXO I

EQUIVALENTE-SUBVENÇÃO LÍQUIDO DE UM AUXÍLIO AO INVESTIMENTO

(*Não reproduzido*)

ANEXO II

AUXÍLIOS DESTINADOS A COMPENSAR OS CUSTOS ADICIONAIS DE TRANSPORTE NAS REGIÕES ELEGÍVEIS PARA EFEITOS DA DERROGAÇÃO DA ALÍNEA C) DO N.º 3 DO ARTIGO 92.º A TÍTULO DO CRITÉRIO DE DENSIDADE DEMOGRÁFICA

(Não reproduzido)

ANEXO III

MÉTODO PARA A DETERMINAÇÃO DOS LIMITES MÁXIMOS DE POPULAÇÃO ABRANGIDA PELA DERROGAÇÃO PREVISTA NA ALÍNEA c) DO N.º 3 DO ARTIGO 92.º

(Não reproduzido)

AUXÍLIOS À CONSTRUÇÃO NAVAL

Comunicação da Comissão*

1. Introdução

1. Desde o início da década de setenta, os auxílios estatais à construção naval têm sido objecto de uma série de regimes comunitários especiais. Em comparação com os sectores industriais não regidos por regras especiais, os regimes aplicáveis ao sector da construção naval incluíam algumas disposições mais rigorosas e outras mais flexíveis. O presente enquadramento prevê novas regras de apreciação dos auxílios estatais à construção naval, na sequência do termo de vigência, em 31 de Dezembro de 2003, do Regulamento (CE) n.º 1540/98 do Conselho, de 29 de Junho de 1998, que estabelece novas regras de auxílio à construção naval[1].

2. O presente enquadramento tem por objectivo, na medida do possível, suprimir as diferenças existentes entre as regras aplicáveis ao sector da construção naval e a outros sectores industriais, simplificando e tornando mais transparente a política da Comissão neste domínio, através da extensão das disposições horizontais de carácter geral ao sector da construção naval.

3. No entanto, a Comissão reconhece que certos factores específicos, que afectam o sector da construção naval, devem ser tomados em consideração na política da Comissão em matéria de controlo dos auxílios estatais. Trata-se dos factores:

a) Excesso de capacidade, baixos níveis de preços e distorções no mercado mundial da construção naval;

b) A natureza dos navios enquanto bens de equipamento de grandes dimensões, o que acentua os riscos de que as facilidades de crédito que beneficiem de apoio público falseiem a concorrência;

c) O facto de as regras da Organização Mundial do Comércio (OMC) em matéria de comércio não equitativo serem difíceis de aplicar no sector da construção naval;

---

* Enquadramento dos auxílios estatais à construção naval (2003/C 317/06) – JO, C 317, de 30.12.2003, pp. 11-14.

[1] JO, L 202, de 18.7.1998, p. 1.

d) A existência de convénios celebrados no âmbito da Organização para a Cooperação e Desenvolvimento Económico (OCDE) no sector da construção naval, nomeadamente o Convénio de 1998 relativo às linhas directrizes no domínio dos créditos à exportação que beneficiam de apoio oficial, com o seu Acordo sectorial sobre créditos à exportação de navios, aplicável na Comunidade por força da Decisão 2001/76/CE do Conselho, de 22 de Dezembro de 2000, que substitui a Decisão de 4 de Abril de 1978 relativa à aplicação de certas linhas directrizes no domínio dos créditos à exportação que beneficiam de apoio oficial – convénio relativo a directrizes para créditos à exportação que beneficiam de apoio oficial[1].

4. A Comissão reconhece que estão em curso trabalhos no âmbito da OCDE tendo em vista substituir o Acordo de 1994 relativo às condições normais de concorrência na indústria da construção e reparação naval[2], que não entrou em vigor. O presente enquadramento não pretende de forma alguma prejudicar o resultado desses trabalhos, podendo ser revisto à luz de um acordo concluído no âmbito da OCDE.

5. Tendo em conta estas características especiais, os objectivos previstos no presente enquadramento, para além da simplificação das regras aplicáveis, são os seguintes:

a) Incentivar uma maior eficiência e competitividade dos estaleiros navais comunitários, em especial através da promoção da inovação;

b) Facilitar a redução das capacidades sem viabilidade económica, quando necessário; e

c) Respeitar as obrigações internacionais aplicáveis no domínio dos créditos à exportação e da ajuda ao desenvolvimento.

6. A fim de atingir estes objectivos, o enquadramento prevê medidas específicas em relação aos auxílios à inovação, auxílios ao encerramento, créditos à exportação e ajuda ao desenvolvimento e auxílios regionais.

7. Algumas características da construção naval fazem desta indústria um sector único, que se distingue de outros sectores pela extensão limitada das séries de produção e pela dimensão, valor e complexidade das unidades produzidas, bem como pelo facto de os protótipos serem geralmente comercializados. Consequentemente, o sector da construção naval é o único sector elegível para auxílios à inovação. Os auxílios ao investimento para a inovação foram introduzidos pelo Regulamento (CE) n.º 1540/98 e deveriam ser autorizados apenas em casos devidamente justificados, como incentivo para assumir riscos tecnológicos. Todavia, a aplicação desta disposição não foi satisfatória. Considera-se que as características singulares do sector da construção naval justificam a manutenção de auxílios à inovação específicos deste sector. Por conseguinte, o presente enquadramento tem

---

[1] JO, L 32, de 2.2.2001, p. 1. Decisão com a redacção que lhe foi dada pela Decisão 2002/634/CE (JO, L 206, de 3.8.2002, p. 16).

[2] JO, C 375, de 30.12.1994, p. 1.

como objectivo melhorar o apoio à inovação, tendo em conta as dificuldades de aplicação da anterior disposição.

8. A Comissão só pode considerar compatíveis com o mercado comum os auxílios à construção, reparação ou transformação navais que respeitem as disposições do presente enquadramento.

9. O presente enquadramento não prejudica as medidas temporárias estabelecidas pelo Regulamento (CE) n.º 1177/2002 do Conselho de 27 de Junho de 2002, relativo a um mecanismo temporário de defesa do sector da construção naval[1].

2. Definições

10. Para efeitos do presente enquadramento, entende-se por:

a) "Construção naval", a construção na Comunidade de "embarcações comerciais autopropulsionadas de alto mar";

b) "Reparação naval", a reparação ou a renovação, efectuada na Comunidade, de "embarcações comerciais autopropulsionadas de alto mar";

c) "Transformação naval", a transformação, efectuada na Comunidade, de "embarcações comerciais autopropulsionadas de alto mar", com um mínimo de 1000 GT, desde que os trabalhos executados impliquem uma modificação radical do plano de carga, do casco, do sistema de propulsão ou das infra-estruturas de acolhimento dos passageiros;

d) "Embarcações comerciais autopropulsionadas de alto mar":
- *i)* embarcações para transporte de passageiros e/ou mercadorias com um mínimo de 100 GT,
- *ii)* embarcações para serviços especializados (por exemplo, dragas e quebra-gelos), com um mínimo de 100 GT,
- *iii)* rebocadores de potência não inferior a 365 kW,
- *iv)* embarcações de pesca com um mínimo de 100 GT, no que se refere aos créditos à exportação e à ajuda ao desenvolvimento, desde que se respeite o Convénio de 1998 relativo às linhas directrizes no domínio dos créditos à exportação que beneficiam de apoio oficial, celebrado no âmbito da OCDE, o seu Acordo sectorial sobre créditos à exportação de navios e qualquer acordo que os altere ou substitua, bem como as regras comunitárias relativas aos auxílios estatais no sector da pesca e da aquicultura,
- *v)* cascos em fase de acabamento das embarcações referidas nas subalíneas i) a iv), flutuantes e móveis.

Para este efeito, entende-se por "embarcação autopropulsionada de alto mar" uma embarcação que, através da sua propulsão e comando permanentes, possua

---
[1] JO, L 172, de 2.7.2002, p. 1.

todas as características de autonavegabilidade no alto mar. São excluídos os navios militares (isto é, os navios que, de acordo com as suas características estruturais de base e capacidade, se destinam a ser exclusivamente utilizados para fins militares, tais como os navios de guerra e outros navios de acção ofensiva ou defensiva) e as modificações ou os novos equipamentos introduzidos noutros navios para fins exclusivamente militares, desde que todas as medidas ou práticas aplicáveis a esses navios, modificações ou equipamentos não constituam medidas dissimuladas a favor da construção naval comercial incompatíveis com as regras sobre auxílios estatais;

e) "Entidade conexa", qualquer pessoa singular ou colectiva que: i) possua ou controle uma empresa de construção, reparação ou transformação navais, ou

ii) seja propriedade ou esteja sob o controlo, directa ou indirectamente, de uma empresa de construção, reparação ou transformação navais mediante uma participação no capital ou por qualquer outro modo.

Presume-se a existência de controlo sempre que uma pessoa ou uma empresa de construção, reparação ou transformação navais tenha ou controle uma participação superior a 25% noutra ou vice-versa.

f) "Auxílios", os auxílios estatais na acepção do n.º 1 do artigo 87.º do Tratado que institui a Comunidade Europeia, incluindo medidas como facilidades de crédito, garantias e benefícios fiscais.

3. Disposições aplicáveis

3.1. *Âmbito*

11. Os auxílios à construção naval incluem os auxílios concedidos, directa ou indirectamente, a um estaleiro naval, entidade conexa, armador ou terceiro, para a construção, reparação ou transformação de navios.

3.2. *Aplicação de disposições horizontais*

12. O princípio geral é o de que os auxílios à construção naval podem ser concedidos nos termos dos artigos 87.º e 88.º do Tratado CE e de toda a legislação e medidas adoptadas com base nesses artigos, incluindo as disposições que se seguem.

a) Regulamento (CE) n.º 659/1999 do Conselho, de 22 de Março de 1999, que estabelece as regras de execução do artigo 93.º do Tratado CE[1];

---

[1] JO, L 83, de 27.3.1999, p. 1.

b) Regulamento (CE) n.º 68/2001 da Comissão, de 12 de Janeiro de 2001, relativo à aplicação dos artigos 87.º e 88.º do Tratado CE aos auxílios à formação[1];

c) Regulamento (CE) n.º 69/2001 da Comissão, de 12 de Janeiro de 2001, relativo à aplicação dos artigos 87.º e 88.º do Tratado CE aos auxílios de minimis[2];

d) Regulamento (CE) n.º 70/2001 da Comissão, de 12 de Janeiro de 2001, relativo à aplicação dos artigos 87.º e 88.º do Tratado CE aos auxílios estatais a favor das pequenas e médias empresas[3];

e) Regulamento (CE) n.º 1177/2002;

f) Orientações comunitárias dos auxílios estatais de emergência e à reestruturação concedidos a empresas em dificuldade[4];

g) Enquadramento comunitário dos auxílios estatais a favor do ambiente[5]; e

h) Enquadramento comunitário dos auxílios estatais à investigação e desenvolvimento[6].

3.3. *Disposições específicas*

13. São excepções ao princípio geral enunciado na secção 3.2 as seguintes excepções, que se justificam pelos factores específicos apresentados na Secção 1.

3.3.1. *Auxílios à investigação, ao desenvolvimento e à inovação*

14. Os auxílios concedidos para cobrir despesas efectuadas por empresas de construção, reparação ou transformação navais com projectos de investigação e desenvolvimento podem ser considerados compatíveis com o mercado comum se se tiverem observado as regras estabelecidas no enquadramento comunitário dos auxílios estatais à investigação e desenvolvimento ou quaisquer disposições posteriores.

15. Os auxílios destinados à inovação nos estaleiros já existentes que se dediquem à construção, reparação ou transformação navais podem ser considerados compatíveis com o mercado comum até uma intensidade máxima de auxílio de 20% bruta, desde que:

a) estejam relacionados com a aplicação industrial de produtos e processos inovadores, isto é, produtos e processos tecnologicamente novos ou substancialmente melhorados comparativamente à situação existente neste sector na Comunidade, e impliquem um risco de fracasso tecnológico ou industrial;

---

[1] JO, L 10, de 13.1.2001, p. 20.
[2] JO, L 10, de 13.1.2001, p. 30.
[3] JO, L 10, de 13.1.2001, p. 33.
[4] JO, C 288, de 9.10.1999, p. 2.
[5] JO, C 37, de 3.2.2001, p. 3.
[6] JO, C 45, de 17.2.1996, p. 5.

b) se limitem a financiar as despesas relativas a investimentos, concepção e actividades de engenharia e de ensaio directa e exclusivamente relacionadas com a parte inovadora do projecto. Excepcionalmente, os custos de produção adicionais estritamente necessários para validar a inovação tecnológica podem ser elegíveis, desde que sejam limitados ao montante mínimo necessário.

3.3.2. *Auxílios ao encerramento*

16. Os auxílios destinados a cobrir os custos normais ocasionados pelo encerramento total ou parcial de estaleiros de construção, reparação ou transformação navais podem ser considerados compatíveis com o mercado comum, desde que a redução de capacidade resultante de tais auxílios seja real e irreversível.

17. Os custos elegíveis para os auxílios a que se refere o ponto 16 são:

a) as indemnizações a pagar aos trabalhadores despedidos ou reformados antes da idade legal da reforma;

b) os custos dos serviços de consultoria para trabalhadores despedidos ou em vias de despedimento ou ainda reformados antes da idade legal da reforma, incluindo os pagamentos efectuados por estaleiros navais para facilitar a criação de pequenas empresas, independentes desses mesmos estaleiros, e cujas actividades não se relacionem principalmente com a construção naval;

c) os pagamentos efectuados a trabalhadores para a sua reconversão profissional;

d) despesas suportadas com a reconversão dos estaleiros, respectivos edifícios, instalações e infra-estruturas para outra utilização que não a construção naval.

18. Além disso, no caso de empresas que cessem totalmente a construção, reparação ou transformação navais, podem igualmente ser consideradas compatíveis com o mercado comum as seguintes medidas:

a) auxílios cujo montante não seja superior ao mais elevado dos dois valores seguintes, determinados no relatório de consultores independentes: o valor contabilístico residual das instalações ou os lucros de exploração ao valor actual susceptíveis de ser obtidos durante um período programado de três anos, depois de deduzidas quaisquer vantagens que a empresa beneficiária obtenha com o encerramento das instalações;

b) os auxílios, tais como empréstimos ou garantias de empréstimos para capital de exploração, necessários para permitir à empresa completar trabalhos inacabados, desde que se limitem ao mínimo necessário e que uma parte significativa do trabalho tenha já sido realizada.

19. As empresas que recebam auxílios ao encerramento parcial não podem ter beneficiado de auxílios de emergência ou à reestruturação nos últimos dez anos. Quando tenham decorrido menos de dez anos desde a concessão desses auxílios, a Comissão só autorizará o auxílio ao encerramento parcial em circunstâncias excepcionais e imprevisíveis, pelas quais a empresa não tenha sido responsável.

20. O montante e a intensidade dos auxílios devem ser justificados pela dimensão dos encerramentos em causa, sendo tomados em consideração os problemas estruturais da região em questão e, no caso de reconversão para outras actividades industriais, a legislação e regras comunitárias aplicáveis a essas novas actividades.

21. A fim de garantir o carácter irreversível dos encerramentos objecto de auxílio, o Estado-Membro em causa deverá velar por que as instalações de construção naval permaneçam encerradas durante um período mínimo de dez anos.

3.3.3. Auxílios ao emprego

22. Os auxílios concedidos para a criação de emprego, bem como para a contratação de trabalhadores desfavorecidos e de trabalhadores deficientes ou para cobrir os custos adicionais de contratação desses trabalhadores na construção, reparação ou transformação navais, podem ser considerados compatíveis com o mercado comum se se tiver dado cumprimento às regras materiais estabelecidas no Regulamento (CE) n.º 2204/2002 da Comissão, de 12 de Dezembro de 2002, relativo à aplicação dos artigos 87.º e 88.º do Tratado CE aos auxílios estatais ao emprego[1].

3.3.4. Créditos à exportação

23. Os auxílios à construção naval sob a forma de facilidades de crédito que beneficiam de apoio público concedidos a armadores nacionais e estrangeiros ou terceiros para a construção ou transformação de embarcações podem ser considerados compatíveis com o mercado comum se se tiverem observado as condições estabelecidas para o efeito no Convénio de 1998 relativo às linhas directrizes no domínio dos créditos à exportação que beneficiam de apoio oficial, celebrado no âmbito da OCDE. e no seu Acordo sectorial sobre créditos à exportação de navios, bem como em quaisquer disposições que alterem ou modifiquem os referidos Convénio e Acordo.

3.3.5. Ajuda ao desenvolvimento

24. Os auxílios relativos à construção e transformação navais concedidos enquanto ajuda aos países em desenvolvimento podem ser considerados compatíveis com o mercado comum se se tiverem observado as condições estabelecidas para o efeito no Convénio de 1998 relativo às linhas directrizes no domínio dos créditos à exportação que beneficiam de apoio oficial, celebrado no âmbito da OCDE e no seu Acordo sectorial sobre créditos à exportação de navios, bem como em quaisquer disposições que alterem ou modifiquem os referidos Convénio e Acordo.

---

[1] JO, L 337, de 13.12.2002, p. 3.

25. A Comissão verificará a componente específica "desenvolvimento" do auxílio previsto e assegurar-se-á de que o auxílio é necessário e se encontra abrangido pelo Convénio de 1998 relativo às linhas directrizes no domínio dos créditos à exportação que beneficiam de apoio oficial, celebrado no âmbito da OCDE e no seu Acordo sectorial sobre créditos à exportação de navios, bem como em quaisquer disposições que alterem ou modifiquem os referidos Convénio e Acordo. A concessão de ajuda ao desenvolvimento deve estar aberta à apresentação de propostas de diferentes estaleiros. Sempre que forem aplicáveis as regras da Comunidade em matéria de contratos públicos, os processos de concurso terão de obedecer a tais regras.

3.3.6. Auxílios regionais

26. Os auxílios regionais à construção, reparação ou transformação navais só podem ser considerados compatíveis com o mercado comum se satisfizerem as seguintes condições:

a) sejam concedidos para investir no melhoramento ou modernização dos estaleiros existentes, que não estejam ligados a uma reestruturação financeira do(s) estaleiro(s) em causa, com o objectivo de melhorar a produtividade das instalações existentes;

b) nas regiões referidas no n.º 3, alínea *a)*, do artigo 87.º do Tratado e se enquadrem no mapa aprovado pela Comissão para cada Estado-Membro para efeitos de concessão de auxílios regionais, a intensidade do auxílio não exceda 22,5%;

c) nas regiões referidas no n.º 3, alínea *c)*, do artigo 87.º do Tratado e se enquadrem no mapa aprovado pela Comissão para cada Estado-Membro para efeitos de concessão de auxílios regionais, a intensidade do auxílio não exceda 12,5% ou o limite máximo do auxílio regional aplicável, consoante o valor que for mais baixo;

d) os auxílios se limitem a apoiar despesas elegíveis, como definidas nas directrizes comunitárias aplicáveis em matéria de auxílios regionais.

4. Dever de notificação

27. Todos os planos de concessão de novos auxílios à construção, reparação ou transformação navais, quer sob a forma de um regime, quer como auxílios específicos não abrangidos por um regime, devem ser notificados à Comissão, excepto se satisfizerem as condições estabelecidas num dos regulamentos de isenção de determinadas categorias de auxílios estatais do dever de notificação prévia.

5. Acompanhamento

28. Os Estados-Membros apresentarão à Comissão relatórios anuais sobre todos os regimes de auxílio existentes, em conformidade com as regras estabelecidas no Regulamento (CE) n.º 659/1999 e nas suas disposições de execução.

6. Sobreposição de auxílios de várias fontes

29. São aplicáveis os limites máximos de auxílio estabelecidos no presente enquadramento, independentemente de o auxílio em causa provir inteira ou parcialmente de recursos estatais ou de recursos comunitários. Os auxílios permitidos nos termos do presente enquadramento não poderão ser combinados com outras formas de auxílios estatais na acepção do n.º 1 do artigo 87.º do Tratado ou com outras formas de financiamento comunitário se o cúmulo der origem a uma intensidade de auxílio superior à prevista no presente enquadramento.

30. No caso de auxílios com diferentes finalidades e que envolvam os mesmos custos elegíveis, aplicar-se-á o limite máximo de auxílio mais favorável.

7. Aplicação do presente enquadramento

31. O presente enquadramento é aplicável de 1 de Janeiro de 2004 até 31 de Dezembro de 2006 o mais tardar. É susceptível de ser revisto pela Comissão durante esse período, nomeadamente à luz das obrigações internacionais da Comunidade.

AUXÍLIO AO INVESTIMENTO NA CONSTRUÇÃO NAVAL

Comunicação da Comissão*

A Comissão decidiu que a aplicação de todos os regimes de auxílio ao investimento com finalidade regional ao sector da construção naval, tal como definido no Anexo, deve ser notificada a partir de 1 de Janeiro de 2004 até 31 de Dezembro de 2006, no sentido de permitir à Comissão apreciar a compatibilidade de tais auxílios à luz das regras aplicáveis ao sector da construção naval a partir de 1 de Janeiro de 2004.

A Comissão propôs, a título de medida adequada nos termos do n.º 1 do artigo 88.º do Tratado, a mesma obrigação de notificação para a aplicação de todos os regimes existentes de auxílio ao investimento com finalidade regional ao sector da construção naval.

ANEXO

DEFINIÇÃO DE SECTOR DA CONSTRUÇÃO NAVAL

O sector da construção naval inclui todas as empresas que desenvolvem actividades na "construção naval", "reparação naval" ou "transformação naval", bem como todas as "entidades afins".

a) "construção naval" significa a construção, na Comunidade, de "embarcações comerciais autopropulsionadas de alto mar";

b) "reparação naval" significa a reparação ou a renovação, efectuada na Comunidade, de "embarcações comerciais autopropulsionadas de alto mar";

c) "transformação naval" significa a transformação, efectuada na Comunidade, de "embarcações comerciais autopropulsionadas de alto mar" com um mínimo de 1000 GT, desde que os trabalhos executados impliquem uma modificação radical do plano de carga, do casco, do sistema de propulsão ou das infra-estruturas de acolhimento dos passageiros;

---

* Comunicação da Comissão relativa à apresentação de notificações individuais sobre a aplicação de todos os regimes de auxílio ao investimento com finalidade regional ao sector da construção naval e proposta de medidas adequadas nos termos do n.º 1 do artigo 88.º do Tratado CE (Texto relevante para efeitos do EEE) – JO, C 263, de 1.11.2003, pp. 2.

d) "embarcações comerciais autopropulsionadas de alto mar" significa:
– embarcações para o transporte de passageiros e/ou mercadorias com um mínimo de 100 GT,
– embarcações para o desempenho de um serviço especializado (por exemplo, dragas e quebra-gelos), com um mínimo de 100 GT,
– rebocadores de potência não inferior a 365 kW,
– embarcações de pesca com um mínimo de 100 GT, para exportação para o exterior da Comunidade,
– cascos em fase de acabamento das embarcações acima referidas, mas flutuantes e móveis.

Para este efeito, uma "embarcação comercial autopropulsionada de alto mar" significa uma embarcação que, através da sua propulsão e comando permanentes, possua todas as características de autonavegabilidade no alto mar. São excluídos os navios militares (isto é, os navios que, segundo as suas características estruturais de base e capacidade, se destinam especificamente a ser utilizados exclusivamente para fins militares, tais como os navios de guerra e outros navios de acção ofensiva ou defensiva) e as modificações ou os novos equipamentos introduzidos noutros navios para fins exclusivamente militares, desde que todas as medidas ou práticas aplicáveis a esses navios, modificações ou equipamentos não constituam medidas dissimuladas a favor da construção naval comercial incompatíveis com o controlo dos auxílios estatais;

e) "entidade afim" significa qualquer pessoa singular ou colectiva que:
   i) Possua ou controle uma empresa de construção, transformação ou reparação navais, ou
   ii) Pertença ou esteja sob o controlo, directa ou indirectamente, de uma empresa de construção, transformação ou reparação navais através da detenção de acções ou por qualquer outro modo.

Presume-se a existência de controlo quando uma pessoa ou uma empresa de construção, transformação ou reparação navais detenha ou controle uma participação superior a 25% na outra parte ou vice-versa.

AUXÍLIOS AOS TRANSPORTES MARÍTIMOS

Comunicação da Comissão*

1. Introdução

O Livro Branco "A política europeia de transportes no horizonte 2010: a hora das opções" salienta a importância vital dos serviços de transporte marítimo para a economia da Comunidade. 90% de todo o comércio entre a Comunidade e o resto do mundo é transportado por via marítima. O transporte marítimo de curta distância representa 69% do volume de mercadorias transportadas entre os Estados-Membros (esta percentagem é de 41% caso se inclua o transporte nacional). O sector dos transportes marítimos comunitários e das actividades conexas continua a ser um dos mais importantes do mundo.

As companhias de navegação dos Estados-Membros ainda gerem actualmente cerca de um terço da frota mundial. A adesão de Chipre e Malta[1] em 2004 reforçará ainda mais a parte da União no sector dos transportes marítimos, na medida em que os registos de navios destes dois países correspondem actualmente a cerca de 10% da frota mundial.

Desde a década de 70 que a frota comunitária enfrenta a concorrência de navios registados em países terceiros, pouco preocupados em dar cumprimento às disposições internacionais em vigor em matéria social e de segurança.

A falta de concorrência entre os navios que arvoram pavilhão da UE foi reconhecida no final da década de 80 e, na ausência de medidas harmonizadas à escala europeia, vários Estados-Membros adoptaram modalidades diversas de auxílio ao transporte marítimo. As estratégias adoptadas e os orçamentos atribuídos a medidas de apoio variam de um Estado-Membro para outro, reflectindo a atitude de cada um deles em relação aos auxílios públicos ou à importância que atribuem ao sector marítimo.

---

* Comunicação C(2004) 43 da Comissão – Orientações comunitárias sobre auxílios estatais aos transportes marítimos – JO, C 13, de 17.1.2004, pp. 3-12.

[1] O sexto e o quinto registos mundiais de navios, respectivamente, em termos de tonelagem (navios com mais de 300 GT – Fonte: ISL 2001).

Por outro lado, a fim de promover o regresso dos navios aos seus registos, os Estados-Membros tornaram menos rigorosas as disposições relativas às tripulações, nomeadamente através da criação de segundos registos.

Os segundos registos incluem, em primeiro lugar, os "registos offshore" pertencentes a territórios que possuem maior ou menor autonomia em relação ao Estado-Membro e, em segundo lugar, os "registos internacionais", directamente ligados ao Estado que os criou.

Não obstante os esforços realizados, uma parte significativa da frota sob controlo da Comunidade continua a ser registada com pavilhão de países terceiros. Isto deve-se ao facto de os registos dos países terceiros que aplicam políticas de registo abertas – alguns dos quais denominados "pavilhões de conveniência" – terem continuado e continuarem ainda a beneficiar de uma vantagem concorrencial significativa em relação aos registos dos Estados-Membros.

Auxílios concedidos ao sector dos transportes marítimos desde 1989

Com base nas diferenças entre os regimes de auxílio adoptados pelos Estados--Membros que enfrentavam uma concorrência mais intensa por parte dos navios que não arvoravam pavilhão da Comunidade, a Comissão definiu, em 1989, as suas primeiras orientações sobre esta matéria para garantir uma certa convergência entre as acções dos Estados-Membros. Este método revelou-se todavia ineficaz, tendo o declínio das frotas comunitárias prosseguido. As orientações foram por isso revistas, o que conduziu a uma comunicação em 1997 que definiu novas orientações sobre os auxílios estatais aos transportes marítimos[1].

A principal evolução registada nos últimos anos relativamente às medidas de apoio dos Estados-Membros ao transporte marítimo é a generalização na Europa dos sistemas de tributação de taxa fixa com base na tonelagem ("imposto sobre a tonelagem"). O imposto sobre a tonelagem entrou rapidamente em vigor na Grécia, tendo sido progressivamente alargado aos Países Baixos (1996), Noruega (1996), Alemanha (1999), Reino Unido (2000), Dinamarca, Espanha e Finlândia (2002) e à Irlanda (2002). A Bélgica e a França decidiram igualmente adoptá-lo em 2002 e o Governo italiano está a ponderar essa possibilidade.

Resultados das medidas propostas pelos Estados-Membros e aprovadas pela Comissão quando comparados com os objectivos gerais das orientações revistas de 1997

a) Tendências da frota com pavilhão da Comunidade (competitividade da frota)

De acordo com as respostas dadas pelos Estados-Membros ao questionário da Comissão em meados de 2002 e com os dados estatísticos mais recentes[2], os Estados-Membros que introduziram medidas de auxílio, designadamente sob a forma de redução fiscal, conseguiram que uma tonelagem significativa, tendo em

---

[1] Orientações comunitárias sobre auxílios estatais aos transportes marítimos (97/C 205/05) (JO, C 205, de 5.7.1997, p. 5).

[2] ISL, Shipping Statistics 2001.

conta a totalidade dos registos, voltasse a arvorar o pavilhão nacional. Em termos percentuais, a frota inscrita nos registos dos Estados-Membros aumentou do seguinte modo: 0,4% em média, por ano, em número de navios, 1,5% em tonelagem e 12,4% em número de porta-contentores. Ainda que, no caso dos primeiros registos, o número de unidades inscritas tenha diminuído praticamente por todo o lado no período de 1989-2001, estes valores podem considerar-se uma inversão da tendência para o abandono dos pavilhões comunitários observada até 1997.

A parte dos registos dos Estados-Membros na frota mundial total diminuiu porém ligeiramente durante o mesmo período. Num contexto de crescimento do sector do transporte marítimo mundial, o aumento da frota gerida pela Comunidade e registada sob pavilhão dos países terceiros foi mais rápido do que o da frota registada sob pavilhão dos Estados-Membros.

b) Tendências do emprego

De acordo com as estimativas mais recentes, o número de marítimos a bordo de navios que arvoram pavilhão da Comunidade diminuiu de 188000 em 1996 para cerca de 180000 em 2001[1]. O número total de cidadãos da Comunidade empregados a bordo de navios que arvoram pavilhão comunitário é actualmente de cerca de 120000, valor que é 40% inferior ao de 1985, ao passo que o número de cidadãos de países terceiros empregados a bordo de navios da Comunidade aumentou de 29000 em 1983 para cerca de 60000 actualmente. Uma avaliação da diminuição do número total de marítimos deve ter em conta os seguintes factores:

– em primeiro lugar, a produtividade por navio tem continuado a aumentar. Neste contexto, é hoje possível transportar, com uma tripulação mais reduzida, um volume igual se não superior ao do passado;

– em segundo lugar, a frota com pavilhão da Comunidade foi renovada no período de 1997-2001. A idade média dos navios passou de 22,9 anos para 17,2. Uma percentagem de 35% da frota em circulação em 1 de Janeiro de 2001 foi construída no período de 1996-2000. Os navios novos, de tecnologia mais avançada, necessitam de tripulações com uma melhor formação mas mais reduzidas.

São todavia evidentes diferenças notáveis entre os Estados-Membros a nível da taxa de emprego dos marítimos comunitários. Porém, nenhum elemento nestes valores aponta para uma inversão da tendência para uma dependência crescente da frota sob pavilhão da Comunidade dos marítimos dos países terceiros. Esta tendência foi salientada pela Comissão em 2001 na sua Comunicação relativa à formação e ao recrutamento dos marítimos[2].

---

[1] Valor total combinado dos marítimos da Comunidade e de países não-membros da Comunidade.

[2] Comunicação da Comissão relativa à formação e ao recrutamento dos marítimos, de 6 de Abril de 2001, COM(2001) 188 final.

c) Contribuição para a actividade económica no seu conjunto

O sector marítimo é indissociável dos transportes marítimos. Esta associação constitui um forte argumento a favor de medidas positivas cujo objectivo seja a manutenção de uma frota que dependa do sector dos transportes marítimos comunitários. Na medida em que os transportes marítimos são um dos elos da cadeia de transporte em geral e do sector marítimo em particular, as medidas destinadas a manter a competitividade da frota europeia possuem igualmente repercussões a nível dos investimentos em terra nos sectores marítimos conexos[1] e da contribuição dos transportes marítimos para a economia da Comunidade no seu conjunto e para o emprego em geral.

A importância dos transportes marítimos e do sector marítimo na sua globalidade varia de modo considerável em função do país em questão. Os valores que se seguem permitem todavia ilustrar claramente a importância do sector marítimo europeu e o seu impacto económico directo: 1,550 milhões de empregos directos e um volume de negócios de 160000 milhões de euros em 1997 (cerca de 2% do PIB da Comunidade)[2]. Os dados relativos à Dinamarca (3% do PIB gerado pelo sector marítimo), Grécia (2,3%) e Países Baixos (2%) podem ser considerados um exemplo válido.

Neste contexto, não é por conseguinte inútil assinalar que a frota gerida por operadores europeus sediados na Comunidade se manteve a um nível de cerca de 34% da frota mundial, quando esta aumentou 10% durante o mesmo período. Atendendo à mobilidade do sector marítimo e às estruturas proporcionadas pelos países terceiros, pode concluir-se que as medidas de apoio aos transportes marítimos podem contribuir para evitar uma deslocalização generalizada dos sectores conexos.

Concluindo, pode afirmar-se que, nos casos em que foram adoptadas medidas em conformidade com as orientações de 1997, o declínio estrutural dos registos comunitários e da frota da Comunidade foi travado e os objectivos estabelecidos pela Comissão foram alcançados, pelo menos parcialmente.

A parte de registos abertos na tonelagem mundial continuou todavia a aumentar durante o período em causa, passando de 43% em 1996 para 54% em 2001 e nada aponta para uma inversão significativa da tendência que se tem manifestado para um recurso crescente da frota a marítimos de países terceiros. A campanha lançada nos últimos anos deve prosseguir, mas sendo melhor orientada. As medidas destinadas à promoção dos marítimos comunitários devem, nomeadamente, ser objecto de um acompanhamento mais activo.

---

[1] Estas actividades incluem serviços portuários, logística, construção, reparação, manutenção, inspecção e classificação de navios, gestão de navios e corretagem, actividades bancárias e serviços financeiros internacionais, seguros, consultoria e serviços profissionais.

[2] Estudo realizado pela Comissão Europeia, DG Empresa (publicado no sítio Internet Europa).

Os resultados das medidas adoptadas pelos Estados-Membros e autorizadas pela Comissão deverão ser analisados de forma sistemática.

Consequentemente, e ainda que, em princípio, os auxílios à exploração devam ser excepcionais, temporários e degressivos, a Comissão considera que os auxílios estatais ao sector dos transportes marítimos europeu continuam a justificar-se e que a abordagem adoptada pelas orientações de 1997 era correcta. A presente Comunicação baseia-se por conseguinte na mesma abordagem de base.

2. Âmbito de aplicação e objectivos gerais da revisão das orientações sobre auxílios estatais

A presente Comunicação – que substitui as orientações de 1997 – destina-se a estabelecer os parâmetros no âmbito dos quais serão aprovados pela Comissão auxílios estatais aos transportes marítimos, em conformidade com as disposições e procedimentos da Comunidade nesta matéria, nos termos do n.º 3, alínea c), do artigo 87.º e/ou do n.º 2 do artigo 86.º do Tratado.

Os regimes de auxílio não deverão funcionar em detrimento das economias de outros Estados-Membros e deve provar-se que não ameaçam distorcer a concorrência entre os Estados-Membros numa medida contrária ao interesse comum. Os auxílios estatais devem sempre limitar-se ao estritamente necessário para alcançar o seu objectivo e ser concedidos de forma transparente. É necessário ter sempre em conta o efeito cumulativo de todos os auxílios concedidos pelos poderes públicos (incluindo a nível nacional, regional e local).

As presentes orientações são aplicáveis às actividades de "transporte marítimo", tal como definidas no Regulamento (CEE) n.º 4055/86[1] e no Regulamento (CEE) n.º 3577/92[2], ou seja, "o transporte por mar de passageiros ou mercadorias". Certos capítulos fazem igualmente referência ao reboque e à dragagem.

2.1. Âmbito de aplicação da revisão das orientações sobre auxílios estatais

As presentes orientações abrangem qualquer auxílio concedido pelos Estados--Membros ou através de recursos estatais a favor dos transportes marítimos. Isto inclui qualquer tipo de vantagem financeira conferida sob qualquer forma, financiada pelos poderes públicos (a nível nacional, regional, de província, de departa-

---

[1] Regulamento (CEE) n.º 4055/86 do Conselho, de 22 de Dezembro de 1986, que aplica o princípio da livre prestação de serviços aos transportes marítimos entre Estados--Membros e Estados-Membros para países terceiros (JO, L 378, de 31.12.1986, p. 1).

[2] Regulamento (CEE) n.º 3577/92 do Conselho, de 7 de Dezembro de 1992, relativo à aplicação do princípio da livre prestação de serviços aos transportes marítimos internos nos Estados-Membros (cabotagem marítima) (JO, L 364, de 12.12.1992, p. 7).

mento ou local). Para esse efeito, a noção de "poderes públicos" pode incluir igualmente empresas públicas e bancos sob controlo estatal. Os acordos através dos quais o Estado garante empréstimos ou outro tipo de financiamento por intermédio dos bancos comerciais podem igualmente ser abrangidos pela definição de auxílio. As orientações não estabelecem qualquer distinção entre os tipos de beneficiários em termos da sua estrutura jurídica (sejam empresas, parcerias ou particulares), nem entre a propriedade pública ou privada e qualquer referência a empresas deve ser entendida como incluindo todos os restantes tipos de entidade jurídica.

As presentes orientações não abrangem os auxílios à construção naval (na acepção do Regulamento (CE) n.º 1540/98 do Conselho[1] ou de qualquer instrumento subsequente). Os investimentos em infra-estruturas não são geralmente considerados auxílios estatais na acepção do n.º 1 do artigo 87.º do Tratado, se o Estado conceder acesso livre e equitativo às infra-estruturas, em benefício de todos os operadores interessados. Porém, a Comissão pode examinar esses investimentos, caso estes possam beneficiar directa ou indirectamente determinados armadores. Finalmente, a Comissão estabeleceu o princípio de que não existe auxílio estatal quando os poderes públicos contribuem para uma empresa numa base que seria aceitável para um investidor privado que opere em condições normais de economia de mercado.

2.2. *Objectivos gerais da revisão das orientações sobre auxílios estatais*

A Comissão salientou a necessidade de uma maior transparência dos auxílios estatais para que não só as autoridades nacionais, em sentido lato, como também as empresas e os particulares, estejam cientes dos seus direitos e obrigações. As presentes orientações destinam-se a contribuir para esse objectivo e a clarificar quais os regimes de auxílio estatal que podem ser introduzidos em apoio dos interesses marítimos da Comunidade tendo em vista:

– contribuir para um transporte marítimo mais seguro, mais eficaz e mais respeitador do ambiente;

– incentivar a inscrição nos registos dos Estados-Membros ou a transferência para esses registos;

– contribuir para a consolidação do sector marítimo estabelecido nos Estados-Membros, mantendo simultaneamente uma frota globalmente competitiva nos mercados mundiais;

– preservar e melhorar o know-how marítimo, bem como salvaguardar e promover o emprego dos marítimos europeus e

– contribuir para a promoção de novos serviços no domínio do transporte marítimo de curta distância, em conformidade com o Livro Branco sobre a política comunitária de transportes.

---

[1] JO, L 202, de 18.7.1998, p. 1.

Regra geral, apenas poderão ser concedidos auxílios estatais a navios inscritos em registos dos Estados-Membros. Porém, em determinados casos excepcionais, poderão ser atribuídos auxílios a navios inscritos em registos mencionados no ponto 3 do anexo, desde que:

– estejam em conformidade com as normas internacionais e o direito comunitário, nomeadamente no que respeita à protecção, segurança, desempenho ambiental e condições de trabalho a bordo;
– sejam operados a partir da Comunidade;
– o seu armador esteja estabelecido na Comunidade e o Estado-Membro interessado demonstre que o registo contribui directamente para os objectivos atrás referidos.

Por outro lado, poderão ser aprovadas, em determinadas circunstâncias excepcionais, medidas de auxílio neutras em termos de pavilhão, desde que se demonstre claramente a sua vantagem para a Comunidade.

3. Medidas fiscais e sociais destinadas a reforçar a competitividade

3.1. Tratamento fiscal das empresas marítimas

Inúmeros países terceiros criaram registos marítimos importantes, por vezes apoiando-se numa infra-estrutura de serviços internacionais eficiente e atraindo os armadores graças a um ambiente fiscal consideravelmente mais flexível do que o dos Estados-Membros. Este ambiente fiscal favorável transformou-se num incentivo para as empresas não só procederem à transferência de registo dos seus navios como considerarem a possibilidade de deslocação das suas actividades. Note-se que não existem actualmente normas internacionais eficazes para atenuar esta concorrência fiscal e que são poucos os obstáculos administrativos, jurídicos ou técnicos à transferência de um navio para um registo que não seja de um Estado-Membro. Neste contexto, a criação de condições que permitam uma concorrência mais leal com os pavilhões de conveniência parece ser o melhor caminho a seguir.

É necessário abordar a questão da concorrência fiscal entre os Estados-Membros. Na fase actual, não existem provas da existência de regimes que distorçam a concorrência comercial entre os Estados-Membros numa medida contrária ao interesse comum. De facto, parece existir um grau de convergência crescente entre as abordagens dos Estados-Membros face aos auxílios no sector dos transportes marítimos. A transferência de registo entre Estados-Membros é um fenómeno raro. A concorrência fiscal é fundamentalmente uma questão entre Estados-Membros, por um lado, e os países terceiros, por outro, já que as economias que podem realizar os armadores através dos registos em países terceiros são, por comparação com as opções disponíveis na Comunidade, consideráveis.

Por essa razão, muitos Estados-Membros adoptaram medidas especiais no sentido de melhorar o ambiente fiscal das empresas de armadores, incluindo, por exemplo, uma amortização acelerada dos investimentos em navios ou o direito de conservar os ganhos realizados com a venda de navios isentos de impostos durante um certo número de anos, desde que tais ganhos sejam reinvestidos em navios.

Estas medidas de redução fiscal que se aplicam, de modo especial, aos transportes marítimos são consideradas auxílios estatais. Do mesmo modo, o sistema que consiste em substituir o regime normal de imposto sobre o rendimento das sociedades por um imposto sobre a tonelagem é um auxílio estatal. Por imposto sobre a tonelagem entende-se que o armador paga um montante de imposto directamente associado à tonelagem explorada. O imposto sobre a tonelagem deverá ser pago independentemente dos ganhos ou perdas reais da empresa.

Tais medidas revelaram-se importantes na salvaguarda de empregos de alta qualidade no sector das actividades marítimas em terra, como por exemplo a gestão directamente relacionada com os transportes marítimos, e das actividades conexas (seguros, corretagem e financiamento). Atendendo à importância destas actividades para a economia da Comunidade e a fim de alcançar os objectivos supracitados, estes tipos de incentivo fiscal podem, em geral, ser aceites. Por outro lado, a salvaguarda dos empregos de qualidade e a promoção de um sector dos transportes marítimos competitivo estabelecido num Estado-Membro através de incentivos fiscais, aliadas a outras iniciativas em matéria de formação e reforço da segurança, facilitarão o desenvolvimento dos transportes marítimos da Comunidade no mercado mundial.

A Comissão está ciente de que actualmente as receitas dos armadores provêm muitas vezes da exploração de navios sob pavilhões diferentes, por exemplo recorrendo a navios afretados sob pavilhões estrangeiros ou a navios pertencentes a parceiros no âmbito de alianças. A Comissão reconhece igualmente que o incentivo à expatriação das actividades de gestão e conexas continuará a existir, se os armadores obtiverem vantagens financeiras significativas por manterem diversos estabelecimentos e contabilizarem separadamente as receitas de pavilhões da Comunidade e as restantes receitas. Será esse o caso, por exemplo, se as receitas de pavilhões não comunitários ficarem sujeitas à taxa máxima do imposto sobre o rendimento das sociedades num Estado-Membro ou a uma taxa reduzida de imposto no estrangeiro, caso se consiga provar que a gestão é assegurada no estrangeiro.

O objectivo dos auxílios estatais no âmbito da política comum dos transportes marítimos é promover a competitividade dos pavilhões da Comunidade no mercado mundial dos transportes marítimos. Consequentemente, os regimes de redução fiscal deverão, regra geral, exigir um vínculo com um pavilhão comunitário. Porém, poderão igualmente ser aprovados, a título excepcional, caso sejam aplicáveis a toda a frota explorada por um armador estabelecida no território de um Estado-Membro e sujeita ao imposto sobre o rendimento das sociedades, desde que se demonstre que a gestão estratégica e comercial de todos os navios em causa é efectivamente assegurada a partir desse território e que essa actividade contribui substancialmente para a actividade económica e para o emprego na Comunidade. As provas apresentadas pelo Estado-Membro em causa para demonstrar esse vínculo económico deverão incluir pormenores sobre os navios registados e explorados na Comunidade, os nacionais da Comunidade empregados a bordo dos navios e em actividades em terra e os investimentos em activos imobilizados. Note-se que o auxílio deve relevar-se indispensável à promoção da repatriação da gestão estratégica e comercial de todos os navios em causa para a Comunidade e, por outro lado, que os beneficiários dos regimes de auxílio devem ficar sujeitos ao pagamento na Comunidade do imposto sobre o rendimento das sociedades. A Comissão exigirá igualmente as provas disponíveis que demonstrem que todos os navios explorados por empresas que beneficiam destas medidas dão cumprimento às normas de segurança internacionais e comunitárias pertinentes, incluindo as relativas às condições de trabalho a bordo.

Tal como especificado no parágrafo anterior, importa recordar que os regimes de redução fiscal exigem, em princípio, um vínculo com o pavilhão de um Estado-Membro. Antes de um auxílio ser excepcionalmente concedido (ou confirmado) a frotas que incluam também navios que arvoram outros pavilhões, os Estados-Membros deverão garantir que as empresas beneficiárias se comprometam a aumentar, ou, pelo menos, a manter sob pavilhão de um Estado-Membro a quota-parte de tonelagem que explorarão sob esse pavilhão no momento em que a presente Comunicação se torna aplicável. Sempre que uma empresa controlar, na acepção da Sétima Directiva 83/349/CEE do Conselho[1] (artigo 1.º), empresas que exploram navios, o requisito da quota-parte de tonelagem atrás referido será aplicável à empresa-mãe e às empresas filiais consideradas conjuntamente numa base consolidada. Caso uma empresa (ou grupo) não respeite o requisito mencionado, o Estado-Membro em causa deverá deixar de conceder reduções fiscais a outros navios que não arvorem pavilhão da Comunidade explorados por essa empresa, a menos que a quota-parte sob pavilhão da Comunidade da tonelagem global elegível para efeitos de redução fiscal nesse Estado-Membro não tenha diminuído em média durante o período a que se refere o relatório mencionado no parágrafo seguinte. O Estado-Membro deve informar a Comissão sobre a aplicação da derrogação supracitada. A exigência relacionada com a quota-parte de tonelagem sob pavilhão da Comunidade, prevista no presente parágrafo, não será aplicável a empresas que exploram pelo menos 60% da sua tonelagem sob pavilhão da Comunidade.

De qualquer modo, sempre que tenham sido aprovados regimes fiscais nas circunstâncias excepcionais atrás descritas e para que o Estado-Membro possa preparar o relatório, a apresentar de três em três anos, exigido no capítulo 12 ("Observações finais"), os beneficiários deverão fornecer ao Estado-Membro a prova de que todas as condições para a derrogação ao vínculo com o pavilhão foram preenchidas durante o período em causa. Deverá igualmente ser fornecida prova, no que se refere à frota beneficiária, de que foi respeitado o requisito da quota-parte de

---

[1] JO, L 193, de 18.7.1983, p. 1.

tonelagem previsto no parágrafo anterior e de que cada navio da frota satisfaz as normas internacionais e comunitárias pertinentes, incluindo as relativas à protecção, à segurança, ao desempenho ambiental e às condições de trabalho a bordo. Os beneficiários que não forneçam tais provas não serão autorizados a continuar a beneficiar do regime fiscal em causa.

Importa igualmente especificar que, embora as companhias de navegação sediadas na Comunidade sejam os beneficiários naturais dos regimes fiscais atrás referidos, certas empresas de gestão de navios estabelecidas na Comunidade também poderão ser beneficiárias, nas mesmas condições. As empresas de gestão de navios são entidades que prestam diversos tipos de serviços aos armadores, nomeadamente vistorias técnicas, recrutamento e formação de tripulações, gestão de tripulações, exploração de navios. Em certos casos, é confiada aos gestores de navios a gestão técnica e das tripulações dos navios. Neste caso, os gestores funcionam como "armadores" clássicos no que respeita às operações de transporte. Por outro lado, à semelhança do que acontece no sector dos transportes marítimos, este sector regista uma concorrência intensa e crescente a nível internacional. Pelas razões que precedem, afigura-se conveniente alargar a possibilidade de redução fiscal a essa categoria de gestores de navios.

As empresas de gestão de navios só podem beneficiar de auxílios para navios relativamente aos quais garantem a gestão integral das tripulações e técnica. Para poderem beneficiar dos auxílios, os gestores dos navios devem, nomeadamente, assumir toda a responsabilidade do proprietário pela exploração do navio bem como todos os direitos e deveres do proprietário impostos pelo Código ISM[1]. Se os gestores de navios fornecerem ainda outros serviços especializados, mesmo que relacionados com a exploração de navios, deverá ser assegurada uma contabilidade separada para essas actividades, que não podem beneficiar dos regimes de redução fiscal. O requisito relativo à quota-parte de navios sob pavilhão de Estados--Membros, referido anteriormente, é igualmente aplicável às empresas de gestão de navios[2].

As presentes orientações são aplicáveis apenas ao transporte marítimo. A Comissão pode aceitar que esta definição englobe o reboque no mar de navios, plataformas petrolíferas, etc.

A Comissão teve todavia conhecimento de que, em certos casos, os Estados--Membros permitem que os reboques concebidos para trabalhar no mar beneficiem de auxílios, embora não sejam nunca ou quase nunca utilizados no mar. Consequentemente, é útil especificar nas presentes orientações a linha de conduta que a Comissão tem seguido e continuará a seguir relativamente a esta matéria.

---

[1] "Código ISM", Código internacional de gestão para a segurança da exploração dos navios e a prevenção da poluição, adoptado pela Resolução A.741(18) da Organização Marítima Internacional (OMI).

[2] A Comissão analisará os efeitos destas disposições a nível da gestão dos navios três anos após a data de aplicação da presente Comunicação.

A actividade de "reboque" só é abrangida pelo âmbito de aplicação das orientações se mais de 50% das operações de reboque efectivamente realizadas por um rebocador num dado ano constituírem "transporte marítimo". O tempo de espera pode ser proporcionalmente assimilado à parte da actividade total efectivamente realizada por um rebocador que constitui "transporte marítimo". É conveniente salientar que as actividades de reboque efectuadas nomeadamente nos portos, ou que consistem na assistência prestada a navios com propulsão própria para chegarem aos portos, não constituem "transporte marítimo" para efeitos do disposto na presente Comunicação. Não é possível nenhuma derrogação ao vínculo com o pavilhão no caso da actividade de reboque.

De igual modo, a experiência adquirida nos últimos anos, no caso das actividades de dragagem, sugere que sejam feitas algumas observações.

As actividades de "dragagem" não podem, em princípio, beneficiar de auxílios aos transportes marítimos. Porém, as disposições fiscais previstas para as empresas (como o imposto sobre a tonelagem) podem ser aplicadas às dragas cuja actividade constitua "transporte marítimo" – ou seja, tráfego oceânico de materiais extraídos – relativamente a mais de 50% do seu período operacional anual e exclusivamente no que respeita a estas actividades de transporte. As dragas que podem beneficiar de auxílios são apenas aquelas que se encontram registadas num Estado-Membro (não sendo possível qualquer derrogação ao vínculo de pavilhão). Nesses casos, é necessária uma contabilidade separada para as actividades de transporte marítimo[1].

Por último, o método de avaliação dos regimes de tributação da tonelagem notificados até à data consistiu nas seguintes etapas: foi calculado um lucro potencial dos armadores, aplicando à respectiva tonelagem uma taxa de lucro teórica; ao montante assim determinado foi então aplicado o imposto nacional sobre o rendimento das sociedades. O montante final corresponde ao "imposto sobre a tonelagem" a pagar.

Até agora, as taxas de lucro teóricas previstas pelos Estados-Membros têm sido homogéneas. Contudo, uma vez que as taxas do imposto sobre o rendimento das sociedades podem variar substancialmente na Comunidade, os impostos sobre a tonelagem a pagar relativamente a uma mesma tonelagem poderão ser muito desiguais nos diferentes Estados-Membros. A fim de preservar um justo equilíbrio, a Comissão só aprovará os regimes que, para uma mesma tonelagem, dão origem a uma carga fiscal bastante próxima da dos regimes já aprovados.

Em todos os casos, as vantagens destes regimes devem facilitar o desenvolvimento do sector dos transportes marítimos e do emprego no interesse da Comunidade. Consequentemente, as vantagens fiscais supracitadas devem limitar-

---

[1] Os navios utilizados por estes operadores também extraem ou dragam materiais que transportam a seguir. A extracção ou a dragagem enquanto tais não podem beneficiar de auxílios estatais aos transportes marítimos.

-se às actividades de transporte marítimo; assim, se uma empresa de armadores exercer igualmente outras actividades comerciais, é necessária uma contabilidade transparente para evitar interferir nas actividades não relacionadas com os transportes marítimos. Esta abordagem contribuirá para tornar os transportes marítimos da Comunidade competitivos, com obrigações fiscais comparáveis às aplicáveis no resto do mundo, embora mantendo níveis de fiscalidade normais nos Estados-Membros relativamente a outras actividades e à remuneração pessoal dos accionistas e directores.

3.2. Custos salariais

Conforme já mencionado, os transportes marítimos são um sector que regista uma concorrência internacional feroz. As medidas de apoio ao sector marítimo devem, por conseguinte, ter fundamentalmente em vista a redução dos custos e encargos fiscais e outros suportados pelos armadores e pelos marítimos da Comunidade para níveis compatíveis com as normas mundiais. As referidas medidas deverão promover directamente o desenvolvimento do sector e o emprego em vez de prestarem uma assistência financeira geral.

Em conformidade com estes objectivos, deverão ser permitidas no sector dos transportes marítimos da Comunidade as seguintes acções em matéria de encargos com o pessoal:
 – redução das taxas das contribuições para a segurança social dos marítimos da Comunidade empregados a bordo de navios registados num Estado-Membro;
 – redução das taxas do imposto sobre o rendimento dos marítimos da Comunidade empregados a bordo de navios registados num Estado-Membro.

Para efeitos do disposto no presente ponto, entende-se por marítimos da Comunidade:
 – cidadãos da Comunidade EEE, no caso dos marítimos que trabalham a bordo de navios [incluindo ferries ro-ro[1]] que efectuam serviços regulares de passageiros entre portos da Comunidade;
 – todos os marítimos sujeitos a tributação e/ou a contribuições para a segurança social num Estado-Membro, em todos os outros casos.

As anteriores orientações de 1997 permitiam estas reduções relativamente a todos os marítimos empregados a bordo de navios registados num Estado-Membro e sujeitos a imposto e/ou a contribuições para a segurança social num Estado-Membro. Contudo, tornou-se entretanto evidente, que a pressão exercida pela concorrência internacional a nível dos armadores europeus é extremamente intensa no

---

[1] Ver alínea a) do artigo 2.º da Directiva 1999/35/CE do Conselho, de 29 de Abril de 1999, relativa a um sistema de vistorias obrigatórias para a exploração segura de serviços regulares de ferries ro-ro e embarcações de passageiros de alta velocidade (JO, L 138, de 1.6.1999, p. 1).

caso do transporte internacional de mercadorias, sendo mais ténue no caso do transporte intracomunitário regular de passageiros. Um dos objectivos prioritários do auxílio no primeiro caso é pois a promoção da concorrência no sector dos transportes marítimos europeu. Impedir os Estados-Membros de conceder reduções fiscais a todos os marítimos, neste caso, teria efeitos extremamente negativos na competitividade dos armadores europeus, que poderiam ser incentivados a proceder à transferência de registo dos seus navios. Simultaneamente, verificou-se que o emprego dos cidadãos europeus é significativo em termos percentuais e numéricos no caso do transporte intracomunitário regular de passageiros. A protecção do emprego na Comunidade é por conseguinte um objectivo prioritário do auxílio neste caso. Por motivos fiscais internos, certos Estados-Membros preferem não aplicar as taxas reduzidas supracitadas e reembolsar os armadores – parcial ou totalmente – pelos custos resultantes destas imposições. Esta abordagem pode geralmente considerar--se equivalente ao sistema de redução de taxas acima descrito, desde que haja uma ligação clara com essas imposições, não exista qualquer elemento de compensação exagerada e que o sistema seja transparente e não se preste a abusos.

No que respeita à parte marítima das actividades de reboque e de dragagem (transporte marítimo de materiais), poderão ser concedidos auxílios a favor do emprego dos marítimos da Comunidade por analogia com as regras previstas no presente ponto 3.2, na condição de esses auxílios dizerem respeito a marítimos da Comunidade que trabalham a bordo de rebocadores e de dragas de mar com propulsão própria, registados num Estado-Membro, que efectuam actividades de transporte marítimo durante pelo menos 50% do seu período operacional[1].

Por último, importa referir que os auxílios a favor do emprego estão abrangidos pela isenção por categoria prevista no Regulamento (CE) n.º 2204/2002 da Comissão, de 12 de Dezembro de 2002, relativo à aplicação dos artigos 87.º e 88.º do Tratado CE aos auxílios estatais ao emprego[2], que é igualmente aplicável aos transportes marítimos.

4. Substituição de tripulações

O auxílio à substituição de tripulações tende a reduzir os custos inerentes ao emprego dos marítimos da Comunidade, em especial a bordo de navios que navegam em águas longínquas. O auxílio que fica subordinado a uma limitação (prevista no capítulo 11) pode, por conseguinte, ser concedido sob a forma de pagamento ou reembolso dos custos de repatriação dos marítimos da Comunidade que trabalham a bordo de navios registados em Estados-Membros.

---

[1] Assim, as actividades de dragagem efectuadas essencialmente nos portos não podem beneficiar de auxílios a favor do emprego dos marítimos da Comunidade.

[2] JO, L 337, de 13.12.2002, p. 3.

5. Auxílios ao investimento

Os subsídios para a renovação de frotas são raros noutros modos de transporte (tais como transportes rodoviários, aviação). Na medida em que tendem a distorcer a concorrência, a Comissão tem-se mostrado relutante à aprovação de tais regimes de auxílio, excepto quando estes fazem parte de uma reforma estrutural que conduz a reduções da capacidade global da frota.

Os investimentos devem dar cumprimento ao disposto no Regulamento (CE) n.º 1540/98 do Conselho ou a qualquer outra legislação comunitária que o substitua.

No âmbito das presentes orientações, poderão todavia ser autorizados outros auxílios ao investimento, em conformidade com a política comunitária de segurança marítima e em determinadas circunstâncias restritas, a fim de melhorar os equipamentos a bordo dos navios registados em Estados-Membros ou de promover a utilização de navios seguros e não poluentes. Assim, poderão ser autorizados auxílios com incentivos para tornar os navios registados na Comunidade conformes com normas mais rigorosas do que as normas obrigatórias em matéria de segurança e ambiente estabelecidas nas convenções internacionais e antecipando a adopção de normas mais severas, reforçando assim os controlos de segurança e ambientais. Tais auxílios devem respeitar as disposições comunitárias aplicáveis à construção naval.

Uma vez que os transportes marítimos se caracterizam por uma enorme mobilidade, os auxílios regionais às empresas marítimas em regiões desfavorecidas, que frequentemente assumem a forma de auxílios ao investimento a empresas que investem nas regiões em causa, apenas podem ser autorizados quando for evidente que as vantagens reverterão a favor da região durante um período de tempo razoável. Será esse o caso, por exemplo, do investimento destinado à construção de armazéns especializados ou à aquisição de equipamentos fixos de transbordo. Os auxílios ao investimento a empresas marítimas em regiões desfavorecidas apenas podem ser autorizados, consequentemente, se também respeitarem as normas relativas aos auxílios regionais (ver capítulo 6).

6. Auxílios regionais na acepção do n.º 3, alíneas *a*) e *c*) do artigo 87.º

No contexto dos regimes de auxílio regional, a Comissão aplicará as regras gerais enunciadas nas suas comunicações ou noutras disposições relativas aos auxílios nacionais com finalidade regional ou em futuras alterações das mesmas.

7. Formação

Importa referir, antes de mais, que os auxílios à formação estão abrangidos pela isenção por categoria prevista no Regulamento (CE) n.º 68/2001 da Comissão, de 12 de Janeiro de 2001, relativo à aplicação dos artigos 87.º e 88.º do Tratado CE aos auxílios à formação[1], que é igualmente aplicável aos transportes marítimos.

Além disso, muitos sistemas de formação seguidos pelos marítimos e apoiados pelo Estado não são considerados auxílios estatais por serem de carácter geral (quer sejam formações profissionais quer universitárias), pelo que não estão sujeitos a notificação e análise pela Comissão.

Desde que se considere que um sistema de formação inclui elementos de auxílio estatal é necessária, todavia, uma notificação. Poderá ser esse o caso, por exemplo, se um sistema específico estiver expressamente relacionado com a formação a bordo e os benefícios do apoio financeiro estatal reverterem a favor do organismo de formação, do aluno oficial ou do marítimo em formação ou do armador. A Comissão é favorável aos auxílios concedidos numa base não-discriminatória à formação dispensada a bordo de navios registados num Estado-Membro. Excepcionalmente, a formação a bordo de outros navios pode beneficiar de auxílio, contanto que tal se justifique por critérios objectivos, como por exemplo a ausência de lugares disponíveis nos navios registados num Estado-Membro.

Desde que sejam pagas contribuições financeiras para uma formação a bordo, o estagiário não pode, em princípio, ser um membro activo da tripulação, mas deve ser supranumerário. Esta disposição destina-se a garantir que os subsídios aos salários líquidos não possam ser pagos a marítimos que efectuam actividades normalmente atribuídas às tripulações.

Do mesmo modo, a fim de salvaguardar e desenvolver as competências marítimas na Comunidade e a margem competitiva das suas indústrias marítimas, são necessários novos esforços significativos em matéria de investigação e desenvolvimento, com um destaque para a qualidade, a produtividade, a segurança e a protecção do ambiente. No que se refere a estes projectos, poderão igualmente ser autorizados auxílios estatais dentro dos limites estabelecidos pelo Tratado.

Os auxílios destinados a aperfeiçoar e a actualizar as competências dos oficiais da Comunidade podem ser autorizados durante toda a sua carreira. Esses auxílios poderão consistir numa participação nos custos de formação e/ou numa compensação relativamente à remuneração paga ao oficial durante o período de formação. Os regimes de auxílio devem, contudo, ser concebidos de forma a impedir que um auxílio à formação seja directa ou indirectamente convertido num subsídio ao salário dos oficiais.

Podem ser igualmente concedidos auxílios com vista à reconversão profissional de pescadores da pesca do alto que pretendam trabalhar como marítimos.

---

[1] JO, L 10, de 13.1.2001, p. 20.

8. Auxílios à reestruturação

Embora as orientações comunitárias relativas à reestruturação e aos auxílios de emergência concedidos a empresas em dificuldade[1] apenas se apliquem aos transportes na medida em que seja tida em conta a natureza específica do sector, a Comissão aplicará essas orientações ou qualquer outro instrumento comunitário que as substitua através da análise dos auxílios à reestruturação das empresas marítimas.

9. Obrigações de serviço publico e contratos

No domínio da cabotagem marítima, podem ser impostas obrigações de serviço público (OSP) ou podem ser celebrados contratos de serviço público (CSP) relativamente aos serviços mencionados no artigo 4.º do Regulamento (CEE) n.º 3577/92. No âmbito destes serviços, as OSP e os CSP, bem como a compensação respectiva, devem preencher as condições da referida disposição e dar cumprimento às regras e procedimentos sobre auxílios estatais previstos no Tratado, com a interpretação que lhes foi dada pelo Tribunal de Justiça.

A Comissão admite que, se um serviço de transporte internacional for necessário para satisfazer necessidades imperiosas de transporte público, é possível impor OSP ou concluir CSP, desde que qualquer compensação fique subordinada às regras e procedimentos supracitados sobre auxílios estatais previstos no Tratado.

A duração dos contratos de serviço público deverá limitar-se a um prazo razoável e não demasiado longo, geralmente da ordem dos seis anos, uma vez que os contratos com uma vigência significativamente mais longa poderão envolver o risco de criar um monopólio (privado).

10. Auxílios ao transporte marítimo de curta distância

Não existe uma definição jurídica de "transporte marítimo de curta distância". Porém, a Comunicação da Comissão relativa ao desenvolvimento do transporte marítimo de curta distância na Europa, de 29 de Junho de 1999[2], propôs uma definição prática de transporte marítimo de curta distância, que se entende por "tráfego marítimo de carga e passageiros entre portos situados na Europa geográfica ou entre esses portos e portos situados em países não europeus com faixa costeira nos mares confinados que banham a Europa"[3]. A Comissão salientou nesta

---

[1] JO, C 288, de 9.10.1999, p. 2.

[2] Comunicação da Comissão ao Conselho, ao Parlamento Europeu, ao Comité Económico e Social e ao Comité das Regiões – Desenvolvimento do transporte marítimo de curta distância na Europa: Uma alternativa dinâmica numa cadeia de transportes sustentável – Segundo relatório bienal de progresso, COM(1999) 317 final.

[3] Comunicação, p. 2.

Comunicação o papel deste modo de transporte na promoção de uma mobilidade sustentável e segura, no reforço da coesão na Comunidade e na melhoria da eficiência dos transportes como parte de uma abordagem intermodal. A Comissão reconhece igualmente que a promoção do transporte marítimo de curta distância deve ser realizada a todos os níveis, sejam eles comunitários, nacionais ou regionais.

Na medida em que o objectivo do auxílio ao transporte marítimo de curta distância é melhorar a cadeia intermodal e descongestionar as estradas dos Estados-Membros, a definição de transporte marítimo de curta distância que consta da Comunicação de 1999 deverá limitar-se, para efeitos da presente Comunicação, ao transporte entre portos situados no território dos Estados-Membros.

A Comissão reconhece que o lançamento de serviços de transporte marítimo de curta distância pode acarretar dificuldades financeiras importantes, que os Estados-Membros poderão querer atenuar a fim de assegurar a promoção destes serviços.

Nesses casos, a Comissão poderá aprovar esse tipo de auxílios, desde que se destinem aos armadores na acepção do artigo 1.º do Regulamento (CEE) n.º 4055/86 relativamente a navios que arvoram pavilhão de um Estado-Membro. Os auxílios em causa deverão ser notificados e preencher as seguintes condições:

– o auxílio deverá ter uma duração que não exceda três anos e por objecto o financiamento de um serviço marítimo que estabeleça uma ligação entre portos situados no território dos Estados-Membros;

– o serviço deverá permitir que o transporte (essencialmente de mercadorias) efectuado por estrada seja efectuado total ou parcialmente por via marítima, sem desvio do transporte marítimo contrário ao interesse comum;

– o auxílio deverá ter por objectivo a execução de um projecto circunstanciado, com um impacto ambiental preestabelecido, relativo a uma nova rota ou à melhoria dos serviços numa rota existente, associando, se necessário, vários armadores, não podendo a mesma linha ser objecto de mais de um projecto financiado, que, por sua vez, não pode ser reconduzido, prorrogado ou repetido;

– o auxílio deverá ter por finalidade cobrir até 30% dos custos de exploração do serviço[1] ou financiar a aquisição do equipamento de transbordo necessário para a prestação do serviço até 10% dos referidos investimentos;

– o auxílio à execução do projecto deverá ser concedido com base em critérios transparentes e aplicados de forma não-discriminatória em relação aos armadores estabelecidos na Comunidade. O auxílio deverá geralmente incidir num projecto seleccionado pelas autoridades do Estado-Membro mediante concurso, nos termos das regras aplicáveis na Comunidade;

---

[1] Em caso de financiamento comunitário ou de elegibilidade nos termos de diversos regimes de auxílio, a limitação de 30% é aplicável ao total combinado do auxílio/apoio financeiro. É conveniente salientar que a intensidade do auxílio é a mesma prevista para acções de transferência modal no âmbito da iniciativa comunitária Marco Polo: n.º 2 do artigo 5.º do Regulamento (CE) n.º 1382/2003 (JO, L 196, de 2.8.2003, p. 1).

- o serviço objecto do projecto deverá ser comercialmente viável após decorrido o período em que é elegível para o auxílio estatal;
- o auxílio não deverá ser cumulado com compensações de serviço público (obrigações ou contratos).

11. Limitação dos auxílios

Conforme referido anteriormente, certos Estados-Membros apoiam os sectores marítimos respectivos através de reduções fiscais, ao passo que outros preferem efectuar pagamentos directos, por exemplo através do reembolso do imposto sobre o rendimento dos marítimos. Atendendo à actual inexistência de harmonização entre os sistemas fiscais dos Estados-Membros, considera-se que as duas alternativas devem continuar a ser possíveis. Obviamente, ambas as abordagens podem, em determinadas circunstâncias, ser combinadas. Porém, corre-se o risco de uma acumulação dos auxílios a níveis desproporcionados em relação aos objectivos que impõem os interesses comuns da Comunidade, o que poderá conduzir a uma corrida aos subsídios entre os Estados-Membros.

O nível máximo de auxílio que pode ser autorizado é uma anulação dos encargos fiscais e sociais aplicáveis aos marítimos e uma redução do imposto sobre o rendimento das sociedades com actividades no domínio dos transportes marítimos, conforme descrito no ponto 3.1 (penúltimo parágrafo). A fim de evitar uma distorção da concorrência, os demais sistemas de auxílios não podem conceder vantagens superiores a estas. Por outro lado, embora cada regime de auxílio notificado por um Estado-Membro seja analisado pelos seus próprios méritos, considera-se que o montante total do auxílio concedido em conformidade com os capítulos 3 a 6 não deverá exceder o montante total dos impostos e contribuições sociais cobrados sobre as actividades de transporte marítimo e dos marítimos.

12. Observações finais

A Comissão continuará a acompanhar de perto e de forma regular as condições do mercado dos transportes marítimos. Se estas se alterarem e se vier a verificar-se, por conseguinte, que a necessidade dos auxílios estatais diminuiu ou deixou de existir, a Comissão tomará oportunamente as medidas necessárias.

Qualquer nova proposta de medida notificada à Comissão deve incluir um calendário indicando, para os seis anos seguintes, os efeitos quantificados previstos para cada um dos objectivos referidos no ponto 2.2. Mais concretamente, as referidas propostas devem apresentar os resultados macroeconómicos esperados no sector marítimo correspondente, bem como uma estimativa do número de postos de trabalho preservados ou criados.

Para todos os regimes de auxílio – sejam existentes ou novos – abrangidos pelo âmbito de aplicação da presente Comunicação, os Estados-Membros comunicarão à Comissão a avaliação dos respectivos efeitos no decurso do sexto ano da sua aplicação.

Quando um auxílio for aprovado e concedido a um beneficiário ao abrigo da derrogação ao vínculo de pavilhão referido no ponto 3.1, o Estado-Membro interessado apresentará um relatório à Comissão de três em três anos, a contar da data de entrada em vigor do auxílio. Nesse relatório, o Estado-Membro deve quantificar os efeitos produzidos e comparar os resultados obtidos com os efeitos esperados. Os requisitos relativos a relatórios enunciados na presente Comunicação entram em vigor na data da sua publicação.

Além disso, sempre que necessário, como, por exemplo, após uma denúncia justificada, o Estado-Membro interessado deve apresentar à Comissão prova de que o apoio concedido ao respectivo beneficiário ao abrigo de um regime de auxílio aprovado se limitou à sua definição estrita e produziu, além disso, os efeitos esperados.

13. Medidas adequadas

As presentes orientações são aplicáveis a partir da data da sua publicação no *Jornal Oficial da União Europeia*. Nos termos do n.º 1 do artigo 88.º do Tratado, a Comissão propõe aos Estados-Membros uma alteração dos seus regimes de auxílios estatais abrangidos pelas presentes orientações, para permitir o cumprimento destas o mais tardar até 30 de Junho de 2005. Os Estados-Membros são instados a confirmar por escrito, o mais tardar até 30 de Junho de 2004, que aceitam estas propostas de medidas adequadas.

Caso um Estado-Membro não confirme a sua aceitação, por escrito, até à data mencionada, a Comissão aplicará o disposto no n.º 2 do artigo 19.º do Regulamento (CE) n.º 659/1999 e, se necessário, iniciará os procedimentos nele previstos.

As presentes orientações serão revistas num período de sete anos a partir da sua data de aplicação.

ANEXO

DEFINIÇÃO DE REGISTOS DOS ESTADOS-MEMBROS

Por "registos dos Estados-Membros" entendem-se os registos regulados pela legislação aplicável aos territórios dos Estados-Membros que fazem parte da Comunidade Europeia.

1. Todos os registos principais dos Estados-Membros são registos dos Estados--Membros.

2. Por outro lado, os registos que se seguem, situados em Estados-Membros e subordinados às suas legislações, são registos dos Estados-Membros:
 – Danish International Register of Shipping (DIS),
 – German International Shipping Register (ISR),
 – Italian International Shipping Register,
 – Madeira International Ship Register (MAR),
 – Canary Islands Register.

3. Outros registos não são considerados registos dos Estados-Membros, ainda que, na prática, funcionem como principal alternativa para os armadores estabelecidos num Estado--Membro. Isto deve-se ao facto de esses registos estarem situados e se encontrarem subordinados à legislação de territórios onde o Tratado não é aplicável totalmente ou em aspectos essenciais. Consequentemente, os seguintes registos não são registos dos Estados-Membros:
 – o registo de Kerguelen (o Tratado não é aplicável a este território),
 – o registo das Antilhas Neerlandesas (este território encontra-se associado à Comunidade; só a Parte IV do Tratado lhe é aplicável. Este território é responsável pelo seu próprio regime fiscal),
 – os registos de:
 – Ilha de Man (só determinadas partes do Tratado são aplicáveis a esta ilha – ver o n.º 6, alínea c), do artigo 299.º do Tratado. O Parlamento da Ilha de Man tem competência exclusiva para legislar sobre questões fiscais),
 – Bermudas e Caimão (fazem parte dos territórios associados à Comunidade; só a Parte IV do Tratado lhes é aplicável. Estas ilhas possuem autonomia fiscal).

4. No caso de Gibraltar, o Tratado é-lhe integralmente aplicável e o registo de Gibraltar é considerado, para efeitos das presentes orientações, como registo de um Estado--Membro.

AUXÍLIOS NO SECTOR DA AVIAÇÃO

Comunicação da Comissão*

I. INTRODUÇÃO

I.1. Liberalização do transporte aéreo na Comunidade

1. O transporte aéreo na Comunidade tem sido caracterizado por níveis elevados de intervencionismo estatal e bilateralismo. Embora um certo grau de concorrência entre as transportadoras aéreas não estivesse excluído, os efeitos potencialmente distorcedores dos auxílios estatais eram, no passado, suplantados pelas regras, economicamente mais importantes, relativas ao controlo das tarifas, acesso aos mercados e, especialmente, repartição da capacidade, incluídas nos acordos bilaterais restritivos entre os Estados-membros.

No entanto, o Conselho já concluiu o seu programa de liberalização do transporte aéreo comunitário[1]. Assim, numa situação de maior concorrência na

---

* Comunicação da Comissão relativa à aplicação dos artigos 92.º e 93.º do Tratado CE e do artigo 61.º do Acordo EEE aos auxílios de estado no sector da aviação (94/C350/07).

[1] O denominado «primeiro pacote», adoptado em Dezembro de 1987, introduziu novas regras relativas às tarifas aéreas, repartição da capacidade e acesso aos mercados para os voos regulares intracomunitários entre os principais aeroportos. O «segundo pacote», adoptado em Julho de 1990, abriu o acesso aos serviços decorrentes das terceira e quarta liberdades entre praticamente todos os aeroportos da Comunidade e expandiu significativamente os direitos associados à quinta liberdade. Este pacote contém também importantes disposições relativas à repartição da capacidade. Os serviços de carga aérea foram liberalizados por um regulamento de Fevereiro de 1991. Em Julho de 1992, o Conselho adoptou o terceiro, e último, pacote de medidas de liberalização, que permite o livre exercício das liberdades do ar na Comunidade a partir de 1 de Janeiro de 1993, as restrições remanescentes que ainda impendem sobre o transporte aéreo doméstico serão eliminadas a partir de 1 de Abril de 1997. O pacote também abole a repartição da capacidade de passageiros e confere às companhias aéreas a liberdade de fixarem as tarifas. Para além disso, a aplicação das regras da concorrência passou a abranger o sector do transporte aéreo para acompanhar estes desenvolvimentos e os regulamentos relevantes [Regulamentos (CEE) n.º 3975/87 e (CEE)

Comunidade, é claramente necessário aplicar de forma mais estrita as regras relativas aos auxílios de Estado.

2. As medidas de liberalização do mercado e concorrência, que estão actualmente em vigor, alteraram fundamentalmente o enquadramento económico do transporte aéreo. As medidas estimulam a concorrência e, em certa medida, diminuíram os poderes discricionários das autoridades nacionais e alargaram a margem de manobra das transportadoras aéreas para tomarem decisões, com base na sua própria situação económica e financeira, sobre tarifas, novas rotas e capacidade a colocar no mercado.

Todos estes factores, combinados com a concorrência cada vez mais agressiva nos mercados não comunitários, levaram várias transportadoras aéreas a efectuarem importantes restruturações que, em alguns casos, envolveram intervenções estatais.

Nalguns casos, essas alterações resultaram em concentrações e acordos estratégicos com outras companhias aéreas. A este respeito, deve notar-se que os artigos 85.º e 86.º do Tratado e os artigos 53.º e 54.º do Acordo EEE são integralmente aplicáveis ao sector da aviação por força dos Regulamentos (CEE) n.º 3975/87 e (CEE) n.º 3976/87 do Conselho, de 14 de Dezembro de 1987. Para além disso, a partir de 1990, a Comissão dispõe do Regulamento (CEE) n.º 4064/89, relativo ao controlo das concentrações entre empresas, para avaliar essas operações.

No ambiente mais concorrencial, os auxílios do Estado podem assumir uma importância estratégica substancialmente maior para os governos que procurem proteger os interesses económicos das «suas» companhias aéreas. Isto poderia levar a uma «corrida» aos subsídios, que prejudicaria não só o interesse comum mas também a realização dos objectivos básicos do processo de liberalização.

I.2. O relatório de 1992 sobre os auxílios de Estado

3. Para poder ter uma visão correcta da situação, a Comissão efectuou um inquérito em 1991/1992, do qual resultou um inventário dos auxílios de Estado existentes[1] no sector do transporte aéreo. Esse relatório foi publicado em Março de 1992.

O relatório revelou que várias companhias aéreas estavam a beneficiar de intervenções estatais, frequentemente sob a forma de auxílios operacionais directos ou de auxílios destinados a melhorar a estrutura financeira das companhias. Foram igualmente revelados vários auxílios estatais potenciais sob a forma de concessões de direitos exclusivos.

---

n.º 3976/87] foram modificados de modo a passarem a incluir a concorrência no interior de um Estado-membro.

[1] Ver: Comissão das Comunidades Europeias «Relatório da Comissão ao Conselho e ao Parlamento Europeu sobre a avaliação dos regimes de auxílios em favor das transportadoras aéreas comunitárias», doc. SEC(92) 431 final de 19 de Março de 1992.

A Comissão é de opinião que os requisitos de transparência não estão a ser implementados satisfatoriamente. Durante o inquérito, a Comissão criticou em vários casos as lacunas da informação comunicada. Esta situação forçou a Comissão a pedir informações adicionais em alguns casos para poder chegar a conclusões definitivas.

I.3. O relatório de 1994 do Comité des Sages

4. No Verão de 1993, a Comissão criou um comité de peritos no sector do transporte aéreo («Comité des Sages») com a missão de analisar a situação da aviação civil na Comunidade e de fazer recomendações sobre futuras iniciativas políticas. O relatório final foi publicado em 1 de Fevereiro de 1994. No que respeita aos auxílios estatais, o Comité des Sages fez as seguintes recomendações:

«Recomendações:
– No interesse dos consumidores e da própria indústria, as injecções financceiras nas transportadoras aéreas (ou nos serviços de assistência aeroportuária) qualquer que seja a sua forma, não devem, regra geral, ser aprovadas se forem incompatíveis com as práticas comerciais normais;
– A Comissão Europeia deve aplicar estritamente as disposições do Tratado relativas aos auxílios estatais e elaborar linhas de orientação claras para a avaliação de pedidos excepcionais de autorização de auxílios estatais;
– Contudo, durante um período breve, a aprovação de auxílios estatais pode ser considerada quando esses auxílios forem compatíveis com o interesse comunitário ao promoverem uma reestruturação conducente a uma maior competitividade neste contexto; o apoio à viabilização comercial de uma transportadora aérea (ou de serviços de assistência aeroportuária) pode revestir interesse comunitário se a posição dos concorrentes for salvaguardada.

As condições de aprovação destes auxílios devem incluir os seguintes aspectos, embora não devam necessariamente limitar-se a eles:
a) Uma cláusula clara e genuína de "auxílio único, pela última vez";
b) Apresentação de um plano de reestruturação que leve à viabilidade económica e financeira num prazo específico comprovado pelo acesso aos mercados comerciais de capital. O plano deve suscitar um interesse significativo por parte do sector privado e deve levar em última instância à privatização;
c) A validade do plano e as suas hipóteses de sucesso devem ser avaliadas por profissionais independentes contratados pela Comissão Europeia para participar no processo de avaliação da Comissão. Os resultados desta avaliação devem ser tornados públicos conjuntamente com a decisão final da Comissão;
d) Compromisso por parte do Governo em questão de se abster de interferir, financeiramente ou de qualquer outra forma, nas decisões comerciais tomadas pelas transportadoras envolvidas;

e) Proibição da utilização pela companhia aérea dos dinheiros públicos para comprar ou expandir a sua própria capacidade para além do desenvolvimento global do mercado. Pelo contrário, devem ser previstas reduções de capacidade;

f) Prova aceitável de que os interesses concorrenciais das outras companhias aéreas não são afectados negativamente;

g) Monitorização cuidadosa, com a assistência de peritos profissionais independentes, da implementação dos planos de reestruturação.»

5. Em geral, a Comissão acolheu favoravelmente a avaliação do Comité, que de facto confirma a política actual da Comissão sob muitos aspectos. Noutros aspectos, a Comissão está pronta a seguir as recomendações do Comité tal como descritas nestas orientações. Por exemplo, a Comissão pode decidir recorrer à consulta de peritos em casos difíceis e publicou um convite à apresentação de propostas com vista ao estabelecimento de uma lista de peritos de aviação apropriados. A Comissão baseou-se tanto quanto possível nas recomendações do Comité na elaboração dos capítulos individuais das presentes orientações.

No cumprimento das suas responsabilidades decorrentes dos artigos 92.° e 93.° do Tratado, a Comissão já aplica alguns dos princípios recomendados pelo Comité des Sages. Por exemplo, a Comissão examinou sempre o impacte dos auxílios na concorrência na Comunidade e também tem aplicado o princípio de que os auxílios de Estado só são aceitáveis se estiverem associados a um programa completo de reestruturação. Em caso recentes, a Comissão impôs condições destinadas a restringir a interferência dos governos na gestão das companhias aéreas[1], e proibiu a utilização de auxílios estatais para aquisição de participações accionistas noutras transportadoras aéreas da Comunidade[2]. No entanto, algumas das ideias do Comité não são aceitáveis pela Comissão. A Comissão não pode mudar ou alterar o Tratado CE. Isto significa, nomeadamente, que a condição de o auxílio ser o último tem, naturalmente, de ser interpretada em conformidade com a legislação comunitária. Isto implica que tal condição não impede um Estado-membro de notificar um novo auxílio a uma companhia que já tenha recebido auxílio. De acordo com a jurisprudência do Tribunal de Justiça, a Comissão tomará em consideração em casos destes todos os elementos relevantes[3]. Um elemento importante da apreciação da Comissão será o facto de a companhia já ter recebido auxílio de Estado (ver capítulo V abaixo). Portanto, a Comissão não admitirá mais auxílios a não ser

---

[1] Decisão 91/555/CEE da Comissão, de 24 de Julho de 1991 – Processo C-21/91, ex N 204/91, *Sabena* (1991), JO, n.° L 300, de 31.10.1991, p. 48. Decisão da Comissão de 21 de Dezembro de 1993 – Processo C-34/93 ex NN 557/93, *Aer Lingus,* JO, n.° L 54, de 25.2.1994, p. 30.

[2] Decisão da Comissão de 22 de Julho de 1992 – Processo N 294/92, *Iberia*. Decisão da Comissão – Processo C-34/93, ex NN 557/93, *Aer Lingus,* ob. cit. Decisão da Comissão – Processo C-21/91, ex N 204/91, *Sabena* (1991) ob. cit.

[3] Ver Tribunal de Justiça processo C-261/89, *Itália contra Comissão (Comsal),* Colect., 1991, I-4437, fundamentos 20-21.

em circunstâncias excepcionais, imprevistas e externas à empresa. Para além disso, uma vez que o artigo 222.º do Tratado é neutro relativamente ao regime de propriedade, a Comissão não pode condicionar a autorização do auxílio à privatização da companhia aérea. Contudo, a participação de capital de risco privado no capital social da empresa será levado em consideração na análise da Comissão.

I.4. Objectivos das presentes orientações

6. Em 1984, a Comissão, ao descrever o seu programa de liberalização para o sector do transporte aéreo no «Memorando da aviação civil n.º 2», estabeleceu um conjunto de linhas de orientação e critérios para a avaliação dos auxílios de Estado a favor das transportadoras aéreas, com base nos artigos 92.º e 93.º do Tratado CEE (anexo IV do memorando n.º 2)[1].

A avaliação dos auxílios de Estado descritos no relatório de 1992 (ver capítulo I.2) baseou-se nas regras do Tratado relativas aos auxílios de Estado e nos critérios de avaliação do anexo IV do memorando n.º 2. Um dos objectivos do relatório era o de fornecer à Comissão dados actualizados que pudessem ser utilizados para o estabelecimento de linhas de orientação revistas adaptadas à nova situação do sector europeu do transporte aéreo.

7. Estas novas orientações pretendem dar resposta a duas preocupações principais:
– reflectir a realização do mercado interno do transporte aéreo;
– aumentar a transparência dos diferentes níveis do processo de avaliação em relação, em primeiro lugar, aos dados a fornecer pelos Estados-membros na notificação e, em segundo lugar, aos critérios e procedimentos aplicados pela Comissão.

8. Tendo em vista o aumento da competitividade das companhias europeias de aviação, que continua a ser o objecto final da Comunidade[2], a Comissão sublinha que uma gestão mais comercial é a única forma de atingir melhores resultados financeiros, tendo totalmente em conta neste contexto a dimensão do emprego. Os auxílios de Estado devem ser a excepção e não a regra, na medida em que, em princípio, não são autorizados pelo n.º 1 do artigo 92.º. A Comissão está perfeitamente consciente de que as transportadoras aéreas comunitárias estão actualmente, por motivos estruturais e de outra ordem, numa situação difícil, e terá isso em conta. Contudo, a crise actual exige sérios esforços por parte das transportadoras, que necessitam de se adaptar às mudanças do mercado. A Comissão não sabe exactamente como será o futuro «panorama da aviação» nem tem a intenção de deter-

---

[1] Comissão das Comunidades Europeias, «Memorandum n.º 2 on civil aviation: progress towards the development of a Community air transport policy», doc. COM(84) 72 final, de 15 de Março de 1984.

[2] Ver: Comunicação da Comissão, de 1 de Junho de 1994, «O futuro da aviação civil na Europa», COM(94) 218 final, e decisão da Comissão de 27 de Julho de 1994 – Processo C-23/94, *Air France,* JO, L 254, de 30.9.1994.

minar os aspectos que devem ser essencialmente deixados ao livre arbítrio do mercado. A Comissão pretende criar um enquadramento equitativo no qual as companhias aéreas da Comunidade possam efectivamente concorrer numa base de igualdade. Com estes objectivos presentes, as presentes linhas de orientação devem contribuir para clarificar a posição da Comissão em matéria de auxílios de Estado às transportadoras aéreas comunitárias.

II. ÂMBITO DAS PRESENTES ORIENTAÇÕES

II.1. Auxílios de Estado às transportadoras aéreas

9. Em 1 de Janeiro de 1994, o Acordo relativo ao Espaço Económico Europeu (seguidamente denominado «Acordo») celebrado entre a Comunidade Europeia e os Estados da AECL, entrou em vigor. O Acordo contém disposições relativas aos auxílios de Estado (artigo 61.°), que reproduzem essencialmente o artigo 92.° do Tratado. De acordo com o artigo 62.° do Acordo, a aplicação das regras relativas aos auxílios de Estado nos países participantes da AECL é da responsabilidade do Órgão de Fiscalização da AECL (OFA), enquanto que a Comissão é responsável pela aplicação das regras relativas aos auxílios de Estado nos Estados-membros da Comunidade Europeia. Na presente comunicação, a Comissão referir-se-á ao Espaço Económico Europeu como EEE e às companhias aéreas estabelecidas na Comunidade Europeia e nos Estados da AECL como companhias europeias de aviação ou concorrentes europeus.

10. As presentes orientações dizem respeito aos auxílios concedidos pelos Estados-membros da Comunidade às transportadoras aéreas.

Estes podem incluir actividades acessórias ao transporte aéreo, cuja subsidiação directa ou indirecta possa beneficiar as companhias aéreas como, por exemplo, escolas de pilotagem[1], lojas francas, instalações aeroportuárias, franquias e encargos aeroportuários, nos limites a definir nos capítulos seguintes.

No entanto, a presente comunicação não tem a intenção de abranger a concessão de subsídios à produção de aviões[2]. Pelo contrário, os auxílios concedidos às

---

[1] Decisão da Comissão que inicia o procedimento previsto no n.° 2 do artigo 93.° relativamente à aquisição de uma escola de pilotos pela KLM – Processo C-31/93, JO, C 293, de 29.10.1993.

[2] Neste contexto, deve mencionar-se que os fabricantes de aviões têm recentemente assumido o papel do relutante sector bancário no financiamento de uma parte considerável dos investimentos em aviões. Esta fonte de financiamento tem sido muito importante, especialmente para alguns novos intervenientes, para quem o financiamento através do sector bancário apresentava dificuldades especiais. No caso dos fabricantes de aviões receberem auxílios estatais, pode-se concluir que esses auxílios beneficiam indirectamente o sector da aviação. Contudo, os efeitos potenciais noutros sectores dos auxílios de Estado à indústria

companhias aéreas para promover a aquisição ou operação de determinados aviões cabem no âmbito destas orientações.

A questão de saber se, e em que condições, os direitos exclusivos devem ser tratados ao abrigo do artigo 92.° do Tratado e do artigo 61.° do Acordo é discutida com um certo detalhe no capítulo VIII.

II.2. Relações com países terceiros

11. O campo de aplicação da presente comunicação são os auxílios de Estado concedidos pelos Estados-membros no sector da aviação. A Comissão está consciente de que auxílios de Estado concedidos por países terceiros a companhias aéreas não comunitárias podem afectar a competitividade das transportadoras aéreas comunitárias nas rotas em que competem com as primeiras. No entanto, o facto de transportadoras não comunitárias beneficiarem de auxílios de Estado não pode ser invocado como motivo para a não aplicação das disposições mandatórias do Tratado em matéria de auxílios de Estados. Estas disposições são aplicáveis independentemente de países terceiros concederem ou não auxílios.

Para além disso, as condições de acesso ao mercado e de limitação da concorrência estabelecidas em muitos acordos bilaterais com países terceiros parecem ser muito mais importantes do ponto de vista económico que eventuais auxílios de Estado.

Consequentemente, a Comissão não tem a intenção de tratar nesta comunicação os auxílios de Estado a companhias aéreas de países terceiros. No caso de eventuais auxílios de Estado por parte de países terceiros possibilitarem a prática de tarifas muito baixas, esses casos de *dumping* tarifário devem ser tratados no contexto da política externa da Comunidade relativamente a países terceiros no sector da aviação.

II.3. Investimentos dos Estados em infra-estruturas

12. A construção ou expansão de projectos de infra-estruturas (tais como aeroportos, auto-estradas, pontes, etc.) representa uma medida geral de política económica que não pode ser controlada pela Comissão ao abrigo das regras do Tratado em matéria de auxílios de Estado[1]. As decisões relativas ao desenvolvimento de infra-estruturas não cabem no âmbito de aplicação da presente comunicação, na me-

---

transformadora estão fora do âmbito destas orientações e serão tomados em consideração na avaliação desses auxílios específicos.

[1] Resposta da Comissão à questão escrita n.° 28 do deputado Dehousse, de 10 de Abril de 1967, JO, n.° L 118, de 20.6.1967, p. 2311/67.

dida em que têm por objectivo dar resposta a necessidades de planeamento ou implementar políticas nacionais no domínio do ambiente e dos transportes.

Este princípio geral apenas é válido para a construção de infra-estruturas pelos Estados-membros, sem prejuízo da avaliação de possíveis elementos de auxílio resultantes do tratamento preferencial de companhias específicas no que diz respeito à respectiva utilização da infra-estrutura. Consequentemente, a Comissão pode avaliar actividades desenvolvidas nos aeroportos que possam beneficiar companhias aéreas directa ou indirectamente.

II.4. Privilégios fiscais e auxílios sociais

13. O artigo 92.º do Tratado não distingue as medidas de intervenção estatal com base nas suas causas ou objectivos, definindo-as antes em termos dos respectivos efeitos. Consequentemente, o alegado objectivo fiscal ou social de uma medida específica não impede que lhe seja aplicável o disposto no artigo 92.º[1] do Tratado e no artigo 61.º do Acordo.

Em princípio, a redução ou adiamento de contribuições fiscais ou sociais não constituem um auxílio de Estado na acepção do n.º 1 do artigo 92.º do Tratado e do n.º 1 do artigo 61.º do Acordo mas uma medida geral, a não ser que confiram uma vantagem competitwa a empresas específicas de evitarem custos que normalmente teriam que suportar com base nos seus próprios recursos financeiros, impedindo assim o funcionamento normal das forças de mercado[2].

A Comissão tem uma posição favorável em relação aos auxílios sociais, dado que trazem benefícios económicos superiores e para além do interesse da firma envolvida, facilitando alterações estruturais e reduzindo as privações e muitas vezes apenas nivelam as diferenças nas obrigações colocadas às companhias pelas legislações nacionais.

III. SUBSIDIAÇÃO À EXPLORAÇÃO DE ROTAS AÉREAS

III.1. Auxílios operacionais

14. O relatório sobre os auxílios de Estado no sector da aviação preparado pela Comissão em 1991/1992[3] revelou vários auxílios directos destinados a apoiar

---

[1] Processo 173/73, *Itália contra Comissão,* Colect., 1974, 709, fundamentos 27 e 28, p. 718-719.

[2] Processo 301/87, *França contra Comissão* (processo *Boussac*), Colect., 1990, p. 307, fundamento 41, p. 362.

[3] Ver doc. SEC(92) 431 final, ob. cit.

serviços aéreos, na sua maior parte domésticos, através da cobertura das respectivas perdas operacionais.

A introdução da cabotagem consecutiva a partir de 1 de Janeiro de 1993, a autorização de cabotagem total a partir de 1 de Abril de 1997[1] levaram o Conselho a clarificar a sua posição em matéria de subsidiação das rotas domésticas. Essa subsidiação poderia prejudicar a implementação dos direitos de tráfego de cabotagem, tal como acima referidos. Os auxílios directos destinados a cobrir perdas operacionais não são, em geral, compatíveis com o mercado comum e não podem beneficiar de derrogações. No entanto, a Comissão deve igualmente ter em conta a preocupação dos Estados-membros com a promoção de ligações regionais com áreas desfavorecidas.

No que diz respeito aos auxílios regionais, a principal preocupação da Comissão é evitar que a compensação recebida permita às companhias beneficiárias fazer subsídios cruzados a partir das rotas regionais subsidiadas em benefício de outras rotas em que estejam em concorrência com transportadoras aéreas do EEE. Por esta razão, a Comissão considera que a concessão de subsídios directos operacionais a rotas aéreas só pode, em princípio, ser aceite nos seguintes dois casos.

III.2. Obrigações de serviço público

No contexto do transporte aéreo «obrigação de serviço público» é definida no Regulamento (CEE) n.º 2408/92 relativo ao acesso das transportadoras aéreas às rotas aéreas intracomunitárias[2], como «qualquer obrigação imposta a uma transportadora aérea, em relação a qualquer rota para cuja exploração lhe tenha sido concedida uma licença por um Estado-membro, de adoptar todas as medidas necessárias para garantir a prestação de um serviço que satisfaça normas estabelecidas de continuidade, regularidade, capacidade e fixação de preços, normas essas que a transportadora aérea não respeitaria se atendesse apenas aos seus interesses comerciais».

O Regulamento (CEE) n.º 2408/92 do Conselho determina que estas obrigações de serviço público podem ser impostas por um Estado-membro relativamente a serviços aéreos regulares para um aeroporto que sirva uma região periférica ou em desenvolvimento do seu território ou numa rota de fraca densidade de tráfego para qualquer aeroporto regional do seu território, se a rota em causa for considerada vital para o desenvolvimento económico da região em que se encontra o aeroporto. O regulamento também descreve os procedimentos a seguir quando um Estado--membro decide impor uma obrigação de serviço público.

---

[1] Artigo 3.º do Regulamento (CEE) n.º 2408/92 do Conselho, de 23 de Junho de 1992, relativo ao acesso das transportadoras aéreas comunitárias às rotas aéreas intracomunitárias, JO, n.º L 240, de 24.8.1992, p. 8.

[2] Artigo 2.º, alínea *o*), do Regulamento (CEE) n.º 2408/92.

16. Se nenhuma transportadora aérea tiver começado ou estiver prestes a dar início à prestação de serviços aéreos regulares numa rota de acordo com as obrigações de serviço público impostas para essa mesma rota, o Estado-membro pode limitar o acesso a essa rota a uma só transportadora aérea por um período não superior a três anos, no termo do qual a situação terá de ser revista[1]. O direito de explorar tais serviços será oferecido a qualquer transportadora aérea comunitária autorizada a explorar esses serviços aéreos, através do procedimento de concurso público descrito no artigo 4.° do Regulamento (CEE) n.° 2408/92[2]. Quando a capacidade oferecida exceder 30 000 lugares por ano, deve notar-se que o acesso a uma rota só pode ser restringido a uma transportadora se não for possível assegurar um serviço adequado e ininterrupto através de outras formas de transporte (n.° 2 do artigo 4.°). O objectivo desta disposição é assegurar as ligações de transporte para certas regiões, especialmente quando o volume de tráfego for pequeno e o serviço não puder ser prestado por outros modos de transporte.

Os Estados-membros podem assim indemnizar a transportadora aérea seleccionada para executar a obrigação de serviço público imposta, em conformidade com o n.° 1, alínea *h*), do artigo 4.° do regulamento. Essa indemnização deverá tomar em conta os custos e receitas (isto é, a perda) gerados pelo serviço. O desenvolvimento e implementação destes sistemas deve ser transparente. A este respeito, a Comissão espera que a companhia seleccionada tenha um sistema de contabilidade analítica suficientemente sofisticado para imputar os custos relevantes (incluindo os custos fixos) e as receitas.

17. O artigo 77.° do Tratado e o artigo 49.° do Acordo, que determinam que os auxílios que vão ao encontro das necessidades de coordenação dos transportes ou que correspondem ao reembolso de certas prestações inerentes à noção de serviço público são compatíveis com o Tratado, não se aplicam ao transporte aéreo. O artigo 84.° do Tratado exclui expressamente a aplicação destas disposições ao transporte aéreo e o artigo 47.° do Acordo estipula que o artigo 49.° é aplicável aos transportes por caminho-de-ferro, por estrada e por via navegável. Consequentemente, o reembolso das perdas das companhias aéreas devidas ao cumprimento de obrigações de serviço público deve ser avaliado com base nas regras gerais do Tratado aplicáveis ao transporte aéreo[3]. A accitabilidade do reembolso será considerada à luz dos princípios relativos aos auxílios de Estado, tal como interpretados na jurisprudência do Tribunal de Justiça.

18. Neste contexto é importante que as companhias aéreas que tenham acesso a uma rota para a qual tenha sido imposta uma obrigação de serviço público

---

[1] N.° 1, alínea *d*), do artigo 4.° do Regulamento (CEE) n.º 2408/92, ob. cit.

[2] As regras comunitárias sobre os contratos públicos de fornecimento não se aplicam à atribuição de concessões exclusivas por lei ou contrato, que são unicamente reguladas pelo procedimento previsto no n.° 1 do Regulamento (CEE) n.° 2408/92, ob. cit.

[3] Ver processo 156/77, *Comissão c. Bélgica*, Colect., 1978, p. 1881.

só sejam compensadas após terem sido seleccionadas com base num concurso público.

Este procedimento de concurso permite ao Estado-membro avaliar a oferta para a rota em causa e fazer a sua escolha tendo em consideração os interesses dos utilizadores e o custo da compensação. No Regulamento (CEE) n.º 2408/92, o Conselho estabeleceu regras uniformes e não discriminatórias para a distribuição dos direitos de tráfego aéreo nas rotas em que tenham sido impostas obrigações de serviço público. Para além disso, os critérios de cálculo da compensação foram claramente estabelecidos. Os reembolsos calculados em conformidade com o n.º 1, alínea *h*), do artigo 4.º do regulamento, com base na perda operacional suportada na rota, não podem sobrecompensar a transportadora aérea. O novo sistema estabelecido no «terceiro pacote», se for correctamente aplicado, não permite que os reembolsos devidos pelo cumprimento de obrigações de serviço público envolvam quaisquer auxílios. A compensação da perda suportada numa rota específica (incluindo uma remuneração justa do capital empregue) por uma companhia aérea, seleccionada duma forma justa com base num concurso público, é uma operação comercial neutra entre o Estado relevante e a companhia aérea seleccionada, que não pode ser considerada como um auxílio. O carácter essencial de um auxílio reside no benefício do recipiente[1]; um reembolso que esteja limitado às perdas sofridas devido à exploração de uma rota específica não acarreta nenhum benefício específico para a companhia seleccionada com base nos critérios objectivos previstos no n.º 1 do artigo 4.º do regulamento.

Consequentemente, a Comissão considera que a compensação pelo cumprimento de obrigações de serviço público não envolve auxílios, desde que a transportadora tenha sido correctamente seleccionada através de um convite à apresentação de propostas, com base na limitação do acesso à rota a uma única transportadora, e o montante máximo da compensação não exceda o montante da perda, tal como especificada na proposta, em conformidade com as disposições relevantes da legislação comunitária e, em especial, as do terceiro pacote.

19. Para além disso, o n.º 1, alínea *i*), do artigo 4.º do Regulamento (CEE) n.º 2408/92 obriga os Estados-membros a tomarem as medidas necessárias para garantirem que qualquer decisão adoptada ao abrigo do artigo em causa possa ser efectiva e rapidamente revista, sempre que essas decisões infrinjam a legislação comunitária ou as normas nacionais de execução dessa legislação. Esta disposição, bem como a distribuição geral de responsabilidades entre a Comunidade e os seus Estados-membros, implicam que a responsabilidade pela aplicação correcta do artigo 4.º do regulamento em casos específicos cabe, em primeira instância, às autoridades dos Estados-membros e, nomeadamente, aos tribunais nacionais. Isto aplica-se especialmente à selecção por um Estado-membro, através de um concurso público, da transportadora que explorará a rota sujeita à obrigação de serviço pú-

---

[1] Ver processo 173/73, *Governo italiano c. Comissão,* Colect., 1974, p. 709.

blico. Deve igualmente sublinhar-se que a Comissão pode realizar uma investigação e tomar uma decisão no caso do desenvolvimento de uma rota estar a ser indevidamente limitado (n.º 3 do artigo 4.º do regulamento).

Contudo, esta última prerrogativa, bem como os direitos e obrigações das autoridades nacionais decorrentes do supramencionado n.º 1, alínea i), do artigo 4.º, não prejudicam os poderes exclusivos da Comissão decorrentes das regras relativas aos auxílios de Estado previstas no próprio Tratado (ver também ponto 15 *supra*), que têm precedência sobre as disposições da legislação comunitária derivada. No caso de haver indícios claros de que um Estado-membro não seleccionou a melhor oferta, a Comissão pode solicitar informações ao Estado-membro para verificar se a concessão inclui elementos de auxílio de Estado. De facto, é provável que existam elementos de auxílio nos casos em que os Estados-membros se comprometam a pagar uma compensação financeira às transportadoras seleccionadas superior à que pagariam à transportadora que tenha submetido a melhor (não necessariamente a de preço mais baixo) proposta.

20. O n.º 1, alínea *f*) do artigo 4.º do Regulamento (CEE) n.º 2408/92 refere a compensação exigida como apenas um dos critérios a considerar na selecção das propostas. No entanto, a Comissão considera que o montante da compensação é o principal critério de selecção. Na realidade, os outros critérios, como a adequação dos serviços, os preços e os níveis de serviço exigidos, já estão normalmente incluídos nas próprias obrigações de serviço público. Consequentemente, só em casos excepcionais, devidamente justificados, a transportadora seleccionada poderá ser diferente da que exigir uma menor compensação financeira.

21. Deve sublinhar-se que se a Comissão receber queixas relativas a alegadas injustiças no processo de adjudicação, pedirá prontamente informações ao Estado-membro em causa. Se a Comissão concluir que o Estado-membro em causa não seleccionou a melhor oferta considerará muito provavelmente que a transportadora seleccionada recebeu auxílios na acepção do artigo 92.º do Tratado e do artigo 61.º do Acordo. No caso de o Estado-membro não ter notificado o auxílio em conformidade com o n.º 3 do artigo 93.º do Tratado, a Comissão considerará que o auxílio, no caso de a compensação já ter sido paga, foi ilegalmente concedido e instaurará o procedimento previsto no n.º 2 do artigo 93.º. A Comissão pode emitir uma ordem provisória suspendendo o pagamento do auxílio até à conclusão do procedimento[1]. No âmbito desse procedimento, a Comissão pode contratar, ou requerer ao Estado-membro que contrate, um consultor independente para avaliar as diferentes propostas.

22. O artigo 5.º do Regulamento (CEE) n.º 2408/92 do Conselho permite que as concessões exclusivas em rotas domésticas atribuídas por lei ou contrato continuem a aplicar-se, sob determinadas condições, até ao termo do seu período de

---

[1] Ver processo C-301/B7, *França contra Comissão,* CTJ 1990, p. I-307, e processo C-142/87, *Bélgica contra Comissão,* CTJ 1990, p. I-959.

vigência ou durante três anos, expirando no termo do mais curto destes dois prazos. O eventual reembolso pago às transportadoras que beneficiem destas concessões exclusivas pode envolver elementos de auxílio, especialmente nos casos em que as transportadoras não tenham sido seleccionadas através de um concurso público [tal como previsto no n.º 1 do artigo 4.º do Regulamento (CEE) n.º 2408/92]. A Comissão lembra que estes reembolsos devem ser notificados para que lhe seja possível avaliar se incluem elementos de auxílio de Estado.

23. A compensação das perdas suportadas por uma transportadora que não tenha sido seleccionada em conformidade com o disposto no artigo 4.º do Regulamento (CEE) n.º 2408/92 continuará a ser avaliada com base nas regras gerais relativas aos auxílios de Estado. Este princípio é também aplicável às compensações que não são calculadas com base nos critérios previstos no n.º 1, alínea *h*), do artigo 4.º do regulamento.

Isto significa que os reembolsos relativos aos serviços públicos para as ilhas gregas e para as ilhas do Atlântico (Açores)[1], apesar de estarem actualmente excluídos do âmbito de aplicação do Regulamento (CEE) n.º 2408/92, estão sujeitos ao disposto nos artigos 92.º e 93.º do Tratado e no artigo 61.º do Acordo. Ao avaliar estas compensações, a Comissão verificará se os auxílios desviam volumes significativos de tráfego ou permitem às transportadoras subsidiarem cruzadamente outras rotas – intracomunitárias, regionais ou domésticas – em que concorram com outras transportadoras aéreas comunitárias. Considerar-se-á que não é esse o caso quando os reembolsos se basearem nos custos e receitas (isto é, nas perdas) geradas pelo serviço. Mais uma vez, a Comissão sublinha que estas compensações devem ser notificadas.

III.3. Auxílios de natureza social

24. O n.º 2, alínea *a*), do artigo 92.º do Tratado e o n.º 2, alínea *a*), do artigo 61.º do Acordo consideram os auxílios de natureza social atribuídos a consumidores individuais compatíveis com o mercado comum, desde que esses auxílios sejam concedidos sem qualquer discriminação relacionada com a origem dos produtos. Esta disposição, que até ao presente raramente tem sido utilizada, pode ter uma certa relevância no caso da subsidiação operacional directa de rotas aéreas, desde que o auxílio seja efectivamente para benefício dos consumidores finais.

O auxílio deve ser de natureza social, ou seja, deve, em princípio, cobrir apenas categorias específicas de passageiros que viajem numa rota (por exemplo, crianças, deficientes, pessoas com baixos rendimentos). Contudo, no caso de a rota estabelecer ligações com uma zona desfavorecida, principalmente ilhas, o auxílio pode cobrir toda a população dessa região.

---

[1] Ver processo C-7/93 (reembolso do défice suportado pela TAP nas rotas para as ilhas do Atântico), JO, C 178, de 30.6.1993.

O auxílio deve ser concedido sem qualquer discriminação relacionada com a origem dos serviços, ou seja, quaisquer que sejam as transportadoras aéreas do EEE que explorem os serviços. Isto também implica que não existam barreiras à entrada na rota em causa de qualquer transportadora aérea comunitária.

IV. DISTINÇÃO ENTRE O PAPEL DO ESTADO COMO PROPRIETÁRIO DE UMA EMPRESA E COMO FORNECEDOR DE AUXÍLIOS DE ESTADO À EMPRESA

25. O Tratado estabelece o princípio da neutralidade relativamente ao regime da propriedade[1] e o princípio da igualdade[2] entre empresas públicas e privadas.

O processo de avaliação da Comissão é feito em duas fases. Para determinar se existe um auxílio, a Comissão, em conformidade com o princípio do investidor numa economia de mercado (ver capítulo IV.1), avalia na primeira fase as circunstâncias da transacção financeira, uma vez que uma mesma medida pode constituir um auxílio ou uma transacção comercial normal. No caso da Comissão considerar que a medida envolve elementos de auxílio, determinará numa segunda fase se a medida é compatível com o mercado comum ao abrigo das derrogações previstas no n.° 3 do artigo 92.° do Tratado e no n.° 3 do artigo 61.° do Acordo (ver capítulo V).

A Comissão chegará a uma conclusão fundamentada sobre se a transacção financeira tem ou não carácter de auxílio de Estado. A Comissão verificará a validade e coerência da transacção financeira, bem como se esta é comercialmente razoável.

26. A Comissão não tem por missão provar que o programa financiado pelo Estado será lucrativo, sem qualquer margem de dúvida, antes de o aceitar como uma transacção comercial normal. A avaliação da Comissão não pode substituir a do investidor, mas a Comissão tem de estabelecer com um grau razoável de certeza que o programa financiado pelo Estado seria aceitável por um investidor na economia de mercado. Se a operação tiver características que indiquem que um accionista privado não arriscaria o seu próprio capital em circunstâncias similares, essa operação será considerada como um auxílio de Estado.

Ao decidir se a aplicação de fundos públicos em empresas públicas constitui um auxílio, a Comissão tomará em conta os factores abaixo discutidos para cada tipo de intervenção abrangido pela presente comunicação. Estes factores são indi-

---

[1] Artigo 222.° do Tratado: «O presente Tratado em nada prejudica o regime da propriedade nos Estados-membros».

[2] Ver: Processo 305/89, *Itália contra Comissão* (conhecido por processo *Alfa Romeo*), CTJ 1991, p. 1603, fundamento 24, p. 1641; processo 303/88, *Itália contra Comissão* (conhecido por processo *ENI-Lanerossi*), CTJ 1991, p. 1433, fundamento 20, p. 1476; «Communication of the Commission to the Member States concerning public authorities holdings in company capital», 17 de Setembro de 1984, Boletim CE, 9-1984, ponto 1.

cados como um elemento de orientação para os Estados-membros relativamente à atitude da Comissão em casos individuais.

Em conformidade com o princípio da neutralidade, a Comissão considerará, regra geral, o auxílio como correspondendo à diferença entre as condições em que os fundos foram disponibilizados pelo Estado à companhia aérea e as condições que um investidor privado consideraria aceitáveis, em condições normais de mercado, para aplicar fundos numa empresa privada comparável[1].

Se o auxílio for utilizado para cobrir parcialmente perdas, quaisquer eventuais créditos fiscais associados às perdas devem ser adicionados ao montante do auxílio. Se esses créditos fiscais fossem mantidos para contrabalançar lucros futuros ou transferidos para terceiros, a empresa estaria a receber duas vezes o auxílio.

IV.1. Injecções de capital

27. As injecções de capital não envolvem auxílios de Estado quando a participação pública numa empresa é aumentada, desde que o capital injectado seja proporcional ao número de acções possuídas pelas autoridades e seja acompanhado por uma injecção de capital feita por um accionista privado; a participação do accionista privado deve ter significado económico real[2].

28. O princípio do investidor numa economia de mercado será normalmente satisfeito quando a estrutura da empresa e as perspectivas futuras forem tais que seja razoável esperar que o capital investido seja normalmente remunerado num prazo de tempo razoável, através do pagamento de dividendos ou da apreciação do capital, tomando como referência uma empresa privada comparável.

Em conformidade, a Comissão analisará a situação comercial e financeira passada, presente e futura da empresa.

Na sua avaliação, a Comissão não se limitará normalmente à rentabilidade a curto prazo da empresa. O comportamento de um investidor privado, com o qual deve ser comparada a intervenção do investidor público, não é necessariamente a de um investidor que aplica o seu capital com perspectivas de rentabilização a um prazo mais ou menos curto. A analogia correcta é com uma empresa privada que prossiga uma política estrutural e que se oriente por perspectivas de rentabilidade a longo prazo conforme o sector em que opera[3].

---

[1] Ver: Comunicação da Comissão aos Estados-membros sobre a aplicação dos artigos 92.° e 93.° do Tratado CEE e do artigo 5.° da Directiva 80/723/CEE da Comissão às empresas públicas do sector da indústria transformadora, JO, C 307, de 13.11.1993, p. 7, ponto 11.

[2] «Comunicação da Comissão aos Estados-membros» de 17 de Setembro de 1984, ob. cit., ponto 3.2.

[3] Processo 305/89 (Alfa Romeo), ob. cit., fundamento 20 processo 303/88, ENI--Lanerossi, ob. cit., fundamento 22; «Relatório sobre a avaliação dos regimes de auxílio em

Uma *holding* pode injectar capital fresco para garantir a sobrevivência de uma subsidiária que enfrente dificuldades temporárias, mas esperará que a empresa se torne novamente lucrativa a longo prazo, se necessário após uma reestruturação. Estas decisões podem ser motivadas não apenas pela possibilidade de realizar lucros, mas também por outros objectivos como a manutenção da imagem de um grupo inteiro ou a reorientação das suas actividades[1].

No entanto, do mesmo modo que um investidor privado, o Estado deve poder esperar que os investimentos de capital atinjam uma taxa de rentabilidade normal num prazo de tempo razoável. Se uma rentabilidade normal não puder ser atingida a curto prazo, nem for provável a longo prazo, então pode admitir-se que a empresa está a ser auxiliada e que o Estado está a prescindir do benefício que um investidor numa economia de mercado esperaria de um investimento similar.

Um investidor numa economia de mercado disponibilizaria normalmente capital fresco se o valor actual[2] dos *cash flow* futuros esperados do projecto em causa (que remunerariam o investidor através do pagamento de dividendos e/ou de ganhos de capital, e ajustados em função do risco) exceder o investimento líquido.

29. Para avaliar se é possível esperar uma rentabilidade normal do investimento num prazo de tempo razoável, a Comissão deverá examinar as projecções financeiras da companhia aérea em causa. Ao examinar se as projecções financeiras são realistas, a Comissão pode avaliar a situação da companhia nas seguintes áreas:

a) Situação financeira
Podem ser tidos em conta vários indicadores, por exemplo:
– rácios de endividamento (dívida/capital social) e o *cash flow* são indicadores importantes da situação de uma companhia individual, na medida em que permitem avaliar a capacidade da companhia para financiar investimentos e a operação corrente com fundos próprios[3],
– os resultados operacionais e os resultados líquidos podem ser analisados ao longo de um período de vários anos. Podem ser determinados rácios de rentabilidade e as respectivas tendências podem ser objecto de avaliação,
– valor futuro do capital e pagamentos futuros de dividendos;

---

favor das transportadoras aéreas comunitárias», Doc SEC(92) 431 final, ob. cit., anexo 2, p. 50.

[1] Processo 303/88 (Eni-Lanerossi), ob. cit., fundamento 21; acórdão de 14 de Setembro de 1994, processos apensos C-278/92, C-279/92 e C-280/92, Espanha contra Comissão (Imepiel), fundamento 25, ainda não publicado.

[2] *Cash flow* futuros actualizados com base no custo marginal da dívida ou no custo de capital para a empresa.

[3] Processo 301/87 (*Boussac*), ob. cit., fundamento 40, p. 361.

b) Eficiência económica e técnica
Os indicadores que podem ser considerados são, por exemplo:
– custos operacionais e produtividade do trabalho;
– a idade da frota pode ser um elemento importante da avaliação. Uma companhia aérea cuja frota tenha uma idade superior à da média europeia está certamente em desvantagem devido ao substancial investimento necessário para renovação da frota. Para além disso, esta situação está normalmente associada com falta de investimentos ou com investimentos anteriores inoportunos e seria considerada como factor negativo segundo o princípio do investidor numa economia de mercado;

c) Estratégia comercial para os diferentes mercados
As tendências dos diferentes mercados em que a empresa concorre (situação passada, presente e futura), a parte de mercado detida pela empresa durante um período suficientemente longo e o potencial dos mercados da companhia podem ser avaliados e as respectivas projecções cuidadosamente estudadas.

A Comissão está consciente das dificuldades que a realização destas comparações entre empresas estabelecidas em Estados-membros diferentes envolve, devidas especialmente a diferentes práticas ou normas contabilísticas ou à estrutura e organização dessas empresas (por exemplo, importância do transporte de carga). Este aspecto será tido em consideração na selecção dos pontos de referência apropriados a utilizar para fazer comparações com as empresas públicas que recebam os fundos.

30. Ao aplicar o princípio do investidor numa economia de mercado, a Comissão terá em conta o ambiente económico geral do sector da aviação.

Na sequência de uma crise de curto prazo, os resultados operacionais de uma companhia podem sofrer uma deterioração considerável. Contudo, durante períodos normais com estabilidade macro-económica, a indústria do transporte aéreo tem sempre evidenciado, tal como muitos outros sectores de serviços, um crescimento considerável. Consequentemente, não obstante os problemas de curto prazo, uma companhia cuja estrutura seja basicamente sólida, pode ter boas perspectivas futuras mesmo numa situação de degradação geral da situação da indústria.

31. No caso de empresas deficitárias, a introdução das melhorias necessárias e de medidas de reestruturação assume um papel fundamental na avaliação da Comissão. Estas medidas devem formar um programa de reestruturação coerente. A Comissão acolhe especialmente bem situações em que são estabelecidos planos de reestruturação por consultores financeiros externos e independentes, após um estudo da situação. Em conformidade com a recomendação do Comité des Sages (ver capítulo I.3 *supra*), a Comissão pode, se necessário, solicitar o parecer de um perito independente sobre a validade do plano.

IV.2. Financiamento de empréstimos

32. A Comissão aplicará o princípio do investidor numa economia de mercado para avaliar se os empréstimos são feitos em condições comerciais normais e se esses empréstimos poderiam ter sido obtidos de um banco comercial. No que diz respeito às condições dos empréstimos, a Comissão terá especialmente em conta a taxa de juro cobrada e as garantias exigidas. A Comissão avaliará se as garantias dadas são suficientes para reembolsar totalmente o empréstimo em caso de não pagamento do mesmo e a posição financeira da companhia na altura em que o empréstimo é feito.

O elemento de auxílio corresponde à diferença entre a taxa que a companhia aérea pagaria em condições normais de mercado e a taxa efectivamente paga. No caso extremo em que é feito um empréstimo sem a exigência de garantias a uma companhia que, em condições normais, não conseguiria obter financiamentos, o empréstimo corresponde efectivamente a um subsídio e a Comissão avaliá-lo-á como tal.

IV.3. Garantias

33. No que diz respeito às garantias, as presentes orientações reflectem completamente a posição geral da Comissão. A Comissão comunicou aos Estados-membros a sua posição relativamente às garantias de empréstimos[1]. De acordo com este ofício, todas as garantias dadas pelo Estado directamente ou através de instituições financeiras, são abrangidas pelo disposto no n.º 1 do artigo 92.º do Tratado CE. Apenas é possível detectar todas as distorções ou potenciais distorções da concorrência se as garantias forem avaliadas na fase de concessão. A Comissão apenas aceitará as garantias se elas forem contratualmente ligadas a condições específicas, que podem ir até à declaração obrigatória de falência da empresa beneficiária ou procedimentos similares. A avaliação dos elementos de auxílio das garantias envolverá uma análise da situação financeira do mutuário (ver capítulo IV.I). O elemento de auxílio destas garantias será a diferença entre a taxa que o mutuário pagaria no mercado livre e a taxa efectivamente obtida em virtude da garantia, líquida de eventuais prémios pagos. Se nenhuma instituição financeira, tendo em consideração a difícil situação financeira de uma companhia aérea, lhe fizesse um empréstimo sem uma garantia estatal, o montante total do empréstimo será considerado como auxílio[2].

34. As empresas públicas cujo estatuto jurídico não permite a eventualidade de falência estão na realidade a receber continuamente auxílios em todos os emprés-

---

[1] Ofício a todos os Estados-membros, de 5 de Abril de 1989, com as alterações que lhe foram introduzidas por ofício de 12 de Outubro de 1989.

[2] Decisão da Comissão de 7 de Outubro de 1994 – Processo C-94/94 *(Olympic Airvays)*, JO n.º L 273 de 25.10.1994, p. 22.

timos, na medida em que esse estatuto equivale a uma garantia quando permite à empresa em questão obter crédito em termos mais favoráveis do que os que normalmente seriam possíveis[1].

No mesmo contexto, a Comissão considera que quando uma autoridade pública assume uma participação numa companhia em situação difícil, em consequência da qual, de acordo com a legislação nacional, fica exposta a responsabilidade ilimitada em vez da responsabilidade limitada normal, isto equivale a dar uma garantia ilimitada que mantém artificialmente as empresas em operação. Consequentemente, esta situação tem de ser considerada um auxílio[2].

V. DERROGAÇÕES AO ABRIGO DO N.º 3, ALÍNEAS *A*) E *C*), DO ARTIGO 92.º DO TRATADO E DO N.º 3, ALÍNEAS *A*) E *C*), DO ARTIGO 61.º DO ACORDO

35. Tal como mencionado no ponto 1 do capítulo II supra, nos casos em que a Comissão considera que as medidas envolvem elementos de ajuda, determinará então se o auxílio pode ser considerado compatível com o mercado comum ao abrigo de alguma das derrogações previstas no n.º 3 do artigo 92.º do Tratado.

V.1. Auxílios regionais com base no n.º 3, alíneas *a*) e *c*), do artigo 92.º do Tratado e do n.º 3, alíneas *a*) e *c*), do artigo 61.º do Acordo

36. A Comissão estabeleceu as suas orientações em matéria de avaliação dos auxílios regionais nomeadamente através da sua comunicação de 1988, que é aplicável ao transporte aéreo[3].

Os auxílios regionais às empresas estabelecidas numa região desfavorecida são o caso normal abordado pelas supra mencionadas comunicações. O n.º 3, alíneas *a*) e *c*), do artigo 92.º do Tratado e o n.º 3, alíneas *a*) e *c*), do artigo 61.º do Acordo permitem considerar compatíveis com o mercado comum auxílios ao investimento concedidos a empresas que invistam em certas áreas desfavorecidas (por exemplo, a construção de um hangar numa região assistida). O n.º 3, alínea *c*), do

---

[1] «Comunicação da Comissão aos Estados-membros sobre a aplicação do artigo 92.º e 93.º do Tratado CEE e do artigo 5.º da Directiva 80/723/CEE da Comissão às empresas públicas do sector da indústria transformadora», ob. cit., ponto 38.1.

[2] «Comunicação da Comissão aos Estados-membros sobre a aplicação do artigo 92.º e 93.º do Tratado CEE e do artigo 5.º da Directiva 80/723/CEE da Comissão às empresas públicas do sector da indústria transformadora», ob. cit. ponto 38.2.

[3] Comunicação da Comissão de 12 de Agosto de 1988 (JO, C 212, de 12.8.1988, p. 2), com a última redacção que lhe foi dada pela comunicação de 4 de Julho de 1990 (JO, C 163, de 4.7.1990, p. 6).

artigo 92.° Tratado e o n.° 3, alínea c), do artigo 61.° do Acordo não podem ser invocados no caso de auxílios operacionais, quaisquer que eles sejam, mas a alínea a) pode ser utilizada no caso de empresas estabelecidas ou que tenham investido nas regiões elegíveis para compensar dificuldades específicas. Contudo, deve notar-se que, em princípio, o n.° 3, alínea a), do artigo 92.° do Tratado e o n.° 3, alínea a), do artigo 61.° do Acordo não podem ser invocados para considerar compatíveis com o mercado comum auxílios operacionais no sector dos transportes (em casos excepcionais, como por exemplo o reembolso resultante de obrigações de serviço público para as ilhas portuguesas, que de momento não são abrangidas pelo «terceiro pacote», a Comissão pode utilizar estes artigos para autorizar auxílios operacionais regionais; no capítulo III supra são igualmente abordadas outras formas de subsidiação operacional).

A determinação da elegibilidade das regiões relativamente aos auxílios regionais é feita em conformidade com o método e os princípios que foram claramente estabelecidos pela Comissão. Na sua comunicação de 1988, a Comissão seleccionou as áreas geográficas elegíveis em conformidade com o nível de rendimentos por habitante e o nível de desemprego. Em função desta classificação, é aplicável um tecto entre 0% e 75% do equivalente de subvenção líquido do auxílio ao investimento.

V.2. Derrogações para o desenvolvimento de determinadas actividades económicas ao abrigo do n.° 3, alínea c), do Artigo 92.° do Tratado

37. Se, ao avaliar programas de recapitalização ao abrigo do princípio do investidor numa economia de mercado, a Comissão chegar à conclusão de que estão envolvidos auxílios, avaliará, em especial, se o auxílio pode ser considerado como compatível com o mercado comum ao abrigo do n.° 3, alínea c), do artigo 92.°

O n.° 3, alínea c), do artigo 92.° do Tratado, que prevê a possibilidade de considerar compatíveis com o mercado comum os auxílios destinados a facilitar «o desenvolvimento de certas actividades económicas» é especialmente importante na avaliação dos auxílios relevantes. Ao abrigo desta disposição, a Comissão pode considerar auxílios à reestruturação compatíveis com o mercado comum, quando não alterem as condições das trocas comerciais de maneira que contrariem o interesse comum[1]. É à luz desta última condição, a interpretar no contexto da indústria do transporte aéreo, que a Comissão tem de determinar as condições[2] que terão normalmente de ser respeitadas para que seja possível conceder uma derrogação.

---

[1] Processo 730/79 *(Philip Morris Holland)*, CTJ 1980, p. 2671, fundamentos 22-26, p. 2691-2692, processo 323/82 *(Intermills)*, ob. cit., fundamento 39, p. 3832; processo 301/87 *(Boussac)*, ob. cit., fundamento 50, p. 364.

[2] Oitavo relatório sobre a política da concorrência, ponto 176.

38. A Comissão, em conformidade com as recomendações do Comité des Sages (ver capítulo I.3 supra), continuará a aplicar a sua política de permitir, em casos excepcionais, a concessão de auxílios de Estado atribuídos em ligação com um programa de reestruturação, especialmente se o auxílio for concedido, pelo menos parcialmente, para fins sociais facilitando a adaptação da força de trabalho a um nível mais elevado de produtividade (por exemplo, regimes de reforma antecipada). Contudo, a aprovação da Comissão está sujeita a várias condições:

1. O auxílio deve fazer parte de um programa completo de reestruturação[1], sujeito à aprovação da Comissão, com vista à reabilitação da companhia aérea, de modo a que seja razoável esperar que ela se torne operacionalmente viável, num prazo de tempo razoável, normalmente sem necessidade de mais auxílios.

Ao avaliar o programa, a Comissão prestará especial atenção à análise do mercado e às projecções de desenvolvimento dos diferentes segmentos de mercado, reduções planeadas de custos, encerramento de rotas não rentáveis, aumentos de eficiência e produtividade, evolução financeira prevista da companhia, taxas previstas de rentabilidade, lucros, dividendos, etc.

2. O programa deve ser autónomo no sentido de que não devem ser necessários mais auxílios durante a sua duração e de que, dados os objectivos do programa de retorno à rentabilidade, não devem estar previstos nem ser provavelmente necessários outros auxílios no futuro. A Comissão exige normalmente o compromisso escrito do Governo de que o auxílio em questão constituirá a última injecção de fundos públicos, ou de quaisquer outras formas de auxílio, em conformidade com a legislação comunitária[2]. Portanto os auxílios à reestruturação apenas deveriam, normalmente, precisar de ser concedidos uma vez só.

A Comissão é obrigada, também no futuro, a avaliar eventuais auxílios e a sua compatibilidade com o mercado comum. Conforme mencionado acima ao avaliar um segundo pedido de auxílio de Estado, a Comissão tem de ter em consideração todos os elementos relevantes, incluindo o facto de a companhia já ter recebido auxílio de Estado. Portanto, a Comissão não admitirá mais auxílios a não ser em circunstâncias excepcionais, imprevistas e externas à empresa[3]. Além disso, a finalização da realização do mercado comum da aviação em 1997 aumentará consideravelmente a concorrência no mercado comum. Nessas circunstâncias, a Comissão não poderá autorizar auxílios à reestruturação a não ser em casos muito excepcionais e em condições muito rigorosas.

---

[1] Ver: Processos 296 e 318/82 *(Leeuwarder)*, ob. cit., fundamento 26, p. 825; processo 305/89 *(Alfa Romeo)*, ob. cit., fundamento 22, processo 303/88 *(ENI-Lanerossi)*, ob. cit., fundamento 21, processo 323/82 *(Intermills)*, ob. cit., fundamento 39, p. 3832; Decisão 21/91 da Comissão *(Sabena)*, ob. cit.

[2] Decisão da Comissão – Processo C-23/94 *(Air France)*, ob cit.

[3] Processo C-261/89 *(Comsal)*, fundamentos 20-21.

3. Se o retorno à viabilidade financeira e/ou a situação do mercado exigirem reduções de capacidade[1], isso deve ser incluído no programa.

4. Os auxílios concedidos no sector da aviação afectam as condições das trocas comerciais entre os Estados-membros. Para evitar que o auxílio afecte a concorrência num grau inaceitável, as dificuldades da companhia aérea beneficiária do auxílio não devem ser transferidas para os seus concorrentes. Consequentemente, só é possível considerar que o programa a financiar pelo auxílio de Estado «não contraria o interesse comum» (n.° 3, alínea c), do artigo 92.°) quando não for de natureza expansiva; isto significa que o seu objectivo não deve ser o aumento da capacidade e da oferta da companhia aérea considerada em detrimento dos seus concorrentes europeus directos. Seja como for, o programa não deve levar a um aumento do número de aviões ou da capacidade (lugares) oferecida nos mercados relevantes, superior ao crescimento do mercado. Neste contexto, o mercado geográfico a considerar pode ser o conjunto do EEE ou mercados regionais específicos caracterizados por níveis de concorrência importantes[2].

5. O Governo não deve interferir na gestão da companhia por motivos diferentes dos decorrentes dos seus direitos de propriedade e deve permitir que os negócios da companhia sejam conduzidos em conformidade com os princípios comerciais. A Comissão pode, em casos específicos, exigir que o estatuto da companhia seja baseado no direito comercial privado[3].

6. O auxílio apenas deve ser utilizado para os efeitos do programa de reestruturação e não deve ser desproporcionado em relação às necessidades deste. Durante o período de reestruturação, a companhia deve abster-se de adquirir participações noutras transportadoras aéreas[4].

7. As modalidades de um auxílio que entrem em conflito com disposições específicas do Tratado, para além dos artigos 92.° e 93.°, podem ser indissociavelmente ligadas ao objecto do auxílio de tal modo que não seja possível considerá-los em separado[5]. O auxílio não deve ser utilizado para fins ou comportamentos anti-concorrenciais (por exemplo, violação de regras do Tratado), nem deve prejudicar a implementação das regras comunitárias de liberalização do sector do transporte aéreo. Uma aplicação restritiva das liberdades garantidas através do «terceiro pacote» pode criar ou reforçar distorções substanciais da concorrência, que por sua vez podem reforçar os efeitos anticoncorrenciais do auxílio de Estado.

8. Todos os auxílios devem ser estruturados de modo a garantir a sua transparência e a possibilitar o seu controlo.

---

[1] Processo 305/89 *(Alfa Romeo)*, ob. cit., fundamento 22 processo 323/82 *(Intermills)*, ob. cit., fundamento 36, p. 3832, processos apensos 296 e 318/82 (Leeuwarder), ob. cit., fundamento 26, p. 825.

[2] Decisão da Comissão – Processo C-34/93 *(Aer Lingus)*, ob. cit.

[3] Decisão da Comissão – Processo C-21/91 *(Sabena)*, ob. cit.

[4] Decisão da Comissão – Processo C-23/94 *(Air France)* JO, L 254, de 30.9.1994.

[5] Processo C-225/91, *Matra contra Comissão*, fundamento 41.

39. Tal como acima mencionado (ver capítulo I.3), a Comissão não pode seguir a recomendação do Comité des Sages no sentido de a reestruturação dever forçosamente levar à privatização. Isto contrariaria o artigo 222.° do Tratado CE que é neutro em matéria de regime de propriedade. Contudo, a participação de capital de risco privado será tida em conta (ver também capítulo VI *infra*).

40. A Comissão verificará a forma como o programa de reestruturação para cujo financiamento o auxílio de Estado contribui é executado. Verificará nomeadamente a forma como os compromissos e condições associados à aprovação da Comissão são respeitados. Esta verificação é especialmente importante quando o auxílio é pago em parcelas. A Comissão exigirá normalmente a apresentação de um relatório de progresso a intervalos regulares, e de qualquer modo com uma antecedência suficiente relativamente ao pagamento da parcela seguinte para que possa apresentar os seus comentários. Para os efeitos desta verificação, a Comissão pode ser assistida por consultores externos.

41. Com a criação do mercado comum da aviação em 1 de Janeiro de 1993, os efeitos negativos dos auxílios de Estado podem distorcer seriamente a concorrência no sector da aviação do EEE num grau superior ao verificado no passado. Com a aplicação dos critérios acima mencionados, a Comissão pretende limitar tanto quanto possível esses efeitos distorcedores, reconhecendo simultaneamente que, nomeadamente no caso de transportadoras detidas pelo Estado, pode ser necessário um programa de reestruturação financiado pelo Estado para que as transportadoras se tornem competitivas. Contudo, a criação de uma situação concorrencial mais equitativa no sector da aviação torna necessária a eliminação gradual dos auxílios à reestruturação. A finalização da realização do mercado comum da aviação em 1997 aumentará consideravelmente a concorrência no mercado comum. Nessas circunstâncias, a Comissão não poderá autorizar auxílios à reestruturação a não ser em casos muito excepcionais e em condições muito rigorosas.

42. No que diz respeito aos auxílios de emergência, as presentes orientações seguem a política geral da Comissão[1]. O auxílio de emergência para as companhias aéreas pode ser justificado para o desenvolvimento de um programa completo de reestruturação desde que esse programa seja aceitável ao abrigo das presentes orientações.

VI. PRIVATIZAÇÕES EM CONFORMIDADE COM OS ARTIGOS 92.° E 93.° DO TRATADO E COM O ARTIGO 61.° DO ACORDO EEE

43. Uma vez que o Tratado CE é neutro no que diz respeito ao regime de propriedade das empresas, os Estados-membros podem vender livremente as suas par-

---

[1] Enquadramento comunitário dos auxílios estatais de emergência e à reestruturação a empresas em dificuldade (comunicação aos Estados-membros), de 27 de Julho de 1994.

ticipações em empresas públicas. No entanto, se a venda envolver elementos de auxílio a Comissão pode intervir na operação.

Na sequência de várias decisões na área dos auxílios de Estado e das privatizações, a Comissão desenvolveu uma série de princípios a aplicar para identificar eventuais auxílios nas operações de venda das participações do Estado-accionista. Esses princípios são seguidamente enumerados:

1. A hipótese de se estar em presença de um auxílio é excluída, não sendo portanto exigida notificação, se a privatização preencher as seguintes condições:
– a venda é feita com base num convite incondicional à apresentação de propostas, transparente e não discriminatório;
– a participação é vendida ao proponente que oferecer o preço mais elevado;
– as partes interessadas dispõem de um período de tempo suficiente para preparar as suas propostas e recebem todas as informações necessárias para poderem fazer uma avaliação adequada.

2. Por outro lado, as vendas seguintes são sujeitas às exigências de pré-notificação do n.º 3 do artigo 93.º do Tratado CE, na base da presunção de que envolvem auxílios:
– todas as vendas por processos restritos ou quando a venda é feita por transacção comercial directa;
– todas as vendas feitas através da anulação de dívidas pelo Estado, empresas públicas ou qualquer outro organismo público;
– todas as vendas precedidas por uma conversão de dívida em capital ou por uma recapitalização;
– todas as vendas realizadas em condições que não seriam aceitáveis numa transacção entre investidores numa economia de mercado.

As empresas vendidas com base nas condições constantes do segundo parágrafo supra devem ser avaliadas por um perito independente que deve indicar, em circunstâncias normais, o valor de cedência global da empresa e, no caso de a Comissão o considerar necessário, o valor de liquidação. Deve ser fornecido à Comissão um relatório especificando o valor, ou valores, de venda e as receitas obtidas com a venda, para que esta possa estabelecer o montante real de auxílio envolvido.

De qualquer modo, deve notar-se que a venda de acções de emtpresas em processo de privatização deve ser feita com base em processos não discriminatórios tendo em conta a liberdade de estabelecimento das pessoas singulares e colectivas e a liberdade de movimento de capitais.

A Comissão pode considerar compatível com o mercado comum um auxílio envolvido numa privatização, em conformidade com os critérios estabelecidos no n.º 3 do artigo 92.º do Tratado e no n.º 3 do artigo 61.º do Acordo (EEE)[1].

---

[1] Decisão 92/329/CEE da Comissão, de 25 de Julho de 1990 – *Processo IOR-Finalp*, JO, L 183, de 3.7.1992.

VII. CONCESSÃO DE DIREITOS EXCLUSIVOS RELATIVAMENTE A ACTIVIDADES ACESSÓRIAS AO TRANSPORTE AÉREO

44. A concessão de direitos exclusivos no tocante a actividades acessórias ao transporte aéreo pode envolver vantagens financeiras significativas para o concessionário exclusivo. Um Estado ou a entidade a quem está confiada a exploração de uma estrutura aeroportuária pode atribuir uma concessão exclusiva a uma companhia aérea por um preço inferior ao preço real de mercado da concessão. No caso de o concessionário não pagar nenhuma renda pela exclusividade ou de pagar uma renda inferior à que seria fixada pelo outorgante em condições comerciais normais, há um elemento de auxílio.

45. As actividades acessórias relativamente às quais a concessão de direitos exclusivos pode dar origem a auxílios em benefício de transportadoras aéreas são principalmente as relacionadas com as lojas francas. No seu inventário dos auxílios de Estado no sector da aviação[1], a Comissão sublinhou que várias concessões para a exploração de lojas francas foram outorgadas pelos Estados-membros às respectivas transportadoras nacionais, na maior parte dos casos com base em decisões discricionárias e sem recurso a processos transparentes de concurso. Neste sector acessório ao transporte aéreo, não há presentemente legislação comunitária de harmonização dos procedimentos de atribuição das concessões ou de abertura do sector à concorrência. O concessionário exclusivo pode assim realizar lucros monopolísticos.

À luz das considerações anteriores, a Comissão considera que, em termos gerais, não estão envolvidos auxílios quando o concessionário é seleccionado em circunstâncias que seriam aceitáveis para um outorgante a operar em condições económicas normais de mercado. No entanto, em certas circunstâncias, por exemplo quando a proposta de preço mais elevado provém de um proponente cuja situação levanta dúvidas ou cuja solvabilidade é precária, a Comissão compreende que o Estado-membro aceite uma proposta de preço mais baixo.

Estes casos podem ser tecnicamente muito difíceis e, consequentemente, pode ser útil dispor de um estudo independente. Para este efeito, ao dar início ao procedimento do n.º 2 do artigo 93.º, a Comissão pode solicitar ao Estado-membro em causa que este nomeie um consultor independente ou pode solicitar ela própria um parecer independente.

46. A Comissão está a preparar regras comuns a nível comunitário na área da assistência de terra e dos encargos aeroportuários. As práticas abusivas e as violações das regras da concorrência nestas áreas são avaliadas ao abrigo das disposições relevantes do Tratado, nomeadamente os artigos 85.º a 90.º.

---

[1] Doc. SEC(92) 431 final, ob. cit., p. 12, 33, 35 e 36.

VIII. TRANSPARÊNCIA DAS TRANSACÇÕES FINANCEIRAS

VIII.1. Falta de transparência

47. O relatório da Comissão sobre os auxílios de Estado no sector da aviação elaborado em 1991-1992[1] demonstra claramente que é necessário aumentar a transparência e a vigilância na área das regras relativas aos auxílios de Estado:
— em muitos casos, apenas foram notificadas e, assim, examinadas ao abrigo das regras relativas aos auxílios de Estado as injecções de capital, ficando de fora outras formas de financiamento público ou regimes de auxílios;
— vários regimes de garantia de tipos diferentes não foram notificados ou não foram descritos com o nível de precisão solicitado pela Comissão. A Comissão tem sido obrigada a pedir informações adicionais, nomeadamente sobre as condições e modalidades dessas garantias e listas de operações cobertas por essas garantias no passado;
— foram comunicados vários casos de compensação financeira pelos Estados-membros relativa à execução de obrigações de serviço público sob várias formas, incluindo redução de tarifas financiada pelo orçamento do Estado, compensação das perdas operacionais das companhias que prestam esses serviços e subsídios a aeroportos localizados em zonas isoladas. Contudo, em vários casos, a falta de informação impediu a Comissão de avaliar a situação, tendo sido pedida informação adicional a este respeito, por exemplo uma repartição precisa das rotas subsidiadas incluindo dados de tráfego e pormenores relativos a concorrentes existentes.

VIII.2. As Directivas 80/723/CEE e 85/413/CEE, relativas à transparência

48. Para garantir o respeito pelo princípio da não discriminação e da neutralidade de tratamento, a Comissão adoptou em 1980, com base no n.° 3 do artigo 90.° do Tratado, uma directiva relativa à transparência das relações financeiras entre os Estados-membros e as empresas públicas[2], que foi alterada pela Directiva 85/413/CEE[3] de modo a passar a incluir, entre outros sectores, o sector dos transportes anteriormente excluído do ambito de aplicação da directiva.
A directiva exige que os Estados-membros garantam a transparência de todos os fluxos de fundos públicos para as empresas públicas e das respectivas utilizações.
Embora a exigência de transparência em questão seja aplicável a todos os fundos públicos, a directiva menciona especificamente os seguintes fluxos como estando abrangidos pelo seu âmbito de aplicação:
— a compensação das perdas de exploração;

---

[1] Doc. SEC(92) 431 final, ob. cit.
[2] Directiva 80/723/CEE, JO, L 195, de 29.7.1980, p. 35.
[3] JO, L 229, de 28.8.1995, p. 20.

– as entradas de capital;
– as entradas a fundo perdido ou os empréstimos em condições privilegiadas
– a concessão de vantagens financeiras sob forma de não percepção de benefícios ou de não cobrança de créditos;
– a renúncia a uma remuneração normal dos recursos públicos utilizados;
– a compensação de encargos impostos pelos poderes públicos.

Em conformidade com o artigo 1.º da directiva, o âmbito de aplicação da «directiva transparência» abrange não só os fluxos directos de fundos dos poderes públicos para as empresas públicas, mas também a atribuição de recursos públicos pelos poderes públicos por intermédio de empresas públicas ou de instituições financeiras.

49. O artigo 5.º da «directiva transparência» obriga os Estados-membros, nomeadamente, a fornecer as informações necessárias para garantir a transparência quando a Comissão o considerar necessário. A Comissão procederá em conformidade. A Comissão pode examinar a oportunidade de alargar o âmbito da Directiva 93/84/CEE[1], que altera a Directiva 80/723/CEE, aos transportes aéreos.

IX. PROCEDIMENTO ACELERADO DE AUTORIZAÇÃO DE AUXÍLIOS DE MONTANTE LIMITADO

50. Tendo em vista a simplificação administrativa, a Comissão decidiu estabelecer na presente comunicação um procedimento acelerado de autorização de regimes de auxílios de baixo montante no sector da aviação[2].

A Comissão aplicará os procedimentos administrativos mais eficazes com vista a novos regimes de auxílio ou à modificação de regimes existentes notificados em conformidade com o n.º 3 do artigo 93.º do Tratado CE, se:

– o montante do auxílio dado ao mesmo beneficiário não exceder 1 milhão de ecus durante um período de três anos;
– o auxílio estiver ligado a objectivos específicos de investimento. Excluem-se os auxílios operacionais.

A Comissão não tem a intenção de limitar o âmbito de aplicação deste procedimento acelerado de autorização às pequenas e médias empresas[3]. As trans-

---

[1] Directiva 93/84/CEE da Comissão, de 30 de Setembro de 1993, que altera a Directiva 80/723/CEE, relativa à transparência das relações financeiras entre os Estados-membros e as empresas públicas (JO, L 254, de 12.10.1993, p. 16).

[2] Em 2 de Julho de 1992, a Comissão adoptou uma comunicação sobre o procedimento acelerado re ativo a auxílios às PME (JO, C 213, de 19.8.1992, p. 10), que não se aplica aos auxílios no sector dos transportes.

[3] Ver a comunicação sobre o procedimento acelerado relativo a auxílios às PME, ob. cit.

portadoras aéreas, mesmo quando são relativamente pequenas, não satisfazem os critérios estabelecidos para as PME.

O tecto de 1 milhão de ecus leva em consideração as caracteristícas da indústria do transporte aéreo, que é «capital-intensiva». O preço de um avião, por exemplo, excede largamente o limite de 1 milhão de ecus. O objectivo deste procedimento acelerado é o de tornar mais rápida a aprovação de auxílios de pequeno montante concedidos principalmente para fins regionais não abrangidos pelas obrigações de serviço público.

A Comissão tomará uma decisão sobre as notificações completas no prazo de vinte dias úteis.

X. APLICAÇÃO E RELATÓRIOS FUTUROS

51. As presentes orientações serão aplicadas pela Comissão a partir da sua publicação no *Jornal Oficial das Comunidades Europeias*.

A Comissão publicará, a intervalos regulares, relatórios sobre a aplicação das regras relativas aos auxílios de Estado, bem como inventários dos auxílios existentes. O próximo relatório será apresentado em 1995. A Comissão decidirá também em tempo oportuno sobre a actualização das presentes orientações.

AUXÍLIOS AO SERVIÇO PÚBLICO DE RADIODIFUSÃO

Comunicação da Comissão*

1. Introdução e âmbito da comunicação

1. Nas últimas duas décadas, o sector da radiodifusão registou importantes alterações. A supressão de monopólios, o aparecimento de novos operadores e a rápida evolução tecnológica alteraram fundamentalmente o quadro competitivo. A radiodifusão televisiva constituía tradicionalmente uma actividade reservada. Desde o seu início, foi essencialmente fornecida por empresas públicas no âmbito de um regime de monopólio, principalmente como consequência da reduzida disponibilidade de frequências de radiodifusão e de elevados obstáculos à entrada.

2. Nos anos 70, contudo, a evolução económica e tecnológica permitiu cada vez mais que os Estados-Membros autorizassem a entrada de outros operadores neste sector. Os Estados-Membros decidiram então introduzir a concorrência no mercado, o que permitiu uma escolha mais vasta para os consumidores, uma vez que passaram a dispor de muitos canais suplementares e de novos serviços, favoreceu o aparecimento e o crescimento de fortes operadores europeus, o desenvolvimento de novas tecnologias e garantiu um maior grau de pluralismo no sector. Apesar de abrirem o mercado à concorrência, os Estados-Membros consideraram que era preciso manter o serviço público de radiodifusão como forma de garantir a cobertura de uma série de áreas e satisfazer as necessidades que os operadores privados não teriam necessariamente coberto num grau optimizado.

3. O aumento da concorrência, juntamente com a presença de operadores financiados pelo Estado, conduziu igualmente a maiores preocupações em termos de um tratamento equitativo, para as quais os operadores privados chamaram a atenção da Comissão. A grande maioria das denúncias alegam infracções ao artigo 87.º do Tratado CE no que diz respeito aos regimes de financiamento público criados a favor das empresas de radiodifusão de serviço público.

---

* Comunicação da Comissão relativa à aplicação das regras em matéria de auxílios estatais ao serviço público de radiodifusão (Texto relevante para efeitos do EEE) – JO, C 320, de 15.11.2001, pp. 5-11.

4. A presente comunicação estabelece os princípios que a Comissão segue na aplicação do artigo 87.º e do n.º 2 do artigo 86.º do Tratado CE ao financiamento estatal do serviço público de radiodifusão. Tal tornará a política da Comissão neste sector tão transparente quanto possível.

2. O papel do serviço público de radiodifusão

5. Tal como referido na recente comunicação da Comissão relativa aos serviços de interesse geral na Europa, "os meios de radiodifusão desempenham um papel fundamental no funcionamento das sociedades democráticas modernas, em especial no que se refere ao desenvolvimento e transmissão dos valores sociais. Consequentemente, o sector da radiodifusão tem sido objecto, desde a sua criação, de regulamentação específica de interesse geral. Esta regulamentação tem sido baseada em valores comuns, tais como a liberdade de expressão e o direito de resposta, o pluralismo, a protecção dos direitos de autor, a promoção da diversidade cultural e linguística, a protecção dos menores e da dignidade humana e a protecção dos consumidores"[1].

6. O serviço público no sector da radiodifusão, apesar de ter uma nítida importância económica, não é comparável ao serviço público em qualquer outro sector da economia. Não existe outro serviço que, simultaneamente, tenha uma cobertura tão vasta da população, lhe forneça tão grande volume de informação e conteúdo, e ao fazê-lo oriente e influencie a opinião individual e pública.

7. Tal como declarou o grupo de alto nível em matéria de política audiovisual presidido pelo então comissário Oreja, o serviço público de radiodifusão "tem um papel importante a desempenhar na promoção da diversidade cultural de cada país, no fornecimento de programação de carácter educativo, na informação objectiva da opinião pública, na garantia do pluralismo e no fornecimento, de forma democrática e de acesso livre serviço, de um entretenimento de qualidade"[2].

8. Além disso, a radiodifusão é geralmente considerada uma fonte de informação muito fiável e representa, para uma parte não negligenciável da população, a principal fonte de informação. Por esse meio, enriquece o debate público e, eventualmente, garante um justo grau de participação de todos os cidadãos na vida pública.

9. O papel do serviço público[3] em geral é reconhecido pelo Tratado. A disposição principal relativamente a este aspecto é o n.º 2 do artigo 86.º, que tem a

---

[1] COM(2000) 580 final, p. 38.

[2] "A idade digital na política audiovisual europeia. Relatório do grupo de alto nível em matéria de política audiovisual", 1998.

[3] Para efeitos da presente comunicação e em conformidade com o artigo 16.º do Tratado CE e a declaração (n.º 13) para a acta final do Tratado de Amesterdão, a expressão "serviço público" do protocolo relativo ao serviço público de radiodifusão nos Estados-Membros deve entender-se como referindo-se à expressão "serviço de interesse económico geral" usada no n.º 2 do artigo 86.º.

seguinte redacção: "As empresas encarregadas da gestão de serviços de interesse económico geral ou que tenham a natureza de monopólio fiscal ficam submetidas ao disposto no presente Tratado, designadamente às regras de concorrência, na medida em que a aplicação destas regras não constitua obstáculo ao cumprimento, de direito ou de facto, da missão particular que lhes foi confiada. O desenvolvimento das trocas comerciais não deve ser afectado de maneira que contrarie os interesses da Comunidade".

10. Esta disposição é confirmada pelo artigo 16.º do Tratado CE relativo a serviços de interesse económico geral, introduzido pelo Tratado de Amesterdão, e que entrou em vigor em 1 de Maio de 1999. Estabelece o seguinte: "Sem prejuízo do disposto nos artigos 73.º, 86.º e 87.º, e atendendo à posição que os serviços de interesse económico geral ocupam no conjunto dos valores comuns da União e ao papel que desempenham na promoção da coesão social e territorial, a Comunidade e os seus Estados-Membros, dentro do limite das respectivas competências e no âmbito de aplicação do presente Tratado, zelarão por que esses serviços funcionem com base em princípios e em condições que lhes permitam cumprir as suas missões".

11. A interpretação desses princípios à luz da natureza específica do sector da radiodifusão é sublinhada no protocolo interpretativo relativo ao sistema de serviço público de radiodifusão nos Estados-Membros, anexo ao Tratado CE (a seguir denominado "o protocolo"), que após considerar "que a radiodifusão de serviço público nos Estados-Membros se encontra directamente associada às necessidade de natureza democrática, social e cultural de cada sociedade, bem como à necessidade de preservar o pluralismo nos meios de comunicação social", declara que: "As disposições do Tratado que institui a Comunidade Europeia não prejudicam o poder de os Estados-Membros proverem ao financiamento do serviço público de radiodifusão, na medida em que esse financiamento seja concedido aos organismos de radiodifusão para efeitos do cumprimento da missão de serviço público, tal como tenha sido confiada, definida e organizada por cada um dos Estados-Membros e na medida em que esse financiamento não afecte as condições das trocas comerciais, nem a concorrência na Comunidade de forma que contrarie o interesse comum, devendo ser tido em conta a realização da missão desse serviço público".

12. A importância do serviço público de radiodifusão para a vida social, democrática e cultural na União foi igualmente reafirmada na resolução do Conselho e dos representantes dos governos dos Estados-Membros reunidos no Conselho de 25 de Janeiro de 1999 relativa ao serviço público de radiodifusão (a seguir denominada "a resolução") que diz: "Um vasto acesso público sem discriminação e com base em oportunidades iguais, a vários canais e serviços constitui uma condição prévia necessária para o cumprimento da obrigação especial do serviço público de radiodifusão". Por outro lado, o serviço público de radiodifusão necessita de "beneficiar do progresso tecnológico", dar "ao público os benefícios dos novos serviços de audiovisual e informação e as novas tecnologias" e realizar

"o desenvolvimento e diversificação de actividades da era digital". Finalmente, "o serviço público de radiodifusão deve estar apto a continuar a proporcionar uma ampla gama de programação, de acordo com a sua missão, definida pelos Estados--Membros por forma a dirigir-se à sociedade no seu conjunto; neste contexto, é legítimo que o serviço público de radiodifusão procure atingir amplas audiências"[1].

13. Dadas estas características, que são específicas do sector da radiodifusão, atribuições de serviço público que abranjam "uma vasta gama de programação de acordo com a sua função", tal como previsto na resolução, podem em princípio ser consideradas legítimas, procurando alcançar uma programação equilibrada e variada capaz de preservar um certo nível de audiência dos organismos de radiodifusão públicos e, desta forma, garantir o preenchimento das referidas atribuições, ou seja, a satisfação de necessidades democráticas, sociais e culturais da sociedade e a garantia de pluralismo.

14. Deve referir-se que as organizações de radiodifusão comerciais, algumas sujeitas a obrigações de serviço público, desempenham igualmente um papel no cumprimento dos fins do protocolo, na medida em que contribuem para garantir o pluralismo, enriquecer o debate cultural e político e alargar a escolha de programas.

3. O contexto jurídico

15. A aplicação das regras em matéria de auxílios estatais ao serviço público de radiodifusão deve tomar em consideração um conjunto alargado de diferentes elementos. O Tratado CE inclui os artigos 87.º e 88.º em matéria de auxílios estatais e o n.º 2 do artigo 86.º relativo à aplicação das regras do Tratado e, em especial, as regras em matéria de concorrência a serviços de interesse económico geral. Embora o Tratado de Amesterdão tenha introduzido um artigo específico (o artigo 16.º) relativo a serviços de interesse económico geral e um protocolo interpretativo relativo ao sistema do serviço público de radiodifusão, o Tratado de Maastricht tinha já introduzido um artigo que define o papel comunitário no domínio da cultura (artigo 151.º) e uma regra de compatibilidade eventual dos auxílios estatais destinados a promover a cultura [n.º 3, alínea d), do artigo 87.º]. O Parlamento Europeu e o Conselho adoptaram a Directiva 89/552/CEE, de 3 de Outubro de 1989, relativa à coordenação de certas disposições legislativas, regulamentares e administrativas dos Estados-Membros relativas ao exercício de actividades de radiodifusão televisiva[2]. A Comissão adoptou a Directiva 80/723/CEE, de 25 de Junho de 1980, rela-

---

[1] JO, C 30, de 5.2.1999, p. 1.
[2] JO, L 298, de 17.10.1989, p. 23. Directiva alterada pela Directiva 97/36/CE (JO, L 202, de 30.7.1997, p. 60).

tiva à transparência das relações financeiras entre os Estados-Membros e as empresas públicas bem como em matéria de transparência financeira no âmbito de certas empresas[1]. Estas regras são interpretadas pela jurisprudência do Tribunal de Justiça e do Tribunal de Primeira Instância. A Comissão adoptou também a comunicação referida no ponto 5 e adoptou diversas comunicações relativas à aplicação das regras em matéria de auxílios estatais.

4. Aplicação do n.º 1 do artigo 87.º

4.1. *O financiamento dos organismos de radiodifusão de serviço público constitui um auxílio estatal*

16. O n.º 1 do artigo 87.º estabelece o seguinte: "Salvo disposição em contrário do presente Tratado, são incompatíveis com o mercado comum, na medida em que afectem as trocas comerciais entre os Estados-Membros, os auxílios concedidos pelos Estados ou provenientes de recursos estatais, independentemente da forma que assumam, que falseiem ou ameacem falsear a concorrência, favorecendo certas empresas ou certas produções".

17. O objectivo da intervenção estatal não é determinante para a apreciação do conteúdo do auxílio nos termos do n.º 1 do artigo 87.º, mas apenas dos seus efeitos. O financiamento estatal concedido a organismos de radiodifusão de serviço público deve normalmente ser considerado como um auxílio estatal, na medida em que preencha os critérios mencionados. Os organismos de radiodifusão de serviço público são normalmente financiados fora do orçamento estatal ou através de uma taxa cobrada aos possuidores de aparelhos de televisão. Em determinadas circunstâncias, o Estado procede a injecções de capital ou remissões de dívidas a favor dos organismos de radiodifusão de serviço público. Estas medidas financeiras são normalmente imputáveis às autoridades públicas e envolvem a transferência de recursos estatais. Por outro lado, e na medida em que tais medidas sejam tomadas infringindo o critério do investidor numa economia de mercado, de acordo com o estabelecido na aplicação dos artigos 92.º e 93.º do Tratado CEE às sociedades gestoras de participações das autoridades públicas[2] e na comunicação da Comissão aos Estados-Membros relativa à aplicação dos artigos 92.º e 93.º do Tratado CEE e do artigo 5.º da Directiva 80/723/CEE às empresas públicas no sector transformador[3], podem favorecer na maior parte dos casos apenas determinados organismos de radiodifusão e, por conseguinte, falsear a concorrência. Naturalmente, a existên-

---

[1] JO, L 195, de 29.7.1980, p. 35. Directiva com a última redacção que lhe foi dada pela Directiva 2000/52/CE (JO, L 193, de 29.7.2000, p. 75).
[2] Boletim CE 9-1984.
[3] JO, C 307, de 13.11.1993, p. 3.

cia de auxílios estatais terá de ser apreciada caso a caso dependendo também da natureza específica do financiamento[1].

18. Tal como o Tribunal de Justiça observou: "Quando o auxílio concedido por um Estado ou através de recursos do Estado reforça a posição de uma empresa relativamente às demais empresas concorrentes nas trocas comerciais intracomunitárias, deve atender-se que tais trocas são influenciadas pelo auxílio"[2]. Deste modo, pode considerar-se que o financiamento de organismos de radiodifusão de serviço público afecta geralmente o comércio entre Estados-Membros. É o que acontece claramente em relação à aquisição e à venda de direitos de programas, que frequentemente se realiza a nível internacional. Também a publicidade, relativamente a organismos de radiodifusão públicos a que se permite vender espaço publicitário, tem um efeito transfronteiras, especialmente no que diz respeito às áreas linguísticas homogéneas através das fronteiras nacionais. Por outro lado, a estrutura de propriedade dos organismos de radiodifusão comerciais pode alargar-se a mais de um Estado-Membro.

19. De acordo com a jurisprudência do Tribunal[3], qualquer financiamento estatal transferido para uma determinada empresa – mesmo quando cobre custos líquidos de obrigações de serviço público – deve ser considerado um auxílio estatal (desde que estejam satisfeitas todas as condições para a aplicação do n.º 1 do artigo 87.º).

4.2. Natureza do auxílio: auxílio existente ou auxílio novo

20. Os regimes de financiamento actualmente em vigor na maior parte dos Estados-Membros foram introduzidos há muito tempo. A Comissão deve, por conseguinte, em primeiro lugar apreciar se tais regimes podem ser considerados "auxílios existentes" nos termos do n.º 1 do artigo 88.º.

21. Os auxílios existentes são regidos pelo n.º 1 do artigo 88.º, que estabelece que "a Comissão procederá, em cooperação com os Estados-Membros, ao exame permanente dos regimes de auxílios existentes nesses Estados. A Comissão proporá também aos Estados-Membros as medidas adequadas, que sejam exigidas pelo desenvolvimento progressivo ou pelo funcionamento do mercado comum".

---

[1] Processo NN 88/98, "Financiamento de um canal noticioso sem publicidade de 24 horas através de uma taxa de licença a favor da BBC", JO C 78 de 18.3.2000, p. 6 e processo NN 70/98, "Auxílios estatais a canais públicos de radiodifusão, 'Kinderkanal e Phoenix'", JO, C 238, de 21.8.1999, p. 3.

[2] Processos 730/79, *Philip Morris Holland/Comissão*, Col. 1980, p. 2671, ponto 11; C-303/88, *Itália/Comissão*, Col. 1991, p. I-1433, ponto 27; C-156/98, *Alemanha/Comissão*, Col. 2000, p. I-6857, ponto 33.

[3] Processos T-106/95, *FFSA e outros/Comissão*, Col. 1997, p. II-229; T-46/97, SIC/Cmissão, Col. 2000, p. II-2125; e C-332/98, *França/Comissão*, Col. 2000, p. I-4833.

22. De acordo com a subalínea *i*) da alínea *b*) do artigo 1.º do Regulamento (CE) n.º 659/1999 do Conselho, de 22 de Março de 1999, que estabelece as regras de execução do artigo 93.º do Tratado CE[1], considera-se auxílio existente "... qualquer auxílio que já existisse antes da entrada em vigor do Tratado no respectivo Estado-Membro, isto é, os regimes de auxílio e os auxílios individuais em execução antes da data de entrada em vigor do Tratado e que continuem a ser aplicáveis depois dessa data".

23. De acordo com a subalínea *v*) da alínea *b*) do artigo 1.º, são auxílios existentes "os auxílios considerados existentes por se poder comprovar que não constituíam auxílios no momento da sua execução, tendo-se subsequentemente transformado em auxílios devido à evolução do mercado comum e sem terem sido alterados pelo Estado-Membro".

24. De acordo com a jurisprudência do Tribunal[2], a Comissão verificará se o enquadramento jurídico no âmbito do qual o auxílio é concedido mudou ou não desde a sua introdução. A Comissão tomará em consideração todos os elementos jurídicos e económicos relacionados com o sistema de radiodifusão de um determinado Estado-Membro. Apesar dos elementos jurídicos e económicos relevantes para essa apreciação apresentarem pontos comuns em todos ou na maioria dos Estados--Membros, a Comissão considera que para tal apreciação é mais adequada uma abordagem caso a caso[3].

5. Apreciação da compatibilidade do auxílio estatal ao abrigo dos n.ºs 2 e 3 do artigo 87.º

25. Os auxílios estatais concedidos a organismos de radiodifusão públicos devem ser examinados pela Comissão a fim de determinar se são ou não compatíveis com o mercado comum. São aplicáveis as normas derrogatórias dos n.ºs 2 e 3 do artigo 87.º.

26. Segundo o n.º 4 do artigo 151.º do Tratado, na sua acção ao abrigo de outras disposições do Tratado, a Comunidade terá em conta os aspectos culturais, a fim de, nomeadamente, respeitar e promover a diversidade das suas culturas. Por conseguinte, o n.º 3, alínea *d*), do artigo 87.º do Tratado confere à Comissão o poder de considerar compatíveis com o mercado comum os auxílios destinados a promover a cultura desde que tais auxílios não alterem os termos de comércio e de concorrência na Comunidade em sentido contrário ao interesse comum. Incumbe à

---

[1] JO, L 83, de 27.3.1999, p. 1.

[2] Processo C-44/93, *Namur-Les Assurances du Crédit SA/Office National du Ducroire e Estado belga*, Col. 1994, p. I-3829.

[3] No que diz respeito à recente prática da Comissão neste domínio, ver nota 2 da página anterior.

Comissão aplicar esta norma, da mesma forma que as outras normas excepcionais previstas no n.º 3 do artigo 87.º Deve recordar-se que as normas excepcionais com relação à proibição de auxílios estatais são de aplicação estrita. Por conseguinte, a noção de "cultura" na acepção do n.º 3, alínea d), do artigo 87.º deve ser interpretada de forma restritiva. Tal como referido pela Comissão na sua decisão *Kinderkanale e Phoenix,* as necessidades educativas e democráticas da sociedade de um Estado-Membro devem ser consideradas distintas da promoção da cultura[1]. Relativamente a este aspecto, deve referir-se que o protocolo estabelece uma distinção entre necessidades culturais, sociais e democráticas de cada sociedade. A educação pode evidentemente ter um aspecto cultural.

27. Os auxílios estatais concedidos a organismos de radiodifusão de serviço público não estabelecem frequentemente uma diferença entre as três necessidades mencionadas no protocolo. Por conseguinte, a não ser que um Estado-Membro preveja uma definição separada e um financiamento distinto em relação a auxílios estatais destinados apenas a promover a cultura, tais auxílios podem geralmente não ser aprovados ao abrigo do n.º 3, alínea d), do artigo 87.º Podem normalmente ser apreciados, contudo, ao abrigo do n.º 2 do artigo 86.º no que se refere a serviços de interesse económico geral. De qualquer modo, independentemente do fundamento jurídico para a apreciação da compatibilidade, a análise substantiva será conduzida pela Comissão com base nos mesmos critérios, nomeadamente os estabelecidos na presente comunicação.

6. Apreciação da compatibilidade do auxílio estatal ao abrigo do n.º 2 do artigo 86.º

28. O papel do serviço de interesse económico geral para a prossecução de objectivos fundamentais da União Europeia foi plenamente reconhecido pela Comissão na sua comunicação relativa aos serviços de interesse geral na Europa, mencionado no ponto 5.

29. De acordo com a jurisprudência constante do Tribunal, o artigo 86.º é uma disposição derrogatória que deve ser interpretada de forma restrita. O Tribunal clarificou que, para que uma medida beneficie dessa derrogação, é necessário que estejam preenchidas as seguintes condições:

   i) O serviço em questão deve ser um serviço de interesse económico geral e ser claramente definido enquanto tal pelo Estado-Membro (definição);

   ii) À empresa em questão deve ser expressamente confiado pelo Estado-Membro o fornecimento desse serviço (atribuições);

---

[1] Ver ponto 17 e jurisprudência aí citada.

iii) Á aplicação das regras da concorrência do Tratado (neste caso, a proibição relativa aos auxílios estatais) deve impedir o desempenho de determinadas funções atribuídas à empresa e a excepção dessas funções não deve afectar o desenvolvimento do comércio em medida contrária aos interesses da Comunidade (critério da proporcionalidade).

30. Incumbe à Comissão, enquanto guardiã do Tratado, apreciar se estes critérios estão preenchidos.

31. No caso específico do serviço público de radiodifusão, a referida abordagem deve ser adaptada, tendo em conta as disposições interpretativas do protocolo, que se refere "à missão de serviço público tal como tenha sido confiada, definida e organizada por cada um dos Estados-Membros", (definição e atribuições) e prevê uma derrogação às regras do Tratado para o financiamento do serviço público de radiodifusão "... na medida em que esse financiamento seja concedido a organismos de radiodifusão para o cumprimento da missão de serviço público... e ... não afecte as condições das trocas comerciais, nem a concorrência na Comunidade de forma que contrarie o interesse comum, devendo ser tida em conta a realização da missão desse serviço público" (proporcionalidade).

6.1. *Definição de atribuições de serviço público*

32. No que respeita ao preenchimento da condição mencionada na alínea *i*) do ponto 29, para efeitos do n.º 2 do artigo 86.º, é necessário estabelecer uma definição oficial de atribuições de serviço público. Só havendo uma definição oficial pode a Comissão apreciar, com suficiente segurança jurídica, nas suas decisões, se é aplicável a derrogação prevista no n.º 2 do artigo 86.º.

33. A definição de atribuições de serviço público é da competência dos Estados-Membros, que podem decidir a nível nacional, regional ou local. De uma forma geral, esta competência tem de ser exercida tomando em consideração o conceito comunitário de "serviços de interesse económico geral". Contudo, dada a natureza específica do sector da radiodifusão, uma definição "lata", que confira a um determinado organismo de radiodifusão a tarefa de fornecer uma programação equilibrada e variada de acordo com as atribuições de serviço público, preservando simultaneamente um certo nível de audiência, pode ser considerada, em conformidade com as disposições interpretativas do protocolo, legítima para efeitos do n.º 2 do artigo 86.º Tal definição seria coerente com o objectivo de satisfação de necessidades democráticas, sociais e culturais da sociedade e a garantia de pluralismo, incluindo a diversidade cultural e linguística.

34. Do mesmo modo, as atribuições de serviço público podem incluir certos serviços que não sejam "programas" na acepção tradicional, por exemplo, serviços de informação em linha, na medida em que satisfazem – tendo igualmente em consideração o desenvolvimento e a diversificação de actividades da era digital – as mesmas necessidades democráticas, sociais e culturais da sociedade.

35. Sempre que o âmbito das atribuições de serviço público for alargado a fim de abranger novos serviços, a definição e atribuições devem ser alteradas em conformidade, dentro dos limites do n.º 2 do artigo 86.º do Tratado.

36. A tarefa da Comissão consiste em verificar se os Estados-Membros respeitam ou não as disposições do Tratado[1]. Quanto à definição de serviço público no sector da radiodifusão, o papel da Comissão limita-se a controlar o erro manifesto. Não compete à Comissão decidir se um programa deve ser fornecido enquanto serviço de interesse económico geral, nem questionar a natureza ou a qualidade de um determinado produto. No entanto, haveria erro manifesto na definição de atribuições de serviço público se este incluísse actividades que não se pudesse, razoavelmente, considerar que satisfaziam – segundo a redacção do protocolo – as "necessidades democráticas, sociais e culturais de cada sociedade". É o que aconteceria normalmente, por exemplo, com o comércio electrónico. Neste contexto, deve recordar-se que as atribuições de serviço público consistem nos serviços oferecidos ao público no interesse geral. A questão da definição de atribuições de serviço público não deve ser confundida com a questão do mecanismo de financiamento escolhido para fornecer tais serviços. Por conseguinte, embora os organismos de radiodifusão de serviço público possam realizar actividades comerciais como a venda de espaço publicitário para obterem receitas, tais actividades não podem normalmente ser consideradas parte das atribuições de serviço público.

37. A definição de atribuições de serviço público deve ser tão exacta quanto possível. Não deve haver quaisquer dúvidas de que uma determinada actividade desempenhada pelo operador a quem foi confiada se destina por parte do Estado-Membro a ser incluída ou não nas atribuições de serviço público. Sem uma definição clara e exacta das obrigações impostas ao organismo de radiodifusão de serviço público, a Comissão não terá a possibilidade de realizar a sua tarefa para efeitos do n.º 2 do artigo 86.º e, por conseguinte, não poderá conceder qualquer dispensa ao abrigo desse mesmo artigo.

38. A clara identificação de actividades incluídas nas atribuições de serviço público é igualmente importante para que os operadores de serviço não público planeiem as suas actividades.

39. Finalmente, as atribuições de serviço público devem ser exactas para garantir que se realiza um controlo efectivo do seu cumprimento por parte das autoridades dos Estados-Membros, tal como descrito no capítulo seguinte.

6.2. *Atribuição e supervisão*

40. A fim de beneficiar da excepção ao abrigo do n.º 2 do artigo 86.º, as atri-

---

[1] Ver o processo C-179/90, *Merci convenzionali porto di Genova SpA/Siderurgica Gabrielli SpA*, Col. 1991, p. I-5889.

buições de serviço público devem ser confiadas a uma ou mais empresas através de um acto oficial (por exemplo, por lei, contrato ou acto administrativo).

41. Não é suficiente, contudo, que ao organismo de radiodifusão de serviço público seja formalmente atribuída a prestação de um serviço público bem definido. É igualmente necessário que o serviço púbico seja realmente fornecido tal como previsto na disposição formal entre o Estado e a empresa a quem foram confiadas as funções. Para o efeito, é desejável que uma autoridade adequada ou um organismo nomeado controle a sua aplicação. A necessidade da autoridade adequada ou organismo encarregado do controlo é evidente no caso de normas de qualidade impostas ao operador a quem foram confiadas as funções. Em conformidade com a comunicação da Comissão relativa aos princípios e orientações para a política audiovisual da Comunidade na era digital[1], não incumbe à Comissão apreciar o cumprimento de normas de qualidade. A Comissão deve poder confiar na supervisão adequada por parte dos Estados-Membros.

42. É da competência do Estado-Membro escolher o mecanismo para garantir que se realiza um controlo efectivo do cumprimento das obrigações de serviço público. O papel desse organismo pareceria ser efectivo apenas no caso de ser independente da empresa a quem foram confiadas as funções.

43. Na ausência de uma indicação suficiente e eficaz de que o serviço público é realmente fornecido, tal como confiado, a Comissão não terá a possibilidade de realizar a sua tarefa, para efeitos do n.º 2 do artigo 86.º, e, por conseguinte, não poderá conceder qualquer dispensa por força desse artigo.

6.3. *Financiamento do serviço público de radiodifusão e critério de proporcionalidade*

6.3.1. *A escolha de financiamento*

44. As obrigações de serviço público podem ser quer quantitativas quer qualitativas quer ambas em simultâneo. Independentemente da sua forma, podem justificar uma compensação, na medida em que criem custos suplementares que o organismo de radiodifusão não teria normalmente de suportar.

45. Os regimes de financiamento podem dividir-se em duas grandes categorias: "financiamento único" e "financiamento duplo". A categoria "financiamento único" inclui os sistemas em que os organismos de radiodifusão de serviço público são financiados apenas por financiamento público independentemente da sua forma. Os sistemas de "financiamento duplo" incluem uma vasta gama de sistemas de financiamento, em que os organismos públicos de radiodifusão são financiados através de diferentes combinações de fundos estatais e receitas provenientes de actividades comerciais, tais como a venda de espaço publicitário ou de programas.

---

[1] COM(1999) 657 final, secção 3(6).

46. Tal como consta do protocolo: "As disposições do Tratado que institui a Comunidade Europeia não prejudicam o poder de os Estados-Membros proverem ao financiamento do serviço público de radiodifusão...". A comunicação da Comissão relativa aos serviços de interesse geral na Europa mencionada no ponto 5 precisa ainda que: "A escolha do regime de financiamento é da competência do Estado-Membro e, em princípio, não pode ser levantada qualquer objecção à escolha de um regime de financiamento duplo (que combine fundos públicos e receitas provenientes de publicidade) em vez de um regime de financiamento único (apenas fundos públicos) desde que a concorrência nos mercados relevantes (ou seja, publicidade, aquisição e/ou venda de programas) não seja afectada numa medida contrária ao interesse comunitário"[1].

47. Embora os Estados-Membros tenham a liberdade de escolher o meio de financiamento do serviço público de radiodifusão, no âmbito do n.º 2 do artigo 86.º, a Comissão deve verificar se as excepções à aplicação normal das regras de concorrência na execução do serviço de interesse económico geral não afectam a concorrência e a unidade do mercado comum de forma desproporcionada. Trata-se de um critério de carácter "negativo": examina-se se a medida adoptada não é desproporcionada. O auxílio não deve também afectar o desenvolvimento do comércio ao ponto de contrariar os interesses da Comunidade.

48. O protocolo confirma esta abordagem também para o serviço público de radiodifusão, referindo que o financiamento não deve "afectar as condições das trocas comerciais, nem a concorrência na Comunidade de forma que contrarie o interesse comum, devendo ser tida em conta a realização da missão desse serviço público".

6.3.2. *Requisitos de transparência para a apreciação dos auxílios estatais*

49. A apreciação da Comissão descrita exige a existência de uma definição clara e exacta do conceito de atribuições de serviço público e uma separação clara e adequada entre as actividades de serviço público e as actividades não relacionadas com o serviço público. A separação das contas entre estes dois domínios é normalmente já exigida a nível nacional a fim de garantir a transparência e o controlo da utilização dos fundos públicos. É necessária uma separação das contas para permitir à Comissão aplicar o seu critério de proporcionalidade. Proporcionará à Comissão um instrumento para examinar as alegadas subvenções cruzadas e para defender o pagamento de compensações justificadas por obrigações de interesse económico geral. Apenas com base numa afectação adequada de custos e receitas se pode determinar se o financiamento público se limita realmente aos custos líquidos das atribuições de serviço público, sendo portanto aceitável ao abrigo do n.º 2 do artigo 86.º e do protocolo.

---

[1] Ver nota 1.

50. Os requisitos de transparência nas relações financeiras entre as autoridades públicas e as empresas públicas e entre empresas a que foram concedidos direitos especiais ou exclusivos ou confiada a gestão de serviços de interesse económico geral, são indicados na Directiva 80/723/CEE.

51. Nos termos da Directiva 80/723/CEE, foi, por outro lado, exigido recentemente aos Estados-Membros que, para além disso, tomassem as medidas necessárias para garantir que, em relação a quaisquer empresas a quem fossem concedidos direitos especiais ou exclusivos ou confiada a gestão de serviços de interesse económico geral e que recebem auxílios estatais independentemente da sua forma e que realizassem outras actividades, isto é, actividades de serviço não público que: *a*) separassem as contas internas correspondentes às diferentes actividades, isto é, actividades de serviço público e não público; *b*) atribuíssem ou afectassem correctamente todos os custos e receitas com base em princípios de contabilidade coerentemente aplicados e objectivamente justificáveis; e *c*) estabelecessem claramente os princípios de contabilidade segundo os quais são mantidas contas separadas.

52. Os requisitos gerais de transparência são também aplicáveis aos organismos de radiodifusão, tal como recordado no considerando 5 da Directiva 2000/52/CE. Os novos requisitos são aplicáveis aos organismos de radiodifusão de serviço público, na medida em que estes sejam beneficiários de auxílios estatais e sejam empresas a que foi confiada a gestão de serviços de interesse económico geral relativamente aos quais o auxílio estatal não tiver sido fixado por um período adequado na sequência de concurso público, transparente e não discriminatório. A obrigação de separação das contas não é aplicável aos organismos de radiodifusão de serviço público cujas actividades se limitam à prestação de serviços de interesse económico geral e que não desenvolvem actividades fora do âmbito destes serviços de interesse económico geral.

53. No sector da radiodifusão, a separação das contas não coloca qualquer problema especial do lado das receitas, mas pode não ser fácil ou, na realidade, exequível do ponto de vista dos custos. Tal deve-se ao facto de, no sector da radiodifusão, os Estados-Membros poderem considerar toda a programação dos organismos públicos de radiodifusão abrangida pelas atribuições de serviço público, permitindo simultaneamente a sua exploração comercial. Por outras palavras, actividades diferentes partilham numa grande medida os mesmos inputs.

54. Por estas razões, a Comissão considera que, do ponto de vista das receitas, os operadores de radiodifusão devem apresentar contas pormenorizadas das fontes e o montante de todos os rendimentos provenientes da realização de actividades de serviço não público.

55. Do ponto de vista das despesas, os custos específicos de actividades de serviço não público devem ser claramente identificados. Além disso, sempre que forem utilizados os mesmos recursos – pessoal, equipamento, instalações fixas, etc. – para realizar as atribuições de serviço público e não público, os seus custos devem

ser afectados com base na diferença dos custos totais da empresa com e sem actividades de serviço não público[1].

56. O que se acabou de referir implica que, contrariamente à abordagem geralmente utilizada noutros sectores de serviços públicos, os custos que são afectados na totalidade às actividades de serviço público, embora beneficiando também as actividades comerciais, não necessitam de ser divididos entre ambas e podem ser totalmente afectados ao serviço público. Tal pode acontecer, por exemplo, com os custos de produção de um programa, que é radiodifundido como parte das atribuições de serviço público, mas também vendido a outros organismos de radiodifusão. O principal exemplo seria contudo o da audiência, que é gerada para cumprir as atribuições de serviço público e para vender espaço publicitário. Considera-se que uma distribuição total destes custos entre as duas actividades corria o risco de ser arbitrária e sem sentido. Todavia, a afectação dos custos do ponto de vista da transparência das contas não deve ser confundida com recuperação de custos na definição de políticas de fixação de preços. A última questão é abordada no ponto 58.

6.3.3. Proporcionalidade

57. Na apreciação do critério da proporcionalidade, a Comissão parte do princípio de que o financiamento estatal é normalmente necessário para que a empresa desempenhe as suas obrigações de serviço público. Contudo, a fim de preencher este critério, é necessário que o auxílio estatal não ultrapasse os custos líquidos das funções de serviço público, tomando igualmente em consideração outras receitas directas ou indirectas resultantes das funções de serviço público. Por esta razão, o benefício líquido que as actividades de serviço não público obtêm das actividades de serviço público será tomado em consideração na apreciação da proporcionalidade do auxílio.

58. Por outro lado, poderão verificar-se distorções no mercado, que não são necessárias para o preenchimento das funções de serviço público. Por exemplo, os organismos de radiodifusão de serviço público, na medida em que receitas mais baixas são cobertas por auxílios estatais, podem ter um incentivo para reduzir os preços de publicidade ou de outras actividades de serviço não público no mercado, de forma a diminuir as receitas dos concorrentes. Tal comportamento do organismo de radiodifusão de serviço público, se demonstrado, não poderia ser considerado intrínseco às funções de serviço público atribuídas ao organismo de radiodifusão. Quando um organismo de radiodifusão de serviço público reduz os preços das actividades de serviço não público abaixo do necessário para recuperar os custos autónomos que um operador comercial eficiente teria normalmente de suportar numa situação semelhante, tal prática indicaria a presença de sobrecompensação das obrigações de

---

[1] Isto implica uma referência à situação hipotética em que as actividades de serviço não público viessem a ser interrompidas: os custos que seriam evitados dessa forma representam o montante de custos comuns a afectar às actividades de serviço não público.

serviço público e de qualquer modo "afectaria as condições das trocas comerciais, e a concorrência na Comunidade de forma que contraria o interesse comum", infringindo o protocolo.

59. Por conseguinte, ao apreciar o critério da proporcionalidade, a Comissão tomará em consideração se qualquer distorção da concorrência resultante do auxílio pode ou não justificar-se com a necessidade de cumprir o serviço público, tal como definido pelo Estado-Membro e de prever o seu financiamento. Quando necessário, a Comissão tomará também medidas à luz de outras disposições do Tratado.

60. A análise dos efeitos do auxílio estatal sobre a concorrência e o desenvolvimento do comércio terá inevitavelmente de basear-se nas características específicas de cada situação. A verdadeira estrutura competitiva bem como outras características de cada um dos mercados não pode ser descrita na presente comunicação, uma vez que são geralmente bastante diferentes umas das outras. Pela mesma razão, a presente comunicação não pode definir ex ante as condições em que os preços dos organismos de radiodifusão de serviço público estão em conformidade com os princípios explicados no ponto 58. Por conseguinte, a apreciação efectuada ao abrigo do n.º 2 do artigo 86.º da compatibilidade dos auxílios estatais concedidos a organismos públicos de radiodifusão no final apenas pode ser efectuada numa base casuística, segundo a prática da Comissão.

61. Na sua apreciação, a Comissão tomará em consideração que, na medida em que o auxílio estatal é necessário para cumprir a obrigação de serviço público, o sistema no seu conjunto poderia também ter o efeito positivo de manter uma fonte alternativa de fornecimento nalguns mercados relevantes[1]. Contudo, este efeito deve ser ponderado face a eventuais efeitos negativos do auxílio, uma vez que impede outros operadores de entrarem no mercado, permitindo desta forma uma estrutura de mercado mais oligopolista, ou um eventual comportamento anticoncorrencial por parte dos operadores de serviço público nos mercados relevantes.

62. A Comissão tomará igualmente em consideração a dificuldade com que alguns Estados-Membros mais pequenos poderão ter de se confrontar para reunir os fundos necessários, se os custos do serviço público por habitante forem, ceteris paribus, mais elevados[2].

---

[1] Tal não significa que o auxílio estatal se possa justificar enquanto instrumento que aumente a oferta e a concorrência no mercado. Os auxílios estatais que permitem que um operador permaneça no mercado apesar dos seus prejuízos recorrentes causam uma distorção significativa da concorrência, uma vez que conduzem a longo prazo a maiores ineficiências, a uma redução da oferta e a preços mais elevados para os consumidores. A supressão de obstáculos jurídicos e económicos à entrada, garantindo uma verdadeira política anti-trust e a promoção do pluralismo são instrumentos mais eficazes relativamente a este aspecto. Os monopólios naturais são normalmente objecto de regulamentação.

[2] Podem confrontar-se com dificuldades semelhantes quando o serviço público de radiodifusão se destina a minorias linguísticas ou a necessidades locais.

AUXÍLIOS ESTATAIS
NO SECTOR DAS PESCAS E AQUICULTURA

Comunicação da Comissão*

1. Fundamento jurídico e âmbito de aplicação

1.1. A aplicação das regras em matéria de auxílios estatais, estabelecidas nos artigos 87.º a 89.º do Tratado CE, à produção e à comercialização de produtos agrícolas está prevista no n.º 1 do artigo 19.º do Regulamento (CE) n.º 2792/1999 do Conselho, de 17 de Dezembro de 1999, que define os critérios e condições das acções estruturais no sector das pescas[1], e no artigo 32.º do Regulamento (CE) n.º 104/2000 do Conselho, de 17 de Dezembro de 1999, que estabelece a organização comum de mercado no sector dos produtos da pesca e da aquicultura[2].

O princípio da incompatibilidade dos auxílios estatais com o mercado comum, estabelecido no n.º 1 do artigo 87.º do Tratado, está sujeito às derrogações previstas nos n.ºs 2 e 3 do artigo 87.º. A Comissão pretende, no ambito das presentes directrizes, gerir essas derrogações no sector das pescas.

1.2. As presentes directrizes aplicam-se ao sector das pescas no seu conjunto e dizem respeito à exploração de recursos aquáticos vivos e à aquicultura, incluindo os meios de produção, de transformação e de comercialização dos produtos daí resultantes, com exclusão das actividades de recreio e desportivas sem carácter comercial.

As presentes directrizes dizem respeito a todas as medidas que constituam um auxílio nos termos do n.º 1 do artigo 87.º do Tratado CE, incluindo quaisquer medidas que impliquem um benefício financeiro, independentemente da sua forma,

---

* Directrizes para o exame dos auxílios estatais no sector das pescas e da aquicultura – JO, C 229, de 14.9.2004, pp. 5.

[1] JO, L 337, de 30.12.1999, p. 10. Regulamento com a última redacção que lhe foi dada pelo Regulamento (CE) n.º 2369/2002 (JO, L 358, de 31.12.2002, p. 49).

[2] JO, L 17, de 21.1.2000, p. 22. Regulamento com a redacção que lhe foi dada pelo Acto de Adesão de 2003.

financiadas directa ou indirectamente através de recursos orçamentais de qualquer entidade pública (nacional, regional, provincial, departamental ou local) ou de outros recursos estatais. Podem constituir auxílios, nomeadamente, as transferências de capital, os empréstimos com taxa reduzida, as bonificações de juros, determinadas participações públicas nos capitais das empresas, os auxílios financiados por recursos provenientes de tributações especiais ou imposições parafiscais, bem como os auxílios concedidos sob a forma de garantia do Estado sobre empréstimos bancários e sob a forma de redução ou isenção de impostos, incluindo as amortizações aceleradas e a redução das contribuições sociais.

2. Dever de notificar os auxílios estatais e isenção desse dever

A Comissão recorda aos Estados-Membros o dever que lhes incumbe, nos termos do n.º 3 do artigo 88.º do Tratado e do artigo 2.º do Regulamento (CE) n.º 659/1999 do Conselho, de 22 de Março de 1999, que estabelece as regras de execução do artigo 93.º do Tratado CE[1], de notificar os projectos de concessão de qualquer novo auxílio.

Nas condições especificadas nos pontos 2.1 e 2.2, certas medidas estão, contudo, isentas deste dever de notificação.

2.1. Como determinado no n.º 2 do artigo 19.º do Regulamento (CE) n.º 2792/1999, os artigos 87.º, 88.º e 89.º do Tratado não são aplicáveis às contribuições financeiras obrigatórias dos Estados-Membros para as medidas co-financiadas pela Comunidade, previstas no âmbito dos planos de desenvolvimento referidos no n.º 3 do artigo 3.º desse regulamento e definidos na alínea b) do artigo 9.º do Regulamento (CE) n.º 1260/1999 do Conselho, de 21 de Junho de 1999, que estabelece disposições gerais sobre os fundos estruturais[2], ou no artigo 5.º do Regulamento (CE) n.º 2370/2002 do Conselho, de 20 de Dezembro de 2002, que estabelece uma medida comunitária de emergência para a demolição de navios de pesca[3]. Em consequência, os Estados-Membros não devem notificar essas contribuições à Comissão. As referidas contribuições não são objecto das presentes directrizes.

2.2. Contudo, nos termos do n.º 3 do artigo 19.º do Regulamento (CE) n.º 2792/1999, as medidas que prevêem um financiamento público por parte dos

---

[1] JO, L 83, de 27.3.1999, p. 1. Regulamento com a última redacção que lhe foi dada pelo Acto de Adesão de 2003.

[2] JO, L 161, de 26.6.1999, p. 1. Regulamento com a última redacção que lhe foi dada pelo Acto de Adesão.

[3] JO, L 358, de 31.12.2002, p. 57.

Estados-Membros superior às disposições desse regulamento ou do Regulamento (CE) n.º 2370/2002 relativas às contribuições financeiras obrigatórias, referidas no n.º 2 do artigo 19.º do Regulamento (CE) n.º 2792/1999, devem ser notificadas à Comissão como tratando-se de auxílios estatais e são objecto das presentes directrizes.

A fim de reduzir a carga administrativa que pode resultar da aplicação do n.º 3 do artigo 19.º do Regulamento (CE) n.º 2792/1999 e facilitar o pagamento de fundos estruturais comunitários, os Estados-Membros têm interesse em fazer uma distinção clara entre as contribuições financeiras obrigatórias que pretendem conceder a fim de co-financiar medidas comunitárias no âmbito do Instrumento Financeiro de Orientação das Pescas (IFOP), em conformidade com o n.º 2 do artigo 19.º do Regulamento (CE) n.º 2792/1999, que não têm de ser notificadas, e os auxílios estatais, que estão sujeitos ao dever de notificação.

Os Estados-Membros não têm de notificar os auxílios ao sector das pescas que satisfazem as condições previstas nos regulamentos de isenção por categoria adoptados pela Comissão em conformidade com o artigo 1.º do Regulamento (CE) n.º 994/1998 do Conselho, de 7 de Maio de 1998, relativo à aplicação dos artigos 92.º e 93.º do Tratado que institui a Comunidade Europeia a determinadas categorias de auxílios estatais horizontais[1]. Esses auxílios incluem:

– os auxílios que satisfazem as condições previstas no Regulamento (CE) n.º (1595/2004) da Comissão, de 8 de Setembro de 2004, relativo à aplicação dos artigos 87.º e 88.º do Tratado CE aos auxílios estatais a favor das pequenas e médias empresas que se dedicam à produção, transformação e comercialização de produtos da pesca[2];

– os auxílios à formação que satisfazem as condições previstas no Regulamento (CE) n.º 68/2001 da Comissão, de 12 de Janeiro de 2001, relativo à aplicação dos artigos 87.º e 88.º do Tratado CE aos auxílios à formação[3];

– os auxílios à investigação que satisfazem as condições previstas no Regulamento (CE) n.º 70/2001 relativo à aplicação dos artigos 87.º e 88.º do Tratado CE aos auxílios estatais a favor das pequenas e médias empresa[4];

– os auxílios ao emprego que satisfazem as condições previstas no Regulamento (CE) n.º 2204/2002 da Comissão, de 12 de Dezembro de 2002, relativo à aplicação dos artigos 87.º e 88.º do Tratado CE aos auxílios estatais ao emprego[5];

---

[1] JO, L 142, de 14.5.1998, p. 1.

[2] JO, L 291, de 14.9.2004, p..

[3] JO, L 291, de 14.9.2004. JO L 10 de 13.1.2001, p. 20. Regulamento com a redacção que lhe foi dada pelo Regulamento (CE) n.º 363/2004 (JO, L 63, de 28.2.2004 p. 20).

[4] JO, L 10, de 13.1.2001 p. 33. Regulamento com a redacção que lhe foi dada pelo Regulamento (CE) n.º 364/2004 (JO, L 63, de 28.2.2004, p. 22).

[5] JO, L 337, de 13.12.2002, p. 3.

– os auxílios que satisfazem as condições de qualquer futuro regulamento adoptado pela Comissão em conformidade com o artigo 1.º do Regulamento (CE) n.º 994/1998 e aplicável ao sector das pescas.

2.3. O Regulamento (CE) n.º 68/2001 da Comissão, de 12 de Janeiro de 2001, relativo à aplicação dos artigos 87.º e 88.º do Tratado CE aos auxílios *de minimis*[1] não se aplica às pescas.

3. Princípios

3.1. No sector das pescas, assim como noutros sectores económicos da Comunidade, a política da Comunidade em matéria de auxílios estatais tem por objectivo evitar as distorções de concorrência no mercado interno.

Os auxílios estatais no sector das pescas só se justificam se estiverem em conformidade com os objectivos da política de concorrência e os objectivos da política comum da pesca, definidos nas presentes directrizes e, nomeadamente, no Regulamento (CE) n.º 2371/2002 do Conselho, de 20 de Dezembro de 2002, relativo à conservação e à exploração sustentável dos recursos haliêuticos no âmbito da Política Comum das Pescas[2], e nos Regulamentos (CE) n.º 2792/1999 e (CE) n.º 104/2000.

3.2. É essencial assegurar a coerência entre as políticas comunitárias no domínio do controlo dos auxílios estatais e no respeitante à utilização dos Fundos estruturais no ambito da política comum da pesca.

Em consequência, na medida em que sejam elegíveis para financiamento comunitário, as medidas só devem ser elegíveis para auxílio estatal se observarem os critérios estabelecidos no Regulamento (CE) n.º 2792/1999. A taxa da participação financeira do auxílio estatal, expressa em percentagem dos custos elegíveis, não pode, em caso algum, ser superior, em equivalente-subvenção, à taxa global das subvenções, nacionais e comunitárias, fixada no anexo IV desse regulamento.

A Comissão examinará caso a caso qualquer auxílio atribuído a medidas que não sejam abrangidas pelas presentes directrizes ou pelo Regulamento (CE) n.º 1595/2004 relativo à aplicação dos artigos 87.º e 88.º do Tratado CE aos auxílios estatais a favor das pequenas e médias empresas que se dedicam à produção, transformação e comercialização de produtos da pesca atendendo aos princípios enunciados nos artigos 87.º, 88.º e 89.º do Tratado e à política comum da pesca.

É essencial que não seja concedido nenhum auxílio nos casos em que não seja respeitado o direito comunitário e, designadamente, as regras da política comum da

---

[1] JO, L 10, de 13.1.2001, p. 30.
[2] JO, L 358, de 31.12.2002, p. 59.

pesca. Em consequência, os auxílios estatais só podem ser considerados compatíveis se, antes de conceder qualquer auxílio, o Estado-Membro em causa verificar que as medidas financiadas e os seus efeitos observam o direito comunitário. Durante o período de concessão, os Estados-Membros devem verificar que os beneficiários do auxílio observam as regras da política comum da pesca. Se durante o periodo de concessão se revelar que o beneficiário não observa essas regras, o auxílio deve ser reembolsado proporcionalmente à gravidade da infracção.

Para garantir que o auxílio é necessário e susceptível de fomentar o desenvolvimento de determinadas actividades, nenhum auxílio a favor de actividades que o beneficiário exerceria de qualquer forma em condições normais de mercado pode ser considerado compatível com o mercado comum. Não deve ser concedido qualquer auxílio relativamente a actividades que já tenham sido levadas a cabo pelo beneficiário.

Os auxílios estatais não devem ter efeitos protectores, devendo contribuir para fomentar a racionalização e a eficácia da produção e da comercialização dos produtos da pesca. Os auxílios, quaisquer que sejam, devem conduzir a melhoramentos duradouros de forma a que o sector se possa desenvolver graças, apenas, aos rendimentos do mercado.

Os auxílios à exportação e ao comércio intracomunitário de produtos da pesca são incompatíveis com o mercado comum.

Os auxílios estatais, concedidos sem impor qualquer obrigação aos beneficiários em termos da política comum da pesca, destinados a melhorar a situação das empresas e das respectivas tesourarias, ou calculados em função da quantidade produzida ou comercializada, dos preços dos produtos, das unidades produzidas ou dos meios de produção, e que tenham por resultado a diminuição dos custos de produção ou a melhoria dos rendimentos do beneficiário são, enquanto auxílios ao funcionamento, incompatíveis com o mercado comum. A Comissão pretende aplicar esta regra rigorosamente a todos os auxílios ao funcionamento, incluindo aos auxílios sob a forma de desagravamentos fiscais ou reduções das contribuições para a segurança social ou para os sistemas de prestações de desemprego.

Para fins de transparência, nenhum auxílio estatal pode ser declarado compatível pela Comissão se o Estado Membro em causa não tiver comunicado o montante total do auxílio por medidas, assim como a intensidade do auxílio.

Em conformidade com a prática estabelecida da Comissão, os limiares de auxílio devem normalmente ser expressos em termos de intensidades de auxílio relativamente a um conjunto de custos elegíveis e não em termos de montantes máximos de auxílio. Contudo, são tidos em conta todos os elementos que permitam avaliar a vantagem real do beneficiário.

Na apreciação dos regimes de auxílios estatais, é tido em conta o efeito cumulativo para o beneficiário de todas as medidas com carácter de subsídio, concedidas pelas entidades públicas nos termos do direito comunitário, nacional, regional ou local, incluindo, nomeadamente, as que favoreçam o desenvolvimento regional.

3.9. As directrizes relativas aos auxaios estatais com finalidade regional[1] não são aplicáveis a este sector. Os elementos dos regimes de auxílio regionais relativos ao sector das pescas serão examinados com base nas presentes directrizes.

Os auxílios estatais para as categorias de medidas abrangidas pelo Regulamento (CE) n.° 1595/2004 relativo à aplicação dos artigos 87.° e 88.° do Tratado CE aos auxílios estatais a favor das pequenas e médias empresas que se dedicam à produção, transformação e comercialização de produtos da pesca, mas que se destinem a beneficiar empresas que não sejam PME ou que excedam o limite fixado no n.° 3 do artigo 1.° do referido regulamento, serão avaliados com base nas presentes directrizes e nos critérios estabelecidos para cada categoria de medidas nos artigos 4.° a 13.° desse regulamento.

4. Auxílios susceptíveis de serem declarados compatíveis

4.1. *Auxílios abrangidos por determinadas directrizes horizontais*

4.1.1. Os auxílios estatais para a protecção do ambiente serão analisados de acordo com o enquadramento comunitário dos auxílios estatais a favor do ambiente[2]. Para além dos requisitos determinados no enquadramento, os auxílios estatais para a protecção do ambiente não serão declarados compatíveis se disserem respeito à capacidade do navio ou se se destinarem a aumentar a eficácia das suas artes de pesca.

4.1.2. Os auxílios estatais de emergência e à reestruturação de empresas em dificuldade serão apreciados de acordo com as Orientações comunitárias dos auxílios estatais de emergência e à reestruturação concedidos a empresas em dificuldade[3]. Para além dos requisitos determinados nessas orientações, os auxílios estatais à reestruturação de empresas em dificuldade cuja principal actividade consista na pesca marítima apenas podem ser concedidos se tiver sido apresentado à Comissão um plano adequado que preveja reduções da capacidade da frota superiores às reduções exigidas pela legislação comunitária.

4.2. *Auxílios à cessação definitiva das actividades dos navios de pesca através da sua transferência para países terceiros*

Os auxílios à cessação definitiva das actividades dos navios de pesca através da sua transferência para países terceiros, não ligados à construção ou aquisição

---

[1] JO, C 74, de 10.3.1998, p. 9. Directrizes modificadas pela Alteração das orientações relativas aos auxílios estatais com finalidade regional (JO, C 258, de 9.9.2000, p. 5).

[2] JO, C 37, de 3.2.2001, p. 3.

[3] JO, C 288, de 9.10.1999, p. 2.

de novos navios, são compatíveis com o mercado comum desde que satisfaçam as condições exigidas pelo Regulamento (CE) n.° 2792/1999 para serem elegíveis para um apoio comunitário, nomeadamente, o n.° 3, alínea *b*), e o n.° 5, alíneas *b*) e *c*), do artigo 7.°, o artigo 8.° e os pontos 1.1 e 1.2 do anexo III do referido regulamento.

Em conformidade com o n.° 3 do artigo 11.° do Regulamento (CE) n.° 2371/2002, não é permitida nenhuma saída da frota apoiada por auxílio público, excepto se for antecedida da retirada da licença de pesca, conforme definida no Regulamento (CE) n.° 3690/1993 do Conselho, de 20 de Dezembro de 1993, que institui um regime que define as regras relativas à informação mínima que deve constar das licenças de pesca[1] e, se for caso disso, das autorizações de pesca definidas nos regulamentos pertinentes.

4.3. Auxílios à cessac,ão temporária das actividades de pesca

4.3.1. Os auxílios à cessação temporária das actividades de pesca podem ser considerados compatíveis sob condição de satisfazerem o disposto no artigo 16.° do Regulamento (CE) n.° 2792/1999.

Em caso de cessação temporária das actividades ae pesca no âmbito de um plano de recuperação ou de um plano de gestão, os auxílios estatais só poderão ser declarados compatíveis se o plano tiver sido adoptado em conformidade com o artigo 5.° ou 6.° do Regulamento (CE) n.° 2371/2002.

Em caso de cessação temporária das actividades de pesca no âmbito de uma medida de emergência, os auxílios estatais só podem ser declarados compatíveis se a medida tiver sido decidida pela Comissão em conformidade quer com o artigo 7.° do Regulamento (CE) n.° 2371/2002, quer com o n.° 1 do artigo 45.° do Regulamento (CE) n.° 850/1998 do Conselho, de 30 de Março de 1998, relativo à conservação dos recursos da pesca através de determinadas medidas técnicas de protecção dos juvenis de organismos marinhos[2], ou por um ou vários Estados-Membros em conformidade quer com o artigo 8.° do Regulamento (CE) n.° 2371/2002, quer com o n.° 2 do artigo 45.° do Regulamento (CE) n.° 850/1998.

4.3.2. Nos termos do n.° 6 do artigo 12.° do Regulamento (CE) n.° 2792/1999, pode ser considerada compatível a introdução de medidas sociais de acompanhamento para as tripulações de navios afectados destinadas a facilitar a cessação temporária das actividades de pesca no quadro de planos para a protecção dos recursos aquáticos.

A cessação das actividades deve ser aprovada pelos Estados-Membros em conformidade com os artigos 8.°, 9.° ou 10.° do Regulamento (CE) n.° 2371/2002,

---

[1] JO, L 341, de 31.12.1993, p. 93.

[2] JO, L 125, de 27.4.1998, p. 1. Regulamento com a última redacção que lhe foi dada pelo Regulamento (CE) n.° 602/2004 (JO, L 97, de 1.4.2004, p. 30).

ou em conformidade com o artigo 46.º do Regulamento (CE) n.º 850/1998, ou em conformidade com o artigo 13.º do Regulamento (CE) n.º 88/98 do Conselho, de 18 de Dezembro de 1997, que fixa determinadas medidas técnicas de conservação dos recursos haliêuticos nas águas do mar Báltico, dos seus estreitos (Belts) e do Oresund[1], ou ainda em conformidade com o n.º 3 do artigo l.º do Regulamento (CE) n.º 1626/94, de 27 de Julho de 1994, que prevê determinadas medidas técnicas de conservação dos recursos da pesca no Mediterrâneo[2].

Os planos para a protecção dos recursos aquáticos devem incluir, para além da cessação temporária das actividades, medidas eficazes destinadas a reduzir a mortalidade por pesca, nomeadamente através da redução permanente das capacidades de pesca ou da adopção de medidas técnicas. Os planos devem ser notificados à Comissão e conter objectivos precisos e mensuráveis, e a indicação da respectiva duração.

A Comissão solicitará imediatamente o parecer do Comité Científico, Técnico e Económico das Pescas criado pelo n.º 1 do artigo 33.º do Regulamento (CE) n.º 2371/2002 acerca dos planos. Devem ser aduzidas as razões do interesse social do plano, bem como a justificação de medidas especiais adoptadas em complemento do regime normal de segurança social. Consideram-se tripulantes apenas as pessoas recrutadas para trabalhar, enquanto actividade profissional principal, a bordo de um navio de pesca maritima em actividade. Os auxílios para os proprietários de navios não são elegíveis, excepto no caso dos proprietários cuja actividade profissional principal consista em trabalhar a bordo do respectivo navio.

A notificação da medida à Comissão deve ser acompanhada de justificação científica e, se necessário, económica, do auxílio. As medidas não podem exceder o estritamente necessário para atingir o objectivo prosseguido e devem ter duração limitada. Deve ser evitada a sobrecompensação.

A compensação por um Estado-Membro pode ser concedida durante um período de um ano que poderá ser prorrogado por um ano suplementar.

4.3.3. Os auxílios estatais especificados nos pontos 4.3.1 e 4.3.2 só podem compensar uma parte da perda de rendimentos resultante de uma medida de cessação temporária.

4.3.4. Não são autorizados os auxílios que se destinam a limitar as actividades de pesca, introduzidos por um Estado-Membro com vista a reduzir o respectivo esforço de pesca nos termos do n.º 2 do artigo 16.º do Regulamento (CE) n.º 2371/2002.

---

[1] JO, L 9, de 15.1.1998, p. 1. Regulamento com a última redacção que lhe foi dada pelo Regulamento (CE) n.º 812/2004 (JO, L 150, de 30.4.2004, p. 12).

[2] JO, L 171, de 6.7.1994, p. 1. Regulamento com a última redacção que lhe foi dada pelo Regulamento (CE) n.º 813/2004 (JO, L 150, de 30.4.2004, p. 32).

4.4. Auxílios aos investimentos na frota

4.4.1. Os auxílios à renovação de navios de pesca podem ser considerados compatíveis com o mercado comum, desde que sejam observadas as condições estabelecidas nos artigos 9.º e 10.º e no ponto 1.3 do anexo III do Regulamento (CE) n.º 2792/1999 e que o montante do auxílio estatal não exceda, em equivalente--subvenção, a taxa global das subvenções, nacionais e comunitárias, fixada no anexo IV do referido regulamento.

Os estaleiros navais não podem beneficiar de qualquer auxílio para a construção de navios de pesca comunitários. Os auxílios aos estaleiros navais para a construção, reparação ou reconversão de navios de pesca não comunitários são abrangidos pelo Enquadramento dos auxílios estatais à construção naval[1].

4.4.2. Os auxílios para a modernização e o equipamento de navios de pesca podem ser considerados compatíveis com o mercado comum, desde que sejam observadas as condições estabelecidas nos artigos 9.º e 10.º e no ponto 1.4 do anexo III do Regulamento (CE) n.º 2792/1999 e que o montante do auxílio estatal não exceda, em equivalente-subvenção, a taxa global das subvenções, nacionais e comunitárias, fixada no anexo IV do referido regulamento.

4.4.3. Os auxílios especificados nos pontos 4.4.1 e 4.4.2 só podem ser concedidos se for respeitado o disposto no artigo 13.º do Regulamento (CE) n.º 2371/2002 e no Regulamento (CE) n.º 1438/2003 da Comissão de 12 de Agosto de 2003, que estabelece regras de execução da política comunitária em matéria de frota definida no capítulo III do Regulamento (CE) n.º 2371/2002 do Conselho[2] e, quando pertinente, no Regulamento (CE) n.º 639/2004 do Conselho, de 30 de Março de 2004, relativo à gestão das frotas de pesca registadas nas regiões ultraperiféricas da Comunidade[3].

4.4.4. Os auxílios à compra de navios em segunda mão são considerados compatíveis com o mercado comum apenas se observarem o disposto no n.º 3, alínea *d*), e no n.º 4, alínea *f*), do artigo 12.º do Regulamento (CE) n.º 2792/1999.

4.4.5. Nenhum auxílio estatal para investimentos na frota será considerado compatível ou concedido por um Estado-Membro no respeitante a medidas para as quais tenha sido suspensa a assistência financeira comunitária por força do n.º 1 do artigo 16.º do Regulamento (CE) n.º 2371/2002.

---

[1] JO, C 317, de 30.12.2003, p. 11.
[2] JO, L 204, de 13.8.2003, p. 21. Regulamento com a última redacção que lhe foi dada pelo Regulamento (CE) n.º 916/2004 (JO, L 163, de 30.4.2004, p. 81).
[3] JO, L 102, de 7.4.2004, p. 9.

4.5. Medidas socioeconómicas

Podem ser considerados compatíveis com o mercado comum os auxílios ao rendimento dos trabalhadores do sector das pescas e da aquicultura, bem como da indústria de transformação e de comercialização dos produtos em causa, no âmbito de medidas socioeconómicas de acompanhamento destinadas a compensar perdas de rendimento ligadas a medidas cujo objectivo é obter um ajustamento das capacidades adoptadas nos termos do n.º 1 do artigo 11.º do Regulamento (CE) n.º 2371/2002. Esses auxílios serão avaliados caso a caso, em conformidade com os princípios determinados no ponto 3. No caso da cessação temporária das actividades de pesca, é aplicável o ponto 4.3.

4.6. Auxílios destinados a remediar os danos causados por calamidades naturais ou por outros acontecimentos extraordinários

Nos termos do n.º 2, alínea b), do artigo 87.º do Tratado, os auxílios destinados a remediar os danos causados por calamidades naturais ou por outros acontecimentos extraordinários são considerados compatíveis com o mercado comum.

Para que esses auxílios possam ser considerados compatíveis com o mercado comum, o nível dos danos causados por calamidades naturais ou outro acontecimento extraordinário deve representar um mínimo de 20% do volume médio de negócios da empresa em causa nos três anos anteriores nas regiões do objectivo n.º 1, tal como definidas no artigo 3.º do Regulamento (CE) n.º 1260/1999, incluindo as regiões definidas no n.º 1 do artigo 6.º do referido Regulamento, e 30% nas outras regiões.

Uma vez demonstrada a existência de uma calamidade natural ou de um acontecimento extraordinário, é permitido um auxílio até 100% para compensar os danos materiais. A compensação deve ser calculada ao nível do beneficiário individual, devendo ser evitada a sobrecompensação. Devem ser deduzidos os montantes recebidos ao abrigo de um regime de seguros, assim como os custos normais não suportados pelo beneficiário. Os danos que possam ser cobertos por um contrato de seguro comercial ordinário ou que constituam um risco normal de empresa não são elegíveis para auxílio.

A compensação deve ser concedida no prazo de três anos a contar do acontecimento a que se refere.

4.7. Regiões ultraperiféricas

Sempre que as disposições do direito comunitário se refiram especificamente às regiões ultraperiféricas, como é o caso das disposições do anexo IV do Regulamento (CE) n.º 2792/1999 sobre as taxas dos auxílios aos investimentos no sector das pescas, a Comissão só declarará que um auxílio ao sector das pescas nestas regiões é compatível se forem observadas essas disposições. No respeitante às medidas relativamente às quais não estão previstas disposições específicas para as regiões ultraperiféricas, os auxílios destinados a atender às necessidades das regiões ultraperiféricas serão avaliados caso a caso e tendo em conta o disposto no n.º 2 do artigo 299.º do Tratado CE, assim como a compatibilidade das medidas em causa com os objectivos da política comum da pesca e o potencial efeito das medidas na situação de concorrência nessas regiões e noutras partes da Comunidade.

4.8. *Auxílios financiados com imposições parafiscais*

Os regimes de auxílios financiados por encargos especiais, em especial imposições parafiscais, aplicados a determinados produtos da pesca e da aquicultura independentemente da sua origem, podem ser considerados compatíveis desde que os regimes de auxílios se apliquem não só aos produtos nacionais mas também aos produtos importados e que os auxílios observem as condições das presentes directrizes.

5. Questões processuais

A Comissão recorda que são aplicáveis as disposições do Regulamento (CE) n.º 659/1999, assim como as respectivas disposições de aplicação.

Assim, se for adoptada uma decisão negativa pela Comissão relativamente a um auxílio concedido sem notificação da Comissão e sua aprovação, será exigido aos Estados-Membros que recuperem o auxílio pago ao beneficiário, incluindo os juros, nos termos do disposto no artigo 14.º do Regulamento (CE) n.º 659/1999.

Com vista a acelerar o exame das medidas de auxílio, aconselha-se que os Estados-Membros preencham os formulários constantes da parte I e da parte III.14 do anexo I do Regulamento (CE) n.º 794/2004 da Comissão, de 21 de Abril de 2004, relativo à aplicação do Regulamento (CE) n.º 659/1999 do Conselho que estabelece as regras de execução do artigo 93.º do Tratado CE[1].

5.1. *Nova notificação e relatório anual*

Para permitir à Comissão desempenhar a sua tarefa de exame permanente de todos os regimes de auxílios existentes nos Estados-Membros, estes últimos devem notificar novamente a Comissão dos regimes de duração ilimitada, pelo menos dois meses antes do décimo aniversário da sua entrada em vigor.

O artigo 21.º do Regulamento (CE) n.º 659/1999 dispõe que os Estados--Membros devem apresentar à Comissão relatórios anuais sobre todos os regimes de auxílios existentes, em relação aos quais não tenham sido impostos deveres especí-

---

[1] JO, L 140, de 30.4.2004, p. 1.

ficos em matéria de apresentação de relatórios através de uma decisão condicional. Os auxílios individuais concedidos fora de um regime de auxílio aprovado também devem ser incluídos nos referidos relatórios. O relatório anual deve conter todas as informações pertinentes, indicadas no formulário constante do anexo III-C do Regulamento (CE) n.º 794/2004 da Comissão.

5.2. Propostas de medidas adequadas

As presentes directrizes substituem as anteriores linhas directrizes para o exame dos auxílios estatais no sector das pescas e da aquicultura[1], na sequência da evolução da política comum da pesca, nomeadamente, da adopção do Regulamento (CE) n.º 2369/2002 que altera o Regulamento (CE) n.º 2792/1999 e do Regulamento (CE) n.º 2371/2002 e do Regulamento (CE) n.º 1595/2004.

A Comissão alterará as presentes directrizes tendo em conta a experiência adquirida no exame regular dos inventários de auxílios estatais e à luz da evolução da política comum da pesca.

Nos termos do n.º 1 do artigo 88.º do Tratado e do artigo 18.º do Regulamento (CE) n.º 659/1999, a Comissão propõe que os Estados-Membros alterem os respectivos regimes de auxílios existentes no sector das pescas até 1 de Janeiro de 2005, de modo a torná-los conformes às presentes directrizes.

Os Estados-Membros são convidados a confirmar por escrito, até 15 de Novembro de 2004, a sua aceitação das presentes propostas de medidas adequadas.

Se um Estado-Membro não confirmar por escrito, antes dessa data, a sua aceitação, a Comissão considerará que esse Estado-Membro aceitou as presentes propostas, salvo se declarar por escrito, expressamente, o seu desacordo.

Se um Estado-Membro não aceitar a totalidade ou parte das presentes propostas até aquela data, a Comissão procederá em conformidade com o n.º 2 do artigo 19.º do Regulamento (CE) n.º 659/1999.

5.3. Início de aplicação

A Comissão aplicará as presentes directrizes a partir de 1 de Novembro de 2004 a quaisquer auxílios estatais notificados a partir dessa data.

Os «auxílios ilegais» nos termos da alínea *f)* do artigo 1.º do Regulamento (CE) n.º 659/1999 serão analisados de acordo com as directrizes aplicáveis na data de produção de efeitos do acto administrativo que estabelece o auxílio.

As referências ao direito comunitário ou às directrizes da Comissão feitas nas presentes directrizes, devem ser interpretadas no sentido de incluir uma referência a qualquer alteração dos referidos instrumentos ocorrida após 1 de Novembro de 2004.

---

[1] JO, C 19, de 20.1.2004, p. 7.

SERVIÇOS DE INTERESSE GERAL NA EUROPA*

RESUMO

Os serviços de interesse geral constituem um elemento-chave do modelo europeu de sociedade. O novo artigo 16.º do Tratado CE vem agora confirmar a sua posição entre os valores comuns da União e o papel que desempenham na promoção da coesão social e territorial. Estes serviços contribuem igualmente para a competitividade geral da economia europeia e são fornecidos no contexto de mercados e tecnologias em constante evolução. A globalização do comércio, a realização do mercado interno e as rápidas transformações tecnológicas suscitam uma crescente pressão no sentido da abertura de novos sectores à concorrência. Foi neste contexto que o Conselho Europeu de Lisboa solicitou que a Comissão actualizasse a sua comunicação de 1996 sobre os serviços de interesse geral na Europa.

Incumbe em primeira instância às autoridades públicas definir, ao nível local, regional e nacional adequado e em total transparência, as missões de serviço de interesse geral e as modalidades da sua realização. A Comunidade garantirá, através da aplicação das regras do Tratado e utilizando os instrumentos à sua disposição, que o desempenho destes serviços, em termos de qualidade e de preços, constitui a melhor resposta para as necessidades dos seus utilizadores e de todos os cidadãos.

Nalguns sectores, cuja dimensão e estrutura em rede lhes conferem naturalmente uma dimensão europeia, já foram adoptadas iniciativas comunitárias. A presente comunicação fornece as informações actualmente disponíveis no que se refere ao impacto positivo desta acção sobre a disponibilidade, qualidade e preços razoáveis dos serviços de interesse geral nos sectores em questão.

A experiência obtida até ao momento confirma a total compatibilidade das regras do Tratado relativas à concorrência e ao mercado interno com elevados padrões na prestação de serviços de interesse geral. Em determinadas circunstân-

---

* Comunicação da Comissão – Serviços de interesse geral na Europa – JO, C 17, de 19.1.2001, pp. 4-23.

cias, em especial nos casos em que as forças de mercado não proporcionam por si só uma prestação de serviços satisfatória, as autoridades públicas podem confiar a certos operadores de serviços obrigações de interesse geral e, quando necessário, conceder-lhes direitos especiais ou exclusivos e/ou conceber um mecanismo de financiamento para a prestação destes serviços.

Os Estados-Membros e os operadores envolvidos necessitam de certeza jurídica. A comunicação clarifica tanto o âmbito como os critérios de aplicação das regras relativas ao mercado interno e à concorrência. Em primeiro lugar, estas regras apenas se aplicam nos casos em que as actividades em questão são de natureza económica e afectam o comércio entre Estados-Membros. Quando as regras são aplicáveis, a compatibilidade baseia-se em três princípios:

– Neutralidade no que se refere à propriedade pública ou privada das empresas,

– Liberdade dos Estados-Membros na definição de serviços de interesse geral, sujeita ao controlo das situações de abuso,

– Proporcionalidade, que implica que as restrições da concorrência e as limitações das liberdades do mercado único não excedem o necessário para garantir o cumprimento efectivo da missão.

À medida que o contexto evolua e que a Comissão obtenha mais experiência na aplicação das regras relativas ao mercado interno e à concorrência, fornecerá novos esclarecimentos.

A comunicação apresenta igualmente perspectivas para que, com base no artigo 16.º e em parceria com as autoridades locais, regionais e nacionais, a Comunidade possa desenvolver uma política activa a nível europeu para garantir que todos os cidadãos da Europa têm acesso aos melhores serviços.

1. Introdução

1. Em 1996, a Comissão apresentou uma comunicação sobre os serviços de interesse geral na Europa[1]. Nessa comunicação, a Comissão realçou a importância das missões de interesse geral para alcançar os objectivos fundamentais da União Europeia. Defendeu que deveria ser inserida uma referência neste sentido no Tratado CE. As definições de termos[2], as perspectivas e os objectivos apresentados na comunicação de 1996 sobre o futuro papel destes serviços no contexto do mercado único continuam válidos. A presente comunicação actualiza a de 1996.

2. Desde a adopção da primeira comunicação, a situação evoluiu significativamente. Tal como sugerido pela Comissão, o Tratado de Amsterdão introduziu

---

[1] JO, C 281, de 26.9.1996, p. 3.
[2] Ver anexo II.

uma referência ao papel dos serviços de interesse geral. O novo artigo 16.º do Tratado CE reconhece o carácter fundamental dos valores subjacentes a estes serviços e a necessidade de a Comunidade tomar em consideração a sua função na concepção e aplicação de todas as suas políticas, colocando-os entre os princípios do Tratado: "Sem prejuízo do disposto nos artigos 73.º, 86.º e 87.º, e atendendo à posição que os serviços de interesse económico geral ocupam no conjunto dos valores comuns da União e ao papel que desempenham na promoção da coesão social e territorial, a Comunidade e os seus Estados-Membros, dentro do limite das respectivas competências e no âmbito de aplicação do presente Tratado, zelarão por que esses serviços funcionem com bases em princípios e em condições que lhes permitam cumprir as suas missões.".

3. A comunicação de 1996 afirmava que, do ponto de vista da Comissão, os serviços de interesse económico geral, o mercado interno e a política de concorrência da Comunidade não eram de forma alguma incompatíveis, mas sim complementares, para alcançar os objectivos fundamentais do Tratado. A sua interacção deverá beneficiar cada cidadão e toda a sociedade.

4. Desde 1996, os mercados, a tecnologia e as necessidades dos utilizadores continuaram a desenvolver-se rapidamente. Ganhou-se experiência nos sectores cujo processo de liberalização, ao abrigo do programa do mercado único, decorria nessa altura. A liberalização prosseguiu a nível comunitário, garantindo simultaneamente um nível satisfatório de qualidade e de protecção dos utilizadores e, nalguns casos, melhorando-o. À medida que o mercado interno se foi aprofundando, surgiram novas questões relacionadas com a delimitação de determinados serviços que, no passado, tinham sido principalmente fornecidos numa base não concorrencial, mas em que existem actualmente ou podem vir a existir concorrentes. Além disso, a evolução tecnológica, e em especial o aparecimento da Sociedade da Informação, obrigaram a concluir que, para alguns destes serviços, a abordagem territorial está ultrapassada, devendo ser considerados numa perspectiva transfronteiras.

5. Apesar dos efeitos positivos da liberalização, continuaram a ser expressas preocupações no que se refere aos serviços de interesse geral e à acção comunitária. Os cidadãos estão preocupados, devido à evolução tecnológica, ao ambiente regulamentar global e também à evolução da procura dos consumidores, com a possibilidade de a qualidade dos serviços de interesse geral poder ser afectada. Com base nesta preocupação, os fornecedores tradicionais e as autoridades públicas que os apoiam defendem que a aplicação da legislação comunitária poderia prejudicar as estruturas de fornecimento de tais serviços que deram provas durante um longo período, prejudicando também a qualidade dos serviços prestados ao público. Os fornecedores concorrentes do sector privado defendem, em contrapartida, que a situação actual proporciona uma vantagem desleal para os operadores a quem as autoridades públicas confiaram o fornecimentos destes serviços e constitui uma infracção à legislação comunitária.

6. Face a este contexto e a pedido do Conselho Europeu de Lisboa, reiterado

pelo Conselho de Feira, a Comissão comprometeu-se a actualizar a sua comunicação de 1996. O objectivo é duplo:

– fornecer uma maior clarificação no que se refere às funções respectivas dos diferentes níveis das autoridades públicas e das disposições de concorrência e do mercado interno aplicadas aos serviços de interesse geral, por forma a dar resposta à exigência de uma maior segurança jurídica por parte dos operadores. A área da aplicação das disposições relativas aos auxílios estatais reveste-se de especial importância,

– continuar a desenvolver um quadro europeu relativo ao correcto funcionamento dos serviços de interesse geral em que as autoridades locais, regionais e nacionais, bem como a Comunidade, têm um papel a desempenhar, em conformidade com o artigo 16.º do Tratado CE.

7. A comunicação está organizada em diversas secções. Na secção 2, a Comissão apresenta os seus pontos de vista sobre a missão realizada pelos serviços de interesse geral. A secção 3 fornece esclarecimentos sobre a aplicação das disposições de concorrência e do mercado único aos serviços de interesse geral. A secção 4 apresenta alguns resultados preliminares obtidos com a experiência na aplicação do princípio do serviço universal em sectores liberalizados ao abrigo do programa do mercado único. No anexo I são dadas mais informações sobre a situação de sectores específicos. A secção 5 fornece orientações para o prosseguimento da acção no sentido de melhorar a qualidade e a prestação eficaz de serviços de interesse geral, que constituem um elemento-chave do modelo europeu de sociedade.

2. A missão dos serviços de interesse geral

8. O interesse dos cidadãos constitui o elemento central da política comunitária relativa aos serviços de interesse geral. Estes serviços prestam um importante contributo para a competitividade global da indústria europeia e para a coesão económica, social e territorial. Enquanto utilizadores, os cidadãos europeus habituaram-se a obter serviços de elevada qualidade a preços razoáveis. Consequentemente, os utilizadores e as suas exigências são o principal alvo da acção pública neste domínio. A Comunidade protege os objectivos de interesse geral e a missão de servir o público.

9. Por forma a realizar a sua missão, é necessário que as autoridades públicas relevantes actuem de forma totalmente transparente, estabelecendo com alguma precisão as necessidades dos utilizadores para os quais os serviços de interesse geral estão a ser criados, determinando os responsáveis pela concepção e aplicação das obrigações relevantes e fixando as modalidades da sua observância. Deverão ser desenvolvidas acções ao nível adequado, ou seja, comunitário, nacional, regional ou local, por forma a estabelecer critérios para os serviços de interesse geral. Estas acções deverão apoiar-se mutuamente e ser coerentes.

10. As necessidades dos utilizadores deverão ser definidas de forma ampla e é óbvio que as necessidades dos consumidores são extremamente importantes. Para os consumidores, as necessidades básicas são a garantia de acesso universal, de elevada qualidade e de preço acessível. As empresas, e em especial, as pequenas e médias empresas, são também importantes utilizadores dos serviços de interesse geral, cujas necessidades deverão ser satisfeitas. As preocupações dos cidadãos são também de natureza mais genérica, como por exemplo:
 – um elevado nível de protecção ambiental,
 – as necessidades específicas de determinadas categorias da população, tais como os deficientes e as pessoas com baixos rendimentos,
 – uma cobertura territorial completa dos serviços essenciais nas áreas afastadas ou inacessíveis.

11. São diversos os princípios que podem contribuir para definir as exigências dos utilizadores no que se refere aos serviços de interesse geral. Estes princípios incluem nomeadamente:
 – uma definição clara das obrigações de base, por forma a garantir a prestação de serviços de boa qualidade, elevados níveis de saúde pública e a segurança física dos serviços,
 – total transparência, por exemplo em matéria de tarifas, condições contratuais e escolha e financiamento dos operadores,
 – escolha do serviço e, quando adequado, escolha do fornecedor, e concorrência efectiva entre fornecedores,
 – existência, quando justificado, de autoridades reguladoras independentes dos operadores e de um sistema de compensação através de mecanismos de tratamento das queixas e de resolução de conflitos.
Poderão igualmente incluir a representação e participação activa dos utilizadores na definição dos serviços e na escolha das modalidades de pagamento.

12. Os prestadores de serviços de interesse geral desempenham igualmente um papel importante e, através da sua longa experiência ao dar resposta às necessidades dos utilizadores, poderão prestar um enorme contributo para a continuação do desenvolvimento destes serviços. Consequentemente, é necessário que sejam consultados de forma adequada, juntamente com os utilizadores[1]. Contudo, ao organizar este processo de consulta, as autoridades públicas deverão separar claramente as necessidades dos utilizadores das necessidades dos prestadores de serviços.

13. As autoridades públicas confrontam-se com a questão de saber como garantir que as missões que confiam aos serviços de interesse geral são executadas segundo elevados padrões de qualidade e da forma mais eficiente. Estas missões

---

[1] A CES e o CEEP propuseram uma "carta dos serviços de interesse geral" que constitui uma importante contribuição para o actual debate sobre o futuro destes serviços.

poderão ser executadas de diversos modos e a escolha será feita tomando principalmente em consideração:
- as características técnicas e económicas do serviço em questão;
- as exigências específicas dos utilizadores;
- a especificidade cultural e histórica no Estado-Membro em causa.

A escolha de diferentes meios para diferentes serviços – ou mesmo para o mesmo serviço se as circunstâncias variarem entre os Estados-Membros ou dentro de um mesmo Estado-Membro – não deverá, consequentemente, ser considerada contraditória, constituindo, pelo contrário, um elemento essencial para a eficácia.

3. Serviços de interesse geral e mercado único

14. Os serviços de interesse económico geral diferem dos serviços normais uma vez que as autoridades públicas consideram que têm que ser prestados mesmo nos casos em que o mercado possa não ter incentivos suficientes para o fazer. Contudo, tal não impede que em muitos casos o mercado seja o melhor mecanismo para fornecer tais serviços. Um grande número de exigências básicas, tais como a alimentação, o vestuário ou o alojamento, são exclusiva ou maioritariamente satisfeitas pelo mercado. Contudo, se as autoridades públicas consideram que determinados serviços são de interesse geral e que as forças de mercado não os podem prestar de forma satisfatória, podem estabelecer determinadas disposições relativas a um serviço específico para dar resposta a essas necessidades, sob a forma de obrigações de serviço de interesse geral. O preenchimento destas obrigações poderá implicar, embora não necessariamente, a concessão de direitos especiais ou exclusivos, ou a criação de mecanismos de financiamento específicos. A definição de uma missão específica de interesse geral e do serviço respectivo necessário à sua realização, não implica necessariamente um método específico de prestação de serviço. O caso clássico é a obrigação de serviço universal[1], ou seja a obrigação de fornecer um determinado serviço em todo o território, com tarifas acessíveis e em condições de qualidade semelhantes, independentemente da rendibilidade de cada exploração.

15. As autoridades públicas podem decidir impor obrigações de interesse geral a todos os operadores no mercado ou, nalguns casos, designar um ou um número limitado de operadores com obrigações específicas, sem concederem direi-

---

[1] A noção de serviço universal e a noção de obrigação de serviço público foram reconhecidas pela jurisprudência do Tribunal [Processo C-320/91 Corbeau (1993); Processo C-393/92 Almelo (1994)] e desenvolvida na legislação comunitária relativa a estes serviços, relativamente à qual foi criado um quadro regulamentar comum por forma a realizar o mercado único europeu (ver secção 4).

tos especiais ou exclusivos. Desta forma, é possível uma maior concorrência e os utilizadores continuam a usufruir da máxima liberdade no que se refere à escolha do prestador de serviços. Quando as obrigações de serviço público são apenas atribuídas a um número limitado dos operadores que se encontram em concorrência num determinado mercado, enquanto os restantes não têm qualquer obrigação, poderá ser adequado envolver todos os operadores activos nesse mercado no financiamento dos custos líquidos adicionais do serviço de interesse geral, através de um sistema de encargos adicionais ou de um fundo de serviço público. Neste caso é fundamental que a parte que cabe a cada empresa seja proporcional à sua actividade no mercado e que esteja claramente separada de outros encargos que poderá suportar no exercício normal das suas actividades.

16. Hoje em dia, a telefonia vocal pública, por exemplo, é fornecida em toda a Comunidade ao abrigo de obrigações de serviço universal definidas na legislação comunitária, apesar da liberalização completa do sector das telecomunicações em 1998. Com efeito, as decisões adoptadas no início dos anos 90 a favor da liberalização gradual, constituíam, elas próprias, um reflexo do mercado e da evolução tecnológica, o que fez chegar à conclusão de que a manutenção de direitos especiais ou exclusivos neste sector já não constituía um meio eficaz e proporcional para assegurar o rendimento de que os operadores necessitavam para fornecer serviços universais. Num mercado concorrencial, o quadro comunitário permitiu que os Estados-Membros criassem mecanismos de partilha dos custos do fornecimento do serviço universal, tal como definido a nível comunitário. Contudo, a maior parte dos Estados-Membros considerou, com efeito, não ser necessário activar tais esquemas, dado que se tratava de custos relativamente reduzidos.

17. No entanto, certos serviços de interesse geral não se prestam a uma pluralidade de prestadores, por exemplo, quando só pode existir um único prestador viável em termos económicos. Nestas circunstâncias, as autoridades públicas concederão normalmente direitos exclusivos e especiais para o fornecimento desse serviço de interesse geral, através de concessões, por períodos limitados, no âmbito de processos de concurso. A concorrência no momento da adjudicação do contrato garante que as missões atribuídas a um serviço de interesse geral são realizadas ao mínimo custo possível para o erário público.

18. Quando nenhuma das duas primeiras opções permite a realização satisfatória da missão de interesse geral, poderá revelar-se necessário combinar a atribuição a um único operador ou a um número limitado de operadores da função específica de serviço público, com a concessão ou manutenção de direitos especiais ou exclusivos a favor desse único operador ou grupo de operadores. Nesta situação, bem como na situação acima descrita em que os direitos exclusivos são concedidos através de um processo de concurso, as autoridades públicas podem garantir o financiamento adequado que permite aos operadores realizar a missão particular de serviço público que lhes foi confiada.

19. A observância das disposições do Tratado CE e, em especial, as relativas à concorrência e ao mercado interno, é plenamente compatível com a garantia de

fornecimento de serviços de interesse geral. O artigo 86.º do Tratado e, nomeadamente, o seu n.º 2, constitui a disposição central para conciliar, por um lado, os objectivos comunitários, incluindo os das liberdades no domínio da concorrência e do mercado interno, com o preenchimento efectivo da missão de interesse geral atribuída pelas autoridades públicas, por outro. Este artigo diz o seguinte:

(Não reproduzido).

20. Para compreender de que forma estas disposições afectam as regras estabelecidas pelas autoridades públicas no sentido de garantir que determinados serviços sejam prestados ao público, será útil articular três princípios subjacentes à aplicação do artigo 86.º. Tais princípios são: a neutralidade, a liberdade de definição e a proporcionalidade.

21. A neutralidade no que se refere à propriedade pública ou privada das empresas, é garantida pelo artigo 295.º do Tratado CE. Por um lado, a Comissão não coloca questões quanto ao facto de as empresas responsáveis pelo fornecimento de serviços de interesse geral deverem ser públicas ou privadas. Consequentemente, não exige a privatização das empresas públicas. Por outro lado, as regras do Tratado e em especial as disposições em matéria de concorrência e de mercado interno aplicam-se independentemente do regime de propriedade de uma empresa (público ou privado).

22. A liberdade de definição dos Estados-Membros significa que os Estados-Membros são, em primeira instância, os responsáveis pela definição do que considerem serviços de interesse económico geral, com base nas características específicas das actividades. Esta definição pode apenas ser sujeita ao controlo das situações de abuso. Podem conceder direitos especiais ou exclusivos às empresas que asseguram o seu funcionamento, podem regular as suas actividades e, quando necessário, podem financiá-las. Em áreas que não estão especificamente cobertas pela regulamentação comunitária, os Estados-Membros beneficiam de uma ampla margem de manobra na concepção das suas políticas, que apenas podem ser sujeitas a controlo por erro manifesto. O facto de um serviço ser considerado de interesse geral e as modalidades do seu funcionamento são questões decididas prioritária e principalmente a nível local. O papel da Comissão consiste em garantir que os meios utilizados são compatíveis e coerentes com o direito comunitário. Contudo, em todos os casos, para que se aplique a excepção prevista no n.º 2 do artigo 86.º, a missão de serviço público tem de ser claramente definida e confiada expressamente, através de um acto da autoridade pública (incluindo os contratos)[1]. Esta obrigação é necessária para garantir a certeza jurídica e a transparência face aos cidadãos e é indispensável para que a Comissão realize a sua apreciação no que se refere à proporcionalidade.

23. A proporcionalidade nos termos do n.º 2 do artigo 86.º implica que os meios utilizados para realizar a missão de interesse geral não podem provocar dis-

---

[1] Processo C-159/94 EDF (1997).

torções desnecessárias no comércio. Especificamente, deverá garantir-se que quaisquer restrições às regras do Tratado CE e, em especial, restrições da concorrência e limitações das liberdades do mercado interno não excedem o que é necessário para garantir a realização efectiva da missão. A realização do serviço de interesse económico geral deve ser garantida e a empresa que a assumiu deve estar em condições de suportar os encargos específicos e os custos líquidos adicionais da tarefa específica que lhe foi confiada. A Comissão exerce este controlo da proporcionalidade, que está sujeito a uma revisão judicial do Tribunal de Justiça, de forma razoável e realista, tal como demonstrado pela actual utilização dos poderes de decisão que lhe são conferidos pelo n.º 3 do artigo 86.º[1].

24. Os princípios formulados no artigo 86.º permitem alcançar um equilíbrio flexível e em função do contexto, que tome em consideração as diferentes circunstâncias e objectivos dos Estados-Membros, bem como as limitações técnicas que podem variar consoante o sector.

25. A experiência proporciona uma tipologia suficientemente ampla no que se refere às formas específicas de conciliar as exigências do interesse geral com as da concorrência e do mercado interno[2]. Tal como acima descrito, os Estados-Membros dispõem de diversas opções para assegurar a prestação de serviços de interesse geral, que vão desde a abertura do mercado à concorrência juntamente com a imposição de obrigações de serviço público, até à concessão de direitos especiais e exclusivos a um único operador ou a um número limitado de operadores, com ou sem financiamento.

26. No que diz respeito à questão específica do financiamento, o Tribunal de Primeira Instância decidiu recentemente que a compensação concedida pelo Estado a uma empresa devido ao cumprimento de obrigações de interesse geral constitui um auxílio estatal na acepção do n.º 1 do artigo 87.º do Tratado CE[3]. Poderá contudo ser compatível com o Tratado CE, com base no n.º 2 do artigo 86.º, desde que não beneficie das derrogações previstas nos artigos 73.º ou 87.º. Tal acontece quando todas as condições desta disposição estão preenchidas e, em especial, a compensação não excede os custos líquidos adicionais da missão específica confiada à empresa. A Comissão considera que sempre que a compensação é fixada relativamente a um determinado período na sequência de um processo de concurso público, transparente e não discriminatório, presume-se que tal

---

[1] Ver relatórios anuais da Comissão sobre a política de concorrência.

[2] Como exemplo da compatibilidade do financiamento do serviço público de radiodifusão com a legislação da concorrência, nos termos do n.º 2 do artigo 86.º, ver decisão da Comissão de 24.2.1999, relativa ao processo NN70/98 – *Kinderkanal & Phoenix* – (JO, C 238, de 1999, p. 3) e decisão da Comissão de 29.9.1999, relativa ao processo NN88/98 – *BBC News 24* – (JO, C 78, de 2000, p. 6).

[3] Processo T-106/95, *FFSA* (1997); Processo T-46/97, *SIC* (2000); Processo C-174/97, *FFSA* (1998).

auxílio é compatível com as regras em matéria de auxílios estatais previstas no Tratado[1].

27. Mesmo antes de delimitar o âmbito da derrogação às regras da concorrência e do mercado interno permitida pelo artigo 86.º, será útil avaliar em que medida tais regras comunitárias se aplicam. Ao fazer esta avaliação, deverão considerar-se três questões: a distinção entre actividades económicas e não económicas, o efeito sobre o comércio entre Estados-Membros e a política comunitária relativamente aos casos de pequena importância.

28. As condições do artigo 86.º dizem respeito a serviços de interesse económico geral. Na generalidade, as regras do mercado interno e da concorrência não se aplicam às actividades não económicas e, por conseguinte, não têm qualquer impacto sobre os serviços de interesse geral, na medida em que tais serviços constituem actividades não económicas. Tal implica em primeiro lugar que domínios que são intrinsecamente prerrogativas do Estado (tais como garantir a segurança interna e externa, a administração da justiça, a condução das relações externas e outros exercícios de autoridade oficial) estão excluídos do âmbito de aplicação das regras de concorrência e do mercado interno. Assim, o artigo 86.º e respectivas condições não entram em jogo. O Tribunal de Justiça das Comunidades Europeias afirmou, por exemplo, que um organismo que controla e supervisiona o espaço aéreo e que cobra encargos relativos à utilização do seu sistema de navegação aérea[2], ou um organismo jurídico privado que efectua um controlo anti-poluição num porto marítimo[3], exercem poderes que são, tipicamente, os de uma autoridade pública e que não são de natureza económica.

29. Em segundo lugar, serviços como a educação nacional e os regimes de base obrigatórios de segurança social estão também excluídos da aplicação das regras da concorrência e do mercado interno. No que se refere aos primeiros, o Tribunal de Justiça das Comunidades Europeias decidiu que o Estado, ao estabelecer e manter tal sistema, não pretende iniciar uma actividade lucrativa mas está a cumprir o seu dever face à sua própria população nos domínios social, cultural e educativo[4]. No que se refere aos segundos, o Tribunal de Justiça das Comunidades Europeias afirmou que as organizações responsáveis pela gestão dos regimes de segurança social impostos pelo Estado, como o seguro de doença obrigatório, que se baseiam no princípio de solidariedade, não têm fins lucrativos e em que as prestações pagas não são proporcionais ao montante das contribuições obri-

---

[1] No que se refere à aplicação do mesmo princípio, ver o projecto de regulamento relativo aos transportes terrestres, COM(7) 2000, de 26 de Julho de 2000 e a directiva relativa à transparência, 2000/52/CE, de 26 de Julho de 2000, que altera a Directiva 80/723/CEE (JO, L 193, de 29.7.2000).

[2] Processo C-364/92, *SAT/Eurocontrol* (1994).

[3] Processo C-343/95, *Diego Calí* (1997).

[4] Processo 263/86, *Humbel* (1988).

gatórias, cumprem uma função exclusivamente social e não exercem uma actividade económica[1].

30. De forma mais genérica, decorre da jurisprudência do Tribunal de Justiça[2], que muitas actividades desenvolvidas por organizações que desempenham em larga medida funções sociais, que não têm fins lucrativos e que não pretendem desenvolver uma actividade industrial ou comercial, serão normalmente excluídas das regras comunitárias no domínio da concorrência e do mercado interno. Estão incluídas diversas actividades não económicas de organizações como sindicatos, partidos políticos, igrejas e comunidades religiosas, associações de consumidores, academias, organizações caritativas e organizações de socorro e de auxílio. Contudo, quando tais organizações, ao realizarem uma tarefa de interesse geral, desenvolvem também actividades económicas, a aplicação das regras comunitárias a essas actividades económicas basear-se-á nos princípios da presente comunicação no que se refere, em especial, ao contexto social e cultural em que as actividades relevantes são desenvolvidas. Além disso, nos casos em que o direito comunitário se aplica a essas actividades, a Comissão examinará também, à luz de uma reflexão mais geral sobre a utilização dos seus poderes discricionários, em que medida os interesses da Comunidade exigem uma actuação relativamente a esses casos, em conformidade com as suas obrigações jurídicas estabelecidas no Tratado CE.

31. Deverá igualmente notar-se que a legislação comunitária da concorrência se aplica apenas quando o comportamento em questão é susceptível de afectar o comércio entre Estados-Membros. Da mesma forma, as regras do Tratado que estabelecem a liberdade de prestação de serviços não se aplicam quando todos os aspectos destas actividades se limitam a um único Estado-Membro.

32. No que se refere às regras "antitrust" (artigos 81.º e 82.º do Tratado CE), uma actividade que afecta o mercado apenas de forma reduzida – o que poderá acontecer com diversos serviços de interesse geral de carácter local – não afectará normalmente o comércio entre Estados-Membros, não estando consequentemente sujeita às regras comunitárias[3]. Deverá fazer-se igualmente referência à política de não actuar, nos termos das regras comunitárias de concorrência, contra casos de pequena importância, que a Comissão explicou pormenorizadamente[4]. Também

---

[1] Processos C-159/91 e C-160/91, *Poucet* (1993).

[2] Processo C-109/92, *Wirth* (1993).

[3] Segundo o Tribunal de Justiça das Comunidades Europeias (Processos C-215/96 e C-216/96 Bagnasco (1999)], existe um efeito sobre o comércio entre Estados-Membros quando é possível prever com um grau de probabilidade suficiente, com base num conjunto de factores objectivos de direito ou de facto, que o comportamento em questão é susceptível de influenciar o padrão de comércio entre Estados-Membros, de forma a prejudicar a realização do objectivo de um mercado único em todos os Estados-Membros. Ao estabelecer estes critérios deverá ser feita referência à posição e importância das partes no mercado relevante.

[4] Comunicação relativa aos acordos de pequena importância que não são abrangidos pelo n.º 1 do artigo 81.º (JO, C 372, de 9.12.1997, p. 13).

nesta situação, um grande número de serviços locais será provavelmente considerado como casos de pequena importância e, consequentemente, a Comissão não terá de actuar contra alegadas violações às regras da concorrência neste contexto.

33. No que se refere à apreciação nos termos das regras relativas aos auxílios estatais do Tratado CE, é um facto que um montante relativamente reduzido de auxílio ou a dimensão relativamente pequena da empresa que dele beneficia não exclui, enquanto tal, a possibilidade de o comércio intracomunitário poder ser afectado. Contudo, decorre de jurisprudência já estabelecida que a condição dos efeitos sobre o comércio apenas se encontra preenchida se a empresa beneficiária desenvolve uma actividade económica que implique comércio entre Estados-Membros. A Comissão fixa igualmente limiares, abaixo dos quais considera que as regras relativas aos auxílios estatais não se aplicam[1]. Consequentemente, muitos serviços locais serão, provavelmente, excluídos do âmbito de aplicação das regras relativas aos auxílios estatais.

34. Além disso, o financiamento público dos serviços de interesse económico geral susceptíveis de afectar o comércio, deverá ser examinado à luz das disposições específicas relativas aos auxílios estatais do Tratado por forma a determinar se pode, apesar disso, ser autorizado. Para além da excepção prevista no n.º 2 do artigo 86.º e acima explicada, estão disponíveis diversas isenções específicas da proibição de auxílios estatais. Revestem especial interesse, por exemplo, as derrogações previstas no artigo 73.º, relativas aos auxílios aos transportes e no n.º 3, alínea d), do artigo 87.º, no que se refere aos auxílios para promover a cultura e a conservação do património[2]. Foram estabelecidas as condições de compatibilidade nos termos do

---

[1] Comunicação da Comissão relativa aos auxílios *de minimis* (JO, C 68, de 6.3.1996, p. 9) que será substituída por um Regulamento *de minimis* nos auxílios estatais, cujo projecto foi publicado no (JO, C 89, de 28.3.2000, p. 6).

[2] Por forma a poder beneficiar da derrogação da proibição geral de auxílios estatais consagrada no n.º 3, alínea *d*), do artigo 87.º, o auxílio deverá ser utilizado para objectivos culturais, por exemplo produção cinematográfica. Ver por exemplo a decisão da Comissão de 29 de Julho de 1998 de não levantar objecções ao regime de apoio francês à produção cinematográfica (N 3/98, JO, C 279, de 1998) e as decisões subsequentes de não levantar objecções aos regimes de apoio à produção cinematográfica na Alemanha (Bund) (N4/1998, decisão de 21.4.1999, JO, C 272, de 1999, p. 4), Irlanda (N 237/2000, decisão de 28.6.2000, ainda não publicada no JO), Países Baixos (N 486/1997, decisão de 25.11.1998, JO, C 120, de 1999, p. 2) e Suécia (N748/1999, decisão de 2.2.2000, JO, C 134, de 2000, p. 3). Tal como o demonstram estas decisões, o n.º 3, alínea *d*), do artigo 87.º permite a concessão de auxílios à produção cinematográfica segundo as circunstâncias específicas em cada Estado-Membro, permitindo nomeadamente flexibilidade na apreciação do auxílio a filmes difíceis e de baixo orçamento. Na pendência do resultado da revisão dos regimes de apoio noutros Estados-Membros, a Comissão avaliará a necessidade de um enquadramento mais preciso. Tal será feito em consulta estreita com os Estados-Membros [ver comunicação da Comissão de 14 de Dezembro de 1999 "Princípios e orientações para a política audiovisual da Comunidade na era digital", COM(1999) 657 final].

n.º 3 do artigo 87.º, em enquadramentos ou orientações como as relativas aos auxílios estatais para as pequenas e médias empresas[1] (PME), empresas nos bairros urbanos desfavorecidos[2], emprego[3] e formação[4], auxílios com finalidade regional[5], protecção do ambiente[6] e investigação e desenvolvimento[7].

35. Os princípios apresentados na presente comunicação aplicam-se a qualquer sector económico. Por exemplo, na sequência de um pedido do Conselho Europeu, a Comissão adoptou em 1998 um Relatório ao Conselho de Ministros sobre os serviços de interesse económico geral no sector bancário[8], com base num questionário dirigido a todos os Estados-Membros. A análise da Comissão revelou que diversos Estados-Membros consideram que determinadas instituições de crédito desempenham tarefas específicas que constituem serviços de interesse económico geral. Estas tarefas incluem principalmente a promoção de pequenas e médias empresas, a concessão ou garantia de créditos à exportação, empréstimos de habitação social, financiamento municipal, financiamento de projectos de infra-estrutura e desenvolvimento regional. Dois Estados-Membros consideram que a disponibilização de uma infra-estrutura financeira completa que proporciona cobertura territorial, tal como indicado no ponto 10, por um determinado grupo de instituições de crédito constitui um serviço de interesse económico geral. O relatório conclui que a compatibilidade de cada um destes sistemas e tarefas com o n.º 2 do artigo 86.º do Tratado CE tem de ser analisada numa base casuística.

36. Por último, à medida que as tecnologias e os mercados evoluem, as autoridades públicas e os operadores vêem-se progressivamente confrontados com novas incertezas no que se refere à aplicação da legislação comunitária às suas actividades. Consequentemente, a Comissão prosseguirá a sua reflexão sobre a forma

---

[1] Enquadramento comunitário dos auxílios estatais às pequenas e médias empresas (JO, C 213, de 23.7.1996, p. 4) que será seguido de uma isenção por categoria. Regulamento dos Auxílios Estatais às PME, projecto publicado no JO, C 89, de 28.3.2000, p. 15.

[2] Enquadramento dos auxílios estatais às empresas nos bairros urbanos desfavorecidos (JO, C 146, de 14.5.1997, p. 6).

[3] Orientações relativas aos auxílios ao emprego (JO, C 334, de 12.12.1995, p. 4).

[4] Enquadramento dos auxílios à formação (JO, C 343, de 11.1.1998, p. 10) a que se seguirá uma isenção por categoria. Regulamento dos auxílios estatais à formação, projecto publicado no JO, C 89, de 28.3.2000.

[5] Orientações relativas aos auxílios estatais com finalidade regional (JO, C 74, de 10.3.1998, p. 9).

[6] Enquadramento comunitário dos auxílios estatais a favor do ambiente (JO, C 72, de 10.3.1994, p. 3).

[7] Enquadramento comunitário dos auxílios estatais à investigação e desenvolvimento (JO, C 45, de 17.2.1996, p. 5).

[8] Relatório da Comissão Europeia ao Conselho dos Ministros "Serviços de interesse económico geral no sector bancário", adoptado pela Comissão em 17 de Junho de 1998 e apresentado ao Conselho Ecofin em 23 de Novembro de 1998.

de melhor utilizar os instrumentos de que dispõe para aumentar a segurança jurídica. Logo que adquira experiência com o tratamento de novas situações no domínio dos serviços de interesse geral, a Comissão tentará clarificar ainda mais o âmbito de aplicação e os critérios de compatibilidade com as regras comunitárias. Tal efectuar-se-á, em conformidade com a prática estabelecida, em estreita consulta dos Estados-Membros e nomeadamente através de comunicações, orientações e regulamentos de isenção por categoria.

4. Experiência com a liberalização de determinados serviços de interesse geral

37. Na altura da comunicação de 1996, a liberalização dos mercados de diversos importantes serviços de interesse geral tinha sido decidida ao abrigo do programa do mercado único, mas era ainda demasiado cedo para avaliar quais os seus efeitos em termos de qualidade, preço e disponibilidade de serviços. Em determinados sectores, principalmente telecomunicações, a situação já não é a mesma. Contudo, na generalidade, continuam a não estar disponíveis em tempo útil dados fiáveis relativos aos parâmetros fundamentais para avaliar a experiência nestes serviços. As informações mais exaustivas dizem respeito às telecomunicações, seguindo-se os transportes aéreos. No que se refere à energia, existe um número considerável de dados relativos aos níveis de preços e a Comissão lançou recentemente um estudo, com base nos trabalhos já realizados pelo Eurostat, para controlar de forma constante os "indicadores de concorrência", ou seja, diversos factores que indicam o nível real de concorrência no mercado. Além disso, a Comissão recebeu recentemente respostas dos Estados-Membros relativas aos níveis de serviço público e aos objectivos no sector do gás e da electricidade e, com base nestes dados, está a preparar uma comunicação que servirá como instrumento de referência para manter e aumentar os padrões de serviço público ao mais alto nível.

38. As informações actualmente disponíveis revelam que a liberalização dos serviços ao abrigo do programa do mercado único produziu um impacto positivo sobre a disponibilidade, qualidade e preço acessível dos serviços de interesse geral. No entanto, tal não significa que estes serviços estejam necessariamente a funcionar de forma satisfatória. Outros factores influenciam a situação, tal como o preço do equipamento necessário para a ligação, o congestionamento ou diversas práticas anti-concorrenciais que não foram ainda tratadas de forma adequada ou ainda a falta de mecanismos efectivos de compensação dos utilizadores quando os serviços não funcionam adequadamente. Consequentemente, é necessário tirar ainda pleno partido dos benefícios da liberalização em todos os domínios da sociedade e em todas as partes da Comunidade.

39. O serviço universal, em especial a definição de obrigações específicas de serviço universal, constitui, na União Europeia, uma componente fundamental da liberalização do mercado de sectores de serviços como as telecomunicações. A definição e garantia de serviço universal asseguram a manutenção da acessibilidade e

qualidade dos serviços estabelecidos sem interrupção, para todos os utilizadores e consumidores durante o processo de transição do fornecimento em monopólio para mercados abertos à concorrência. O serviço universal, no contexto de mercados de telecomunicações abertos e concorrenciais, é definido como o conjunto mínimo de serviços de qualidade especificada a que todos os utilizadores e consumidores têm acesso a preços razoáveis nos termos de condições nacionais específicas. Estas disposições fixam o ponto de partida para melhorias impulsionadas pela concorrência a nível da qualidade e dos preços dos serviços.

4.1. Telecomunicações

40. O serviço universal, tal como actualmente definido na legislação relativa às telecomunicações da Comunidade, inclui a prestação de serviços de telefonia vocal, fax e transmissão de dados por banda vocal através de modems (ou seja, acesso à internet). Os utilizadores devem ter acesso, num local fixo, às chamadas internacionais e nacionais bem como aos serviços de emergência. A definição abrange igualmente a prestação de serviços de assistência por operador, listas telefónicas, telefones públicos pagos e condições especiais para clientes deficientes ou com necessidades sociais específicas. Não cobre a telefonia móvel ou o acesso de banda larga à internet.

41. No que se refere à telefonia vocal, de acordo com um estudo recente[1], 96% das famílias europeias dispõem de acesso na sua residência. Um pouco mais de metade das restantes famílias não está interessada ou dispõe de meios de acesso alternativos. Menos de 2% não têm acesso à telefonia vocal por razões financeiras. A partir do início de 1998, todos os consumidores beneficiaram de reduções de preços significativas. Só no primeiro ano, os preços desceram 40% para as chamadas internacionais, 30% para as chamadas de longa distância e 30% para as chamadas regionais. Contudo, as chamadas locais não registaram uma descida de preços significativa. Em média, durante o período 1997-1999, os preços desceram mais de 40% para os consumidores em residências.

42. A concorrência impulsionou o desenvolvimento da telefonia móvel. As taxas de penetração aumentaram desde a liberalização, passando de 11% a 48% da população. As famílias com baixos rendimentos apresentam uma maior tendência para utilizarem exclusivamente a telefonia móvel do que as famílias com elevados rendimentos (6% das famílias comparativamente com 2%), embora a taxa global de utilização aumente com o rendimento. Este facto revela que, para um número significativo de famílias de baixo rendimento, a telefonia móvel constitui uma alternativa aceitável para a telefonia fixa, mesmo na ausência de obrigações de serviço universal.

---

[1] Relatório da Gallup Europe: "The situation of telecommunications services in the regions of the European Union", Abril de 2000.

43. Uma vez que o acesso à internet através da terceira geração de telefonia móvel e a internet através da TV irão quebrar a dependência dos computadores (33% das famílias da União Europeia) para obter acesso à internet, prevê-se que as taxas de penetração aumentem de forma extremamente rápida durante os próximos cinco anos.

44. Os subscritores das áreas rurais não parecem estar em desvantagem em termos da distribuição espacial dos serviços essenciais. Na globalidade, as famílias rurais dispõem, de facto, de mais equipamento telefónico do que as famílias nas áreas metropolitanas. Afigura-se que o nível de rendimento influencia muito mais os serviços do que as disparidades entre as áreas rurais e as áreas urbanas.

4.2. Transportes

45. O processo de abertura gradual do mercado no que se refere aos transportes aéreos estava concluído em 1 de Julho de 1998. Na sua comunicação adoptada no ano transacto, a Comissão avaliou as consequências de 10 anos de liberalização[1]. A liberalização dos transportes aéreos conduziu a um aumento do número de transportadores, que passou de 132 em 1993 para 164 em 1998. A quota de mercado dos transportadores nacionais estabelecidos tem vindo a decrescer continuamente e o número de rotas com mais de três operadores triplicou desde 1992. Um número cada vez maior de tarifas promocionais aumentou o leque de tarifas atraentes para os utilizadores. As tarifas flexíveis, em contrapartida, continuaram a aumentar, atingindo o dobro das tarifas promocionais.

46. O nível de concorrência numa determinada rota tem um impacto significativo sobre o preço dos transportes aéreos. O nível das tarifas diminui quando o mercado passa de monopólio para duopólio ou quando passa a contar com mais do que dois transportadores. Quando a rota passa de monopólio para três ou mais transportadores, verifica-se uma redução de preços nas tarifas da classe executiva de 10%, nas tarifas de classe económica de 17% e nas tarifas promocionais de 24%.

47. São diversos os factores que atrasam ou diminuem o impacto da liberalização. O acesso às faixas horárias e as limitações das capacidades dos aeroportos representam um problema real para os novos participantes. Os sistemas de fidelidade, como os programas de passageiro frequente, favorecem companhias aéreas com grandes redes, que oferecem aos passageiros maiores hipóteses de acumular e utilizar os seus pontos de passageiro frequente. São assim principalmente discriminadas as companhias aéreas com uma boa relação custo/eficácia e de pequenas dimensões. O elevado custo e a fraca qualidade dos serviços de assistência em terra vem adicionar um elemento de custo fixo que diminui a capacidade dos novos participantes concorrerem a nível do preço. Por último, o congestionamento e a má uti-

---

[1] COM(1999) 182 final de 20 de Julho de 1999.

lização do espaço aéreo disponível implica que a qualidade do serviço é afectada e que os atrasos se tornam cada mais frequentes.

48. Através da imposição de obrigações de serviço público, algumas destas dificuldades podem ser ultrapassadas. A escolha da rota e os padrões impostos estão sujeitos ao controlo da Comissão. A partir de 1993, foram impostas obrigações de serviço público em mais de cem rotas da Comunidade, principalmente em França, Irlanda e Portugal, mas também na Suécia, na Alemanha, na Itália e no Reino Unido. Contudo, estas rotas apenas representam uma percentagem diminuta de todo o tráfego aéreo da Comunidade.

49. Impulsionada pela evolução do mercado, a prestação de serviços de passageiros nos sectores ferroviário e rodoviário está actualmente a sofrer importantes alterações. Diversos operadores começaram a desempenhar um papel activo noutros Estados-Membros. Paralelamente, os Estados-Membros começaram a abrir os seus mercados nacionais à concorrência. A harmonização de um nível básico de concorrência e a fixação de exigências mínimas no que diz respeito à transparência na adjudicação dos contratos de serviço foram necessárias para garantir elevados níveis de qualidade. A Comissão propôs um novo enquadramento[1], que garantirá que os operadores de transportes públicos estão sujeitos a uma pressão concorrencial que os levará a oferecer melhores serviços aos passageiros, a manter os custos sob controlo e a garantir o mais elevado nível de segurança.

4.3. Energia

50. Comparativamente com o sector das telecomunicações ou com o dos transportes aéreos, está disponível muito menos informação acerca do impacto da liberalização da energia sobre os serviços de interesse geral. A abertura à concorrência dos sectores da electricidade e do gás é com efeito demasiado recente para que possam ser extraídas conclusões operacionais. Na maior parte dos países, com excepção da Bélgica, da Dinamarca e da Irlanda, as famílias beneficiaram de uma redução dos preços entre Julho de 1996 e Janeiro de 2000, de cerca de 5,2%, em média, na União Europeia. As pequenas empresas beneficiaram de maiores reduções, ou seja, uma média de 7,9%, com aumentos significativos na Dinamarca e na Grécia.

4.4. *Os serviços de interesse geral vistos pelos consumidores*

51. No âmbito de uma série de inquéritos de opinião pública do Eurobarómetro[2], foram colocadas às famílias inquiridas várias questões relativas a

---

[1] COM(2000) 9 de 26.7.2000.
[2] Eurobarómetro n.º 53 de Julho de 2000, "Os Europeus e os serviços de interesse geral".

diversos serviços de interesse geral. O inquérito vem complementar os dados disponíveis mais pormenorizados relativos às telecomunicações, extraídos do relatório acima apresentado. Estes resultados são interessantes porque permitem uma comparação entre diferentes tipos de serviços. Contudo, não é possível extrair qualquer indicação acerca do desenvolvimento dos serviços ao longo do tempo. As significativas diferenças verificadas entre os Estados-Membros a nível da natureza das respostas, parecem indicar que as expectativas relativas aos serviços constituem uma determinante importante do nível de satisfação. Por este motivo, as comparações entre os diferentes tipos de serviços são provavelmente mais elucidativas do que o valor absoluto das respostas.

52. A satisfação dos consumidores relativamente a diversos parâmetros (acesso, preço, qualidade, informações disponíveis, condições, queixas) foi avaliada individualmente para um pacote de serviços fixo, composto por fornecimento de telefonia, electricidade, gás e água, serviços postais, transportes urbanos e serviços ferroviários intercidades. Tanto o acesso como o recurso aos diferentes serviços variava consideravelmente. Por exemplo, cerca de 13% não têm acesso ao gás. Cerca de 7% alegavam não ter qualquer acesso aos serviços ferroviários intercidades e perto de 5% aos serviços de transporte locais. A electricidade, os serviços postais e o fornecimento de água foram os serviços que mais se aproximaram da verdadeira disponibilidade universal. Com base na resposta "não aplicável" a questões subsequentes, afigura-se que o recurso efectivo aos serviços segue de muito perto a disponibilidade física.

53. Em termos de preços, os serviços postais receberam a apreciação mais positiva, seguidos dos serviços de utilidade pública. Mesmo assim, o facto de mais de 30% dos inquiridos considerarem que os preços eram injustos ou excessivos em todos os casos implica uma elevada insatisfação com o actual nível de preços. A telefonia e os serviços ferroviários de longa distância obtiveram as respostas mais desfavoráveis. Em termos de qualidade, os serviços obtêm normalmente uma boa classificação, com excepção dos transportes e, em menor grau, dos serviços postais. Combinando a apreciação do preço e da qualidade, os serviços ferroviários de longa distância não obtêm, claramente, resultados favoráveis. Os consumidores consideram que os serviços de utilidade pública (electricidade, gás e água) são os que melhor satisfazem as suas expectativas, sendo a resposta relativa às comunicações e aos transportes locais menos homogénea. O tratamento das queixas obteve igualmente uma apreciação muito negativa – para cada serviço avaliado, mais de 45% dos inquiridos consideraram que o tratamento foi quer mau, quer muito mau.

5. Uma perspectiva europeia

54. Os objectivos da Comunidade permanecem os mesmos: apoiar a competitividade da economia europeia nos mercados mundiais cada vez mais abertos; contribuir para um elevado nível de protecção do consumidor e de confiança,

nomeadamente oferecendo aos consumidores mais oportunidades de escolha, melhor qualidade e preços mais baixos; reforçar a coesão económica, social e territorial. Os serviços de interesse geral desempenham um papel fundamental para alcançar estes objectivos. Serviços eficazes constituem uma determinante importante para a localização das actividades de produção, devido aos benefícios para as empresas que os utilizam e para os trabalhadores que habitam nessa área. A existência de uma rede de serviços de interesse geral constitui um elemento essencial da coesão social; em contrapartida, o desaparecimento de tais serviços é um indício claro de desertificação de uma área rural ou de degradação de uma cidade. A Comunidade está empenhada em manter intacta a função destes serviços, melhorando simultaneamente a sua eficácia.

55. Ao prosseguir estes objectivos, a Comissão toma devidamente em consideração o princípio da subsidiariedade. O respeito deste princípio, em especial a liberdade de os Estados-Membros definirem aquilo que constitui serviço de interesse geral, implica uma análise cuidadosa dos papéis adequados dos diferentes níveis de autoridade na regulação destes serviços. A Comissão irá desenvolver a sua posição sobre a matéria no contexto do próximo livro branco sobre a governação.

56. O novo artigo 16.º do Tratado reconhece expressamente o papel em termos de coesão económica, social e territorial dos serviços de interesse económico geral e prevê uma obrigação comunitária para facilitar a realização da sua missão. A importância destas disposições foi realçada pelos Chefes de Estado ou de Governo na sua Cimeira de Lisboa em Março de 2000[1]. "O Conselho Europeu considera essencial que, no quadro do mercado interno e de uma economia baseada no conhecimento, se tomem plenamente em conta as disposições do Tratado relativas a serviços de interesse económico geral e às empresas a quem cabe efectuar esses serviços.".

57. Tanto esta declaração política como as alterações actualmente em curso apontam para a necessidade de uma abordagem activa no que se refere aos serviços de interesse geral, que incorpore e ultrapasse a abordagem baseada no mercado único. Neste sentido, a Comissão, em parceria com os níveis nacional, regional e local, continuará a promover uma perspectiva europeia relativamente aos serviços de interesse geral em benefício dos cidadãos, em três frentes: aproveitando ao máximo a abertura dos mercados; reforçando a coordenação e a solidariedade europeias; desenvolvendo outras contribuições comunitárias de apoio aos serviços de interesse geral.

5.1. *Aproveitar ao máximo a abertura dos mercados*

58. A abertura dos mercados dos serviços económicos, nomeadamente os serviços em rede, e a inerente introdução das obrigações de serviço universal ou de

---

[1] Conselho Europeu de Lisboa, 23-24 de Março de 2000, Conclusões da Presidência, SN 100/00, ponto 19.

serviço público, devem prosseguir de acordo com as características de cada sector, incluindo o nível de integração de mercado já alcançado. O objectivo comum consiste em beneficiar os cidadãos da Europa através do desenvolvimento de um mercado único competitivo. Este objectivo foi fortemente reafirmado pelo Conselho Europeu de Lisboa, que apelou a uma aceleração da liberalização nos domínios do gás, electricidade, transporte e serviços postais, e solicitou à Comissão que preparasse um relatório de situação e propostas adequadas para a sua reunião da Primavera de 2001.

59. A Comissão continuará a aplicar os seguintes princípios na sua política de abertura dos mercados:

– utilização de instrumentos de avaliação para determinar o funcionamento, resultados e competitividade dos serviços de interesse geral, para que a regulamentação possa ser adaptada em função da evolução tecnológica (o que aumenta as possibilidades do fornecimento de serviços transfronteiras no mercado interno), das novas necessidades dos consumidores e das novas exigências de interesse público. As orientações gerais de política económica juntamente com o relatório relativo à sua aplicação e a comunicação anual da Comissão sobre "Reforma Económica – Relatório sobre o funcionamento dos mercados de produtos e de capitais da Comunidade" (Relatório Cardiff)[1], fornecem um quadro que servirá, nomeadamente, para avaliar regularmente o funcionamento dos serviços de interesse económico geral no mercado único. Para sectores específicos, por exemplo telecomunicações, são disponibilizadas regularmente análises da reforma regulamentar e dos respectivos efeitos[2], seria útil que a prática da realização de análises periódicas fosse generalizada a todos os sectores relativamente aos quais existe um quadro comum a nível comunitário[3],

– manter uma abordagem progressiva com base na avaliação da reforma e na consulta das diversas partes envolvidas, incluindo os consumidores. A Comissão continuará a utilizar a prática da preparação das alterações a introduzir no quadro regulamentar através da publicação de livros verdes[4], que será acompanhada ou complementada por outras fases de consulta pública[5],

---

[1] COM(1999) 10, de 20 de Janeiro de 1999, COM(2000) 26, de 26 de Janeiro de 2000.

[2] "Quinto Relatório sobre a Aplicação do Pacote Regulamentar das Telecomunicações", COM(1999) 537, de 11 de Novembro de 1999.

[3] A Comissão está actualmente a preparar uma análise da reforma regulamentar e dos padrões de serviço nas indústrias do gás e da electricidade.

[4] Como exemplos de livros verdes podem citar-se: "A rede dos cidadãos: explorar o potencial do transporte público na Europa", COM(1995) 601; "Para uma formação correcta e eficiente dos preços dos transportes – Opções de política para a internalização dos custos externos dos transportes na União Europeia", COM(1995) 691; "Livro Verde sobre uma política de numeração para os serviços de telecomunicações na Europa", COM(1996) 590; "Livro Verde relativo à convergência dos sectores das telecomunicações, dos meios de

– impor a transparência no funcionamento dos prestadores de serviços de interesse económico geral, quer sejam públicos ou privados, nomeadamente no que se refere a possíveis distorções da concorrência. A directiva da Comissão que altera a denominada Directiva "Transparência"[1] destina-se a impor essa transparência, prevendo que as regras de separação da contabilidade, actualmente aplicáveis a sectores específicos, passem a aplicar-se a qualquer empresa que detenha um direito especial ou exclusivo concedido por um Estado-Membro, nos termos do n.º 1 do artigo 86.º do Tratado, ou a quem foi confiada a exploração de um serviço de interesse económico geral nos termos do n.º 2 do artigo 86.º do Tratado, e que receba qualquer forma de auxílio estatal, incluindo qualquer subvenção, apoio ou compensação, relativamente a tal serviço, desempenhando simultaneamente outras actividades.

60. Se a economia europeia pretender aproveitar ao máximo as oportunidades proporcionadas pela abertura dos mercados, é fundamental que as decisões relativas às propostas pendentes da Comissão sejam tomadas tão rapidamente quanto possível. A Comissão prevê que o novo quadro regulamentar das telecomunicações, baseado nas suas propostas relativas a uma directiva-quadro e a quatro directivas específicas[2], seja adoptado durante 2001, em conformidade com o calendário fixado pelo Conselho Europeu de Lisboa[3] para a realização do mercado interno. A Comissão espera igualmente que o Conselho e o Parlamento Europeu adoptem o mais rapidamente possível as suas propostas relativas aos serviços postais e aos transportes[4].

61. Seguindo o mesmo raciocínio, e em especial para garantir que os operadores públicos e privados se encontrem em pé de igualdade, a Comissão apresentou uma proposta[5], que permite, nomeadamente, isentar do âmbito de aplicação da Directiva 93/38/CEE, os sectores ou serviços a que se aplica (água, energia, trans-

---

comunicação social e das tecnologias da informação e às suas implicações na regulamentação – Para uma abordagem centrada na Sociedade da Informação", COM(1997) 623.

[5] Ver por exemplo a comunicação sobre "A consulta pública acerca do projecto de comunicação relativa à aplicação das regras de concorrência ao sector postal e, em especial à apreciação de certas medidas estatais referentes aos serviços postais", COM(1996) 480, na sequência do livro verde da Comissão sobre "O desenvolvimento do mercado único dos serviços postais", COM(1991) 476; a comunicação sobre "Resultados da consulta pública sobre a análise das Comunicações de 1999 e Orientações para o novo quadro regulamentar", COM(2000) 239.

[1] Directiva 2000/52/CE da Comissão, de 26 de Julho de 2000, que altera a Directiva 80/723/CEE (JO, L 193, de 29.7.2000, p. 75).

[2] Ver anexo I.

[3] Conselho Europeu de Lisboa, 23-24 de Março de 2000, Conclusões da Presidência, SN 100/00, ponto 17.

[4] COM(2000) 319, de 30 de Maio de 2000 e anexo I relativo aos transportes.

[5] Proposta de directiva do Parlamento Europeu e do Conselho relativa à coordenação dos processos de adjudicação nos sectores da água, da energia e dos transportes, COM(2000) 276, de 10 de Maio de 2000.

portes e telecomunicações) e que, num determinado Estado-Membro, desenvolvem a sua actividade em condições de concorrência efectiva, na sequência da liberalização total da actividade em causa, nos termos da legislação comunitária relevante. A liberalização do sector das telecomunicações já produziu um impacto sobre a aplicação das regras em matéria de contratos. Em virtude das disposições específicas da Directiva 93/38/CEE, a Comissão afirmou numa comunicação[1] que considera que, na União Europeia, a maior parte dos serviços nesta área estão isentos (com algumas excepções) do âmbito de aplicação da Directiva 93/38/CEE.

5.2. Reforço da coordenação e da solidariedade europeias

62. O aumento da integração europeia em determinados sectores implica, paralelamente, um aumento da coordenação europeia no controlo das actividades das entidades reguladoras e dos operadores. As disposições institucionais adequadas variarão em função do nível de integração do mercado já alcançado e das deficiências potenciais que deverão ser abordadas, incluindo no que se refere ao desempenho das entidades reguladoras nacionais.

63. Para facilitar a avaliação dos serviços de interesse económico geral, a Comissão poderia prever uma análise dos resultados alcançados pelos Estados--Membros globalmente em relação ao funcionamento destes serviços e à eficácia dos respectivos quadros regulamentares. Esta análise global deveria tomar em especial atenção a interacção entre as diversas redes de infra-estrutura e os objectivos em termos de eficácia económica, protecção do consumidor e coesão económica social e territorial.

64. A posição específica dos serviços de interesse económico geral entre os valores comuns da União, reconhecida pelo artigo 16.º do Tratado, implica o reconhecimento paralelo da ligação entre o acesso aos serviços de interesse geral e a cidadania europeia. Embora os Estados-Membros mantenham uma ampla liberdade quanto aos meios a utilizar para realizar os objectivos de solidariedade dos serviços de interesse geral, poderá ser necessário estabelecer um conceito central comum de interesse geral para manter o espírito de pertença à União. A Comissão considera que as disposições relativas ao acesso aos serviços de interesse económico geral, incluídas no projecto de Carta dos Direitos Fundamentais, constituem um importante passo nesta direcção.

5.3. Outras contribuições comunitárias de apoio aos serviços de interesse geral

65. O envolvimento da Comunidade nos serviços de interesse geral ultrapassa o desenvolvimento do mercado único, incluindo também a criação de instrumentos

---

[1] JO, C 156, de 3.6.1999, p. 3.

que assegurem os padrões de qualidade, a coordenação das entidades reguladoras e a avaliação das operações. Outros instrumentos e acções políticas da Comunidade partilham os mesmos objectivos de protecção dos consumidores e de coesão económica, social e territorial e contribuem para que os serviços de interesse económico geral desempenhem a sua missão. Estas contribuições destinam-se a melhorar, e de modo nenhum a substituir, o papel dos níveis nacional, regional e local nos domínios respectivos. Desde a comunicação de 1996, foram realizadas as seguintes acções específicas no domínio dos serviços de interesse geral:

– a adopção, pela Comissão e pelos Estados-Membros de uma Perspectiva de Desenvolvimento Espacial Europeu, que fixa o quadro e as opções chave a nível político para o desenvolvimento do território europeu,

– a aplicação do programa das redes transeuropeias, em conformidade com os compromissos assumidos pelos Chefes de Estado ou de Governo e as orientações sectoriais adoptadas pelo Conselho e pelo Parlamento Europeu. Está prevista uma revisão das orientações relativas às redes dos transportes que irá fazer avançar ainda mais a realização dos objectivos nesta área,

– a iniciativa para a criação de uma área de investigação europeia com o objectivo de melhorar a coordenação entre as políticas nacionais e comunitária[1], incluindo elementos sobre a "territorialização" da investigação e redes electrónicas,

– a adopção, pela Comissão, do Plano de Acção para 1999-2001 relativo à política dos consumidores, que estabelece como prioridade a área dos serviços de interesse geral,

– o Plano de Acção e-Europe relativo a uma sociedade de informação para todos os que desejam acelerar a introdução das tecnologias digitais na Europa. Para o efeito, o plano de acção centra-se no acesso a preços razoáveis, no desenvolvimento das qualificações necessárias e nas medidas destinadas a estimular a utilização da internet (tais como eLearning, eHealth, eGovernment).

66. A legislação horizontal de protecção dos consumidores aplica-se igualmente a todos os serviços de interesse geral. Esta legislação horizontal aborda questões de protecção básica dos consumidores, tais como condições contratuais abusivas, venda à distância, etc. Contudo, é necessária uma aplicação efectiva e não discriminatória da legislação horizontal e sectorial relativa aos consumidores em toda a União Europeia. Tal implica um esforço sistemático por parte de todos os envolvidos, incluindo uma cooperação administrativa mais estreita entre os Estados-Membros, as autoridades reguladoras nacionais, os prestadores de serviços e os representantes dos consumidores.

67. No contexto da Organização Mundial do Comércio e, mais especificamente, do Acordo Geral sobre o Comércio dos Serviços, a Comunidade está também empenhada em manter os seus serviços de interesse económico geral. Deverá

---

[1] "Rumo a um espaço europeu da investigação", COM(2000) 6 de 18 de Janeiro de 2000.

realçar-se que o Acordo do GATS preserva o direito de soberania dos membros da OMC para regular as actividades económicas e não económicas no seu território e para garantir a realização de objectivos públicos legítimos. Assim, mesmo em áreas em que foram assumidos compromissos, os países têm a possibilidade de manter os padrões de qualidade e os objectivos sociais que constituem a base do seu sistema. Contudo, o direito legítimo dos membros de estabelecerem um quadro regulamentar adequado para garantir um funcionamento efectivo do sector dos serviços não deverá ser utilizado como uma barreira injustificada ao comércio.

68. Os serviços de interesse geral relacionados com a função de assistência e protecção social constituem um domínio da responsabilidade nacional ou regional. No entanto, a Comunidade desempenha um papel, já reconhecido, a nível da promoção da cooperação e da coordenação nestas áreas. A Comissão preocupa-se principalmente em promover a cooperação entre os Estados-Membros sobre questões relacionadas com a reforma da protecção social. Após o Conselho ter subscrito a comunicação relativa à modernização da protecção social[1] e na sequência do mandato do Conselho Europeu de Lisboa conferido ao Grupo de Alto Nível sobre a protecção social, a Comissão desenvolverá as suas actividades de controlo da reforma e de promoção do debate sobre as políticas, como um meio de chegar a um consenso europeu nesta área.

ANEXO I

ESTADO DA SITUAÇÃO DE SECTORES INDIVIDUAIS

Certos serviços de interesse geral têm sido objecto de uma abertura do mercado através da aplicação da legislação do mercado único e da política de concorrência da União Europeia. A presente secção analisa a evolução nos sectores sujeitos às regras comunitárias. Não abrange a totalidade dos serviços de interesse geral. Em especial, estão excluídos os serviços de carácter não económico[2].

Comunicações electrónicas

Desde 1990 que a Comissão Europeia tem vindo a criar, progressivamente, um quadro regulamentar exaustivo para a liberalização do mercado das telecomunicações. Ao permitir o reforço da concorrência, esta política teve um impacto importante no desenvolvimento do mercado, contribuindo para o aparecimento de um forte sector das comunicações na Europa, e permitindo que os consumidores e as empresas utilizadoras tirem partido de uma maior escolha, de preços mais baixos e de serviços e aplicações inovadores.

---

[1] "Uma estratégia concertada de modernização da protecção social", COM(1999) 347 de 14 de Julho de 1999.

[2] Ver pontos 28-30.

As disposições do actual quadro regulamentar liberalizaram todos os serviços e redes de telecomunicações a partir de Janeiro de 1998. Esta situação veio transformar um sector tradicionalmente caracterizado por monopólios estatais numa indústria dinâmica pronta a tirar pleno partido do mercado global.

O objectivo político de promover o crescimento, a criação de emprego e a competitividade, de proteger os interesses dos consumidores garantindo uma ampla escolha de prestadores e de serviços para todos os utilizadores e de promover a inovação, preços competitivos e a qualidade dos serviços constituiu a base para o quadro regulamentar que resultou desta situação.

O quadro regulamentar criado para a liberalização de 1998 foi revisto à luz da evolução do mercado e tecnológica e à luz da experiência obtida ao longo do processo de aplicação. Um grande número de áreas do mercado das telecomunicações da União Europeia continua dominado pelos operadores estabelecidos nos Estados-Membros, apesar do número crescente de operadores e de prestadores de serviços. A análise permite reavaliar a regulamentação existente, garantir que reforça o desenvolvimento da concorrência e as oportunidades de escolha dos consumidores e prosseguir a salvaguarda dos objectivos de interesse geral. Para o efeito, o novo quadro regulamentar, que entrará em vigor a partir de 1 de Janeiro de 2002, propõe cinco novas directivas[1], incluindo uma que aborda especificamente os serviços de interesse público geral, nomeadamente "o serviço universal e os direitos dos utilizadores relativos às comunicações, redes e serviços electrónicos".

As obrigações de serviço universal, que a Comunidade solicitou que os Estados--Membros impusessem aos operadores, garantem a prestação de um amplo leque de serviços básicos. O actual quadro regulamentar relativo ao serviço universal obriga que um conjunto mínimo definido de serviços de qualidade especificada esteja disponível para todos os utilizadores, independentemente da sua localização geográfica, a um preço acessível. A legislação apresenta pormenorizadamente os serviços abrangidos, o processo de designação dos operadores com obrigações específicas, nos casos em que tal é necessário, e o quadro do financiamento de quaisquer custos líquidos, para os intervenientes no mercado, relacionados com estas obrigações de serviço. Esta abordagem do serviço universal é mantida na nova directiva proposta.

Os dados provenientes dos Estados-Membros revelam que este equilíbrio entre as obrigações de serviço universal e a abertura contínua do mercado tem incentivado os operadores a adoptarem uma perspectiva dinâmica da noção de serviço universal. Enquanto o quadro legislativo formal prevê efectivamente disposições mínimas garantidas, o processo concorrencial incentivou as empresas a oferecerem novos pacotes de tarifas e condições contratuais que melhoram ainda mais os serviços que os consumidores podem esperar como "normais" em toda a Comunidade. Esta situação é já evidente na prestação de serviços de comunicações móveis, que não estão sujeitos a obrigações específicas de serviço universal, mas em que a ampla concorrência produziu uma rápida inovação dos serviços, incluindo a colocação à disposição dos utilizadores de um vasto leque de opções de serviços com pagamento prévio. Os últimos dados provenientes de inquéritos[2] na Comunidade revelam que uma parte significativa de utilizadores em residências está agora a optar exclusivamente pelos serviços de tele-

---

[1] Ver http://www.ispo.cec.be/infosoc/ telecompolicy/review99/Welcome.html.

[2] Estudos da Comissão "A situação dos serviços de telecomunicações nas regiões da União Europeia", Abril de 2000, realizado pela EOS Gallup.

fone móvel (em vez dos serviços de linha fixa) e que as famílias com rendimentos baixos têm tantas ou mais probabilidades de possuírem apenas assinaturas de telefone móvel do que as famílias com rendimentos mais elevados.

Serviços postais

O actual quadro regulamentar[1] abriu cerca de 3% do mercado europeu dos serviços postais (ou seja, envios postais com peso superior a 350 g ou com um preço superior a 5 vezes a tarifa de base). Sete Estados-Membros (Dinamarca, Alemanha, Finlândia, Itália, Países Baixos, Suécia e Espanha) foram mais longe nalguns aspectos da abertura do mercado do que o exigido pela directiva postal.

Em 30 de Maio de 2000, a Comissão Europeia adoptou uma nova proposta de directiva que propõe abrir, em média, mais 20% do mercado dos serviços postais em 2003 (ou seja, a abertura total do mercado do correio expresso e do correio transfronteiras de saída, a diminuição dos limites peso/preço para 50 g e para 2,5 vezes a tarifa de base, para todos os outros envios postais). Alarga igualmente os actuais direitos em matéria de protecção do consumidor no que se refere às compensações e aos mecanismos de tratamento das queixas, por forma a incluir todos os prestadores de serviços postais e não só os de serviço público.

A actual directiva define o "serviço universal" como um serviço acessível a todos os utilizadores "que envolva uma oferta permanente de serviços postais com uma qualidade especificada, prestados em todos os pontos do território, a preços acessíveis a todos os utilizadores". Além disso, a directiva dos serviços postais define mais especificamente um serviço universal mínimo que inclui a recolha e distribuição diária (pelo menos cinco dias por semana) de envios postais de até 2 kg e encomendas postais até 10 kg bem como envios registados e envios com valor declarado. Os Estados-Membros têm de garantir que as encomendas transfronteiras até 20 kg são entregues e podem melhorar o serviço universal nacional mínimo por forma a incluir encomendas com peso até 20 kg. Por último, a directiva dos serviços postais define igualmente os padrões europeus de qualidade de serviço para o correio transfronteiras da "categoria de entrega mais rápida" disponível. Uma autoridade reguladora nacional, independente dos operadores postais, garante a observância das obrigações da directiva.

No que se refere aos serviços não reservados que não são abrangidos pelo âmbito do serviço universal, os Estados-Membros podem estabelecer os processos de autorização geral necessários para garantir o cumprimento dos requisitos essenciais. No que se refere aos serviços não reservados, abrangidos pelo conceito de serviço universal, os Estados-Membros podem introduzir licenças individuais necessárias para garantir o cumprimento dos requisitos essenciais e para salvaguardar o serviço universal. Os Estados-Membros podem igualmente conceder licenças a operadores alternativos para fornecer o serviço universal em áreas geográficas específicas. Por último, poderá ser criado um fundo de compensação para assegurar a salvaguarda do serviço universal caso as obrigações de serviço universal criem encargos financeiros indevidos para os prestadores de serviço universal.

A experiência tem revelado até agora que o serviço universal é preservado em toda a União, incluindo nos sete Estados-Membros que, nalguns aspectos da abertura do mercado, foram mais longe do que o exigido pela directiva dos serviços postais. Na globalidade, os

---

[1] Directiva CE 97/67, JO, L 15, de 21.1.1998, p. 14.

operadores postais, incluindo os prestadores de serviço universal, são mais eficientes e os serviços melhoraram comparativamente com alguns anos atrás (por exemplo, o leque de serviços, a qualidade de serviço, quer para o correio nacional, quer para o correio transfronteiras). Um bom exemplo desta melhoria é a qualidade do serviço do correio prioritário transfronteiras, que passou de 84% para 91% de entregas no D+3, no período compreendido entre 1997 e 1999.

O sector postal deverá evoluir muito rapidamente nos próximos anos, uma vez que o desenvolvimento do correio electrónico poderá, em certa medida, substituir o correio tradicional, visto que a automatização do processamento do correio permite um aumento da produtividade e porque existe a necessidade de desenvolver novos serviços melhorados (o comércio electrónico irá exigir redes logísticas eficientes para a entrega de bens e serviços em toda a União). O carácter evolutivo do serviço universal permitirá o acesso a todos os utilizadores desses serviços.

TRANSPORTES

1. Liberalização

O Tratado reflecte os desafios específicos com que se confronta a abertura à concorrência comunitária do mercado dos transportes criando, no artigo 70.º, a política comum dos transportes. Ao fazê-lo, os Estados-Membros reconheceram o facto de a criação de um mercado interno dos transportes, a liberalização e a realização dos objectivos de serviço público constituírem componentes centrais daquilo que é, na realidade, uma perspectiva política integrada. Desta forma, a Comunidade tem vindo a adoptar uma abordagem gradual na liberalização dos mercados dos transportes, por forma a garantir o respeito das normas de segurança e a assegurar os objectivos essenciais de serviço público. Foram realizados progressos consideráveis na abertura dos mercados à concorrência, a nível de toda a União Europeia:

Transportes aéreos

O processo de abertura gradual dos mercados iniciou-se em 1987 e terminou com o "Terceiro pacote de aviação"[1], que entrou em vigor em 1993. O pacote liberalizou plenamente o tráfego intracomunitário em 1 de Abril de 1997, data em que os transportadores aéreos passaram a beneficiar de direitos de cabotagem nos Estados-Membros em que não estavam estabelecidos.

Os serviços de assistência em escala nos aeroportos foram liberalizados no que se refere à auto-assistência das companhias aéreas, através da legislação comunitária de 1996[2] para os

---

[1] Regulamento (CEE) n.º 2407/92 do Conselho, de 23 de Julho de 1992, relativo à concessão de licenças às transportadoras aéreas, Regulamento (CEE) n.º 2409/92 do Conselho, de 23 de Julho de 1992, relativo ao acesso das transportadoras aéreas comunitárias às rotas aéreas intracomunitárias, Regulamento (CEE) n.º 2409/92 do Conselho, de 23 de Julho de 1992, sobre tarifas aéreas de passageiros e de carga.

[2] Directiva 96/67/CE do Conselho, de 15 de Outubro de 1996, relativa ao acesso ao mercado da assistência em escala nos aeroportos da Comunidade (JO, L 272, de 25.10.1996, p. 36).

aeroportos com mais de 1 milhão de passageiros por ano, a partir de 1 de Janeiro de 1998. A assistência por terceiros foi liberalizada a partir de 1 de Janeiro de 1999 (3 milhões de passageiros, e numa segunda fase para 2 milhões de passageiros, a partir de 1 de Janeiro de 2001).

Transportes marítimos
A liberalização está concluída nos transportes internacionais entre Estados-Membros. A legislação comunitária[1] liberalizou os serviços de cabotagem marítima a partir de 1 de Janeiro de 1993. Foram concedidas isenções temporárias, à França, Itália, Espanha, Portugal e Grécia. O último sector a ser liberalizado nestes Estados-Membros foi o dos serviços de cabotagem nas ilhas, que passaram a estar abertos à concorrência em 1 de Janeiro de 1999, com excepção de dois sectores na Grécia, que beneficiam de uma isenção adicional temporária até 1 de Janeiro de 2004. No sector portuário, a futura legislação comunitária irá abordar o problema do acesso ao mercado e do financiamento.

Transporte rodoviário
A concorrência comunitária foi pela primeira vez introduzida em 1969 através de um sistema de quotas comunitárias para viagens internacionais. Em 1992, este sistema foi substituído por uma autorização comunitária[2] que permite o acesso aos mercados da União Europeia em função de critérios qualitativos objectivos. A legislação comunitária levou à completa abolição de quaisquer restrições quantitativas à prestação de serviços de cabotagem a partir de 1 de Julho de 1998[3].

O acesso ao mercado internacional do transporte de passageiros foi liberalizado a partir de 1 de Junho de 1992[4]. O respectivo regulamento fixa as condições de acesso ao mercado para cada tipo de serviço de transportes rodoviários de passageiros (ocasionais, regulares, de lançadeira e serviços regulares especiais). Os direitos de cabotagem, excepto no que se refere aos serviços nacionais regulares, foram introduzidos através de dois regulamentos[5] prevendo a liberdade de acesso através de um sistema de autorização a partir de 1 de Janeiro de 1996.

O mercado da prestação de serviços combinados de transporte (uma definição rígida que pretende evitar que o transporte rodoviário se torne a maior componente de uma

---

[1] Regulamento (CEE) n.º 3577/92 do Conselho de 7 de Dezembro de 1992, relativo à aplicação do princípio da livre prestação de serviços aos transportes marítimos internos nos Estados-Membros (cabotagem marítima).

[2] Regulamento (CEE) n.º 881/92 do Conselho, de 26 de Março de 1992, relativo ao acesso ao mercado dos transportes rodoviários de mercadorias na Comunidade efectuados a partir do ou com destino ao território de um Estado-Membro ou que atravessem o território de um ou vários Estados-Membros (JO, L 95, de 9.4.1992, p. 1).

[3] Regulamento (CEE) n.º 4059/89 do Conselho (JO, L 390, de 30.12.1989), Regulamento (CEE) 3118/93 do Conselho (JO, L 279, de 12.11.1993).

[4] Regulamento (CEE) n.º 684/92 do Conselho, de 16 de Março de 1992, que estabelece regras comuns para os transportes internacionais de passageiros em autocarro (JO, L 74, de 20.3.1992, p. 1).

[5] Regulamento (CEE) n.º 2454/92 do Conselho, de 23 de Julho de 1992, que fixa as condições em que as transportadoras não residentes podem efectuar serviços de transporte rodoviário de passageiros num Estado-Membro (JO, L 251, de 29.8.1992) que foi substituída pelo Regulamento (CEE) n.º 12/98 do Conselho, de 11 de Dezembro de 1997, que fixa as condições em que os transportadores não residentes podem efectuar serviços de transporte rodoviário de passageiros num Estado-Membro (JO, L 4, de 8.1.1998).

viagem de transporte combinada) foi plenamente liberalizado a partir de 1 de Julho de 1993[1].

Vias navegáveis internas
Os sistemas nacionais de "fretamento por rotação" são uma realidade histórica. A legislação comunitária[2] exige que os Estados-Membros suprimam tais sistemas a partir de 1 de Janeiro de 2000 e, a partir dessa data, os contratos no domínio do transporte nacional e internacional por vias navegáveis internas na Comunidade deverão ser celebrados livremente e os preços negociados também livremente.

Transportes ferroviários
Tornou-se evidente que a legislação comunitária existente sobre o acesso ao mercado e a estrutura organizativa e financeira das companhias ferroviárias, bem como a relativa à concessão de licenças e à afectação das vias, eram demasiado vagas para poderem ser eficazes. A Comissão deu resposta a esta situação com um pacote de propostas[3] destinadas a reforçar estes elementos. Alarga as regras de concessão de licenças a todas as empresas ferroviárias da Comunidade e estabelece regras e procedimentos claros e pormenorizados para a fixação de encargos e a afectação de capacidade. Mais importante ainda, é o facto de, no que se refere ao transporte de mercadorias, abrir o acesso à rede ferroviária comunitária principal. O pacote foi adoptado pela Comissão em Julho de 1998 e será apresentado ao Conselho para adopção no início de 2001.

2. Princípios gerais para os instrumentos de serviço público

Em todos os casos de liberalização introduzida pela legislação comunitária, foi salvaguardado na prática um elevado nível de serviços de transporte de interesse geral. A legislação prevê os instrumentos a aplicar quando os padrões mínimos de qualidade têm de ser garantidos. A concorrência intensa nos sectores dos transporte aéreo e marítimo não pôs em risco o fornecimento de serviços que satisfazem as necessidades do público, uma vez que os Estados-Membros adoptaram as medidas de salvaguarda adequadas.

É óbvio que um elemento-chave neste processo foi a adopção de uma série de medidas e políticas que garantem a manutenção e melhoria dos padrões essenciais de serviço público no contexto desta abertura gradual do mercado, nomeadamente no que se refere aos seguintes aspectos:

– garantia de serviços em rotas não lucrativas. Quando ocorre a liberalização, é por vezes necessário adoptar medidas para garantir a continuação dos serviços em rotas não

---

[1] Directiva 92/106/CEE do Conselho, relativa ao estabelecimento de regras comuns para certos transportes combinados de mercadorias entre Estados-Membros (JO, L 368, de 17.12.1992).

[2] Directiva 96/75/CEE do Conselho, de 19 de Novembro de 1996 (JO, L 304, de 27.11.1996).

[3] COM(98) 480 final, adoptado pela Comissão em 22 de Julho de 1998 (JO, C 321, de 20.10.1998) e proposta alterada COM(1999)616 final, adoptada pela Comissão em 25 de Novembro de 1999; Proposta de directiva do Conselho que altera a Directiva 91/440/CEE relativa ao desenvolvimento dos caminhos de ferro comunitários; Proposta de directiva do Conselho que altera a Directiva 95/18/CE relativa às licenças das empresas de transporte ferroviário; Proposta de directiva do Conselho relativa à afectação da capacidade de infra-estrutura ferroviária e à supressão dos encargos para utilização da infra-estrutura ferroviária e para a certificação de segurança.

lucrativas, o que pode ser feito de duas formas. Em primeiro lugar, através de subsídios directos, disponibilizados junto de todos os transportadores que desenvolvem a sua actividade na rota, numa base não discriminatória. Em segundo lugar, através da concessão de direitos exclusivos para a exploração de um determinado serviço, com ou sem compensação.

São exemplos destas concessões os serviços de aeroportos ou portos em ilhas ou em regiões afastadas. Estas disposições garantem a mobilidade essencial dos residentes e das empresas situados nessas áreas e permitem o fornecimento das mercadorias necessárias.

Em muitas circunstâncias, estas disposições necessitam de aprovação nos termos das regras relativas aos auxílios estatais. A Comissão aceita normalmente estes regimes, desde que sejam concebidos de forma a provocarem o mínimo de distorções no comércio e na concorrência e desde que sejam necessários no caso em questão. Por exemplo, se for realizado um concurso não discriminatório relativamente aos direitos exclusivos, estes são, em princípio, compatíveis com o Tratado.

– garantir padrões contínuos de serviço mínimo em qualquer rota. Ao abrir os mercados à concorrência é por vezes necessário no sector dos transportes garantir que os padrões de serviço não descem, uma vez que as empresas poderiam sacrificar a qualidade e a regularidade a fim de obter reduções de custos. Esta situação poderá ser contrária aos objectivos de serviço público. Por forma a abordar este problema, os Estados-Membros recorrem normalmente a condições de acesso mínimas para a concessão de uma licença de exploração, aplicadas de forma não discriminatória a todos os participantes potenciais. O acesso por mar, entre as ilhas e a parte continental da União Europeia, é frequentemente garantido através de determinados requisitos mínimos relativos à regularidade, capacidade e preços dos serviços de passageiros e mercadorias. Poderão ter que ser disponibilizados subsídios directos por forma a compensar o aumento dos custos decorrente destas condições. Estes subsídios viriam por exemplo reduzir o preço do bilhete por passageiro ou por mercadoria transportada. Deverão poder ser concedidos a todos os operadores da mesma rota, numa base não discriminatória.

Pode verificar-se a aplicação destes princípios na prática por exemplo nos sectores dos transportes aéreos e dos transportes por via navegável interna.

3. Exemplos dos sectores dos transportes

Transportes aéreos

O sector da aviação constitui um excelente exemplo de como um processo de liberalização total pode ser compatível com a manutenção das obrigações de serviço público. Esta liberalização foi acompanhada pelo direito de os Estados-Membros imporem uma obrigação de serviço público, quando consideram que uma determinada rota é vital para o desenvolvimento económico da região em que o aeroporto está localizado. Poderá tratar-se, no respectivo território, de rotas que servem um aeroporto numa região periférica ou em desenvolvimento ou de uma pequena rota para qualquer aeroporto regional. Os padrões impostos nos termos da obrigação de serviço público poderão incluir os preços, o número de lugares oferecidos, a frequência, etc., nos casos em que não seria prestado um serviço de nível semelhante se os transportadores aéreos considerassem exclusivamente os seus interesses comerciais. A escolha da rota e dos padrões impostos estão sujeitos ao controlo da Comissão.

Quando é imposta numa determinada rota uma obrigação de serviço público, o acesso a essa rota permanece aberto a qualquer transportador aéreo, desde que seja respeitada a obrigação de serviço público. Contudo, caso não exista qualquer operador que deseje explorar essa rota, porque não é interessante em termos comerciais, os Estados-Membros podem limitar o acesso à rota apenas a um transportador aéreo durante um período máximo de três anos. Nesse caso, o direito de explorar esses serviços é oferecido através de concurso público a nível comunitário.

Para além da possibilidade de impor obrigações de serviço público, os Estados-Membros podem também conceder auxílios de carácter social. A Espanha, Portugal e França utilizaram esta forma de subsidiar rotas não viáveis. Esta abordagem pode ser combinada com a imposição de uma obrigação de serviço público que garanta um determinado nível de serviço nessa rota. O auxílio tem um carácter social se abrange apenas categorias específicas de passageiros que viajam nessa rota, tais como crianças ou deficientes. No caso de regiões menos favorecidas como as ilhas, o auxílio poderá abranger toda a população da região em questão.

Estes dois tipos de sistemas de manutenção de padrões mínimos de serviço em rotas não comerciais tem-se revelado até ao momento bastante satisfatório no transporte aéreo.

Transporte por vias navegáveis internas

É necessária a harmonização de um nível básico de concorrência e de requisitos mínimos de transparência quando a concessão de contratos de serviço é indispensável para garantir elevados níveis de qualidade. A Comissão adoptou um projecto de regulamento relativo aos serviços públicos nos transportes de passageiros[1], que garantirá que os operadores públicos estão sujeitos a pressões concorrenciais que os levarão a oferecer melhores serviços aos passageiros, a manter os preços sob controlo e a garantir o mais elevado nível de segurança. Este projecto estabelece também expressamente uma obrigação, para as autoridades responsáveis pelos transportes, de manter serviços adequados por forma a proteger a qualidade, a integração dos serviços e os interesses dos trabalhadores. Considera-se que a eficácia dos transportes públicos constitui um elemento essencial para fazer face ao congestionamento de tráfego e melhorar o ambiente.

Energia

A Directiva electricidade[2] exige que os Estados-Membros abram à concorrência comunitária um mínimo de 30% da procura nacional em 2000, a Directiva gás[3] exige um mínimo de 20% de abertura de mercado. Ao criar um mercado interno do gás e da electricidade aberto e competitivo, a Comunidade optou por uma abordagem gradual. As primeiras directivas de liberalização nestes sectores tiveram de ser transpostas pelos Estados-Membros até Fevereiro de 1999[4,5] e Agosto de 2000[6], respectivamente. Esta abordagem foi adoptada por forma a permitir que o sector se adaptasse às transformações e para garantir a adopção das medidas necessárias à manutenção e aumento dos serviços de interesse geral nestas áreas.

---

[1] COM(7) 2000, de 26 de Julho de 2000, p. 9.
[2] Directiva 96/92/CE que estabelece regras comuns para o mercado interno da electricidade.
[3] Directiva 98/30/CE relativa a regras comuns para o mercado do gás natural.
[4] A Bélgica e a Irlanda dispuseram de um ano adicional e a Grécia de dois.
[5] Directiva 96/92/CE relativa a regras comuns para o mercado interno da electricidade.
[6] Directiva 98/30/CE relativa a regras comuns para o mercado do gás natural.

Embora as duas directivas reflictam as diferenças específicas dos sectores em questão, seguem ambas abordagens semelhantes: introduzem gradualmente níveis mínimos de abertura na liberalização da procura[1], exigem um acesso não discriminatório de terceiros às redes e infra-estruturas essenciais, tais como armazenagem de gás, exigem medidas de não agrupamento no que se refere à infra-estrutura de transmissão e distribuição e exigem uma regulamentação eficaz para evitar a discriminação.

Na verdade, contudo, a liberalização avançou muito mais rapidamente na Comunidade do que o exigido pelas directivas ou do que as previsões. Cerca de 65% da procura de electricidade e de 80% da procura europeia total de gás estão já plenamente abertos à concorrência comunitária e a maior parte dos Estados-Membros decidiram introduzir a liberalização total nos próximos anos[2]. Além disso, apesar de as directivas preverem possibilidades de escolha para os Estados-Membros no âmbito da transposição, por exemplo no que se refere aos tipos de acesso de terceiros e aos métodos de não agrupamento, quase todos os Estados-Membros, tanto no que se refere ao gás como à electricidade, optaram por abordagens que são normalmente consideradas como as mais susceptíveis de desenvolver uma concorrência eficaz.

É óbvio que as questões de serviço público são fundamentais para a liberalização destes mercados. Com efeito, em muitos aspectos, o fornecimento garantido de electricidade a preços razoáveis a todos os clientes da União Europeia e, nas zonas em que existem ligações, o fornecimento de gás, constituem um dos serviços públicos mais essenciais. Assim, ambas as directivas prevêem diversas disposições e salvaguardas para assegurar os objectivos essenciais de serviço público, tais como a garantia da segurança do fornecimento, a ligação universal à rede eléctrica a preços razoáveis e a protecção de cidadãos vulneráveis contra a possibilidade de serem cortados da rede. Num mercado liberalizado, estes objectivos são alcançados através da fixação de condições estritas de concessão de licenças aos operadores de mercado.

A manutenção dos mais elevados níveis em toda a Comunidade tem consequentemente sido, e continuará a ser, uma condição prévia essencial da liberalização. Por este motivo, tanto as directivas relativas ao gás como as relativas à electricidade prevêem a possibilidade de os Estados-Membros adoptarem as medidas necessárias para garantir a continuação dos serviços de interesse geral e a manutenção ou melhoria dos seus padrões.

Os mecanismos seguidamente apresentados, destinados a garantir a prestação adequada de serviços de interesse geral, estão cada vez mais a tornar-se a norma em toda a Europa:

– Segurança e fiabilidade da rede

As redes de transmissão e distribuição continuam a estar na mão dos operadores monopolistas[3]. Desta forma, a situação mantém-se quase inalterada após a liberalização. Os Estados-Membros continuam a poder confiar a gestão e exploração desta tarefa a uma

---

[1] No que se refere à electricidade, os Estados-Membros tiveram de abrir 28% da procura em 1999, e até 35% até 2003. No que se refere ao gás, os Estados-Membros tiveram de abrir um mínimo de 20% da procura em 2000, alcançando 28% em 2003.

[2] No que se refere à electricidade, por exemplo o Reino Unido, a Finlândia, a Suécia e a Alemanha abriram já 100% da procura. A Bélgica, os Países Baixos, a Dinamarca e a Espanha abrirão completamente a sua procura a médio prazo.

[3] Com excepção de algumas sobreposições das redes de gás, nomeadamente na Alemanha.

empresa pública[1], ou a uma empresa privada. Em ambos os casos, os Estados-Membros efectuam normalmente uma análise e controlo independentes dos níveis do serviço, quer através de uma entidade reguladora independente, quer pelo Governo. A segurança e a fiabilidade da rede têm sido e continuam a ser elevadas na Europa e não foram afectadas pela liberalização.

– Segurança de fornecimento
Nos termos das directivas, os Estados-Membros continuam a poder tomar as medidas necessárias, tal como sempre o fizeram, para garantir a segurança do fornecimento de electricidade e gás. Todavia, quaisquer medidas adoptadas deverão ser necessárias para alcançar os objectivos em questão e não podem ser de carácter discriminatório. Os Estados-Membros podem, por exemplo, especificar o combustível para a produção de nova electricidade, caso a utilização de uma determinada fonte se torne excessiva, ou podem adoptar medidas para garantir uma variedade adequada de fontes de fornecimento de gás.

– Direito de ligação à rede
Normalmente, os Estados-Membros apenas consideram como necessário o direito de ligação à electricidade. Neste caso, a directiva prevê expressamente que "os Estados-Membros podem obrigar as empresas de distribuição a abastecer os clientes localizados numa determinada área. A fixação dos preços a aplicar a esses fornecimentos pode ser regulamentada, por exemplo para garantir a igualdade de tratamento dos clientes em causa". Quando o consumo final está liberalizado, os proprietários da rede de distribuição podem continuar a ser obrigados a fornecer uma ligação universal. Cabe assim a cada Estado-Membro decidir se deseja fixar, como condição para a concessão de licenças a empresas que vendem electricidade a clientes finais, a obrigação de aplicarem, a todos os clientes semelhantes numa determinada área, preços idênticos.

– Protecção especial dos consumidores
Uma vez que a electricidade e o gás constituem serviços essenciais, são necessárias disposições especiais para garantir que não é cortado o fornecimento aos membros mais vulneráveis da sociedade. Quando os mercados estão totalmente liberalizados, os padrões de serviço público são mantidos através de condições mínimas de concessão de licença. Se essas condições não forem preenchidas, a licença de fornecimento de electricidade ou gás poderá ser retirada.

– Padrões de serviço
É obviamente do interesse público garantir que os padrões de serviço relacionados com o fornecimento de electricidade e gás, tais como a rapidez de resposta aos pedidos de ligação ou de reparações, o rigor da facturação e a qualidade de outros serviços aos clientes, são os mais elevados e em constante melhoria. É vital que estes padrões sejam mantidos e melhorados num mercado liberalizado. Quando se introduz a liberalização – principalmente a nível nacional – a experiência tem revelado que os padrões de qualidade aumentam, por duas razões. Em primeiro lugar, a concessão de licenças de venda de electricidade é sempre acompanhada de condições. Algumas das condições prevêem padrões mínimos de serviço. As entidades reguladoras nacionais reforçam e aumentam estes padrões todos os anos. Em

---

[1] Alguns países, como por exemplo a Espanha, estão actualmente a transferir a rede de abastecimento para propriedade pública.

segundo lugar, uma vez que os padrões de serviço constituem uma área importante para a concorrência entre empresas, esta mesma concorrência leva à sua melhoria. Surgem assim padrões de serviço que ultrapassam os níveis mínimos fixados pelas entidades reguladoras ou pelos governos.

Desta forma, o quadro legislativo no âmbito do qual se realiza a liberalização progressiva dos sectores da electricidade e do gás na Europa tem o duplo objectivo de reduzir os preços e de manter, e mesmo melhorar, os serviços de interesse público. A experiência revela claramente que, com a adopção de medidas regulamentares adequadas sempre que necessário, estes serviços de interesse público podem não só ser mantidos, como também melhorados num mercado concorrencial. Com efeito, apesar de as directivas preverem[1] a possibilidade de derrogação às suas obrigações, caso não exista qualquer outra forma menos restritiva para alcançar os objectivos legítimos de serviço público, nenhum Estado-Membro considerou, na prática, ser necessário fazê-lo.

É evidente que por forma a alcançar os objectivos acima referidos, é necessário um controlo activo e, quando adequado, a adopção de regulamentação. Embora muitas destas questões sejam deixadas à subsidiariedade – incumbe por exemplo a cada Estado-Membro determinar o nível de protecção relativamente à possibilidade de corte da rede – o objectivo da Comissão consiste em garantir os mais elevados níveis de todas as formas de serviços de interesse público geral, em toda a Comunidade.

Rádio e Televisão

Os serviços de televisão privados desenvolveram-se principalmente a partir da década de 80, estabelecendo o actual sistema de radiodifusão duplo público/privado. A necessidade de co-existência de um serviço público e de um serviço comercial privado de radiodifusão é reconhecida e apoiada pelos Estados-Membros e pela Comunidade. Actualmente, os sectores da televisão e da rádio estão liberalizados a nível comunitário.

Os meios de radiodifusão desempenham um papel fundamental no funcionamento das sociedades democráticas modernas, em especial no que se refere ao desenvolvimento e transmissão dos valores sociais. Consequentemente, o sector da radiodifusão tem sido objecto, desde a sua criação, de regulamentação específica de interesse geral. Esta regulamentação tem sido baseada em valores comuns, tais como a liberdade de expressão e o direito de resposta, o pluralismo, a protecção dos direitos de autor, a promoção da diversidade cultural e linguística, a protecção dos menores e da dignidade humana e a protecção dos consumidores.

A regulamentação destinada a garantir que estes valores são respeitados é prioritária e principalmente adoptada pelos Estados-Membros, em conformidade com a legislação comunitária. O protocolo relativo ao serviço público de radiodifusão nos Estados-Membros, que foi anexado ao Tratado que institui a Comunidade Europeia pelo Tratado de Amesterdão, reconhece o papel e importância do serviço público de radiodifusão e confirma que os Estados-Membros têm competências para definir e organizar a missão de serviço público e o seu financiamento, desde que tal não afecte as condições comerciais e a concorrência na Comunidade de forma que contrarie o interesse comum, devendo ser tida em conta a realização da missão desse serviço público.

A nível comunitário, a Directiva "Televisão sem fronteiras" estabelece um quadro jurídico que garante a liberdade de prestação de serviços de radiodifusão televisiva no mer-

---

[1] N.º 2 do artigo 3.º de ambas as directivas.

cado interno, tomando devidamente em consideração os interesses gerais relevantes. Contudo, a transposição da Directiva "Televisão sem fronteiras" tem ainda de ser completada por todos os Estados-Membros. Além disso, as regras de concorrência do Tratado que institui a Comunidade Europeia confiam à Comissão a tarefa de impedir comportamentos anti-concorrenciais em detrimento dos consumidores, nomeadamente o abuso de posições dominantes e, ao abrigo do controlo das operações de concentração de empresas, a criação de estruturas de mercado oligopolísticas ou monopolísticas.

Cabe aos Estados-Membros, em conformidade com a legislação comunitária, decidir se pretendem estabelecer um sistema de serviço público de radiodifusão, definir a sua missão exacta e decidir sobre as modalidades do seu funcionamento. Devido à natureza deste financiamento, as empresas públicas de serviços de radiodifusão podem estar sujeitas às regras relativas aos auxílios estatais do Tratado CE. A Comissão deverá nomeadamente garantir que o financiamento público das empresas públicas de serviços de radiodifusão é proporcional à missão de serviço público, tal como definida pelo Estado-Membro em causa, ou seja, em especial, que qualquer compensação concedida pelo Estado não excede os custos líquidos adicionais da tarefa específica confiada à empresa pública de serviços de radiodifusão em questão.

O financiamento dos organismos públicos de radiodifusão pelos Estados-Membros, foi contudo objecto de diversas queixas à Comissão, apresentadas por organismos de radiodifusão comerciais privados, nomeadamente acerca da presença de organismos públicos de radiodifusão no mercado publicitário[1]. De realçar que os problemas levantados por estes denunciantes dizem normalmente respeito à aplicação de regimes de financiamento que incluem receitas provenientes da publicidade e financiamento público. A escolha do regime de financiamento é da competência do Estado-Membro e, em princípio, não pode ser levantada qualquer objecção à escolha de um regime de financiamento duplo (que combine fundos públicos e receitas provenientes de publicidade) em vez de um regime de financiamento único (apenas fundos públicos), desde que a concorrência nos mercados relevantes (ou seja, publicidade, aquisição e/ou venda de programas) não seja afectada numa medida contrária ao interesse comunitário. A Comissão tenciona concluir a sua análise das denúncias pendentes nos próximos meses. Ao fazê-lo, consultará os Estados-Membros.

A Comissão considera que a revolução digital não põe em questão a necessidade de a política audiovisual identificar interesses gerais relevantes e, quando necessário, protegê-los através do processo regulamentar. Contudo, a evolução tecnológica implica uma avaliação constante dos meios e métodos utilizados, por forma a garantir que continuam a ser proporcionais aos objectivos a alcançar.

Embora continue a ser indiscutível que os meios de distribuição (e nomeadamente o facto de se tratar de ponto a multiponto ou de ponto a ponto) são cruciais, determinados novos tipos de serviços poderão também exigir que outros factores sejam tomados em consideração ao avaliar a necessidade e proporcionalidade de qualquer abordagem regulamentar (por exemplo, codificação ou "em claro").

---

[1] Ver XXIX Relatório da Comissão sobre a Política de concorrência (1999), pp. 89.

ANEXO II

DEFINIÇÕES

Serviços de interesse geral

Esta expressão abrange serviços de mercado e serviços não integrados no mercado que as autoridades públicas consideram de interesse geral e que estão sujeitos a obrigações específicas.

Serviços de interesse económico geral

Esta é a expressão utilizada no artigo 86.º do Tratado CE e refere-se aos serviços de mercado que os Estados-Membros sujeitam a obrigações de serviço público em função de critérios de interesse geral. Abrange, em princípio, as redes de transporte, a energia e as comunicações.

Serviço público

Trata-se de uma expressão ambígua, uma vez que se refere quer ao próprio organismo que presta o serviço, quer à missão de serviço geral que lhe é confiada. É com o objectivo de promover ou facilitar a realização da missão de interesse geral que as autoridades públicas podem impor obrigações específicas de serviço público ao organismo que presta o serviço, por exemplo, no domínio dos transportes por vias navegáveis internas, dos transportes aéreos ou ferroviários e da energia. Estas obrigações podem ser aplicadas a nível nacional ou regional. Verificam-se por vezes equívocos entre a expressão "serviço público", que diz respeito à vocação de prestar um serviço ao público na perspectiva do serviço a prestar, e a expressão "sector público" (incluindo o funcionalismo público) que se refere ao estatuto jurídico dos prestadores do serviço, na perspectiva da propriedade desse serviço.

Serviço universal

O serviço universal, principalmente a definição de obrigações específicas de serviço universal, constitui uma componente fundamental da liberalização de sectores de serviços, como as telecomunicações, na União Europeia. A definição e garantia de serviço universal asseguram a manutenção da acessibilidade e qualidade dos serviços estabelecidos, sem interrupções, para todos os utilizadores, durante o processo de transição do fornecimento em monopólio para mercados abertos à concorrência. O serviço universal, no contexto de mercados de telecomunicações abertos e concorrenciais, é definido como o conjunto mínimo de serviços de qualidade especificada a que todos os utilizadores e consumidores têm acesso a preços razoáveis, nos termos de condições nacionais específicas.

CÓDIGO DA CONCORRÊNCIA

ÍNDICE GERAL

PREFÁCIO 5

PARTE I – LEGISLAÇÃO

CAPÍTULO I – DIREITO NACIONAL

Parte Geral
1. Lei da Concorrência – Lei n.º 18/2003 11
2. Práticas Individuais Restritivas do Comércio – Decreto-Lei n.º 370/93 34

Autoridade da Concorrência
3. Autoridade da Concorrência – Criação – Decreto-Lei n.º 10/2003 38
   Anexo – Estatuto da Autoridade da Concorrência 44
4. Autoridade da Concorrência – Ministério da Economia – Decreto-Lei n.º 186/2003 (excerto) 57
5. Autoridade da Concorrência – Receitas – Decreto Lei n.º 30/2004 63
6. Autoridade da Concorrência – Receitas – Despacho Conjunto n.º 93/2004 65
7. Autoridade da Concorrência – Taxas – Aviso n.º 8044/2003 – Regulamento n.º 1/E/2003 66
8. Autoridade da Concorrência – Taxas – Aviso 68
9. Autoridade da Concorrência – Aviso n.º 8044/2003 – Regulamento n.º 2/E/2003 69
   Anexo – Formulário de Notificação de Concentrações de Empresas 72

CAPÍTULO II – DIREITO COMUNITÁRIO

Parte Geral
1. Tratado de Roma – Comunidade Europeia (excertos) 81

Artigos 81.º e 82.º

2. Execução dos artigos 81.º e 82.º do Tratado – Regulamento (CE) n.º 1/2003 87
3. Isenções Categoriais – Regulamento (CEE) n.º 19/65 117
4. Acordos Verticais – Regulamento (CE) n.º 2790/1999 122
5. Acordos de Distribuição Automóvel – Regulamento (CE) n.º 1400/2002 132
6. Acordos de I & e Especialização – Regulamento (CEE) n.º 2821/71 152
7. Acordos de Especialização – Regulamento (CE) n.º 2658/2000 156
8. Acordos de I & D – Regulamento (CE) n.º 2659/2000 163
9. Acordos de Transferência de Tecnologia – Regulamento (CE) n.º 772/2004 173
10. Acordos no domínio dos Seguros – Regulamento (CEE) n.º 1534/91 184
11. Acordos no sector dos Seguros – Regulamento (CE) n.º 358/2003 188
12. Acordos de Transportes – Regulamento (CEE) n.º 1017/68 203
13. Acordos de Transportes Marítimos – Regulamento (CEE) n.º 4056/68 213
14. Acordos de Transportes Marítimos Regulares (Consórcios) – Regulamento (CEE) n.º 479/92 224
15. Acordos de Transportes Marítimos Regulares (Consórcios) – Regulamento (CE) n.º 823/2000 228
16. Acordos de Transportes Aéreos – Regulamento (CEE) n.º 3976/87 239
17. Instrução de Processos por infracção a artigos 81.º e 82.º do Tratado – Regulamento (CE) n.º 773/2004 243
18. Auditor de Concorrência (*Hearing Officer*) – Decisão n.º 2001/462/CE 253
19. Prescrição de procedimentos e sanções – Regulamento (CEE) n.º 2988/74 259

Concentração de Empresas

20. Concentração de Empresas – Regulamento (CE) n.º 139/2004 262
    Anexo – Quadro de Correspondência com Regulamento 4064/89 294
21. Execução do Regulamento das Concentrações – Regulamento (CE) n.º 802/ /2004 297
22. Concentração de Empresas – Execução do Regulamento (CE) n.º 139/2004 – Regulamento (CE) n.º 802/2004 299
    Anexo I – Formulário CO 311
    Anexo II – Formulário Simplificado 330
    Anexo III – Formulário MF 342

Auxílios Públicos

23. Regulamento-base de execução dos artigos 88.º e 89.º - Regulamento (CE) n.º 659/ /1999 353
24. Execução do Artigo 93.º CE - Regulamento (CE) n.º 794/2004 367
25. Auxílios Horizontais – Regulamento (CE) n.º 994/1998 378
26. Auxílios à Formação – Regulamento (CE) n.º 68/2001 383
    Anexo I – Definição de Pequenas e Médias Empresas 390
    Anexo II – Modelo Normalizado de Informações Sintéticas sobre Auxílios Concedidos 391
    Anexo III – Modelo de Relatório Periódico a Apresentar à Comissão 393
27. Auxílios *de minimis* – Regulamento (CE) n.º 69/2001 395
28. Auxílios a Pequenas e Médias Empresas – Regulamento (CE) n.º 70/2001 399
    Anexo I – Definição de Micro, Pequenas e Médias Empresas 414

Anexo II – Modelo Normalizado de Informações Sintéticas sobre Auxílios Concedidos 412
Anexo III – Modelo de Relatório Periódico a Apresentar à Comissão................ 420
29. Auxílios ao Emprego – Regulamento (CE) n.º 2204/2002... 422
Anexo I – Informações a comunicar pelos Estados membros 438
Anexo II – Modelo de Relatório Periódico a Apresentar à Comissão................ 440
30. Auxílios a PME – Produtos Agrícolas – Regulamento (CE) n.º 1/2004 442
31. Auxílios a Pequenas e Médias Empresas de Produção, Transformação e Comercialização de Produtos da Pesca – Regulamento (CE) n.º 1595/2004..................... 466
Anexo I – Modelo para a Comunicação das Informações Sintéticas a Transmitir. 478
Anexo II – Modelo de Relatório Periódico a Apresentar à Comissão................ 479

PARTE II – ORIENTAÇÕES E COMUNICAÇÕES

Comunicações de Alcance Geral
1. Cooperação no Âmbito da Rede de Autoridades de Concorrência – Comunicação da Comissão (2004)... 485
Anexo – Declaração de Cooperação com a Rede 504
2. Cooperação com os Tribunais Nacionais – Comunicação da Comissão (2004) 505
Anexo – Lista Actualizada de Actos Comunitários 520
3. Acordos de Pequena Importância (*De Minimis*) – Comunicação da Comissão (2001) 521
4. Afectação do Comércio – Comunicação da Comissão (2004) 526
5. Mercado Relevante – Comunicação da Comissão (1997) 557
6. Tratamento de Denúncias – Comunicação da Comissão (2004) 575
Anexo – Formulário C – Denúncia (artigo 7.º do Regulamento (CE) n.º 1/2003) 596
7. Cartas de Orientação – Comunicação da Comissão (2004)..................................... 598
8. Imunidade e Redução de Coimas (*Leniency*) – Comunicação da Comissão (2002) 604

Comunicações Relativas ao Artigo 81.º
9. Aplicação do n.º 3 do Artigo 81.º – Comunicação da Comissão (2004)................... 613
10. Restrições Verticais – Comunicação "Orientações" da Comissão (2000)................ 653
11. Acordos de Transferência de Tecnologia – Comunicação da Comissão (2004)...... 731
12. Acordos de Cooperação Horizontal – Comunicação da Comissão (2001)............... 811
13. Acordos de Subcontratação – Comunicação da Comissão (1978) 869

Comunicações Relativas a Concentrações
14. Conceito de Concentração – Comunicação da Comissão (1998) 875
15. Conceito de Empresas Comuns – Comunicação da Comissão (1998) 889
16. Conceito de Empresas em Causa – Comunicação da Comissão (1998).................. 895
Anexo – Cisões e Divisão de Empresas 909
17. Cálculo do Volume de Negócios – Comunicação da Comissão (1998).................. 910
18. Restrições Acessórias – Comunicação da Comissão (2001) 928
19. Concentrações Horizontais – Orientações da Comissão (2004)............................... 940
20. Procedimento Simplificado – Comunicação da Comissão (2000) 970
21. Compromissos e Outras Soluções – Comunicação da Comissão (2001) 976

Comunicações Relativas a Auxílios Públicos

22. Cooperação com os Tribunais Nacionais – Comunicação da Comissão (1995)...... 997
23. Sigilo Profissional – Comunicação da Comissão (2003)... 1007
24. Restituição das Ajudas – Comunicação da Comissão (1995)................................ 1015
25. Taxas de Juro Aplicáveis a Restituição das Ajudas – Comunicação da Comissão (2003) 1017
26. Auxílios de Pequena Importância (*De Minimis*) – Comunicação da Comissão (1996) 1019
27. Auxílios Públicos e Ambiente – Comunicação da Comissão (2001)..................... 1022
    Anexo – Informações Suplementares... 1048
28. Auxílios de Emergência e à Reestruturação de Empresas em Dificuldade – Comunicação da Comissão (1999)... 1049
    Anexo I 1075
29. Enquadramento Multissectorial – Grandes Projectos de Investimento – Comunicação da Comissão (2002) 1078
    Anexo A – Modelo para Controlo *A Posteriori*.. 1092
    Anexo B – Definição de Indústria Siderúrgica para Efeitos do Enquadramento Multissectorial... 1093
    Anexo C – Definição de Sector Automóvel para Efeitos de Enquadramento Multissectorial 1093
    Anexo D – Definição de Sector das Fibras Sintéticas para Efeitos de Enquadramento Multissectorial.. 1094
    Anexo E – Modelo de Notificação 1095
30. Auxílios de Finalidade Regional – Comunicação da Comissão (1998)................. 1098
    Anexo I – Equivalente-Subsídio Líquido de um Auxílio ao Investimento (*NR*) 1115
    Anexo II – Auxílios Destinados a Compensar Custos Adicionais de Transportes (...) (*NR*)... 1116
    Anexo III – Método para a Determinação dos Limites Máximos de População Abrangida pela Derrogação (...) (*NR*) 1116
31. Auxílios à Construção Naval – Comunicação da Comissão (2003)....................... 1117
32. Auxílios ao Investimento na Construção Naval – Comunicação da Comissão (2003) 1126
    Anexo – Definição de Sector da Construção Naval 1126
33. Auxílios aos Transportes Marítimos – Comunicação da Comissão (2004)........... 1128
    Anexo – Definição de Registos dos Estados membros... 1147
34. Auxílios à Aviação – Comunicação da Comissão (1994).. 1148
35. Auxílios ao Serviço Público de Radiodifusão – Comunicação da Comissão (2001) 1176
36. Auxílios no Sector das Pescas e Aquicultura – Comunicação da Comissão (2004) 1191
37. Serviços de Interesse Geral na Europa – Comunicação da Comissão (2001)......... 1203
    Anexo I – Estado da Situação de Sectores Individuais... 1226
    Anexo II – Definições... 1238